Dodge Caravan & Plymouth Voyager Manual de Reparación

por Curt Choate, Mike Stubblefield y John H Haynes
Miembro del Gremio de escritores del automovilismo

Arnaldo Sánchez Jr: Editor técnico

Modelos cubiertos:
Dodge Caravan/Mini Ram Van,
Plymouth Voyager, y Chrysler Town and Country
1984 al 1995
No incluye información de los modelos de cuatro tracción

ABCDE
FGHIJ
KLMNO
PQRST

Grupo de Publicaciones Haynes
Sparkford Nr Yeovil
Somerset BA22 7JJ Inglaterra

Haynes de Norte América, Inc
861 Lawrence Drive
Newbury Park
California 91320 E.E.U.U.

Reconocimientos
Estamos agradecidos por la ayuda y cooperación de la Corporación Chrysler por su ayuda con las informaciones técnicas, ciertas ilustraciones y fotografías del vehículo. Escritores técnicos que contribuyeron a este proyecto incluyen José I. Garcia.

Un libro de la serie de **Manuales Haynes para Reparaciones Automotrices**

Imprimido en U.S.A. (Estados Unidos de Norte América)

ISBN 1 56392 178 2

Biblioteca del Congreso Número de la Tarjeta del Catalogo 96-75211

96-416

Contenidos

1989 Plymouth Grand Voyager LE

Acerca de este manual

El propósito

El propósito de este manual es ayudarlo a obtener el mejor valor de su vehículo. Usted puede hacer esto en varias maneras. Puede ayudarlo a decidir qué trabajo se debe hacer, aun cuando usted escoja que la reparación sea hecha por un departamento de servicio automotriz o un taller de reparaciones; provee informaciones y procedimientos para el mantenimiento de rutina y servicio; y ofrece diagnósticos y procedimientos de reparación para seguir cuando un problema ocurre.

Esperamos que use este manual para que usted haga el trabajo. Para muchos trabajos simples, haciendo el trabajo usted mismo pueda que sea más rápido de tener que hacer una cita para llevar el vehículo a un taller de reparación y hacer los viajes de llevarlo y recogerlo. Más importante, se puede ahorrar bastante dinero evitando los cargos que el taller le pasaría a usted para cubrir la labor y los sobrecargos de los costos. El beneficio adicional es la satisfacción de haber hecho el trabajo usted mismo.

Usando el manual

El manual está dividido en Capítulos. Cada Capítulo está dividido en Secciones con números, que se encabezan con letras grandes en líneas horizontales. Cada Sección consta de párrafos consecutivamente numerados.

Al principio de cada Sección numerada, usted será referido a cualquier ilustración que es aplicada a los procedimientos en esa Sección. El número de referencia usado en la ilustración apunta a la Sección indicada y los pasos con esa Sección. Esto sería, ilustración 3.2, significa que la ilustración se refiere a la Sección 3 y paso (o párrafo) 2 en esa Sección.

Los procedimientos, una vez descriptos en el texto, no se repetirán normalmente. Cuando sea necesario referirse a otro Capítulo, se dará como referencia el Capítulo y el número de la Sección. Cruces de referencias dados sin el uso de la palabra "Capítulo" se aplica a la Sección y/o párrafo en el Capítulo. Por ejemplo, "vea Sección 8" quiere decir que es el mismo capítulo.

Referencias a la izquierda o al lado derecho del vehículo se supone que usted está sentado en el asiento del chofer, mirando hacia el frente.

Aunque mucho cuidado se tomó cuando se estaba preparando este manual, ni el publicador ni el autor pueden aceptar responsabilidad por cualquier error u omisión de la información que se ha dado.

NOTA

Una **Nota** provee información necesaria para completar apropiadamente un procedimiento o información, que hace los pasos para seguir más fácil de entender.

CAUCIÓN

Una **Caución** indica un procedimiento especial o pasos especiales que se deben de tomar en el curso de completar el procedimiento, en donde la **Caución** es encontrada, es necesario para evitar daño al ensamblaje que se esté trabajando.

PELIGRO

Un **Peligro** indica un procedimiento especial o paso especial que se debe de tomar en el curso de completar el procedimiento, en donde el **Peligro** es encontrado es necesario para evitar que la persona que está haciendo el procedimiento sufra una lesión.

Introducción a las camionetas cerradas de tamaño pequeño Dodge Caravan, Plymouth Voyager y Chrysler Town and Country

El Dodge Caravan, Plymouth Voyager, Town y Country y los modelos de Country son de motores al frente, mini-forgonetas de tracción delantera.

El transeje instalado de cuatro-cilindros en línea y motores V6 usados en estos modelos son equipados con un carburador o sistema de inyección de combustible (ambos sistemas de inyección de combustible múltiple y sencilla están disponible). El motor acciona las ruedas del frente atraves de un eje transversal automático de tres o cuatro velocidades o manual de cuatro o cinco velocidades vía ejes propulsores independientes.

La suspensión independiente, que representa resortes espirales y puntales, es usada en las ruedas del frente. Un eje de tipo recto, con puntales y resortes de hoja, es usado en las ruedas traseras. La unidad de la dirección de piñón y cremallera es instalada atrás del motor.

Los frenos son de disco al frente y tambores en la parte trasera, con amplificación de frenos disponible en la mayoría de los modelos.

Números de identificación del vehículo

Modificaciones son unos procesos continuos y sin ser publicados en el proceso de fabricación de los camiones. Ya que las partes de respuestos y las listas son acopiladas en una base numérica, los números individuales de los camiones son esenciales para poder identificar los componentes requeridos.

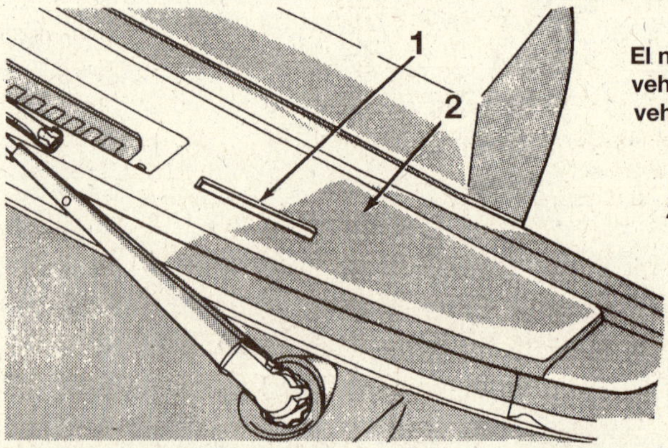

El número de identificación del vehículo es visible de fuera del vehículo por el lado del chófer através del parabrisas

1 Localización del plato VIN
2 Panel de instrumentos

VIN (número de identificación del vehículo)

Este número de identificación es muy importante, está localizado en un plato asegurado en la parte izquierda superior del tablero del vehículo, cerca del parabrisas **(vea ilustración)**. El VIN (número de identificación del vehículo) también aparece en el Certificado del Titulo del Vehículo y la Matrícula. Contiene información tal como donde y cuando el vehículo fue producido, el modelo del año y el estilo de la carrocería.

Plato de código de la carrocería

Este plato de metal está localizado en el compartimiento del motor, en la parte de encima del apoyo del radiador **(vea ilustración)**. Como el VIN, contiene información valiosa con respecto a la producción del vehículo y también como información acerca con que el vehículo fue equipado. Éste plato es especialmente útil para emparejar el color y el tipo de pintura durante el trabajo de reparación.

Etiqueta de certificación para la seguridad del vehículo

Esta etiqueta está puesta en la cara trasera de la puerta del chófer. El plato contiene el nombre del fabricante, el mes y año de la producción, la Calificación GVWR (peso bruto del vehículo) y la certificación de declaración.

Número de Identificación de motor

El EIN (número de identificación del motor) está estampado en una abolladura rectificada en el bloque del motor. En motores de 2.2L y 2.5L, está estampado en el lado

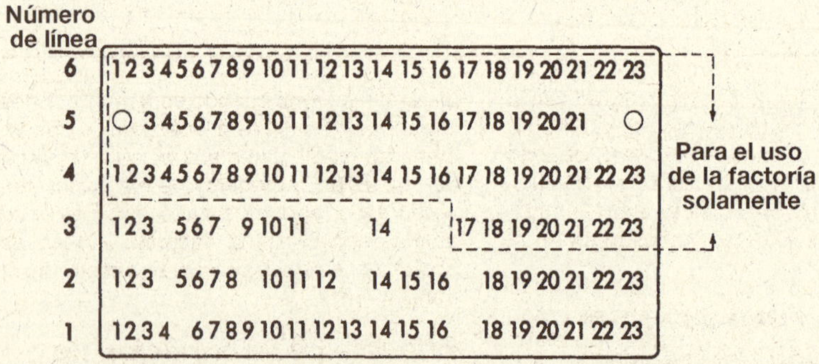

Plato de códigos típico de la carrocería

El plato del código de la carrocería está localizado en el compartimiento del motor, en la parte de encima del soporte del radiador

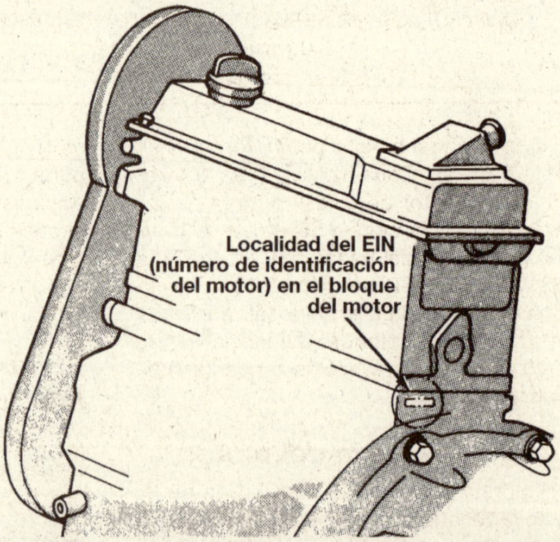

La ubicación del número de identificación del motor en motores de 2.2L y 2.5L

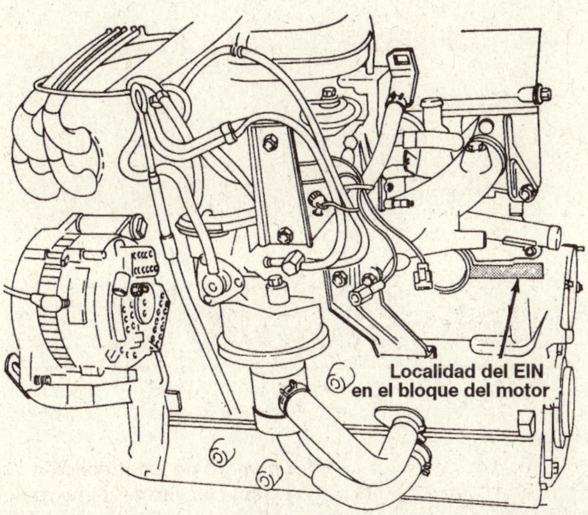

Ubicación del número de identificación del motor en motores 2.6L y motores 3.0L

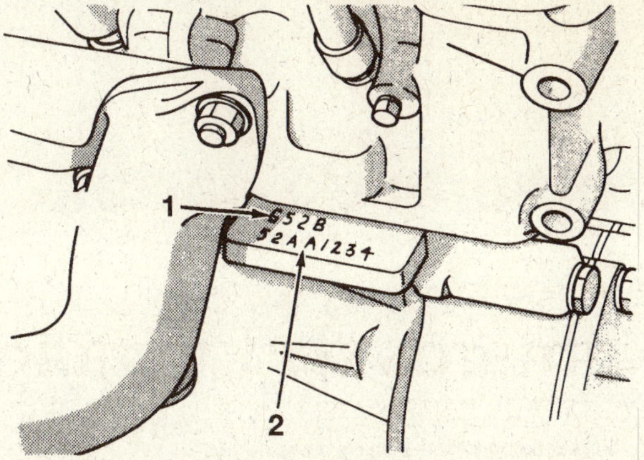

Ubicación del número de serie del motor en motores 2.6L y motores 3.0L

1 *Modelo del motor* 2 *Número de serie*

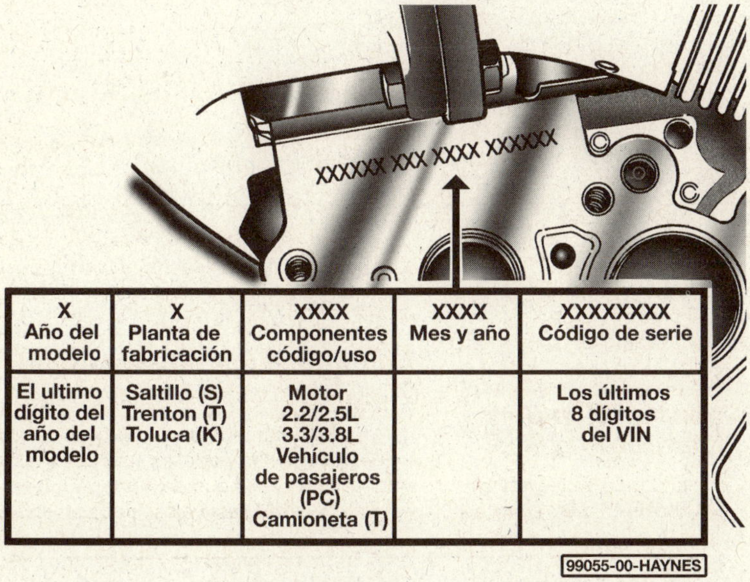

X Año del modelo	X Planta de fabricación	XXXX Componentes código/uso	XXXX Mes y año	XXXXXXXX Código de serie
El ultimo dígito del año del modelo	Saltillo (S) Trenton (T) Toluca (K)	Motor 2.2/2.5L 3.3/3.8L Vehículo de pasajeros (PC) Camioneta (T)		Los últimos 8 dígitos del VIN

Ubicación de la identificación del motor y número de serie en los motores 3.3L y 3.8L

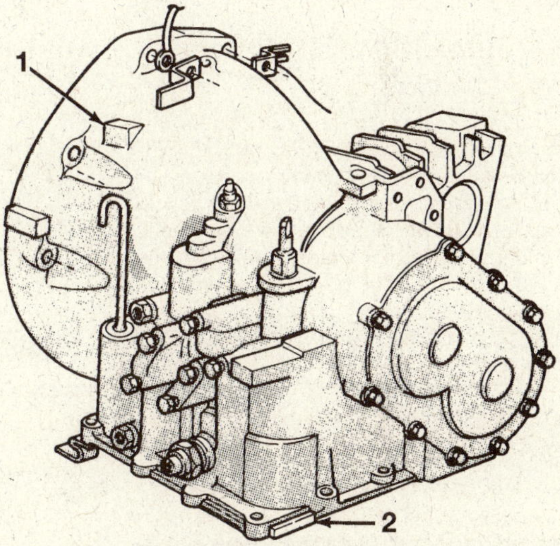

Ubicaciones del número del transeje

1 *Localidad del TIN (número de identificación de la transmisión de transeje)*
2 *Localidad del número de parte de la asamblea*

izquierdo final del bloque del motor, apenas encima de la campana transeje **(vea ilustración)**. En el motor de 2.6L y motores 3.0L, está en el lado del bloque del motor, entre el tapón del centro y el trasero del bloque **(vea ilustración)**. El 3.3L y el número de identificación del motor 3.8L están localizado en el lado trasero del bloque de los cilindros debajo de la cabeza de los cilindros **(vea ilustración)**.

Números de serie del motor

Además del EIN, un número de serie, que es requerido cuándo se compran partes de reemplazo, es también estampado en el bloque. En motores de 2.2L y 2.5L, está localizado debajo del EIN en el bloque. En el motor 2.6L y motor 3.0L, está localizado en la parte trasera derecha del bloque del motor, adyacente al espárrago del múltiple de escape (en el lado del tablero del vehículo) **(vea ilustración)**. En los motores 3.0L y 3.8L el número de serie está incorporado en el EIN.

El número TIN (número de identificación del transeje)

El número de identificación del transeje está estampado en la abolladura en la superficie superior del alberque **(vea ilustración)**.

Número de serie del transeje

El número de serie del transeje, llamado también el número de la parte de la asamblea, es requerido cuándo compre las partes. El transeje manual, está localizado en una etiqueta de metal conectada al lado del frente del transeje. En modelos de eje transversal automático, está localizado en una lámina apenas encima de la cacerola (cárter) del aceite en el eje transversal trasero de la transmisión.

Etiqueta de información de control de emisiones del vehículo

Esta etiqueta está localizada bajo el capó, generalmente conectada a la orilla del frente del capó, en la cara inferior (vea Capítulo 6 para más información en esta etiqueta).

Comprando partes

Las partes de remplazo son disponibles de muchas fuentes, que generalmente caen en una de dos categorías - distribuidor de partes para el vehículo autorizados (concesionarios de vehículos) y vendedores al menudeo independientes de partes de vehículo. Nuestro consejo acerca de estas partes es lo siguiente:

Refaccionarías para partes de vehículo: Buenas tiendas de partes auto-motrices tendrán partes muy frecuentes necesitadas que se desgastan relativamente rápido, por ejemplo componentes del embrague, sistema del escape, partes de frenos, partes para la afinación del motor, etc. Estas tiendas muy frecuente pueden suministrar partes nuevas o reconstruidas en una base de cambio, que puede ahorrarle una cantidad considerable de dinero. Las refaccionarías de descuento muy frecuente son lugares muy buenos para comprar partes y materiales necesitados para el mantenimiento general del vehículo como aceite, grasa, filtros, bujías, bandas, pinturas, bombillas etc. También, muy frecuente venden herramientas y accesorios generales, tienen horarios convenientes, los precios son bajos y muy frecuente no están muy lejos del hogar.

Distribuidores de partes autorizados: Ésta es la mejor fuente para las partes que son únicas para el vehículo y no generalmente disponibles en otros departamentos de partes (tal como partes mayores para el motor, partes de transmisión, partes para las molduras del interior, etc.).

Información de la garantía: ¡Si el vehículo todavía está bajo de garantía, esté seguro que cualquier parte que compre - sin importar donde la compró - no vaya a invalidar la garantía!.

Esté seguro de obtener las partes correctas, tenga el número del motor y del chasis disponible y, si es posible, lleve las partes viejas con usted para la identificación positiva.

Técnicas del mantenimiento, herramientas y facilidades de trabajo

Técnicas para el mantenimiento

Hay varias técnicas envueltas en el mantenimiento y reparación que van a ser referidas através de este manual. Aplicación de estas técnicas, ayudará al mecánico del hogar ser más eficaz, mejor organizado y capaz de ejecutar las varias tareas apropiadamente, que asegurará que el trabajo de la reparación sea completo y cabal.

Broches

Broches son tuercas, pernos, tornillos, espárragos, usados para aguantar dos o más partes juntas. Hay varias cosas que se deben de tener en la mente cuando esté trabajando con broches. Casi todos de ellos usan un tipo de cierre, o una arandela de seguridad, contratuerca, pestaña para bloquearla, o adhesivo en la tuerca. Todos los broches con roscas deben de estar limpios y rectos, sin tener las roscas dañadas o las esquinas en la cabeza hexagonal donde se instala la herramienta dañada. Desarrolle el hábito de reemplazar todas las tuercas y pernos dañados con nuevos.

Tuercas y pernos oxidados se deben de tratar con un flúido penetrante para ayudar el procedimiento de removerlos y prevenir de que se rompan. Unos mecánicos usan aceite trementina en una lata que trabaja muy bien. Después de aplicar el penetrante para el óxido, permítale que trabaje por unos minutos antes de tratar de remover la tuerca o el tornillo. Broches que estén muy oxidados, pueda que tengan que ser removidos con un cincel o ser cortados o romperlos con una herramienta especial para romper tuercas, que se puede encontrar en cualquier lugar donde vendan herramientas.

Si un perno o espárrago se rompe en la asamblea, se puede hacer un hoyo con una barrena y removerlo con una herramienta especial para remover, disponible para este procedimiento. La mayoría de los talleres de torno/rectificación para vehículos pueden desempeñar esta tarea, también como otros procedimientos de reparación, tales como roscas que se hallan barrido.

Arandelas planas y de seguridad, cuando se remuevan de una asamblea, se deben reemplazar siempre exactamente como se removieron. Reemplace cualquier arandela dañada con nuevas. Nunca use una arandela de seguridad en una superficie de metal blanda (tal como aluminio), plancha de metal delgado o plástico.

Tamaños de los broches

Por varias razones, los fabricantes de vehículos están haciendo el uso más amplio de broches métricos. Por eso, es importante poder notar la diferencia entre normal (a veces llamado U.S. o SAE) y métrico, ya que no pueden ser intercambiados.

Todos los pernos, sean normales o métricos, se clasifican según el tamaño del diámetro, ángulo de la rosca y la longitud. Por ejemplo, un perno normal 1/2 - 13 x 1 es de 1/2 pulgada de diámetro, tiene 13 roscas por pulgada y tiene 1 pulgada de largo. Un perno métrico M12 - 1.75 x 25 es de 12 (mm) en diámetro, el ángulo de las roscas es de 1.75 (mm) (la distancia entre las roscas) y es 25 (mm) de largo. Los dos pernos son casi idénticos, y fácilmente se pueden confundir, pero no son intercambiables.

Además de las diferencias en diámetro, el ángulo de las roscas y el largo, los pernos métricos y normales también se pueden distinguir examinando la cabeza del perno. Para empezar, la distancia entre las partes planas en la cabeza de un perno es medida en pulgadas, mientras que la dimensión en un perno métrico es en milímetros (lo mismo es cierto para las tuercas). Como resultado, una herramienta normal no se debe de usar en un perno métrico y una herramienta métrica no se debe de usar en un perno normal. También, la mayoría de los pernos normales tienen ranuras sobresalientes en la parte del centro de la cabeza del perno, que es una

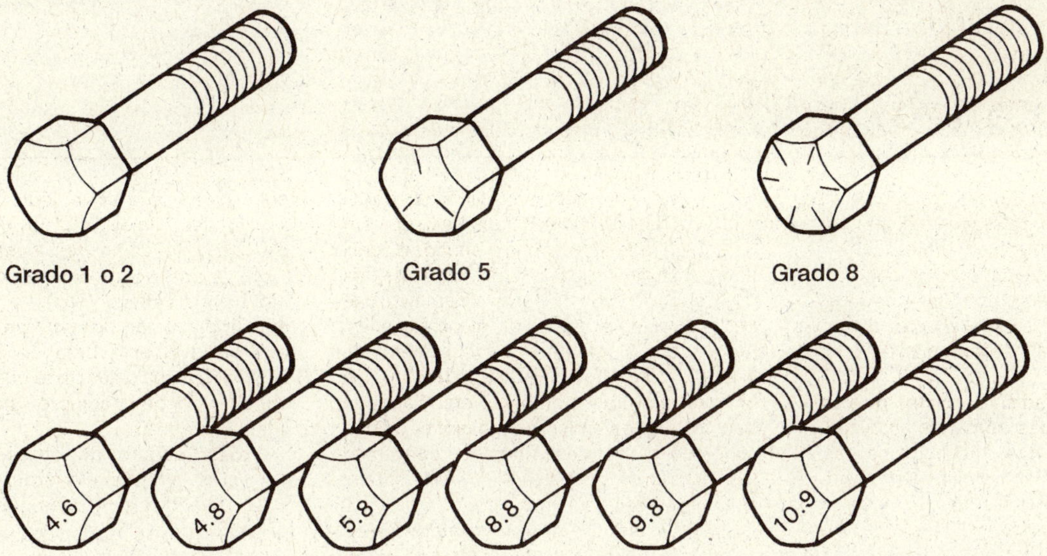

Marcas de la fuerza del perno (la parte de encima normales/SAE/USS; la parte de abajo métricos)

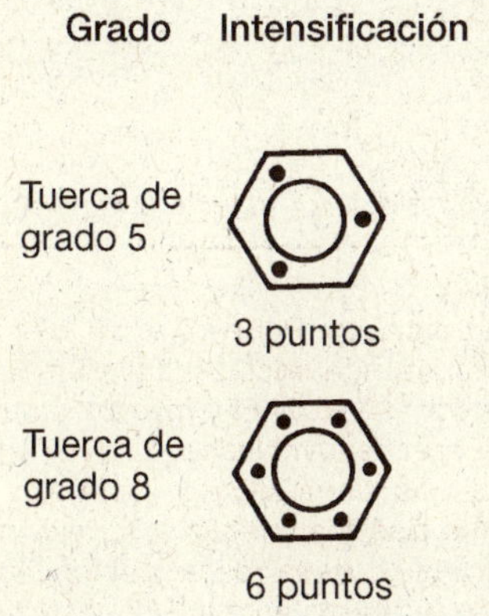

Marcas para la fuerza de las tuercas normales

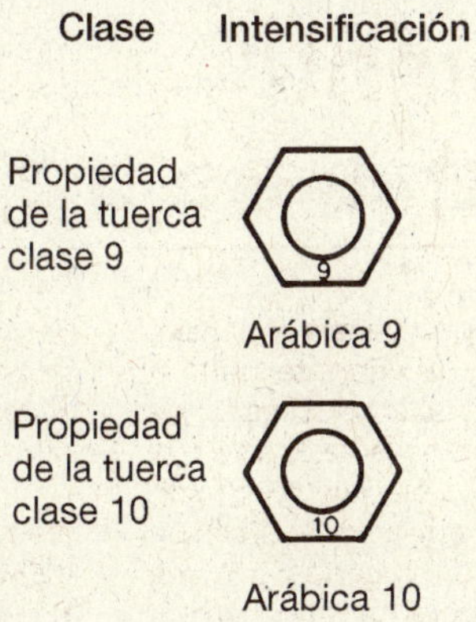

Marcas para la fuerza de las tuercas métricas

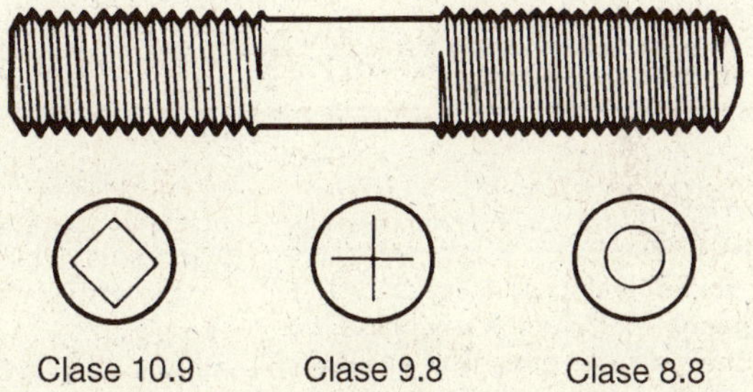

Marcas para la fuerza de los espárragos métricos

indicación de la cantidad de torsión que se le puede aplicar. La mayor cantidad de ranuras sobresalientes, lo más potente es el perno. Grado 0 al 5 son muy comúnmente usados en los vehículos. Pernos métricos tienen una clase de número de (grado), en vez de tener ranuras sobresalientes, moldeadas en la cabeza para poder indicar la resistencia que el perno puede resistir. En este caso, según más alto sea el número, lo más fuerte que es el perno. Números de clases apropiados 8.8, 9.8 y 10.9 son comúnmente usados en los vehículos.

Marcas de resistencia que pueden obtenerse también se pueden encontrar para distinguir las tuercas normales de las tuercas métricas. Muchas tuercas normales tienen puntos estampados en un lado, mientras de que las tuercas métricas están marcadas con un número. La mayor cantidad de puntos, o el número más alto, lo más resistente que es la tuerca.

Se marcan también en sus fines según su clase la propiedad de los espárragos de acuerdo al grado. Los espárragos más grandes están numerados (igual que los pernos métricos), mientras de que los espárragos más pequeños tienen un código geométrico para poder denotar el grado.

Se debe notar que muchos broches, sobre todo los de calidades de 0 al 2, no tienen ninguna marca de distinción en ellos. Cuando tal sea el caso, la manera única de determinar si es normal o métrico es de medir la rosca o compararla con otro broche del mismo tamaño.

Los broches normales a menudo se conocen como SAE, opuesto a los métricos. De cualquier modo, se debe notar que la referencia técnica SAE, se refiere a un broche que no sea métrico *de rosca fina solamente*. Broches de roscas gruesas que no sean métricos se les refieren como de tamaños USS.

Habiendo tantos broches del mismo

tamaño (ambos normales y métricos) pueden tener diferente medidas de resistencia, esté seguro de instalar cualquier perno, espárrago o tuerca que se halla removido del vehículo en su localidad original del vehículo. También, cuando esté reemplazando un broche con uno nuevo, esté seguro de que el nuevo tenga la misma resistencia o mayor que el original.

Sucesiones y procedimientos de apretar

La mayoría de los broches con roscas se deben de apretar a un par de torsión especificado (par de torsión es la resistencia de torcer aplicada a un componente con roscas, tal como un perno o una tuerca). Sobre apretar un broche puede debilitarlo y causar que se rompa, mientras dejándolo suelto/flojo puede causar que eventualmente se zafe. Pernos, tornillos y espárragos, depende del material de que se hacen y sus diámetro de las roscas, tienen valores específicos para el par de torsión, muchas de estas se pueden encontrar en las características técnicas al principio de cada Capítulo. Esté seguro de seguir las recomendaciones para el par de torsión exactamente. Para broches que no tengan asignado un par de torsión específico, una guía general es presentada aquí como valor para el par de torsión. Estos valores del par de torsión son para broches secos (sin lubricar) para roscas en acero o acero forjado (no aluminio). Según se mencionó anteriormente, el tamaño y el grado de los broches determina la cantidad de torsión que se le puede aplicar sin riesgo. Las figuras listadas aquí son aproximadas para broches de grado 2 y grado 3. Grados más altos pueden tolerar valores de torsión más alto.

Tamaños de roscas métrica	**Pies-libras**	**Nm/m**
M-6	6 a 9	9 a 12
M-8	14 a 21	19 a 28
M-10	28 a 40	38 a 54
M-12	50 a 71	68 a 96
M-14	80 a 140	109 a 154
Tamaños de roscas de cañería		
1/8	5 a 8	7 a 10
1/4	12 a 18	17 a 24
3/8	22 a 33	30 a 44
1/2	25 a 35	34 a 47
Tamaños de roscas U.S.		
1/4- 20	6 a 9	9 a 12
5/16- 18	12 a 18	17 a 24
5/16- 24	14 a 20	19 a 27
3/8- 16	22 a 32	30 a 43
3/8- 24	27 a 38	37 a 51
7/16- 14	40 a 55	55 a 74
7/16- 20	40 a 60	55 a 81
1/2- 13	55 a 80	75 a 108

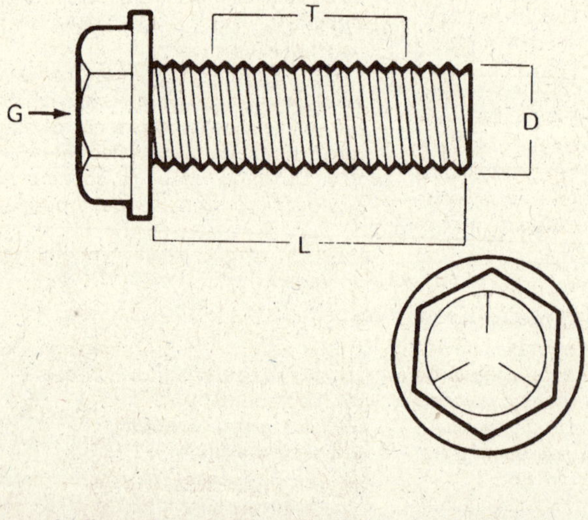

Marcas de dimensiones y de grados de los pernos normales (SAE y USS)

g *Marcas del grado*
l *Largo (en pulgadas)*
t *Ángulo de la rosca (número de roscas por pulgada)*
d *Diámetro nominal (en pulgadas)*

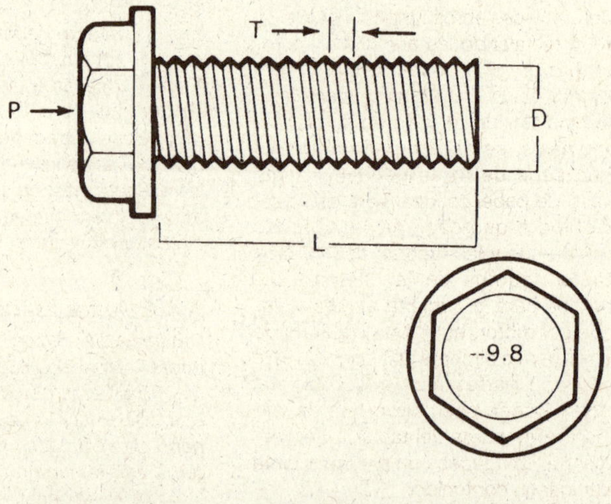

Marcas de dimensiones y de grados de los pernos métricos

p *Propiedad de clase (fortaleza del perno)*
l *Largo (en milímetros)*
t *Ángulo de la rosca (distancia entre las roscas en milímetros)*
d *Diámetro*

Broches puestos en un patrón en orden, tal como pernos para las cabezas de los cilindros, pernos para la cacerola del aceite, pernos para la tapa del diferencial, etc., se deben de aflojar o apretar en secuencia para prevenir de que los componentes se tuerzan. Normalmente se mostrará esta sucesión en el Capítulo apropiado. Si no se otorga un dibujo específico, los siguientes procedimientos se pueden seguir para prevenir que se doblen.

Inicialmente, los pernos y las tuercas se deben de instalar y apretar con los dedos solamente. Seguido, se deben de apretar una vuelta completa cada uno, en una sección en cruce o patrón diagonal. Después de que cada uno se a apretado una vuelta completa, regrese al primero y apriételo todos una media vuelta, siguiendo el mismo patrón. Finalmente, apriete cada uno de ellos un cuarto de vuelta a la vez hasta que cada broche se halla apretado al par de torsión apropiado. Para aflojar y remover los broches, el procedimiento es el reverso.

Desarme de los componentes

El desarme de los componentes se deben de hacer con precaución y propósito para asegurarse de que las partes se instalarán de regreso apropiadamente. Siempre guarde la sucesión en el orden que se removieron las partes. Tome nota de las características especiales o marcas en las partes que se puedan instalar más de una manera, tal como arandelas de torsión con ranuras en un eje. Es una buena idea poner las partes que se han desarmado afuera en una superficie limpia y en el orden que se removieron. También puede ayudar si se hacen diagramas o se toman fotografías instantáneas de los componentes antes de que se remuevan.

Cuando remueva los broches de un componente, guarde la trayectoria de sus localidades. A veces enroscando un perno en una parte, o instalando las arandelas y tuercas en un espárrago, puede prevenir confusiones más tarde. Si los pernos y tuercas no se pueden instalar de regreso en sus localidades originales, se deben guardar en una caja o una serie de cajas pequeñas. Una copa o vaso de papel es ideal para este propósito, debido a que cada cavidad puede retener los pernos y las tuercas de una área en particular (pernos de la cacerola del aceite, pernos para la cubierta de las válvulas, pernos del motor, etc.). Una cacerola de este tipo es especialmente útil cuando esté trabajando con partes muy pequeñas, tal como el carburador, alternador, tren de válvulas o partes interiores del tablero. Se pueden marcar las cavidades con pintura o cinta para identificar su contenido.

Cuando grupos de alambres, arnés eléctricos o conectores sean separados, es una buena idea de identificar las dos mitades con pedazos de cintas numeradas para que sean fácil de reinstalar.

Superficie para el sello de las juntas

En cualquier parte de un vehículo, se usan juntas para sellar las superficies de las dos partes que se unen y para retener lubricantes, fluidos, vacío o presión contenida en una asamblea.

Muchas veces estas juntas están cubiertas con un sellador de líquido o pasta antes de instalarse. Edad, calor y presión pueden causar a veces que las dos partes se peguen juntas, tan herméticamente que es muy difíciles separarlas. A menudo, el ensamblaje se puede aflojar golpeándolo con un martillo de cara blanda cerca de las partes que se unen. Se puede usar un martillo regular si se pone un bloque de madera entre el martillo y la parte que se va a golpear. No martille en partes fundidas o partes que se puedan dañar fácilmente. Con cualquier parte que esté muy difícil de remover, siempre verifique dos veces para estar seguro de que todos los pernos se han removido.

Evite usar un destornillador o una palanca para separar una asamblea, porque pueden arañar las superficies de las partes donde se instala la junta, quienes deben de estar muy lisas. Si es absoluto necesario usar una palanca, use el mango de una escoba vieja, pero mantenga en mente de que limpieza extra se necesitará si el mango de la escoba se hace astillas.

Después de que las partes se separen, la junta vieja se debe remover con mucho cuidado y limpiar las superficies para la junta. Juntas difíciles de remover se pueden remojar con penetrante para óxido o tratadas con un químico especial para aflojarlas para que sea más fácil de removerlas. Se puede fabricar un rascador de un pedazo de tubería cobre aplastando y dándole filo en una punta. Algunas juntas se pueden remover con un cepillo de alambre, pero sin importar que método se usa, las superficies que hacen contacto deben de estar muy limpias y lisas. Si por cualquier razón la superficie de la junta está rallada, entonces un sellador para juntas lo suficiente grueso para llenar los rayones se deberá de usar durante el ensamblaje de los componentes. Para la mayoría de las aplicaciones, un sellador que no se seque muy rápido o que se seque bastante despacio se debe usar.

Ayuda para remover las mangueras

Peligro: *Si el vehículo está equipado con aire acondicionado, no desconecte ninguna de las mangueras del A/C sin primero dejar de que una estación de servicio o un concesionario de vehículos remueva la presión al sistema del aire acondicionado primero.*

Precauciones para remover las mangueras son casi iguales a las precauciones para remover las juntas. Evite rayar o acanalar la superficie donde la manguera hace conexión o la conexión tendrá fugas/goteras. Esto es verdadero sobre todo con mangueras del radiador. A causa de reacciones químicas, la goma en las mangueras puede pegarse al metal donde se une la manguera. Para remover una manguera, primero afloje la abrazadera que aguanta la manguera. Entonces, con alicates especiales de puntas resbalosas, agarre la manguera en el punto donde está la abrazadera y gírela. Dele vueltas hacia adelante y hacia atrás y de lado a lado hasta que esté completamente libre, entonces remuévala. Silicona U otro lubricante ayudará a remover la manguera si se puede aplicar entre la parte de adentro de la manguera y la superficie donde hace contacto. Aplique el mismo lubrificante al interior de la manguera y el exterior donde hace contacto para simplificar la instalación.

Como último recurso (y si la manguera se va a reemplazar con una nueva de todos modo), la goma se puede cortar con un cuchillo y la manguera ser pelada de su superficie como una naranja. Si esto se debe de hacer, esté seguro de que la conexión de metal no se dañe.

Si una abrazadera de manguera está rota o dañada, no la use otra vez. Abrazaderas de tipo de alambre por lo general se aflojan con el tiempo, es una buena idea de reemplazarlas con las de tipo de tornillo, cuando se remueva una manguera.

Herramientas

Una selección de herramientas buenas es un requisito básico para cualquiera que tenga planes de mantener y reparar su propio vehículo. Para el dueño que tiene muy pocas herramientas, la inversión inicial puede parecer muy alta, pero cuando se compare con el costo alto de un taller de mantenimiento y reparaciones, es una buena inversión.

Para ayudar al dueño en decidir que tipo de herramienta es necesario para hacer el trabajo diseñado en este manual, la lista siguiente de herramienta es: *Mantenimiento y reparación menor, Reparación/completa y Especialidades.*

El novato a la mecánica debe de empezar con el juego de herramientas de mantenimiento y reparación menor, que es adecuado para los trabajos simples hechos en un vehículo. Después, según la confidencia y la experiencia crezca, el dueño puede hacer

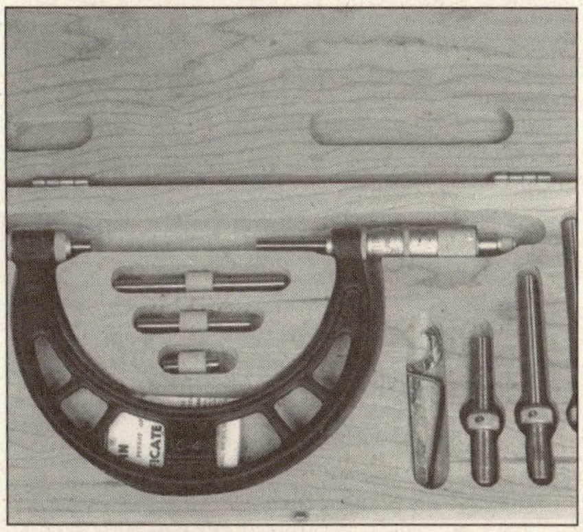

Juego de micrómetros

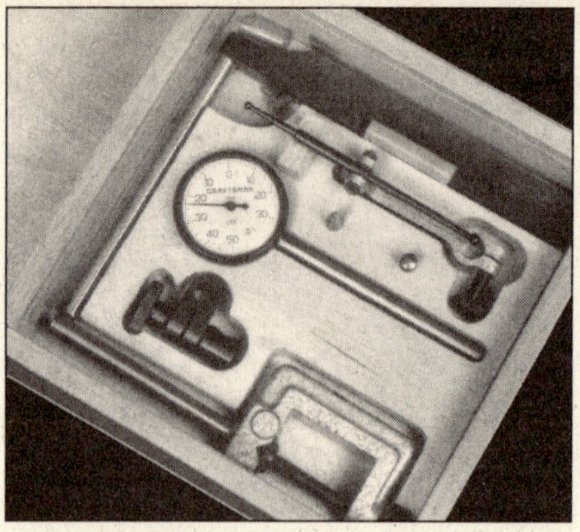

Indicador de tipo reloj

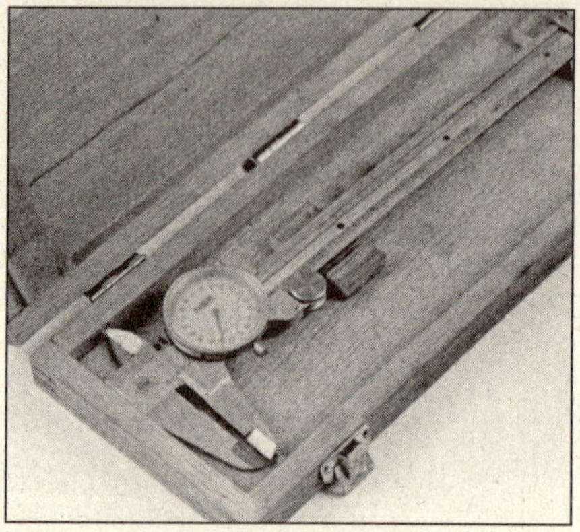

Calibrador de tipo reloj

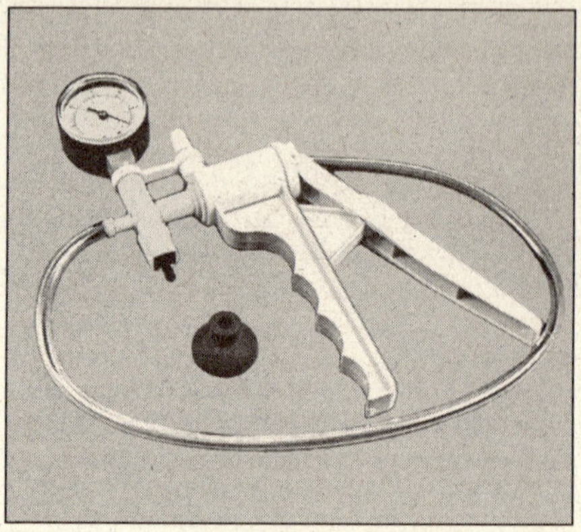

Bomba de vacío operada a mano

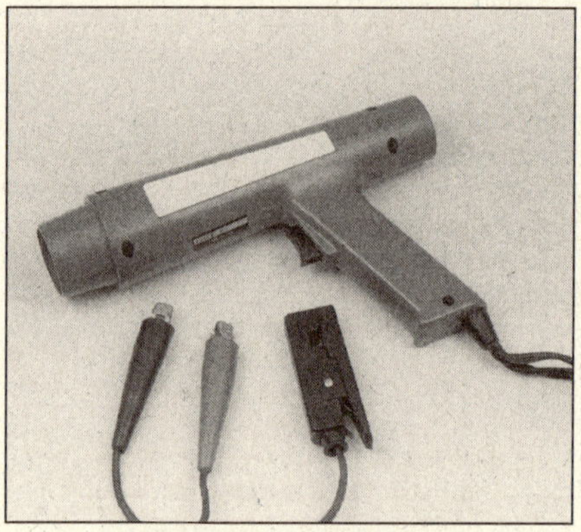

Luz para chequear el tiempo

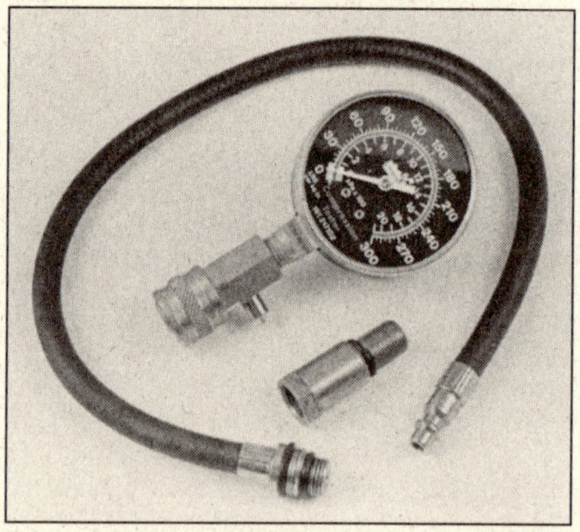

Manómetro para chequear la compresión con adaptador para el hoyo de la bujía

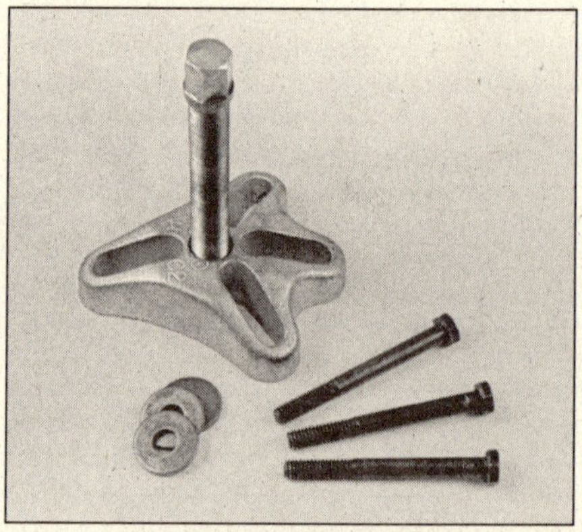

Extractor para volante y compensador armónico

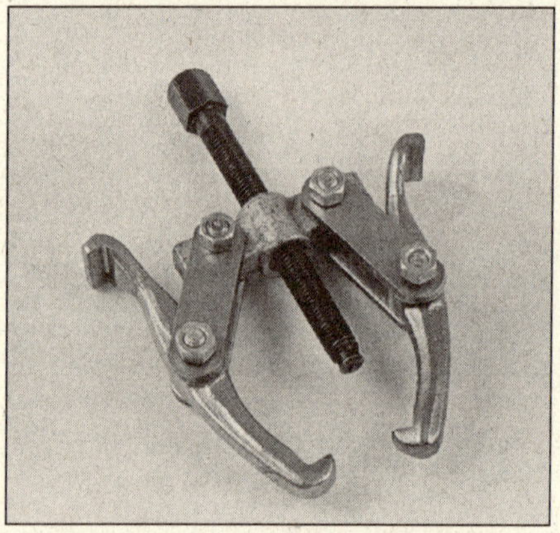

Extractor para trabajos en general

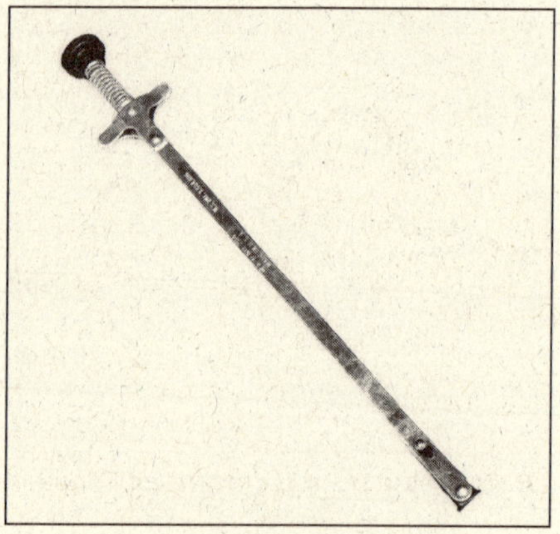

Herramienta para remover buzos hidráulicas

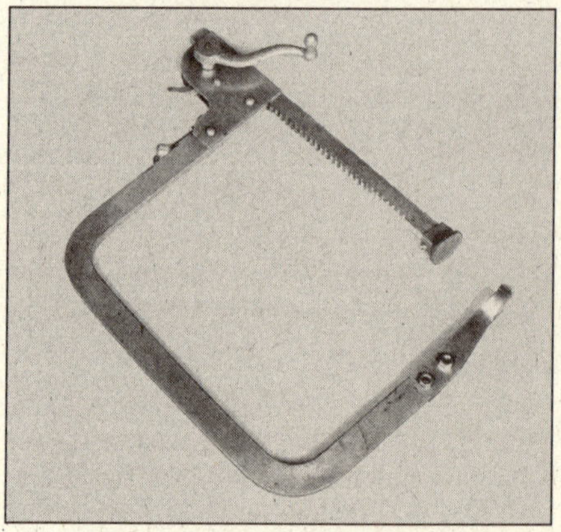

Compresor para los resortes de las válvulas de la cabeza

tareas más difíciles, comprando herramientas adicionales según se necesiten. Eventualmente el juego básico se extenderá dentro del juego de herramientas de reparación completa. Sobre el periodo de un tiempo, el mecánico de hogar recopilara un juego de herramientas lo suficiente mente completo para las mayores reparaciones menores y mayores y agregará herramientas de la categoría especial cuando se piense que el gasto es justificado por la frecuencia del uso.

Herramientas para el mantenimiento y reparaciones menores

Las herramientas en esta lista se deben de considerar lo mínimo requerido para poder desempeñar reparaciones rutinarias de mantenimiento, servicio y trabajo de reparaciones menores. Nosotros recomendamos que se obtengan herramientas de combinaciones (con un lado cerrado y el otro lado abierto que es una sola herramienta). Mientras que más caras que las herramientas abiertas, ofrecen la ventaja de un tipo de herramienta de dos tipos

Juego de herramientas de combinación (1/4 de pulgada a 1 pulgada o de 6 mm a 19 mm
Herramienta ajustable de 8 pulgadas
Herramienta de bujía con inserción de caucho

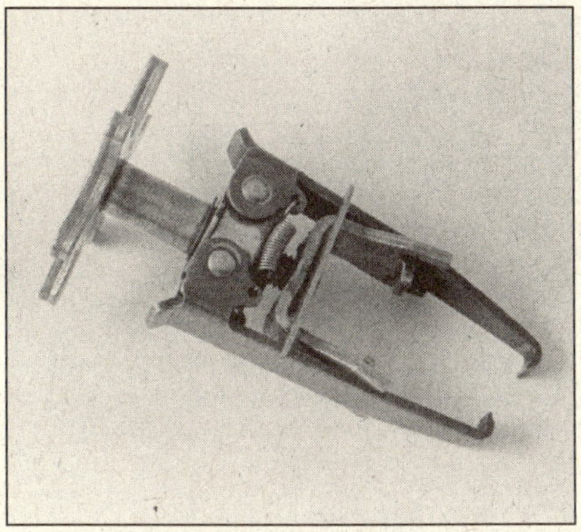

Compresor para los resortes de las válvulas de la cabeza

Removedor para la rebarba de los cilindros

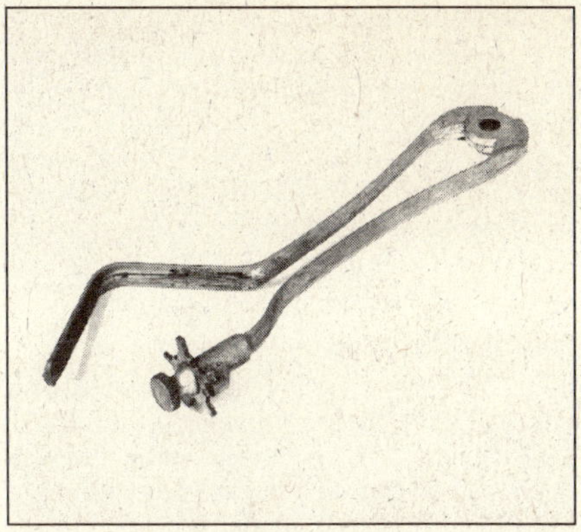

Herramienta para limpiar las ranuras de los pistones

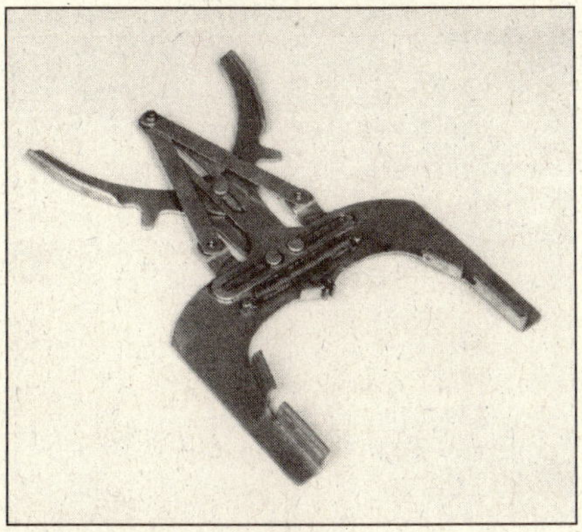

Herramienta para instalar y remover los anillos del pistón

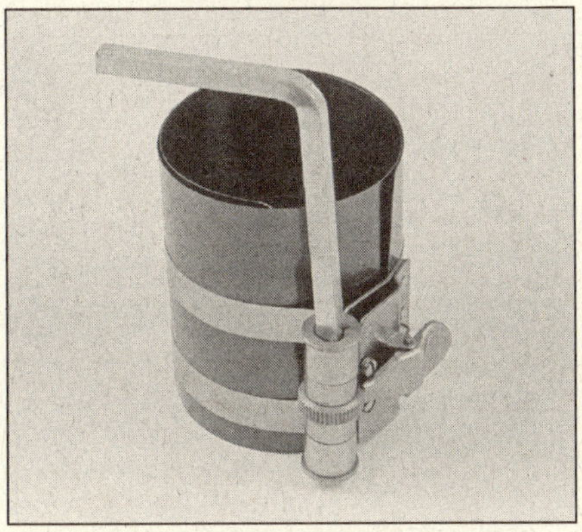

Compresor para los anillos del pistón

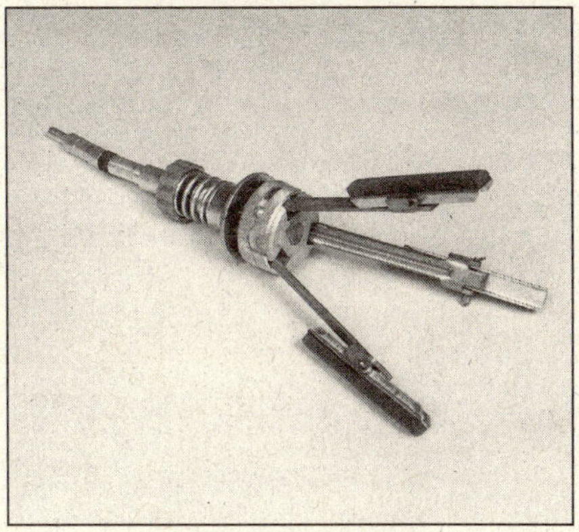

Pulidor para cilindros

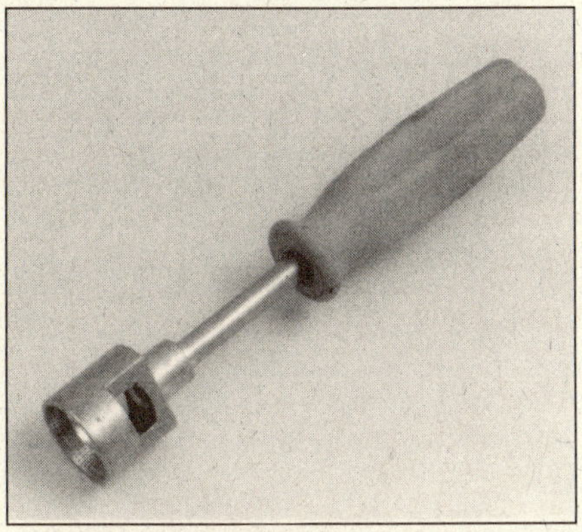

Herramienta para los resortes de los frenos

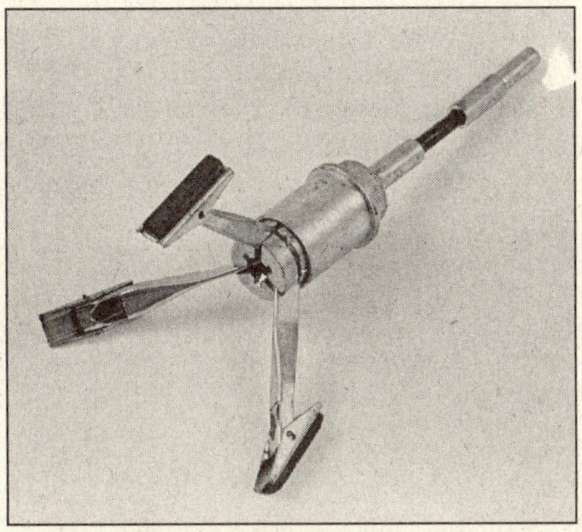

Pulidor para los cilindros de los frenos

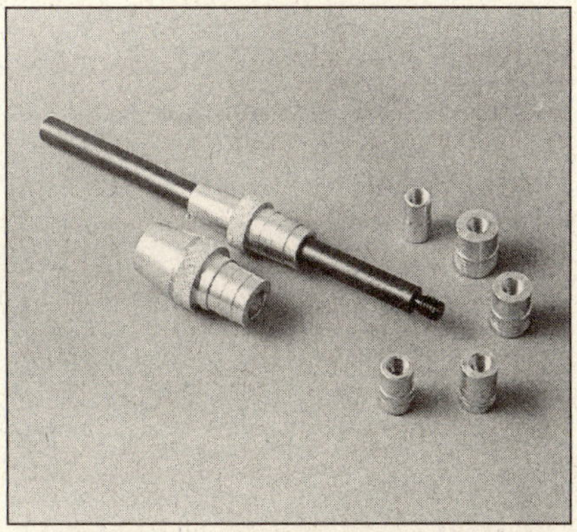

Herramienta para alinear el embrague

Herramienta para ajustar el agujero de la bujía
Juego de calibrador palpador
Herramienta para purgar los frenos
Destornillador normal (5/16 de pulgada x 6 pulgadas)
Destornillador Phillips/de cruces (No. 2 x 6 pulgadas)
Alicates de combinación - de 6 pulgadas
Un surtido de hojas de segueta
Calibrador para la presión de los neumáticos
Pistola de grasa
Lata de aceite
Tela de esmeril fina
Cepillo de alambre
Herramienta para limpiar los postes y los cables de la batería
Herramienta para remover el filtro de aceite
Embudo (de tamaño mediano)
Lentes para la seguridad de los ojos
Soportes (2)
Cacerola de desagüe

Nota: *Si afinación de motor básica va a ser parte del mantenimiento rutinario, seria nece-*

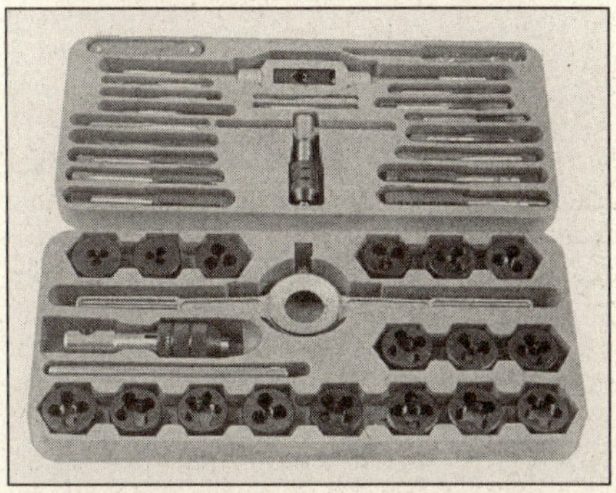

Juego de terrajas hembras y macho

sario de comprar una lampara de tiempo de buena calidad y un metro de combinación de tacómetro/dwell. Aunque estén cubiertos en la lista de herramientas especiales, es mencionado aquí porque son absolutamente necesarios para afinar la mayoría de los vehículos apropiadamente.

Juego de herramientas para reparación menor y mayor

Estas herramientas son esenciales para alguien quien piensa ejecutar reparaciones mayores y son adicionales a las de mantenimiento y el juego de herramientas para reparaciones menores. Incluyen un juego de dados compresivo que, aunque caro, son muy necesarios por su versatilidad, especialmente cuando varias extensiones y tamaños están disponibles. Nosotros recomendamos el juego de 1/2 pulgada sobre el de 3/8 de pulgada. Aunque el juego más grande es más voluminoso y más caro, tiene la capacidad de aceptar una variedad de dados más grande. Idealmente, el mecánico debe de tener un juego de 3/8 y uno de 1/2 pulgada.

Juego(s) de dado
Triquete/matraca reversible
Extensión de 10 pulgadas
Junta universal
Herramienta para el par de torsión (del mismo tamaño del juego de dados)
Martillo de bola de 8 onzas
Martillo de cara blanda (plástico/caucho)
Destornillador normal (1/4 de pulgada x 6 pulgadas)
Destornillador normal (grueso de 5/16 de pulgada)
Destornillador Phillips/cruz (No.3 x 8 pulgadas)
Destornillador Phillips/cruz (grueso No.2)
Alicates de presión
Alicates regulares
Alicates con nariz de punta
Alicates para anillos de presión (interior y exterior)
Cincel frío de 1/2 pulgada
Marcador
Rascador (hecho de tubería plana de cobre)
Punzón
Punzones de alfiler (1/16, 1/8, 3/16 de pulgada)
Regla de acero de 12 pulgadas
Juego de herramientas Allen (de 1/8 a 3/8 de pulgada o de 4 (mm) a 10 (mm)
Una selección de limas
Cepillo del alambre (grande)
Soportes para el vehículo (segundo juego)
Gato (de tipo tijeras o tipo hidráulico)

Nota: *Otra herramienta que es usada muy común es un taladro eléctrico con capacidad para barrenas de 3/8 de pulgada y un buen juego de brocas para el taladro.*

Herramientas especiales

Las herramientas en esta lista incluyen esas que no se usan regularmente, son caras de comprar, o las que se necesitan de acuerdo con las instrucciones de los fabricantes. A menos que estas herramientas se usen frecuentemente, no es muy económico comprar muchas de ellas. Una consideración sería, de dividir el costo entre usted y un amigo o amigos. Además, estas herramientas se puede obtener en un lugar donde rentan herramientas en una base temporaria.

Esta lista principalmente contiene sólo esas herramientas e instrumentos extensamente disponible al público, y no esas herramientas especiales producidas por el fabricante del vehículo para distribución a los concesionarios de vehículos. De vez en cuando, referencias a las herramientas especiales del fabricante son incluidas en el texto de este manual. Generalmente, un método alternativo de hacer el trabajo sin la herramienta especial es ofrecido. Donde no haya otra alternativa y la herramienta no se pueda comprar o pedir prestada, el trabajo debe de ser dirigido a un taller de servicio de un distribuidor de vehículos o a un taller de reparaciones de vehículos.

Compresor de los resortes de las válvulas
Herramienta para limpiar la ranura de los anillos en el pistón
Compresor para los anillos del pistón
Herramienta para instalar los anillos del pistón
Manómetro para chequear la compresión de los cilindros
Removedor de rebaba para los cilindros
Piedra para pulir los cilindros
Herramienta para verificar el diámetro de los cilindros
Micrómetros y/o calibradores de reloj
Herramienta para remover los buzos/levantador hidráulicos
Herramienta para remover las rótulas
Extractor de tipo universal
Destornillador de impacto
Juego de indicadores de reloj
Luz para verificar el tiempo del encendido (captador inductivo)
Bomba de vacío operada a mano
Metro de tacómetro/dwell
Multímetro universal eléctrico
Elevador por cable
Herramienta para remover e instalar los resortes de los frenos
Gato de piso

Compra de herramientas

Para el que va hacer el trabajo por si mismo y está empezando a envolverse en el mantenimiento y reparación del vehículo, hay un número de alternativas cuando se compren las herramientas. Si mantenimiento y reparaciones menores es la magnitud del trabajo que se va hacer, la compra de herramientas individuales es satisfactorio. Si, en cambio, se planea hacer trabajo extensivo, sería una buena idea comprar un juego de herramientas buenas en una sucursal de cadenas de tiendas mayores. Un juego por lo general se puede comprar a un ahorro considerable sobre la inversión de herramientas separadas, y por lo general vienen con una caja para las herramientas. Según herramientas adicionales se vayan necesitando, juegos para agregar, herramientas individuales y una caja de herramientas más grande se puede comprar para extender la selección de las herramientas. Construyendo un juego de herramientas gradualmente le permite que el costo de las herramientas se extienda por un periodo de tiempo más largo y le da al mecánico la libertad de escoger solamente las herramientas que actualmente se usarán.

Tiendas de herramientas serán por lo general la única alternativa de obtener herramientas especiales que se necesiten, sin importar donde se compren las herramientas, trate de evitar las baratas, especialmente cuando esté comprando destornilladores y dados, porque no duran mucho. El gasto envuelto en reponer las herramientas baratas eventualmente será más grande que el costo inicial de herramientas de calidad.

Cuidado y mantenimiento de las herramientas

Herramientas buenas son caras, así que se deben de tratar con cuidado. Guárdelas limpias y en condición utilizable y guárdelas apropiadamente cuando no se estén usando. Siempre limpie cualquier suciedad, grasa o metal antes de guardarlas. Nunca deje herramientas alrededor del área de trabajo. Cuando termine un trabajo, siempre chequee cuidadosamente debajo del capó por herramientas que se hayan dejado olvidadas para que no se vallan a perder durante el tiempo que se prueba el vehículo en la carretera.

Algunas herramientas, tal como destornilladores, alicates y dados, se pueden colgar en un panel montado en el garaje o en la pared del cuarto de trabajo, mientras que las otras se pueden mantener en una caja de herramientas o una bandeja. Instrumentos de medir, relojes, metros, etc. se deben guardar cuidadosamente donde no puedan ser dañados por la interpedie o impacto de otra herramientas.

Cuando se usan las herramientas con cuidado y se guardan apropiadamente, durarán un tiempo muy largo. Hasta con el mejor de los cuidados, las herramientas se gastarán si se usa frecuentemente. Cuando se daña una herramienta o se gasta, se debe de reemplazar. Los trabajos subsecuentes serán más seguros y más agradables si usted hace esto.

Facilidades para trabajar

No se debe de pasar por alto cuando se discute de herramientas, es el taller. Si cualquier cosa más que mantenimiento rutinario se va a llevar a cabo, alguna área adecuada de trabajo es esencial.

Es entendido, y apreciado, que muchos mecánicos del hogar no tienen un taller bueno o garaje disponible, y en fin terminan removiendo un motor o asiendo reparaciones mayores a la interpedie. Es recomendable, que una reparación completa o reparación menor sea completada debajo de un techo.

Un banco de trabajo limpio y plano o una mesa de altura acomodable es una necesidad absoluta. El banco de trabajo debe de estar equipado con una prensa (tornillo de banco) que tenga una mandíbula de por lo menos cuatro pulgadas.

Como se mencionó previamente, se requieren algunos espacios limpios y secos para almacenar las herramientas, igual que los lubricantes, fluidos, solventes de limpieza, etc. que llegarán a ser necesario.

A veces aceite desechado y fluidos, drenado del motor o del sistema de enfriamiento durante mantenimiento normal o reparaciones, presentan un problema de disposición. Para evitar de drenarlos en la tierra o en el sistema de drenaje, vacíe los fluidos en recipientes grandes, séllelos con una tapa y llévelos a un lugar autorizado para ser desechado o un centro para ser reciclados. Envases de plástico, tales como recipientes de anticongelante viejos, son ideales para este propósito.

Siempre guarde un suministro de periódicos viejos y trapos limpios disponible. Toallas viejas son excelentes para trapear derramamientos. Muchos mecánicos usan rollos de toallas de papel para la mayoría de los trabajos, porque son disponibles y se pueden desechar. Para ayudar a mantener el área debajo del vehículo limpia, una caja de cartón grande se puede abrir y aplastarla para proteger el piso del área de trabajo.

Cuando esté trabajando sobre una superficie pintada, tal como cuando se recline a un guarda lodo para darle servicio a algo debajo del capo, siempre cúbralo con una colcha vieja o un sobre cama para proteger el terminado de la pintura. Cubiertas de vinilo, hechas especialmente para este propósito, están disponibles en los auto partes.

Arranque con paso de corriente

Ciertas precauciones se deben de tomar cuando esté usando una batería para dar paso de corriente a un vehículo.

a) *Antes de que conecte los cables para dar el paso de corriente, esté seguro de que el interruptor de la ignición está en la posición apagado (OFF).*

b) *Apague las luces, calefacción y cualquier otro accesorio eléctrico.*

c) *Los ojos deben de estar cubiertos. Espejuelos de seguridad son una buena idea.*

d) *Asegúrese de que la batería amplificadora es del mismo voltaje de la batería que está muerta en el vehículo.*

e) *¡Los dos vehículos NO DEBEN TOCAR el uno con el otro!*

f) *Asegúrese de que la transmisión está en Neutral (manual) o Estacionamiento (automática).*

g) *Si la batería amplificadora no es de un tipo de mantenimiento libre, remueva las tapas de ventilación e instale una tela encima de la abertura de los agujeros de ventilación.*

Conecte el cable rojo a los términos positivos (+) de cada batería **(vea ilustración)**.

Conecte una terminal del cable negro al termino negativo (-) de la batería que va a proporcionar el paso de corriente. El otro terminal de este cable se debe de conectar a una buena tierra del vehículo que se va a poner en marcha, tal como un perno o un soporte del bloque del motor. Use caución para asegurarse de que el cable no se ponga en contacto con el abanico, las bandas o cualquier otra parte que se esté moviendo en el motor.

Ponga el motor en marcha usando la batería suministrada para dar el paso de corriente, después, con el motor en marcha mínima, desconecte los alambres para el paso de corriente en el orden de reversa de como se conectó.

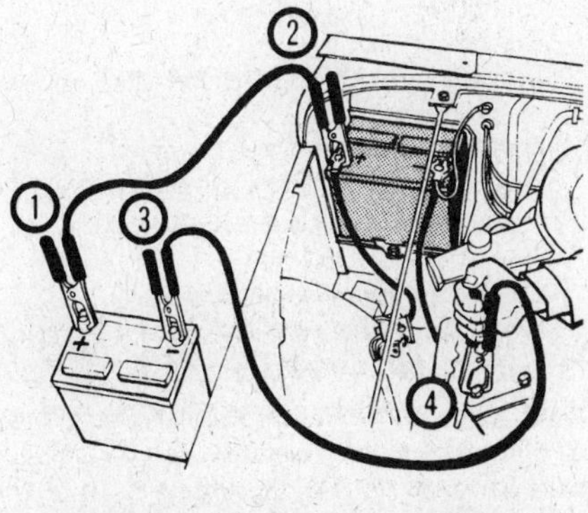

Haga las conexiones del cable de la batería de paso de corriente en el orden numérica mostrada (note que el cable negativo de la batería de paso de corriente está conectada al terminal negativo de la batería muerta)

Levantar y remolcar

Levantar

Peligro: *El gato suministrado con el vehículo se debe usar solamente para levantar el vehículo cuando cambie un neumático o instale estantes que se coloquen debajo del chasis. Nunca trabaje debajo del vehículo ni ponga el motor en marcha mientras el gato sea usado como medios de apoyo solamente.*

El vehículo debe estar en una superficie plana con las ruedas bloqueadas, las luces intermitentes de emergencia encendidas y el transeje en Estacionamiento (automático) o Reversa (manual). Aplique el freno de estacionamiento si el frente se debe levantar del vehículo. Cerciórese de que nadie esté en el vehículo cuando se use el gato para elevarlo.

Remueva el gato, la llave para la tuerca y el neumático de reserva (si es necesario) del vehículo. Si un neumático debe de ser cambiado, use la llave para remover la envoltura de la rueda. **Peligro:** *Las envolturas de las ruedas pueden tener las orillas con filo - tenga mucho cuidado para no cortarse. Afloje las tuercas una media vuelta, pero déjelas en su sitio hasta que el neumático se levante del piso.*

Posicione el gato debajo del vehículo en el punto indicado. Hay una clavija de localización del gato cerca de cada rueda (vea ilustraciones). Gire la manivela del gato a la derecha hasta que el neumático se despegue del piso. Remueva las tuercas, remueva el neumático e instale el respuesto. Enrosque la parte trasera de las tuercas con las orillas biseladas enfrente y las aprieta suavemente. No procure apretarlas completamente hasta que el vehículo esté bajado en el piso.

Gire la manivela del gato para bajar el vehículo a la izquierda. Remueva el gato y apriete las tuercas (si las aflojó o removió) en un patrón entrecruzado. Si es posible, use una llave torsiométrica para apretarlas (vea Capítulo 1 para las figuras del par de torsión). Si usted no tiene una llave torsiométrica, lleve para que las tuercas sean chequeadas por una gasolinera o un taller de reparación tan pronto sea posible.

Guarde el neumático, el gato, la llave y libere las ruedas.

Remolcar

Los vehículos con un transeje automático se pueden remolcar con las cuatro ruedas en el pavimento, con tal de que la velocidad no exceda 25 MPH (millas por horas) y la distancia no sea más de 15 millas. De otro modo, daño a la transmisión puede resultar. Si la transmisión está dañada o la distancia excede 15 millas, el vehículo se debe remolcar con las ruedas del frente que no hagan contacto con el pavimento.

Los vehículos con un transeje manual se pueden remolcar a cualquier velocidad legal de carretera por cualquier cantidad de distancia. Si el vehículo tiene un transeje dañado, remólquelo solamente con las ruedas del frente que no hagan contacto con la carretera.

Equipo de remolque específicamente diseñado para este propósito debe ser usado y debe ser conectado a los miembros estructurales principales del vehículo y no los parachoques ni soportes.

La seguridad es la mayor consideración cuando remolque y todas las leyes locales y estatales se deben de aplicar y se deben obedecer. Un sistema de cadena de seguridad se debe usar para todo remolque.

Mientras esté remolcando, el freno de estacionamiento se debe liberar y la transmisión debe estar en Neutral. El volante se debe liberar (interruptor de la ignición en la posición de apagado). Recuérdese que la dirección de poder y los frenos de potencia no trabajarán con el motor apagado.

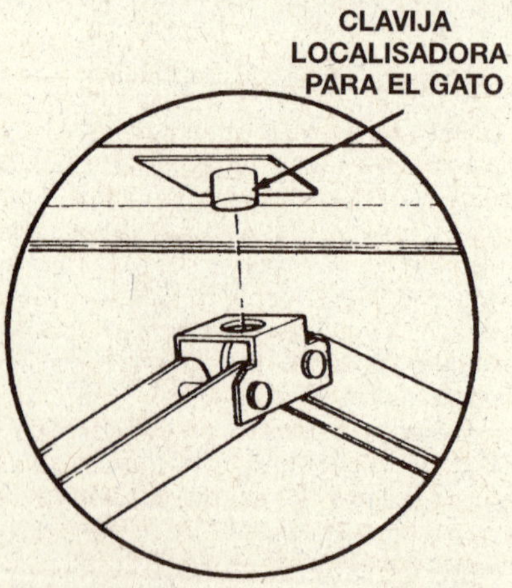

El gato suministrado con el vehículo encaja encima de una clavija en la parte inferior del vehículo - hay uno cerca de cada rueda

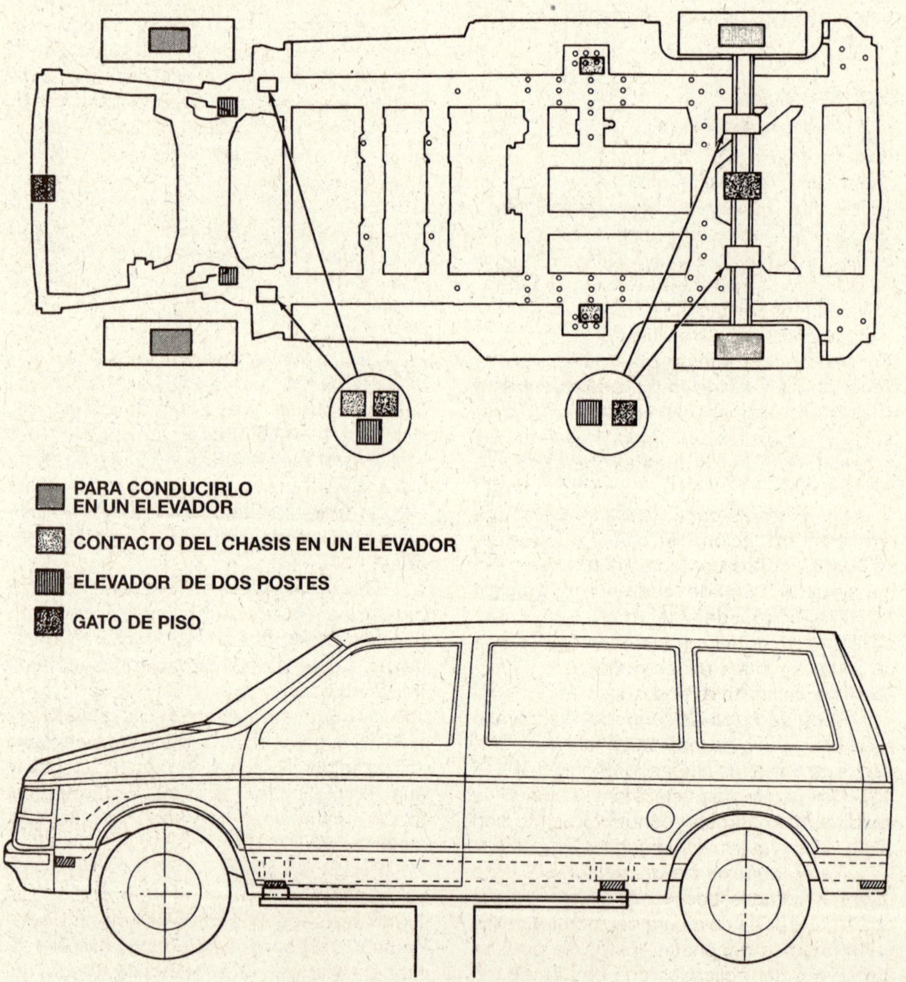

Puntos para levantar y elevar

Químicos y lubricantes automotrices

Un número de químicos y lubricantes automotrices están disponibles para usarse durante el mantenimiento y la reparación del vehículo. Ellos incluyen una variedad de productos que se extienden de solventes de limpiar y removedores de grasa a lubricantes y rociadores para proteger el caucho, plástico y vinilo.

Limpiadores

Limpiadores para el carburador y el estrangulador son unos solventes muy fuerte para remover barniz y carbón. La mayoría de los limpiadores de carburador dejan un lubricante con una película seca que no se endurecerá o se hará barniz. Por esta película, no es recomendable de usarlo en componentes eléctricos.

Limpiadores para el sistema de freno es usado para remover grasa y líquido de freno del sistema de freno, cuando superficies limpias son absolutamente necesarias. No deja ningún residuo y muy frecuente eliminan ruidos de los frenos causados por contaminantes.

Limpiadores para sistemas eléctricos remueven oxidación, corrosión y depósitos de carbón de los contactos eléctricos, restaurando el flujo de corriente completo. También se puede usar para limpiar las bujías, espreas del carburador, reguladores de voltajes y otras partes donde una superficie libre de aceite es deseada.

Removedores de humedad remueven agua y humedad de los componentes eléctricos tales como los alternadores, reguladores de voltaje, conectores eléctricos y bloque de fusibles. Estos no son conductores, no son corrosivos y no son flamantes.

Removedores de grasa son solvente para trabajos pesados, usados para remover grasa de la parte de afuera del motor y de los componentes del chasis. Estos se pueden atomizar o ser aplicados con una brocha y, dependiendo en el tipo, enjugados con agua o solvente.

Lubricantes

Aceite de motor es el lubrificante formulado para usarlo en los motores. Normalmente contiene una variedad amplia de aditivos para prevenir corrosión y reducir la espuma y desgaste. El aceite para motor viene en una variedad de pesos (valuaciones de viscosidad) de 5 al 80. El peso del aceite recomendado para el motor depende en la estación del año, temperatura y la demanda del motor. Aceite delgado se usa en climas fríos y donde la demanda del motor es baja. Aceites gruesos se usan en climas calientes y donde la demanda del motor es alta. Aceites de viscosidad múltiple están diseñados para que tengan características de los dos delgado y grueso y se pueden hallar en un número de pesos desde 5W - 20 hasta 20W - 50.

Aceite para los engranes es diseñado para ser usado en diferenciales, transmisiones manuales y otras áreas donde lubricación de alta temperatura es requerido.

Grasa para chasis y baleros es una grasa gruesa usada donde la carga y la alta fricción se encuentran, tal como en los baleros de las ruedas, rótulas y uniones universales.

Grasa de alta temperatura para los baleros está diseñada para sostener las temperaturas alta encontradas en los baleros de las ruedas de los vehículos equipados con frenos de disco.

Grasa blanca es una grasa gruesa para aplicación entre metal y metal donde el agua es un problema. La grasa blanca se mantiene suave durante temperaturas bajas y altas (por lo general de -100 hasta +190 grados F), y no se sale del metal o diluye en la presencia del agua.

Lubricante para ensamblar es un lubricante especial de presión extrema, comúnmente conteniendo moly, usado para lubricar partes de alta fricción/cargo (tal como cojinetes principales, de bielas y árbol de levas) para el arranque inicial de un motor. El lubricante para ensamblar lubrica las partes sin ser exprimido hacia afuera o ser lavado hasta que el sistema de lubricación del motor esté funcionando.

Lubricantes de silicio se usan para proteger caucho, plástico, vinilo y partes de nilón.

Lubricantes de grafito se usan donde el aceite no se puede usar debido a los problemas de contaminación, tal como en las cerraduras. El grafito seco lubricará las partes de metal mientras se mantendrá fuera de contaminación del polvo, agua, aceite o ácidos. Es conductible de electricidad y no dañará los contactos eléctricos en las cerraduras tal como el interruptor de la ignición.

Penetrantes de tipo moly aflojan, lubrican pernos, tuercas oxidadas, corroídas y previenen corrosión y oxidación en el futuro.

Grasa de calor penetrante es una grasa eléctrica especial no conductiva, que se usa para montar módulos electrónicos de ignición, donde es esencial que el calor se transfiera del módulo.

Selladores

Selladores RTV es uno de los compuestos de juntas más usados. Hechos de silicona, el RTV se seca con el aire, sella, pega, es resistente al agua, llena superficies irregulares, se mantiene flexible, no se encoge, es relativamente fácil de remover, y es usado como un sellador suplemental con casi todas las juntas de baja y mediana temperatura.

Sellador anaerobio es muy parecido al RTV que se puede usar para sellar juntas o formar una junta por si mismo. Se mantiene flexible, es resistente al solvente y llena imperfecciones en la superficie. La diferencia entre un sellador anaerobio y un sellador tipo RTV es como se seca. El RTV se seca cuando se expone al aire, mientras un sellador anaerobio se seca solamente en la ausencia de aire.

Sellador para rosca y pipa es usado

para sellar conexiones hidráulicas, neumáticas y líneas de vacío. Es hecho por lo general de compuesto de teflón, y viene en un atomizador, pintura liquida y como una forma de cinta.

Productos químicos

Compuesto contra el atoramiento de las roscas previene de que se atoren las roscas por óxido, frío y corrosión. Este tipo de compuesto para temperaturas altas, por lo general está compuesto de cobre y lubricante de grafito, es usado en sistemas de escape y pernos en el múltiple del escape.

Compuesto anaerobio para las roscas se usan para mantener las tuercas en su lugar para que no se aflojen bajo vibraciones y se seca después de que se instala, en ausencia de aire. Compuesto de media fuerza se usa para tuercas pequeñas, pernos y tornillos que se podrán remover más adelante. Compuesto de una fuerza más grande se usa en tuercas más grande, pernos y espárragos que no se remueven regularmente.

Aditivos para el aceite son catalogados debido a sus propiedades químicas que ayudan a reducir las fricciones interna del motor. Se debe mencionar que las mayorías de los fabricantes de aceite recomiendan no usar ningún tipo de aditivo con sus aceites.

Aditivos para la gasolina ejecutan varias funciones, dependiendo en los compuestos químicos. Usualmente contienen solventes que ayudan a eliminar el barniz que se acumula encima del carburador, sistema de inyección y los puertos de entrada. Estos también ayudan a eliminar los depósitos de carbón que se depositan encima de la cámara de combustión. Algunos aditivos contienen lubricante para la parte de encima de los cilindros, para lubricar las válvulas y los anillos de los pistones, y otros contienen químicos para remover la condensación en el tanque de gasolina.

Misceláneas

Flúido de freno es un flúido hidráulico especialmente formulado, que puede sostener el calor y la presión que se encuentra en el sistema de frenos. Mucho cuidado se debe de tener de que este flúido no entre en contacto con las partes pintadas del vehículo o plástico. Un recipiente abierto siempre se debe de sellar para prevenir contaminación de agua o tierra.

Adhesivo para caucho se usa para pegar caucho alrededor de las puertas, ventanas y el maletero. También aveces se usa para pegar molduras.

Selladores para la parte de abajo del vehículo es una base de petróleo, diseñada para proteger las superficies de metales de la parte de abajo del vehículo de la corrosión. También actúa como un agente para dosificar el sonido insolando la parte de abajo del vehículo.

Ceras y pulidores se usan para ayudar a proteger la pintura y las partes plateadas de la interpedie. Diferente tipos de pinturas pueden requerir diferente tipos de ceras y pulidores. Algunos pulidores utilizan limpiadores químicos o abrasivos para ayudar a remover la capa de encima de oxidación de la pintura (sin lustre) en los vehículos más antiguos. En los años recientes muchos pulidores sin ceras que contienen una variedad de químicos tales como los que son basados en silicona se han introducido. Estos pulidores sin cera son por lo general más fáciles de aplicar y duran un tiempo más largo que las ceras y pulidores convencionales.

Factores de conversión

Largo (distancia)

Pulgadas	X	25.4	=	Milímetros (mm)	X	0.0394	=	Pulgada
Pies	X	0.305	=	Metros (m)	X	3.281	=	Pies
Millas	X	1.609	=	Kilómetros (km)	X	0.621	=	Millas

Volumen (capacidad)

Pulgadas cubicas cubicas	X	16.387	=	Centímetros cúbicos	X	0.061	=	Pulgadas
Pinta imperial	X	0.568	=	Litros	X	1.76	=	Pinta imperial
Cuarto imperial	X	1.137	=	Litros	X	0.88	=	Cuarto imperial
Cuarto imperial	X	1.201	=	Cuarto US	X	0.833	=	Cuarto imperial
Cuarto US	X	0.946	=	Litros	X	1.057	=	Cuarto US
Galón imperial	X	4.546	=	Litros	X	0.22	=	Galón imperial
Galón imperial	X	1.201	=	Galón US	X	0.833	=	Galón imperial
Galón US	X	3.785	=	Litros	X	0.264	=	Galón US

Masa (peso)

Onzas	X	28.35	=	Gramo	X	0.035	=	Onzas
Libras	X	0.454	=	kilogramo	X	2.205	=	Libras

Fuerza

Onzas de fuerza	X	0.278	=	Newton	X	3.6	=	Onzas de fuerza
Libras de fuerza	X	4.448	=	Newton	X	0.225	=	Fuerza de libras
Newton	X	0.1	=	Kilogramo de fuerza	X	9.81	=	Newton

Presión

Libras de fuerza por pulgadas cuadradas	X	0.070	=	Kilogramo de fuerza	X	14.223	=	Libras de fuerza por pulgada cuadrada
Libras de fuerza por pulgadas cuadradas	X	0.068	=	Atmósfera	X	14.696	=	Libras de fuerza por pulgada cuadrada
Libras de fuerza por pulgadas cuadradas	X	0.069	=	Bars	X	14.5	=	Libras de fuerza por pulgada cuadrada
Libras de fuerza por pulgadas cuadradas	X	6.895	=	Kilopascals	X	0.145	=	Libras de fuerza por pulgada cuadrada
Kilopascals	X	0.01	=	Centímetro cuadrado kilogramo de fuerza por	X	98.1	=	Kilopascals

Torsión (momento de fuerza)

Fuerza de libras por pulgadas	X	1.152	=	Kilogramo de fuerza por centímetro	X	0.868	=	Fuerza de libras por pulgadas
Fuerza de libras por pulgadas	X	0.113	=	Metros Newton	X	8.85	=	Fuerza de libras por pulgadas
Fuerza de libras por pulgadas	X	0.083	=	Fuerza de libras por pies	X	12	=	Fuerza de libras por pulgadas
Fuerza de libras por pulgadas	X	0.138	=	Kilogramo de fuerza por metro	X	7.233	=	Fuerza de libras por pies
Fuerza de libras por pulgadas	X	1.356	=	Metros Newton	X	0.738	=	Fuerza de libras por pies
Metros Newton	X	0.102	=	Kilogramo de fuerza por metro	X	9.804	=	Metros Newton

Poder

Caballo de fuerza	X	745.7	=	Watts	X	0.0013	=	Caballo de fuerza

Velocidad

Millas por horas	X	1.609	=	Kilometro por horas	X	0.621	=	Millas por horas

*Consumo de combustible **

Millas por galón, Imperial	X	0.354	=	Kilometro por litro	X	2.825	=	Millas por galón, Imperial
Millas por galón, US	X	0.425	=	Kilometro por litro	X	2.352	=	Millas por galón, US

Temperatura

Grados Fahrenheit = (ºC x 1.8) + 32 Grados en Celsius (grados en centígrados; °C) = (°F - 32) x 0.56

** Es una práctica muy común de convertir las millas por galón (Mpg) a litros/100 kilómetros (1/100), cuando Mpg (Imperial) x 1/100 km = 282 y Mpg (US) x 1/100 km = 235*

¡Seguridad primero!

Sin importar que tan entusiástico usted esté con el trabajo que usted va a desempeñar, tome el tiempo para asegurarse de que su seguridad no esté a riesgo. Un momento que le falte la concentración puede resultar en un accidente, igual que fallar a observar ciertas precauciones simples de seguridad. La posibilidad de un accidente existirá siempre, y la lista siguiente no se debe considerar una lista comprensiva de todos los peligros. Más bien, están hechas con la intención de ponerlo en alerta de estos riesgos y de promocionar una seguridad en su conciencia en todo tipo de trabajo que realice en su vehículo.

Esenciales SI y NO

NO confíe en un gato cuando esté trabajando debajo del vehículo. Siempre use estantes aprobados para este tipo de trabajo, para soportar el peso del vehículo e instálelos debajo del lugar recomendado o los puntos de soportes.

NO atente zafar tuercas o tornillos que estén muy apretados (tuercas de las ruedas) mientras el vehículo está en el gato - se puede caer.

NO ponga el motor en marcha antes de asegurarse de que la transmisión está en neutral (o estacionamiento donde sea aplicable) y el freno de estacionamiento está aplicado.

NO remueva la tapa del radiador del sistema de enfriamiento cuando esté caliente - déjelo que se enfríe o cúbralo con un pedazo de trapo y permita que la presión se salga gradualmente.

NO atente drenar el aceite del motor hasta que usted esté seguro de que se ha enfriado hasta el punto de que no se va a quemar.

NO toque ninguna parte del motor o del sistema de escape hasta que se halla enfriado lo suficiente para prevenir quemaduras.

NO remueva líquidos en forma de sifón tales como gasolina, anticongelante y fluidos de freno con la boca o permita de que entren en contacto con su piel.

NO respire polvo de los frenos - es potencialmente dañino **(vea asbestos más abajo)**

NO deje aceite derramado ni grasa que permanezca en el piso - séquelo antes de que alguien se resbale.

NO use herramientas que queden flojas u otro tipo de herramientas que se puedan resbalar y causar una lesión.

NO empuje en las herramientas cuando esté zafando o apretando tuercas o pernos. Siempre trate de halar la herramienta contra usted. Si la situación requiere empujar la herramienta (separándola de usted), empújela con la mano abierta para prevenir de golpearse la parte de enfrente de los dedos en el caso de que se resbale.

NO atente levantar un componente muy pesado sólo - pídale a alguna persona que lo ayude.

NO se apresure ni tome caminos cortos para terminar un trabajo.

NO deje que niños ni animales anden alrededor del vehículo mientras usted está trabajando.

SI use protección en los ojos cuando este usando herramientas de fuerza tales como taladros, esmeriladoras de banco, etc. y cuando esté trabajando debajo del vehículo.

SI mantenga ropa y pelo suelto bien retirado de cualquier parte que se esté moviendo.

SI esté seguro de que cualquier tipo de elevador tenga una capacidad adecuada para el trabajo que se está desempeñando.

SI tenga a una persona que chequee en usted periódicamente cuando esté trabajando sólo en el vehículo.

SI haga el trabajo en una secuencia lógica y asegúrese de que todo está correctamente ensamblado y apretado.

SI mantenga químicos y fluidos con tapa seguramente sellados y que no lo puedan alcanzar los niños o los animales.

SI se debe recordar que la seguridad de su vehículo afectará a usted y a otros. Si está en duda en cualquier momento, tome consejo de un profesional.

Asbestos

Algunos tipos de fricciones, aisladores, selladores y otros productos - tales como zapatas de freno, bandas de freno, forro del embrague, juntas, etc. - contienen asbestos. Cuidado extensivo se debe de tomar para evitar respirar el polvo de estos productos, ya que es peligroso para su salud. Si está en duda, supóngase de que contienen asbestos.

Fuego

Recuerde todo el tiempo de que la gasolina es muy inflamable. Nunca fume o tenga ningún tipo de llamas alrededor cuando esté trabajando en un vehículo. Pero el riesgo no termina aquí. Una chispa causada por un corto circuito, por dos superficies de metal haciendo contacto una con la otra, o hasta electricidad estática acumulada en su cuerpo bajo ciertas condiciones, pueden encender los vapores de gasolina, quienes en un lugar reducido pueden explotar. **NUNCA**, bajo ninguna circunstancia, use gasolina para limpiar partes. Use un solvente aprobado que no sea peligroso y de seguridad aprobada.

Siempre desconecte el cable negativo de la batería (-) antes de trabajar en el sistema de combustible o de electricidad. Nunca arriesgue derramar combustible en un motor caliente o en los componentes del escape. Es muy fuertemente recomendado que un extinguidor de fuegos esté disponible siempre cerca para usarlo en caso de un fuego eléctrico o de gasolina. Nunca trate de extinguir un fuego eléctrico o de gasolina con agua.

Vapores

Ciertos tipos de vapores son altamente tóxicos y rápidamente pueden causar inconsciencia y hasta la muerte si se respira hasta cierto punto. Los vapores de gasolina entran adentro de esta categoría, igual que algunos vapores de unos solventes de limpieza. Cualquier drenaje de cualquiera de estos fluidos volátiles se debe de hacer en una área bien ventilada.

Cuando esté usando fluidos de limpieza y solventes, lea las instrucciones en el recipiente muy cuidadosamente. Nunca use materiales de un recipiente que no esté marcado.

Nunca deje el motor en marcha en un espacio cerrado, tal como un garaje. Los vapores del escape contienen Monóxido de Carbón, que es extremadamente venenoso. Si usted necesita tener el motor en marcha, siempre hágalo al aire abierto, o por lo menos tenga la parte de atrás del vehículo fuera del área de trabajo.

Si está lo suficiente afortunado de tener

un hoyo en el piso para hacer inspecciones, nunca desagüe o derrame gasolina y nunca mantenga el vehículo en marcha encima del hoyo de inspección. Los vapores, siendo más pesados que el aire, se concentrarán en el hoyo con resultados letales.

La batería

Nunca inicie una chispa o permita que una bombilla sin cubierta se acerque a una batería. Normalmente las baterías despiden cierta cantidad de gas de hidrógeno, que es muy explosivo.

Siempre desconecte el cable negativo (-) de la batería antes de comenzar a trabajar en el sistema de gasolina o eléctrico.

Si es posible, afloje las tapas por donde se llena, cuando esté cargando la batería con una fuente externa (esto no se aplica a baterías selladas o de mantenimiento libre). No cargue la batería a una velocidad muy rápida o se puede estallar.

Tome precaución cuando agregue agua a la batería de mantenimiento libre y cuando transporte una batería. El electrólito, hasta cuando está diluido, es muy corrosivo y no se debe permitir poner en contacto con la ropa o piel.

Siempre use protección para los ojos cuando limpie la batería para prevenir que los depósitos cáusticos entren en sus ojos.

Corriente del hogar

Cuando esté usando una herramienta de poder eléctrica, luz de inspección, etc., que opere con corriente del hogar, siempre asegúrese que la herramienta está correctamente conectada en su enchufe y que, esté apropiadamente conectada a tierra. No use este tipo de artículo en condiciones húmedas y, de nuevo, no cree una chispa o aplique calor excesivo en la vecindad de gasolina o vapores de gasolina.

Voltaje del sistema secundario de la ignición

Un choque eléctrico severo puede resultar tocando ciertas partes del sistema de ignición (tal como los alambres de las bujías) cuando el motor esté en marcha o se esté tratando de poner en marcha, particularmente si los componentes están húmedos o el aislamiento está defectuoso. En el caso de un sistema de ignición electrónica, el voltaje del sistema secundario es más alto y podría probar ser fatal.

Identificación y resolución de problemas

Contenidos

Esta Sección provee una guía de referencia fácil a los problemas más comunes que ocurrirán durante la operación de su camión. Estos problemas y posibles causas son agrupadas debajo de varios componentes o sistemas, tal como motor, sistema de enfriamiento, etc., y también se refiere a Capítulo(s) y/o Sección(es) que tratan con el problema.

Recuérdese que para resolver un problema satisfactoriamente no es un arte misterioso que es practicado solamente por mecánicos profesionales. Es solamente el resultado de un poco de conocimiento, combinado con inteligencia y un acercamiento sistemático al problema. Siempre trabaje bajo un proceso de eliminación, empezando con la solución más simple y trabajando hacia la más compleja y nunca sobre mire lo obvio. A cualquiera se le puede olvidar llenar el tanque de combustible o dejar las luces encendida toda la noche, así que no asuma que nada de esto no sucede.

Finalmente, siempre ponga claro en su mente porqué un problema a ocurrido y tome pasos para asegurar que no suceda de nuevo. Si el sistema eléctrico falla a causa de una conexión pobre, chequee todas las otras conexiones en el sistema para asegurarse que no fallen igualmente. Si un fusible en particular continúa quemándose, averigüe porque - no solamente reemplace el fusible. Recuerde, el fallo de un componente pequeño a menudo puede ser indicación de un fallo más grande o funcionamiento incorrecto de un componente más importante o sistema.

Motor

1 Motor no girará cuándo se procura poner en marcha

1 Conexiones de la terminal de la batería flojas o corroídas. Chequee las terminales del cable en la batería. Apriete el cable o remueva la corrosión según sea necesario.
2 Batería descargada o defectuosa. Si las conexiones del cable están limpias y apretadas en los postes de la batería, gire la llave de la ignición a la posición en marcha y prenda las luces y/o el limpiador de parabrisas. Si ellos no funcionan, la batería está descargada.
3 Transeje automático no está enganchado completamente en Estacionamiento ni Neutral o pedal del embrague no está completamente deprimido.
4 Roto, flojo o alambrado desconectado en el circuito de arranque. Inspeccione todo el alambrado y los acopladores en la batería, solenoide del motor de arranque e interruptor de la ignición.
5 Piñón motriz del motor de arranque está obstruido en el anillo del volante. Si es un transeje manual, ponga el transeje en su lugar en el engrane apropiado y meza el vehículo para girar manualmente el motor. Remueva el motor de arranque e inspeccione el piñón y el volante en la conveniencia más temprana (Capítulo 5).
6 Solenoide del motor de arranque defectuoso (Capítulo 5).
7 Motor de arranque defectuoso (Capítulo 5).
8 Interruptor de la ignición defectuoso (Capítulo 12).

2 Motor gira pero no comienza

1 El tanque de combustible vacío.
2 Sistema defectuoso del carburador o inyección de combustible (Capítulo 4).
3 Batería descargada (motor gira lentamente). Chequee la operación de los componentes eléctricos como está descrito en la Sección previa.
4 Las conexiones de la terminal de la batería flojas o corroídas (vea Sección previa).
5 Bomba de combustible defectuosa (Capítulo 4).
6 Humedad excesiva en, o daño a los componentes de la ignición (Capítulo 5).
7 Desgastado, defectuoso o luz de las bujías incorrectamente ajustada (Capítulo 1).
8 Roto, aflojado o alambrado desconectado en el circuito que se pone en marcha (vea Sección previa).
9 Distribuidor flojo (motores equipado con distribuidor), regulación de tiempo del encendido que causa cambiar. Gire el distribuidor para poner el motor en marcha según sea necesario, entonces gradúe la regulación del tiempo del encendido lo más pronto posible (Capítulo 1).
10 Roto, flojo o alambres desconectados en la bobina para la ignición o bobina defectuosa (Capítulo 5).

3 Motor de arranque opera sin girar el motor

1 Atascamiento del engrane del motor de arranque. Remueva el motor de arranque (Capítulo 5) e inspeccione.
2 Engrane del motor de arranque o dientes del volante desgastados o rotos. Remueva la envoltura de acceso al volante/plato accionador e inspeccione.

4 Motor duro de poner en marcha cuándo está frío

1 Batería descargada o baja. Chequee como está descrito en la Sección 1.
2 Defecto en el combustible o sistemas eléctricos (Capítulos 4 y 5).
3 El carburador necesita una reconstrucción completa (Capítulo 4).
4 Carbón en el rotor del distribuidor y/o dañado (Capítulos 1 y 5).
5 Control del estrangulador obstruido o no está operando (Capítulos 1 y 4).

5 Motor duro de poner en marcha cuándo está caliente

1 Filtro de aire obstruido (Capítulo 1).
2 Defecto en el combustible o sistemas eléctricos (Capítulos 4 y 5).
3 El combustible no alcanza al sistema del carburador o inyección de combustible (vea Sección 2).

6 Motor de arranque ruidoso o excesivamente áspero cuando hace contacto

1 Piñón o dientes de engrane del volante desgastados o rotos. Remueva la envoltura en el motor trasero (si está equipado) e inspeccione.
2 Calzos del motor de arranque flojos o faltan.

7 Motor se pone en marcha pero se detiene inmediatamente

1 Conexiones flojas o defectuosas eléctricas en el distribuidor, la bobina o el alternador.
2 Defecto en el combustible o sistemas eléctricos (Capítulos 4 y 5).
3 Insuficiente combustible llegando al sistema del carburador o inyección de combustible. Chequee la bomba de combustible (Capítulo 4).
4 Fuga de vacío en las superficies de la junta del múltiple de admisión, o del cuerpo del carburador/acelerador. Cerciórese que todos los pernos/tuercas que instale se aprieten seguramente y todas las mangueras de vacío estén conectadas al cuerpo del carburador/acelerador y el múltiple, están posesionadas apropiadamente y en buena condición.

8 Motor oscila en marcha mínima o marcha mínima irregular

1 Fuga de vacío. Chequee los pernos/tuercas que afianzan el carburador/al cuerpo de aceleración y el múltiple de admisión para estar seguro de que están apretados. Cerciórese que todas las mangueras de vacío están conectadas y en buena condición. Use un estetoscopio o una longitud de manguera de combustible detenida contra la oreja para escuchar por fuga de vacío mientras que el motor está en marchar. Un sonido que silba se oirá. Una solución de agua enjabonada detectará también las fugas.
2 Combustible defectuoso o sistemas eléctricos (Capítulos 4 y 5).

3 Válvula EGR (recirculación de los gases de escape) que tiene fugas o válvula PCV (ventilación positiva del cárter) obstruida (vea Capítulo 1 y 6).
4 Filtro de aire obstruido (Capítulo 1).
5 La bomba de combustible no entrega el combustible suficiente al sistema del carburador o inyección de combustible (vea Capítulo 4).
6 El cuerpo del carburador/acelerador fuera de ajuste (Capítulo 4).
7 La junta de la cabeza tiene fugas. Realice un chequeo de compresión (Capítulo 2).
8 Lóbulos del árbol de levas desgastado (Capítulo 2).

9 Motor falla en velocidad de marcha mínima

1 Bujías desgastadas o boquete demasiado ancho (Capítulo 1).
2 Combustible defectuoso o sistemas eléctricos (Capítulos 4 y 5).
3 Alambres de las bujías defectuosos (Capítulo 1).

10 Motor falla atraves de las velocidades de manejo

1 Filtro de combustible obstruido y/o impurezas en el sistema de combustible (Capítulo 1).
2 Defectuoso o luz de las bujías incorrectamente calibradas (Capítulo 1).
3 Combustible defectuoso o sistemas eléctricos (Capítulos 4 y 5).
4 Regulación del tiempo del encendido incorrecto (Capítulo 1).
5 Chequee por rajaduras en la tapa del distribuidor, alambre del distribuidor desconectado y componentes dañados del distribuidor (Capítulo 1).
6 Alambre de bujía defectuoso (Capítulo 1).
7 Componentes defectuosos del sistema de emisiones (Capítulo 6).
8 Compresión baja o presión desigual del cilindro. Remueva las bujías y pruebe la compresión con un manómetro (Capítulo 2).
9 Sistema de ignición débil o defectuoso (Capítulo 5).
10 Fuga de vacío en el cuerpo del carburador/acelerador, mangueras del múltiple de admisión de vacío (vea Sección 8).

11 Motor se apaga

1 Velocidad de marcha mínima incorrecta. Refiérase a la etiqueta de VECI (etiqueta de información para el control de las emisiones del vehículo) y Capítulo 1.
2 Filtro de combustible obstruido y/o agua e impurezas en el sistema de combustible (Capítulo 1).
3 Componentes del distribuidor húmedo o dañado (Capítulo 5).
4 Sistema de combustible defectuoso o sensores de información del sistema de control de emisiones defectuosos (Capítulos 4 y 6).
5 Componentes defectuosos del sistema de emisiones (Capítulo 6).
6 Defectuosa o luz de las bujías incorrectamente calibradas (Capítulo 1). También chequee los alambres de las bujías (Capítulo 1).
7 Fuga de vacío en el cuerpo del carburador/acelerador, mangueras de vacío o múltiple de admisión de vacío. Chequee como está descrito en la Sección 8.

12 Motor carece de poder

1 Regulación del tiempo del encendido incorrecto (Capítulo 1).
2 Combustible defectuoso o sistemas eléctricos (Capítulos 4 y 5).
3 Juego excesivo en el eje del distribuidor (excepto los sistemas DIS). Al mismo tiempo, chequee por un rotor dañado, tapa del distribuidor defectuosa, alambres, etc. (Capítulos 1 y 5).
4 Defectuosa o luz de las bujías incorrectamente calibradas (Capítulo 1).
5 Cuerpo del carburador/acelerador no ajustado apropiadamente ni excesivamente desgastado (Capítulo 4).
6 Bobina defectuosa (Capítulo 5).
7 Frenos pegándose (Capítulo 1).
8 Nivel del flúido del transeje automático incorrecto (Capítulo 1).
9 Resbalando el embrague (Capítulo 8).
10 Filtro de combustible obstruido y/o impurezas en el sistema de combustible (Capítulo 1).
11 Sistema de control de emisiones no funciona apropiadamente (Capítulo 6).
12 El uso del combustible sub estándar. Llene el tanque con el octano del combustible apropiado.
13 Compresión baja o presión desigual de los cilindros. Chequéela con un comprobador de compresión, que detectará válvulas que tienen fugas y/o una junta de la cabeza quemada (Capítulo 2).

13 Petardeo del motor

1 Sistema de emisiones no funcionan apropiadamente (Capítulo 6).
2 Combustible defectuoso o sistemas eléctricos (Capítulos 4 y 5).
3 Regulación del tiempo del encendido incorrecto (Capítulo 1).
4 Sistema de ignición secundario defectuoso (grieta en el aislador de la bujía, alambres de bujías defectuosos, tapa del distribuidor y/o rotor) (Capítulos 1 y 5).
5 El carburador necesita ajuste o desgastado excesivamente (Capítulo 4).
6 Fuga de vacío en el cuerpo del carburador/acelerador, mangueras de vacío o múltiple de admisión de vacío. Chequee como está descrito en la Sección 8.
7 Válvulas pegándose (Capítulo 2).

14 Cascabeleo o golpeteo del motor durante la aceleración o subiendo una cuesta

1 Grado incorrecto del combustible. Llene el tanque con el valor del combustible del octano apropiado.
2 Combustible defectuoso o sistemas eléctricos (Capítulos 4 y 5).
3 Regulación del tiempo del encendido incorrecto (Capítulo 1).
4 Carburador fuera de ajuste (Capítulo 4).
5 Bujías incorrectas. Chequee el tipo de bujías contra la etiqueta de VECI (etiqueta de información para el control de las emisiones del vehículo) localizada en el compartimiento del motor. También chequee las bujías y los alambres por daño (Capítulo 1).
6 Desgastados o dañados en los componentes del distribuidor (Capítulo 5).
7 Sistema de emisiones defectuoso (Capítulo 6).
8 Fuga de vacío. Chequee como está descrito en la Sección 9.

15 Motor continúa corriendo después de apagar la llave

1 Velocidad de marcha mínima demasiado alta. Refiérase al Capítulo 1.
2 Combustible defectuoso o sistemas eléctricos (Capítulos 4 y 5).
3 Regulación del tiempo del encendido incorrecto (Capítulo 1).
4 La válvula de calor del depurador de aire de controlada térmicamente no está operando apropiadamente (Capítulos 1 y 6).
5 Temperatura excesiva de operación del motor. Las causas probables de esto son un funcionamiento del termostato malo, radiador obstruido, bomba de agua defectuosa (Capítulo 3).

Sistema eléctrico del motor

16 Batería no mantiene la carga

1 Banda del alternador defectuosa o floja (Capítulo 1).
2 Nivel del electrólito bajo o la batería descargada (Capítulo 1).
3 Terminales de la batería flojas o corroídas (Capítulo 1).
4 Alternador no está cargando apropiadamente (Capítulo 5).
5 Alambre flojo, roto o defectuoso en el circuito de carga (Capítulo 5).
6 Corto en el alambrado del vehículo cau-

sando una fuga continua en la batería (refiérase al Capítulo 12 y los Esquemas de Alambrado).
7 Batería internamente defectuosa.

17 Luz de la ignición no se apaga

1 Alternador defectuoso o circuito de carga (Capítulo 5).
2 Banda del alternador defectuosa o floja (Capítulo 1).

18 Luz de la ignición falla de iluminar cuando se enciende la llave de la ignición

1 Bombilla de la luz de advertencia del grupo de instrumentos defectuosa (Capítulo 12).
2 Alternador defectuoso (Capítulo 5).
3 Defecto en el circuito impreso del grupo de instrumentos, alambrado del tablero o enchufe de la bombilla (Capítulo 12).

Sistema de combustible

19 Consumo excesivo de combustible

1 Sucio o obstruido el elemento del filtro de aire (Capítulo 1).
2 Regulación del tiempo del encendido incorrecta (Capítulo 1).
3 Estrangulador atascado o incorrectamente ajustado (Capítulo 1).
4 Sistema de emisiones no funciona apropiadamente (Capítulo 6).
5 Combustible defectuoso o sistemas eléctricos (Capítulos 4 y 5).
6 Partes internas del carburador excesivamente desgastada o dañada (Capítulo 4).
7 Presión de aire de los neumáticos baja o tamaño incorrecto de los neumáticos (Capítulo 1).

20 Fuga de combustible y/o olor de combustible

1 Fuga en una línea de combustible o línea de ventilación (Capítulo 4).
2 Tanque sobre lleno. Llénelo solamente hasta que se apague automáticamente.
3 Canasto del sistema de emisiones evaporativas obstruido (Capítulo 6).
4 Vapor se fuga de las líneas del sistema (Capítulo 4).
5 Partes internas del carburador excesivamente desgastada o fuera de ajuste (Capítulo 4).
6 Inyector(es) de combustible tiene fugas (Capítulo 4).
7 Regulador de presión del combustible tiene fugas (Capítulo 4).

Sistema de enfriamiento

21 Sobrecalentamiento

1 Nivel del anticongelante bajo (Capítulo 1).
2 Banda de la bomba de agua defectuosa o floja (Capítulo 1).
3 Núcleo del radiador bloqueado o parrilla del radiador restringida (Capítulo 3).
4 Termostato defectuoso (Capítulo 3).
5 Hojas del ventilador rotas o agrietadas (Capítulo 3).
6 Tapa del radiador no mantiene la presión apropiada. Haga que la presión de retención de la tapa sea chequeada por una gasolinera o taller de reparación.
7 Regulación del tiempo del encendido incorrecto (Capítulo 1).

22 Sobreenfriamiento

Termostato defectuoso (Capítulo 3).

23 Fuga externa del anticongelante

1 Mangueras del radiador deterioradas, dañadas o abrazaderas flojas. Reemplace las mangueras del radiador y/o apriete las abrazaderas en las conexiones de la manguera (Capítulo 1).
2 Sello de la bomba de agua defectuoso. Si esto es el caso, el anticongelante se fugará desde el orificio de fuga en la bomba de agua (Capítulo 3).
3 Fuga del núcleo del radiador o tanque. Esto requerirá que el radiador sea reparado profesionalmente (vea Capítulo 3 para procedimientos de como removerlo).
4 Tapón de drenaje del motor (Capítulo 1) o tapón en el bloque del motor tiene fugas (vea Capítulo 2).

24 Fuga interna del anticongelante

Nota: Las fugas internas del anticongelante pueden ser detectadas generalmente examinando el aceite. Chequee la varilla de medir y la tapa de la cabeza del cilindro por deposito de agua y un parecer como leche consistente a la apariencia de aceite.
1 La junta para la cabeza de los cilindros tiene fugas. Haga que el sistema de enfriamiento sea chequeado.
2 Cilindro agrietado o cabeza de los cilindro. Desarme el motor e inspecciónelo (Capítulo 2).

25 Pérdida del anticongelante

1 Mucho anticongelante en el sistema (Capítulo 1).
2 Pérdida del anticongelante causada por sobrecalentamiento (vea Sección 15).
3 Fuga externa o interna (vea Secciónes 23 y 24).
4 Tapa del radiador defectuosa. Haga que la presión de la tapa sea chequeada.

26 Circulación pobre del anticongelante

1 Bomba de agua inoperativa. Una prueba rápida es de pellizcar la manguera superior del radiador primero bloqueándola con su mano mientras el motor está en marcha mínima, entonces aflójela. Usted debe sentir una oleada de anticongelante si la bomba está trabajando apropiadamente (Capítulo 1).
2 Restricción en el sistema de enfriamiento. Desagüe, limpie y rellene el sistema (Capítulo 1). Si fuera necesario, remueva el radiador (Capítulo 3) y límpielo en la forma reversa del flujo.
3 Banda de la bomba del agua defectuosa o floja (Capítulo 1).
4 Termostato atascado (Capítulo 3).

Embrague

27 Falla de liberar (pedal deprimido hasta el piso - palanca de cambio no se mueve libremente hacia adentro o hacia fuera de reversa)

1 Cable desgastado (Capítulo 8).
2 Plato del embrague torcido o dañado (Capítulo 8).
3 Buje desgastado o buje de liberación del embrague seco (Capítulo 8).

28 Embrague resbala (la velocidad del motor incrementa sin aumentar la velocidad de vehículo)

1 Cable fuera de ajuste (Capítulo 1).
2 Aceite en el plato del embrague o forro desgastado. Remueva el embrague (Capítulo 8) e inspeccione.
3 Plato del embrague no asentado. Puede tomar 30 o 40 comienzos normales para que uno nuevo se pueda asentar.

29 Agarrando (vibración) según se libera el embrague

1 Grasa en el forro del plato del embrague. Remueva (Capítulo 8) e inspeccione. Corrija cualquier fuga.
2 Calzos del motor o el transeje desgastados o flojos. Los calzos se mueven levemente cuando el embrague es liberado. Inspeccione los calzos y los pernos

(Capítulo 2).
3 Ranuras desgastadas en el eje de plato de embrague. Remueva los componentes del embrague (Capítulo 8) e inspeccione.
4 Plato de presión o volante alabeado. Remueva los componentes del embrague e inspeccione.

30 Chirrido (vibración) con el embrague completamente liberado (pedal deprimido)

1 Desgastado o dañado el balero de liberación (Capítulo 8).
2 Dedos del diafragma del plato de presión desgastado o roto (Capítulo 8).

31 Pedal del embrague permanece en el piso cuando está deprimido

Varilla o balero de liberación obstruido. Inspeccione el acoplamiento o remueva los componentes del embrague según sea necesario.

Transeje manual

32 Ruidoso en Neutral con el motor en marcha

1 Desgastado o cojinete del eje principal dañado.
2 Cojinetes desgastados del contra eje.
3 Juego final del contra eje incorrecto.

33 Ruidoso en todos los engranes

1 Cualquiera de las causas de encima, y/o:
2 Insuficiente lubricante (vea los procedimientos de chequeo en el Capítulo 1).

34 Ruidoso en un engrane particular

1 Desgastado, dañado o dientes astillados del engrane para ese engrane particular.
2 Sincronizador desgastado o dañado para ese engrane particular.

35 Se resbala fuera de los engranes

1 Transeje flojo o campana del embrague (Capítulo 7).
2 Varillas de cambio que interfieren con los calzos del motor y o palanca del embrague (Capítulo 7).
3 Varillas de cambio no trabajando libremente (Capítulo 7).
4 Tierra entre el transeje y motor o desajuste del transeje (Capítulo 7).
5 Desgastado o ajuste impropiamente de la varilla (Capítulo 7).

36 Difícil de poner en guía

1 Embrague no liberando completamente (vea el ajuste del embrague en el Capítulo 1).
2 Flojo, dañado o fuera de acoplamiento de la varilla de cambio. Haga una inspección completa, reemplazando las partes según sea necesario (Capítulo 7).

37 Fuga de aceite

1 Cantidad excesiva de lubricante en el transeje (vea Capítulo 1 para el procedimiento correcto de chequeo). Drene el lubricante según sea requerido.
2 Sello de aceite defectuoso del eje propulsor o sello de aceite del velocímetro (Capítulo 7).

Transeje automático

Nota: *Debido a la complejidad del transeje automático, es difícil para el mecánico del hogar, de diagnosticar apropiadamente y otorgarle servicio. Para problemas de otra manera que el siguiente, el vehículo debe ser llevado a un departamento de servicio del distribuidor o un taller de reparación de transmisiones.*

38 Problemas generales del mecanismo del cambio

1 Capítulo 7 trata con chequeo y ajuste del acoplamiento del cambio en el transeje automático. Los problemas comunes que pueden ser atribuidos al acoplamiento mal ajustado son:

El motor se pone en marcha en otras velocidades que Estacionamiento o Neutral.

El indicador en el señalador de la palanca de cambio indica a otro engrane que el que fue verdaderamente seleccionado.

El vehículo se mueve cuando está en Estacionamiento.

2 Refiérase al Capítulo 7 para ajustar la varilla.

39 Transeje no cambia hacia abajo cuando el pedal del acelerador está deprimido hasta el piso

Capítulo 7 trata con el ajuste del cable del acelerador para permitir que el transeje cambie hacia abajo apropiadamente.

40 Transeje patina, cambia áspera, es ruidosa o tiene marcha hacia adelante o hacia atrás

1 Hay muchas causas probables para los problemas de encima, pero el mecánico del hogar se debe preocupa solamente con una posibilidad - nivel del flúido.
2 Antes de llevar el vehículo a un taller de reparación, chequee el nivel y la condición del flúido como está descrito en el Capítulo 1. Corrija el nivel del flúido correctamente según sea necesario o cambie el flúido y el filtro si es necesario. Si el problema persiste, haga que un profesional diagnostique la causa del probable.

41 Fuga de flúido

1 Flúido del transeje automático es de un color rojo profundo. Las fugas del flúido no se deben confundir con aceite de motor, que se puede soplar fácilmente por el flujo de aire desde el transeje.
2 Para localizar con toda precisión una fuga, remueva toda tierra primero y suciedad acumulada alrededor del transeje. Los agentes de remover grasa y/o limpiar de vapor lograrán esto. Con la parte inferior limpia, conduzca el vehículo a baja velocidad para que el flujo de aire no sople la fuga fuera de su fuente. Levante el vehículo y determine de donde proviene la fuga. Las áreas comunes de fuga son:

a) ***La cacerola:*** *Apriete los pernos que instalan y/o reemplace la junta de la cacerola según sea necesario (vea Capítulo 7).*
b) ***El tubo para llenar:*** *Reemplace el sello de caucho donde el tubo entra a la caja del transeje.*
c) ***Líneas de aceite de transeje:*** *Apriete los acopladores donde las líneas entran en la caja del transeje y/o reemplace las líneas.*
d) ***El conector del velocímetro:*** *Reemplace el anillo de tipo O donde el cable del velocímetro entra en la caja transeje (Capítulo 7).*

Eje propulsor

42 Ruido cuando se gira

Desgastado o dañado la coyuntura exterior. Chequee por corte o fuelles dañados. Repare según sea necesario (Capítulo 8).

43 Ruido o clunk cuando se acelera después de costear

Desgastado o dañado la coyuntura interior. Chequee por corte o fuelles dañados. Repare según sea necesario (Capítulo 8)

44 Vibración durante la aceleración

1 Ángulo excesivo de la acoplación. Chequee y corrija según sea necesario (Capítulo 8).
2 Desgastadas o dañadas las conexiones CV (velocidad constante). Repare o reemplace según sea necesario (Capítulo 8).
3 Atascada la asamblea de la acoplación CV. Atienda o reemplace según sea necesario (Capítulo 8).

Eje trasero

45 Ruido

1 Ruido del camino. Ninguna acción correctiva disponible.
2 Ruido de neumático. Inspeccione los neumáticos y la presión de aire de los neumáticos (Capítulo 1).
3 Baleros de las ruedas traseras flojos, desgastados o dañados (Capítulo 1).

Frenos

Nota: *Antes de asumir que un problema de freno existe, cerciórese que los neumáticos están en buena condición e inflados apropiadamente (vea Capítulo 1), la alineación de la dirección del frente está correcta y el vehículo no está cargado con peso en una manera desigual.*

46 Vehículo tira hacia un lado durante el frenado

1 Defectuosa, dañada o grasa en un lado de la pastilla del freno de disco. Inspeccione como está descrito en el Capítulo 1.
2 Desgaste excesivos de la pastilla o el disco en un lado. Inspeccione y corrija según sea necesario.
3 Flojo o desconectado componentes del frente de la suspensión. Inspeccione y apriete todo al par de torsión especificado (Capítulo 10).
4 Asamblea de la mordaza defectuosa. Remueva la mordaza e inspeccione por un pistón obstruido u otro daño (Capítulo 9).

47 Ruido agudo con el frenos aplicado

Pastilla del freno de disco desgastada. El ruido proviene del sensor de desgaste haciendo contacto con el disco (no aplica a todos los vehículos) o la misma placa de apoyo de la pastilla haciendo contacto si el material del forro está completamente desgastado. Reemplace las pastillas con unas nuevas inmediatamente (Capítulo 9). Si la materia de la pastilla se ha desgastado completamente, los disco de freno se deben inspeccionar por daño también.

48 Viaje excesivo del pedal de freno

1 Fracaso parcial del sistema de frenos. Inspeccione el sistema entero (Capítulo 9) y corrija según sea requerido.
2 Insuficiente flúido en el cilindro maestro. Chequeo (Capítulo 1), agregue flúido y purgue el sistema si fuera necesario (Capítulo 9).
3 Frenos trasero no ajustando apropiadamente. Haga una serie de comienzos y paradas mientras el transeje está en reversa. Si esto no corrige la situación, remueva los tambores e inspeccione los ajustadores automáticos (Capítulo 9).

49 Pedal del freno se siente esponjoso cuando se deprime

1 Aire en las líneas hidráulicas. Sangre el sistema de frenos (Capítulo 9).
2 Mangueras de freno defectuosa. Inspeccione todas las mangueras del sistema y líneas. Reemplace las partes según sea necesario.
3 Pernos/tuercas de instalar el cilindro maestro flojos.
4 Cilindro maestro defectuoso (Capítulo 9).

50 Esfuerzo excesivo requerido para detener el vehículo

1 Amplificador para los frenos no operando apropiadamente (Capítulo 9).
2 Forros o pastillas excesivamente desgastadas. Inspeccione y reemplace si fuera necesario (Capítulo 9).
3 Uno o más pistones de la mordaza o el cilindro de la rueda atascado. Inspeccione y reconstruya según sea requerido (Capítulo 9).
4 Forros de freno o pastillas contaminadas con aceite o grasa. Inspeccione y reemplace según sea requerido (Capítulo 9).
5 Pastillas o balatas nuevas instaladas y no se asentaron. Tomará un rato para que la materia nueva se asiente contra el tambor (o el rotor).

51 Pedal viaja hasta el piso con pequeña resistencia

Poco o ningún flúido en el depósito del cilindro maestro causado por fugas en el cilindro de la rueda(s), pistón de la mordaza(s) que tiene fuga, floja, líneas de freno dañada o desconectada. Inspeccione el sistema completo y corrija según sea necesario.

52 Pedal del freno pulsa durante la aplicación del freno

1 Mordaza inapropiadamente instalada. Remueva e inspeccione (Capítulo 9).
2 El disco o el tambor defectuoso. Remueva (Capítulo 9) y chequee por desviación en un lado y paralelismo excesivo. Rectifique el disco o el tambor o lo reemplaza con uno nuevo.

Suspensión y el sistema de dirección

53 Vehículo tira hacia un lado

1 Presión de aire de los neumáticos desigual (Capítulo 1).
2 Neumático defectuoso (Capítulo 1).
3 Desgaste excesivo en los componentes de la suspensión o la dirección (Capítulo 10).
4 Alineación del frente incorrecta.
5 Arrastre de los frenos del frente. Inspeccione los frenos según descrito en el Capítulo 9.

54 Bamboleo, sacude o vibración

1 Neumático o rueda fuera de balance u ovalado.
2 Flojo, desgastado o fuera de ajuste los cojinetes de la rueda trasera (Capítulo 1).
3 Componentes de los amortiguadores y/o suspensión desgastados o dañados (Capítulo 10).

55 Cabeceo y/o rodar excesivo en las vueltas o durante cuando se frena

1 Amortiguadores defectuosos. Reemplácelo en juegos (Capítulo 10).
2 Componentes roto o débil de los resortes y/o suspensión. Inspeccione como está descrito en el Capítulo 1 y 10.

56 Dirección excesivamente dura

1 Carece de flúido en el depósito del flúido de la dirección de poder (Capítulo 1).
2 Presión de aire de los neumáticos incorrecta (Capítulo 1).
3 Suspención delantera fuera de alineación.

57 Juego excesivo en la dirección

1 Suspensión o componentes de la dirección excesivamente desgastados (Capítulo 10).
2 Caja de la dirección dañada (Capítulo 10).

58 Falta de asistencia de poder

1 Banda de la bomba de la dirección floja o defectuosa (Capítulo 1).
2 Nivel del flúido bajo (Capítulo 1).
3 Mangueras del radiador o líneas restringidas. Inspeccione y reemplace las partes según sea necesario.
4 Aire en el sistema de la dirección de poder. Sangre el sistema (Capítulo 10).

59 Desgaste excesivo del neumático (no específico a una área)

1 Presión de aire de los neumáticos incorrecta (Capítulo 1).
2 Neumáticos fuera de balance.
3 Ruedas dañadas. Inspeccione y reemplace según sea necesario.
4 Componentes de la suspensión o dirección excesivamente desgastado (Capíulo 10).

60 Desgaste excesivo del neumático en la orilla de fuera

1 Presión de aire de los neumáticos incorrecta (Capítulo 1).
2 Velocidad excesiva en las curvas.
3 Alineación delantera incorrecta (excesiva convergencia/divergencia).
4 Brazo de la suspensión doblado o torcido (Capítulo 10).

61 Desgaste excesivo del neumático en la orilla de adentro

1 Presión de aire de los neumáticos incorrecta (Capítulo 1).
2 Alineación de la suspención delantera incorrecta.
3 Flojo o dañado componentes de la dirección (Capítulo 10).

62 Porción del neumático que hace contacto con la carretera desgastado en solo lugar

1 Neumáticos fuera de balance.
2 Dañado o rueda torcida. Inspeccione y reemplace según sea necesario.
3 Neumático defectuoso (Capítulo 1).

Capítulo 1
Afinación y mantenimiento rutinario

Contenido

1

Especificaciones

Lubricantes y flúidos recomendados

Aceite de motor

Tipo	API (Instituto Americano de Petróleo) SG o SG/CD
Viscosidad	Vea el mapa acompañante

Grados para la viscosidad recomendada

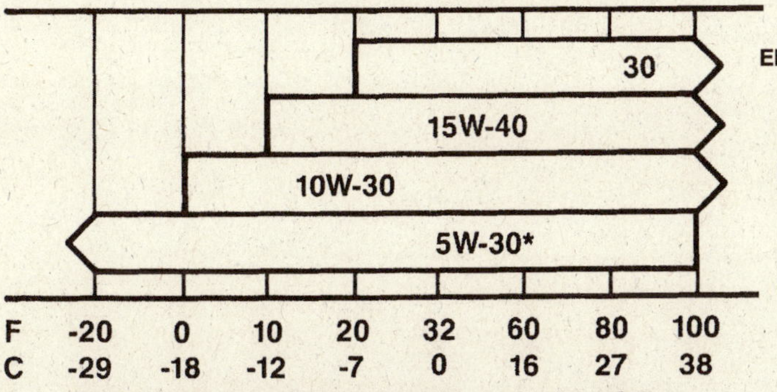

Rangos de temperatura anticipados antes del próximo cambio de aceite

El aceite de motor SAE 5W-30 no es recomendado para el uso en motores de 2.5L encima de 32 Grados F (0 Grados C)

Para mejor economía del combustible y arranque en frío, escoja el grado más bajo de la viscosidad SAE para la temperatura anticipada

Nota: *SAE 10 W-30 es recomendado para usarlo en los motores con turbocargador*

Lubricantes y flúidos recomendados (continuación)

Lubricante de transeje manual	
1986 y más antiguos	ATF (flúido de transmisión automática) MOPAR Plus Tipo 7176 o DEXRON II
1987 y más modernos	Aceite de motor SAE (sociedad de ingenieros automotrices) 5W30
Flúido de Transeje automático	ATF MOPAR Plus Tipo 7176 o DEXRON II
Flúido de la dirección de poder	Flúido de la dirección de poder marca MOPAR 4-253 o el equivalente
Flúido de freno	Flúido de frenos tipo DOT (departamento de transportación) 3
Condicionador de la cámara de combustión (modelos canadienses de combustible con plomo)	Condicionador de la cámara de combustión Autopar (no. VU788 o el equivalente)
Anticongelante del motor	Mezcla 50/50 de Etileno a base de glicol anticongelante y agua
Grasa para el acoplamiento del cambio del transeje	Grasa de chasis NLGI no. 2
Grasa para el acoplamiento del embrague	Grasa de chasis NLGI no. 2
Grasa para el mecanismo del freno de estacionamiento	Grasa NLGI a base de lithium blanco no. 2
Grasa para la lubricación del chasis	Grasa NLGI no. 2 EP
Grasa para los baleros de las ruedas traseras	NLGI no. 2 grasa de temperatura alta EP para los baleros de las ruedas
Lubricante para la dirección manual	Aceite de engrane API GL-4 SAE 90W
Lubricante para las bisagras del capó, las puertas y el maletero/puerta trasera de carga	Aceite de motor
Grasa para la bisagra de la puerta y el resorte de retención	Grasa de propósito múltiple tipo NLGI no. 2
Lubricante del cilindro de la cerradura	Atomizador de grafito
Lubricante de la asamblea del picaporte del capó	MOPAR Lubriplate o equivalente
Lubricante del picaporte de la puerta	MOPAR Door Ease (no. 3744859 o el equivalente)

Capacidades

Aceite de motor (incluyendo el filtro)	
Motor de cuatro cilindros	
2.2L	4.0 quartos
Motor 2.6L	5.0 quartos
2.5L	
1990 y más antiguos	4.0 quartos
1991 y más modernos	4.5 quartos
Motor V6	
3.0L	4.0 quartos
3.3L y 3.8L	4.5 quartos
Tanque de combustible	15 galones
Transeje automático (aproximadamente)	4.0 quartos
Transmisión de transeje manual (aproximadamente)	2.3 quartos
Sistema de enfriamiento (aproximadamente)	
Motor de cuatro cilindros de 2.2L y 2.5L	8.5 quartos (8.0 litros)
Motor de cuatro cilindros 2.6L	9.0 quartos (8.5 litros)
3.0 V6	10.0 quartos (9.5 litros)
3.3L o 3.8L V6	8.5 quartos (8.0 litros)
Calificación de la presión de la tapa del radiador	14 a 17 psi (libras por pulgadas cuadradas)

Frenos

Límite del uso de la pastilla del freno de disco	5/16 pulgada (7.94 mm)
Límite del uso de la balata del freno de tambor	1/8 pulgada (3.17 mm)

Franqueo de las válvulas (motor 2.6L solamente)

Admisión	0.006 pulgada
Escape	0.010 pulgada
Válvula de esprea	0.006 pulgada

Sistema de ignición

Tipo de bujía	
Motor de cuatro cilindros	Champion RN12YC
3.0L V6	Champion RN11YC4
3.3L y 3.8L V6	
1993 y más antiguos	Champion RN16YC5
1994 y más modernos	Champion RN14MC5

Espacio libre de la bujía	
Motor de cuatro cilindros	
2.2L y 2.5L	0.035 pulgada (0.9 mm)
Motor 2.6L	0.040 pulgada (1.0 mm)
Motor V6	
3.0L	0.040 pulgada (1.0 mm)
3.3L y 3.8L	0.050 pulgada (1.3 mm)
Resistencia del alambre de la bujía	
Mínima	3,000 ohmios por pie
Máxima	7,200 ohmios por pie
Regulación del tiempo del encendido	Vea la etiqueta de información de control de emisión del vehículo en el compartimiento del motor
Orden del encendido	
Motor de cuatro cilindros	1-3-4-2
Motor V6	1-2-3-4-5-6

Deflección de la banda

Nota: *Una banda usada es una que ha estado en operación por diez minutos o más*

Alternador	
Nuevo	1/8 pulgada (3 mm)
Usado	1/4 pulgada (6 mm)
Bomba de la dirección de poder	
Nueva	1/4 pulgada (6 mm)
Usada	7/16 pulgada (11 mm)
Bomba de agua	
Nueva	1/8 pulgada (3 mm)
Usada	1/4 pulgada (6 mm)
Compresor del aire acondicionado	
Nuevo	5/16 pulgada (8 mm)
Usado	7/16 pulgada (11 mm)
Bomba de aire	
Nueva	3/16 pulgada (5 mm)
Usada	1/4 pulgada (6 mm)

Ajuste de la banda del transeje automático

Rebase (frente)	Apriete a 72 pulgada-libras, entonces afloje 2-1/2 vueltas
Primera velocidad/reversa	Apriete a 41 pulgada-libras, entonces afloje 3-1/2 vueltas

Especificaciones del par de torsión

	Pie-libras (a menos que de otro modo se indicara)
Perno/tuerca para instalar el cuerpo carburador/cuerpo de inyección	20
Bujías	26
Tuercas de las ruedas	95
Transeje automático	
Pernos de la cacerola	170 pulgada-libras
Tornillos para el cuerpo del filtro-a-válvula	40 pulgada-libras

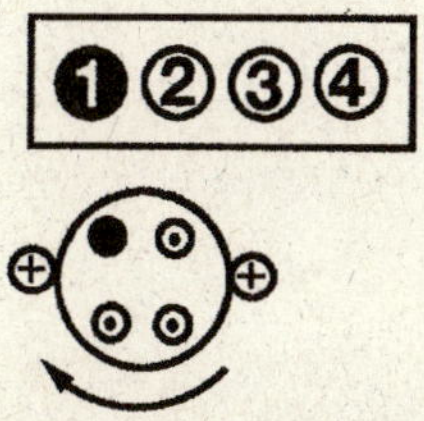

Numeración de los cilindros en los motores de cuatro-cilindros

Numeración de los cilindros en los motores 3.0L V6

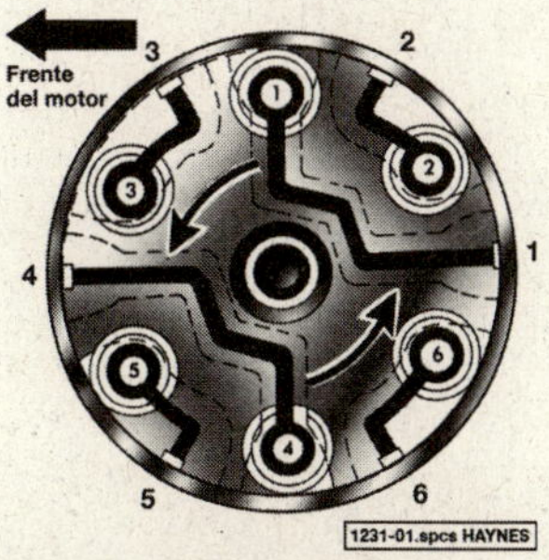

Ruta de las terminales para la tapa del distribuidor en los motores 3.0L V6

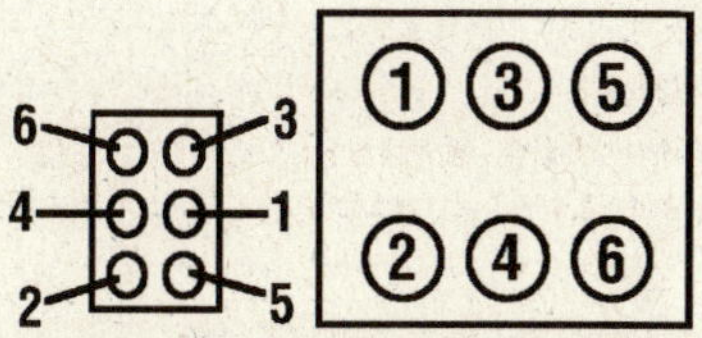

Numeración de los cilindros en los motores 3.3L y motores 3.8L V6

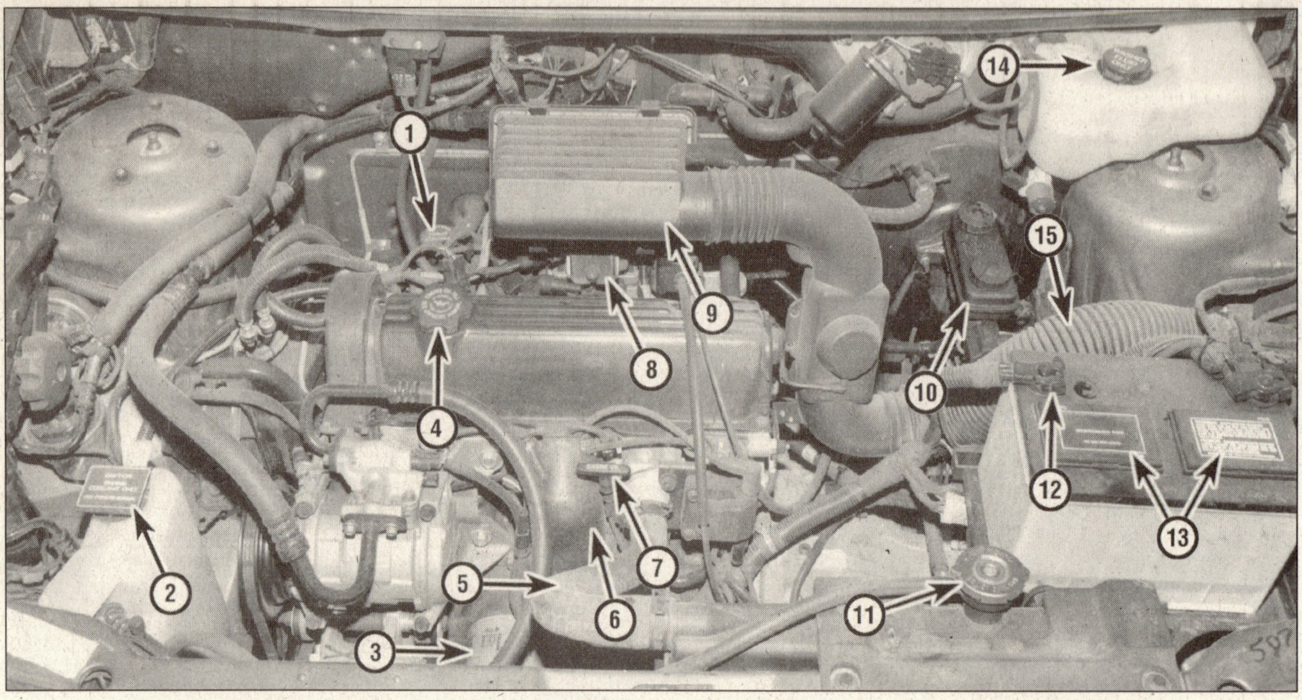

Componentes típicos localizados en el compartimiento del motor (los motor 2.5L y 2.2L son semejante)

1 *Depósito del flúido de la dirección de poder*
2 *Depósito del anticongelante*
3 *Filtro de aceite del motor*
4 *Tapa para el filtro del aceite del motor*
5 *Manguera superior del radiador*
6 *Tapa del distribuidor (escondida por la tapa)*
7 *Varilla graduada para medir el aceite del motor*
8 *Cuerpo de inyección de combustible*
9 *Albergue del depurador de aire*
10 *Cilindro maestro del freno*
11 *Tapa del radiador*
12 *Terminal de la batería*
13 *Tapas para la célula de la batería*
14 *Depósito del flúido para el limpiador del parabrisas*
15 *Conducto del aire exterior*

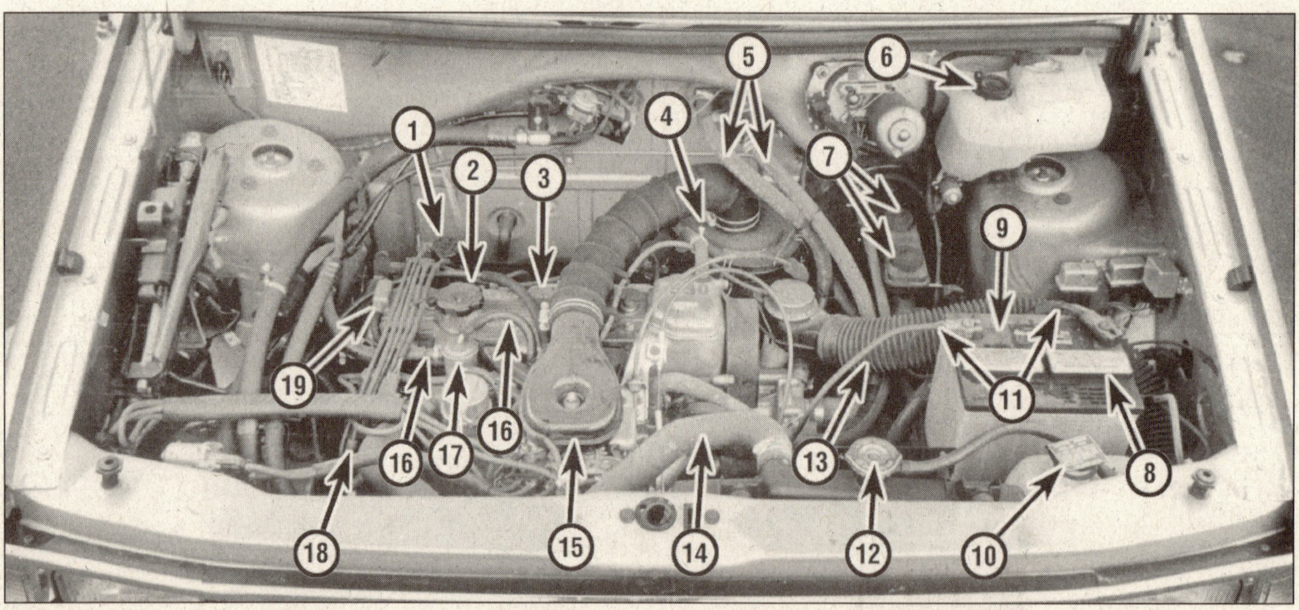

Componentes típicos localizados en el compartimiento del motor (motor 2.6L)

1 *Depósito del flúido de la dirección de poder*
2 *Tapa del abastecedor de aceite del motor*
3 *Cubre válvulas*
4 *Albergue para el depurador de aire*
5 *Mangueras de la calefacción*
6 *Depósito para el limpiador del parabrisas*
7 *Depósito del flúido de freno*
8 *Tapas para las células de la batería*
9 *Terminal de la batería*
10 *Depósito del anticongelante*
11 *Cables de la batería*
12 *Tapa del radiador*
13 *Conducto del aire exterior*
14 *Manguera superior del radiador*
15 *Carburador*
16 *Manguera de combustible*
17 *Filtro de combustible*
18 *Distribuidor*
19 *Válvula PCV*

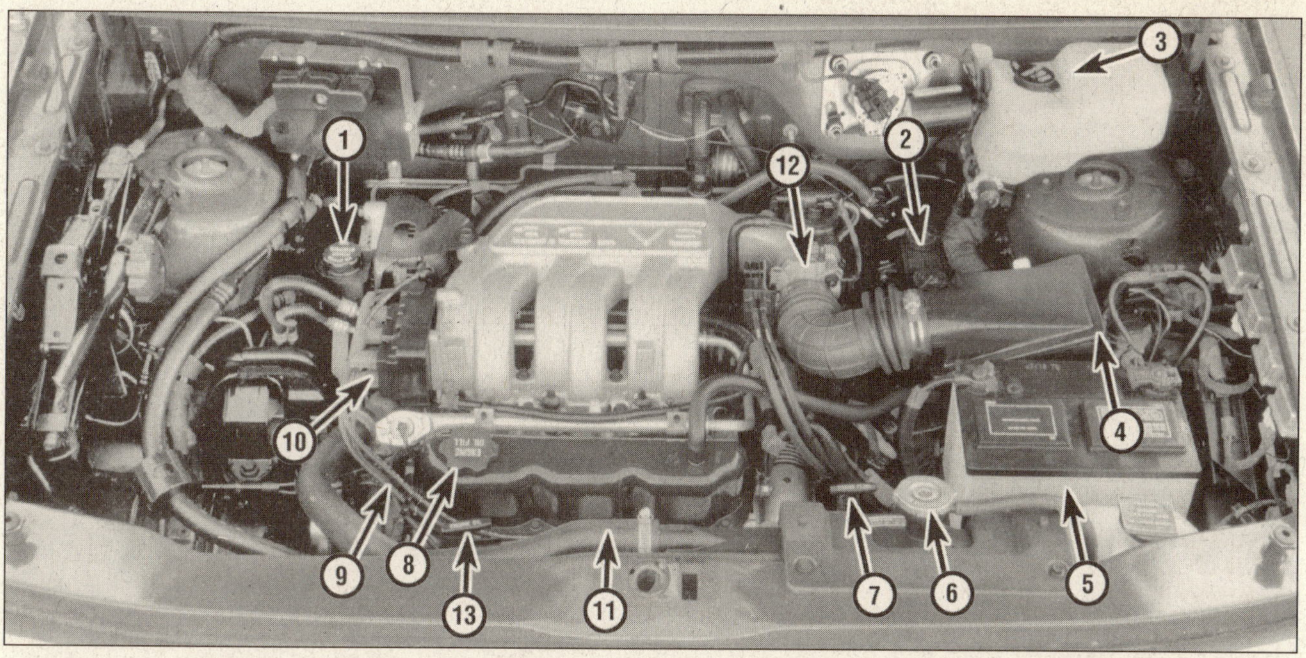

Componentes típicos localizados en el compartimiento del motor (motores de 3.3L y 3.8L)

1 *Depósito del flúido de la dirección de poder*
2 *Depósito del flúido de freno*
3 *Depósito del flúido para el limpiador del parabrisas*
4 *Albergue del depurador de aire*
5 *Batería*
6 *Tapa del radiador*
7 *Varilla graduada para medir del flúido de transeje automático*
8 *Tapa del abastecedor del aceite del motor*
9 *Alambres de lasa bujías*
10 *Unidad DIS (sistema de ignición sin distribuidor)*
11 *Manguera superior del radiador*
12 *Cuerpo de inyección*
13 *Varilla graduada para medir del aceite del motor*

Componentes típicos de la parte inferior del compartimiento del motor

1 *Tapón para el drenaje del aceite del motor*
2 *Mordaza del freno de disco*
3 *El canasto de emisiones evaporativas*
4 *Manguera inferior del radiador*
5 *Tapa del abastecedor del aceite del motor*
6 *Cacerola para el flúido del transeje automático*
7 *Manguera del freno*
8 *Fuelle del eje*
9 *Rotula*

Componentes típicos de la parte inferior trasera

1 *Cámara de expansión para el sistema de escape*
2 *Manguera de combustible*
3 *Tanque de combustible*
4 *Ajustador para el cable de estacionamiento*
5 *Amortiguador*
6 *Manguera de los frenos*
7 *Ensamblaje de los frenos*

1 Horario del mantenimiento

Se da como asunción que el dueño del vehículo hará el mantenimiento y el trabajo, opuesto a que un departamento de servicio automotriz haga el trabajo. Los siguientes son pasos del mantenimiento de la fábrica. De cualquier modo, el dueño, está interesado en mantener su camión en buenas condiciones todo el tiempo y con la idea de la reventa del vehículo últimamente, él quisiera ejecutar muchas de estas funciones más a menudo. Específicamente, alentaríamos el cambio del aceite a sus intervalos y el reemplazo del filtro del aceite.

Cuando el vehículo es nuevo está bajo la garantía del fabricante, por eso es recomendable darle su mantenimiento para poder proteger la garantía. En muchos casos el mantenimiento inicial se hace a ningún costo al dueño. Consulte con su distribuidor para información adicional.

Cada 250 millas o semanal, cualquiera que ocurra primero

Chequee el nivel del aceite del motor; agregue aceite según sea necesario (vea Sección 4)
Chequee el nivel del anticongelante del motor; agregue anticongelante según sea necesario (vea Sección 4)
Chequee el nivel del flúido del lavador del parabrisas (vea Sección 4)
Chequee el nivel del electrólito de la batería (vea Sección 4)
Chequee el nivel del flúido de freno (vea Sección 4)
Chequee los neumáticos y presión del aire de los neumáticos (vea Sección 5)
Chequee el nivel del flúido del transeje automático (vea Sección 6)
Chequee el nivel del flúido de la dirección de poder (vea Sección 7)
Chequee la condición del limpiaparabrisas (vea Sección 8)
Chequee la operación de todas las luces
Chequee la operación de la bocina

Cada 3000 millas o 3 meses, cualquiera que ocurra primero

Cambie el aceite del motor y el filtro (todos modelos) (vea Sección 9)*

Cada 7500 millas o 6 meses, cualquiera que ocurra primero

Chequee las mangueras del sistema de combustible, líneas y conexiones por fugas y daños (vea Sección 26)
Agregue el condicionador para la cámara de combustión

(Los modelos canadienses solamente) (vea Sección 34)
Chequee las mangueras del freno y líneas por fugas y daño (vea Sección 31)
Chequee las cubiertas de la rótula de la suspensión y el acoplamiento de la dirección
por daño y fugas de lubricante (vea Sección 29)*
Chequee las cubiertas del eje propulsor por daño y fugas de lubricante
(vea Sección 39)*
Chequee el nivel del lubricante de transeje (vea Sección 12)
Chequee y limpie la batería (vea Sección 10)
Rote los neumáticos (vea Sección 11)

Cada 15,000 millas o 12 meses, cualquiera que ocurra primero

Chequee y ajuste, si es necesario, el franqueo de las válvulas (Motor 2.6L solamente) (Sección 17)
Chequee las bandas (vea Sección 18)
Chequee las mangueras del sistema de enfriamiento y conexiones por fugas
y daño (vea Sección 27)
Chequee el par de torsión de la tuerca del montaje del cuerpo del carburador/inyector de combustible (vea Sección 24)

Cada 22,500 millas o 18 meses, cualquiera que ocurra primero

Chequee los componentes del sistema EGR (recirculación de los gases de escape) por operación apropiada (vea Sección 22)
Chequee la condición de todas las mangueras de vacío y conexiones (vea Sección 23)
Chequee la condición de los alambres de la ignición primaria y los alambres de las bujías (vea Sección 16)
Chequee el rotor y tapa del distribuidor (vea Sección 16)
Chequee los tubos del escape y los ganchos (vea Sección 28)
Chequee el juego libre en el acoplamiento de la dirección y en las rótulas (vea Sección 29)
Chequee las mangueras del sistema de emisiones evaporativas del combustible y
las conexiones (vea Sección 40)
Reemplace el filtro del combustible (vea Sección 13)
Chequee los frenos (vea Sección 31)*

Cada 30,000 millas o 24 meses, cualquiera que ocurra primero

Chequee y otórguele servicio a los baleros de las ruedas traseras (vea Sección 30)*
Reemplace elemento del filtro de aire (vea Sección 19)*
Chequee la válvula del PCV (ventilación positiva del cárter) (vea Sección 20)
Chequee la operación del estrangulador del carburador (Sección 21)
Reemplace las bujías (vea Sección 15)
Chequee la operación del freno de estacionamiento (vea Sección 31)
Lubrique las articulaciones de la rótula de la suspensión del frente y los extremos de las barras de acoplamiento (vea Sección 14)*
Drene y reemplace el anticongelante del motor (vea Sección 32)
Cambie el lubricante del transeje (vea Sección 36)*
Cambie el flúido y filtro del transeje automático (vea Sección 37)*
Ajuste las bandas del transeje automático (los modelos de tres velocidades solamente) (vea Sección 38)*

Cada 50,000 millas o 60 meses, cualquiera que ocurra primero

Reemplace la válvula PCV (vea Sección 20)
Reemplace el sensor de oxígeno (modelos 1988 y más antiguos) (vea Capítulo 6)

1

Cada 60,000 millas o 68 meses, cualquiera que ocurra primero

Inspeccione la banda del tiempo (motor V6 de 3.0 solamente) (vea Capítulo 2)

Cada 80,000 millas o 72 meses, cualquiera que ocurra primero

Reemplace el sensor de oxígeno (modelos 1989 y más modernos) (vea Capítulo 6)
*Estos artículos son afectados por condiciones de operación severas como se describe más abajo. Si el vehículo en cuestión es operado bajo condiciones severas, conduzca todos los procedimientos marcados con un asterisco (*) en los siguientes intervalos.

Cada 1,000 millas

Cambie el aceite y el filtro (modelos con turbo solamente)

Cada 2,000 millas

Cambie el aceite y el filtro (modelos sin turbo solamente)
Chequee los ejes de mando, fuelles de la dirección y suspensión

Cada 9,000 millas

Chequee los frenos
Otórguele servicio a los baleros de las ruedas traseras

Cada 15,000 millas

Reemplace el filtro de aire
Lubrique las varillas de relevo
Cambie el flúido del transeje automático y el filtro
Ajuste las bandas del transeje automático (modelos de tres velocidades)
Cambie el lubricante del transeje manual y limpie el magneto de la cacerola
Considere que las condicione severas de manejo se hacen . . .
En área de polvo
Remolcando
Estando en marcha mínima por un periodo de tiempo extendido y/o operación en baja velocidad
Cuando la temperatura del ambiente exterior se mantiene debajo del punto de congelación y la mayoría de los viajes son menos de cuatro millas
En bastante trafico donde la temperatura ambiental exterior es mayor de 90 grados F o más alta

2 Introducción

Este Capítulo está diseñado para ayudar a los mecánicos mantener su camión en el mayor punto de rendimiento, economía, seguridad y durabilidad.

En las páginas siguientes hallará un horario de mantenimiento, con secciones que tratan específicamente con cada artículo en el horario. Incluido hay chequeos visuales, ajustes y reemplazos de partes. Para darle el servicio a su camión, use el horario de mantenimiento del millaje y las secciones de secuencia, le darán un plan programado de mantenimiento. Tenga presente que es un diseño completo, y mantiene sólo unos artículos especificado basado en sus intervalos y no le dará los mismos resultados si los altera.

En muchos casos el fabricante recomienda que el dueño adicionalmente verifique el funcionamiento de los equipo de seguridad tal como, funcionamiento del descongelado, condición del vidrio de la ventana, etc. asumimos que éstos son obvios, y así, no hemos incluido tales artículos en nuestro plan de mantenimiento. Consulte el manual de su camión para información adicional.

Hallará cuando reparar su camión, tanto como los procedimientos que puede ejecutar, se agrupan en conjunto, debido a la naturaleza del trabajo que hay que hacer. Ejemplos de éstos están en los párrafos que siguen.

Si se levanta el vehículo por una lubricación del chasis, por ejemplo, es un tiempo ideal para que chequee lo siguiente: sistema del escape, suspensión, dirección y sistema del combustible.

Si los neumáticos y ruedas se quitan, como durante una rutina de rotación de los neumáticos, chequee los baleros/rodamientos, frenos y ruedas al mismo tiempo.

Si debe pedir prestado o rentar un torquímetro, dele servicio a las bujías, chequee las tuercas de la montura del carburador/TBI para estar seguro que están bien apretada, hágalo el mismo día para ahorrar tiempo y dinero.

El primer paso del diseño del mantenimiento es prepararse antes que el trabajo empiece. Lea las Secciones apropiadas de este Capítulo antes de empezar la ejecución del trabajo. Ponga junto todo los requisitos, partes y herramientas. Si parece que se puede tener un problema durante un trabajo particular, no vacile en buscar consejo de un mecánico o experto antes de hacerlo usted mismo.

3 Información general para la afinación

El término afinación se usa en este manual representando una combinación de funcionamientos individuales en lugar de un procedimiento específico.

Si desde que el vehículo es nuevo, se sigue el horario del mantenimiento de la rutina estrictamente y se hacen los chequeos frecuentes de los niveles de los flúidos y artículos de alto desgaste, como se sugirió por todas las partes de este manual, el motor se mantendría en relativamente buena condición de funcionamiento y la necesidad de trabajo adicional se empequeñecerá.

Más probable que no, siempre habrá tiempos cuando el motor correrá pobremente debido a la falta de mantenimiento regular. Esto es más probable si es un camión que se ha comprado usado, que no ha recibido mantenimiento regular. En tales casos una afinación del motor será requerida fuera de los intervalos del mantenimiento de las rutinas regulares.

El primer paso en cualquier diagnóstico de afinación para ayudar al funcionamiento del motor sería una verificación de los cilindros. Un chequeo de la compresión del motor nos dará información valiosa con respecto a la condición del motor, de los muchos componentes interiores y se debe usar como una base para la afinación y procedimientos de la reparación. Si por ejemplo, el chequeo de la compresión indica desgaste serio en el interior del motor, una afinación convencional no mejorará el funcionamiento del motor y sería una pérdida de tiempo y dinero. Debido a su importancia, la verificación de la compresión se debe ejecutar por alguien quien tiene el equipo necesario para poder chequear las condiciones de los cilindros y quien tiene el conocimiento de como usar el equipo. Se puede hallar en el Capítulo 2 de este manual una información más amplia como hacer la prueba de la compresión.

La serie siguiente de operaciones que se hacen más frecuentes para traer el funcionamiento del motor a un nivel más correcto.

Afinación menor

Limpie, inspeccione y pruebe la batería
Chequee todos los flúidos
Chequee y ajuste las bandas
Reemplace las bujías
Chequee y ajuste la sincronización del tiempo
Inspeccione la tapa y el rotor del distribuidor
Inspeccione los alambres de las bujías y de la bobina de ignición
Chequee/limpie o ajuste los puntos de la ignición del motor
Chequee y ajuste el tiempo de la ignición del motor
Chequee la válvula PCV
Chequee y ajuste la marcha mínima/ralentí
Chequee el filtro de aire y la válvula PCV
Chequee el sistema de enfriamiento
Chequee todas las mangueras debajo del capó/cofre

Afinación mayor

Todas las operaciones listadas debajo de afinación menor más . . .

Chequee el sistema EGR
Chequee el sistema de la ignición
Chequee el sistema de carga
Chequee el sistema del combustible
Reemplace el filtro de aire y la válvula PCV
Reemplace la tapa del distribuidor y el rotor
Reemplace y ajuste los puntos/platinos de la ignición (modelos del 1967 al 1974)
Reemplace los alambres de la bujías

4 Niveles de los flúidos - chequeo

Nota: *Los siguiente son chequeos de los niveles de los flúidos que han de ser hechos a base de cada 250 millas o semanalmente. Chequeo de los niveles de los flúidos adicionales pueden ser encontrados en los procedimientos específicos para los mantenimientos que siguen. A pesar de los intervalos, desarrolle el hábito de chequear periódicamente, debajo del vehículo, si existe evidencia de fugas de flúidos.*

1 Los flúidos son una parte esencial de la lubricación, sistemas de frenos, enfriamiento y lavador de ventanas. Porque los flúidos llegan a ser gradualmente reducidos y/o contaminados durante la operación normal del vehículo, ellos deben ser abastecidos de nuevo periódicamente. Vea lubricantes y flúidos recomendados al comienzo de éste Capítulo antes de agregar flúido a cualquiera de los componentes siguientes. **Nota:** *El vehículo debe estar en un piso plano cuando el nivel de los flúidos es chequeado.*

Aceite del motor

Refiérase a las ilustraciones 4.4a, 4.4b, 4.4c, 4.4d y 4.5

2 El nivel del aceite del motor es chequeado con una varilla graduada para medir, que está localizada en el lado del frente (radiador) del bloque del motor. La varilla graduada para medir se extiende atraves de un tubo, hasta el aceite en el fondo del cárter del motor, en la cacerola.

3 El nivel del aceite debe ser chequeado antes de que el vehículo haya sido operado, o aproximadamente después de 15 minutos que el motor haya sido apagado. Si el aceite es chequeado inmediatamente después que el vehículo haya sido operado, parte del aceite permanecerá en los componentes superiores del motor, resultando en una medida inexacta en la varilla de medir el aceite.

4 Remueva del tubo la varilla graduada para medir **(vea ilustración)** y enjuague todo el aceite del final de la varilla con un trapo limpio o una toalla de papel. Insercióne la varilla graduada limpia para medir otra vez, completamente dentro del tubo, entonces remuévala hacia fuera otra vez. Note el nivel del aceite a fines de la varilla graduada para medir. Agregue aceite según sea necesario, para mantener el nivel en la marca Full (Lleno) o MAX (Máximo) **(vea ilustraciones)**.

5 El aceite es añadido al motor después que la tapa localizada en la tapa de las válvulas ha sido removida con una simple torcedura. **(vea ilustración)**. La tapa estará marcada "aceite del motor" o algo semejante. Un embudo puede ayudar a reducir derrames cuando el aceite es vertido.

4.4a La varilla graduada para medir el aceite del motor está localizada en el frente (en el lado del radiador) del motor

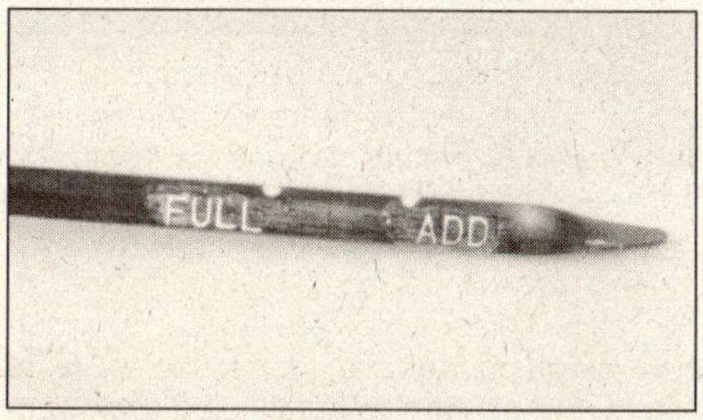

4.4b En motores 2.6L, el nivel del aceite debe estar entre ADD (AGREGAR) y la marca FULL (LLENO) en la varilla de medir el aceite - si no está, agregue el suficiente aceite para subir el nivel hasta o cerca de la marca LLENO (toma un cuarto de galón para levantar el nivel del AGREGAR a la marca LLENO)

6 No permita que el nivel del aceite se deje caer debajo de la marca de ADD (AGREGAR) o daño al motor puede ocurrir. Por el otro lado, no debe sobrellenar el motor agregando demasiado aceite - esto puede tener como resultado bujías que no funcionen como deben por estar llenas de aceite, fugas de aceite o fracasos de los sellos de aceite.

7 Chequeando el nivel del aceite es un paso importante del mantenimiento preventivo. Un nivel de aceite significantemente bajo indica que el aceite se está fugando por los sellos dañados, juntas defectuosas, anillos o por guías de válvulas gastadas. Si el aceite se ve lechoso en color o contiene góticas de agua, puede ser que el bloque esté agrietado.

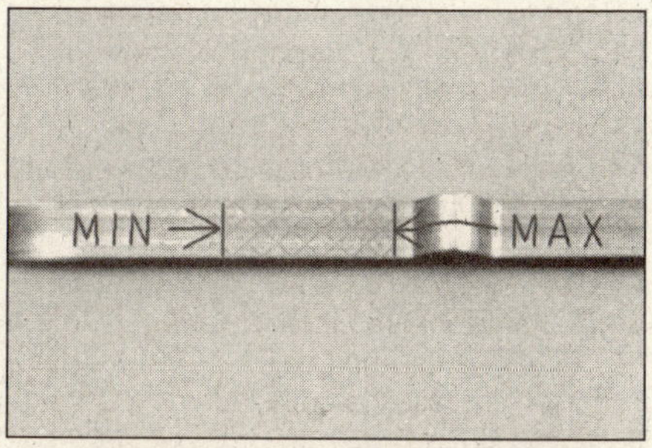

4.4d En el motor 3.3L V6, el nivel del aceite se debe mantener dentro del área en el patrón cruzado en la varilla de medir el aceite

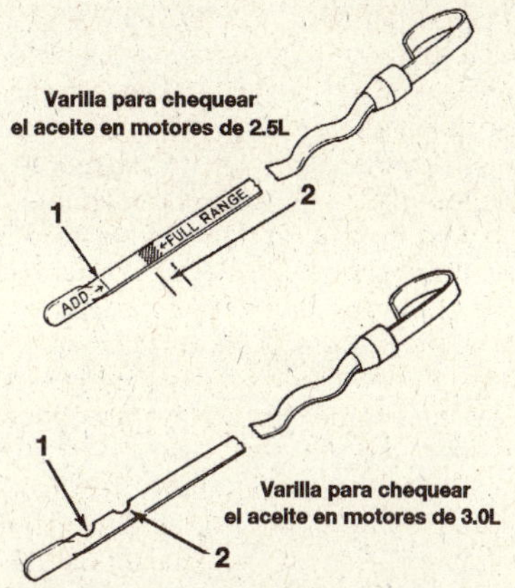

4.4c Detalles de la varilla graduada para medir el aceite del motor de cuatro cilindros de 2.5L (2.2L similares) y detalles de los motores 3.0L V6

1 *Agregue aceite*
2 *Rango para la marca llena*
3 *Varilla para chequear el aceite en motores de 2.5L*
4 *Varilla para chequear el aceite en motores de 3.0L*

Si es así, el motor debe ser chequeado inmediatamente. La condición del aceite también debe ser chequeada. Cada vez que usted chequee el nivel del aceite, deslice el dedo pulgar e índice sobre la varilla graduada para medir antes de limpiar el aceite. Si usted ve partículas pequeñas de tierra o metal que se adhieren a la varilla graduada para medir, el aceite se debe cambiar (vea Sección 9).

Anticongelante del motor

Refiérase a la ilustración 4.12

Peligro: *No permita que el anticongelante entre en contacto con su piel o la superficie de la pintura del vehículo. Enjagüe el área que estuvo en contacto inmediatamente con suficiente agua. No guarde anticongelante nuevo o deje anticongelante viejo alrededor donde pueda ser fácilmente accesible por niños y animales doméstico - son atraídos por su sabor dulce. Ingestión aunque sea de una pequeña cantidad puede ser fatal. Limpie el piso del garaje y cacerola de goteo para derramamientos de anticongelante tan pronto ocurran. Guarde recipientes del anticongelante cubiertos y repare cualquier fuga en su sistema de enfriamiento inmediatamente.*

8 Todos los vehículos cubiertos por éste manual están equipados con un sistema presurizado de la recuperación del anticongelante, que hace el chequeo del nivel del anticongelante muy fácil. Un depósito del anticongelante, instalado al panel interior del guardafango o al mismo radiador es conectado por una manguera, al cuello de reabastecimiento del radiador. Cuando el motor se calienta, algún anticongelante se puede escapar por una válvula en la tapa del radiador y viaja por la manguera hasta el depósito. Cuando el motor se empieza a enfriar, el anticongelante es automáticamente absorbido otra vez dentro del sistema de enfriamiento para mantener el nivel correcto.

9 El nivel del anticongelante debe ser chequeado cuando el motor está a la temperatura de operación normal. Note simplemente el nivel del flúido en el depósito - debe estar en, o cerca de, la marca Max (máxima).

10 El nivel del anticongelante también se puede chequear removiendo la tapa del radiador. **Peligro:** *¡No remueva la tapa para chequear el nivel del anticongelante cuando el motor esté caliente! Espere hasta que el motor se haya enfriado (por lo menos cinco horas después que el motor haya estado en operación), entonces envuelva una tela gruesa alrededor de la tapa y voltéela hasta llegar a la primera parada. Si algún vapor se escapa de la tapa, permita que el motor se enfríe adicionalmente, entonces remueva la tapa y chequee el nivel en el radiador.*

11 Si solamente una cantidad pequeña de anticongelante es necesaria para traer el sistema hasta el nivel apropiado, agua regular puede ser usada. Sin embargo, para mantener la mezcla apropiada de anticongelante/agua en el sistema, ambos se deben mezclar para abastecer de nuevo cuando el nivel esté muy bajo. Anticongelante de alta calidad se debe mezclar con agua en la proporción especificado en el recipiente del anticongelante.

12 El anticongelante se debe añadir al depósito después de remover la tapa **(vea ilustración)**.

4.5 La tapa del abastecedor del aceite está localizada en la tapa de las válvulas - para removerla gírela a la izquierda

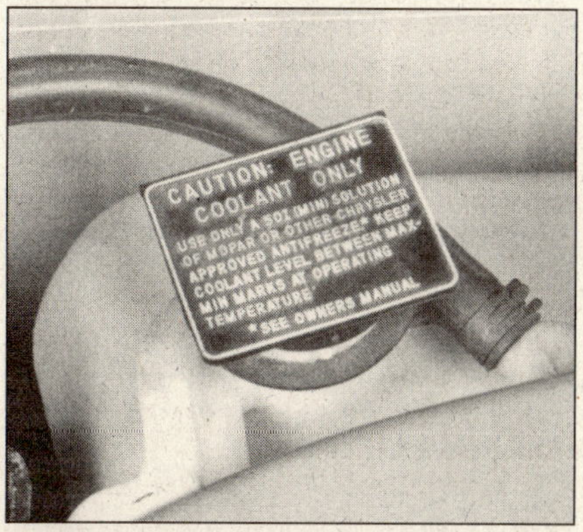

4.12 El depósito del anticongelante está localizado adyacente al radiador - abra la tapa para agregar más anticongelante

4.15a El depósito del limpiador para el parabrisas está montado en la pared para detener fuegos en el compartimiento del motor

13 Cuando el nivel del anticongelante es chequeado, note la condición del anticongelante también. Debe estar relativamente claro. Si su color es marrón o como oxidado, el sistema se debe drenar, ser limpiado y ser rellenado (vea Sección 32).

14 Si el nivel del anticongelante baja consistentemente, puede haber una fuga en el sistema. Chequee el radiador, las mangueras del radiador, la tapa del abastecedor, tapones de desagüe y la bomba de agua (vea Sección 27). Si ningunas fugas se notan, tenga la presión de la tapa del radiador probada por una gasolinera.

Flúido para el lavador del parabrisas y la ventana trasera

Refiérase a las ilustraciones 4.15a y 4.15b

15 El flúido para el lavador del parabrisas y sistemas del lavador trasero es almacenado en un depósito plástico en el compartimiento del motor y en la parte trasera del vehículo. El nivel dentro de cada depósito se debe mantener a un nivel cerca de una pulgada debajo de la tapa del abastecedor. Los depósitos son accesibles después de abrir el capó y la puerta trasera **(vea ilustraciones)**.

16 En climas más templados, agua común se puede usar en el depósito, pero el depósito no se debe mantener a más que dos tercios de lleno, para obtener espacio para la expansión del agua si se congela. En climas más fríos, use anticongelante para el sistema del lavador del parabrisas, disponible en cualquier refaccionaría, para bajar el punto de congelación del flúido. Mezcle el anticongelante con agua de acuerdo con las direcciones del fabricante en el recipiente. **Caución:** *No use el anticongelante del sistema de enfriamiento en el sistema del lavador del parabrisas - dañará la pintura del vehículo. Para ayudar a prevenir congelación en el tiempo de frío, caliente el parabrisas con el descongelador antes de usar el lavador.*

Electrólito de la batería

Refiérase a la ilustración 4.19

Peligro: *Ciertas precauciones se deben seguir cuándo esté chequeando o otorgándole servicio a una batería. Gas de hidrógeno, que es altamente inflamable, es producido en las células, así que mantenga cigarrillos encendido, llamas abiertas, bombillas sin cubiertas y chispas fuera de la batería. Electrólito dentro de la batería es ácido sulfúrico diluido, que puede quemar la piel y causar herida grave si se salpica en su ojos (use lentes de seguridad). También la ropa se ruina y las superficies pintadas. Remueva todas las joyas de metal que podrían hacer contacto con el terminal positivo de la batería y una fuente de metal a tierra, causando un corto directo.*

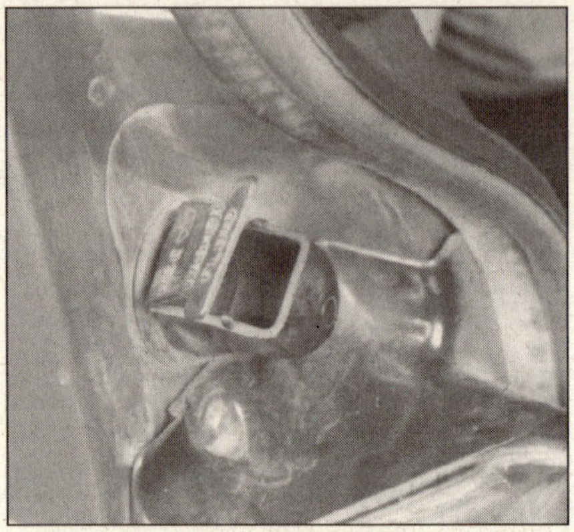

4.15b Abra la puerta trasera para elevar carga, para tener acceso al depósito del flúido trasero del limpiador de la ventana - eleve la tapa para agregar más flúido y llénela a la base del cuello

17 Los vehículos equipados con una batería de mantenimiento libre no requieren mantenimiento - la caja de la batería es sellada y no tiene tapas movibles para agregar agua.

18 Si una batería de tipo mantenimiento es instalada, las tapas en la cima deben ser removidas de la batería periódicamente para chequear un nivel bajo del electrólito. Éste chequeo es más crítico durante meses de verano.

19 Remueva cada una de las tapas y agregue agua destilada para que suba el nivel en cada célula, al anillo de nivel en la abertura **(vea ilustración)**.

20 Al mismo tiempo que el nivel del agua de la batería es chequeado, la condición completa de la batería y componentes relacionado se deben chequear. Vea Sección 10 para un chequeo completo de la batería y los procedimientos para el mantenimiento.

Flúido de freno

Refiérase a la ilustración 4.22

21 El cilindro maestro del freno está localizado en la pared para detener fuegos en el compartimiento del motor en el lado del chófer.

22 Antes de remover la tapa(s) para chequear el flúido, use un trapo para limpiar toda tierra de la cima del depósito. Si algún material extranjero entra en el cilindro maestro cuando las tapas se remueven, bloqueo en las líneas del sistema de frenos puede ocurrir. También, cerciórese que todas las super-

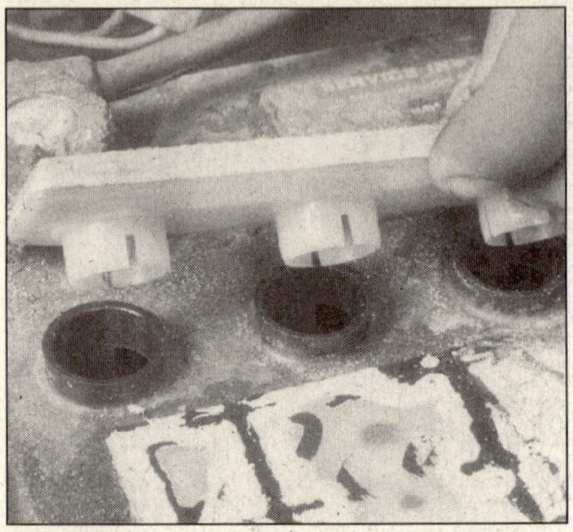

4.19 Remueva las tapas de las células y chequee el nivel del agua en la batería - si el nivel está bajo, agregue agua destilada solamente

4.22 El nivel del flúido de freno en modelos sin ABS (frenos antibloqueantes) se debe mantener en o cerca del fondo de los anillos dentro del cuello de reabastecimiento del depósito

ficies pintadas alrededor del cilindro maestro están cubiertas, porque el flúido de freno arruinará la pintura. En modelos que no son de ABS (frenos antibloqueantes), el nivel se debe mantener al fondo de los anillos en el cuello del depósito (hay verdaderamente dos depósitos separados, así que esté seguro de chequear ambos) **(vea ilustración)**. En modelos EQUIPADO CON FRENOS ANTIBLOQUEANTES, es necesario remover la presión del acumulador hidráulico antes de chequear el nivel del flúido para obtener una lectura exacta. Con la ignición apagada, aplique presión (aproximadamente 50 libras) al pedal del freno o bombé 40 o 50 veces para reducir la presión (usted sentirá el cambio en el pedal). Remueva las tapas y cerciórese de que el nivel del flúido está aún en la cima de la pantalla blanca en el filtro/colador en el frente.

23 Si flúido adicional es necesario suba el nivel hasta arriba, vierta cuidadosamente flúido de freno nuevo en el cilindro maestro. Tenga cuidado para no derramar el flúido en superficies pintadas. Esté seguro que el flúido especificado sea usado; no mezcle los tipos diferentes de flúido de freno que pue-

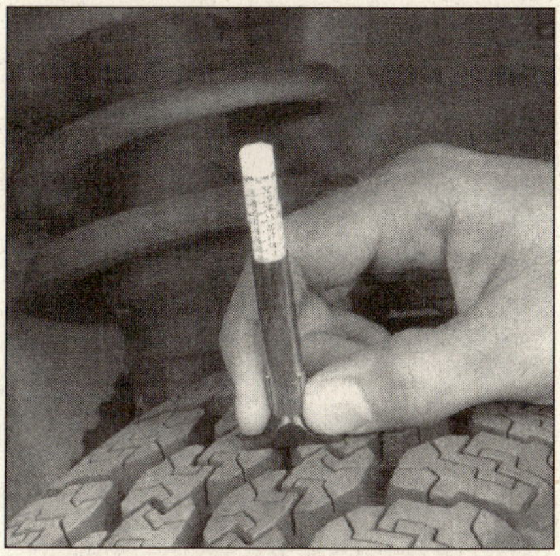

5.2 Use un indicador de profundidad para neumático para chequear el desgaste del neumático - ellos están disponibles en las tiendas de partes de vehículos y gasolineras a un costo muy pequeño

Condición	Causa probable	Acción correctiva	Condición	Causa probable	Acción correctiva
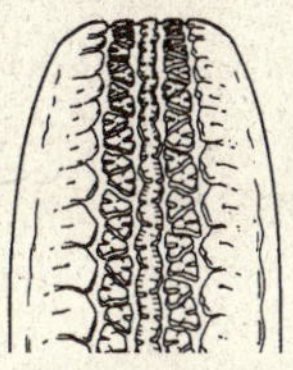 Desgaste en los lados	• Baja de presión de aire (desgaste en los dos lados) • Comba incorrecta de la rueda (desgaste en un solo lado) • Tomando las curvas muy rápido • Falta de rotación	• Mida y ajuste la presión • Reemplace o repare el eje o las partes de la suspención • Baje la velocidad • Rote las ruedas	Tipo pluma 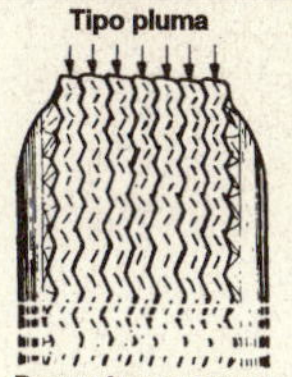 Desgaste por convergencia o divergencia	• Convergencia o divergencia incorrecta	• Ajuste la convergencia
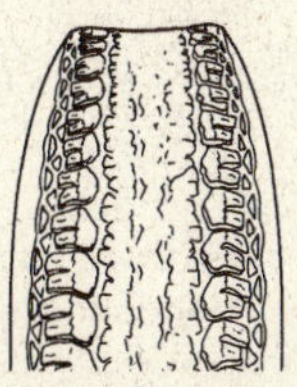 Desgaste en el centro	• Sobre inflacieón • Falta de rotación	• Mida y ajuste la presión • Rote las ruedas	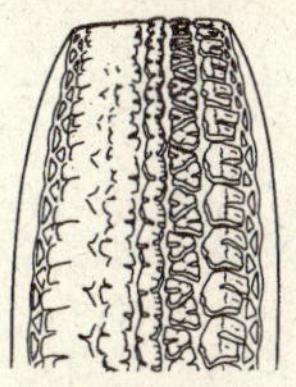 Desgaste disparejo	• Comba o inclinación del eje delantero incorrecto • Fallo en la suspención • Rueda fuera de balance • Tambor de los frenos ovalados • Falta de rotación	• Reemplace o repare el eje o las partes de la suspención • Reemplace o repare las partes de la suspención • Balanceé reemplace • Rectifique o reemplace • Rote las ruedas

5.3 Esta tabla le ayudará a determinar las condiciones de sus neumáticos, la causa probable del desgaste anormal y las correcciones necesarias a tomar

1

5.4a Si el neumático continúa perdiendo la presión, chequee la válvula del neumático y asegúrese de que está apretada

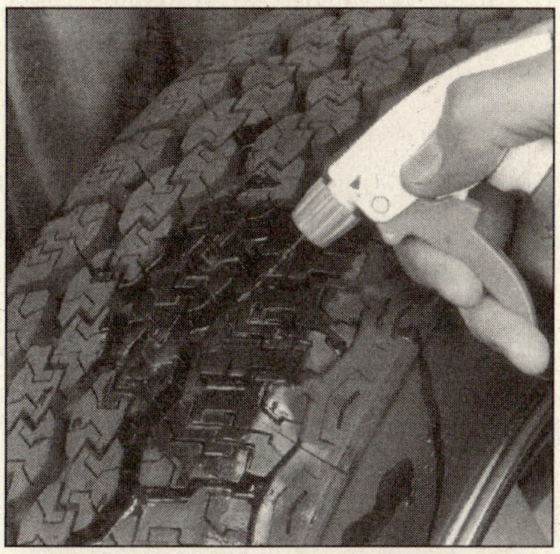

5.4b Si la válvula del neumático está apretada, eleve el lado del vehículo que tiene el neumático bajo de aire y rocíe el neumático con una solución de agua y jabón - fugas pequeñas de aire causarán unas pequeñas burbujas que aparezcan

dan causar daño al sistema. Vea lubricantes y flúidos recomendados al comienzo de éste Capítulo.

24 En éste momento el flúido y el cilindro maestro se pueden inspeccionar por contaminación. Normalmente el sistema hidráulico de freno no necesita ser drenando y rellenado periódicamente, pero si se depósito oxido, partículas de tierra o góticas de agua se observan en el flúido, el sistema se debe desmantelar, ser limpiado y ser rellenado con flúido fresco.

25 Vuelva a instalar las tapas del cilindro maestro.

26 El flúido de freno en el cilindro maestro se bajará levemente según las balatas del freno o pastillas en cada rueda se desgastan durante la operación normal. Si el cilindro maestro requiere rellenarse repetidamente para mantener el nivel lleno, es una indicación de fugas en el sistema de frenos que se deben corregir inmediatamente. Chequee todas las líneas de freno y conexiones, junto con los cilindro de rueda y el amplificador (vea Capítulo 9 para más información).

27 Si usted descubre uno o ambos depósitos vacío o casi vacío, el sistema de frenos se debe purgar (vea Capítulo 9).

5 Neumáticos y presión de aire de los neumáticos - chequeo

Refiérase a las ilustraciones 5.2, 5.3, 5.4a, 5.4b y 5.8

1 Periódicamente inspeccione los neumáticos, para que no le den problemas en la carretera, también pueden darle indicación de problemas con el sistema de la dirección, antes de que un daño ocurra.

2 La inflación propia de los neumáticos agrega millas de vida a los neumáticos, también permite que el vehículo alcance mejor millas por galón de combustible y un rodaje mas suave **(vea ilustración)**.

3 Cuando inspeccione los neumáticos, primero chequee el uso de la banda de rodamiento **(vea ilustración)**. Irregularidades en el dibujo de la banda de rodamiento, áreas planas, más usadas de un lado que del otro, son indicaciones de problema de alineación de la suspensión del frente y/o problemas de balanceo. Si se notan cualquiera de estas condiciones, lleve el vehículo a un taller de reparaciones de suspenciones para corregir el problema.

4 Chequee el área de la banda de rodamiento por cortes y perforaciones. Muchas veces un clavo o tachuela hará un holló en el neumático y todavía el neumático tendría presión de aire por un período de tiempo **(vea ilustraciones)**. En la mayoría de los casos, llevando el vehículo a una gasolinera o taller de reparaciones se puede corregir el problema.

5 Es tan importante chequear las paredes de los neumáticos, tanto la parte interior como la parte exterior. Chequee por deterioración del caucho, cortes, y perforaciones. Inspeccione el lado de adentro de los neumáticos por señales de fuga del flúido del freno, indicaría que se requiere una inspección completa de los frenos inmediatamente.

6 No se puede determinar la presión incorrecta de los neumático por solamente mirar a los neumático. Esto es verdadero sobre todo con los neumáticos radiales. Un calibrador de presión para los neumáticos se debe usar. Si usted no tiene un calibrador que pueda confiar en el, es una buena idea comprar uno y guardarlo en el guarda guantes. También en las estaciones de gas es muy común que tengan calibradores fijos en la línea de aire.

7 Siempre chequee la inflación de los neumáticos cuando los neumáticos estén fríos. Frío, quiere decir que el vehículo no se ha manejado más de una milla o el vehículo ha estado estacionado por mas de tres horas. Es normal que la presión aumente de cuatro a ocho libras cuando los neumáticos estén calientes.

8 Destornille o remueva la tapa que cubre la rueda y firmemente presione el medidor de

5.8 Chequee la presión de los neumáticos por lo menos una ves por semana, con un medidor que esté bien calibrado (no se olvide del neumático de respuesto)

presión de aire en la válvula **(vea ilustración)**. Observe la lectura y compárela con la presión que está listada en la pared del neumático, esta es la presión recomendada. El número del neumático que es recomendado para el vehículo usualmente está fijado a la puerta del chofer. La presión máxima de los neumáticos también está usualmente estampada en la pared del neumático. De cualquier modo, la información estampada en el neumático es la presión recomendada para ese neumático en particular.

9 Chequee todos los neumáticos y agregue la cantidad de aire requerida para que los neumáticos tengan la presión recomendada. No olvide el neumático de repuesto. Esté seguro de reinstalar los tapones de las válvulas, que mantendrán la tierra y la humedad fuera del mecanismo de la válvula.

6 Nivel del flúido de la transmisión de transeje automático - chequeo

Refiérase a las ilustraciones 6.3 y 6.4

1 El flúido dentro del transeje debe estar a la temperatura normal de operación para obtener una lectura exacta en la varilla de medir el aceite. Esto es hecho poniendo en marcha el vehículo por varias millas, haga frecuente comienzos y paradas para permitir que el transeje cambie atraves de todos los engranes.

2 Estacione el vehículo en una superficie plana, coloque la palanca del selector de engrane en Estacionamiento y permita que el motor esté en marcha.

3 Remueva la varilla graduada para medir en el transeje **(vea ilustración)** y limpie todo el flúido del final con un trapo limpio.

4 Empuje la varilla graduada para medir hacia dentro del transeje hasta que se asiente en la tapa completamente. Remueva la varilla graduada para medir otra vez y note el flúido en el final. El nivel debe estar en el

6.3 El flúido es chequeado removiendo la varilla graduada para medir en la caja del transeje - no confunda la grasa con la varilla graduada para medir el aceite del motor

área marcada Caliente (entre los dos orificios superiores en la varilla graduada para medir) **(vea ilustración)**. Si el flúido no está caliente (la temperatura cerca de 100 grados F), el nivel debe estar en el área marcado Warm (tibio) en los dos orificios más bajos.

5 Si el nivel del flúido está en o debajo de la marca ADD (AGREGAR) en la varilla de medir el aceite, agregue el flúido suficiente para levantar el nivel a dentro de las marcas indicadas para la temperatura apropiada. El flúido se debe agregar directamente en el orificio de la varilla graduada para medir, usando un embudo para prevenir fugas.

6 No sobre llene la transmisión. Nunca permita que el nivel del flúido suba encima del orificio superior en la varilla de medir el aceite - podría causar daño interno a la transmisión. La mejor manera de prevenir sobre llenar es de agregar el flúido un poco a la vez, conducir el vehículo y chequear el nivel entre adiciones.

7 Use solamente el flúido de transeje especificado por el fabricante. Ésta información puede ser encontrado en la Sección al principio de éste Capítulo, lubricantes y flúidos recomendado.

8 La condición del flúido debe también ser chequeada junto con el nivel. Si tiene un color café rojizo oscuro, o si huele quemado, se debe cambiar. Si usted está dudoso acerca de la condición del flúido, compre flúido nuevo y compare los dos por el color y el olor.

7 Nivel del flúido de la dirección de poder - chequeo

Refiérase a las ilustraciones 7.2 y 7.5

1 Diferente a la dirección manual, el sistema de dirección del poder se fía en flúido, que puede, sobre un período de tiempo, requerir abastecerse nuevo.

2 El depósito para la bomba de la dirección de poder está localizado en el lado tra-

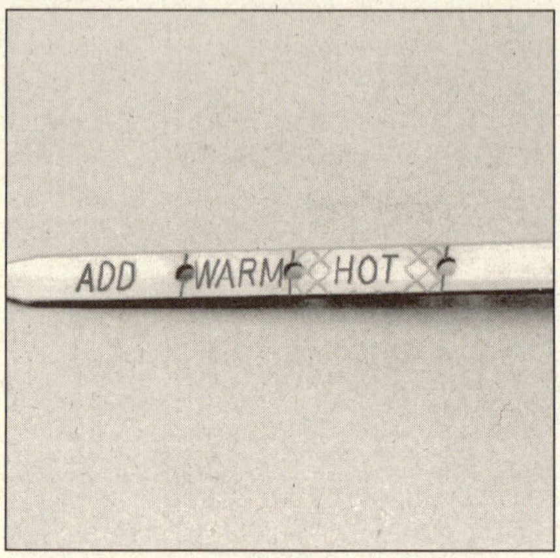

6.4 Chequee el flúido con el transeje a la temperatura normal de operación - el nivel se debe mantener en el rango HOT (CALIENTE) (entre los dos orificios superiores)

7.2 El depósito del flúido de la dirección de poder está localizado en el lado derecho del motor, hacia la parte trasera del compartimiento del motor

sero del motor en el compartimiento en el lado del pasajero **(vea ilustración)**.

3 El nivel del flúido de la dirección de poder puede ser chequeado con el motor frío.

4 Con el motor apagado, use un trapo para limpiar la tapa del depósito y el área alrededor de la tapa. Esto ayudará a prevenir que materia extranjera caiga en el depósito cuando la tapa sea removida.

5 Gire y remueva la tapa del depósito, que tiene una varilla graduada para medir conectada a ella. Remueva el flúido del fondo de la varilla graduada para medir con un trapo limpio. Vuelva a instalar la tapa para obtener la lectura del nivel del flúido. Remueva la tapa otra vez y note el nivel del flúido. Debe estar por encima de la marca COLD (FRÍO) en la varilla de medir el aceite **(vea ilustración)**. Si el motor está tibio, el nivel debe estar por encima de la distancia Caliente.

6 Si flúido adicional es requerido, vierta el tipo especificado directamente en el depósito usando un embudo para prevenir derrame.

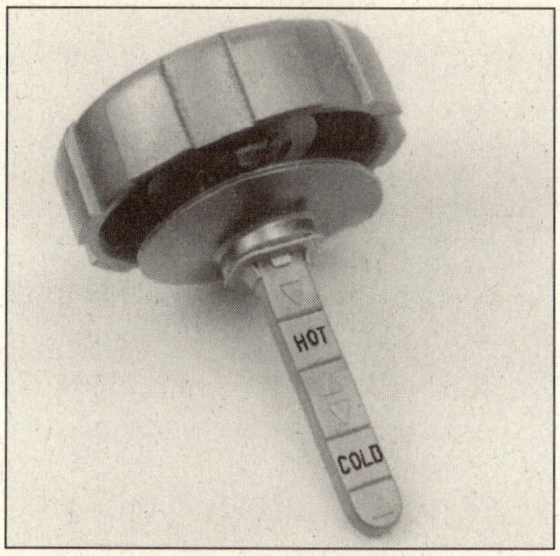

7.5 La varilla graduada para medir el flúido de la dirección de poder en la mayoría de los modelos están marcadas para que el flúido pueda ser chequeado ambos frío y caliente

7 Si el depósito requiere adiciones de flúido frecuentes, todas las mangueras de la dirección de poder, las conexiones de las mangueras, la bomba de la dirección de poder y la caja de la dirección deben ser chequeadas cuidadosamente por fugas.

8 Limpiaparabrisas - inspección y reemplazo

1 El parabrisas y los elementos traseros del limpiaparabrisas deben ser chequeado periódicamente por rajaduras y deterioración.
2 Para ganar acceso a los limpiaparabrisas, prenda el interruptor de la ignición y el ciclo del limpiador a una posición en donde el trabajo puede ser realizado, entonces apague la ignición.
3 Levante la asamblea del limpiaparabrisas fuera del vidrio.

Limpiador del parabrisas

Refiérase a las ilustraciones 8.4a, 8.4b, 8.5a y 8.5b

4 Use un destornillador pequeño para apretar el botón de liberación y la hoja del resbaladero de la clavija del brazo del limpiador **(vea ilustraciones)**.

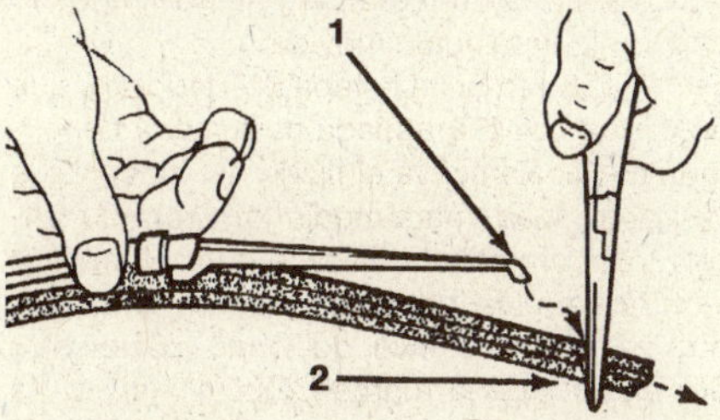

8.8 Pellizque la proyección de liberación con alicates de punta de aguja, entonces empuje la parte de atrás del elemento por el final de la garra y lo desliza hacia fuera

1 *Hagale palanca*
2 *Apriete para safar*

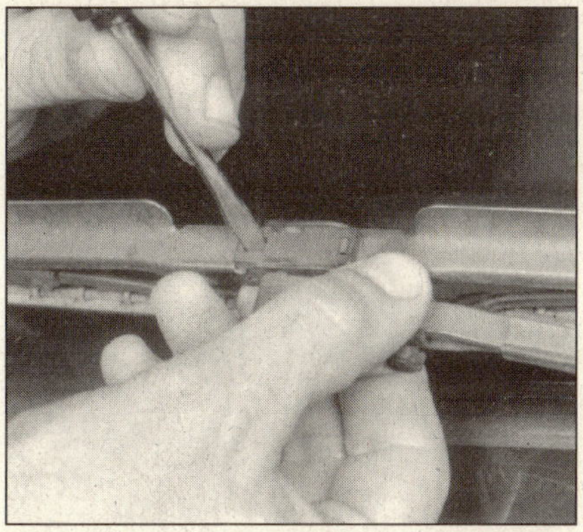

8.4a Apriete el botón de liberación con un destornillador pequeño

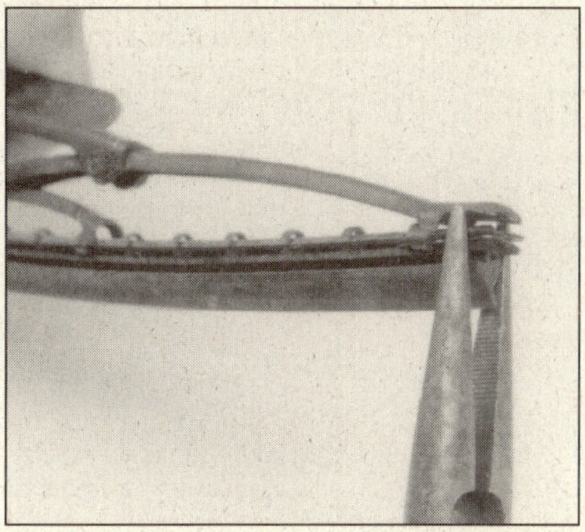

8.5a Use alicates con punta de aguja para apretar el final del elemento . . .

5 Apriete las proyecciones de metal con alicates de punta de aguja y deslice el elemento hacia fuera del puente limpiador **(vea ilustraciones)**.
6 Deslice el elemento nuevo en el puente hasta que las cerraduras estén en sitio.
7 La instalación se hace en el orden inverso al procedimiento de desensamble.

Limpiador trasero

Modelos más antiguos

Refiérase a la ilustración 8.8

8 Use un par de alicates con punta de aguja para pellizcar la cerradura de liberación en el final, deslice el final del elemento atraves del orificio del puente, entonces remuévalo **(vea ilustración)**.
9 La instalación se hace en el orden inverso al procedimiento de desensamble.

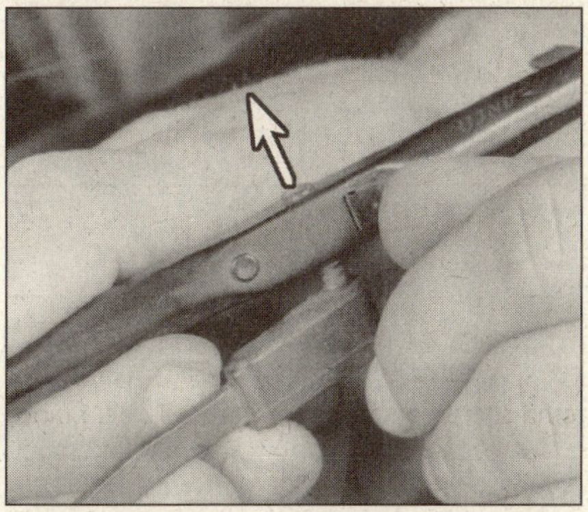

8.10 Eleve la proyección de liberación y deslice el limpiador trasero de la clavija

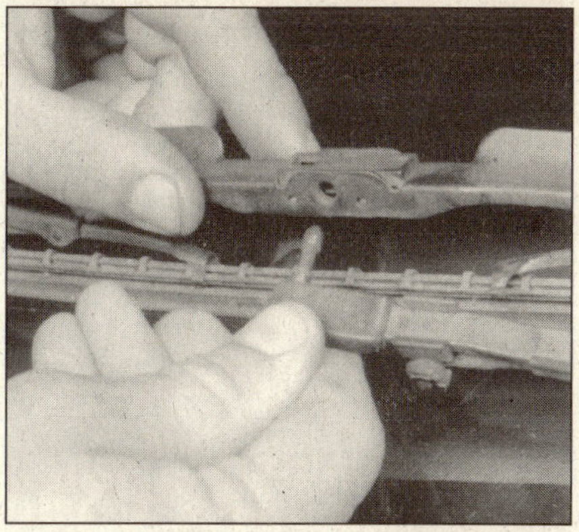

8.4b entonces deslice la asamblea del limpiaparabrisas de la clavija en el brazo

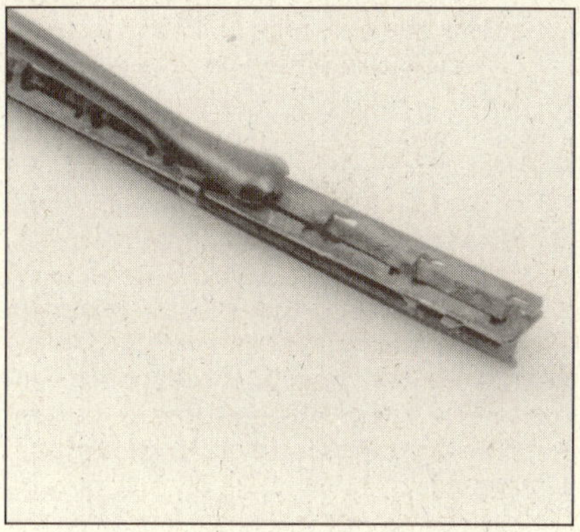

8.5b . . . entonces lo desliza fuera del puente

Modelos más modernos

Refiérase a las ilustraciones 8.10, 8.11a, 8.11b y 8.12

10 Levante la proyección de liberación y remueva la asamblea del limpiaparabrisas del brazo **(vea ilustración)**.
11 Use un destornillador pequeño para abrir con una palanca hacia arriba las palancas de la cerradura, apriete los puentes y los gira para separarlos del marco **(vea ilustraciones)**.

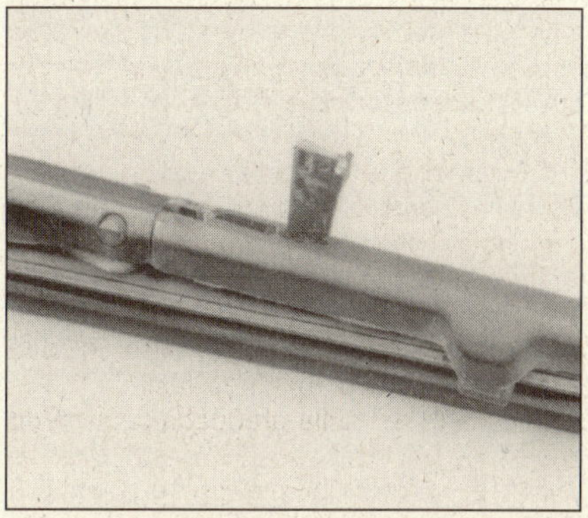

8.11a Abra las palancas de cierre hacia la posición de Arriba . . .

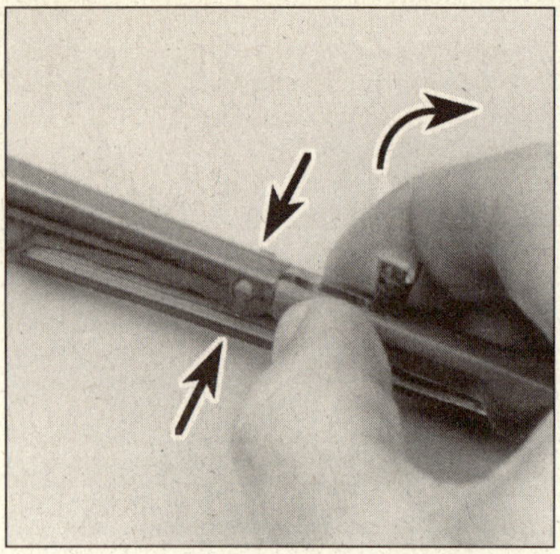

8.11b . . . entonces apriete los puentes juntos al girarlos

12 Deslice los puentes fuera del elemento **(vea ilustración)**.
13 Deslice los puentes en el elemento nuevo, cierre el marco en los puentes, entonces los asegura con las palancas de cerradura.
14 La instalación se hace en el orden inverso al procedimiento de desensamble.

9 Cambio de aceite del motor y el filtro

Refiérase a las ilustraciones 9.3, 9.9, 9.14 y 9.19

1 Los cambios frecuentes del aceite son los procedimientos de mantenimiento preventivo más importantes que pueden ser hecho por el mecánico del hogar. Cuándo el aceite del motor se envejece, se diluye y se contamina, que últimamente dirige al desgaste prematuro del motor.
2 Aunque algunas fuentes recomiendan los cambios del filtro del aceite cada dos cambios de aceite, un filtro nuevo debe ser instalado cada vez que el aceite sea cambiado.
3 Reúna todas las herramientas y materiales necesarios antes de empezar éste procedimiento **(vea ilustración)**. **Nota:** *Para evitar redondear las esquinas del tapón de drenaje, use un dado de seis puntos.*
4 Además, usted debe tener una abundancia de trapos limpios y periódicos cercanos para limpiar cualquier derrame. El acceso a la parte inferior del vehículo sería más significante si se puede levantar con un elevador, manejado sobre rampas o sostenido sobre estantes. **Peligro:** *¡No trabaje debajo un vehículo que esté sostenido solamente por un gato!*
5 Si este es su primer cambio de aceite en el vehículo, arrástrese debajo de el y familiarícese con las ubicaciones de la bujía para el drenaje de aceite y el filtro del aceite. Debido a que los componentes del motor y del escape estarán calientes durante el trabajo actual, es una buena idea de resolver cualquier problema potencial de ante manos.

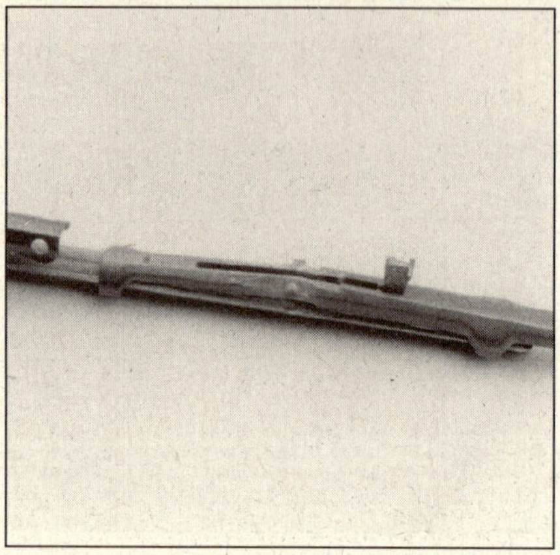

8.12 Deslice los puentes del elemento

6 Permita que el motor se caliente a la temperatura normal de operación. Si aceite o herramientas se necesitan, use el tiempo de calentamiento para reunir todo lo necesario para el trabajo. El tipo correcto de aceite para comprar para su aplicación puede ser encontrado en la Sección al principio de éste Capítulo para los lubricantes y flúidos recomendados.
7 Con el aceite del motor caliente (aceite de motor caliente drenará mejor y el lodo acumulado se removerá más fácil), levante el vehículo y sopórtelo firmemente sobre estantes. Ellos deben ser colocados debajo de los puntos en las porciones de la carrocería designadas para levantar y remolcar (vea levantar y remolcar al frente de éste manual).
8 Mueva todas las herramientas necesarias, trapos y periódicos debajo del vehículo. Coloque la bandeja del drenaje debajo del tapón de drenaje. Mantenga en mente que el aceite fluirá inicialmente del motor con fuerza, así que posicione la cacerola consecuentemente.
9 Tenga cuidado de no tocar ninguno de los componentes caliente del escape, use la barra ruptor y el dado para remover el tapón de drenaje cerca del fondo de la cacerola de aceite **(vea ilustración)**. Dependiendo de que tan caliente esté el aceite, pueda que usted necesite usar guantes al destornillar las ultimas roscas del tapón.
10 Permita que el aceite drene en la cacerola. Pueda que sea necesario mover la cacerola debajo del motor según el flujo se reduce a unas pocas gotas.
11 Después que todo el aceite se halla drenado, limpie el tapón completamente con un trapo. Partículas pequeñas de metal pueden adherirse y contaminar inmediatamente el aceite nuevo.
12 Limpie el área alrededor de la abertura de la cacerola (cárter) del aceite y vuelva a instalar el tapón. Apriételo firmemente.
13 Mueva la bandeja de drenaje en posición debajo del filtro de aceite.
14 Ahora use la llave del filtro para aflojar el filtro del aceite **(vea ilustración)**. Llaves de cadena o de metal para el filtro de aceite pueden dañar el canasto del filtro, pero no se preocupe, por que el filtro se desechará de

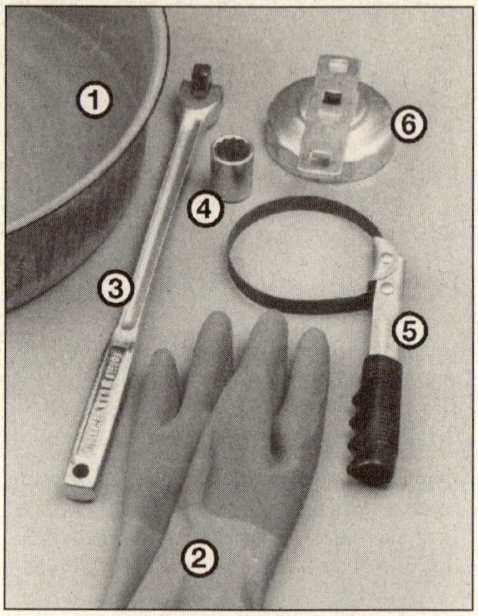

9.3 Estas herramientas son necesarias cuando se le cambie el aceite y el filtro al motor

1 ***Cacerola para drenar el aceite*** - *Debe de ser llana en profundidad, pero ancha para prevenir derrame*
2 ***Guantes de caucho / goma*** - *Cuando esté removiendo el tapón del drenaje y el filtro*
3 ***Palanca*** - *Algunas veces el tapón del drenaje está bien apretado y una palanca larga es necesaria para aflojarlo*
4 ***Dado*** - *Para ser usado con la palanca o la matraca (debe de ser del tamaño correcto del tapón - preferible de seis puntos)*
5 ***Herramienta para el filtro*** - *Esta es una herramienta con una banda de metal, que requiere suficiente espacio alrededor del filtro para que sea efectivo*
6 ***Herramienta para el filtro*** - *Este tipo se pone debajo del filtro y se puede girar con una matraca o una palanca (hay diferente tipos de herramientas disponibles para diferente tipos de filtros*

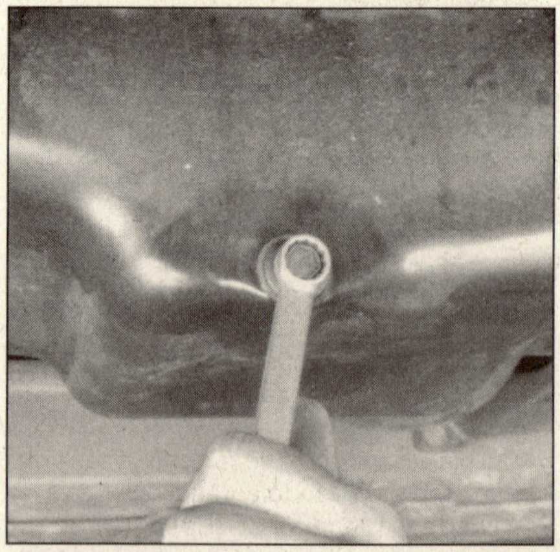

9.9 Para evitar redondear las orillas, use la llave del tamaño correcto de boca cerrada o un dado de seis-puntos para remover el tapón de drenaje del aceite del motor

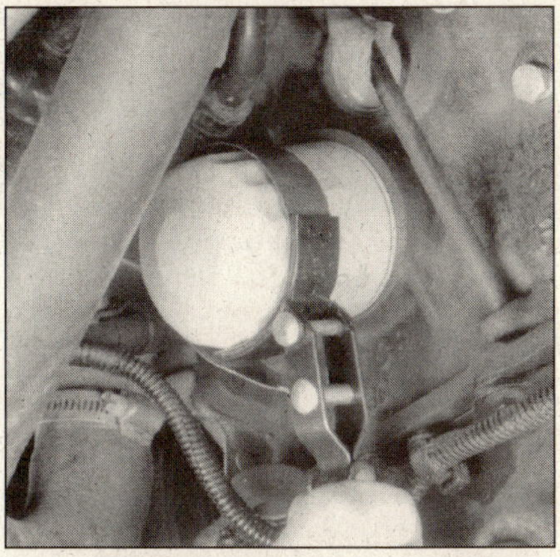

9.14 El filtro del aceite está generalmente bien apretado y requerirá normalmente una llave especial para removerlo - NO USE la llave para apretar el filtro nuevo

todos modos.

15 A veces el filtro del aceite está tan apretado que no se puede aflojar, o está posicionado en un área inaccesible con una llave de filtro convencional. Otros tipos de herramientas, que se ajustan sobre el final del filtro y se giran con una barra ruptura/matraca, están disponible y pueden ser acomodadas mejor para remover el filtro. Si el filtro está extremadamente apretado, posicione la llave del filtro cerca del final enroscado del filtro, cerca del motor.

16 Destornille completamente el filtro viejo. Tenga cuidado, está lleno de aceite. Vacíe el aceite viejo dentro del filtro en la bandeja de drenaje.

17 Compare el filtro viejo con el nuevo para cerciórese que ellos son idénticos.

18 Use un trapo limpio para remover todo el aceite, tierra y lodo del área donde el filtro del aceite hace contacto con el motor. Chequee el filtro viejo para cerciórese de que la junta de caucho no está atascada a la superficie del motor.

19 Aplique una capa ligera de aceite a la junta del caucho en el filtro nuevo del aceite **(vea ilustración)**.

20 Conecte el filtro nuevo al motor siguiendo las direcciones de apretar impreso en el canasto del filtro o la caja. La mayoría de los fabricantes de filtros recomiendan que no se use una llave de filtro debido a la posibilidad de sobreapretar y dañar el canasto.

21 Remueva todas las herramientas y materiales debajo del vehículo, teniendo cuidado para no derramar el aceite en la bandeja de drenaje. Baje el vehículo de los estantes.

22 Muévase al compartimiento del motor y localice la tapa del abastecedor del aceite en el motor.

23 Si la abertura de llenar está obstruida, use un embudo cuando agregue aceite.

24 Vierta la cantidad especificada del aceite nuevo en el motor. Espere unos pocos minutos para permitir que el aceite drene hasta la cacerola, entonces chequee el nivel en la varilla de medir el aceite (vea Sección 4 si es necesario). Si el nivel del aceite está en

9.19 Lubrique la junta del filtro del aceite con aceite de motor limpio antes de instalar el filtro en el motor

o encima de la marca de ADD (AGREGAR), ponga el motor en marcha y permite que el aceite nuevo circule.

25 Ponga el motor en marcha solamente acerca de un minuto, entonces lo apaga. Mire inmediatamente debajo del vehículo y chequee por fugas en el tapón de drenaje de la cacerola (cárter) del aceite y alrededor del filtro del aceite. Si cualquiera tiene una fuga, apriételo con un poquito más de fuerza.

26 Con el aceite nuevo circulado y el filtro ahora completamente lleno, chequee el nivel en la varilla de medir el aceite. Si es necesario, agregue suficiente aceite para que suba el nivel a la marca repleta en la varilla de medir el aceite.

27 Durante los primeros pocos viajes después de un cambio de aceite, haga un punto de chequear por fugas y mantenga un ojo cercano en el nivel del aceite.

28 El aceite viejo drenado del motor no puede ser vuelto a emplearse en su estado presente y se debe deshacer de el. Los centros de reclamación del aceite, los taller de reparación de vehículo y estaciones de gasolina aceptarán normalmente el aceite. Después que el aceite haya refrescado, se debe drenar en recipientes (botellas de plástico con tapas enroscadas preferiblemente) para el transporte a un sitio de reclamación.

10 Batería - mantenimiento, carga y chequeo

Chequeo y mantenimiento

Refiérase a las ilustraciones 10.1, 10.6a, 10.6b, 10.7a y 10.7b

1 Un programa rutinario de mantenimiento preventivo para la batería de su vehículo es la única manera de asegurar comienzos rápidos y seguros. Pero antes de realizar cualquier mantenimiento de la batería, cerciórese que usted tiene el equipo apropiado necesario para trabajar firmemente alrededor de la batería **(vea ilustración)**.

2 Hay también varias precauciones que se deben tomar cuando el mantenimiento de la batería sea realizado. Antes de otorgarle servicio a la batería, siempre apague el motor y todos los accesorios y desconecte el cable del terminal negativo de la batería.

3 La batería produce gas de hidrógeno, que es ambos inflamable y explosivo. Nunca cree una chispa, fume o encienda un cerillo alrededor de la batería. Siempre cargue la batería en una área ventilada.

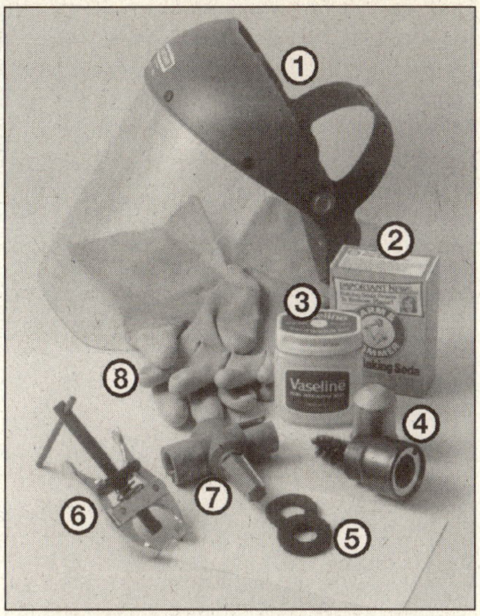

10.1 Herramientas y materiales para el mantenimiento de la batería, con postes normales encima

1 ***Protector para la cara -*** *Cuando esté removiendo corrosión con una brocha o cepillo, las partículas de ácido fácilmente pueden caerle en el ojo*

2 ***Bicarbonato -*** *Una solución de bicarbonato y agua se puede usar para neutralizar la corrosión*

3 ***Jalea de petróleo -*** *Un filamento de esto aplicado a la batería ayudará a prevenir la corrosión*

4 ***Limpiador para los postes y cables de la batería -*** *Esta herramienta para limpiar es de alambre y removerá todo tipo de corrosión de los postes de la batería y de los cables*

5 ***Arandela de fieltro curadas -*** *Instalando una de estas arandelas en cada poste, directamente debajo de la grapa, ayudará a prevenir corrosión*

6 ***Removedor -*** *Muchas veces las grapas de los cables son difíciles de remover, aunque se hallan aflojado las tuercas y pernos completamente. Esta herramienta hala la grapa directamente hacia arriba sin dañar el poste.*

7 ***Limpiador de los postes y cables de la batería -*** *Aquí hay unas herramientas para limpiar que son un poquito diferente que la de la versión numero 4 de encima, pero hace lo mismo*

8 ***Guantes de caucho/goma -*** *Otro equipo de seguridad que se debe considerar cuando le esté dando servicio a la batería; recuérdese que lo que está adentro de la batería es ácido*

10.6a La corrosión de las terminales de la batería usualmente aparecen como una cubierta de polvo de color blanco o verde

4 El electrólito contiene ácido sulfúrico, tóxico y corrosivo. No permita que le caiga en sus ojos, en su piel o en su ropa. Nunca ingiéralo. Use lentes de seguridad cuando esté trabajando cerca de la batería. Mantenga a los niños lejos de la batería.

5 Note la condición externa de la batería. Si el término positivo y la abrazadera del cable de su batería están equipado con un protector de caucho, cerciórese que no está roto ni dañado. Debe cubrir completamente la terminal. Busque por corrosión o conexiones flojas, rajaduras en el casco, tapa o abrazaderas flojas. También chequee la longitud entera del cable de cada uno por rajaduras y conductores quemados.

6 Si la corrosión, que se parece como depósitos blancos **(vea ilustración)** es evidente, particularmente alrededor de las terminales, la batería se debe remover para limpiarla. Afloje las tuercas de la abrazadera del cable con una llave, teniendo cuidado de remover el cable negativo primero, y los desliza fuera de las terminales **(vea ilustración)**. Entonces desconecte las tuercas de la abrazadera de sujeción, remueva la abrazadera y levante la batería fuera del compartimiento del motor.

7 Limpie las abrazadera del cable completamente con un cepillo para batería, un limpiador de terminal y con una solución de agua caliente y bicarbonato de soda **(vea ilustración)**. Lave las terminales y la cima del casco de la batería con la misma solución, pero cerciórese que la solución no entre adentro de la batería. Cuándo limpie los cables, la cima de las terminales y la batería, use gafas de seguridad y guantes de caucho para prevenir cualquier solución que entre en contacto con su ojos o manos. Use ropa vieja - aún diluido, el ácido sulfúrico salpicado en la ropa quemará orificio en ellas. Si las terminales han sido extensamente corridas, límpielas con limpiador de terminales **(vea ilustración)**. Lave completamente todas las áreas limpias con agua.

8 Antes de volver a instalar la batería en el compartimiento del motor, inspeccione el portador plástico de la batería. Si está sucio o cubierto con corrosión, remuévalo y lo limpia en la misma solución de agua caliente y bicarbonato de soda. Inspeccione los soportes de metal que sostienen el portador para cerciórese que ellos no están cubiertos con corrosión. Si ellos están, límpielos. Si la corrosión es extensa, lije los soportes hasta el metal y los atomiza con un a base de zinc (disponible en botes de pintura de rocío en los departamento de partes para vehículos y las tiendas de suministro para reparación de la carrocería).

10.6b Remueva el cable del poste de la batería (el negativo primero) con una herramienta, algunas veces unas pinzas especiales para baterías son necesarias, si la corrosión a deteriorado las tuercas (siempre remueva el alambre negativo / tierra primero e instálelo de ultimo)

9 Vuelva a instalar el portador de la batería y la batería otra vez dentro del compartimiento del motor. Cerciórese que ninguna partes ni los alambres se coloquen entre el portador y la batería durante la instalación de la batería.

10 Instale un par de arandelas especialmente tratadas de fieltro alrededor de las terminales (disponible en las tiendas de partes para vehículos), entonces cubra las terminales y las abrazadera del cable con jalea de petróleo o grasa para prevenir corrosión adicional. Instale las abrazaderas del cable y apriete las tuercas, tenga cuidado e instale el cable negativo de ultimo.

11 Instale la abrazadera de sujeción y las tuercas. Apriete las tuercas solamente para detener la batería firmemente en su sitio. Sobreapretar estas tuercas pueden agrietar la caja de la batería.

Cargando

12 Remueva todas las tapas de las células (si está equipado) y cubra los orificios con una tela limpia para prevenir salpicadura de electrólito. Desconecte el cable negativo de la batería e instale los cables del cargador de la batería a los postes de la batería (positivo a positivo, negativo a negativo), entonces conecte el cargador. Cerciórese que el cargador está en el selector de 12 voltios si tiene un interruptor selector.

13 Si usted usa un cargador con un rango más alto que dos amperios, chequee la batería regularmente durante el periodo de carga y cerciórese de que no se sobrecalienta. Si usted está usando un cargador de bajo amperaje, usted puede dejar el cargador de batería toda la noche después que usted haya chequeado regularmente la carga por las primeras dos horas.

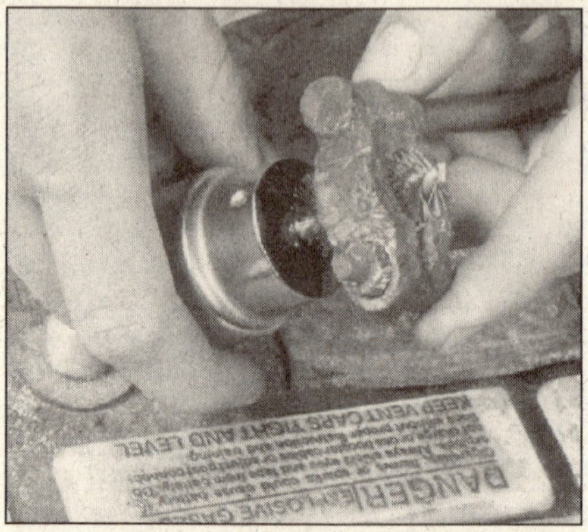

10.7a Cuando limpie las grapas de los terminales de la baterías, se debe quitar toda la corrosión (el interior de la grapa está hecha como un cono para que haga juego con la batería, así que no remueva mucho material)

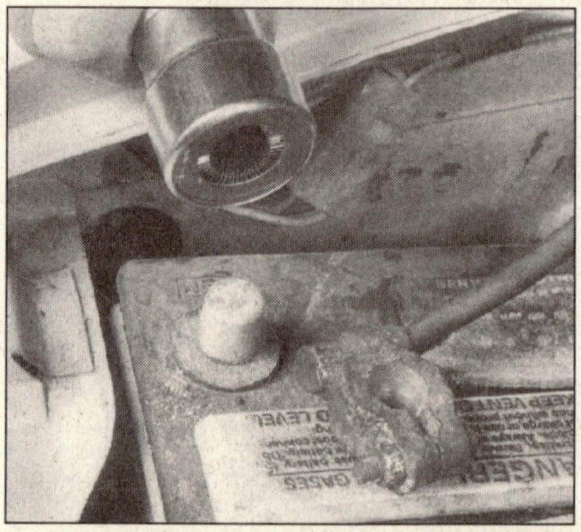

10.7b Sin importar el tipo de herramienta que usted use para limpiar los postes de la batería, una superficie limpia y brillante debe ser el resultado final

14 Si la batería tiene tapas de células que se pueden remover, mida la gravedad específica con un hidrómetro cada hora durante las últimas horas del ciclo de carga. Los hidrómetros están disponibles económicamente en refaccionarías - siga las instrucciones que vienen con el hidrómetro. Considere la batería cargada cuando no haya cambio en la gravedad específica en la lectura de dos horas y el electrólito en las células esté gaseando (burbujear) libremente. La gravedad específica que lee cada célula debe ser muy cerca de las otras. Si no, la batería tiene probablemente una célula(s) mala.

15 Algunas baterías con tapas selladas tienen hidrómetros incorporados en la cima que indican el estado de la carga por el color de despliegue en la ventana del hidrómetro. Normalmente, un hidrómetro resplandeciente indica una carga completa y un hidrómetro oscuro indica una batería en necesidad de carga. Chequee las instrucciones del fabricante de la batería para estar seguro que usted sabe lo que los colores significan.

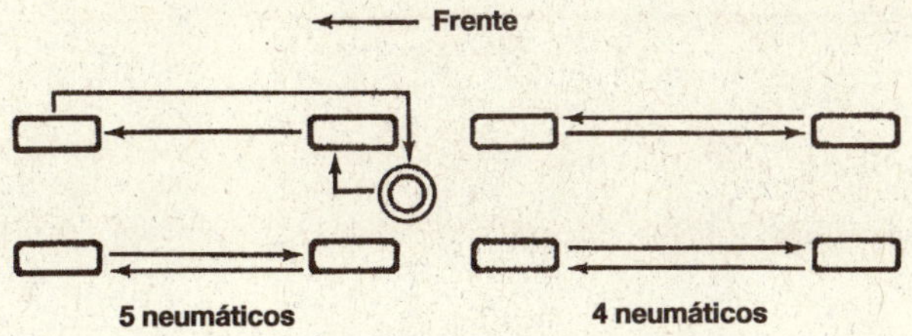

11.2 El patrón de rotación recomendado para estos modelos

16 Si la batería tiene una tapa sellada y ningún hidrómetro incorporado, usted puede conectar un voltímetro digital a través de las terminal de la batería para chequear la carga. Una batería completamente cargada debe leer 12.6 voltios o más alto.

17 Información adicional sobre la batería y arranque por acoplamiento (paso de corriente) pueden ser encontrado en el Capítulo 5 y al frente de éste manual.

11 Neumáticos - rotación

Refiérase a la ilustración 11.2

1 Los neumáticos se deben rotar en los intervalos especificados y cuando desgaste desigual es observado. Debido a que el vehículo se levantará y los neumáticos serán removidos de todos modos, esto es un buen tiempo para chequear los frenos (vea Sección 31) y/o empaque los baleros de las ruedas traseras (vea Sección 30). Lea rápidamente la Sección apropiada si otro trabajo será hecho al mismo tiempo.

2 El patrón de la rotación depende de si o no el neumático de reserva está incluido en la rotación **(vea ilustración)**.

3 Vea la información en levantar y remolcar al frente de éste manual para los procedimientos apropiados de seguir cuándo levante el vehículo y cambie un neumático; sin embargo, si los frenos deberán ser chequeado, no aplique el freno de estacionamiento según está expresado. Cerciórese de que los neumáticos se bloqueen para prevenir que el vehículo se ruede.

4 Preferiblemente, el vehículo entero se debe levantar al mismo tiempo. Esto puede ser hecho en un elevador o levantando hacia arriba cada lado del vehículo y soportándolo sobre estantes. Siempre use cuatro estantes y cerciórese que el vehículo esté firmemente sostenido.

5 Después de la rotación de los neumáticos, chequee y ajuste la presión de aire de los neumáticos según sea necesario y esté seguro de chequear las tuerca de las ruedas.

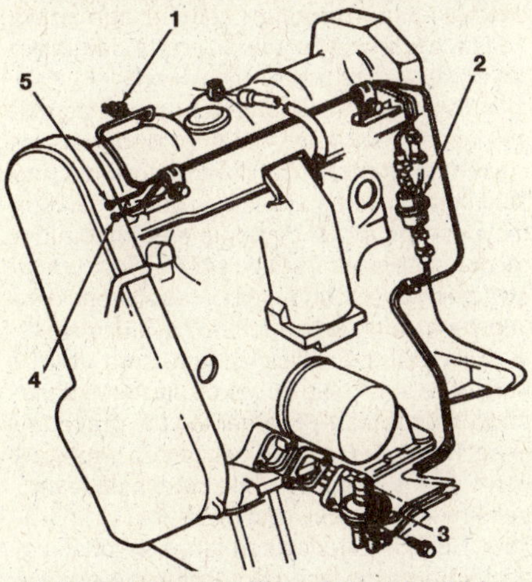

13.1a Detalles del filtro de combustible para el motor de 2.2L

1 Carburador
2 Filtro de combustible
3 Bomba de combustible
4 Retorno del vapor de combustible
5 Hacia el tanque de combustible

12 Nivel del lubricante del transeje - chequeo

Refiérase a la ilustración 12.3

1 Los transeje manuales no tienen una varilla graduada para medir. El nivel del lubricante es chequeado removiendo un tapón de caucho o un tapón de tornillo en el lado de la caja del transeje. Chequee el nivel del lubricante con el motor frío.

2 Localice el tapón y use un trapo para limpiarlo alrededor del área. Puede ser necesario tener que remover la tapa interior izquierda de la parte interior del guardafangos para tener acceso al tapón.

3 Destornille el tapón de llenar con una llave inglesa. En modelos con un tapón de caucho, hágale hacia fuera con un destornillador pequeño en forma de palanca **(vea ilustración)**. Si lubricante inmediatamente comienza a salirse hacia fuera, instale el tapón adentro del transeje - el nivel del lubricante está bien. Si lubricante no se fuga hacia fuera, remueva completamente el tapón y use su dedo para sentir el nivel del lubricante. El nivel del lubricante debe estar en el fondo del orificio.

13.1b En motores 2.6L, el filtro del combustible está montado cerca del carburador

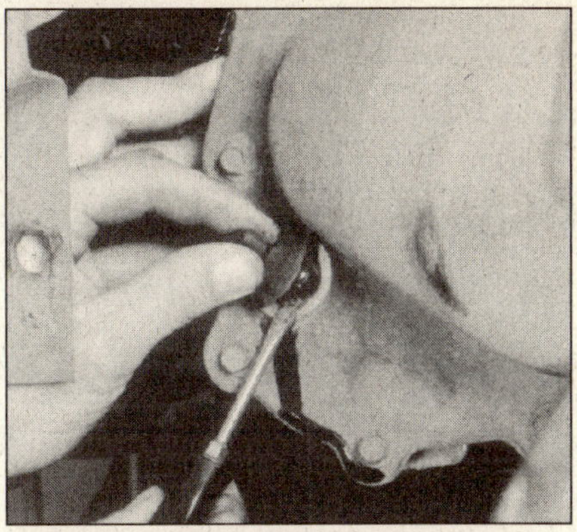

12.3 Use un destornillador para hacerle palanca al tapón de caucho hacia fuera del transeje

4 Si el transeje requiere lubricante adicional, use un embudo con un tubo de caucho o una jeringuilla para verter y añadir el lubricante recomendado en el orificio para restaurar el nivel. **Caución:** *Use solamente el lubricante de transeje especificado - vea lubricantes y flúidos recomendados al principio de éste Capítulo.*

5 Empuje o enrosque el tapón firmemente hacia dentro del transeje. Conduzca el vehículo y chequee por fugas alrededor del tapón.

13 Filtro de combustible - reemplazo

Peligro: *La gasolina es extremadamente inflamable, razón por la cual se debe tener mucha precaución al trabajar en cualquier parte del sistema de combustible. No fume ni permita la presencia de llamas expuestas o bombillas sin protección cerca del área de trabajo, y no trabaje en un taller donde haya artefactos de gas natural con un piloto (como calentadores de agua o secadores de ropa). Como la gasolina es carcinógena, use guantes de látex cuando haya una posible exposición al combustible. Si derrama combustible en la piel, enjuáguela de inmediato con jabón y agua. Limpie inmediatamente cualquier derrame y no almacene trapos con combustible en lugares donde puedan inflamarse. El sistema de combustible está bajo presión constante, por lo cual, antes de desconectar alguna tubería de combustible se debe liberar la presión del combustible en el sistema (vea el Capítulo 4 para obtener más información). Al realizar cualquier tipo de trabajo en el sistema de combustible, use anteojos de seguridad y tenga un extintor Clase B al alcance.*

Modelos con carburador

Refiérase a las ilustraciones 13.1a y 13.1b

1 El filtro de combustible es una unidad para tirar y está localizado en la línea del combustible entre la bomba del combustible y el carburador **(vea ilustraciones)**.

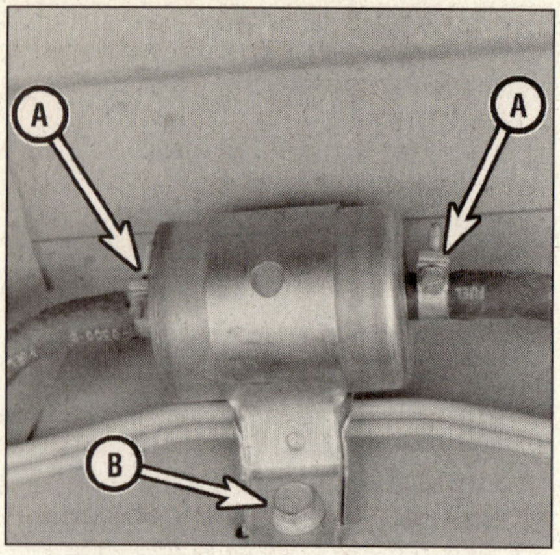

13.10 En modelos de combustible-inyectado, el filtro del combustible está localizado debajo de la parte derecha trasera del vehículo y está asegurado por dos abrazaderas (A) y un perno (B)

2 Éste trabajo es hecho mejor con el motor frío (después de estar por lo menos tres horas estacionado) y el abanico de enfriar o el cable negativo de la batería desconectado. Usted necesitará alicates para aflojar y deslizar hacia atrás las abrazaderas de la línea de combustible, el filtro correcto de reemplazo y algunos trapo limpios.

3 Coloque los trapos bajo el filtro para colectar cualquier combustible que sea rociado según la línea del combustible es desconectada.

4 Deslice las abrazaderas hacia atrás, remueva las mangueras y remueva el filtro. En motores 2.6L será necesario desconectar los soportes de montaje.

5 Empuje las mangueras en el filtro nuevo e instale las abrazaderas.

6 Conecte la batería y/o el ventilador, ponga el motor en marcha, chequee por fugas y cerciórese que el filtro está firmemente instalado.

Modelos con combustible inyectados

Refiérase a la ilustración 13.10

7 Ponga bajo presión el sistema de combustible (vea Capítulo 4).

8 El filtro del combustible es un tipo para tirar de tipo canasto y está localizado en la línea del combustible debajo del lado derecho en la parte trasera del vehículo, adyacente al tanque de combustible.

9 Levante la parte trasera del vehículo y lo sostiene firmemente sobre estantes.

10 Afloje las abrazaderas de las mangueras del filtro **(vea ilustración)**.

11 Envuelva una tela alrededor del filtro del combustible para colectar el combustible residual (que puede estar todavía bajo leve presión) y desconecte las mangueras del radiador. Es una buena idea de atar trapos alrededor de sus muñecas para prevenir que el combustible corra atraves de sus brazos.

12 Remueva el perno de soporte que lo sostiene y remueva el filtro del vehículo; ponga su dedo sobre la línea de salida para detener el combustible residual que no se salga.

13 Coloque el filtro nuevo en posición, instale el perno que lo sostiene y apriételo firmemente. Si las mangueras están dañadas o deterioradas, instale nuevas con el filtro nuevo.

14 Instale abrazaderas nuevas y conecte las mangueras al filtro. Apriete las abrazaderas firmemente.

15 Ponga el motor en marcha y chequee cuidadosamente por fugas en las conexiones de las manguera.

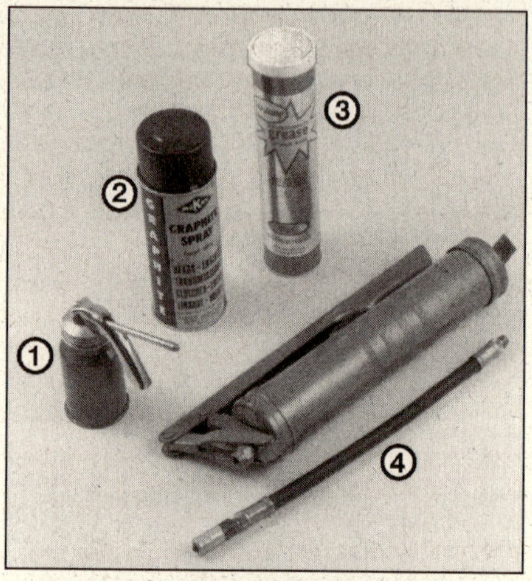

14.1 Materiales requeridos para la lubricación del chasis y la carrocería

1 ***Aceite de motor -*** *Aceite de motor fino en una lata como esta, se puede usar para lubricar las bisagras de las puertas y del cofre / capó*

2 ***Rociador de grafito -*** *Es usado para lubricar los cilindros de los seguros de las puertas*

3 ***Grasa -*** *La grasa es disponible en una variedad de tipos y peso / espesor, son disponibles para usarlas en una pistola de grasa. Chequee las especificaciones que son requeridas para usted*

4 ***Pistola de grasa -*** *Una pistola de grasa común, es mostrada aquí con una manguera removible, es necesaria para lubricar el chasis. Después que termine límpiela*

14 Lubricación del chasis

Refiérase a las ilustraciones 14.1 y 14.6

1 Una engrasadora y un cartucho lleno con la grasa apropiada (*vea lubricantes y flúidos recomendados*), rocío de grafito y un bote llenó con aceite de motor será requerido para lubricar los componentes del chasis **(vea ilustración)**. Ocasionalmente, en vehículos más modernos, tapones serán instalados envés de copillas. Si ése es el caso, copillas se tendrán que comprar y ser instaladas.

2 Mire debajo del vehículo y vea si las copillas o tapones están instalados. Si hay tapones, los remueve con una llave y compre copillas que enroscará en el componente. Un departamento de partes del concesionario o refaccionaría serán capaces de suministrar las copillas correctas. Copillas rectas y con ángulos están disponible.

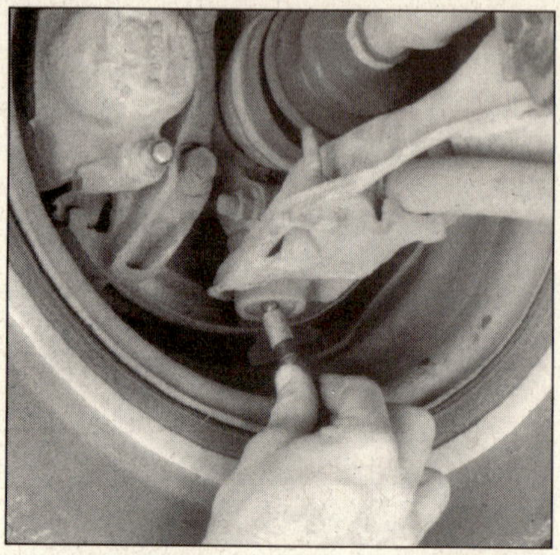

14.6 Bombee la grasa en la copilla de la rótula hasta que el caucho esté firme

3 Para acceso más fácil debajo del vehículo, levántelo con un gato y posicione estantes en las porciones de la carrocería designada para levantar y remolcar en el frente y la parte trasera (vea levantar y remolcar al frente de éste manual). Cerciórese de que está firmemente sostenido por estantes.

4 Antes de empezar, fuerce hacia fuera una cantidad pequeña de grasa de la boca de la pistola y remueva cualquier tierra de la punta final. Limpie la boca con un trapo.

5 Con la engrasadora y abundancia de trapos limpios, arrástrese debajo del vehículo y comience a lubricar los componentes.

6 Limpie la copilla de la rótula y empuje la boca de la engrasadora firmemente sobre ella **(vea ilustración)**. Opere la palanca en la engrasadora para forzar grasa en el componente. La rótula se debe lubricar hasta que el sello de caucho esté firme al toque. No bombee mucha grasa en la copilla porque puede romper el sello. Para todos los otros componentes de la suspensión y la dirección, continúe bombeando grasa en la copilla hasta que salga fuera de la coyuntura entre los dos componentes. Si fuga de grasa alrededor de la boca de la engrasadora, la copilla está atascada o la boca no está completamente sentada en la copilla. Asegure la boca de la pistola de lubricar y la copilla y trate otra vez. Si es necesario, reemplace la copilla con una nueva.

7 Limpie el exceso de grasa del componente y la copilla de grasa. Repita el procedimiento para el resto de las copillas.

8 Lubrique los puntos de contacto y el pivote en el acoplamiento de cambio del transeje manuales con la grasa especificada. Mientras usted está debajo del vehículo, limpie y lubrique el cable del freno de estacionamiento junto con las guías del cable y las palancas. Esto puede ser hecho poniéndole un poco de grasa de chasis en el cable y las partes relacionadas con sus dedos. Lubrique

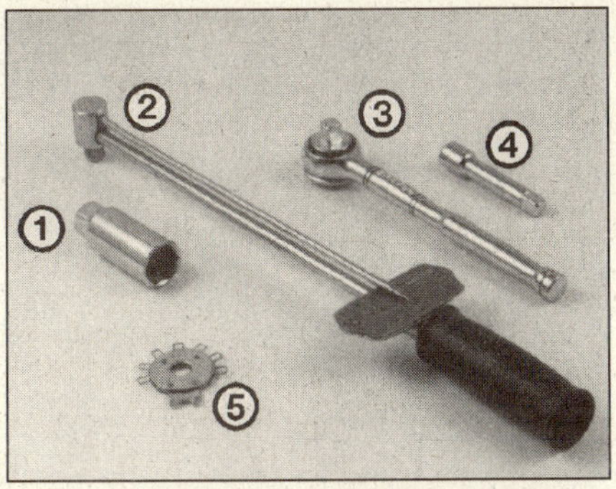

15.2 Herramientas requeridas para cambiar las bujías

*1 **Dado para la bujía** - Este dado tiene una esponja especial adentro para proteger la insolación de porcelana de la bujía*
*2 **Torquímetro** - Aunque no es necesario, usando esta herramienta es la forma mas segura de apretar las bujías apropiadamente*
*3 **Matraca** - Herramienta normal que se usa con el dado de bujía*
4 Extensión - Dependiendo del modelo y de los accesorios; pueda que usted necesite extensiones especiales y uniones universales, para poder llegar a una o mas de las bujías
*5 **Calibrador de bujías** - Este tipo de calibrador para chequear la luz de las bujías vienen en diferente tipos y estilos. Esté seguro que el calibrador tenga el diámetro que se necesita para su camión*

el ajustador del embrague y el cable, también como el posicionador del cable, con una película delgada de grasa de propósito múltiple.

9 Baje el vehículo al piso.

10 Abra el capó y aplique grasa de chasis en el mecanismo del picaporte del capó. Haga que un ayudante hale la palanca de liberación del capó por dentro del vehículo según usted lubrica el cable en el picaporte.

11 Lubrique todas las bisagras (puerta, capó, etc.) con el lubricante recomendado para mantenerlos en orden de trabajo apropiado.

12 Los cilindros claves de la cerradura se pueden lubricar con lubricante atomizador de grafito o silicona, que están disponible en las refaccionarías para vehículos.

13 Lubrique el burlete de la puerta con rocío de silicona. Esto reducirá el roce y retardará el desgaste.

15 Bujías - reemplazo

Refiérase a las ilustraciones 15.2, 15.5a, 15.5b, 15.7, 15.9a, 15.9b y 15.11

1 Las bujías están localizadas en el lado del motor en el frente, mirando al radiador en los modelos de cuatro cilindros y en ambos el frente y el lado trasero en los modelos V6. **Caución:** *Antes de empezar el trabajo, desconecte el cable negativo de la batería para prevenir que el ventilador eléctrico de enfriamiento se ponga en macha.*

2 En la mayoría de los casos las herramientas necesarias para el reemplazo de bujía incluyen un dado de bujía que se instala a una matraca (éste dado especial tiene una almohadilla para proteger el centro de porcelana en las bujías nuevas), varias extensiones y un calibrador palpador para el ajuste del espacio libre de la bujía **(vea ilustración)**. Una herramienta especial para remover el alambre de la bujía está disponible para separar la tapa del alambre de la bujía, pero no es absolutamente necesario. Debido a que estos motores están equipados con una cabeza(s) de cilindros de aluminio, una llave torsiométrica se debe usar para apretar las bujías.

3 El mejor enfoque cuando reemplace las bujías es de comprar las bujías nuevas antes de mano, ajústelas al espacio libre apropiado y entonces reemplace cada bujía de una en una. Cuándo compre las bujías nuevas, esté seguro de obtener las bujías correctas para su motor específico. Ésta información se puede encontrar en la etiqueta de información para el control de emisiones que está localizada debajo del capó, en el manual de fábrica del dueño o en las especificaciones al frente de éste Capítulo. Si diferencias existen entre las dos fuentes, compre las bujías especificadas en la VECI (etiqueta de información para el control de las emisiones del vehículo) porque son específica para su motor.

4 Permita que el motor se enfríe completamente antes de remover cualquiera de las bujías. Durante éste tiempo que se está enfriando, cada una de las bujías nuevas se pueden inspeccionar por defectos y los espacio libres pueden ser chequeado.

5 El espacio libre es chequeado metiendo el medidor del espesor apropiado entre los electrodos en la punta de la bujía **(vea ilustración)**. El espacio libre entre los electrodos debe ser como está especificado en la VECI (etiqueta de información para el control de las emisiones del vehículo) del motor. El alambre debe tocar cada uno de los electrodos. Si el espacio libre es inexacto, use el cuerpo del medidor de espesores para doblar el electrodo curvo del lado, levemente hasta que el espacio libre apropiado sea obtenido **(vea ilustración)**. También, en éste tiempo chequee por rajaduras en el cuerpo de la bujía (si algunos son encontrados, la bujía no se debe usar). Si electrodo del lado no está exactamente sobre el centro, use el ajustador para alinear los dos.

6 Cubra el frente del vehículo para prevenir daño a la pintura del vehículo.

7 Con el motor fresco, remueve el alambre de bujía de una bujía. Hale solamente en la cubierta al final del alambre; no hale en el alambre. Use un movimiento de torcer para libertar la cubierta y el alambre de la bujía. Una herramienta para remover el alambre de la bujía (anteriormente mencionado) debe ser usado si está disponible **(vea ilustración)**.

8 Si aire comprimido es disponible, úselo para soplar cualquier tierra o materia extranjera fuera del área de la bujía. Una bomba común de bicicleta trabajará también. La idea aquí es de eliminar la posibilidad de que caiga materia extranjera en el cilindro por el orificio según la bujía es removida.

15.5a Los fabricantes de bujía recomiendan usar un calibrador de alambre cuando esté chequeando la luz - Si el alambre no resbala entre los electrodos con una ligera fricción, se requiere ajuste

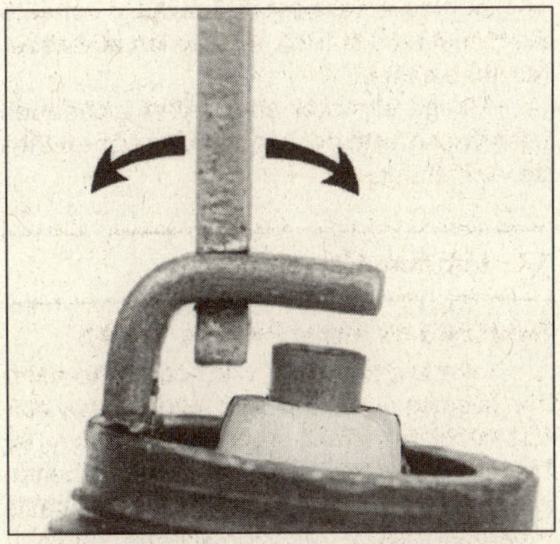

15.5b Para cambiar la luz de las bujías, vire el lado del electrodo lateral solamente, como se indica con las flechas, y tenga mucho cuidado de no cuartear la porcelana que aísla el electrodo del centro

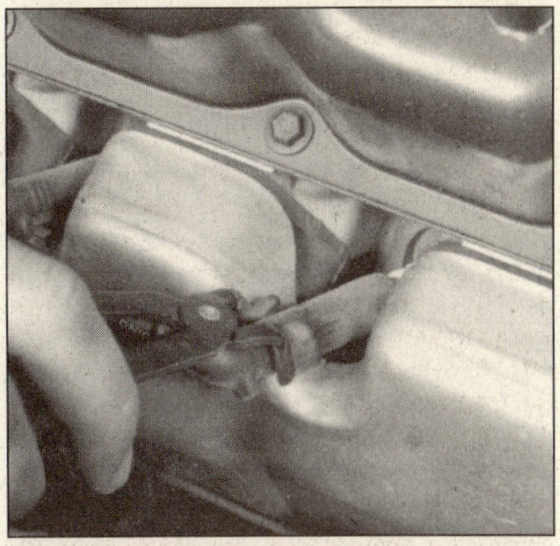

15.7 Tire del tapón del alambre de la bujía y lo tuerce de adelante para atrás mientras lo hala - una herramienta para remover alambres de bujías hace el trabajo más fácil

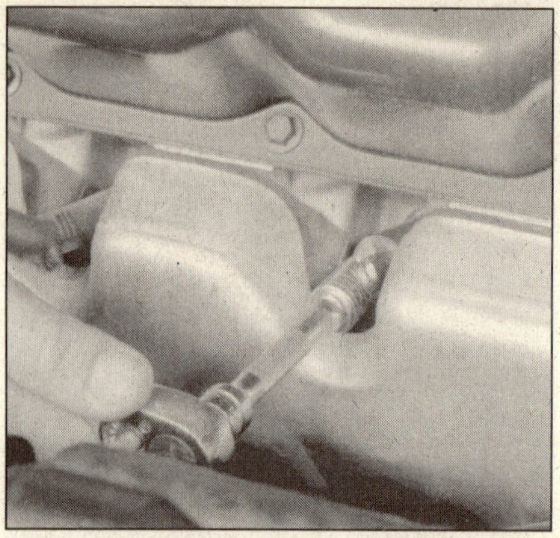

15.9a Use una matraca y una extensión corta para remover las bujías

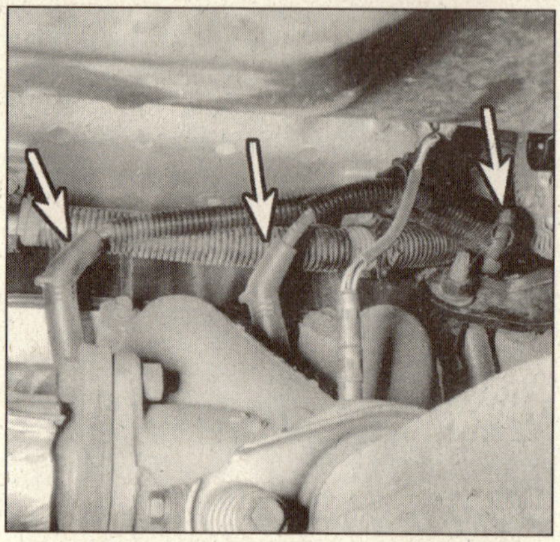

15.9b En motores V6, las bujías en el banco trasero (flechas) están accesible por debajo del vehículo

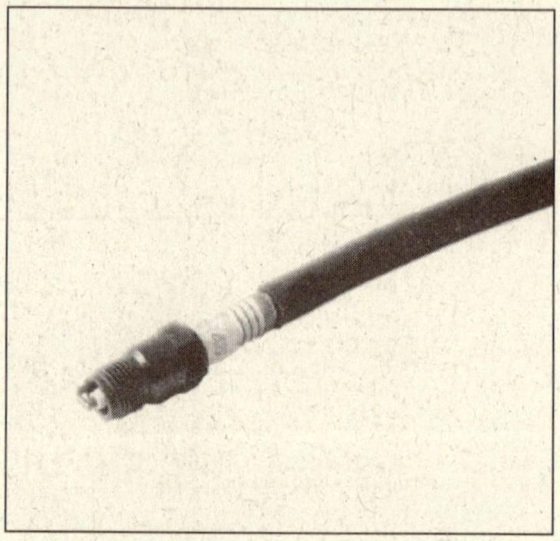

15.11 Una manguera de caucho de 3/ 16 - de pulgadas ID (diámetro interno) le ahorrará tiempo y prevendrá que la rosca se malogre

9 Ahora coloque el dado de la bujía sobre la bujía y la remueve del motor girándolo en la dirección izquierda **(vea ilustración)**. En modelos V6, será necesario levantar el vehículo y soportarlo en estantes para tener acceso a las bujías del banco trasero **(vea ilustración)**.

10 Compare la bujía con esas mostradas en las fotos acompañante para obtener una indicación de la condición completa del motor.

11 Enrosque una de las bujías nuevas en el orificio, apretándola lo más posible a mano. **Caución:** *Sea extremadamente cuidadoso - estos motores tienen cabezas de cilindro de aluminio, que significa que las roscas del orificio de la bujía se pueden dañar fácilmente. Puede ser una buena idea de resbalar una longitud corta de manguera de caucho sobre el final de la bujía para usarla como una herramienta para enroscarla en su sitio. La manguera agarrará la bujía bastante bien para girarla, pero comenzará a resbalar en la bujía si la bujía comienza a cruzar las roscas en el orificio - esto prevendrá que las roscas se dañen y el costo implicado en repararlas* **(vea ilustración)**.

12 Conecte el alambre de la bujía a la bujía nueva, otra vez usando un movimiento giratorio en la tapa hasta que se halla sentado en la bujía.

13 Repita el procedimiento de la bujía de encima para el resto, reemplácelas de una en una para prevenir mezclar los alambres de las bujías.

16 Alambres de las bujías, rotor y la tapa del distribuidor - chequeo y reemplazo

Refiérase a las ilustraciones 16.7, 16.9, 16.10a y 16.10b

Nota: *Los motores 3.3L usan un sistema DIS (sistema de ignición sin distribuidor), así que en estos modelos solamente los alambre de bujía se pueden reemplazar.*

1 Los alambre de bujía deben ser chequeado en los intervalos recomendados o cuando las bujías nuevas sean instaladas.

2 Los alambres se deben inspeccionar de uno en uno para prevenir que se mezcle el orden, que es esencial para la operación apropiada del motor.

3 Desconecte el alambre de la bujía. Una herramienta para remover se puede usar para esto, o usted puede apretar la tapa de caucho, gírela levemente y entonces hale el alambre para liberarlo. No hale en el alambre mismo, solamente en la tapa de caucho.

4 Chequee dentro de la tapa por corrosión, que parecerá como un polvo blanco (no lo confunda con la grasa dieléctrica blanca usada en algunas cubiertas de alambre de bujía para la corrosión).

5 Ahora empuje la parte de atrás del alambre y la tapa en el final de la bujía. Debe estar apretado en el final de la bujía. Si no, remueva el alambre y use un par de alicates para exprimir cuidadosamente el conector de metal dentro de la tapa del alambre hasta que esté apretado firmemente.

6 Ahora, usando una tela, limpie cada alambre en su longitud completa. Remueva toda tierra y grasa acumulada. Mientras esto se hace, inspeccione por áreas quemadas, grietas y cualquier otra forma de daño. Doble los alambres en varios lugares para asegurarse que el material conductivo de adentro no esté endurecido. Repita los procedimiento para el resto de los alambres (no se olvide del alambre del distribuidor a la tapa de la bobina).

7 Remueva la tapa del distribuidor el protector y chequee los alambres en la tapa, cerciórese de que ellos no están flojos y que los alambres y las cubiertas no están agrietados ni dañados. **Nota:** *No atente de halar los alambres fuera de la tapa - ellos están retenidos en el interior por retenedores de alambre.* El fabricante no recomienda remover los alambres de la tapa para la inspección porque esto podría dañar la integridad del sello de la tapa. Si los alambres aparecen estar dañados, reemplácelos con unos nuevos. Remueva la tapa del distribuidor, libere los retenedores del alambre con un par de alicates y remueva los alambres **(vea ilustración)**. Inserciône los alambres nuevos en la tapa apretando las cubiertas para liberar cualquier aire atrapado según usted los empuja en su sitio. Siga empujando hasta que usted sienta el cierre del retenedor del alambre en posición.

8 Un chequeo visual de los alambre de bujía se puede hacer también. En un garaje oscuro (cerciórese que haya ventilación), ponga el motor en marcha y mire a cada alambre de bujía. Tenga cuidado de no entrar en contacto con ninguna parte del motor que se esté moviendo. Si hay una rajadura en el aislamiento, usted verá chispas provenientes del área dañada.

9 Remueva la tapa del distribuidor con los alambres conectado y chequee la tapa por

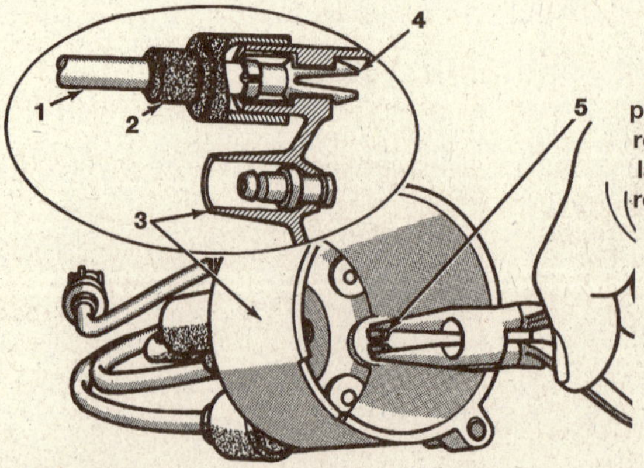

16.7 Cuándo reemplace los alambres de las bujías, use un par de alicates para comprimir el retenedor del alambre dentro de la tapa del distribuidor antes de remover el alambre hacia afuera

1 Alambre
2 Cubierta de caucho
3 Tapa del distribuidor
4 Electrodo de retención
5 Retenedor del alambre

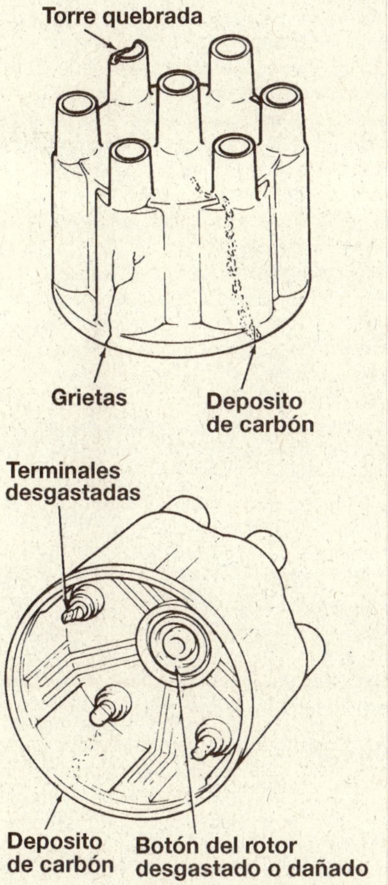

16.9 Aquí se muestra algunos de los defectos comunes que se debe de buscar cuando esté inspeccionando la tapa del distribuidor (si está en duda acerca de su condición, instale una nueva)

rajaduras, rasgos de carbón y otros daños. Examine las terminales dentro de la tapa por corrosión (la corrosión leve se puede remover con un cuchillo del bolsillo) **(vea ilustración)**.

10 Chequee el rotor (ahora visible en el final del eje del distribuidor) por rajaduras y una acoplación segura en el eje. Cerciórese de

17.7 Debe haber una resistencia leve según el calibrador palpador es movido entre el tornillo de ajuste de la válvula de esprea y el vástago de la válvula

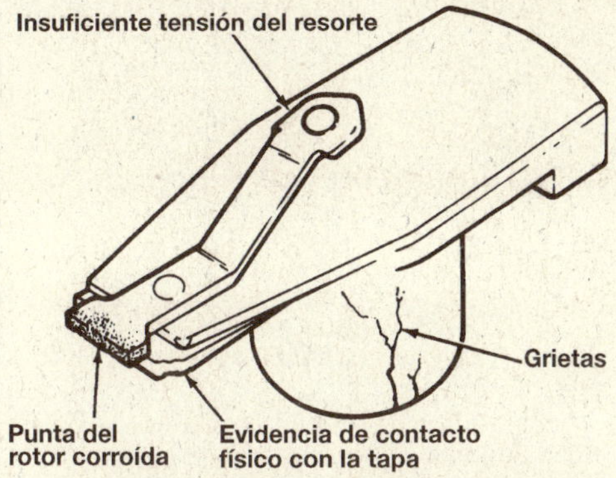

16.10a El rotor de la ignición se debe chequear por desgaste y corrosión como es indicado aquí (si está en duda acerca de su condición, compre uno nuevo)

que las terminales no están quemadas, corroídas ni carcomidas excesivamente. Una lima fina pequeña se puede usar para restaurar las terminales del rotor **(vea ilustración)**. Para reemplazar el rotor, remueva el tornillo de retención del rotor (los modelos que estén equipados) y hale el rotor hacia fuera del eje del distribuidor **(vea ilustración)**.

11 Si alambres nuevos de bujías se necesitan, compre un juego precortado completo para su motor particular. Las cubiertas de las terminales y caucho deben ser ya instaladas en los alambres. Reemplace los alambres de uno en uno para evitar que se mezcle el orden del encendido y cerciórese que las terminales se asientan firmemente en la tapa del distribuidor y en las bujías.

17 Franqueo de las válvulas y ajuste (motor de 2.6L solamente) - chequeo

Refiérase a las ilustraciones 17.7 y 17.12

Peligro: *El ventilador eléctrico para el enfriamiento puede ponerse en marcha en cualquier momento, aún cuando la ignición esté apagada. Desconecte el motor del ventilador o el cable negativo de la batería cuando esté trabajando en la proximidad del ventilador.*

1 El franqueo de las válvulas debe ser chequeado y ajustado a los intervalos especificados con el motor a la temperatura normal de operación.

2 Remueva el ensamblaje del purificador del aire (vea Capítulo 4).

3 Remueva la tapa de las válvulas (vea Capítulo 2).

4 Coloque el pistón número uno en el TDC (punto muerto superior) en la carrera de compresión (vea Capítulo 2). El balancín del cilindro número uno (el más cerca del final de la cadena del tiempo del motor) debe estar floja (capaz de moverse hacia arriba y hacia abajo levemente) y los lóbulos del árbol de levas deben estar mirando hacia fuera de los balancines.

5 Con el cigüeñal en ésta posición, la válvula de esprea del cilindro número uno (si

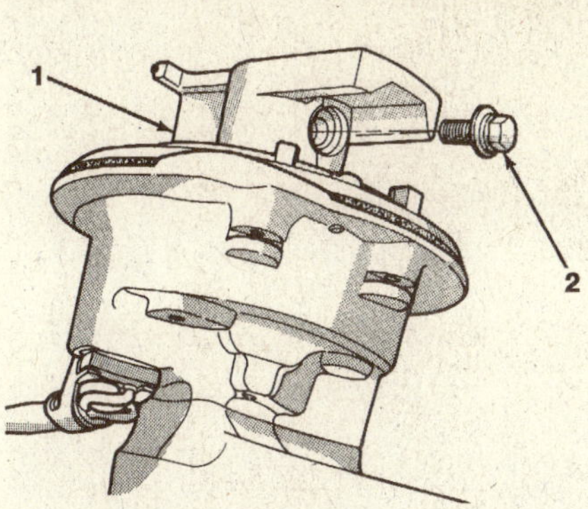

16.10b Algunos modelos tienen un tornillo de enclavamiento para el rotor que se debe remover antes que se pueda extraer hacia fuera el rotor

1 Rotor
2 Tornillo de enclavamiento para el rotor

está equipado), los espacios libres de la válvula de admisión y la válvula de escape pueden ser chequeado y ajustado. **Nota:** *Algunos motores no están equipados con válvulas de espreas (válvulas pequeñas adyacente a las válvulas de admisión que son accionadas por extensiones de los balancines de la válvula de admisión). Si usted no está seguro si el motor está equipado con válvulas de esprea, vea ilustración 17.7*

6 Primero, ajusta la válvula de esprea - si está equipado - (si el motor no está equipado con válvulas de esprea, afloje el ajuste de la válvula de admisión dos vueltas y proceda al paso 9). Cerciórese que el tornillo de ajuste de la válvula de admisión ha sido destornillado dos vueltas completas, entonces afloje la tuerca de seguridad en el tornillo de ajuste en la válvula de esprea.

7 Gire el tornillo de ajuste de la válvula de esprea a la izquierda e inserciône el tamaño apropiado del calibrador palpador (vea las especificaciones en este Capítulo) entre el vástago de la válvula y el tornillo de ajuste. Cuidadosamente apriete el tornillo de ajuste hasta que pueda sentirse una resistencia leve en el calibrador palpador mientras usted lo remueve del entremedio del vástago y el tornillo de ajuste **(vea ilustración)**.

8 Debido a que el resorte de la válvula de esprea es relativamente débil, tenga cuidado especial para no forzar la válvula de esprea para que se abra. Sea particularmente cuidadoso si el tornillo de ajuste está duro de girar. Detenga el tornillo de ajuste con un destornillador (para que no gire) y apriete la tuerca de seguridad. Chequee el espacio libre para cerciórese de que no ha cambiado.

9 Después, chequee y ajuste el espacio libre de la válvula de admisión. Inserciône el tamaño apropiado del calibrador palpador entre el vástago de la válvula de admisión y el tornillo de ajuste. Cuidadosamente apriete el tornillo de ajuste hasta que pueda sentirse una resistencia leve en el calibrador palpador mientras usted lo remueve de entremedio del vástago y el tornillo de ajuste.

17.12 Para estar seguro que el tornillo de ajuste no se mueve cuando la tuerca de seguridad sea apretada, use una llave boca cerrada y apriete con fuerza el destornillador

10 Detenga el tornillo de ajuste con un destornillador (para que no gire) y apriete la tuerca de seguridad. Chequee el espacio libre y cerciórese que no ha cambiado.

11 Afloje la tuerca de seguridad en el tornillo de ajuste de la válvula de escape. Gire el tornillo de ajuste a la izquierda e insercióne el tamaño apropiado del calibrador palpador entre el vástago de la válvula y el tornillo de ajuste. Cuidadosamente apriete el tornillo de ajuste hasta que pueda sentirse una resistencia leve en el calibrador palpador mientras usted lo remueve del entremedio del vástago y el tornillo de ajuste.

12 Detenga el tornillo de ajuste con un destornillador (para que no gire) y apriete la tuerca de seguridad **(vea ilustración)**. Chequee el espacio libre y cerciórese que no ha cambiado.

13 Gire el cigüeñal para posicionar cada uno de los pistones restantes en el TDC (punto muerto superior) en la carrera de compresión (vea Capítulo 2) y ajuste las válvulas para cada cilindro. Ajuste solamente la válvulas para el cilindro que está en el TDC. Siempre ajuste la válvula de esprea primero.

14 Instale la tapa de las válvulas y el ensamblaje del purificador del aire.

18 Banda - chequeo, ajuste y reemplazo

Refiérase a las ilustraciones 18.3a, 18.3b, 18.4, 18.6a, 18.6b, 18.6c, 18.6d, 18.6e, 18.6f, 18.6g, 16.6h y 18.10

Peligro: *El ventilador eléctrico para el enfriamiento puede ponerse en marcha en cualquier momento, aún cuando la ignición esté apagada. Desconecte el motor del ventilador o el cable negativo de la batería cuando esté trabajando en la proximidad del ventilador.*

Nota: *Los modelos más modernos están equipados con un banda serpentina que gira todos los accesorios del motor. La tensión de la banda es automáticamente controlada - ningún ajuste es requerido. La banda serpentina se debe inspeccionar por desgaste o daño, de todas formas.*

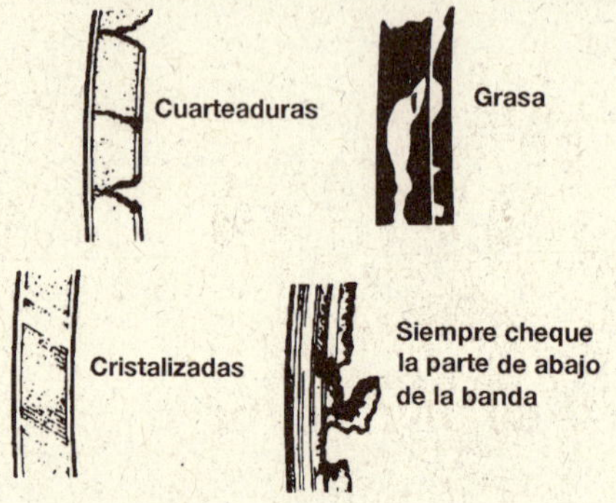

18.3a Aquí hay algunos de los problemas más comunes asociados con las poleas / bandas (chequee las poleas muy cuidadosamente para prevenir una avería innecesaria)

Chequeo

1 Las bandas son BANDAS EN FORMA V o BANDAS RANURADAS. Se refieren a veces como "bandas del ventilador," las bandas están localizadas al lado izquierdo final del motor. Buena condición y ajuste apropiado de las bandas es crítico para la operación del motor. A causa de su composición y altas presiones a que ellas están sujetas, las bandas se estiran y se deterioran según ellas se ponen más viejas. Ellas deben por lo tanto ser inspeccionadas periódicamente.

2 El número de bandas usadas en cierto vehículo depende de los accesorios instalados. Una banda transmite el poder del cigüeñal al alternador y la bomba de agua. El compresor del aire acondicionado y bombas de dirección de poder son activados por otras bandas.

3 Con el motor apagado, abra el capó y localice las bandas en la punta correcta del motor. Con una linterna, chequee cada banda: En BANDA FORMA V, chequee por rajaduras y separación de la banda doble **(vea ilustración)**. En la BANDA RANURADA, chequee por separación del caucho adhesivo en ambos lados del centro, la separación del centro del lado de la banda y un centro cortado **(vea ilustración)**. También en BANDA RANURADA, chequee por separación de las ranuras del caucho adhesivo, agrietado o separación de las ranuras, ranuras rotas en la parte interior de las ranuras. En ambos tipos de bandas, chequee por quemaduras y vidriado, que le da a la banda una apariencia brillante. Ambos lados de la banda se deben inspeccionar, que significa que usted tendrá que torcer la banda para chequear la cara inferior. Use su dedo para sentir la banda donde usted no pueda ver. Si alguna de las condiciones de encima son evidente, reemplace la banda (baya al paso 8).

4 Que tan apretado está cada banda, es chequeado empujando en la distancia del medio del camino entre las poleas **(vea ilustración)**. Aplique acerca de 10 libras de presión con su dedo pulgar y vea que cantidad la banda se mueve hacia abajo (deflección). Refiérase a las especificaciones alistadas en éste Capítulo para la cantidad de deflección permitida en cada banda.

Ajuste

5 Si ajuste es necesario, es hecho moviendo el soportes del accesorio que empuja la banda.

6 En algunos componentes, si una banda se debe ajustar, afloje el tornillo de enclavamiento o tuerca y el perno del ajuste o el tornillo que asegura el componente al soporte. Hágale pivote al componente (fuera del bloque del motor para apretar la banda, hacia el bloque para aflojar la banda) **(vea ilustraciones)**. Muchos accesorios están equipados

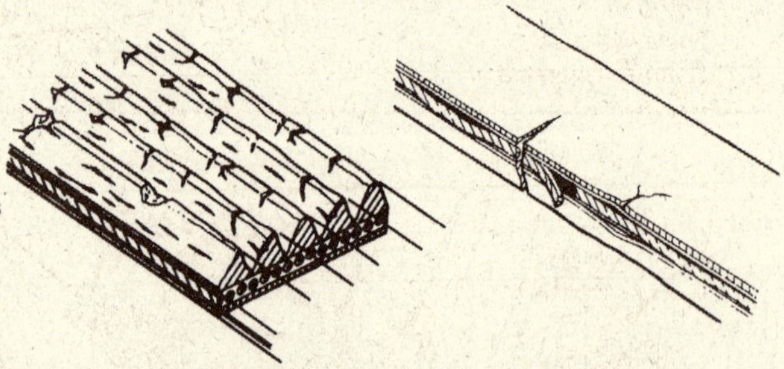

18.3b Chequee las bandas con costillas en tipo V por signos de desgaste como éstos - si la banda se mira desgastada, reemplácela

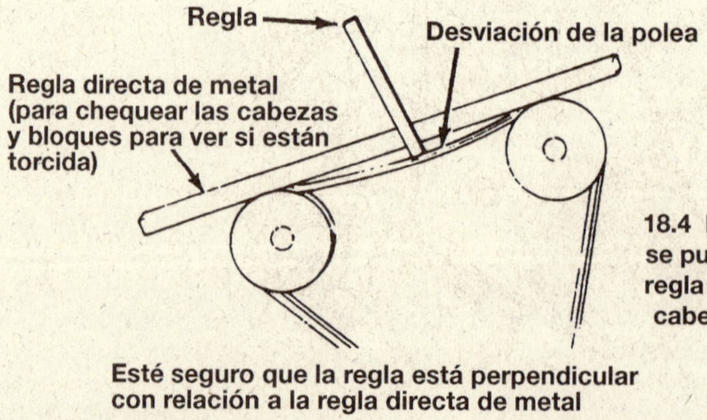

18.4 La tensión de las poleas se pueden chequear con una regla directa de chequear las cabezas y una regla regular

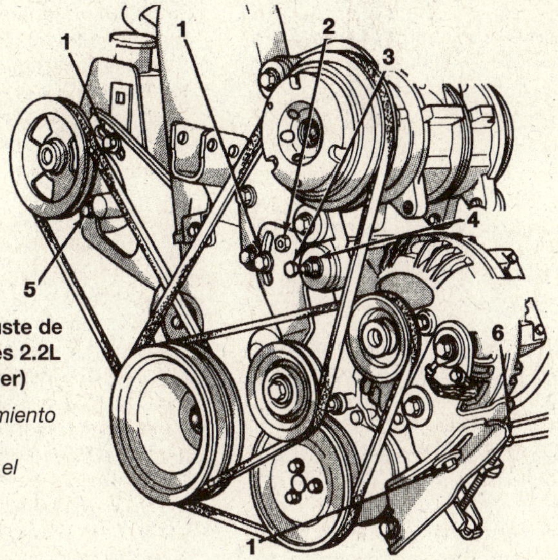

18.6a Detalles del ajuste de las bandas en motores 2.2L (alternador Chrysler)

1 *Perno de enclavamiento*
2 *Tuerca soldada*
3 *Perno pivote para el soporte*
4 *Tuerca pivote*
5 *Perno pivote*
6 *Perno de ajuste*

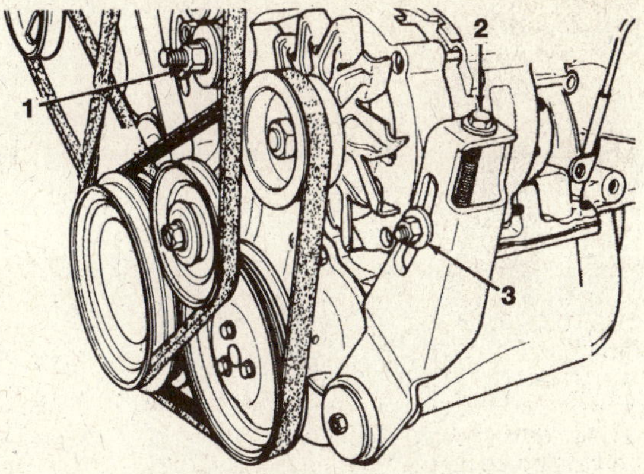

18.6b Detalles del ajuste de las bandas en motores 2.2L (alternador Bosch)

1 *Tuerca pivote*
2 *Perno pivote*
3 *Tuerca de enclavamiento para el perno*

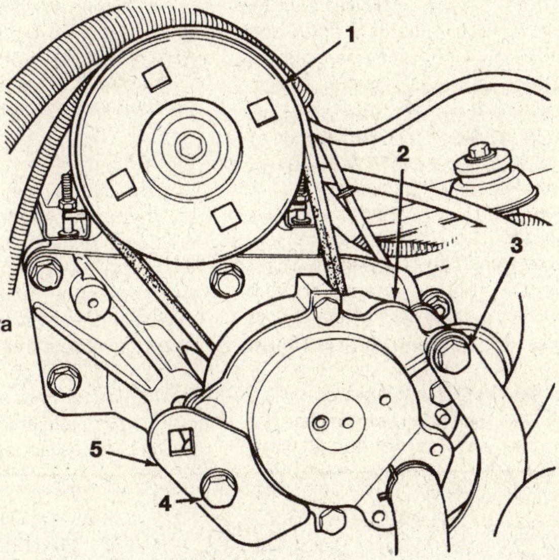

18.6c Detalles del ajuste de la banda para la bomba del aire en motores 2.2L

1 *Polea*
2 *Bomba de aire*
3 *Perno pivote*
4 *Perno de enclavamiento*
5 *Soporte ajustable*

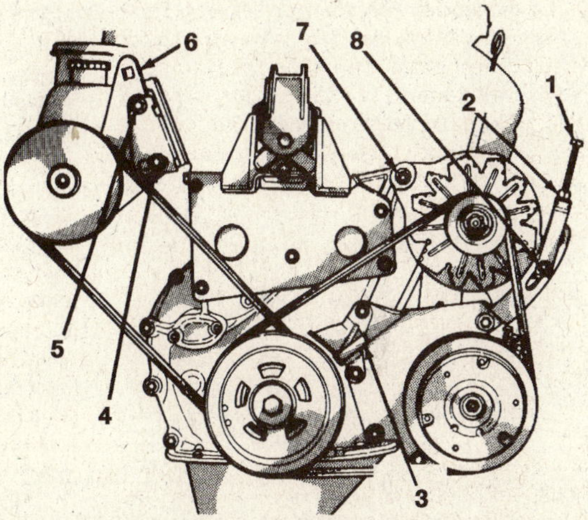

18.6d Detalles de las bandas en los motores de 2.6L

1 *Perno de ajuste*
2 *Tuerca de enclavamiento*
3 *Captador para la regulación del tiempo*
4 *Perno de enclavamiento*
5 *Perno pivote*
6 *Soporte ajustable*
7 *Tuerca piloto*

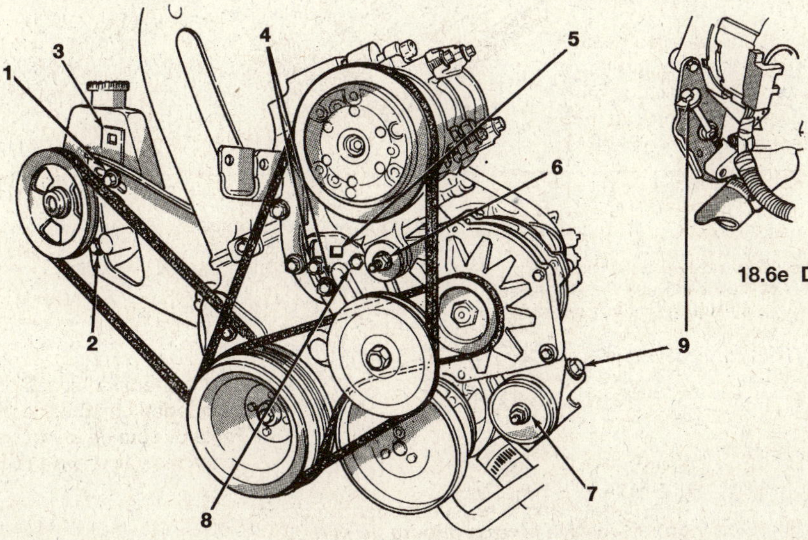

18.6e Detalles de los ajustes de las bandas en los motores de 2.6L

1 *Perno de enclavamiento*
2 *Perno pivote*
3 *Ajuste*
4 *Perno de enclavamiento*
5 *Ajuste en la apertura cuadrada*
6 *Tuerca pivote*
7 *Tuerca pivote (perno - T)*
8 *Perno pivote para el soporte*
9 *Perno ajustable*

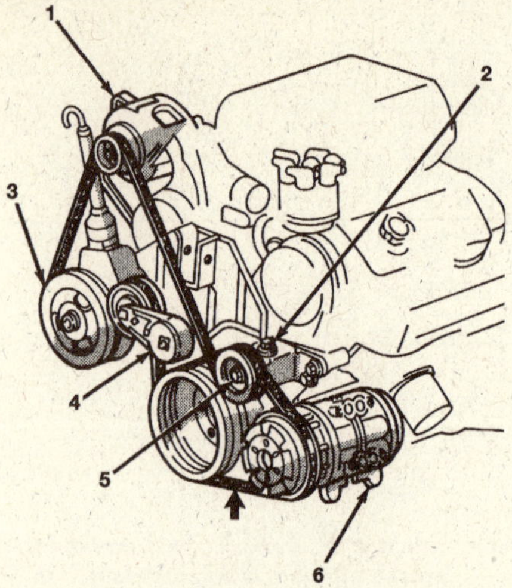

18.6f Los motores de 3.0L V6 tienen bandas serpentinas, pero en algunos modelos el compresor del aire acondicionado tiene un banda separada que se tiene que ajustar - chequee la deflección en la flecha

1 *Alternador*
2 *Perno de ajuste*
3 *Bomba de la dirección de poder*
4 *Tensionador*
5 *Tuerca de enclavamiento*
6 *Compresor del aire acondicionado*

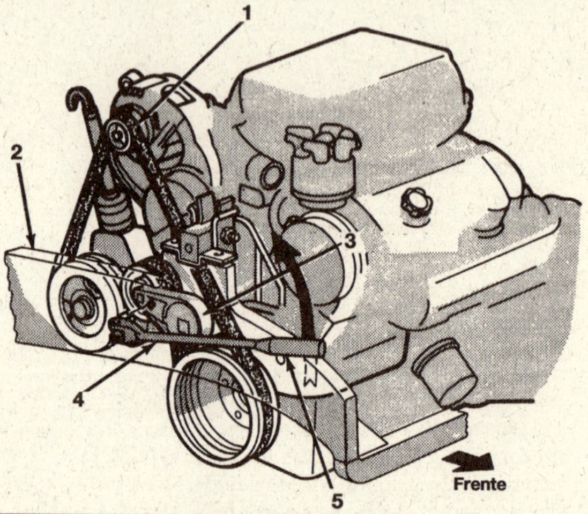

18.6g Libera la tensión de la banda serpentina en el motor 3.0L V6 girando el tensionador a la izquierda

1 *Banda de costilla*
2 *Chasis (referencia)*
3 *Tensionador*
4 *Instale una barra ruptura de 1/2 pulgada adentro de la apertura en el tensionador de 1/2 pulgada*
5 *Levante la barra para reducir la tensión de la polea*
6 *Hacia el frente*

con un orificio cuadrado diseñado para aceptar una barra ruptora de 3/8-pulgada o de 1/2-pulgada cuadrada. La barra le habilita a posicionar precisamente el componente hasta que el perno del ajustador o tornillo sea apretado. Tenga mucho cuidado de no dañar el casco del componente, particularmente el casco de aluminio del alternador. Chequee la tensión de la banda usando el método de encima.

7 En algunos componentes, afloje el tornillo del enclavamiento o tuerca. Gire el tornillo de ajuste para aplicarle tensión a la banda, entonces apriete el tornillo de enclavamiento o tuerca.

Reemplazo

8 Para reemplazar una banda, siga el procedimientos de encima para el ajuste de la banda, pero deslice la banda fuera de la polea del cigüeñal y la remueve. Para reemplazar algunas bandas, usted tiene que remover otras bandas para llegar a la que usted tiene que reemplazar a causa de la manera que las bandas se instalan en la polea del cigüeñal. A causa de esto y porque la banda tiende a desgastarse más o menos a la misma ves, es una buena idea de reemplazar todas las bandas al mismo tiempo. Marque cada banda y su ranura apropiada en la polea para que las bandas de reemplazo puedan ser instaladas en sus posiciones apropiadas.

9 Lleve las bandas vieja a la tienda de partes para hacer una comparación directa de la longitud, anchura y el diseño.

10 Después que reemplace una BANDA RANURADA, cerciórese que está ajustada apropiadamente en las ranuras costilludas de las poleas **(vea ilustración)**. Es esencial que la banda esté centrada apropiadamente.

11 Ajuste la banda(s) de acuerdo con el procedimiento descrito arriba.

12 Cuándo reemplace una banda de serpentina (usada en modelos más modernos), inserciónе una barra ruptora de 1/2-pulgada en el tensor y lo gira para liberar la tensión. Cerciórese de que la banda está dirigida como está mostrado en las ilustraciones acompañante y que entran completamente en las ranuras de las poleas **(vea ilustración 18.10)**.

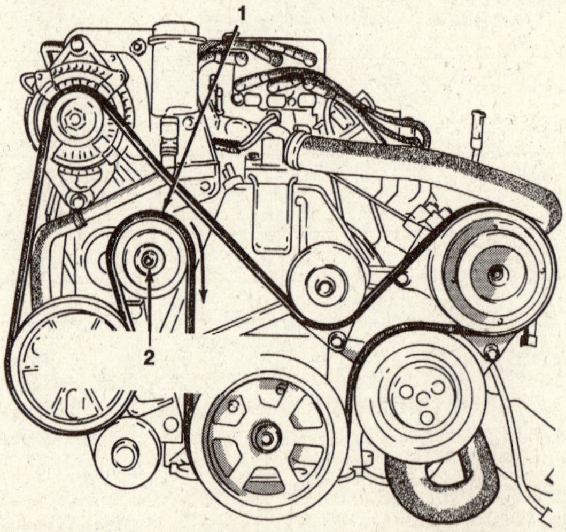

18.6h Gira el tensionador a la derecha para liberar la tensión de la banda del tipo serpentina en los motores de 3.3L y 3.8L

1 *Tensionador para la banda*
2 *Gire al favor de las agujas de reloj para aflojar la presión de la banda*

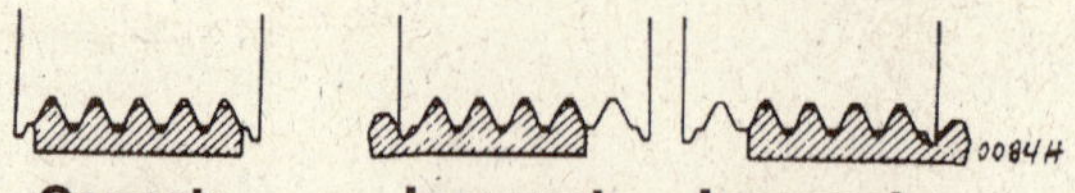

18.10 Cuándo instale una banda ranurada, cerciórese de que está centrada en la polea - no debe solaparse en ninguna orilla de la polea

19 Filtro de aire - reemplazo

Refiérase a las ilustraciones 19.3a, 19.3b, 19.3c, 19.3d, 19.3e, 19.3f, 19.3g, 19.3h, 19.3i, 19.3j, 19.3k y 19.3l

1 En los intervalos especificados, el elemento del purificador de aire se debe reemplazar y el filtro de la ventilación del cigüeñal del sistema PCV ser limpiado.

2 El elemento del purificador de aire está localizado en una envoltura adyacente al motor.

3 Refiérase a las ilustraciones acompañante, remueva las tuercas (si está equipado), separe los retenedores, remueva la tapa, entonces levante el elemento hacia fuera **(vea ilustraciones)**.

4 Tenga cuidado de no dejar caer nada hacia abajo en el ensamblaje del purificador del aire. Limpie el interior de la envoltura con un trapo.

5 Hale el filtro de la ventilación del cigüeñal fuera de la envoltura. Lave el filtro del cárter del cigüeñal con solvente y lo engrasa levemente antes de volverlo a instalar.

6 Coloque el elemento del filtro nuevo en posición e instale la tapa. Esté seguro de apretar cualquier abrazadera de mangueras que se aflojaron o fueron removidas.

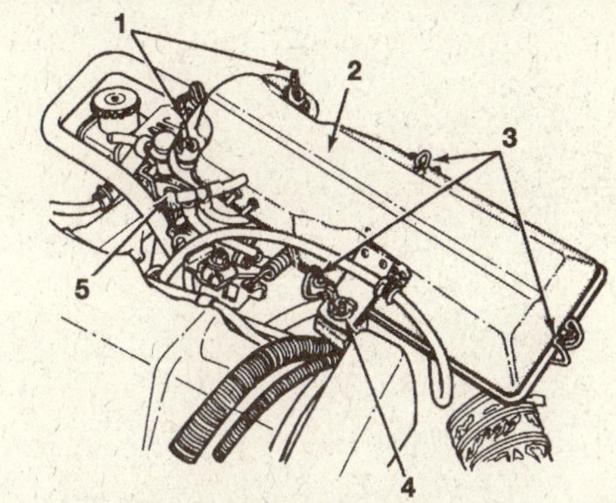

19.3a Detalles del purificador del aire en los motores de 2.2L - las tuercas de ala se deben remover y desenganchar los retenedores para tener acceso al elemento del purificador de aire - cuándo vuelva a instalarlo, apriete las tuercas de ala en el orden mostrada

1 *Apriete estas tuercas de ala*
2 *Cruce para el depurador de aire*
3 *Alinee las tres presillas*
4 *Apriete estas tuercas de ala de ultimo*
5 *Carburador*

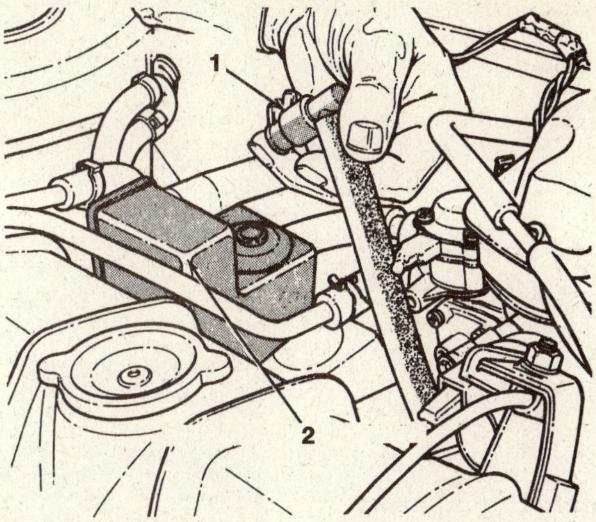

19.3b Los motores de 2.2L tienen un módulo separado de respiración para el cárter del cigüeñal que alberga el filtro de la ventilación del cigüeñal - el servicio es descrito en la Sección 20

1 *Válvula PCV*
2 *Modulo de ventilación del cárter*

1

19.3c En motores 2.6L, libere los retenedores, eleve hacia fuera la tapa . . .

19.3d . . . y levante el elemento hacia fuera de la envoltura

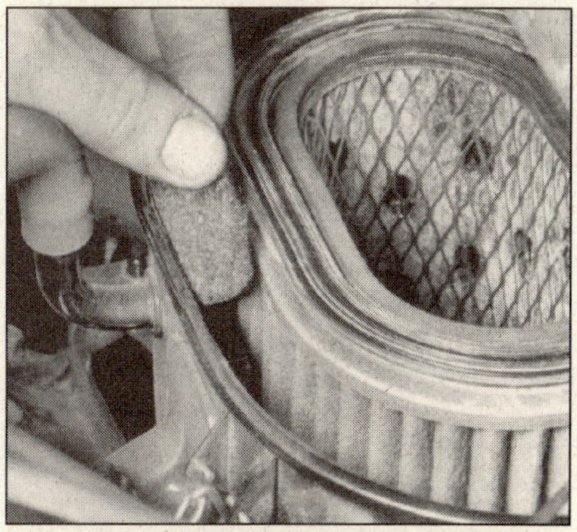

19.3e Removiendo el filtro de ventilación del cigüeñal en los motores 2.6L

19.3f Detalles del depurador de aire en los motores de 2.5L

1 *Filtro de fibra de ventilación (límpielo y aplíquele un poquito de aceite)*
2 *Cubierta para el purificador del aire*
3 *Malla metálica*
4 *Carcaza para el purificador del aire*
5 *Presillas para la tapa (4)*
6 *Elemento de filtro de papel*

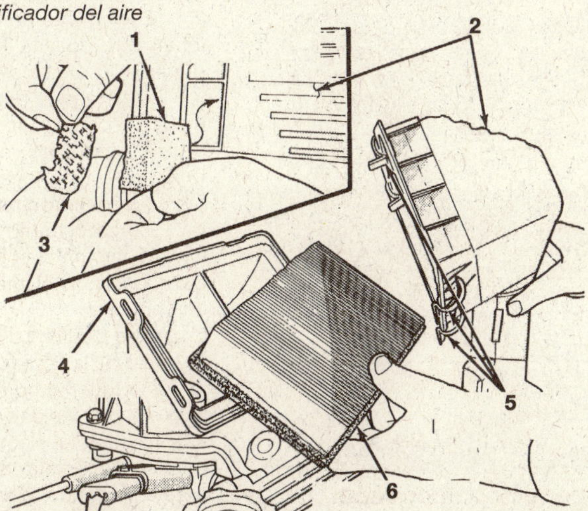

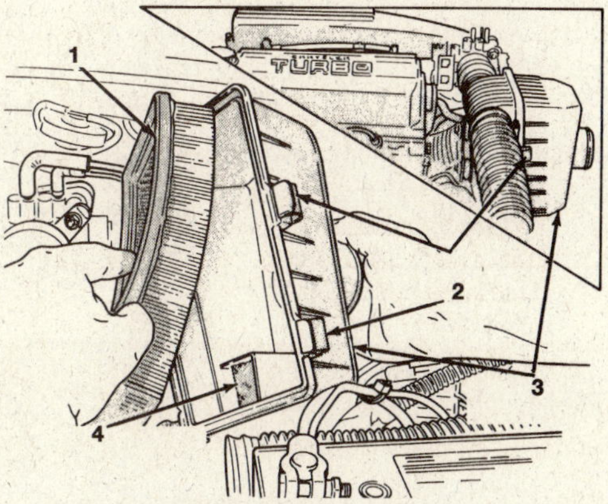

19.3g Detalles del purificador del aire para motores turbo cargado

1 *Elemento de papel para el depurador de aire*
2 *Presillas para la tapa (4)*
3 *Cubierta para el purificador del aire*
4 *Filtro de fibra de ventilación (límpielo y aplíquele un poquito de aceite)*

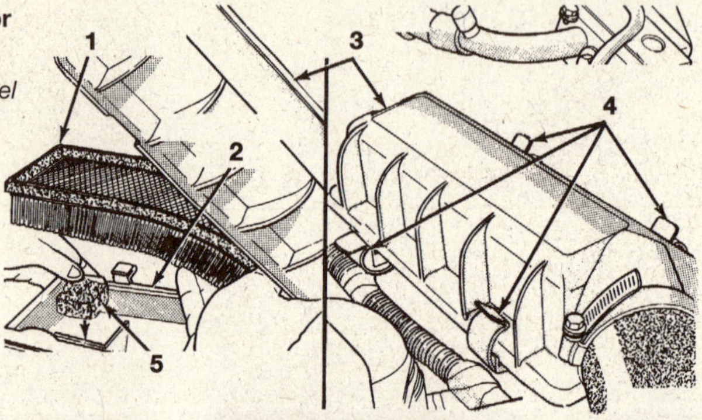

19.3h Detalles del depurador de aire motores de 3.0L V6

1 *Elemento de papel para el depurador de aire*
2 *Carcaza para el purificador del aire*
3 *Cubierta para el purificador del aire*
4 *Presillas para la tapa (4)*
5 *Filtro de fibra de ventilación (límpielo y aplíquele un poquito de aceite)*

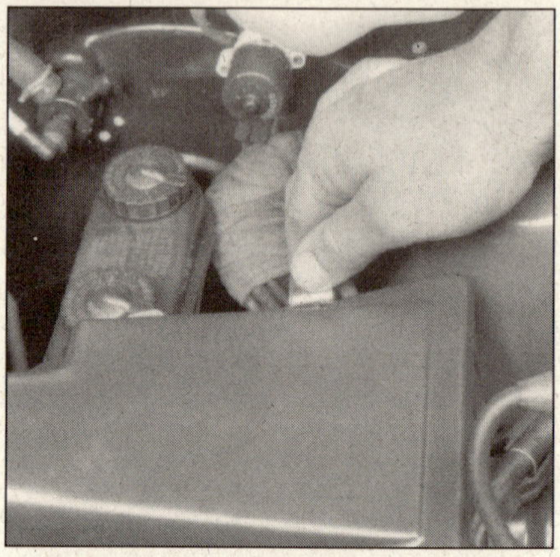

19.3i En los motores de 3.3L y 3.8L V6, separa las presillas . . .

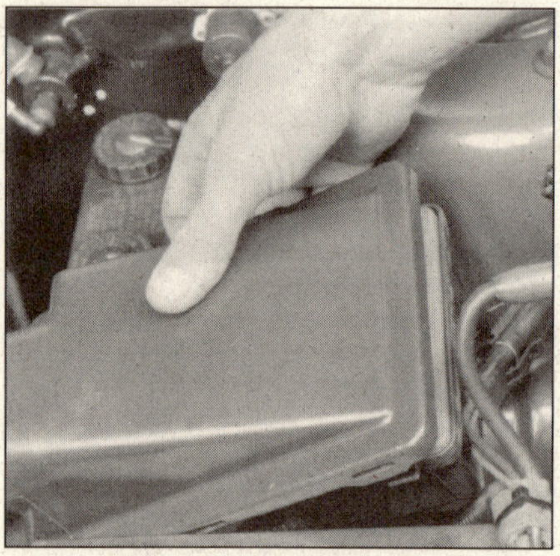

19.3j . . . levanta la tapa . . .

19.3k . . . y levante el filtro fuera de la envoltura

19.3l El filtro de la ventilación del cigüeñal para los motores de 3.3L y 3.8L están localizado en la esquina de la envoltura

20 Válvula PCV (ventilación positiva del cárter) - chequeo y reemplazo

Refiérase a las ilustraciones 20.2a, 20.2b, 20.2c, 20.2d y 20.2e

1 La válvula PCV está localizada en la tapa de los balancines, en motores de 2.2L, en un módulo de respiración adyacente a él.

2 Con el motor en marcha mínima a la temperatura normal de operación, hale la válvula (con la manguera conectada) desde el acoplador de caucho **(vea ilustraciones)**.

3 Coloque su dedo sobre la abertura de la válvula. Si no hay vacío en la válvula, chequee por una manguera tapada, puerto del múltiple o la válvula. Reemplace cualquier manguera de vacío tapada o deteriorada.

4 Apague el motor y sacuda la válvula PCV, escuche para una matraca. Si la válvula no hace ruido como una matraca, reemplácela con una nueva.

5 Para reemplazar la válvula, hálela del final de la manguera, notando su posición y la dirección instalada.

6 Cuándo compre una válvula PCV de reemplazo, cerciórese que es para su vehículo y tamaño de motor particular. Compare la válvula vieja con la nueva para cerciórese que es la misma.

7 En motores de 2.2L, remueva el módulo de ventilación y lo lava con solvente. Antes de instalarlo, invierta el módulo y vierta aceite de motor limpio en el, entonces permita que el aceite drene por el respiradero en la cima del recipiente. Con el interior del módulo ahora mojado con aceite, vuélvalo a instalar.

8 En todos los modelos, empuje la válvula en el final de la manguera hasta que esté asentada.

9 Inspeccione el acoplador de caucho por daño y lo reemplaza con uno nuevo si es necesario.

10 Empuje la válvula PCV y la manguera firmemente en posición.

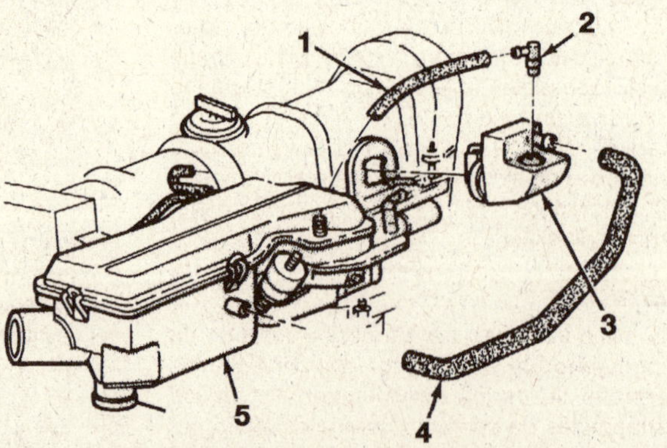

20.2a Detalles del sistema PCV en los motores de 2.2L

1 *Hacia el ensamblaje del tubo de calor*
2 *Válvula PCV*
3 *Modulo de ventilación*
4 *Manguera de ventilación*
5 *Purificador de aire*

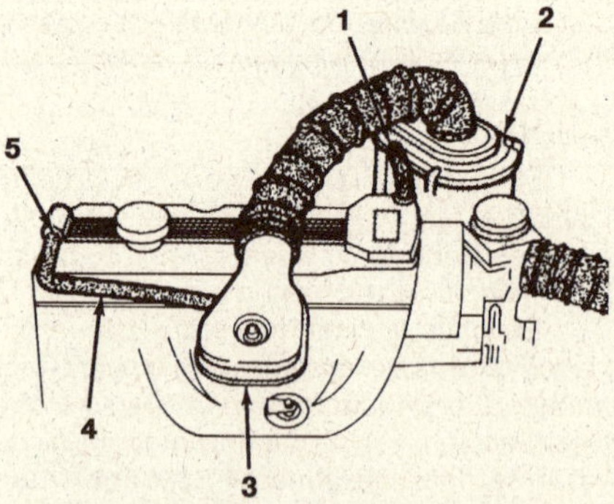

20.2b Detalles del sistema PCV en los motores de 2.6L

1 *Manguera de entrada para el cigüeñal*
2 *Purificador de aire*
3 *Hacia el acoplador del carburador*
4 *Manguera PCV*
5 *Válvula PCV*

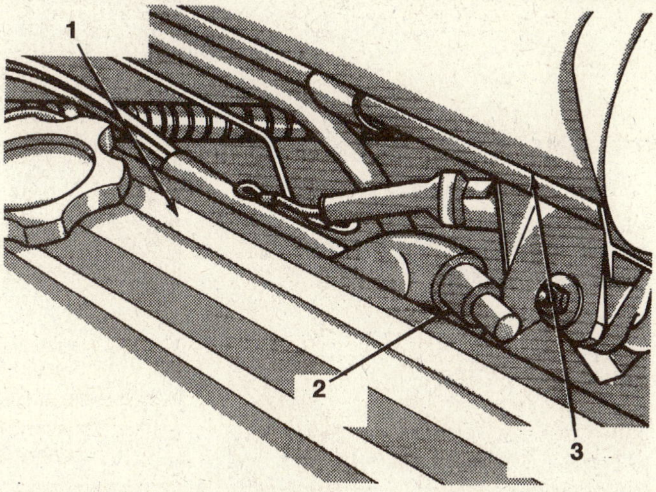

20.2c La válvula PCV para el motor de 2.5L está conectada en la tapa para cubrir las válvulas

1 *Tapa para las válvulas*
2 *Válvula PCV*
3 *Purificador de aire*

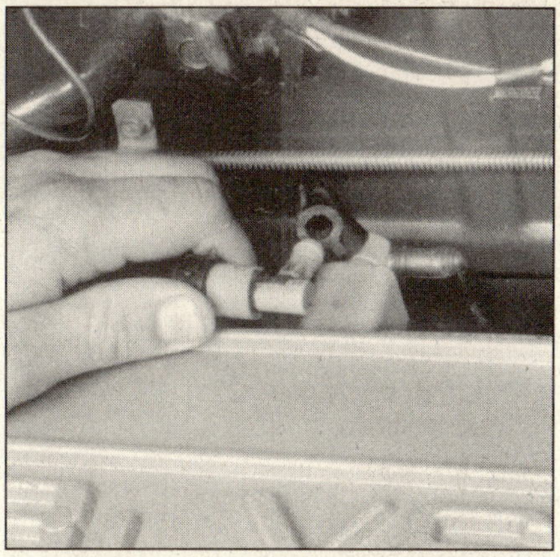

20.2e Removiendo la válvula PCV hacia fuera de la cubierta de las válvulas (motores de 3.3L y 3.8L)

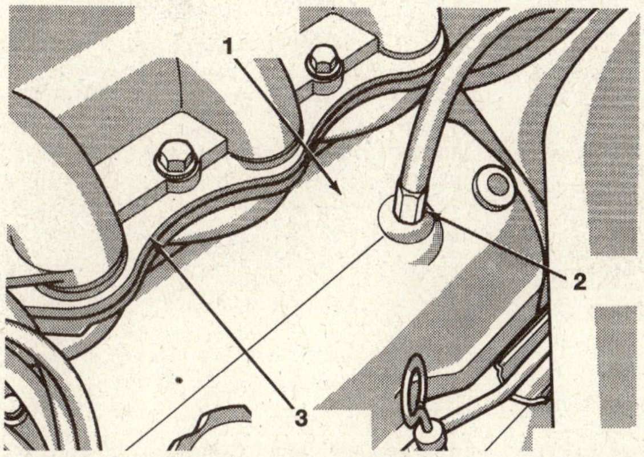

20.2d La válvula PCV para el motor de 3.0L está conectada en la tapa para cubrir las válvulas

1 *Tapa para las válvulas*
2 *Válvula PCV*
3 *Plenum para el aire de admisión*

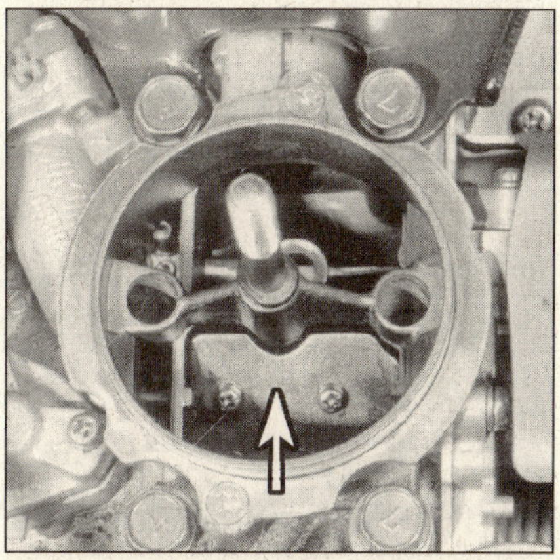

21.3 El plato del estrangulador está localizado en la garganta del carburador y debe estar cerrado cuando el motor esté frío

21 Estrangulador del carburador - chequeo y limpieza

Refiérase a las ilustraciones 21.3, 21.8a y 21.8b

Peligro: *El ventilador eléctrico para el enfriamiento puede ponerse en marcha en cualquier momento, aún cuando la ignición esté apagada. Desconecte el motor del ventilador o el cable negativo de la batería cuando esté trabajando en la proximidad del ventilador.*

Chequeo

1 El estrangulador opera solamente cuando el motor está frío, así que éste chequeo se debe realizar antes que el motor haya sido puesto en macha por el día.

2 Exponga la cima del carburador removiendo la cima del ensamblaje del purificador del aire o el conducto de admisión del aire (vea Sección 19). Si alguna manguera de vacío se debe desconectar, cerciórese de ponerle etiquetas a las mangueras para que se reinstalen en sus posiciones originales. Coloque el plato de encima y la tuerca, fuera del camino de manera que los componentes del motor no estén en movimiento.

3 Mire al centro del albergue del purificador del aire. Usted notará un plato plano en la abertura del carburador **(vea ilustración)**.

4 Apriete el pedal del acelerador hasta el piso. El plato debe cerrarse completamente. Ponga el motor en marcha mientras usted observa el plato en el carburador. No posicione su cara cerca del carburador, porque el motor puede hacer una explosión, causando quemaduras graves. Cuando el motor se pone en marcha, el plato del estrangulador debe abrirse levemente.

5 Permita que el motor continúe corriendo en marcha mínima. Según el motor se calienta a la temperatura de operación normal, el plato debe abrirse lentamente, permitiendo más aire que entre por encima del carburador.

6 Después de unos pocos minutos, el plato del estrangulador se debe abrir completamente a la posición vertical. Utilice el acelerador para cerciórese que la leva de la velocidad mínima alta se libera.

7 Usted notará que la velocidad del motor corresponde con la abertura del plato. Con el plato completamente cerrado, el motor debe correr a una velocidad de marcha mínima rápida. Cuando el plato se abre y la válvula de admisión se mueve para liberar la leva de la velocidad mínima alta, la velocidad del motor disminuirá.

Limpiar

8 Con el motor apagado, use solvente de carburador de tipo aerosol (disponible en las tiendas de partes de vehículos) limpie las superficies de contacto del eje del plato del estrangulador donde pasa por el cuerpo del carburador. Limpie también el mecanismo de la leva para la velocidad mínima alta y el eslabón **(vea ilustraciones)**.

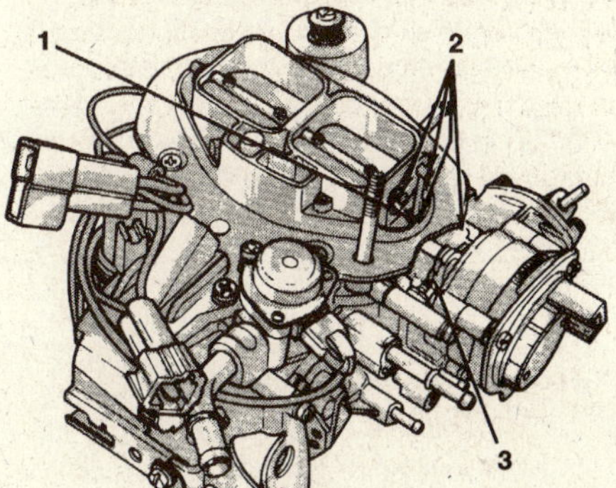

21.8a En motores de 2.2L, aplique solvente al acoplamiento del eje del estrangulador, la leva para la velocidad mínima alta y el bloque sellante

1 *Bloque sellante*
2 *Aplique solvente*
3 *Leva para la marcha mínima alta*

9 Refiérase al Capítulo 4 para el ajuste específico de información encima y otórguele servicio a los componentes del estrangulador.

22 Sistema EGR (recirculación de los gases de escape) - chequeo

2.2L, 2.5L, 3.0L, 3.3L y los motores 3.8L

1 La válvula EGR está localizada en el múltiple de admisión o en un tubo conectado.
2 Chequee la manguera de la válvula EGR y el tubo por daño y fugas.
3 Con el motor en marcha mínima a la temperatura normal de operación, observe el vástago bajo de la válvula por movimiento y aumente la velocidad del motor a aproximadamente 2500 rpm (revoluciones por minuto).
4 El vástago debe moverse hacia arriba y hacia abajo cuando el motor cambie de velocidad, indicando que el sistema EGR está operando apropiadamente.

Motores 2.6L

5 Estos modelos usan dos válvulas de EGR. La sub válvula EGR está localizada en la base del carburador y está operada por la varilla del carburador. Los doble pernos de la válvula EGR al múltiple de admisión y está controlado por el vacío del motor.
6 Chequee el acoplamiento de la sub válvula EGR para cerciorarse que está firmemente conectada e inspeccione las dos mangueras de vacío de la válvula EGR por daño.
7 Vea Capítulo 6 para más información del sistema EGR.

23 Mangueras debajo del capó - chequeo y remplazo

Peligro: *El reemplazo de las mangueras del aire acondicionado deben de ser llevadas a un distribuidor o especialista del aire acondicionado quien tiene el equipo apropiado para (remover la presión) del sistema seguramente y legalmente. Nunca remueva componentes del aire acondicionado o mangueras hasta que el sistema se le halla (removido la presión).*

General

1 Temperaturas altas debajo del capó/cofre pueden causar la deterioración de las mangueras de caucho y mangueras de plástico usadas en el motor, los accesorios y el funcionamiento del sistema de las emisiones. Se deben hacer inspecciones periódicas, para chequear por abrazaderas sueltas, mangueras duras, fugas etc.
2 Informaciones específicas para las mangueras del sistema de enfriamiento se pueden hallar en la Sección 27.

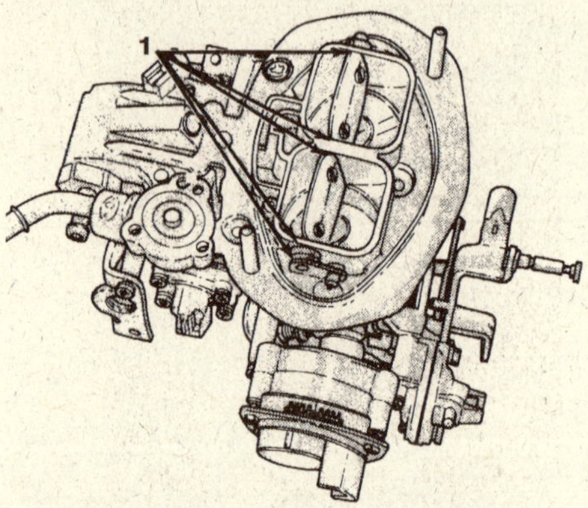

21.8b Aplique solvente en las áreas mostradas para prevenir que el eje del estrangulador se atore

1 *Aplique solvente al eje del estrangulador*

3 Algunas, pero no todas, las mangueras usan abrazaderas ajustables para apretarlas. Donde se usan abrazaderas ajustables, chequee para estar seguro de que no han perdido su tensión, dejando que la manguera tenga fugas. Donde no se usan abrazaderas ajustable, asegúrese que las mangueras no se han extendido y/o endurecido donde se desliza encima de su unión, ocasionando una fuga.

Mangueras de vacío

4 Es muy común que las mangueras de vacío, sobre todo esas en el sistema de las emisiones, estén con colores codificado o identificadas con rayas de diferente colores en las mangueras. Varios sistemas requieren mangueras con diferente espesor, que tengan resistencia a la succión y a la temperatura. Cuando reemplace las mangueras, esté seguro de usar el mismo material en las mangueras nuevas.
5 A menudo el único modo de chequear las mangueras es de removerlas completamente del vehículo. Donde más de una manguera se remueve, esté seguro de marcar las mangueras con una etiqueta y su punto donde se debe reinstalar apropiadamente (en los dos lados).
6 Cuando chequee las mangueras de vacío, esté seguro de incluir cualquier T de plástico. Chequee que las mangueras encajen bien y que no estén cuarteadas, porque esto podría causar fugas de vacío.
7 Un pedazo pequeño de manga del vacío (1/4 - pulgada de diámetro en el interior) se puede usar como un estetoscopio para descubrir fugas de vacío. Sosteniendo una punta de la manguera a su oreja y con la otra punta corriéndola alrededor y cerca, por donde están las mangueras de vacío para escuchar sonidos como chiflidos, característica legítima de una fuga de vacío. **Peligro:** *Cuando esté trabajando con el estetoscopio hecho de la manguera de vacío, tenga cuidado de no dejar que su cuerpo o la manguera se ponga en contacto con los componentes del motor que están moviéndose tal como las poleas, el abanico del ventilador, etc.*

Manguera de combustible

Peligro: *Hay precauciones necesarias que se deben tomar cuando inspeccione o le de servicio a los componentes del sistema del combustible. Trabaje en una área bien ventilada y que no hallan llamas abiertas como (cigarrillos, piloto del aparato del calentador de agua, etc.) o bombillas desnudas (sin protección) que puedan alcanzar el área donde se está trabajando. Limpie ligeramente cualquier derramamiento de combustible inmediatamente y no guarde trapos empapados de combustible donde podrían encenderse y coger fuego. Camiones equipados con inyección de combustible, el sistema del combustible está debajo de presión, así que si cualquiera de las líneas del combustible se desconectan, se debe de remover la presión del sistema* (vea Capítulo 4 para más información).
8 Chequee todas las líneas de combustible de caucho (goma) por deterioración. Chequee sobre todo por áreas donde la manguera se dobla y donde se conecta a la tubería, tal como donde una manguera se conecta al filtro de combustible.
9 Las líneas de alta presión de combustible, usualmente se identifica por la palabra Fluroelastomer estampada en la manguera, estas mangueras se deben de usar cuando se reemplacen las líneas de combustible. Debajo de ninguna circunstancia se deben usar líneas de vacío sin refuerzo, tuberías del plástico clara, o usar manguera de agua como línea de combustible.
10 Agarraderas de tipo de presión normalmente se usan para sujetar las líneas de combustible. Esté alerta porque muy a menudo pierden su tensión encima de un período de tiempo, y también pueden perder su tensión en el proceso de removerlas. Por eso se recomienda que se reemplacen con las de tornillo ajustable cuando se reemplace una manguera.

Líneas de metal

11 Secciones de líneas de metal se usan a menudo para líneas de combustible entre la bomba y el carburador o la unidad del cuerpo de inyección del combustible. Chequee las mangueras cuidadosamente y esté seguro que no se hallan doblado ninguna de las líneas o cuarteado y que no hallan fugas en el sistema.
12 Si una sección de la línea de combustible de metal se debe reemplazar, solamente se debe usar tubería hecha de acero, ya que las tuberías de cobre, o aluminio no tienen la fuerza necesaria para resistir las vibraciones normales del motor.
13 Chequee las líneas de metal donde entran al cilindro maestro del freno, que puedan estar dobladas o los acopladores suelto. Cualquier señal de fuga del fluido del freno requiere una inspección inmediata completa del sistema del freno.

24.4 Detalles típicos de los pernos del cuerpo de inyección de combustible al múltiple (se muestra un motor de 2.5L) - las flechas superiores señalan a los pernos traseros, que no son visibles

24 Par de torsión del perno/tuerca del montaje del cuerpo del carburador/inyector de combustible - chequeo

Refiérase a la ilustración 24.4

1 El cuerpo del carburador o inyección de combustible está conectado al múltiple de admisión por pernos o tuercas. Los pernos o tuercas pueden aflojarse a veces durante la operación normal del motor y causar una fuga de vacío.

2 Apriete apropiadamente los perno o tuerca que lo sostienen, una llave torsiométrica es necesaria. Si usted no posee una, ellas pueden ser alquilados generalmente en una base diaria.

3 Remueva la asamblea del purificador del aire y/o manguera.

4 Localice los pernos/tuercas que sostienen la base del cuerpo de inyección o el carburador **(vea ilustración)**. Decida qué herramientas o adaptadores especiales serán necesario, si alguno, para apretar los pernos/tuercas con un dado o llave torsiométrica.

5 Apriete los pernos/tuercas a la torsión listada en las especificaciones de este Capítulo. No sobre apriete los pernos/tuercas, porque las roscas se pueden correr. En modelos con turbo, chequee las mangueras y las abrazaderas entre el cuerpo de inyección, el turbocargador y el múltiple de admisión para cerciorarse que no hay fugas.

6 Si usted sospecha que una fuga de vacío existe en el fondo del cuerpo de inyección o el carburador, obtenga una longitud corta de manguera de caucho. Ponga el motor en marcha y un final de la manguera próxima a su oreja según usted tienta alrededor de la base del cuerpo de inyección con la otra punta. Usted debe oír un sonido que silba si un escape existe. **Peligro:** *Permanezca libre de los componentes del motor que giran cuando esté tentando con la manguera.*

7 Si, después que los pernos/tuercas se aprietan apropiadamente, una fuga de vacío existe todavía, el cuerpo de inyección o el carburador se deben remover y una junta nueva ser instalada. Vea Capítulo 4 para más información.

8 Después de apretar los pernos/tuercas, vuelva a instalar el purificador del aire en el albergue o mangueras de vacío.

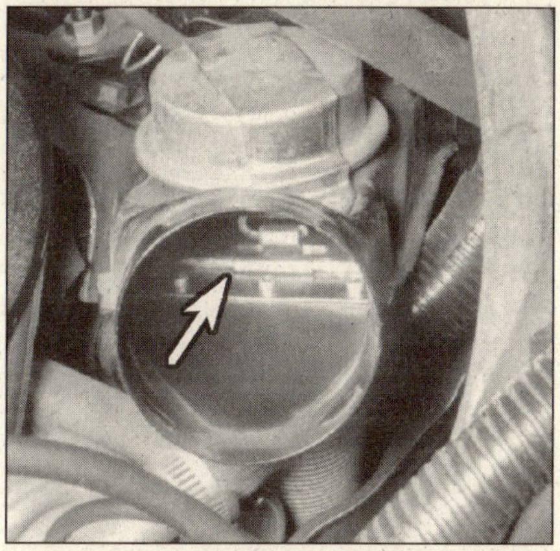

25.5 La válvula de control del aire de vacío (modelo 2.6L de muestra aquí) está localizado en el acoplador del ducto del purificador del aire (en éste caso está hacia abajo o posición apagada de calentar)

25 Aire de admisión calentado - chequeo del sistema

Refiérase a la ilustración 25.5

1 Todos los modelos con carburador y TBI (cuerpo de inyección de combustible) sin turbos están equipados con un depurador de aire calentado que absorbe aire al cuerpo de inyección del combustible de diferentes ubicaciones, dependiendo de la temperatura del motor.

2 Esto es un chequeo visual sencillo; sin embargo, el conducto del aire de afuera se debe remover.

3 Localice la válvula de control del aire de vacío en el ensamblaje del purificador del aire. Está localizado dentro del acoplador del ducto del purificador del aire, de donde usted removió el conducto del aire de afuera. Cerciórese que el conducto flexible de calor debajo del depurador de aire está firmemente conectado y sin daño.

4 El chequeo debe ser hecho cuando el motor y el aire de afuera está frío (menos de 65 grados F). Ponga el motor en marcha y examine el acoplador del ducto en la válvula (debe moverse hasta la posición de "calor"). Con la válvula encima, aire no puede entrar por el final del ducto acoplador, pero aire entra al purificador del aire por el conducto de calor conectado al múltiple de escape. Si usted no puede ver adentro del acoplador del ducto, un espejo puede ser útil.

5 Cuando el motor se calienta a la temperatura de operación normal, la válvula debe moverse hacia abajo a la posición de "calor apagado" para permitir que aire entre en el acoplador del ducto **(vea ilustración)**. Dependiendo de la temperatura del aire de afuera, esto puede tomar de 10 a 15 minutos. Para acelerar el chequeo usted puede conectar de nuevo el conducto del aire de afuera, conduzca el vehículo y entonces chequee para ver si la válvula se ha movido hacia abajo.

6 Si el purificador del aire no está operando apropiadamente, vea el Capítulo 6 para más información.

26 Combustible - chequeo del sistema

Peligro: *La gasolina es extremadamente inflamable, razón por la cual se debe tener mucha precaución al trabajar en cualquier parte del sistema de combustible. No fume ni permita la presencia de llamas expuestas o bombillas sin protección cerca del área de trabajo, y no trabaje en un taller donde haya artefactos de gas natural con un piloto (como calentadores de agua o secadores de ropa). Como la gasolina es carcinógena, use guantes de látex cuando haya una posible exposición al combustible. Si derrama combustible en la piel, enjuáguela de inmediato con jabón y agua. Limpie inmediatamente cualquier derrame y no almacene trapos con combustible en lugares donde puedan inflamarse. El sistema de combustible está bajo presión constante, por lo cual, antes de desconectar alguna tubería de combustible se debe liberar la presión del combustible en el sistema* (vea el Capítulo 4 para obtener más información). *Al realizar cualquier tipo de trabajo en el sistema de combustible, use anteojos de seguridad y tenga un extintor Clase B al alcance.*

1 En modelos equipados con inyección de combustible, el sistema de combustible está bajo presión aún cuando el motor está apagado. Consecuentemente, el sistema de combustible debe ser depresurizado (vea Capítulo 4) cuando esté trabajando en el. Aún después que se le remueva la presión, si alguna línea de combustible se desconecta para otorgarle servicio, esté preparado para colectar algún combustible como chorros. Tape todas las líneas de combustible desconectadas para prevenir que el tanque se vacíe automáticamente.

2 El sistema del combustible es más fácilmente chequeado si el vehículo está levantado en un elevador donde los componentes en la parte inferior son visibles y accesibles.

3 Si olor a gasolina es notado mientras conduce, o después que el vehículo haya sido estacionado en el sol, el sistema de combustible se debe inspeccionar completamente inmediatamente.

4 Remueva la tapa del tanque de combustible y chequee por daño, corrosión y una impresión apropiada en el sello de la junta.

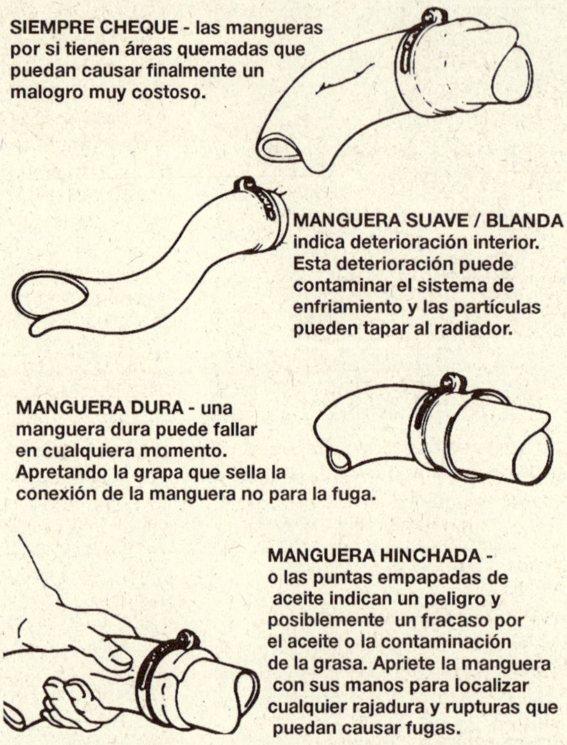

27.4 Las mangueras del sistema de enfriamiento deben de ser cuidadosamente inspeccionadas para prevenir problemas en la carretera, sin importar las condiciones de las mangueras en una buena idea de remplazarlas cada dos años

Reemplace la tapa con una nueva si es necesario.

5 Inspeccione el tanque de combustible y el cuello de reabastecimiento por perforaciones, grietas y otros daños. La conexión entre el cuello de reabastecimiento y el tanque es especialmente crítico. A veces un cuello de reabastecimiento de caucho se saldrá debido a abrazaderas aflojas o caucho deteriorado; problemas que un mecánico de hogar puede rectificar generalmente. **Peligro:** *No haga, bajo ninguna circunstancia, la reparación de un tanque de combustible usted mismo (excepto reemplazar componentes de caucho) a menos que usted tenga considerable experiencia. Una antorcha de soldar o cualquier llama abierta puede causar fácilmente que los vapores del combustible estallen si precauciones apropiadas no se toman.*

6 Chequee todas las mangueras de caucho cuidadosamente y líneas de metal que provienen del tanque de combustible. Chequee por conexiones flojas, mangueras deterioradas, líneas y cualquier tipo de daños. Siga la línea hasta el frente del vehículo, inspeccionándolas completamente y cuidadosamente. Repare o reemplace las secciones dañadas según sea necesario (vea Capítulo 4).

27 Enfriamiento - chequeo del sistema

Refiérase a la ilustración 27.4

Peligro: *El ventilador eléctrico para el enfriamiento puede ponerse en marcha en cualquier momento, aún cuando la ignición esté apagada. Desconecte el motor del ventilador o el cable negativo de la batería cuando esté trabajando en la proximidad del ventilador.*

1 Muchos defectos importantes del motor pueden atribuirse al sistema de enfriamiento defectuoso. Si el vehículo se equipa con una transmisión automática, el sistema de enfriamiento también enfría el flúido de la transmisión, prolongando la vida de la transmisión.

2 El sistema de enfriamiento debería chequearse con el motor frío. Haga esto antes de que el vehículo se conduzca o después de que se haya apagado por lo menos tres horas.

3 Remueva la tapa del radiador girándola hacia la izquierda hasta que alcance el tope. Si usted oye un sonido como silbido (indica que todavía hay presión en el sistema), espere hasta que se detenga. Ahora prense hacia abajo en la tapa con la palma de su mano y continúe girando hasta que pueda removerse. Completamente limpie la tapa, por dentro y por fuera, con agua limpia. También limpie el orificio para el llenado en el radiador. Todos los rasgos de corrosión deberían removerse. El anticongelante adentro del radiador debería estar relativamente transparente. Si está de color orín, el sistema debería vaciarse y ser rellenado (Sección 32). Si el nivel del anticongelante no está hasta encima, añada anticongelante adicional, mezcle el anticongelante con agua (vea Sección 4).

4 Cuidadosamente chequee la manguera superior e inferior del radiador conjuntamente con las mangueras de diámetro más pequeñas de la calefacción que salen del motor a la pared corta fuegos. Chequee cada manguera a lo largo de su longitud entera, sustituyendo cualquier manguera que esté agrietada, hinchada o deteriorada. Las grietas pueden llegar a ser más evidente si la manguera se aprieta **(vea ilustración)**. Sin considerar su condición, es una buena idea de sustituir las mangueras con nuevas una vez cada dos años.

28.2 Chequee el gancho de caucho del sistema de escape por rajaduras y deterioración, porque ellos están prontos a dañarse

5 Asegúrese que todas las uniones de las mangueras están apretadas. Una fuga en el sistema de enfriamiento se mostrará comúnmente como algo blanco o sedimentos de color orín en la zona donde está la fuga. Si grapas de alambre se usan en los extremos de las mangueras, puede que sea una buena idea de sustituirlas con grapas de tipo tornillo.

6 Use aire comprimido o una escobilla blanda para remover insectos, hojas, etc. desde la parte del frente del condensador del aire acondicionado o radiador. Tenga cuidado de no dañar las aletas delicadas de enfriamiento o que usted se baya a cortar con ellas.

7 Cada otro chequeo, o a la primera indicación de problemas del sistema de enfriamiento, pruebe la presión del sistema y la tapa. Si usted no tiene un comprobador de presión, la mayoría de las gasolineras y talleres de reparaciones pueden ejecutar este trabajo por una carga mínima.

28 Escape - chequeo del sistema

Refiérase a la ilustración 28.2

1 Con el motor frío (por lo menos tres horas después que el vehículo no se haya conducido), chequee el sistema de escape desde el múltiple de escape hasta el extremo del tubo de cola. Tenga cuidado alrededor del convertidor catalítico, que puede ser que esté caliente hasta después de tres de horas de haberse apagado el vehículo. El chequeo debería hacerse con el vehículo sobre una planta de elevar para tener acceso sin restricción. Si un elevador de camiones no está disponible, levante el vehículo y póngalo firmemente sobre soportes.

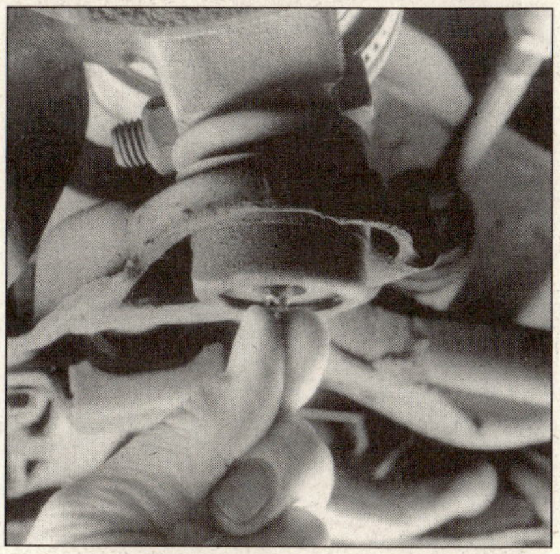

29.4 Con el peso del vehículo descansando en la suspensión, trate de mover las copillas de las rótulas con su dedos - si las copillas se pueden mover fácilmente, las rótulas están desgastadas y deben ser reemplazadas

2 Chequee los tubos de escape y las uniones por señales de fuga y/o corrosión que indica un fracaso potencial. Asegúrese que todos los soportes y las perchas están en buenas condiciones y apretadas **(vea ilustración)**.

3 Inspeccione el lado de abajo de la carrocería por agujeros, corrosión, uniones abiertas, etc. que puedan permitir que gases de escape entren en el departamento de los pasajeros. Selle todas las aperturas en la carrocería con silicona o sellador de fibra de plástico.

4 Rechinidos y otros ruidos pueden frecuentemente ser trazados al sistema de escape, especialmente las perchas, instalaciones y deflectores de calor. Intente de mover los tubos, silenciadores y convertidor catalítico. Si los componentes pueden entrar en contacto con las partes de la suspensión o carrocería, asegure el sistema de escape con soportes y perchas nuevas.

5 Esto es un tiempo ideal para chequear la condición de marcha del motor inspeccionando el final del tubo de cola. Los depósitos del escape aquí son una indicación del estado de afinación del motor. Si el tubo está negro y con aceite o cubierto con depósitos blancos, el motor puede estar en necesidad de una afinación (inclusive una inspección completa del sistema del carburador o inyección de combustible y ajuste).

29 Dirección y la suspensión - chequeo del sistema

Refiérase a la ilustración 29.4

1 Cuando el frente del vehículo está levantado para otorgarle servicio, es una buena idea de visualmente chequear los componentes de la suspensión y la dirección por desgaste y daño.

2 Las indicaciones de desgaste y daño incluyen el juego excesivo en el volante antes de que las ruedas del frente reaccionen, inclinación excesiva alrededor de rincones, movimiento de la carrocería sobre caminos o atoramiento en algunos puntos según el volante es girado.

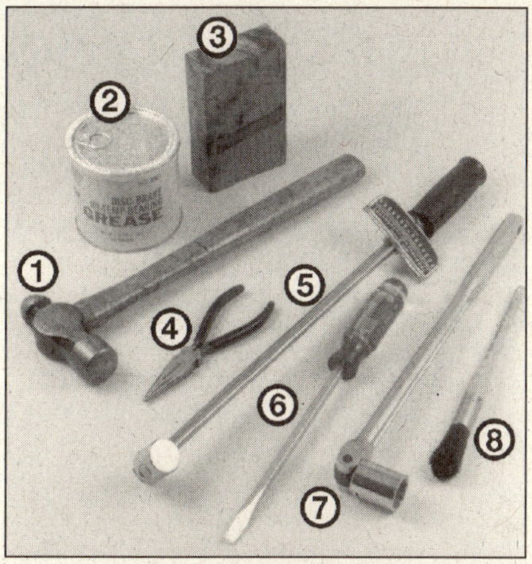

30.1 Herramientas y materiales necesario para el mantenimiento de los baleros del frente

1 ***Martillo*** *- Un martillo común será suficiente*

2 ***Grasa*** *- Grasa de alta temperatura que tenga una formula especial para los baleros de las ruedas delantera*

3 ***Bloque de madera*** *- Si usted tiene un pedazo de madera de 2x4, se puede usar para instalar el sello nuevo*

4 ***Pinzas con puntas finas*** *- Se usan para remover el pasador de la rueda*

5 ***Un torquímetro*** *- Este es un procedimiento muy importante; si el balero está muy apretado, la rueda no rodara libremente - si está muy suelta, la rueda se tambaleará en el vástago / muñón*

6 ***Destornillador*** *- Se usa para remover el sello (un destornillador largo es preferible)*

7 ***Dado y palanca*** *- Se necesita para aflojar la tuerca del vástago / muñón*

8 ***Cepillo*** *- Junto con un poco de solvente, esto se usará para remover la grasa vieja*

3 Antes de levantar el vehículo para la inspección, pruebe los amortiguadores empujando hacia abajo el vehículo en cada esquina. Si no regresa a una posición plana dentro uno o dos rebotes, los amortiguadores están desgastados y deben ser reemplazados. Mientras esto se hace, chequee por chirridos y ruidos excepcionales en los componentes de la suspensión. Chequee los amortiguadores por fuga de flúido. Información relacionada con los amortiguadores y los componentes de la suspensión pueden ser encontrado en el Capítulo 10.

4 Chequee las rótulas por desgaste agarrando las copillas firmemente y procurar de moverlas **(vea ilustración)**. Si las copillas se mueven fácilmente, la rótula está desgastada y debe ser reemplazada con una nueva.

5 Ahora levante el frente del vehículo y lo sostiene firmemente sobre estantes colocado debajo de los puntos para levanta y apoyar (vea levantar y remolcar al frente de éste manual). A causa del trabajo que se debe de hacer, el vehículo debe estar estable y firmemente sostenido.

6 Chequee las tuercas del cubo delantero de la rueda (en el centro de cada rueda después que la tapa se haya removido) para estar seguro de que están apretada correctamente y cerciórese que ellas están exprimidas apropiadamente en su sitio.

7 Arrástrese debajo del vehículo y chequee por pernos flojos, partes rotas o desconectadas y bujes de caucho deteriorados en todos los componentes de la suspensión y la dirección. Busque por fuga de grasa o flúido alrededor de los fuelles de la guía de la dirección. Chequee las mangueras de la dirección de poder y conexiones por fugas. Chequee las uniones de la dirección por desgaste.

8 Haga que un ayudante gire el volante de lado a lado y chequee los componentes de la dirección por movimiento libre, roce y atorandoce. Si las ruedas no responden inmediatamente al movimiento del volante, trate de determinar donde el juego está localizado.

30 Empaque y ajuste del balero de la rueda trasera - chequeo

Chequeo

Refiérase a la ilustración 30.1

1 En la mayoría de los casos los baleros de las ruedas traseras no necesitarán atención hasta que las balatas del freno se cambien. Sin embargo, los baleros deben ser chequeado cuando la parte trasera del vehículo esté levantada por cualquier razón. Varios artículos, inclusive una llave torsiométrica y grasa especial, se requieren para éste procedimiento **(vea ilustración)**.

2 Con el vehículo firmemente sostenido en estantes, gire cada rueda y chequee por ruido, resistencia rodante y juego libre.

3 Agarre cada uno de los neumáticos por la parte de encima con una mano y la parte de abajo con la otra. Mueva la rueda hacia adentro y hacia afuera en el vástago. Si hay algún movimiento notable, los baleros deben ser chequeados y entonces empacados con grasa o reemplazados si es necesario.

Empaque

Refiérase a las ilustraciones 30.7, 30.8, 30.10 y 30.14

4 Remueva la rueda.

5 Remueva con una palanca la tapa de grasa fuera del eje con un destornillador o un martillo y un cincel.

6 Enderece las puntas dobladas de la chaveta, entonces remueva la chaveta de cierre. Tire la chaveta y use una nueva cuando la baya a instalar.

7 Remueva la cerradura y la tuerca de retener el tambor del freno del final del vástago **(vea ilustración)**.

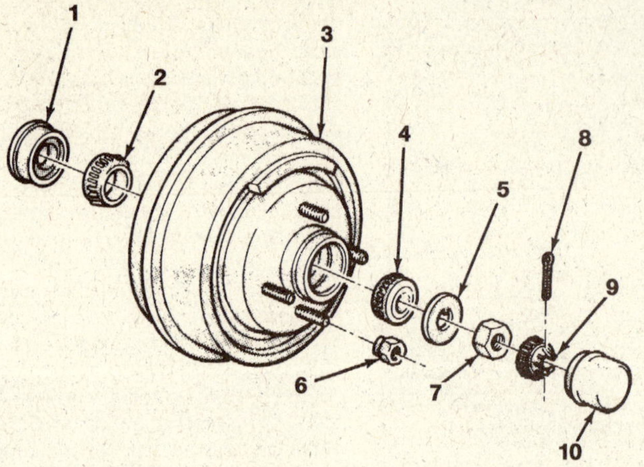

30.7 Una vista detallada del tambor/cubo trasero del freno y componentes del balero

1 Sello contra el polvo
2 Balero interior
3 Tambor del freno
4 Balero exterior
5 Arandela
6 Tuerca de la rueda
7 Tuerca de retención del tambor
8 Clavija
9 Cerrojo
10 Tapa para la grasa

30.8 Remueva el tambor/cubo hacia afuera un poquito y empújelo hacia adentro para aflojar el balero exterior

8 Hale hacia fuera el cubo y el tambor hacia fuera del vástago, entonces lo empuja otra vez dentro de su posición original **(vea ilustración)**. Esto debe forzar el balero y la arandela exterior fuera del vástago lo suficiente para que puedan ser removidos.

9 Hale la asamblea del tambor/eje del freno del vástago. Si no se libera fácilmente, destornille el ajustador como está descrito en el procedimiento del reemplazo de la balata del tambor en el Capítulo 9.

10 Use un destornillador como una palanca para remover el sello de polvo fuera del eje trasero. Mientras esto se hace, note cómo el sello está instalado **(vea ilustración)**.

11 Remueva el balero de la rueda interior del cubo.

12 Use solvente para remover todos los indicios de grasa vieja de los baleros, eje y el vástago. Un cepillo pequeño puede probar ser útil; sin embargo, cerciórese de que ninguna cerdas del cepillo entren dentro de los rodillos del balero. Permita que la partes se sequen al aire.

13 Inspeccione cuidadosamente los baleros por rajaduras, decoloración por calor, rodillos desgastados, etc. chequee las pistas de rodamiento del balero dentro del eje por desgaste y daño. Si las pistas de rodamiento de los baleros están defectuosas, los ejes deben ser llevados a un taller de rectificaciones con las facilidades para remover las pistas de rodamiento viejas y apretar las nuevas en su lugar. Note que los baleros y las pistas de rodamiento vienen en juegos como parejas - baleros viejos nunca deben ser instalado en pistas de rodamiento nuevas y viceversa.

14 Use grasa de alta temperatura para los baleros de las ruedas para empacar los baleros. Trabaje la grasa completamente en los baleros, forzándola entre los rodillos, el cono y la jaula del lado de atrás **(vea ilustración)**.

15 Aplique una capa delgada de grasa al vástago en el asiento exterior del balero, el asiento interior del balero, el asiento del hombro y sello.

30.10 Use un destornillador grande para hacerle palanca al sello contra polvo fuera del tambor/cubo, trabajándolo alrededor de la orilla

16 Ponga una cantidad pequeña de grasa a cada una de las pistas de rodamiento de los baleros y adentro del cubo. Use su dedo, forme un dique en estos puntos para proporcionar excepcionalmente disponibilidad de grasa y para mantener la grasa fina que no se corra fuera del balero.

17 Coloque el balero interior empacado con grasa adentro del cubo trasero y ponga una pequeña cantidad de grasa fuera del borde del balero.

18 Coloque un sello nuevo de polvo sobre el balero interior e instale el sello uniformemente en sitio con un martillo y un bloque de madera hasta que esté plano con el eje.

19 Coloque cuidadosamente la asamblea del tambor/eje en el vástago y empuje el balero exterior empacado con grasa en posición.

20 Instale la arandela y la tuerca. Apriete la tuerca solamente levemente (no más de 12 Pie-libras de torque).

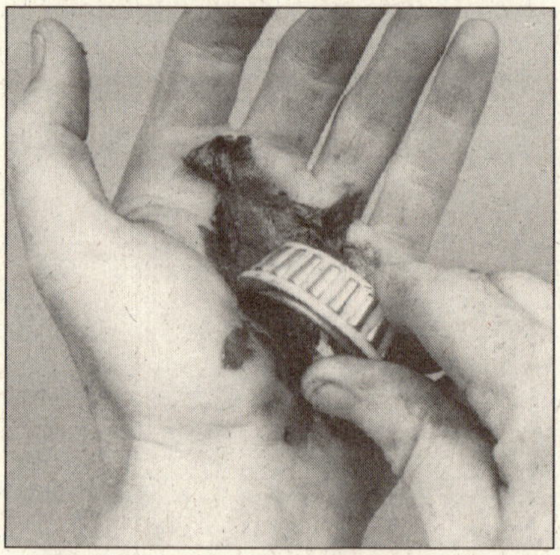

30.14 Ponga grasa en la palma de una mano y use la otra mano para forzar el diámetro grande de cada balero con grasa - esto forzará grasa atraves del balero, por los rodillos (usted debe de notar que grasa salga del otro lado) - trabaje la grasa completamente alrededor de la orilla del balero, empacando completamente el balero con grasa

Ajuste

Refiérase a la ilustración 30.26

21 Gire el tambor/eje en una sola dirección hacia adelante para sentar los baleros y remover cualquier grasa o rebarbas que podrían causar juego excesivo del balero más adelante.

22 Chequee para ver si la torsión de la tuerca está todavía aproximadamente a 12 Pie-libras.

23 Afloje la tuerca hasta que apenas esté floja, no más.

24 Use sus mano (no una llave), para apretar la tuerca hasta que esté un poquito apretada. Instale la cerradura y una chaveta nueva atraves del orificio en el vástago y el cerrojo. Si la hendiduras de la cerradura no alinea, remuévala y gírela a la otra posición.

25 Doble las puntas de la chaveta hasta que ellas estén planas contra la tuerca. Corte la longitud extra que podría intervenir con la tapa de grasa.

30.26 Use un martillo y un cincel para sentar la tapa de grasa - péguele alrededor de toda la circunferencia, asentándola uniformemente

26 Instale la tapa de grasa, utilizarlo un martillo y un cincel **(vea ilustración)**.
27 Instale la asamblea del neumático/rueda en el tambor/cubo y apriete las tuercas.
28 Agarre la parte de encima y de abajo del neumático y chequee los baleros en la manera descrita anteriormente en ésta Sección.
29 Baje el vehículo.

31 Frenos - chequeo del sistema

Refiérase a las ilustraciones 31.5, 31.14 y 31.16

1 Los frenos se deben inspeccionar cada vez que las ruedas se remueven o cuando un defecto es sospechado. Las indicaciones de un problema potencial del sistema de frenos incluyen que el vehículo hale a un lado cuando el pedal del freno sea presionado, ruidos que vienen de los frenos cuando ellos son aplicados, viaje excesivo del pedal del freno, pedal que pulsa y fuga del flúido, generalmente observado en el interior del neumático o la rueda.

Frenos (frente) de disco

2 Los frenos de disco pueden ser chequeado visualmente sin remover ninguna parte excepto las ruedas.
3 Levante el vehículo y lo coloca firmemente sobre estantes. Remueva las ruedas del frente (vea levantar y remolcar al frente de éste manual si es necesario).
4 Ahora visible está la mordaza del freno de disco que contiene las pastillas. Hay una pastilla de freno exterior y una pastilla interior. Ambas deben ser chequeadas por desgaste.
5 Note el espesor de la pastilla mirando en cada punta de la mordaza y por el orificio de inspección en el cuerpo de la mordaza **(vea ilustración)**. Si el espesor combinado del forro de la pastilla y soporte de metal es 5/16-pulgada o menos, las pastillas se deben reemplazar.
6 Debido a que será difícil, si no imposible, para medir el espesor exacto de la pastilla, si

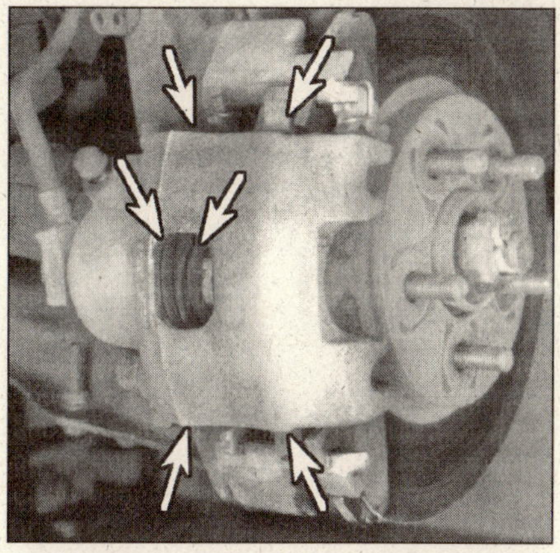

31.5 Hay un orificio de inspección como este en cada mordaza - examinando el orificio y las pastillas donde ellos se extienden debajo de la mordaza, usted puede determinar el espesor del material restante de la fricción en ambas las pastillas (flechas) interiores y exteriores

usted está dudoso cuanto al espesor de la pastilla, remuévalas para una inspección más detallada o reemplazo. Vea Capítulo 9 para el reemplazo de las pastillas del freno de disco.
7 Antes de instalar las ruedas, chequee por fugas alrededor de las conexiones de las mangueras del freno que se dirigen a la mordaza y por daño a las mangueras del freno (grietas, fugas, áreas raspadas, etc.). Reemplace las mangueras o copillas según sea necesario (vea Capítulo 9).
8 También chequee el disco por rayones, áreas de desgaste y puntos quemados. Si estas condiciones existen, la asamblea del cubo/disco debe ser removida para otorgarle servicio (vea Capítulo 9).

Frenos de tambor (traseros)

9 Levante el vehículo y sopórtelo firmemente sobre estantes. Bloquee los neumáticos al frente para prevenir que el vehículo se corra; sin embargo, no aplique el freno de estacionamiento o bloqueará los tambores en su sitio.
10 Remueva las ruedas, refiérase a levantar y remolcar al frente de éste manual si es necesario.
11 Marque el cubo para que se pueda instalar en la misma posición. Use un marcador, punzón, etc. en el tambor, cubo y placa de apoyo.
12 Remueva el tambor de freno como está descrito en las Sección 30.
13 Con el tambor removido, cepille cuidádosamente hacia afuera cualquier acumulación de tierra y polvo. **Peligro:** *No sople el polvo hacia afuera con aire comprimido y no lo inhale (puede contener asbestos, que es perjudicial a su salud).*
14 Note el espesor del material del forro en ambos las balatas del frente y trasera del freno. Si el material se ha desgastado hasta un 1/8-pulgada de los remaches o apoyo de metal, las balatas se deben reemplazar **(vea**

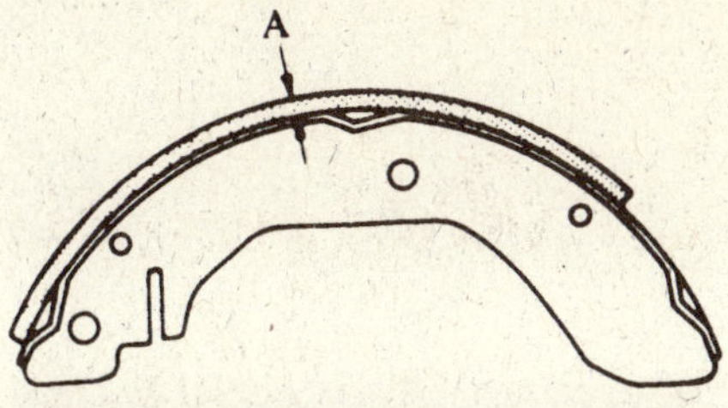

31.14 El espesor de los forros de las balata (A) se mide desde la superficie de afuera del forro al metal de la balata

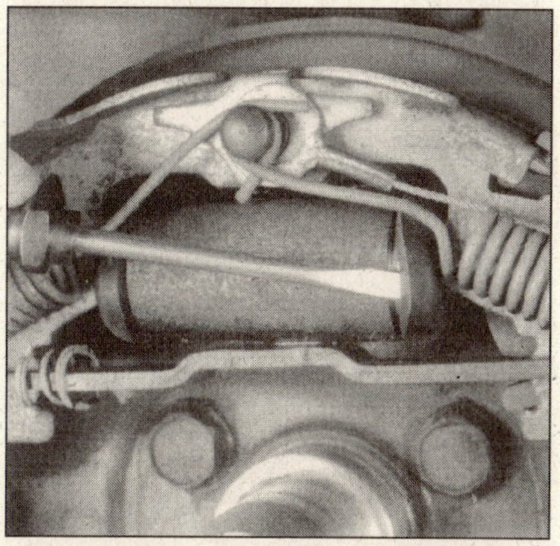

31.16 Abra con una palanca hacia atrás la copilla del cilindro de rueda cuidadosamente para chequear por signos de fuga de flúido

ilustración). Las balatas se deben reemplazar también si ellas están agrietadas, están barnizadas (áreas brillantes), o cubierta con flúido de freno.
15 Cerciórese que todos los resortes de la asamblea del freno están conectados y en buena condición.
16 Chequee los componentes del freno por signos de fuga de flúido. Con su dedo o un destornillador pequeño, hágale palanca hacia atrás cuidadosamente a la cubierta de caucho en el cilindro de la rueda localizado por encima de las balatas del freno **(vea ilustración)**. Cualquier fuga aquí es una indicación que los cilindros de las ruedas se deben reconstruir inmediatamente (vea Capítulo 9). También, chequee todas las mangueras y conexiones por signos de fuga.
17 Limpie el interior del tambor con un trapo limpio y limpiador desnaturalizado de alcohol o freno. Otra vez, tenga cuidado de no respirar el polvo peligroso de asbestos.
18 Chequee el interior del tambor por rajaduras, marcas de rayones, rasguños profundos y "áreas duras" que aparecerán como pequeñas áreas descoloradas. Si las imperfecciones no se pueden remover con tela de esmeril, el tambor debe ser llevado a un taller de rectificaciones automotriz para ser rectificado.
19 Repita el procedimiento para el resto de las ruedas. Si la inspección revela que todas las partes están en buena condición, vuelva a instalar el tambor del freno. Instale las ruedas y baje el vehículo a tierra.

1

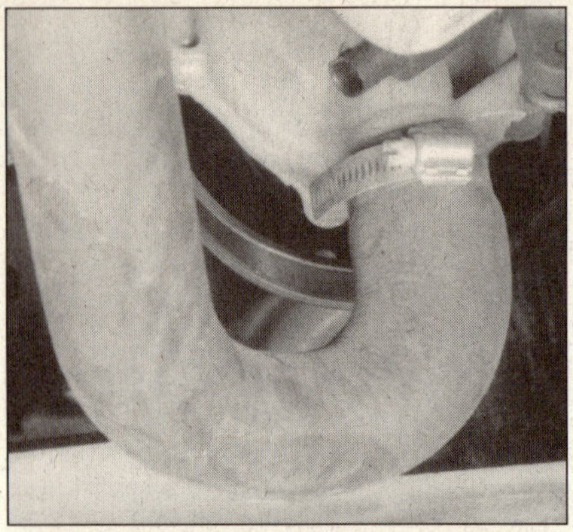

32.5a Si el grifo de drenaje localizado en el fondo del radiador no es fácilmente accesible, separe la manguera inferior del radiador

32 Enfriamiento (drenar, cambiar y rellenar) - servicio del sistema

Refiérase a las ilustraciones 32.5a, 32.5b, 32.5c y 32.7

Peligro: *No permita que el anticongelante entre en contacto con su piel o la superficie de la pintura del vehículo. Enjagüe el área que estuvo en contacto inmediatamente con suficiente agua. No guarde anticongelante nuevo o deje anticongelante viejo alrededor donde pueda ser fácilmente accesible por niños y animales doméstico - son atraídos por su sabor dulce. Ingestión aunque sea de una pequeña cantidad puede ser fatal. Limpie el piso del garaje y cacerola de goteo para derramamientos de anticongelante tan pronto ocurran. Guarde recipientes del anticongelante cubiertos y repare cualquier fuga en su sistema de enfriamiento inmediatamente. Muchas comunidades tienen centros de colección que verán que el anticongelante sea desecho en una forma segura y legal.*

1 Periódicamente, el sistema de enfriamiento se debe drenar, debe ser limpiado y debe ser rellenado para abastecerlo de nuevo con la mezcla del anticongelante correcta y prevenir la formación de oxidación y corrosión, que puede dañar el desempeño del sistema de enfriamiento y dañar la operación del motor. Cuándo el sistema de enfriamiento es mantenido, todas las mangueras y la tapa del radiador deben ser chequeadas y reemplazadas, si es necesario.

Drenar

2 Al mismo tiempo que el sistema del enfriamiento es atendido, todas las mangueras y la tapa del radiador se deben inspeccionar y deben ser reemplazadas si están defectuosas (vea Sección 27).

3 Con el motor frío, ponga el control de la calefacción a Calentar (Máximo).

4 Mueva un recipiente grande debajo del radiador para colectar la mezcla del anticongelante según se drena.

5 Abra el grifo del desagüe en el fondo del radiador o remueva la manguera inferior del radiador **(vea ilustración)**. En los motores 2.2L, 2.5L y 3.3L es necesario ventilar el sistema para permitir el drenaje. Remueva el interruptor de vacío o tapón de purga de la cima del albergue (termostato para los 2.2L y 2.5L) o la unidad de envío de la temperatura en la cabeza del cilindro (3.3L) **(vea ilustraciones)**.

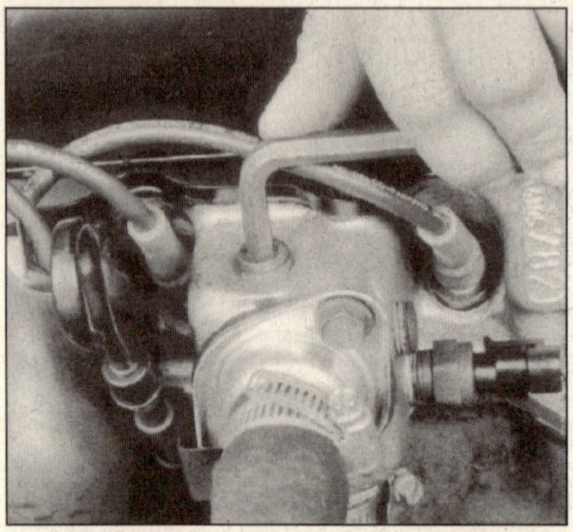

32.5b Para permitir que el sistema se drene en motores 2.2L/2.5L, remueva el interruptor del vacío o tapón de purga (mostrado aquí) encima del albergue del termostato

6 Desconecte la manguera del depósito del anticongelante, remueva el depósito y enjuáguelo con agua limpia.

7 Después de que el anticongelante se termine de drenar fuera del radiador, mueva el recipiente bajo el tapón del drenaje(s) del bloque del motor **(vea ilustración)** y remueva el tapón.

Lavar

8 Coloque una manguera (una manguera común de jardín está bien) en el cuello de reabastecimiento del radiador por encima del radiador y limpie el sistema hasta que el agua corra limpia en todos los puntos de drenaje.

9 En casos severos de contaminación o radiador atascado, remuévalo (vea Capítulo 3) y límpielo a la inversa del flujo. Esto implica meter la manguera en la salida del radiador en el fondo para permitir que el agua limpia corra contra el flujo normal, fugando por la cima. Un taller de reparación de radiadores se debe consultar si limpiar o reparación adicional es necesario.

10 Dónde el anticongelante es regularmente drenado y el sistema rellenado con la mezcla correcta de anticongelante no debe haber la necesidad de emplear limpiadores ni removedores químicos.

Rellenar

11 Instale el depósito del anticongelante, conecte las mangueras del radiador, instale el tapón del drenaje(s) del bloque y cierre el grifo del desagüe.

12 Agregue anticongelante al radiador. Llénelo hasta que el anticongelante alcance el fondo de las roscas del tapón de purga/orificio del interruptor de vacío en el albergue (termostato de 2.2L/2.5L) o el orificio de la unidad de envío en la cabeza del cilindro (3.3L). Vuelva a instalar el interruptor, el tapón o la unidad de envío y apriételo firmemente. En todos los modelos, continúe agregando anticongelante al radiador hasta que alcance el asiento de tapa del radiador.

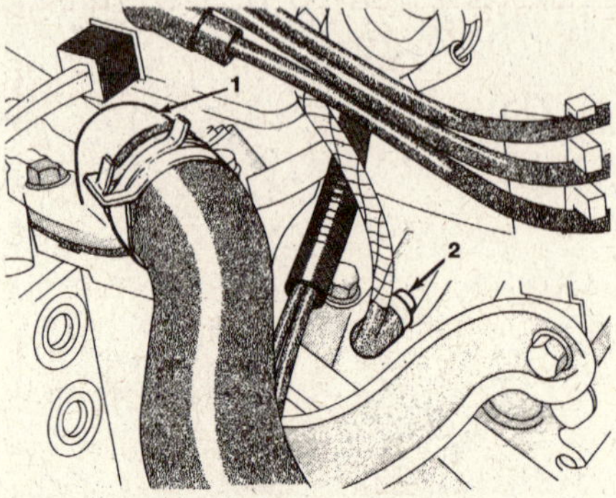

32.5c Remueve la unidad de envío de la temperatura de la cabeza del cilindro en modelos 3.3L

1 *Albergue del termostato*
2 *Unidad de envío de la temperatura del motor*

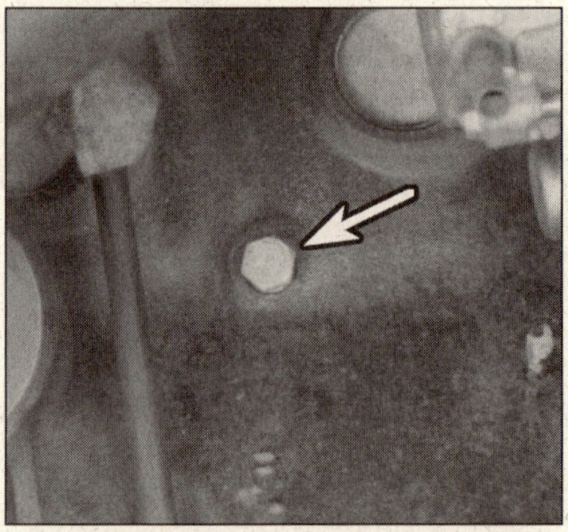

32.7 En algunos modelos, un tapón de drenaje (flecha) se puede remover para que el bloque del motor se pueda drenar - los modelos V6 tienen tapones en ambos lado del motor

13 Agregue anticongelante al depósito hasta que el nivel esté entre las marcas MIN (mínimo) y MAX (máximo).

14 Ponga el motor en marcha hasta que la temperatura normal de operación se haya alcanzado y, con el motor en marcha mínima, agregue anticongelante hasta arriba al nivel correcto.

15 Siempre rellene el sistema con una mezcla del anticongelante y agua en la proporción descrita en el recipiente del anticongelante o en su manual del propietario.

16 Mantenga chequeando el nivel del anticongelante y las varias mangueras del sistema de enfriamiento durante las primeras pocas millas de manejo. Apriete las abrazaderas de las mangueras y agregue más mezcla del anticongelante según sea necesario. En motores 2.6L, puede ser necesario agregar anticongelante al depósito las primeras pocas vez que el vehículo se conduce según el sistema expulsa aire.

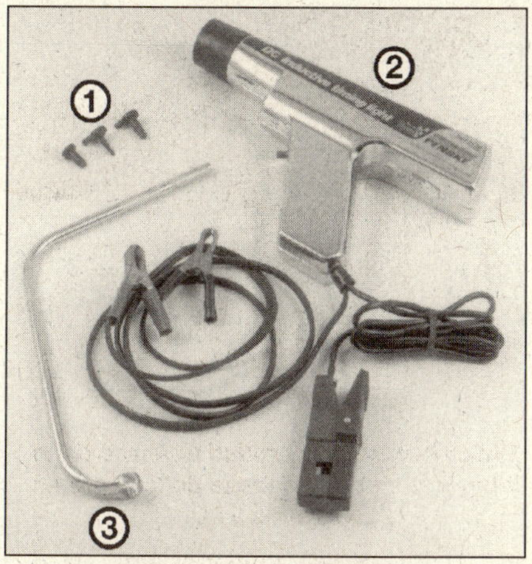

34.2 Herramientas necesarias para chequear y ajustar el tiempo

1 ***Tapones de vacío** - Algunas mangueras de vacío se tienen que desconectar algunas veces y ser bloqueadas, Hay tapones moldeados en diferente tamaños disponibles para este tipo de trabajo*

2 ***Lampara de tiempo inductible** - Deja que una luz clara, brillante y concentrada se permita cuando la bujía numero uno dispara, conecte los alambres de acuerdo con las instrucciones suministrada con la luz*

3 ***Herramienta para el distribuidor** - En algunos modelos, el tornillo que aguanta el distribuidor es difícil de alcanzar y girar con una herramienta o dado convencional. Una herramienta especial como esta se debe de usar*

33 Velocidad de la marcha mínima del motor (modelos con carburador solamente) - chequeo y ajuste

1 La velocidad de la marcha mínima del motor es la velocidad en que el motor opera cuando ninguna presión del pedal del acelerador es aplicado, cuando pare en una luz de tráfico. Ésta velocidad es crítica para el rendimiento del motor, también como muchos subsistemas del motor.

2 Aplique el freno de estacionamiento firmemente y bloquee las ruedas para prevenir que el vehículo se ruede. Ponga el transeje en Neutral.

3 Instale un tacómetro sostenido a mano de acuerdo con las instrucciones del fabricante del tacómetro.

4 El fabricante ha usado varias varillas para el acelerador y diferentes posiciones en estos vehículos en el período de tiempo cubierto por éste libro, así que sería poco práctico cubrir cada tipo. El Capítulo 4 contiene información sobre cada carburador individual usado. También, cada vehículo tiene una etiqueta de información del control de las emisiones en el compartimiento del motor que contiene las instrucciones para la velocidad de la marcha mínima particular de su vehículo.

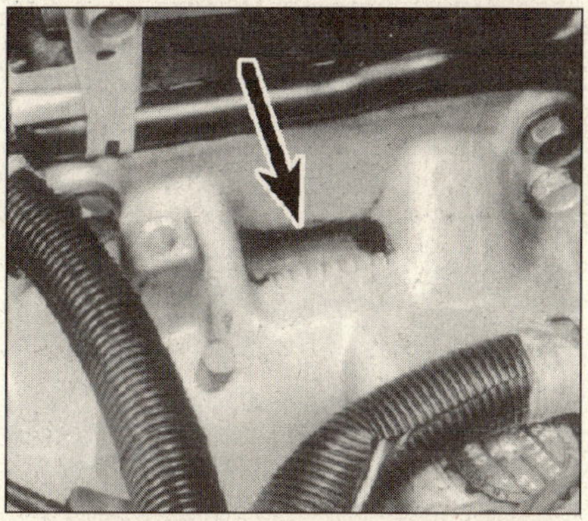

34.6a En motores 2.2L/2.5L, la ventana en la campana permite que usted observe el volante/plato flexible (flecha) - marque ésta mella y la marca por el lado de la ventana que corresponde al número de grados especificado en la etiqueta de información de control de las emisiones del vehículo en el compartimiento del motor

5 Básicamente, en la mayoría de los modelos, la velocidad de la marcha mínima es ajustada girando un tornillo de ajuste localizado en el lado del carburador. El tornillo abre o cierra el plato del acelerador, dependiendo de cuánto sea girado y en cuál dirección. El tornillo puede estar en la varilla o puede formar parte del solenoide para la parada de la marcha mínima. Refiérase a la etiqueta de las emisiones y el Capítulo 4.

6 Una vez que usted haya encontrado el tornillo para la velocidad de la marcha mínima, experimente con diferentes tipos de longitudes de destornilladores hasta que los ajustes se hayan podido hacer fácilmente, sin entrar en contacto con componentes del motor caliente o que se estén movimiento.

7 Chequee y ajuste si es necesario, la regulación del tiempo del encendido (Sección 34).

8 Chequee la velocidad de la marcha mínima del motor en el tacómetro y la compara con la etiqueta de información de control de las emisiones en el compartimiento del motor.

9 Si la velocidad de la marcha mínima está demasiado baja o demasiado alta, gire el tornillo de ajuste de la velocidad hasta que la velocidad de la marcha mínima especificada sea obtenida.

34 Regulación del tiempo del encendido - chequeo y ajuste

Refiérase a las ilustraciones 34.2, 34.6a, 34.6b, 34.11a, 34.11b, y 34.13

Nota: *La regulación del tiempo del encendido en modelos 3.3L V6 es controlada por la computadora y por lo tanto no es ajustable.*

1 Todos los vehículos están equipados con una etiqueta de información de control de emisiones dentro del compartimiento del motor. La etiqueta contiene especificaciones importante relacionado a la regulación del tiempo del encendido y el procedimiento

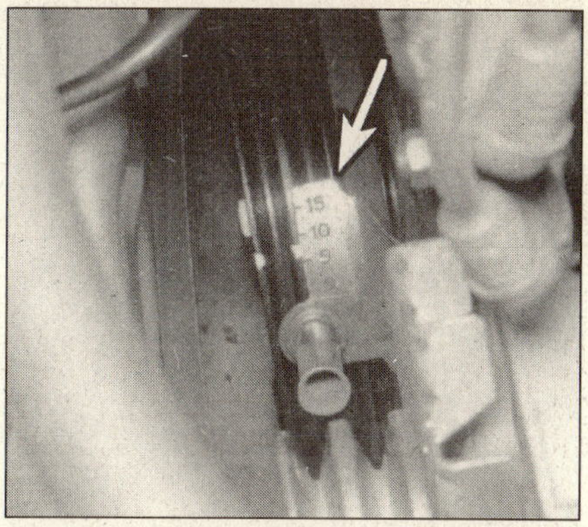

34.6b En los motores de 2.6L y 3.0L, las marcas del tiempo son conectadas al frente del motor y la polea del cigüeñal tiene una ranura para la referencia

apropiado. Si la información en la etiqueta de emisiones es diferente que la incluida en la información en ésta Sección, siga el procedimiento en la etiqueta.

2 En los intervalos especificados, o cuando el distribuidor haya sido removido, la regulación del tiempo del encendido debe ser chequeada y ajustada si es necesario. Las herramientas requeridas para éste procedimiento incluyen una luz de regulación (lámpara de tiempo) inductiva, un tacómetro y una llave de distribuidor **(vea ilustración)**.

3 Antes que usted chequee el tiempo, cerciórese de que el motor está a la temperatura normal de operación.

4 En modelos con carburador, cerciórese de que la velocidad de la marcha mínima es corregida (Sección 33). En modelos con un interruptor en el carburador, conecte un alambre puente entre el interruptor y una conexión buena a tierra. Desconecte y tape la manguera de vacío en la Computadora de Control de la Chispa (motor de 2.2L) o en el motor con distribuidor (motor de 2.6L). Si el motor está en marcha mínima o debajo de la velocidad especificada, proceda con el próximo Paso. Si la marcha mínima está demasiado alta, gire el tornillo de ajuste para la velocidad de la marcha mínima hasta que la marcha mínima especificada sea alcanzada.

5 Conecte una luz de regulación (lámpara de tiempo) de acuerdo con las instrucciones del fabricante. Generalmente, la luz debe ser conectada a la batería y el alambre de la bujía número uno. El alambre de la bujía número uno o terminal se debe marcar en el distribuidor; trácelo hacia la bujía y conecte la luz de regulación (lámpara de tiempo) cerca de la bujía. **Caución:** *Si una luz de regulación (lámpara de tiempo) inductiva no está disponible, no perfore el alambre de la bujía para conectar la luz de regulación. En su lugar, use un adaptador entre la bujía y el alambre de la bujía. Si el aislamiento en el alambre de la bujía está dañado, el voltaje secundario saltará la conexión a tierra en el punto dañado y el motor fallará.*

6 Localice las marcas del tiempo en la ventana de la campana del transeje o al frente del motor **(vea ilustraciones)**.

34.11a En motores de 2.5L, remueva el conector del sensor del anticongelante localizado en el albergue del termostato (flecha)

7 Localice la ranura cortada a través del volante/plato flexible o polea. Pueda que sea necesario tener a un ayudante temporariamente para que accione la llave de la ignición de encendido a apagado sin poner el motor en marcha en orden de traer la ranura a una posición donde se pueda limpiar fácilmente y pueda ser marcada. **Peligro:** *Permanezca libre de todos los componentes del motor que estén en movimiento cuando el motor se gire de en ésta manera.*

8 Use tiza o pintura blanca para marcar la ranura en el volante o la polea **(vea ilustraciones 34.6a y 34.6b)**. También, marque el número correspondiente al número de grados especificado en la etiqueta de información de control de emisión en el compartimiento del motor.

9 Conecte un tacómetro al motor, instalando el selector a la posición del cilindro correcto.

10 Cerciórese que el alambre para la luz de regulación (lámpara de tiempo) está libre de todos los componentes del motor que estén en movimiento, entonces ponga el motor en marcha.

11 En modelos con combustible inyectado, desconecte el conector del sensor de temperatura del anticongelante **(vea ilustraciones)**.

34.11b Remueva el conector del sensor de temperatura del anticongelante en motores 3.0L, localizado adyacente al albergue del termostato

1. *Regulador de la presión de aceite*
2. *Sensor de la carga de la temperatura*
3. *Sensor de la temperatura del anticongelante*

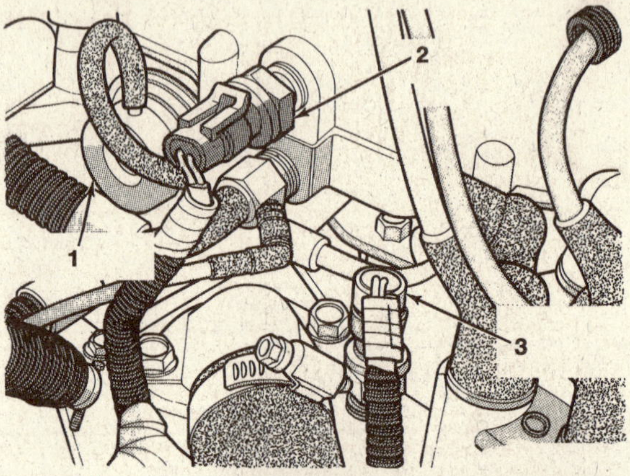

12 Apunte la luz de regulación (lámpara de tiempo) a las marcas, otra vez teniendo cuidado de no entrar en contacto con las partes movibles. Las marcas que usted hizo deben aparecer inmóvil. Si las marcas están en la alineación, el tiempo está correcto. Si las marcas no se alinean, apague el motor.

13 Afloje el perno/tuerca de sujeción en la base del distribuidor **(vea ilustración)**. Afloje el perno solamente levemente, apenas para girar el distribuidor (vea Capítulo 5).

14 Ahora vuelva a poner el motor en marcha y gire el distribuidor muy lentamente hasta que las marcas del tiempo se alineen.

15 Apague el motor y apriete el perno del distribuidor, tenga cuidado de no mover el distribuidor.

16 Ponga el motor en marcha y chequee el tiempo para cerciórese que las marcas están en alineación. Conecte de nuevo todas las mangueras y los alambres.

35 Aplicación del condicionador para la cámara de combustión (modelos canadienses que usan combustible con plomo solamente)

1 A los intervalos especificados en el itinerario de mantenimiento al principio de éste Capítulo, el condicionador para la cámara de combustión *(vea lubricantes y flúidos* recomendados) debe ser rociado en el cuerpo de inyección del carburador o inyección del combustible para ayudar a previene el aumento de los depósitos en la cámara de combustión y en la válvulas.

2 Remueva el purificador del aire o manguera de admisión de aire del cuerpo de inyección.

3 Con el motor en marcha mínima a la temperatura normal de operación, el transeje en Estacionamiento (automático) o Neutral (manual) y el freno de estacionamiento aplicado, atomice con un bote de acondicionador especificado en la abertura del cuerpo de inyección.

4 Acople nuevamente la manguera a la admisión de aire.

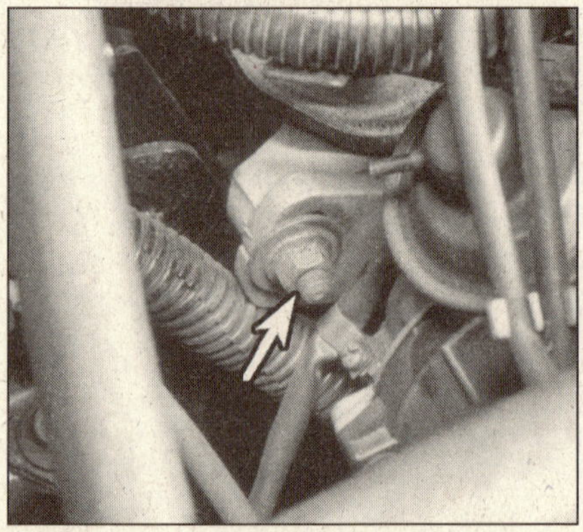

34.13 Afloje la tuerca o el perno para que usted pueda girar el distribuidor si el tiempo no está a lo especificado

36.2 Remueva los pernos y las tuercas, entonces separe la tapa del diferencial de la caja del transeje para drenar el lubricante (modelos 1984 hasta 1986 solamente)

1. *Espárrago*
2. *Extensión*
3. *Dado*
4. *Perno*

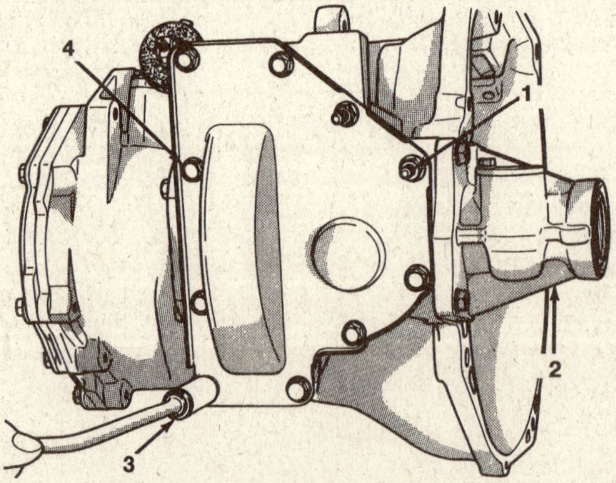

36 Lubricante del transeje manual - cambio

Modelos de 1984 hasta 1986

Refiérase a las ilustraciones 36.2 y 36.4

1 Levante el frente del vehículo y lo sostiene firmemente sobre estantes. Aplique el freno de estacionamiento.

2 Remueva los tornillos de la tapa del lado del diferencial y permita que el lubricante drene en un recipiente **(vea ilustración)**.

3 Conectado al interior de la tapa está un pequeño imán, instalado para atrapar las partículas de metal antes que ellas puedan dañar

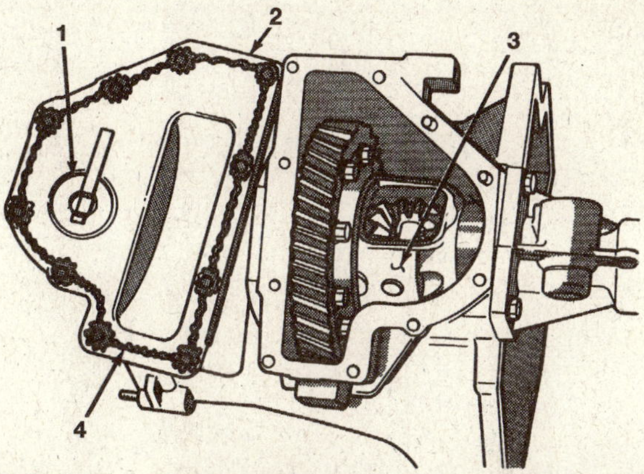

36.4 Aplique una gota de sellador RTV a la superficie de contacto de la tapa del diferencial (modelos 1984 hasta 1986 solamente)

1 Magneto
2 Cubierta del diferencial
3 Ensamblaje del diferencial
4 Use un línea de 1/8 de pulgada de sellador RTV como junta

los baleros del transeje. Limpie el imán y la superficie interior de la tapa completamente.

4 Limpie las superficies de la junta en el diferencial y la tapa completamente con un raspador de junta, entonces los limpia con un trapo empapado en laca o acetona. El sellador RTV (vulcanizador accionado a temperatura ambiente) se usa para formar una junta nueva en la tapa e instale la tapa en el diferencial **(vea ilustración)**. Apriete los pernos uniformemente y firmemente en un patrón entrecruzado.

5 Llene el transeje con el lubricante recomendado (vea lubricantes y flúidos recomendados al comienzo de éste Capítulo) hasta que el nivel esté en el fondo de la orilla del orificio de llenar. Conduzca el vehículo y chequee la tapa por fugas.

1987 y modelos más modernos

6 No remueva la tapa del diferencial en modelos producidos después del 1986. Chequee por un tapón de drenaje. Si no hay ningún tapón de drenaje presente, absorba el flúido atraves del orificio de llenar con una jeringuilla.

7 Rellene el transeje con el lubricante especificado, pruebe el vehículo en la carretera y chequee por fugas.

37 Flúido y filtro del transeje automático - cambio

Refiérase a las ilustraciones 37.3, 37.4 y 37.7

1 El flúido y el filtro del transeje automático se debe cambiar, el imán se debe limpiar y las bandas ajustadas a los intervalos recomendados.

2 Levante el frente del vehículo y lo sostiene firmemente sobre estantes. Aplique el freno de estacionamiento.

3 Posicione un recipiente debajo de la cacerola para el flúido del transeje. Afloje los pernos de la cacerola. Remueva completamente los pernos por la parte trasera de la cacerola. Péguele a la esquina de la cacerola o abra con una palanca para romper cuidadosamente el sello y permitir que el flúido drene en el recipiente (los pernos restantes prevendrán que la cacerola se separe del transeje) **(vea ilustración)**. Remueva los pernos restantes y separe la cacerola.

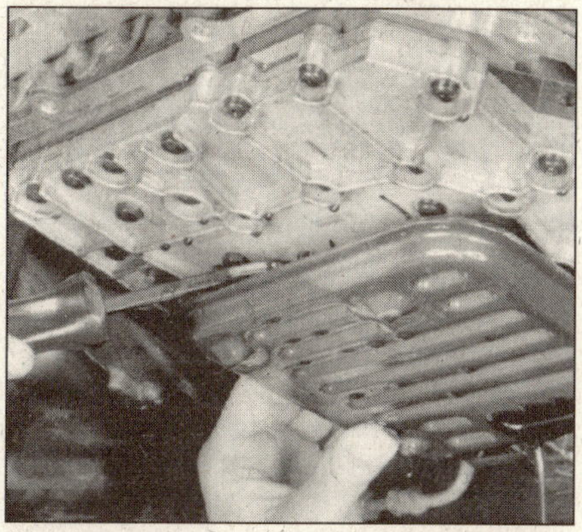

37.4 En modelos de cuatro velocidades, el filtro puede ser separado haciéndole palanca cuidadosamente con un destornillador pequeño

4 En modelos de tres velocidades, remueva los tornillos del filtro y separe el filtro (un Torx especial se puede necesitar para los tornillos). En modelos de cuatro velocidades, el filtro está prensado y puede ser removido haciéndole palanca cuidadosamente con un destornillador **(vea ilustración)**.

5 En modelos de tres velocidades, refiérase a la Sección 38 y ajuste las bandas antes de proceder con el cambio del flúido.

6 En modelos de tres velocidades, instale la junta y el filtro nuevo. Apriete los tornillos del filtro firmemente. En modelos de cuatro velocidades, apriete el filtro nuevo firmemente en su sitio.

7 Use un rascador, remueva todos los indicios del sellador viejo cuidadosamente del cuerpo de la cacerola y transeje (no melle ni excave las superficies que sellan). Después de raspar, limpie las superficies de la junta con un trapo empapado en laca o acetona. Limpie el imán en la cacerola con un trapo limpio, sin hilachas **(vea ilustración)**.

8 Aplique una línea de sellador RTV (vulcanizador accionado a temperatura ambiente) de 1/8-pulgada a la superficie de la cacerola donde sella y la coloca en posición en el transeje. Instale los pernos y los aprieta a la torsión especificada en éste Capítulo, siguiendo un patrón entrecruzado. Llegue al par de torsión final en tres o cuatro pasos.

9 Baje el vehículo y agregue tres cuartos de galón del flúido especificado (vea lubricantes y flúidos recomendados al comienzo de éste Capítulo) al transeje. Ponga el motor en marcha y permita que funcione en marcha mínima por lo menos dos minutos, entonces mueva la palanca de cambio por cada una de las posiciones de los engranes, finalizando en Estacionamiento o Neutral. Chequee por fuga del flúido alrededor de la cacerola.

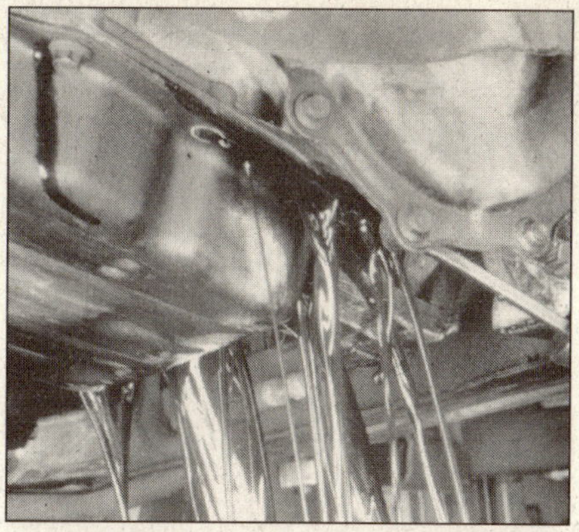

37.3 Hágale palanca a una esquina de la cacerola del transeje para romper el sello y permitir que el flúido drene - tenga cuidado, el flúido saldrá a chorros con fuera considerable

1

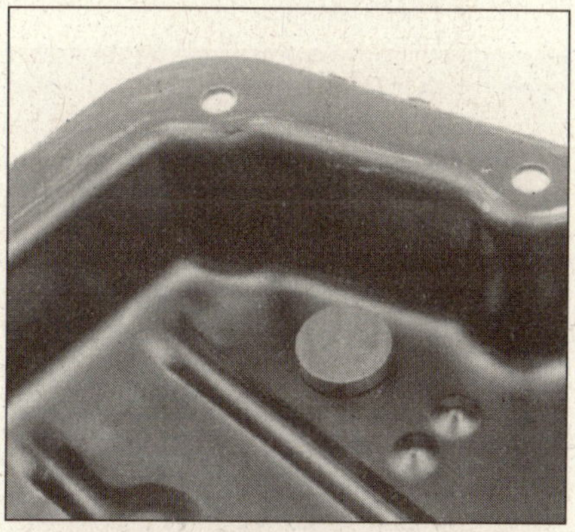

37.7 Lave la cacerola y limpie el imán, entonces coloque el imán en su posición original

10 Agregue más flúido hasta que el nivel esté entre las marcas ADD (AGREGAR) y FULL (LLENO) en la varilla de medir el aceite. Agregue el flúido un poquito a la vez hasta que esté lleno (tenga cuidado de no sobre llenarlo).

11 Cerciórese de que la varilla graduada para medir está asentada completamente o tierra podría entrar en el transeje.

38 Banda del transeje automático (modelos de tres velocidades solamente) - ajuste

Refiérase a las ilustraciones 38.7, 38.9, 38.10, 38.11a, 38.11b, 38.12a, 38.12b y 38.15

1 Las bandas del transeje se deben ajustar cuando sea especificado en el itinerario de mantenimiento o cuando se cambie el flúido y el filtro (Sección 37).

38.7 Sostenga el tornillo para que no gire y apriete la tuerca de seguridad con una llave de boca cerrada

Banda de rebase

2 El tornillo del ajuste para la banda de rebase está en el lado por encima izquierdo localizado en la caja del transeje.

3 En algunos modelos el cable de válvula de admisión puede intervenir con el ajuste de banda. Si ése es el caso, marque su posición y entonces remueve el perno del ajuste del cable de la válvula de admisión. Mueva el cable fuera del tornillo de ajuste de la banda.

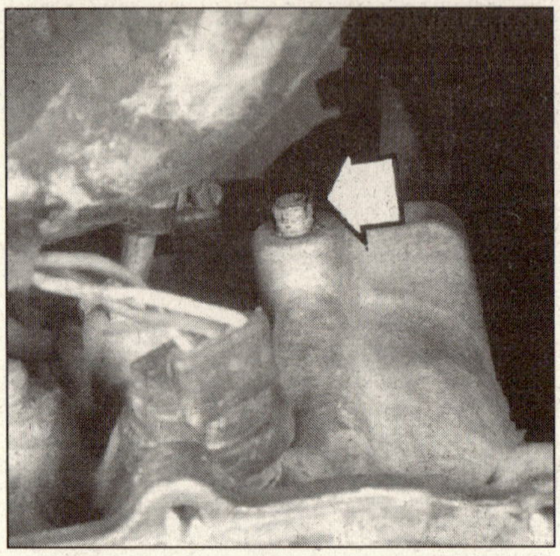

38.9 Ubicación (flecha) del tapón de presión de la banda de primera velocidad/reversa

4 Afloje la tuerca de seguridad aproximadamente cinco vueltas y cerciórese que el tornillo de ajuste gira libremente.

5 Apriete el tornillo de ajuste a la torsión listada en las especificaciones de éste Capítulo.

6 Remueva hacia afuera el tornillo de ajuste el número especificado de vueltas (vea Sección de especificaciones al principio de éste Capítulo).

38.10 Inserciónе un calibrador palpador entre las puntas finales de la banda de primera velocidad/reversa para medir el desgaste - si el espacio libre es menos de 0.080 pulgada, una banda nueva es necesitada

7 Sostenga el tornillo en posición y apriete la tuerca de seguridad firmemente **(vea ilustración)**.

Banda de primera velocidad/reversa

8 Para ganar acceso a la banda de la primera velocidad/reversa, la cacerola del transeje se debe remover (Sección 37).

9 Para determinar si la banda se a desgastado excesivamente, remueva el tapón de presión de la primera velocidad/reversa del transeje **(vea ilustración)** y aplique 30 psi (libras por pulgadas cuadradas) de presión del aire al puerto.

10 Mida el espacio libre entre las puntas de la banda **(vea ilustración)**. Debe tener un mínimo de 0.080-pulgada. Si es menos que eso, la banda se debe reemplazar con una nueva.

11 Para proceder con el ajuste, hágale palanca hacia afuera al retenedor de la varilla en forma de E y remueve la varilla **(vea ilustraciones)**.

12 Afloje la tuerca de seguridad aproxima-

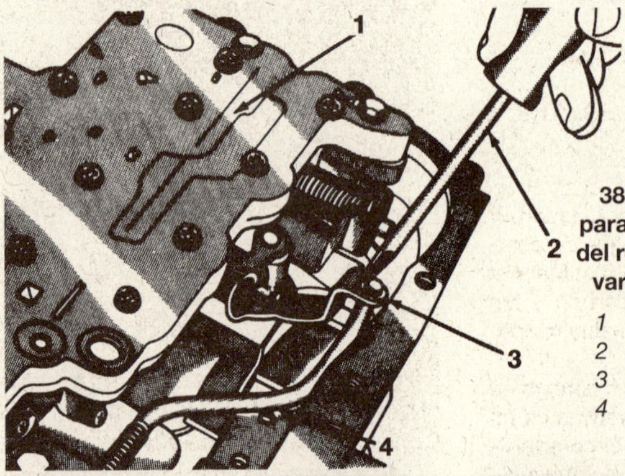

38.11a Use un destornillador para hacerle palanca hacia fuera del retenedor en forma de E de la varilla de estacionamiento, . . .

1 Cuerpo de la válvula
2 Destornillador
3 Retenedor "E"
4 Varilla de estacionamiento

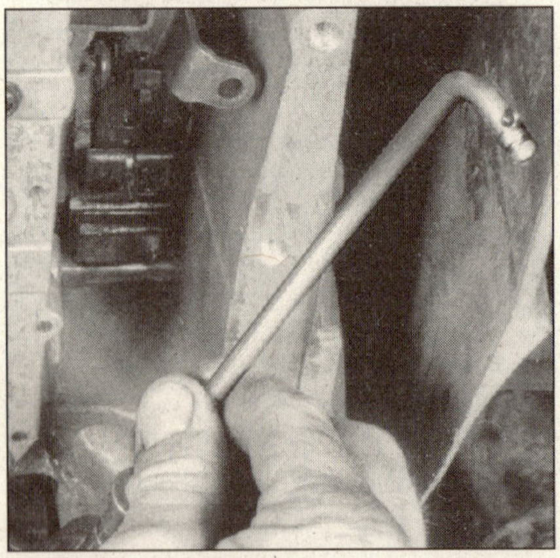

38.11b . . . entonces baje la varilla del transeje

38.12a Afloje la tuerca de seguridad cinco vueltas

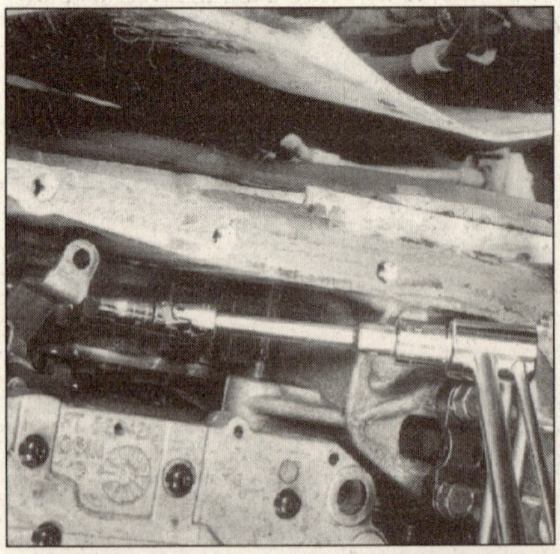

38.12b Pueda que sea necesario usar una universal entre el dado y la extensión cuando apriete el tornillo de ajuste de la banda de primera velocidad/reversa

38.15 Empuje la parte de atrás de la palanca de cambio con su dedo antes de meter la varilla de estacionamiento

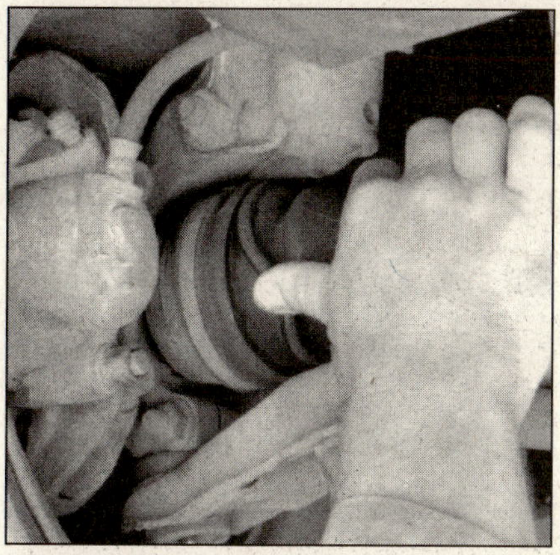

39.3 Doble los fuelles del eje propulsor a mano y chequee por daño y deterioración

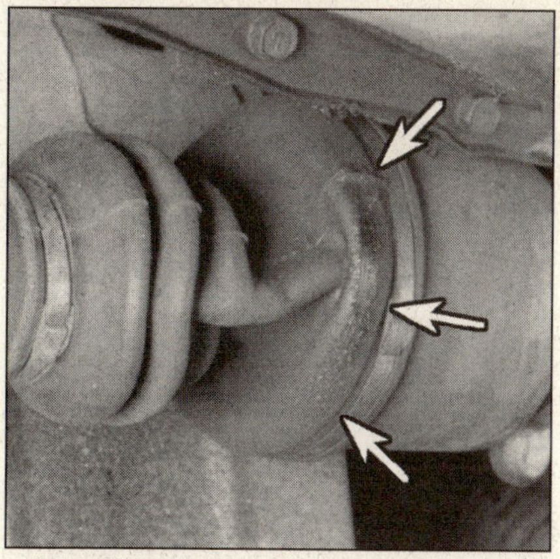

39.4 Este fuelle del eje propulsor está desplomado porque toda la grasa se ha salido hacia fuera por las grietas en el final (flechas) interior - se debe reemplazar inmediatamente o la articulación CV (velocidad constante) fallará por falta de lubricación

damente cinco vueltas **(vea ilustración)**. Use una llave torsiométrica de pulgada libra para apretar el tornillo de ajuste a la torsión listada en las especificaciones de éste Capítulo **(vea ilustración)**.

13 Afloje el tornillo hacia fuera el número especificado de vueltas (vea Sección de las especificaciones al principio de éste Capítulo).

14 Detenga el tornillo de ajuste en posición y apriete la tuerca de seguridad firmemente.

15 Empuje la palanca de cambio en la caja del transeje hacia atrás y vuelva a instalar la varilla de estacionamiento **(vea ilustración)**.

16 Instale la cacerola y rellene el transeje (vea Sección 37).

39 Tapa del eje propulsor - chequeo

Refiérase a las ilustraciones 39.3 y 39.4

1 Si los fuelles del eje propulsor están dañados o deteriorados, daño grave y caro puede ocurrir a las uniones CV (velocidad constante) que los fuelles son diseñados para proteger. Los fuelles se deben inspeccionar muy cuidadosamente en los intervalos recomendados.

2 Levante el frente del vehículo y lo sostiene firmemente sobre estantes (vea levantar y remolcar al frente de éste manual si es necesario).

3 Arrástrese debajo del vehículo y chequee los cuatro fuelles del eje propulsor (dos en cada eje propulsor) muy cuidadosamente por rajaduras, rupturas, orificios, caucho deteriorado y abrazaderas flojas o perdidas **(vea ilustración)**. Si los fuelles están sucios límpielos antes de empezar la inspección.

4 Si daño o deterioración es evidente, reemplace los fuelles con unos nuevos y chequee las uniones CV por daño (vea Capítulo 8) **(vea ilustración)**.

40 Control de emisiones evaporativas - chequeo del sistema

Refiérase a la ilustración 40.2

1 La función del sistema de control de emisiones evaporativas es para absorber vapores de combustible del tanque de combustible y del sistema de combustible, los almacena en un canasto de carbón y los dirige al múltiple de admisión durante la operación normal del motor.

2 El síntoma más común de un defecto en el sistema de emisiones evaporativas es un olor fuerte de combustible en el compartimiento del motor. Si un olor de combustible es emitido, inspeccione el canasto de carbón, localizado en el compartimiento del motor en el lado del pasajero, atrás de la luz o debajo del vehículo. Chequee el canasto y todas las mangueras por daño y deterioración **(vea ilustración)**.

3 El sistema de control de emisiones evaporativas es explicado en más detalle en el Capítulo 6.

40.2 Chequee todas las mangueras (flechas) conectadas al canasto de emisiones evaporativas por rajaduras y daño

Notas

Capítulo 2 Parte A
Motores de 2.2L y 2.5L de cuatro cilindros

Contenido

Especificaciones

General

Orden de encendido	1-3-4-2
Números de los cilindros (desde el final de la banda hasta el final del transeje)	1-2-3-4
Diámetro de los cilindros y la carrera	
2.2L	3.44 x 3.62 pulgadas
2.5L	3.44 x 4.09 pulgadas
Desplazamiento	
2.2L	135 pulgadas cúbica
2.5L	153 pulgadas cúbica

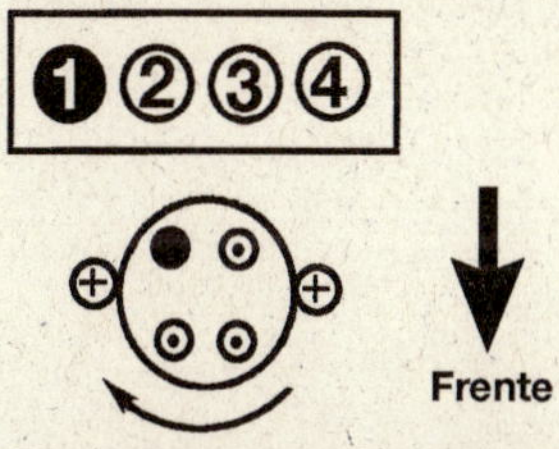

Diagrama de la localidad de los cilindros

Árbol de levas

Juego final	0.005 a 0.013 pulgada
Desviación	0.0004 pulgada
Diámetro del muñón	
Estándar	1.375 a 1.376 pulgada
Demasiado grande	1.395 a 1.396 pulgada
Uso (máximo) del lóbulo	
1984 Motor de 2.2L	0.005 pulgada
Todos los otros	0.010 pulgada

Cabeza de los cilindros

Límite de la combadura	0.004 pulgada

Múltiples de admisión/escape

Límite de la combadura	0.008 pulgada por pie de longitud del múltiple

Bomba de aceite

Rotor exterior al juego libre del albergue	
Estándar	0.010 pulgada
Límite de servicio	0.014 pulgada
Espesor del rotor exterior	
1984 y 1985 motores de 2.2L	
Estándar	0.826 a 0.827 pulgada
Límite de servicio	0.825 pulgada
Todos los otros	
Estándar	0.944 a 0.945 pulgada
Límite de servicio	0.9435 pulgada
Espacio libre interior de la punta del rotor al exterior	
1984 y 1985 motores de 2.2L	
Estándar	0.010 pulgada
Límite de servicio	0.010 pulgada
Todos los otros	
Estándar	0.004 pulgada
Límite de servicio	0.008 pulgada
Rotor interior y exterior, juego libre al albergue	
Estándar	0.001 a 0.003 pulgada
Límite de servicio	0.0035 pulgada
Lisura de la tapa de la bomba	
1984 y 1985 motores de 2.2L	
Estándar	0.010 máximo de pulgada
Límite de servicio	0.015 pulgada
Todos los otros	
Estándar	0.002 máximo de la pulgada
Límite de servicio	0.003 pulgada
Longitud libre del resorte de relieve	1.95 pulgada

Especificaciones del par de torsión

	Pie-libras (a menos que de otro modo se indicara)
Cojinete del árbol, pernos de la tapa	
1987 y más antiguos	165 pulgada-libras
1988 en adelante	215 pulgada-libras
Pernos/tuercas de la tapa de los balancines	105 pulgada-libras
Perno del tensionador de la banda del tiempo	45
Perno para el engrane del árbol de levas	65
Pernos de cabeza Torx a la polea del cigüeñal	
1992 y más antiguos	250 pulgada-libras
1993	280 pulgada-libras
Perno del centro de la polea del cigüeñal	50
Pernos de la cabeza de los cilindros - motor frío *(use el orden para apretar mostrado en Sección 12)*	
1984 y 1985	
Primer paso	30
Segundo paso	45
Tercer paso	45
Cuarto paso	1/4 de vuelta
1986 en adelante	
Primer paso	45
Segundo paso	65
Tercer paso	65
Cuarto paso.	1/4 de vuelta

Pernos del plato impulsor al cigüeñal	
M10	70
M12	100
Pernos del volante al cigüeñal	
1984 y 1985	65
1986 en	70
Pernos del albergue del sello de aceite del frente del cigüeñal	105 pulgada-libras
Múltiples de admisión/escape, tuercas/pernos	16
Pernos intermedio del albergue del sello del aceite del centro	105 pulgada-libras
Perno intermedio del engrane del centro	65
Afianzadores del cárter del aceite al bloque del motor	
M8	16
M6	105 pulgada-libras
Perno del tubo de captación al albergue de la bomba	16
Bomba de aceite, pernos de instalar	21
Pernos de la tapa de la bomba de aceite	105 pulgada-libras
Tapón del drenaje de la cacerola del aceite	20
Albergue trasero del sello de aceite principal	105 pulgada-libras
Pernos de la tapa para la banda del tiempo	40 pulgada-libras
Perno del cubo para la bomba de agua	21

1 Información general

Esta parte del Capítulo 2 está dedicada a procedimientos de reparaciones adentro del vehículo para los motores de 2.2L y 2.5L. Toda la información con respecto a remover e instalar el motor y reconstrucción completa del bloque del motor y cabeza de los cilindros puede ser encontrada en la Parte E de este Capítulo.

Los siguientes procedimientos de reparación son basados en la suposición que el motor está instalado en el vehículo. Si el motor a sido removido del vehículo e instalado en un soporte, muchos de los pasos descritos en este Capítulo no aplicarán.

Las Especificaciones del Capítulo 2 se aplican solamente al procedimientos en esta Parte. La Parte E del Capítulo 2 contiene especificaciones necesarias para repara la cabeza de los cilindros y bloque del motor.

2 Reparaciones posibles con el motor en el vehículo

Se pueden lograr muchos funcionamientos de reparaciones mayores sin tener que remover el motor del vehículo.

Limpie el compartimiento del motor y el exterior del motor con cualquier tipo de limpiador con presión. Un motor limpio hará el trabajo más fácil y ayudará a mantener la tierra fuera de las áreas interiores del motor.

Depende los componentes envueltos, sería una buena idea de remover el capo para tener mejor acceso al motor cuando se ejecutan las reparaciones (refiérase al Capítulo 11 si es necesario).

Si hay fugas de aceite o fugas de anticongelante, indicando una necesidad de reemplazo de sello o junta, se pueden hacer las reparaciones generalmente con el motor en el vehículo. La junta de la cacerola del aceite, la junta de los cilindros de la cabeza, juntas del múltiple de admisión y del escape, junta de la tapa de la cadena del tiempo y las juntas del cigüeñal son accesible con el motor en su lugar.

Componentes exteriores del motores, tal como la bomba del agua, el motor de arranque del vehículo, el alternador, el distribuidor y el carburador o unidad de la inyección del combustible, tal como el múltiple de admisión y de escape, se pueden remover para reparación con el motor en su lugar.

Hasta la cabeza de los cilindros se puede remover sin remover el motor, se puede darle servicio a los componentes de las válvulas también con el motor en el vehículo.

Reemplazo de la cadena del tiempo, engranes de la cadena del tiempo y la bomba del aceite es posible con el motor en su lugar.

En casos extremos causados por la falta de equipo necesario, reparación o reemplazo de los anillos de los pistones, pistones, bielas y cojinetes de las bielas es posible hacerlo con el motor en el vehículo. De cualquier modo que, este tipo de practica no es recomendable porque el trabajo de limpieza y preparación que se le debe de hacer a los componentes envueltos.

3 TDC (punto muerto superior) para el pistón número uno - localizar

Refiérase a las ilustraciones 3.6 y 3.8

Nota: *El procedimiento siguiente es basado en la suposición que los alambres de las bujías y el distribuidor están correctamente instalado. Si usted trata de localizar el TDC (punto muerto superior) para instalar el distribuidor correctamente, la posición del pistón debe ser determinada estando en la carrera de compresión en el orificio de la bujía número uno, entonces alinee como está descrito en el paso las marcas de regulación del tiempo de la ignición en el Paso 8. En caso de que la banda del tiempo se rompa, remueva la banda de regulación del tiempo de la cubierta y alinee las marcas en el engrane del árbol de levas, como está mostrado en la ilustración 6.19, entonces alinee la marcada en el volante con la marca correcta en la escala del tiempo como está dirigido en el Paso 4.*

1 TDC (punto muerto superior) es el punto más alto en el cilindro de cada pistón cuando viaja hacia encima y hacia abajo cuando el cigüeñal gira. El TDC llega en la carrera de compresión y otra vez en la carrera de escape, pero el TDC se refiere generalmente a la posición del pistón en la carrera de compresión.

2 Posicionar el pistón(es) en el TDC es una Parte Esencial de muchos procedimientos, tales como el árbol de levas y remover la banda/engrane de tiempo y remover el distribuidor.

3 Antes de empezar este procedimiento, esté seguro de colocar la transmisión en Neutral y aplicar el freno de estacionamiento o bloquee las ruedas de atrás. También, incapacite el sistema de ignición separando la terminal del centro de alambre de la bobina de la tapa del distribuidor y póngala a tierra en el bloque con un alambre puente. Remueva las bujías (vea Capítulo 1).

4 En orden de traer el pistón al TDC, el cigüeñal se debe girar usando uno de los métodos descrito abajo. Cuándo mire el frente del motor, la rotación normal del cigüeñal es hacia la derecha.

a) *El método preferido es de girar el cigüeñal con un dado y una matraca conectada en el perno roscado en el frente del cigüeñal.*

b) *Un interruptor remoto para el motor de arranque, que puede ahorrar algo de tiempo, se puede usar también. Siga las instrucciones incluidas con el interruptor. Una vez que el pistón esté cerca del TDC, use un dado y una matraca como está descrito en el párrafo previo.*

c) *Si un ayudante está disponible, gire el interruptor de la ignición a la posición de Arranque en intervalos cortos, usted puede llevar el pistón cerca del TDC sin un interruptor remoto para el motor de arranque. Asegúrese que su ayudante esté fuera del vehículo, lejos del interruptor de la ignición, entonces use un dado y una matraca como está descrito en el (Párrafo a) para completar el procedimiento.*

5 Note la posición de la terminal en la tapa del distribuidor del alambre de la bujía para el pistón número uno. Si la terminal no está marcada, siga el alambre de la bujía del cilindro número uno hasta la de la bujía.

6 Use una pluma con punta de fieltro o tiza para hacer una marca en el cuerpo del distribuidor directamente debajo de la terminal **(vea ilustración)**.

7 Separe la tapa del distribuidor y póngalo a un lado (vea Capítulo 1 si es necesario).

8 Localice la ventana redonda en la campana. Usted observará los incrementos del tiempo en la orilla de la ventana. Voltee el cigüeñal (vea el Párrafo 3 encima) hasta que la marca (cero) del TDC en la orilla de la campana sea alineada con la ranura en el volante **(vea ilustración)**.

9 Mire el rotor del distribuidor - debe estar apuntando directamente a la marca que usted hizo en el cuerpo del distribuidor. Si el rotor está apuntando a la marca, vaya al Paso 12. Si no está, vaya al Paso 10.

10 Si el rotor está a 180 grados fuera, el pistón número uno está en el TDC en la carrera de escape.

11 Para llevar al pistón al TDC en la carrera de compresión, gire el cigüeñal una vuelta completa (360-grados) a la derecha. El rotor ahora debe estar apuntando a la marca en el distribuidor. Cuándo el rotor esté apuntando a la terminal del alambre de la bujía número uno en la tapa del distribuidor y las marcas de la regulación del tiempo de la ignición están alineadas, el pistón número uno está en el TDC en la carrera de compresión.

12 Después que el pistón número uno se halla puesto en el TDC en la carrera de compresión, el TDC para cualquiera de los pistones que quedan puede ser localizado dándole vueltas al cigüeñal y siguiendo el orden de encendido. Marque las terminales restantes en el distribuidor para los alambres de las bujías así como usted lo hizo en la terminal para el cilindro número uno, entonces numere las marcas para que correspondan con los números de los cilindros. Según usted gira el cigüeñal, el rotor girará también. Cuándo esté apuntando directamente a una de las marcas en el distribuidor, el pistón para ese cilindro particular está en el TDC en la carrera de compresión.

3.6 Use un marcador de punta de fieltro o tiza para marcar el albergue del distribuidor directamente debajo de la terminal del alambre de la bujía número uno

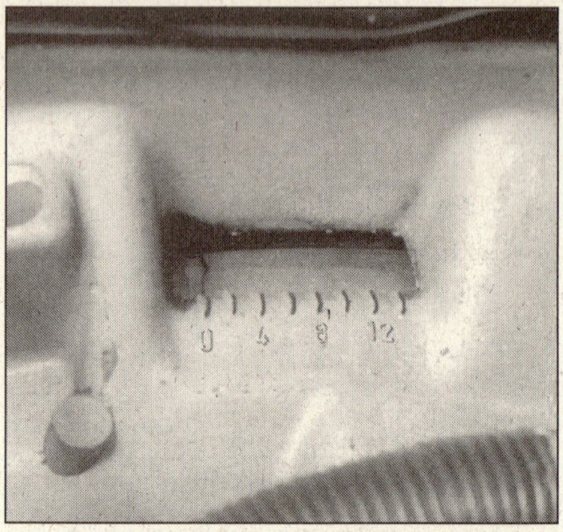

3.8 Cuando esté trayendo el pistón número uno al TDC (punto muerto superior), observe la marca de la regulación del tiempo en el volante/plato flexible atraves de la abertura en la campana, y alinee la marca con el grado 0 marcado en la campana - usted tendrá que remover un tapón en la campana para observar el volante

4 Tapa de los balancines - remover e instalar

Remover

Refiérase a las ilustraciones 4.4a, 4.4b, 4.5 y 4.6

1 Remueva el terminal del cable negativo de la batería.

2 Remueva el cable del acelerador del soportes de cable.

3 Limpie la tapa de los balancines para prevenir completamente que escombros caigan en la cabeza de los cilindros o la asamblea del tren del árbol de levas/válvulas.

4 Remueva la parte superior de la tapa para la banda de la sincronización del tiempo (vea Sección 6). Remueva los pernos de la tapa de los balancines **(vea ilustraciones)**.

5 Levante cuidadosamente la tapa de los balancines y la junta. Si la junta está pegada a la cabeza de los cilindros, use un cuchillo de masilla o destornillador regular para removerla **(vea ilustración)**. Ponga la tapa a un lado.

6 Si el vehículo tiene combustible-inyectado o turbocargador, usted notará una "cortina" (deflector para aumentar la separación de aire/aceite) bajo la tapa de los balancines. Si usted está simplemente reemplazando una junta para la tapa de los balancines que se fuga, usted no tiene la necesidad de remover la cortina. Si usted quiere ajustar las válvulas o darle servicio a la asamblea del árbol de levas o la cabeza de los cilindros, remueva la cortina **(vea ilustración)**. No pierda los dos "parachoques" pequeños de caucho que actúan como almohadillas entre la cortina y la tapa de los balancines.

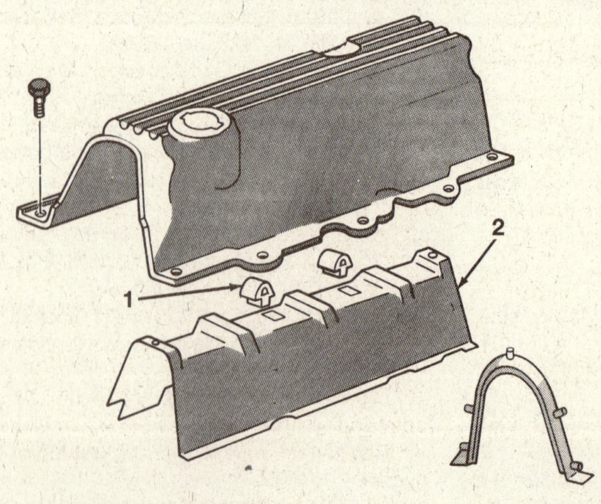

4.4a Tapa de válvula típica y componentes relacionados

1 Amortiguador de caucho *2 Cortina*

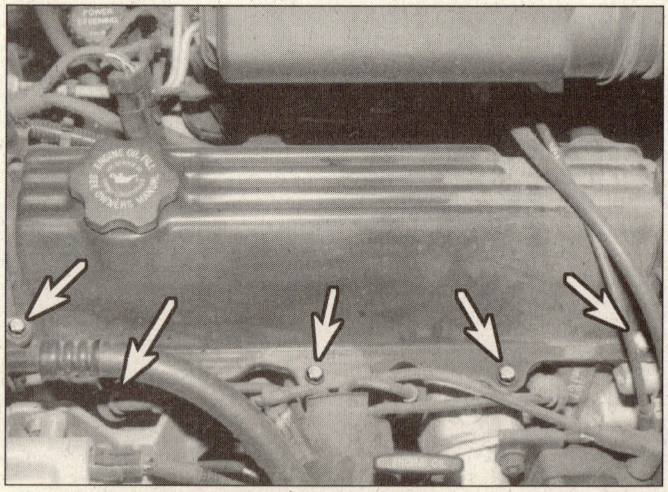

4.4b Remueva los pernos de la tapa de los balancines (flechas)

4.5 Hágale palanca cuidadosamente a la tapa de los balancines hacia fuera de la cabeza de los cilindros - tenga cuidado para no doblar los rieles, que podrían causar fugas de aceite más tarde

Instalación

Refiérase a las ilustraciones 4.9a y 4.9b

7 Asegúrese que las superficies de acoplamiento para la junta de la cabeza de los cilindros y la tapa de los balancines están limpias. **Nota:** *La Corporación Chrysler expresa que todos los vehículos 1989 y 1990 equipados con un motor 2.2L o 2.5L deben de cambiar la tapa de los balancines si se continúa fugando el aceite. La tapa actual de la válvula usa sellador RTV (vulcanizador accionado a temperatura ambiente) en vez de una junta. La tapa nueva incluye también todos los pernos nuevos (longitud más corta) y las arandelas. Las partes están solamente disponible en el departamento de partes del concesionario.*

8 Si el motor está equipado con una cortina (y ha sido removida), instálela ahora, lado del múltiple primero, con los recortes en las torres de la leva y haciendo contacto con el piso de la cabeza de los cilindros, entonces prense el lado contrario (distribuidor) en la posición debajo de la superficie de la junta de acoplamiento. Esté seguro de instalar los parachoques de caucho encima de la cortina.

9 Instale juntas nuevas en la tapa de los balancines **(vea ilustración 12.8a)**. Instale la junta de caucho moldeada en las puntas de la tapa empujando las etiquetas por las hendiduras en la tapa **(vea ilustración)**. Aplique una línea de sellador RTV (vulcanizador accionado a temperatura ambiente) de 1/8-pulgada de ancho al riel de la cabeza de los cilindros en el área indicada **(vea ilustración)**. Instale la tapa y los pernos y apriételos al torque Especificado en este Capítulo.

10 Los motores de 2.5L turbo cargados de las versiones nuevas usan también una junta de caucho de una pieza moldeada, pero la junta está conectada diferentemente. Una hendidura continua moldeada en la tapa de los balancines retiene la junta **(vea ilustración 12.8a)**. Instale la junta apretando la junta en la hendidura de la sección del riel. Instale la tapa y apriete los pernos al torque listado en las Especificaciones de este Capítulo.

11 La instalación se hace en el orden inverso al procedimiento de desensamble.

4.6 Eleve la cortina de la cabeza de los cilindros

5 Múltiple de admisión/escape - remover e instalar

Peligro: *La gasolina es extremadamente inflamable, razón por la cual se debe tener mucha precaución al trabajar en cualquier parte del sistema de combustible. No fume ni permita la presencia de llamas expuestas o bombillas sin protección cerca del área de trabajo, y no trabaje en un taller donde haya artefactos de gas natural con un piloto (como calentadores de agua o secadores de ropa). Como la gasolina es carcinógena, use guantes de látex cuando haya una posible exposición al combustible. Si derrama combustible en la piel, enjuáguela de inmediato con jabón y agua. Limpie inmediatamente cualquier derrame y no almacene trapos con combustible en lugares donde puedan inflamarse. El sistema de combustible está bajo presión constante, por lo cual, antes de desconectar alguna tubería de combustible se debe liberar la presión del combustible en el sistema (vea el Capítulo 4 para obtener más información). Al realizar cualquier tipo de trabajo en el sistema de combustible, use anteojos de seguridad y tenga un extintor Clase B al alcance.*

Motores TBI (cuerpo de inyección de combustible) y con carburador

Refiérase a las ilustraciones 5.15 y 5.18

Nota: *En estos modelos la asamblea del cuerpo y el múltiple de admisión deben ser removidos como una sola unidad antes de que el múltiple de escape pueda ser removido.*

Remover

1 Alivie la presión del sistema de combustible (vea Capítulo 4).

2 Separe el cable negativo de la terminal de la batería.

3 Drene el sistema de enfriamiento (vea Capítulo 1).

4 Remueva el purificador de aire (vea Capítulo 4).

5 Póngale etiqueta claramente y separe todas las líneas de vacío, alambrado eléctricos y líneas de combustible.

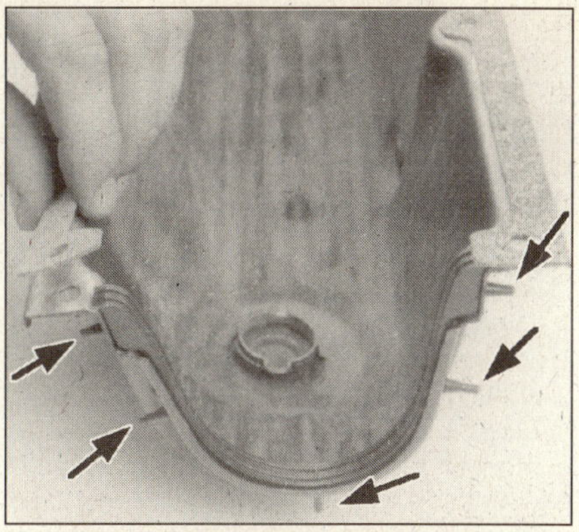

4.9a Use un par pequeño de alicates para remover las proyecciones (flechas) a través del albergue, asegurando que el sello esté plano contra la válvula

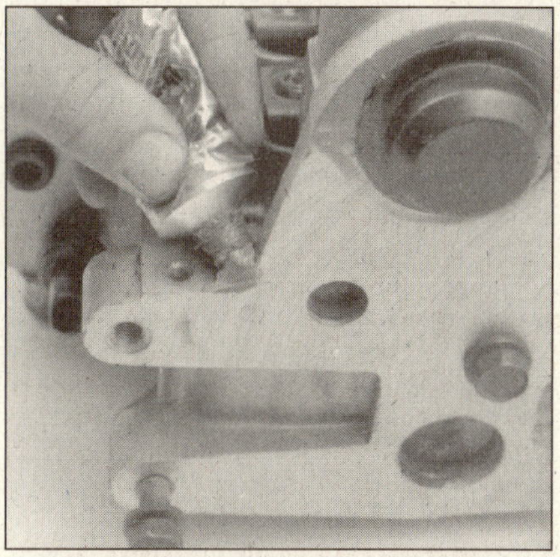

4.9b Aplique una cantidad pequeña de sellador RTV (vulcanizador accionado a temperatura ambiente) a los rincones de la cabeza de los cilindros para prevenir fugas de aceite

6 Separe el cable del acelerador del control de la mariposa (vea Capítulo 4).

7 Afloje la bomba de la dirección de poder (si está equipado con una) y remueva la banda (vea Capítulo 1).

8 Separe la manguera de vacío del amplificador de freno desde el múltiple.

9 Si usted está trabajando en un motor Canadiense, remueva el tubo de inyección del aire de la manguera de acoplamiento.

10 Remueva las mangueras de anticongelante desde las líneas de cruce del anticongelante.

11 Levante el frente del vehículo y sopórtelo firmemente en estantes. Separe el múltiple de escape del tubo de escape.

12 Remueva la bomba de la dirección de poder (si está equipada con una) y póngala a un lado (vea Capítulo 10).

13 Remueva el soporte del múltiple de admisión y separe el tubo EGR (recirculación de los gases de escape) del múltiple de escape.

14 Si usted está trabajando en un modelo Canadiense con un motor de 2.2L, remueva la asamblea del tubo de inyección de aire.

15 Remueva los afianzadores del múltiple

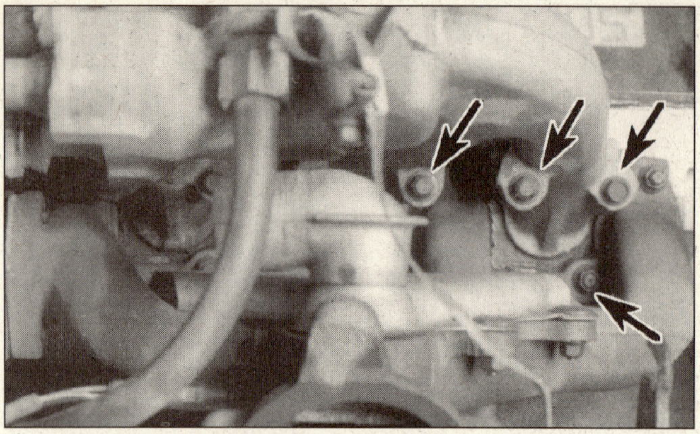

5.15 Afianzadores del múltiple de admisión (motor de 2.2L mostrado)

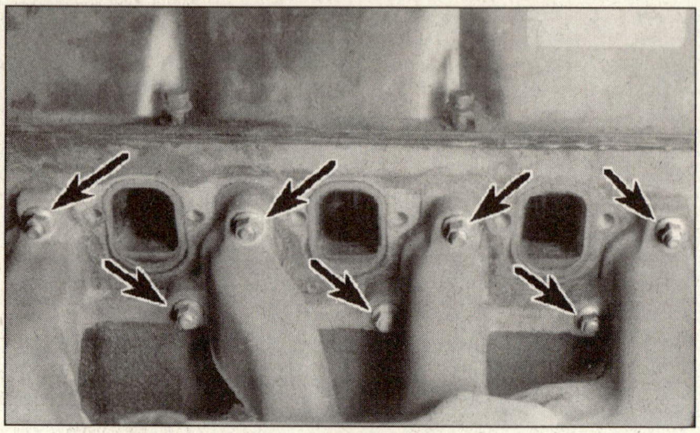

5.18 Afianzadores del múltiple de escape (motor de 2.2L mostrado)

de admisión **(vea ilustración)**.

16 Baje el vehículo.

17 Si usted está trabajando en un motor con TBI (cuerpo de inyección de combustible):

a) Remueva el acelerador del cuerpo y el múltiple de admisión como una sola asamblea.

b) Separe el cuerpo de aceleración y la junta desde el múltiple de admisión (vea Capítulo 4) después que la unidad esté en el banco.

18 Remueva las tuercas del múltiple de escape **(vea ilustración)** y separe el múltiple de escape. Deseche las juntas viejas y limpie todas las superficies de acoplamiento para la junta.

19 Límpielo con solvente y seque los múltiples con aire comprimido.

20 Chequee las superficies de acoplamiento de los múltiples por lisura con una regla de precisión y un calibrador palpador. Refiérase a las Especificaciones de éste Capítulo para el límite de la combadura.

21 Inspeccione por roturas de los múltiples y distorsión.

22 Si los múltiples están agrietado o combado, reemplácelos o vea si ellos pueden ser rectificado/reparado en un taller automovilístico de rectificación.

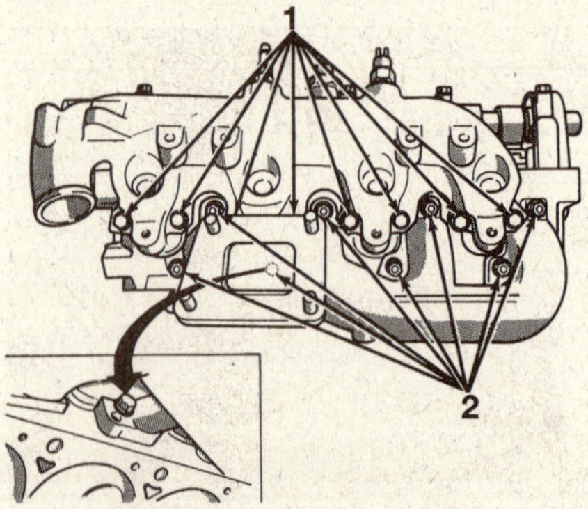

5.36 Afianzadores en los múltiples de admisión/escape en un modelo con turbocargador

1 Múltiple de admisión
2 Múltiple de escape

Instalación

23 Si usted está reemplazando cualquier múltiple, transfiera los espárragos del múltiple viejo al nuevo.

24 Cuándo esté trabajando en un motor con TBI:

a) Aplique una ligera capa de sellador de junta a las juntas del múltiple nuevo y colóquelos en su posición en los múltiples.

b) Coloque el múltiple de escape en posición en la cabeza de los cilindros e instale las tuercas. Empezando en el centro, apriete en un patrón cruzado las tuercas hasta que el par de la torsión listado en las especificaciones de este Capítulo sea alcanzado.

c) Posicione el múltiple de admisión en la cabeza.

d) Levante el vehículo y sopórtelo firmemente en estantes.

e) Trabajando debajo del vehículo, instale los pernos apretados con dedos en el múltiple de admisión. Empezando en el centro y trabajando hacia fuera en ambas direcciones, apriételos en un patrón cruzado los pernos hasta que el par de torsión listado en las Especificaciones de este Capítulo sea alcanzado.

25 La instalación se hace en el orden inverso al procedimiento de desensamble

Motores con turbocargador

Refiérase a la ilustración 5.36

Remover

26 Desconecte el cable negativo de la batería.

27 Drene el sistema de enfriamiento (vea Capítulo 1).

28 Levante el frente del vehículo y sopórtelo firmemente en estantes.

29 Remueva el perno del calzo del frente del motor y gire el motor hacia el frente.

30 Trabajando debajo del vehículo, remueva el turbocargador (vea Capítulo 4).

31 Baje el vehículo.

32 Trabajando en el compartimiento del motor, remueva el purificador de aire junto con el cuerpo de aceleración, manguera y cuerpo del purificador de aire y soportes (vea Capítulo 4).

33 Desconecte el cuerpo del control de la mariposa y conector del cuerpo eléctrico y mangueras de vacío.

34 Posicione el carril de combustible hacia fuera (completo con inyectores, conjunto del alambrado/arnés y línea de combustible) removiendo el tornillo retenedor para el soporte de la manguera de la manguera, los cuatro tornillos de soportes para el múltiple de admisión y los dos clips retenedores (vea Capítulo 4).

35 Desconecte la manguera superior del radiador del albergue del termostato.

36 Remueva los pernos y las tuercas que aseguran los múltiples de admisión y el de escape **(vea ilustración)**.

37 Remueva los múltiples como una asamblea.

38 Coloque los múltiples en una superficie limpia de trabajo. Deseche las juntas viejas y limpie ambas superficies (múltiples y cabeza de los cilindros).

39 Chequee las superficies de acoplamiento para la junta de los múltiples por lisura con una regla de precisión y un calibrador palpador. Refiérase a las Especificaciones de este Capítulo para el límite de la combadura.

40 Inspeccione por roturas de los múltiples, corrosión y daño. Si ellos están combados o agrietados, un taller automovilístico de rectificación puede ser capaz de rectificarlo/repararlos.

Instalación

41 Instale una junta nueva. **Nota:** *No use sellador en la junta del múltiple.*

42 Coloque el múltiple de escape en su posición. Aplique un compuesto para que no se atoren las roscas e instale las tuercas. Trabaje del centro hacia fuera en ambas direcciones, apriete las tuercas en incrementos de 1/4 de vuelta al par de torsión listado en las Especificaciones de este Capítulo.

43 Coloque el múltiple de admisión en posición e instale los pernos y las arandelas. Trabajando del centro hacia fuera en ambas direcciones, apriete los pernos en incrementos de 1/4 de vuelta hasta que todos los pernos lleguen al par de torsión listado en las

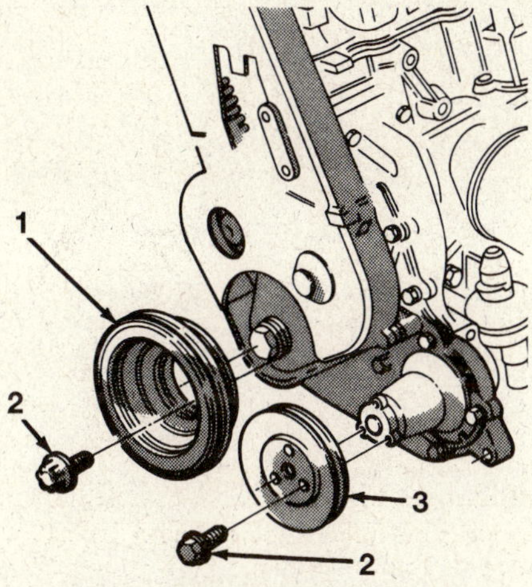

6.3 Polea del cigüeñal y bomba de agua - vista esquemática

1 *Polea del cigüeñal*
2 *Perno*
3 *Polea de la bomba de agua*

especificaciones de este Capítulo.

44 Coloque el turbocargador en posición en el múltiple de escape (vea Capítulo 4). Aplique compuesto de anti atascamiento a las roscas e instale las tuercas retenedoras. Apriete las tuercas al par de torsión listado en las Especificaciones del Capítulo 4. Apriete las abrazaderas del tubo firmemente.

45 Instale el tubo de regreso del anticongelante en el conector de la caja de agua, apriete la tuerca del tubo e instale el soporte del tubo en la cabeza de los cilindros.

46 Conecte la línea de suplemento de aceite para el turbocargador.

47 Instale el ensamblaje del purificador de aire y conecte de nuevo el control de la mariposa, alambres y mangueras de vacío.

48 Instale el conducto de combustible (vea Capítulo 4).

49 Conecte el tubo de escape.

50 Conecte la manguera superior del radiador al albergue del termostato.

51 Llene el sistema de enfriamiento (vea Capítulo 1).

52 Conecte el cable negativo de la batería.

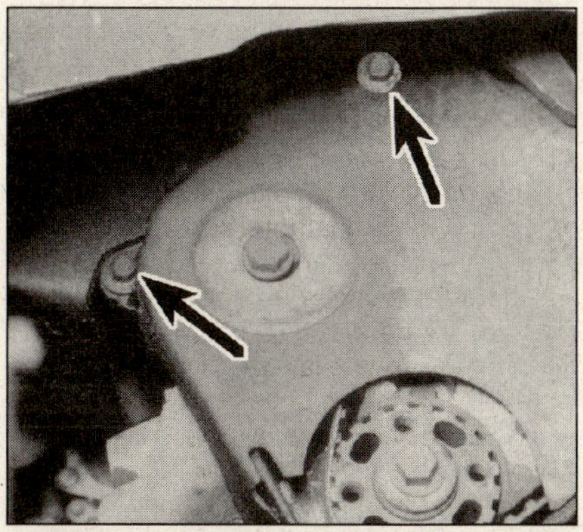

6.6b Remueva los pernos desde la tapa inferior de la banda de la regulación del tiempo (flechas) - el tercer perno

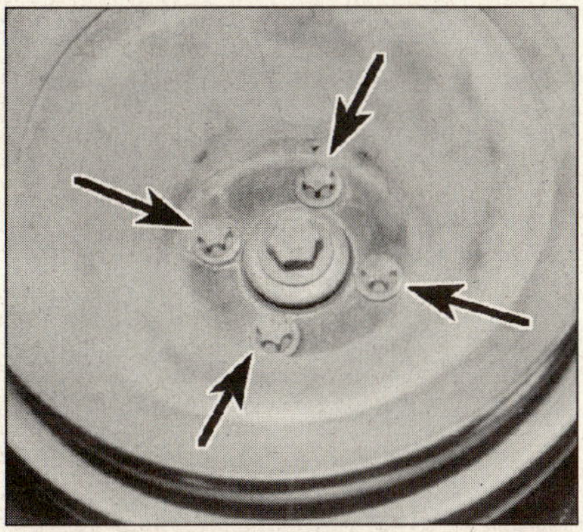

6.4 Remueva los cuatro pernos (flechas) de cabeza Torx de la polea del cigüeñal

6 Banda del tiempo y los engranes - remover, inspeccionar e instalar

Remover la banda del tiempo

Refiérase a las ilustraciones 6.3, 6.4, 6.5, 6.6a, 6.6b, 6.6c, 6.6d, 6.7, 6.8a, 6.8b y 6.8c

1 Separe el terminal de la batería del cable negativo.

2 Remueva todas las bandas (vea Capítulo 1).

3 Remueva los pernos y separe la polea de la bomba de agua **(vea ilustración)**.

4 Remueva los pernos de la polea del cigüeñal **(vea ilustración)**.

5 Levante el vehículo, sopórtelo firmemente en estantes y remueva el protector interior derecho **(vea ilustración)**. Remueva la polea del cigüeñal.

6 Remueva los tornillos y las tuercas que retienen la tapa de la banda del tiempo a la cabeza de los cilindros y el bloque **(vea ilustraciones)**. Remueva ambas mitades de la tapa para la banda de la sincronización del tiempo. También remueva el calzo del motor instalado cerca de la tapa **(vea ilustración)**. Use un bloque de madera y un gato de piso en posición debajo del transeje para mantener el nivel del motor mientras el calzo del motor es removido.

7 Posicione el pistón número uno en TDC (punto muerto superior) en la carrera de

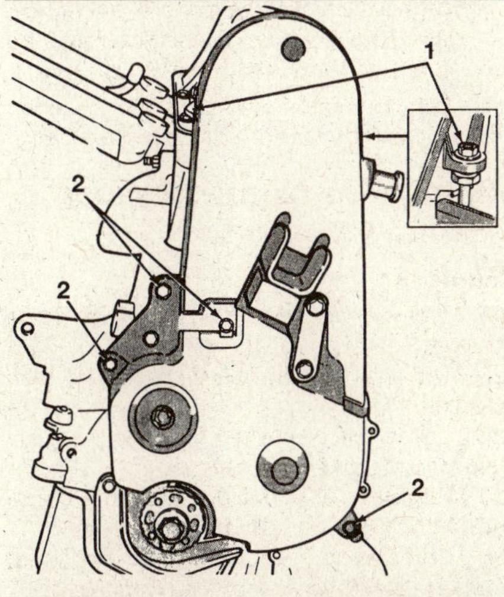

6.6c Remueva los afianzadores y separe las dos mitades de la tapa del tiempo

1 *Tuerca* 2 *Perno*

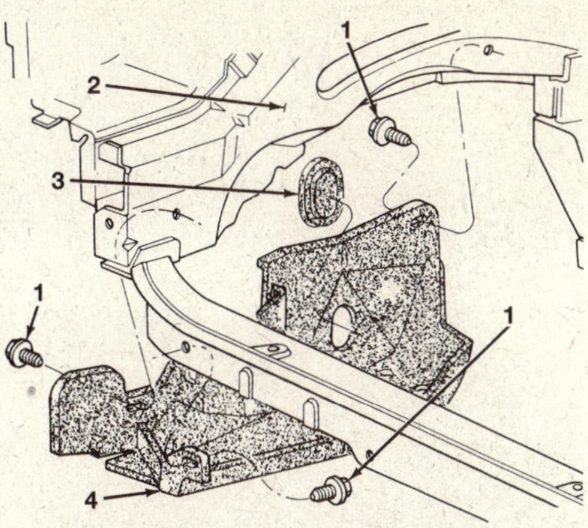

6.5 Levante el vehículo y separe el protector interior derecho para remover el cigüeñal

1 *Tornillo* 3 *Tapón*
2 *Chasis* 4 *Protector*

2A

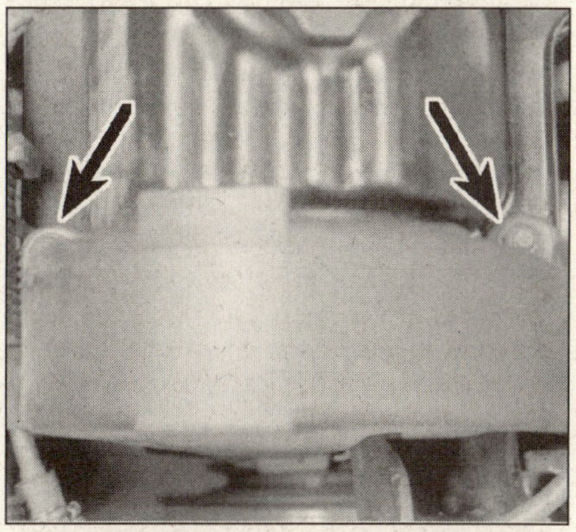

6.6a Remueva los dos pernos (flechas) que aseguran la tapa superior de la banda del tiempo

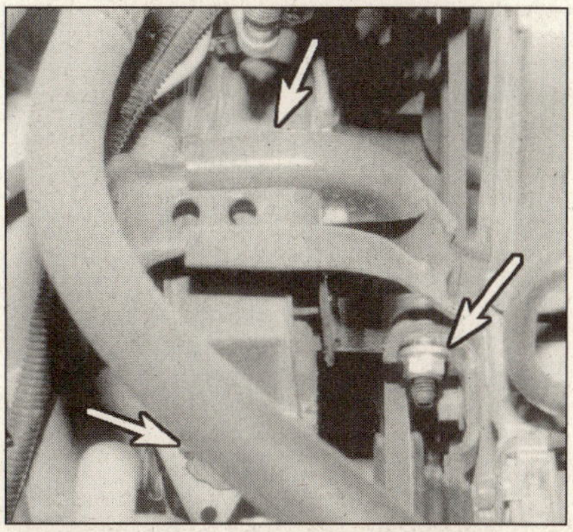

6.6d Remueva los pernos (flechas) y separe el calzo del motor del chasis (el perno trasero está escondido y no se puede observar desde este ángulo)

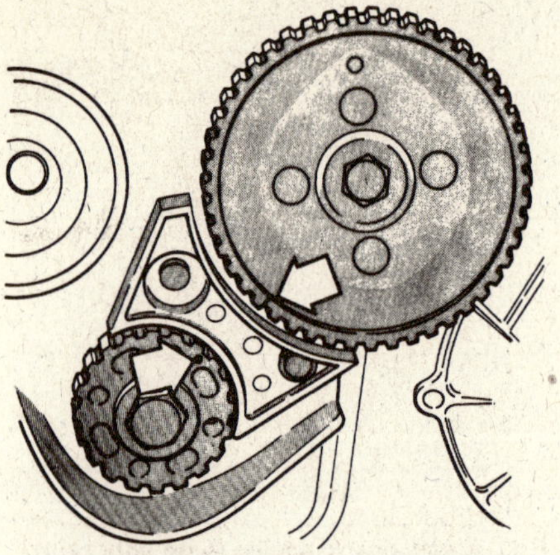

6.7 Si usted ha puesto correctamente el pistón número uno en el TDC (punto muerto superior), las marcas en el cigüeñal y los engranes del eje intermedio serán alineado

compresión (vea Sección 3). Las marcas en el cigüeñal y el engrane intermedio del centro serán alineadas **(vea ilustración)** y las flechas en los engranes del árbol de levas formarán una línea con la tapa del cojinete **(vea ilustración 6.19)**.

8 Use una llave para aflojar el perno central del tensionador de la banda, liberando la tensión de la banda de la regulación del tiempo. Remueva la banda y el tensionador **(vea ilustraciones)**. **Nota:** *Si el motor está equipado con aire acondicionado, remueva el compresor del aire acondicionado (vea Capítulo 3) y los soportes* **(vea ilustración)**.

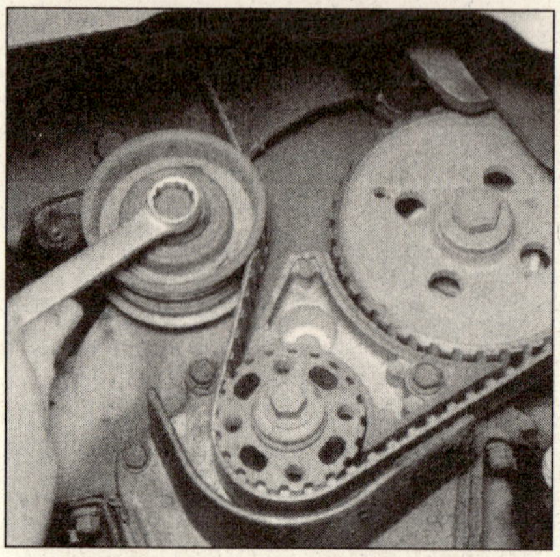

6.8a Afloje el perno para cerrar el tensionador y remueva la tensión

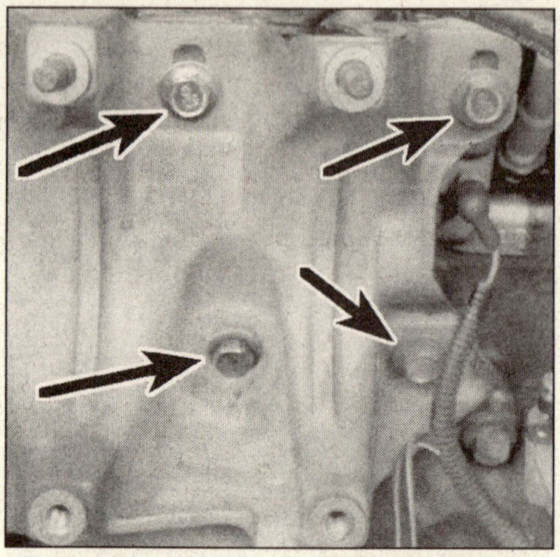

6.8b Remueva los pernos (flechas) y los soportes del compresor del aire acondicionado del motor

Banda del tiempo, inspección de la tensión y engranes

Refiérase a la ilustración 6.10

9 Gire la polea de tensión a mano y la mueve de lado a lado para detectar aspereza y juego excesivo. Reemplácela si no gira suavemente o si juego es notado.

10 Inspeccione por roturas de la banda del tiempo, desgaste, señal de haberse estirado, separación de la banda y dientes dañados o omitidos. Busque por contaminación de aceite, gasolina, anticongelante y otros flúidos, que podrían dañar la banda **(vea ilustración)**. Reemplace la banda si se a desgastado o dañado. **Nota:** *A menos que el motor tenga el kilometraje muy bajo, es práctica común de reemplazar la banda del tiempo con una nueva cada vez que se remueve. No vuelva a instalar la banda original a menos de que esté en condición como una nueva. Nunca vuelva a instalar una banda en condición dudosa.*

11 Inspeccione visualmente los engranes por desgaste y daño. Si algunos de los engranes están desgastados o dañados, reemplácelos.

12 Inspeccione el área directamente debajo de cada engrane por fugas de aceite del motor. Si hay aceite debajo del engrane, el sello de atrás del engrane tiene fugas y debe ser reemplazado (vea Secciones 7, 8 y 9).

6.8c Banda del tiempo y componentes relacionados

1 *Tapa superior de la banda del tiempo*
2 *Bloque de espuma*
3 *Soporte del motor (referencia)*
4 *Tensionador*
5 *Protector para la nieve 2.2L*
6 *Engrane*
7 *Sello*
8 *Engrane*
9 *Sello*
10 *Retenedor*

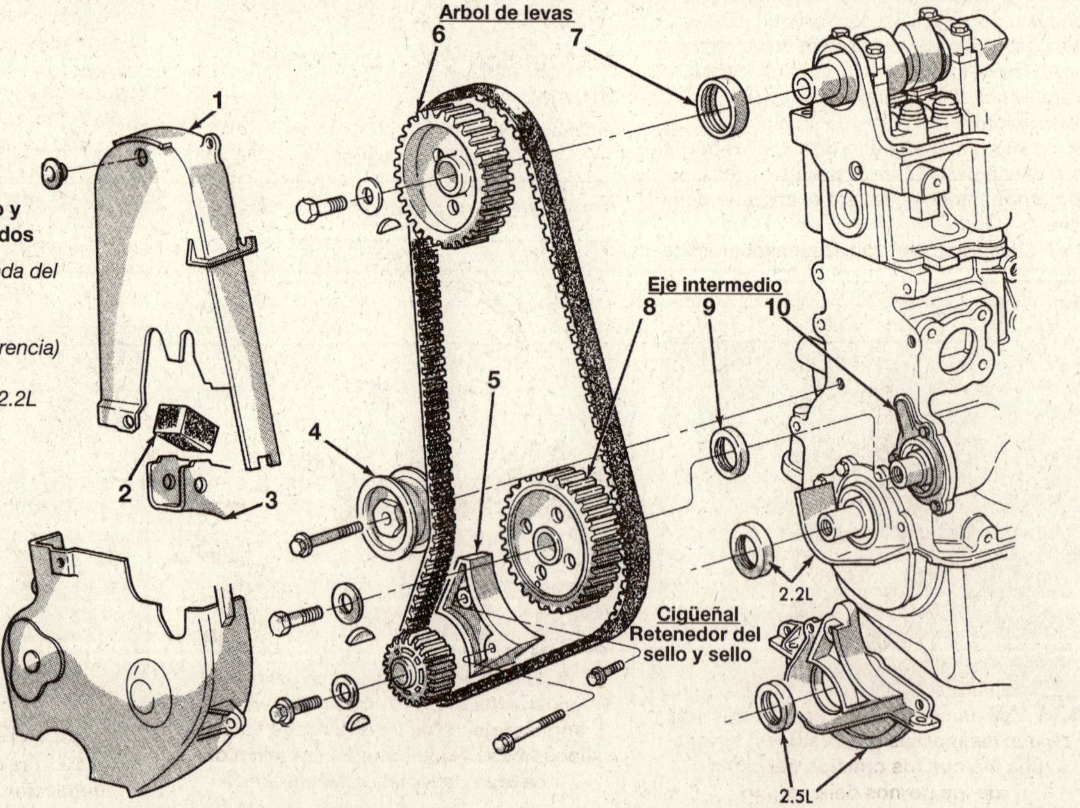

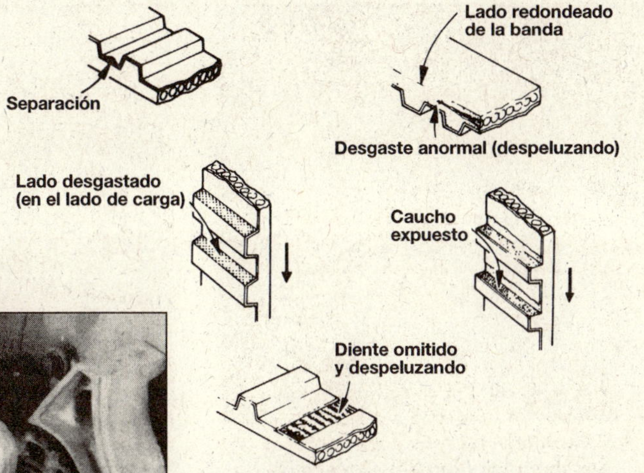

6.10 Inspeccione cuidadosamente la banda del tiempo por las condiciones mostradas aquí

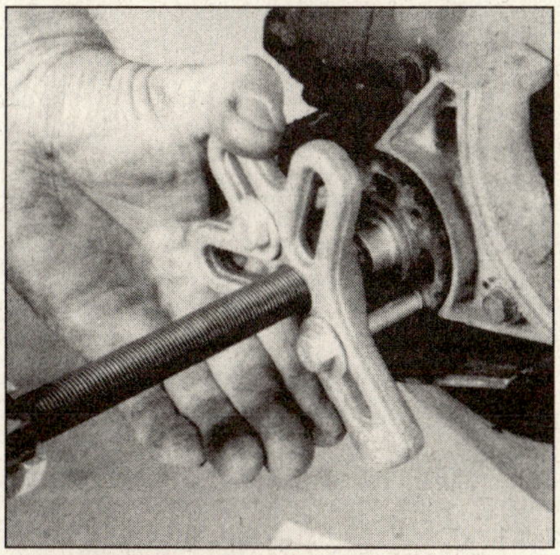

6.14 Use un extractor para remover el engrane del cigüeñal hacia fuera

Remover e instalar los engranes

Refiérase a las ilustraciones 6.13, 6.14, 6.16 y 6.19

13 Remueva el perno intermedio del engrane del centro mientras sostiene el engrane con una llave o un substituto casero **(vea ilustración)**. Hale el engrane del eje.

14 Remueva el perno y use un extractor para remover el engrane del cigüeñal **(vea ilustración)**.

15 Detenga el engrane del árbol de levas como está descrito en el paso 13 y remueva el perno, entonces separe el engrane de la leva.

16 Asegúrese de que los pasadores de Woodruff están en su lugar, después instale el cigüeñal y los engranes intermedio del eje. Gire los ejes hasta que las marcas estén alineadas **(vea ilustración)**.

17 Instale el perno del engrane del cigüeñal, bloquee el cigüeñal para que no gire y apriete el perno al par de torsión listado en las Especificaciones de este Capítulo.

18 Instale el perno intermedio de engrane del eje y apriételo al torque listado en las Especificaciones de este Capítulo. Chequee nuevamente para asegurarse que las marcas están alineadas como está mostrado en la **ilustración 6.16**.

19 Instale el engrane del árbol de levas y el perno. Apriete el perno al par de torsión listado en las Especificaciones de este Capítulo. Los triángulos del engrane deben alinear con la línea del cojinete de la tapa del árbol de levas (**vea ilustración**).

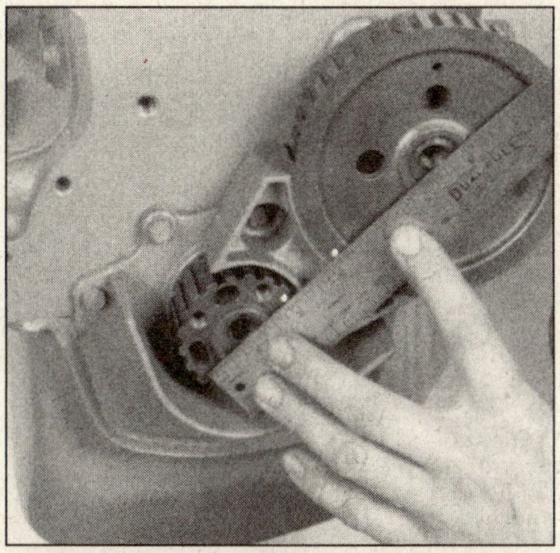

6.16 Use una regla recta para asegurarse de que las marcas (depresiones) forman una fila con los orificios del centro de los pernos del engrane

Instalación de la banda del tiempo

Refiérase a la ilustración 6.23 y 6.25

20 Cuándo esté instalando la banda del tiempo, las marcas en los engranes DEBE SER ALINEADAS como está descrito en los Pasos 16 y 19.

21 Instale la banda de regulación del tiempo sin girar ninguno de los engranes.

22 Instale la polea de tensión con el perno apretado con los dedos.

23 Con la ayuda de un ayudante, aplique tensión a la banda del tiempo y apriete temporariamente el perno de tensión. Mida la deflección de la banda en el medio entre la polea del engrane del árbol de levas y el tensionador. Ajuste la tensión hasta que la deflección de la banda sea aproximadamente 5/16-pulgada **(vea ilustración)**.

24 Gire el cigüeñal dos revoluciones completas al favor de las agujas del reloj (mirándolo desde el frente). Esto alineará la banda en las poleas. Chequee la deflección de la banda y apriete la tensión de la polea. **Nota:** *Cuándo esté apretando el tensionador use dos llaves. Una llave debe mantener la superficie grande en una posición inmóvil (posición ajustada) mientras la otra llave aprieta el perno más pequeño (perno de cerrar).*

25 Chequee la marca de la regulación del tiempo del árbol de levas con la tapa de la banda del tiempo instalada y en el TDC (punto muerto superior) en la carrera de compresión del pistón número uno. El orificio pequeño en el engrane del árbol de levas se

6.19 El orificio pequeño debe estar por encima (flecha) y los triángulos en el engrane del árbol de levas deben ser alineado con las líneas de separación de la tapa del cojinete (flechas)

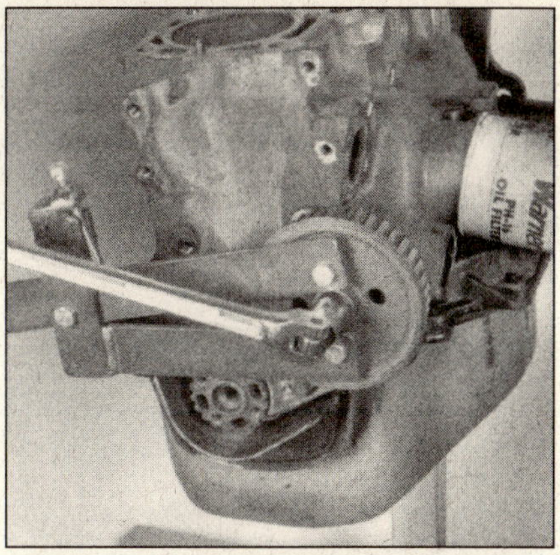

6.13 Una llave de clavija (o un substituto casero como el mostrado aquí) detendrá el engrane intermedio del eje mientras el perno es aflojado

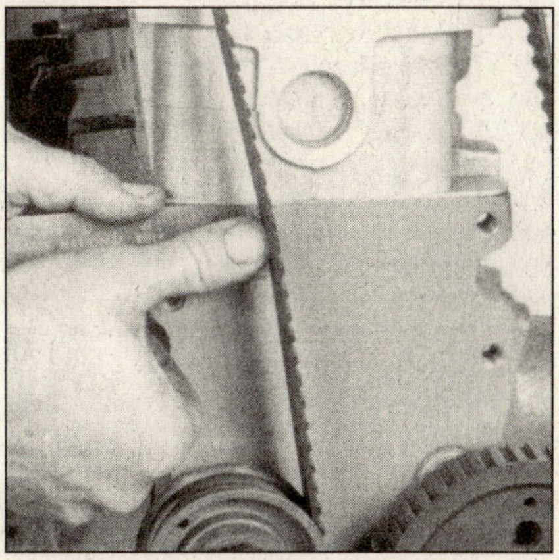

6.23 Use una regla para medir la deflección de la banda del tiempo

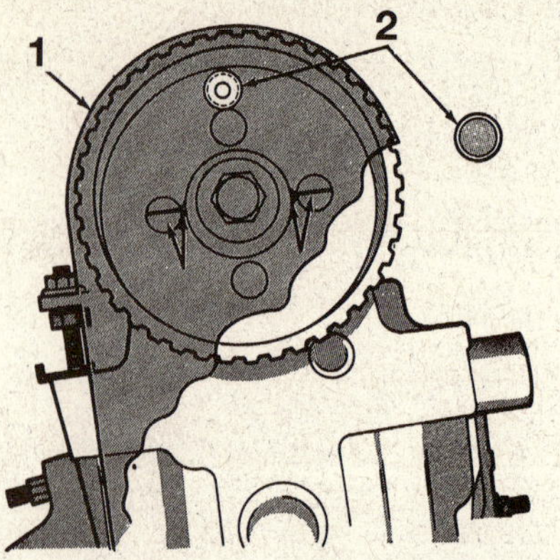

6.25 Para chequear el tiempo del árbol de levas cuando la banda del tiempo está instalada, traiga el pistón número uno al TDC (punto muerto superior) en la carrera de compresión y verifique que el orificio pequeño en el engrane del árbol de levas está alineado con el orificio en la tapa

1 Cubierta (referencia)
2 Tapón para la cubierta del tiempo

debe centrar en el orificio de la tapa de la banda del tiempo **(vea ilustración)**.
26 La instalación se hace en el orden inverso al procedimiento de desensamble.

7 Sello del aceite del árbol de levas - reemplazo

Refiérase a las ilustraciones 7.2 y 7.5
Nota: *El siguiente procedimiento se aplica al sello del aceite del árbol de levas en ambos motores de 2.2L y 2.5L.*
1 Remueva la banda de regulación del tiempo y el engrane del árbol de levas (vea Sección 6).
2 Envuelva la punta de un destornillador pequeño con cinta y lo usa para hacer palanca cuidadosamente fuera del sello. No melle o rasguñe el muñón del árbol de levas o el sello nuevo tendrá fugas **(vea ilustración)**.
3 Completamente limpie e inspeccione el orificio para el sello y el muñón del sello en el árbol de levas. Deben estar limpios y lisos. Use tela de esmeril o papel de lija de espesor 400 de arena para remover rebarbas pequeñas.
4 Si una ranura se ha hecho en el muñón del árbol de levas (por contacto con el labio de sello), instalando un sello nuevo probablemente no parará la fuga. Tal desgaste indica normalmente que el árbol de levas o las superficies para los cojinetes en las tapas están desgastadas. Probablemente es tiempo de reconstruir la cabeza de los cilindros (vea Capítulo 2, Parte E) o reemplace la cabeza o el árbol de levas.
5 Cubra con aceite de motor limpio el labio del sello nuevo con grasa de uso múltiple e instale cuidadosamente el sello en su lugar con un dado grande o un pedazo de tubo y un martillo. Si usted no tiene un dado grande como el diámetro del sello, péguele

7.2 Envuelva cinta alrededor del final de un destornillador pequeño y hágale palanca al sello fuera del albergue

8.3 Remueva los pernos y separe el albergue del sello

alrededor de la orilla exterior del sello con la parte final grande de un cincel **(vea ilustración)**.
6 Instale el engrane del árbol de levas y la banda del tiempo (vea Sección 6).
7 Ponga el motor en marcha y chequee por fugas de aceite.

8 Sello intermedio del aceite - reemplazo

Refiérase a las ilustraciones 8.3 y 8.7
1 Drene el aceite del motor (vea Capítulo 1).
2 Remueva la banda de regulación del tiempo y el engrane intermedio del eje (vea Sección 6).
3 Remueva el albergue del sello del aceite **(vea ilustración)**.
4 Hágale palanca al sello viejo fuera del albergue con un destornillador (envuelva la punta del destornillador con cinta). Asegúrese de no rayar el orificio donde se instala el sello.
5 Completamente limpie e inspeccione el orificio donde se instala el sello y el muñón del sello en el eje intermedio. Deben estar limpios y lisos. Remueva las rebarbas pequeñas con tela de esmeril o papel de lija de 400 de espesor.
6 Si una ranura se ha hecho en el muñón del sello (de contacto con el labio de sello), instalando un sello nuevo probablemente no parará la fuga. Tal desgaste indica normalmente que las superficies para los cojinetes del eje intermedio o el cojinete en el bloque del motor están desgastadas. Es probablemente tiempo de reconstruir el motor (vea Capítulo 2, Parte E).
7 Usando un martillo del cara blanda, péguele cuidadosamente al sello nuevo para instalarlo en el albergue **(vea ilustración)**.
8 Póngale aceite de motor limpio al labio del sello o grasa de uso múltiple e instale el albergue y el sello en el frente del bloque del motor. Asegúrese de no dañar el labio del sello. Instale los pernos del albergue y apriételos al par de la torsión listado en las especificaciones de este Capítulo.
9 Instale el engrane intermedio del eje y la banda del tiempo (vea Sección 6).
10 Chequee el nivel del aceite del motor y agregue aceite, si es necesario (vea Capítulo 1).
11 Ponga el motor en marcha y chequee por fugas de aceite.

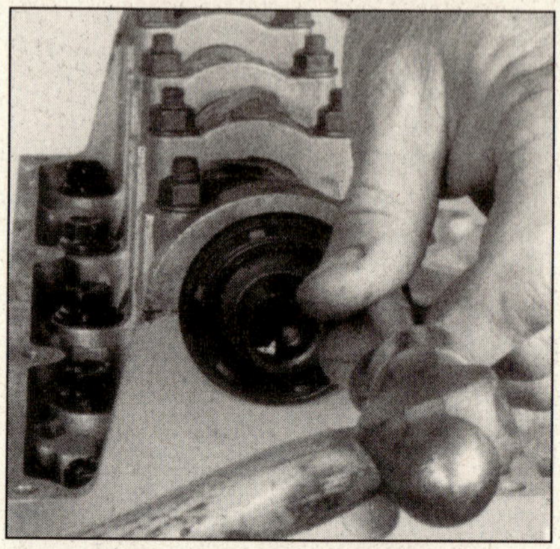

7.5 Si usted no tiene un dado grande para instalar el sello nuevo, péguele alrededor de la orilla exterior cuidadosamente con el final grande de un punzón

8.7 Usando un martillo de cara blanda, péguele cuidadosamente al sello nuevo para instalarlo en el albergue

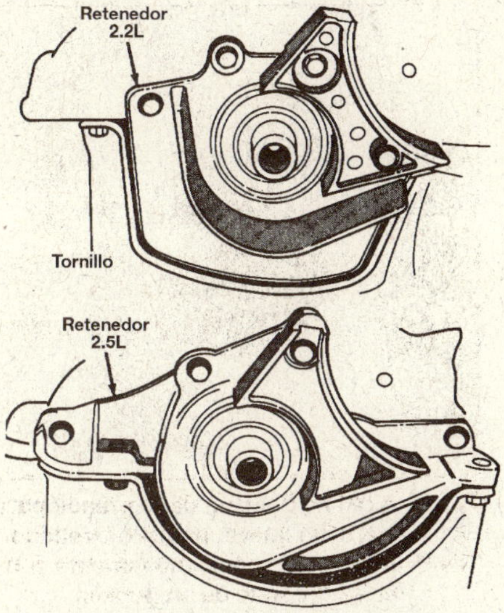

9.5 Remueva los pernos y separe la asamblea del albergue/sello

9 Sello de aceite del frente del cigüeñal - reemplazo

Refiérase a las ilustraciones 9.5 y 9.9

1 Drene el aceite del motor (vea Capítulo 1).

2 Remueva la banda de regulación del tiempo y el engrane del cigüeñal (vea Sección 6).

3 Levante el frente del vehículo y sopórtelo firmemente en estantes.

4 Remueva la cacerola del aceite (vea Sección 13). **Nota:** *Es posible remover el sello sin remover la cacerola del aceite, si una herramienta especial de extraer sellos se está usado.*

5 Trabajando debajo del vehículo, remueva los pernos y separe el albergue del sello de aceite **(vea ilustración)**.

6 Use un punzón y un martillo para remover el sello viejo fuera del albergue. Asegúrese de que usted no daña el orificio para el albergue del sello. Para prevenir esto, envuelva la punta del punzón con cinta.

7 Limpie completamente el albergue para el sello y el muñón del sello en el final del cigüeñal. Remueva las rebarbas pequeñas con tela de esmeril o papel de lija de espesor 400.

8 Si una ranura ha sido hecha en el muñón del sello en el cigüeñal (por el contacto con el labio de sello), instalando un sello nuevo probablemente no detendrá la fuga. Tal uso indica normalmente que el cigüeñal y/o los cojinetes principales están excesivamente desgastado. Es probablemente tiempo de reconstruir el motor (vea Capítulo 2, Parte E).

9 Aplique una capa ligera de sellador RTV (vulcanizador accionado a temperatura ambiente) a la superficie del albergue del sello, coloque el albergue en una superficie de trabajo limpia y plana, posicióne el sello

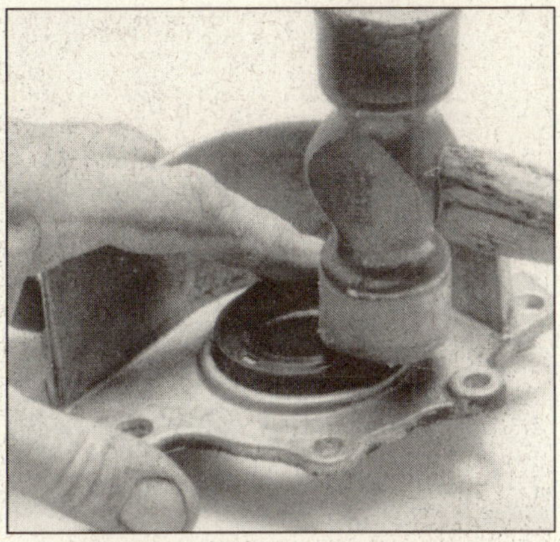

9.9 Péguele al sello nuevo de aceite en el cigüeñal con un martillo de cara blanda para instalarlo en el albergue

nuevo en el albergue y péguele con un martillo de cara blanda **(vea ilustración)**. Asegúrese que la cara del labio del sello mira a la dirección apropiada (hacia el motor).

10 Lubrique el labio del sello con grasa de uso múltiple y aplique una cantidad de 1 mm de ancho de sellador anaerobio en la superficie de la junta en el acoplamiento del bloque del motor en el albergue del sello. Posicione el albergue en el motor. Instale los pernos de retención y apriételo al par de torsión listado en las especificaciones de este Capítulo.

11 Vuelva a instalar el engrane del cigüeñal, la banda del tiempo y los componentes relacionados.

12 Instale la cacerola del aceite (vea Sección 13).

13 Chequee el nivel de aceite del motor y agregue aceite, si es necesario (vea Capítulo 1).

14 Ponga el motor en marcha, permita que se caliente y chequee por fugas.

10 Árbol de levas y balancines hidráulicos - remover, inspeccionar e instalar

Nota: *Es posible remover los brazos de los balancines y los ajustes para los balancines sin remover el árbol de levas (vea Sección 11 para detalles)*

Remover

Refiérase a las ilustraciones 10.3, 10.5, 10.6 y 10.8

1 Remueva la tapa de los balancines (vea Sección 4).

2 Remueva la tapa de la banda para la regulación del tiempo, la banda del tiempo y el engrane del árbol de levas (vea Sección 6). **Nota:** *Si usted quiere salvar tiempo removiendo e instalando la banda del tiempo, usted puede aflojar el engrane del árbol de levas y lo suspende fuera del camino - con la banda todavía conectada - en un pedazo de alambre. Esté seguro que el alambre mantiene la tensión en la banda para que no se*

10.3 Las tapas para los cojinetes del árbol de levas están numeradas de 1 a 5 (flecha) así que no las mezcle - si las tapas no están numeradas, márquelas (ellas deben de ser reinstaladas en sus posiciones originales)

2A

zafe ninguno de los engranes.

3 El árbol de levas corre en cinco cojinetes. Cada tapa del cojinete está sostenida por dos afianzadores. En algunos motores, las tapas de los cojinetes son numeradas de 1 a 5, empezando en el lado de la banda del tiempo del motor **(vea ilustración)**. **Nota:** *Todos los números miran hacia la bujía o hacia el lado del múltiple del motor. Esto es para asegurarse que usted instala las caras de las tapas en la dirección correcta.*

4 En algunos motores, las tapas de los cojinetes no se numeran. Si esto es el caso, usted las debe marcar antes de removerlas. Esté seguro de poner las marcas en los mismos puntos en todas las tapas para prevenir la orientación inexacta durante la instalación de las tapas.

5 Marque también los brazos de los balancines **(vea ilustración)** asegúrese que se instalan en la misma posición cuando se vuelta a instalar.

10.5 Marque los brazos de los balancines y los ajustadores para los balancines antes de removerlos

1 *Balancín (con rodillo)*
2 *Ajuste del juego*

10.6 Remueva los pernos (flechas) desde las tapas de los cojinetes del árbol de levas

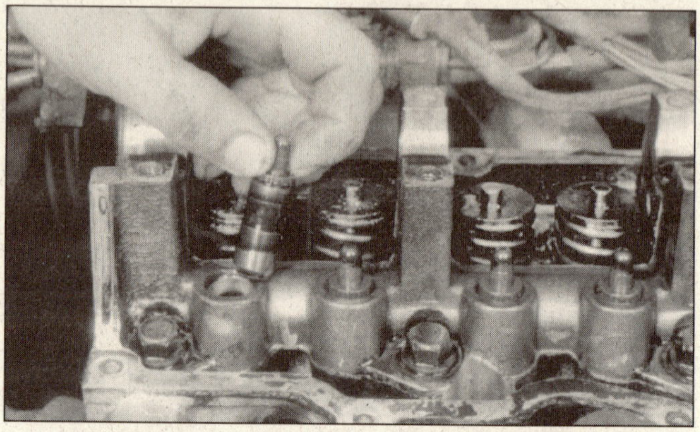

10.8 Los ajustadores para los balancines deben deslizarse hacia afuera fácilmente si no están revestidos con barniz

6 Remueva los pernos de todas las tapas de los cojinetes **(vea ilustración)** menos las tapas con los números 2 y 4. Próximo, afloje cada uno de los cuatro afianzadores en las tapas 2 y 4 un poco a la vez para aliviar la tensión de los resortes de las válvulas uniformemente hasta que las tapas estén flojas. Si alguna de las tapas están obstruidas, péguele suavemente con un martillo de cara blanda. **Caución:** *El fracaso de no seguir éste procedimiento exactamente como está descrito podría torcer el árbol de levas en el albergue, que podría dañar el albergue o doblar el árbol de levas.*

7 Remueva hacia fuera el árbol de levas, límpielo con una toalla limpia y póngalo a un lado.

8 Remueva hacia fuera cada brazo de los balancines y el ajustador de los balancines **(vea ilustración)**, límpielos y póngalos en un lado en bolsas plásticas marcadas o una caja de cartón de huevo.

Inspección

Refiérase a las ilustraciones 10.9 y 10.12

9 Para chequear el juego final del árbol de levas:

- a) *Instale el árbol de levas y lo asegura con las tapas 1 y 5.*
- b) *Instale un indicador de reloj en la cabeza* **(vea ilustración).**
- c) *Usando un destornillador grande como una palanca en el final contrario, mueva el árbol de levas hacia adelante y hacia atrás y note la lectura del indicador de reloj.*
- d) *Compare la lectura con el juego final listado en las especificaciones de este Capítulo.*
- e) *Si la lectura indicada es más alta, el árbol de levas o la cabeza se a desgastado. Reemplace las partes según sea necesario.*

10 Para chequear la ovalación del árbol de levas:

- a) *Sostenga el árbol de levas con un par de BLOQUES-V y conecte un indicador de reloj con el vástago que descanse contra el muñón central del cojinete en el árbol de levas.*
- b) *Gire el árbol de levas y note la desviación indicada.*
- c) *Compare los resultados de la ovalación del árbol de levas listado en las especificaciones de este Capítulo.*
- d) *Si la desviación indicada excede la desviación especificada, reemplace el árbol de levas.*

11 Chequee los muñones del árbol de levas y las tapas por rayones y signos de desgaste. Si ellos están desgastado, reemplace la cabeza de los cilindros con una nueva o con una unidad reconstruida. Mida los muñones en el árbol de levas con un micrómetro, comparando sus lecturas con las Especificaciones de éste Capítulo. Si el diámetro de cualquiera de los muñones están fuera de las especificación, reemplace el árbol de levas. **Nota:** *Cuándo le otorgue servicio al árbol de levas o la cabeza de los cilindros, es necesario estar cierto que los árboles de levas de sobre medida son usados solamente con muñones de sobre medida. Las cabezas de los cilindros con muñones de sobre medidas pueden ser identificadas con pintura verde encima de las tapas de los cojinetes del árbol de levas y OS/J estampados en las galerías de aceite traseras en el final del orificio de la cabeza de los cilindros en la bomba de aire. Árboles de levas con muñones de sobre medidas son identificado por pintura verde en el barril del centro y OS/J estampados en el final del eje.*

12 Chequee los lóbulos de la leva por desgaste:

- a) *Chequee el área del talón y la rampa del lóbulo de cada leva por marcas de arañazo y uso desigual. También chequee por si se está descascarillando o tiene pequeños orificios.*
- b) *Si hay desgaste en el área del talón o la rampa, reemplace el árbol de levas, pero primero chequee para encontrar la causa del desgaste. Chequee los ajustes para los balancines, busque substancias abrasivas en el aceite e inspeccione los pasajes de la bomba de aceite y aceite por bloqueo. El desgaste de los lóbulos es generalmente causado por lubricación inadecuada o aceite sucio.*
- c) *Usando un micrómetro, calcule el desgaste del lóbulo* **(vea ilustración)**. *Si el desgaste del lóbulo es más que lo listado en las especificaciones de este Capítulo, reemplace el árbol de levas.*

13 Inspeccione los brazos de los balancines, el ajustes para los balancines hidráulicos por desgaste y abrasión en las superficies de contacto.

14 Si alguna de las condiciones descritas encima son notada, la cabeza de los cilindros probablemente está recibiendo insuficiente lubricación o aceite sucio, así que asegúrese que usted localiza la causa de éste problema (nivel bajo de aceite, capacidad de rendimiento baja de la bomba de aceite, pasaje de aceite obstruido, etc.) Antes de instalar una cabeza nueva, árbol de levas o seguidores.

Instalación

Refiérase a las ilustraciones 10.17, 10.20 y 10.21

15 Limpie completamente el árbol de levas, las superficies de los cojinetes en la cabeza y las tapas, los brazos de los balancines y los ajustes para los balancines hidráulicos. Remueva todo lodo y tierra. Limpie todos los componentes con un trapo limpio, trapo libre de hilachas.

16 Lubrique el ajuste de los balancines y las superficies de contacto encima de los brazos de los balancines con lubricante de ensamblar motor o grasa de base moly. Instale los ajustadores para los balancines y los brazos de los balancines, asegurándose que los pone en sus lugares originales.

17 Lubrique las superficies de los cojinetes del árbol de levas en la cabeza y los muñones de los cojinetes y los lóbulos en el árbol de levas con lubricante de ensamblar o grasa de base moly. Baje cuidadosamente el árbol de levas en posición con el cilindro para el lóbulo número uno apuntando hacia fuera del seguidor de la leva o brazo del balancín **(vea ilustración)**. **Caución:** *El fracaso de lubricar adecuadamente el árbol de levas y los componentes relacionados pueden causar daño grave en la superficies del cojinete y fricción durante los primeros pocos segundos después que el motor se pone en marcha,*

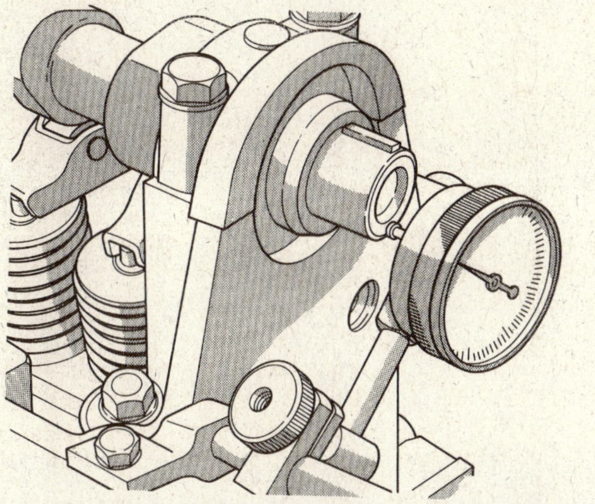

10.9 **Para chequear el juego final del árbol de levas, instale un indicador de reloj como este, con la nariz del indicador de reloj haciendo contacto con el árbol de levas - hágale palanca al árbol de levas hacia adelante y hacia atrás y note la lectura en el indicador de reloj**

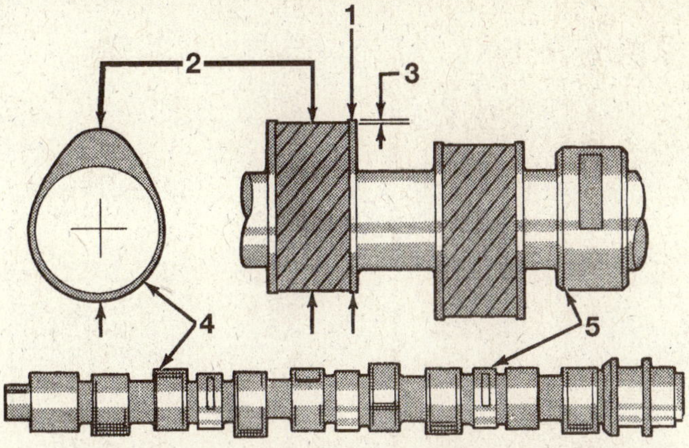

10.12 Mida la altura de los lóbulos del árbol de levas en la zona de desgaste y el área sin desgaste, entonces reste la medida de la zona del desgaste del área sin desgaste para obtener el desgaste verdadero - compare el desgaste a la lista de límites de Especificaciones en este Capítulo

1 Zona sin desgaste
2 Zona de desgaste
3 Desgaste actual
4 Lóbulos

10.17 Instale el árbol de levas con los lóbulos apuntando hacia fuera de las válvulas de admisión y de escape en el cilindro número uno

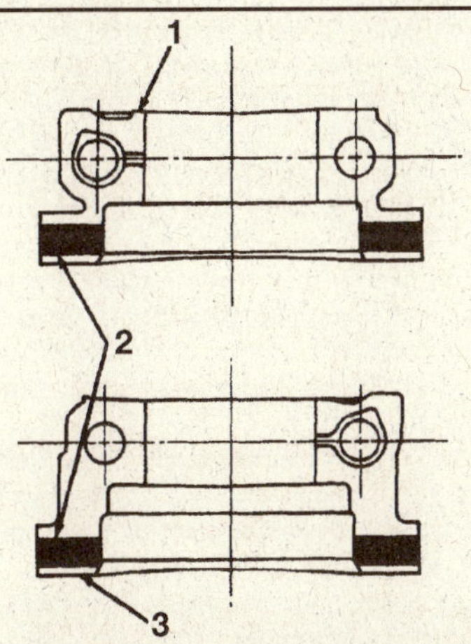

10.20 Aplique sellador de junta de tipo anaerobio en las áreas oscuras solamente en el frente y la tapa trasera del cojinete del árbol de levas

1 Tapa del cojinete delantero
2 1 mm (.06 pulgada) espesor del diámetro del sellador anaerobio
3 Tapa del cojinete trasero

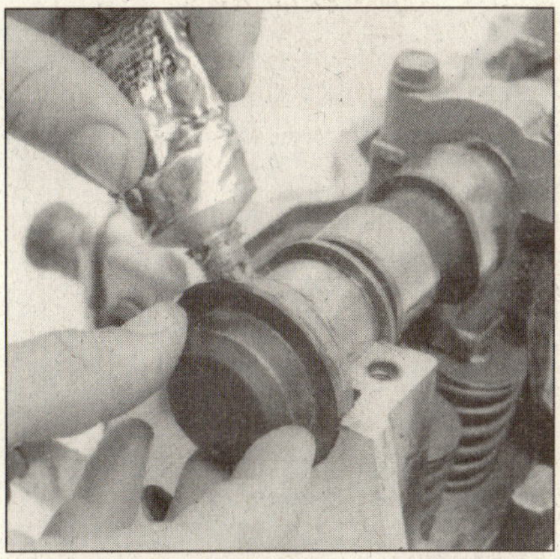

10.21 Aplique sellador RTV (vulcanizador accionado a temperatura ambiente) a la circunferencia exterior trasera del orificio del árbol de levas antes de instalar la tapa número 5

cuando la presión del aceite está baja o inexistente.

18 Aplique una ligera capa de lubricante de ensamblar o grasa base moly a las superficies para los cojinetes del árbol de levas en las tapas e instale las tapas en sus lugares originales.

19 Instale los pernos para las tapas de los cojinetes 2 y 4. Apriete gradualmente los cuatro afianzadores 1/4 de vuelta a la vez, hasta que el árbol de levas esté abajo y sentado en los asientos de los cojinetes. No apriete los afianzadores completamente en éste momento.

20 Aplique sellador de tipo anaerobio las superficies de contacto de las tapas de los cojinetes 1 y 5 **(vea ilustración)**.

21 Instale las tapas de los cojinetes 3 y 5 **(vea ilustración)** y apriete los afianzadores de la misma manera que usted hizo para las tapas 2 y 4.

22 Instale un sello nuevo de aceite en el frente del árbol de levas, después instale la tapa del cojinete 1. No apriete los afianzadores en este momento.

23 Remueva cualquier exceso de sellador de las dos tapas finales del cojinete.

24 Trabajando en un patrón cruzado, apriete los afianzadores para las tapas de los cojinetes 2 y 4 al par de torsión en las Especificaciones de este Capítulo. Entonces apriete los afianzadores para las tapas de los cojinetes 3 y 5 de la misma manera. Finalmente, apriete los afianzadores para la tapa del cojinete 1.

25 Instale el engrane del árbol de levas, la banda del tiempo, la tapa de la banda del tiempo y los componentes relacionados (vea Sección 6). Si usted suspendió el engrane del árbol de levas fuera del camino y no perturbó el tiempo de la banda o los engranes, el tiempo de la válvula debe estar todavía correcto. Gire el árbol de levas según sea necesario para acoplar nuevamente el engrane al árbol de levas. Si el tiempo de la válvula se perturbó, alinee los engranes e instale la banda como se describió en la Sección 6.

26 Remueva las bujías y gire el cigüeñal a mano para asegurarse que el tiempo de la válvula está correcto. Después de dos revoluciones, las marcas del tiempo en los engranes deben estar todavía alineadas. Si ellas no lo están, alinee nuevamente la banda del tiempo y los engranes (vea Sección 6). **Nota:** *Si usted siente resistencia mientras gira el cigüeñal, pare inmediatamente y chequee el tiempo de las válvulas refiriéndose a la Sección 6.*

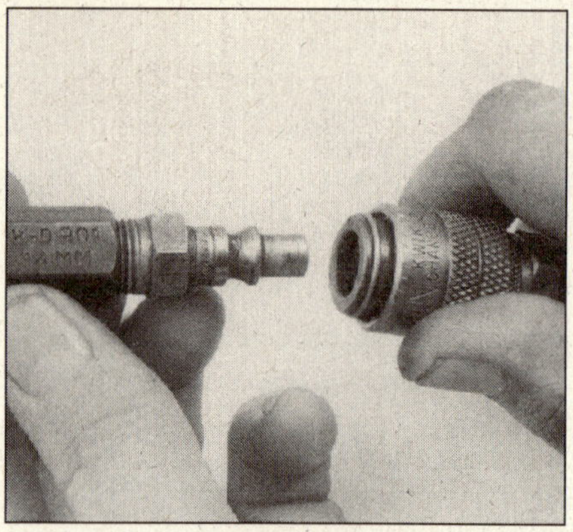

11.4 Esto es lo que el adaptador que se enrosca en el orificio de la bujía se parece - ellos son comúnmente disponible en las refaccionarías

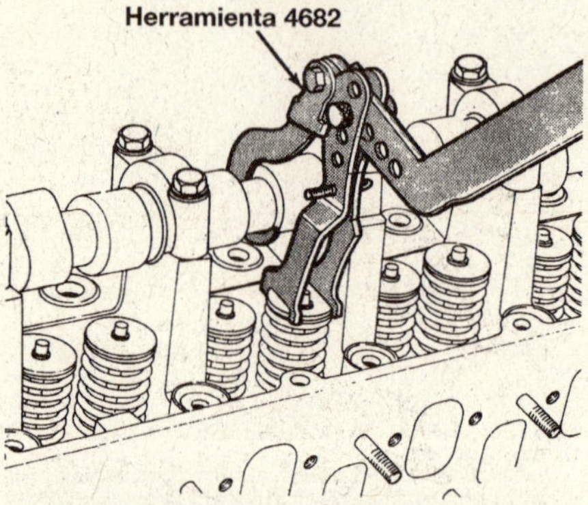

11.5 Usando ésta herramienta, los resortes de las válvulas se pueden presionar y los brazos de los balancines ser removidos sin remover el árbol de levas - esto es también el tipo preferido de compresor de resorte para usar cuando esté removiendo los retenes de las válvulas

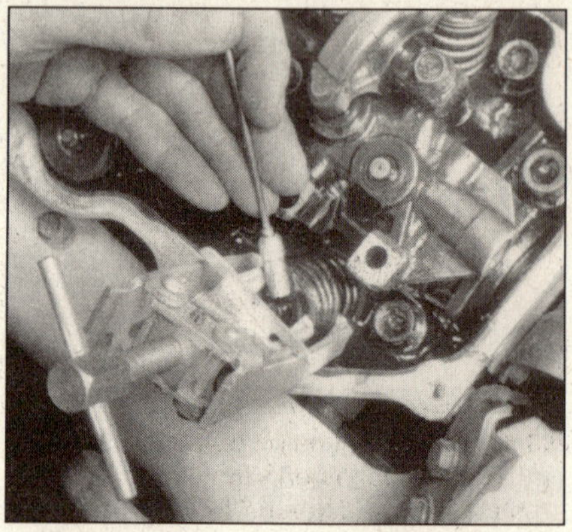

11.9 Si la herramienta especial no está disponible, use un compresor de resorte de tipo tornillo - remueva los guardianes con un imán o alicates de punta de aguja

11 Resortes de las válvulas, retenedores y sellos - reemplazo

Refiérase a las ilustraciones 11.4, 11.5, 11.9, 11.15 y 11.17

Nota: *Válvulas con resortes quebrados y válvulas con sellos defectivos se pueden reemplazar sin remover la cabeza del cilindro. Dos herramientas especiales y aire comprimido normalmente es requerido para ejecutar este funcionamiento, así que lea ésta Sección cuidadosamente y rente o compre las herramientas antes de empezar el trabajo. Si aire comprimido no es disponible, un pedazo largo de soga de nilón se puede usar para prevenir de que las válvulas se caigan en el cilindro durante este procedimiento.*

1 Refiérase a la Sección 4 y remueva la tapa de los balancines.

2 Remueva la bujía del cilindro que tiene el componente defectuoso. Si todos los sellos de los vástagos de las válvulas van a ser reemplazados, todas las bujías deben ser removida.

3 Gire el cigüeñal hasta que el pistón en el cilindro afectado esté en el punto muerto superior en la carrera de la compresión (vea Sección 3 para las instrucciones). Si usted está reemplazando todos los sellos de los vástago de las válvulas, empiece con el cilindro número uno y trabaje en una válvula de cada cilindro a la vez. Muévase de cilindro a cilindro siguiendo la sucesión del orden de encendido (vea especificaciones).

4 Enrosque un adaptador en el orificio de la bujía y conecte una manguera de aire a una fuente de aire comprimido **(vea ilustración)**. La mayoría de las refaccionarías pueden suministrar el adaptador para la manguera de aire. **Nota:** *Muchos medidores de compresión de los cilindros utilizan un acoplador que se atornilla que pueda que trabaje con el acoplador de desconección rápida de la manguera de aire.*

5 Presione el resorte de las válvulas con un compresor de resorte de válvulas (herramienta Chrysler no. 4682, o equivalente) **(vea ilustración)** y remueva el brazo del balancín para la válvula con la parte defectuosa. Si todos los sellos de los vástagos de las válvulas van a ser reemplazados, todos los brazos de los balancines deben ser removidos.

6 Aplique aire comprimido al cilindro. **Peligro:** *El pistón puede ser forzado hacia abajo por el aire comprimido, causando que el cigüeñal gire repentinamente. Si se usó la llave cuándo se puso en posición el pistón número uno en el TDC y está todavía conectada a la nariz del perno en el cigüeñal, podría causar daño o una herida cuando el cigüeñal se mueve.*

7 Las válvulas deben estar sostenidas en su lugar por la presión de aire. Si las caras de las válvulas o asientos están en pobre condición, fuga de la presión de aire pueden prevenir la retención de las válvulas - refiérase al procedimiento alternativo abajo.

8 Si usted no tiene acceso a aire comprimido, un método alternativo se puede usar. Posicione el pistón en un punto aproximadamente 45-grados antes del TDC (punto muerto superior) en la carrera de compresión, entonces introduzca un pedazo largo de soga de nilón por el orificio de la bujía hasta que llene la cámara de combustión. Esté seguro de permitir que un pedazo de soga cuelgue fuera del motor para que sea más fácil de remover. Use una matraca grande y un dado para girar el cigüeñal en la dirección normal de rotación hasta que se sienta una resistencia leve.

9 Ponga trapos en los orificios de la cabeza de los cilindros y debajo de las válvulas para prevenir que las partes y las herramientas se caigan dentro del motor, después use un compresor de resorte de válvulas para comprimir el resorte. Remueva los guardianes con alicates de punta de aguja pequeños o un imán. **Nota:** *Una pareja de tipos diferentes de herramientas son disponible para comprimir el resortes de la válvula en la cabeza en su lugar. Un tipo, mostrado aquí, agarra los espirales más bajos del resorte y prensa el retenedor según la perilla es girada, mientras el otro tipo utiliza el ensamblaje del brazo de la mecedora para el apalancamiento. Ambos trabajan muy bien, aunque el tipo de palanca es generalmente menos costoso* **(vea la ilustración acompañante y la ilustración 11.5)**.

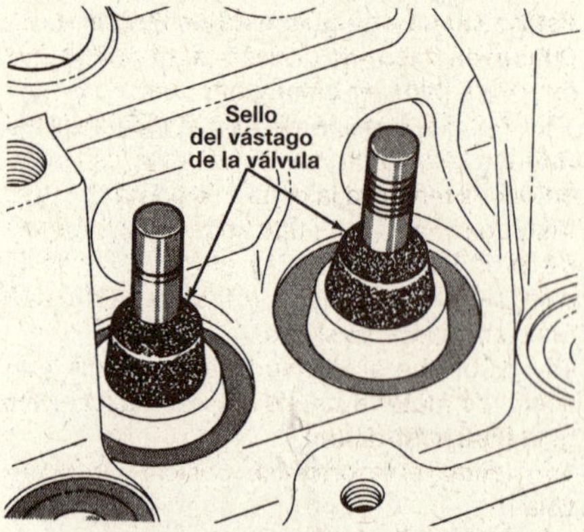

11.15 Esté seguro de notar si hay diferencias en los sellos para el vástago de la válvula de admisión y la de escape. Use un sello especial para el vástago o un dado hondo para instalar el sello(s) nuevo

10 Remueva el retenedor de resorte, el protector y el resorte de la válvula, entonces remueva el sello de la guía del tipo de paragua. **Nota:** *Si presión de aire falla de detener la válvula en la posición cerrada durante ésta operación, la cara de la válvula o el asiento está probablemente desgastado. Si ése es el caso, la cabeza de los cilindros tendrá que ser removida para operaciones adicionales de reparación.*

11 Envuelva una goma o cinta alrededor de la cima del vástago de la válvula para que la válvula no se caiga adentro de la cámara de combustión, entonces libere la presión de aire. **Nota:** *Si una soga se usó en vez de presión de aire, gire el cigüeñal levemente en la dirección opuesta de rotación normal.*

12 Inspeccione el vástago de la válvula por daño. Gire la válvula en la guía y chequee el final por movimiento excéntrico, que indicaría que la válvula está doblada.

13 Mueva la válvula hacia encima y hacia

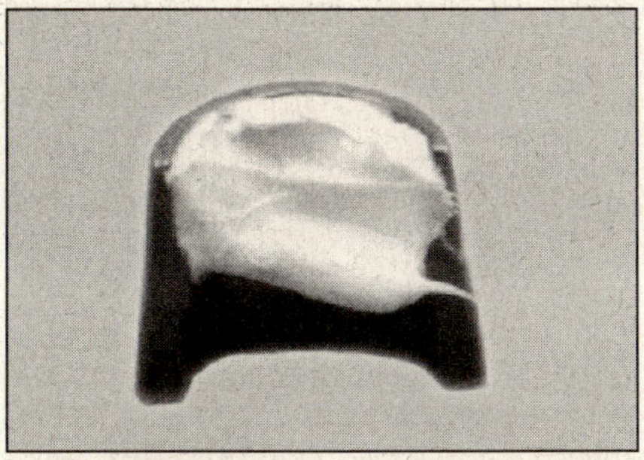

11.17 Aplíquele una pequeña cantidad de grasa a cada guardián antes de la instalación para detenerlo en su lugar en la unidad del vástago de la válvula hasta que el compresor del resorte sea liberado

abajo en la guía y asegúrese que no se atora. Si el vástago de la válvula se atora, la válvula está doblada o la guía está desgastada. En cualquier caso, la cabeza tendrá que ser removida para ser reparada.

14 Aplique presión de aire al cilindro para retener la válvula en la posición cerrada, entonces remueva la cinta o la goma del vástago de la válvula. Si una soga se usó en vez de presión de aire, gire el cigüeñal en la dirección normal de la rotación hasta que resistencia leve se sienta.

15 Lubrique el vástago de la válvula con aceite de motor e instale un sello nuevo en la guía **(vea ilustración)**.

16 Instale el resorte(s) en posición en la válvula.

17 Instale el retenedor del resorte en la válvula. Comprima el resorte de las válvulas y posicione cuidadosamente los guardianes en la ranura. Aplique grasa liviana al guardián interior para tenerlo en su lugar **(vea ilustración)**.

18 Remueva la presión de la herramienta del resorte y asegúrese que los guardianes están asentado.

19 Desconecte la manguera de aire y remueva el adaptador del orificio de la bujía. Si una soga se usó en su lugar envés de presión de aire, remuévala fuera de los cilindros.

20 Refiérase a la Sección 10 e instale el brazo del balancín(es).

21 Instale la bujía(s) e instale el alambre(s).

22 Refiérase a la Sección 4 e instale la tapa de los balancines.

23 Comience y ponga el motor en marcha, entonces chequee por fugas de aceite y sonidos excepcionales que vengan del área de la tapa de los balancines.

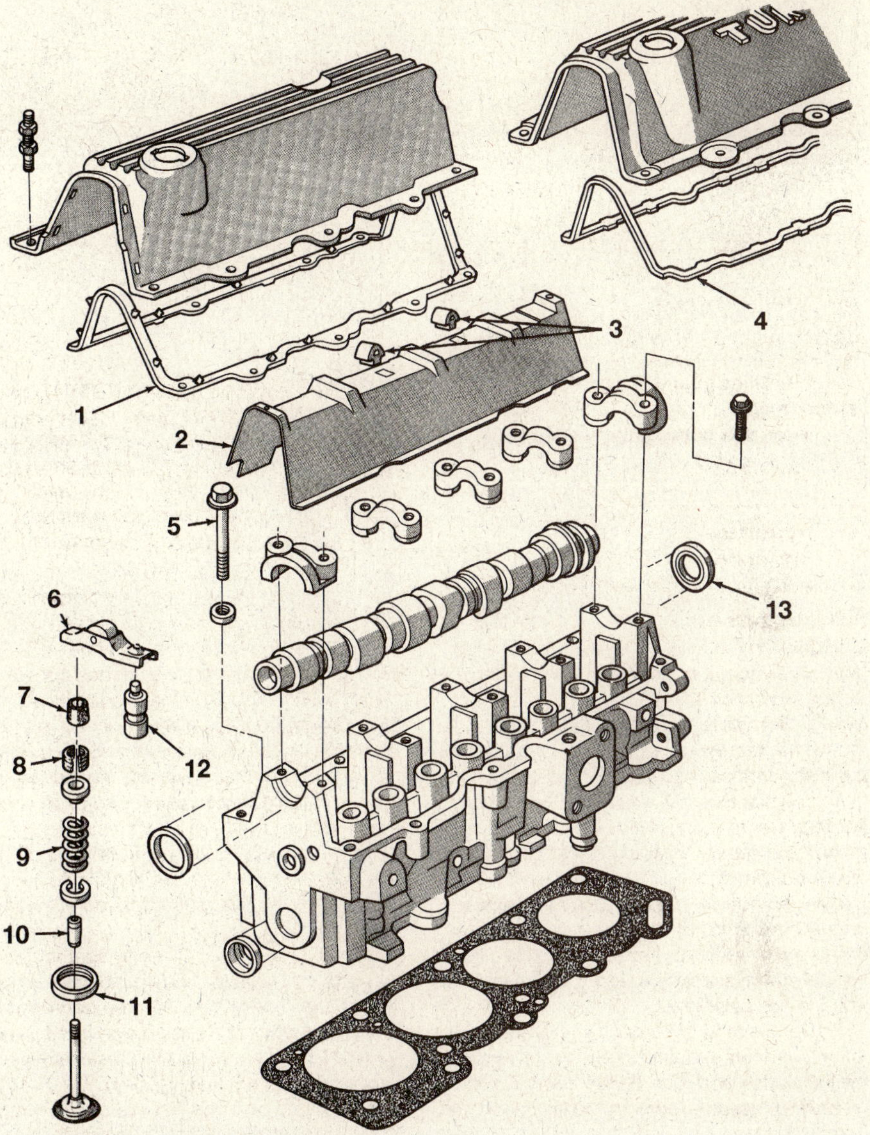

12.8a Vista esquemática de la cabeza de los cilindros y los componentes relacionados - motor de 2.2L mostrado, 2.5L semejante

1 *Junta TBI (cuerpo de inyección de combustible) una pieza (tipo cinta)*
2 *Cortina*
3 *Amortiguador*
4 *Junta para los turbos una pieza (tipo cordón)*
5 *Perno de la cabeza*
6 *Balancín (tipo con rodillo)*
7 *Sello del vástago de la válvula*
8 *Cierres*
9 *Resorte*
10 *Guía de la válvula*
11 *Asiento de la válvula*
12 *Ajustador hidráulico*
13 *Sello*

12 Cabeza de los cilindros - remover e instalar

Caución: *Permita que el motor se enfríe completamente antes de empezar este procedimiento.*

Remover

Refiérase a las ilustraciones 12.8a, 12.8b y 12.9

1 Posicione el pistón número uno en el punto muerto superior (vea Sección 3).

2 Desconecte el cable negativo de la batería.

3 Drene el sistema de enfriamiento y remueva las bujías (vea Capítulo 1).

4 Remueva el múltiple de admisión/escape (vea Sección 5). **Nota:** *Si usted está solamente reemplazando la junta para la cabeza de los cilindros, no es necesario remover los múltiples. Si usted deja el múltiple conectado, pueda que usted necesite a un ayudante para ayudar a levantar la cabeza fuera del motor.*

5 Remueva el distribuidor (vea Capítulo 5), inclusive la tapa y los alambres.

6 Remueva la banda de regulación del tiempo (vea Sección 6).

7 Remueva la tapa de los balancines (vea Sección 4).

8 Afloje en incrementos de 1/4 de vuelta hasta que se puedan remover los pernos de la cabeza a mano. Siga el orden recomendado para evitar alabear la cabeza **(vea ilustraciones)**.

9 Levante la cabeza del motor. Si se siente resistencia, no le haga palanca con una barra entre la cabeza y la superficie de acoplamiento del bloque - daño a la superficie de acoplamiento resultará. En su lugar, hágale palanca contra las extensiones de fundición en los lados de la cabeza de los cilindros **(vea ilustración)**. Ponga la cabeza en bloques de madera para prevenir daño a las superficies del sello de la junta.

10 El remover la cabeza de los cilindros y el procedimientos de inspección son cubierto con todo detalle en el Capítulo 2, Parte E. Es una buena idea de llevar la cabeza para que sea chequeada por combadura, todavía si usted está apenas reemplazando la junta.

Instalación

Refiérase a las ilustraciones 12.12, 12.14, 12.15 y 12.16

11 La cabeza de las superficies de acoplamiento de los cilindros y el bloque deben ser limpiadas perfectamente cuando la cabeza sea instalada.

12 Use un raspador de junta para remover todos los rasgos de carbón y material de junta usada **(vea ilustración)**, después limpie las superficies de acoplamiento con removedor de pintura o acetona. Si hay aceite en las superficies de acoplamiento cuando la cabeza sea instalada, la junta no podrá sellar correctamente y fugas pueden desarrollarse. Cuándo esté trabajando en el bloque, llene los cilindros con trapos limpios para que no entre suciedad. Use una aspiradora para remover el material que caiga en los cilindros. Debido a que la cabeza es construida de aluminio, raspar agresivamente puede causar daño. Tenga cuidado de no mellar o excavar las superficies de acoplamiento con el raspador.

13 Chequee por mellas en el bloque y las superficies de acoplamiento de la cabeza, rasguños y otros daños profundos. Si el daño es leve, puede ser removido con un lima; si es excesivo, rectificación a máquina puede ser la única alternativa.

14 Use una terraja del tamaño correcto para seguir las roscas en los pernos de la cabeza. Instale cada perno de cabeza en una prensa y corra una terraja hembra en las roscas para remover corrosión y rectificar las roscas **(vea ilustración)**. La tierra, corrosión, sellador y las roscas desgastadas afectarán las lecturas del par de torsión.

15 Coloque en el bloque la junta nueva **(vea ilustración)** e instale la cabeza de los cilindros en posición.

16 Instale los pernos. Ellos deben ser apretados en cuatro pasos, siguiendo una sucesión específica **(vea ilustración)**, al par de la torsión listado en las especificaciones de este Capítulo.

17 Vuelva a instalar la banda del tiempo (vea Sección 6).

18 Reinstale las partes que quedan en el orden reverso que se removió.

19 Esté seguro de rellenar el sistema de enfriamiento y chequee todos los niveles de los flúidos.

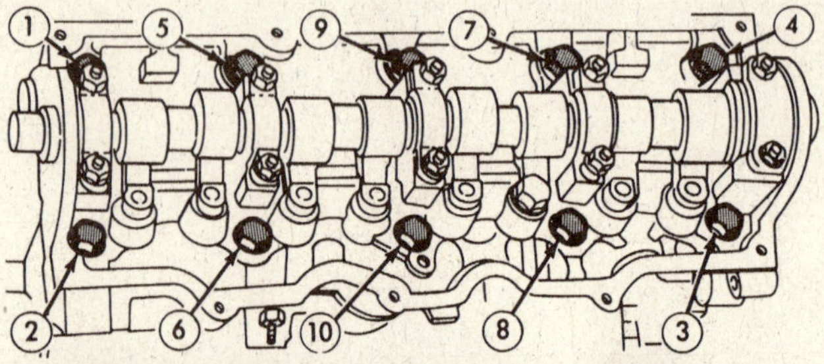

12.8b Afloje un 1/4 de vuelta a la vez los pernos de la cabeza, en la sucesión mostrada, hasta que se puedan remover a mano

12.9 Si la cabeza de los cilindros es difícil de remover, hágale palanca solamente en las proyecciones localizadas en el lado de la cabeza de los cilindros debido a que esto no dañará la superficie de la cabeza de los cilindros

12.12 Use un raspador de junta para remover la junta vieja de la cabeza

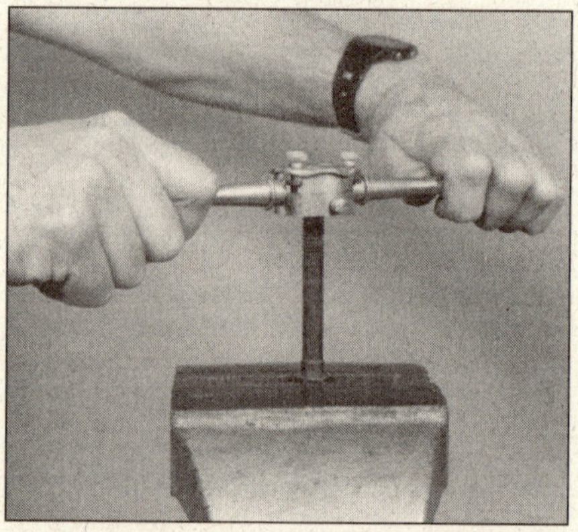

12.14 Una terraja hembra debe ser usada para remover el sellador y la corrosión de las roscas de los pernos de la cabeza antes de la instalación

12.15 Cuando usted ponga la junta de la cabeza nueva en su posición en el bloque del motor, esté seguro que está mirando hacia arriba y mirando en la dirección correcta - los orificios en la junta deben emparejarse con los pasajes en el bloque para el anticongelante y el aceite para que circule apropiadamente

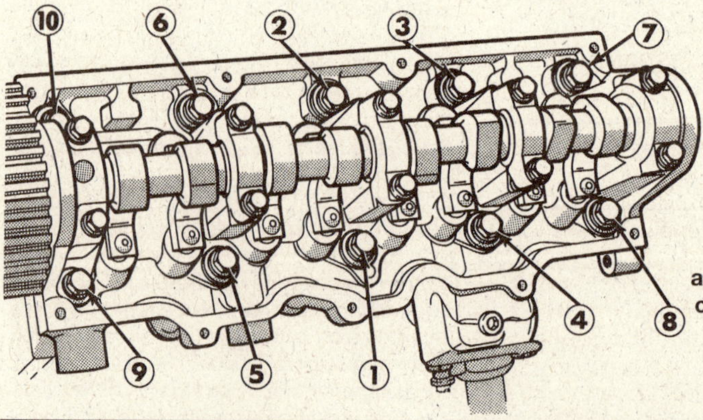

12.16 Orden de secuencia de como apretar los pernos de la cabeza de los cilindros

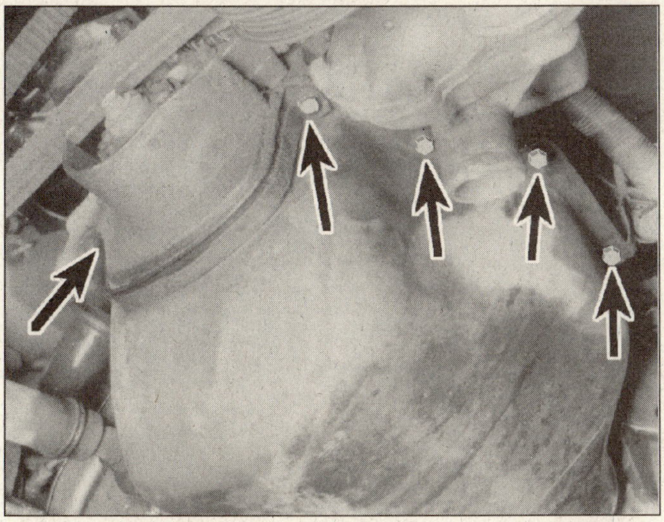

13.4 Remueva los pernos (flechas) de la cacerola del aceite

13.8a Instale los sellos nuevos al final de la cacerola de aceite y deténgalos en su lugar con una línea de sellador RTV (vulcanizador accionado a temperatura ambiente) como está mostrado aquí

1 *Retenedor del sello del cigüeñal*
2 *3 mm (.12 pulgada) diámetro del espesor del RTV*
3 *Sello del orificio final de la cacerola del aceite*

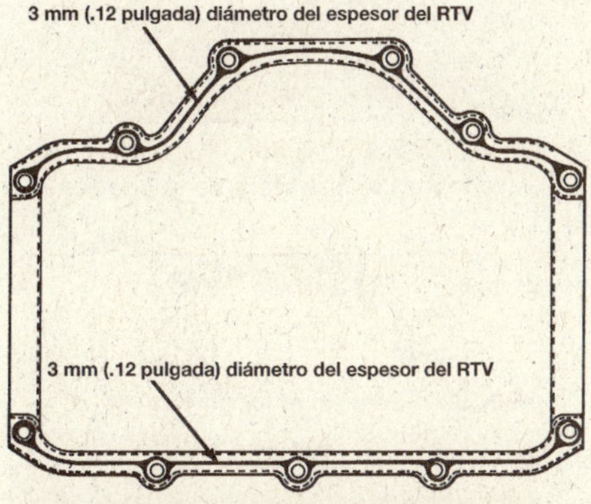

13.8b Aplique una línea continuación de 1/8-pulgada de ancho de sellador RTV (vulcanizador accionado a temperatura ambiente) a la cacerola de aceite, después instale la cacerola

20 Gire el cigüeñal a la derecha lentamente a mano dos revoluciones completas. Chequee las marcas de la regulación del tiempo del árbol de levas (vea Sección 6).

21 Ponga el motor en marcha y chequee el tiempo de la ignición (vea Capítulo 1).

22 Ponga el motor en marcha hasta que la temperatura normal de operación se haya alcanzado. Chequee por fugas y por operación apropiada.

13 Cacerola de aceite - remover e instalar

Refiérase a las ilustraciones 13.4, 13.8a y 13.8b

Nota: *El siguiente procedimiento es basado en la suposición que el motor está en el vehículo.*

Remover

1 Caliente el motor, entonces drene el aceite y reemplace el filtro de aceite (vea Capítulo 1).

2 Separe la terminal de la batería del cable negativo.

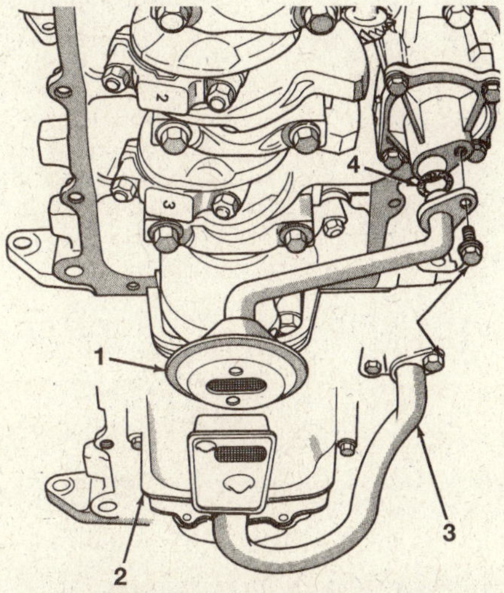

14.2a Detalles de la instalación del tubo para medir el nivel del aceite

1 *Tubo de captación para motores de 2.2L*
2 *Portador del balanceador*
3 *Tubo de captación para motores de 2.5L*

3 Levante el vehículo y sopórtelo firmemente en estantes.

4 Remueva los pernos que aseguran la cacerola de aceite al bloque del motor **(vea ilustración)**.

5 Péguele a la cacerola con un martillo del cara blanda para romper el sello de la junta, entonces separe del motor la cacerola de aceite. No haga palanca con una barra entre las superficies de acoplamiento del bloque y la cacerola de aceite.

6 Usando un raspador de junta, remueva todos los rasgos de junta y/o sellador en la cacerola de aceite o bloque del motor. Remueva los sellos de cada final del bloque del motor o cacerola de aceite. Limpie las superficies de acoplamiento con removedor de pintura o acetona. Asegúrese de que las roscas en el bloque están limpias.

7 Limpie la cacerola de aceite con solvente y la seca completamente. Chequee por distorsión en las pestañas de la junta, particularmente alrededor de los orificios para los pernos. Si es necesario, coloque la cacerola en un bloque de madera y use un martillo para aplastar y restaurar la superficie de la junta.

Instalación

8 Instale los sellos nuevos en los retenedores del frente y la parte trasera del bloque del motor **(vea ilustración)**. Aplique una línea de sellador RTV (vulcanizador accionado a temperatura ambiente) de 1/8-pulgada de ancho a las superficies de la junta de la cacerola de aceite. Continúe la línea hasta el final. Asegúrese que el sellador está aplicado en el interior de los orificios de los pernos **(vea ilustración)**.

9 Coloque cuidadosamente la cacerola de aceite en posición.

10 Instale los pernos y apriételos en incrementos de 1/4 de vuelta al par de la torsión listado en las especificaciones de este Capítulo. Comience con los pernos cerca del centro de la cacerola y trabaje hacia afuera en una forma espiral. No los sobre apriete o pueden ocurrir fugas. Note que algunos motores de 2.2L tienen pernos con diámetros diferentes, que requieren valores de torque diferentes.

11 Agregue aceite, ponga el motor en marcha y chequee por fugas de aceite.

14 Bomba de aceite - remover, inspeccionar e instalar

Remover

Refiérase a las ilustraciones 14.2a, 14.2b y 14.2c

1 Remueva la cacerola del aceite (vea Sección 13).

2 Remueva los pernos que sostienen la bomba de aceite, si está equipado también remueva el perno del soporte **(vea ilustración)**.

3 Remueva la bomba de aceite.

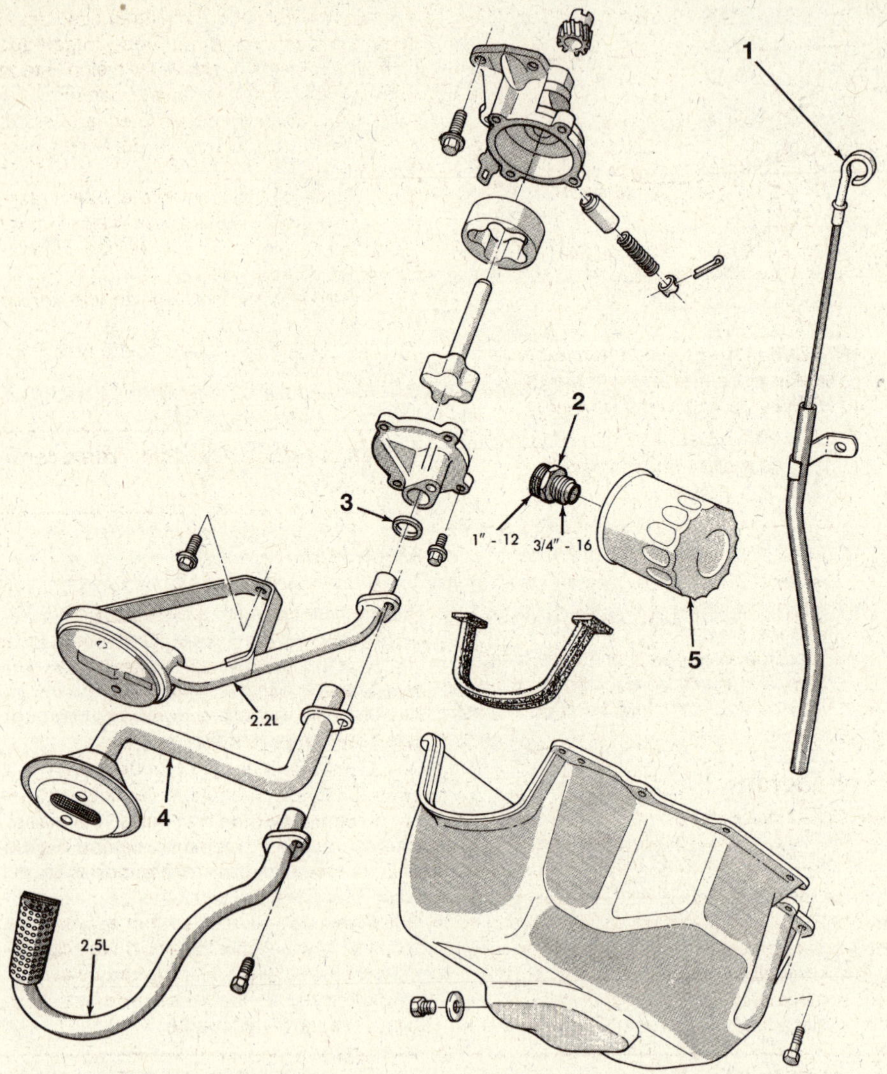

14.2b Bomba de aceite y componentes relacionados - vista esquemática

1 2.2L tapa negra, 2.5L tapa gris
2 Válvula para que no se drene
3 Sello O
4 2.2L (alternativo)
5 3/4 a 1 vuelta después que se asiente

14.2c Pernos para la bomba de aceite (flechas)

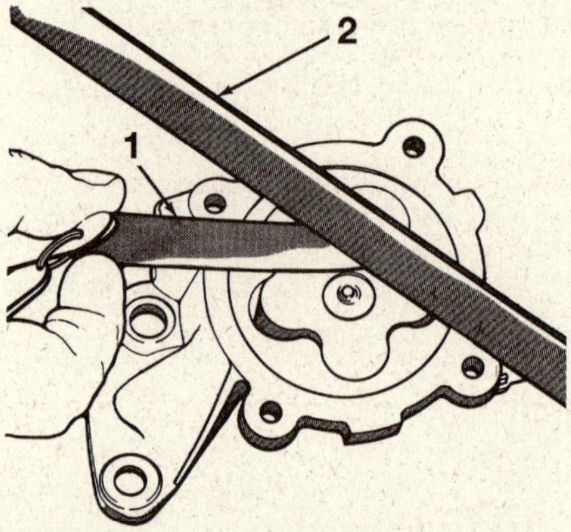

14.5 Chequeando el juego final del rotor poniendo un calibrador palpador atraves del albergue de la bomba como se muestra aquí e insertando el calibrador palpador entre la cara del rotor y la regla recta

1 Calibrador palpador
2 Regla recta

Inspección

Refiérase a las ilustraciones 14.5, 14.6, 14.7, 14.8, 14.9, 14.10

4 Remueva los pernos y levante la cubierta de la bomba de aceite.

5 Chequee el juego del rotor con un calibrador palpador y una regla recta **(vea ilustración)**.

6 Remueva el rotor exterior y mida su espesor **(vea ilustración)**.

7 Chequee la luz entre la punta del rotor interior y exterior con un calibrador palpador **(vea ilustración)**.

8 Mida la luz entre el rotor exterior y el cuerpo de la bomba **(vea ilustración)**.

9 Chequee la tapa de la bomba de aceite por combadura con un calibrador palpador y una regla **(vea ilustración)**.

10 Remueva la chaveta y copa, entonces extraiga el resorte y la válvula de liberación de la bomba de aceite del albergue de la

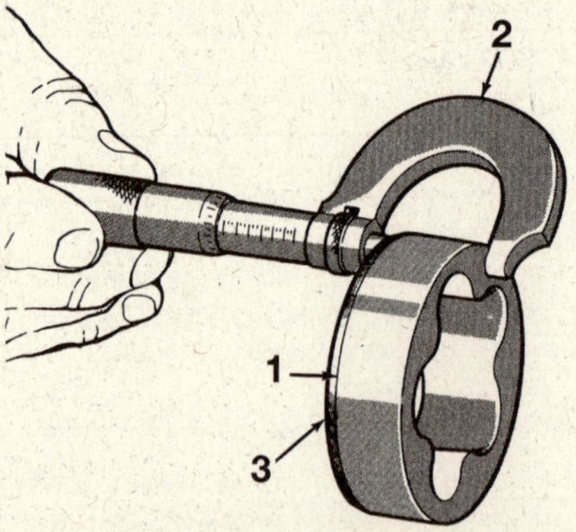

14.6 Chequee el espesor del rotor de la bomba de aceite con un micrómetro

1 Rotor exterior
2 Micrómetro
3 Biselado grande

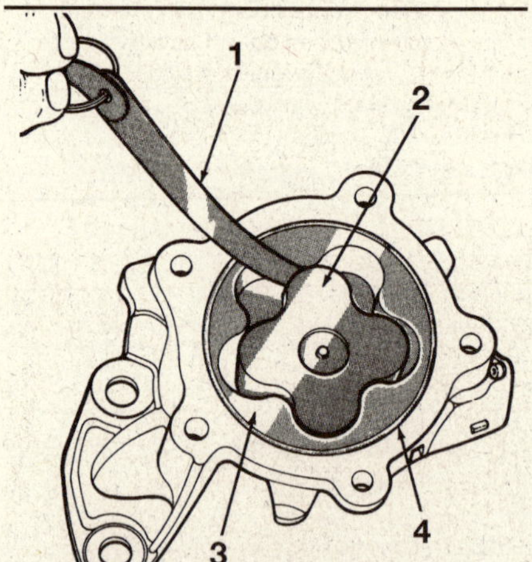

14.7 Chequee el espacio libre desde el rotor interior al rotor exterior con el calibrador palpador

1 Calibrador palpador
2 Rotor interior
3 Rotor exterior
4 Biselado pequeño

14.8 Chequee el juego final del rotor exterior al cuerpo de la bomba con un calibrador palpador

1 *Calibrador palpador*
2 *Rotor exterior*

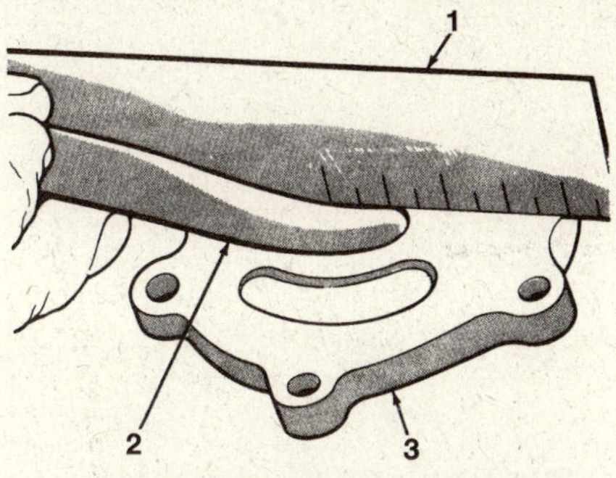

14.9 Chequee la tapa de la bomba de aceite por alabeo con una regla recta y un calibrador palpador

1 *Regla recta*
2 *Calibrador palpador*
3 *Tapa*

bomba **(vea ilustración)**. Mida la longitud del resorte libre de la válvula de alivio de presión del aceite.

11 Compare las medidas a las especificaciones de la bomba de aceite en el principio de éste Capítulo. Si alguno de ellos están fuera de los límites, reemplace la bomba.

12 Instale el rotor con la cara con la orilla chafada grande hacia el cuerpo de la bomba. Instale la válvula de alivio de presión de aceite y asamblea del resorte. Instale la tapa de la bomba y apriete los pernos al par de torsión en las Especificaciones al frente de este Capítulo.

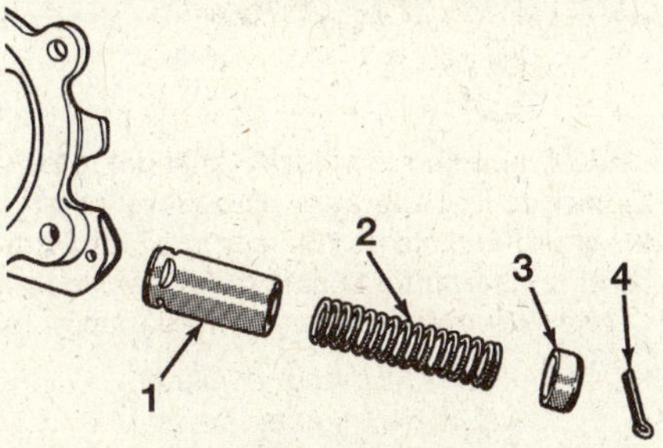

14.10 Componentes de la válvula de alivio para la presión del aceite - vista esquemática

1 *Válvula de alivio*
2 *Resorte*
3 *Taza*
4 *Pasador*

14.15 Antes de conectar la asamblea del tubo colector de aceite, lubrique el anillo O nuevo y lo instala en la bomba de aceite

Instalación

Refiérase a la ilustración 14.18

13 Aplique una capa ligera de sellador RTV (vulcanizador accionado a temperatura ambiente) a la superficie de acoplamiento de la bomba y coloque la bomba en posición. Gírela hacia adelante y hacia atrás un poquito para asegurarse que hay contacto positivo entre la bomba y el bloque del motor.

14 Cubra las roscas de los pernos de montaje con sellador y, mientras sostiene la bomba firmemente en su lugar, instale los pernos. Apriételos al par de la torsión listado en las especificaciones de este Capítulo.

15 Instale un anillo nuevo O en la abertura de captación de la bomba de aceite **(vea ilustración)**.

16 Trabaje cuidadosamente el tubo colector en la bomba, instale el perno retenedor y apriételo al torque listado en las Especificaciones de este Capítulo.

17 Instale el perno del refuerzo y lo aprieta firmemente.

18 Instale la cacerola de aceite (vea Sección 13).

15 Volante/plato flexible - remover e instalar

2A

Remover

Refiérase a las ilustraciones 15.3a y 15.3b

1 Levante el vehículo y sopórtelo firmemente en estantes, entonces refiérase al Capítulo 7 y remueva el transeje. Si tiene fugas, ahora sería un tiempo muy bueno de reemplazar el sello O del frente de la bomba (transeje automático solamente).

2 Remueva el disco, plato de presión y el embrague (vea Capítulo 8) (vehículos equipado con transmisión de transeje manuales). Ahora es un buen tiempo para chequear/reemplazar los componentes del embrague y cojinete piloto.

3 Remueva los pernos que aseguran el volante/plato flexible al cigüeñal **(vea ilustraciones)**. Si el cigüeñal gira, una cuña o un destornillador en los dientes de la corona dentada atascará el volante.

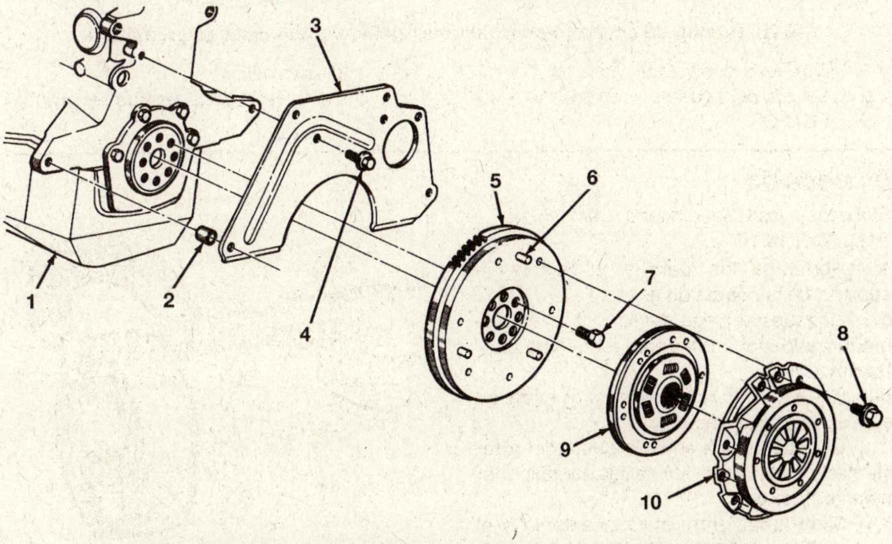

15.3a Volante y componentes relacionados - vista esquemática

1 *Motor*
2 *Clavija*
3 *Cubierta superior*
4 *Perno y arandela*
5 *Volante*
6 *Clavija*
7 *Perno del cigüeñal*
8 *Perno y arandela*
9 *Plato del embrague*
10 *Cubierta del embrague y plato de presión*

4 Remueva el volante/plato flexible del cigüeñal. Debido a que el volante es bastante pesado, esté seguro de sostenerlo mientras está removiendo el último perno.

5 Limpie el volante para remover grasa y aceite. Inspecciónelo por roturas en la superficie, remaches flojos, áreas quemadas y marcas de rayones. Rayones pequeños pueden ser rectificados con tela de esmeril. Chequee por rajaduras y dientes rotos en la corona dentada. Coloque el volante en una superficie nivelada y use una regla para chequear la combadura.

6 Limpie e inspeccione las superficies de acoplamiento del volante/plato flexible y el cigüeñal. Si el sello trasero del cigüeñal tiene fugas, reemplácelo antes de volver a instalar el volante/plato flexible.

Instalación

7 Posicione el volante/plato flexible contra el cigüeñal. Esté seguro de alinear las marcas cuando se removió. Note que algunos motores tienen una clavija de alineación u orificios de diferente separaciones para los pernos

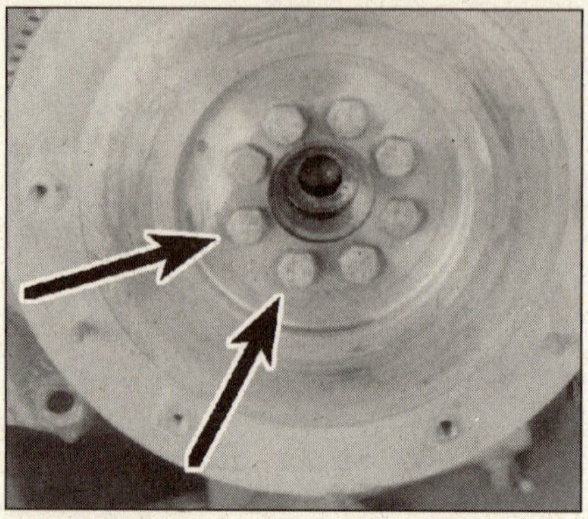

15.3b Si los pernos son arreglados en una forma dispareja, no es necesario marcar el cigüeñal y el volante (note que los dos pernos [flechas] están más separados que los otros - si ellos no están separados como estos, esté seguro de marcar la relación del volante con el cigüeñal

para asegurar una instalación correcta. Antes de instalar los pernos, aplique atascamiento liquido para las roscas.

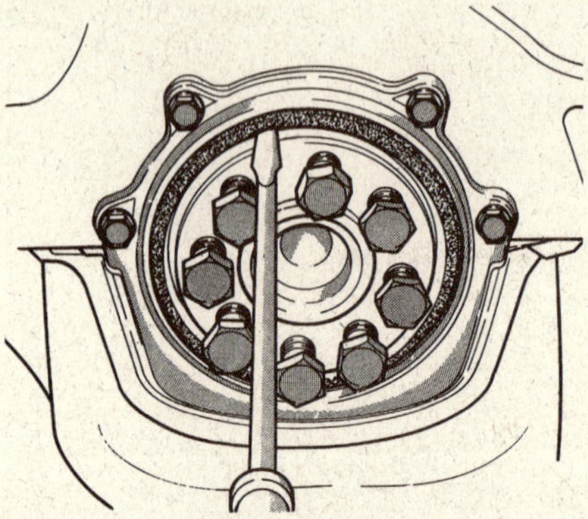

16.4 Hágale palanca cuidadosamente al sello del retenedor

8 Use un destornillador como cuña por dentro de los dientes de la corona dentada para que no gire el volante/plato flexible según usted aprieta los pernos a las Especificaciones en este Capítulo.

9 La instalación se hace en el orden inverso al procedimiento de desensamble.

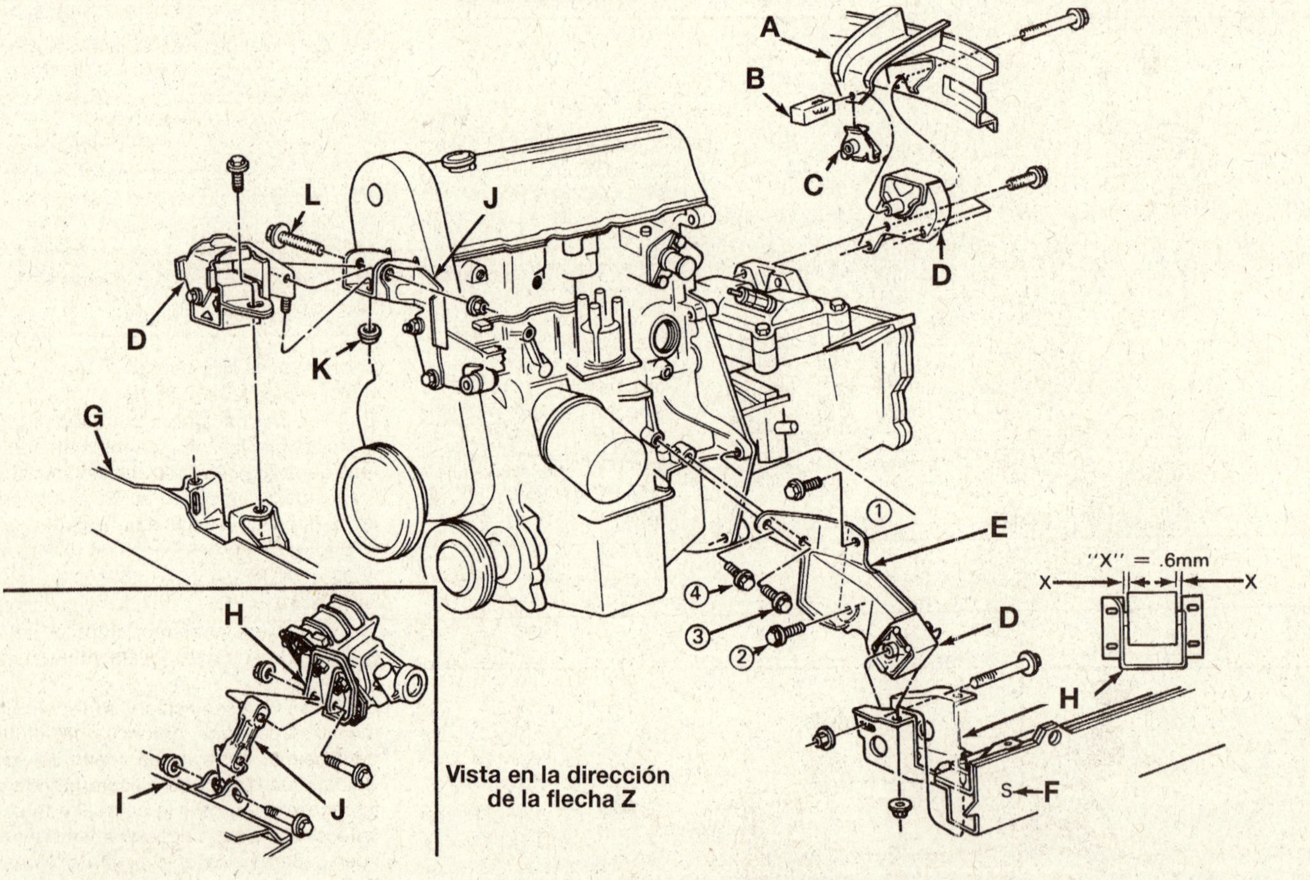

17.4a Vista esquemática de los calzos del motor (típico)

A Lado izquierdo del chasis
B Peso
C Tuerca U
D Aislador
E Calzo delantero
F Miembro de cruce delantero
G Lado derecho del chasis
H Soporte
I Miembro de cruce de la suspensión delantera
J Soporte
K Tuerca horquilla
L Tornillo horquilla

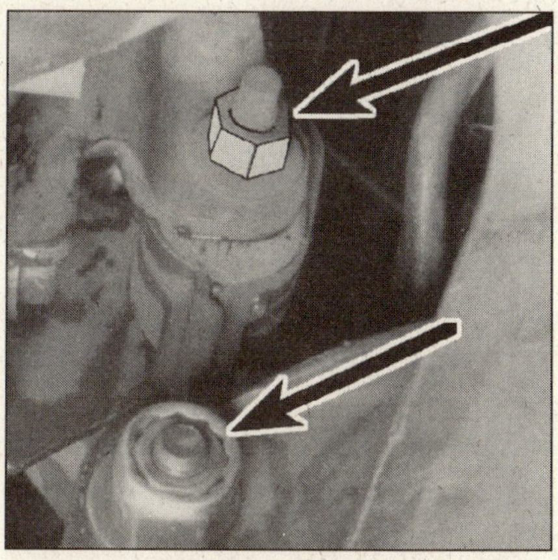

17.4b Remueva los pernos y las tuercas (flechas) que soportan el miembro trasero en el transversal y el motor

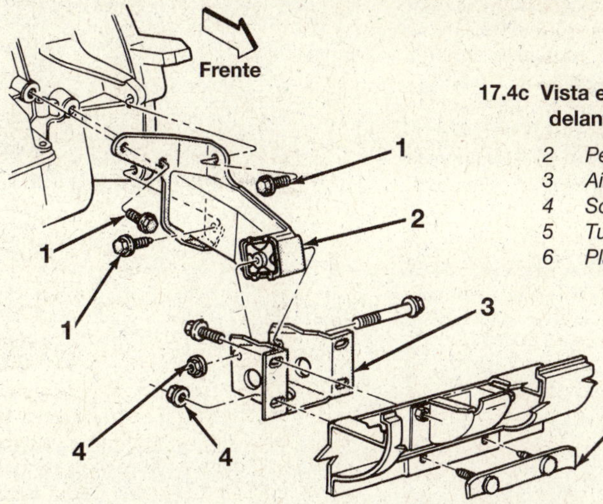

17.4c Vista esquemática del calzo delantero del motor

2 *Perno*
3 *Aislador*
4 *Soporte*
5 *Tuerca*
6 *Plato de acoplación*

16 Sello trasero principal del aceite - reemplazo

Refiérase a la ilustración 16.4

1 Remueva el transeje (vea Capítulo 7).

2 Si el vehículo tiene un transeje manuales, remueva el embrague y el volante (vea Capítulo 8 y Sección 15 de este Capítulo).

3 Si el vehículo tiene un transeje automático, remueva el plato flexible (vea Sección 15).

4 Remueva con una palanca el sello del retenedor de aceite con un destornillador **(vea ilustración)**. Tenga cuidado de no mellar o rasguñar el cigüeñal o el albergue del sello. Limpie completamente el cilindro del sello en el albergue del sello con una toalla. Remueva todos los rasgos de aceite y tierra.

5 Lubrique el labio del sello nuevo con aceite de motor o grasa de propósito múltiple. Instale el sello en el final del cigüeñal (asegúrese que los labio en la punta del sello miran hacia el motor) y cuidadosamente lo instala con un martillo plástico.

6 Instale el plato flexible o el volante (vea Sección 15) y el embrague (vea Capítulo 8).

7 Instale el transeje (vea Capítulo 7).

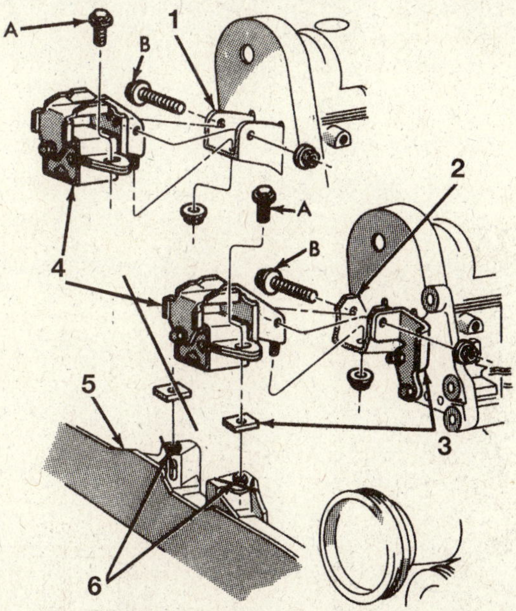

17.4d Vista esquemática del calzo del motor del lado derecho

1 *Soporte del motor - Cuerpo L*
2 *Soporte del motor*
3 *Soporte y 2 espaciadores, modelos con turbocargador solamente*
4 *Soporte derecho y aislador*
5 *carril del lado*
6 *Marque la posición del aislador*

17 Calzos del motor - chequear, reemplazo y ajuste

Refiérase a las ilustraciones 17.4a, 17.4b, 17.4c, 17.4d, 17.4e y 17.15

1 Los calzos de los motores requieren atención rara vez, pero calzos roto o deteriorado deben ser reemplazado inmediatamente o el esfuerzo agregado en los componentes de la línea de transmisión pueden causar daño o desgaste.

Chequeo

2 Durante el chequeo, el motor se debe levantar para remover levemente el peso de los calzos.

3 Levante el vehículo y sopórtelo firmemente en estantes, entonces posicióne un gato bajo la cacerola de aceite del motor. Coloque un bloque de madera grande entre la cabeza del gato y la cacerola de aceite, entonces levante cuidadosamente el motor apenas para remover el peso de los calzos. **Peligro:** *¡No coloque ninguna parte de su cuerpo debajo del motor cuando esté sostenido solamente por un gato!*

4 Chequee los aisladores de los calzos **(vea ilustraciones)** vea si el caucho está agrietado, endurecido o separado de los platos de metal. A veces el caucho se parte directamente hacia abajo.

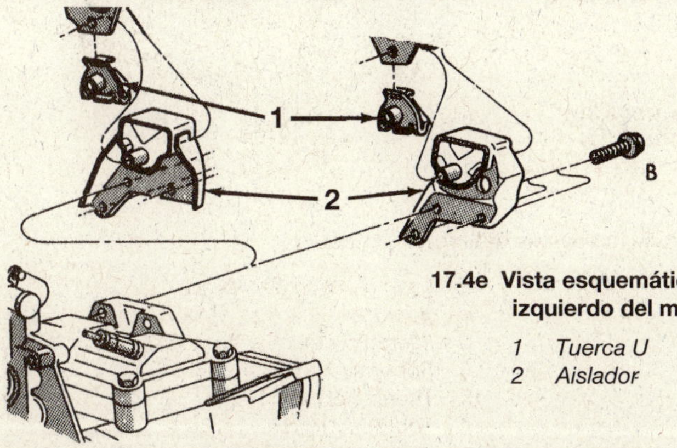

17.4e Vista esquemática del calzo izquierdo del motor

1 *Tuerca U*
2 *Aislador*

2A

5 Chequee por movimiento relativo entre el plato de montaje y el chasis o el motor (use un destornillador grande o barra para procurar mover los calzos). Si movimiento es notado, baje el motor y apriete los afianzadores.

6 Preservativo de caucho debe ser aplicado a los aisladores para detener la deterioración.

Reemplazo

7 Desconecte el cable negativo de la batería desde la batería, entonces levante el vehículo y sopórtelo firmemente en estantes (si no lo ha hecho ya).

8 Remueva los afianzadores y separe el aislador del soportes del chasis.

9 Levante el motor levemente con un gato o grúa. Remueva los pernos del aislador al motor y separe el aislador.

10 La instalación se hace en el orden inverso al procedimiento de desensamble. Use compuesto para atascamiento de rosca en los pernos y esté seguro de apretarlos firmemente.

Ajuste

11 Los calzos derecho e izquierdo del motor son ajustables para permitir el movimiento de la línea de potencia con relación a la longitud de la asamblea del eje propulsor (vea Capítulo 8).

17.15 Corte transversal de la camisa izquierda aisladora

1 Eje
2 Camisa de nilón moldeada en el aislador
3 Aislador libre de deslizarse (14 a 17 mm)

12 Siempre ajuste los aisladores cuando:

a) Usted le otorgue servicio al eje propulsor.
b) El vehículo sostenga daño estructural en el frente.
c) Usted reemplace un aislador.

13 Remueva la carga de los calzos del motor cuidadosamente soportando el motor y el transeje con un gato de piso.

14 Afloje los afianzadores verticales derecho del aislador, pernos y tuercas del calzo del motor desde el miembro transversal.

15 El aislador izquierdo del calzo del motor tiene una camisa en el centro y un perno de apoyo largo **(vea ilustración)** para proporcionar ajuste del movimiento lateral.

16 Hágale palanca al motor hacia la derecho o la izquierda del motor según sea requerido para lograr la longitud apropiada de eje propulsor (vea Capítulo 8).

17 Apriete los pernos vertical firmemente del aislador del calzo del motor, apriete los pernos del frente del calzo del motor y las tuercas firmemente y centre el aislador izquierdo del calzo del motor.

18 Chequee la longitud del eje propulsor.

Capítulo 2 Parte B
Motor de 2.6L de cuatro cilindros

Contenido

Especificaciones

General

Orden del encendido	1-3-4-2
Números de los cilindros (del final de la banda al final del transeje)	1-2-3-4
Diámetro de los cilindros y la carrera	3.59 X 3.86 pulgadas
Desplazamiento	156 pulgada cúbicas

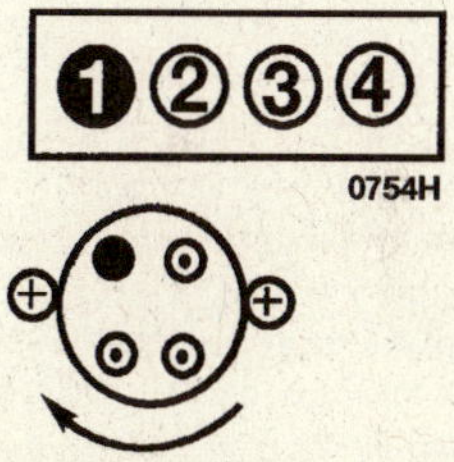

Diagrama de la localidad de los cilindros

Árbol de levas

Juego final	0.004 a 0.008 pulgada
Ovalamiento	0.03 pulgada
Desgaste del lóbulo (máximo)	0.020 pulgada

Límite de la combadura de la cabeza de los cilindros

Límite de la combadura de la cabeza de los cilindros	0.002 pulgada

Límite de la combadura del múltiple de escape y de admisión

Límite de la combadura del múltiple de escape y de admisión	0.006 pulgada por pie de longitud

Bomba de aceite

Del engranaje impulsor al espacio libre del cojinete	0.0008 a 0.0020 de pulgada
Del engranaje impulsado al espacio libre del cojinete	0.0008 a 0.0020 de pulgada
Del engranaje impulsor al espacio libre del albergue	0.0043 a 0.0059 de pulgada
Del engranaje impulsado al espacio libre del albergue	0.0043 a 0.0059 de pulgada
Juego libre del engranaje impulsor	0.0020 a 0.0043 de pulgada
Juego libre del engranaje impulsado	0.0016 a 0.0039 de pulgada
Longitud libre del resorte de relieve	1.85 de pulgadas

Especificaciones del par de torsión

	Pie-libras (a menos que sea indicado de otro modo)
Pernos de la tapa del cojinete del árbol de levas	160 pulgada-libras
Pernos y tuercas de la tapa de las válvulas	53 pulgada-libras
Guías silenciosas de la cadena del eje **(vea ilustración 9.8)**	
Pernos A del guía de la cadena	156 pulgada-libras
Pernos B del guía de la cadena	
Perno A	12 pulgada-libras
Perno B	14
Pernos C de la guía de la cadena	156 pulgada-libras
Pernos de la guía de la cadena del tiempo	156 pulgada-libras

Especificaciones del par de torsión (continued)	**Pie-libras** (a menos que sea indicado de otro modo)
Pernos para la calefacción de aire del carburador **(vea ilustración 8.9)**	
A	100 pulgada-libras
B	80 pulgada-libras
Tornillos para el deflector de calor del múltiple de escape **(A en la ilustración 8.10)**	80 pulgada-libras
Calzo del motor - lado derecho **(vea ilustración 19.1)**	
A	250 pulgada-libras
B y C	75 pulgada-libras
Calzo del motor - frente **(vea ilustración 19.2)**	
A	40
B	45
Perno para el engrane del árbol de levas.	40
Perno para el engrane del cigüeñal.	87
Pernos para la cabeza de los cilindros (use la secuencia de como apretar mostrada en la Sección 14)	
Primer paso (motor frío)	34
Segundo paso (motor frío)	69
Tercer paso (motor caliente)	75
Pernos del plato flexible al cigüeñal.	50
Pernos del volante al cigüeñal	60
Pernos del múltiple de admisión	150 pulgada-libras
Tuercas del múltiple de escape **(B en la ilustración 8.10)**	150 pulgada-libras
Perno para el engrane del eje silencioso.	25
Afianzadores del cárter de aceite al bloque del motor	60 pulgada-libras
Perno(s) del tubo captador de aceite	50 pulgada-libras
Perno para el engrane de la bomba de aceite	25
Pernos para el soporte de la bomba de aceite	71 pulgada-libras
Pernos para la tapa de la bomba de aceite	71 pulgada-libras
Pernos del sello trasero principal de aceite	105 pulgada-libras
Pernos para la tapa de la cadena del tiempo	160 pulgada-libras

1 Información general

Esta parte del Capítulo 2 se concentra en los procedimientos de reparación dentro del vehículo para los motores 2.6L. Toda la información con respecto a remover e instalar el motor y reconstrucción completa del bloque del motor y la cabeza de los cilindros pueden ser encontrada en la Parte E de este Capítulo.

Los procedimientos siguientes de reparación están basados en la suposición que el motor está instalado en el vehículo. Si el motor ha sido removido del vehículo e instalado en un estante, muchos de los pasos del plan descrito en esta parte del Capítulo 2 no se aplicarán.

Especificaciones incluidas en esta parte del Capítulo 2 son aplicables solamente a los procedimientos en el contenido de esta parte. La Parte E del Capítulo 2 contiene especificaciones necesarias para rectificar la cabeza de los cilindros y el bloque del motor.

El motor de 2.6 litros es de cuatro cilindros en línea vertical, con un árbol de levas por encima impulsado por una cadena y un sistema contra balance de un eje silencioso que cancela las pulsaciones del poder del motor y produce una operación relativamente libre de vibraciones. El cigüeñal se sostiene en cinco cojinetes principales de tipo inserción renovable, con el cojinete central (cojinete principal de impulso) asignado a la tarea adicional de controlar el juego final del cigüeñal.

Los pistones tienen dos anillos de compresión y un anillo para el control de aceite. Los pasadores semi-flotantes del pistón son prensados en su lugar de ajuste en la punta pequeña de la biela. Las puntas grandes de la biela también están equipadas con cojinetes de tipo de inserción simple renovable.

El motor es enfriado por fluido, utilizando una bomba de tipo impulsor centrífuga, conducida por una banda desde el árbol de levas, para circular anticongelante alrededor de los cilindros, la cámara de combustión y atraves del múltiple de admisión.

La lubricación es dirigida por una bomba de aceite de tipo engrane montada al frente del motor debajo de la tapa de la cadena del tiempo. Es conducida por una cadena del eje silencioso. El aceite es filtrado continuamente por un filtro de tipo cartucho instalado en el lado del radiador del motor.

2 Reparaciones posibles con el motor en el vehículo

Se pueden lograr muchos funcionamientos de reparaciones mayores sin tener que remover el motor del vehículo.

Limpie el compartimiento del motor y el exterior del motor con cualquier tipo de limpiador con presión. Un motor limpio hará el trabajo más fácil y ayudará a mantener la tierra fuera de las áreas interiores del motor.

Depende los componentes envueltos, sería una buena idea de remover el capo para tener mejor acceso al motor cuando se ejecutan las reparaciones (refiérase al Capítulo 11 si es necesario).

Si hay fugas de aceite o fugas de anticongelante, indicando una necesidad de reemplazo de sello o junta, se pueden hacer las reparaciones generalmente con el motor en el vehículo. La junta de la cacerola del aceite, la junta de los cilindros de la cabeza, juntas del múltiple de admisión y del escape, junta de la tapa de la cadena del tiempo y las juntas del cigüeñal son accesible con el motor en su lugar.

Componentes exteriores del motores, tal como la bomba del agua, el motor de arranque del vehículo, el alternador, el distribuidor y el carburador o unidad de la inyección del combustible, tal como el múltiple de admisión y de escape, se pueden remover para reparación con el motor en su lugar.

Hasta la cabeza de los cilindros se puede remover sin remover el motor, se puede darle servicio a los componentes de las válvulas también con el motor en el vehículo.

Reemplazo de la cadena del tiempo, engranes de la cadena del tiempo y la bomba del aceite es posible con el motor en su lugar.

En casos extremos causados por la falta de equipo necesario, reparación o reemplazo de los anillos de los pistones, pistones, bielas y cojinetes de las bielas es posible hacerlo con el motor en el vehículo. De cualquier modo que, este tipo de practica no es recomendable porque el trabajo de limpieza y preparación que se le debe de hacer a los componentes envueltos.

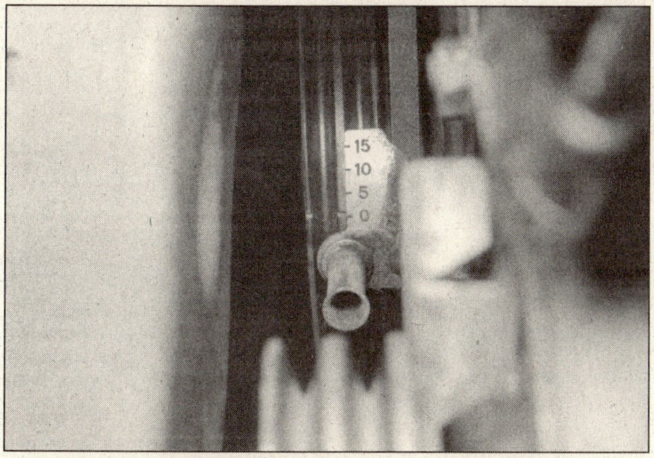

3.1 Alinee la mella en la polea con el 0 en el plato del tiempo, entonces chequee para ver si el rotor del distribuidor está apuntando al cilindro número 1; si no, el árbol de levas está a 180 grados fuera de tiempo (el número 4 está en el TDC) - el cigüeñal tendrá que ser girado 360 grados

4.4 Remueva los pernos (flechas) del soporte del carburador y remueva el soporte fuera del motor

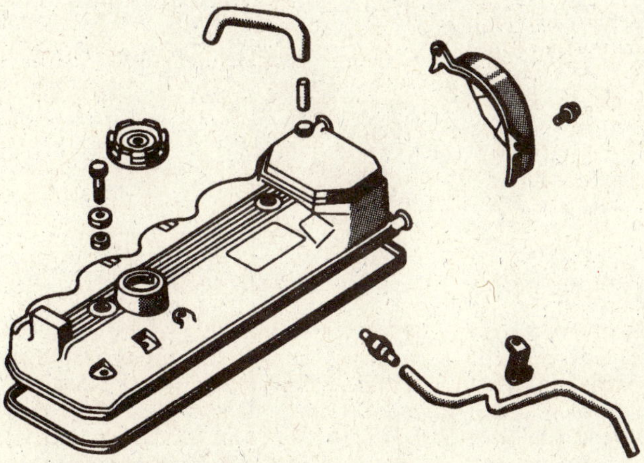

4.9a Una vista esquemática de la tapa de las válvulas y componentes relacionados

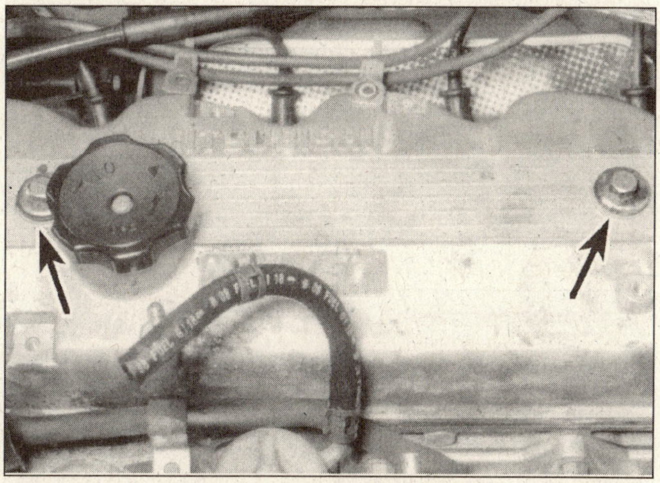

4.9b Remueva los dos pernos (flechas) de la tapa de las válvulas y remueva la tapa del motor

3 TDC (punto muerto superior) para el pistón número uno - localizar

Refiérase a la ilustración 3.1

Éste procedimiento es esencialmente el mismo en cuanto al motor 2.2L/2.5L. Refiérase a la Capítulo 2A, Sección 3 y siga el procedimiento del orden general ahí, excepto que necesita usar la ilustración que acompaña.

4 Tapa de los balancines - remover e instalar

Remover

Refiérase a las ilustraciones 4.4, 4.9a y 4.9b

1 Separe el cable del terminal negativo de la batería.

2 Remueva la tapa de la polea de la bomba de agua de la tapa de las válvulas (vea Capítulo 3).

3 Remueva la manguera de admisión del purificador de aire, la asamblea del albergue del carburador y la parte de encima de la tapa de las válvulas (vea Capítulo 4).

4 Remueva los pernos del refuerzo de la tapa de las válvula/carburador **(vea ilustración)** y levante el soporte del motor.

5 Remueva la tapa del distribuidor y los alambres de la cabeza de los cilindros (vea Capítulo 1). Asegúrese de marcar cada alambre para instalarlo correctamente.

6 Remueva cualquier línea de combustible o líneas de ventilación del carburador o del filtro del combustible que intervendrá para remover la tapa de las válvulas.

7 Desconecte cualquier conexión eléctrica del carburador que intervendrá para remover la tapa de las válvulas.

8 Limpie completamente la tapa de las válvulas para prevenir que los escombros caigan en la cabeza de los cilindros expuestos o en el tren del árbol de levas/ensamblaje del tren de las válvulas.

9 Remueva los pernos para la tapa de las válvulas **(vea ilustraciones)**.

10 Levante cuidadosamente la tapa de las válvulas y la junta. Si la junta está pegada a la cabeza de los cilindros, utilice un mazo de caucho para romper el sello. No haga palanca entre la cabeza de los cilindros y la tapa o usted dañará las superficies para la junta de acoplamiento.

Instalación

Refiérase a la ilustración 4.13

11 Use un raspador de junta para remover todos los rasgos de material de junta usada de las superficies de acoplamiento de la cabeza de los cilindros y la tapa de las válvulas. Limpie las superficies con un trapo empapado en removedor de pintura o acetona.

12 Asegúrese de instalar un sello semicircular (tapón del árbol de levas) en la cima de la cabeza de los cilindros cerca del engrane del árbol de levas. Aplique una línea de sellador RTV (vulcanizador accionado a temperatura ambiente) a los puntos donde el sello toca las superficies de acoplamiento para la tapa de las válvulas.

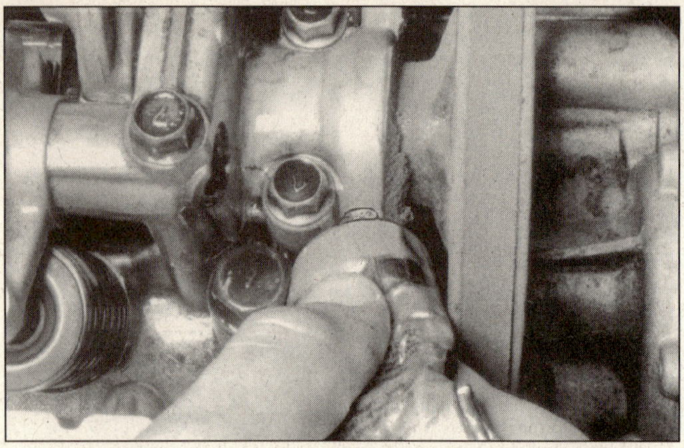

4.13 Aplique una cantidad pequeña del sellador RTV (vulcanizador accionado a temperatura ambiente) a los rincones de la cabeza de los cilindros y a las tapas de los cojinetes del árbol de levas

5.3 Remueva los pernos (flechas) del ensamblaje del brazo del balancín

5.5 Una vista esquemática de los brazos de los balancines y los ejes (típicos)

1 *Eje izquierdo (12 hoyos de aceite en la parte de abajo del eje)*
2 *Eje derecho (4 hoyos de aceite en la parte de abajo del eje)*
3 *Tapa número 3*
4 *Tapa trasera*
5 *Tapa número 4*
6 *Tapa para el cojinete delantero*
7 *Arandela curvada*
8 *Balancín del escape*
9 *Resorte*
10 *Tapa número 2*
11 *Balancín, (admisión) sin válvula de esprea*
12 *Balancín, (admisión) con válvula de esprea*

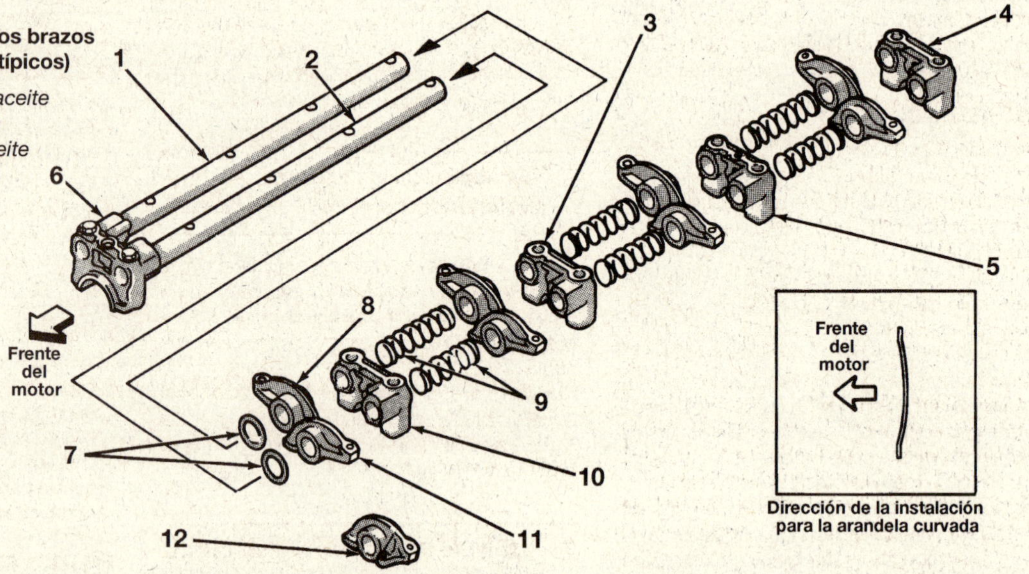

13 Instale una junta nueva a la tapa de las válvulas. Instale el molde de caucho a la tapa empujando la junta nueva en el lugar que circula el perímetro de la tapa de las válvulas. Aplique una línea de sellador RTV donde la cabeza de los cilindros y la tapa del cojinete del árbol de levas hacen contacto **(vea ilustración)**. Espere unos cinco minutos más o menos y permita que el RTV "se prepare" (endurecer levemente) y después instale la tapa, los pernos y apriételos al par de torsión listado en las especificaciones de este Capítulo.

14 Instalación se hace en el orden inverso al procedimiento desensamble.

5 Ensamblaje de los brazos de los balancines - remover, inspeccionar e instalar

Nota 1: *Las tapas de los cojinetes del árbol de levas son removidas juntas con el ensamblaje de los brazos de los balancines. Para prevenir que el final de la bomba de agua del árbol de levas salga por encima (por la tensión de la cadena de tiempo) después que la asamblea sea removida, deje que un ayudante sostenga hacia abajo el final de la bomba de agua del árbol de levas, entonces vuelva a instalar la tapa del cojinete principal en ese punto final para mantenerlo en su lugar hasta que se instale.*

Nota 2: *Mientras las tapas del cojinete del árbol de levas estén fuera, inspecciónelas, tanto como los muñones de los cojinetes del árbol de levas, como está descrito en la Sección 13.*

Remover

Refiérase a la ilustración 5.3

1 Remueva la tapa de las válvulas (vea Sección 4).

2 Posicione el pistón número uno en el TDC (punto muerto superior) (vea Sección 3).

3 Deje que un ayudante sostenga hacia abajo el final para la bomba del agua en el árbol de levas, después afloje los pernos de las tapas de los cojinetes del árbol de levas 1/4 de vuelta a la vez hasta que la presión del resorte sea aliviada **(vea ilustración)**. No remueva los pernos.

4 Levante los brazos de los balancines y el ensamblaje del eje de la cabeza de los cilindros. Vuelva a instalar la tapa del cojinete al final de la bomba de agua para sostener el árbol de levas en su lugar.

Inspección

Refiérase a las ilustraciones 5.5 y 5.6

5 Si usted desea desmontar e inspeccionar los ensamblajes de los brazos de los balancines (una buena idea ya que los tiene fuera), remueva los pernos de retención y resbale los brazos de los balancines, los resortes y las tapas de los cojinetes fuera de los ejes **(vea ilustración)**. Mantenga las partes en orden para que los pueda volver a instalar en las mismas posiciones.

6 Limpie completamente las partes e inspecciónelas por desgaste y daño. Chequee las caras de los brazos de los balancines que hacen contacto con el árbol de levas y las puntas de los tornillos de ajuste **(vea**

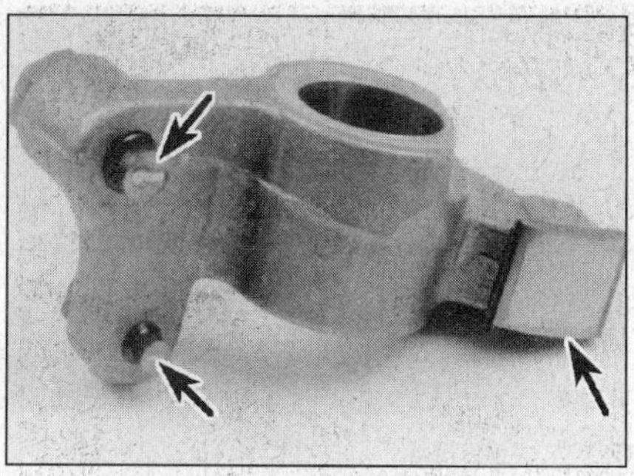

5.6 Chequee las caras de contacto y las puntas de los tornillos de ajuste (flechas)

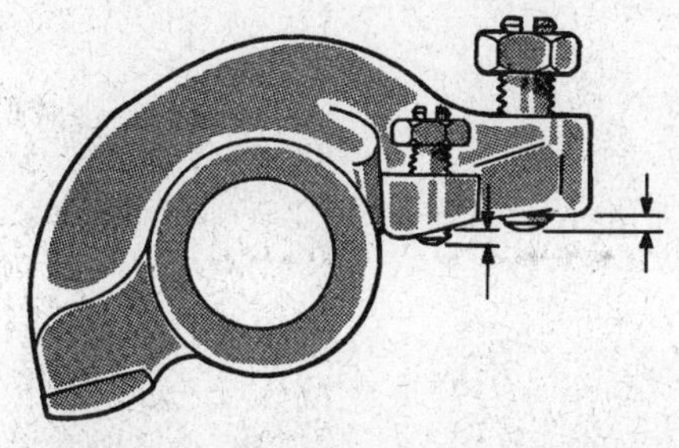

5.7 Afloje los ajustadores hasta que ellos se salgan solamente 1 mm (0.040 pulgada)

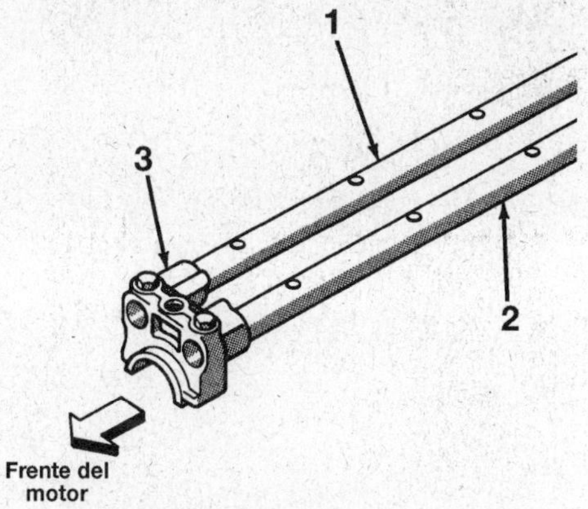

5.8a Instale los ejes de los balancines en la tapa del frente de los cojinetes

1 *Eje izquierdo (12 hoyos de aceite en la parte de abajo del eje)*
2 *Eje derecho (4 hoyos de aceite en la parte de abajo del eje)*
3 *Tapa para el cojinete delantero*

ilustración). Chequee las superficies de los ejes en las cuales balancean los brazos de los balancines, tanto como las superficies dentro de los cojinetes de los brazos de los balancines, por rayas y desgaste excesivo. Reemplace cualquiera de las partes que estén dañadas o excesivamente desgastadas. También, asegúrese que los orificios para el aceite de los ejes no estén tapados.

Instalación

Refiérase a las ilustraciones 5.7, 5.8a y 5.8b

7 Afloje las tuercas de retención y retroceda los ajustes hasta que ellos salgan solamente 1 mm (0.040-pulgada) **(vea ilustración)**.

8 Lubrique todos los componentes con lubricante de ensamblar o aceite de motor y vuelva a instarlos en los ejes. Cuándo instale los brazos de los balancines, los ejes y los resortes, note las marcas y la diferencia entre las partes del lado izquierdo y el lado derecho **(vea ilustración)**. Coloque las marcas al final del eje directamente en línea con las marcas en las tapas **(vea ilustración)** para mantenerlos alineados hasta que estén listos para ser instalados en la cabeza de los cilindros.

9 Posicione los ensamblajes de los brazos de los balancines en la cabeza de los cilindros e instale los pernos de anclar apretados con dedos. **Nota:** *Chequee las marcas enumeradas en las tapas para asegurarse que las tapas están en la sucesión numérica correcta.*

10 Apriete los pernos de la tapa del cojinete del árbol de levas como está descrito en la Sección 13.

11 Ajuste los juegos libres (franqueo) de las válvulas (frío) 1 como está descrito en el Capítulo 1.

12 Instale temporalmente la tapa de las válvulas y ponga el motor en marcha hasta que se caliente completamente.

13 Ajuste de nuevo las válvulas mientras el motor está caliente (vea Capítulo 1).

14 Reinstale las partes que quedan en el orden reverso como se removió.

15 Ponga el motor en marcha y chequee por fugas de aceite y operación apropiada.

6 Resortes de las válvulas, retenedores y sellos - reemplazo

Nota: *La válvula de esprea es instalada directamente en el lado de cada válvula de escape. Refiérase al Capítulo 2, Parte E para el procedimiento de servicio de la válvula de esprea.*

Este procedimiento es esencialmente el mismo que el de los motores 2.2L/2.5L. Refiérase a la Parte A Sección 11 y siga el procedimiento indicado ahí.

7 Múltiple de admisión - remover e instalar

Refiérase a la ilustración 7.11

Peligro: *La gasolina es extremadamente inflamable, razón por la cual se debe tener mucha precaución al trabajar en cualquier parte del sistema de combustible. No fume ni permita la presencia de llamas expuestas o bombillas sin protección cerca del área de trabajo, y no trabaje en un taller donde haya artefactos de gas natural con un piloto (como calentadores de agua o secadores de ropa). Como la gasolina es carcinógena, use guantes de látex cuando haya una posible exposición al combustible. Si derrama combustible en la piel, enjuáguela de inmediato con jabón y agua. Limpie inmediatamente cualquier derrame y no almacene trapos con combustible en lugares donde puedan inflamarse. El sistema de combustible está bajo presión constante, por lo cual, antes desconectar alguna tubería de combustible se debe liberar la presión del combustible en el sistema (vea el Capítulo 4 para obtener más información). Al realizar cualquier tipo de trabajo en el sistema de combustible, use anteojos de seguridad y tenga un extintor Clase B al alcance.*

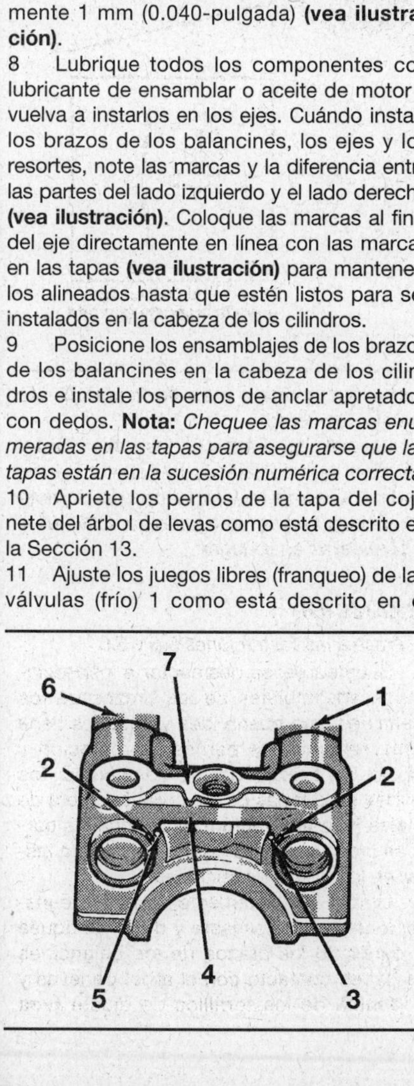

5.8b Esté seguro de que la marca de acoplamiento en la tapa está alineada con la marca de alineamiento en el eje

1 *Eje de los balancines, izquierda*
2 *Maraca de alineación en el eje*
3 *Maraca de alineación en la tapa*
4 *Flecha indicando el frente*
5 *Maraca de alineación en la tapa*
6 *Eje de los balancines, derecho*
7 *Marca de identificación (tapa del centro solamente) (2: número 2, 3: número 3, 4: número 4)*

2B

Remover

1 Separe el cable del terminal negativo de la batería.

2 Drene el sistema de enfriamiento (vea Capítulo 1).

3 Remueva el purificador de aire (vea Capítulo 4).

4 Marque claramente con etiqueta, después separe todas las líneas de vacío, alambrado eléctrico y las líneas de combustible.

5 Separe el cable del acelerador del control de la mariposa (vea Capítulo 4).

6 Remueva las bandas (vea Capítulo 1).

7 Remueva el carburador del múltiple de admisión (vea Capítulo 4).

8 Remueva las mangueras para el anticongelantes del múltiple de admisión.

9 Desconecte la línea de suministro de combustible del filtro de combustible (vea Capítulo 4).

10 Remueva la bomba de combustible, filtro de combustible y póngalos en un lado fuera del camino (vea Capítulo 4).

11 Remueva los pernos del múltiple de admisión **(vea ilustración)** y remueva el múltiple del motor.

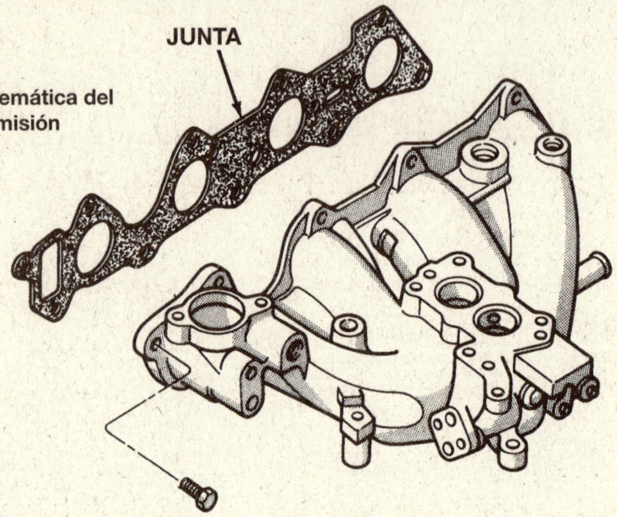

7.11 Una vista esquemática del múltiple de admisión

Instalación

12 Limpie el múltiple con solvente y séquelo con aire comprimido. **Peligro:** *¡Póngase protección para los ojos!*

13 Chequee las superficies de acoplamiento del múltiple por lisura con una regla de precisión y un calibrador palpador. Refiérase a las especificaciones de este Capítulo para el límite de la combadura.

14 Inspeccione el múltiple por roturas y distorsión.

15 Si el múltiple está agrietado o combado, reemplácelo o vea si puede ser rectificado/reparado en un taller automovilístico de rectificación.

16 Chequee cuidadosamente el múltiple de admisión por pernos rotos o roscas corridas. Reemplace cualquier perno defectuoso con partes nuevas.

17 Usando un raspador, remueva todos los rasgos de material de la junta vieja de la cabeza de los cilindros y de las superficies de acoplamiento del múltiple. Limpie las superficies con removedor de pintura o acetona.

18 Instale el múltiple de admisión con una junta nueva y apriete los pernos con los dedos. Empezando en el centro y trabajando hacia fuera en ambas direcciones, apriete los pernos en un patrón cruzado hasta que alcance el par de torsión listado en las especificaciones de este Capítulo.

19 La instalación se hace en el orden inverso al procedimiento desensamble.

8 Múltiple de escape - remover e instalar

Remover

Refiérase a las ilustraciones 8.9 y 8.10

1 Desconecte el cable negativo de la batería que viene desde la batería.

2 Drene el sistema de enfriamiento (vea Capítulo 1).

3 Remueva el purificador de aire (vea Capítulo 4).

4 Afloje la bomba de la dirección de poder y remueva la banda (vea Capítulo 1).

5 Levante el frente del vehículo y sopórtelo firmemente en estantes. Separe el tubo de escape del múltiple de escape (vea Capítulo 4). Aplique aceite penetrante a las roscas de los afianzadores si ellos son difíciles de remover.

6 Desconecte el ensamblaje del tubo de inyección de aire de la bomba de aire y mueva el ensamblaje del tubo a un lado.

7 Remueva la bomba de la dirección de poder (si está equipada) y póngala a un lado (vea Capítulo 10).

8 Remueva el protector de calor del múltiple de escape. Asegúrese de empapar los pernos y las tuercas con aceite penetrante antes de procurar removerlos del múltiple.

9 Remueva el carburador del calentador de aire del ensamblaje del múltiple de escape **(vea ilustración)**.

10 Remueva las tuercas del múltiple de escape **(vea ilustración)** y separe el múltiple de escape.

11 Separe el frente del convertidor catalítico del múltiple de escape.

Instalación

12 Eche al bote las juntas viejas y use un raspador para limpiar las superficies de acoplamiento de la junta en la cabeza del múltiple y, después limpie las superficies con un trapo empapado en removedor de pintura o acetona.

13 Coloque el múltiple de escape y el ensamblaje del convertidor en posición en la cabeza de los cilindros e instale las tuercas. Comenzando en el centro, apriete como en un patrón cruzado las tuercas hasta alcanzar el par de la torsión listado en las especificaciones de este Capítulo.

14 La instalación se hace en el orden inverso al procedimiento desensamble.

15 Ponga el motor en marcha y chequee por fugas de escape entre el múltiple y la cabeza de los cilindros y entre el múltiple y el tubo de escape.

9 Eje silencioso del engrane/cadena - remover, inspeccionar e instalar

Remover

Refiérase a las ilustraciones 9.5a, 9.5b, 9.7 y 9.8

1 Desconecte el cable del terminal negativo de la batería. Remueva el ensamblaje del purificador de aire.

2 Remueva las bandas. Remueva el alternador, la bomba de la dirección de poder y el compresor del aire acondicionado, si está equipado, y colóquelos hacia un lado. **Peligro:** *¡El sistema de aire acondicionado está bajo presión alta - no desconecte las mangueras!*

3 Remueva la tapa de las válvulas (vea Sección 4). Remueva los dos pernos del frente de la cabeza de los cilindros a la tapa de la cadena del tiempo. **Caución:** *No afloje ninguno de los otros pernos de la cabeza de los cilindros.*

4 Levante el vehículo y sopórtelo firmemente en estantes. Remueva el protector de salpicadura del lado derecho. Remueva el perno grande del frente del cigüeñal y deslice la polea hacia fuera. **Nota:** *Para prevenir que se gire el cigüeñal mientras usted remueve este perno, remueva el motor de arranque (vea Capítulo 5) y atore un destornillador grande o una barra en el engrane del anillo del volante y el plato flexible. Si la polea no se libera fácilmente, hay extractores disponible en las refaccionarías lo cual hará que la operación de remover sea más fácil.*

5 Posicione un gato de piso con un bloque de madera en la cabeza del gato bajo el motor. Levante el motor hacia encima un poquito para aliviar la presión y remover el calzo del motor del lado derecho **(vea ilustración)**. Remueva el calzo del plato del motor y el indicador de la tapa de la regulación del tiempo **(vea ilustración)**.

6 Drene la cacerola de aceite del motor y remueva el aceite (vea Sección 15).

7 Remueva los pernos que conectan la tapa de la cadena del tiempo al bloque del motor **(vea ilustración)**. Dibuje un esquema sencillo que muestre el lugar de cada perno para que puedan ser vueltos a la misma localidad de donde ellos fueron removidos. Péguele a la tapa de la cadena del tiempo con un martillo de cara blanda para romper el sello de la junta, entonces remueva la tapa del bloque del motor. **Caución:** *Hacerle palanca entre la tapa y el bloque del motor pueden dañar la superficie donde sella la junta.*

8 Remueva la guía de la cadena marcado A, B y C **(vea ilustración)**. Cada guía está sostenida en su lugar por dos pernos. Otra vez, dibuje un esquema sencillo que muestre el lugar de cada perno para que puedan ser vueltos a ser instalados en los orificios originales de donde se removieron.

9 Vuelva a instalar el perno grande en el final del cigüeñal. Deténgalo en su lugar con

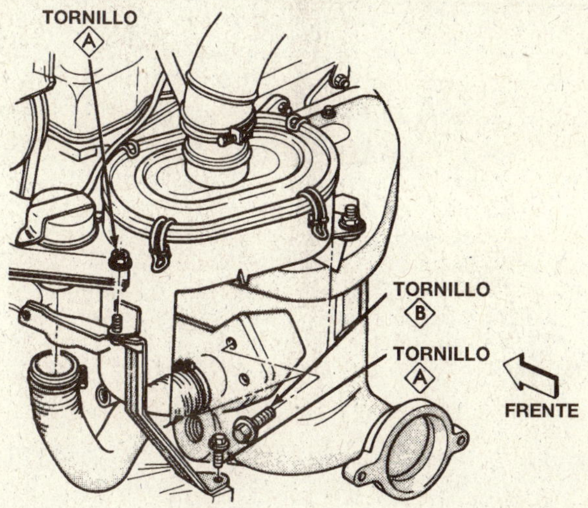

8.9 Remueva el calentador del carburador del múltiple de escape

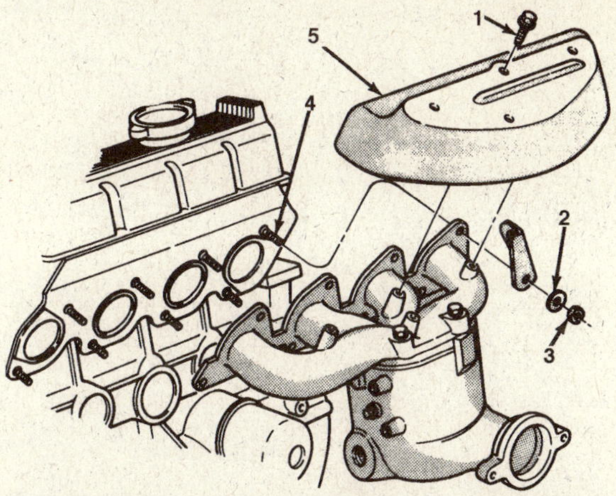

8.10 Remueva las tuercas del múltiple de escape desde el múltiple de escape. Esté seguro de empapar las tuercas con aceite penetrante antes de procurar removerlas

1 Tornillo
2 Arandela
3 Tuerca
4 Espárrago
5 Colector del calor

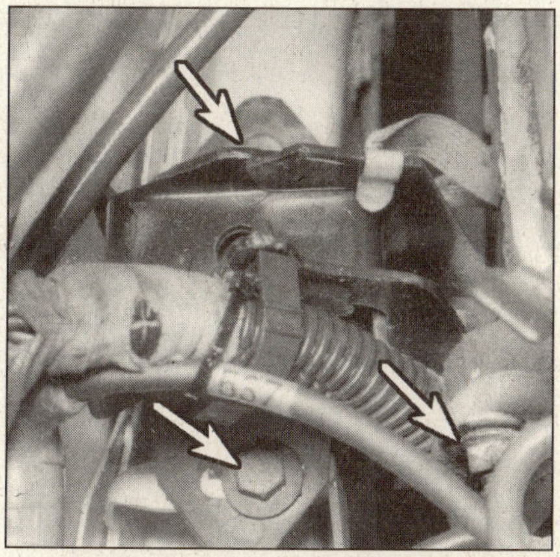

9.5a Remueva los pernos (flechas) y separe el calzo del motor del chasis

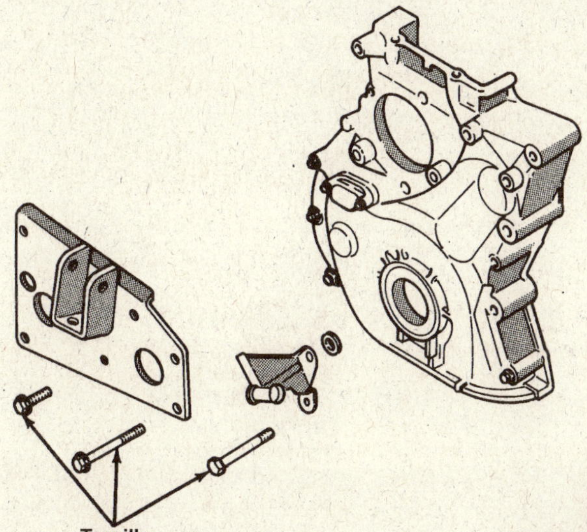

9.5b Detalles de la instalación del plato del calzo del motor

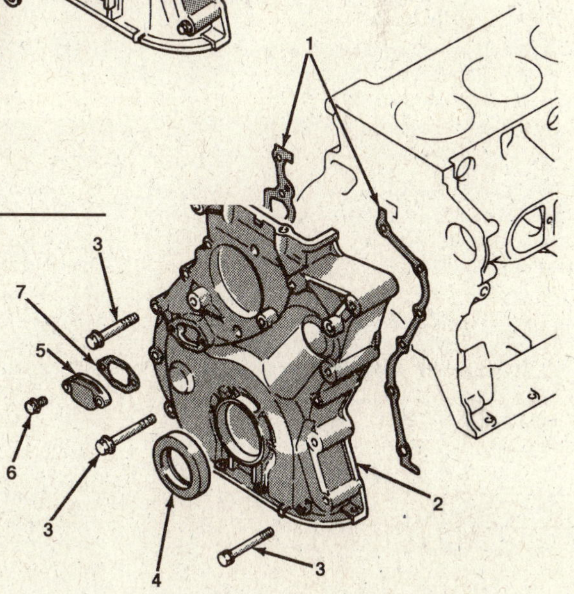

9.7 Detalles de la instalación de la tapa de la cadena del tiempo

1 Junta para la cubierta de la tapa de la cadena
2 Cubierta de la tapa de la cadena
3 Perno
4 Sello
5 Cubierta
6 Tornillo
7 Junta

una llave para prevenir que el cigüeñal gire cuando se afloje el perno en el final trasero (lado de la pared para detener fuego) eje silencioso, el perno que conecta el engrane silencioso trasero de la campaña del eje al eje de la bomba de aceite y el perno en el final del frente (lado del radiador) eje silencioso.

10 Deslice el engrane del cigüeñal, el eje del engrane silencioso y la cadena del motor como una asamblea. Deje el perno en el final del cigüeñal en su lugar. No pierda los pasadores que alinean los engranes con el ejes.

Inspección

11 Chequee los dientes del engrane por desgaste y daño. Chequee los cojines de los anillos del engrane y la guía de los anillos (engranes del eje silencioso solamente) por desgaste y daño. Gire los anillos de cojín y chequee por una operación lisa. Inspeccione la cadena por rajaduras en los platos del lado y rodillos con orificios o desgastados. Reemplace cualquier parte defectuosa o desgastada con partes nuevas.

Instalación

Refiérase a las ilustraciones 9.16a, 9.16b y 9.16c

12 Antes de instalar la cadena del eje silencioso y los engranes, la cadena del tiempo debe ser apropiadamente instalada y el pistón número uno debe estar en el TDC (punto muerto superior) en la carrera de compresión. Ambos ejes silenciosos y la bomba de aceite deben estar también en su lugar.

13 Deslice el engrane del cigüeñal un poquito hacia el frente del cigüeñal alineando la bocallave en el engrane con el pasador en el eje.

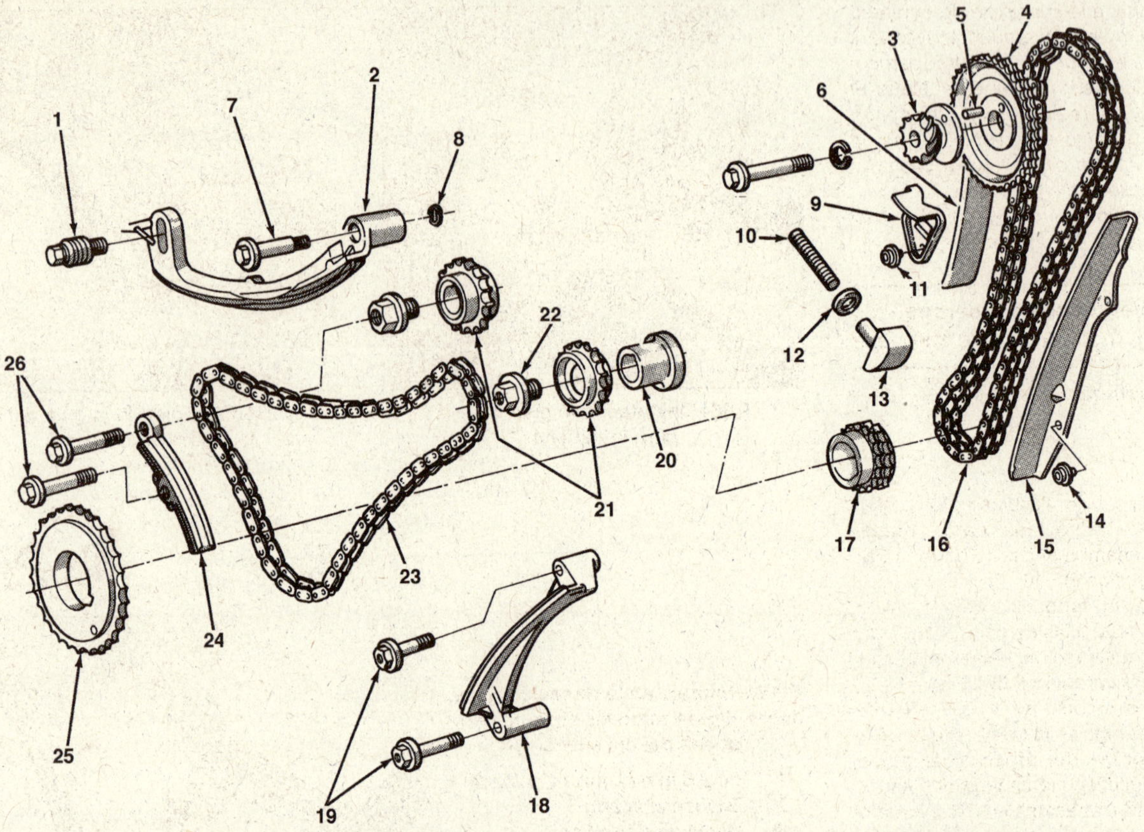

9.8 Un vista esquemática de la cadena silenciosa del eje y la cadena del tiempo

1	*Perno B*	10	*Resorte*	19	*Perno de la brida*
2	*Guía de la cadena*	11	*Perno (2)*	20	*Espaciador*
3	*Engrane del distribuidor*	12	*Arandela de caucho*	21	*Engranes B del eje silencioso (igual, iguale la dirección del cubo)*
4	*Engrane del árbol de levas*	13	*Tensionador*	22	*Perno de la brida*
5	*Clavija de tipo resorte*	14	*Perno de la brida*	23	*Cadena B*
6	*Guía floja del lado*	15	*Guía del tensionador*	24	*Guía de la cadena C*
7	*Perno A*	16	*Cadena del tiempo*	25	*Engrane del cigüeñal (eje silencioso)*
8	*Arandela resorte*	17	*Engrane del cigüeñal*	26	*Pernos de la brida*
9	*Retenedor del embrague*	18	*Guía de la cadena A*		

14 Instale el engrane del eje silencioso parcialmente. El lado de receso del engrane silencioso debe mirar hacia el frente. Instale la cadena del eje silencioso hacia el engrane del eje silencioso. Forme una fila de los eslabones chapados en la cadena con las marcas de acoplamiento estampadas en los engranes **(vea ilustración 9.16c)**.

15 Con el lado deprimido mirando hacia adentro, deslice el engrane del eje silencioso parcialmente hacia el engrane del eje inferior de la bomba de aceite. Ponga en línea el eslabón chapado en la cadena con la marca de acoplamiento en el engrane. Empuje los engranes silencioso del eje completamente en sus respectivos ejes, el forro encima de las bocallaves en los engranes con los pasadores en los ejes. Simultáneamente, empuje el engrane en la parte trasera del cigüeñal hasta que los engranes lleguen al fondo del cigüeñal en la cadena del tiempo. Chequee la posición de las marcas en la cadena y los engranes, después instale los pernos del engrane del eje silencioso y apriételo al par de torsión listado en la **ilustración 9.8**.

16 Instale la guía de la cadena marcada A, B y C **(vea ilustraciones)** y apriete los pernos de instalar las guías de la cadena A y C firmemente (deje los pernos para la guía B de la cadena apretado con los dedos). Note la diferencia entre los pernos de la guía B superior e inferior. Asegúrese que ellos están instalados en la ubicación apropiada.

17 Ajuste el juego de la cadena como sigue: gire el eje silencioso trasero hacia la derecha y el eje silencioso del frente hacia la izquierda para colectar el juego de la cadena en el punto F **(vea ilustración 9.16c)**. Estire la cadena con la punta de sus dedos en la dirección de la flecha F, entonces mueva el final más bajo de la guía B de la cadena hacia arriba o hacia abajo, según sea requerido, hasta que el espacio libre entre la cadena y la guía (juego de la cadena) sea lo especificado **(vea ilustración 9.16c)**. Apriete los pernos de la guía B firmemente, entonces chequee el juego para estar seguro de que no a cambiado. Si la cadena no tiene la tensión apropiada, ruido del motor resultará.

18 Aplique una capa de grasa limpia de tipo moly en las guías de la cadena y la cadena.

19 Usando un martillo y un punzón, acciona el sello de aceite fuera del albergue de la cadena de la sincronización del tiempo (vea Sección 12).

20 Coloque un sello nuevo en su lugar - asegúrese que el labio mira hacia adentro - y péguele suavemente alrededor de su circunferencia con un bloque de madera y un martillo hasta que sea asentado apropiadamente.

21 Usando una junta nueva y sellador de junta de tipo RTV, ponga la tapa de la cadena del tiempo en el motor **(vea ilustración 9.6)**. Instale los pernos en un patrón entrecruzado y apriételo al par de torsión listado en las especificaciones de este Capítulo. Si la junta sale más allá de la cima o el fondo del albergue y el bloque del motor, remueva el exceso con la hoja de una navaja.

22 Instale el plato del calzo del motor poniéndolo en la tapa de la cadena de la sincronización del tiempo **(vea ilustración 9.5)**. Apriételo al par de torsión listado en las especificaciones de este Capítulo.

23 Aplique una capa ligera de grasa de

base moly limpia a la superficie de contacto del sello de la polea del cigüeñal, entonces deslícela hacia el cigüeñal. Instale el perno y apriételo con los dedos solamente. **Nota:** *El perno debe ser apretado al par de torsión especificado solamente después que la cabeza de los cilindros y el árbol de levas hayan sido instalado.*

24 La instalación se hace en el orden inverso al procedimiento de desensamble.

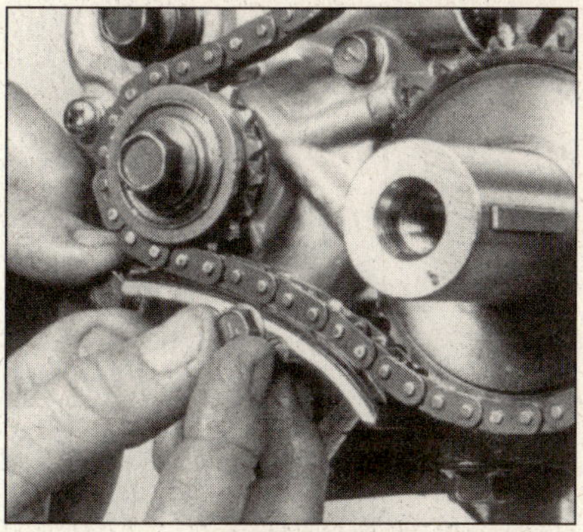

9.16a Instalando la guía del eje para la cadena C

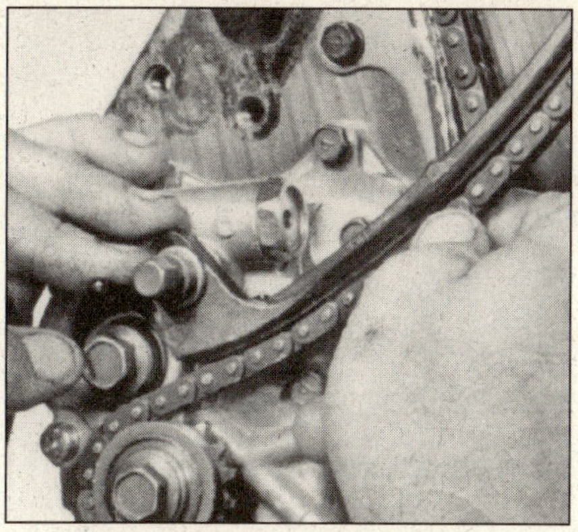

9.16b Instalando la guía del eje para la cadena B

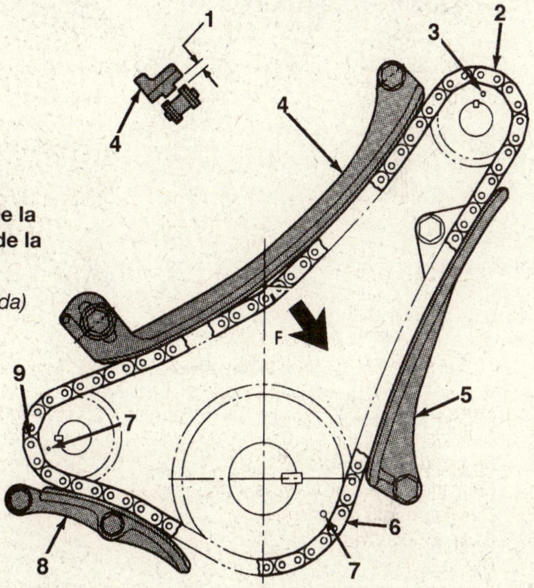

9.16c Empuje en la dirección de la flecha F para remover el juego de la cadena del eje silencioso

1 *1 a 3.5 mm (0.4 a .14 pulgada)*
2 *Eslabón chapado*
3 *Marca de alineación*
4 *Guía de la cadena B*
5 *Guía de la cadena A*
6 *Eslabón chapado*
7 *Marca de alineación*
8 *Guía de la cadena C*
9 *Guía de la cadena*

10 Cadena/engranes del tiempo - remover, inspeccionar e instalar

Refiérase a las ilustraciones 10.6, 10.7, 10.8, 10.9a y 10.9b

Remover

1 La cadena del eje silencioso y los engranes deben ser removidos para obtener acceso a la asamblea de la cadena del tiempo (vea Sección 9).

2 Remueva el retenedor del engrane del árbol de levas y las guías derecha e izquierda de la cadena del tiempo del frente del bloque del motor **(vea ilustración 9.8)**.

3 Presione el embolo del tensionador de la cadena del tiempo en la bomba de aceite y deslice el engrane del árbol de levas, el engrane del cigüeñal y la cadena del tiempo del motor como una asamblea. No pierda el pasador que alinea el engrane del cigüeñal en su lugar apropiado. Remueva el embolo del tensionador de la banda del tiempo y el resorte de la bomba de aceite.

Inspección

4 Inspeccione los dientes del engrane por desgaste y daño. Chequee la lamina de la cadena por rajaduras y rodillos con hoyos o desgastados. Chequee el caucho del tensionador de la cadena del tiempo por desgaste, roturas del resorte del tensionador y por deterioración. Chequee la guía de la cadena por desgaste y daño. Reemplace cualquier partes defectivas con nuevas.

Instalación

5 Instale el retenedor del engrane y las guías de la cadena derecha e izquierda del tiempo en el bloque del motor. Apriete los pernos firmemente. El perno superior en la guía izquierda de la cadena del tiempo debe ser instalado apretándolo con los dedos solamente. Entonces cubra la longitud entera de la superficie de contacto de la cadena de las guías con grasa de base moly limpia de alta calidad.

6 Gire el perno del cigüeñal con una llave grande hasta que el pistón número uno esté en el TDC (refiérase a la Sección 3 para localizar el TDC). Aplique una capa limpia de grasa de base moly o de grasa para el ensamblaje del motor al embolo del tensionador de la cadena del tiempo e instale el resorte del tensionador y el embolo y el resorte flojamente en el cuerpo de la bomba del aceite **(vea ilustración)**. **Nota:** *La Corporación Chrysler reconoce oficialmente que un problema con la cadena del tiempo cuando se comienza el motor. A causa de la insuficiente presión del aceite, la cadena del tiempo hará un ruido que golpea cuando el motor es primero puesto en marcha. Esto no dañará el motor, pero es necesario de actualizar el tensionador. Compre en un departamento de partes un espaciador de caucho y lo mete en el resorte del tensionador. Éste espaciador prevendrá que el aceite se corra fuera del tensionador y de regreso otra vez hacia la bomba de aceite.*

7 Posicione el engrane de la cadena del tiempo en el final del cigüeñal con el hombro ancho mirando hacia fuera **(vea ilustración)**. Alinee la bocallave en el engrane con el pasador en el cigüeñal.

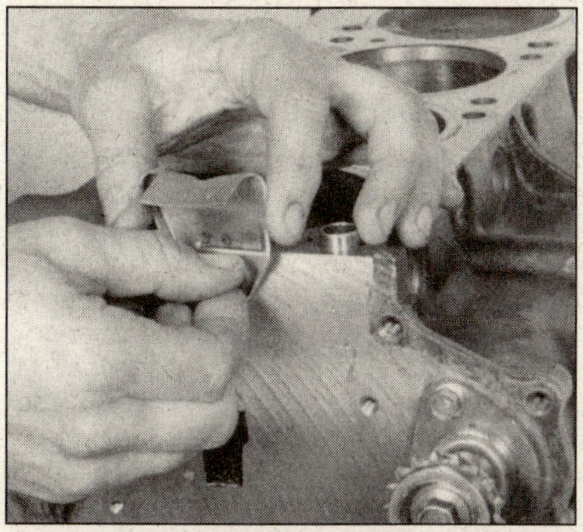

10.6 Lubrique el embolo tensionador de la cadena del tiempo e instálelo en el cilindro de la bomba de aceite

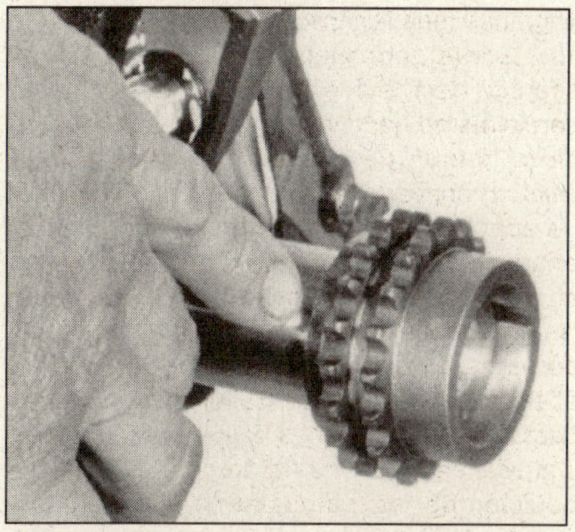

10.7 Instale él engrane de la cadena del tiempo en el final del cigüeñal con la cara ancha mirando hacia fuera

2B

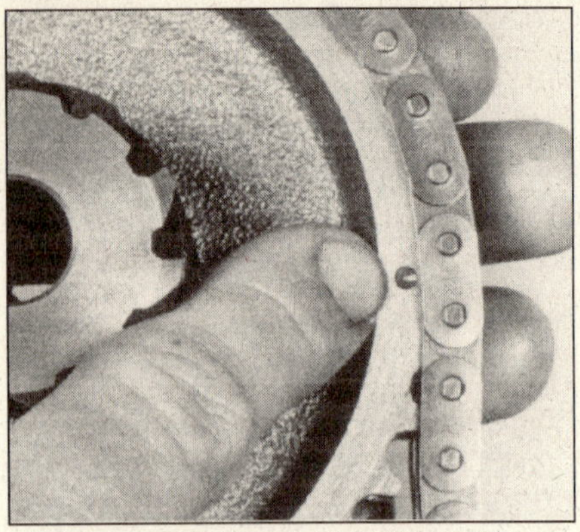

10.8 Alinee el engrane del árbol de levas y la cadena del tiempo con la marca en el engrane directamente frente al eslabón chapado en la cadena

8 Instale el engrane del árbol de levas en la cadena, alinee el eslabón chapado en la cadena con el diente marcado en el engrane **(vea ilustración)**.

9 Resbale la cadena en el engrane del cigüeñal, alinee el eslabón chapado en la cadena con el diente marcado en el engrane **(vea ilustración)**. Deslice el engrane del cigüeñal completamente hacia el cigüeñal mientras presiona el tensionador de la cadena para que la cadena entre en su lugar en las guías. Descanse el engrane del árbol de levas en el retenedor del engrane **(vea ilustración)** y asegúrese que los eslabones chapados y las marcas de acoplamiento están alineadas apropiadamente. **Caución:** *No gire el cigüeñal por ninguna razón hasta que la cabeza de los cilindros y el árbol de levas hayan sido apropiadamente instalado.*

10 La instalación se hace en el orden inverso al procedimiento de desensamble.

11 Árbol de levas, sello de aceite (polea de la bomba de agua) - reemplazo

Refiérase a las ilustraciones 11.2 y 11.5

1 Remueva la polea de la bomba de agua del árbol de levas (vea Capítulo 3).

2 Use una herramienta especial (C-4847-1) y remueva el sello de la cabeza de los cilindros **(vea ilustración)**. Si la herramienta especial no está disponible, envuelva la punta de un destornillador pequeño con cinta y lo usa para hacerle palanca cuidadosamente hacia fuera al sello. No melle o rasguñe el muñón del árbol de levas o el sello nuevo tendrá fugas.

3 Completamente limpie e inspeccione el albergue del sello y el muñón del sello en el árbol de levas. Deben estar limpios y lisos. Use tela de esmeril o papel de lija de 400 granos de arena para remover rebarbas pequeñas.

4 Si una ranura se ha desgastado en el muñón del árbol de levas (por haber hecho contacto con el labio del sello), instalando un sello nuevo no detendrá el escape. Tal desgaste indica normalmente que el árbol de levas o las superficies para los cojinetes en las tapas están desgastados. Es probablemente tiempo de reconstruir la cabeza de los cilindros (vea Capítulo 2, Parte E) o reemplazar la cabeza o el árbol de levas.

5 Revista el labio del sello nuevo con aceite de motor limpio o grasa de base moly e instale cuidadosamente el sello en su lugar con una herramienta especial (C-4848) **(vea ilustración)**. Si una herramienta especial no está disponible, use un dado grande o un pedazo de tubo y un martillo. Si usted no tiene un dado tan grande como el diámetro del sello, péguele alrededor de la orilla exterior del sello con el final grande de un punzón.

6 Instale la polea de la bomba de agua y la banda (vea Capítulo 3).

7 Ponga el motor en marcha y chequee por fugas de aceite.

10.9a Instalando la cadena del tiempo en el engrane del cigüeñal (note que la marca del engrane y el eslabón chapado están al contrario uno del otro)

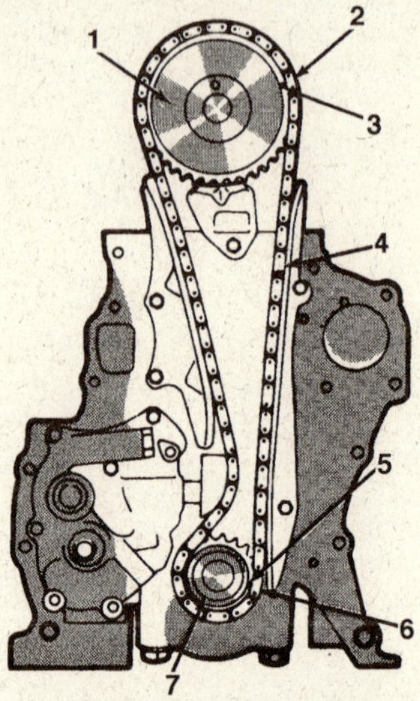

10.9b Corrija la relación entre la cadena del tiempo y el engrane

1 *Engrane del árbol de levas*
2 *Eslabón chapado*
3 *Marca de alineación*
4 *Cadena del tiempo*
5 *Marca de alineación*
6 *Marca de alineación*
7 *Engrane del cigüeñal*

12 Sello de aceite del frente del cigüeñal - reemplazo

Refiérase a la ilustración 12.3

1 Remueva las bandas (vea Capítulo 1).

2 Remueva la polea del cigüeñal.

3 Hágale palanca cuidadosamente al sello fuera de la tapa del frente **(vea ilustración)** Con una herramienta para remover el sello o un destornillador. No rasguñe el albergue del sello o dañe en el proceso el cigüeñal (si el

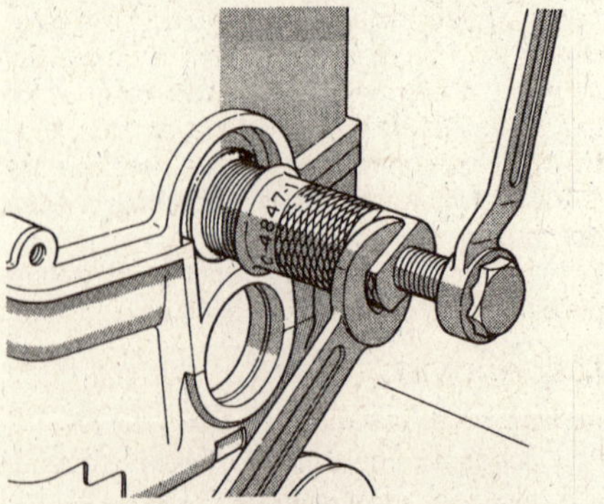

11.2 Use una herramienta especial (C-4847-1) para remover el sello de la cabeza de los cilindros

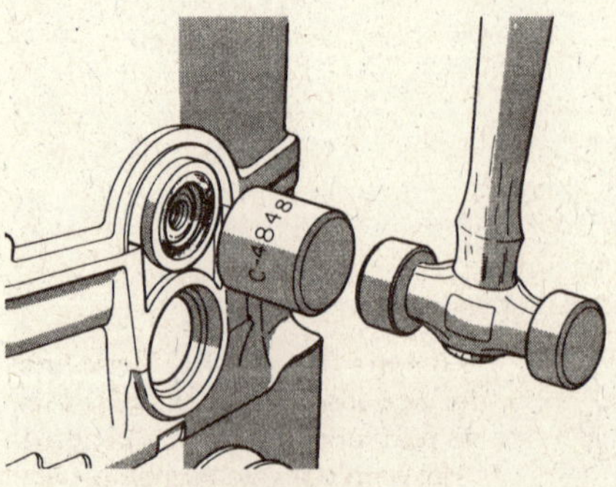

11.5 Instale el sello en su lugar con una herramienta especial (C-4848)

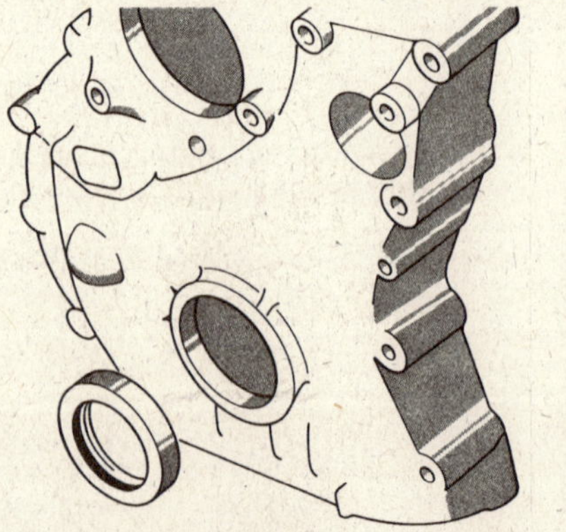

12.3 Sello del aceite del frente del cigüeñal

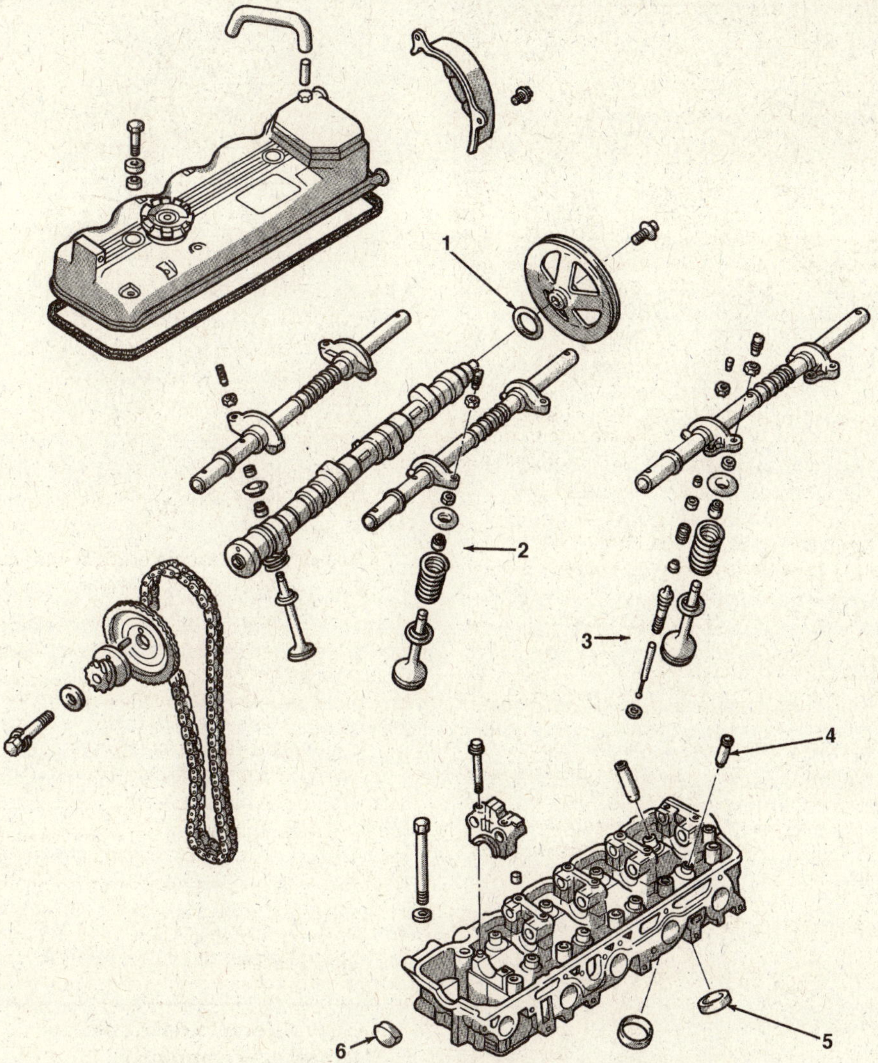

13.6 Una vista esquemática del ensamblaje del brazo del balancín y la cabeza de los cilindros

1 Sello
2 Sin válvula de esprea
3 Con válvula de esprea
4 Guía de la válvula
5 Asiento de la válvula
6 Sello semi circular

cigüeñal está desgastado, el sello nuevo acabará fugándose).

4 Limpie el diámetro del orificio en la tapa de la cadena del tiempo y revista la orilla del exterior del sello nuevo con aceite de motor o grasa de uso múltiple. Usando un dado con un diámetro exterior levemente más pequeño que el diámetro exterior del sello, instale cuidadosamente el sello en su lugar con un martillo. Si un dado no está disponible, una sección corta de un tubo grande trabajará. Chequee el sello después de la instalación para estar seguro que el resorte no se salió hacia fuera.

5 La instalación se hace en el orden inverso al procedimiento de desensamble.

6 Ponga el motor en marcha y chequee por fugas.

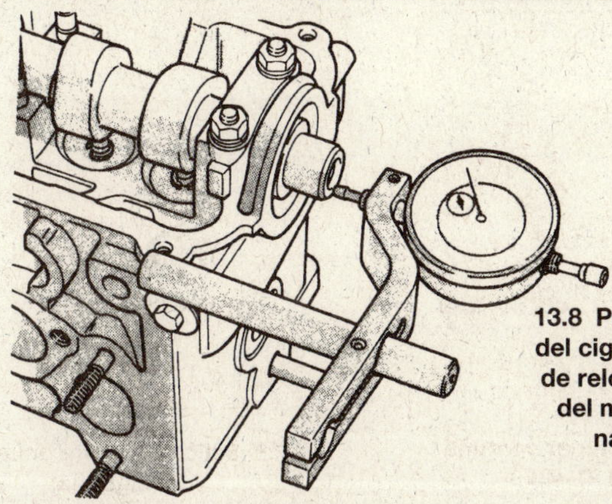

13.8 Para chequear el juego final del cigüeñal, instale un indicador de reloj como este, con la aguja del medidor que toque con la nariz del árbol de levas

13 Árbol de levas - remover, inspeccionar e instalar

Remover

Refiérase a la ilustración 13.6

1 Remueva la tapa de las válvulas (vea Sección 4).

2 Remueva el distribuidor (vea Capítulo 5).

3 Remueva el ensamblaje del brazo del balancín (vea Sección 5). Si el cojinete del árbol de levas no tiene números en ellos, numérelos antes de removerlos. Esté seguro de poner las marcas en el mismo punto en todas las tapas para prevenir la orientación inexacta durante la instalación de las tapas.

4 En orden de mantener los dispositivos de aplicar tensión para que no se desplomen una vez que el engrane haya sido removido, instale una herramienta de retención especial entre la cadena del tiempo, cerca del tensionador **(vea ilustración 14.7)**. La herramienta se extenderá hacia abajo en la tapa de la cadena del tiempo, así que esté seguro de ponerle un gancho o alambre a la herramienta para que no se caiga adentro de la tapa o será muy difícil de remover la herramienta cuando el árbol de levas haya sido instalado.

5 Si una herramienta para retener el tensionador no está disponible, pruebe usando un bloque de madera con un alambre atado como una alternativa.

6 Remueva el perno del engranaje del árbol de levas y el engranaje del distribuidor. **Nota:** *Bloquee el árbol de levas usando un par de alicates autoajustable grande o alicates de presión. Ponga la herramienta en el árbol de levas sin hacer contacto con los lóbulos del árbol de levas. Posicione la herramienta solamente en los espacios entre los lóbulos que están equipados con un relieve cortado específicamente diseñado para retener el árbol de levas. Remueva la banda del tiempo y el engrane del árbol de levas como una sola unidad del árbol de levas* **(vea ilustración)**. *Suspenda el engrane del árbol de levas, con la cadena todavía conectada, fuera del camino.*

7 Levante hacia fuera el árbol de levas, límpielo con una toalla limpia y póngalo a un lado.

Inspección

Refiérase a las ilustraciones 13.8 y 13.11

8 Juego final del árbol de levas chequeo:

a) Instale el árbol de levas y lo asegura con las tapas 1 y 5.

b) Instale un indicador de reloj en la cabeza **(vea ilustración)**.

2B

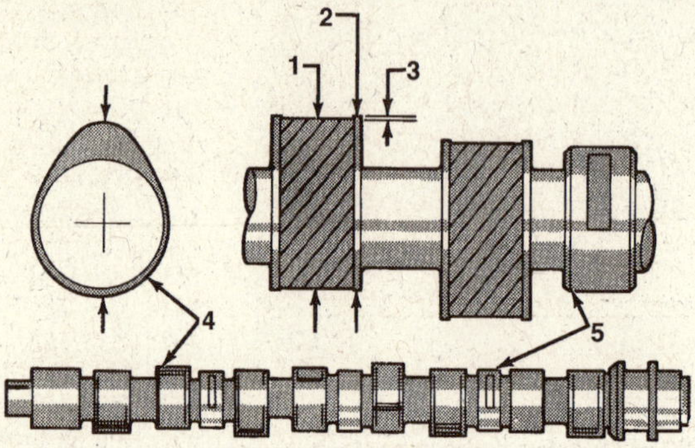

1 *Zona de desgaste*
2 *Zona sin desgaste*
3 *Desgaste actual*
4 *Lóbulo*

13.11 Mida la altura de los lóbulos del árbol de levas en la zona del desgaste y sin el área de desgaste, entonces reste la medida de la zona del desgaste desde la medida del área sin desgaste para obtener el desgaste verdadero - compare el límite de desgaste listado en las especificaciones de este Capítulo

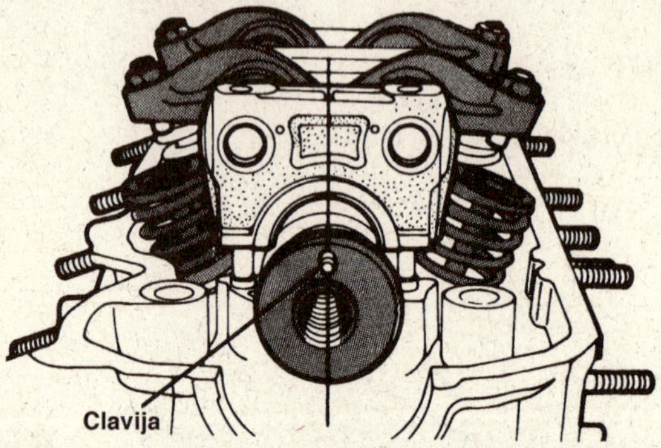

13.16 Instale el árbol de levas con la clavija fija apuntando hacia encima

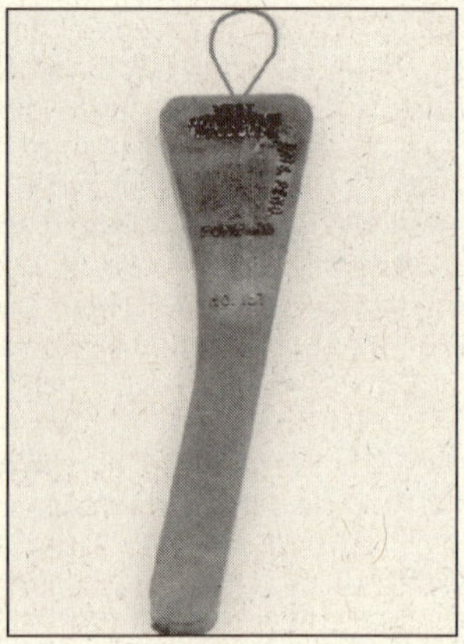

14.7 Antes de remover el engrane del árbol de levas, posicióne la herramienta para detener el tensionador en su lugar entre la cadena y el tensionador - esté seguro que la herramienta tenga un lazo largo o un alambre largo conectado al final para que se pueda remover fácilmente después del trabajo - si la herramienta no está disponible, un bloque de madera y un pedazo de alambre pueden trabajar también

c) *Usando un destornillador grande como una palanca en el final contrario, mueva el árbol de levas hacia adelante y hacia atrás y note la lectura del indicador de tipo reloj.*

d) *Compare la lectura con el juego final listado en las especificaciones de este Capítulo.*

e) *Si la lectura indicada es más alta, el árbol de levas o la cabeza se a desgastado. Reemplace las partes según sea necesario.*

9 Chequee la ovalación del árbol de levas:

a) *Sostenga el árbol de levas en un par de bloques-V y conecte un indicador de reloj con el vástago que descanse contra el muñón central del cojinete en el árbol de levas.*

b) *Gire el árbol de levas y note el ovalamiento indicado.*

c) *Compare el resultado de la ovalación del árbol de levas, con las listadas en las especificaciones de este Capítulo.*

d) *Si el ovalamiento indicado excede el ovalamiento especificado, reemplace el árbol de levas.*

10 Chequee los muñones para los cojinete del árbol de levas y las tapas por rayones y señal de desgaste. Si ellos están desgastados, reemplace la cabeza de los cilindros con una nueva o con una unidad reconstruida. Mida los muñones en el árbol de levas con un micrómetro, comparando sus lecturas con las Especificaciones de éste Capítulo. Si el diámetro de cualquiera de los muñones está fuera de las especificaciones, reemplace el árbol de levas.

11 Chequee los lóbulos de la leva por desgaste:

a) *Chequee el área del talón y la rampa de cada lóbulo de la leva por marcas de arañazo y desgaste desigual. También chequee por desfleque y orificios.*

b) *Si hay desgaste en el talón o la rampa, reemplace el árbol de levas, pero primero trate de encontrar la causa del desgaste. Busque substancias abrasivas en el aceite e inspeccione los pasajes de aceite y la bomba de aceite por bloqueo. El desgaste del lóbulo es generalmente causado por lubricación inadecuada o aceite sucio.*

c) *Usando un micrómetro, calcule el desgaste del lóbulo* **(vea ilustración)**. *Si el desgaste del lóbulo es más que lo listado en las especificaciones de este Capítulo, reemplace el árbol de levas.*

12 Inspeccione los brazos de los balancines por desgaste, abrasión y orificios en las superficies de contacto.

13 Si alguna de las condiciones descritas encima es notada, la cabeza de los cilindros está recibiendo probablemente insuficiente lubricación o aceite sucio, así que esté seguro de que usted localiza la causa de éste problema (nivel bajo de aceite, capacidad baja de la bomba de aceite, pasaje de aceite obstruido, etc.) antes de instalar una cabeza nueva, el árbol de levas o los seguidores.

Instalación

Refiérase a la ilustración 13.16

14 Limpie completamente el árbol de levas, las superficies de la cabeza para los cojinetes, tapas y los brazos de los balancines. Remueva todo lodo y tierra. Limpie todos los componentes con un trapo limpio, libre de hilachas.

15 Lubrique las superficies de contacto encima de los brazos de los balancines con lubricante de ensamblar o grasa de base moly. Instale los brazos de los balancines, asegúrese que usted los puso en sus lugares originales.

16 Lubrique las superficies del cojinete del árbol de levas en la cabeza y los muñones del cojinete y los lóbulos en el árbol de levas con lubricante de ensamblar o grasa de base moly. Baje cuidadosamente el árbol de levas en la posición con la clavija fija apuntando hacia encima **(vea ilustración)**. **Caución:** *El fracaso de lubricar adecuadamente el árbol de levas y los componentes relacionados pueden causar daños graves a las superficies de los cojinetes y fricción durante los primeros pocos segundos después que el motor se pone en marcha, cuando la presión del aceite está baja o inexistente.*

17 Aplique una capa ligera de lubricante de ensamblar o grasa de base moly a las superficies para los cojinetes o tapas para el árbol de levas.

18 Aplique sellador de tipo anaerobio a las superficies de contacto de la cabeza de los cilindros de las tapas 1 y 5 e instale el ensamblaje del brazo del balancín.

19 Instale los pernos para las tapas de los cojinetes 2 y 4. Apriete gradualmente los cuatro afianzadores 1/4 de vuelta a la vez - hasta que el árbol de levas se haya bajado y asentado en los soportes del cojinete. No apriete los afianzadores completamente en éste momento.

20 Instale los pernos en las tapas de los cojinete 3 y 5 y apriete los afianzadores de la misma manera que usted hizo para las tapas 2 y 4.

21 Instale un sello nuevo de aceite en el árbol de levas, después instale la tapa del cojinete 1. No apriete los afianzadores en este momento.

22 Remueva cualquier exceso de sellador de las puntas de las dos tapas de los cojinetes.

23 Trabajando en un patrón cruzado,

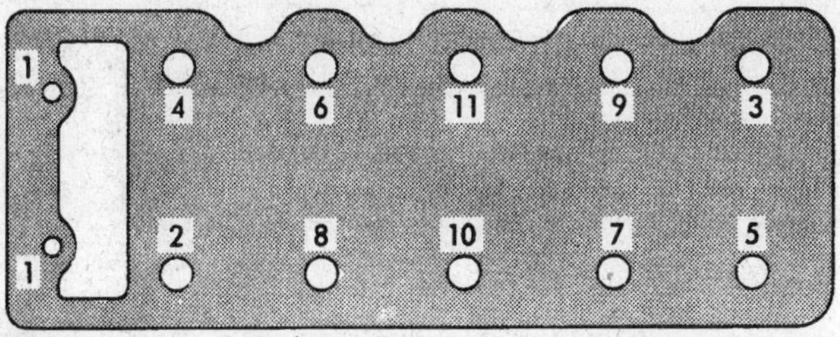

14.8 Afloje 1/4 de vuelta a la vez los pernos, en la sucesión mostrada, hasta que ellos puedan ser removidos a mano

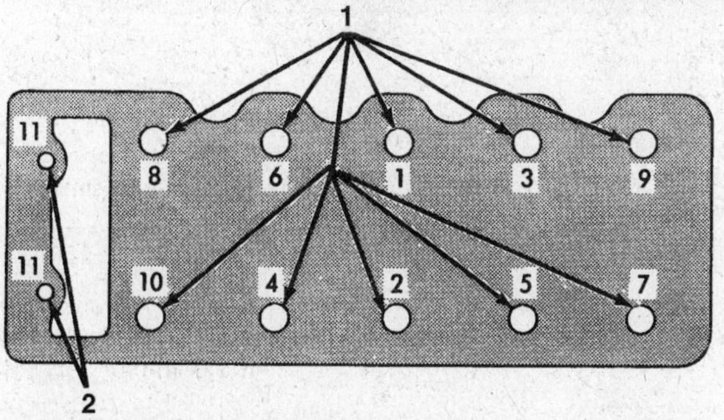

14.16 Secuencia de como apretar los pernos de la cabeza de los cilindros

1 94Nm (69 pies libras) con el motor frío y 103Nm (75 pies libras) con el motor caliente

2 18 Nm (156 pulgada libras)

apriete los afianzadores para las tapas de los cojinetes 2 y 4 al par de torsión listado en las Especificaciones de este Capítulo. Entonces apriete al par de torsión los afianzadores para las tapas de los cojinetes 3 y 5 de la misma manera. Finalmente, apriete los afianzadores para la tapa del cojinete 1.

24 Instale el engrane del árbol de levas y la cadena del tiempo y los componentes relacionados (vea Sección 10). Si usted suspendió el engrane del árbol de levas fuera del camino y no perturbó la cadena del tiempo o los engranes, el tiempo de la válvula debe estar todavía correcto. Gire el árbol de levas para acoplarlo nuevamente en el engrane según sea necesario en el árbol de levas. Si el tiempo de la válvula se perturbó, alinee los engranes e instale la cadena como en la Sección 10.

25 Remueva las bujías y gire el cigüeñal a mano para asegúrese que el tiempo de la válvula está correcto. Después de dos revoluciones, las marcas en los engranes del tiempo deben estar todavía alineadas. Si no lo están, alinee nuevamente la cadena del tiempo a los engranes (vea Sección 10). **Nota:** *Si usted siente resistencia mientras gira el cigüeñal, pare inmediatamente y chequee el tiempo de la válvula refiriéndose a la Sección 10.*

26 La instalación se hace en el orden inverso al procedimiento de desensamble.

14 Cabeza de los cilindros - remover e instalar

Caución: Deje que el motor se enfríe completamente antes de empezar este procedimiento.

Remover

Refiérase a las ilustraciones 14.7 y 14.8

1 Posicione el pistón número uno en el TDC (punto muerto superior) (vea Sección 3).

2 Desconecte el cable negativo de la batería.

3 Drene el sistema de enfriamiento y remueva las bujías (vea Capítulo 1).

4 Remueva el múltiple de admisión y de escape (vea Secciones 7 y 8). **Nota:** *Si usted está solamente reemplazando la junta para la cabeza de los cilindros, no es necesario remover los múltiples. Si usted deja los múltiples conectado, pueda que usted necesite a un ayudante para ayudar a levantar la cabeza del motor, porque estará bastante pesado.*

5 Remueva la tapa de las válvulas (vea Sección 4).

6 Remueva el distribuidor (vea Capítulo 5), inclusive la tapa y los alambres.

7 Remueva la cadena silenciosa del eje y el engrane (vea Sección 9) y la cadena del tiempo y el engrane (vea Sección 10). **Nota:** *Es posible usar una herramienta de enclavamiento de tensiones* **(vea ilustración)** *para detenerlo en su lugar mientras la cadena y los dispositivos de aplicar tensión de la cabeza de los cilindros están fuera del motor. Esto le salvará tiempo a usted por no tener que remover la banda del tiempo y los ensamblajes del eje silencioso de la cadena. Esté seguro de instalar la herramienta bien apretada para prevenirla que se salte hacia fuera cuando el motor sea sacudido.*

8 Afloje los pernos de la cabeza en incrementos de 1/4 de vuelta hasta que puedan ser removidos a mano. Siga la sucesión recomendada para evitar alabear la cabeza **(vea ilustración)**. Note donde cada perno va para que pueda ser regresado a su misma ubicación cuando se instale.

9 Levante la cabeza del motor. Si se siente resistencia, no le haga palanca entre la cabeza y las superficies de acoplamiento de la junta del bloque - porque daño a las superficies de acoplamiento resultará. En lugar, use la palanca contra las extensiones en la fundición de la cabeza de los cilindros. Ponga la cabeza en un bloque de madera para prevenir daño a las superficies donde sella la junta.

10 Remover la cabeza de los cilindros y el procedimientos de inspección son cubierto con todo detalle en el Capítulo 2, Parte E. Es una buena idea de chequear la cabeza por combadura, aunque usted esté solamente reemplazando la junta de la cabeza.

Instalación

Refiérase a la ilustración 14.16

11 Las superficies de acoplamiento de la cabeza de los cilindros y el bloque se deben limpiar perfectamente cuando la cabeza sea instalada.

12 Use un raspador de junta para remover todos los rasgos de carbón y material de junta usada, después limpie las superficies de acoplamiento con removedor de pintura o acetona. Si hay aceite en las superficies de acoplamiento cuando la cabeza sea instalada, la junta no podrá sellar correctamente y fugas se pueden desarrollar. Cuándo esté trabajando en el bloque, llene los cilindros con trapos limpios para que no entren escombros. Use una aspiradora para remover el material que caiga en los cilindros. Desde que la cabeza está hecha de aluminio, raspar agresivamente puede causar daño. Tenga cuidado extra de no mellar o excavar las superficies de acoplamiento con el raspador.

13 Chequee el bloque y las superficies de acoplamiento de la cabeza por mellas, rasguños y otros daños profundos. Si el daño es leve, puede ser removido con una lima; si es excesivo, rectificación a máquina puede ser solamente la única alternativa.

14 Use una terraja del tamaño correcto para seguir las roscas para los pernos en los orificios de la cabeza. Instale cada perno de la cabeza en una morsa y corra una terraja hembra en las roscas para remover corrosión y rectificar las roscas. La tierra, la corrosión, el sellador y las roscas desgastadas afectarán las lecturas del par de torsión.

15 Coloque una junta nueva en el bloque. Chequee para ver si hay alguna marca (tal como "TOP") en la junta que dice cómo debe ser instalada. Ponga la cabeza de los cilindros en posición.

16 Instale los pernos. Ellos deben ser apretados en una sucesión específica **(vea ilustración)**, en las etapas y al par de torsión listado en las especificaciones de este Capítulo. **Nota:** *Use el primero y segundo paso ("motor frío") en las especificaciones.*

17 Vuelva a instalar la cadena del tiempo y la cadena silenciosa del eje, si la removió. Si una herramienta de enclavamiento de tensiones se usó, conecte el engrane del árbol de levas y remueva la herramienta.

18 Reinstale las partes que quedan en el orden inverso de como se removió.

19 Esté seguro de rellenar el sistema de enfriamiento y chequee todos los niveles de los flúidos.

20 Gire el cigüeñal a la derecha lentamente a mano dos revoluciones completas. Chequee las marcas de la regulación del tiempo del árbol de levas (vea Sección 10). **Caución:** *Si usted siente cualquier resisten-*

cia mientras está girando el motor, pare y chequee completamente el tiempo del árbol de levas. La válvulas puede estar golpeando los pistones.

21 Ponga el motor en marcha y chequee el tiempo de la ignición (vea Capítulo 1).

22 Ponga el motor en marcha hasta que la temperatura normal de operación se haya alcanzado. Chequee por fugas y por operación apropiada.

23 Remueva la tapa de las válvulas y apriete nuevamente al par de torsión los pernos de la cabeza de los cilindros mientras el motor está caliente (use el paso 3 en las especificaciones), entonces reinstala la tapa de la válvula.

15 Cacerola del aceite - remover e instalar

Refiérase a la ilustración 15.4

Nota: El siguiente procedimiento es basado en la suposición que el motor está en el vehículo.

1 Caliente el motor, entonces drene el aceite y reemplace el filtro de aceite (vea Capítulo 1).

2 Separe el cable negativo de la terminal de la batería.

3 Levante el vehículo y sopórtelo firmemente en estantes.

4 Remueva los pernos que aseguran la cacerola de aceite al bloque del motor **(vea ilustración)**.

5 Péguele a la cacerola con un martillo del cara blanda para romper el sello de la junta, entonces sepárela del motor la cacerola de aceite. No haga palanca entre las superficies de acoplamiento del bloque y la cacerola del aceite.

6 Usando un raspador de junta, remueva todos los rasgos de junta usada y sellador del bloque del motor y la cacerola del aceite. Remueva los sellos de cada final del bloque del motor o cacerola de aceite. Limpie las superficies de acoplamiento con removedor de pintura o acetona. Asegúrese que las roscas para los pernos en los orificios del bloque del motor están limpias.

7 Limpie con solvente la cacerola de aceite y la seca completamente. Chequee por distorsión de las pestañas, particularmente alrededor de las roscas para los pernos. Si es necesario, coloque la cacerola en un bloque de madera y use un martillo para aplastar y restaurar las superficies de la junta.

8 Instale los sellos en el final de la cacerola de aceite, entonces aplique una línea de 1/8 pulgada de ancho de sellador RTV a las superficies de las juntas de la cacerola de aceite. Continúe la línea hasta el final de los sellos. Asegúrese que el sellador es aplicado a la orilla interior de las roscas para los pernos.

9 Coloque cuidadosamente la cacerola de aceite en posición.

10 Instale los pernos y apriételos en incrementos de 1/4 de vuelta al par de torsión listado en las especificaciones de este Capítulo. Comience con los pernos cerca del centro de la cacerola y apriételo en un patrón espiral. No los sobre apriete o fugas pueden ocurrir.

11 Agregue aceite, ponga el motor en marcha y chequee por fugas de aceite.

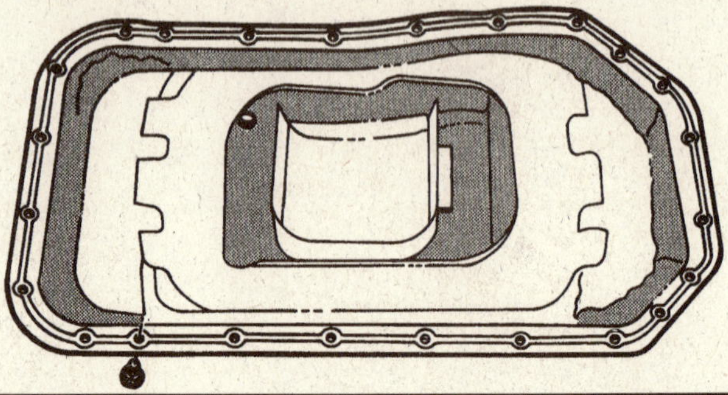

15.4 Remueva los pernos de la cacerola de aceite

16 Bomba de aceite - remover, inspeccionar e instalar

Remover

Refiérase a la ilustración 16.3

1 Remueva la banda del tiempo (vea Sección 10).

2 Remueva la cacerola del aceite (vea Sección 15).

3 Remueva los pernos que sostienen la bomba de aceite **(vea ilustración)** y remueva el ensamblaje de la bomba de aceite.

Inspección

Refiérase a las ilustraciones 16.5, 16.6a 16.6b, 16.7, 16.8, 16.9 y 16.11

4 Remueva los pernos y levante la tapa de la bomba de aceite.

5 Chequee el espacio libre de cada cojinete de los engranes de la bomba de aceite **(vea ilustración)**.

6 Usando un calibrador palpador y una

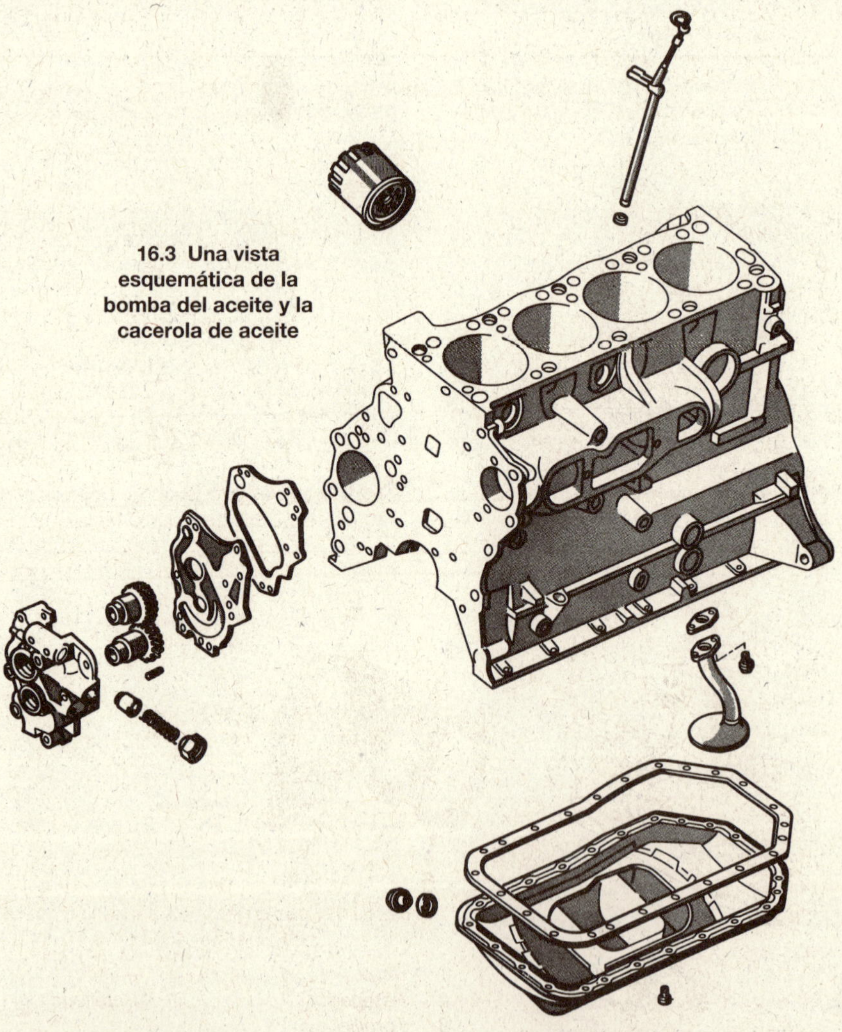

16.3 Una vista esquemática de la bomba del aceite y la cacerola de aceite

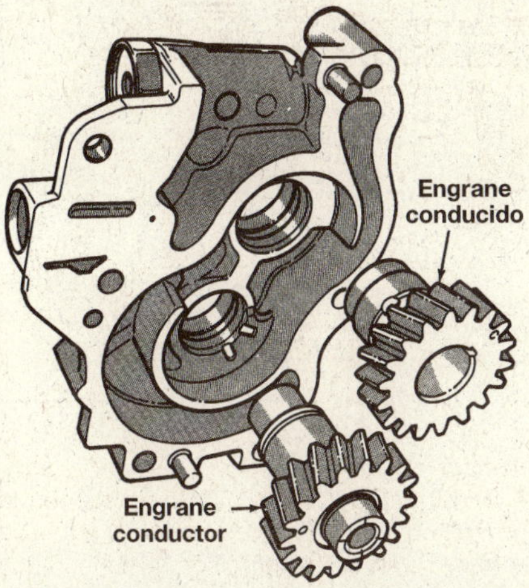

16.5 **Chequee el espacio libre del cojinete de la bomba de aceite en cada engrane**

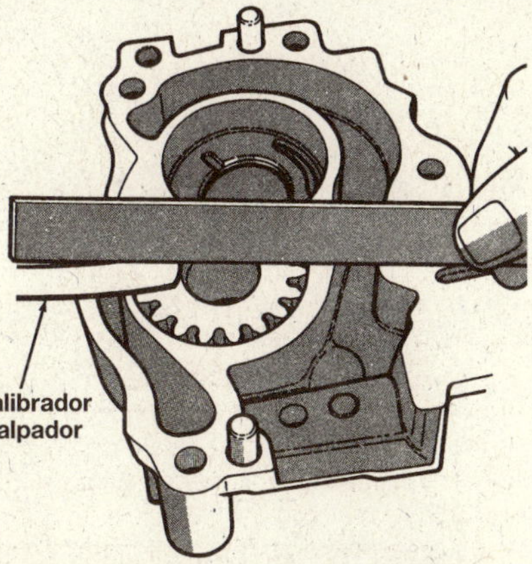

16.6a Use una regla y un calibrador palpador para chequear el juego final en el engrane conducido

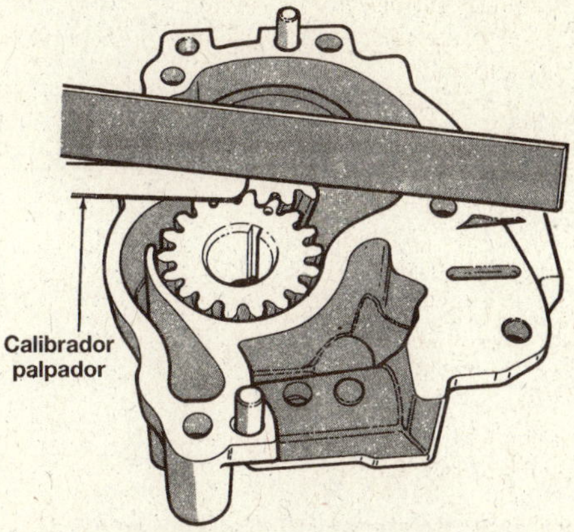

16.6b Use una regla y un calibrador palpador para chequear el juego final en el engranaje conductor

regla, chequee el juego final empujado el engrane impulsor y el engranaje impulsado **(vea ilustraciones)**.

7 Chequee el juego libre entre el engrane impulsado y el albergue de la bomba con un calibrador palpador **(vea ilustración)**.

8 Chequee el juego libre entre el engranaje impulsor y el albergue de la bomba con un calibrador palpador **(vea ilustración)**.

9 Extraiga el resorte y la válvula de liberación de la bomba de aceite del albergue de la bomba **(vea ilustración)**. Mida la longitud libre del resorte de la válvula de liberación de la presión del aceite.

10 Compare las medidas con las especificaciones de la bomba de aceite al principio de éste Capítulo. Si alguna de ellas están fuera de los límites, reemplace la bomba.

11 Instale los engranes con las marcas de acoplamiento alineadas **(vea ilustración)**. Instale la válvula de liberación de presión de aceite y la asamblea de resorte. Instale la tapa de la bomba y apriete los pernos a las Especificaciones en el frente de éste Capítulo.

2B

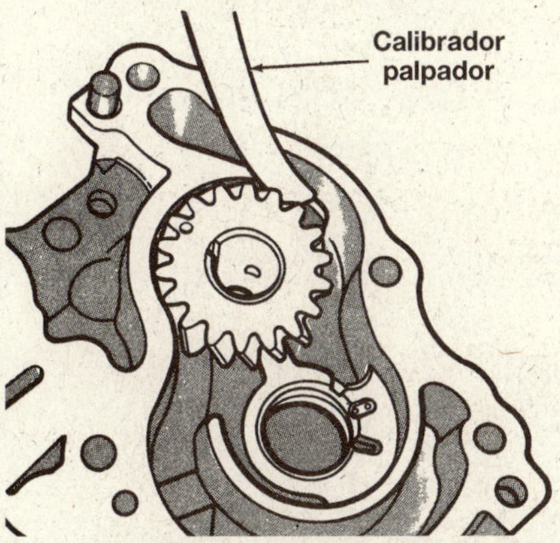

16.7 Chequee el engranaje conducido al espacio libre del albergue

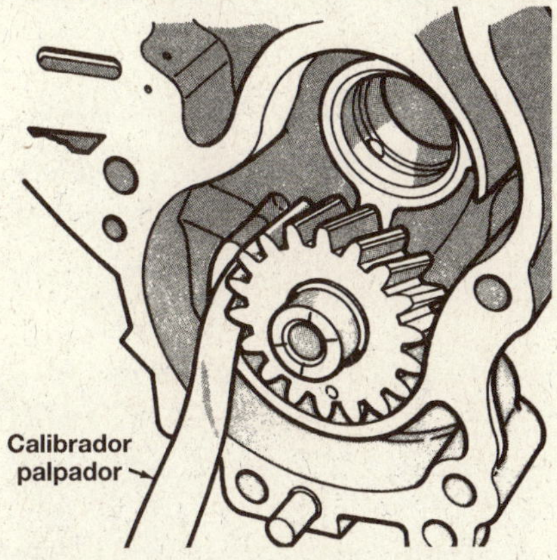

16.8 Chequee el engranaje conductor al espacio libre del albergue

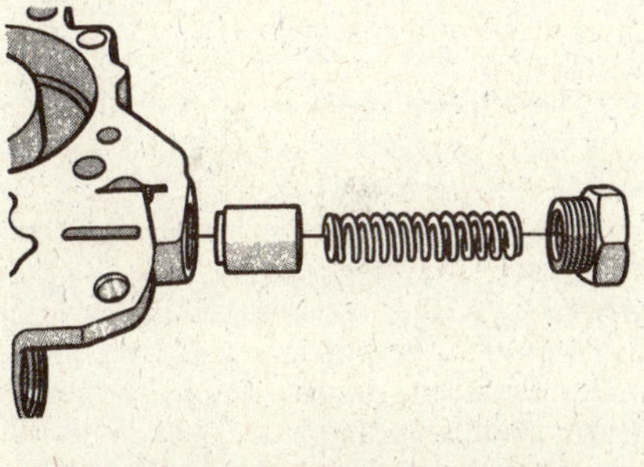

16.9 Remueva el resorte de la válvula de liberación de presión del aceite y mida su longitud libre

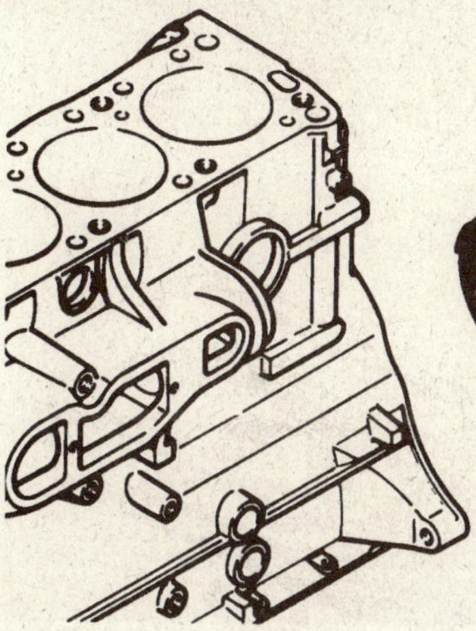

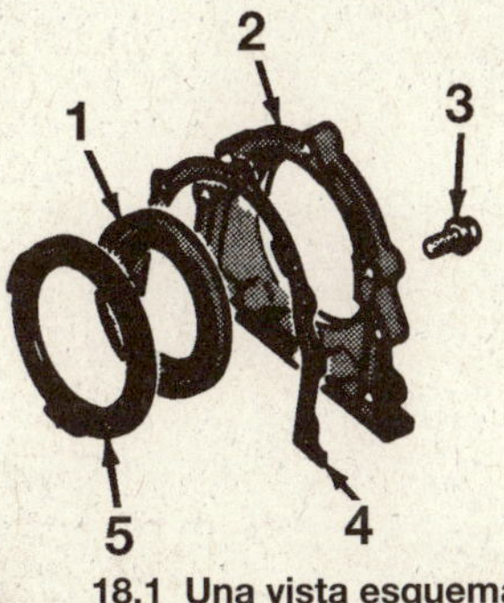

18.1 Una vista esquemática del sello trasero principal del aceite

1 *Sello*
2 *Retenedor*
3 *Tornillo*
4 *Junta*
5 *Separador*

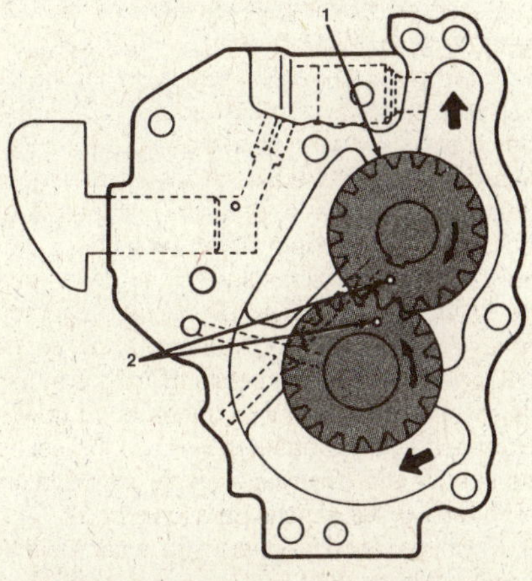

16.11 Esté seguro que las marcas de acoplamientos para los engranes de la bomba de aceite estén alineados cuándo ensamble la bomba de aceite

Instalación

12 Aplique una capa ligera de sellador RTV (vulcanizador accionado a temperatura ambiente) a la superficie de acoplamiento de la bomba y coloque la bomba en posición. Gírela hacia adelante y hacia atrás un poquito para asegura un contacto positivo entre la bomba y el bloque del motor.

13 Cubra las roscas de los pernos con sellador RTV y, mientras detiene la bomba firmemente en su lugar, instale los pernos. Apriételos al par de torsión listado en las especificaciones de este Capítulo.

14 Instale una junta nueva en el tubo captador de aceite - si se removió **(vea ilustración 16.3)** e instale la parrilla en el tubo captador de aceite. Apriete los pernos al par de torsión en las Especificaciones de este Capítulo.

15 Instale la cacerola de aceite (vea Sección 15).

17 Volante/plato flexible - remover e instalar

Éste procedimiento es esencialmente igual para todos los motores. Refiérase a la Parte A y siga el procedimiento descrito para el plan general. Sin embargo, use el par de torsión para los pernos listado en este Capítulo.

18 Sello trasero principal del aceite - reemplazo

Refiérase a la ilustración 18.1

Éste procedimiento es esencialmente igual para todos los motores. Refiérase a la Parte A y siga el procedimiento descrito para el plan general. Sin embargo, use el par de torsión para los pernos listado en este Capítulo **(vea ilustración)**.

19 Calzos del motor - chequeo, reemplazo y ajuste

Refiérase a las ilustraciones 19.1a y 19.1b

Éste procedimiento es esencialmente igual para todos los motores. Refiérase a la Parte A y siga el procedimiento descrito para el plan general **(vea ilustraciones)**.

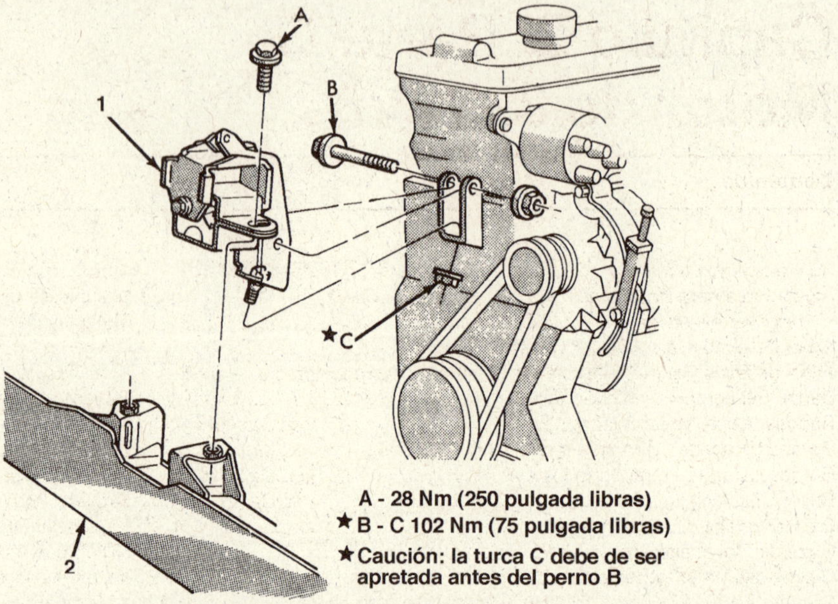

19.1a Una vista esquemática del calzo del motor derecho en un motor de 2.6L

1 Horquilla de soporte derecha y aislador *2 Chasis*

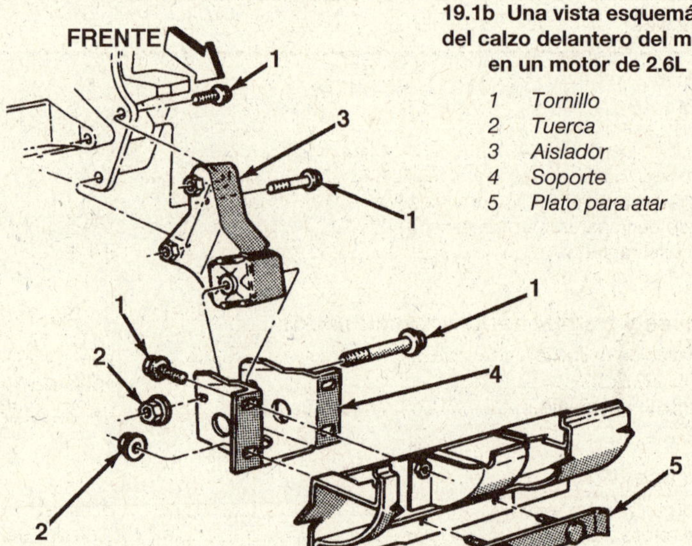

19.1b Una vista esquemática del calzo delantero del motor en un motor de 2.6L

1 *Tornillo*
2 *Tuerca*
3 *Aislador*
4 *Soporte*
5 *Plato para atar*

Capítulo 2 Parte C
Motor de 3.0L V6

Contenido

2C

Especificaciones

General

Desplazamiento	181 pulgadas cúbicas
Proporción de la compresión	8.85:1
Orden del encendido	1-2-3-4-5-6
Números de los cilindros (del final de la banda al final del transeje)	
Trasero (lado de la pared para detener fuegos)	1-3-5
Frente (lado del radiador)	2-4-6

Diagrama de la localidad de los cilindros

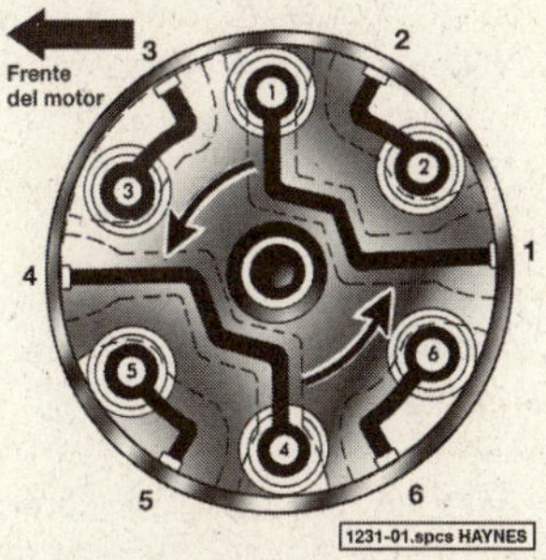

Ruta de las terminales del distribuidor para los motores V6 de 3.0L

Árbol de levas y componentes relacionados

Límite de la ovalación del árbol de levas	0.004 pulgada
Altura del lóbulo	1.624 pulgadas
Límite del desgaste del lóbulo	0.02 pulgada

Bomba del aceite

Juego del albergue al rotor exterior	0.004 a 0.007 pulgada
Juego final del rotor	0.0015 a 0.0035 pulgada
Espacio libre del albergue al rotor interior	0.0010 a 0.0028 pulgada

Especificaciones del par de torsión

	Pies-libras (a meno que de otro modo fuera indicado)
Pernos del eje de los brazos de los balancines	180 pulgadas libras
Tuercas/pernos del múltiple de admisión	174 pulgadas libras
Pernos del adaptador para el impulsor del distribuidor	130 pulgadas libras
Calzos de los motores **(vea ilustración 21.1)**	
A	125
B	100
C	75
D	50
E	40
F	16
G	200 pulgada-libras
Tuercas del múltiple de escape	175 pulgada-libras
Pernos del protector contra el calor del múltiple de escape	130 pulgada-libras
Tubo del escape al los pernos del múltiple	250 pulgada-libras
Pernos del tubo de escape en cruce	51

Especificaciones del par de torsión (continuación)

Especificaciones del par de torsión (continuación)	Pies-libras (a meno que de otro modo fuera indicado)
Polea del cigüeñal al perno del cigüeñal	112
Perno del engrane del árbol de levas	70
Tapa de la banda del tiempo **(vea ilustración 10.13b)**	
A (M6X 20)	115 pulgada-libras
B (M6X 55)	115 pulgada-libras
C (M6X 25)	115 pulgada-libras
D (M6X 10)	115 pulgada-libras
Perno para cerrar el tensionador de la banda del tiempo	250 pulgada-libras
Pernos de la cabeza de los cilindros	70
Volante/pernos del calzo del plato flexible *	72 a 80
Pernos de instalación para la cacerola del aceite	50 pulgada-libras
Pernos de instalación para el ensamblaje de la bomba de aceite	130 pulgada-libras
Bujía para el relieve de la bomba de aceite	36
Tubo colector del aceite a los pernos de la bomba	191 pulgada-libras
Pernos de la tapa de la bomba de aceite	104 pulgada-libras
Pernos de la tapa de las válvulas	88 pulgada-libras

** Aplique un atascamiento de enclavamiento a las roscas antes de instalación*

1 Información general

Ésta parte Capítulo 2 se refiérase a los procedimientos de reparación dentro del vehículo para el motor V6 3.0L. Toda la información con respecto a remover e instalar el motor y la reconstrucción completa del bloque del motor y la cabeza de los cilindros puede ser encontrada en la Parte E de este Capítulo.

Los siguientes procedimientos de reparación están basados en la suposición que el motor está instalado en el vehículo. Si el motor ha sido removido del vehículo e instalado en un estante, muchos de los pasos descritos en esta parte del Capítulo 2 no aplicarán.

Especificaciones incluidas en esta parte del Capítulo 2 son aplicables únicamente a los procedimientos contenidos en esta parte. La Parte E Capítulo 2 contiene especificaciones necesarias para rectificar las cabezas de los cilindros y el bloque del motor.

El motor V6 de 60 grados tiene un bloque de hierro fundido y cabezas de aluminio con un árbol de levas en cada una de las cabezas. El bloque tiene secciones de pared delgada para que sea de peso ligero. Un "marco de cuna" cojinete principal fundido - las tapas de los cojinetes principales son fundidas como una unidad, con un puente, o con una ranura, que las conecta a ellas - sostienen el dúctil de hierro fundido del cigüeñal.

Ambos árboles de levas son conducidos vía el cigüeñal por una banda de ranuras. Un resorte cargado de tensión, ajustado por una tuerca de seguridad de tipo excéntrica, mantiene la tensión de la banda. Cada árbol de levas impulsa dos válvulas para cada cilindro para los ajustes de los buzos hidráulicos y brazos de los balancines forjados de aluminio montados en el eje.

Cada pistón de aluminio fundido tiene tres anillos, dos anillos de compresión y un anillo de tres piezas para el control del aceite. Los pasadores del pistón están prensados a las bielas forjada de acero. Los pistones de cabeza plana producen una compresión de 8.85:1.

El distribuidor, el cual está montado al final de la banda del frente de la cabeza de los cilindros, es conducido por una guía helicoidal del árbol de levas. La bomba de agua, que está ajustada con pernos al bloque de la banda del tiempo, es conducida por el cigüeñal vía una banda y una polea. La bomba de aceite de tipo engrane está montada en la caja de la bomba de aceite y conectada a la tapa de la banda del tiempo. Es conducida por el cigüeñal.

De la bomba de aceite, el aceite pasa por el filtro a la galería principal de aceite, de donde es dirigido, directamente a los cojinetes principales, al cigüeñal, a los cojinetes de las bielas, pistones y a las paredes de los cilindros o a las cabezas de los cilindros.

2 Reparaciones posibles con el motor en el vehículo

Se pueden lograr muchos funcionamientos de reparaciones mayores sin tener que remover el motor del vehículo.

Limpie el compartimiento del motor y el exterior del motor con cualquier tipo de limpiador con presión. Un motor limpio hará el trabajo más fácil y ayudará a mantener la tierra fuera de las áreas interiores del motor.

Depende los componentes envueltos, ser'a una buena idea de remover el capo para tener mejor acceso al motor cuando se ejecutan las reparaciones (refiérase al Capítulo 11 si es necesario).

Si hay fugas de aceite o fugas de anticongelante, indicando una necesidad de reemplazo de sello o junta, se pueden hacer las reparaciones generalmente con el motor en el vehículo. La junta de la cacerola del aceite, la junta de los cilindros de la cabeza, juntas del múltiple de admisión y del escape, junta de la tapa de la cadena del tiempo y las juntas del cigüe–al son accesible con el motor en su lugar.

Componentes exteriores del motores, tal como la bomba del agua, el motor de arranque del vehículo, el alternador, el distribuidor y el carburador o unidad de la inyección del combustible, tal como el múltiple de admisión y de escape, se pueden remover para reparación con el motor en su lugar.

Hasta la cabeza de los cilindros se puede remover sin remover el motor, se puede darle servicio a los componentes de las válvulas también con el motor en el vehículo.

reemplazo de la cadena del tiempo, engranes de la cadena del tiempo y la bomba del aceite es posible con el motor en su lugar.

En casos extremos causados por la falta de equipo necesario, reparación o reemplazo de los anillos de los pistones, pistones, bielas y cojinetes de las bielas es posible hacerlo con el motor en el vehículo. De cualquier modo que, este tipo de practica no es recomendable porque el trabajo de limpieza y preparación que se le debe de hacer a los componentes envueltos.

3 TDC (punto muerto superior) para el pistón número uno - localizar

Nota: *El siguiente procedimiento está basado en la suposición que los alambres de las bujías y el distribuidor están instalados correctamente. Si usted está tratando de localizar el TDC para instalar el distribuidor correctamente, la posición del pistón debe ser determinada sintiendo la compresión en el orificio de la bujía número uno mientras el cigüeñal es girado lentamente en el sentido de las agujas del reloj, entonces alineando las marcas de la regulación del tiempo de la ignición como está descrito en el paso 8.*

1 El TDC (punto muerto superior) es el punto más alto en el cilindro que llega cada pistón al viajar de encima hacia abajo cuando da vuelta el cigüeñal. Cada pistón llega en el TDC en la carrera de compresión y otra vez en la carrera de escape, pero el TDC se refiere generalmente a la posición del pistón en la carrera de la compresión.

2 Posicionar el pistón(s) en el TDC es un paso esencial de muchos procedimientos tal como remover el árbol de levas, la banda del

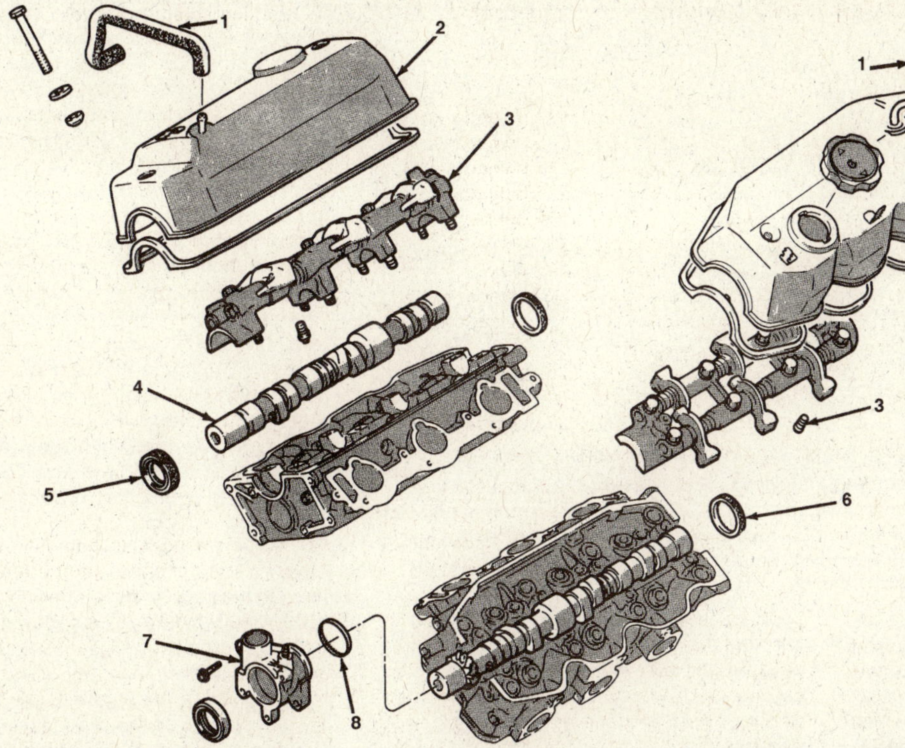

4.3 Vista esquemática de las tapas de las válvulas, ensamblajes de los brazos de los balancines y las cabezas de los cilindros en el motor de 3.0L

1 *Manguera de respiración*
2 *Tapa de los balancines*
3 *Ajustador del juego*
4 *Árbol de levas (trasero)*
5 *Sello*
6 *Tapón del árbol de levas*
7 *Adaptador del distribuidor*
8 *Anillo O*

tiempo y los engranes y remover del distribuidor.

3 Antes de empezar este procedimiento, esté seguro de colocar la transmisión en Neutro y poner el freno de estacionamiento o bloquear las ruedas traseras. También, incapacite el sistema de ignición separando el alambre de la bobina del terminal en la tapa del distribuidor marcado "C" y poniendo el alambre a tierra en el bloque con un alambre puente. Remueva las bujías (vea Capítulo 1).

4 Para hacer que cualquier pistón llegue al TDC, se debe girar el cigüeñal usando uno de los métodos descritos abajo. Al mirar el final de la banda del motor, la rotación normal del cigüeñal es en el sentido de las agujas del reloj.

a) *El método preferido es voltear el cigüeñal con un dado y una matraca conectada al perno roscado en el frente del cigüeñal.*

b) *Un interruptor remoto de motor de arranque, que podría ahorrar tiempo, se puede usar también. Siga las instrucciones incluidas con el interruptor. Una vez que el pistón esté cerca del TDC, use un dado y una matraca como está descrito en el párrafo anterior.*

c) *Si un ayudante está disponible para girar el interruptor de la ignición a la posición del Encendido en arranques cortos, usted puede poner el pistón cerca del TDC sin un interruptor remoto para el motor de arranque. Asegúrese que su ayudante esté fuera del vehículo, y que no esté cerca del interruptor de arranque, entonces use un dado y una matraca como está descrito en el Párrafo a) para completar el procedimiento.*

5 Note la posición del terminal del alambre de la bujía número uno en la tapa del distribuidor **(vea ilustración en el frente de este Capítulo)**. Si el terminal no está marcado, siga el alambre de la bujía del cilindro número uno a la tapa.

6 Use una pluma con punta de fieltro o una tiza para hacer una marca en el cuerpo del distribuidor directamente debajo del terminal.

7 Separe la tapa del distribuidor y póngala a un lado (vea Capítulo 1 si es necesario).

8 Dele vuelta al cigüeñal (vea el Párrafo 3 encima) hasta que la mella "0" de la polea del cigüeñal esté alineada con el indicador de tiempo (localizado en el frente del motor).

9 Mire el rotor del distribuidor - debe estar apuntando directamente a la marca que usted ha hecho en el cuerpo del distribuidor. Si está, vaya al Paso 12.

10 Si el rotor está fuera de su lugar 180 grados, el pistón número uno está en el TDC en la carrera de escape - proceda al próximo Paso.

11 Para obtener que el pistón esté en el TDC en la carrera de compresión, dele una vuelta completa (360-grados) al cigüeñal en el sentido de las agujas del reloj. Ahora el rotor debería estar apuntando a la marca en el distribuidor. Cuándo el rotor esté apuntando al terminal número uno del alambre de la bujía dentro de la tapa del distribuidor y las marcas de la regulación del tiempo de la ignición estén alineadas, el pistón número uno está en el TDC en la carrera de compresión.

12 Después que el pistón número uno haya sido puesto en posición en el TDC en la carrera de compresión, el TDC por cualquiera de los pistones que quedan puede ser localizado dándole vuelta al cigüeñal y siguiendo el orden del encendido.

13 Marque el lugar de los terminales de los alambres de las bujías que quedan en el cuerpo del distribuidor así como usted lo hizo para el terminal número uno, entonces póngale números a las marcas para que correspondan con los números de los cilindros. Al voltear usted el cigüeñal, el rotor girará también. Cuando esté apuntando directamente a una de las marcas en el distribuidor, el pistón para ese cilindro en particular está en el TDC en la carrera de compresión.

4 Tapas de las válvulas - remover e instalar

Refiérase a las ilustraciones 4.3 y 4.16

1 Alivie la presión del sistema de combustible (vea Capítulo 4).

2 Desconecte el cable negativo de la batería.

Remover

Tapa delantera (lado del radiador)

3 Remueva la manguera de respirar deslizando la abrazadera hacia atrás y hale la manguera fuera de la copilla en la tapa de la válvula **(vea ilustración)**.

4 Remueva los alambres de las bujías. Márquelos claramente con pedazos de cinta para prevenir confusión durante la instalación.

5 Remueva los alambres y las mangueras del radiador conectados a la tapa de las válvulas.

6 Remueva los pernos y las arandelas de la tapa de las válvulas.

1 *Tapa de las válvulas*
2 *Arandela*
3 *Aplique sellador*
4 *1.0 mm (1/16 de pulgada) de RTV, de 3/8 de pulgada de largo en cuatro lugares*

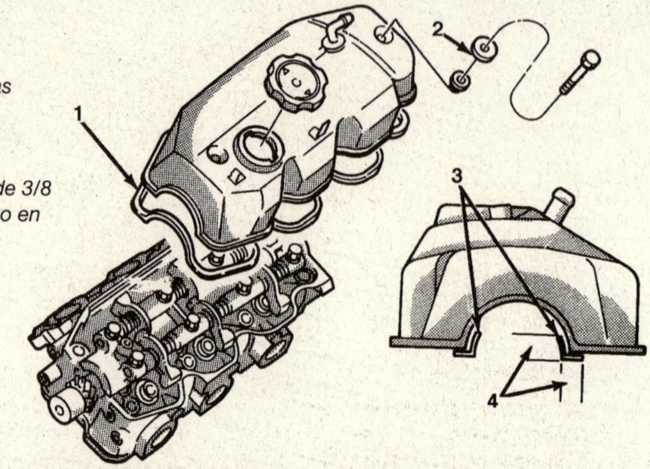

4.16 No es necesario usar el sellador de junta de tipo RTV (vulcanizador accionado a temperatura ambiente) en la junta interior si la junta está bien apretada y no muéva una vez que haya sido instalada dentro de la tapa de la válvula - Es necesario aplicar RTV a las orillas (flechas) de la junta exterior donde hace contacto con el sello del árbol de levas

7 Separe la tapa de la válvula. **Caución:** *Si la tapa está pegada a la cabeza, golpee una de las puntas con un bloque de madera y un martillo para aflojarla. Si eso no trabaja, trate de resbalar un cuchillo flexible de masilla entre la cabeza y la tapa para romper el sello de la junta. No haga barra en la coyuntura de la cobertura a la cabeza o podría ocurrir daño a las superficies donde sella (prosiguiendo a fugas de aceite en el futuro).*

Tapa trasera (lado de la pared para detener fuego)

8 Remueva la manguera de respirar de la tapa **(vea ilustración 4.3)**.
9 Marque y separe los alambres de las bujías.
10 Suelte los retenedores de alambres. Marque y mueva el alambrado y las mangueras hacia un lado.
11 Remueva el purificador de aire y el ensamblaje del purificador de aire (vea Capítulo - 4).
12 Remueva el pleno de admisión de aire (vea Capítulo 4).
13 Remueva los pernos de la tapa de las válvulas, las arandelas y levante la tapa de las válvulas. Lea la advertencia del Paso 7.

Instalación

14 Las superficies de acoplamiento de cada cabeza de los cilindros y la tapa de las válvulas deben estar perfectamente limpias c ando las tapas sean instaladas. Use un raspador de junta para remover todos los rasgos de sellador y de material de la junta vieja, después limpie las superficies de acoplamiento con removedor de pintura o acetona. Si hay sellador o aceite en las superficies de acoplamiento cuando la tapa sea instalada, podrían desarrollarse fugas de aceite.
15 Si es necesario, limpie las roscas de instalación con una terraja hembra para remover cualquier corrosión y rectificar las roscas dañadas. Asegúrese que los orificios de las roscas en la cabeza estén limpios - pase una terraja macho dentro ellas para remover corrosión y rectificar las roscas dañadas.
16 Las juntas deben ser apareadas a las envolturas antes que las envolturas sean instaladas. Aplique una línea de sellador RTV (vulcanizador accionado a temperatura ambiente) a la tapa en las áreas indicadas **(vea ilustración),** entonces posesione la junta dentro de la tapa y deje que el sellador se prepare para que la junta se adhiera a la tapa. Si no se permite que el sellador se prepare, la junta podría caerse de la tapa al ser instalada en el motor.
17 Posicione cuidadosamente la tapa en la cabeza e instale los pernos.
18 Apriete los pernos en tres o cuatro pasos al par de torsión listado en las especificaciones de este Capítulo.
19 La instalación se hace en el orden inverso al procedimiento de desensamble.
20 Ponga el motor en marcha y chequee cuidadosamente por fugas de aceite al calentarse el motor.

5 Componentes de los brazos de los balancines - remover e instalar

Refiérase a las ilustraciones 5.2, 5.4 y 5.5

1 Ponga el motor en posición de la carrera de compresión TDC (punto muerto superior) para el cilindro número 1 (vea Sección 3). Remueva la tapa de las válvulas (vea Sección 4).

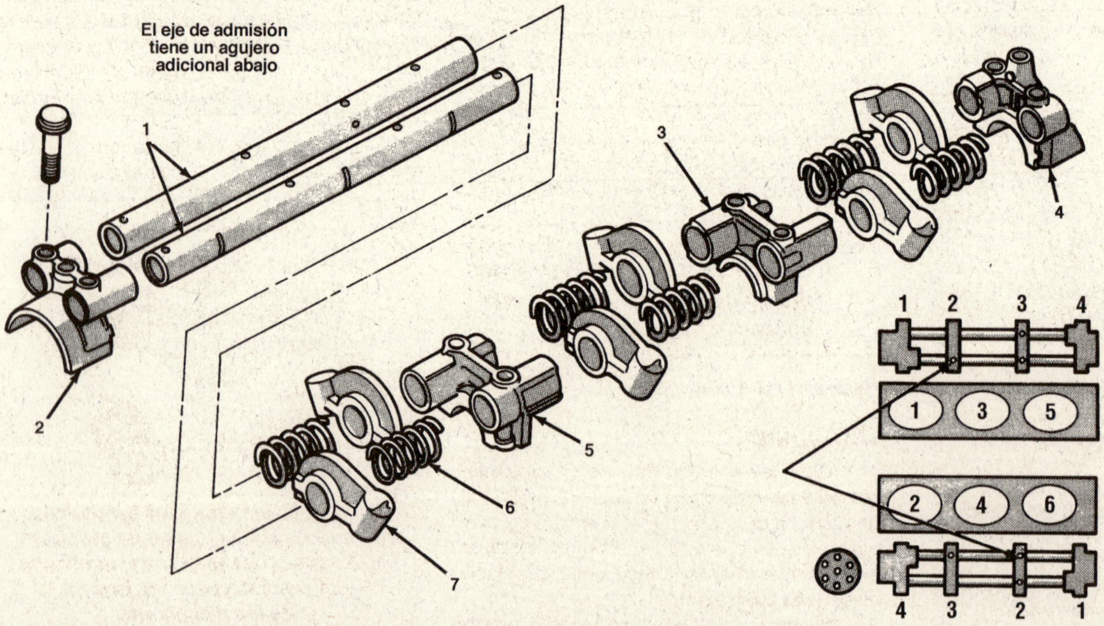

5.2 Vista esquemática del ensamblaje del brazo del balancín

1 *El eje de admisión tiene un agujero adicional abajo*
2 *Ejes*
3 *Tapa número 1*
4 *Tapa número 3*
5 *Tapa número 4*
6 *Tapa número 2 con entrada de aceite (admisión) desde la cabeza de los cilindros*
7 *Resorte*
8 *Balancín*

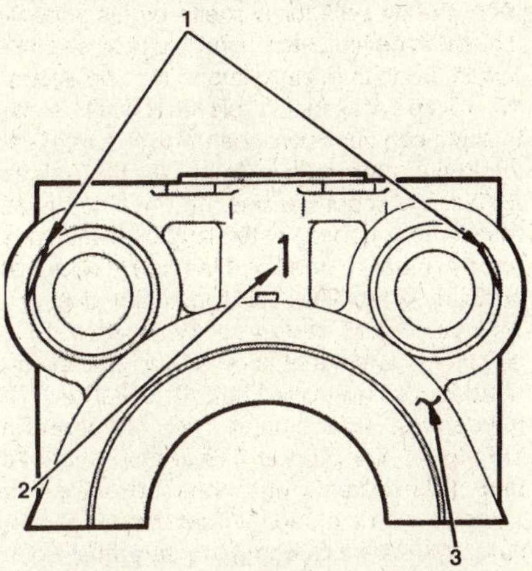

5.4 Chequee cada tapa del cojinete por el número estampado y la posición de las mellas para ayudar en la instalación correcta

1 *Mella*
2 *Número de la tapa*
3 *Tapa del cojinete número 1*

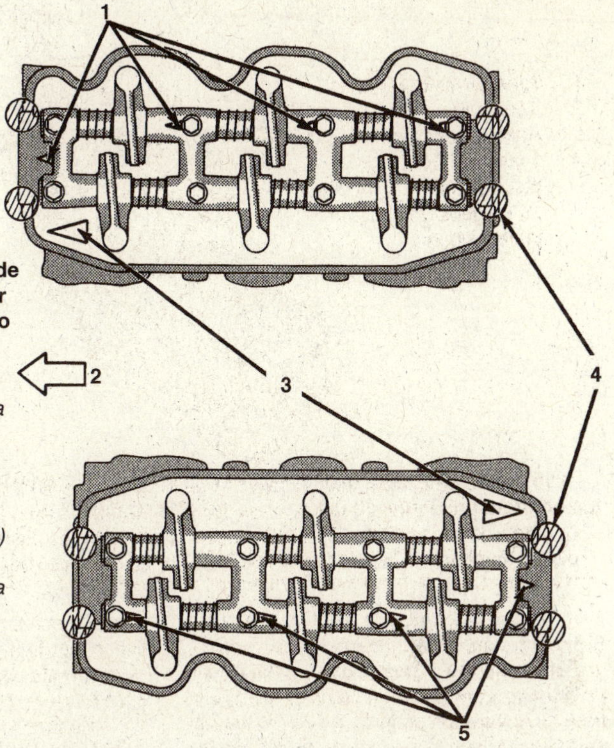

5.5 Las flechas en la tapas de los cojinetes deben señalar en la misma dirección como las flechas en la cabeza de los cilindros

1 *Marca con flechas (tapa del cojinete)*
2 *Final de la banda del tiempo*
3 *Marca con flechas (cabeza de los cilindros)*
4 *Aplique sellador*
5 *Marca con flechas (tapa del cojinete)*

2 Afloje los pernos del eje de los brazos de los balancines **(vea ilustración)** en dos o tres etapas, trabajando usted de los finales hacia el medio de los ejes. **Caución:** *Algunas de las válvulas se abrirán cuando usted afloje los pernos del eje de los brazos de los balancines y los ejes de los brazos de los balancines estarán bajo cierta cantidad de presión del resorte de la válvula. Por lo tanto, los pernos deben ser aflojados gradualmente. Aflojar un perno completamente a la vez cerca de un brazo del balancín que está bajo presión del resorte podría doblase o romper el eje de los brazos de los balancines.*

3 Antes de remover, ralle o pinte marcas identificadoras en los balancines para asegurar que ellas sean instaladas en sus lugares originales.

4 Remueva los pernos y levante los ensamblajes del eje de los brazos de los balancines uno por uno. Póngalos en una mesa de trabajo cercana en la misma relación del uno al otro donde ellos se encuentran cuándo están instalados. Ellos deben ser instalados de vuelta en la misma cabeza de los cilindros. Note la ubicación de la tapa estampada con el número del cojinete y la posición de las mellas **(vea ilustración)**.

5 La instalación se hace en el orden inverso al procedimiento de desensamble. **Nota:** *Esté seguro que las flechas estampadas en la cabeza de los cilindros y las tapas de los cojinetes* **(vea ilustración)** *estén apuntando en la misma dirección. Apriete los pernos del eje de los brazos de los balancines, en varios pasos, al par de torsión listado en las especificaciones de este Capítulo. Trabaje de los finales de los ejes hacia el centro.*

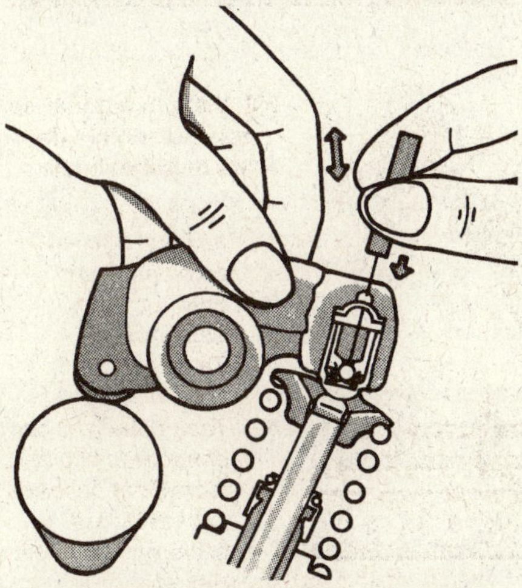

6.1 Cuándo esté haciendo la prueba del juego libre, esté seguro que el ajustador que se está chequeando tiene el lóbulo del árbol de levas correspondiente apuntando hacia fuera del brazo del balancín (válvula cerrada)

6 Ajustadores para los balancines hidráulicos - chequear, remover e instalar

Refiérase a la ilustración 6.1

Chequear

1 Chequee el juego libre de los ajustadores para los balancines hidráulicos metiendo un alambre pequeño por el orificio para purgar el aire en el brazo del balancín mientras empuja ligeramente la bola unilateral hacia abajo **(vea ilustración)**.

2 Mientras mantiene ligeramente la bola unilateral hacia abajo, mueva el brazo del balancín hacia encima y hacia abajo para chequear el juego libre. Debe haber una cantidad de movimiento pequeña. Si no hay juego libre, reemplace el ajustador con una unidad nueva.

Remover e instalar

Refiérase a la ilustración 6.4

3 Remueva la tapa de las válvulas (vea Sección 4) y los componentes del eje de los brazos de los balancines (vea Sección 5).

4 Jale el ajustador(es) del balancín(es) hidráulico(s) fuera de los brazos de los balancines(es) **(vea ilustración)**. **Nota:** *Asegúrese de marcar cada brazo del balancín y el ajustador y colóquelos en una caja dividida o en algo adecuado para prevenir que se mezclen el uno con el otro.*

5 La instalación se hace en el orden inverso al procedimiento de desensamble.

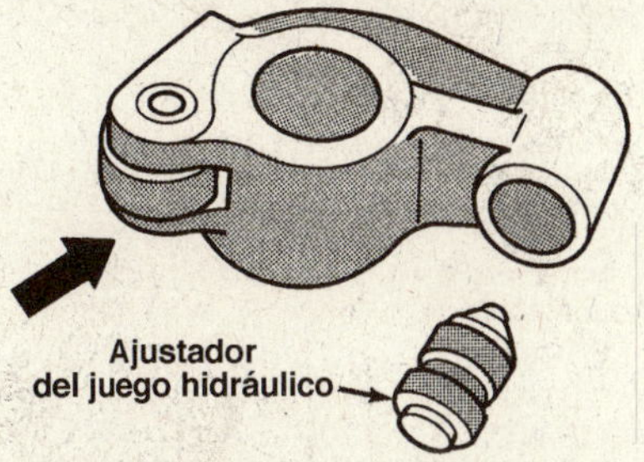

6.4 Los ajustes para los balancines hidráulicos son unidades de precisión instalados en las aberturas rectificada del ensamblaje de los brazos de las mecedoras

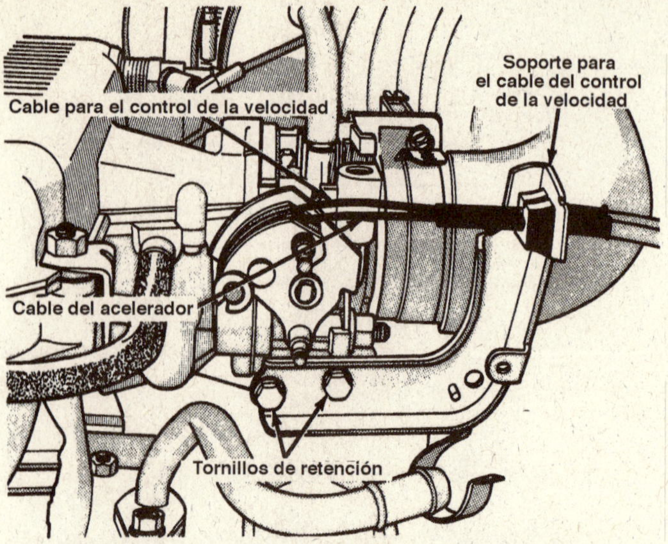

7.6 Remueva los tornillos de acoplación y eleve el pleno de admisión del soporte del cable del pleno de admisión de aire

7.8 Remueva los pernos y separe tubo EGR (recirculación de los gases de escape) del pleno de admisión de aire

1 *Tuercas de acoplación*
2 *Motor AIS (control de la marcha mínima)*
3 *Herramienta*
4 *Tubo EGR (recirculación de los gases de escape)*

7 Múltiple de admisión - remover e instalar

Remover

Refiérase a las ilustraciones 7.6 y 7.8

1 Alivie la presión del sistema de combustible (vea Capítulo 4).

2 Desconecte el cable del terminal negativo de la batería.

3 Drene el sistema de enfriamiento (no se olvide de drenar el bloque de los cilindros) (vea Capítulo 1).

4 Remueva la manguera del cuerpo de aceleración al purificador de aire (vea Capítulo 4).

5 Remueva los alambres de las bujías y de la tapa del distribuidor. Asegúrese de marcar los alambres de las bujías para la reinstalación apropiada (vea Capítulo 1).

6 Remueva el cable del acelerador y la varilla de rebase del transeje (vea Capítulos 4 y 7B). También, remueva el soporte del cable del colector de aire **(vea ilustración)**.

7 Remueva el motor AIS (control de la marcha mínima) y los conectores eléctricos del TPS (sensor del ángulo de apertura del acelerador) del cuerpo de inyección

8 Remueva la pestaña del tubo EGR (recirculación de los gases de escape) del pleno de admisión de aire **(vea ilustración)**.

9 Marque y separe cualquiera de las líneas de vacío del cuerpo de inyección.

10 Separe las líneas de combustible del conducto del combustible (vea Capítulo 4).

11 Remueva el cuerpo del acelerador, el pleno de admisión de aire, los inyectores de combustible (vea Capítulo 4).

12 Marque y remueva cualquiera de las mangueras del radiador que quedan, los alambres y cables conectados al múltiple de admisión o sus componentes.

13 Afloje los pernos y las tuercas de instalar el múltiple en incrementos de 1/4 de vuelta hasta que ellas puedan ser removidas a mano. Primero afloje los pernos exteriores, después los pernos interiores.

14 El múltiple estará probablemente trabado a las cabezas de los cilindros y podría requerir fuerza para romper el sello de la junta. **Caución:** *No haga palanca entre el múltiple y las cabezas o podría dañar las superficies de acoplamiento donde se pega la junta, causando fugas de vacío.*

Instalación

Refiérase a la ilustración 7.17 y 7.20

Nota: *Las superficies de acoplamiento de las cabezas de los cilindros y del múltiple deben ser limpiadas perfectamente cuando el múltiple sea instalado. Los solventes en latas de aerosol para remover la junta son disponibles en casi todas las refaccionarías y pueden ser útiles cuándo se remueva el material de una junta usada que está pegado a las cabezas y al múltiple (ya que ellos están hechos de aluminio, raspar agresivamente podría causar daño). Asegúrese de seguir las instrucciones impregnadas en el recipiente.*

15 Use un raspador de junta para remover todos los rasgos del sellador y el material de la junta vieja, después limpie las superficies de acoplamiento con removedor de pintura o acetona. Si hay sellador o aceite viejo en las superficies de acoplamiento cuando el múltiple es instalado, podría desarrollar fugas de aceite o de vacío. Use una aspiradora para remover cualquier materia que caiga en los puertos de pasaje de las cabezas.

16 Use una terraja hembra de tamaño correcto para seguir las roscas en los pernos, después use aire comprimido (si es disponible) para remover los residuos de los orificios. **Peligro:** *¡Use lentes de seguridad o un protector para la cara para proteger sus ojos cuando use aire comprimido!*

17 Posicione las juntas en las cabezas de los cilindros **(vea ilustración)**. Ningún sellador es requerido; sin embargo, siga las instrucciones incluidas con las juntas nuevas.

18 Asegúrese que todas las aberturas de los puertos de pasaje de anticongelante y los orificios para los pernos sean alineados correctamente.

19 Ponga el múltiple cuidadosamente en su lugar. Tenga cuidado de no perturbar las juntas.

20 Instale las tuercas, los pernos y apriételos al par de torsión listado en las especificaciones de este Capítulo siguiendo la secuencia recomendada **(vea ilustración)**. Trabaje para llegar al par de torsión final en dos pasos.

21 Instale el pleno de admisión de aire (vea Capítulo 4).

22 La instalación se hace en el orden inverso al procedimiento de desensamble. Ponga en marcha el motor y chequee cuidadosamente por fugas de aceite y de anticongelante en las conexiones del múltiple de admisión.

8 Múltiples de escape - remover e instalar

Refiérase a las ilustraciones 8.3, 8.4 y 8.9

Nota: *El motor debe estar completamente frío cuando se hace éste procedimiento.*

1 Desconecte el cable negativo de la batería. Levante el vehículo y sopórtelo firmemente en estantes.

2 Rocíe aceite penetrante en los ajustadores del múltiple de escape y permita que se empape bien.

3 Remueva los pernos y las tuercas que retienen el tubo del cruce a los múltiples **(vea ilustración)** y levante el tubo del compartimiento del motor.

4 Si usted está removiendo el múltiple (lado de la pared para detener fuego) trasero, desconecte el conector eléctrico al sensor de oxígeno. Desconecte el tubo de escape del múltiple de escape **(vea ilustración 8.3)**.

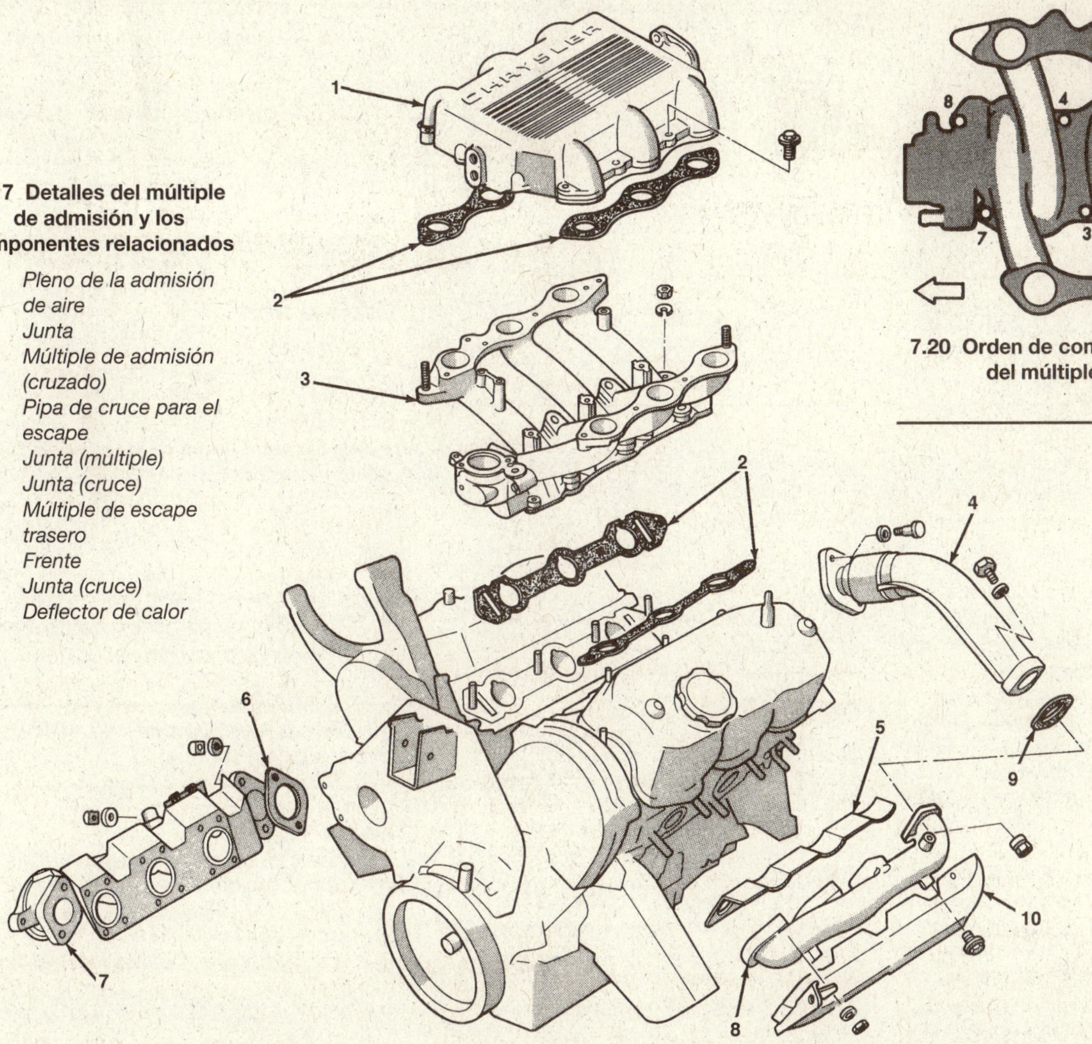

7.17 Detalles del múltiple de admisión y los componentes relacionados

1 *Pleno de la admisión de aire*
2 *Junta*
3 *Múltiple de admisión (cruzado)*
4 *Pipa de cruce para el escape*
5 *Junta (múltiple)*
6 *Junta (cruce)*
7 *Múltiple de escape trasero*
8 *Frente*
9 *Junta (cruce)*
10 *Deflector de calor*

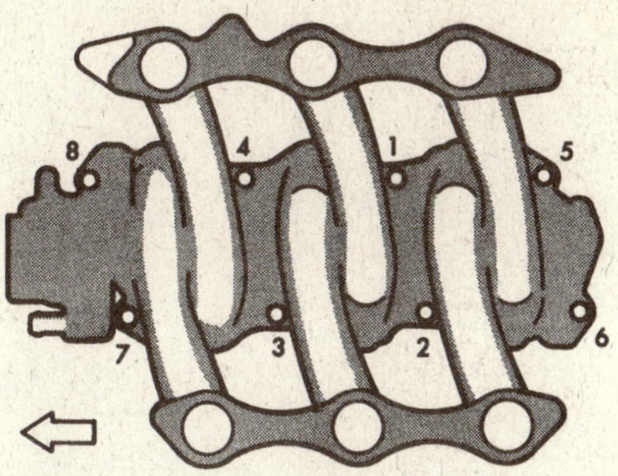

7.20 Orden de como apretar los pernos del múltiple de admisión

2C

Remueva los pernos y separe el tubo EGR (recirculación de los gases de escape) del múltiple de atrás **(vea ilustración)**.

5 Si usted está trabajando en el múltiple del frente, remueva las tuercas que retienen el protector contra el calor al múltiple cerca de la cabeza de los cilindros y deslícela afuera de los espárragos del calzo **(vea ilustración 7.17)**.

6 Remueva las tuercas que retienen el múltiple a la cabeza de los cilindros y destape el múltiple de escape.

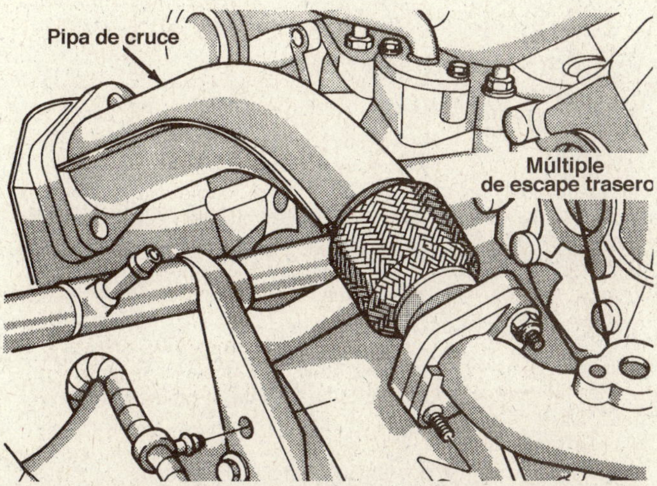

8.3 Remueva el tubo de cruce del motor (localizado en la campana de la transmisión)

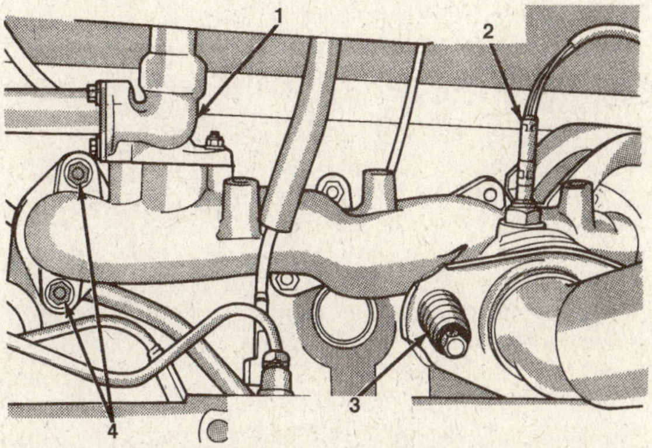

8.4 Si usted está removiendo el múltiple de escape trasero, remueva los pernos que retiene el tubo EGR (recirculación de los gases de escape) al múltiple y separe el tubo

1 *EGR*
2 *Sensor de oxígeno*
3 *Hombro del perno articulado*
4 *Perno del cruce*

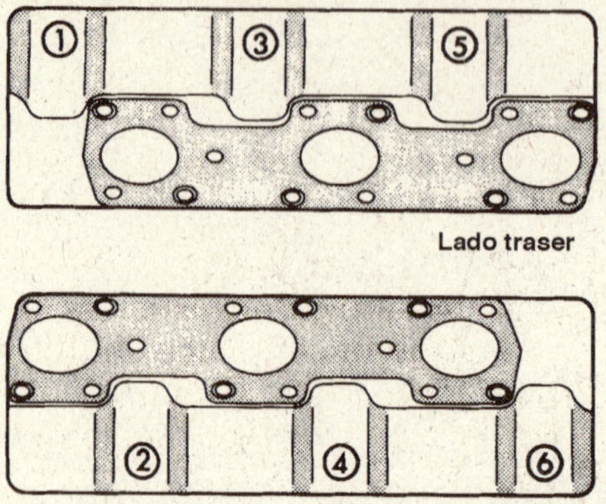

8.9 Esté seguro de instalar la junta correcta del múltiple de escape en la cabeza de los cilindros correspondientes

7 Inspeccione cuidadosamente los múltiples y ajustadores por roturas y daño.
8 Use un raspador para remover todos los rasgos del material de la junta vieja y los depósitos de carbón del múltiple y de las superficies de acoplamiento de la cabeza de los cilindros. Si la junta tenía fugas, haga chequear el múltiple por combadura en un taller automovilístico de rectificación y rectifíquelo si es necesario.
9 Posicione las juntas nuevas en los espárragos de la cabeza de los cilindros. **Nota:** *Instale la junta con los números 1-3-5 en la cima del banco trasero (la cabeza de los cilindros) e instale la junta con los números 2-4-6 en el banco al frente (la cabeza de los cilindros)* **(vea ilustración)**.
10 Instale el múltiple y enrosque las tuercas del calzo en su lugar.
11 Trabajando del centro hacia fuera, apriete las tuercas al par de torsión listado en las especificaciones de este Capítulo en tres o cuatro pasos iguales.
12 Reinstale las partes que quedan en el orden reverso de remover. Use juntas nuevas cuando conecte los tubos de escape.
13 Ponga el motor en marcha y chequee por fugas de escape.

9 Polea del cigüeñal/amortiguador de vibraciones - remover e instalar

Remover

1 Desconecte el cable negativo de la batería.
2 Afloje las tuercas de la rueda del lado derecho del frente, levante el frente del vehículo y sopórtelo firmemente en estantes. Remueva la rueda.
3 Remueva las bandas (vea Capítulo 1).
4 Remueva los pernos que retienen la polea del amortiguador de vibraciones. Remueva la polea del motor de. **Nota:** *La polea del cigüeñal está separada en dos secciones.*
5 Envuelva una tela alrededor del amortiguador de vibraciones para proteger la superficie de la banda y conecte una llave de cadena a la polea. Detenga el cigüeñal para que no gire y use un dado para aflojar el perno.
6 Instale una herramienta especial (extractor del amortiguador de vibraciones/volante de la dirección) al amortiguador y jale lentamente el amortiguador de vibraciones hacia afuera.

Instalación

7 Lubrique ligeramente la superficie de contacto del sello con aceite de motor y posiciónelo en la nariz del cigüeñal. Alinee la bocallave en la polea con la llave del cigüeñal y empuje a mano la polea en su lugar. Si es necesario, péguele ligeramente al amortiguador usando un bloque de madera y un martillo.
8 Prevenga que el cigüeñal se voltee como está descrito en el Paso 5, después instale el perno y apriételo al torque listado en las especificaciones de este Capítulo.
9 Reinstale las partes que quedan en el orden reverso de remover.

10 Banda del tiempo - remover, instalar y ajuste

Remover

Refiérase a las ilustraciones 10.9a, 10.9b, 10.13a, 10.13b y 10.14

1 Desconecte el cable del terminal negativo de la batería.
2 Si está equipado, remueva los pernos del amplificador de control y póngalo a un lado, sin desconectar los alambres o los cables.

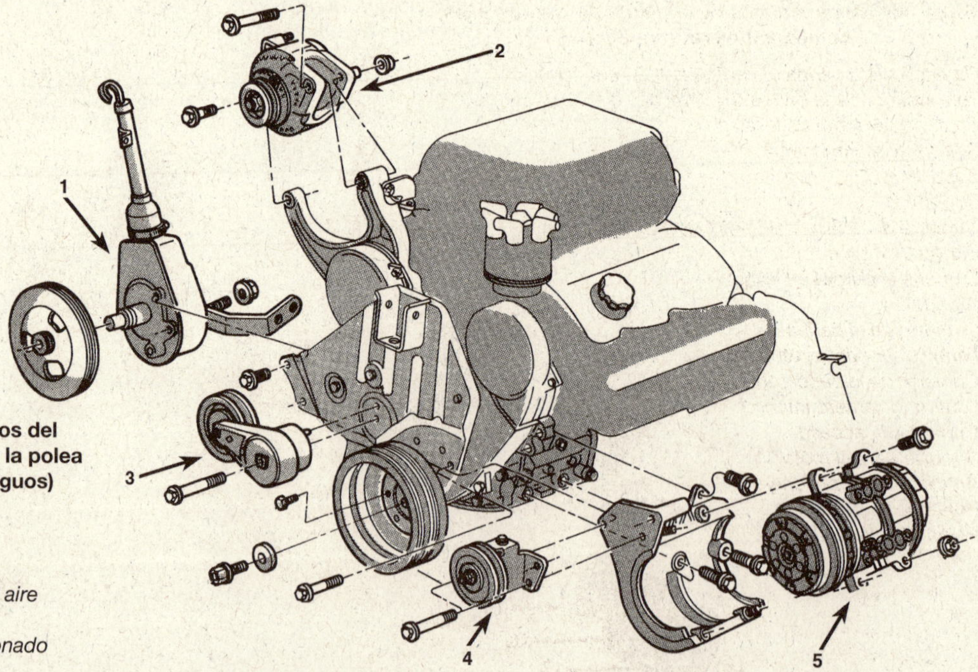

10.9a Detalles de los accesorios del motor, tensionador de la banda y la polea loca (modelos 1990 y más antiguos)

1 *Bomba de la dirección*
2 *Alternador*
3 *Tensionador de la banda*
4 *Polea loca del compresor del aire acondicionado*
5 *Compresor del aire acondicionado*

SERVICIO DE LAS
BANDAS DE ACCESORIOS
Torque
A - 54 Nm (40 pies libras)
B - 40 Nm (30 pies libras)
C - 28 Nm (250 pulgadas libras)

10.9b Detalles de los accesorios del motor, tensionador de la banda y la polea loca (modelos 1991)

1 *Tensionador*
2 *Alternador*
3 *Soporte para la bomba de la dirección*
4 *Bomba de la dirección*
5 *Polea loca*
6 *Plato para el calzo del motor*
7 *Polea loca*
8 *Compresor del aire acondicionado*

3 Remueva el depósito del anticongelante (vea Capítulo 3).
4 Afloje las tuercas de la rueda del frente del lado derecho.
5 Levante el frente del vehículo y sopórtelo firmemente en estantes.
6 Remueva la rueda del frente del lado derecho y separe el protector del guardafango interior (vea Capítulo 11).
7 Remueva la cacerola y drene el sistema de enfriamiento (vea Capítulo 1).
8 Posicione el pistón número en TDC (punto muerto superior) en la carrera de compresión (vea Sección 3). Remueva las bujías (vea Capítulo 1).
9 Remueva las bandas (vea Capítulo 1). Remueva los pernos del tensionador de la banda de tipo y sepárela del motor **(vea ilustración)**.
10 Desconecte la manguera del radiador del termostato.
11 Posicione un gato de piso y un bloque de madera bajo el transeje como soporte. Separe el calzo del motor del soporte del motor de la banda del tiempo. Remueva la polea loca del compresor del aire acondicionado y el soporte **(vea ilustración 10.9)**.
12 Remueva la polea del cigüeñal (vea Sección 9) y el amortiguador de vibraciones. **Nota:** *No permita que el cigüeñal gire durante el tiempo que se remueve la polea. Si el cigüeñal se mueve, el pistón número uno no estará en TDC.*
13 Remueva los pernos que aseguran el soporte del motor y las envolturas superiores e inferiores de la banda del tiempo **(vea ilustraciones)**. Note los varios tipos y tamaños de pernos registrados en un esquema o haga anotaciones específicas mientras se remueva

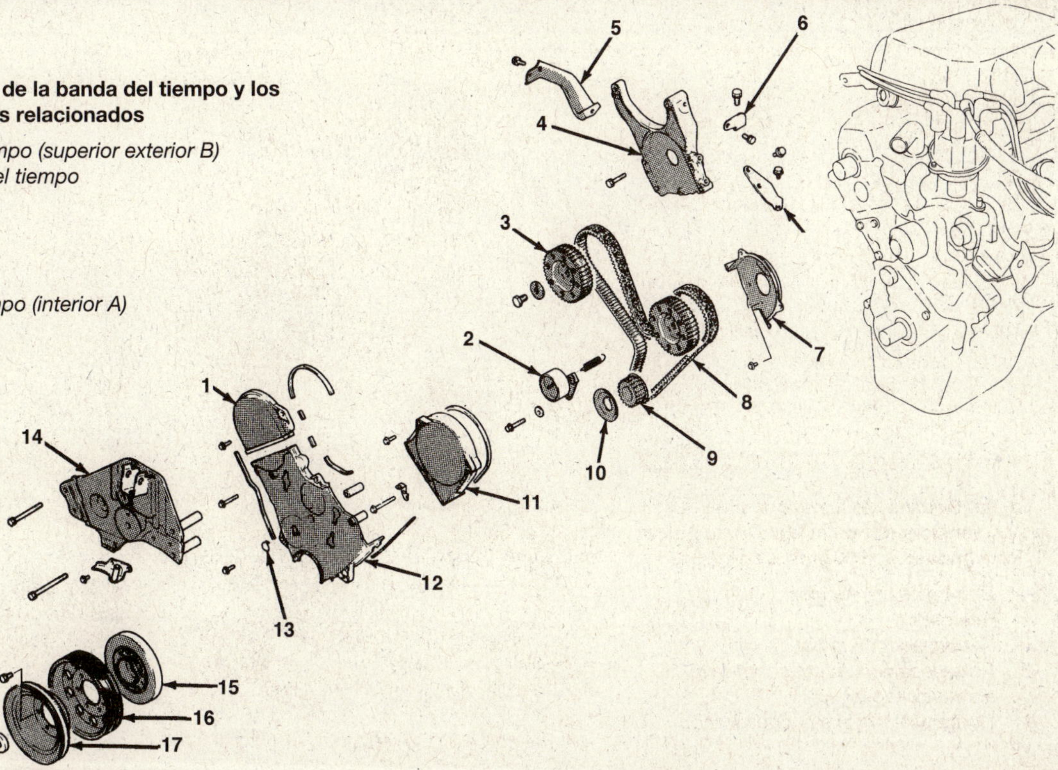

10.13a Vista esquemática de la banda del tiempo y los componentes relacionados

1 *Cubierta de la banda dl tiempo (superior exterior B)*
2 *Tensionador de la banda del tiempo*
3 *Engrane del árbol de levas*
4 *Soporte del alternador*
5 *Soporte A*
6 *Soporte B*
7 *Cubierta de la tapa del tiempo (interior A)*
8 *Banda del tiempo*
9 *Engrane del árbol de levas*
10 *Arandela*
11 *Cubierta de la banda del tiempo (superior exterior A)*
12 *Cubierta de la banda del tiempo (delantero inferior)*
13 *Cubierta de acceso*
14 *Soporte para el motor*
15 *Amortiguador torsional*
16 *Polea del cigüeñal (A)*
17 *Polea del cigüeñal (B)*

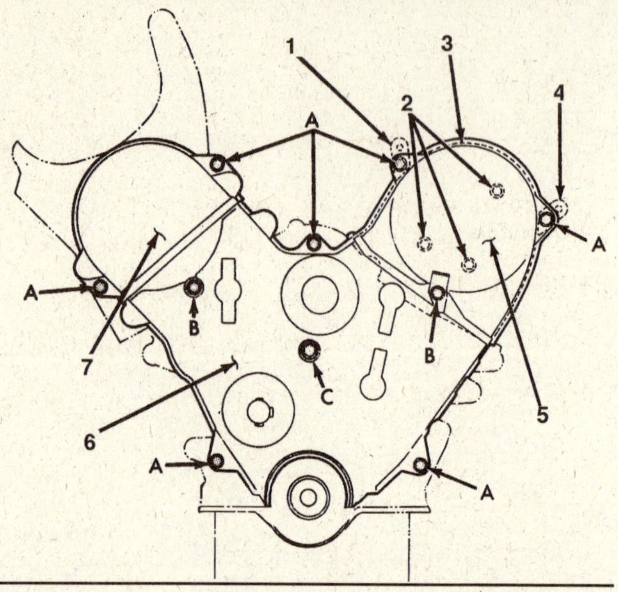

10.13b Esté seguro de marcar cada perno con el tamaño correcto y la ubicación para la instalación apropiada

1 *Clip para el arnés*
2 *Perno traseros para la cubierta D*
3 *Cubierta (referencia trasera)*
4 *Clip para el arnés*
5 *Cubierta superior delantera (exterior)*
6 *Cubierta inferior*
7 *Cubierta superior trasera*

la tapa de la banda del tiempo. Los pernos deben ser reinstalados en sus lugares originales.

14 Confirme que el pistón número uno todavía esté en TDC en la carrera de compresión chequeando que las marcas del tiempo en los tres engranes de las bandas del tiempo estén alineadas con sus marcas respectivas de alineamiento inmóvil **(vea ilustración)**.

15 Alivie la tensión de la banda del tiempo aflojando la tuerca del tensionador de la banda del tiempo **(vea ilustración 10.14)**.

16 Chequee para ver que la banda del tiempo esté marcada con una flecha en cuanto a cuál cara da hacia el lado de afuera. Si no hay una marca, pinte una en ella (solamente si la misma banda será reinstalada). Deslice la banda del tiempo fuera de los engranes. Chequee la condición del tensionador.

Instalación

Refiérase a las ilustraciones 10.17a y 10.17b

17 Prepare para instalar la banda de regulación del tiempo abriendo con una palanca el tensionador fuera del resorte al final de la hendidura de ajuste **(vea ilustración)**, entonces apretado temporalmente el perno para bloquear. Asegúrese que el resorte del tensionador esté puesto en posición apropiadamente **(vea ilustración)**.

18 Instale la banda en el engrane del cigüeñal primero, y mantenga simultáneamente la banda apretada en el lado de la tensión **(vea ilustración 10.14)**.

19 Instale la banda en el engrane delantero (lado del radiador) del árbol de levas y después en la polea de la bomba de agua y finalmente en el engrane del árbol de levas y el tensionador de la banda del tiempo trasera. Tenga cuidado de no empujar el engrane del árbol de levas ni el engranaje del cigüeñal de las marcas de la regulación del tiempo. Instale la banda de la regulación del tiempo con la flecha direccional apuntando hacia fuera del motor.

20 Alinee las líneas blancas, hecho en la fábrica, en la banda del tiempo con la marca de punzón en cada uno de los engranes del árbol de levas y el engrane del cigüeñal. Asegúrese que todos los tres conjuntos de marcas de la regulación del tiempo estén apropiadamente alineadas **(vea ilustración 10.14)**. **Nota:** *Asegúrese de instalar la pestaña del engrane del cigüeñal al engrane del cigüeñal* ***(vea ilustración 10.13a)***.

Ajuste

21 Afloje la tuerca del tensionador y permita que el ensamblaje del tensionador haga tensión hacia la banda - la tensión del resorte aplicará automáticamente la cantidad de tensión apropiada a la banda.

22 Voltee el cigüeñal lentamente dos revoluciones en el sentido a las agujas del reloj, volviendo el pistón número uno al TDC (punto muerto superior) en la carrera de compresión **Caución:** *Si se siente resistencia excesiva mientras se le da vuelta al cigüeñal, es una indicación que los pistones están poniéndose en contacto con las válvulas. Vuelva al procedimiento para corregir la situación antes de seguir.*

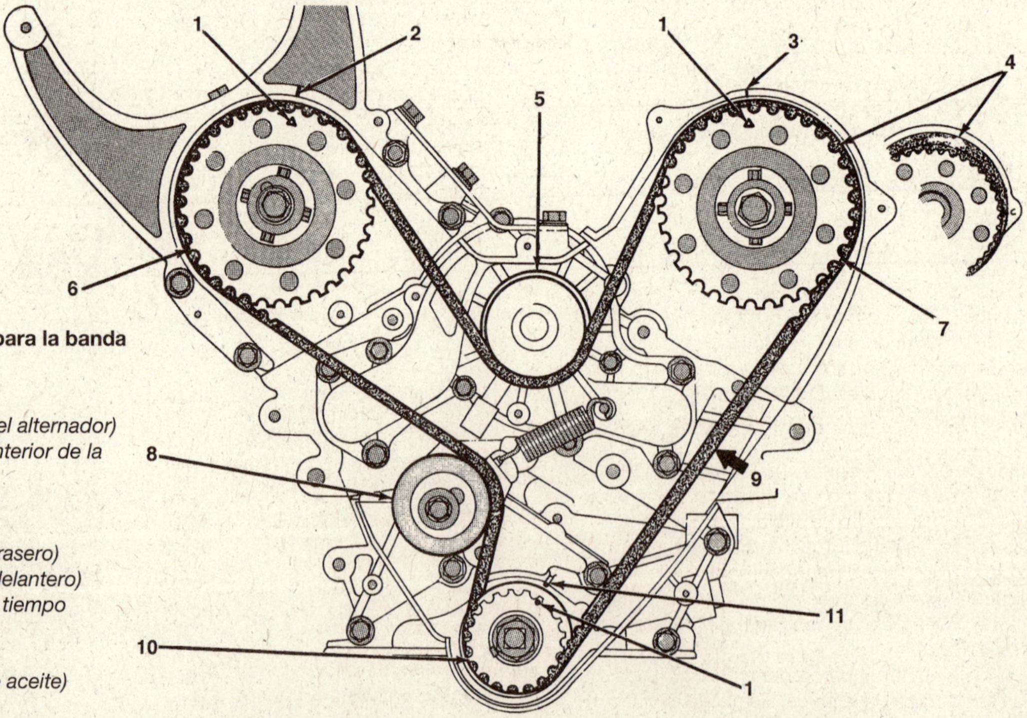

10.14 Marcas de alineamiento para la banda del tiempo

1 *Marca del tiempo*
2 *Marca del tiempo (soporte del alternador)*
3 *Marca del tiempo (cubierta interior de la cadena del tiempo (A)*
4 *Marque la banda*
5 *Polea de la bomba de agua*
6 *Engrane del árbol de levas (trasero)*
7 *Engrane del árbol de levas (delantero)*
8 *Tensionador de la banda del tiempo*
9 *Lado de la tensión*
10 *Engrane del cigüeñal*
11 *Marca del tiempo (bomba de aceite)*

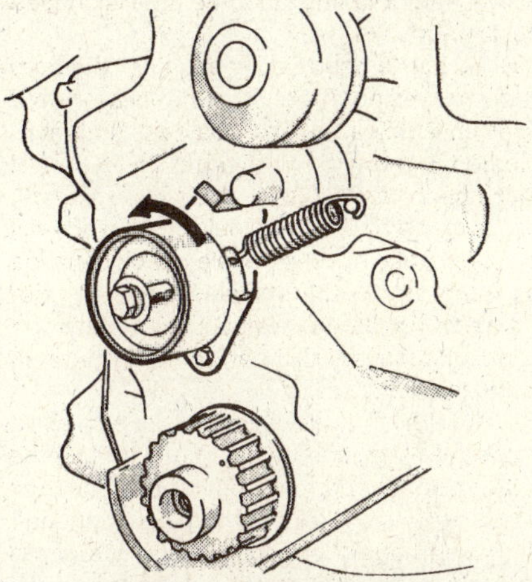

10.17a Apriete el tensionador temporalmente después de moverlo al final de la hendidura

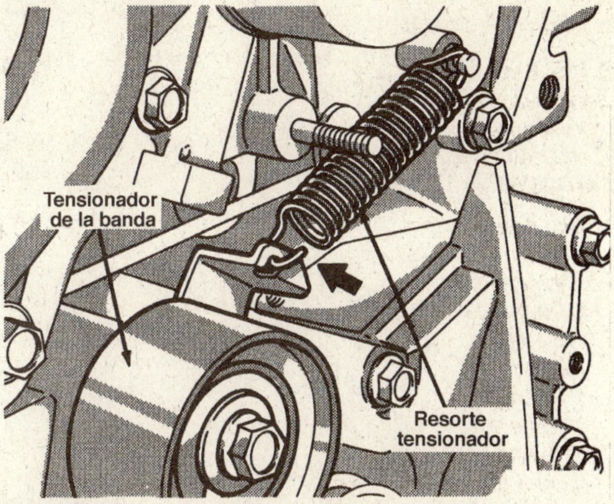

10.17b Posición correcta del resorte en el tensionador

23 Asegúrese que las marcas de la regulación del tiempo estén todavía alineadas apropiadamente **(vea ilustración 10.14)**. Apriete el perno del tensionador al par de torsión listado en las especificaciones de este Capítulo mientras mantiene el tensionador estabilizado con su mano.
24 Chequee la deflección de la banda del tiempo observando que la fuerza de la polea de sincronización del tensionador se aplique a la banda del tiempo. Si la banda parece estar floja, reemplace el resorte del tensionador.
25 Instale los varios componentes removidos durante el procedimiento de remover, refiérase a las secciones apropiadas según sea necesario.

11 Sello delantero de aceite del cigüeñal - reemplazo

Refiérase a las ilustraciones 11.4, 11.7, 11.8a y 11.8b

1 Desconecte el cable negativo de la batería.
2 Remueva las bandas (vea Capítulo 1), la polea del cigüeñal y la banda del tiempo (vea Secciones 9 y 10).
3 Ponga dos destornilladores en cuña detrás del engrane del cigüeñal. Hágale palanca cuidadosamente al engrane fuera del cigüeñal. Algunos engranes de la banda del tiempo pueden ser removidos fácilmente con unos destornilladores. Otros son más difíciles de remover porque la corrosión los funde a la nariz del cigüeñal. Si la polea en su motor es difícil de hacerle palanca, no le haga daño a la bomba de aceite con los destornilladores.
4 Si el engrane no se afloja, taladre y haga dos roscas en la cara del engrane y use un extractor de pernos para deslizarla fuera del cigüeñal **(vea ilustración)**. **Caución:** *No vuelva a emplear un engrane taladrado - reemplácelo.*
5 Dele vuelta al perno del extractor hasta que salga fuera de la polea. Remueva el plato de la banda de la regulación del tiempo.

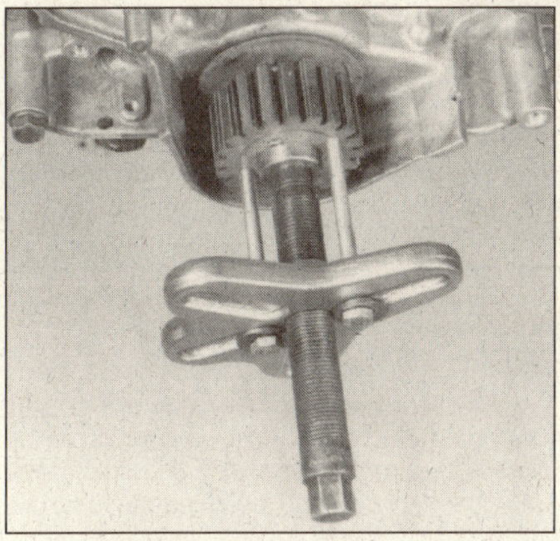

11.4 Si el engrane está trabado, taládrelo, hágale dos roscas y remuévalo con un tipo de extractor de pernos

6 Hágale palanca para remover el sello de aceite cuidadosamente con un destornillador o con una herramienta para remover sellos ¡No raye o melle el cigüeñal en el proceso!
7 Antes de la instalación, aplique una capa de grasa de uso múltiple al interior del sello **(vea ilustración)**.
8 Fabrique una herramienta para instalar sellos con un tubo de longitud corta igual o más pequeño que el diámetro exterior del sello mismo. Lime el final del tubo que aplastará el sello hacia abajo hasta que esté libre de las orillas agudas. Usted también necesitará una arandela grande, un tanto más grande que el diámetro del tubo, en la cual pueda sentar la cabeza del perno **(vea ilustración)**. Instale el sello de aceite apretándolo en posición con la herramienta para la instalación del sello **(vea ilustración)**.

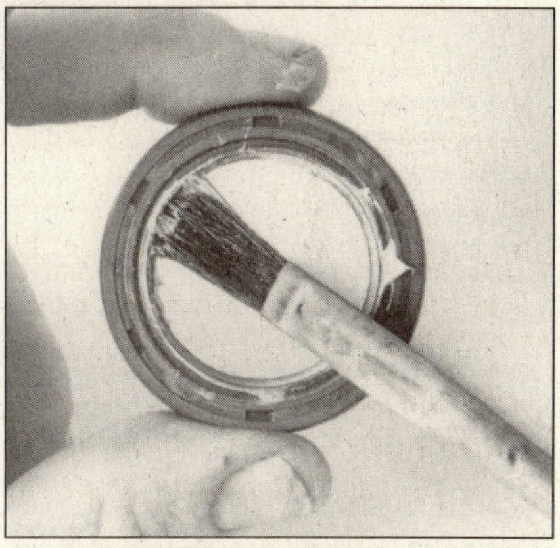

11.7 Aplique una película de grasa al labio del sello nuevo antes de instalarlo (si usted aplica una cantidad pequeña de grasa al exterior, será más fácil de empujarlo dentro del orificio)

11.8a Fabrique una herramienta para instalar sellos de un pedazo de tubo y una arandela grande...

11.8b...para empujar el sello dentro del orificio - el tubo debe estar contra la orilla exterior del sello según el perno es apretado

2C

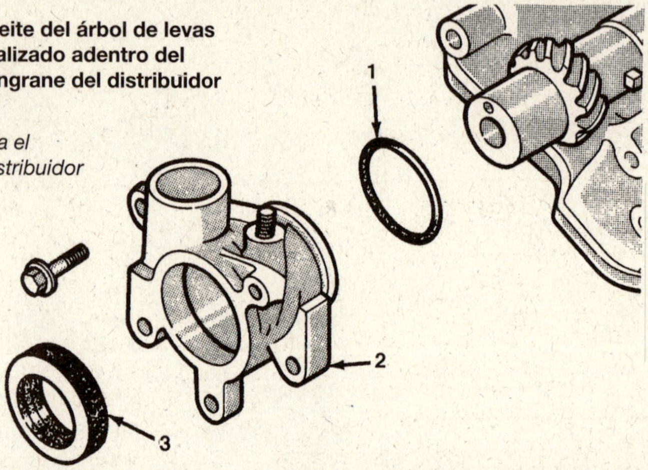

12.5 El sello del aceite del árbol de levas trasero está localizado adentro del adaptador para el engrane del distribuidor

1 *Anillo O*
2 *Adaptador para el engrane del distribuidor*
3 *Sello*

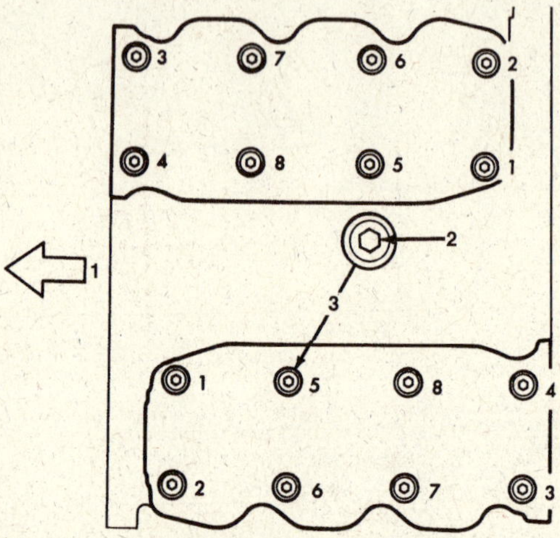

14.12 Sucesión para remover los pernos de la cabeza de los cilindros

1 *Lado de la banda del tiempo*
2 *10 mm perno con cabeza Allen*
3 *Perno y arandela de la cabeza de los cilindros*

Cuándo usted vea y sienta que el sello haya parado de moverse, no le de más vuelta al perno o dañará el sello.

9 Deslice el plato de la banda del tiempo hacia la nariz del cigüeñal.

10 Asegúrese que la llave de Woodruff esté en su lugar en el cigüeñal.

11 Aplique una capa ligera de lubricante de ensamblaje al engrane interior de la banda del tiempo y deslícelo al cigüeñal.

12 La instalación de los componentes que quedan se hace en el orden inverso al procedimiento de desensamble. Esté seguro de referirse a la Sección 10 para el procedimiento de instalación y el ajuste de la banda del tiempo. Apriete todo los pernos a los valores del torque listado en las especificaciones de este Capítulo.

12 Sello del aceite del árbol de levas - reemplazo

Refiérase a la ilustración 12.5

Nota: *El motor 3.0L está equipado con dos sellos para el aceite del árbol de levas en el frente (el lado de la banda del tiempo) tanto como dos tapones para el aceite del árbol de levas en la parte trasera (el lado de el transeje) del motor.*

1 Desconecte el cable negativo de la batería.

2 Remueva las bandas (vea Capítulo 1), la polea del cigüeñal (vea Sección 9) y la banda del tiempo (vea Sección 10).

3 Inserte un destornillador por dentro del orificio en el engrane del árbol de levas para detenerlo en su lugar mientras afloja el perno de instalar.

4 Una vez que el perno esté fuera, la polea puede ser removida a mano. **Nota:** *Marque cada polea con una R o F. Si usted está removiendo ambas poleas del árbol de levas, no las mezcle. Ellas deben ser instaladas en la misma leva de donde fueron removidas; R atrás (el lado de la pared para detener fuegos) y F en el frente (el lado del radiador).*

5 Remueva cuidadosamente el sello viejo del aceite con un destornillador **(vea ilustración)**. No melle o rasguñe el árbol de levas en el proceso. Refiérase a los Pasos seis, siete y ocho de la Sección 11. La misma herramienta para instalar sellos usada para el sello del cigüeñal se puede usar para ambos sellos del árbol de levas.

6 Instale el engrane. ¡Asegúrese que las marcas R o F estén mirando hacia fuera! El lado de la polea con el receso debe enfrentarse al motor, que significa que el receso no muy profundo debe enfrentarse hacia fuera.

7 Inserción un destornillador por dentro del orificio superior de la polea del árbol de levas para cerrarlo en su lugar mientras usted aprieta el perno al par de torsión listado en las especificaciones de este Capítulo.

8 La instalación se hace en el orden inverso al procedimiento de desensamble.

13 Resorte de las válvulas, retenedores y sellos - reemplazo

Éste procedimiento es esencialmente el mismo en cuanto a los motores de 2.2/2.5 L de cuatro cilindros. Refiérase a la Parte A, Sección 11 y siga el procedimiento descrito allí.

14 Cabeza de los cilindros - remover e instalar

Nota: *Permita que el motor se enfríe completamente antes de empezar este procedimiento.*

Remover

1 Posicione el motor en el TDC (punto muerto superior) en el cilindro número uno en la carrera de compresión (vea Sección 3). Drene anticongelante del motor (vea Capítulo 1).

2 Remueva la tapa de la banda del tiempo, la banda del tiempo y los engranes del árbol de levas (vea Secciones 10 y 12).

3 Remueva el múltiple de admisión (vea Sección 7).

4 Remueva los componentes de los brazos de los balancines (vea Sección 5) y los ajustadores para los balancines hidráulicos (vea Sección 6).

5 Remueva el múltiple(s) del escape como en la Sección 8. **Nota:** *Si desea, cada múltiple puede permanecer conectado a la cabeza de los cilindros hasta después que la cabeza sea removida del motor. Sin embargo, el múltiple debe ser desconectado completamente del sistema del escape y/o el tubo de cruce.*

Cabeza (el lado del radiador) delantera de los cilindros

6 Remueva el distribuidor (sensor del ángulo del cigüeñal) (vea Capítulo 5).

7 Remueva el compresor del aire acondicionado de los soportes sin desconectar ninguna de las mangueras del radiador (vea Capítulo 3) y póngalo a un lado. Puede ser útil asegurar el compresor al vehículo con un lazo o alambre para estar seguro que no cuelgue por sus mangueras.

8 Remueva los soportes del compresor del aire acondicionado (vea Capítulo 3).

Cabeza (el lado de la pared para detener fuego) trasera de los cilindros

9 Separe las mangueras de la calefacción y los soportes del final de la cabeza de el transeje.

10 Remueva el albergue del purificador de aire del compartimiento del motor (vea Capítulo 4).

11 Remueva el alternador y los soportes de la cabeza de los cilindros (vea Capítulo 5).

Ambos lados

Refiérase a la ilustración 14.12

12 Afloje los pernos de la cabeza de los cilindros con una herramienta de 10 mm en incrementos de 1/4 de vuelta hasta que ellos puedan ser removidos a mano. Esté seguro

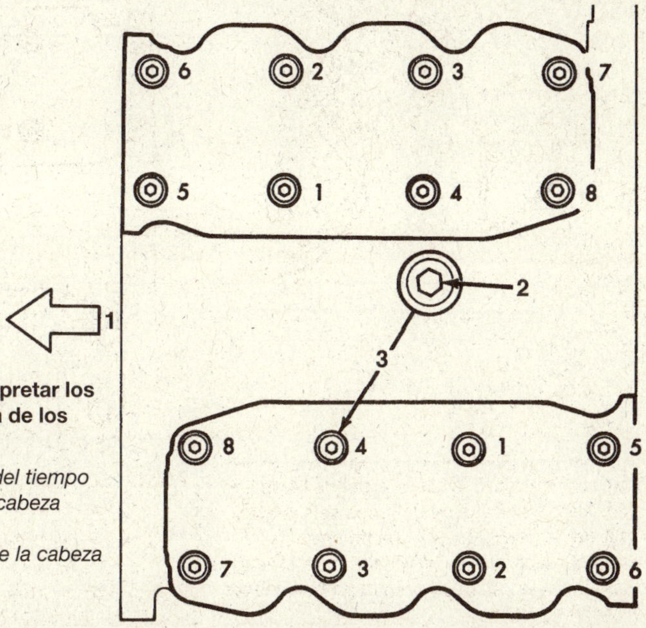

14.23 Sucesión para apretar los pernos de la cabeza de los cilindros

1 *Lado de la banda del tiempo*
2 *10 mm perno con cabeza Allen*
3 *Perno y arandela de la cabeza de los cilindros*

de seguir la secuencia numérica apropiada **(vea ilustración)**.

13 Los pernos de la cabeza deben ser reinstalados en su lugar original. Para prevenir que no se mezclen, almacénelos en poseedores de cartón marcados para indicar el modelo de los pernos. Marque los poseedores F (frente) y R (traseras) e indique el final de la banda del tiempo del motor.

14 Levante la cabeza del bloque. Si se siente resistencia, afloje la cabeza golpeándola con un bloque de madera y un martillo. ¡Si requiere hacer palanca, haga palanca solamente en una extensión de la fundición - tenga mucho cuidado de no dañar la cabeza ni el bloque!

15 Si es necesario, remueva el árbol(es) de levas como está descrito en la Sección 15.

Instalación

Refiérase a las ilustraciones 14.23

16 Remueva todos los rasgos del material de la junta vieja de las cabezas de los cilindros y del bloque del motor. Las cabezas de las superficies de acoplamiento de los cilindros y el bloque deben ser limpiadas perfectamente cuando las cabezas sean instaladas.

17 Use un raspador de juntas para remover todos los rasgos de carbón y el material de la junta usada, después limpie las superficies de acoplamiento con removedor de pintura o acetona. Si hay aceite en las superficies de acoplamiento cuando las cabezas son instaladas, las juntas no puede sellar correctamente y podrían desarrollar fugas. Use una aspiradora para remover cualquier residuo que caiga dentro de los cilindros.

18 Chequee el bloque y las superficies de acoplamiento de la cabeza por mellas, rasguños y otros daños profundos. Si el daño es leve, puede ser removido con una lima - si es excesivo, rectificación a máquina puede ser solamente la ultima alternativa.

19 Use una terraja del tamaño correcto para seguir las roscas para los pernos en las roscas de la cabeza. Ponga cada perno en un morsa y corra una terraja hembra en las roscas para remover la corrosión y rectificar las roscas. La tierra, corrosión, sellador y las roscas desgastadas afectarán las lecturas del par de torsión. Asegúrese que los orificios de las roscas en el bloque están limpios y secos.

20 Posicione las juntas nuevas encima de las clavijas en el bloque.

21 Posicione cuidadosamente en el bloque las cabezas sin perturbar las juntas.

22 Engrase ligeramente las roscas e ínstale los pernos en sus orificios originales. Apriételo con los dedos.

23 Siga la sucesión recomendada y apriete los pernos en tres pasos al par de torsión listado en las especificaciones de este Capítulo **(vea ilustración)**.

24 La instalación se hace en el orden inverso al procedimiento de desensamble.

25 Agregue anticongelante, cambie el aceite y el filtro del motor (vea Capítulo 1), entonces ponga el motor en marcha y chequee cuidadosamente por fugas de aceite y anticongelante.

15 Árbol de levas - remover e instalar

Remover

1 Posicione el motor en el TDC (punto muerto superior) en el cilindro número uno en la carrera de compresión (vea Sección 3).

2 Si usted está removiendo la cabeza de los cilindros del frente (lado del radiador), remueva los pernos y hágale palanca suavemente al adaptador para el impulsor del distribuidor **(vea ilustración 12.5)**.

3 Remueva el ensamblaje del brazo de la mecedora (vea Sección 5).

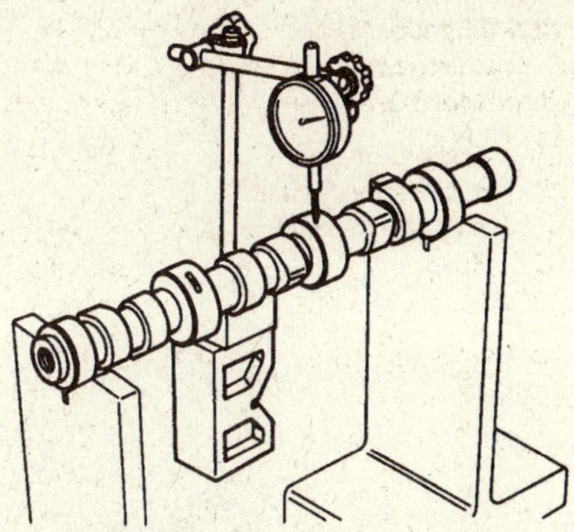

16.2 Un indicador de reloj y bloques-V son necesarios para chequear la ovalación del árbol de levas

4 Hágale palanca cuidadosamente al tapón en la sección de atrás del árbol de levas (en el lado del transeje) de la cabeza de los cilindros **(vea ilustración 4.3)**. ¡No raye o melle el árbol de levas en el proceso!

5 Levante cuidadosamente de la cabeza de los cilindros el árbol de levas. Inspeccione el árbol de levas como se describe en la Sección 16.

2C

Instalación

6 Lubrique los muñones del cojinete del árbol de levas y los lóbulos con grasa de base moly o lubricante para ensamblaje del motor, después instálelo cuidadosamente en la cabeza. ¡No raye las superficies para los cojinetes con los lóbulos de la leva!

7 Instale los pernos del adaptador para el impulsor del distribuidor y apriételo al torque listado en las Especificaciones de éste Capítulo.

8 Chequee para asegurarse que la marca del engrane en el cigüeñal está todavía alineada con su marcada en la bomba de aceite. Deslice los engranes del árbol de levas en los árbol de levas y alinee las marcas en los engranes con su marcas correspondientes en la cabezas de los cilindros.

9 La instalación se hace en el orden inverso al procedimiento de desensamble.

16 Árbol de levas y superficies para los cojinetes - inspección

Refiérase a las ilustraciones 16.2 y 16.3

1 Chequee visualmente las superficies para los cojinetes en el árbol de levas por orificios, marcas de rayones, abrasión y desgaste anormal. Si las superficies para los cojinetes están desgastadas, la cabeza tendrá que ser reemplazada.

2 Chequee la ovalación del árbol de levas poniendo el árbol de levas entre dos bloques-V e instale un indicador de reloj en el muñón central **(vea ilustración)**. Ponga a cero el indicador de reloj. Dele vuelta al árbol de levas lentamente y note la lectura total del indicador. Registre sus lecturas y compárelas con las especificaciones de este Capítulo. Si

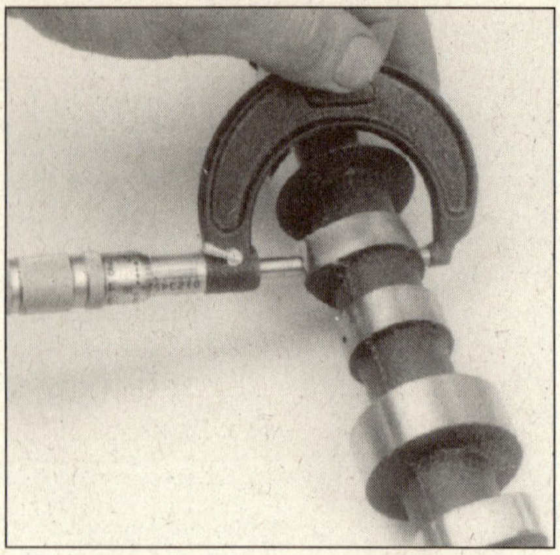

16.3 Midiendo la altura del lóbulo del árbol de levas con un micrómetro

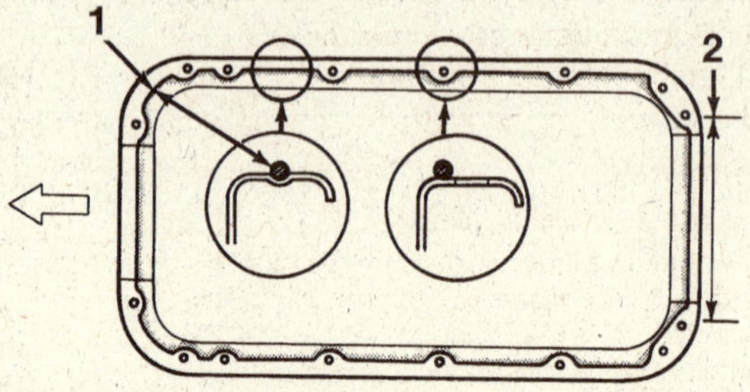

17.14 La línea del sellador RTV (vulcanizador accionado a temperatura ambiente) no debe interferir con los orificios para los pernos del cárter de aceite

1 3 mm de diámetro de RTV
2 El sellador no debe ser forzado desde la brida en esta área

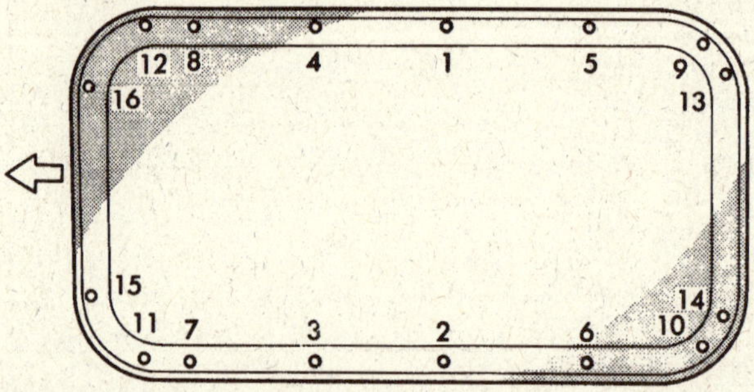

17.15 Sucesión para apretar los pernos de la cacerola del aceite

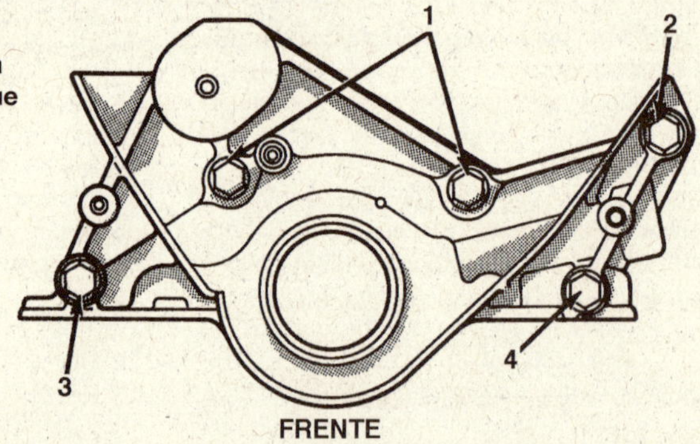

18.3 Esté seguro de marcar la posición de cada perno para que lo ayude en la instalación

1 L = 25 (1 pulgada)
2 L = 55 (2 1/8 pulgada)
3 L = 55 (2 1/8 pulgada)
4 L = 60 (2 1/8 pulgada)

la medida de la desviación excede la desviación especificada en este Capítulo, reemplace el árbol de levas.

3 Chequee la altura del lóbulo del árbol de levas midiendo cada lóbulo con un micrómetro **(vea ilustración)**. Compare la medida con las alturas del lóbulo del árbol de levas con las especificaciones de este Capítulo. Entonces reste la altura del lóbulo del árbol de levas de la medida de la altura especificada para computar el desgaste de los lóbulos de la leva. Compárelo con el límite de desgaste especificado. Si es más que el límite de desgaste especificado, reemplace el árbol de levas.

4 Inspeccione el contacto y ajuste de los balancines hidráulicos de las superficies de cada una por rayones o daño (vea Sección 6). Reemplace cualquiera de las partes defectuosas.

5 Chequee los brazos del balancín y el eje por desgaste anormal, orificios, abrasión, marcas de rayones y áreas ásperas. No trate de restaurar los brazos de los balancines rectificando la superficies de contacto. Reemplace cualquiera de las partes defectuosas.

17 Cacerola del aceite - remover e instalar

Remover

1 Desconecte el cable negativo de la batería.

2 Levante el vehículo y sopórtelo firmemente en estantes.

3 Remueva la cacerola de salpicadura de debajo del vehículo.

4 Drene el aceite del motor e instale un filtro de aceite nuevo (vea Capítulo 1).

5 Remueva los pernos de atrás del tubo del múltiple trasero (vea Sección 8).

6 Sostenga el motor/transeje firmemente con una grúa desde la parte de encima o un gato por debajo de la campana. Proteja la campana poniendo un bloque de madera entre el gato y la campana. **Peligro:** *¡Esté absolutamente cierto que el motor/transeje está firmemente sostenido! ¡No coloque ninguna parte de su cuerpo bajo el motor/transeje - lo podría aplastar si el gato llegara a fallar!*

7 Remueva los pernos de los calzos del motor (vea Sección 21). Levante la asamblea del motor/transeje para proporcionar el espacio libre para remover la cacerola del aceite.

8 Remueva los pernos del cárter del aceite.

9 Separe la cacerola de aceite. No haga palanca con una barra entre la cacerola y el bloque para removerla o puede dañar la superficie donde sella y fugas podrían desarrollarse. Si la cacerola está atorada, desalójela con un martillo y un bloque de madera.

10 Use un raspador de junta para remover todos los rasgos de material de la junta vieja y sellador del bloque y la cacerola. Limpie las superficies de acoplamiento con removedor de pintura o acetona.

11 Remueva los pernos del tubo colector de aceite y la asamblea de la rejilla.

Instalación

Refiérase a las ilustraciones 17.14 y 17.15

12 Reemplace la junta en la pestaña del tubo colector del aceite y vuelva a instalar el tubo. Apriete los pernos del tubo colector al par de torsión listados en las Especificaciones de éste Capítulo.

13 Asegúrese que los orificios de las roscas en el bloque están limpios (use una terraja macho para remover sellador o cualquier corrosión de las roscas).

14 Aplique una cantidad pequeña de sellador RTV (vulcanizador accionado a temperatura ambiente) o equivalente a la superficie de contacto entre la bomba de aceite y el bloque y el retenedor trasero del sello a las uniones del bloque **(vea ilustración)** y aplique una ligera línea continua en la circunferencia de la pestaña de la cacerola del aceite. **Nota:** *Permita que el sellador se "prepare" (endurezca levemente) antes de instalar la junta.*

15 Instale la cacerola de aceite y apriete los pernos en cuatro pasos siguiendo la sucesión mostrada **(vea ilustración)** al par de la torsión listado en las especificaciones de este Capítulo.

16 La instalación se hace en el orden inverso al procedimiento de desensamble.

17 Permita por lo menos 30 minutos para que el sellador se seque. Llene el cárter del cigüeñal con aceite (vea Capítulo 1), ponga el motor en marcha y chequee por presión de aceite y fugas.

18 Bomba de aceite - remover, inspeccionar e instalar

Remover

Refiérase a la ilustración 18.3

1 Remueva la banda de regulación del tiempo y el engrane del cigüeñal (vea Secciones 10 y 11). Remueva la cacerola del aceite y el tubo colector (vea Sección - 17).

2 Remueva los pernos de la bomba de la dirección de poder (vea Capítulo 10) sin desconectar la mangueras del radiador. Remueva el soporte de la bomba de la dirección de poder.

3 Remueva los pernos del frente de la bomba del aceite al bloque del motor **(vea ilustración)**.

4 Use un bloque de madera y un martillo para aflojar la bomba de aceite.

5 Remueva la bomba de aceite del bloque del motor.

6 Use un raspador para remover el material de la junta vieja y sellador de las superficies de acoplamiento de la bomba de aceite y del bloque del motor. Limpie las superficies de acoplamiento con removedor de pintura o acetona.

Inspección

Refiérase a las ilustraciones 18.7, 18.10a, 18.10b y 18.10c

7 Remueva los tornillos que retienen la tapa trasera a la bomba de aceite **(vea ilustración)**.

8 Limpie todos los componentes con solvente, entonces los inspecciona por desgaste y daño.

9 Remueva el tapón de alivio para la válvula de la presión de aceite, la arandela, el resorte y la válvula (embolo). Chequee la superficie donde se desliza la válvula de alivio de la presión de aceite y resorte de la válvula. Si el resorte o la válvula están desgastado, ellos deben ser reemplazados como un conjunto.

10 Chequee los siguientes espacios libres con un calibrador palpador **(vea ilustraciones)** y compare las medidas con los espacios libres listados en las especificaciones de este Capítulo:

18.7 Vista esquemática de la bomba del aceite

1 *Junta*
2 *Tornillo*
3 *Cubierta para la bomba*
4 *Rotor exterior*
5 *Albergue para la bomba del aceite*
6 *Rotor interior*
7 *Embolo para liberar la presión*
8 *Resorte*
9 *Tapón*
10 *Sello*

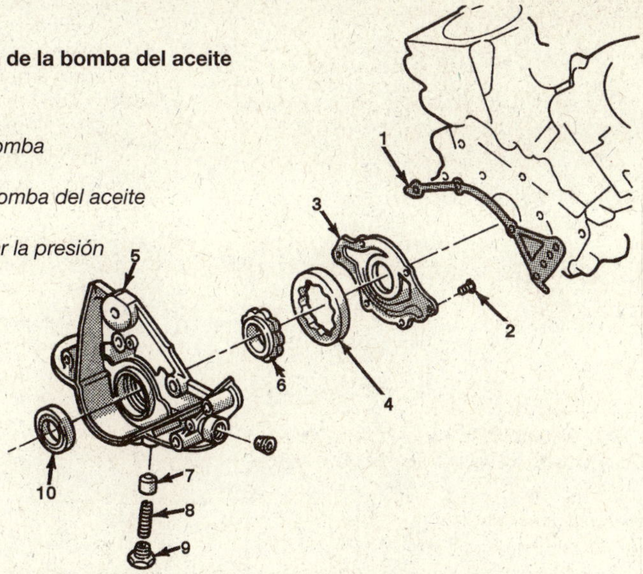

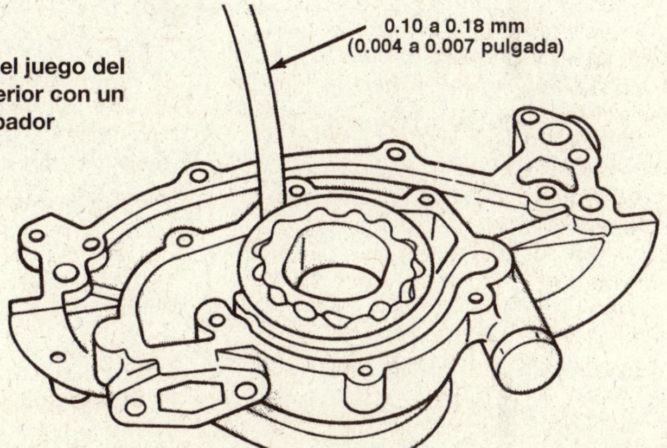

18.10a Chequeando el juego del albergue al rotor exterior con un calibrador palpador

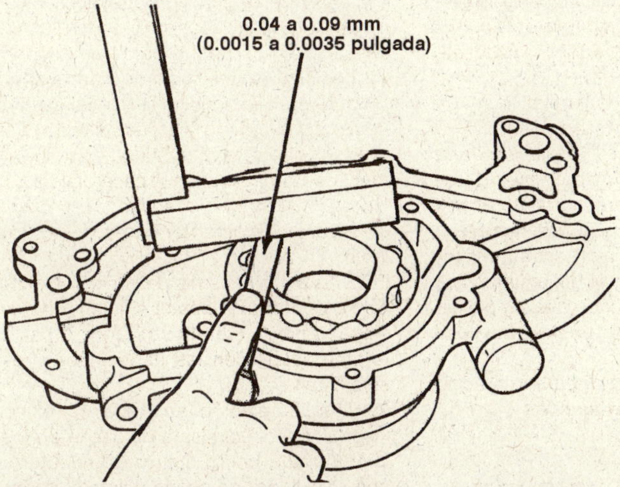

18.10b Chequeando el juego final del rotor con una regla y un calibrador palpador

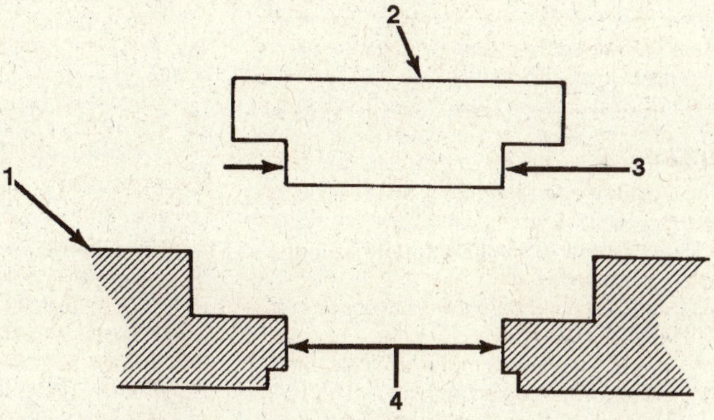

18.10c Chequee por espacio libre excesivo entre el albergue y el rotor interior

1 *Albergue*
2 *Rotor interior*
3 *Mida A*
4 *Mida B*

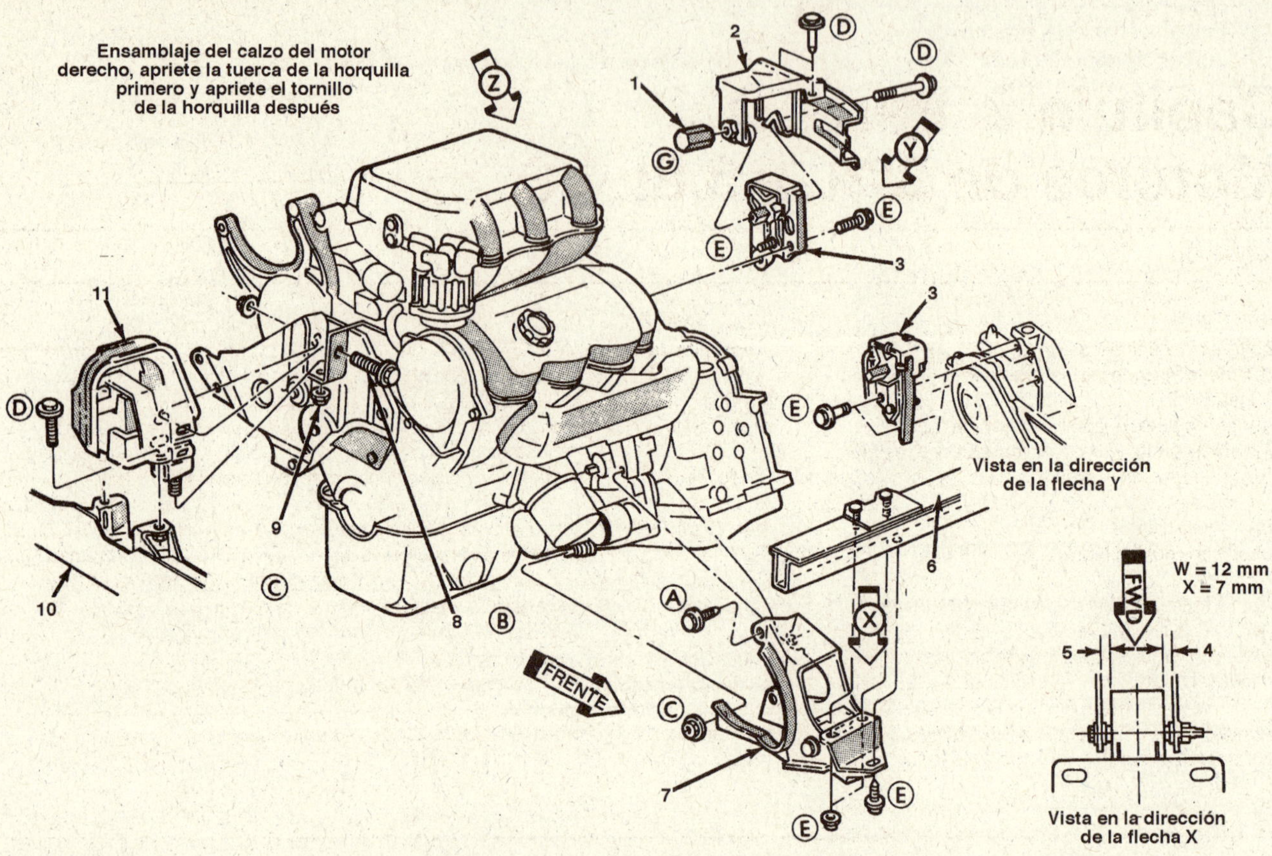

21.1 Vista esquemática de los calzos del motor en un motor de 3.0L

1 *Peso amortiguador*
2 *Carril izquierdo*
3 *Aislador izquierdo*
4 *X es el lado del chofer*
5 *Vista del lado W*
6 *Miembro de cruce frontal*
7 *Ensamblaje delantero del motor*
8 *Tornillo de la horquilla*
9 *Tuerca de la horquilla*
10 *Carril derecho*
11 *Ensamblaje derecho para el calzo del motor*

Del albergue al rotor exterior
Juego final del rotor
Del albergue al rotor interior

Si alguno de los espacios libres están en exceso, reemplace el ensamblaje de la bomba de aceite completa.

11 Empaque las cavidades de la bomba de aceite con jalea de petróleo para prepararla. Arme la bomba de aceite y apriete los pernos al par de torsión listado en las Especificaciones de este Capítulo. Instale la válvula de alivio de presión de aceite, el resorte y la arandela, entonces apriete el tapón de la válvula de alivio de la presión de aceite al par de torsión listado en las especificaciones de este Capítulo.

Instalación

12 Aplique una capa ligera de sellador RTV (vulcanizador accionado a temperatura ambiente) a la junta nueva de la bomba de aceite.

13 La instalación se hace en el orden inverso al procedimiento de desensamble. Alinee las áreas planas en el cigüeñal con las planas en el interior del rotor de la bomba de aceite. Apriete todos los afianzadores al valore de torque listado en las especificaciones de este Capítulo.

19 Volante/plato flexible - remover e instalar

Éste procedimiento es esencialmente igual para todos los motores. Refiérase a la Parte A y siga el procedimiento del plan general allí, pero use el par de torsión para los pernos listados en las especificaciones de este Capítulo.

20 Sello trasero principal para el aceite - reemplazo

Éste procedimiento es esencialmente igual para todos los motores. Refiérase a la Parte A y siga el procedimiento del plan general allí.

21 Calzos del motor - chequeo y reemplazo

Refiérase a la ilustración 21.1

Éste procedimiento es esencialmente igual para todos los motores. Vea la Parte A de este Capítulo y siga el procedimiento del plan general allí, pero use los valores del torque listado en las Especificaciones de éste Capítulo. Use la vista esquemática acompañada como referencia **(vea ilustración)**.

Capítulo 2 Parte D
Motores de 3.3L y 3.8L V6

Contenido

Especificaciones

General

Números de los cilindros (del final de la banda al final del transeje)	
Banco delantero (lado del radiador)	2-4-6
Banco trasero	1-3-5
Orden del encendido	1-2-3-4-5-6

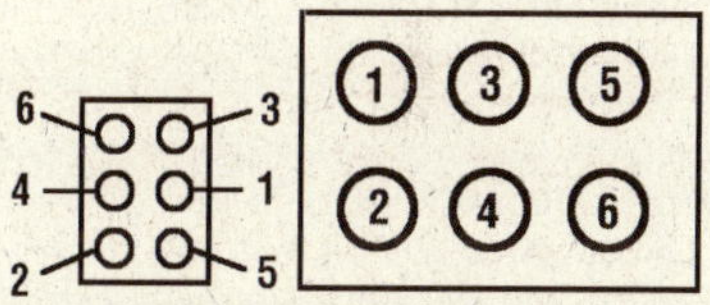

Localidad de los cilindros y paquetes de las bobina

Bomba de aceite

Límite del alabeo de la tapa	0.003 pulgada
Espesor (MIN) del rotor exterior	0.3005 pulgada
Espesor (MIN) del rotor interior	0.301 pulgada
Del rotor al juego libre de la tapa de la bomba	0.004 pulgada
Del rotor exterior al juego libre de la carrocería	
1992 y más antiguos	0.022 pulgada
1993 y más modernos	0.015 pulgada
Espacio libre del rotor interior al lóbulo del rotor exterior	0.008 pulgada

Especificaciones del par de torsión

	Pie-libras (a menos que sea especificado de otra forma)
Perno del engrane del árbol de levas	40
Polea del cigüeñal y perno del amortiguador de vibraciones	40
Pernos de la cabeza de los cilindros **(vea ilustración 9.8 para el orden de como apretar)**	
Pernos 1 al 8	
Primer paso	45
Segundo paso	65
Tercer paso	65
Cuarto paso 1/4 de vuelta a la derecha (no use un torquímetro para este paso)	
Perno 9 (quinto paso)	25
Pernos para el plato del calzo del motor	40
Pernos para el calzo del motor **(vea ilustración 19.1c)**	
A	50
B	100
C	75
D	200 pulgada-libras
E	40

Especificaciones del par de torsión

	Pie-libras (a menos que sea especificado de otra forma)
Múltiple de escape a los pernos de la cabeza de los cilindros	200 pulgada-libras
Pernos del cruce de escape	25
Volante y plato flexible - a los pernos del cigüeñal	50
Pernos del plato de retención hidráulico de los buzos	105 pulgada-libras
Múltiple de admisión - a los pernos de la cabeza de los cilindros y las tuercas	200 pulgada-libras
Pernos de retención para la junta del múltiple	105 pulgada-libras
Tapón del drenaje a la cacerola del aceite	
1984 por 1993	20
1994 y más moderno	25
Pernos y tuercas de la cacerola del aceite	105 pulgada-libras
Pernos del tubo colector de la bomba del aceite	250 pulgada-libras
Pernos de la tapa (plato) de la bomba de aceite (Torx no. 30)	105 pulgada-libras
Tapa de las válvulas - a los pernos de los cilindros de la cabeza	105 pulgada-libras
Pernos del eje del brazo de los balancines	250 pulgada-libras
Pernos de la tapa de la cadena del tiempo	20
Guía de la cadena del tiempo	105 pulgada-libras
Engrane de la cadena del tiempo al perno del árbol de levas	35
Pernos para el retenedor del sello principal de aceite	105 pulgada-libras

1 Información general

Esta parte del Capítulo 2 se refiere a los procedimientos de reparación dentro del vehículo para el motor V6 de 3.3L y 3.8L. Este motor utiliza un bloque de hierro fundido con seis cilindros arreglados en una forma "V" a un ángulo de 60 grados entre los dos bancos. Las cabezas de aluminio con válvulas encima de la cabeza de los cilindros están equipadas con guías de válvulas y asientos reemplazables. Los buzos con rodillos hidráulicos que accionan las válvulas por varillas de empuje tubular.

Toda la información con respecto a remover e instalar el bloque del motor y la reconstrucción de la cabeza de los cilindros se puede encontrar en la Parte E de este Capítulo. Los siguientes procedimientos de reparación están basados en la suposición que el motor está instalado en el vehículo. Si el motor ha sido removido del vehículo e instalado en un estante, muchos de los pasos del plan descrito en esta parte del Capítulo 2 no aplicarán.

Las Especificaciones incluidas en esta Parte del Capítulo 2 aplican solamente a los procedimientos contenidos en esta Parte. La Parte E del Capítulo 2 contiene las Especificaciones necesarias para reconstruir la cabeza de los cilindros y el bloque del motor.

2 Reparaciones posibles con el motor en el vehículo

Se pueden lograr muchos funcionamientos de reparaciones mayores sin tener que remover el motor del vehículo.

Limpie el compartimiento del motor y el exterior del motor con cualquier tipo de limpiador con presión. Un motor limpio hará el trabajo más fácil y ayudará a mantener la tierra fuera de las áreas interiores del motor.

Depende los componentes envueltos, sería una buena idea de remover el capo para tener mejor acceso al motor cuando se ejecutan las reparaciones (refiérase al Capítulo 11 si es necesario).

Si hay fugas de aceite o fugas de anticongelante, indicando una necesidad de reemplazo de sello o junta, se pueden hacer las reparaciones generalmente con el motor en el vehículo. La junta de la cacerola del aceite, la junta de los cilindros de la cabeza, juntas del múltiple de admisión y del escape, junta de la tapa de la cadena del tiempo y las juntas del cigüeñal son accesible con el motor en su lugar.

Componentes exteriores del motores, tal como la bomba del agua, el motor de arranque del vehículo, el alternador, el distribuidor y el carburador o unidad de la inyección del combustible, tal como el múltiple de admisión y de escape, se pueden remover para reparación con el motor en su lugar.

Hasta la cabeza de los cilindros se puede remover sin remover el motor, se puede darle servicio a los componentes de las válvulas también con el motor en el vehículo.

Reemplazo de la cadena del tiempo, engranes de la cadena del tiempo y la bomba del aceite es posible con el motor en su lugar.

En casos extremos causados por la falta de equipo necesario, reparación o reemplazo de los anillos de los pistones, pistones, bielas y cojinetes de las bielas es posible hacerlo con el motor en el vehículo. De cualquier modo que, este tipo de practica no es recomendable porque el trabajo de limpieza y preparación que se le debe de hacer a los componentes envueltos.

3 TDC (punto muerto superior) para el pistón número uno - localizar

1 Desconecte el cable del terminal negativo de la batería.

2 Remueva la tapa de los balancines más cerca al radiador (vea Sección 4).

3 Remueva las bujías (vea Capítulo 1).

4 Usando un dado y una matraca en el perno de la polea del cigüeñal, voltee el cigüeñal a la derecha hasta que haya juego en ambos brazos del balancín para el cilindro número 2 (el cilindro más cercano a la derecha del guardafango). Con el motor en esta posición, aproximadamente el TDC para el cilindro número 2 se a encontrado. Para poner el motor en TDC (aproximadamente) para el cilindro número 1, haga una marca en la polea del cigüeñal y una marca correspondiente en el motor, después gire el cigüeñal 120 grados contra las agujas del reloj.

5 Esta posición será adecuada para la mayoría de las operaciones que requieren que el motor esté en TDC, pero si se debe encontrar el TDC exacto, se debe obtener una rueda de grado y un indicador de reloj (con el adaptador apropiado para el orificio de la bujía).

6 Instale la rueda de grado en la polea del cigüeñal. Éstas se pueden encontrar en casi todas las refaccionarías.

7 Ponga el motor en posición TDC (aproximadamente para el cilindro número 2 como está descrito en el Paso 4). Usando el adaptador apropiado, instale el indicador de reloj en el orificio número 2 de la bujía.

8 Lentamente gire el cigüeñal en una dirección hacia la derecha hasta que el indicador de reloj muestre que el pistón haya alcanzado su punto más alto.

9 Alinee la marca del cero en la rueda de

4.3 Remueva los pernos de la tapa de los balancines delanteros (flechas) - el pleno de admisión de aire ha sido removido para exponer la tapa trasera de los balancines

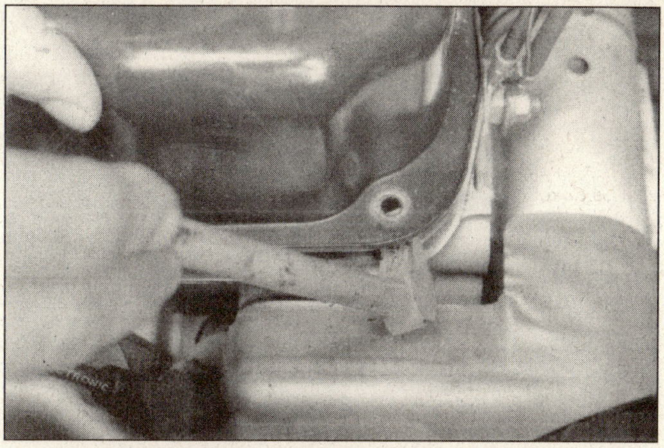

4.4 Tenga cuidado de no doblar ni dañar la tapa de los balancines ni la cabeza de los cilindros cuando esté haciendo palanca

grado con la marca hecha en el motor.
10 Gire el cigüeñal 120 grados contra las agujas del reloj. El motor está ahora instalado en TDC para el cilindro número 1.
11 El TDC para cualquiera de los cilindros que quedan pueden ser localizados volteando el cigüeñal a la derecha 120 grados a la vez y siguiendo el orden de encendido (vea las Especificaciones al principio de éste Capítulo).

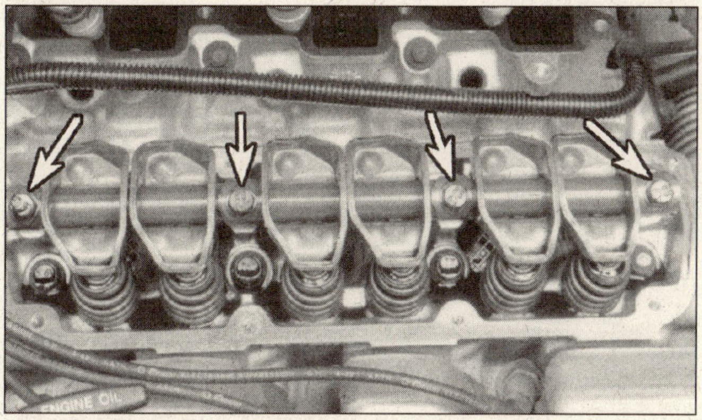

5.2 Remueva los pernos del brazo de los balancines de la cabeza de los cilindros - esté seguro de empezar con el exterior primero

4 Tapa de los balancines - remover e instalar

Refiérase a las ilustraciones 4.3 y 4.4

Remover

Tapa (al lado del radiador) delantera

1 Desconecte el cable negativo de la batería.
2 Remueva los alambres de las bujías (vea Capítulo 1). Esté seguro de que cada alambre esté marcado antes de removerlo para asegurar una reinstalación correcta.
3 Remueva los pernos de la tapa de los balancines **(vea ilustración)**.
4 Separe la tapa de los balancines. **Nota:** *Si la tapa se pega a la cabeza de los cilindros, use un bloque de madera y un martillo para removerla. Si todavía la tapa no se afloja, hágale palanca cuidadosamente, pero no distorsione la pestaña selladora* **(vea ilustración)**.

Tapa (al lado de la pared para detener fuegos) trasera

5 Desconecte el cable negativo de la batería.
6 Marque y separe las líneas de vacío del cuerpo de inyección.
7 Remueva la banda serpentina(vea Capítulo 1).
8 Remueva el alternador (vea Capítulo 5).
9 Remueva los juegos de bobina (vea Capítulo 5).
10 Remueva el pleno de admisión de aire (vea Capítulo 4).
11 Remueva la manguera respiradora de la válvula PCV (ventilación positiva del cárter).
12 Remueva los alambres de las bujías (vea Capítulo 1). Esté seguro de que cada alambre esté marcado antes de removerlo para asegurar una reinstalación correcta.
13 Remueva los pernos de la tapa de los balancines **(vea ilustración 4.3)**.
14 Separe la tapa de los balancines. **Nota:** *Si la tapa se pega a la cabeza de los cilindros, use un bloque de madera y un martillo para removerla. Si todavía la tapa no se afloja, hágale palanca cuidadosamente, pero no distorsione la pestaña selladora* **(vea ilustración 4.4)**.

Instalación

15 Las superficies de acoplamiento de cada cabeza de los cilindros y la tapa de los balancines debe estar perfectamente limpias cuando las tapas sean instaladas. Use un raspador de junta para remover todos los rasgos del sellador o material de la junta usada, después limpie las superficies de acoplamiento con removedor de pintura o acetona (si hay sellador o aceite en las superficies de acoplamiento cuando la tapa es instalada, fugas de aceite podrían desarrollarse). Tenga extra cuidado de no hacer mellas o muescas en las superficies de acoplamiento con el raspador.
16 Limpie las roscas del perno del calzo con una terraja hembra para remover cualquier corrosión y reparar las roscas dañadas. Use una terraja macho para limpiar los orificios roscados en las cabezas.
17 Coloque la tapa de los balancines y la junta nueva en posición, entonces instale los pernos. Apriete los pernos en varios pasos al par de torsión listado en las Especificaciones de este Capítulo.
18 La instalación se hace en el orden inverso al procedimiento de desensamble. Ponga el motor en marcha y chequee cuidadosamente por fugas de aceite.

5 Brazos de los balancines y varillas de empuje - remover, inspeccionar e instalar

Refiérase a las ilustraciones 5.2 y 5.3

Remover

1 Refiérase a la Sección 4 y remueva la tapa de los balancines.
2 Afloje cada perno del eje del brazo de los balancines un poco a la vez hasta que ellos estén lo suficientemente flojo para ser removidos a mano **(vea ilustración)**. Si Los brazos de los balancines son removidos del eje, asegúrese de anotar en que posición

5.3 Coloque las varillas de empuje en una caja para mantenerlas en orden

están ellos.

3 Remueva las varillas de empuje y guárdelas en orden para asegurar que ellas no sean mezcladas durante la instalación **(vea ilustración)**.

Inspección

4 Inspeccione cada brazo de los balancines por desgaste, roturas y otros daños, especialmente donde las varillas de empuje hacen contacto con los vástagos.

5 Chequee cada área de pivote de los brazos de los balancines y del eje por desgaste, roturas y abrasiones. Si los brazos de los balancines o el eje están desgastados o dañados, reemplácelos con otros nuevos.

6 Asegúrese que el orificio al final de cada una de las varillas en el brazo de los balancines de empuje estén abierto.

7 Inspeccione las varillas de empuje por roturas y desgaste excesivo en las puntas. Empuje cada varilla por encima de un pedazo de vidrio para ver si están dobladas (si tambalean, están dobladas).

Instalación

8 Lubrique la punta más baja de cada varilla de empuje con aceite de motor limpio o grasa de base moly e instálelas en sus lugares originales. Asegúrese de que cada varilla de empuje se asiente completamente en el dado del buzo.

9 Aplique grasa de base moly a las puntas de los vástagos de las válvula y a las puntas superiores de la varillas de empuje.

10 Aplique grasa base moly al eje del brazo de los balancines. Instale los brazos del balancín en el eje y baje la asamblea en la cabeza de los cilindros. Apriete los pernos, un poco a la vez (trabajando del centro hacia fuera) al par de torsión listado en las Especificaciones de este Capítulo. Al apretar los pernos, asegúrese que las varillas de empuje se engrapan apropiadamente en los brazos de los balancines. **Caución:** *Permita que el motor descanse por 20 minutos antes de ponerlo en marcha.*

11 Instale la tapa de los balancines.

6 Resortes de las válvulas, retenedores y sellos - reemplazo

Éste procedimiento es esencialmente el mismo como el de para los motores de cuatro cilindros. Refiérase al Capítulo 2 Parte A, Sección 11 y siga el procedimiento del plan general allí.

7 Múltiple de admisión - remover e instalar

Remover

Refiérase a las ilustraciones 7.6, 7.8a, 7.8b, 7.11a, 7.11b y 7.12

1 Alivie la presión del sistema de combustible (vea Capítulo 4).

2 Desconecte el cable negativo de la batería.

3 Remueva el pleno de admisión de aire, el conducto del combustible y los inyectores (vea Capítulo 4). Al desconectar las copillas de la línea de combustible, esté preparado para colectar algo de combustible con un trapo, entonces tape las copillas para prevenir contaminación.

4 Remueva la banda serpentina y drene el sistema de enfriamiento (vea Capítulo 1).

5 Remueva el alternador y afloje los soportes (vea Capítulo 5).

6 Remueva la cabeza de los cilindros del puntal de admisión del múltiple **(vea ilustración)**.

7 Remueva la manguera superior del radiador (vea Capítulo 3).

8 Desconecte el tubo de circulación de la calefacción **(vea ilustración)** y cualquier otra mangueras de vacío o anticongelante conectada al múltiple de admisión **(vea ilustración)**.

9 Marque y desconecte cualquiera de las líneas de vacío que quedan y los alambres del múltiple.

10 Remueva el sensor de la temperatura del anticongelante con un dado hondo para poder obtener acceso a uno de los pernos superiores del múltiple de admisión (vea Capítulo 4).

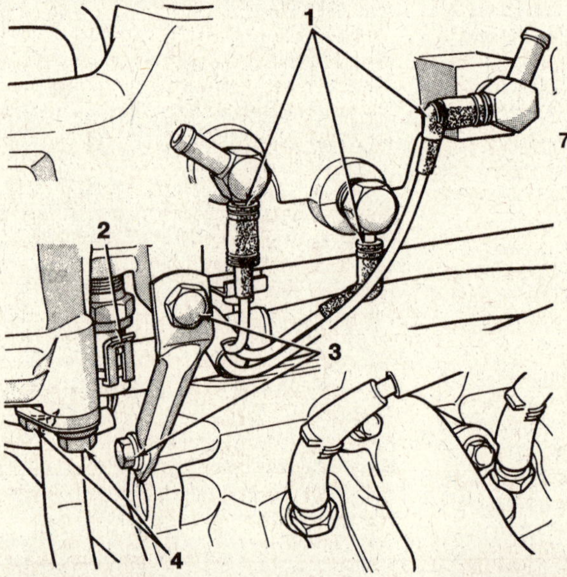

7.6 Remueva los soportes de la cabeza de los cilindros al múltiple de admisión

1 *Conectores de vacío*
2 *Conector para el sensor de la carga de la temperatura*
3 *Soportes del múltiple de admisión a la cabeza de los cilindros*
4 *Pernos del tubo EGR (recirculación de los gases de escape) (2)*

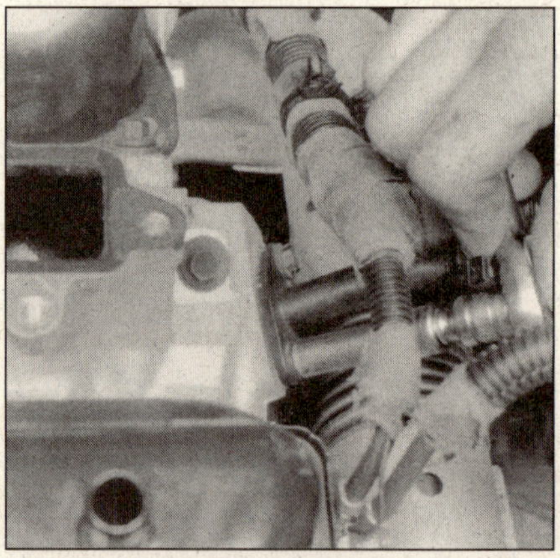

7.8a Destornilla el múltiple de admisión del tubo de circulación de la calefacción

7.8b Desconecte el tubo de circulación del anticongelante desde el múltiple de admisión

7.11a Remueva los pernos del múltiple de admisión usando un patrón circular empezando con los pernos exteriores primero

7.11b Hágale palanca al múltiple solamente donde no se dañarán las superficies de la junta de acoplamiento

11 Remueva los pernos del múltiple de admisión y separe el múltiple del motor **(vea ilustración)**. Si el múltiple está obstruido, hágale palanca cuidadosamente en la extensión de la fundición - no le haga palanca entre el múltiple y las cabezas, ya que podría causarle daño a las superficies selladoras **(vea ilustración)**. Si usted está instalando un múltiple nuevo, transfiera todas las copillas y los sensores al múltiple nuevo.

12 Remueva los pernos de retención de la junta del múltiple de admisión **(vea ilustración)**, las abrazaderas y levante la junta del motor.

Instalación

Refiérase a la ilustración 7.15

Nota: *Las superficies de acoplamiento de las cabezas de los cilindros, el bloque y múltiple deben estar limpias perfectamente cuando el múltiple sea instalado. Los solventes de aerosol para remover las junta pueden ser disponibles en casi todas las refaccionarías y pueden ser útiles para remover material de una junta usada que esté pegada a las cabezas o al múltiple ya que el múltiple está hecho de aluminio, rasparlo agresivamente podría causarle daño. Esté seguro de seguir las instrucciones impresas en el recipiente.*

13 Levante la junta usada afuera. Use un raspador de junta para remover todos los rasgos de sellador y material de la junta usada, después limpie las superficies de acoplamiento con removedor de pintura o acetona. Si hay sellador o aceite en las superficies de acoplamiento cuando el múltiple es instalado, fugas de aceite o de vacío podrían desarrollarse. Use una aspiradora para remover cualquier material de la junta que caiga en los puertos de admisión o en el valle del buzo.

14 Use una terraja macho del tamaño correcto para seguir las roscas en los orificios de los pernos, si es necesario, entonces use aire comprimido (si es disponible) remueva los residuos de los orificios. **Peligro:** *¡Use lentes de seguridad o un protector de cara para proteger los ojos cuando use aire comprimido!*

15 Aplique una línea de sellador RTV (vulcanizador accionado a temperatura ambiente) 3/16-pulgada (5 mm) o equivalente a las orillas delanteras y traseras del bloque del motor entre las cabezas **(vea ilustración)**.

16 Instale la junta del múltiple de admisión.

17 Baje cuidadosamente el múltiple en su lugar e instale los pernos y las tuercas apretándolos con los dedos.

18 Apriete los pernos y las tuercas de montaje en tres pasos, trabajando desde el centro hacia fuera, en un patrón cruzado, hasta que ellos estén todos al par de torsión listado en las Especificaciones de este Capítulo.

19 Instale los componentes que quedan en el orden reverso de como se remover.

20 Cambie el aceite y el filtro y rellene el sistema de enfriamiento (vea Capítulo 1). Ponga el motor en marcha y chequee por fugas.

8 Múltiple(s) de escape - remover e instalar

Múltiple delantero

Refiérase a las ilustraciones 8.4a, 8.4b, 8.5 y 8.6

1 Desconecte el cable negativo de la batería.

2 Remueva el ensamblaje del depurador

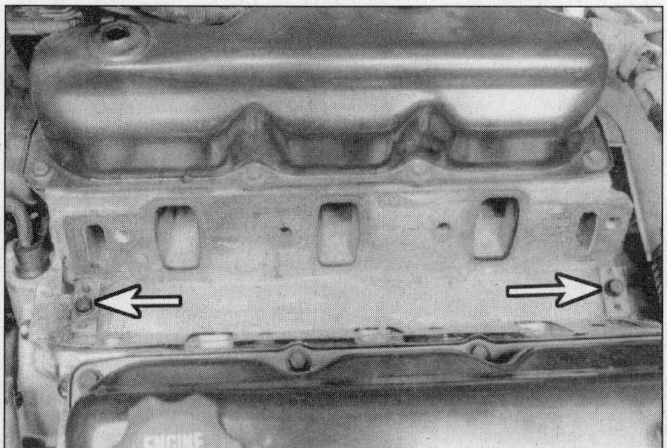

7.12 Remueva los pernos de retención del múltiple de admisión (flechas)

7.15 Aplique sellador RTV (vulcanizador accionado a temperatura ambiente) a la cabeza/bloque en los rincones de los cilindros y permita que el sellador "se prepare" (endurece levemente) antes de instalar el múltiple

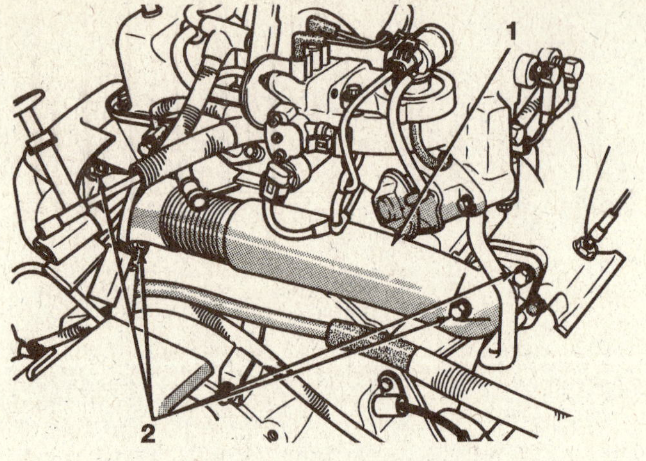

8.4a Remueva los pernos del tubo de cruce

1 Tubo de cruce
2 Pernos de cruce (4)

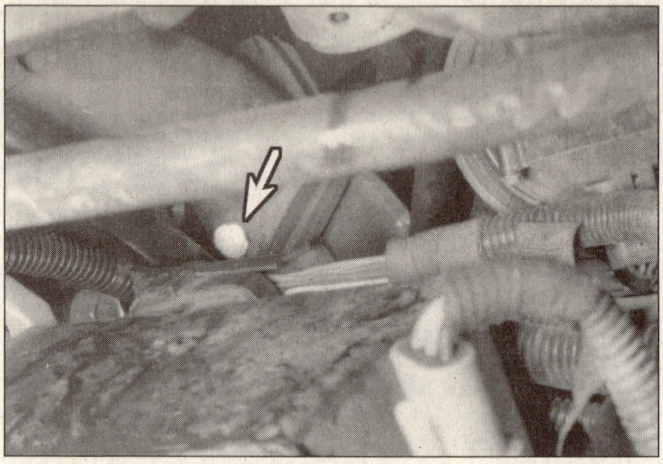

8.4b El perno más bajo para el tubo de cruce se puede alcanzar por debajo del compartimiento del motor con una extensión y un dado con una universal

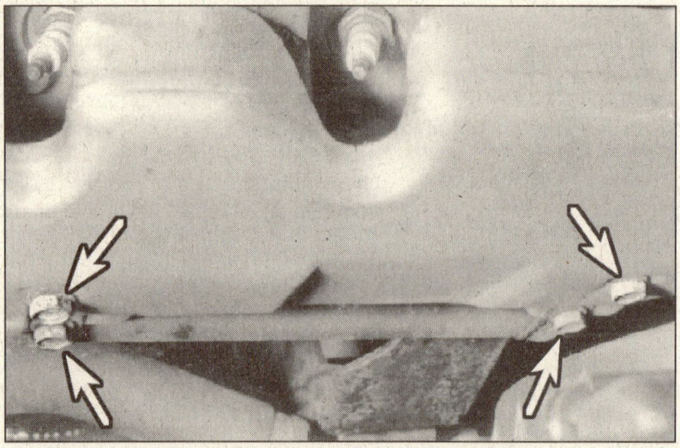

8.5 Remueva los cuatro pernos (flechas) para separar el múltiple de escape del protector contra el calor

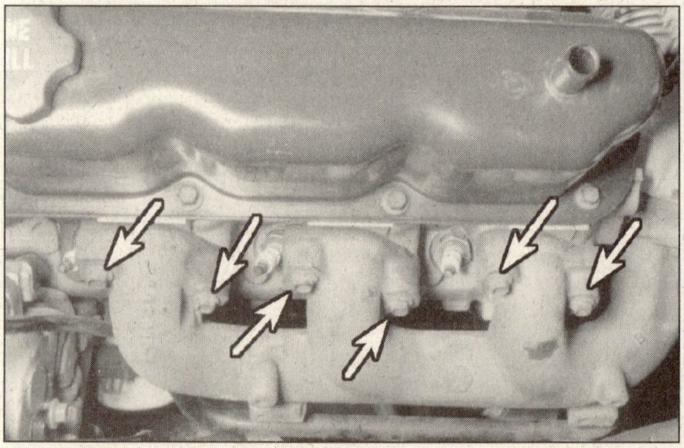

8.6 Remueva los pernos del múltiple de escape (flechas)

de aire (vea Capítulo 4).

3 Permita que el motor se enfríe completamente, entonces drene el anticongelante (vea Capítulo 1) y desconecte el tubo de desviación del anticongelante, si es necesario.

4 Remueva los pernos del tubo de cruce de escape **(vea ilustración)** donde se junta con el múltiple delantero. **Nota:** *El perno más bajo debe ser accesible por debajo del compartimiento del motor* **(vea ilustración)**.

5 Remueva los pernos del protector contra el calor del múltiple de escape **(vea ilustración)** y levante el protector contra el calor del motor.

6 Remueva los pernos del calzo y separe el múltiple de la cabeza de los cilindros **(vea ilustración)**. Esté seguro de derramar lubricante penetrante en los pernos y las roscas antes de procurar removerlos.

7 Limpie las superficies de acoplamiento para remover todos los rasgos del material de la junta usada, entonces inspeccione por distorsión y roturas en los múltiples. Se puede chequear el alabeo con una regla recta de precisión sostenida contra la pestaña de acoplamiento. Si se puede insertar un calibrador palpador más ancho de 0.030 pulgada entre la regla recta y la superficie de la pestaña, lleve el múltiple a un taller de rectificación para rectificarlo.

8 Coloque el múltiple de escape en posición con la junta nueva e instale los pernos del calzo apretados con los dedos. **Nota:** *Esté seguro de identificar las juntas del múltiple de escape por la designación correcta de los cilindros y la posición de los puertos de escape en la junta.*

9 Empezando en medio y trabajando hacia las puntas, apriete los pernos de montaje un poco a la vez hasta que todos estén al torque listado según las Especificaciones de este Capítulo.

10 Instale los componentes que quedan en el orden reverso de como se removió.

11 Ponga el motor en marcha y chequee por fugas de escape entre el múltiple y la

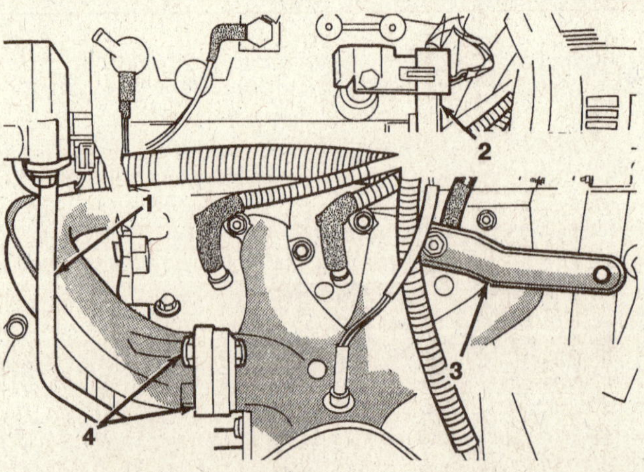

8.13 Desconecte el tubo EGR (recirculación de los gases de escape) del múltiple de escape

1 Tubo EGR (recirculación de los gases de escape)
2 Conector para el sensor de oxígeno con calentador
3 Soporte para el alternador bomba de la dirección
4 Perno de cruce para el escape

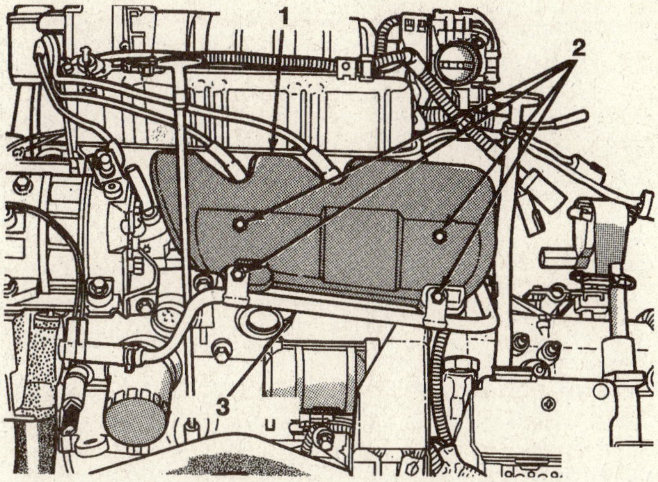

8.14 Remueva los pernos para el protector contra el calor conectado al múltiple trasero

1 Protector de calor
2 Sostenedores (4)
3 Tubo de agua

9.8 Remueva los pernos de la cabeza de los cilindros (flechas) al revés de la secuencia mostrada (esto es la secuencia de como APRETARLOS)

cabeza de los cilindros y entre el múltiple y el tubo de escape.

Múltiple trasero

Refiérase a las ilustraciones 8.13 y 8.14

12 Desconecte el cable negativo de la batería.

13 Permita que el motor se enfríe completamente, entonces desconecte el tubo EGR (recirculación de los gases de escape) del múltiple de escape **(vea ilustración)**.

14 Remueva el protector contra el calor **(vea ilustración)**.

15 Remueva los pernos del tubo de cruce (o del tubo de extensión del múltiple delantero) donde se junta al múltiple trasero **(vea ilustración 8.4a)**.

16 Desconecte el alambre del sensor de oxígeno. Si intenta reemplazar el múltiple, transfiera el sensor al múltiple de reemplazo.

17 Ponga el freno de estacionamiento, bloquee las ruedas traseras y levante el frente del vehículo, sopórtelo firmemente sobre estantes.

18 Trabajando debajo del vehículo, remueva los dos pernos del tubo de escape al múltiple. Usted tendrá que aplicarle aceite penetrante a las roscas del cierre - ellas generalmente tienen corrosión.

19 Remueva los pernos y remueva el múltiple de escape.

20 Limpie la cabeza de las superficies de acoplamiento de los cilindros y del múltiple, entonces chequee por alabeo y por roturas. Se puede chequear el alabeo con una regla recta de precisión sostenida contra la pestaña de acoplamiento. Si un calibrador palpador más ancho de 0.030 pulgada puede ser insertado entre la regla recta y la superficie de la pestaña, lleve el múltiple a un taller de rectificación para rectificarlo.

21 Coloque el múltiple de escape en posición con la junta nueva e instale los pernos apretados con los dedos.

22 Empezando en medio y trabajando hacia las puntas, apriete los pernos un poco a la vez hasta que todos estén al torque listado según las Especificaciones de este Capítulo.

23 Instale los componentes que quedan en el orden reverso de como se removió.

24 Ponga el motor en marcha y chequee por fugas de escape entre el múltiple de la cabeza de los cilindro y entre el múltiple y el tubo de escape.

9 Cabeza(s) de los cilindros - remover e instalar

Refiérase a las ilustraciones 9.8, 9.9, 9.12, 9.15 y 9.17

Caución: *Permita que el motor se enfríe completamente antes de aflojar los pernos de la cabeza de los cilindros.*

Remover

1 Desconecte el cable negativo de la batería.

2 Remueva el múltiple de admisión como está descrito en la Sección 7.

3 Desconecte todos los alambres y las mangueras de vacío de la cabeza(s) de los cilindros. Esté seguro de marcarlos para simplificar la reinstalación.

4 Desconecte los alambres de la ignición y remueva las bujías (vea Capítulo 1). Esté seguro que los alambres de las bujías estén marcados para simplificar la reinstalación.

5 Separe el múltiple de escape de la cabeza de los cilindros que se está removiendo (vea Sección 8).

6 Remueva la tapa de los balancines (vea Sección 4).

7 Remueva los brazos de los balancines y las varillas de empuje (vea Sección 5).

8 Usando la junta de la cabeza nueva, haga un patrón de modelo de los cilindros y de los pernos en un pedazo de cartón (vea Capítulo 2A). Esté seguro de indicar la parte delantera (el final de la cadena del tiempo) del motor para referencia. Hágale orificios con un punzón en la localidad de los pernos. Afloje cada perno de la cabeza de los cilindros 1/4 de vuelta a la vez **(vea ilustración)** hasta que ellos puedan ser removido a mano - trabaje de perno a perno en un patrón al revés del orden de apretar. Almacene los pernos en el poseedor de cartón según ellos son removidos - esto asegurará que ellos sean reinstalados en sus lugares originales, que es absolutamente esencial.

9 Levante la cabeza(s) del motor. Si se siente resistencia, no haga palanca entre la cabeza y el bloque para removerla porque daño a las superficies de acoplamiento de la cabeza y del bloque resultará. Chequee por pernos de la cabeza que puedan haber sido olvidados, entonces use un martillo y un bloque de madera para pegarle encima en la cabeza y rompa el sello de la junta **(vea ilustración)**. Tenga cuidado porque allí están las

9.9 No haga palanca cerca de la tapa de la cabeza de los cilindros cerca de la superficie para el acoplamiento de la junta - use los rincones debajo las proyecciones de la fundición

2D

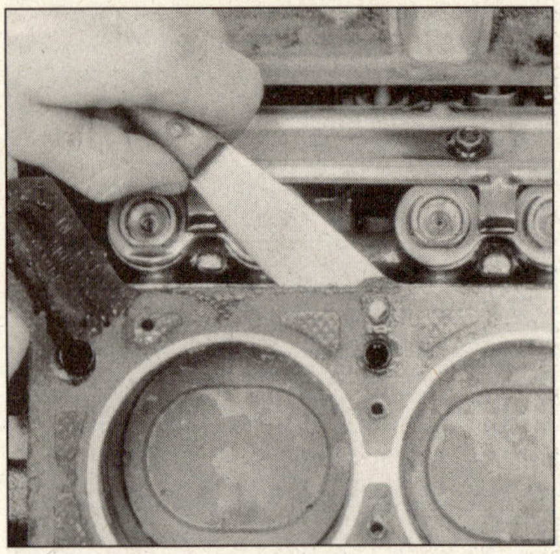

9.12 Use una espátula de masilla o un raspador para remover la junta de la cabeza de los cilindros

clavijas que se localizan en el bloque que se posesionan en cada cabeza. En último caso, hágale palanca a cada cabeza encima en la esquina trasera solamente y tenga cuidado de no dañar nada. Después que la remueva, coloque la cabeza en el bloque de madera para prevenir dañar las superficies de la junta.

10 Refiérase al Capítulo 2, Parte E, para remover la cabeza de los cilindros, inspección y el procedimientos del servicio de las válvulas.

Instalación

11 Las superficies de cada cabeza de los cilindros y acoplamientos del bloque deben de ser limpiadas perfectamente cuando la cabeza sea instalada.

12 Use un raspador de junta para remover todos los rasgos de carbón y material de una junta usada **(vea ilustración)**, después limpie las superficies de acoplamiento con removedor de pintura o acetona. Si hay aceite en las superficies de acoplamiento cuando la cabeza sea instalada, la junta no podrá sellar correctamente y fugas podrían desarrollarse. Cuándo esté trabajando en el bloque, es una

9.15 Esté seguro que las designaciones estampadas están mirando hacia arriba y hacia adelante

buena idea de cubrir el valle de los buzos con trapos para mantener residuos fuera del motor. Use un trapo o una aspiradora para remover cualquier residuos que caiga en los cilindros.

13 Chequee por mellas del bloque y las superficies de acoplamiento de la cabeza, rasguños y otros daños profundos. Si el daño es leve, puede ser removido con una lima; si es excesivo, rectificación a máquina puede ser el único alternativo.

14 Use una terraja del tamaño correcto para seguir las roscas de los pernos en la roscas de la cabeza. La tierra, corrosión, sellador y las roscas desgastadas afectarán las lecturas del par de torsión.

15 Posicione la junta nueva en las clavija fija en el bloque. Algunas juntas están marcadas TOP (encima) o FRONT (delantera) para asegurar una instalación correcta **(vea ilustración)**.

16 Posicione cuidadosamente en el bloque la cabeza sin perturbar la junta.

17 Chequee las roscas de la cabeza de los cilindros para asegurarse que no están alargadas **(vea ilustración)**. Reemplace cualquier perno que se haya estirado.

18 Apriete los pernos (números 1 hasta 8) a 45 Pie-libras en la sucesión recomendada **(vea ilustración 9.8)**. Próximo, apriete los pernos a 65 Pie-libras siguiendo la misma sucesión recomendada. Apriete el mismo perno al mismo par de torsión otra vez para chequearlo nuevamente. Apriete cada perno (con la excepción del número 9) 90 grados adicionales (1/4 de vuelta) la sucesión de seguir es la misma. Para este paso no use un torquímetro. **Nota:** *Después de que todos los pernos de la cabeza (números 1 hasta 8) hayan sido apretado al par de torsión, apriete el perno de la cabeza número 9 a 25 pie-libras.*

19 La instalación se hace en el orden inverso al procedimiento de desensamble.

20 Cambie el aceite y filtro (vea Capítulo 1).

10 Buzos con rodillos hidráulicos - remover, inspeccionar e instalar

Refiérase a las ilustraciones 10.6, 10.7, 10.8, 10.9 y 10.11

1 Un buzo/buzo ruidoso se puede aislar cuando el motor está en marcha mínima. Tenga un estetoscopio de mecánico o una longitud de manguera cerca de cada válvula para escuchar en el otro lado final de la manguera. Otro método es de remover la tapa de los balancines y, con el motor en marcha mínima, toque cada retenedor del resorte de la válvula, de uno en uno. Si un levantador de válvulas está defectuoso, será evidente sintiendo el golpe en el retenedor cada vez que la válvula se asienta.

2 Las causas más probables de los buzos de válvulas ruidosos son tierra atrapada dentro del buzo y falta del flujo de aceite, la viscosidad o la presión. Antes de condenar el buzos, chequee el aceite por contaminación del combustible, corrija el nivel, limpieza y corrija la viscosidad.

Remover

3 Remueva el múltiple de admisión y la

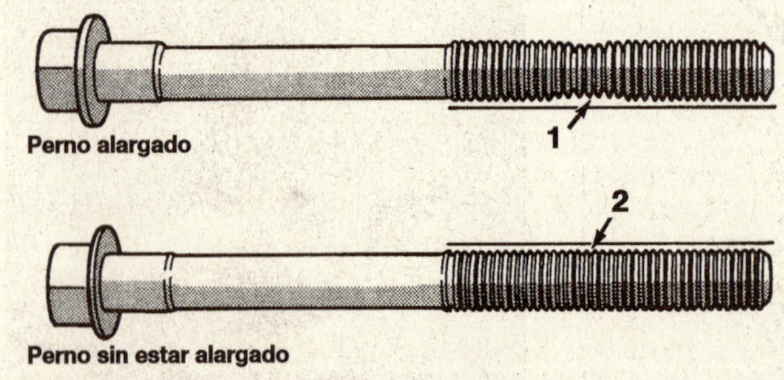

9.17 Para chequear un perno de la cabeza de los cilindros para ver si se alargó, colóquelo contra una regla - si cualquiera de las roscas no hacen contacto con la regla, reemplace el perno

1 *Las roscas no están rectas en la línea*
2 *Las roscas están rectas en la línea*

10.6 Remueva los pernos (flechas) que sostienen el plato de retención de los buzos

10.7 Levante las horquillas de alineación

tapa(s) de las válvulas como está descrito en las Secciones 7 y 4.

4 Remueva los brazos de los balancines y las varillas de empuje (vea Sección 5).

5 Remueva las cabezas del bloque del motor de los cilindros (vea Sección 9).

6 Remueva los pernos del plato de retención **(vea ilustración)** y levante el plato para obtener acceso a los buzos con rodillos hidráulicos.

7 Cada par de buzos es retenido con una horquilla de alineación. Levante la horquilla de los buzos **(vea ilustración)**.

8 Hay varias maneras de extraer los buzos de los orificios. Una herramienta especial diseñada para colectar y remover los buzos son fabricadas por muchas compañías de herramientas y están extensamente disponible, pero pueda que no se requiera en cada caso. En los motores más nuevos sin mucha acumulación de barniz, los buzos a menudo pueden ser removido con un imán pequeño o con sus dedos **(vea ilustración)**. Un rallador de mecánico con un final doblado se puede usar para remover los buzos posicionando la punta bajo del anillo del retenedor en cada buzo primero. **Caución:** *No use alicates para remover los buzos a menos que usted piense reemplazarlos con nuevos. Los alicates pueden dañar las superficies endurecidas rectificadas de los buzos y permitiéndolos que sean inútil.*

9 Almacene los buzos en una caja claramente marcada para asegurar que ellos sean reinstalados en sus lugares originales **(vea ilustración)**.

Inspección

10 Limpie los buzos con solvente y séquelos completamente sin mezclarlos.

11 Chequee cada pared de buzo y asiento de la varilla de empuje por rayones, marcas de arañado y uso desigual. Si las paredes del buzo están desgastadas o dañadas inspeccione el diámetro del buzo en los orificios del bloque **(vea ilustración)**.

12 Chequee el rodillo de cada buzo por

10.8 En los motores con kilometraje bajo, los buzos pueden ser removidos fácilmente a mano - si los buzos están llenos con barniz, una herramienta especial de buzos pueda que se requiera

libertad de movimiento, aflojamiento excesivo, áreas planas y pequeños orificios. El árbol de levas se debe inspeccionar también si algún signo de desgaste anormal es indicado. **Nota:** *Buzos usados de rodillos pueden ser reinstalado con un árbol de levas nuevo o un árbol de levas original se puede usar con buzos nuevos, proveyendo que los componentes usado estén en buenas condiciones.*

Instalación

13 Cuando vuelva a instalar los buzos usados, asegúrese que ellos sean instalados en su orificios originales. Empape los buzos con aceite nuevo para remover el aire atrapado. Cubra todos los buzos con grasa de base moly o lubricante para el ensamblaje del motor.

14 Los pernos de retención. Esté seguro de apretar los pernos retenedores al par de torsión listados en las Especificaciones de éste Capítulo.

15 Ponga el motor en marcha y chequee por fugas de aceite.

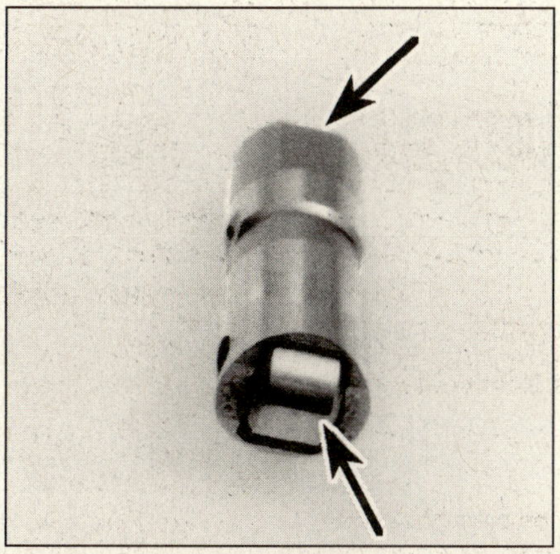

10.11 Chequee el rodillo por orificio o aflojamiento excesivo y por la superficie del buzo con surco, rayones de desgaste o daño (flechas)

10.9 Almacene los buzos en una caja para que cada uno sea reinstalado en sus orificios originales

11 Polea del cigüeñal/amortiguador de vibración - remover e instalar

Refiérase a las ilustraciones 11.7a, 11.7b y 11.8

1 Desconecte el cable negativo de la batería proveniente de la batería.

2 Afloje las tuercas en la rueda delantera del lado derecho.

3 Levante el vehículo y sopórtelo firmemente en estantes.

4 Remueva la rueda.

5 Remueva el lado delantero derecho del protector interior de guardabarros (vea Capítulo 11).

6 Remueva la banda serpentina (vea Capítulo 1).

7 Remueva la tapa del plato flexible y posicione un destornillador grande en los dientes de la corona dentada para mantener el cigüeñal sin moverse **(vea ilustración)** mientras un ayudante remueve el perno del amortiguador de vibración en el cigüeñal

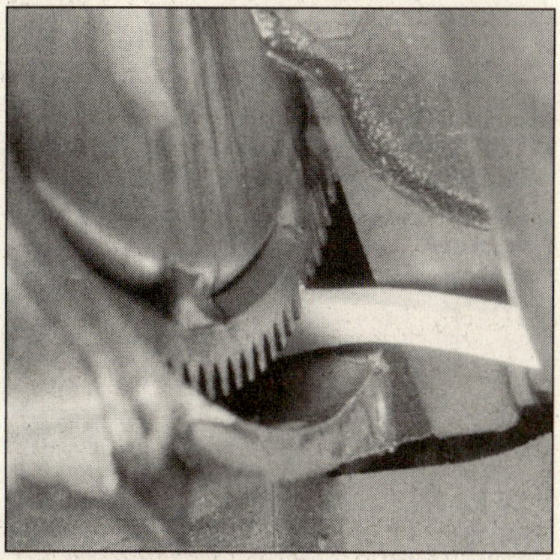

11.7a Use un destornillador largo o barra para acuñarla en la esquina de la campana para obstruir el plato flexible en su lugar

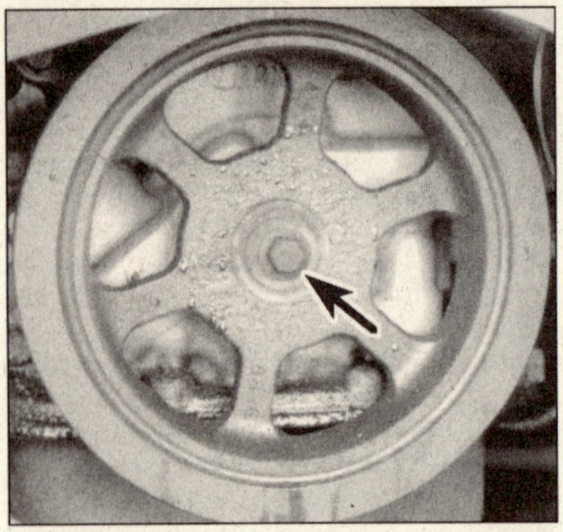

11.7b Remueva el perno del amortiguador de vibraciones (flecha) con una barra de tipo ruptor y un dado

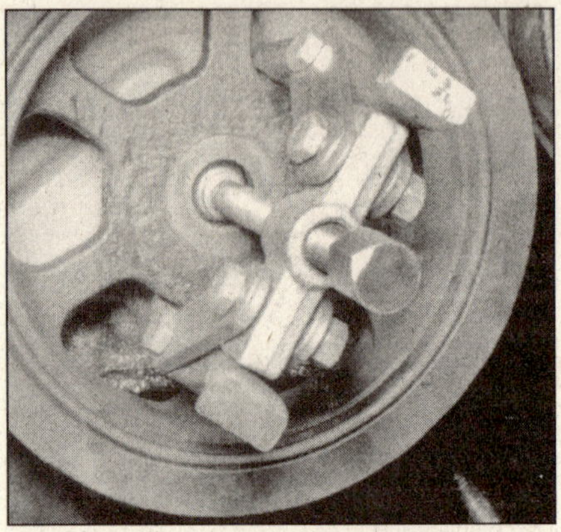

11.8 Remueva el amortiguador de vibración con un extractor de dos mandíbulas

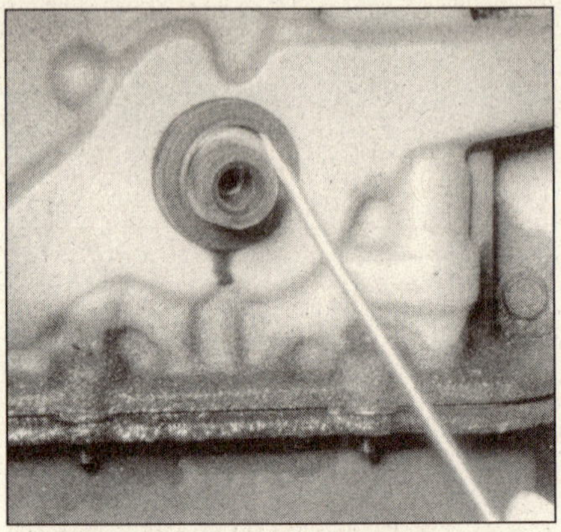

12.2 Tenga mucho cuidado de no dañar el cigüeñal cuándo remueva el sello delantero

(vea ilustración).

8 Remueva el amortiguador fuera del cigüeñal con un extractor de dos mandíbulas **(vea ilustración).**

9 La instalación se hace en el orden inverso al procedimiento de desensamble. Esté seguro de aplicar aceite limpio de motor o grasa de uso múltiple a la superficie de contacto del sello del eje del amortiguador (si no se lubrica, el labio del sello podría ser desgastado y fuga de aceite resultaría).

10 Apriete el perno del amortiguador de vibraciones al cigüeñal al par de torsión listado en las Especificaciones de este Capítulo.

11 La instalación de las partes que quedan se hace en el orden inverso al procedimiento de desensamble.

12 Sello de aceite delantero del cigüeñal - reemplazo

Refiérase a las ilustraciones 12.2 y 12.3

1 Remueva la polea del cigüeñal/amortiguador de vibración (vea Sección 11).

2 Anote como el sello está instalado - el nuevo debe ser instalado a la misma profundidad y la cara de la misma manera. Hágale palanca cuidadosamente al sello de aceite fuera de la tapa con un extractor del sello o un destornillador grande **(vea ilustración).** ¡Tenga mucho cuidado de no retorcer la tapa ni rasguñar el cigüeñal! Envuelva cinta alrededor de la punta del destornillador para evitar daño al cigüeñal.

3 Aplique aceite limpio de motor o grasa de uso múltiple a la orilla del sello exterior nuevo, después instale la tapa con el labio (lado del resorte) mirando hacia ADENTRO. Accione el sello en su lugar **(vea ilustración)** con un dado grande y un martillo (si un dado grande no está disponible, un pedazo de Tubo del diámetro apropiado trabajará también). Asegúrese que el sello entra en el diámetro del orificio directamente y para cuando la cara delantera está en la profundidad apropiada.

4 Vuelva a instalar el amortiguador de vibración.

13 Tapa de la cadena de tiempo - remover e instalar

Refiérase a las ilustraciones 13.8 y 13.13

Remover

1 Desconecte el cable negativo de la batería que viene de la batería.

2 Remueva la banda serpentina (vea Capítulo 1).

3 Drene el anticongelante y remueva la polea de la bomba de agua (vea Capítulo 3).

4 Levante el vehículo y sopórtelo en estantes. Drene el aceite del motor (vea Capítulo 1).

5 Sostenga el transeje con un gato de piso y un bloque de madera y remueva el calzo del motor cerca de la cadena del tiempo (lado derecho) del motor (vea Sección 19).

6 Remueva la cacerola del aceite y el tubo colector de la bomba de aceite (vea Sección 15).

7 Remueva la rueda derecha y el protector interior para la salpicadura (vea Capítulo 11).

8 Remueva los pernos de la polea loca y remueva el plato del calzo del motor **(vea ilustración).**

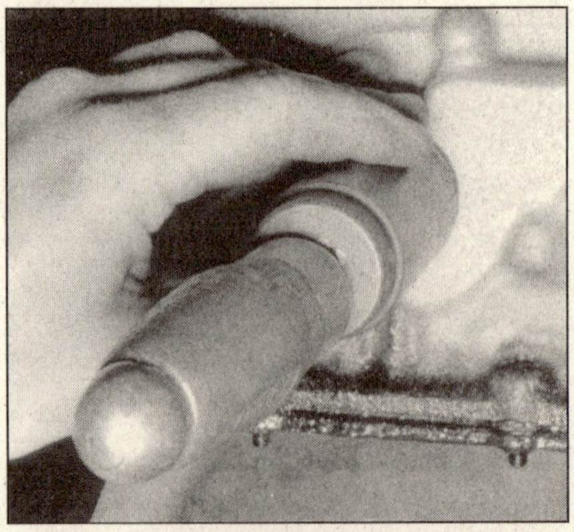

12.3 Use un dado hondo y largo y suavemente péguele para instalar el sello en su lugar

9 Remueva los pernos del compresor del aire acondicionado de sus soportes y el conjunto hacia fuera a un lado. Use alambre de mecánicos para atar la asamblea al guardabarros para mantenerlo fuera del área de trabajo (vea Capítulo 3). **Peligro:** *Las mangueras del refrigerante están bajo presión - no las desconecte.*

10 Remueva el tensionador de la banda del motor.

11 Remueva el sensor de la leva de la tapa de la cadena para la regulación del tiempo (vea Capítulo 4).

12 Desconecte la manguera de purga del canasto del área de guardafango.

13 Remueva los pernos de la tapa para la banda del tiempo del bloque **(vea ilustración). Nota:** *Dibuje un esquema que muestre los lugares y tamaños de los pernos de la tapa de la sincronización del tiempo para ayudarlo en la instalación.*

14 Use un raspador de junta para remover todos los rasgos de material de junta vieja y sellador del la tapa y del bloque del motor. La tapa está hecha de aluminio, así que tenga cuidado de no mellarla o excavarla. Limpie las superficies donde sella la junta con removedor de pintura o acetona.

13.8 Remueva los pernos (flechas) que retienen el plato al motor

13.13 Remueva los pernos de la tapa de la cadena del tiempo desde el motor (esté seguro de marcar el lugar de cada perno para que ayude en la instalación apropiada)

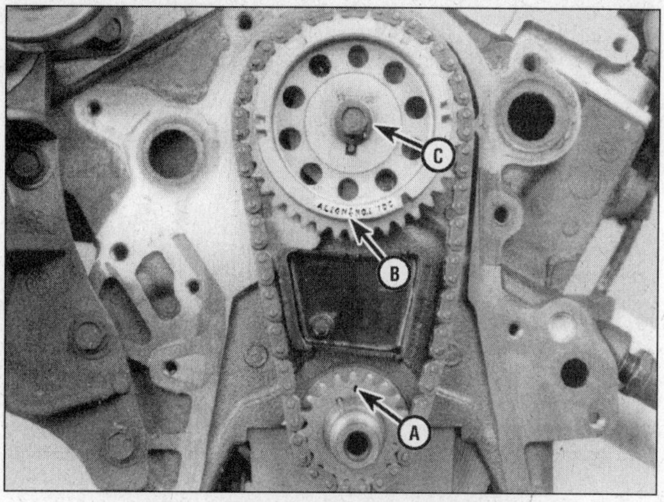

14.4 Detalles de la cadena del tiempo

A Marca del TDC (punto muerto superior) en el cigüeñal
B Marca del TDC en el árbol de levas
C Perno para el engrane del árbol de levas

Instalación

15 Aplique una capa ligera de sellador RTV (vulcanizador accionado a temperatura ambiente) a ambos lados de la junta nueva, entonces posicione la junta en el bloque del motor. Conecte la tapa al bloque, asegúrese de que las partes planas en el engrane de la bomba del aceite están alineadas con las áreas planas en el cigüeñal. Instale los pernos y apriételos en un patrón cruzado, en tres pasos, al par de la torsión listado en las Especificaciones de este Capítulo.

16 La instalación se hace en el orden inverso al procedimiento de desensamble.

17 Agregue aceite y anticongelante (vea Capítulo 1), ponga el motor en marcha y chequee por fugas.

14 Cadena del tiempo y los engranes - inspección, remover e instalar

Inspección

1 Remueva la tapa de la cadena del tiempo (vea Sección 13).

2 La cadena del tiempo debe ser reemplazada con una nueva si el motor tiene kilometraje alto, la cadena tiene daño visible, o mucho juego libre a medio camino entre los engranes que excede una pulgada. El fracaso de reemplazar una cadena de tiempo desgastada puede resultar en el desempeño irregular del motor, pérdida del poder y disminución del kilometraje del combustible. Las cadenas flojas “pueden saltar” el tiempo. En el peor caso, la cadena que haya “saltando” o se haya roto resultará en daño severo al motor.

Remover

Refiérase a la ilustración 14.4

3 Remueva la tapa de la cadena del tiempo (vea Sección 13).

4 Instale temporariamente el perno del amortiguador de vibraciones y gire el cigüeñal con el perno para alinear las marcas de la regulación del tiempo en el cigüeñal y en los engranes del árbol de levas. La flecha del cigüeñal debe estar encima (en la posición 12 del reloj) y la flecha del engrane del árbol de levas debe estar en la posición 6 del reloj **(vea ilustración)**.

5 Remueva el perno para el engrane del árbol de levas. No gire el árbol de levas en el proceso (si usted lo hace, alinee las marcas de la regulación del tiempo antes de que el engrane sea removido).

6 Use dos destornillador grande para hacerle palanca cuidadosamente al engrane del árbol de levas de la clavija del árbol de levas.

7 La cadena del tiempo y los engranes deben ser reemplazados en conjuntos. Si usted intenta instalar una cadena de tiempo nueva, remueva el engrane del cigüeñal con un extractor e instale uno nuevo. Esté seguro de alinear la llave en el cigüeñal con la bocallave durante la instalación del engrane.

8 Inspeccione el amortiguador (guía) de la cadena del tiempo por roturas y desgaste y reemplace si es necesario.

9 Limpie la cadena del tiempo y los engranes con solvente y seque los engranes con aire comprimido (si está disponible). **Peligro:** *Use protección para los ojos cuando use aire comprimido.*

10 Inspeccione los componentes por desgaste y daño. Busque dientes que estén deformados, astillados, con agujeros y agrietados.

Instalación

Refiérase a la ilustración 14.11

11 Dele vuelta al árbol de levas para posicionar la clavija a las 6 en punto, si es necesario **(vea ilustración 14.3)**. Engrane el engrane del árbol de levas con la cadena del tiempo, entonces lo instala con el engrane del cigüeñal. Las marcas de la regulación del tiempo deben ser alineadas como está mostrado en la **ilustración 14.3. Nota:** *Si el cigüeñal ha sido perturbado, gírelo hasta que la flecha estampada en el engrane del cigüeñal esté exactamente encima. Si el árbol de levas se giró, instale el engrane temporariamente y dele vuelta al árbol de levas hasta que la marca de la regulación del tiempo del engrane esté hacia abajo, opuestamente a la marca del engrane en el cigüeñal. Las flechas deben señalar unas contra las otras. Los eslabones de referencia de la cadena del tiempo deben alinear con las marcas de la regulación del tiempo del árbol de levas y el cigüeñal que están en la posición de las 3 del reloj* **(vea ilustración)**. *Si usted está usando partes de fábrica, chequee ésta alineación.*

12 Instale el perno para el engrane del árbol de levas y apriételo al torque listado en las Especificaciones de este Capítulo.

14.11 Esté seguro de que los eslabones de referencia de la cadena del tiempo alinee con las marcas en los engranes (flechas)

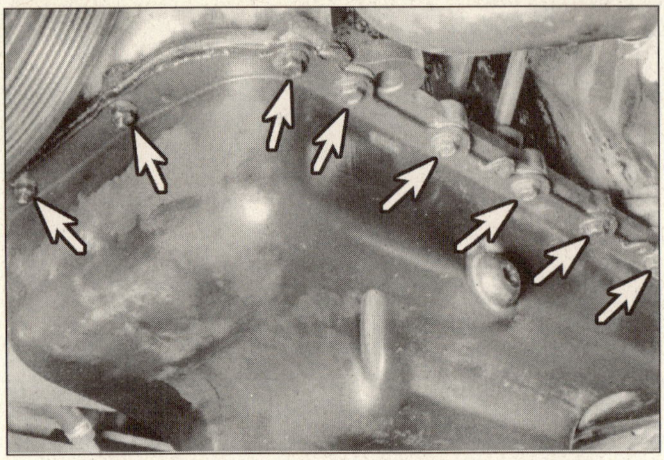

15.5a Remueva los pernos de la cacerola del aceite

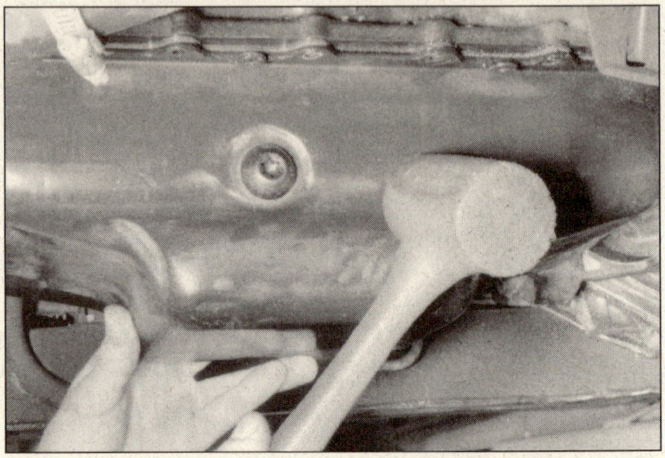

15.5b Use un martillo de cara suave para aflojar la cacerola de aceite - tenga cuidado para no abollar la cacerola

13 Lubrique con aceite de motor limpio la cadena y el engrane. Instale la tapa de la cadena de la sincronización del tiempo (vea Sección 13).

14 La instalación se hace en el orden inverso al procedimiento de desensamble.

15 Cacerola de aceite - remover e instalar

Refiérase a las ilustraciones 15.5a y 15.5b

1 Desconecte el terminal de la batería del cable negativo.

2 Levante la parte delantera del vehículo y lo coloca firmemente en estantes. Aplique el freno de estacionamiento y bloquee las ruedas traseras para que no se ruede de los estantes. Remueva la cacerola inferior para la salpicadura y drene el aceite del motor (refiérase al Capítulo 1 si es necesario).

3 Remueva la tapa inferior del volante/plato flexible.

4 Remueva el motor de arranque (vea Capítulo 5).

5 Remueva los pernos y las tuercas, entonces separe cuidadosamente del bloque la cacerola de aceite **(vea ilustración)**. No haga palanca entre el bloque y la cacerola o daño a las superficies donde sella podría ocurrir y podría desarrollar fugas. En su lugar, péguele a la cacerola con un martillo del cara blanda para romper el sello de la junta **(vea ilustración)**.

6 Limpie con solvente la cacerola y remueva del bloque todo tipo de sellador viejo y material de junta. Limpie las superficies de acoplamiento con removedor de pintura o acetona y asegúrese que los orificios para los pernos en el bloque están limpios. Chequee por distorsión de la pestaña del cárter de aceite, particularmente alrededor de los orificios para los pernos. Si es necesario, coloque la cacerola en un bloque de madera y use un martillo para aplastar y restaurar la superficie de la junta.

7 Aplique una línea de sellador RTV (vulcanizador accionado a temperatura ambiente) al fondo de la superficie de la tapa para la cadena de la sincronización del tiempo y al fondo del retenedor del sello principal de aceite. Instale una junta nueva en la pestaña del cárter de aceite.

8 Coloque la cacerola de aceite en posición en el bloque e instale la tuercas/pernos.

9 Después que los afianzadores sean instalado, apriételo al par de torsión listado en las Especificaciones de este Capítulo. Empezando en el centro, siga un patrón de cruces y llegue al par de torsión final en tres pasos.

10 La instalación se hace en el orden inverso al procedimiento de desensamble.

11 Rellene el motor con aceite (vea Capítulo 1), póngalo en marcha hasta que la temperatura normal de operación se haya alcanzado y chequee por fugas.

16 Bomba de aceite - remover, chequear e instalar

Refiérase a la ilustración 16.2

1 Remueva la cacerola del aceite (vea Sección 15).

2 Remueva la tapa de la cadena del

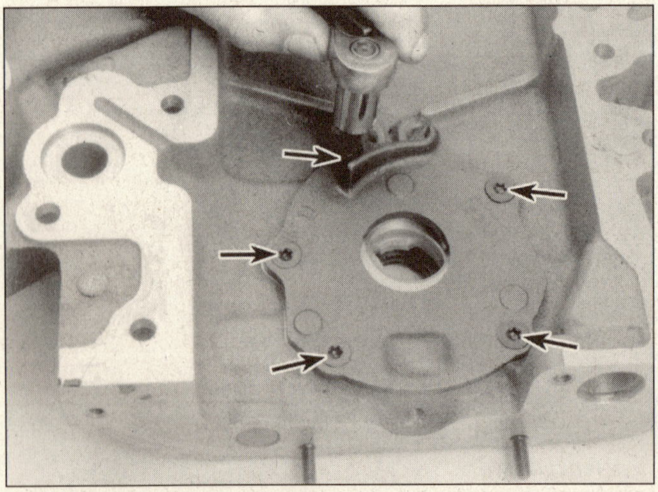

16.2 Remueva los pernos de la cubierta de la bomba de aceite (flechas) con un dado de Torx

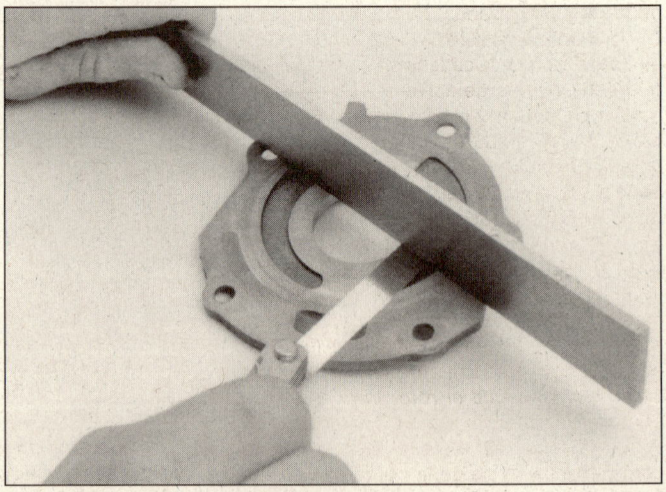

16.4 Coloque una regla recta cruzando la tapa de la bomba del aceite y chequee por combadura con un calibrador palpador

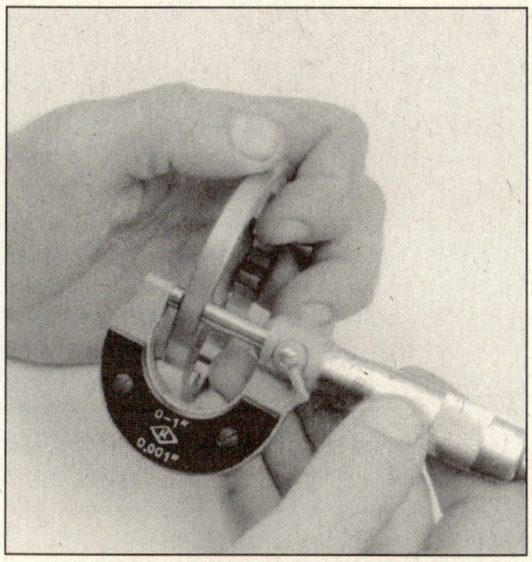

16.6 Use un micrómetro para chequear el espesor del rotor interior

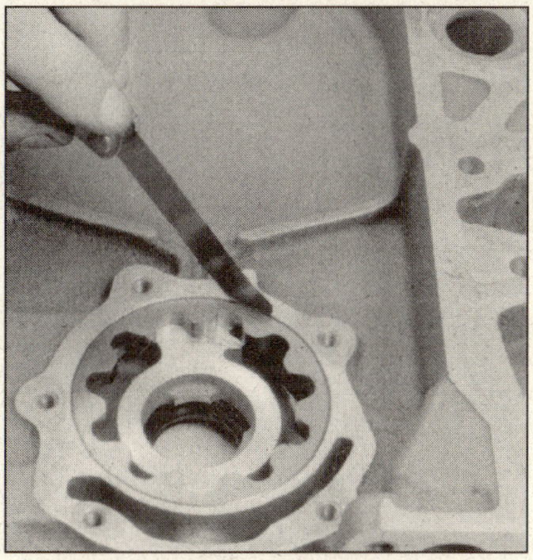

16.7 Chequee el juego libre del rotor exterior al albergue

16.8 Chequee el juego libre entre los lóbulos del rotor (flecha) interior y exterior

tiempo (vea Sección 13). Remueva la tapa de la bomba de aceite (plato) desde la cubierta de la cadena de la regulación del tiempo **(vea ilustración)**.

Chequeo

Refiérase a las ilustraciones 16.4, 16.6, 16.7, 16.8 y 16.9

3 Limpie todas las partes completamente en solvente e inspeccione cuidadosamente los rotores, tapa de la bomba por mellas y la tapa de la cadena del tiempo, por rasguños o rebarbas. Reemplace la asamblea si está desgastada.

4 Use una regla y mida la tapa de la bomba de aceite por combadura con un calibrador palpador **(vea ilustración)**. Si está combada más que el límite listado en las especificaciones de este Capítulo, la bomba debe ser reemplazada.

5 Mida el espesor del rotor exterior. Si el espesor es especificaciones menos del valor listado, la bomba debe ser reemplazada.

6 Mida el espesor del rotor interior **(vea ilustración)**. Si el diámetro es menos que las especificaciones del valor listado, la bomba debe ser reemplazada.

7 Inserciónе el rotor exterior en el albergue de la tapa de la cadena del tiempo/albergue de la bomba de aceite y mida el juego libre entre el rotor y el albergue **(vea ilustración)**. Si la medida es más que el espacio libre admisible máximo listado en las Especificaciones de este Capítulo, la bomba debe ser reemplazada.

8 Instale el rotor interior en el ensamblaje de la bomba de aceite y mida el juego libre entre los lóbulos en los rotores del interior y exterior **(vea ilustración)**. Si el juego libre es más que el listado en las Especificaciones de este Capítulo, la bomba debe ser reemplazada. **Nota:** *Instale el rotor interior con la marca en la cara mirando hacia encima.*

9 Posicione una regla recta cruzando la cara del ensamblaje de la bomba del aceite **(vea ilustración)**. Si el juego libre entre la superficie de la bomba y los rotores es más que el límite listado en las especificaciones de este Capítulo, la bomba debe ser reemplazada.

Instalación

10 Instale la tapa de la bomba y apriétela a las Especificaciones de éste Capítulo.

11 Para instalar la bomba, gire las partes planas en el rotor para que ellas alineen con las áreas planas en el cigüeñal.

12 Instale la tapa de la cadena de la sincronización del tiempo (vea Sección 13) y apriete los pernos a las especificaciones de éste Capítulo.

13 La instalación se hace en el orden inverso al procedimiento de desensamble.

17 Volante/plato flexible - remover e instalar

Éste procedimiento es esencialmente igual para todos los motores. Refiérase a la Parte A y siga el procedimiento del plan general allí, pero use el par de torsión para los pernos listados en las Especificaciones de este Capítulo.

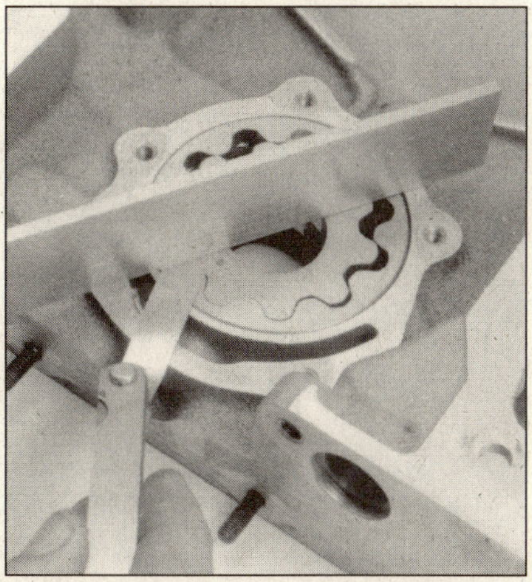

16.9 Usando una regla y los calibradores palpadores, chequee el juego libre entre la superficie de la bomba del aceite y los rotores

18 Sello trasero principal del aceite - reemplazo

Éste procedimiento es esencialmente igual para todos los motores. Refiérase a la Parte A y siga el procedimiento del plan general allí.

19 Calzos de los motores - chequeo y reemplazo

Refiérase a las ilustraciones 19.1a, 19.1b y 19.1c

Éste procedimiento es esencialmente igual para todos los motores. Refiérase a la

19.1a Remueva el perno (flecha) para separar el calzo de la transmisión del chasis (la tuerca se puede encontrar atraves de un orificio atrás de la asamblea de la rueda)

19.1b Remueva el perno (flecha) para separar el calzo delantero del motor - el motor de arranque (vea Capítulo 5) debe ser removido para obtener acceso

Parte A y siga el procedimiento del plan general allí. Use las ilustraciones que acompañan para referencia **(vea ilustraciones)**.

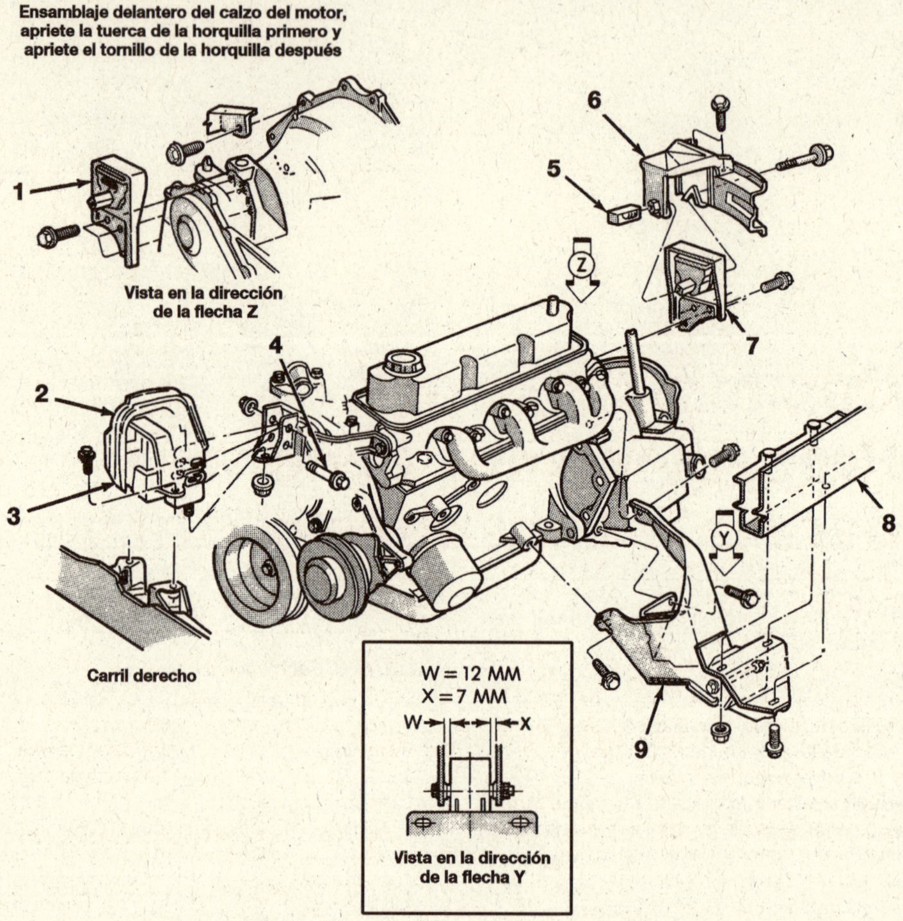

19.1c Vista esquemática de los calzos del motor

1 Aislador izquierdo
2 Ensamblaje derecho para el soporte del motor
3 Aislador derecho
4 Tornillo de la horquilla
5 Peso del amortiguador
6 Carril izquierdo
7 Aislador izquierdo
8 Miembro de cruce derecho
9 Ensamblaje del aislador delantero

Capítulo 2 Parte E Procedimientos generales para la reconstrucción de motores

Contenido

Especificaciones

Motores de 2.2L y 2.5L

General

Desplazamiento	
2.2L	135 pulgadas cúbicas
2.5L	153 pulgadas cúbicas
Compresión de los cilindros	130 a 150 psi (libras por pulgadas cuadradas) a 250 rpm (revoluciones por minuto)
Presión de aceite (a 3,000 rpm)	25 a 80 psi

Bloque del motor

Límite de campana del cilindro	0.005 pulgada
Límite de la ovalación del cilindro	0.002 pulgada

Pistones y anillos

Diámetro del pistón	
Motor de 2.2L	3.443 a 3.445 pulgadas
Motor de 2.5L	3.442 a 3.445 pulgadas
Motor con turbo cargador de 2.5L	3.443 a 3.444 pulgadas
Luz entre el pistón y el cilindro	0.001 a 0.003 pulgada

Motores de 2.2L y 2.5L (continuación)

Pistones y anillos

Luz de los anillos del pistón	
Sin turbo cargador	
Anillo de la compresión superior	
Estándar	0.0015 a 0.0031 pulgada
Límite de servicio	0.004 pulgada
Segundo anillo de la compresión	
Estándar	0.0015 a 0.0037 pulgada
Límite de servicio	0.004 pulgada
Anillo del aceite	0.008 pulgada
Turbo cargador	
Anillo de compresión superior	
Estándar	0.0016 a 0.0030 pulgada
Límite de servicio	0.004 pulgada
Segundo anillo de compresión	
Estándar	0.0016 a 0.0035 pulgada
Límite de servicio	0.004 pulgada
Anillo del aceite	0.008 pulgada
Juego final del anillo del pistón	
Sin turbo cargador	
Anillo de compresión superior	0.010 a 0.020 pulgada
Segundo anillo de compresión	0.011 a 0.021 pulgada
Anillo del aceite	
Estándar	0.015 a 0.055 pulgada
Límite de servicio	0.074 pulgada
Turbo cargador	
Anillo de compresión superior	0.010 a 0.020 pulgada
Segundo anillo de compresión	0.009 a 0.019 pulgada
Anillo del aceite	
Estándar	0.015 a 0.055 pulgada
Límite de servicio	0.074 pulgada

Cigüeñal y bielas

Juego final	
Estándar	0.002 a 0.007 pulgada
Límite de servicio	0.014 pulgada
Muñón del cojinete principal	
Diámetro	2.362 a 2.363 pulgadas
Límite de campana	0.0003 pulgada
Límite de ovalación	0.0003 pulgada
Muñón de la biela	
Diámetro	1.968 a 1.969 pulgadas
Límite de ovalación	0.0003 pulgada
Luz del cojinete principal del aceite	
Estándar	0.004 a 0.028 pulgada
Límite de servicio	0.004 pulgada
Luz del muñón de la biela	
Estándar	0.008 a 0.034 pulgada
Límite de servicio	0.004 pulgada
Juego final de la biela (luz del lado)	0.005 a 0.013 pulgada

Árbol de levas

Juego final	
Estándar	0.005 a 0.013 pulgada
Límite de servicio	0.020 pulgada

Cabeza de los cilindros y tren de las válvulas

Límite del alabeo de las cabezas	0.004 pulgada
Ángulo del asiento de las válvulas	45 grados
Ángulo de la cara de las válvulas	45 grados
Ancho del asiento de las válvulas	
Admisión	
Estándar	1/16 pulgada
Límite de servicio	1/32 pulgada
Escape	
Estándar	1/16 pulgada
Límite de servicio	3/64 pulgada

Diámetro del vástago de las válvulas	
Admisión	0.3124 pulgada
Escape	0.3103 pulgada
Luz del vástago de las válvulas a la guía	
Admisión	0.0009 a 0.0026 pulgada
Escape	0.003 a 0.0047 pulgada
Longitud libre del resorte de las válvulas	2.39 pulgadas
Altura instalada del resorte de las válvulas	1.65 pulgadas

Especificaciones para el par de torsión	**Pie-libras** (a menos que sea indicado de otra forma)
Pernos para los cojinetes principales	30 más 1/4 de vuelta
Tuercas de las tapas para los cojinetes de las bielas	40 más 1/4 de vuelta
Ensamblaje de contra balance (solamente los motores de 2.5L)	
Espárrago de doble punta y pernos de la tapa del engrane	105 pulgada libras
Pernos para el engrane del cigüeñal	130 pulgada libras
Pernos del tensionador	105 pulgada libras
Pernos de la guía	105 pulgada libras
Perno del engrane del eje de balance	21

* **Nota:** *Refiérase a la Parte A para especificaciones adicionales del par de torsión*

Motor 2.6L

General

Desplazamiento	156 pulgadas cúbicas
Presión de la compresión de los cilindros	130 a 150 psi (libras por pulgadas cuadradas) a 250 rpm (revoluciones por minuto)
Presión del aceite (a 3000 rpm)	25 a 90 - psi

Bloque del motor

Límite de campana de los cilindros	0.0008 pulgada
Límite de ovalación de los cilindros	0.0008 pulgada

Pistones y anillos

Diámetro del pistón	3.5866 pulgadas
Luz de lado del anillo del pistón	
Anillo de compresión superior	
Estándar	0.0024 a 0.0039 pulgada
Límite de servicio	0.006 pulgada
Segundo anillo de compresión	
Estándar	0.0008 a 0.0024 pulgada
Límite de servicio	0.0039 pulgada
Juego final del anillo del pistón	
Anillo de compresión superior	
Estándar	0.010 a 0.018 pulgada
Límite de servicio	0.039 pulgada
Segundo anillo de compresión	
Estándar	0.010 a 0.018 pulgada
Límite de servicio	0.039 pulgada
Anillo del aceite	
Estándar	0.0078 a 0.0350 pulgada
Límite de servicio	0.059 pulgada

Cigüeñal y bielas

Juego final	
Estándar	0.002 a 0.007 pulgada
Muñón del cojinete principal	
Diámetro	2.3622 pulgadas
Límite de campana	0.0004 pulgada
Límite de ovalación	0.0004 pulgada
Muñón de la biela	
Diámetro	2.086 pulgadas
Límite de ovalación	0.0003 pulgada
Luz del cojinete principal del aceite	
Estándar	0.0008 a 0.028 pulgada
Límite de servicio	0.004 pulgada
Luz para el aceite del cojinete de la bielas	0.0008 a 0.028 pulgada
Juego final del cojinete de la bielas (luz del lado)	0.0008 a 0.028 pulgada

Motor 2.6L (continuación)

Árbol de levas

Juego final	
Estándar	0.002 a 0.007 pulgada

Eje silenciador

Diámetro del muñón del cojinete delantero	0.906 pulgada
Luz para el aceite del cojinete delantero	0.0008 a 0.0024 pulgada
Diámetro del muñón del cojinete trasero	1.693 pulgada
Luz para el aceite del cojinete trasero	0.0020 a 0.0035 pulgada

Cabeza de los cilindros y tren de las válvulas

Límite del alabeo de las cabezas	0.004 pulgada
Ángulo del asiento de las válvulas	45 grados
Ángulo de la cara de las válvulas	45 grados
Ancho del asiento de las válvulas	
Admisión	
Estándar	0.047 pulgada
Límite de servicio	0.028 pulgada
Escape	
Estándar	0.079 pulgada
Límite de servicio	0.039 pulgada
Luz del vástago de las válvulas a la guía	
Admisión	
Estándar	0.0012 a 0.0024 pulgada
Límite de servicio	0.004 pulgada
Escape	
Estándar	0.0020 a 0.0035 pulgada
Límite de servicio	0.006 pulgada
Longitud libre del resorte de las válvulas	
Estándar	1.869 pulgadas
Límite de servicio	1.832 pulgadas
Altura instalada del resorte de las válvulas	
Estándar	1.590 pulgadas
Límite de servicio	1.629 pulgadas
Válvula de esprea	
Diámetro del vástago	0.1693 pulgada
Ángulo del asiento	45 grados
Longitud libre del resorte	1.165 pulgadas
Presión del resorte	5.5 libras a 0.846 pulgada

Especificaciones para el par de torsión

	Pie-libras (a menos que sea indicado de otra forma)
Pernos de la tapa para los cojinetes principales	58
Tuercas de la tapa para los cojinetes de las bielas	34

***Nota:** *Refiérase a la Parte B para especificaciones adicionales del par de torsión*

Motor 3.0L

General

Desplazamiento	181 pulgadas cúbicas
Presión de la compresión de los cilindros	178 a 250 psi (libras por pulgadas cuadradas) a 250 rpm (revoluciones por minuto)
Presión del aceite (a 3000 rpm)	No disponible

Bloque del motor

Diámetro de los cilindros	3.586 a 3.587 pulgadas
Límite de campana de los cilindros	No disponible
Límite de ovalación de los cilindros	No disponible

Pistones y anillos

Diámetro del pistón	3.585 a 3.586 pulgadas
Luz del anillo del lado del pistón	
Anillo de compresión superior	
Estándar	0.0020 a 0.0035 pulgada
Límite de servicio	0.004 pulgada
Segundo anillo de compresión	
Estándar	0.0008 a 0.0020 pulgada
Límite de servicio	0.0039 pulgada

Juego final del anillo del pistón	
Anillo de compresión superior	
Estándar	0.012 a 0.018 pulgada
Límite de servicio	0.032 pulgada
Segundo anillo de compresión	
Estándar	0.010 a 0.016 pulgada
Límite de servicio	0.032 pulgada
Anillo del aceite	
Estándar	0.012 a 0.035 pulgada
Límite de servicio	0.040 pulgada

Cigüeñal y bielas

Juego final	
Estándar	0.002 a 0.010 pulgada
Muñón del cojinete principal	
Diámetro	2.361 a 2.362 pulgadas
Límite de campana	0.0002 pulgada
Límite de ovalación	0.0001 pulgada
Muñón de la biela	
Diámetro	1.968 a 1.969 pulgadas
Límite de campana	0.0002 pulgada
Límite de ovalación	0.0001 pulgada
Luz para el aceite del cojinete principal	0.0006 a 0.0020 pulgada
Luz para el aceite del cojinete de la bielas	0.0006 a 0.0020 pulgada
Juego final del cojinete de la bielas (luz del lado)	
Estándar	0.004 a 0.010 pulgada
Límite de servicio	0.016 pulgada

Cabeza de los cilindros y tren de las válvulas

Límite del alabeo de las cabezas	0.002 pulgada
Ángulo del asiento de las válvulas	45 grados
Ángulo de la cara de las válvulas	45 grados
Ancho del asiento de las válvulas	
Admisión	
Estándar	0.047 pulgada
Límite de servicio	0.027 pulgada
Escape	
Estándar	0.079 pulgada
Límite de servicio	0.059 pulgada
Luz del vástago de las válvulas al guía	
Admisión	
Estándar	0.001 a 0.002 pulgada
Límite de servicio	0.004 pulgada
Escape	
Estándar	0.0020 a 0.0030 pulgada
Límite de servicio	0.006 pulgada
Longitud libre del resorte de las válvulas	
Estándar	1.960 pulgadas
Límite de servicio	1.921 pulgadas
Altura instalada del resorte de las válvulas	
Estándar	1. 590 pulgadas
Límite de servicio	No disponible
Diámetro del vástago	
Admisión	0.313 a 0.314 pulgada
Escape	0.312 a 0.313 pulgada

Especificaciones para el par de torsión	**Pie-libras** (a menos que sea indicado de otra forma)
Pernos de la tapa para los cojinetes principales	60
Tuercas de la tapa para los cojinetes de las bielas	34

***Nota:** *Refiérase a la Parte C para especificaciones adicionales del par de torsión*

Motor 3.3L y 3.8L

General

Desplazamiento	
3.3L	201 pulgadas cúbicas
3.8L	231 pulgadas cúbicas
Presión de la compresión de los cilindros	170 a 250 rpm (revoluciones por minuto)
Presión del aceite	30 a 80 psi (libras por pulgadas cuadradas) a 3,000 rpm

2E

Motor 3.3L y 3.8L (continuación)

Bloque del motor

Diámetro de los cilindros	
3.3L	3.660 pulgadas
3.8L	3.779 pulgadas
Límite de campana de los cilindros	
Estándar	0.002 pulgada
Límite de servicio	0.001 pulgada
Limite de ovalación	
Estándar	0.003 pulgada
Límite de servicio	0.001 pulgada

Pistones y anillos de los pistones

Diámetro del pistón	
3.3L	3.6594 a 3.6602 pulgadas
3.8L	3.7776 a 3.7783 pulgadas
Luz del pistón al orificio	0.0009 a 0.0022 pulgada
Luz del anillo del lado del pistón	
Anillo de compresión superior	
Estándar	0.0012 a 0.0033 pulgada
Límite de servicio	0.004 pulgada
Segundo anillo de compresión	
Estándar	0.0012 a 0.0037 pulgada
Límite de servicio	0.0004 pulgada
Juego final del anillo del pistón	
Anillo de compresión superior	
Estándar	0.012 a 0.022 pulgada
Límite de servicio	0.039 pulgada
Segundo anillo de compresión	
Estándar	0.012 a 0.022 pulgada
Límite de servicio	0.039 pulgada
Anillo del aceite	
Estándar	0.010 a 0.039 pulgada
Límite de servicio	0.074 pulgada

Cigüeñal y bielas

Juego final (estándar)	
1984 a 1992	0.0014 a 0.0073 pulgada
1993 a más moderno	0.003 a 0.009 pulgada
Muñón del cojinete principal	
Diámetro	2.519 pulgadas
Límite de campana	0.001 pulgada
Límite de ovalación	0.001 pulgada
Muñón de la biela	
Diámetro	2.283 pulgadas
Límite de ovalación y de campana	0.001 pulgada
Luz para el aceite del cojinete principal	
Estándar	0.0007 a 0.0022 pulgada
Límite de servicio	0.0022 pulgada
Luz para el aceite del cojinete de la bielas	
Estándar	0.00075 a 0.00300 pulgada
Límite de servicio	0.003 pulgada
Juego final del cojinete de la bielas (luz del lado)	
Estándar	0.005 a 0.015 pulgada
Límite de servicio	No disponible

Cabeza de los cilindros y tren de las válvulas

Límite del alabeo de las cabezas	0.002 pulgada
Ángulo del asiento de las válvulas	45 grados
Ángulo de la cara de las válvulas	44 1/2 grados
Ancho del asiento de las válvulas	
Admisión	
Estándar	0.031 pulgada
Límite de servicio	No disponible
Escape	
Estándar	0.047 pulgada
Límite de servicio	No disponible

Árbol de levas

Juego final	0.005 a 0.012 pulgadas
Altura del lóbulo	0.2678 pulgada
Luz del cojinete del árbol de levas	
Estándar	0.001 a 0.004 pulgada
Límite de servicio	0.005 pulgada
Diámetro del muñón del árbol de levas	
No. 1	1.997 a 1.999 pulgadas
No. 2	1.980 a 1.982 pulgadas
No. 3	1.965 a 1.967 pulgadas
No. 4	1.949 a 1.952 pulgadas
Diámetro del cojinete del árbol de levas (adentro)	
No. 1	2.000 a 2.001 pulgadas
No. 2	1.984 a 1.985 pulgadas
No. 3	1.953 a 1.954 pulgadas
No. 4	1.950 a 1.951 pulgadas
Juego libre del vástago de las válvulas al guía	
Admisión	
Estándar	0.001 a 0.003 pulgada
Límite de servicio	0.010 pulgada
Escape	
Estándar	0.002 a 0.006 pulgada
Límite de servicio	0.016 pulgada
Longitud del resorte de las válvulas	
Estándar	1.909 pulgadas
Límite de servicio	No disponible
Altura del resorte de las válvulas instalado (desde el asiento del resorte al retenedor)	
Estándar	1-17/32 a 1-19/32 pulgada
Límite de servicio	No disponible
Diámetro del vástago de las válvulas	
Admisión	0.312 a 0.312 pulgadas
Escape	0.3112 a 0.3119 pulgada

Especificaciones del par de torsión	**Pie a libras** (a menos que sea indicado de otra manera)
Pernos de la tapa para el cojinete principal	30 más 1/4 de vuelta
Pernos del plato impulsor del árbol de levas	105 pulgadas libras
Perno del engrane del árbol de levas	40
Tuercas de la tapa para el cojinete de la bielas	40 más 1/4 de vuelta

***Nota:** *Refiérase a la Parte D para especificaciones adicionales del par de torsión*

2E

1 Información general

Incluido en esta porción del Capítulo 2 están los procedimientos generales de la reconstrucción completa para la cabeza(s) de los cilindros y los componentes internos del motor.

La información cubre de consejos con respecto a la preparación para una reconstrucción completa y la compra de las partes de reemplazo, a los procedimientos detallados de paso-a-paso cubriendo como remover e instalar los componentes internos del motor y la inspección de las partes.

Las siguientes Secciones han sido escritas basado en la suposición que el motor ha sido removido del vehículo. Para información con respecto a la reparación del motor dentro-del-vehículo, también como remover e instalar los componentes externos necesarios para la reconstrucción completa, vea la Parte A (motores 2.2L y 2.5L), B (motor 2.6L), C (motor 3.0L) o D (motores 3.3L y 3.8L) de este Capítulo.

Las Especificaciones incluidas en esta parte son esas solamente necesarias para los procedimientos de la inspección y la reconstrucción completa que sigue. Refiérase a las Partes A, B, C y D para especificaciones adicionales.

2 Reparación del motor - información general

Refiérase a las ilustraciones 2.4, 2.4b, 2.4c, 2.4d y 2.4e

No todas las veces es fácil determinar cuando, o si, un motor se debe reparar completamente, porque diferentes factores se deben de considerar.

Millaje alto no es necesariamente una indicación de que el motor necesita reparación, mientras que un millaje bajo no evita la necesidad de una reparación completa del motor. Frecuencia del mantenimiento rutinario es probablemente la consideración más importante. Un motor que haya tenido frecuente cambios de aceite y de filtro, tan importante como otros tipos de mantenimientos requerido, lo más probable que de muchos miles de millas de servicio sin problemas. Recíprocamente, un abandono del mantenimiento del motor, requerirá una reparación del motor en un tiempo más temprano de la vida útil del motor.

Consumo de aceite excesivo es una indicación de que los anillos de los pistones y/o las guías de las válvulas están en necesidad de atención. Asegúrese de que las fugas de aceite no son el problema antes de decidir que los anillos y/o guías están en malas condiciones. Tome un chequeo de la compresión de los cilindros o prueba de fuga de aire en la cámara de combustión, ejecutada por un mecánico experimentado de afinación de motores para determinar la magnitud del trabajo requerido.

Si el motor está haciendo ruidos obvios de golpeteo o ruidos como de tipo maraca que determinen partes sueltas adentro del motor, las bielas y/o los cojinetes principales son probablemente el problema. Si su vehículo viene equipado con una luz de advertencia para la presión baja del aceite de su vehículo en lugar de un metro de medir la presión

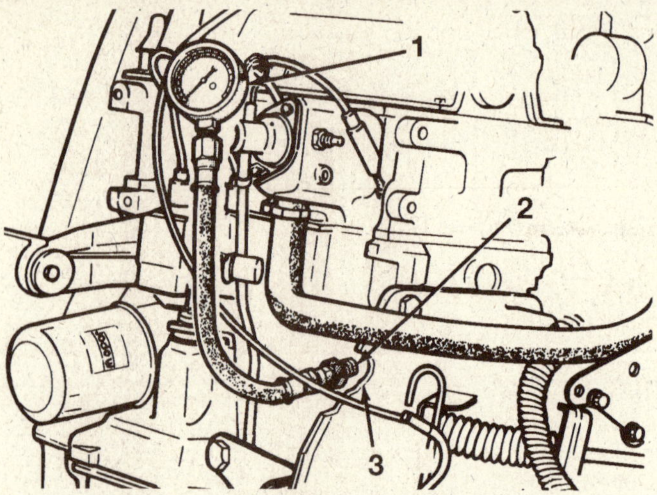

2.4a Remueva la unidad de enviar aceite (interruptor) e instale un medidor de presión de aceite en su lugar (se muestra un motor de 2.5L)

1 *Ensamblaje para el medidor de la presión de aceite*
2 *Adaptador*
3 *Apertura para poder ver*

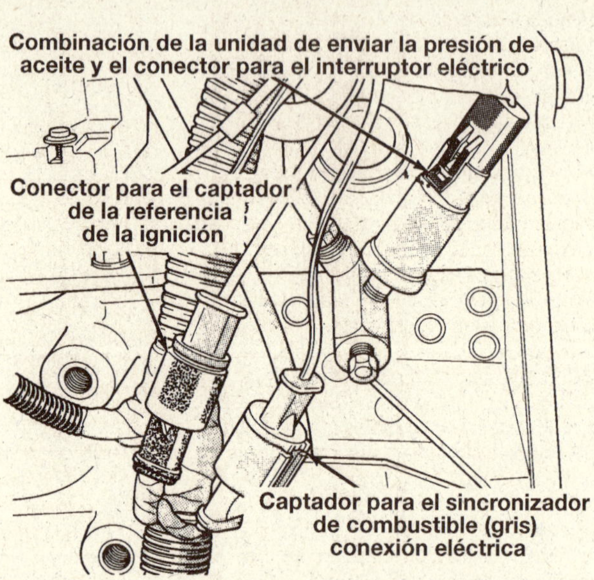

2.4b Localidad de la unidad de enviar la presión de aceite en un motor turbo de 2.5L

del aceite, chequee la presión con un metro, para medir la presión de aceite, se debe de instalar temporalmente un medidor en el motor donde se instala la unidad para enviar la presión y compare las lecturas. Si la presión está extremadamente baja, los cojinetes y/o la bomba del aceite están gastados **(vea ilustraciones)**.

Pérdida de poder, funcionamiento áspero, excesivo ruidos del tren de las válvulas y consumo de combustible alto, también pueden indicar una necesidad de reparación, sobre todo si están todos estos problemas presente al mismo tiempo. Si una afinación completa no remedia la situación, la única otra solución es el trabajo de reparación mayor.

Una reparación completa del motor requiere de restaurar las partes interiores del motor a las especificaciones de un motor nuevo. Durante una reparación completa del motor, los anillos de los pistones se deben reemplazan y los cilindros se deben rectificar (se hacen de un calibre más grande) y/o se pulen con una piedra de esmeril especial para los cilindros. Si el cilindro se corta a un calibre más grande, pistones nuevos se van a necesitar. Los cojinetes principales, los cojinetes de las bielas y los cojinetes del árbol de levas son por lo general reemplazados con partes nuevas, si es necesario, el cigüeñal puede ser rectificado para reparar los muñones. Generalmente, las válvulas se reparan también, ya que por lo general están menos de condiciones perfectas a estas alturas. Mientras el motor se repara, otros componentes, tal como el distribuidor, motor de arranque y el alternador, se pueden reconstruir también. El resultado final debe de ser como si fuera un motor nuevo para que le muchas millas de servicio sin ningún problema. **Nota:** *Componentes del sistema de enfriamiento críticos tales como las mangueras, las bandas, el termostato y la bomba del agua se deben reemplazar con partes NUEVAS, cuando se hace una reparación al motor completa. Se debe Chequear el radiador cuidadosamente y asegurarse de que no está tapado o tiene fugas. Si está en duda, lo reemplaza con uno nuevo. También, no recomendamos la reparación de la bomba del aceite - siempre instale una nueva cuando el motor se reconstruya.*

Antes de empezar la reparación del motor, lea el procedimiento completo para que se familiarizare con los requisitos del trabajo. Reparar un motor no es difícil, pero consume bastante tiempo. Planee para tener

2.4c Localidad de la unidad de enviar la presión de aceite en los motores de 2.6L

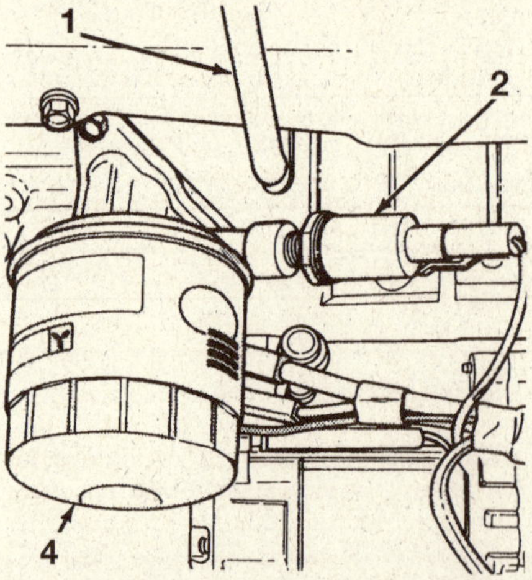

2.4d Localidad de la unidad de enviar la presión de aceite en los motores de 3.OL

1 *Tubo para la varilla de medir el aceite*
2 *Combinación del interruptor para la presión de aceite y unidad de envío*
3 *Arnés para el motor de arranque*
4 *Filtro de aceite*

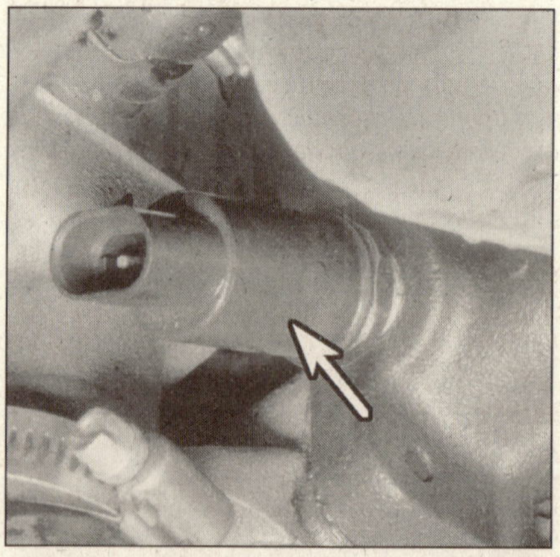

2.4e Localidad de la unidad de enviar la presión de aceite en los motores de 3.3L y 3.8L

el vehículo fuera de servicio por lo menos dos semanas, sobre todo si algunas de las partes se van a mandar a un taller de rectificación de motores. Chequee la disponibilidad de las partes y asegúrese de que cualquier herramienta especial requerida y equipo se obtenga de antemano. La mayoría del trabajo se puede hacer con herramientas típicas de mano, aunque varias herramientas de precisión van a ser requeridas para admisión medidas e inspeccionar partes para determinar si se deben reemplazar. A menudo el taller de rectificación hará la inspección de las partes y le aconsejará en la condición de las partes para ver si se pueden reparar o se deben remplazar. **Nota:** *Siempre espere hasta que el motor se haya desarmado completamente y todos los componentes, sobre todo el bloque motor, se haya inspeccionado, antes de decidir qué servicio y tipo de reparación deben ser ejecutadas por un taller de rectificación automotriz.* Ya que la condición del bloque será el factor mayor en considerar para determinar si el motor original se va a reconstruir o se va a comprar uno reconstruido, nunca compre partes o deje que se haga ningún tipo de trabajo de rectificación en otros componentes hasta que el bloque se haya chequeado completamente. Como una regla general, el tiempo es el costo primordial de la reparación, así que no paga instalar partes gastadas o de baja calidad.

Como una nota final, para asegurar una vida máxima y problema mínimos de un motor reconstruido, todas las partes se deben de armar con cuidado en una área de trabajo completamente limpia.

3 Chequeo de la compresión de los cilindros

Refiérase a la ilustración 3.6

1 Un chequeo de la compresión le dirá en qué condición mecánica el final superior (pistones, los anillos, válvulas, juntas de cabeza) del motor está. Específicamente, le puede indicar si la compresión está hacia abajo debido a fugas causadas por anillos del pistón desgastado, por válvulas y asientos defectuosos o por una junta de la cabeza que esté quemada. **Nota:** *El motor debe estar a la temperatura normal de operación y la batería se debe cargar completamente para éste chequeo.*

2 Comience limpiando el área alrededor de las bujías antes de que usted las remueva. Aire comprimido se debe usar, si está disponible, de otro modo un cepillo pequeño o todavía una bomba de neumático de bicicleta trabajará. La idea es de prevenir que tierra entre en los cilindros cuando se esté haciendo chequeo de la compresión.

3 Remueva todas las bujías del motor (vea Capítulo 1).

4 Bloquee el acelerador completamente abierto.

5 Incapacite el combustible y los sistema de ignición removiendo el fusible del ECM (vea Capítulo 6).

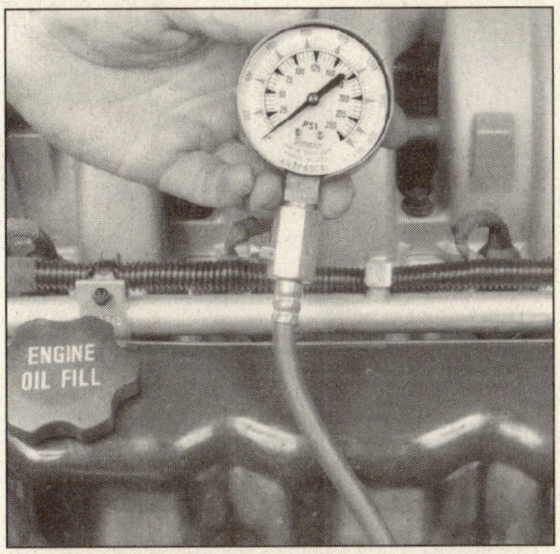

3.6 Un medidor para la compresión con roscas para el orificio de la bujía es preferido sobre el tipo que requiere presión a mano para mantenerlo sellado

6 Instale el medidor de la compresión en el orificio de la bujía número uno **(vea ilustración)**.

7 Gire el motor por lo menos siete carreras de compresión y observa el medidor. La compresión debe subir rápidamente en un motor que este en buenas condiciones. La compresión baja en la primer carrera, seguida por la presión gradualmente creciente en carreras sucesivos, indica anillos de los pistones desgastados. Una lectura baja de la compresión en la primera carrera, cuál no aumenta durante las carreras sucesivas, indica fugas de las válvulas o una junta de la cabeza que está quemada (una cabeza agrietada podría ser también la causa). Los depósitos en las caras inferiores de las cabezas de las válvulas pueden causar también una baja compresión. Registre la lectura más alta obtenida en el medidor.

8 Repita el procedimiento para el resto de los cilindros y compare el resultado a las Especificaciones de éste Capítulo.

9 Si las lecturas están debajo de lo normal, agregue algo de aceite de motor (acerca de tres chorro de una bomba de aceite) a cada cilindro, por el orificio de la bujía, y repita la prueba.

10 Si la compresión aumenta después que el aceite es agregado, los anillos del pistón están definitivamente desgastados. Si la compresión no aumenta significativamente, pueden haber fugas en las válvulas o la junta de la cabeza. Fugas en las válvulas pueden ser causadas por asientos de las válvulas quemados y/o caras o por válvulas alabeadas, agrietadas o dobladas.

11 Si dos cilindros adyacentes tienen la compresión igualmente baja, hay una posibilidad fuerte de que la junta de la cabeza esté quemada entre ellos. La apariencia de anticongelante en las cámara de combustión o el cárter de cigüeñal verificaría ésta condición.

12 Si un cilindro está cerca del 20 por ciento más bajo que los otros, y el motor tiene una marcha mínima levemente áspera, un lóbulo desgasto del escape en el árbol de levas podría ser la causa.

13 Si la compresión está excepcionalmente alta, las cámara de combustión están llenas probablemente con depósitos de carbón. Si eso es el caso, las cabezas de los cilindros debe ser removidas y descarbonizadas.

14 Si la compresión está bien baja o varía magníficamente entre cilindros, sería una buena idea de hacer una prueba de drenaje realizada por un taller de reparación automotriz. Ésta prueba localizará con toda precisión exactamente donde ocurrir la fuga y que tan severa es.

4 Remover el motor - métodos y precauciones

Si usted ha decidido que el motor se debe remover para hacerle una reconstrucción completa o trabajo mayor de reparaciones, varios pasos preliminares se deben de administrar.

Localizar una área de trabajo adecuada es muy importante. Un taller, por supuesto es el lugar más deseable para trabajar. Un lugar adecuado de trabajo con lugar para poder almacenar el vehículo, se va a necesitar. Si un taller o un garaje no está disponible con lugar para poder almacenar el vehículo, por lo menos un lugar que sea plano, nivelado, una superficie limpia de concreto o asfalto es requerido.

Limpie el compartimiento del motor y el motor antes de proceder a remover el motor, mantenga las herramientas limpias y organizadas.

Una grúa de levantar motores o un marco de tipo A se va a necesitar. Esté seguro de que el equipo está diseñado para poder aguantar en exceso del peso del motor con los accesorios instalados. Seguridad es de importancia primaria, considerando el potencial de peligro envuelto en levantar un motor fuera del vehículo.

Si el motor se va a remover por un novicio, un ayudante debe de estar disponible. Consejo y ayuda de alguien con más experiencia estaría también útil. Hay muchos instantes cuando una persona no puede ejecutar simultáneamente todo los funcionamientos requeridos cuando se está removiendo el motor al exterior del vehículo.

Diseñe la operación del procedimiento de ante manos. Acuérdese de obtener todas las herramientas y equipo requerido antes de empezar el trabajo. Algunos de los equipos necesarios para poder remover e instalar el motor con facilidad y seguridad tales como la grúa de remover motores, un gato de piso, juego completo de herramientas, dados como se describió en la parte del frente de este manual, bloques de madera y suficiente trapos viejos y solvente para poder recoger cualquier tipo de derrame de flúido como aceite, anticongelante y gasolina. Si la grúa se va a rentar, asegúrese de que usted haga este arreglo con tiempo adelantado. Esto le ahorrará tiempo y dinero.

Planee para que el vehículo esté fuera de uso por un tiempo considerable. Un taller de tornos se va a necesitar para que pueda desempeñar algunos de los trabajos que el mecánico del hogar no lo puede hacer debido a la falta de herramientas especiales. Estos talleres por lo general siempre están bien ocupados, así que seria inteligente de consultar con ellos antes de remover el motor, para poder tener un estimado de la cantidad de tiempo que se va a admisión para reconstruir o reparar los componentes que vallan a necesitar trabajo.

Siempre use caución extrema cuando remueva e instale el motor. Lesión seria puede resultar por acciones descuidadas. Diseñe su plano de ante manos, tome su tiempo y un trabajo de esta naturaleza, aunque es mayor, se puede lograr con buen éxito.

5 Motor - remover e instalar

Refiérase a las ilustraciones 5.5, 5.18, 5.23 y 5.26

Peligro: *La gasolina es extremadamente inflamable, razón por la cual se debe tener mucha precaución al trabajar en cualquier parte del sistema de combustible. No fume ni permita la presencia de llamas expuestas o bombillas sin protección cerca del área de trabajo, y no trabaje en un taller donde haya artefactos de gas natural con un piloto (como calentadores de agua o secadores de ropa). Como la gasolina es carcinógena, use guantes de látex cuando haya una posible exposición al combustible. Si derrama combustible en la piel, enjuáguela de inmediato con jabón y agua. Limpie inmediatamente cualquier derrame y no almacene trapos con combustible en lugares donde puedan inflamarse. El sistema de combustible está bajo presión constante, por lo cual, antes de desconectar alguna tubería de combustible se debe liberar la presión del combustible en el sistema* (vea el Capítulo 4 para obtener más información). *Al realizar cualquier tipo de trabajo en el sistema de combustible, use anteojos de seguridad y tenga un extintor Clase B al alcance.*

Nota: *Lea cuidadosamente los pasos siguientes y familiarícese con los procedimientos antes de comenzar a trabajar.*

Remover

1 Si el vehículo está equipado con aire acondicionado, haga que un departamento de servicio del distribuidor o una gasolinera descargue el sistema de aire acondicionado. (Esto no es necesario en la mayoría de los modelos de 2.2L y 2.5L).

2 Refiérase al Capítulo 4 y alivie la presión del sistema de combustible, entonces desconecte el cable negativo de la batería.

3 Cubra los guardafangos y la Sección entre el capó y el parabrisas y remueva el capó (vea Capítulo 11). Plásticos especiales para proteger los guardafangos son disponibles, pero una cubrecama o frazada vieja trabaja también.

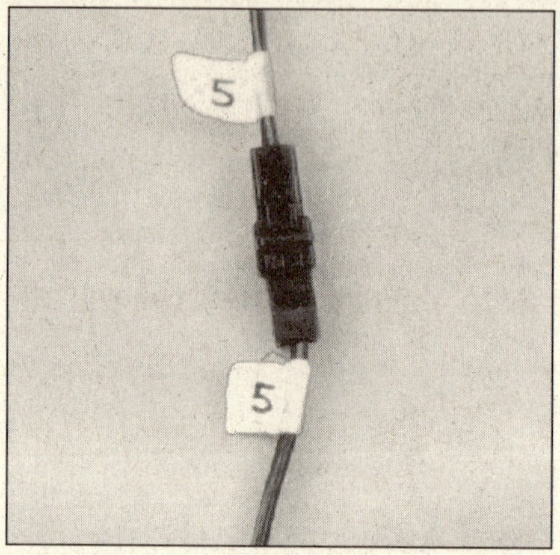

5.5 Marque cada alambre antes de remover el conector

4 Remueva el ensamblaje del depurador de aire. (vea Capítulo 4).

5 Marque las líneas de vacío, las mangueras del sistema de emisiones, los conectores de alambres, las correas de conexión a tierra y las líneas de combustible para asegurar la reinstalación correcta, entonces sepárelos. Pequeños pedazos de cinta con números o letras escritos en ellos trabajan bien **(vea ilustración)**. Si hay cualquier posibilidad de confusión, haga un dibujo del compartimiento del motor y marque claramente las líneas, las mangueras del radiador y los alambres.

6 Levante el vehículo y sopórtelo firmemente sobre estantes. Drene el sistema de enfriamiento (vea Capítulo 1).

7 Marque y separe del motor todas las mangueras de anticongelante.

8 Remueva el depósito del anticongelante, abanico de enfriamiento, la tapa y el radiador (vea Capítulo 3).

9 Remueva la banda(s) y el controlador de la marcha mínima, si está equipado con estos (vea Capítulo 1).

10 Desconecte las líneas de combustible que van del motor al chasis (vea Capítulo 4). Tape todos los acopladores o líneas abiertas.

11 Desconecte el control de la mariposa (y el cable de control de acoplamiento/crucero de la TV, si está equipado) del motor (vea Capítulos 4 y 7).

12 Destornille la bomba de la dirección de poder y póngala a un lado (vea Capítulo 10). Deje las líneas y mangueras conectadas y asegúrese que la bomba esté mantenida en una posición vertical en el compartimiento del motor.

13 Destornille el compresor de aire acondicionado (vea Capítulo 3) y póngalo a un lado. En los modelos 2.2L y 2.5L de cuatro cilindros, no desconecte las mangueras del radiador.

14 Drene el aceite del motor y remueva el filtro (vea Capítulo 1).

15 Remueva el motor de arranque y el alternador (vea Capítulo 5).

5.18 Use una herramienta de boca cerrada para remover los pernos del convertidor de torsión

16 Chequee por juego libre y remueva el cilindro maestro del freno, si es necesario, para permitir el juego libre del transeje (vea Capítulo 9).

17 Desconecte del motor el sistema de escape (vea Capítulo 4). Si el motor está equipado con un turbo cargador, esté seguro de desconectar cualquiera de las líneas o las mangueras del radiador que obstruyan para remover el motor.

18 Marque la relación del convertidor de torsión al plato flexible, entonces destornille el convertidor de torsión **(vea ilustración)**. Los pernos son más fáciles de acceder en este momento antes de que el motor y el eje transversal sean removidos. No remueva ninguno de los pernos de montaje del transeje al calzo.

19 Sostenga el transeje con un gato. Posicione un bloque de madera en la cabeza del gato para prevenirle daño al transeje.

20 Conecte una cadena de longitud a los soportes del motor.

21 Ponga la grúa en posición y conéctele la cadena. Remueva el flojo de la cadena, pero no levante el motor. **Peligro:** *No coloque ninguna parte de su cuerpo bajo el motor cuando esté sostenido solamente por una grúa o cualquier otro dispositivo de elevación.*

22 Remueva el eje propulsor (vea Capítulo 8).

23 Remueva el perno de soporte que cruza del eje transversal a la carrocería y abra el soporte fuera del marco con una palanca **(vea ilustración)**. Refiérase al Capítulo apropiado (2A, 2B, 2C o 2D) para ilustraciones completas de los calzos del motor.

24 Remueva los pernos y las tuercas del albergue del motor.

25 Chequee para estar seguro de que nada esté conectado todavía al motor del vehículo (o el transeje, cuando sea aplicable). Desconecte cualquier cosa que quede todavía.

26 Levante el motor (o el ensamblaje del motor y el transeje) levemente para desconectar los calzos. Levante lentamente el

5.23 En modelos equipados con motores de 3.3L y 3.8L, el calzo del transeje es acezado por un orificio en el guardafango (flecha)

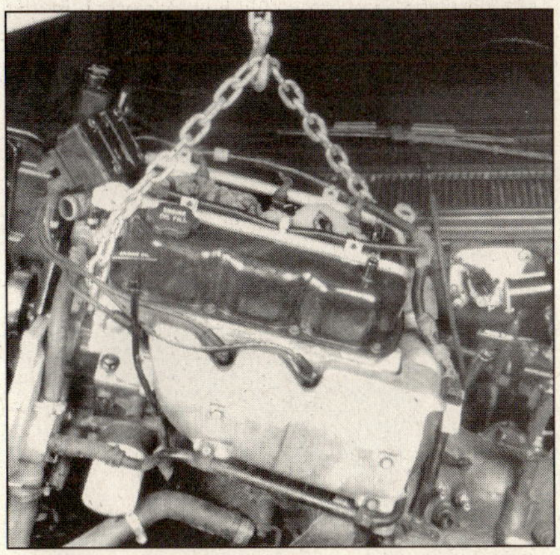

5.26 Eleve el motor de los calzos y lo guía cuidadosamente alrededor de cualquier obstáculo según un ayudante levanta el elevador hasta que aclare el frente del vehículo

motor hacia fuera del vehículo **(vea ilustración)**. Chequee cuidadosamente para asegurarse de que nada esté colgando al levantar la grúa.

27 Una vez que el ensamblaje del motor y el transeje estén fuera del vehículo, bájelo al piso y sopórtelo en bloques de madera. Destornille los pernos del bloque del transeje y separe cuidadosamente el motor del transeje. Si usted está trabajando en un vehículo con un transeje automático, asegúrese que el convertidor de torsión permanezca en su lugar (abrace un par de alicates autobloqueantes al albergue para prevenir que el convertidor se deslice hacia fuera). Si usted está trabajando en un vehículo con un transeje manual, el eje de entrada debe ser liberado completamente del embrague.

28 Remueva el embrague y el volante o el plato flexible y monte el motor en un soporte de motores.

Instalar

29 Chequee los calzos del motor y el transeje. Si están desgastados o dañados, reemplácelos.

30 Si usted está trabajando en un vehículo equipado con un transeje manual, instale el embrague y el plato de presión (vea Capítulo 7). Ahora es una buena oportunidad para instalar un embrague nuevo . Aplique un toque ligero de grasa de temperatura alta al eje de entrada.

31 **Caución:** *No use los pernos del transeje para forzar la unión del transeje y el motor. Si usted está trabajando en un vehículo equipado con un transeje automático, tenga gran cuidado cuando instale el convertidor de torsión, siguiendo el procedimiento del plan general en el Capítulo 7.*

32 Baje cuidadosamente el motor y el transeje del compartimiento del motor. Asegúrese que los calzos estén alineados. Vuelva a instalar los componentes que quedan en el orden reverso de remover. Haga un doble chequeo para asegurarse que todo esté enganchado correctamente.

33 Agregue anticongelante, aceite, flúido de la dirección de poder y de transmisión según sea necesario. Si el cilindro maestro del freno fue removido, sangre los frenos (vea Capítulo 9). Chequee el nivel del flúido y pruebe los frenos.

34 Ponga el motor en marcha y chequee por fugas y por operación apropiada de todos los accesorios, después instale el capó y maneje el vehículo para chequearlo.

35 Si el sistema de aire acondicionado fue descargado, haga que sea evacuado, cargado y chequeado por fugas por la tienda que lo descargó.

6 Alternativas para la reconstrucción del motor

La persona que lo vaya hacer, el mismo se va a encontrar con un número de opciones cuando ejecute la reparación del motor. La decisión de reemplazar el bloque del motor, pistones, ensamblajes de las bielas y el cigüeñal depende de varios factores, con el número de consideraciones siendo la condición del bloque. Otras consideraciones serían el costo, acceso a un taller de rectificación, disponibilidad de las partes, tiempo de experiencia requerido por el mecánico que vaya a ejecutar el trabajo.

Algunas de las alternativas de la reconstrucción incluyen:

Partes individuales - Si los procedimientos de la inspección revelan que el bloque del motor y sus componentes están en condiciones que se pueden rehusar, comprar las partes individuales sería la alternativa más barata. El bloque, cigüeñal, pistones y los ensamblajes de las bielas deben ser inspeccionados cuidadosamente. Aun cuando el bloque muestra poco uso, los cilindro deben ser rectificados con una piedra de esmeril especial para bloques.

Equipo del cigüeñal - Éste paquete de reconstrucción consiste de un cigüeñal rectificado y un juego de pistones y bielas. Los pistones estarán instalados en las bielas. Los anillos de los pistones y los cojinetes para las bielas estarán incluidos en este paquete. Estos paquetes normalmente son disponible para cilindros de tamaños originales, también para motores donde se los haya cortado/rectificado sobre medida.

Bloque corto - Un bloque corto consta de un bloque con un cigüeñal, pistones y las ensamblajes de las bielas ya instaladas. Se incorporan todos los cojinetes nuevos y todos los espacios libres/luz serán corregidos. El árbol de levas que existe, componentes del tren de las válvulas, las cabeza(s) de los cilindros y las partes externas se pueden montar con un poquito o casi nada de trabajo del taller de rectificación.

Bloque largo - Un bloque largo consta de un bloque corto más una bomba del aceite, cacerola del aceite, cabeza(s) de los cilindros, cubierta(s) para los balancines), árbol de levas y componentes de las válvulas, engranajes de la cadena del tiempo, cadena del tiempo y su tapa. Se instalan todos los componentes con cojinetes nuevos, sellos y juntas necesarias en el motor. La instalación de los múltiples y las partes externas, es todo lo que es necesario.

Piense cuidadosamente cual alternativa es mejor para usted y razone la situación con un taller de rectificación automotriz en su localidad, distribuidores de partes o un vendedor de partes antes de ordenar o comprar partes para la reparación.

7 Reconstrucción del motor - secuencia de como desarmar

Refiérase a las ilustraciones 7.5a, 7.5b, 7.5c, 7.5d, 7.5e, 7.5f y 7.5g

1 Es más fácil desmontar y trabajar en el motor si está instalado en un soporte portátil de motor. A menudo, un soporte se puede alquilar bastante barato de una yarda que renta equipo. Antes de instalarlo sobre un soporte, el volante/plato flexible deben ser removidos del motor.

2 Si un soporte no está disponible, es posible desarmar el motor que está en bloques en el piso. Sea extra cuidadoso de no volcar ni dejar caer el motor cuando esté trabajando sin un soporte.

3 Si usted va a obtener un motor reconstruido, todos los componentes externos deberían ser removidos primero, para ser transferidos al motor de reemplazo, así como si fuera hacer la reconstrucción completa del motor usted mismo. Éstos incluyen:

Alternador y los soportes
Componentes de control de las emisiones
Ensamblaje de la bobina y módulo de la ignición, alambres de las bujías y bujías
Tapa del termostato y el albergue
Bomba de agua
Componentes de EFI (inyección de combustible electrónica)
Múltiples de admisión y escape

Filtro del aceite
Calzos de los motores
Embrague, volante y plato flexible

Nota: *Cuándo remueva los componentes externos del motor, póngale mucha atención a los detalles que pueden ser útiles o importante durante la instalación. Observe la posición de la instalación de las juntas, sellos, espaciadores, clavijas, soportes, arandelas, pernos y otros artículos pequeños.*

4 Si usted va a obtener un bloque corto, que consiste del bloque del motor, cigüeñal, pistones y bielas todo armado, entonces la cabeza(s) de los cilindros, la cacerola de aceite y la bomba de aceite tendrán que ser removidos también. Vea las alternativas de reedificar motores para información adicional con respecto a las diferentes posibilidades para considerar.

5 Si usted está planificando una reconstrucción completa, se debe desmontar el motor y remover los componentes internos siguiendo el orden general **(vea las ilustraciones)**:

Motores de 2.2L y 2.5L de cuatro cilindros

Tapa para los balancines
Múltiples de admisión y escape
Ensamblaje del brazo de los balancines
Ajustes para los balancines hidráulicos

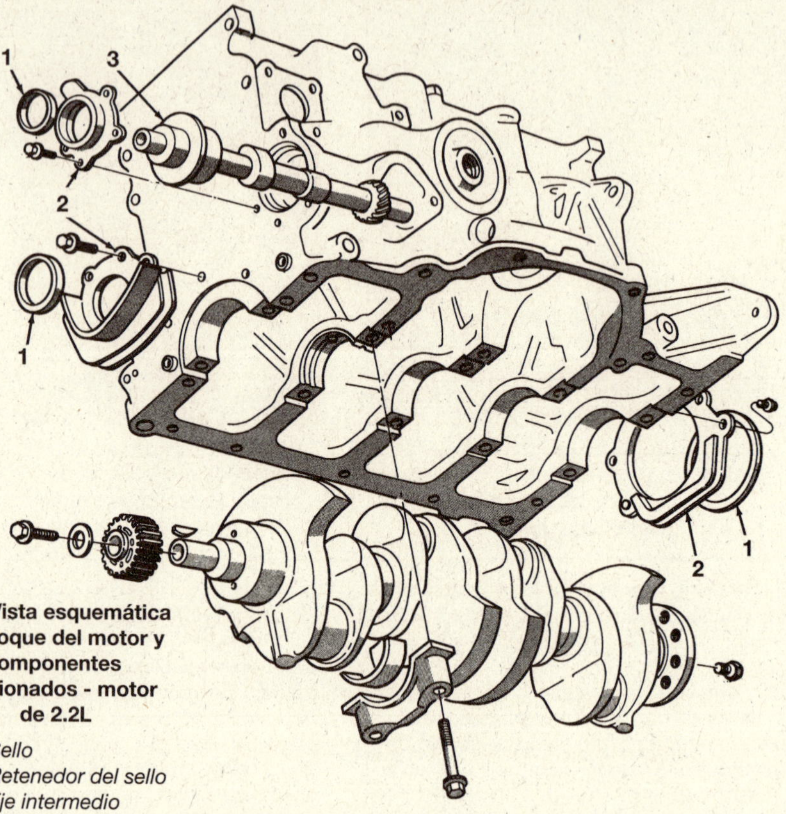

7.5a Vista esquemática del bloque del motor y componentes relacionados - motor de 2.2L

1 *Sello*
2 *Retenedor del sello*
3 *Eje intermedio*

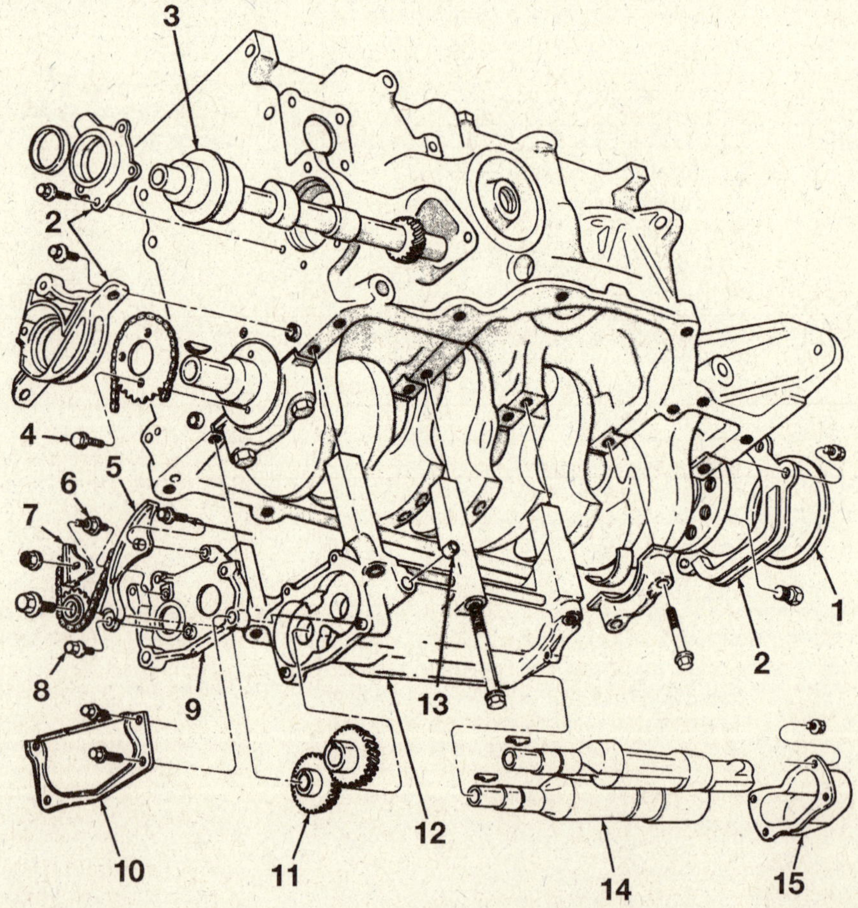

7.5b Vista esquemática del bloque del motor y componentes relacionados - motor de 2.5L

1 *Sello*
2 *Retenedor del sello*
3 *Eje intermedio*
4 *Perno Torx*
5 *Ajustador*
6 *Espárrago*
7 *Guía*
8 *Pivote*
9 *Cubierta para el engrane*
10 *Cubierta para la cadena*
11 *Engranes*
12 *Portador*
13 *Tapón*
14 *Eje de balance*
15 *Cubierta trasera*

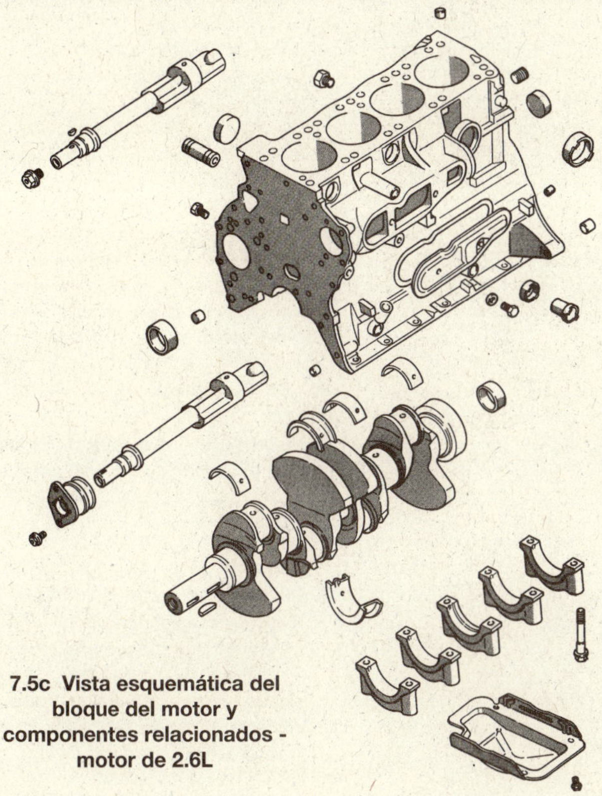

7.5c Vista esquemática del bloque del motor y componentes relacionados - motor de 2.6L

Cabeza de los cilindros
Tapa de la banda del tiempo
Banda del tiempo y los engranes
Árbol de levas
Cacerola del aceite
Bomba del aceite
Pistón y ensamblajes de las bielas
Cigüeñal y los cojinetes principales

Motor de 2.6L de cuatro cilindros

Tapa para los balancines
Albergue de la cadena del tiempo
Cadena silenciosa del eje y los engranes
Cadena del tiempo y los engranes
Cabeza de los cilindros y el árbol de levas
Cacerola del aceite
Bomba del aceite
Pistones y ensamblajes de las bielas
Albergue del sello trasero principal de aceite
Cigüeñal y los cojinetes principales

Motores V6

Tapas para los balancines
Múltiples de escape
Ensamblajes de los brazos de los balancines y el árbol de levas (3.0L)
Brazos de los balancines y las varillas de empuje (3.3L y 3.8L)
Múltiple de admisión
Buzos de rodillos (3.3L de válvula y 3.8L)
Cabezas de los cilindros
Tapa de la cadena y la banda del tiempo

2E

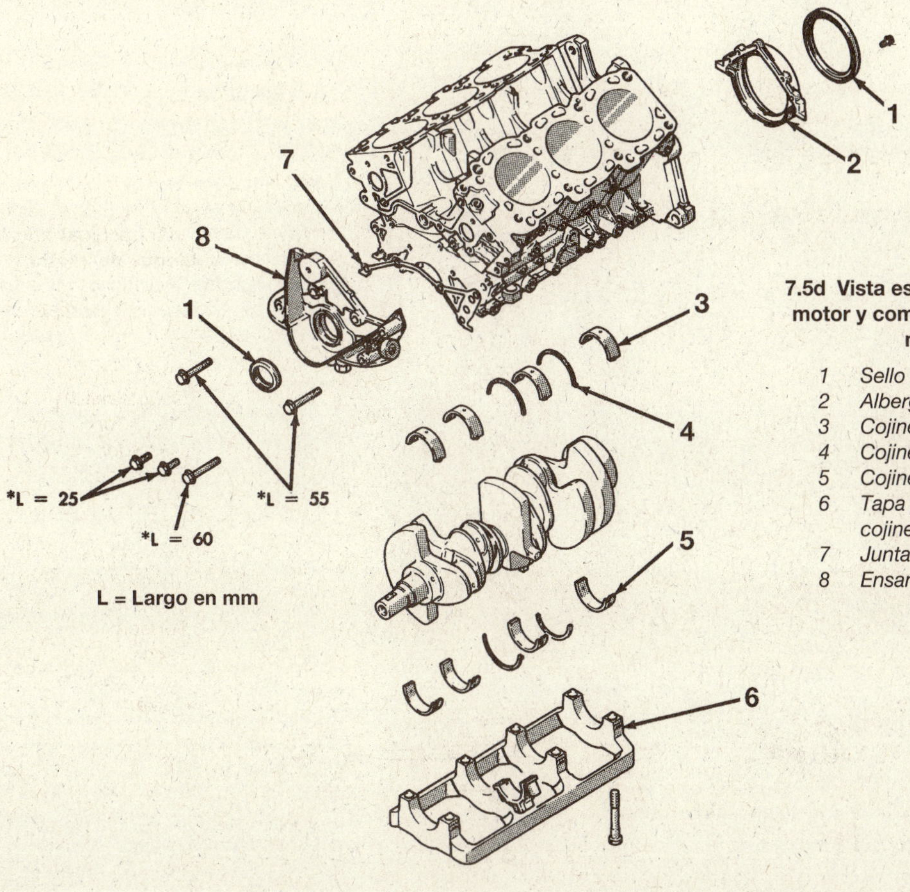

7.5d Vista esquemática del bloque del motor y componentes relacionados - motor de 3.0L

1 *Sello*
2 *Albergue*
3 *Cojinete superior (con ranura)*
4 *Cojinete de torsión (dos pares)*
5 *Cojinete inferior (plano)*
6 *Tapa para el mono bloque de los cojinetes principales*
7 *Junta*
8 *Ensamblaje de la bomba de aceite*

7.5e Vista desde el final para (cadena de tiempo) motores de 3.3L y 3.8L

7.5f Vista del lado trasero para (múltiple de escape) motores de 3.3L y 3.8L

Cadena y la banda del tiempo y los engranes
Árbol de levas (3.0L)
Cacerola del aceite
Bomba del aceite
Pistones y los ensamblajes de las bielas
Albergue trasero para el sello principal del aceite
Cigüeñal y los cojinetes principales

6 Antes de comenzar a remover y los procedimientos de la reconstrucción completa, asegúrese que los siguientes artículos sean disponibles. También, refiérase a la reconstrucción del Motor - vuelva a la secuencia de instalación para una lista de herramientas y materiales necesarios para reinstalar el motor.

Herramientas manuales comunes
Caja de cartón pequeño o bolsas plásticas para almacenar las partes
Raspador de juntas
Escariador de borde
Extractor del amortiguador de vibraciones
Micrómetros
Medidores telescópicos
Conjunto del indicador del reloj
Compresor para el resorte de las válvulas
Pulidora para la superficie de los cilindros
Herramienta para la limpieza de la ranura del pistón
Taladro eléctrico
Juego de terrajas macho y hembra
Cepillos de alambre
Cepillos de aceite para las galerías

8 Cabeza de los cilindros - remover

Refiérase a las ilustraciones 8.2, 8.3 y 8.4

Nota: *Cabezas nuevas y reconstruidas para los cilindros se pueden normalmente encontrar disponible en las mayorías de los surtidores para partes de vehículos. Debido al hecho de que algunas herramientas especiales son necesarias, para poder desarmar las cabezas para el procedimiento de la inspección y las partes de reemplazo, no están por lo general disponibles cuando se necesitan, seria más práctico y barato para el mecánico del hogar de comprar cabezas de reemplazo en lugar de tomarse el tiempo en desarmar, inspeccionar y reparar las originales.*

1 Remover la cabeza de los cilindros implica remover las válvulas de admisión y de escape y los componentes relacionados. Si usted está trabajando en un motor de 2.2L, 2.5L, 2.6L o un 3.0L, los árboles de levas y los albergues deben ser removidos antes de comenzar el procedimiento de desarmar la cabeza de los cilindros (vea la parte A, B o C de este Capítulo). Marque las partes o las almacena separadamente para que ellas puedan ser reinstaladas en sus lugares originales.

2 Antes de que las válvulas sean removidas, haga arreglos para marcarlas y almacenarlas, junto con sus componentes relacionados, así que ellos puedan ser mantenidos

7.5g Vista del lado delantero para (múltiple de admisión) motores de 3.3L y 3.8L

8.2 Una bolsa de plástico pequeña con una etiqueta apropiada se puede usar para guardar la válvula y los componentes del resorte para que se puedan reinstalar en la guía correcta

8.3 Use un compresor de resortes para comprimir los resortes, después remueva los retenedores de las válvulas del vástago con un magneto o unas pinzas de punta picuda

8.4 Si el vástago de la válvula no sale fácilmente por el agujero de la guía, use una lima fina para poder remover la rebarba en la parte de encima del vástago de la válvula

separados y reinstalados en sus lugares originales **(vea ilustración)**.

3 Comprima los resortes en la primera válvula con un compresor de resorte y remueva los guardianes **(vea ilustración)**. Libere cuidadosamente el compresor del resorte de la válvula y remueva el retenedor, el resorte y el asiento del resorte (si se usa).

4 Remueva la válvula de la cabeza, entonces remueva el sello de aceite del la guía. Si la válvula se atora en la guía (no se puede remover), empujela otra vez dentro de la cabeza y remueva la rebarba del área alrededor de la ranura del guardián con una lima o piedra húmeda fina **(vea ilustración)**.

5 Repita el procedimiento para el resto de las válvulas. Recuerde de mantener todas las partes para cada una de las válvulas juntas para que ellas se puedan instalar en sus lugares en el momento de ser reinstaladas.

6 Una vez que las válvulas y los componentes relacionados hayan sido removidos y almacenados en una manera organizada, la cabeza se debe limpiar completamente y debe ser inspeccionada. Si una reconstrucción completo del motor se va a ejecutar, termine los procedimientos de desarmar el motor antes de comenzar la limpieza de la cabeza de los cilindros y el proceso de inspección.

9 Cabeza de los cilindros - limpiar e inspeccionar

1 Limpie completamente la cabeza de los cilindros y los componentes relacionado con el tren de válvulas en la cabeza de los cilindros, seguido por una inspección detallada, lo habilitará a decidir cuánto trabajo de servicio de válvula debe ser hecho durante la reconstrucción del motor. **Nota:** *Si el motor se sobrecalentó severamente, la cabeza de los cilindros está probablemente combada.*

Limpiar

2 Raspe todos los rasgos de material de la junta vieja y sellador de la junta de la cabeza, superficies de acoplamiento del múltiple de admisión y múltiple de escape. Tenga mucho cuidado de no excavar la cabeza de los cilindros. Solventes especiales para remover juntas, que ablandan las juntas y hacen el remover de las juntas más fácil y están disponibles en refaccionarías.

3 Remueva todos los depósitos de escalas desde los pasajes del anticongelante.

4 Corra un cepillo de alambre tieso por los varios orificios para remover los depósitos que se puedan haber formado en ellos.

5 Corra una terraja macho del tamaño apropiado en cada uno de los orificios roscados para remover la corrosión y el sellador de las roscas que puedan estar presentes. Si aire comprimido es disponible, úselo para limpiar los escombros de las roscas producidas por ésta operación. **Peligro:** *¡Use protección para los ojos cuando esté usando aire comprimido!*

6 Limpie las roscas del perno del brazo del balancín con un cepillo de alambre.

7 Limpie la cabeza de los cilindros con solvente y séquela completamente. El aire comprimido apresurará el proceso de secar y asegurará que todas las áreas de los orificios

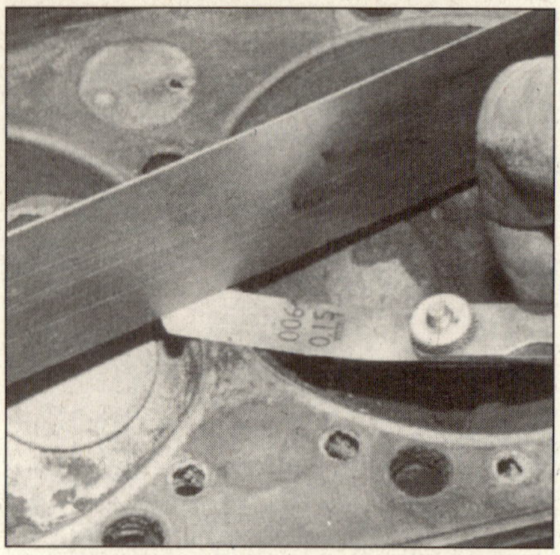

9.12 Cheque la superficie de la cabeza donde va la junta para verificar si está doblada, tratando de deslizar un calibrador palpador debajo de la regla recta (vea las especificaciones de tolerancia para verificar el máximo de tolerancia y use un calibrador palpador de ese espesor)

y receso estén limpios. **Nota:** *Productos químicos para descarbonizar son disponible y pueden ser muy útil cuándo limpie las cabezas de los componentes de los cilindros y el tren de las válvulas. Ellos son muy cáustico y se deben usar con caución. Esté seguro de seguir las instrucciones en el recipiente.*

8 Limpie los brazos de los balancines, los ejes y las varillas de empuje (motores de 3.3L y 3.8L solamente) con solvente y séquelos completamente (no lo mezcle durante el proceso de limpiar). El aire comprimido apresurará el proceso de secarlo y se puede usar para limpiar los pasajes de aceite.

9 Limpie todos los resortes de las válvulas, los asientos de los resortes con solvente y seque los guardianes y retenedores completamente. Haga los componentes de una válvula a la vez para evitar que se mezclen las partes.

10 Raspe los depósitos gruesos que se puedan haber formado en las válvulas, después use un cepillo de alambre motorizado para remover los depósitos de las cabezas de las válvulas y los vástagos. Otra vez, asegúrese que las válvulas no se mezclen.

Inspección

Refiérase a las ilustraciones 9.12, 9.14, 9.15, 9.16, 9.17 y 9.18

Nota: *Esté seguro de realizar todos los procedimientos de inspección siguientes antes de concluir el trabajo de rectificación requerido. Haga una lista de los artículos que necesitan atención.*

Cabeza de los cilindros

11 Inspeccione la cabeza muy cuidadosamente por roturas, evidencia de fuga de anticongelante y otros daños. Si roturas son encontradas, chequee con un taller automovilístico de rectificación con respecto a la reparación. Si la reparación no es posible, una cabeza de los cilindros nueva se debe obtener.

9.14 Un calibrador de reloj se puede usar para determinar la distancia libre entre el vástago de la válvula y la guía (mueva el vástago de la válvula como se indica en las flechas)

12 Usando una regla y un calibrador palpador, chequee la superficie de la junta de acoplamiento de la cabeza por combadura **(vea ilustración)**. Si la combadura excede los límites de especificaciones de este Capítulo, puede ser rectificada en un taller automovilístico de rectificaciones. **Nota:** *Si las cabezas del motor V6 son rectificadas, las pestañas de múltiple de admisión requerirán también rectificación a máquina.*

13 Examine los asientos de las válvulas en cada una de las cámaras de combustión. Si ellos tienen orificios, agrietados o quemados, la cabeza requerirá servicio de válvula, que está más allá del alcance del mecánico de hogar.

14 Chequee el espacio libre del vástago a la guía de la válvula midiendo el movimiento de lado a lado del vástago de la válvula con un indicador de reloj conectado firmemente a la cabeza **(vea ilustración)**. La válvula debe estar en la guía y aproximadamente 1/16 - pulgada del asiento. El movimiento total del vástago de la válvula indicado por la aguja del medidor debe ser dividido entre dos para obtener el espacio libre verdadero. Después que esto se haya hecho, si hay todavía alguna duda con respecto a la condición de la válvula, ellas deben ser chequeados por un taller automovilístico de rectificación (el costo debe ser mínimo).

Válvulas

15 Inspeccione cuidadosamente la cara de cada una de las válvulas por desgaste irregular, deformación, roturas, áreas con orificios y quemaduras. Chequee el vástago de las válvulas por rayones, abrasión y por roturas del cuello. Gire la válvula y chequee por cualquier indicación obvia que esté doblada. Busque por orificios y juego excesivo en el final del vástago. La presencia de cualquiera de estas condiciones **(vea ilustración)** indica la necesidad de otorgarle servicio a las válvulas por un taller automovilístico de rectificación.

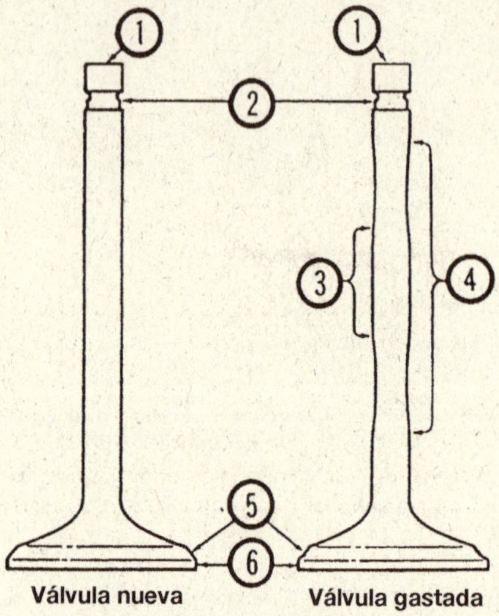

9.15 Chequee por desgaste de la válvula en los puntos mostrados aquí

1 *Punta de la válvula*
2 *Ranura del retenedor*
3 *Vástago (área de menos desgaste)*
4 *Vástago (área de más desgaste)*
5 *Cara de la válvula*
6 *Margen*

16 Mida la válvula en cada anchura de margen **(vea ilustración)**. Cualquier válvula con un margen más estrecho que lo especificado en este Capítulo tendrá que ser reemplazada con una nueva.

Componentes de las válvulas

17 Chequee los resortes de cada una de las válvulas por desgaste (en las puntas) y los orificios. Mida la longitud libre y lo compara con las Especificaciones de éste Capítulo **(vea ilustración)**. Cualquier resorte que sea más corto que lo especificado se ha doblegado y no debe ser vuelto a emplear. La tensión de todos los resortes debe ser cheque-

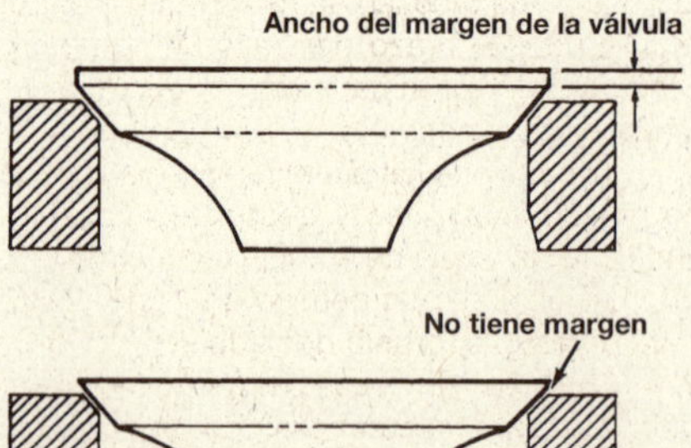

9.16 El ancho del margen de la válvula en cada válvula debe de estar según las especificaciones (si no existe ningún margen la válvula se debe de remplazar)

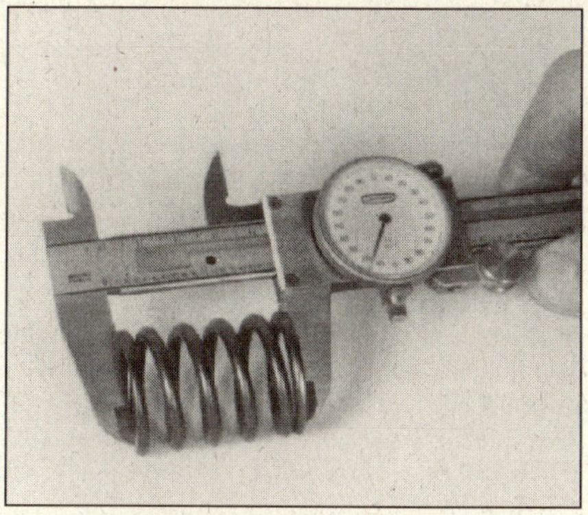

9.17 Mida la distancia libre de cada resorte de válvula (sin ser comprimido) y compárelo con las especificaciones

ada con una instalación fija especial antes de decidir si ellos son adecuados para el uso en un motor reconstruido (lleve los resortes a un taller automovilístico de rectificación para éste chequeo).

18 Pare cada resorte en una superficie y chequee para estar seguro de que están planos y cuadrados **(vea ilustración)**. Si algún resorte está retorcido o doblegado, reemplace todos ellos con partes nuevas. **Nota:** *Porque los resortes en el motor de 3.3L son formado como una colmena, haga que cualquier resorte que se mire desgastado sea chequeado completamente por un taller calificado de rectificaciones.*

19 Chequee los retenedores de resorte y guardianes por desgaste y roturas obvias. Algunas partes dudosas deben ser reemplazadas con unas nuevas, o daño extenso puede ocurrir si ellas fallan durante la operación del motor.

Componentes (brazo de los balancines motores de 3.3L y 3.8L V6 solamente)

20 Chequee las caras de los brazos de los balancines (las áreas que hacen contacto con las puntas de las varillas de empuje y los vástagos de las válvulas) por orificios, desgaste, abrasión, marcas de arañazo y áreas ásperas. Chequee las áreas de contacto del pivote para el brazo del balancín también. Mire por roturas en cada brazo de los balancines y los pernos.

21 Inspeccione las puntas de las varillas de empuje por rayones y desgaste excesivo. Ruede cada varilla de empuje en una superficie a nivel, como un pedazo de vidrio plano, para determinar si está doblada.

22 Chequee los calzos del perno del brazo del balancín en las cabezas de los cilindros por roscas desgastadas y asegure la instalación.

23 Cualquier partes dañadas o excesivamente desgastadas deben ser reemplazadas con unas nuevas.

Todos los componentes

24 Si el proceso de inspección indica que los componentes de las válvulas están en malas condiciones y desgastados más allá de los límites especificados lo cual es general en el caso de un motor que se está construyendo, vuelva a instalar las válvulas en la cabeza de los cilindros y refiérase a la Sección 11 para otorgarle los servicios recomendados a las válvulas.

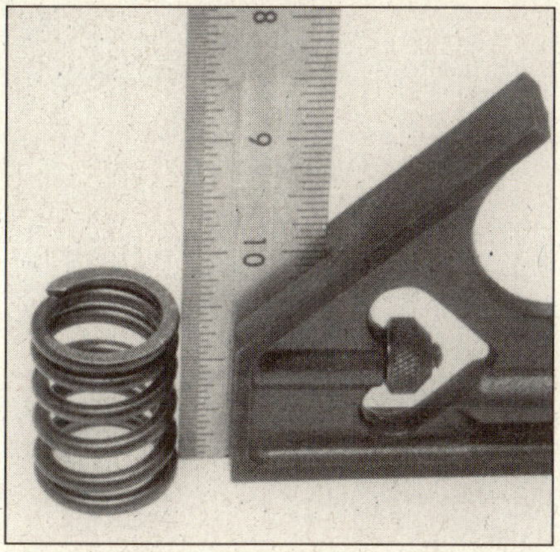

9.18 Cheque cada resorte de válvula para estar seguro de que están cuadrados

10 Válvulas - servicio

1 A causa de la naturaleza compleja del trabajo, las herramientas y el equipo especial necesitado, otorgarle servicio a las válvulas, asiento de las válvulas y las guías de las válvulas, comúnmente conocido como un trabajo de válvula, debe ser hecho por un profesional.

2 El mecánico del hogar puede remover y poder desmontar la cabeza, hacer la limpieza inicial e inspección, entonces vuelva a armarla y luego llévela a un departamento de servicio del distribuidor o un taller automovilístico de rectificaciones para el trabajo actual del servicio. Hacer la inspección le habilitará a ver en qué condición los componentes de la cabeza y del tren de las válvulas están y asegurará que usted sabrá qué trabajo y las partes que son requeridas cuándo trate con el taller automovilístico de rectificación.

3 El departamento de servicio del distribuidor, o el taller automovilístico de rectificación, removerá las válvulas y los resortes, recondicionará o reemplazará las válvulas y los asientos de las válvulas, recondicionará las guías de las válvulas, chequea y reemplaza los resortes de las válvulas, rotadores, retenedores de resorte y guardianes (según sea necesario), reemplace los sellos de las válvulas con unos nuevos, vuelva a instalar los componentes de las válvulas y asegúrese que la altura instalada de los resortes es correcta. La superficie de la junta para la cabeza de los cilindros será rectificada también si está combada.

4 Después que el trabajo de válvula haya sido realizado por un profesional, la cabeza estará en condición como una nueva. Cuándo la cabeza sea regresada, esté seguro de limpiarla otra vez antes de instalarla en el motor para remover cualquier partículas de metal y granos de arena abrasivos que pueden estar presente cuando se otorgó el servicio de las válvulas o las operaciones de rectificación de la cabeza. Use aire comprimido si está disponible, para soplar todos los orificios del aceite y los pasajes.

11 Cabeza de los cilindros - instalar

Refiérase a las ilustraciones 11.4 y 11.6

1 A pesar de si o no la cabeza fue mandada a un taller de reparación automotriz para otorgarle servicio a las válvulas, asegúrese de que esté limpia antes de comenzar a instalarla.

2 Si la cabeza fue enviada afuera para otorgarle servicio a las válvulas, las válvulas y los componentes relacionados estarán ya en su lugar. Comience el procedimiento de la instalación con el Paso 8.

3 Instale los asientos de los resortes o rotadores de válvula (si están equipados) antes de los sellos de las válvulas.

4 Instale sellos nuevos en daca guía de las válvulas. Usando un martillo y un dado hondo o herramienta para la instalación del sello, ponga suavemente cada sello en su lugar hasta que esté completamente sentado en la guía **(vea ilustración)**. No lo vire o atore durante la instalación de los sellos o ellos no sellarán apropiadamente en el vástagos de las válvulas.

5 Empiece en una punta de la cabeza, lubrique e instale la primera válvula. Aplique grasa base moly o aceite de motor limpio al vástago de las válvulas.

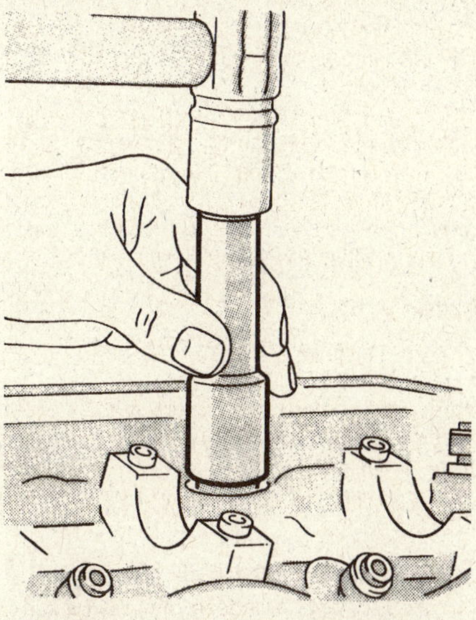

11.4 Asegúrese que los sellos para los vástagos de las válvulas están instalados uniformemente y cuidadosamente para evitar daño

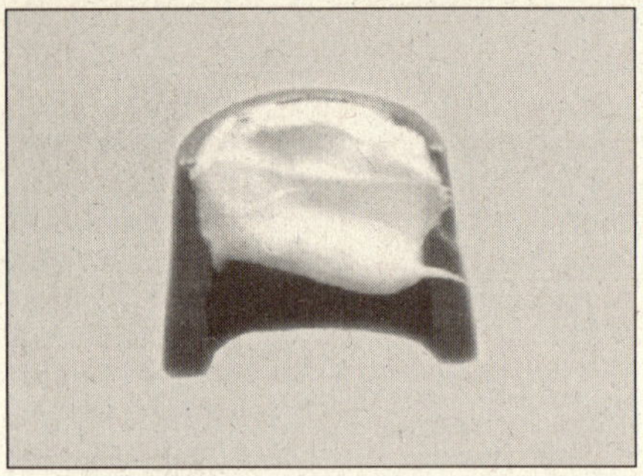

11.6 Aplique una pequeña cantidad de grasa a cada retenedor como se muestra aquí antes de instalarlos - los mantendrá en su lugar en la válvula hasta que se afloje el resorte

6 Posicione los resortes de las válvulas (y lámina para ajustes, si se usan) en las válvulas. Comprima los resortes con un compresor de resorte de válvulas e instale cuidadosamente los guardianes en las ranuras, entonces libere lentamente el compresor y asegúrese que los guardianes se asientan apropiadamente. Aplique una cantidad pequeña de grasa a cada guardián para detenerlo en su lugar si es necesario **(vea ilustración)**.

7 Repita el procedimiento para el resto de las válvulas. Esté seguro de regresar los componentes a sus lugares originales - ¡no los mezcle!

8 Chequee la altura instalada del resorte de las válvulas con una regla graduada en incrementos de 1/32-pulgada o un calibrador de tipo esfera. Si la cabeza fue enviada para trabajo de servicio, la altura instalada debe estar correcta (pero no asuma automáticamente esto). La medida es hecha desde el primer asiento de cada resorte al fondo del retenedor. Si la altura es más que lo especificado en este Capítulo, láminas para ajustes se pueden agregar debajo de los resortes para corregirlos. **Caución: No agregue** *bajo ninguna circunstancia láminas para los ajustes de los resortes al grado donde la altura instalada sea menos que la especifica.*

9 Aplique grasa base moly a las caras de los brazos de los balancines y el eje, después instale el ensamblaje del brazo de los balancines en la cabeza de los cilindros.

10 Si usted está trabajando en un motor con un árbol de levas encima de la cabeza, refiérase a la Parte A, B o C e instale los árboles de levas, el ajustes para los balancines hidráulicos y los ensamblajes de los brazos de los balancines en la cabeza.

12 Árbol de levas y cojinetes (motores de 3.3L y 3.8L solamente) - remover e inspeccionar

Nota: *Este procedimiento se aplica al motor de 3.3 litro solamente. Desde que no hay suficiente espacio para remover el árbol de levas con el motor en el vehículo, el motor debe estar fuera del vehículo e instalado en un soporte para realizar la mitad posterior de éste procedimiento.*

12.3 Cuando esté chequeando cuanto levante el lóbulo del árbol de levas, el indicador de reloj se debe posicionar directamente encima de y en línea con la varilla de empuje

Chequeo de cuanto alza el lóbulo del árbol de levas

Con la cabeza de los cilindros instalada

Refiérase a la ilustración 12.3

1 En orden de determinar la extensión del desgaste del lóbulo de la leva, cuanto levanta el lóbulo debe ser chequeado antes de remover el árbol de levas. Refiérase a la Parte D y remueva la tapa de las válvulas.

2 Posicione el pistón número uno en el TDC (punto muerto superior) en la carrera de compresión (vea Capítulo 2, Parte D).

3 Empiece con las válvulas del cilindro número uno, instale un indicador de reloj en el motor y posicióne la punta contra la superficie superior del primer brazo del balancín. El medidor debe estar directamente encima y en línea con la varilla de empuje **(vea ilustración)**.

4 Ponga a cero el indicador de reloj, entonces muy lentamente voltee el cigüeñal en la dirección normal de rotación (a la derecha) hasta que las agujas del indicador se paren y se pongan en marcha en la dirección opuesta. El punto en que para, indica cuanto es el máximo que levanta el lóbulo de la leva.

5 Registre ésta figura para referencia futura, entonces posicione el pistón en el TDC (punto muerto superior) en la carrera de compresión.

6 Mueva el indicador de reloj al otro brazo del cilindro número uno del balancín y repita el chequeo. Esté seguro de registrar el resultado para cada una de las válvulas.

7 Repita el chequeo para el resto de las válvulas. Esté seguro que cada pistón esté en el TDC (punto muerto superior) en la carrera de compresión para éste procedimiento, trabaje de cilindro a cilindro siguiendo la secuencia del orden de encendido.

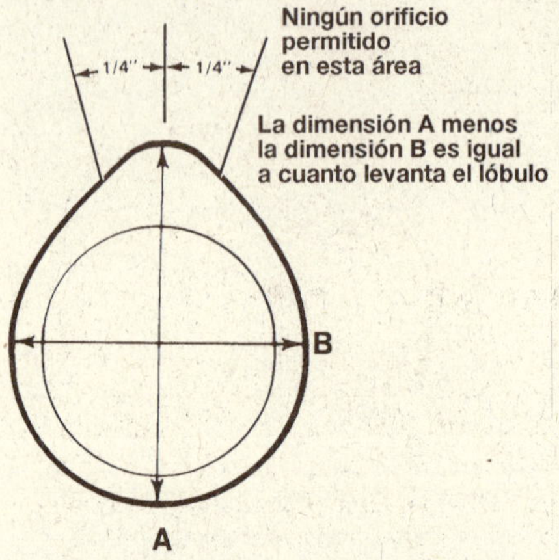

12.9 Para verificar cuanto levante el lóbulo del árbol de levas, mida el diámetro del lóbulo mayor (A) y el diámetro menor (B) con un micrómetro o con un Vernier - reste el diámetro menor del diámetro mayor para saber cuanto levanta el lóbulo

8 Después que el chequeo se complete, compare el resultado con las Especificaciones de éste Capítulo. Si lo que levanta los lóbulos del árbol de levas es menos que lo especificado, desgaste del lóbulo de la leva ha ocurrido y un árbol de levas nuevo debe ser instalado.

Con la cabeza de los cilindros removida

Refiérase a la ilustración 12.9

9 Si el motor ha sido ya removido, un método alterno de la medida del lóbulo se puede usar. Remueva el árbol de levas como está descrito abajo. Usando un micrómetro, mida el lóbulo en su punto más alto. Entonces mida el círculo de base perpendicular (90-grados) del lóbulo **(vea ilustración)**. Haga esto para cada lóbulo y registre el resultado.

10 Reste la medida del círculo de base de la altura del lóbulo. La diferencia es lo que levanta el lóbulo. Vea el Paso 8 encima.

Remover

Refiérase a las ilustración 12.12

11 Refiérase a la Secciones apropiada en la Parte D, remueva la banda del tiempo y los engranes, buzos y varillas de empuje.

12 Destornille y separe el plato de fricción del motor para el impulso del árbol de levas **(vea ilustración)**.

13 Enrosque un perno largo en el orificio del perno para el engrane del árbol de levas para usarlo como una manija cuando remueva el árbol de levas del bloque.

14 Remueva el árbol de levas cuidadosamente. Sostenga la leva cerca del bloque para que los lóbulos no mellen o hagan muescas a los cojinetes según es retirado.

Inspección

Refiérase a la ilustración 12.16

15 Después que el árbol de levas haya sido

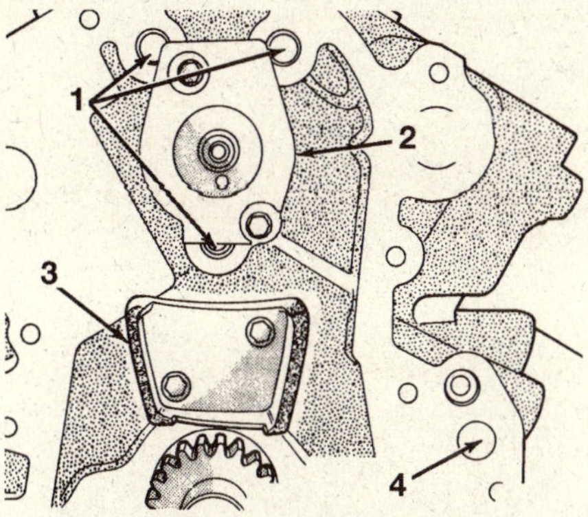

12.12 Remueva el plato para el impulso del frente del motor

1 *Tapones de tipo tapas para las galerías de aceite*
2 *Plato para el impulso del árbol de levas*
3 *Plato de fricción para la cadena del tiempo*
4 *Galería para el suplemento de aceite desde la bomba*

removido del motor, límpielo con solvente y séquelo, inspeccione los muñones de los cojinetes por desgaste irregular, orificios pequeños y evidencia de atascamiento. Si los muñones están desgastados, los cojinetes en el bloque están probablemente desgastado también. Ambos el árbol de levas y los cojinetes tendrán que ser reemplazados.

16 Mida los muñones del cojinete con un micrómetro **(vea ilustración)** determine si ellos están excesivamente desgastado u ovalado. Refiérase a las especificaciones en este Capítulo para el diámetro correcto.

17 Chequee los lóbulos del árbol de levas por decoloración de calor, marcas de arañado, áreas astilladas, orificios pequeños y uso desigual. Si los lóbulos y los engranes están en buenas condiciones y si las medidas de levantar del lóbulo están bajo las especificaciones, los componentes pueden ser vuelto a emplear.

18 Chequee los cojinetes en el bloque por desgaste y daño. Busque abrasión, orificios pequeños y áreas descoloradas.

19 El diámetro interior de cada cojinete se predetermina con un medidor pequeño de orificio y un micrómetro exterior o con un micrómetro interior. Reste el diámetro del árbol de levas del muñón del cojinete(s) del cojinete correspondiente al diámetro(s) interior para obtener el juego libre del cojinete para el aceite. Si es excesivo, cojinetes nuevos serán requeridos a pesar de la condición de los originales. Chequee las especificaciones listadas en este Capítulo.

20 El cojinete del árbol de levas de reemplazo requiere herramientas y experiencia especial que colocan al mecánico del hogar fuera del alcance. Lleve el bloque a un taller automovilístico de rectificación para asegurarse que el trabajo sea hecho correctamente.

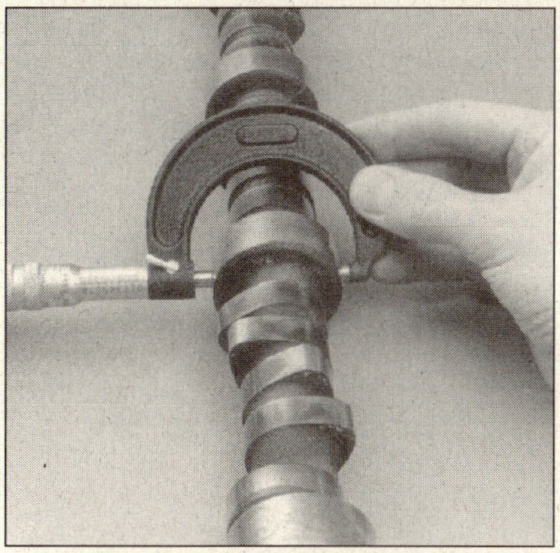

12.16 El diámetro del muñón del árbol se está chequeando para determinar el desgaste excesivo y las condiciones si está fuera de la redonda

13 Pistones y las bielas - remover

Refiérase a las ilustraciones 13.1, 13.3 y 13.6

Nota: *Antes de remover los pistones/ensamblajes de las bielas, remueva la cabeza de los cilindros, la cacerola del aceite y la bomba de aceite, refiriéndose a las Secciones apropiada en la partes A, B, C o el del Capítulo 2 D.*

1 Use la uña para sentir si un borde se ha formado en el límite superior del viaje del anillo (acerca de 1/4-pulgada hacia abajo de cada cilindro). Si depósitos de carbón o desgaste del cilindro han producido los bordes, ellos deben ser removidos completamente con una herramienta especial **(vea ilustración)**. Siga las instrucciones del fabricante proporcionado con la herramienta. El fracaso de remover los bordes antes procurar de remover los pistones/ensamblajes de las bielas puede resultar en la rotura del pistón.

2 Después que los bordes de los cilindros hayan sido removidos, gire la parte de abajo del motor hacia encima para que el cigüeñal mire hacia encima.

3 Antes de que la biela sea removida, chequee el juego final con un calibrador palpador. Deslícelos entre la primera biela y el tiro del cigüeñal hasta que el juego sea removido (**vea ilustración**). El juego final es igual al espesor del calibrador(es) palpador(es). Si el juego final excede el límite de servicio, bielas nuevas se requerirán. Si bielas nuevas (o un cigüeñal nuevo) son instalados, el juego final puede caer bajo el mínimo especificado en este Capítulo (si no, la bielas tendrán que ser rectificadas para restaurarlas - consulte un taller automovilístico de rectificaciones para consejo si es necesario). Repita el procedimiento para el resto de las bielas.

4 Chequee las bielas y las tapas por marcas de identificación. Si ellas no están marcadas, simplemente use un punzón central pequeño para hacer el número apropiado en la biela y en la tapa (1, 2, 3, etc., dependiendo del tipo de motor y cilindro con que ellos están asociados).

5 Afloje cada tuerca de las tapas de las bielas 1/2-vuelta a la vez hasta de que ellas puedan ser removidas a mano. Remueva la tapa para el cojinete de la biela número uno y el cojinete. No deje que el cojinete se caiga fuera de la tapa.

6 Resbale una longitud corta de manguera de plástico o caucho en cada perno de la tapa para el cojinete de la biela para prote-

13.1 Use un removedor de rebarba para remover la rebarba de la parte de encima del cilindro antes de atentar de remover el pistón

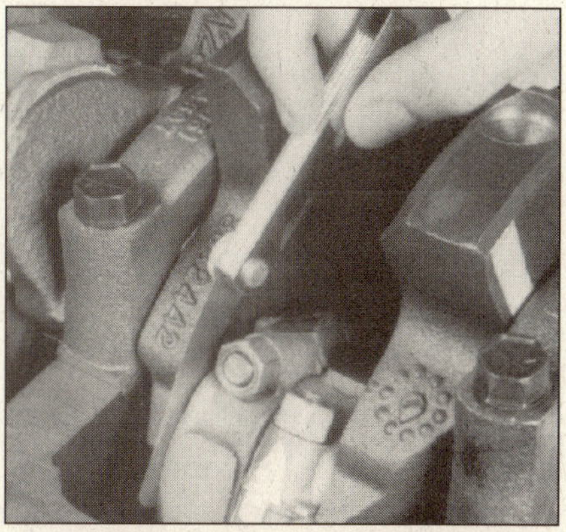

13.3 Use un calibrador palpador para chequear el juego de las bielas

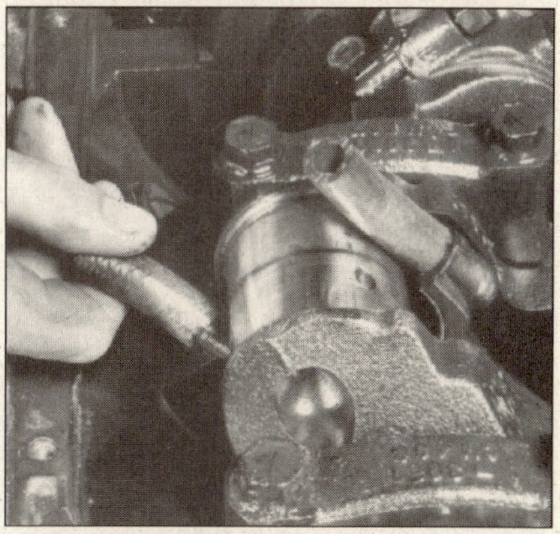

13.6 Para prevenir hacerle daño a los muñones del cigüeñal y las paredes de los cilindros, deslice pedazos de mangueras sobre los pernos antes de remover los pistones

2E

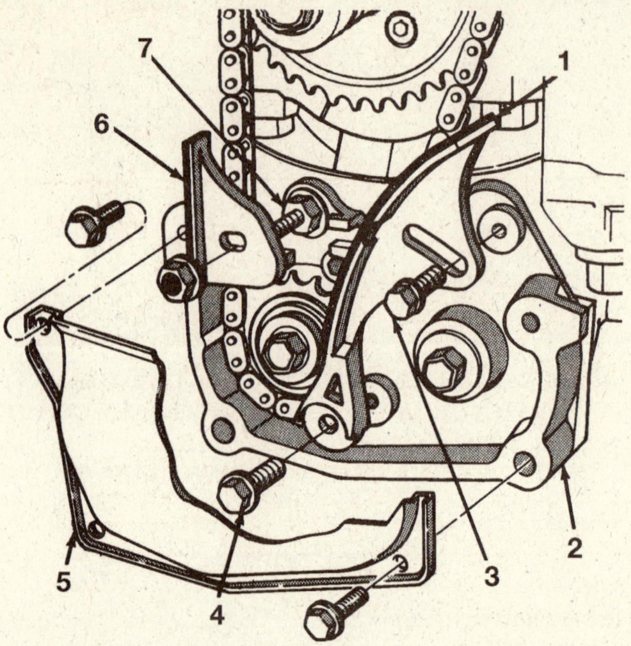

14.2 Tapa de la cadena, guía y tensionador - vista esquemática

1 Tensionador
2 Cubierta para la guía
3 Tornillo de ajuste
4 Tornillo pivote
5 Cubierta para la cadena
6 Guía
7 Espárrago

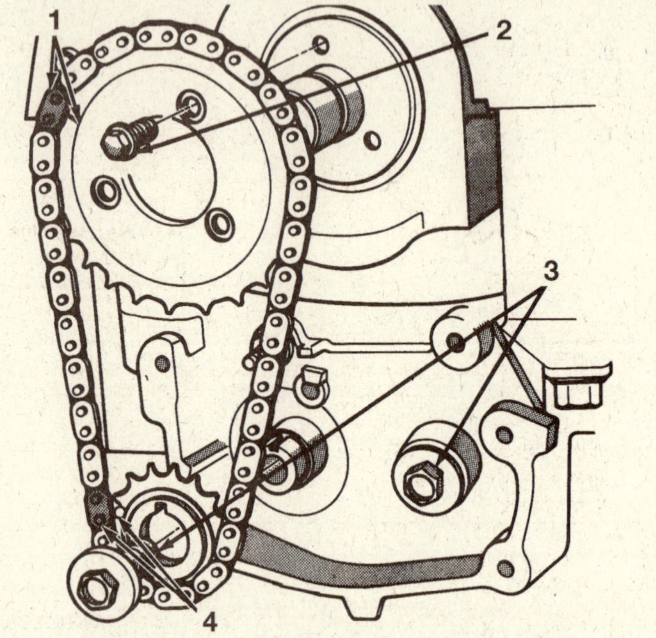

14.3 Note la ubicación de las marcas de la sincronización del tiempo y los eslabones de colores antes de remover la asamblea

1 Eslabón cromado y marca
2 Tornillo para el engrane del árbol de levas
3 Tornillos para el engrane
4 Eslabón amarillo y punto

ger el muñón de cigüeñal y la pared del cilindro según el pistón es removido **(vea ilustración)**.

7 Remueva el cojinete y empuje la asamblea de biela/pistón hacia fuera por cima del motor. Use un pedazo de madera o el mango de plástico de un martillo para empujar en la superficie superior del cojinete en la biela. Si se siente resistencia, chequee nuevamente para asegurarse que todos los bordes fueron removidos de los cilindros.

8 Repita el procedimiento para el resto de los cilindros.

9 Después de remover, vuelva a instalar la tapa para el cojinete de la biela y los cojinetes de las bielas respectivamente e instale las tuercas de las tapas apretándolas con los dedos. Dejando los cojinetes viejo en su lugar hasta que se vuelvan a instalar ayudará a prevenir a que las superficies de las bielas de los cojinetes accidentalmente se mellen o se le hagan muescas.

10 No separe los pistones de las bielas (vea Sección 19 para información adicional).

14 Ejes del motor (contra balance para los 2.5L solamente) - remover, instalar y tensionador de cadena

Nota: *Los ejes de contra balance se pueden remover solamente después que el motor haya sido removido del vehículo. Se asume que el volante o el plato flexible, la banda del tiempo, la cacerola del aceite y la bomba de aceite* (vea Capítulo 2, Parte A) *y los ensamblajes de los pistones/bielas ya han sido removidos.*

14.4 Remueva la tapa del engrane - note los diferentes tamaños de los cubos del eje de balance

1 Espárrago con doble punta
2 Engrane impulsor
3 Engrane impulsado
4 Clavija portadora
5 Engrane(es)
6 Tapa para los engranes

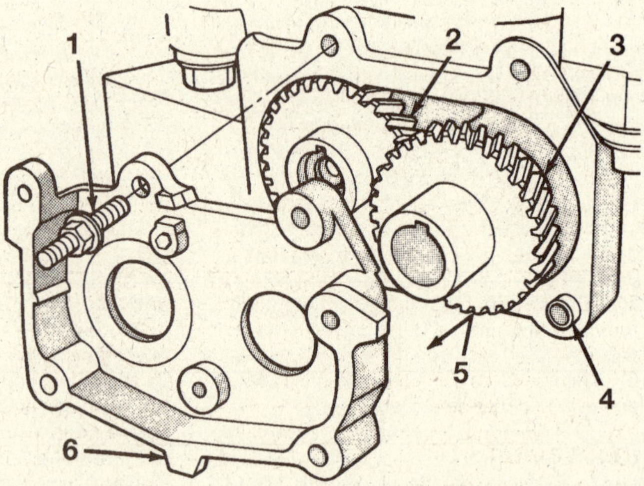

Remover

Refiérase a las ilustraciones 14.2, 14.3, 14.4 y 14.5

1 Los ejes de balance son instalado en un portador que está instalado en la parte más baja del bloque **(vea ilustración 7.5b)**. Los ejes son ínter conectado por dos engranes que giran en direcciones opuestas. Estos engranes son conducido por una cadena del cigüeñal y ellos son engranado para girar dos veces a la velocidad del cigüeñal. Este movimiento hará un contra balance a ciertas masas reciprocaste dentro del motor.

2 Remueva la tapa de la cadena, la guía y el tensionador del bloque del motor **(vea ilustración)**.

3 Remueva el engrane del eje de balance y el engrane de la cadena reteniendo por los pernos (Torx) que retienen el engrane del cigüeñal **(vea ilustración)**. Remueva la asamblea de la cadena y el engrane.

4 Remueva el espárrago especial (de doble extremo) de la cubierta del engrane y remueva los engranes de la tapa y el eje de balance **(vea ilustración)**.

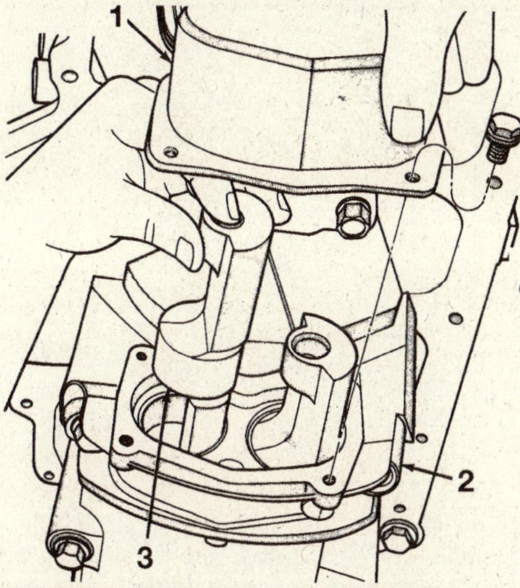

14.5 Remueva los ejes de balance del portador

1 *Cubierta trasera*
2 *Portador*
3 *Eje de balance*

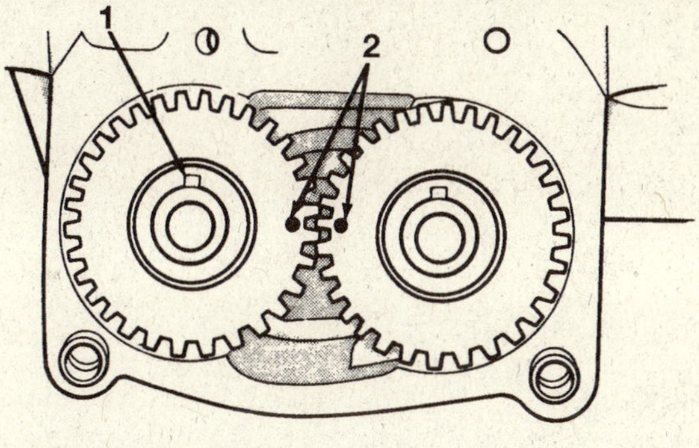

14.8 Note la posición de las bocallaves y las marcas de alineamiento en los engranes

1 *Bocallave hacia arriba*
2 *Marcas para la alineación de los engranes*

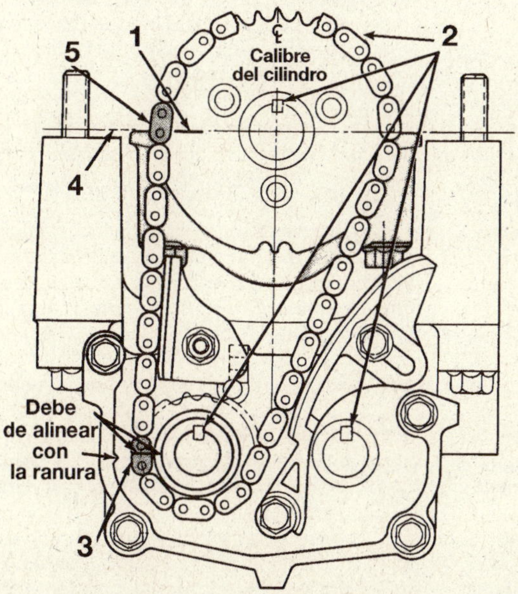

14.11 El engrane con la marca en el cigüeñal, el eslabón con color en la cadena y la marca en el engrane de contra balance deben estar alineados para que el tiempo esté correcto

1 *Marca en el eslabón*
2 *Instale la cadena con las tres bocallaves hacia arriba*
3 *Eslabón pintado de amarillo, 8 eslabones contra las manillas del reloj desde el eslabón cromado*
4 *Línea para empezar desde el cojinete principal número uno*
5 *Eslabón cromado*

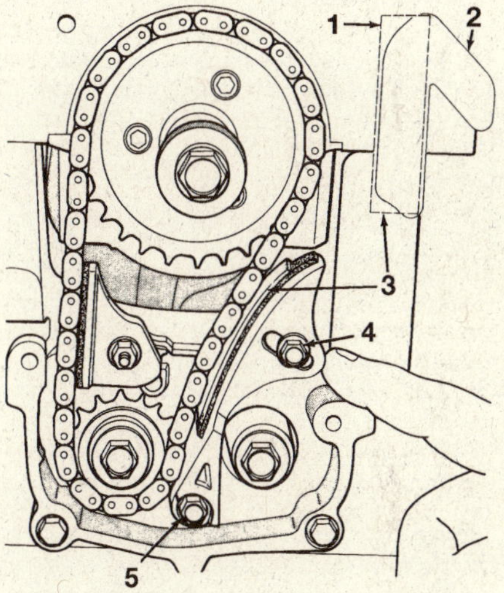

14.16 Aplique tensión a la cadena directamente atrás del perno de ajuste en el tensionador

1 *Lamina de ajuste*
2 *Herramienta*
3 *Lamina o herramienta C-4916*
4 *Perno tensionador*

5 Remueva la tapa trasera del portador y remueva los ejes de balance **(vea ilustración)**.

6 Remueva los seis pernos que retienen el portador al cárter de cigüeñal.

Instalación

Refiérase a las ilustraciones 14.8 y 14.11

7 Instale los ejes de balance en el portador.

8 Gire los ejes de balance hasta que ambas bocallaves del eje miren hacia encima **(vea ilustración)**. Instale el cubo del engrane impulsador corto en el engrane del eje impulsado y el engrane del cubo largo en el engrane del eje impulsado.

9 Instale la tapa del engrane y apriete el espárrago de doble extremo al par de torsión listado en las Especificaciones de este Capítulo.

10 Instale el engrane del cigüeñal y apriete los pernos (Torx) al par de la torsión listado en las Especificaciones de este Capítulo.

11 Gire el cigüeñal hasta que el número uno esté en el TDC (punto muerto superior) (vea Capítulo 2A). Las marcas del tiempo en el engrane de la cadena deben formar una fila en línea en la partida del lado izquierdo de la tapa del cojinete principal número uno **(vea ilustración)**.

12 Coloque la cadena en el engrane del cigüeñal para que el eslabón de níquel en la cadena esté en la marca del engrane del tiempo en el cigüeñal.

13 Instale el engrane del eje de balance en la cadena, para que la marca de regulación del tiempo en el engrane (punto amarillo) se empareje con el amarillo pintado en el eslabón en la cadena.

14 Con las bocallaves del eje de balance apuntando hacia encima, deslice el engrane del eje de balance en el final del eje de balance. **Nota:** *La marca de la regulación del tiempo en el engrane, el eslabón pintado y la flecha en el lado de la tapa del engrane deben formar una fila si los ejes de balance están sincronizados correctamente.*

15 Instale los pernos del eje de balance y apriete los pernos al par de torsión listado en las Especificaciones de éste Capítulo. **Nota:** *Coloque un bloque de madera entre el cárter de cigüeñal y el contrapeso del cigüeñal para prevenir cualquier rotación del engrane mientras esté apretando los pernos.*

Tensionador de la cadena

Refiérase a la ilustración 14.16

16 Instale el tensionador de la cadena flojamente. Coloque una lámina para ajustes (0.039 X 2.75 pulgada) entre el tensionador y la cadena **(vea ilustración)** o una herramienta especial (no. C#4916) si está disponible. Empuje el tensionador encima contra la cadena. Aplique presión firme directamente atrás de la hendidura de ajuste para remover todo el juego.

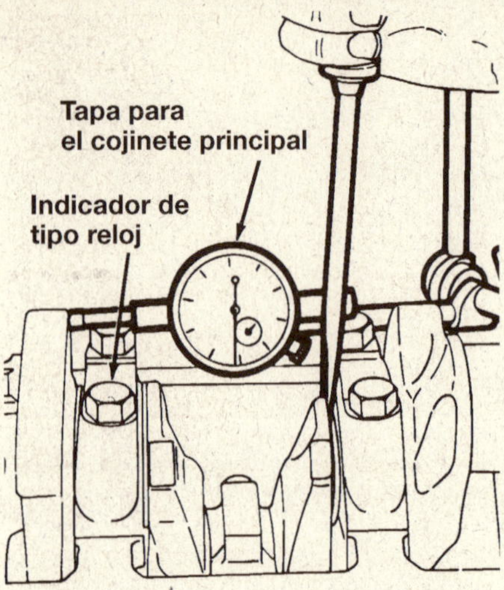

15.1 Chequeando el juego final del cigüeñal con un indicador de reloj

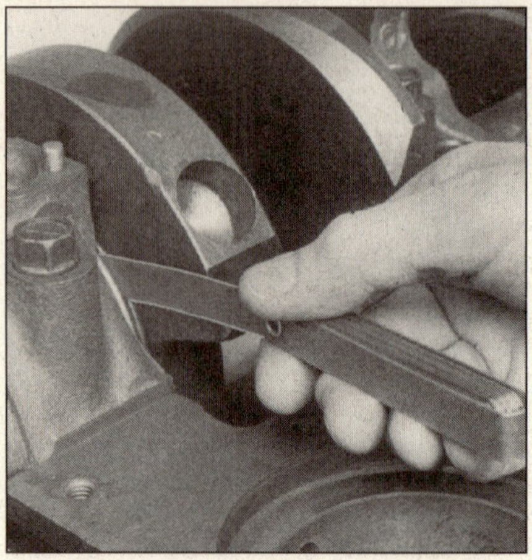

15.3 Cheque el juego final del cigüeñal insertando un calibrador palpador entre el cigüeñal y la cara del cojinete principal para la torsión

15.4a Use un punzón o un juego con números de tipo timbrado para marcar las tapas de los cojinetes principales, para asegurarse de que se van a instalar en las mismas posiciones en el bloque (haga las marcas con el punzón cerca de la cabeza de un perno)

17 Con la carga aplicada, apriete el perno superior del tensionador primero, entonces el perno pivote de abajo. Apriete los pernos a las Especificaciones de éste Capítulo. Remueva la herramienta de lámina para ajustes.

18 Coloque la guía de la cadena en el espárrago con doble puntas estando seguro que la lengüeta en la guía entra en la hendidura de la tapa del engrane. Apriete el perno al par de torsión listado en las Especificaciones de este Capítulo.

19 Instale las tapas del portador y apriételo a las Especificaciones de éste Capítulo.

15 Cigüeñal - remover

Refiérase a las ilustraciones 15.1, 15.3, 15.4a, 15.4b y 15.4c

Nota: *El cigüeñal solamente se puede remover después de que se remueva el motor del vehículo. Se asume que el volante o plato flexible, compensador armónico, cadena del tiempo o engrane, cacerola del aceite, bomba del aceite, pistones y bielas ya se han removido.*

1 Antes de remover el cigüeñal, chequee el juego final. Monte un indicador de reloj con el tallo en línea con el cigüeñal y suavemente tocando el contra peso del cigüeñal **(vea ilustración)**.

2 Empuje el cigüeñal completamente hacia atrás y ponga el calibrador de reloj a cero. Después, hágale palanca al cigüeñal hacia el frente lo más que pueda, note la lectura en el calibrador. La distancia que se mueve es el juego final. Si es más de lo especificado, chequee la superficie de empuje del cigüeñal por desgaste. Si no hay desgaste evidente, cojinetes principales nuevos deben de corregir el juego.

3 Si un indicador de reloj no está disponible, un calibrador palpador se puede usar. Suavemente hágale palanca o empuje el cigüeñal completamente hacia el frente del motor. Resbale un calibrador palpador hasta llenar el espacio libre entre el cigüeñal y la cara del frente del cojinete principal para determinar la distancia libre **(vea ilustración)**.

4 Chequee la tapa del cojinete principal para ver si están marcadas para indicar su localidad. Deben de estar numeradas consecutivamente del frente del motor hacia la parte de atrás. Si no están, márquelas con números de tipo timbrado o con un punzón **(vea ilustración)**. Las tapas de los cojinetes principales generalmente tienen una flecha como marca **(vea ilustraciones)**, que apunta hacia el frente del motor. Afloje cada perno de las tapas 1/4 de vuelta a la vez, hasta que se puedan remover a mano.

5 Suavemente golpee las tapas con un martillo que tenga la cara blanda. Si es necesario, use los pernos como palanca para remover las tapas. Trate de no dejar que se caigan los cojinetes si salen con las tapas.

15.4b Los números de las tapas de los cojinetes (flechas) principales son fácilmente visible en los motores 3.3L y 3.8L

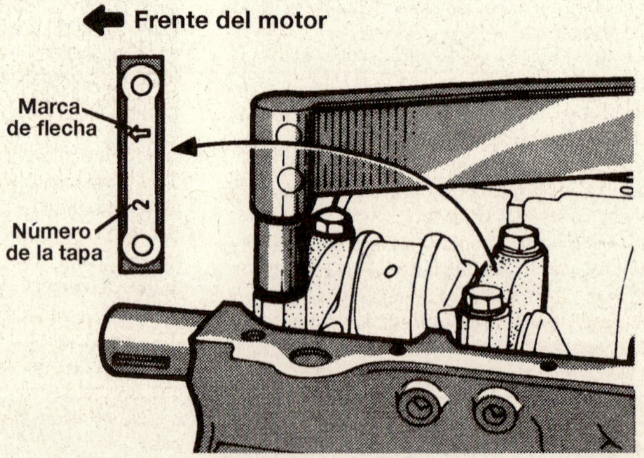

15.4c Las tapas de los cojinetes principales en los motores de 2.6L tienen flechas que señalan hacia el frente del motor

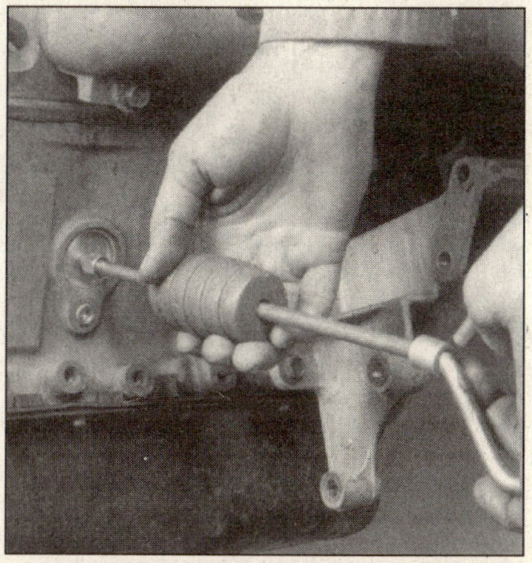

16.4 Los tapones para el anticongelante del bloque (aveces llamados tapones para la congelación) se deben de remover con un extractor - si ellos se meten hacia dentro del bloque pueda que sean imposibles de remover

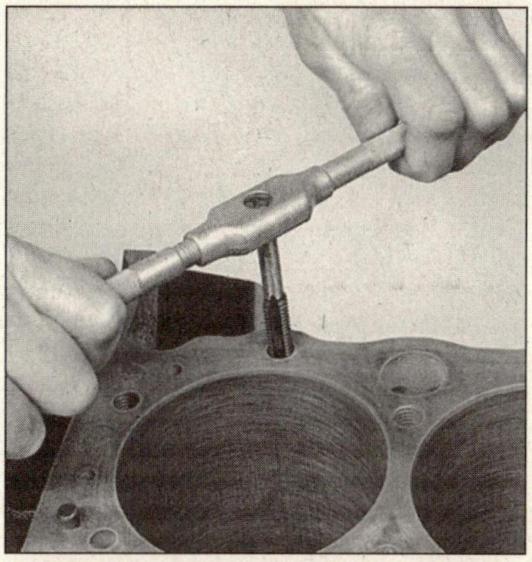

16.8 Todos los agujeros del bloque - particularmente los de la tapa para los cojinetes principales y los de la cabeza - se deben limpiar y restaurar con una terraja macho (esté seguro de remover cualquier suciedad de los agujeros después de que haya terminado este procedimiento)

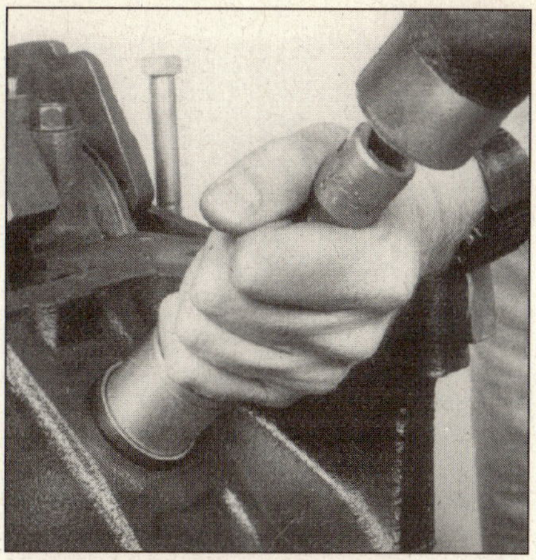

16.10 Un dado grande en una extensión se puede usar para instalar los tapones nuevos del bloque (aveces llamados tapones para la congelación)

6 Cuidadosamente alce el cigüeñal hacia fuera del motor. Es una buena idea de tener un ayudante disponible, ya que el cigüeñal es bastante pesado. Con los cojinetes instalados en el bloque del motor y los cojinetes en las tapas principales, regrese las tapas a sus respectivas localidades y apriete los pernos con los dedos.

16 Bloque del motor - limpiar

Refiérase a las ilustraciones 16.4, 16.8 y 16.10

1 Remueva las tapas de los cojinetes principales y separe los cojinetes de las tapas y el bloque del motor. La etiqueta de los cojinetes, indica de cuál cilindro ellos fueron removidos y si ellos estaban en la tapa o el bloque, entonces póngalo aparte.

2 Usando un raspador de junta, remueva todos los rasgos del bloque del motor de material de junta. Tenga mucho cuidado de no mellar o excavar las superficies de la junta selladora.

3 Remueva todas las tapas y tapones de aceite enroscados en las galerías del bloque. Los tapones están generalmente muy apretado - ellos quizás tengan que ser taladrados hacia fuera y hacerse roscas nuevamente. Use tapones nuevos cuando el motor sea ensamblado nuevamente.

4 Taladre un pequeño orificio en el centro de cada tapón y los hala hacia afuera con un extractor de abolladura para carrocería de vehículos **(vea ilustración)**. **Caución:** *Los tapones del bloque (también conocidos como tapones suaves) pueden ser difícil o imposible de recuperar si ellos son empujado en los pasajes para el anticongelante del bloque.*

5 Si el motor está extremadamente sucio, debe ser llevado a un taller automovilístico de rectificación para ser limpiado con vapor o en un tanque de agua caliente.

6 Después que el bloque haya regresado, limpie todos los orificios de aceite y las galerías de aceite una ves más. Un cepillo específicamente diseñado para éste propósito está disponible en casi todas las refaccionarías. Limpie los pasajes con agua caliente hasta que el agua corra limpia, seque el bloque completamente con una tela que no tenga hilachas y aplíquele aceite para impedir el oxido. Si usted tiene acceso a aire comprimido, úselo para apresurar el proceso de secar y sople todos los orificios de aceite y las galerías. **Peligro:** *¡Use protección para los ojos cuando esté usando aire comprimido!*

7 Si el bloque no está extremadamente sucio ni lleno lodo encima, usted puede hacer un trabajo adecuado de limpieza con agua caliente, jabón y un cepillo tieso. Tome su tiempo y haga un trabajo completo. A pesar del método de limpiar que sea usado, esté seguro de limpiar todos los orificios de aceite y las galerías completamente, seque el bloque completamente y cubra todas las superficies rectificadas con aceite ligero.

8 Los orificios roscados en el bloque deben ser limpiados para asegurarse que se apliquen las lecturas exactas del par de torsión. Corra la terraja macho del tamaño apropiado en cada una de las roscas para remover la oxidación, corrosión, sellador de las roscas o lodo y rectifique las roscas dañadas **(vea ilustración)**. Si es posible, aire comprimido se debe usar para limpiar las roscas de desechos producidos por ésta operación. Ahora es un buen tiempo para limpiar las roscas en los pernos de la cabeza y los pernos de las tapas de los cojinetes principales también.

9 Vuelva a instalar las tapas de los cojinetes principales y apriete los pernos con los dedos.

10 Después de cubrir las superficies de los tapones con sellador Permatex no. 2, instálelos en el bloque del motor **(vea ilustración)**. Asegúrese que ellos están empujados recto y asentado apropiadamente o podría resultar en fugas. Herramientas especiales están disponibles para éste propósito, pero un dado grande, con un diámetro exterior que resbale en el centro del tapón, una extensión de 1/2-pulgada de diámetro y un martillo trabajarán también.

11 Aplique sellador que no se endurece (tal como Permatex no. 2 o sellador de pipa de Teflón) al tapón nuevo de las galerías de aceite y los enrosca en las roscas en el bloque. Asegúrese que están apretados firmemente.

12 Si el motor no va a ensamblar inmediatamente, cúbralo con una bolsa plástica de basura grande para mantenerlo limpio.

17 Bloque del motor - inspección

Refiérase a las ilustraciones 17.4a, 17.4b y 17.4c

1 Antes de que el bloque se inspeccione, se debe limpiar como se describió en la Sección 14. Chequee otra vez para asegurarse de que se ha removido la rebarba de cada cilindro completamente.

2 Visualmente chequee el bloque por crujidos, óxido y corrosión. Busque por roscas cruzadas en los hoyos del bloque. Es también una buena idea de Chequee el bloque por señas de crujidos ocultos, con una maquina especial en un taller de rectificación para motores, que haga este tipo de trabajo. Si se hallan defectos, haga que se repare el bloque, si es posible, o reemplácelo.

3 Chequee los cilindros por desgaste y rayones.

4 Mida el diámetro de cada cilindro en la cima (sólo debajo del área de la rebarba), en el centro y el fondo del cilindro, paralela-

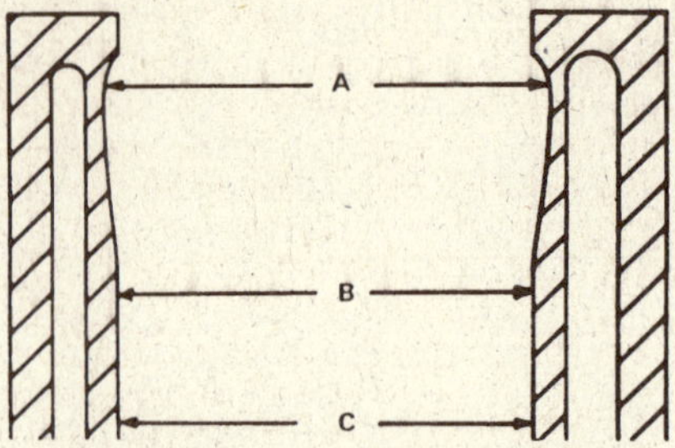

17.4a Mida el diámetro de cada cilindro debajo de la rebarba de desgaste (A), al centro (B) y al fondo (C)

mente al cigüeñal **(vea ilustraciones)**. Después, mida el diámetro de cada cilindro en tres localidades atraves del axis del cigüeñal. Compare los resultados con las especificaciones. Si las paredes de los cilindros están rayadas o si están ovaladas o en forma de campana pasado el limite de las especificaciones, lleve el bloque del motor para que rectifiquen los cilindros. Si se cortan los cilindros para rectificarlos pistones de sobre medida se deben de usar.

5 Si los cilindros están en condiciones bastante buena y no están desgastado pasado el limite especificado, y la luz entre el pistón y el cilindro se puede mantener apropiadamente, entonces no es se tienen que cortar los cilindros. Pasándole con una piedra de esmeril especial para los cilindros seria todo lo que se necesitaría (Sección 16).

18 Rectificación de los cilindros

Refiérase a las ilustraciones 18.3a y 18.3b

1 Antes de ensamblar el motor, el cilindro se debe pulir con una piedra de esmeril especial para cilindros, para que los anillos nuevos se asienten correctamente y puedan proveer el mejor sello en la cámara de la combustión posible. **Nota:** *Si no tiene las herramientas o no quiere hacer el trabajo de pulir el cilindro, la mayoría de los talleres de rectificación para automóviles tienen máquinas especiales para hacer el trabajo a un precio razonable.*

2 Antes de pulir los cilindros, instale las tapas para los cojinetes principales y apriete los pernos al par de torsión especificado.

3 Dos tipos de piedra de pulir para cilindros normalmente son disponibles, la piedra tipo botella y la más tradicional que es la que tiene piedras con un resorte flexible. Las dos pueden hacer el trabajo, pero para el mecánico con menos experiencia la piedra de esmeril de tipo botella seria más fácil de usar. Usted también necesitará suficiente aceite fino o aceite para pulir, unos trapos y un motor eléctrico. Proceda según se indica.

a) *Monte la piedra de esmeril en el taladro, comprima las piedras y resbálela en el primer cilindro* **(vea ilustración)**.

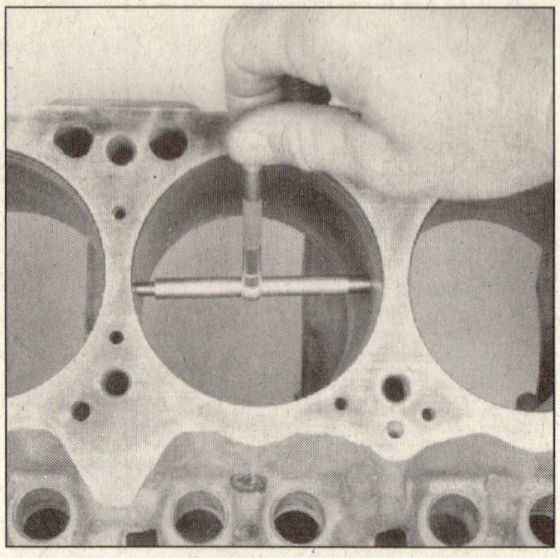

17.4b La habilidad de sentir cuando el medidor telescópico está en el punto correcto lo desarrollará con tiempo, así que trabaje despacio y repita el chequeo hasta que esté satisfecho de que la medida del cilindro es correcta

b) *Lubrique el cilindro con suficiente aceite, eche a andar el taladro y mueva la piedra de esmeril hacia arriba y hacia abajo en el cilindro a un paso que producirá un dibujo de gruñón fino en la pared del cilindro. Idealmente, las líneas de gruñón deben cortar a aproximadamente un ángulo de 60 grados* **(vea ilustración)**. *Esté seguro de usar suficiente lubrificante y no corte más material de lo necesario que sea requerido para producir el final deseado.* **Nota:** *Los fabricantes de anillos de pistones pueden que especifiquen un gruñón de menos de los 60 grados tradicionales - lea y siga cualquier instrucción en el paquete de los anillos del pistón*

c) *No retire la piedra de esmeril del cilindro mientras se está moviendo. En cambio, apague el taladro y continúe moviendo el taladro hacia arriba y hacia abajo en el cilindro hasta que se pare por completo, después comprima las piedras y remuévala completamente del cilindro. Si usa una piedra de esmeril de tipo botella,*

18.3a Una piedra de pulir de tipo botella, producirá mejor resultados si usted nunca a pulido un cilindro anteriormente

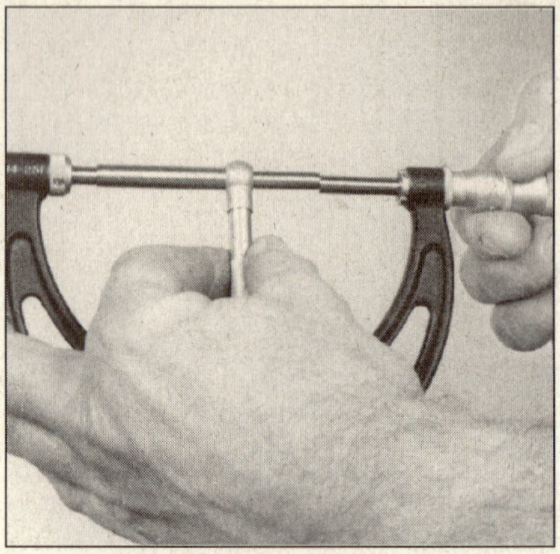

17.4c Mida el medidor telescópico con un micrómetro para determinar el tamaño del cilindro

apague el taladro, entonces gire las piedras contra la dirección de rotación mientras remueve las piedras del cilindro.

d) *Limpie el aceite en el exterior del cilindro y repita el procedimiento en los cilindros que quedan.*

4 Después de que el trabajo del corte/pulir de los cilindros esté completo, remueva en un ángulo la parte de encima de los cilindros, con una lima, para que los anillos no se rallen según se instalan los pistones. Esté con mucho cuidado de no rallar la pared de los cilindros con la lima.

5 Se debe lavar el bloque del motor completamente de nuevo con agua caliente y jabón para remover cualquier tipo de metal abrasivo que se quedó en el bloque según se estaba haciendo el trabajo en los cilindros. **Nota:** *Los cilindros se pueden considerar limpios cuando una tela blanca - humedecida con aceite de motor limpio - que se usa para limpiar los cilindros no recoja ningún material que quedó restante después de que se cortaron los cilindros. Esté seguro de correr un cepillo por todos los agujeros de las galerías*

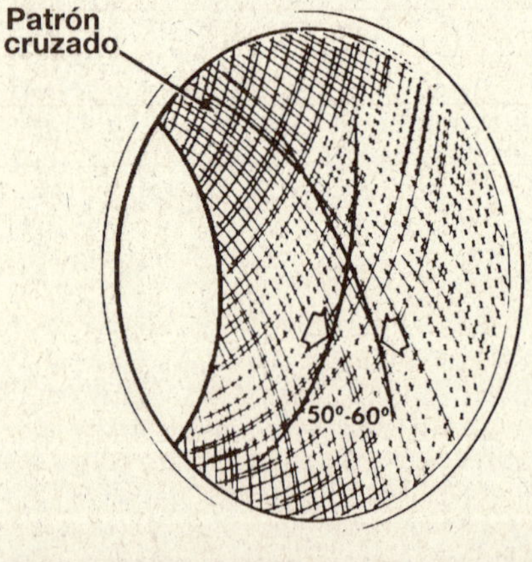

18.3b La pulida del cilindro debe de dejar un patrón donde las líneas se crucen a 60 grados

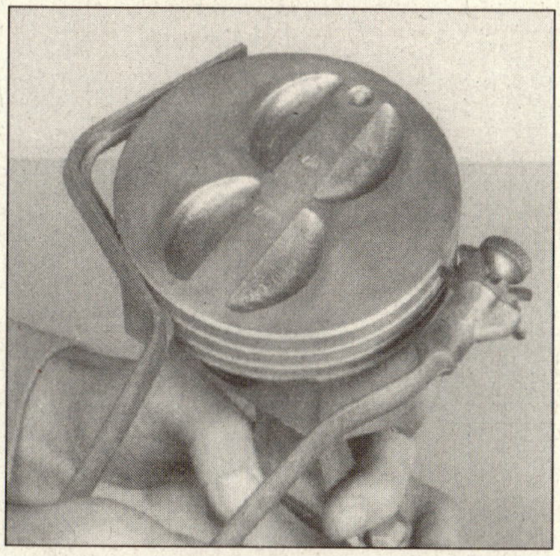

19.4a Las ranuras del pistón para los anillos se puede limpiar con una herramienta especial, según se demuestra aquí . . .

19.4b . . . o un pedazo de anillo roto

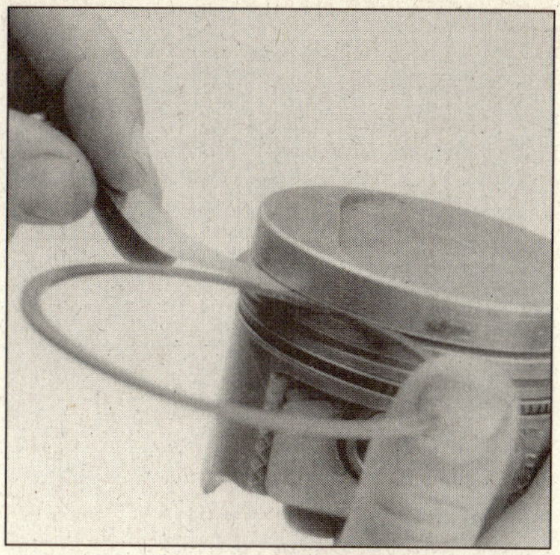

19.10 Con el anillo cuadro en el cilindro, mida el espacio del anillo con un calibrador palpador

para el aceite y enjuáguelo con agua.

6 Después de enjuagarlo, seque el bloque y aplique una pequeña cantidad de aceite a todas las partes que se rectificaron para prevenir de que se oxiden. Envuelva el bloque en una bolsa de plástico para mantenerlo limpio y póngalo a un lado hasta que se baya a ensamblar.

19 Asamblea de la biela y el pistón - inspección

Refiérase a las ilustraciones 19.4a, 19.4b, 19.10 y 19.11

1 Antes de que el procedimiento de inspección se lleve acabo, Las bielas y los pistones se deben de limpiar y los anillos originales del pistón se deben de remover de los pistones. **Nota:** *Siempre use anillos de pistón nuevo cuando baya a ensamblar.*

2 Usando una herramienta para la instalación de los anillos del pistón, cuidadosamente remueva los anillos de los pistones. Esté cuidado de no dañar el pistón en el procedimiento.

3 Remueva todos los trazos de carbón de la parte de encima del pistón (más conocido como la corona). Un cepillo de acero o un pedazo de papel de lija bien fina, se puede usar una ves de que la mayoría de los depósitos de carbón de hayan removido. Debajo de ninguna circunstancias, use un cepillo de alambre montado en un taladro para remover los depósitos de carbón del pistón. El material del pistón es blando y se dañará si se usa un cepillo de alambre en un taladro.

4 Use una herramienta para limpiar las ranuras del pistón donde van los anillos, de depósitos de carbón **(vea ilustración)**. Si una herramienta no está disponible, un pedazo de anillo que se haya roto hará el trabajo **(vea ilustración)**. Esté muy cuidadoso de remover solamente el carbón depositado - no remueva ningún metal y no arañe o haga ningún daño a las ranuras donde van los anillos.

5 Una vez que se hayan removido los depósitos, limpie la asamblea del pistón y la biela con solvente y séquelo con aire comprimido (si es disponible). Asegúrese de que los agujeros de retorno para el aceite en la parte de atrás de los anillos están libres.

6 Si los pistones están dañados o excesivamente gastados, y si el bloque del motor no se a cortado sobre medida, pistones nuevos no serían necesarios. Desgaste normal del pistón aparece como un desgaste vertical en la superficie de fricción del pistón y un poco suelto en la ranura de arriba del pistón, done va el anillo de compresión. Anillos de pistones nuevos, se deben de usar cada vez de que se reconstruye un motor.

7 Cuidadosamente inspeccione cada pistón por crujidos alrededor de la falda, en el pasador y en la ranura para los anillos.

8 Busque por rayas y arañazos en las caras de empuje de la falda, orificios en las áreas de la corona del pistón y quemaduras en la orilla de la corona. Si la falda está rayada, el motor puede haber estando sufriendo de sobrecalentar y/o combustión anormal, que causó temperaturas excesivamente altas de operación. Los sistemas de enfriamiento y lubricación deben ser chequeados completamente. Un orificio en la corona del pistón es una indicación de que la combustión (preignición) anormal ocurrió. Las áreas quemadas en la orilla de la corona del pistón son generalmente evidencia de encendido prematuro (detonación). Si algún problema de encima de existe, las causas se deben corregir o daño ocurrirá otra vez. Las causas pueden incluir fugas de aire en la admisión, mezcla de aire/combustible incorrecta, combustible bajo de octano, tiempo de ignición y funcionamientos defectuosos del sistema EGR (recirculación de los gases de escape).

9 La corrosión del pistón, en forma de orificios pequeños, indica fuga de anticongelante en la cámara de combustión y/o el cárter de cigüeñal. Otra vez, la causa se debe corregir o los problemas pueden persistir en el motor reconstruido.

10 Mida el espacio libre de lado del anillo del pistón colocando un anillo del pistón nuevo en cada ranura del anillo y resbalando un calibrador palpador en el lado **(vea ilustración)**. Chequee el juego libre en tres o cuatro lugares alrededor de cada ranura. Esté seguro de usar el anillo correcto para cada ranura - Ellos son diferente. Si el espacio del lado es más que lo especificado en este Capítulo, pistones nuevos se tendrán que usar.

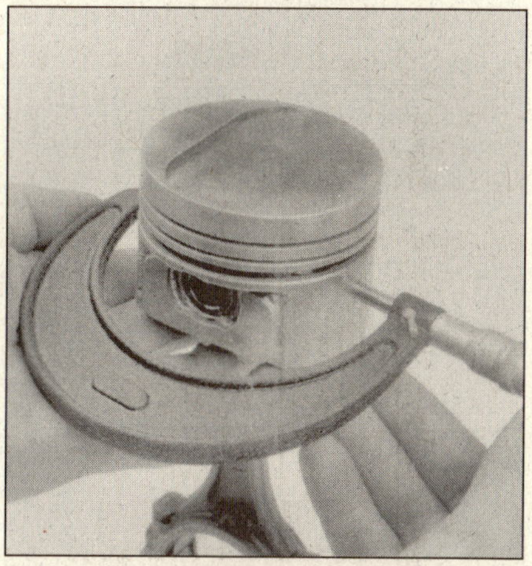

19.11 Mida el diámetro del pistón a cada 90 grados en línea con el pasador del pistón

11 Chequee el espacio libre del pistón al cilindro, midiendo el diámetro de los cilindros (vea Sección 17) y el diámetro de los pistones. Asegúrese que los pistones y el diámetro de los cilindros están correctamente emparejados. Mida el pistón en la falda, en un ángulo de 90 grados al pasador del pistón **(vea ilustración)**. La medida se debe tomar en un punto específico, dependiendo del tipo de motor, para ser exacto.

a) *El diámetro de los pistones en los motores de 2.2L de cuatro cilindros es medido en línea con la línea central de pasador del pistón, 1.14 pulgadas (28.9 mm) debajo de la cima del pistón. En motores de 2.5L, el diámetro de los pistones es medido un poquito debajo de la línea central con el pasador del pistón.*

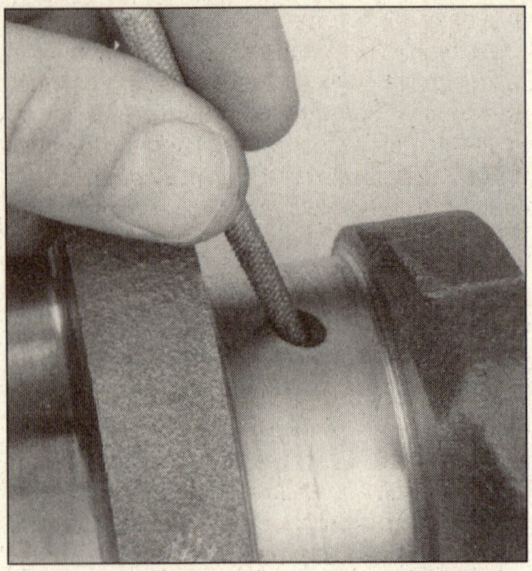

20.1 Los orificios del aceite se deben chanflar para que las orillas con filo no excaven o rasguñen los cojinetes nuevos

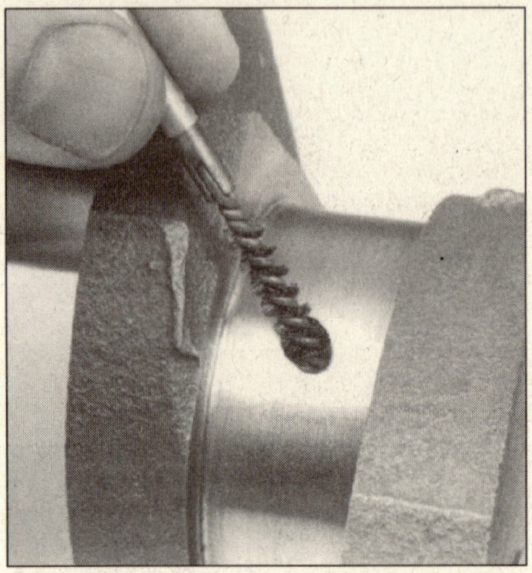

20.2 Use un alambre o cepillo tieso de plástico de cerda para limpiar los pasajes de aceite del cigüeñal

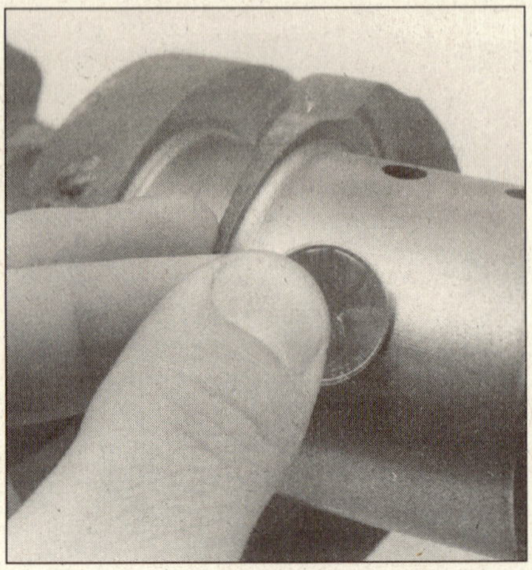

20.4 Frote un centavo longitudinalmente en cada muñón revelará su condición - si cobre se sale y es incrustado en el cigüeñal, los muñones deben ser rectificados

b) Los pistones de los motores 2.6L son medidos 0.080 pulgadas (2.0 mm) encima del fondo de la falda del pistón.

c) Los pistones del motor V6 de 3.0L son medidos 0.080 pulgadas (2.0 mm) encima del fondo de la falda del pistón. Los pistones del motor V6 3.3L son medidos 1.65 pulgadas (42 mm) debajo de la cima del pistón. Los pistones del motor del 3.8L V6 son medidos 1.42 pulgadas (36 mm) debajo de la cima del pistón.

12 Substraiga el diámetro del pistón del diámetro del cilindro para obtener el espacio libre. Si es mayor de lo especificado, el bloque tendrá que ser rectificado y pistones y anillos nuevos ser instalados.

13 Chequee la distancia libre entre el pistón y la biela doblando el pistón y la biela en posición opuesta. Cualquier juego notable indica de que hay desgaste excesivo que se debe de corregir. La asamblea del pistón y la biela se deben de llevar a un taller de rectificación, para que puedan ser rectificados y pasadores para los pistones nuevos instalados.

14 Si por cualquier razón los pistones se deben de remover de las bielas, se deben de llevar a un taller de rectificaciones para motores automotrices. Mientras los tienen allí deje de que chequeen las bielas para estar seguro de que no están viradas, ya que en los talleres de rectificaciones tienen equipo especial para poderlo chequear. **Nota:** *Como único de que pistones y/o bielas nuevas se deban de instalar, no atente a desarmar los pistones y las bielas.*

15 Chequee las bielas por crujidos y otros daños. Temporalmente remueva la tapa de la biela, remueva del cojinete viejo, limpie la superficie de la biela y la tapa de la biela e inspeccione por grietas, rayones etc. Después de chequear las bielas, reemplace los cojinetes viejos, instale las tapas de los cojinetes y apriete las tuercas con los dedos.

20 Cigüeñal - inspección

Refiérase a las ilustraciones 20.1, 20.2, 20.4, 20.6 y 20.8

1 Remueva todas las rebarbas de los orificios de aceite del cigüeñal con una piedra, lima o raspador **(vea ilustración)**.

2 Limpie con solvente el cigüeñal y lo seca con aire comprimido (si está disponible). **Peligro:** *Use protección para los ojos cuando esté usando aire comprimido. Esté seguro de limpiar los orificios del aceite con un cepillo tieso* **(vea ilustración)** *y enjuáguelos con solvente.*

3 Chequee los muñones para los cojinetes principales y de biela por desgaste irregular, rayones, orificios y roturas.

4 Frote un centavo atraves de cada muñón varias veces **(vea ilustración)**. Si un muñón colecta cobre del centavo, está demasiado áspero y debe ser rectificado.

5 Chequee el resto del cigüeñal por roturas y otros daños. Debe ser magnafundente para revelar roturas escondidas - Un taller automovilístico de rectificación podrá ejecutar el procedimiento.

6 Usando un micrómetro, mida el diámetro de los muñones principal, las bielas y compare el resultado con las Especificaciones de éste Capítulo **(vea ilustración)**. Midiendo el diámetro en varios puntos alrededor de la circunferencia de cada muñón, usted será capaz de determinar si el muñón está ovalado. Tome la medida en cada final del muñón, cerca de la manivela cigüeña, para determinar si el muñón está cónico.

7 Si los muñones del cigüeñal están desgastados, cónico, ovalados o están más allá de los límites rendidos en las especificaciones, haga que un taller de rectificaciones automovilístico rectifique el cigüeñal. Esté seguro de usar los cojinetes de tamaño correcto si el cigüeñal es rectificado.

8 Chequee los muñones del sello de aceite en cada punta del cigüeñal por desgaste y daño. Si el sello ha hecho una ranura en el muñón, o si está mellado o rasguñado (vea ilustración), el sello nuevo puede fugarse

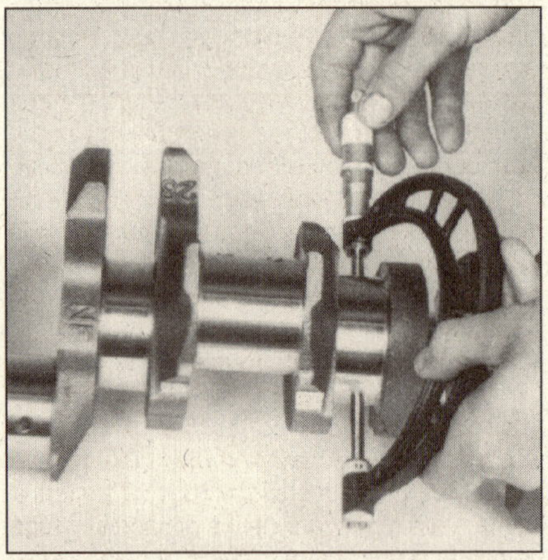

20.6 Mida el diámetro de cada muñón en el cigüeñal en diferentes puntos para detectar si está acampanado y ovalado

20.8 Si los sellos han hechos ranuras en los muñones del cigüeñal, o si las superficies de contacto del sello se han mellado o rasguñado, los sellos nuevos tendrán fugas

21.1 Fallos típico de los baleros

cuando el motor sea ensamblado. En algunos casos, un taller automovilístico de rectificaciones puede ser capaz de reparar el muñón prensando una manga delgada. Si la reparación no es posible, un cigüeñal nuevo o diferente debe ser instalado.

9 Refiérase a la Sección 21 y examine los cojinetes de las bielas y principales.

21 Cojinetes principales y de las bielas - inspección

Refiérase a la ilustración 21.1

1 Aunque los cojinetes principales y de biela se deben de remplazar con nuevos durante la reconstrucción del motor, los cojinetes viejos se deben guardar para inspeccionarlos cercanamente, ya que pueden demostrar información valiosa acerca de la condición del motor **(vea ilustración)**.

2 Fracaso de los cojinetes ocurren por falta de lubricación, la presencia de tierra o cualquier otro material extranjero, poniendo el motor bajo carga excesiva y corrosión. Sin importar la causa del fracaso de los cojinetes, se debe de corregir antes de que el motor se ensamble para prevenir de que suceda otra vez.

3 Cuando esté examinando los cojinetes, remuévalos del bloque del motor, las tapas para los cojinetes principales, las bielas y sus tapas, póngalos en una superficie limpia en la misma posición como estaban localizados en el motor. Esto le dará la habilidad de inspeccionar cualquier problema de los cojinetes correspondiente con su muñón en el cigüeñal.

4 Tierra y otras partículas extranjeras entran al motor en una variedad de maneras. Si se quedarían en el motor durante el ensamble, o podrían pasar atraves del filtro o el sistema PCV. Podrían entrar en el aceite y desde ahí a los cojinetes. Pequeños pedazos de metal provenientes de cuando se rectificó el bloque y desgaste del motor muy frecuente están presente. Partes abrasivas algunas veces se dejan en las partes del motor después de ser recondicionado, especialmente cuando las partes se han limpiado bien usando los métodos de limpieza apropiados. De donde provengan estos objetos extranjeros muy frecuente terminan incrustados en la parte suave de los cojinetes y son fácilmente reconocidos. Partículas grandes se encontrarán incrustadas en los cojinetes y no dañan los muñones para los cojinetes. El mejor preventivo para evitar la causa de falla de los cojinetes por esta razón es de limpiar y mantener todas las partes limpias duran el ensamblaje. Es recomendable cambiar el filtro de aceite y el aceite frecuentemente.

5 Falta de lubricación (o falta de presión) pueden causar un número de problemas internos. Calor excesivo (quien adelgaza el aceite), carga excesivamente (que fuerza el aceite fuera de la cara de los cojinetes) y fuga de aceite o tiro aceite (debido al juego excesivo de los cojinetes, bomba de aceite desgastada o velocidades altas del motor) todas estas condiciones contribuyen a perdida de la presión de aceite. Galerías de aceite bloqueadas, quienes son por lo generalmente el resultado de hoyos de aceite fuera de alineación con el cojinete, también previenen el aceite de que llegue a los cojinetes y los destruirá. Cuando la falta de lubricación es la causa porque el cojinete falló, el material del cojinete será removido o desgastado de la cara del cojinete. Las temperaturas pueden incrementar hasta el punto de que la parte de acero de atrás se pone de color azul por el sobre calentamiento.

6 Hábitos de como conducir, pueden tener un efecto definido en la vida de los cojinetes. Aceleración completa, operando en velocidades baja en una guía de la transmisión muy alta, pone cargas muy alta en los cojinetes, quien tienen la tendencia de forzar la película de aceite hacia afuera. Estos excesos de carga causan de que el cojinete se ponga flexible, que se le produzcan grietas en la cara del cojinete (falla por fatiga). Eventualmente el material del cojinete se aflojará y pedazos se zafarán de la parte de acero del cojinete. Viajes cortos producen corrosión de los cojinetes, porque no se produce suficiente calor en el motor para poder remover el agua condensada y los gases corrosivos. Estos productos se depositan en el aceite del motor, formando lodo y ácido. Según el aceite es llevado a los cojinetes del motor, el ácido ataca y corroe el material de los cojinetes.

7 Instalación incorrecta durante el ensamblaje del motor llevaría a un fracaso de los cojinetes también. Cojinetes muy apretados dejan insuficiente luz para el aceite y resultará en una falta de lubricación. Tierra u otro tipo de partículas extranjeras que penetren en la parte de atrás del cojinete, resultará en una parte alta en el cojinete y terminaría en su fracaso. Cojinetes apretados no dejan suficiente luz libre para el aceite y resultará en una privación del aceite. Tierra o partículas extranjeras atrapadas atrás de los cojinetes, resultarían en una parte alta en el cojinete que lo llevaría al fracaso.

22 Reconstrucción del motor - sucesión de como ensamblarlo

1 Antes de comenzar a ensamblar el motor, esté seguro que usted tiene todas las partes necesarias nuevas, juntas, sellos y también los siguientes artículos a la mano:

- *Herramientas manuales comunes*
- *Llave torsiométrica (1/2-pulgada)*
- *Herramienta para la instalación de los anillos del pistón*
- *Compresor de los anillos del pistón*
- *Herramienta para la instalación del amortiguador de vibraciones*
- *Longitudes cortas de manguera de caucho o plástico para instalar en los pernos de la biela*
- *Plastigage (hilo de calibración de plástico)*
- *Calibradores palpadores*
- *Lima de dientes finos*

Aceite de motor nuevo
Lubricante de ensamblar motor o grasa de base moly
Sellador de tipo junta
Compuesto para el atascamiento de las roscas

2 En orden de ahorrar tiempo y evitar problemas, el ensamble del motor se debe hacer en el siguiente orden:

Motores de 2.2 y 2.5 litros de cuatro cilindros

Cigüeñal y los cojinetes principales
Albergue trasero del sello principal del aceite
Ensamblajes de los pistones/bielas
Ejes de balance (si está equipado)
Bomba de aceite
Banda del tiempo y los engranes
Tapa de la banda del tiempo
Cacerola del aceite
Cabeza de los cilindros, árbol de levas, varillas de empuje y brazos de los balancines
Múltiples de admisión/escape
Tapa de las válvulas
Plato trasero del motor (si está equipado)
Volante/plato flexible

Motores de 2.6 litros de cuatro cilindros

Cigüeñal y los cojinetes principales
Albergue trasero del sello de aceite principal
Pistones/ensamblajes de las bielas
Bomba de aceite
Cacerola de aceite
Albergue de la cadena del tiempo
Cadena del tiempo y los engranes
Cadena del eje silencioso y los engranes
Cabeza de los cilindros y el árbol de levas
Múltiples de admisión y de escape
Tapa de las válvulas
Volante/plato flexible

Motor V6 de 3.0L

Cigüeñal y los cojinetes principales
Albergue del sello trasero principal de aceite
Pistones/ensamblajes de las bielas
Bomba de aceite
Cacerola de aceite
Cubierta para la banda del tiempo
Banda del tiempo y engranes
Cabezas de los cilindros y árboles de levas
Múltiples de admisión y de escape
Tapa para las válvulas
Volante/plato flexible

Motores V6 de 3.3L y 3.8L

Cigüeñal y los cojinetes principales
Albergue trasero del sello principal de aceite
Pistones/ensamblajes de las bielas
Bomba de aceite
Árbol de levas
Cadena del tiempo y engranes
Tapa de la cadena del tiempo
Cacerola de aceite
Cabezas de los cilindros
Buzos de las válvulas

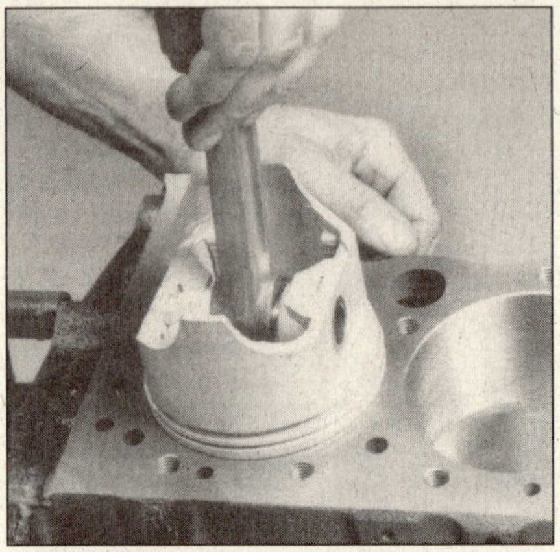

23.3 Cuando esté chequeando la luz en el final de los anillos, el anillo debe de estar perfectamente cuadrado en el cilindro (esto se hace empujando el anillo hacia abajo con la parte de encima del pistón según se demuestra)

Brazos de los balancines y varillas de empuje
Múltiples de admisión y de escape
Tapas de las válvulas

23 Anillos del pistón - instalación

Refiérase a las ilustraciones 23.3, 23.4, 23.5, 23.9a, 23.9b y 23.12

1 Antes de instalar los anillos del pistón nuevo, el agujero final del anillo del pistón se debe de Chequee. Se asume que la distancia lateral libre del anillo del pistón se ha chequeado y ha sido verificado correcto (Sección 17).

2 Ponga afuera el ensamblaje del pistón y la biela, también el juego de anillos nuevos, para que los anillos nuevos se puedan comparar con los pistones y los cilindros durante el momento de que se admisión la medida del agujero y ensamblaje del motor.

3 Ponga el anillo de encima (número uno) adentro del cilindro y bien cuadrado con la parte de encima de la pared del bloque, empujándolo con la parte de encima del pistón **(vea ilustración)**. El anillo debe de estar en el fondo del cilindro, al límite más bajo del viaje del anillo.

4 Para medir el agujero, deslice calibradores palpadores de diferente tamaños entre las puntas finales del anillo, hasta que un palpador del mismo tamaño del agujero se pueda encontrar **(vea ilustración)**. El calibrador palpador debe de resbalar entre las puntas de los anillos con una pequeña fricción. Compare las medidas con las especificaciones. Si el agujero es más grande o más pequeño que las especificaciones, chequee el agujero otra vez para estar seguro de que usted tiene el anillo correcto antes de proceder.

5 Si el agujero es demasiado pequeño, se debe agrandar o las puntas de los anillo podrían entrar en contacto uno con el otro cuando el motor esté operando a temperatura normal, quien puede causar grandes daños al motor. El agujero se puede incrementar lijando las puntas del anillo muy cuidadosamente con una lima fina. Monte la lima en una prensa de tornillo de banco con mandíbulas suave, deslice el anillo sobre la lima con las puntas del anillo asiendo contacto con la cara del anillo y muy despacio mueva el anillo para remover material de las puntas **(vea ilustración)**. Cuando esté ejecutando esta operación, lije solamente de la parte de afuera del anillo hacia adentro.

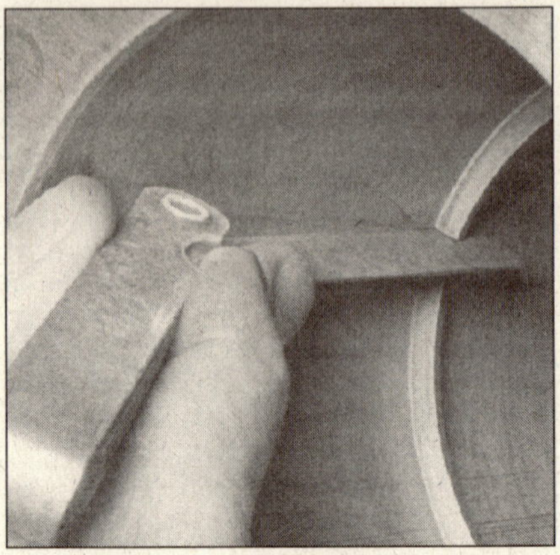

23.4 Con el anillo cuadro en el cilindro, mida el boquete del anillo con un calibrador palpador

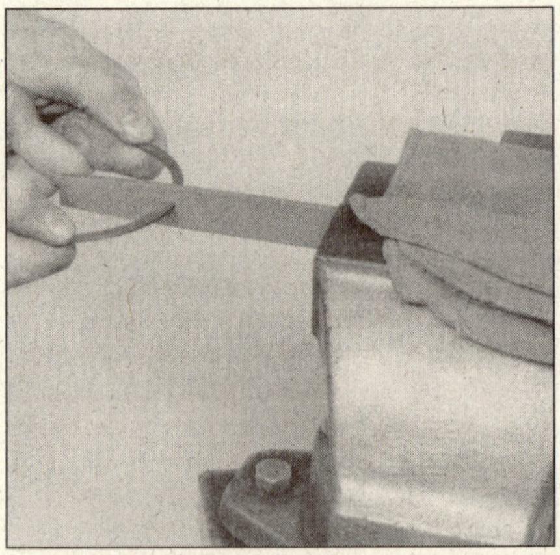

23.5 Si el juego final en muy pequeño, ponga una lima en una morsa y lime las puntas del anillo (desde la parte de afuera hacia adentro solamente) para alargar la luz un poquito

6 Un agujero en exceso no es critico a menos que sea más grande de 0.040 de pulgada. De nuevo, chequee para asegurarse de que usted tiene los anillos correctos para su motor.

7 Repita el procedimiento por cada anillo que baya a instalar en el primer cilindro y por cada anillo en los cilindros restante. Recuérdese de mantener los anillos y pistones con su cilindro designado.

8 Una vez de que el agujero de los anillos se halla chequeado y corregido, se pueden instalar los anillos en los pistones.

23.9a Instale el espaciador/ampliador en la ranura para el anillo del control de aceite

23.9b No use una herramienta para instalar anillos cuando esté instalando el de aceite del lado

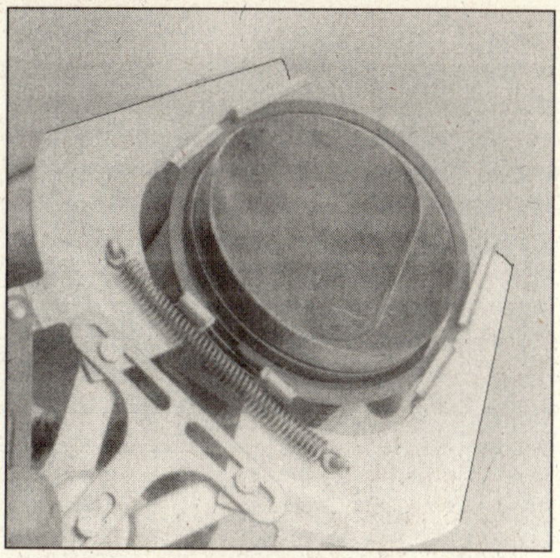

23.12 Instalando los anillos de compresión con un expansor de anillos - la marca flecha debe de apuntar hacia arriba

9 El anillo de control de aceite (el más bajo en el pistón) se instala primero. Está compuesto de tres componentes separados. Deslice el espaciador/ampliador en la ranura **(vea ilustración)**. Si una pestaña de anti rotación se usa, asegúrese de que se inserta en el hoyo del taladro en la ranura para el anillo. Instale el riel del lado de abajo. No use una herramienta para instalar anillos en el riel del anillo de aceite, ya que se puede dañar. Envés, ponga el riel de la punta de un lado adentro de la ranura entre el espaciador/ampliador y donde descansa el anillo, sujételo firmemente en su lugar y deslice sus dedos alrededor del pistón mientras empuja el riel adentro de la ranura**(vea ilustración)**. Después, instale el riel de encima en la misma manera.

10 Después de que los tres componentes del anillo del aceite se hayan instalado, chequee para estar seguro de que los dos anillos el de encima y el de abajo en riel se puedan girar con suavidad en la ranura del anillo.

11 El anillo número dos (el anillo del medio) se instala próximamente. Está estampado con una marca que debe de ir hacia arriba, hacia la parte de encima del pistón. **Nota:** *Siempre siga las instrucciones marcadas en el empaque de los anillos o caja, diferentes fabricantes requerirían diferentes métodos. No mezcle los anillos de arriba y los anillos del medio, ya que tienen secciones diferentes cruzadas.*

12 Use una herramienta para instalar los anillos de los pistones y asegúrese de que la marca de identificación mira hacia la parte de encima del pistón, entonces deslice el anillo en la ranura del medio en el pistón **(vea ilustración)**. No extienda el anillo más de lo necesario para resbalarlo encima del pistón.

13 Instale el anillo número uno (el de encima) en la misma manera. Asegúrese de que la marca mira hacia arriba. Esté con mucho cuidado de no confundir el anillo número uno y el anillo número dos.

14 Repita el procedimiento para los anillos de los pistones que quedan.

24 Cigüeñal - instalación y chequeo del juego libre de los cojinetes principales del aceite

Refiérase a las ilustraciones 24.3a, 24.3b, 24.11, 24.13 y 24.15

1 La instalación del cigüeñal es el primer paso cuando se vuelve a ensamblar el motor. Es asumido en éste punto que el bloque del motor y el cigüeñal han sido limpiado, inspeccionado y reparado o rectificado.

2 Posicione el motor con la parte de abajo mirando hacia encima.

3 Destornille las tapas de los cojinetes principales y levante hacia afuera las tapas. Colóquelas fuera en el orden apropiado para asegurarse de la instalación correcta **(vea ilustración)**.

4 Si ellas están todavía en su lugar, remueva del bloque los cojinetes originales y las tapas de los cojinetes principales. Limpie las superficies para los cojinetes del bloque y las tapas con un trapo limpio, trapo libre de hilachas. Ellas deben ser mantenidas inmaculadamente limpias.

Chequeo del juego libre para el aceite del cojinete principal

Nota: *No toque las caras de los cojinetes nuevos con sus dedos. El aceite y los ácidos en su piel pueden impregnarse en los cojinetes.*

5 Limpie la parte trasera de los cojinetes principales nuevos y coloque cada uno en la montura para el cojinete principal en el bloque. Si uno de los cojinetes de cada conjunto tiene una ranura grande en el, asegúrese que la adición acanalada está instalada en el bloque. Coloque el otro cojinete de cada conjunto en la tapa correspondiente al cojinete principal. Asegúrese que la lengüeta en el cojinete con la ranura ajusta adentro de la depresión del bloque o la tapa. **Caución:** *Los orificios para el aceite en el bloque deben formar una línea con los orificios para el aceite en los cojinetes. No martille el cojinete en su lugar y no melle o haga una muesca en las caras de los cojinetes. Ninguna lubricación se debe usar en éste momento.*

6 El cojinete pestañeado para el impulso debe ser instalado en la tapa número dos y el

24.3a El cojinete para el impulso está localizado en el muñón número 2 en los motores de 3.3L

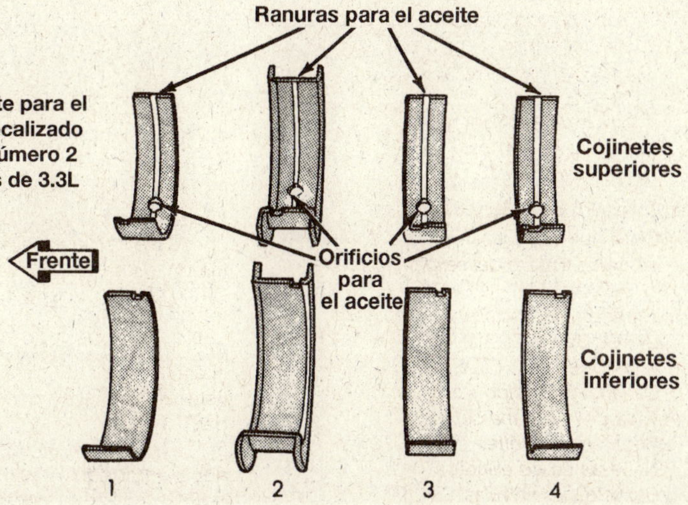

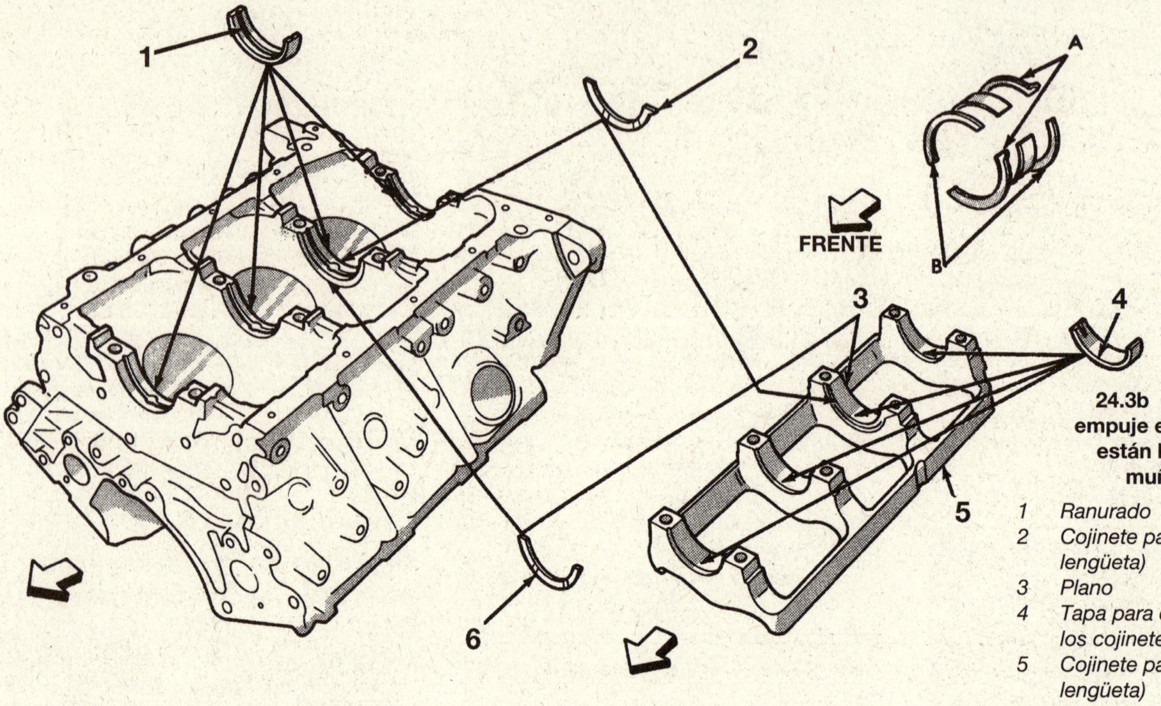

24.3b Los cojinetes de empuje en el motor de 3.0L están localizados en el muñón número 3

1 *Ranurado*
2 *Cojinete para el impulso (con lengüeta)*
3 *Plano*
4 *Tapa para el mono bloque de los cojinetes principales*
5 *Cojinete para el impulso (sin lengüeta)*

soporte (contando desde el frente del motor) en los motores de 2.6L, 3.3L y 3.8L. En los motores de 2.2L, 2.5L y 3.OL el cojinete para el impulso debe ser instalado en la tapa del soporte número tres (centro).

7 Limpie las caras de los cojinetes en el bloque y los muñones de los cojinetes principales del cigüeñal en el bloque con un trapo limpio, el trapo que esté libre de hilachas.

8 Chequee o limpie los orificios para el aceite en el cigüeñal, cualquier tierra aquí puede ir solamente a una área - directamente a los cojinetes nuevos.

9 Una vez que esté cierto que el cigüeñal esté limpio, coloque cuidadosamente los cojinetes principales en su posición.

10 Antes que el cigüeñal pueda ser permanentemente instalado, el juego libre del aceite del cojinete principal debe ser chequeado.

11 Corte varios pedazos de Plastigage (hilo de calibración de plástico) del tamaño apropiado (ellos deben ser levemente más cortos que la anchura de los cojinetes principales) y coloque un muñón del cojinete principal del cigüeñal en cada de pedazo, paralelo con el eje del muñón **(vea ilustración)**.

12 Limpie las caras de los cojinetes en las tapas e instale en sus lugares originales las tapas (no las mezcle) con las flechas apuntando hacia el frente del motor. No perturbe el plastigage.

13 Empezando con el cojinete principal central y trabajando hacia las puntas, apriete los pernos de la tapa de los cojinetes principales, en tres pasos, al par de torsión listado en las especificaciones de este Capítulo. No gire el cigüeñal en ningún momento durante ésta operación. **Nota:** *En motores de 3.OL, apriete el mono bloque en la sucesión correcta* **(vea ilustración)**.

14 Destornille y levante cuidadosamente hacia afuera los cojinetes de las tapas principales. Manténgalos en orden. No perturbe el plastigage o gire el cigüeñal. Si alguna de las tapas de los cojinetes principales están difícil de remover, péguele gentilmente de lado a lado con un martillo de cara blanda para aflojarlas.

15 Compare la anchura del muñón aplastado de cada Plastigage a la balanza impresa en el Plastigage para obtener el juego libre del aceite del cojinete principal **(vea ilustración)**. Chequee las especificaciones para asegurarse que está correcto.

16 Si el juego libre no está como se especifica, los cojinetes pueden ser del tamaño incorrecto (que significa que diferentes se requerirán). Antes de decidir que diferentes cojinetes son necesarios, asegúrese que ninguna tierra o aceite estaba entre los cojinetes y las tapas o el bloque cuando el espacio libre era medido. Si el plastigage estaba más ancho en una punta que en la otra, el muñón puede estar cónico (vea Sección 20).

17 Raspe cuidadosamente todo indicios del material de Plastigage fuera de los muñones de los cojinetes principales y/o la caras de los cojinetes. Use la uña o la orilla de una tarjeta de crédito - No melle o rasguñe la caras de los cojinetes.

Instalación final del cigüeñal

18 Levante cuidadosamente el cigüeñal fuera del motor.

19 Limpie la caras de los cojinetes en el bloque, entonces aplique una capa ligera uniforme de lubricante o grasa de base moly para el ensamblaje del motor a cada una de las superficies para los cojinetes. Esté seguro de cubrir las caras de empuje también como la cara del muñón del cojinete para el impulso.

20 Asegúrese que los muñones del cigüeñal están limpios, entonces coloque la parte trasera del cigüeñal en su lugar en el bloque.

21 Limpie las caras de los cojinetes en las tapas, entonces aplíquele lubricante.

22 Instale en sus lugares originales las tapas con las flechas apuntando hacia el frente del motor.

23 Instale los pernos.

24 Apriete todos los pernos de los cojinetes menos el de la tapa para el cojinete de

24.11 Ponga los pedazos de Plastigage (hilachas para chequear la luz para el aceite en el cigüeñal) (Vea flecha) en los muñones para los cojinetes principales, paralelamente con la línea central el cigüeñal

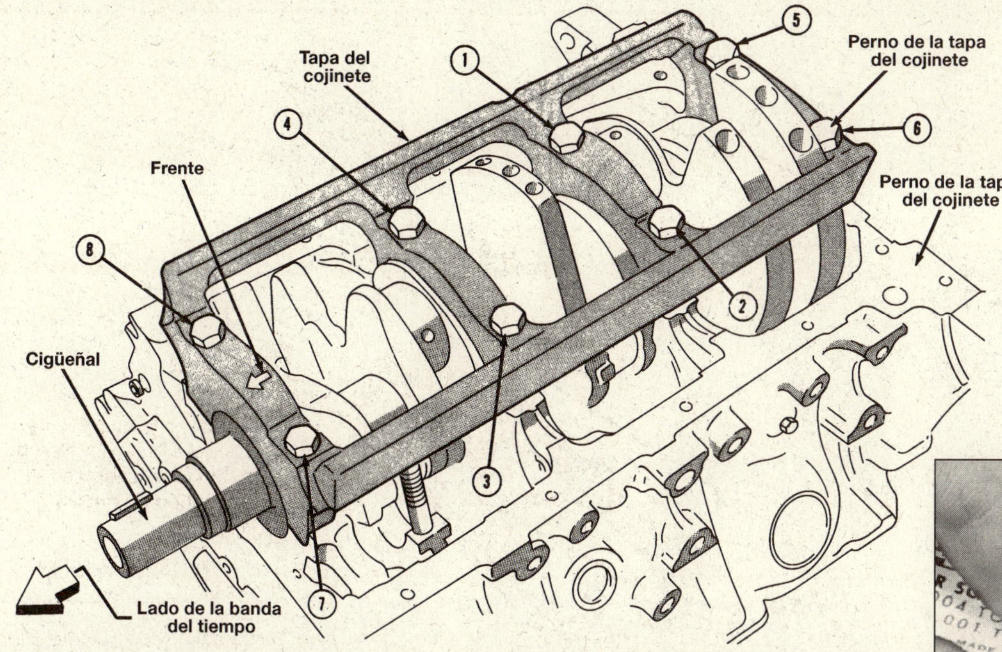

24.13 Secuencia de como apretar el mono bloque en los motores de 3.0L

impulso al par de torsión especificado (trabajando desde el centro hacia fuera y llegue al par de torsión especificado en tres pasos).

25 Apriete los pernos de la tapa del cojinete de impulso de 10-a-12 Pie-libras.

26 Péguele a las puntas del cigüeñal hacia el frente y hacia atrás con un martillo de plomo o bronce para alinear las superficies de empuje del cigüeñal con el cojinete principal.

27 Apriete nuevamente todos los pernos de la tapa del cojinete principal al par de torsión especificado en este Capítulo, empezando con el cojinete principal central y trabajando hacia las puntas.

28 Gire el cigüeñal un número de veces a mano para chequear por cualquier forma obvia de que se esté atorando.

29 El paso final es de chequear el juego final de cigüeñal con un calibrador palpador o un indicador de reloj como se describe en la Sección 15. El juego final debe estar correcto si las caras de empuje del cigüeñal no están desgastadas ni los cojinetes desgastado y cojinetes nuevos han sido instalados.

30 Refiérase a la Sección 26 e instale el sello trasero nuevo principal para el aceite.

25 Árbol de levas (motores de 3.3L y 3.8L solamente) - instalación

Refiérase a la ilustración 25.1

Nota: *Éste procedimiento aplica a los motores 3.3L y 3.8L V6 solamente.*

1 Lubrique los muñones de los cojinetes del árbol de levas y los lóbulos de la leva con lubricante o grasa de base moly para el ensamblaje del motor **(vea ilustración)**.

2 Deslice el árbol de levas en el motor. Sostenga la leva cerca del bloque y tenga cuidado para no raspar ni mellar los cojinetes.

3 Instale los pernos para el plato de impulso. Apriete los pernos al par de torsión en las Especificaciones de éste Capítulo.

4 Refiérase a la Parte D para el procedimiento de instalación de la cadena del tiempo.

26 Sello trasero principal del aceite - instalación

Refiérase a las ilustraciones 26.1, 26.2 y 26.3

Nota: *El cigüeñal debe ser instalado y las tapas de los cojinetes principales apretadas en su lugar antes que la asamblea nueva del sello y el albergue puedan ser apretadas al bloque.*

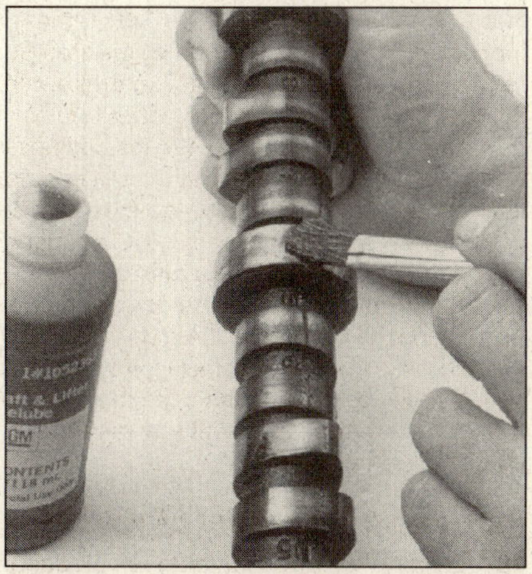

25.1 Cubra ambos los lóbulos de la leva y los muñones con lubricante para ensamblar motor o grasa tipo moly antes de instalar el árbol de levas

24.15 Compare la anchura del Plastigage aplastado con la escala en el recipiente para determinar la luz/espacio libre para el aceite (siempre tome la medida al punto más ancho del Plastigage); esté seguro de usar la escala correcta - se incluyen escalas normales y métricas

2E

1 Remueva el sello viejo del albergue con un martillo y un punzón accionándolo hacia fuera atraves de la parte trasera **(vea ilustración)**. Esté seguro de anotar que tan pro-

26.1 Después de remover el retenedor desde el bloque, respáldelo en un par de bloques de madera y remueva el sello viejo con un punzón o un destornillador y un martillo

26.2 Conduzca el sello nuevo en el retenedor con un bloque de madera o una sección de tubo, si usted tiene uno suficientemente grande - asegúrese usted que el sello no entra torcido en el retenedor

fundo está en el albergue antes de removerlo; el sello nuevo tendrá que ser receso una cantidad igual. Tenga mucho cuidado de no rasguñar ni de otro modo dañar el orificio en el albergue porque fugas de aceite podrían desarrollarse.

2 Asegúrese que el albergue está limpio, entonces aplique una capa ligera de aceite de motor al sello exterior nuevo en la orilla. El sello se debe prensar directamente en el albergue, así que martillarlo en su lugar no es recomendado. Si usted no tiene acceso a una prensa de banco lo suficiente grande, ponga el albergue en un banco de trabajo y prense el sello en su lugar con un bloque de madera y un martillo **(vea ilustración)**. Los pedazos de madera deben ser lo grueso suficiente para distribuir la fuerza uniformemente alrededor de la circunferencia entera del sello. Trabaje lentamente y asegúrese que el sello entra en el orificio directamente.

3 Aplique sellador anaerobio en la porción superior del retenedor **(vea ilustración)** antes de instalar el albergue. Lubrique con aceite de motor limpio el labio del sello o grasa de uso múltiple antes de que usted resbale el sello/albergue en el cigüeñal y lo apriete al bloque.

4 Apriete los pernos del albergue un poco a la vez hasta que ellos estén apretados.

27 Pistones y las bielas - instalación y chequeo del espacio libre del aceite para los cojinetes y las bielas

Refiérase a las ilustraciones 27.4, 27.5, 27.9a, 27.9b, 27.9c, 27.9d, 27.11, 27.13 y 27.17

1 Antes de instalar los pistones/ensamblajes de las bielas, las paredes de los cilindros deben ser limpiadas perfectamente, la orilla superior de cada cilindro se debe chanflar, y el cigüeñal debe estar en su lugar.

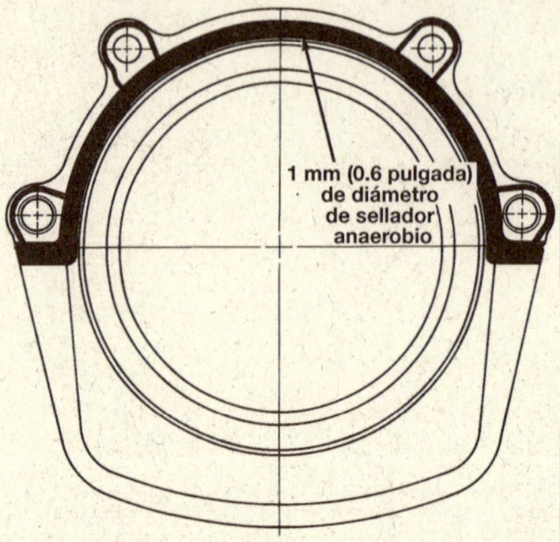

26.3 Aplique sellador anaerobio en la porción superior del retenedor

2 Remueva la tapa del final de la biela número uno (chequee las marcas hechas antes de remover). Remueva los cojinetes original y limpie las superficies para los cojinetes de las bielas y las tapas con un trapo limpio, el trapo debe estar libre de hilachas. Ellos deben ser mantenidos inmaculadamente limpios.

Chequeo del juego libre para el aceite de los cojinetes de la de biela

Nota: *No toque las caras de los cojinetes nuevos con sus dedos. El aceite y los ácidos de su piel pueden impregnarse en los cojinetes.*

3 Limpie el lado de la parte trasera del cojinete superior nuevo, entonces colóquelo adentro en el lugar de la biela. Asegúrese que la lengüeta en el cojinete ajusta con depresión adentro de la biela. No martille el cojinete en su lugar y tenga mucho cuidado de no mellar o excavar la cara del cojinete. No lubrique el cojinete en éste momento.

4 Limpie el lado de la parte trasera del otro cojinete y lo instala en la tapa de la biela. Otra vez, asegúrese que la lengüeta en el cojinete entra ajustada adentro de la depresión en la tapa **(vea ilustración)**, y no aplique lubricante. Es críticamente importante que las superficies de acoplamiento del cojinete y la biela estén perfectamente limpia y libre de aceite cuándo ellos sean armados.

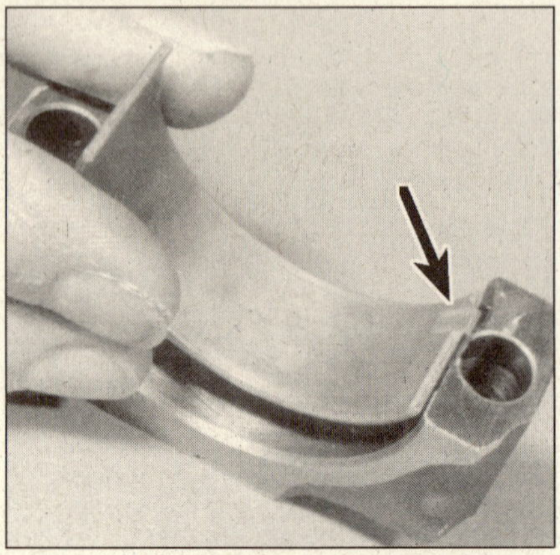

27.4 La lengüeta en el cojinete (flecha) debe ajustar en el receso de la tapa del cojinete para que se asiente apropiadamente

5 Posicione los espacio libre para el anillo en el pistón en intervalos de 120 grados alrededor del pistón **(vea ilustración)**.

6 Resbale una Sección de manguera de plástico o caucho en cada perno para la tapa del cojinete de la biela.

7 Lubrique con aceite de motor limpio el pistó, los anillos y conecte un compresor de anillo de pistón al pistón. Permita que la falda se salga acerca de 1/4-pulgada para guiar el pistón en el cilindro. Los anillos deben ser comprimidos hasta que ellos estén planos con el pistón.

8 Gire el cigüeñal hasta que el muñón de la biela número uno esté en el BDC (punto muerto inferior) y aplique una capa de aceite de motor a las paredes de los cilindros.

9 Con la marca o la mella encima del pistón **(vea ilustraciones)** mira hacia el frente del motor, meta suavemente la asamblea del pistón/biela en el cilindro número uno y descanse la orilla del fondo del compresor de anillo en el bloque del motor. Si usted está trabajando en motores de 2.2L o 2.5L, asegúrese que el orificio de aceite en el final más bajo de la biela está mirando hacia el lado del frente del motor (banda del tiempo).

10 Gentilmente péguele a la parte superior

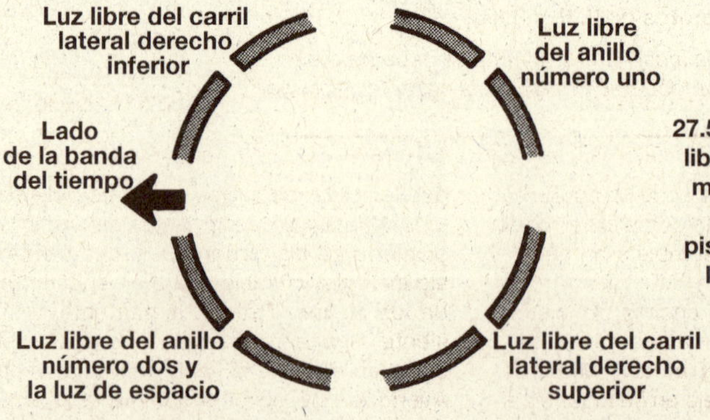

27.5 Posicione los espacio libre del anillo como está mostrado aquí antes de instalar los pistones/ensamblajes de las bielas en el motor

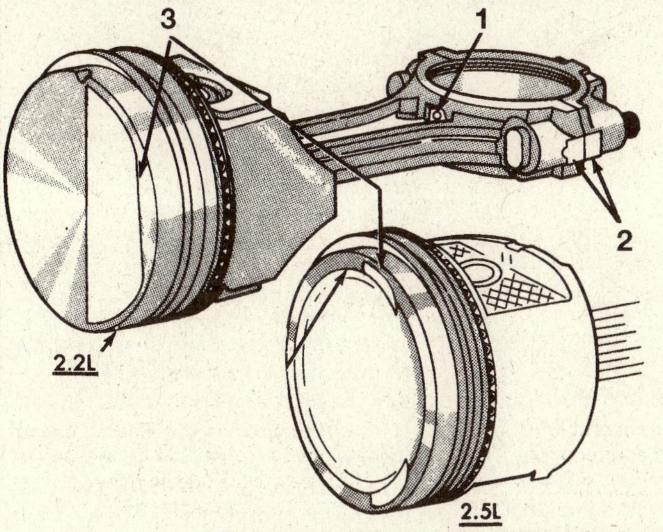

En forma de plato y cortes para las válvulas

27.9a En los motores de 2.2 L y 2.5L, la hendedura en el pistón y el orificio para el aceite en la biela debe de apuntar hacia el frente del motor (lado de la banda del tiempo) y el corte(s) de la válvula debe de mirar al lado del múltiple del motor

1 *Instale el orificio para el aceite hacia el frente del motor*
2 *Marca*
3 *Corte para las válvulas hacia el lado del múltiple*

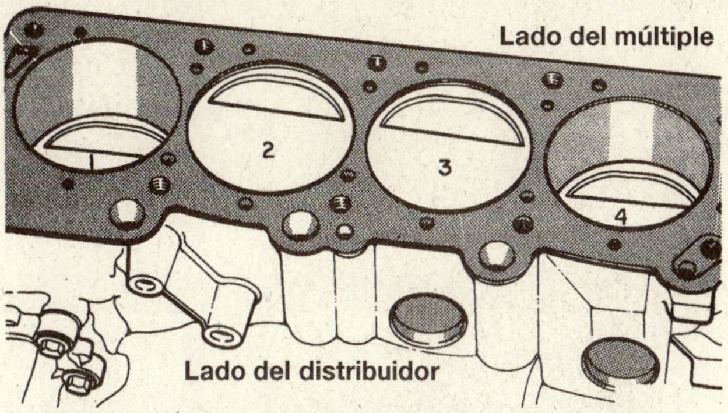

27.9b Orientación del pistón después de la instalación (se muestra un motor de 2.2L el motor de 2.5L es similar)

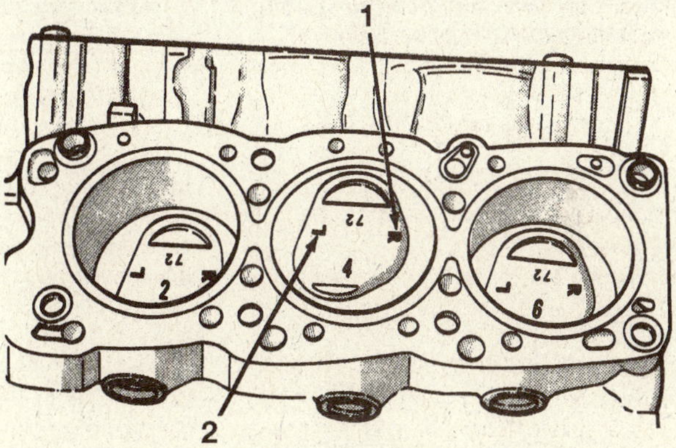

27.9c Orientación del pistón después de la instalación (motores de 3.0L)

1 *R hacia adelante para los cilindros 1 - 3 - 5*
2 *L hacia adelante para los cilindros 2 - 4 - 6*

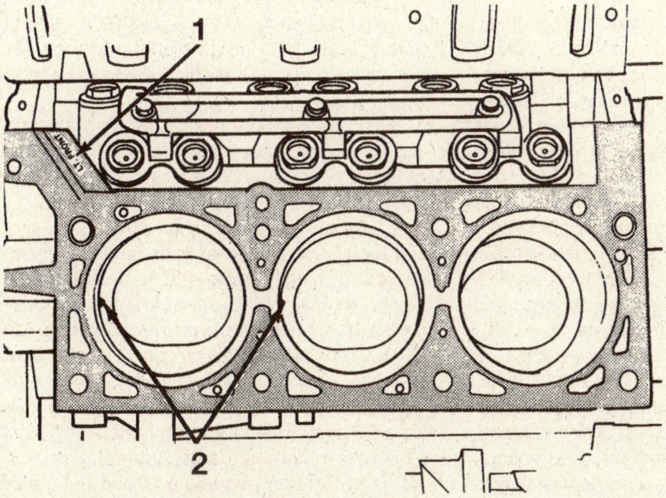

27.9d Orientación del pistón después de la instalación (motores de 3.3L y 3.8L)

1 *La identificación de la localidad de la junta se debe de observar*
2 *Las ranuras del pistón deben de mirar hacia el frente del motor*

27.11 Accione el pistón suavemente en el cilindro con el final de un martillo de madera o de plástico

del compresor de anillos para asegurarse que está haciendo contacto completo alrededor de su circunferencia completa en el bloque.

11 Gentilmente péguele encima del pistón con el final del mango de madera de un martillo de plástico **(vea ilustración).** Mientras guía la punta final de la biela en su lugar en el cigüeñal del muñón. Los anillos del pistón pueden tratar de salirse hacia fuera del compresor de anillo apenas antes de entrar en el diámetro de los cilindros, así que mantenga alguna presión hacia abajo en el compresor de los anillos. Trabaje lentamente, y si se siente alguna resistencia según el pistón entra en el cilindro, pare inmediatamente. Averigüe qué es el problema y lo arregla antes de proceder. No haga, bajo ninguna razón, fuerza al pistón en el cilindro - Usted quizás pueda que rompa el anillo y/o el pistón.

12 Una vez que la asamblea de pistón/biela está instalado, el juego de la biela para el aceite del cojinete debe ser chequeado antes de que la tapa de la biela sea permanentemente apretada en su lugar.

13 Corte un pedazo de plastigage del

27.13 Instale las hilachas de plástico (Plastigage) en cada muñón de las bielas, paralelamente a la línea central del cigüeñal

tamaño apropiado un poquito más corto que la anchura de la biela del cojinete y colóquelo adentro en el lugar del muñón de la biela número uno, paralela con el eje del muñón **(vea ilustración)**.

14 Limpie la cara de la tapa de la biela para el cojinete, remueva las mangueras protectoras de los pernos de la biela e instale la tapa de la biela. Asegúrese que el acoplamiento marcado en la tapa es en el mismo lado como el de la marca en la biela.

15 Instale las tuercas y apriétela al par de la torsión listado en las Especificaciones de este Capítulo. Llegue a su torque final en tres pasos. **Nota:** *Use un dado de pared delgada para evitar lecturas erróneas del par de torsión que puedan resultar si el dado es acuñado entre la tapa de la biela y la tuerca. Si el dado tiende a atorarse entre la tuerca y la tapa, levántelo hacia encima un poquito hasta que no haga contacto con la tapa. No gire el cigüeñal durante ésta operación.*

16 Remueva las tuercas y separe la tapa de la biela, con mucho cuidado de no perturbar el plastigage.

17 Compare la anchura del plastigage aplastado a la balanza impresa en la cubierta para obtener el juego libre para el aceite **(vea ilustración)**. Compárelo con las Especificaciones de éste Capítulo para asegúrese que el espacio libre está correcto.

18 Si el juego libre no es el especificado, los cojinetes pueden ser del tamaño incorrecto (que significa que diferentes se requerirán). Antes de decidir que diferentes son necesitados, asegúrese que ni tierra ni aceite estaban entre los cojinetes y la tapa de la biela cuando el espacio libre se estaba chequeando. También, chequee el diámetro del muñón. Si el plastigage es más ancho en una punta que en la otra, el muñón puede estar cónico (refiérase a la Sección 20).

Instalación final de la biela

19 Raspe cuidadosamente todo indicios del material del Plastigage del muñón de la biela y/o cojinete. Tenga mucho cuidado de no rasguñar el cojinete - Use la uña o la orilla

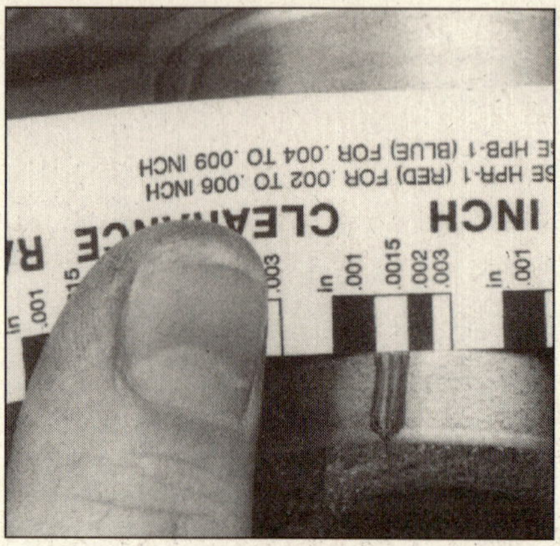

27.17 Midiendo el ancho del hilo de plástico (Plastigage) aplastado para determinar la luz libre del cojinete para el aceite (esté seguro de usar la escala correcta - escalas métricas y normales están incluidas)

de una tarjeta de crédito.

20 Asegúrese que las caras de los cojinetes están perfectamente limpia, entonces aplique una capa uniforme de lubricante limpio o grasa de base moly para el ensamblaje del motor a ambos de ellos. Usted tiene que empujar el pistón en el cilindro para exponer la cara del cojinete en la biela - Esté seguro de resbalar las mangueras protectora en los pernos de la biela primero.

21 Deslice la biela otra vez en su lugar en el muñón, remueva las mangueras protectoras de los pernos en la tapa de la biela, instale la tapa de la biela y apriete las tuercas al par de torsión listado en las Especificaciones de este Capítulo. Otra vez, llegue al par de torsión en tres pasos.

22 Repita el procedimiento completo para las bielas en el resto de los pistones/bielas.

23 Los puntos importantes de recordar son.

a) *Mantenga la parte trasera de los cojinetes y la parte interior de las bielas perfectamente limpio cuando las esté armando.*
b) *Asegúrese que usted tiene la asamblea correcta de pistón/biela para cada cilindro.*
c) *La flecha o marca en el pistón debe mirar hacia el frente (el final de la cadena del tiempo) del motor.*
d) *Lubrique las paredes de los cilindros con aceite limpio.*
e) *Lubrique las caras de los cojinetes cuando instale las tapas de las bielas después que el juego libre para el aceite haya sido chequeado.*

24 A final de cuentas después que los pistones/ensamblajes de las bielas hayan sido apropiadamente instalado, gire el cigüeñal un número de veces a mano para chequear por cualquier obstrucción obvia.

25 Como un paso final, el juego final de la biela debe ser chequeado. Refiérase a la Sección 13 para éste procedimiento.

26 Compare la medida del juego final a las Especificaciones de éste Capítulo para asegúrese que sea correcta. Si estaba correcta antes de remover el cigüeñal y las bielas original y van ha ser reinstalados nuevamente, todavía debe de estar bien. Si las bielas nuevas o un cigüeñal nuevo fueron instalados, el juego final puede ser inadecuado. Si ése es el caso, las bielas tendrán que ser removida y tendrán que ser rectificadas en un taller automovilístico de rectificación para reedificar el tamaño nuevamente.

28 La primera ves que se pone en marcha y como ponerlo en marcha para el desgaste inicial después de la reparación general

1 Una vez de que el motor se ha instalado en el vehículo, chequee el aceite del motor otra vez y el nivel del anticongelante.

2 Con las bujías fuera del motor y el distribuidor desactivado, desconectando el conector de la baterías (modelos equipados con bobina en la tapa) o conectando el alambre de la bobina a tierra (modelos con bobina separada), Gire el motor con el motor de arranque hasta que la presión de aceite se registre en el indicador.

3 Instale las bujías, conecte los alambres de las bujías y reinstale los alambres del distribuidor.

4 Ponga el motor en marcha. Puede que admisión unos momentos para que la gasolina llegue al carburador o unidad de la inyección del combustible, pero el motor debe comenzar sin mucho esfuerzo.

5 Después de que el motor se ponga en marcha se debe permitir que se caliente a temperatura normal de operación. Mientras el motor se calienta, chequee por fugas de aceite o de anticongelante.

6 Apague el motor chequee el nivel del aceite y del anticongelante.

7 Maneje el vehículo en una área con tráfico mínimo, acelere con el acelerador completamente abierto de 30 a 50 (millas por horas), entonces deje que el vehículo retarde a 30 (millas por horas) con el acelerador cerrado. Repita el procedimiento 10 o 12 veces. Esto cargará los anillos del pistón y causara que se sienten apropiadamente contra la pared del cilindro. Chequee de nuevo por fugas de aceite y de anticongelante.

8 Maneje el vehículo suavemente por las primeras 500 millas (nunca sostenga velocidades altas) y mantenga un chequeo constante en el nivel del aceite. No es raro para un motor usar aceite durante el período de desgaste inicial.

9 Aproximadamente a las 500 o 600 millas, cambie el aceite y el filtro.

10 Por las próximas cientos de millas, maneje el vehículo normalmente. No lo mime o abúselo.

11 Después de 2000 millas cambie el aceite y el filtro de nuevo y considere que el motor ya tubo su desgaste inicial normal de operación.

Capítulo 3
Sistemas de calefacción, enfriamiento y aire acondicionado

Contenido

3

Especificaciones

General

Calificación de la presión de la tapa del radiador	Vea Capítulo 1
Calificación del termostato (temperatura de abertura)	
Motores de 2.6L	
1984 y 1985	180 grados F
1986 y 1987	190 grados F
Todos los demás	195 grados F
Capacidad del sistema de enfriamiento	Vea Capítulo 1
Capacidad del refrigerante	33 a 34 onzas

Especificaciones del par de torsión

	Pie-libras (a menos que sea indicado de otra manera)
Tuercas y pernos del albergue del termostato	
Motor de 2.2L	17
Motor de 2.5L	20
Motor de 2.6L	15
Motor de 3.0L	113 pulgada-libras
Motores de 3.3L y 3.8L	20
Pernos de la polea de la bomba de agua	
Motores de 2.2L y 2.6L	120 pulgada-libras
Motores de 2.5L, 3.3L y 3.8L	20
Pernos de la bomba a la cubierta	108 pulgada-libras
Albergue de la bomba de agua al bloque (motores de 2.2L y 2.5L)	
Tres pernos superiores	20
Perno inferior	50
Pernos del calzo del radiador	108 pulgada-libras

1 Información general

Sistema de enfriamiento del motor

Todos los vehículos cubiertos por este manual emplean un sistema de enfriamiento de motor presurizado con circulación controlada por el termostato del anticongelante. Una bomba de agua de tipo impulsora montada en el bloque (en la parte posterior del bloque en el motor de 2.6L) bombea anticongelante atraves del motor. El anticongelante fluye alrededor de las cámaras de combustión y hacia atrás del motor. Los pasajes de hierro fundido dirigen el anticongelante cerca de los puertos de admisión, puertos de escape y áreas de las bujías.

Un termostato de tipo bola de cera está localizado en un albergue cerca del frente del motor. Durante el calentamiento, el termostato cerrado previene que el anticongelante circule atraves del radiador. Al aproximar la temperatura normal de la operación del motor, el termostato se abre y permite que el anticongelante caliente fluya atraves del radiador, donde es enfriado antes de volver al motor.

El sistema de enfriamiento está sellado por una tapa de radiador de tipo presión, que levanta el punto de ebullición del anticongelante y aumenta la eficiencia del enfriamiento del radiador. Si la presión del sistema excede el valor de la presión de la tapa de relieve, el exceso de presión en el sistema, fuerza el resorte cargado de la válvula dentro de la tapa fuera de su asiento y permite que el anticongelante se escape por el tubo de rebase excesiva a un depósito del anticongelante. Cuándo el sistema se refresca el exceso de anticongelante es automáticamente aspirado del depósito de regreso al radiador.

El depósito del anticongelante hace doble trabajo, en un punto en el cual el anticongelante es añadido al sistema de enfriamiento para mantener el nivel del flúido apropiado y como un tanque de retención para el anticongelante sobrecalentado.

Éste tipo de sistema de enfriamiento es conocido como un diseño cerrado porque el anticongelante que se escapa por la tapa de presión es salvado y empleado otra vez.

Los motores turbo cargados tienen un flujo continuo de anticongelante por la chaqueta de agua del cojinete. Anticongelante desde donde estaba el tapón de drenaje del bloque de los cilindros proporciona un ciclo cerrado al albergue del cojinete del turbo y de regreso a la caja del agua y al albergue del termostato.

Sistema de la calefacción

El sistema de la calefacción consiste de un abanico soplador y el núcleo de la calefacción localizado en la caja de la calefacción, las mangueras conectando el núcleo de la calefacción al sistema de enfriamiento del motor y la cabeza del control de la calefacción/aire acondicionado del tablero. El anticongelante caliente del motor es circulado por el núcleo de la calefacción. Cuándo el modo de la calefacción es activado, una puerta solapa se abre para exponer la caja de la calefacción al compartimiento del pasajero. Un interruptor del ventilador en la cabeza de control activa el motor de soplar, el cual sopla aire atraves del núcleo, calentando el aire. Algunos modelos son equipados con un sistema auxiliar de la calefacción/aire acondicionado instalado atrás del asiento del conductor.

Sistema de aire acondicionado

El sistema de aire acondicionado consiste de un condensador montado al frente del radiador, un evaporador montado al lado del núcleo de la calefacción, un compresor montado en el motor, un filtro y secador o receptor y secador (acumulador) que contiene una válvula de alivio de presión alta y la cañería conectando todos los componentes de arriba.

Un abanico soplador fuerza el aire caliente del compartimiento de pasajero por el centro del evaporador, transfiriendo el calor del aire al refrigerante ("como un tipo de radiador de flujo opuesto"). El refrigerante líquido hierve hacia la presión baja, toma el calor consigo cuando sale del evaporador.

2 Anticongelante - información general

Peligro: *No deje que el anticongelante entre en contacto con su piel o la superficie de la pintura del camión. Enjagüe el área que estuvo en contacto inmediatamente con suficiente agua. No guarde anticongelante nuevo o deje anticongelante viejo alrededor donde pueda ser fácilmente accesible por niños y animales doméstico - son atraídos por su sabor dulce. Ingestión aunque sea de una pequeña cantidad puede ser fatal. Limpie el piso del garaje y cacerola de goteo para derramamientos de anticongelante tan pronto ocurran. Guarde recipientes del anticongelante cubiertos y repare cualquier fuga en su sistema de enfriamiento inmediatamente.*

Se debe llenar el sistema de enfriamiento con una solución de agua y anticongelante que prevendrá congelamiento hasta menos -20 grados F (y hasta más bajo en climas fríos). También provee protección contra corrosión e incrementa el punto de ebullición del anticongelante.

Se debe drenar el sistema de enfriamiento, limpiarlo y cambiar el anticongelante por lo menos cada otro año (vea Capítulo 1). El uso de las soluciones del anticongelante por períodos más largo que dos años es probablemente que causen daño y ayude a la formación de óxido y escama en el sistema.

Antes de agregar anticongelante al sistema, Chequee todas las conexiones de las mangueras. El anticongelante puede fugarse por aberturas muy diminutas.

La mezcla exacta de anticongelante con agua que se debe de usar depende de las condiciones de la temperatura. La mezcla debe contener por lo menos 50 por ciento de anticongelante, pero nunca debe de contener más del 70 por ciento de anticongelante.

3 Termostato - chequeo y reemplazo

Refiérase a las ilustraciones 3.8, 3.10a, 3.10b, 3.10c, 3.10d y 3.12

Peligro: *No remueva la tapa del radiador, drene el anticongelante o reemplace el termostato hasta que el motor se haya enfriado completamente.*

Chequeo

1 Antes de asumir que el termostato es culpable por un problema del sistema de enfriamiento, chequee el nivel del refrigerante, la tensión de la banda (vea Capítulo 1) y la operación del medidor de la temperatura.

2 Si el motor parece estar tomando mucho tiempo para calentarse (basado en el rendimiento de la calefacción u operación del medidor de la temperatura), el termostato está probablemente atascado abierto. Reemplace el termostato con uno nuevo.

3 Si el motor corre caliente, emplee la mano para chequear la temperatura de la manguera superior del radiador. Si la manguera no está caliente, pero el motor sí, el termostato está probablemente atascado cerrado, previniendo que el anticongelante dentro del motor fluya al radiador. Reemplace el termostato. **Caución:** *No maneje el vehículo sin termostato. La computadora puede permanecer en ciclo abierto y las emisiones y la economía del combustible sufrirán.*

4 Si la manguera superior del radiador está caliente, significa que el anticongelante está corriendo y el termostato está abierto. Consulte la Sección de identificación y resolución de problemas al frente de este manual para el diagnóstico del sistema de enfriamiento.

Reemplazo

5 Desconecte el cable negativo de la batería.

6 Drene el sistema de enfriamiento al nivel del termostato o apenas abajo de él (vea Capítulo 1). Si el anticongelante es relativamente nuevo o está en buena condición, sálvelo y vuélvalo a emplear.

7 Siga la manguera superior del radiador para localizar el albergue del termostato.

8 Afloje la abrazadera de la manguera, entonces separe la manguera del acoplador **(vea ilustración)**. Si está atascada, agárrela cerca del final con un par de alicates ajustables y tuérzala para romper el sello, entonces estírela hacia un lado. Si la manguera está usada o deteriorada, córtela e instale una nueva.

9 Si la superficie exterior de la acoplación

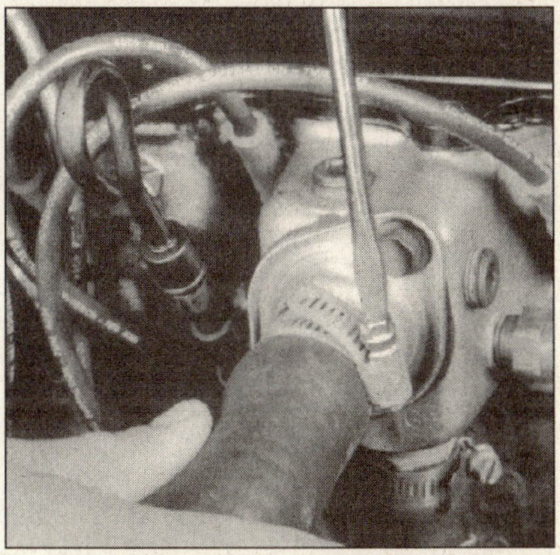

3.8 Afloje las abrazaderas de las mangueras y remueva la manguera de la cubierta del termostato

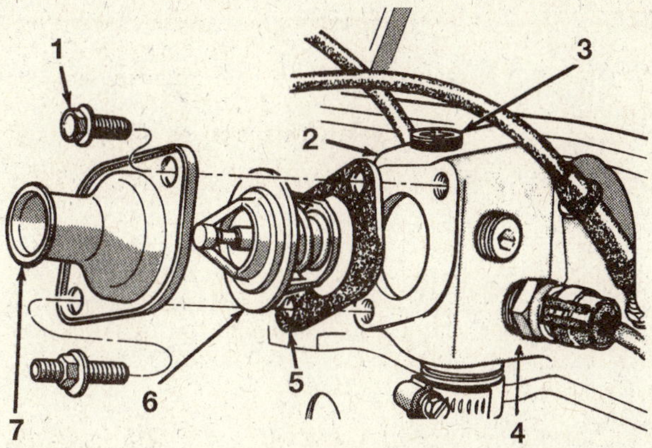

3.10a Detalles de la instalación del termostato - motores de 2.5L de cuatro-cilindros (los de 2.2L son similares)

1 *Perno*
2 *Caja para el agua*
3 *Tapón*
4 *Sensor de la temperatura del anticongelante*
5 *Junta*
6 *Termostato*
7 *Albergue del termostato*

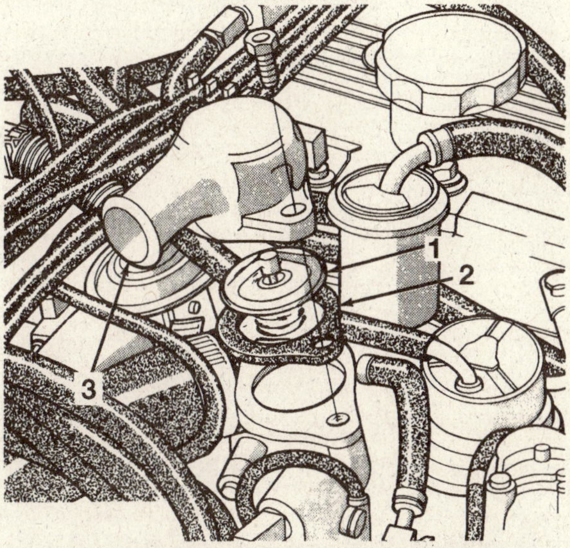

3.10b Detalles de la instalación del termostato - motores de 2.6L de cuatro cilindros

1 *Termostato*
2 *Junta*
3 *Albergue del termostato*

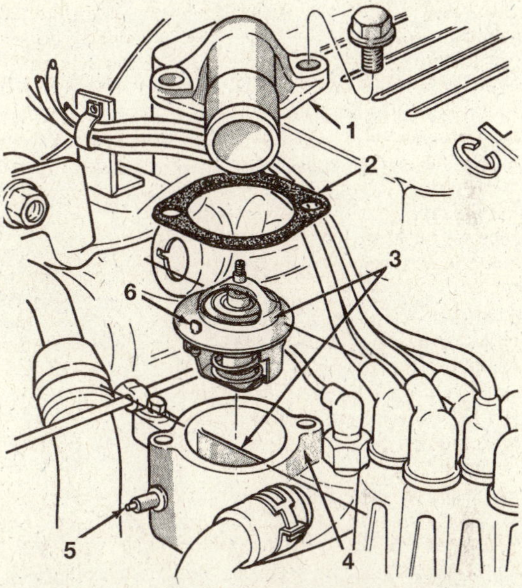

3.10c Detalles de la instalación del termostato - motores V6 de 3.0L

1 *Albergue*
2 *Junta*
3 *Termostato (alinee el borde con la pared del albergue)*
4 *Caja de agua*
5 *Unidad de envío para la temperatura*
6 *Válvula para ventilación del aire*

grande que aparea con la manguera está deteriorada (desgastada, mellada, etc.) puede ser dañada al remover la manguera. Si lo está, el albergue del termostato debe ser reemplazado.

10 Remueva los pernos y separe el albergue de la caja del agua **(vea ilustraciones)**. Si el albergue está atascado, golpéelo con un martillo de cara blanda, para aflojarlo. Algo del anticongelante podría derramarse al romper el sello.

11 Anote como está instalado (que final mira hacia la caja del agua), entonces remueva el termostato.

12 Remueva todos los rasgos del material de la junta usada y sellador de la caja del agua y el albergue del termostato con un raspador de junta **(vea ilustración)**.

13 En los motores de cuatro cilindros, aplique una línea delgada uniforme de sellador

3.10d Remueva los pernos y separe el albergue del termostato del múltiple de admisión (se muestran los motores 3.3L y 3.8L V6)

3.12 Remueva todos los rasgos del material de la junta usada cuidadosamente

3

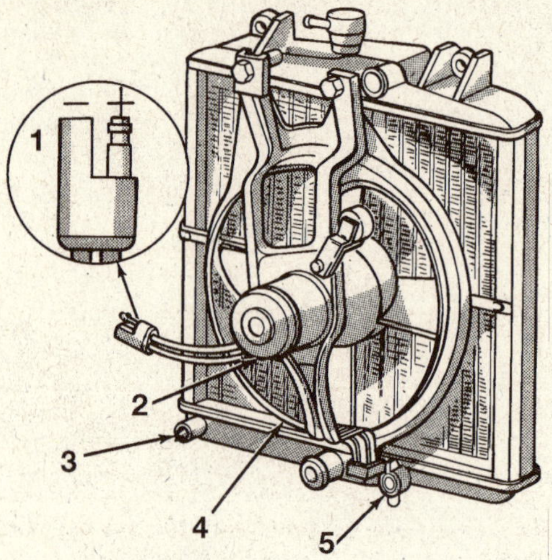

4.1a Conector eléctrico para el abanico de enfriamiento

1 *Vista agrandada - note la polaridad*
2 *Motor para el abanico eléctrico*
3 *Interruptor del ventilador motor de 2.6L*
4 *Anillo de soporte del ventilador*
5 *Drenaje*

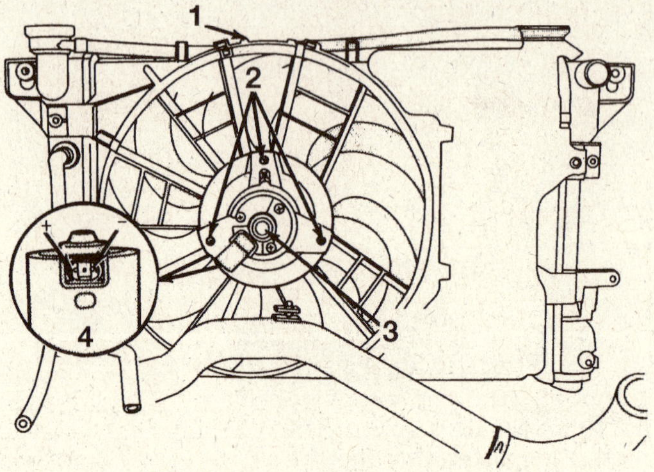

4.1b En algunos modelos, el conector eléctrico en el motor se enchufa en el mismo ventilador

1 *Modulo del radiador*
2 *Tornillos de retención*
3 *Motor del ventilador eléctrico*
4 *Vista agrandada para la polaridad*

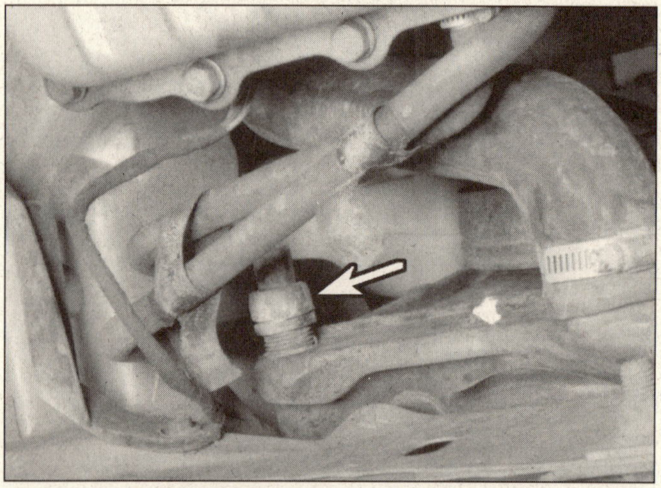

4.2a En modelos de cuatro-cilindros, el interruptor del ventilador es roscado en el fondo del radiador (flecha)

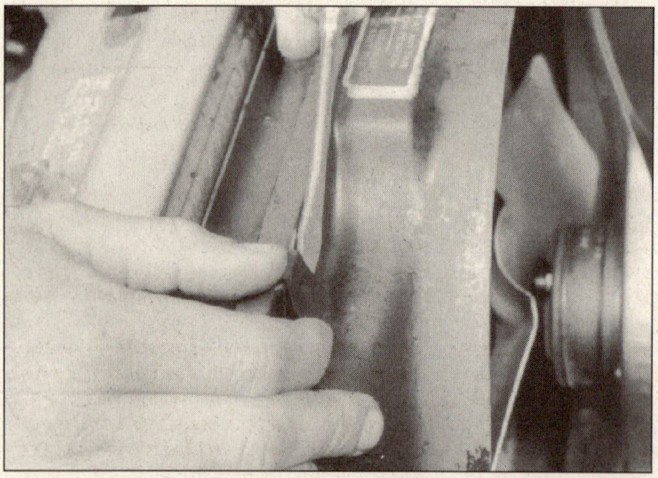

4.5a Separe los dos clips por encima del albergue de la cubierta del ventilador con un destornillador . . .

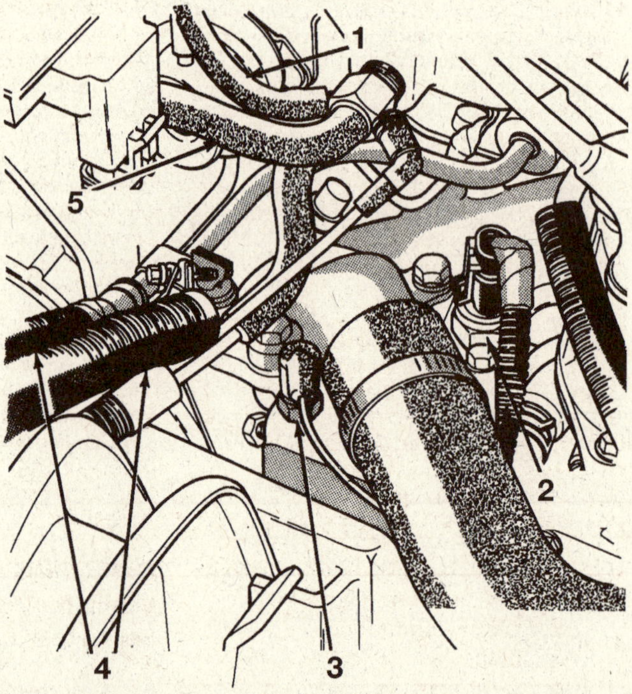

4.2b En motores V6 de 3.0L, el sensor de temperatura del anticongelante está enroscado en el albergue del termostato (en los motores de 3.3L y 3.8L V6 está enroscado en la cabeza de los cilindros al frente)

1 *Manguera de vacío para el regulador de la presión de combustible*
2 *Sensor de la temperatura del anticongelante*
3 *Enviador de la temperatura del motor*
4 *Mangueras de suministro y de retorno*
5 *Manguera de vacío para el sensor MAP (sensor de la presión absoluta del múltiple de admisión)*

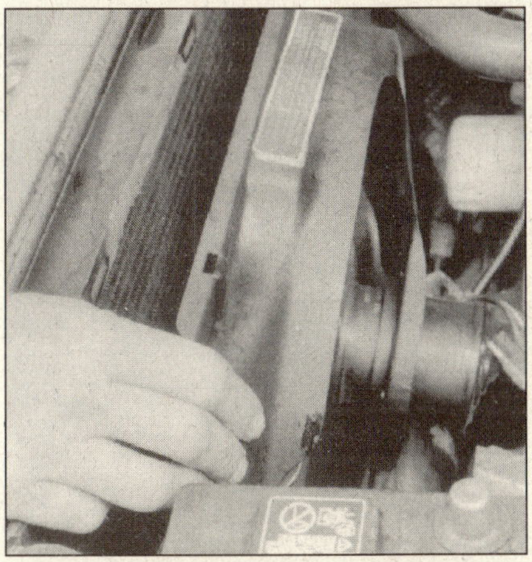

4.5b . . . entonces eleve el ensamblaje fuera del compartimiento del motor

4.6 El clip para retener el ventilador puede ser removido con alicates de punta de aguja

4.7 Remueva las tuercas del motor del ventilador

RTV (vulcanizador accionado a temperatura ambiente) a ambos lados de la junta nueva, entonces coloque la junta nueva en la caja del agua. Instale el termostato sobre la junta nueva en la caja del agua. Asegúrese que el fin del resorte esté dirigido hacia dentro de la caja del agua.

14 En los motores V6, instale el termostato en la caja del agua, con la punta del resorte primero **(vea ilustración 3.10c)**. En los motores de 3.OL, alinee el puente encima del termostato con la pared de fundición en la caja del agua. Aplique una línea delgada uniforme de sellador RTV a la junta nueva y coloque la junta sobre el termostato.

15 Instale el albergue y los pernos. Apriete los pernos al par de torsión listado en las Especificaciones de este capítulo.

16 Acople nuevamente la manguera superior del radiador al albergue y apriete la abrazadera de la manguera firmemente.

17 Rellene el sistema de enfriamiento (vea Capítulo 1).

18 Ponga el motor en marcha y permita que alcance la temperatura normal de operación, entonces chequee por fugas y por la operación apropiada del termostato (como está descrito en los Pasos 2 al 4).

4 Abanico de enfriamiento e interruptor - chequeo y reemplazo

Peligro: *Para evitar heridas o daños posibles, NO ponga el motor en marcha con un ventilador desgastado. No trate de reparar las hojas del ventilador - reemplace el ventilador desgastado con uno nuevo.*

Chequeo

Refiérase a las ilustraciones 4.1a, 4.1b, 4.2a, y 4.2b

1 Si el motor se está sobrecalentando y el abanico de enfriamiento no funciona, desconecte el conector eléctrico en el motor del ventilador **(vea ilustraciones)** y emplee unos cables de salto para conectar el ventilador directamente a la batería. Si el ventilador todavía no funciona, reemplace el motor.

2 Si el motor del ventilador está bueno pero todavía no funciona cuando el motor se calienta, el defecto está en el sensor de la temperatura del anticongelante o el interruptor del ventilador **(vea ilustraciones)**, la computadora del control del motor o el alambrado que conecta los componentes (en algunos modelos, la operación del ventilador está controlada por el sensor de la temperatura del anticongelante. En otros modelos, un interruptor del ventilador separado es empleado). Desconecte el conector eléctrico del sensor/interruptor. Si el ventilador funciona, el sensor está defectuoso. Si el ventilador todavía no funciona emplee un voltímetro o luz de prueba para chequear el circuito del ventilador (esquemas del alambrado están incluidos al final del Capítulo 12). Chequee cuidadosamente todo el alambrado y las conexiones. Si no se encuentran ningunos problemas obvios, el diagnóstico adicional debe ser hecho por un departamento de servicio de su concesionario o un taller de reparación.

Reemplazo

Ventilador

Refiérase a las ilustraciones 4.5a, 4.5b, 4.6 y 4.7

3 Desconecte el cable negativo de la batería.

4 Desconecte el conector eléctrico del ventilador.

5 Separe los dos clips por encima de la cubierta del ventilador con un destornillador. pequeño, entonces cuidadosamente elévelo fuera del compartimiento del motor **(vea ilustraciones)**.

6 Para separar el ventilador del motor, remueva el clip del eje motriz **(vea ilustración)**.

7 Para separar el motor de la cubierta, remueva las tuercas y deslice el motor fuera de la cubierta **(vea ilustración)**.

8 La instalación se hace en el orden inverso al procedimiento de desensamble.

Interruptor del sensor y el ventilador de la temperatura del anticongelante

9 Drene el sistema de enfriamiento.

10 Desconecte el conector eléctrico del sensor/interruptor.

11 Destornille el sensor/interruptor del albergue del termostato o al fondo del radiador.

12 Envuelva cinta de Teflón en las roscas del sensor nuevo/interruptor para prevenir fugas.

13 Instale el sensor/interruptor y conecte el conector eléctrico.

14 Llene el sistema de enfriamiento (vea Capítulo 1).

15 Ponga en marcha el motor para chequear por fugas y la operación apropiada del abanico de enfriamiento.

3

5 Radiador para enfriar el aceite del motor y la transmisión - remover e instalar

Peligro: *Espere hasta que el motor esté frío antes de empezar este procedimiento.*

Radiador

Remover

Refiérase a las ilustraciones 5.4a, 5.4b, 5.5, 5.6 y 5.8

1 Desconecte el cable negativo de la batería.

2 Drene el sistema de enfriamiento y asegúrese que el control de la calefacción esté en la posición máxima de calor (vea Capítulo 1). Si el anticongelante está relativamente nuevo y está en buena condición, sálvelo y vuélvalo a emplear.

3 Remueva el motor del ventilador y el ensamblaje de la cubierta (vea Sección 4).

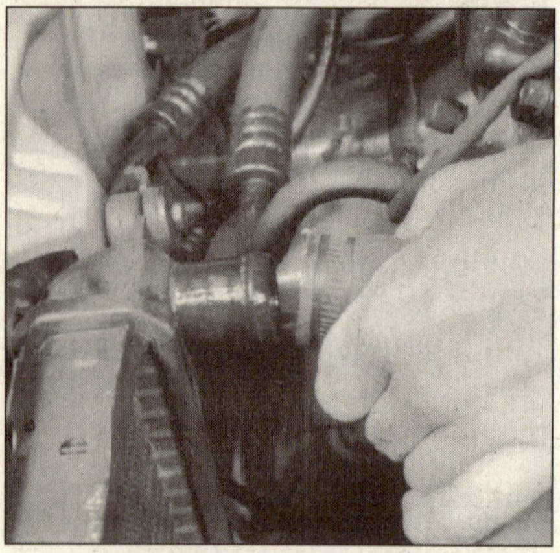

5.4a Afloje la abrazadera, deslícela hacia atrás y remueva la manguera del radiador trabajándola de lado a lado

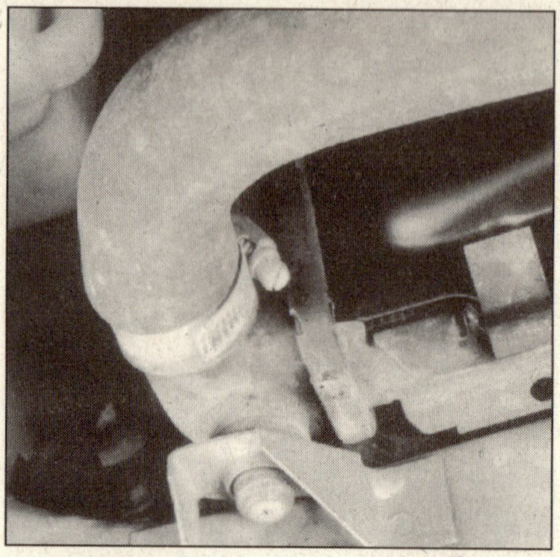

5.4b La manguera inferior del radiador es accesible por debajo del vehículo

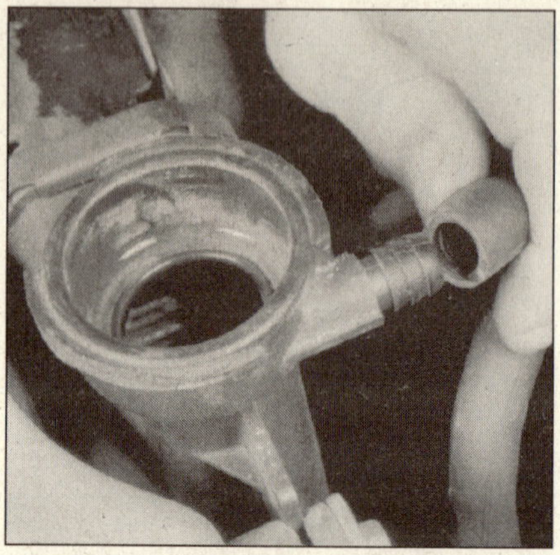

5.5 Separe la manguera del depósito del anticongelante desde el acoplador

4 Afloje las abrazaderas de las manguera, entonces separe las mangueras de los acopladores **(vea ilustraciones)**. Si ellas están atascadas, agarre cada manguera cerca del final con un par de alicates ajustables y tuérzelas para romper el sello, entonces remuévalas. ¡Tenga cuidado de no dañar las aletas del radiador! Si las mangueras del radiador están usadas o deterioradas, córtelas e instale nuevas.

5 Remueva la manguera del depósito del anticongelante **(vea ilustración)**.

6 Si el vehículo está equipado con una transmisión automática, desconecte y tape las líneas del enfriador **(vea ilustración)**.

7 Desconecte el conector eléctrico del interruptor del ventilador del radiador (vea la Sección 4).

8 Remueva los pernos del calzo del radiador **(vea ilustración)**.

9 Eleve cuidadosamente el radiador hacia fuera. No rocíe anticongelante sobre el vehículo o rasguñe la pintura.

10 Chequee el radiador por fugas y daños. Si necesita reparación, deje que un taller de radiador o un departamento de servicio de su concesionario haga el trabajo, ya que requieren técnicas especiales.

11 Remueva los bichos y la tierra del radiador con aire comprimido y un cepillo suave teniendo cuidado de no dañar las aletas de enfriamiento del radiador ni los tubos de agua.

Instalar

12 Inspeccione los calzos del radiador por deterioración y asegúrese que no haya tierra ni piedritas en ellos cuando el radiador sea instalado.

13 Baje el radiador en su lugar y empújelo abajo para sentar las etiquetas más bajas en los rotos proporcionados del montaje.

14 Instale los pernos superiores del radiador y apriételos seguramente.

15 Lubrique ligeramente todas los acopladores de las mangueras con grasa de litio blanca para aliviar la instalación.

16 Instale las mangueras de la bomba calentador y depósito.

17 Instale las líneas de enfriamiento de transmisión, si está equipado con este.

18 Instale el motor del ventilador y el ensamblaje de la cubierta, y conecte el conector eléctrico al motor.

19 Llene el sistema de enfriamiento con la mezcla apropiada de anticongelante y agua (vea Capítulo 1).

20 Conecte el cable negativo de la batería.

21 Ponga en marcha el motor y permita que alcance la temperatura normal de operación y chequee por fugas, (indicado por la manguera superior del radiador que se pone caliente). Vuelva a examinar el nivel del refrigerante y agregue más si es necesario.

22 Si usted está trabajando en un vehículo equipado con una transmisión automática, chequee y agregue el flúido según sea necesario (vea Capítulo 1).

Enfriadores del aceite de la transmisión automática

Refiérase a las ilustraciones 5.23a y 5.23b

23 Hay dos tipos de enfriadores de aceite de transmisión. Uno es interno y va montado en el tanque del radiador, el otro está externamente montado delante del radiador **(vea ilustraciones)**.

24 Se recomienda que usted emplee solamente mangueras aprobadas para el enfriador de aceite de la transmisión si el reemplazo de manguera llega a ser necesario. Estas mangueras de caucho para el aceite son hechas en molde para que queden en el

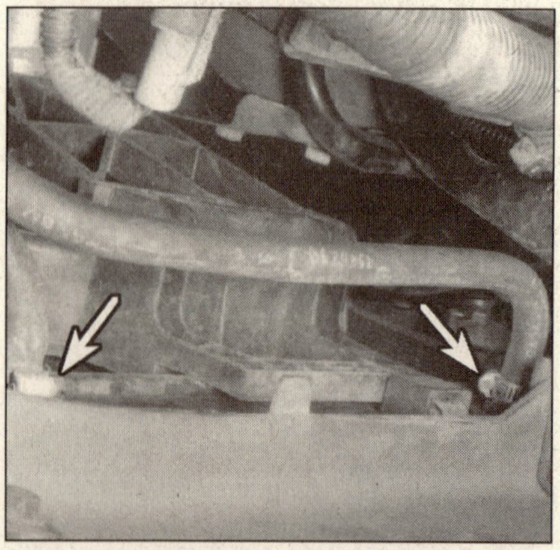

5.6 Ubicación de las líneas (flechas) del enfriador de la transmisión - motores de 3.3L y 3.8L

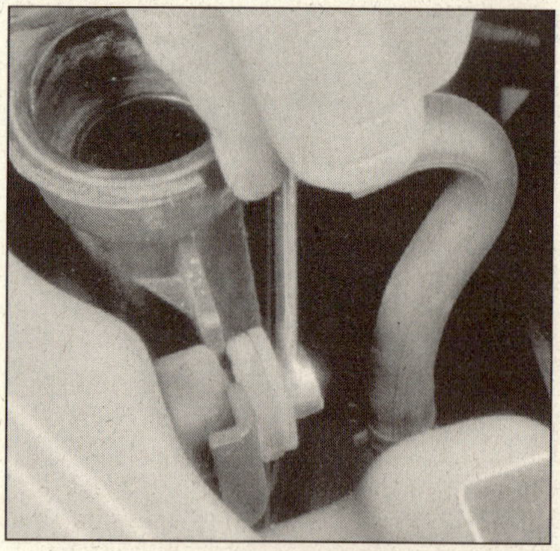

5.8 La cima del radiador está asegurada por dos pernos (uno de cada lado)

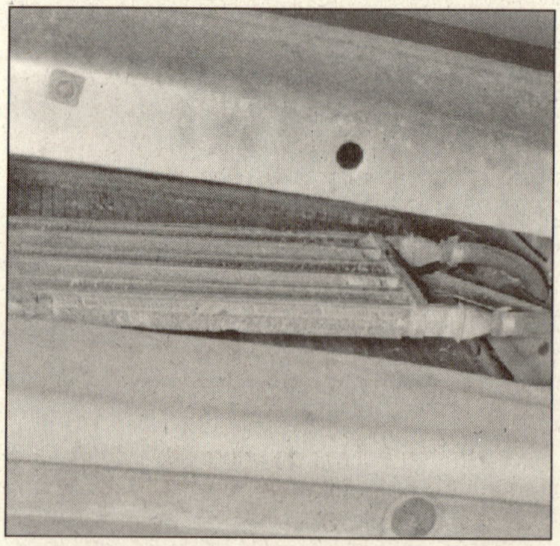

5.23a Ubicación del enfriador auxiliar de aceite de la transmisión - motores 2.6L

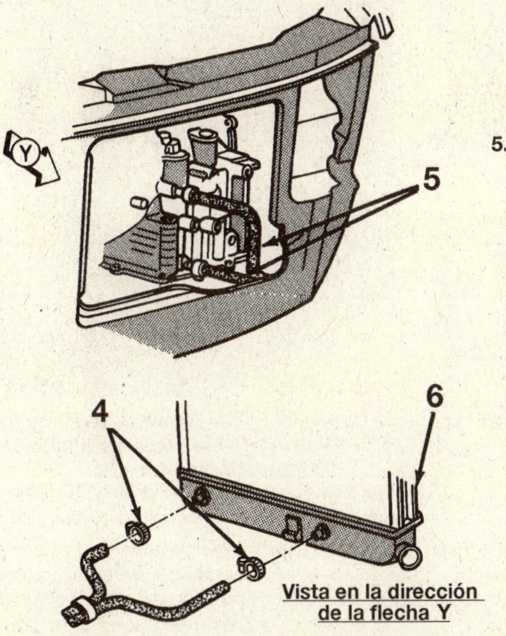

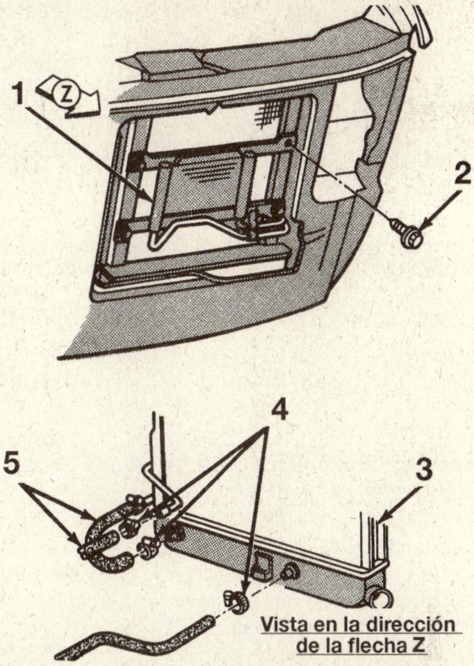

5.23b Líneas de enfriamiento para la transmisión

1 *Flúido de transmisión al enfriador auxiliar de aire*
2 *Tornillo*
3 *Radiador*
4 *Grapas*
5 *Mangueras de la transmisión al enfriador del flúido*
6 *Radiador*

espacio disponible. Las mangueras rectas se pincharán cuándo son dobladas y restringirán o detienen el flujo del aceite de la transmisión por el enfriador. Si el flujo por el enfriador es restringido o detenido, el aceite no se refrescará apropiadamente y podría quemarse, (convirtiendo el aceite de un color rojo a un color marrón). Esto podría causar también que la transmisión falle prematuramente.

6 Depósito del anticongelante - remover e instalar

Refiérase a la ilustración 6.2

1 Separe la manguera de la capacidad excesiva del cuello de reabastecimiento del radiador. Tape la manguera para que no rocíe nada del anticongelante fuera del depósito cuando se esté removiendo.
2 Remueva los tornillos de montaje **(vea ilustración)** y eleve el depósito hacia arriba. En los modelos más antiguos, será necesario remover primero la batería.
3 La instalación se hace en el orden inverso al procedimiento de desensamble.

7 Bomba del agua - chequeo

1 Un fracaso de la bomba de agua puede causar un daño grave debido al sobrecalentamiento.
2 Hay tres maneras de chequear la operación de la bomba del agua mientras esté instalada en el motor. Si la bomba está defectuosa, debe ser reemplazada con una nueva o una reconstruida.
3 Con el motor en marcha a la temperatura normal de operación, apriete la manguera superior del radiador. Si la bomba del agua está trabajando apropiadamente, se debe sentir una oleada de presión al liberar la manguera. **Peligro:** *¡Mantenga las manos lejos de las hojas del ventilador!*
4 Las bombas del agua están equipadas con orificios de respiradero. Si un fracaso ocurre en el sello de la bomba, el anticongelante se saldrá por el orificio. En la mayoría de los casos usted necesitará una linterna para encontrar el orificio por debajo en la bomba de agua al chequear por fugas.
5 Si los baleros del eje de la bomba de agua fallan, puede haber un ruido en el frente del motor mientras está en marcha. El desgaste del eje se puede sentir si la polea de la bomba del agua es mecida de arriba hacia abajo. No haga el error de confundir el resbalamiento de las bandas, el cual causa un chillido, con el fracaso del cojinete de la bomba del agua.

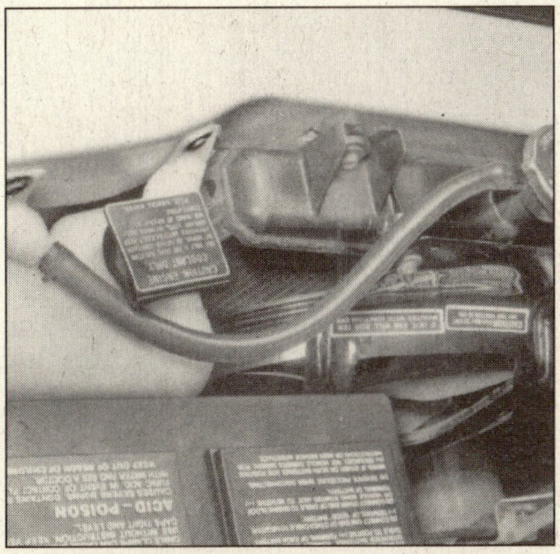

6.2 Detalles de como se instala el depósito del anticongelante (se muestra un motor de 2.6L, los otros son semejantes)

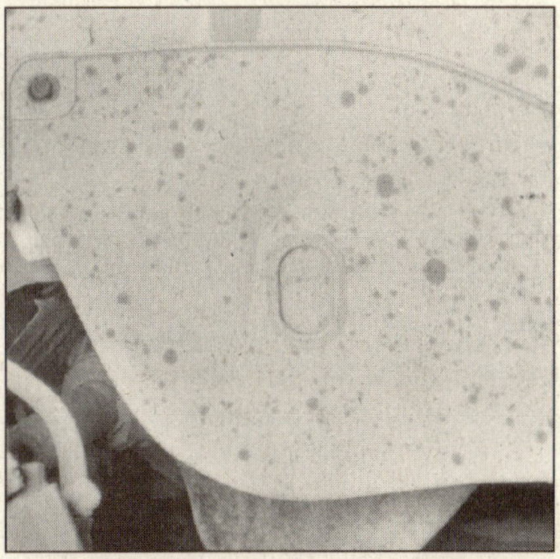

8.3 Remuevan el protector del lado derecho para el acceso a la bomba de agua - es retenido por tres pernos (se muestra un motor de 2.6L, los otros son semejantes)

8 Bomba del agua - reemplazo

Refiérase a la ilustración 8.3

Peligro: *Espere hasta que el motor esté completamente frío antes de comenzar este procedimiento.*

Todos los motores

1 Desconecte el cable negativo de la batería.
2 Drene el sistema de enfriamiento (vea Capítulo 1). Si el anticongelante es relativamente nuevo o está en buena condición, sálvelo y vuélvalo a emplearlo.
3 Remueva el protector bajo del guardafango delantero del lado derecho para tener acceso fácil a los pernos de la bomba de agua **(vea ilustración)**. En todos los modelos menos esos equipados con motores de 2.6L,

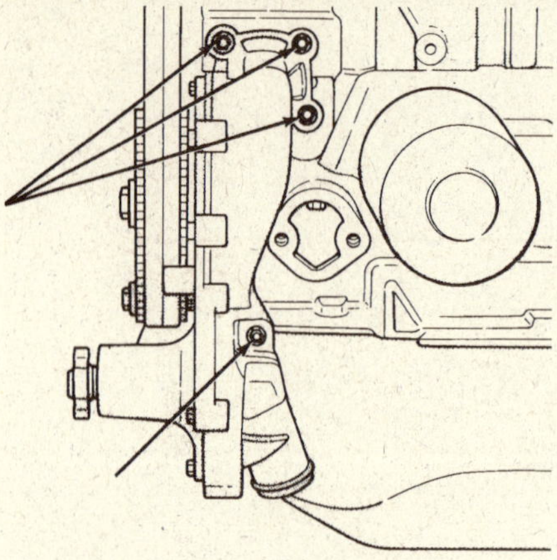

8.6 Localidad de los pernos de la bomba de agua (se muestra un motor de 2.2L, el motor 2.5L es similares)

remueva la banda(s) (vea Capítulo 1).

4 Afloje las abrazaderas y desconecte las mangueras de la bomba de agua. Si están atascadas, agarre cada manguera cerca del final con un par de alicates ajustables y tuérzalas para romper el sello, entonces remuévalas. Si las mangueras están deterioradas, córtelas e instale unas nuevas.

Motores de 2.2L y 2.5L

Refiérase a las ilustraciones 8.6, 8.7a, 8.7b y 8.11

5 En los modelos con aire acondicionado, remueva los pernos del compresor (vea Sección 15). **Peligro:** *Simplemente ponga el compresor a un lado y no desconecte las líneas.*

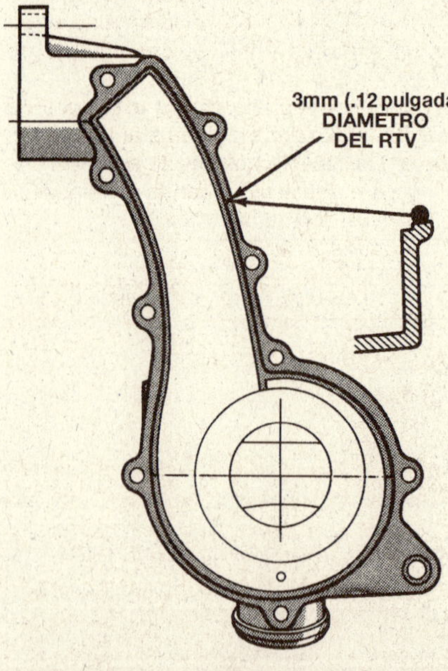

8.11 Aplique una línea de sellador RTV (vulcanizador accionado a temperatura ambiente) continuo entre los orificios para los pernos y la orilla interior del albergue

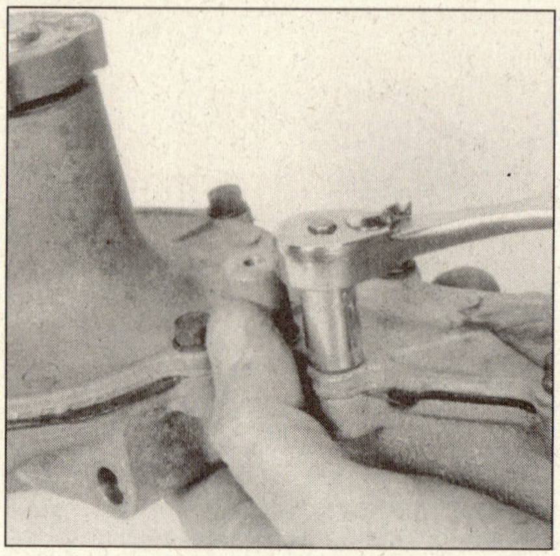

8.7a Remueva los pernos de la bomba de agua al albergue

6 Remueva los pernos de la bomba del agua **(vea ilustración)**, separe la banda, separe la bomba del agua y el ensamblaje del albergue del motor.

7 Remueva los pernos y separe la bomba del agua del albergue **(vea ilustraciones)**.

8 Tire la junta y limpie las superficies de acoplamiento para remover cualquier material que quede de la junta. Remueva el anillo sellador de tipo O usado, del albergue y limpie cuidadosamente la ranura.

9 Limpie las roscas de los pernos y las roscas de los orificios para remover cualquier corrosión y sellador.

10 Si usted está instalando una bomba nueva, compare la bomba nueva a la bomba usada para asegurarse que son idénticas.

11 Aplique una línea delgada de sellador RTV (vulcanizador accionado a temperatura ambiente) a las superficies de acoplamiento del albergue **(vea ilustración)**. Instale un anillo nuevo sellador de tipo O en la ranura del albergue.

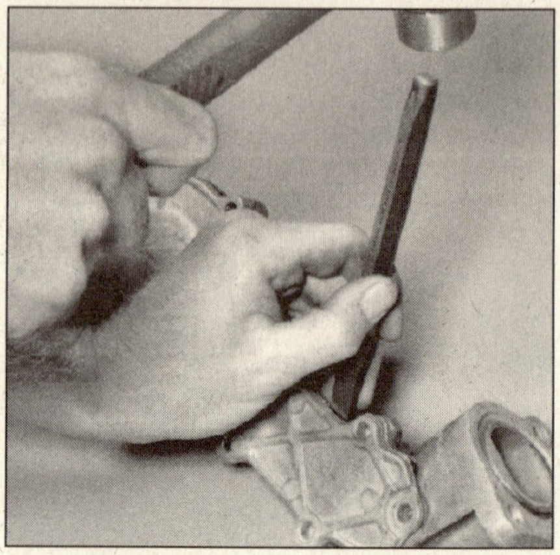

8.7b Usted pueda que tenga que usar un martillo y un cincel para separar la bomba de agua del albergue, pero sea extremadamente cuidadoso - no dañe la superficie de acoplamiento del albergue

12 Conecte la bomba nueva al albergue y apriete los pernos según las Especificaciones de este Capítulo.

13 Limpie las superficies de acoplamiento del albergue de la bomba del agua y del bloque del motor. Empleando una junta nueva, instale el ensamblaje y el albergue de la bomba en el motor y apriete los pernos según las Especificaciones de este capítulo.

14 Proceda al Paso 43.

Motores de 2.6L

Refiérase a las ilustraciones 8.15 y 8.17

15 Remueva el protector de la polea de la leva **(vea ilustración)**.

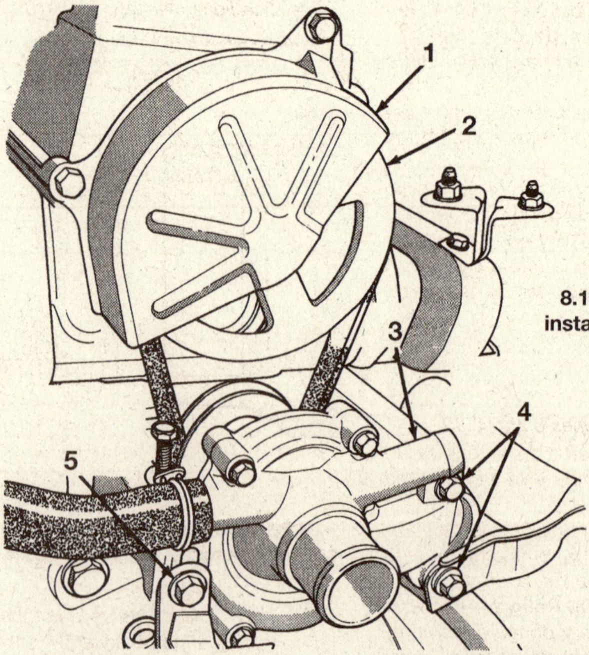

8.15 Detalles de como instalar la bomba de agua - motores 2.6L

1 *Cubierta para la polea*
2 *Polea*
3 *Salida para la manguera de la calefacción*
4 *Tornillos pivote*
5 *Tornillos de atascamiento*

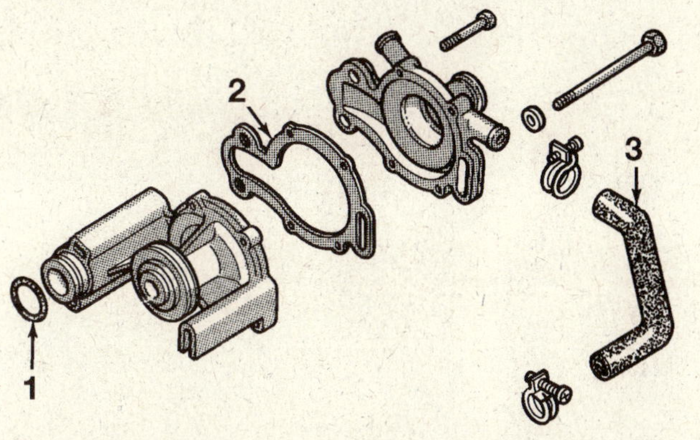

8.17 Vista esquemática de la bomba de agua (motor de 2.6L)

1 Anillo O
2 Junta
3 Manguera de desvío

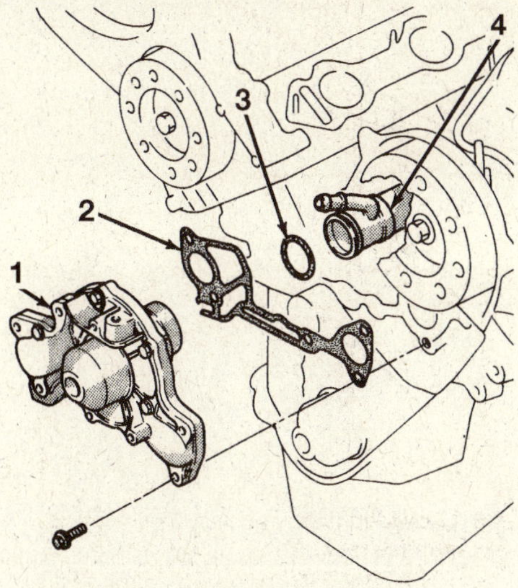

8.28 Detalles de como instalar la bomba de agua - motores de 3.0L

1 Bomba de agua
2 Junta
3 Anillo O
4 Pipa de agua

16 Remueva los pernos de la bomba del agua y separe la bomba del agua y el ensamblaje del albergue del motor (**vea ilustración** 8.15).
17 Remueva los pernos y separe la bomba del agua del albergue **(vea ilustración)**.
18 Tire la junta y limpie las superficies de acoplamiento para remover todo material que queda de la junta.
19 Remueva el anillo sellador de tipo O del albergue y limpie cuidadosamente la ranura.
20 Limpie las roscas de los pernos y los orificios roscados para remover cualquier corrosión y sellador.
21 Si usted está instalando una bomba nueva, compare la bomba nueva a la bomba usada para asegúrarse que son idénticas.
22 Aplique una línea delgada de sellador RTV (vulcanizador accionado a temperatura ambiente) a la junta. Ponga la junta en el albergue y arme la bomba al albergue. Instale los pernos y apriételo al par de torsión listado en las Especificaciones de este capítulo. Instale un anillo nuevo de tipo O en la ranura del albergue.
23 Instale el ensamblaje de la bomba del agua en el motor con los pernos apretados con los dedos.
24 Instale la banda y el protector de la polea de la leva, ajuste la banda a la tensión apropiada (vea Capítulo 1) y apriete los pernos de la bomba del agua al par de torsión listado en las Especificaciones de este capítulo.
25 Proceda al Paso 43.

Motor de 3.0L

Refiérase a las ilustraciones 8.28 y 8.29

26 Remueva la cubierta de la banda de la regulación del tiempo y la banda (vea Parte C, Capítulo 2).
27 Remueva el compresor del aire acondicionado (vea Sección 15), el alternador (vea Capítulo 5) y la bomba de la dirección de poder (vea Capítulo 10). **Peligro:** *Remueva simplemente los pernos y ponga el compresor a un lado - no desconecte las mangueras.*
28 Remueva los pernos del calzo y separe la bomba del agua del tubo de agua (conectado en la parte trasera de la bomba) y el bloque de los cilindros **(vea ilustración)**.
29 Remueva todos los rasgos de material de la junta usada de las superficies de acoplamiento de la bomba y del motor. Remueva el anillo sellador de tipo O usado, del tubo de agua **(vea ilustración)**.
30 Limpie las roscas de los pernos y los orificios roscados en el motor para remover la corrosión y el sellador.
31 Aplique una línea delgada de sellador RTV (vulcanizador accionado a temperatura ambiente) a la junta e instale la junta en la bomba. Instale un anillo nuevo sellador de tipo O en el tubo de agua.
32 Instale la bomba en el bloque, guiándola hacia el tubo de agua.
33 Instale los pernos de montaje y apriételos al par de torsión listado en las Especificaciones de este Capítulo.

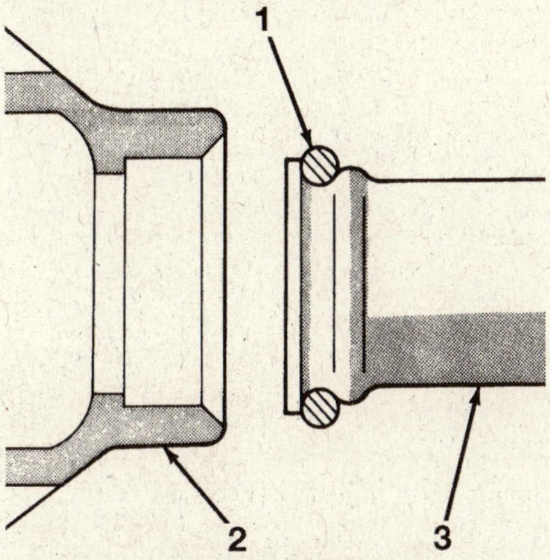

8.29 Esté seguro de emplear un anillo sellador de tipo O nuevo en el tubo de agua

1 Anillo O
2 Albergue de la bomba
3 Pipa de agua

34 Vuelva a instalar la banda del tiempo y la cubierta (vea Parte C, Capítulo 2).
35 Proceda al Paso 43.

Motores de 3.3L y 3.8L

Refiérase a la ilustración 8.36

36 Remueva los pernos y separe la bomba del agua de la cubierta delantera **(vea ilustración)**.
37 Limpie las roscas de los pernos y los orificios roscados en la cubierta delantera para remover cualquier corrosión y sellador.
38 Remueva el anillo sellador de tipo O usado y limpie las superficies de acoplamiento. Tenga cuidado de no causar muescas ni rasguñar las superficies de acoplamiento.
39 Aplique una línea delgada de sellador RTV a la superficie de acoplamiento de la bomba del agua e instale un anillo nuevo sellador de tipo O en la ranura.
40 Instale la bomba nueva a la cubierta delantera y apriete los pernos al torque listado en las Especificaciones de este capítulo.
41 Vuelva a instalar la banda y chequee la tensión (vea Capítulo 1).
42 Proceda al Paso 43.

8.36 La bomba de agua en los motores de 3.3L y 3.8L está retenida al albergue por cinco pernos

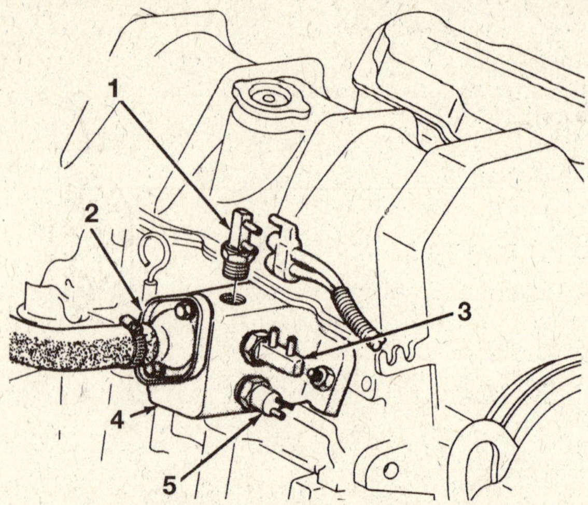

9.1a Ubicación de la unidad de envío de la temperatura del anticongelante (motores de 2.2L y 2.5L)

1 *Interruptor para la válvula de vacío*
2 *Albergue del termostato*
3 *Interruptor CCEGR*
4 *Caja de agua*
5 *Unidad de envío de la temperatura*

9.1b Ubicación de la unidad de envío de la temperatura del anticongelante (motores de 3.3L y 3.8L)

1 *Albergue del termostato*
2 *Unidad de envío de la temperatura del anticongelante*

Todos los motores

43 Conecte las mangueras del radiador a la bomba del agua y apriete las abrazaderas seguramente.
44 Vuelva a instalar cualquiera de las partes que fueron removidas para obtener acceso a la bomba.
45 Instale la banda(s) y ajústela a la tensión apropiada (vea Capítulo 1).
46 Instale el protector.
47 Vuelva a llenar el sistema de enfriamiento con anticongelante (vea Capítulo 1).
48 Vuelva a conectar el cable al terminal negativo de la batería.
49 Ponga en marcha el motor y permita que se caliente, entonces chequee por fugas.

9 Unidad de envío de la temperatura del anticongelante - chequeo y reemplazo

Refiérase a las ilustraciones 9.1a y 9.1b

Chequeo

1 El sistema indicador de la temperatura del anticongelante está compuesto de una luz o un medidor montado en el tablero de los instrumentos y una unidad de envío de la temperatura del anticongelante montado en el albergue del termostato o la caja del agua. Algunos de los motores cubiertos por este manual tienen más que una unidad de envío, pero solo uno es empleado para el sistema indicador de la temperatura **(vea ilustraciones) que acompañan e ilustración 3.10c)**.
2 Si ocurre una indicación de sobrecalentamiento, chequee el nivel del refrigerante del sistema. Esté seguro que el sistema de enfriamiento se haya refrescado lo suficiente para remover la tapa del radiador (cerca de 30 a 45 minutos). Mientras tanto usted puede chequear el alambrado entre la luz o el medidor y la unidad de envío para estar seguro que todos los circuitos del alambrado estén cerrados, y todos los fusibles estén intactos.
3 Con el interruptor de la ignición girado a la posición de arranque y el motor de arranque girando el motor, la luz indicadora debe estar activada o el medidor debería mostrar una condición de sobrecalentamiento.
4 Si la luz no enciende, la bombilla podría estar quemada, el interruptor de la ignición podría estar defectuoso o el circuito podría estar abierto. Para probar el circuito, conecte a tierra el alambre de la unidad de envío mientras la ignición está encendida y el motor esté apagado. Si la luz se enciende, o el medidor se mueve completamente a Caliente, reemplace la unidad de envío.
5 Tan pronto el motor se ponga en marcha, la luz debería apagarse y permanecer apagada a menos que el motor se sobrecaliente. Si la luz permanece encendida puede ser debido a un alambre puesto a tierra entre la luz y la unidad de envío, una unidad de envío defectuosa, o un interruptor de la ignición defectuoso. Chequee la mezcla del anticongelante para asegurarse que es la mezcla apropiada para su vehículo, el tipo de motor, y para las condiciones del tiempo.

Reemplazo

6 Drene el sistema de enfriamiento hasta el nivel del sensor, (asegúrese de que el sistema de enfriamiento esté frío antes de comenzar el trabajo). Destornille el sensor, del motor, el albergue del termostato, o la caja de agua, e instale uno nuevo. Emplee cinta de Teflón o una cantidad pequeña de sellador RTV en las roscas. Habrá alguna pérdida de anticongelante al remover la unidad, así que esté preparado para agarrarlo. Después del reemplazo, llene el sistema de enfriamiento al nivel apropiado y chequee por fugas.

10 Motor del abanico de soplar (frente) de la calefacción y aire acondicionado - remover e instalar

Refiérase a la ilustración 10.4

1 Desconecte el cable negativo de la batería.
2 Trabajando debajo del tablero por el lado del pasajero, desconecte el conector eléctrico del motor para el abanico de soplar.
3 Remueva los cinco tornillos que lo conectan y baje el motor del abanico de soplar y el ensamblaje del ventilador del ensamblaje de la calefacción/aire acondicionado.
4 Para separar el ventilador, remueva el retenedor y deslícelo fuera del eje motriz **(vea ilustración)**.

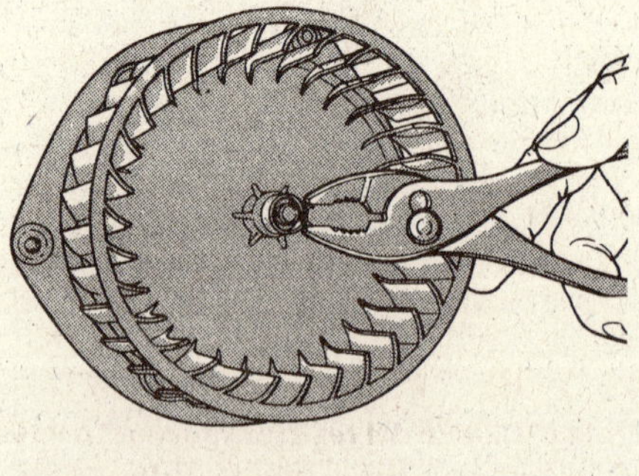

10.4 Para separar el ventilador del eje del motor, remueva el retenedor con alicates

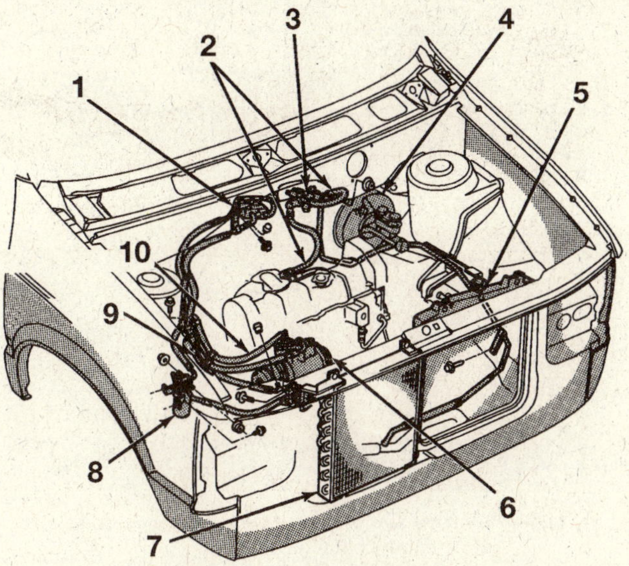

11.3 Localidad de los componentes de la calefacción y de aire acondicionado

1 *Válvula de expansión*
2 *Mangueras de la calefacción*
3 *Válvula para el agua*
4 *Amplificador de los frenos*
5 *Radiador*
6 *Compresor*
7 *Condensador*
8 *Filtro secador*
9 *Línea de succión*
10 *Línea de descarga*

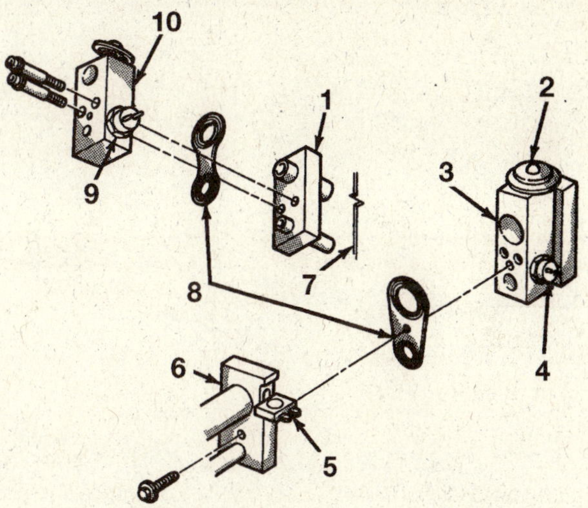

11.4 Detalles de la instalación de la "válvula H"

1 *Plato sellador para el evaporador*
2 *Cabeza de control*
3 *Válvula "H"*
4 *Interruptor para la baja presión*
5 *Interruptor para el ciclado del embrague*
6 *Plato sellador para la plomería*
7 *Panel del tablero*
8 *Junta de aluminio "N"*
9 *Interruptor para la baja presión*
10 *Válvula "H"*

5 La instalación se hace en el orden inverso al procedimiento de desensamble.

11 Núcleo de la calefacción (frente) - reemplazo

Refiérase a las ilustraciones 11.3, 11.4, 11.8, 11.11, 11.18 y 11.19

1 Desconecte el cable negativo de la batería.

2 Drene el sistema de enfriamiento (vea Capítulo 1). Haga descargar el sistema de aire acondicionado por una gasolinera u otro taller de reparación. **Peligro:** *No desconecte ninguna de las mangueras del aire acondicionado hasta que haya sido descargado.*

3 Desconecte las mangueras de la calefacción de los tubos del núcleo de la calefacción en la pared cortafuegos **(vea ilustración)** y tape los acopladores para prevenir que el anticongelante se rocíe hacia fuera al removerlo.

4 Remueva el perno de 8 mm del centro del plato sellador del evaporador **(vea ilustración)**.

5 Remueva los dos pernos de Torx y separe cuidadosamente la válvula H **(vea ilustración 11.4)**.

6 Mueva cuidadosamente las líneas del refrigerante al frente del vehículo (no rasguñe las superficies de acoplamiento de las válvulas).

7 Tape las líneas del refrigerante para prevenir la contaminación al sistema del aire acondicionado.

8 Remueva el tubo condensador **(vea ilustración)**.

9 Remueva los pernos de la columna de manejo al tablero y baje la columna al asiento del conductor.

10 Remueva la parte baja del tablero de los instrumentos y la consola delantera (vea Capítulo 11).

11 Remueva las cuatro tuercas que retienen el ensamblaje a la pared cortafuegos **(vea ilustración)**.

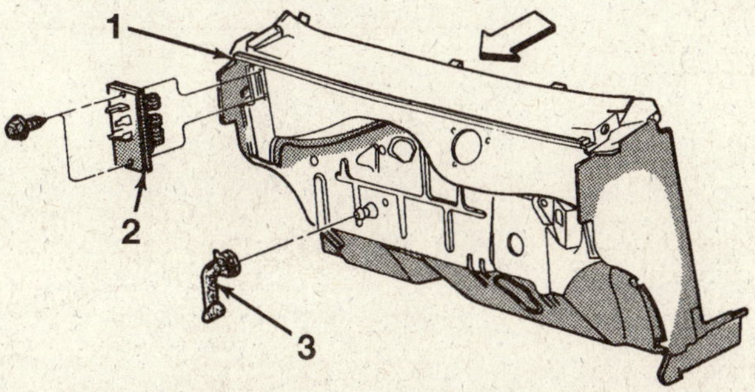

11.8 Bloque del resistor y lugares del tubo del condensador

1 *Pared cortafuego*
2 *Bloque resistor*
3 *Tubo de drenaje para la condensación*

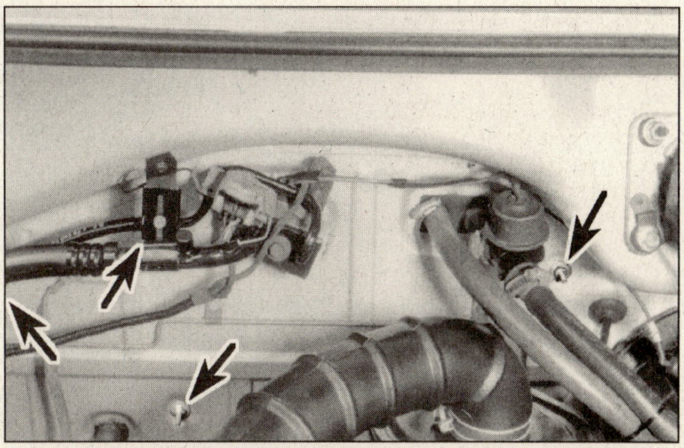

11.11 Localidad de los tornillos para la calefacción/aire acondicionado (flechas) - no todos los tornillos están visible en ésta foto

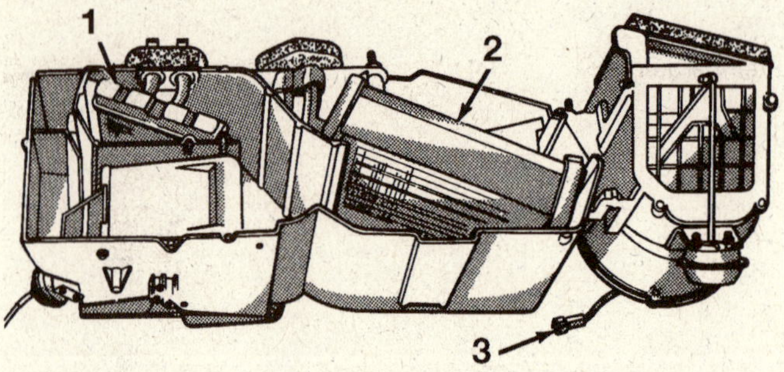

11.18 Remueva los tornillos y eleve la cima lejos del ensamblaje de la calefacción/aire acondicionado para exponer el núcleo de la calefacción (y el evaporador)

1 Núcleo de la calefacción
2 Evaporador
3 Alambrado del motor para el ventilador

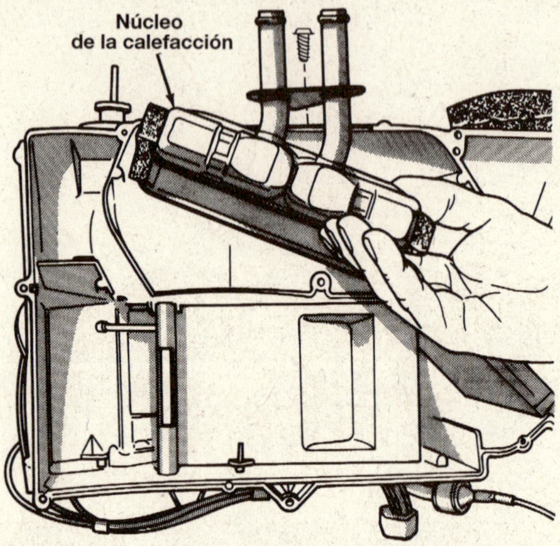

11.19 Remueva los tornillos y eleve el núcleo de la calefacción hacia arriba

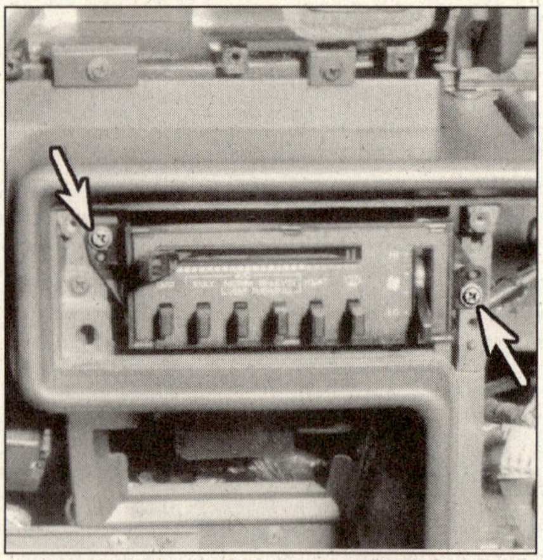

12.3 El ensamblaje de control de la calefacción/aire acondicionado es retenido por dos tornillos (flechas)

12.4 Hale el retenedor de la bombilla de la parte trasera del ensamblaje de control

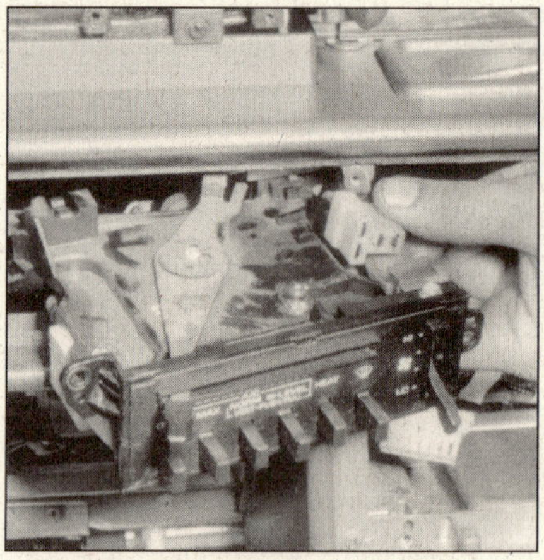

12.5 Desconecte los conectores eléctricos del ensamblaje de control

12 Remueva el lado derecho del tablero de los instrumentos hasta que llegue al asiento del pasajero.
13 Desconecte los conectores eléctricos al resistor, el motor para el abanico del soplar y el cable del control de la temperatura.
14 Desconecte la correa de gancho del ensamblaje de la calefacción/aire acondicionado y dóblela a un lado.
15 Remueva hacia fuera el ensamblaje de la calefacción/aire acondicionado debajo del tablero y remuévalo del vehículo.
16 Coloque el ensamblaje del evaporador del núcleo de la calefacción/aire acondicionado en una mesa de trabajo.
17 Remueva el tornillo de retención del arnés de vacío y pase el arnés por el orificio.
18 Remueva los tornillos y eleve la cubierta hacia fuera **(vea ilustración)**.
19 Remueva el tornillo del soporte retenedor del tubo del núcleo de la calefacción y eleve el núcleo de la calefacción hacia fuera **(vea ilustración)**.
20 La instalación se hace en el orden inverso al procedimiento de desensamble.

12 Ensamblaje del control de la calefacción/aire acondicionado - remover e instalar

Refiérase a las ilustraciones 12.3, 12.4, 12.5, 12.6, 12.7a, 12.7b, 12.7c y 12.8

1 Desconecte el cable negativo de la batería.
2 Remueva el plato de la cubierta del ensamblaje de control (vea el Capítulo 11).
3 Remueva los dos tornillos del calzo del ensamblaje de control **(vea ilustración)**.
4 Remueva el ensamblaje del control de la calefacción/aire acondicionado hacia fuera. Remueva el retenedor de la bombilla fuera del ensamblaje de control **(vea ilustración)**.
5 Desconecte los conectores eléctricos de la parte trasera del ensamblaje de control **(vea ilustración)**.
6 Desconecte el cable de control de la temperatura **(vea ilustración)**.
7 Libere la lengüeta de enclavamiento con alicates y, empleando un destornillador, hágale palanca al cable para el control de la temperatura hacia fuera del ensamblaje de control **(vea ilustraciones)**.
8 Desconecte el arnés del vacío **(vea ilustración)** y remueva el ensamblaje del tablero.
9 La instalación se hace en el orden inverso al procedimiento de desensamble.

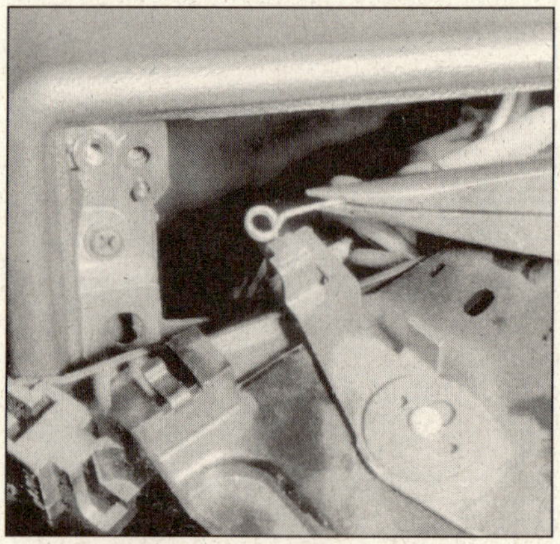

12.6 Separe el cable del control de la temperatura de la palanca

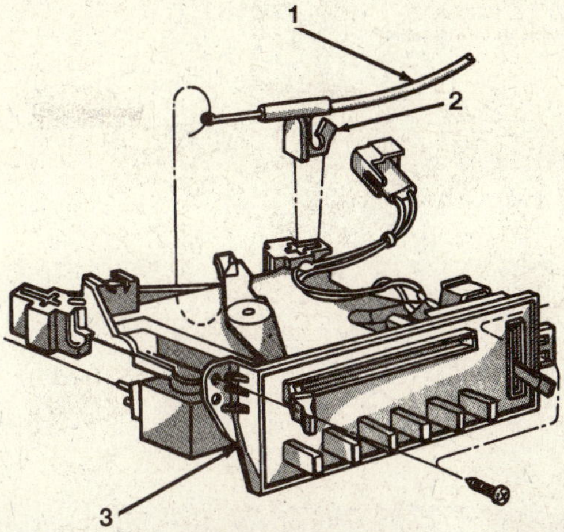

12.7a Detalles del cable del control de la temperatura

1. *Cable de control para la temperatura*
2. *Lengüetas de enclavamiento*
3. *Control para el aire acondicionado*

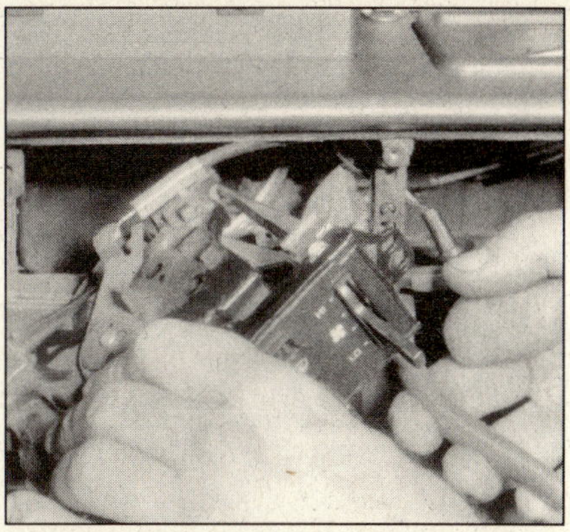

12.7b Presione las lengüetas de enclavamiento con alicates . . .

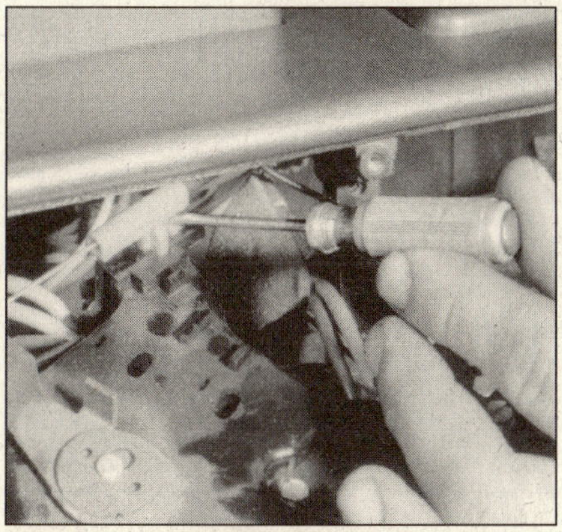

12.7c . . . entonces abra con una palanca el cable del ensamblaje

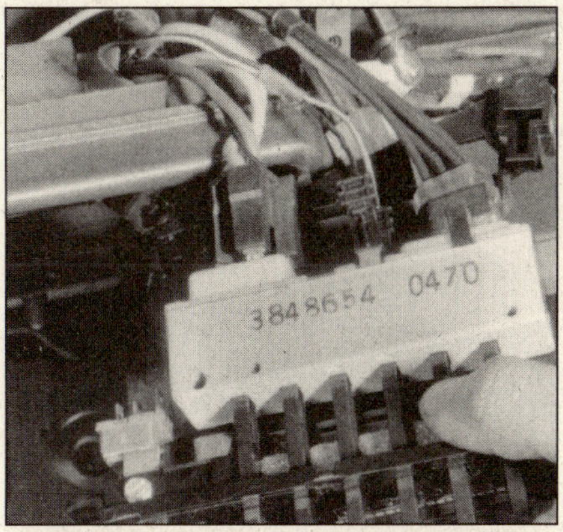

12.8 Hale el ensamblaje de control hacia afuera y remueva los arneses de vacío

13 Sistema de aire acondicionado - chequeo y mantenimiento

Refiérase a la ilustración 13.7

Peligro: *El sistema de aire acondicionado está bajo alta presión. No afloje ninguno de los acopladores de las manguera ni remueva ninguno de los componentes hasta que el sistema haya sido descargado por un departamento de servicio de su concesionario o una gasolinera. Siempre póngase protección para los ojos cuando vaya a desconectar los acopladores del sistema de aire acondicionado.*

Caución: *El sistema de aire acondicionado en los modelos 1993 y más modernos emplean el refrigerante que no afecta a la ozona, referido como el R-134a. El refrigerante R-134a y su aceite lubricante no son compatible con el sistema R-12 y en ninguna circunstancia deben ser entremezclados los dos diferentes tipos de refrigerante y aceite lubricante. Si son mezclados, podría resultar en el fracaso del compresor debido a la lubricación impropia.*

Chequeo

1 El siguiente mantenimiento de chequeos se deben realizar regularmente para asegurarse que el aire acondicionado continúa operando con eficiencia máxima.

a) *Chequee la banda del compresor. Si está deteriorada o desgastada, reemplácela (vea Capítulo 1).*
b) *Chequee la tensión de la banda y si es necesario ajústela (vea Capítulo 1).*
c) *Chequee las mangueras del sistema. Busque por roturas, burbujas, áreas duras y deterioración. Inspeccione las mangueras y todos los acopladores por burbujas de aceite y fugas. Si hay cualquier evidencia de desgaste, daño o fugas, reemplace la manguera(s).*
d) *Inspeccione las aletas del condensador por hojas, bichos y otros escombros. Emplee un peine de aleta o aire comprimido para limpiar el condensador.*
e) *Asegúrese de que el sistema tenga la carga de refrigerante correcta.*

2 Es una buena idea de operar el sistema por lo menos 10 minutos una vez al mes, particularmente durante el invierno. Largo tiempo sin operación puede causar endurecimiento y subsiguiente fracaso de los sellos.

3 Por la complejidad del sistema de aire acondicionado y el equipo especial necesario para atenderlo, identificación a fondo y reparaciones no son incluidas en este manual (Refiérase al Manual Haynes de Reparación Automotriz de Calefacción y Aire Acondicionado). Sin embargo, chequeos sencillos y procedimientos de reemplazo de los componentes son proporcionados en este Capítulo.

4 La causa más común del mal enfriamiento es simplemente un sistema con una carga baja de refrigerante. Si ocurre, una falta notable de aire fresco, el siguiente chequeo rápido le ayudará a determinar si el refrigerante está bajo.

5 Caliente el motor a la temperatura normal de operación.

6 Coloque el selector de la temperatura del aire acondicionado a la medida más fría. Abra las puertas (para estar seguro que el sistema de aire acondicionado no se salga del ciclo en cuanto refresque el compartimiento del pasajero).

7 Con el compresor enclavado - el embrague hará un chillido audible y el centro del embrague girará - inspeccione el vidrio de inspección, si está equipado **(vea ilustración)**. Si el refrigerante se mira espumoso,

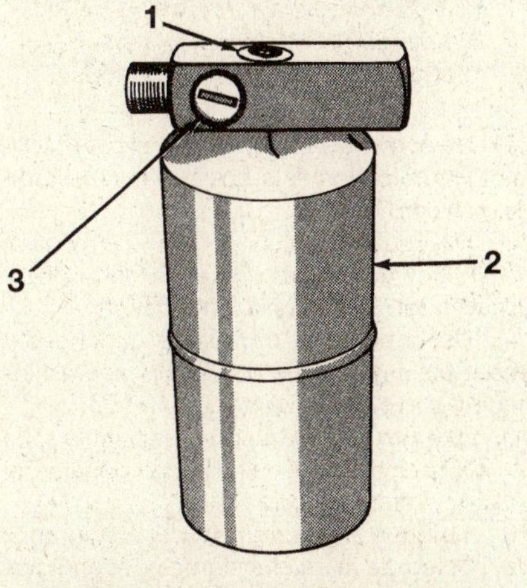

13.7 El vidrio de inspección encima del filtro secador (o receptor secador) le habilita a chequear la condición del refrigerante en el sistema de aire acondicionado mientras el sistema está en operación - si se mira como espumoso en el refrigerante, la carga está baja

1. *Vidrio de inspección*
2. *Receptor secador*
3. *Válvula para aliviar la alta presión*

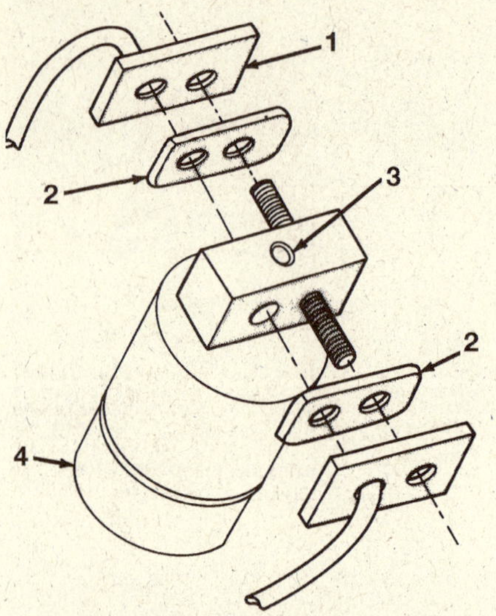

14.5 Detalles típicos de la instalación del filtro secador/secador receptor - si usted planea volver a instalar la misma unidad, esté seguro de bloquear las aberturas inmediatamente después de separar las líneas de refrigerante

1 Línea del refrigerante
2 Junta
3 Vidrio de inspección
4 Filtro secador

está bajo. Haga que el sistema sea cargado por el departamento de servicio de su concesionario u otro taller calificado.

8 Si no hay vidrio de inspección, palpe los tubos de entrada y salida del compresor. Un lado debe estar frío y uno caliente. Si no hay diferencia perceptible entre los dos tubos, algo está mal con el compresor o el sistema. Puede ser una carga baja - puede ser otra cosa. Lleve el vehículo al departamento de servicio de su concesionario o un taller de aire acondicionado automotriz.

14 Aire acondicionado filtro secador/secador receptor - remover e instalar

Refiérase a la ilustración 14.5

Peligro: *El sistema de aire acondicionado está bajo presión alta. NO desarme ninguna parte del sistema (mangueras, compresor, líneas de acoplación, etc) hasta que el sistema haya sido descargado por un departamento de servicio de su concesionario o una gasolinera.*

Caución: *Los aparatos secadores del filtro/secadores del receptor son tan efectivos para absorber la humedad que pronto pueden empaparse al estar expuestos al ambiente. Al instalar un aparato nuevo, tenga todos los materiales y herramientas listos para rearmar rápidamente y evadir que el sistema quede abierto más de lo que sea necesario.*

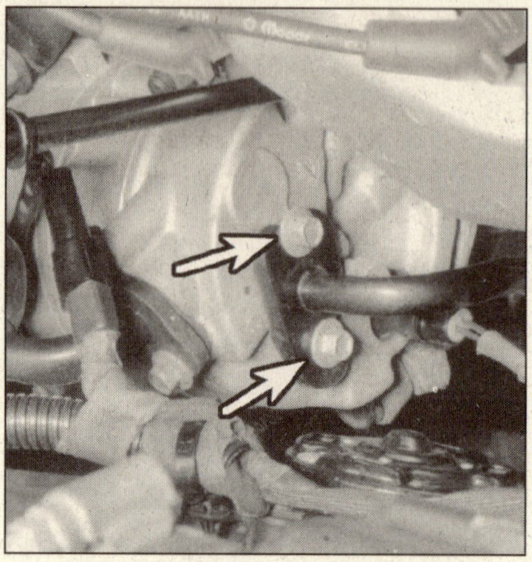

15.5 Cada línea de refrigerante es sostenida al compresor con dos pernos (flechas)

1 El filtro secador/secador del receptor, actúa como un depósito para el sistema refrigerante. Está localizado cerca del radiador.

2 Haga que el sistema sea descargado (vea **Peligro** arriba).

3 Desconecte el cable negativo de la batería.

4 Desconecte cualquier conector eléctrico del filtro secador/secador del receptor.

5 Desconecte las líneas del refrigerante del filtro secador/secador del receptor **(vea ilustración)**.

6 Tape los acopladores abiertos para prevenir la entrada de tierra y humedad.

7 Afloje los pernos del soporte de montaje y eleve el filtro secador/secador del receptor fuera.

8 La instalación se hace en el orden inverso al procedimiento de desensamble.

9 Regrese el vehículo a la taller que lo descargó. Deje que el sistema sea evacuado, cargado y chequeado por fugas.

15 Compresor del aire acondicionado - remover e instalar

Refiérase a las ilustraciones 15.5 y 15.6

Peligro: *El sistema de aire acondicionado está bajo alta presión. NO desarme ninguna parte del sistema (mangueras, compresor, acopladores de las mangueras, etc) hasta que el sistema haya sido descargado por un departamento de servicio de su concesionario o una gasolinera.*

Nota: *El secador del filtro/secador del receptor* (vea Sección 14) *debe ser reemplazado cada vez que el compresor es reemplazado.*

1 Deje que el sistema sea descargado (vea **Peligro** arriba).

2 Desconecte el cable negativo de la batería.

3 Desconecte el conector eléctrico del embrague del compresor.

4 Remueva la banda (vea Capítulo 1).

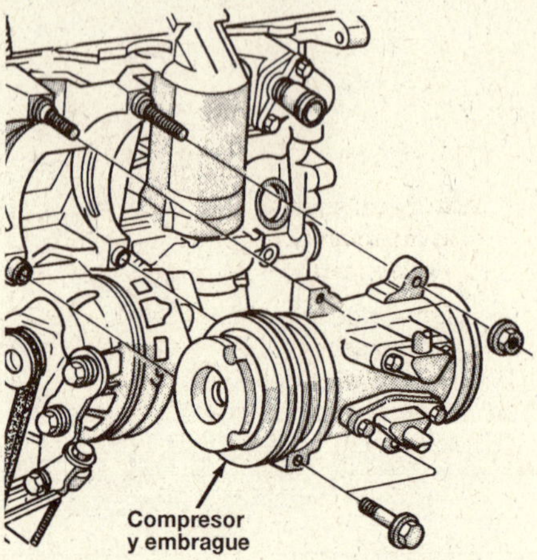

15.6 Detalles de la instalación del compresor del aire acondicionado (modelo de cuatro cilindros mostrado, los otros son semejantes)

5 Desconecte el refrigerante de las líneas atrás del compresor **(vea ilustración)**. Tape los acopladores abiertos para prevenir la entrada de tierra y humedad.

6 Remueva los pernos del compresor del soporte de montaje **(vea ilustración)** y elévelo del vehículo.

7 Si se instala un compresor nuevo, siga las instrucciones con el compresor con respecto al drenaje del exceso de aceite antes de la instalación.

8 El embrague quizás se tenga que transferir del compresor original al nuevo.

9 La instalación se hace en el orden inverso al procedimiento de desensamble. Reemplace todos los anillos selladores de tipo O con unos nuevos, hechos específicamente para el uso con sistemas de aire acondicionado, y lubríquelos con aceite refrigerante.

10 Deje que el sistema sea evacuado, cargado y chequeado por fugas por el taller que lo descargó.

16 Condensador del aire acondicionado - remover e instalar

Refiérase a la ilustración 16.4

Peligro: *El sistema de aire acondicionado está bajo alta presión. NO desarme ninguna parte del sistema (mangueras, compresor, acopladores de las mangueras, etc) hasta que el sistema haya sido descargado por un departamento de servicio de su concesionario o una gasolinera.*

Nota: *El secador del filtro/secador del receptor* (vea Sección 14) *debe ser reemplazado cada vez que el compresor es reemplazado.*

1 Haga que el sistema sea descargado (vea **Peligro** arriba).

2 Desconecte el cable negativo de la batería.

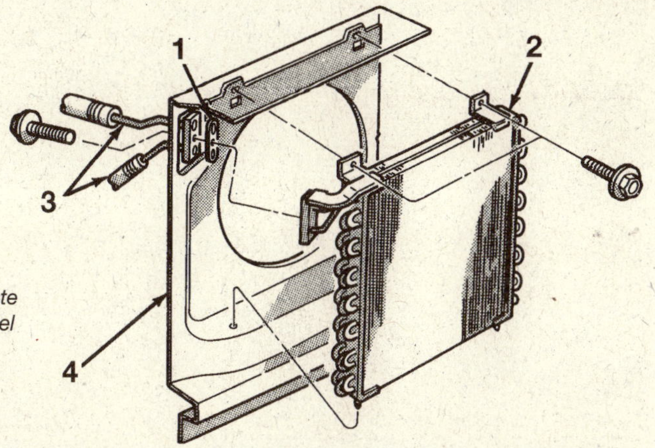

16.4 Detalles de la instalación de condensador

1 *Junta N de acero*
2 *Condensador*
3 *Líneas del refrigerante*
4 *Panel para encerrar el radiador*

3 Remueva la parrilla (vea Capítulo 11).

4 Desconecte las líneas refrigerante del condensador **(vea ilustración)**.

5 Tape todas las líneas refrigerantes para prevenir que la tierra y la humedad contaminen el sistema.

6 Remueva los dos pernos de montaje del condensador **(vea ilustración 16.4)**.

7 Remueva el condensador fuera del vehículo.

8 Si el condensador original será reinstalado, almacénelo con los acopladores de las líneas encima para prevenir que el aceite se drene hacia fuera.

9 Si se instala un condensador nuevo, vierta una onza de aceite refrigerante libre de cera dentro de él antes de la instalación.

10 La instalación se hace en el orden inverso al procedimiento de desensamble. Esté seguro que las almohadillas de caucho estén en su lugar bajo el condensador.

11 Haga que el sistema sea evacuado, cargado y chequeado por fugas por la taller que lo descargó.

17 Evaporador del aire acondicionado - remover e instalar

Refiérase a la ilustración 17.3

Peligro: *El sistema de aire acondicionado está bajo alta presión. NO desarme ninguna parte del sistema (mangueras, compresor, acopladores de las mangueras, etc) hasta que el sistema haya sido descargado por un departamento de servicio de su concesionario o una gasolinera.*

1 Haga que el sistema sea depresurizado (vea **Peligro** arriba).

2 Siga los Pasos 1 al 18 de la Sección 11.

3 Eleve el evaporador hacia arriba y hacia fuera de la unidad del aire acondicionado/calentador **(vea ilustración)**.

4 La instalación se hace en el orden inverso al procedimiento de desensamble. Haga que el sistema sea evacuado, cargado y chequeado por la taller que lo descargó.

18 Calentador/aire acondicionado (trasero) auxiliar - información general

El sistema de aire acondicionado y calefacción trasero está localizado en el cuarto panel izquierdo trasero. El sistema se puede operar del interruptor del soplador delantero en el tablero, a pesar del ajuste en los controles traseros.

El aire es aspirado en la entrada de aspiración, entonces entra al albergue del soplador y es empujado por el núcleo de la calefacción o el evaporador del aire acondicionado. En el modo caliente el flujo de aire es dirigido por las salidas en el piso. En el modo de aire acondicionado el flujo de aire es dirigido por las salidas superiores.

19 Componentes (trasero) auxiliares de la calefacción/aire acondicionado - remover e instalar

Peligro: *El sistema de aire acondicionado está bajo alta presión. NO desarme ninguna parte del sistema (mangueras, compresor, acopladores de las mangueras, etc) hasta que el sistema haya sido descargado por un departamento de servicio de su concesionario o una gasolinera.*

Calentador/aire acondicionado y el ensamblaje del albergue del soplador

Refiérase a la ilustración 19.8

Peligro: *Espere hasta que el motor esté completamente frío antes de empezar este procedimiento.*

1 Desconecte el cable negativo de la batería.

2 Drene el sistema de enfriamiento y desconecte los acoplamientos de empuje junto detrás de la unidad.

3 Haga que el sistema de aire acondicionado sea descargado (vea **Peligro** arriba).

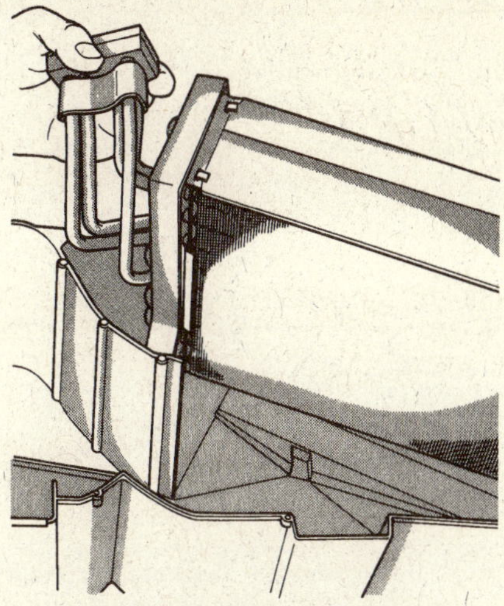

17.3 Detalles de la instalación del evaporador

4 Emplee un destornillador para hacerle palanca cuidadosamente a los rincones superiores e inferiores del panel del control fuera del albergue.

5 Remueva cuidadosamente el ensamblaje de control del albergue y remueva los conectores eléctricos.

6 Hágale palanca a las salidas de la calefacción y del aire acondicionado del albergue.

7 Remueva la moldura del cuarto panel izquierdo trasero (vea Capítulo 11).

8 Desconecte el conector eléctrico del bloque del resistor y el relevo del soplador **(vea ilustración)**.

9 Remueva el tornillo en el tubo de distribución en el albergue trasero de la rueda.

10 Remueva los tres tornillos de la unidad de la calefacción/aire acondicionado en el piso y el tornillo en el apoyo del panel. Eleve la unidad fuera del vehículo.

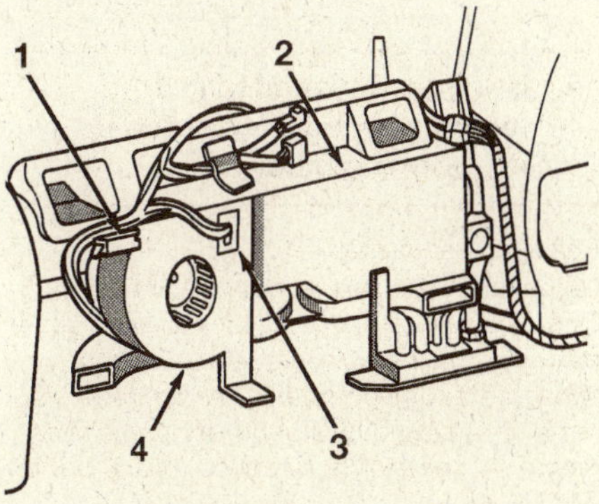

19.8 Detalles del aire acondicionador/calefacción auxiliar

1 *Relee del motor*
2 *Unidad trasera del aire acondicionador/calefacción*
3 *Bloque de resistencia del ventilador*
4 *Ventilador redondo de tipo paleta*

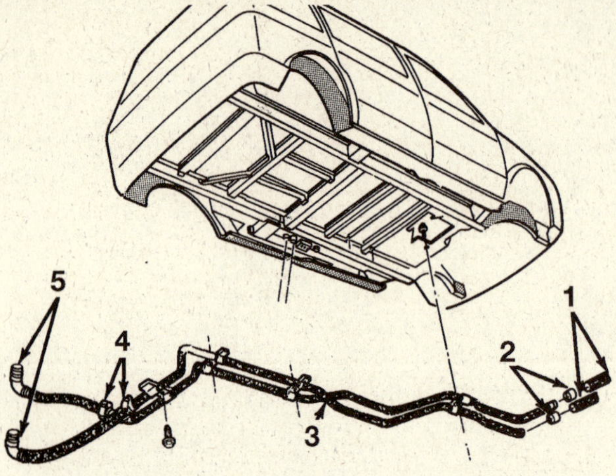

19.16 Detalles de la instalación de las cañerías para la calefacción debajo del chasis

1 Mangueras de la calefacción
2 Grapas de las mangueras
3 Calefacción trasera, tubo del anticongelante del motor
4 Grapas de las mangueras
5 Acopladores de empuje

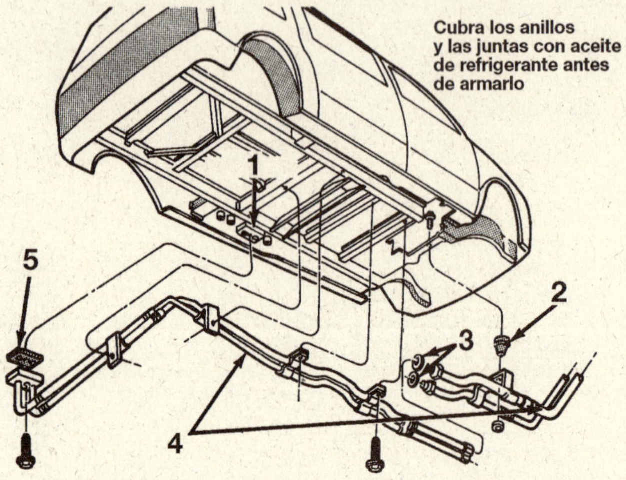

19.22 Detalles de la instalación de las cañerías para el aire acondicionado debajo del chasis

1 Válvula H
2 Anillo de caucho
3 Anillos O
4 Líneas de refrigerante
5 Junta

11 La instalación se hace en el orden inverso al procedimiento de desensamble.
12 Vuelva a llenar el sistema de enfriamiento (vea Capítulo 1). Haga que el sistema sea evacuado, cargado y chequeado por fugas por la taller que lo descargó.

Tubería de la calefacción debajo de la carrocería

Refiérase a ilustración 19.16

Peligro: *Espere que el motor esté completamente frío antes de empezar este procedimiento.*
13 Drene el sistema de enfriamiento.
14 Localice los acopladores de la manguera de la calefacción en el compartimiento del motor y desconéctelos.
15 Levante el vehículo y sopórtelo seguramente sobre estantes. Desconecte los dos acopladores de empuje detrás del núcleo de la calefacción.
16 Remueva los cierres de retención de la cañería debajo del capó y baje los tubos del vehículo **(vea ilustración)**.
17 La instalación se hace en el orden inverso al procedimiento de desensamble.
18 Vuelva a llenar el sistema de enfriamiento.
19 Ponga en marcha el motor, permita que alcance la temperatura normal de operación y chequee por fugas.

Instalación de la tubería del aire acondicionado debajo de la carrocería

Refiérase a la ilustración 19.22

20 Haga que el sistema de aire acondicionado sea descargado (vea **Peligro** arriba).
21 Levante el vehículo y sopórtelo seguramente sobre estantes. Localice y desconecte los dos acopladores de aire acondicionado para la instalación de las cañerías debajo de la carrocería en el compartimiento del motor.
22 Remueva el perno del bloque del aire acondicionado enfrente del tanque del combustible en el lado izquierdo **(vea ilustración)**.
23 Remueva cuidadosamente las líneas hacia abajo, remueva la junta de tipo N de aluminio y tape las aberturas de las líneas para prevenir la contaminación del sistema.
24 Remueva los tornillos que aseguran las líneas al tanque del combustible y el soporte del riel.
25 Remueva los tornillos que aseguran las líneas a la parte inferior del vehículo.
26 Desconecte la conexión del cable del freno de estacionamiento (vea Capítulo 9).
27 Baje la tubería del vehículo.
28 Si usted está instalando líneas nuevas no remueva las tapas de protección, ya que ellas protegerán las puntas por contaminación y rasguños.
29 La instalación de las cañerías se hace en el orden inverso al procedimiento de desensamble.
30 Haga que el sistema sea evacuado, cargado y chequeado por fugas por la taller que lo descargó.

Capítulo 4
Sistemas de combustible y escape

Contenido

Especificaciones

Presión de combustible

Modelos con carburador.	4.5 a 6 psi (libras por pulgadas cuadradas)
Modelos con inyección de combustible (con el motor en marcha, con la manguera de vacío desconectada para el regulador de presión de combustible)	
Motores de 2.5L EFI (inyección de combustible electrónica) con un solo inyector	
1990 y más antiguos	14.5 psi
1991 y más modernos	39 psi
Motor turbo de 2.5L	39 psi
Motores de 3.0L, 3.3L y 3.8L	48 psi

Ajustes del carburador

Velocidad de la marcha mínima	Vea la etiqueta de *Información del Control de Emisiones* en el compartimiento del motor
Velocidad de la marcha mínima rápida	Vea la etiqueta de *Información del Control de Emisiones* en el compartimiento del motor
Motor de 2.2L - varilla de ajuste para el pulmón de vacío del estrangulador	
Número de carburador	
1984	
R40069-2A	0.070 pulgada
R40075-2A	
R40128-2A	
R40129-2A	
R40063-2A	0.080 pulgada
R40070-2A	
R40072-2A	
1985	
R40143A	0.095 pulgada
R40145A	
R40146A	
R40136A	0.075 pulgada
R40137A	
R40140A	
R40141A	
1986	
R40229A	0.130 pulgada
R40230A	
R40231A	
R40232A	
R40233A	0.160 pulgada
R40234A	
R40240A	
Motor de 2.2L caída del flotante	1-7/8 pulgadas
Nivel del flotante seco	
Motor de 2.2L	31/64 pulgada
Motor de 2.6L	25/32 pulgada
Motor de 2.6L abridor del estrangulador	5/64 pulgada o menos a 50 grados F
Motor de 2.6L removedor de peso del estrangulador	3/64 pulgada o más a 32 grados F

Especificaciones del par de torsión

	Pies - libras (a menos que sea indicado de otra manera)
Pernos y tuercas para retener el pleno de admisión del aire	
Motor de 3.0L	115 pulgada-libras
Motores de 3.3.L y 3.8L	250 pulgada-libras
Tornillos para el motor AIS	
Sistemas con un solo inyector de combustible	20 pulgada-libras
Sistemas con inyectores de combustible en lumbreras	17 pulgada-libras
Tuercas para retener el carburador	
Motor de 2.2L	17
Motor de 2.6L	12.5
Regulador de la presión de combustible (de un solo inyector EFI)	48 pulgada-libras
Pernos para retener el riel de combustible	
Motor turbo	40
Motor 3.0L	115 pulgada-libras
Motores 3.3L y 3.8L	200 pulgada-libras
Pernos y tuercas para retener el cuerpo de aceleración	
Motor de 2.5L	175 pulgada-libras
Motor turbo	175 a 225 pulgada-libras
Motor de 3.0L	225 pulgada-libras
Motores de 3.3L y 3.8L	175 a 225 pulgada-libras
Pernos para el soporte del turbocargador	
Al bloque del motor	40
Al turbocargador	20
Tuercas para el múltiple del turbocargador al escape	40

1 Información general

Sistema de combustible

El sistema de combustible está compuesto del tanque de combustible, una bomba de combustible mecánica o eléctrica, un purificador de aire, un carburador o un sistema de inyección de combustible, las mangueras y las líneas que conectan estos componentes.

Los modelos más antiguos tienen carburador. Se emplea un carburador Holley (5220 o 6520) en los modelos con motor de 2.2L. Un carburador Mikuni es empleado en los modelos con motores de 2.6L. Ambos modelos tienen una bomba mecánica de combustible montada en el bloque del motor. La bomba es conducida por un leva excéntrica del eje intermedio (motor de 2.2L) o un árbol de levas (motor de 2.6L).

Los modelos más modernos son de combustible-inyectado. Básicamente, se emplean dos sistemas diferentes de inyección de combustible. Un sistema EFI (inyección de combustible electrónica) con un solo inyector o que se emplea en los motores de 2.5L. Un sistema EFI con inyectores de lumbreras (un inyector por cada cilindro) se emplean en los motores de 2.5L turbocargado, 3.0L, 3.3L y 3.8L. Todos los modelos de combustible-inyectado emplean una bomba eléctrica de combustible, dentro del tanque.

Sistema de escape

El sistema de escape está compuesto del múltiple de escape, la tubería de escape, el convertidor catalítico y el silenciador. Para información con respecto a remover e instalar el múltiple de escape, refiérase al Capítulo 2, Parte A. Para información con respecto al servicio del sistema de escape y el convertidor catalítico, refiérase a la última Sección en este Capítulo. Para información adicional con respecto al convertidor catalítico, refiérase al Capítulo 6.

2 Procedimiento para la liberación de la presión de combustible (solamente modelos con inyección de combustible)

Refiérase a las ilustraciones 2.4, 2.5a y 2.5b

Peligro: *La gasolina es extremamente inflamable, así que tome precauciones extras cuando usted trabaje en cualquier parte del sistema de combustible. No fume o permita llamas abiertas o bombillas sin envolturas cerca del área de trabajo, y no trabaje en un garaje donde un disponible de tipo gas natural (tal como una calentadora de agua o secadora de ropa) con una luz pilota presente. Si usted se fuga cualquier combustible en la piel, límpielo de usted inmediatamente con agua y jabón. Cuándo usted realice cualquier tipo de trabajo en el sistema de combustible, emplee lentes de seguridad y tenga un extinguidor de Tipo B a la mano.*

1 El sistema de operación del combustible está bajo presión y puede todavía estar bajo presión residual cuando el motor esté apagado. Consecuentemente cuando se trabaje en el sistema de combustible (tal como cuando se reemplace el filtro de combustible) el sistema debe ser depresurizado para evitar el derrame de combustible cuando se desconecte un componente.

2 Afloje la tapa del tanque de combustible para liberar cualquier presión en el tanque.

3 Remueva el conector eléctrico del inyector de combustible. Si usted está trabajando en un sistema de lumbreras desconecte el conector eléctrico del inyector que sea el más fácilmente accesible. Si usted está trabajando en un sistema con un solo inyector, proceda al próximo Paso. Si el acceso a un inyector es difícil, desconecte el conector del arnés del inyector del motor o el arnés principal.

4 Si el inyector es accesible, conecte a tierra una de las terminales con un alambre puente. Si es necesario desconecte el arnés del inyector principal para tener acceso adecuado al inyector, conecte a tierra el terminal del inyector número 1 (el lado del arnés del motor) empleando un alambre puente **(vea ilustración)**.

5 Conecte un alambre puente entre la otra terminal (número 2 en el arnés del inyector) y el poste positivo (+) de la batería, que abrirá el inyector y removerá la presión del sistema de combustible **(vea ilustraciones)**. **Cauc-**

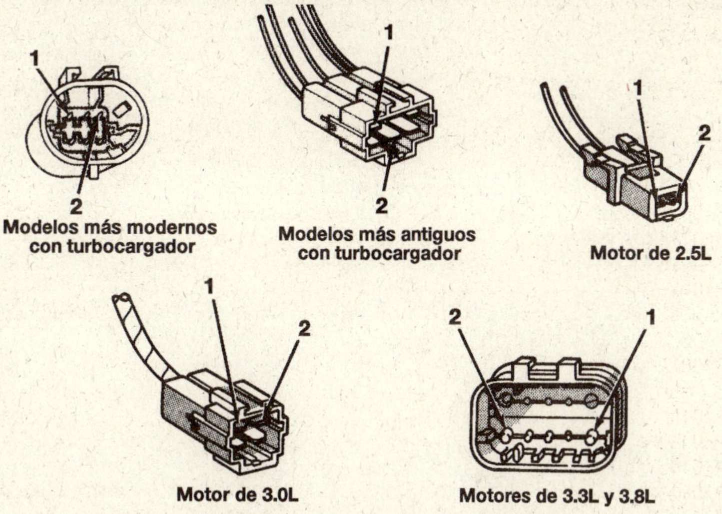

2.4 Si un inyector no es accesible, conecte a tierra la terminal número 1 en el lado del conector del arneses del inyector y aplique voltaje de batería a la terminal número 2 para accionar el inyector y liberar el combustible presurizado

1 Terminal # 1
2 Terminal # 2

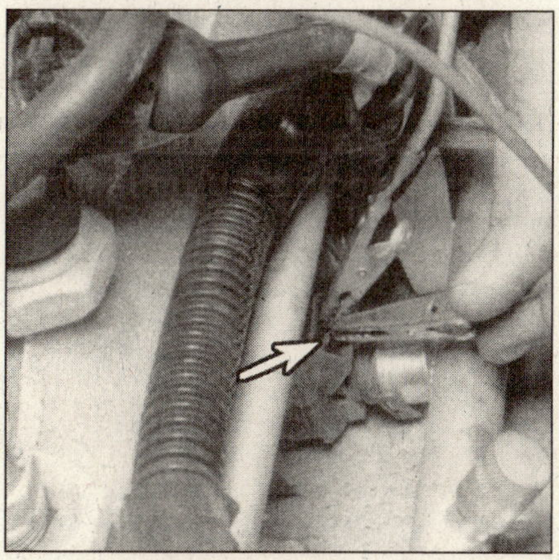

2.5a Si uno de los inyectores es accesible, desconecte el conector del inyector más conveniente y sangre la presión del combustible en pequeños chorros poniendo a tierra una de las terminales y tocando la otra terminal (flecha) con el caimán del alambre puente

2.5b En los sistemas EFI (inyección de combustible electrónica) de inyector sencillo, usted puede fácilmente conectar a tierra una terminal del inyector en el lado derecho del conector en el cuerpo de aceleración para purgar la presión del combustible - pero no lo active por más de cinco segundos

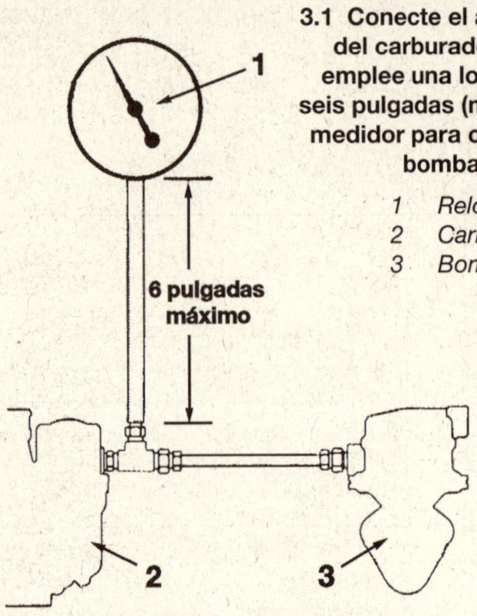

3.1 Conecte el acoplador T lo más cerca del carburador según sea posible y emplee una longitud de manguera de seis pulgadas (máximo) cuando instale el medidor para chequear la presión de la bomba de combustible

1 *Reloj para la presión*
2 *Carburador*
3 *Bomba de combustible*

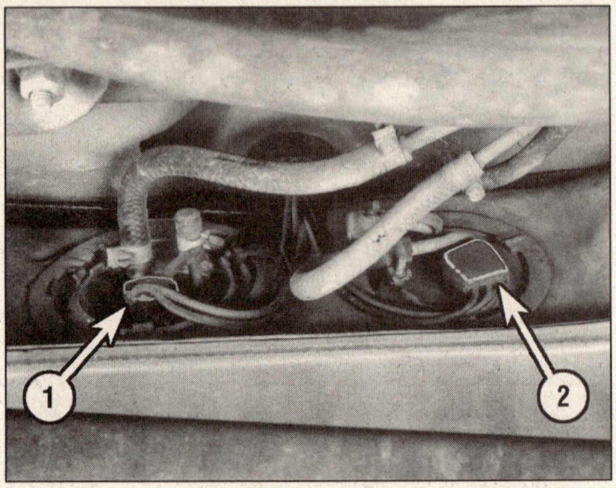

3.8 Los conectores eléctricos para la bomba de combustible (1) y la unidad de envío (2) del medidor de combustible son fácilmente accesible en el tanque de combustible

ión: *No haga energizar el inyector por más de cinco segundos. Se recomienda que la presión sea sangrada en varios chorros de uno a dos segundos para asegurarse que el inyector no esté dañado. Se puede oír escapar la presión del combustible hacia dentro del cuerpo de aceleración o en la cámara de combustión. Cuándo el sonido no se oiga más, el sistema está depresurizado.*

3 Bomba de combustible/presión de combustible - chequeo

Peligro: *La gasolina es extremamente inflamable, así que tome precauciones extras cuando usted trabaje en cualquier parte del sistema de combustible. No fume o permita llamas abiertas o bombillas sin envolturas cerca del área de trabajo, y no trabaje en un garaje donde un disponible de tipo gas natural (tal como una calentadora de agua o secadora de ropa) con una luz pilota presente. Si usted se fuga cualquier combustible en la piel, límpielo de usted inmediatamente con agua y jabón. Cuándo usted realice cualquier tipo de trabajo en el sistema de combustible, emplee lentes de seguridad y tenga un extinguidor de Tipo B a la mano.*

Bomba mecánica

Refiérase a la ilustración 3.1

1 Desconecte la línea de combustible del carburador e instale un acoplador T **(vea ilustración)**. Conecte un medidor de presión de combustible al acoplador T con una Sección de manguera de combustible no más larga de seis pulgadas.

2 Desconecte el medidor del final de la manguera de combustible y dirija el final de la manguera a un recipiente aprobado para gasolina. Opere el motor de arranque por unos pocos segundos, hasta que salgan chorros de combustible de la manguera, para aliviar la bomba (esto elimina el aire en la cámara de combustible, que podría afectar la lectura de la presión). Acople nuevamente el medidor a la manguera de combustible.

3 Ponga el motor en marcha y permítalo que corra en marcha mínima. La presión en el medidor debe estar cerca de 4.5 a 6 psi (libras por pulgadas cuadradas), permanezca constante y regrese lentamente a cero cuando el motor sea apagado.

4 Una caída de presión instantánea indica una válvula de salida defectuosa. Si esto ocurre, o si la presión está demasiado alta o baja, reemplace la bomba de combustible con una nueva. **Nota:** *Si la presión es demasiada alta, chequee el respiradero de aire para ver si está tapado antes de reemplazar la bomba.*

Bomba (dentro del tanque) eléctrica

Chequeo de voltaje

Refiérase a la ilustración 3.8

5 Remueva la tapa del tanque de combustible y coloque su oreja cerca del cuello de reabastecimiento. Deje que un ayudante gire la llave de la ignición a la posición de ponerlo en marcha mientras usted escucha por un sonido de la bomba dentro del tanque. Debería hacer un zumbido. Si usted no oye la bomba, haga los siguientes chequeos rápidos.

6 Alivie la presión del sistema de combustible (vea Sección 2).

7 Levante la parte trasera del vehículo y colóquelo firmemente en estantes.

8 Baje un poco el tanque de combustible (vea Sección 4) y localice el arnés de alambre a la bomba de combustible **(vea ilustración)**.

9 Usando un voltímetro, verifique si hay voltaje para la bomba cuando la llave es girada a la posición de marcha y arranque.

a) Si hay voltaje a la bomba, reemplácela.
b) Si no hay voltaje a la bomba, localice el relee de la bomba de combustible o el fusible, chequee y reemplace según sea necesario. Siga los alambres por un circuito abierto o condición de corto circuito.

10 Si la bomba todavía no funciona, hágala que sea chequeada por el departamento de servicio de su concesionario o un taller de reparación. Pruebas adicionales requieren equipo especial.

Chequeo de la presión de combustible

Refiérase a las ilustraciones 3.12a, 3.12b, 3.14 y 3.16

11 Alivie la presión de combustible (vea Sección 2).

12 En los sistemas de inyección de combustible TBI (cuerpo de inyección de combustible) sencillos, desconecte la línea de combustible de 5/16-pulgada del cuerpo de inyección y conecte un medidor de presión de combustible entre la manguera de admi-

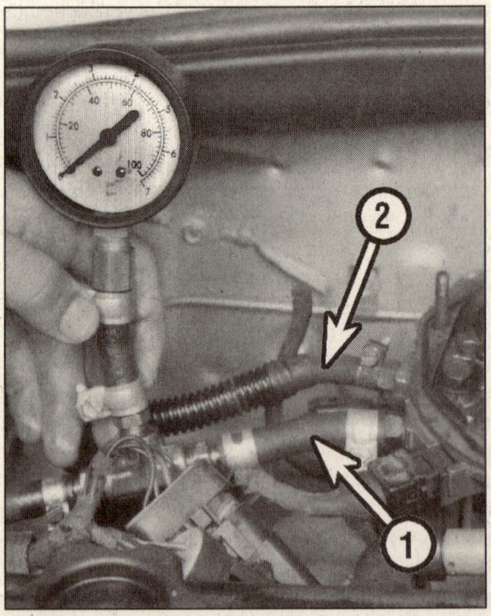

3.12a Esté seguro de que el medidor de combustible esté conectado a la línea de suministro (1) y no a la línea de regreso (2) (sistema de un solo inyector)

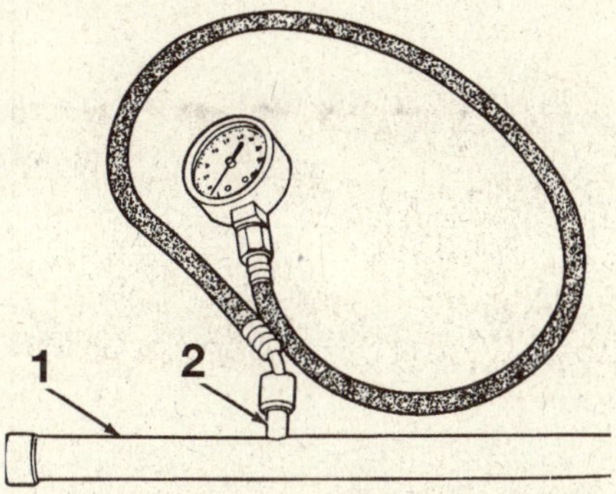

3.12b El riel de combustible en los sistemas de lumbreras tiene un puerto de servicio que se puede emplear para conectar el medidor de presión de combustible

1 *Riel de combustible*
2 *Puerto de servicio*

sión de combustible y el cuerpo de aceleración **(vea ilustración)**. En los sistemas de inyección de combustible de lumbreras, remueva el acoplador del riel de combustible **(vea ilustración)** e instale el medidor de presión. **Nota:** *Los modelos modernos están equipados con un acoplador de remoción rápida instalado en la línea de combustible cerca del filtro de combustible. Instale las herramientas especiales C-4799 y el adaptador C-6539 como una alternativa al método de encima.*

13 Ponga el motor en marcha y desconecte la manguera del vacío del regulador de presión de combustible. Registre la presión de combustible, comparando sus encuentros con los valores listados en las especificaciones de este Capítulo. Cuándo la manguera del vacío esté conectada al regulador de presión de combustible la lectura debe ser aproximadamente de 10 psi (libras por pulgadas cuadradas) menos de la primera lectura.

14 Si la presión de combustible está más BAJA que las especificaciones, instale el medidor de presión entre el filtro de combustible y el tanque de combustible **(vea ilustración)**.

15 Si la presión de combustible aumenta, el filtro de combustible o la línea (entre el cuerpo del filtro y la válvula de admisión o el riel de combustible) está tapada o restringida. Si la presión de combustible todavía está baja, pellizque la línea de regreso con un par de alicates (envuelva primero un trapo alrededor de la manguera para prevenir daños). Si la presión ahora aumenta, reemplace el regulador de presión de combustible. Si no se observa ningún cambio en la presión de combustible, chequee por un filtro de la bomba de combustible (rejilla) tapado o una bomba de combustible defectuosa.

16 Si la presión de combustible está más ALTA que las especificaciones, desconecte

3.14 Conecte el medidor de presión de combustible entre el tanque de combustible y el filtro de combustible

los alambres primarios de la bobina para la ignición, remueva la manguera de regreso del cuerpo de aceleración o riel de combustible y conéctele una sección corta de manguera. Dirija el final de la manguera a un recipiente adecuado y deje que un ayudante gire el motor **(vea ilustración)**.

17 Si la presión ahora está correcta, el problema es una línea de regreso restringida.

4 Tanque de combustible - remover e instalar

Refiérase a las ilustraciones 4.4 y 4.7

Peligro: *La gasolina es extremamente inflamable, así que tome precauciones extras cuando usted trabaje en cualquier parte del sistema de combustible. No fume o permita llamas abiertas o bombillas sin envolturas cerca del área de trabajo, y no trabaje en un garaje donde un disponible de tipo gas natural (tal como una calentadora de agua o secadora de ropa) con una luz pilota presente. Si usted se fuga cualquier combustible en la piel, límpielo de usted inmediatamente con agua y jabón. Cuándo usted realice cualquier tipo de trabajo en el sistema de combustible, emplee lentes de seguridad y tenga un extinguidor de Tipo B a la mano.*

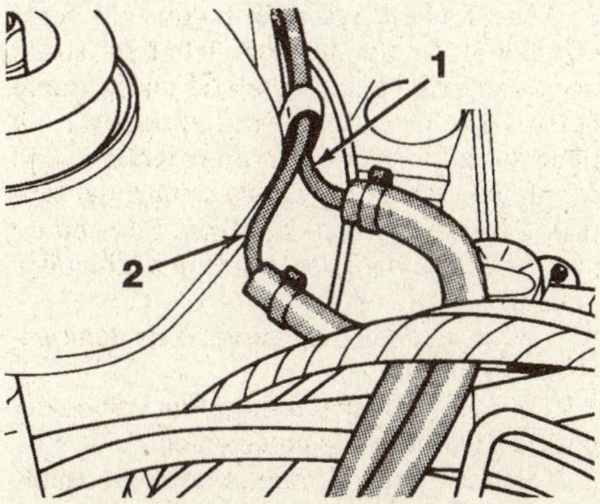

4.4 Usted verá dos líneas de combustible entre el tanque de combustible y el carburador o el sistema de inyección de combustible: Una línea de suministro (de diámetro más grande) y una línea de regreso (de diámetro más pequeño) - drene o hágale sifón al tanque de combustible através de la manguera del suministro o la línea

3.16 Desconecte la línea de retorno y conecte una longitud de manguera de combustible, dirigiendo el lado libre final de la manguera a un recipiente - si la presión del combustible está dentro de las especificaciones cuando un asistente intenta de poner el motor en marcha (con el sistema de ignición incapacitado), chequee por una línea de regreso tapada

Remover

1 Desconecte el cable negativo de la batería.

2 Levante la parte trasera del vehículo y sopórtelo firmemente en estantes.

3 Remueva la tapa del abastecedor del tanque de combustible.

4 Desconecte la línea del tanque de combustible (la línea de conducto de diámetro grande) localizada en el lado de la torre del amortiguador delantero del lado derecho en el compartimiento del motor **(vea ilustración)**, conecte una manguera al drenaje o desagüe el tanque en un recipiente de metal. **Peligro:** *No emplee su boca para empezar la succión - emplee un juego para succión, que se puede comprar en casi todas las refaccionarías.*

5 Remueva los tornillos que retienen el tubo de llenar a la carrocería.

6 Desconecte todos los alambres y las mangueras de vacío del tanque (márquelos primero para evitar problemas durante la instalación).

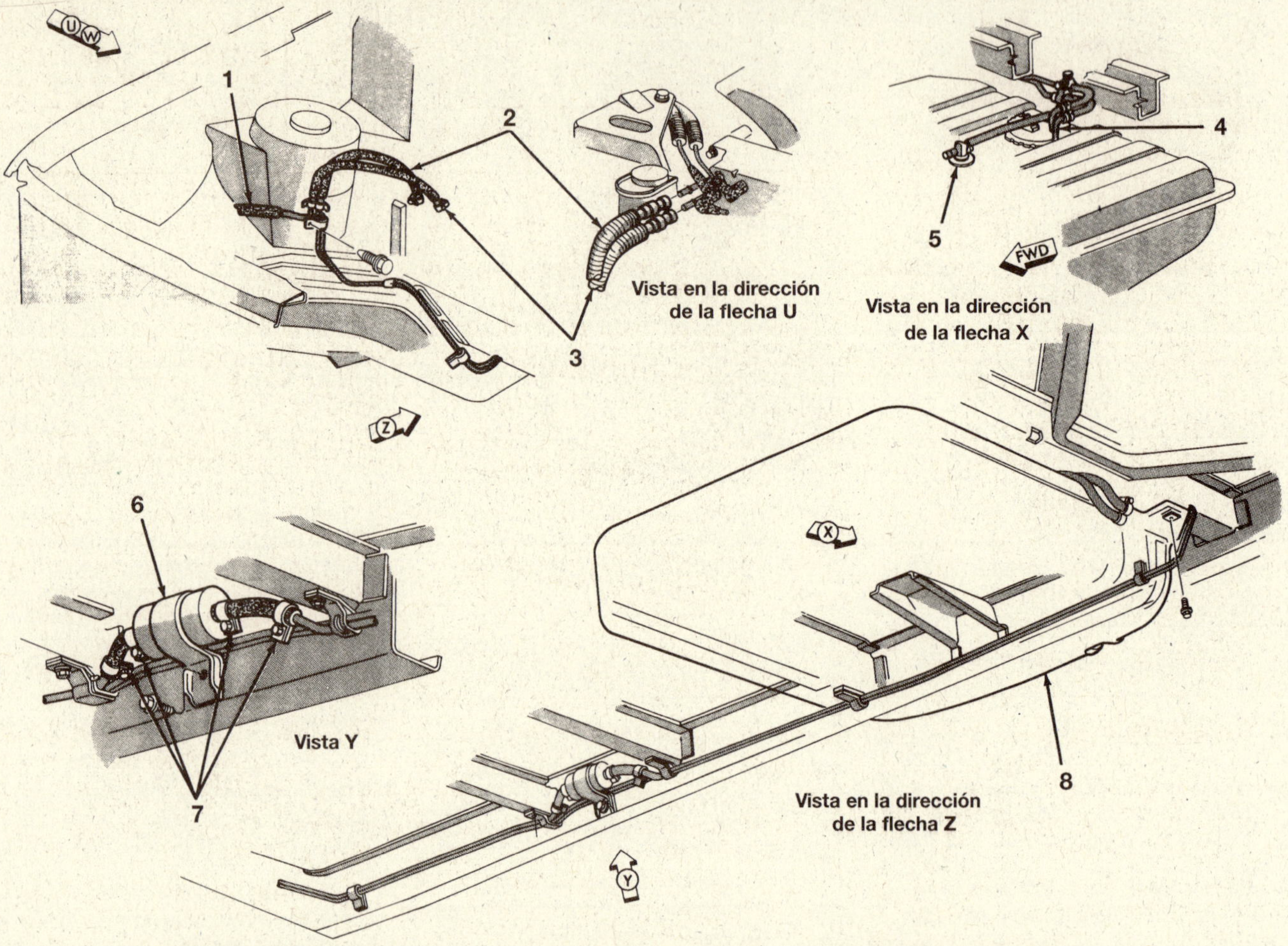

4.7 Instalación típica del tanque de combustible y detalles de la ruta de la línea de combustible

1 *Manguera de vapores*
2 *Manguera de suministro de combustible*
3 *Manguera de regreso del combustible*
4 *Bomba de combustible*
5 *Válvula de liberación/válvula por si se vuelca*
6 *Filtro de combustible*
7 *Grapas*
8 *Tanque de combustible*

7 Remueva los pernos del calzo o las tuercas **(vea ilustración)**, baje el tanque levemente y remueva el tubo para llenar.

8 Baje el tanque adicional y sosténgalo mientras desconecta la manguera de la válvula separadora para cuando se volqué el vehículo.

9 Remueva la pastilla del tanque y el aislador.

Instalación

Refiérase a las ilustraciones 4.12a y 4.12b

10 Para instalar el tanque, elévelo en posición con un gato, conecte la manguera de la válvula separadora para cuando se volqué el vehículo. Conecte el tubo para llenar. **Caución:** *Esté seguro que la manguera respiradora del vapor no está pellizcada entre el tanque y el piso.*

11 Levante el tanque con el gato, conecte la banda de retención e instale las tuercas retenedoras. Apriételas firmemente.

12 Conecte las líneas de combustible y el

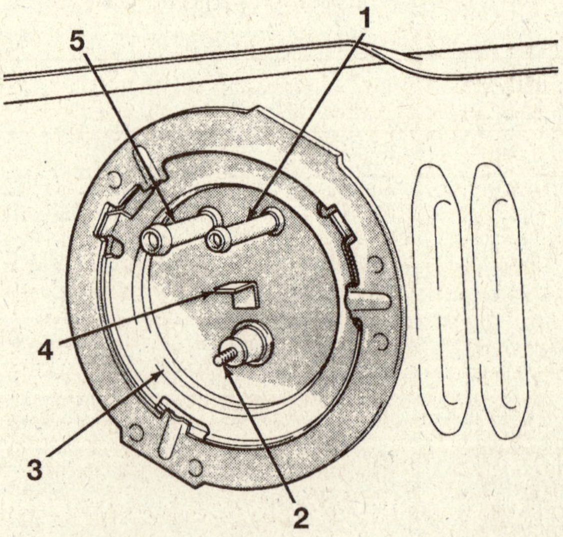

4.12a Detalles típicos de la conexión del tanque de combustible (modelos con carburador)

1 *Línea para el regreso del combustible (diámetro pequeño)*
2 *Terminal para el enviador de la señal del nivel del combustible*
3 *Enviador de la señal del nivel del combustible*
4 *Terminal a tierra*
5 *Línea de suministro de combustible (diámetro grande)*

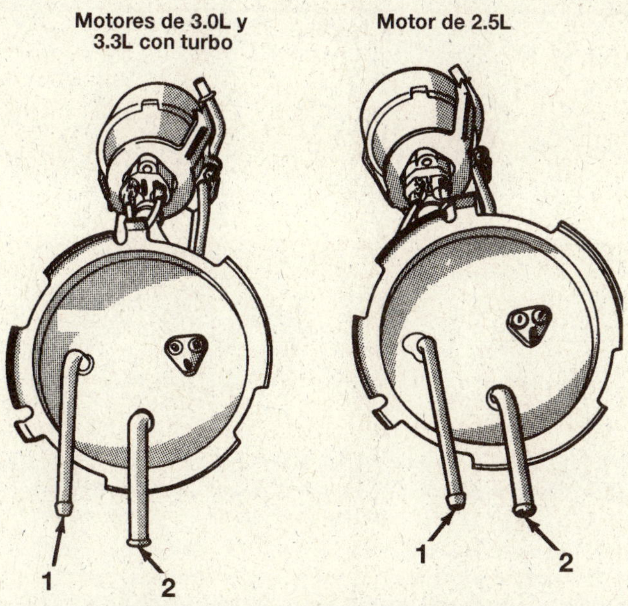

4.12b Detalles típicos de la conexión del tanque de combustible (modelos con - inyección de combustible)

1 Tubo para el retorno del combustible
2 Tubo para el suplemento del combustible

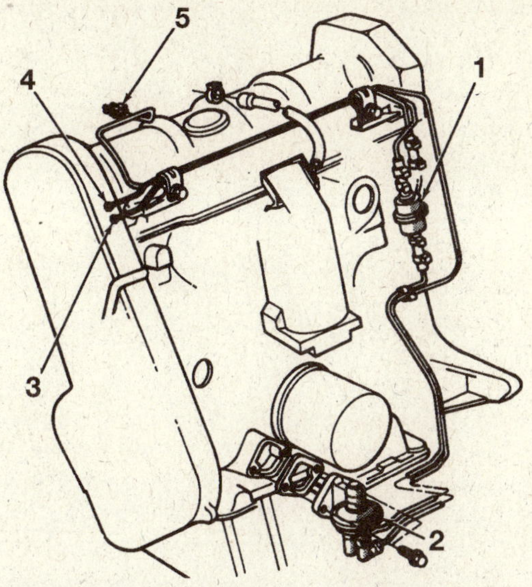

5.1 Asamblea de la bomba de combustible y detalles de la instalación de la línea de combustible (motor de 2.2L)

1 Filtro de combustible
2 Bomba de combustible
3 Línea para el regreso de los vapores
4 Hacia el tanque de combustible
5 Hacia el carburador

alambrado **(vea ilustraciones)** e instale los tornillos de retención del tubo para llenar.

13 Llene el tanque de combustible, instale la tapa, conecte el cable negativo de la batería y chequee por fugas.

5 Bomba de combustible - remover e instalar

Peligro: *La gasolina es extremamente inflamable, así que tome precauciones extras cuando usted trabaje en cualquier parte del sistema de combustible. No fume o permita llamas abiertas o bombillas sin envolturas cerca del área de trabajo, y no trabaje en un garaje donde un disponible de tipo gas natural (tal como una calentadora de agua o secadora de ropa) con una luz pilota presente. Si usted se fuga cualquier combustible en la piel, límpielo de usted inmediatamente con agua y jabón. Cuándo usted realice cualquier tipo de trabajo en el sistema de combustible, emplee lentes de seguridad y tenga un extinguidor de Tipo B a la mano.*

Motor de 2.2L

Refiérase a la ilustración 5.1

1 La bomba de combustible está atornillada al bloque del motor adyacente al filtro de aceite **(vea ilustración)**.

2 Desconecte el cable del terminal negativo de la batería, ponga trapos limpios o periódicos debajo de la bomba de combustible para colectar cualquier combustible que se pueda derramar durante el periodo de remover.

3 Destornille cuidadosamente los acopladores de la línea de combustible y separe las líneas de la bomba. Una llave de tuberías se debe emplear para prevenir daño a los acopladores de la línea.

4 Remueva los pernos y remueva la bomba de combustible.

5 Antes de la instalación, aplique sellador RTV (vulcanizador accionado a temperatura ambiente) a ambos lados del bloque espaciador, posicione la bomba de combustible y el espaciador en su lugar e instale los pernos.

6 Conecte las líneas a la bomba y apriete los acopladores firmemente (emplee una llave para tubería, si una es disponible, para prevenir daño a los acopladores).

7 Vuelva a conectar el cable a la batería, ponga el motor en marcha y chequee por fugas.

Motores de 2.6L

Refiérase a las ilustraciones 5.8 y 5.19

8 La bomba de combustible está instalada en la cabeza de los cilindros, adyacente al carburador **(vea ilustración)**. Es sostenida en su lugar con dos tuercas.

9 Desconecte el cable del terminal negativo de la batería. Cuidadosamente, numere cada bujía para ayudar durante la reinstalación, entonces remueva las bujías.

10 Coloque el dedo pulgar en el orificio de la bujía del cilindro número uno y gire el cigüeñal en dirección a la derecha (con una llave grande que conectada a la polea en el frente del cigüeñal) hasta que usted pueda sentir que sube la presión de la compresión en el cilindro número uno.

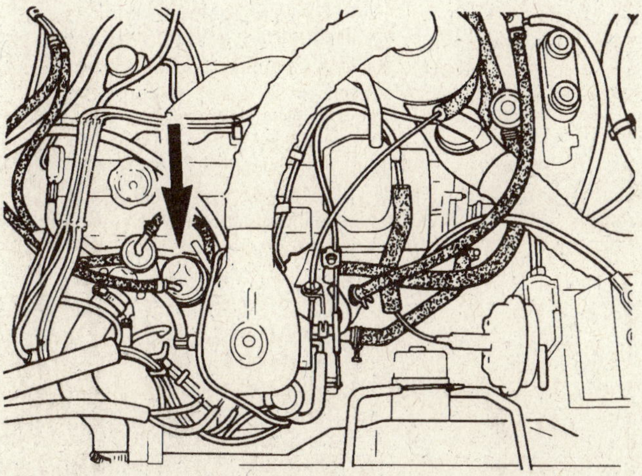

5.8 Ubicación de la bomba de combustible (flecha) (motor de 2.6L)

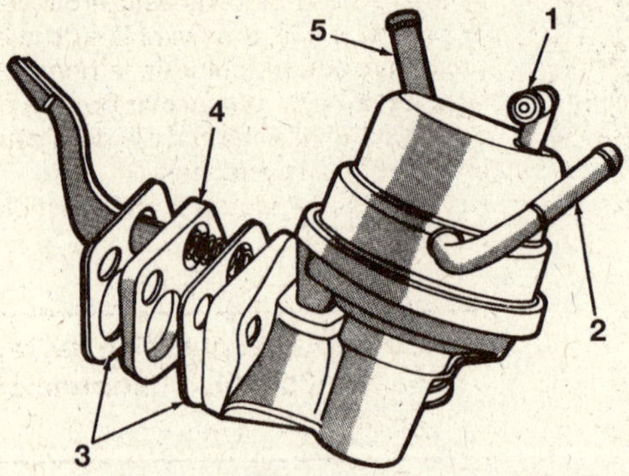

5.19 Cuando esté instalando la bomba de combustible en un motor de 2.6L, esté seguro de instalar una junta en cada lado del bloque espaciador

1 *Regreso del combustible hacia el tanque*
2 *Combustible hacia el carburador*
3 *Junta*
4 *Bloque espaciador*
5 *Suministro de combustible desde el filtro*

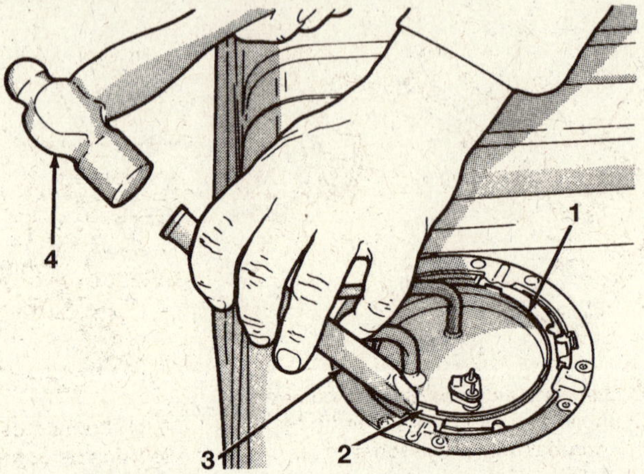

5.27a Para remover el anillo de atascamiento de una bomba de combustible eléctrica, gírelo hacia la izquierda con un punzón de bronce y un martillo

1 *Bomba de combustible*
2 *Anillo de cancelación*
3 *Punzón de bronce*
4 *Martillo*

11 Continúe girando el cigüeñal hasta que la mella de la polea del cigüeñal esté alineada con la T o cero en la etiqueta de la marca para la regulación del tiempo en la tapa de la cadena del tiempo. En este momento, la elevación de la leva de la bomba de combustible es reducida a un mínimo, que hará que la bomba sea más fácil de remover e instalar.
12 Instale las bujías y conecte los alambres.
13 Remueva el albergue de admisión de aire y los soportes del carburador a la tapa de los balancines, entonces remueva el perno del calzo del filtro de combustible. Afloje las abrazaderas para las mangueras y remueva las mangueras de combustible de los acopladores de la bomba. Tape las puntas de las mangueras.
14 Remueva las tuercas del calzo de la bomba de combustible y remueva la bomba del motor. Usted tendrá que golpear el cuerpo de la bomba con un martillo de cara blanda para romper el sello de la junta.
15 Si la bomba es difícil de remover, desconecte la tapa de los balancines y guíe el brazo del balancín de la bomba hacia fuera de la cabeza desde adentro.
16 Remueva el bloque espaciador y raspe todos los indicios de la junta y el sellador usado.
17 Antes de instalar la bomba nueva, asegúrese que el brazo del balancín se mueve hacia encima y hacia abajo sin atascarse o obstrucción.
18 Aplique sellador de junta de tipo RTV (vulcanizador accionado a temperatura ambiente) a ambos lados de las juntas nuevas antes de la instalación.
19 Resbale la primera junta, el bloque espaciador y la segunda junta (en ese orden) en los espárragos del calzo de la bomba de combustible **(vea ilustración)**.
20 Instale la bomba de combustible. Puede ser necesario tener que guiar el brazo del balancín en su lugar dentro de la cabeza. Trabaje lentamente; no hay mucho espacio libre entre el brazo del balancín y el engrane de la válvula.
21 Una vez que la bomba de combustible esté apropiadamente sentada, instale las tuercas de retención y apriételas uniformemente. No las apriete demasiado o el bloque espaciador podría romperse.
22 Instale la tapa de los balancines si fue removida.
23 Instale las mangueras (después de inspeccionarlas por roturas) y las abrazaderas nuevas para las mangueras.
24 Instale el perno para el soporte del filtro y el albergue de la admisión de aire.
25 Vuelva a conectar el cable a la batería, ponga el motor en marcha y chequee por fugas de combustible en los acopladores de las mangueras. Chequee por fugas de aceite donde se instale la bomba de combustible en la cabeza de los cilindros.

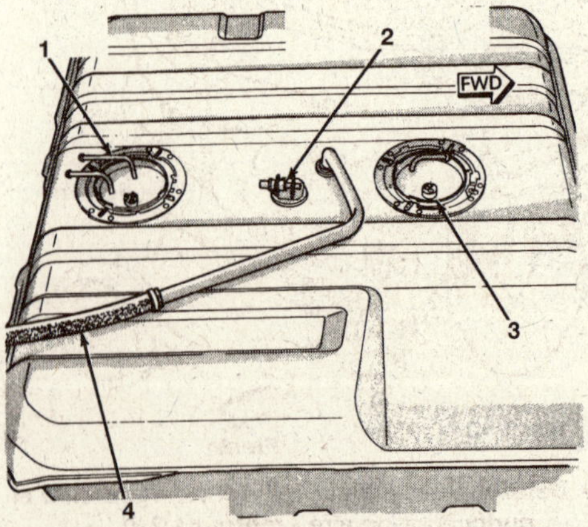

5.27b Modelos con inyección de combustible antes del 1991 tienen la bomba de combustible separada de la unidad de envío para el nivel del combustible (1991 y los modelos más modernos tienen una bomba de combustible íntegra/unidad de envío del nivel del combustible) y ambas unidades son semejantes en apariencia - evite remover la unidad equivocada, busque por dos tubos (la unidad de envío tiene solamente un tubo)

1 *Bomba de combustible*
2 *Válvula de liberación/válvula por si se vuelca*
3 *Unidad de envío del nivel del combustible*
4 *Tubo para si se sobre rebasa*

Bomba eléctrica dentro del tanque

Refiérase a las ilustraciones 5.27a, 5.27b, 5.30 y 5.31

26 Remueva el tanque de combustible (vea Sección 4).
27 Emplee un martillo y un punzón de BRONCE (un punzón de acero puede causar una chispa, que podría ser extremamente peligroso al trabajar en el tanque de combustible!) para remover el anillo de la cerradura de la bomba de combustible. Acciónelo a la dirección hacia la izquierda hasta que pueda ser removido **(vea ilustración)**. Los modelos de combustible-inyectado (menos los modelos 1991) tienen bombas de combustible separadas y unidades medidoras de envío de combustible **(vea ilustración)**; los modelos 1991 y más modernos tienen una bomba de combustible integrada y ensamblaje de la unidad medidora de envío de combustible. Los anillos de cerradura para ambos ensamblajes en los modelos de antes de 1991 parecen semejantes, así que es fácil de confundir estos dos. Para evitar que se remueva el ensamblaje que no es, asegúrese usted de remover el ensamblaje que tiene dos tubos - la unidad de envío tiene solamente un tubo.

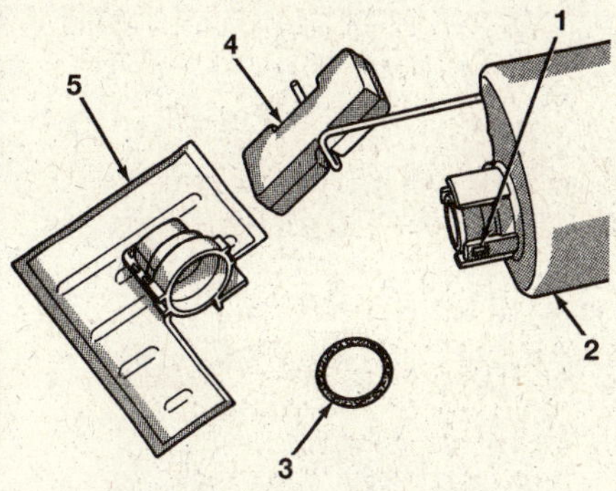

5.30 Una vista esquemática del colador en un modelo 1991 y una bomba de combustible más moderna

1 Proyección de cierre
2 Deposito de la bomba de combustible
3 Anillo O
4 Flotador
5 Colador de entrada

28 Levante la bomba de combustible y el anillo sellador de tipo O hacia fuera del tanque de combustible. Hale el anillo sellador viejo de tipo O.

29 Limpie el área de sellar del tanque de combustible e instale un anillo nuevo sellador de tipo O en la bomba de combustible.

30 Inspeccione la media del filtro del tanque (colador) de combustible en el tubo de succión de la bomba por daño y contaminación. Reemplácelo si está desgastado. En los modelos 1991, doble las etiquetas de enclavamiento en el ensamblaje del depósito de la bomba de combustible para limpiar las espigas (pestaña) de enclavamiento en el filtro de la bomba de combustible **(vea ilustración)**, remueva el colador hacia fuera, remueva el anillo sellador de tipo O del cuerpo del depósito de la bomba de combustible. Para instalar el colador en los modelos 1991 y más modernos, lubrique el anillo sellador de tipo O del colador con lubricante de rocío de silicona, insercióne el anillo sellador de tipo O del colador en la salida del filtro para que se siente uniformemente en el paso dentro de la salida del filtro y empuje el colador en la entrada del cuerpo del depósito de la bomba de combustible, asegúrese que las etiquetas de cerradura de enclavamiento del cuerpo del depósito se cierren en las espigas (pestaña) de enclavamiento en el filtro.

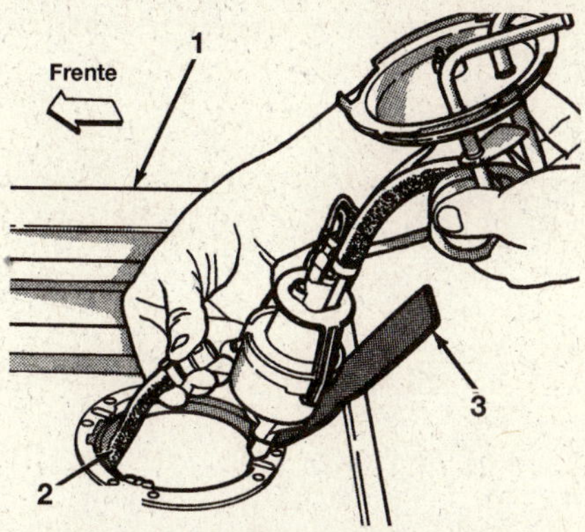

5.31 Cuando usted instale una bomba eléctrica de combustible, asegúrese que usted acopla nuevamente la manguera del regreso de combustible al depósito (no aplica a los modelos 1991) - ésta manguera trae el combustible desde el tanque al depósito que rodea la bomba de combustible cuando el nivel de combustible está bajo

1 Tanque de combustible
2 Manguera de regreso del combustible al deposito
3 Filtro de tipo media para la bomba de combustible

31 Insercióne la bomba de combustible en el tanque, acople nuevamente la manguera para el regreso de combustible del depósito (si está equipado) al ensamblaje de la bomba **(vea ilustración)**, coloque la bomba en su lugar de posición con un martillo y un punzón de BRONCE (accione el anillo de la cerradura en dirección a la derecha).

32 Instale el tanque de combustible (vea Sección 4).

6 Limpieza y reparación del tanque de combustible - información general

1 Toda reparación al tanque de combustible o al cuello de reabastecimiento se debe llevar a cabo por un profesional que tenga experiencia en este trabajo crítico y potencialmente peligroso. Todavía después de limpiar y vaciar el sistema de combustible, vapores explosivos pueden permanecer allí y encenderse durante la reparación del tanque.

2 Si el tanque de combustible es removido del vehículo, no debe ser colocado en una área donde chispas o llamas abiertas no puedan encender los vapores que salen del tanque. Sea especialmente cuidadoso dentro de garajes donde un dispositivo de gas natural esté localizado, porque la luz del piloto podría causar una explosión.

7 Albergue del purificador de aire - remover e instalar

Refiérase a las ilustraciones 7.2a, 7.2b, 7.2c, 7.2d, 7.2e y 7.2f

1 Remueva el elemento del filtro de aire (vea Capítulo 1).

2 Afloje la abrazadera de la manguera que conecta el tubo de admisión de aire fresco al albergue del purificador de aire **(vea ilustra-**

4

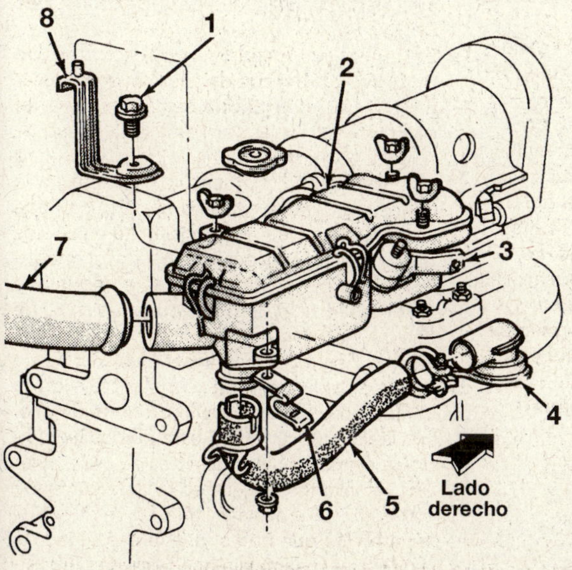

7.2a Detalles de la instalación del albergue para el purificador de aire - motor de 2.2L

1 Tornillo y arandela
2 Purificador de aire
3 Carburador
4 Calentador del aire
5 Conector del calentador del aire al purificador de aire
6 Retenedor para alambres
7 Ducto (aire fresco)
8 Soporte

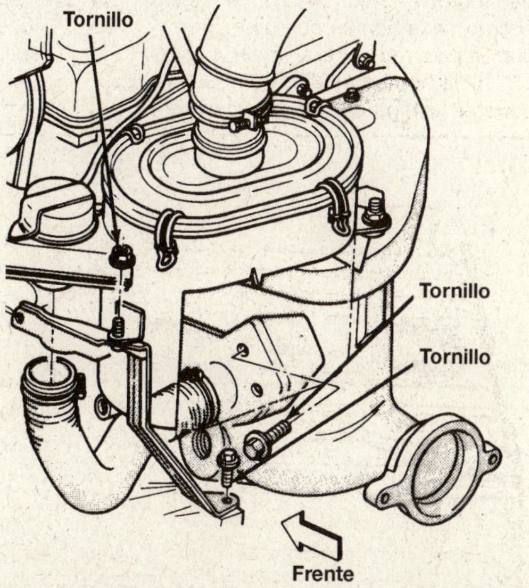

7.2b Detalles de la instalación del albergue para el purificador de aire - motor de 2.6L

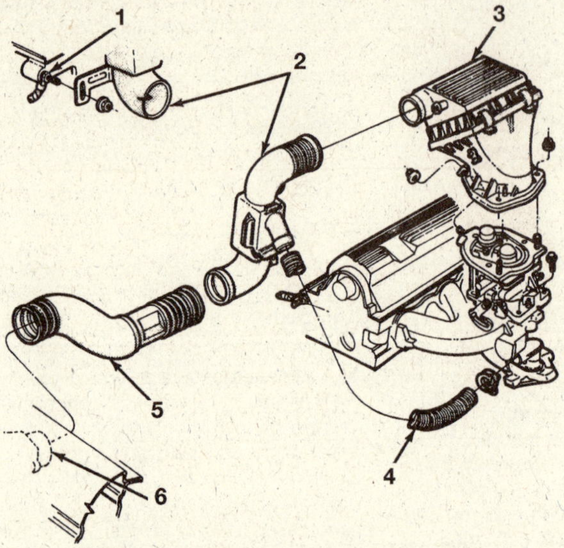

7.2c Detalles de la instalación del albergue para el purificador de aire - motor de 2.5L

1 *Alambre de tierra para el arnés*
2 *Ensamblaje del aire caliente*
3 *Purificador de aire*
4 *Conector para calentar el aire*
5 *Ducto para el aire fresco*
6 *Módulo de control*

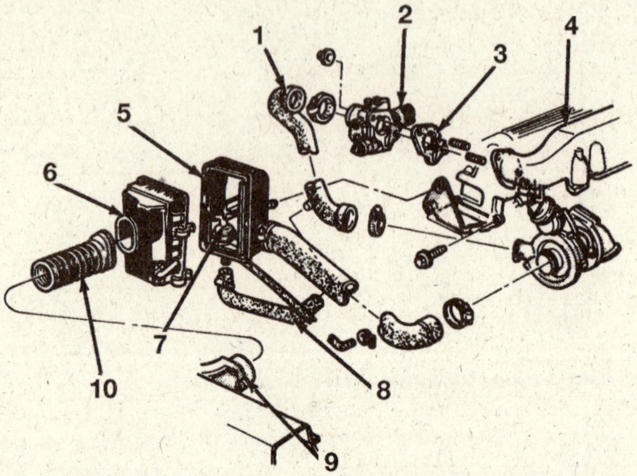

7.2d Detalles de la instalación del albergue para el purificador de aire - motor con turbo 1989

1 *Manguera del turbocargador al cuerpo de inyección*
2 *Cuerpo de inyección*
3 *Junta*
4 *Múltiple de admisión*
5 *Cubierta para el purificador de aire y manguera*
6 *Albergue para el purificador de aire*
7 *Válvula de desvío para el turbocargador*
8 *Manguera de desvío para el turbocargador*
9 *Controlador para el motor*
10 *Ducto de aire fresco para el purificador de aire*

ciones). En los motores con carburador (2.2L y 2.6L), afloje también la abrazadera de la manguera del albergue para el tubo de admisión de aire caliente en el albergue del purificador de aire. Separe todas las mangueras de aire y los tubos del albergue del purificador de aire. Marque cualquier manguera pequeña para asegurar su instalación correcta.

3 Remueva los afianzadores de todos los soportes del purificador de aire.

4 Remueva el albergue del ensamblaje del purificador de aire.

5 Mientras usted tiene el albergue del purificador de aire removido, inspeccione el tubo de admisión de aire fresco y el tubo de la estufa de admisión de aire caliente por roturas u otros daños. Si cualquiera de los tubos está desgastado, reemplácelo.

6 La instalación se hace en el orden inverso al procedimiento de desensamble.

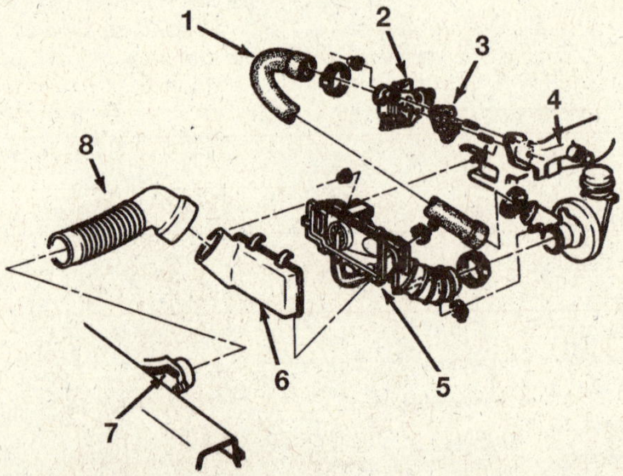

7.2e Detalles de la instalación del albergue para el purificador de aire - motor con turbo 1990

1 *Manguera del turbo cargador al cuerpo de inyección*
2 *Cuerpo de inyección*
3 *Junta*
4 *Múltiple de admisión*
5 *Cubierta para el purificador de aire y ensamblaje para la válvula de desvío del turbocargador*
6 *Albergue del purificador de aire*
7 *Controlador del motor*
8 *Ducto de aire fresco*

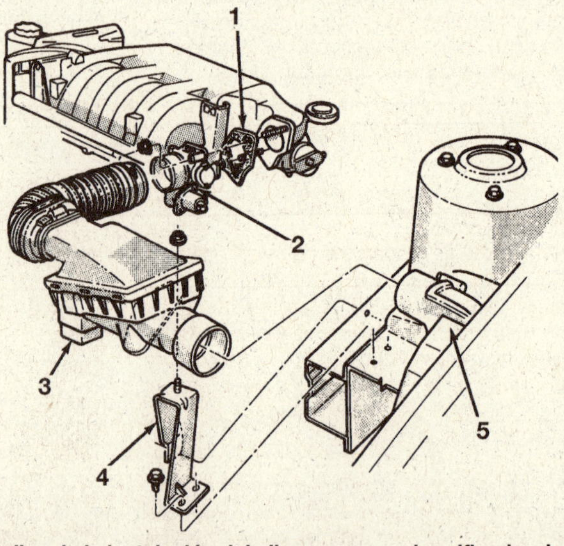

7.2f Detalles de la instalación del albergue para el purificador de aire - motores 3.3L y 3.8L mostrado, el motor 3.0L es semejante

1 *Junta*
2 *Cuerpo de inyección*
3 *Ensamblaje del purificador de aire*
4 *Soporte para el purificador de aire*
5 *Modulo SBEC (controlador de motor de cilindro simple)*

8 Cable del acelerador - remover e instalar

Motores de 2.2L y 2.6L

Refiérase a las ilustraciones 8.1, 8.2a y 8.2b

1 Trabajando dentro del vehículo, remueva la tapa de retención y separe el final del cable del eje del pedal del acelerador **(vea ilustración)**.

2 Trabajando en el compartimiento del motor, remueva el retenedor y separe el cable de la clavija o espárrago en la palanca de aceleración, entonces separe el cable del soporte del calzo **(vea ilustraciones)**. Comprima el acoplador del cable al soporte con alicates de mandíbula ancha.

3 Estire el ensamblaje del cable en el compartimiento del motor y remuévalo del vehículo.

4 La instalación se hace en el orden inverso al procedimiento de desensamble.

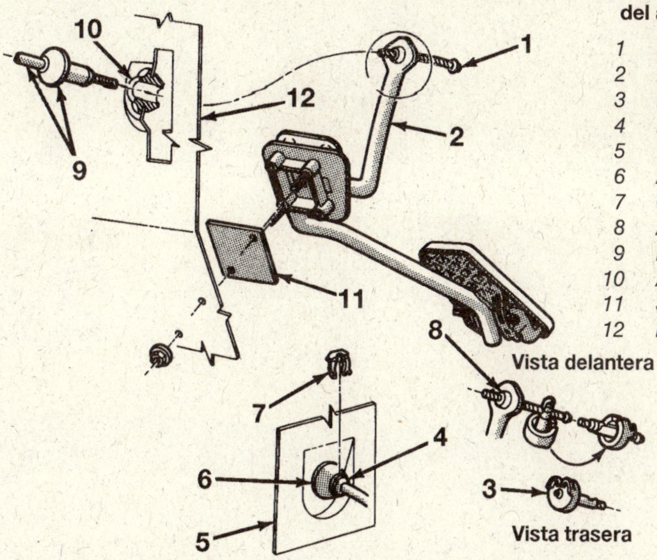

8.1 Detalles típicos del pedal del acelerador y el cable

1 *Ensamblaje del cable*
2 *Eje del pedal y soporte*
3 *Retenedor del cable*
4 *Ensamblaje del cable*
5 *Tablero*
6 *Arandela de caucho*
7 *Clip retenedor*
8 *Arandela de caucho*
9 *Ensamblaje del cable*
10 *Arandela de caucho*
11 *Sello*
12 *Panel del tablero*

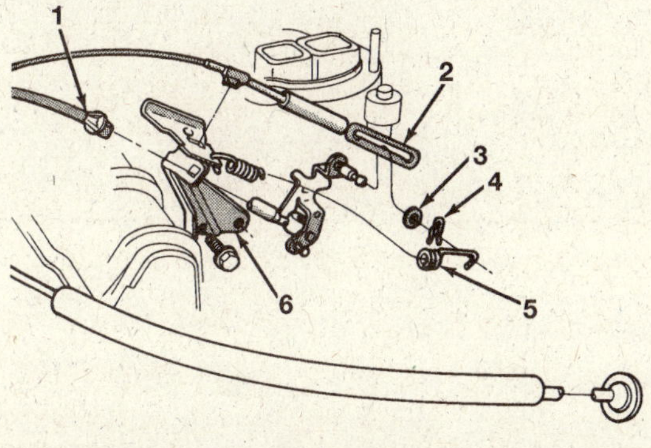

8.2a Detalles del cable del acelerador - motor de 2.2L

1 *Cable de control del acelerador*
2 *Cable para la transmisión automática*
3 *Arandela*
4 *Clip retenedor*
5 *Resorte para el regreso del pedal del acelerador*
6 *Soporte para el cable*

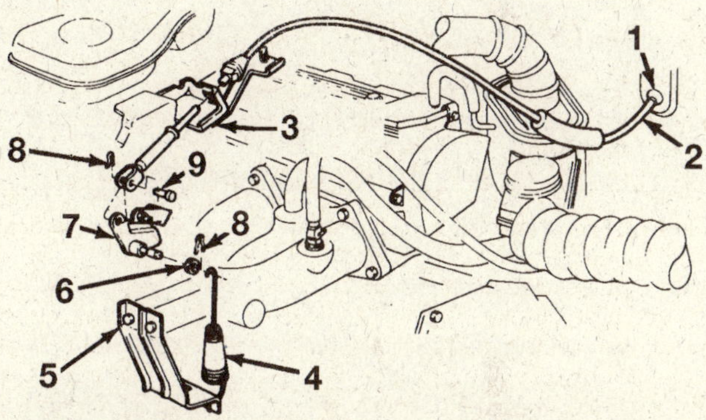

8.2b Detalles del cable del acelerador - motor de 2.6L

1 *Arandela de caucho*
2 *Ensamblaje del cable*
3 *Soporte*
4 *resorte de regreso para el acelerador*
5 *Soporte superior*
6 *Arandela*
7 *Palanca*
8 *Clip*
9 *Clavija*

Motor de 2.5L

Refiérase a las ilustraciones 8.6a y 8.6b

5 Trabajando dentro del vehículo, remueva el retenedor o la tapa y separe el final del cable del eje del pedal del acelerador **(vea ilustración 8.1)**. Remueva el retenedor del albergue del ensamblaje del cable en el anillo de goma y estire el cable por la pared contrafuegos.

6 Trabajando en el compartimiento del motor, remueva el retenedor y separe el cable de la clavija o espárrago, entonces separe el cable del soporte del calzo **(vea ilustración)**. Comprima el acoplador del cable al soporte con un par de alicates **(vea ilustración)**, entonces remueva el cable por el soporte. **Nota:** *Si el vehículo está equipado con control de crucero, marque la posición del retenedor en la palanca de aceleración con pintura antes de desconectarlo.*

7 Remueva el cable del compartimiento

8.6a Use un par pequeño de alicates con punta de aguja para remover el retenedor de la palanca del acelerador (se muestra un motor de 2.5L, otros motores con inyección de combustible son semejante)

8.6b Apriete el anillo de goma con un par de alicates para permitir que las proyecciones liberen el soporte (se muestra un motor de 2.5L, otros motores con inyección de combustible son semejante)

8.11a En los motores de turbo, gire el eje del acelerador hasta que el cable esté hacia fuera de la ranura de la guía, entonces deslice el final del cable hacia fuera

1 *Cable del acelerador* 2 *Palanca del acelerador*

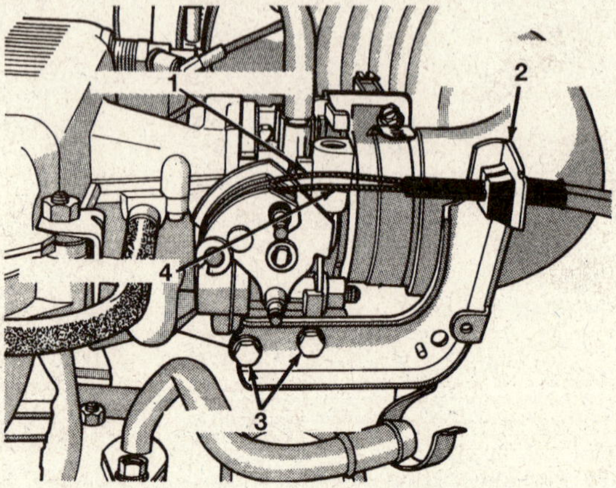

8.11b Detalles de la instalación del cable del acelerador al cuerpo de aceleración (motor de 3.0L)

1 *Cable para el control de la velocidad*
2 *Soporte para el cable del acelerador*
3 *Tornillos*
4 *Cable del acelerador*

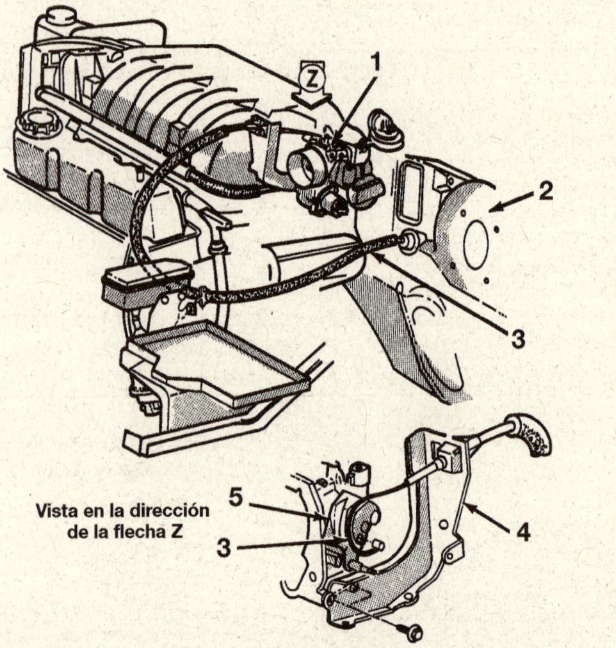

8.11c Detalles de la instalación del cable del acelerador al cuerpo de aceleración (motor de 3.3L)

1 *Cuerpo de aceleración*
2 *Tablero*
3 *Cable del acelerador*
4 *Soporte para el cable del acelerador*
5 *Palanca del acelerador*

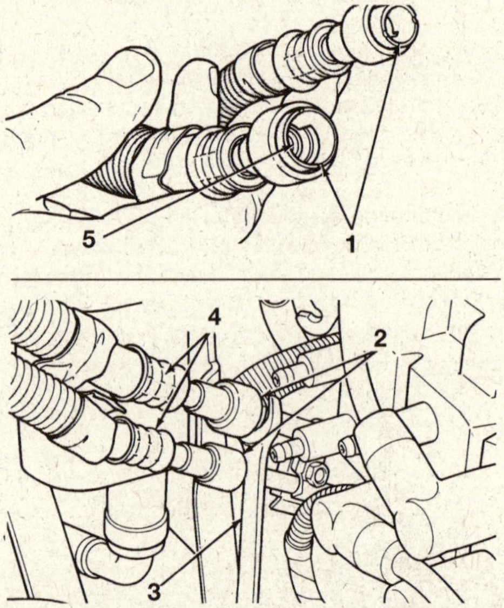

9.5a Los acopladores típicos de remoción rápido tienen un anillo plástico interior para la cerradura (acopladores para los motores de 3.3L y 3.8L mostrado, los otros son semejantes)

1 *Anillos de plástico*
2 *Acoplador de desconección rápida*
3 *Herramienta abierta*
4 *Uniones prensadas*
5 *Anillos O*

del motor.

8 La instalación se hace en el orden inverso al procedimiento de desensamble.

Motores turbo de 2.5L, 3.0L, 3.3L y 3.8L

Refiérase a las ilustraciones 8.11a, 8.11b y 8.11c

9 Trabajando dentro del vehículo, desconecte el cable del eje del pedal, entonces desconecte el cable de la pared de contrafuegos **(vea ilustración 8.1)**.

10 Trabajando en el compartimiento del motor, estire el final del albergue del acoplador del cable hacia fuera del anillo de goma del entrepaño del tablero, asegurando que el anillo de goma permanezca en su lugar.

11 Remueva el retenedor del acelerador, el cable del acelerador y el cable del control de crucero (si está equipado) del cuerpo de inyección **(vea ilustraciones)**. Emplee un par de alicates para comprimir las proyecciones finales de los acopladores para que el cable se pueda separar del soporte del calzo.

12 Para instalar el cable, inserciónе el albergue en la válvula de admisión en el cuerpo de aceleración. Inserciónе el cable por el anillo de goma de la pared contrafuegos y conéctelo al pedal de aceleración.

9 Líneas de combustible y acopladores - reemplazo

Refiérase a la ilustración 9.5a, 9.5b y 9.5c

Peligro: *La gasolina es extremamente inflamable, así que tome precauciones extras cuando usted trabaje en cualquier parte del sistema de combustible. No fume o permita llamas abiertas o bombillas sin envolturas cerca del área de trabajo, y no trabaje en un garaje donde un disponible de tipo gas natural (tal como una calentadora de agua o secadora de ropa) con una luz pilota presente. Si usted se fuga cualquier combustible en la*

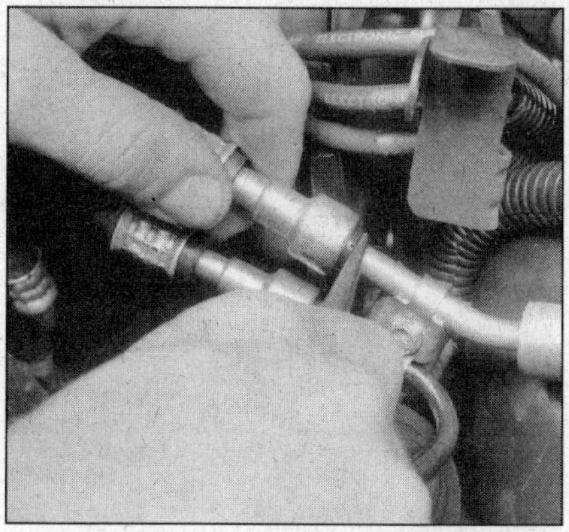

9.5b Para separar un acoplador de remoción rápido del riel de combustible, presione el anillo de plástico...

piel, límpielo de usted inmediatamente con agua y jabón. Cuándo usted realice cualquier tipo de trabajo en el sistema de combustible, emplee lentes de seguridad y tenga un extinguidor de Tipo B a la mano.

Nota: *A causa que el sistema de EFI está bajo considerable presión, siempre reemplace todas las abrazaderas liberadas o removidas con unas nuevas.*

1 Remueva el ensamblaje del purificador de aire.

2 En los motores de combustible-inyectado, alivie la presión del sistema de combustible (vea Sección 2).

3 Desconecte el cable negativo de la batería.

9.5c... y remueva la línea del riel de combustible - acóplelo nuevamente, lubrique el final con una pequeña cantidad de aceite limpio de motor, entonces empuje en el acoplador hasta que se oiga un chasquido en su lugar y hálelo para asegurarse de que está conectado en su lugar (motores de 3.3L y 3.8L)

4 En los motores con carburador y motores de combustible-inyectado con abrazaderas convencionales de manguera de combustible, afloje las abrazaderas de la manguera, envuelva una tela alrededor del final de la manguera para colectar el combustible residual, tuerza y hale para remover la manguera.

5 En los motores de combustible-inyectado con acopladores rápido, empuje hacia adentro el anillo de plástico localizado en el final del acoplador entonces hale suavemente el acoplador hacia fuera del riel de combustible o el tubo de combustible **(vea ilustraciones)**.

6 Cuándo vuelva a conectar los acopladores de acoplación rápida, se deben lubricar las puntas de las líneas de combustible con una capa ligera de aceite de motor de espesor 30. Empuje los acopladores en el riel de combustible hasta que ellos estén en su lugar, entonces hale las líneas para asegurar que la conexión haya sido hecha apropiadamente.

7 Cuándo reemplace las mangueras en los modelos de combustible-inyectado que emplean abrazaderas convencionales de manguera, siempre emplee mangueras de vacío marcadas EFI/EFM(inyección de combustible electrónica) y abrazaderas de mangueras nuevas de tipo de equipo original.

8 Conecte el cable negativo de la batería, ponga el motor en marcha y chequee por fugas.

9 La instalación se hace en el orden inverso al procedimiento de desensamble.

10 Carburador - descripción e información de servicio

Descripción

Motor de 2.2L

Refiérase a las ilustraciones 10.1a y 10.1b

1 Los modelos Holley 5220 y 6520 son carburadores venturi de etapa doble **(vea**

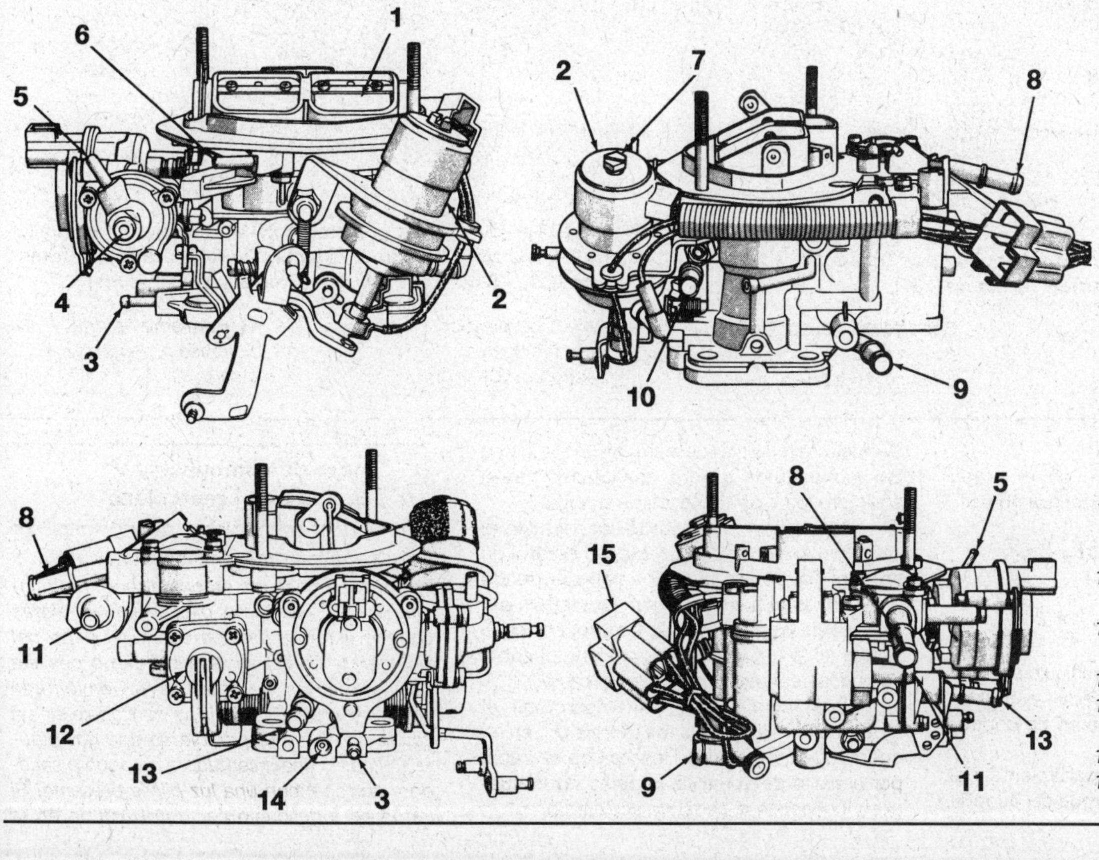

10.1a Carburador modelo Holley 5220

1 *Estrangulador*
2 *Solenoide para mover el acelerador*
3 *Tubo EGR*
4 *Tornillo para el ajuste del pulmón de vacío del estrangulador*
5 *Tubo para el pulmón de vacío del estrangulador*
6 *Puerta de vacío calentada y pulmón de vacío del estrangulador*
7 *Tornillo para el ajuste de la marcha mínima*
8 *Tubo para la ventilación de la taza*
9 *Tubo para el amplificador de los frenos*
10 *Tubo para el desvío del aire*
11 *Admisión del combustible*
12 *Bomba de aceleración*
13 *Tubo de purga para el canasto*
14 *Tapón de cancelación*
15 *Conector del alambre*

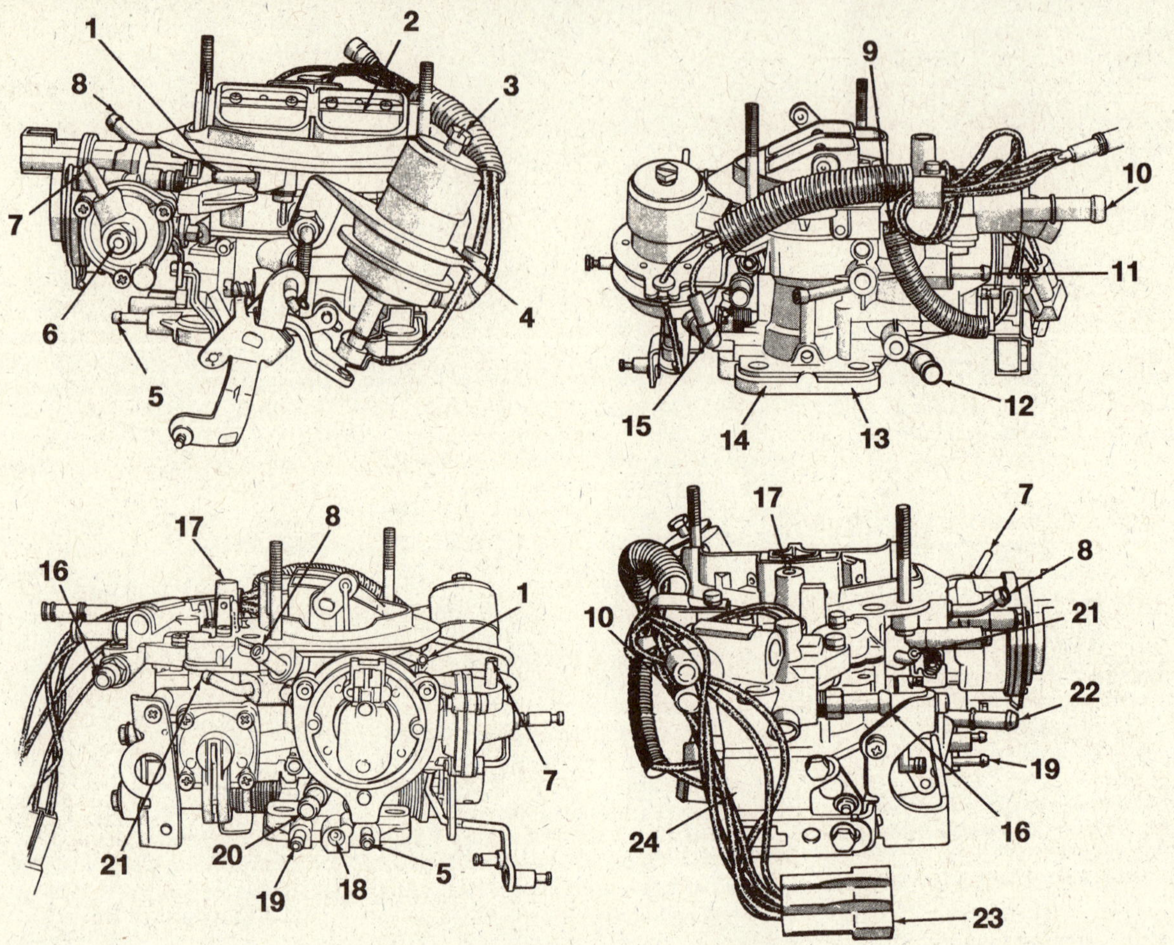

10.1b Carburador modelo Holley 6520

1 *Puerta calentada y tubo para el pulmón de vacío*
2 *Estrangulador*
3 *Tornillo para el ajuste de la marcha mínima*
4 *Solenoide para actuar el acelerador*
5 *Tubo EGR (recirculación de los gases de escape)*
6 *Tornillo para el ajuste del cancelador del pulmón de vacío del estrangulador*
7 *Tubo para el pulmón de vacío del estrangulador*
8 *Tubo primario principal para el aire de altitud*
9 *Tubo secundario principal para el aire de altitud*
10 *Tubo para la ventilación de la taza*
11 *ESA*
12 *Tubo para el amplificador de los frenos*
13 *Número de la Chrysler*
14 *Número del vendedor*
15 *Tubo para el desvío del aire*
16 *Admisión del combustible*
17 *Solenoide de retroalimentación de sensor de oxigeno*
18 *Tapón de cancelación*
19 *Tubo de vacío del múltiple*
20 *Para la purga del canasto*
21 *Tubo primario principal para el aire de altitud de la marcha mínima*
22 *Tubo para la purga del canasto*
23 *Conector del alambre*
24 *Interruptor para desconectar el aire acondicionado*

ilustraciones). El diámetro del cilindro primario es más pequeño que el secundario.

2 La etapa secundaria es operada mecánicamente por una varilla de acoplación conectando las palancas de aceleración primarias y secundarias.

3 La etapa primaria incluye un sistema de transferencia y marcha mínima, un sistema de bomba de aceleración de tipo diafragma, un sistema principal de calibración y un sistema de enriquecimiento de potencia. En los carburadores de modelo 6520, hay también un solenoide de retroalimentación que responde a la información del sensor de oxígeno.

4 La etapa secundaria incluye un sistema principal de calibración y un sistema de potencia. Ambos, la venturi primaria y secundario absorben combustible de una taza común.

5 El estrangulador automático eléctrico tiene un elemento de calefacción bimetal de dos etapas.

6 En el servicio normal, la mezcla de marcha mínima no debe requerir ajuste. La velocidad de la marcha mínima puede ser chequeada sin remover la bujía para que no se hagan ajustes.

Motores de 2.6L

Refiérase a las ilustraciones 10.7a y 10.7b

7 El carburador de Mikuni empleado en estos modelos es un carburador de dos barriles con flujo hacia abajo **(vea ilustraciones)**.

8 Los componentes básicos del sistema de admisión del combustible son el filtro de combustible, la aguja del flotante y el ensamblaje del flotante.

9 La marcha mínima y el sistema primario de calibración está compuesto de la esprea primaria principal, la esprea primaria piloto, el tornillo de ajuste de la mezcla y la tubería primaria principal.

10 Un solenoide corte de combustible previene la marcha continua con la llave apagada.

11 El sistema secundario de calibración

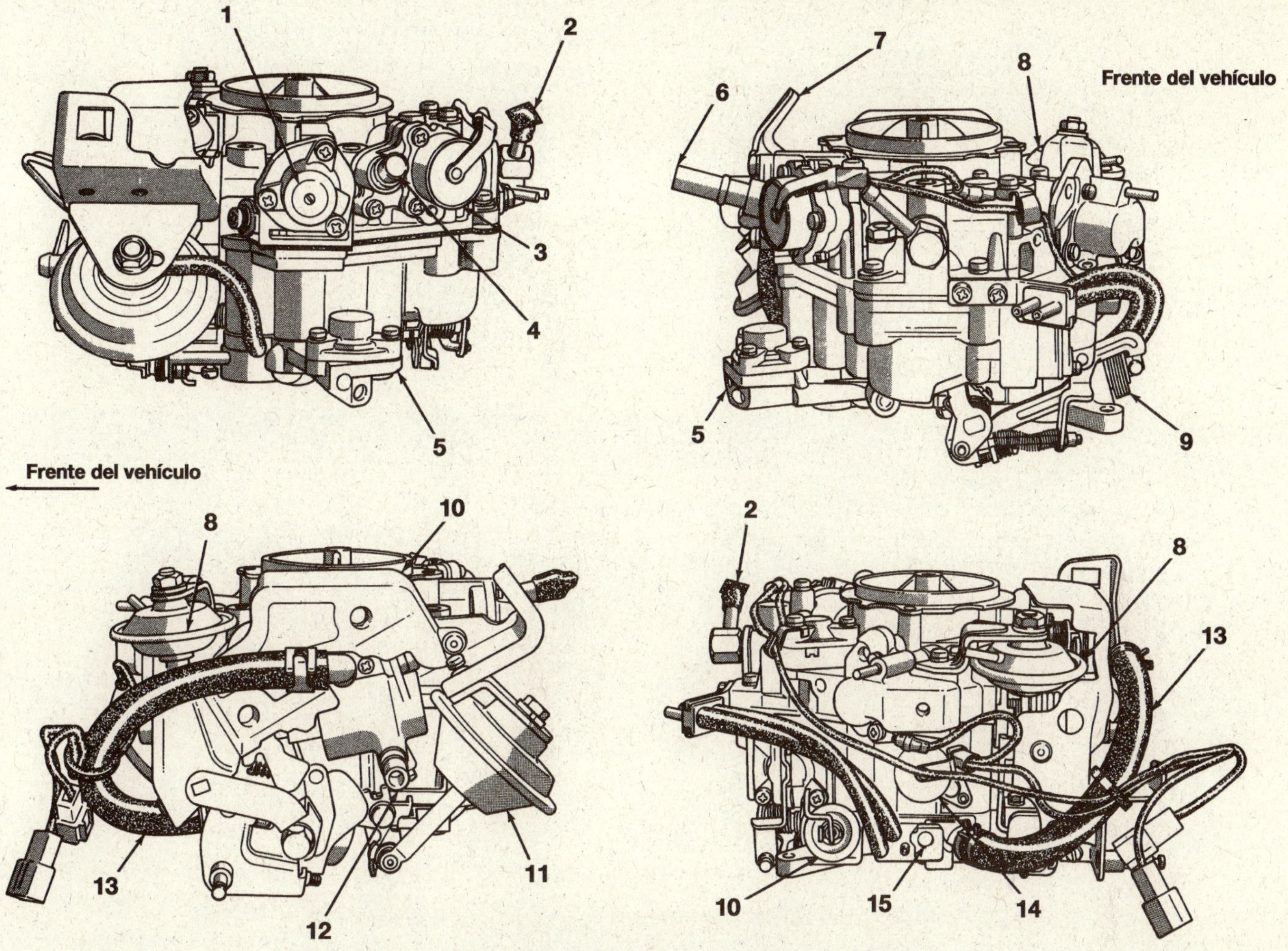

10.7a Carburador Mikuni (modelos de California y de altitud)

1 Válvula de aire para la desaceleración
2 Admisión del combustible
3 Válvula para la ventilación de la taza
4 Hacia el canasto de carbón
5 Válvula de esprea para el control del aire
6 Hacia el canasto de carbón
7 Soporte para el cable del acelerador
8 Abridor del acelerador
9 Válvula sub EGR (recirculación de los gases de escape)
10 Cubierta de protección para el ajuste del estrangulador
11 Diafragma del pulmón de control secundario
12 Suministro para el agua del estrangulador
13 Manguera para el calentador del estrangulador
14 Solenoide para cortar el combustible
15 Tornillo para la marcha mínima protegido

está compuesto de la esprea principal secundaria, la esprea secundaria piloto, la tubería principal secundaria y un diafragma para el control del vacío.

12 El sistema de enriquecimiento está compuesto de un diafragma de resorte cargado accionado por el vacío, conectado a una válvula de enriquecimiento.

13 Una bomba aceleradora mecánica está compuesta de un diafragma flexible, un resorte del diafragma, una palanca, una varilla de acoplamiento y un resorte de continuación.

14 Un estrangulador automático de tipo termo de cera es controlado por la temperatura del anticongelante del motor.

Información de servicio

15 Una prueba completa de manejo por camino y chequeo de ajustes del carburador deben ser hechas antes de la reparación mayor del carburador. Especificaciones para algunos ajustes están listados en la etiqueta de información para el *Control de Emisiones del Vehículo* encontrado en el compartimiento del motor.

16 Algunas quejas del desempeño dirigidas al carburador son verdaderamente el resultado de aflojamiento, motor mal ajustado o con funcionamiento o componentes eléctricos defectuosos. Otros se desarrollan cuándo las mangueras de vacío tienen fugas, son desconectadas o son dirigidas incorrectamente. El enfoque apropiado para analizar los problemas del carburador deben incluir un chequeo rutinario de las siguientes áreas:

17 Inspeccione todas las mangueras de vacío y los actuadores por fugas e instalación apropiada.

18 Apriete las tuercas del múltiple de admisión y las tuercas del carburador uniformemente y firmemente.

19 Realice una prueba de compresión de los cilindros.

20 Limpie o reemplace las bujías según sea necesario.

21 Chequee la resistencia de los alambres de las bujías (vea Capítulo 5).

22 Inspeccione los alambres primarios de la ignición y chequee la operación del avance del encendido regulado por el vacío del múltiple. Reemplace cualquiera de las partes defectuosas.

23 Chequee el tiempo de la ignición (vea Capítulo 1).

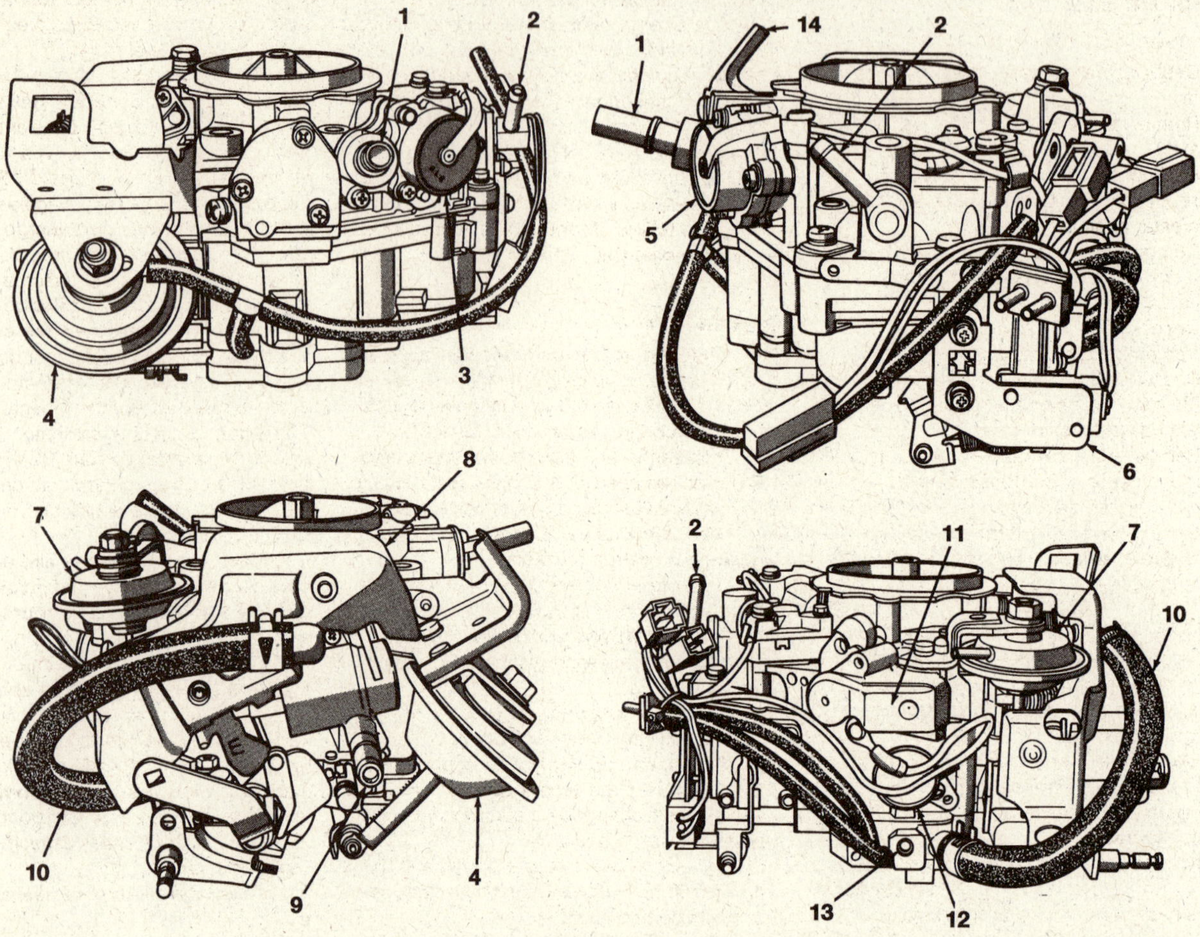

10.7b Carburador Mikuni (modelos Federales y Canadienses)

1 *Hacia el canasto de carbón*
2 *Admisión de combustible*
3 *Válvula para la ventilación de la taza*
4 *Diafragma del pulmón de control secundario*
5 *Solenoide para la ventilación de la taza*
6 *Interruptor para el aire acondicionado*
7 *Abridor del acelerador*
8 *Cubierta de protección para el ajuste del estrangulador*
9 *Suministro para el agua del estrangulador*
10 *Manguera para el calentador del estrangulador*
11 *Válvula para el cambio de aire*
12 *Solenoide para cortar el combustible*
13 *Tornillo para la marcha mínima protegido*
14 *Soporte para el cable del acelerador*

24 Inspeccione la válvula del control del calor en el purificador de aire por operación apropiada (vea Capítulos 1 y 6).

25 Remueva el elemento del filtro de aire del carburador y sople cualquier tierra con aire comprimido. Si el filtro está sumamente sucio, reemplácelo con uno nuevo.

26 Inspeccione el sistema de la ventilación del cigüeñal (vea Capítulos 1 y 6).

27 Los problemas del carburador aparecen generalmente como inundaciones, difícil de poner en marcha, pararse, explosiones severas y aceleración débil. Un carburador con fugas de combustible o también cubierto con depósitos húmedos definitivamente necesita atención.

28 Diagnosticar los problemas del carburador puede requerir que el motor sea puesto en marcha con el purificador de aire removido. Al correr el motor sin el purificador de aire es posible que pueda hacer explosiones. Una situación de explosiones es probable de ocurrir si el carburador está funcionando defectuosamente, pero solo remover el purificador de aire puede aumentar la mezcla de aire y combustible para producir una explosión del motor. **Peligro:** *No posicione su cara directamente en la abertura del carburador en caso que hayan explosiones del motor.*

29 Una vez que sea concluido que el carburador está verdaderamente fallando, debe ser reemplazado con uno nuevo o con una unidad reconstruida nueva, o desmontado, limpiado y vuelto a instalar empleando partes nuevas cuando sea necesario. Antes de desarmar el carburador, asegúrese que usted tiene un juego para reconstruir carburadores, que incluye las instrucciones, todas las juntas necesarias, las partes internas, solvente para limpiar carburadores y alguno medio de soplar todos los pasajes internos del carburador. Para hacer el trabajo apropiadamente, usted necesitará también un lugar limpio para trabajar, abundancia de tiempo y paciencia.

11 Carburador - remover e instalar

Peligro: *La gasolina es extremamente inflamable, así que tome precauciones extras cuando usted trabaje en cualquier parte del sistema de combustible. No fume o permita llamas abiertas o bombillas sin envolturas cerca del área de trabajo, y no trabaje en un garaje donde un disponible de tipo gas natural (tal como una calentadora de agua o secadora de ropa) con una luz pilota presente. Si usted se fuga cualquier combustible en la piel, límpielo de usted inmediatamente con agua y jabón. Cuándo usted realice cualquier tipo de trabajo en el sistema de combustible, emplee lentes de seguridad y tenga un extinguidor de Tipo B a la mano.*

Motor de 2.2L

Remover

1 Desconecte el cable negativo de la batería.

2 Remueva el ensamblaje del purificador de aire.

3 Remueva la tapa del abastecedor del tanque de combustible ya que el tanque podría estar abajo alguna presión.

4 Coloque un recipiente de metal bajo el acoplador de combustible y desconecte el acoplador.

5 Desconecte el conjunto del alambrado/arnés del carburador.

6 Desconecte el control de la mariposa.

7 Marque con etiqueta y remueva todas las mangueras del carburador.

8 Remueva las tuercas del calzo y separe cuidadosamente el carburador del múltiple, teniendo cuidado de mantenerlo nivelado. No remueva los tornillos del calzo del aislador a menos que el aislador deba ser reemplazado con uno nuevo.

Instalación

9 Inspeccione las superficies de acoplamiento del carburador y del aislador por mellas, rebarbas y residuos que podrían causar fugas de aire.

10 Coloque el carburador en posición e instale las tuercas del calzo, teniendo cuidado para no dañar la palanca de marcha mínima rápida.

11 Apriete las tuercas al par de la torsión listado en las especificaciones de este Capítulo, siguiendo un patrón cruzado.

12 Chequee todas las mangueras de vacío y las conexiones por daño, reemplazándolas con partes nuevas si es necesario, e instálelas.

13 Conecte el control de la mariposa y la línea de combustible.

14 Chequee la operación del control de la mariposa y del plato del estrangulador.

15 Conecte el conjunto del alambrado/arnés e instale el purificador de aire.

16 Conecte el cable negativo de la batería.

17 Ponga el motor en marcha y chequee por fugas de combustible.

18 Chequee la velocidad de la marcha mínima del motor.

Motor de 2.6L

Remover

19 Desconecte el cable negativo de la batería.

20 Remueva el albergue de admisión de la bocina de aire del carburador.

21 Libere cualquier presión que pueda existir en el tanque de combustible removiendo la tapa del abastecedor.

22 Drene el sistema de enfriamiento (vea Capítulo 1).

23 Remueva el protector del carburador, marque con etiqueta los lugares de las mangueras de vacío, del anticongelante y sepárelos del carburador.

24 Remueva los conectores del conjunto del alambrado/arnés del carburador.

25 Coloque un recipiente de metal debajo de la admisión de combustible del carburador para colectar cualquier residuo de combustible y desconecte el acoplador de la manguera de combustible.

26 Desconecte el control de la mariposa.

27 Remueva los perno y las tuercas del calzo y separe cuidadosamente el carburador del múltiple. Mantenga el carburador nivelado para evitar el derrame del combustible.

Instalación

28 Chequee las superficies de acoplamiento del carburador y el múltiple de admisión por mellas, rebarbas y material de junta vieja que podrían causar fugas de aire.

29 Empleando una junta nueva, coloque el carburador en posición e instale las tuercas y el perno. Apriételo al par de torsión listado en las especificaciones de este Capítulo, siguiendo un patrón cruzado.

30 Conecte el control de la mariposa y la manguera del combustible.

31 Conecte las mangueras de vacío y del anticongelante e instale el protector del carburador.

32 Rellene el radiador con el anticongelante especificado (vea Capítulo 1).

33 Chequee la operación del control de la mariposa y del plato estrangulador.

34 Instale el albergue de admisión y la tapa del tanque del combustible.

35 Conecte el cable negativo a la batería.

36 Ponga el motor en marcha y chequee por fugas de combustible.

37 Chequee la velocidad de la marcha mínima del motor (vea Sección 14).

12 Carburador (Motor de 2.2L) - ajustes

Ajuste de la velocidad de la marcha mínima

Refiérase a la ilustración 12.8

1 Ponga el motor en marcha y córralo hasta que se haya alcanzado la temperatura normal de operación.

2 Chequee el tiempo de la ignición y ajuste según sea necesario (vea Capítulo 1), entonces apague el motor.

3 En los modelos 1984 y 1985, desconecte y tape el conector del vacío en el CVSCC (interruptor de congelante por vacío cerrado cuando está frío) (vea Capítulo 6 si es necesario). En el modelo 1986, desconecte los alambres del solenoide impulsado en el entrepaño interior izquierdo del guardafango. En todos los modelos, desconecte el conector de prueba del sistema de retroalimentación de oxígeno localizado en el entrepaño interior izquierdo del guardafango (modelos 6520 con carburador solamente).

4 Remueva el conector eléctrico del ventilador e instale un alambre puente para que el ventilador corra continuamente.

5 Remueva la válvula PCV (ventilación positiva del cárter) del módulo de respiración para que la válvula aspire aire del compartimiento del motor.

6 Deje el purificador de aire en su lugar y conecte un tacómetro. Haga una conexión a tierra al interruptor del carburador con un alambre puente.

7 Ponga el motor en marcha.

8 Chequee la lectura de la velocidad de la marcha mínima del tacómetro y compárelo con al etiqueta de Información del Control de Emisiones. Gire el tornillo de velocidad de la marcha mínima **(vea ilustración)** según sea necesario para lograr la velocidad de la marcha mínima listada en las especificaciones de este Capítulo.

9 Apague el motor y remueva el tacómetro.

10 Remueva el alambre puente del interruptor del carburador, conecte el conector del ventilador, instale la válvula PCV y vuelva a instalar cualquiera de las mangueras de vacío y los alambres que se desconectaron.

Ajuste de la velocidad de la marcha mínima del aire acondicionado

11 Los modelos de aire acondicionado están equipados con un sistema que aumenta la velocidad de la marcha mínima cuando el compresor de aire acondicionado se engrana, para compensar la carga mayor

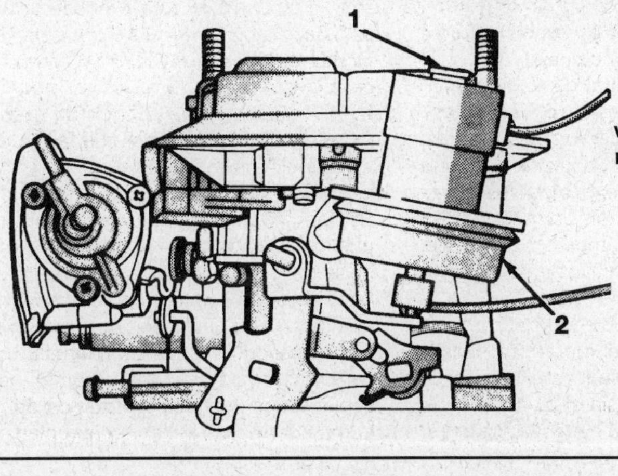

12.8 Ubicación del tornillo para la velocidad de la marcha mínima (motor de 2.2L)

1 *Tornillo para el ajuste de la marcha mínima*

2 *Solenoide para el actuador del acelerador*

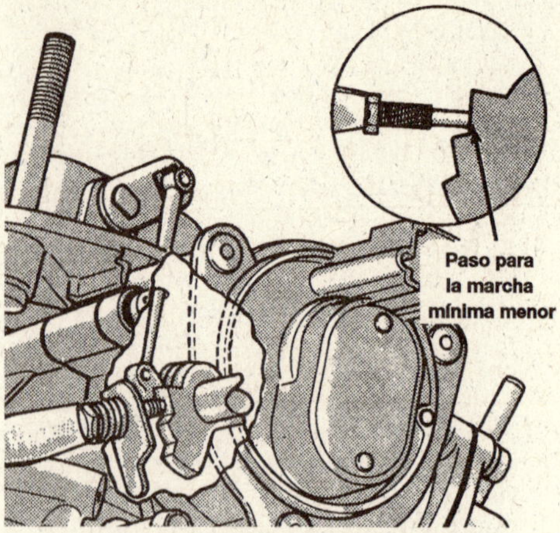

12.17 Detalles para el ajuste de la marcha mínima alta 12 (motores de 2.2L)

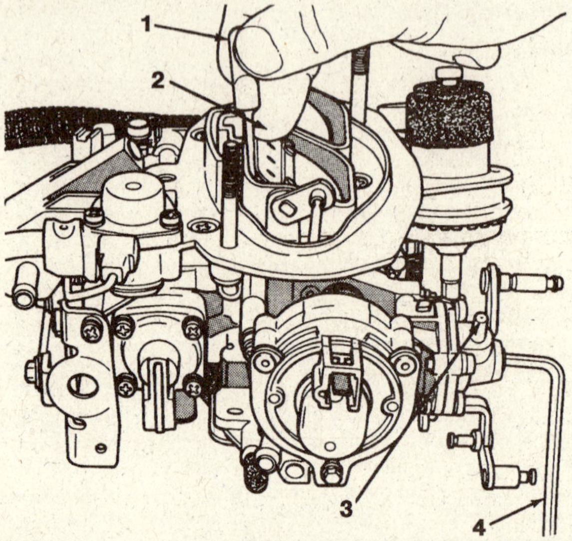

12.25 Detalles del ajuste para el pulmón de desactivar el estrangulador (motores de 2.2L)

1 *Calibrador*
2 *Presión ligera del dedo*
3 *Hacia una fuente de vacío*
4 *Herramienta Allen*

puesta en el motor. Antes de chequear la velocidad de la marcha mínima del aire acondicionado, chequee la marcha mínima y el tiempo (vea Capítulo 1) para asegurarse que ellos estén correctos. Los chequeos deben ser hechos con el motor a la temperatura normal de operación.

12 Cuándo el aire acondicionado está acoplado, la velocidad de la marcha mínima es aumentada por un impulsor de vacío o por un solenoide.

13 La operación del impulsor puede ser chequeado con el motor en marcha (a la temperatura normal de operación), moviendo el control de la temperatura a la medida más fría y entonces encendiendo el aire acondicionado. La bomba de vacío impulsora debe moverse hacia dentro y hacia fuera cuando el embrague del compresor se acople y se desacople. Remueva el purificador de aire para mejor acceso visual al impulsador, si es necesario **(vea ilustración 13.8)**.

14 Si la velocidad de la marcha mínima no cambia según el aire acondicionado pasa por los ciclos, chequee las mangueras del sistema de vacío y el diafragma por fugas y asegúrese que el solenoide de vacío (que dirige el vacío al impulsador) está operando. Si no se encuentran ningunas partes defectuosas, reemplace el impulsador con uno nuevo y repita el chequeo.

Ajuste de la marcha mínima rápida

Refiérase a la ilustración 12.17

15 Realice los Pasos 1 a 6

16 En los modelos 1986, desconecte las mangueras de vacío del CVSCC (interruptor de congelante por vacío cerrado cuando está frío) y tape ambas mangueras.

17 Ponga el motor en marcha, abra la válvula de admisión levemente y ajuste el tornillo de marcha mínima rápida en el paso más lento de la leva de la velocidad mínima rápida **(vea ilustración)**.

18 Con la válvula del estrangulador completamente abierta, ajuste la velocidad de la marcha mínima rápida a la especificación en la etiqueta de Información del Control de Emisiones girando el tornillo de ajuste.

19 Regrese el motor a marcha mínima, entonces posicióne el tornillo de ajuste de la marcha mínima rápida en el paso más lento de la leva para la velocidad mínima rápida, para chequear la velocidad de la marcha mínima rápida. Ajuste según sea necesario.

20 Apague el motor, remueva el tacómetro y conecte de nuevo todos los componentes removidos para el procedimiento del ajuste.

Ajuste del estrangulador del vacío

Refiérase a la ilustración 12.25

21 Remueva el purificador de aire.

22 Abra el acelerador, cierre el estrangulador y entonces cierre la válvula de admisión para que el sistema de marcha mínima rápida sea atrapado en la posición cerrada del estrangulador.

23 Desconecte la manguera del vacío del carburador, conecte una bomba de vacío y aplique 15-pulgadas de vacío.

24 Empuje el estrangulador en la forma de cerrado para que los platos estén en su abertura más pequeña (emplee presión muy ligera y no retuerza el acoplamiento). El resorte interno del sistema del estrangulador ahora será comprimido.

25 Insercióne el tamaño apropiado del taladro o del medidor entre el plato y la pared de la bocina de aire en el final primario de la válvula de admisión del carburador. Chequee el juego libre contra las especificaciones y ajuste según sea necesario girando con una herramienta Allen insertada en el diafragma **(vea ilustración)**.

26 Después del ajuste, reemplace la manguera del vacío y el ensamblaje del purificador de aire.

Ajuste para que el motor no continúe en marcha con la llave apagada

Refiérase a la ilustración 12.30

27 Caliente el motor a la temperatura de operación normal, chequee el tiempo de la ignición (vea Capítulo 1), entonces apáguelo. Conecte un tacómetro.

28 Remueva el alambre rojo del conector de 6 vías en el lado del conector del carburador.

29 Con el transeje en Neutral, el freno de estacionamiento firme y las ruedas bloquea-

12.30 Detalles del motor anti diesel (motores de 2.2L)

1 *Tornillo para asentar la marcha mínima*
2 *Destornillador*
3 *Tornillo para la macha mínima*

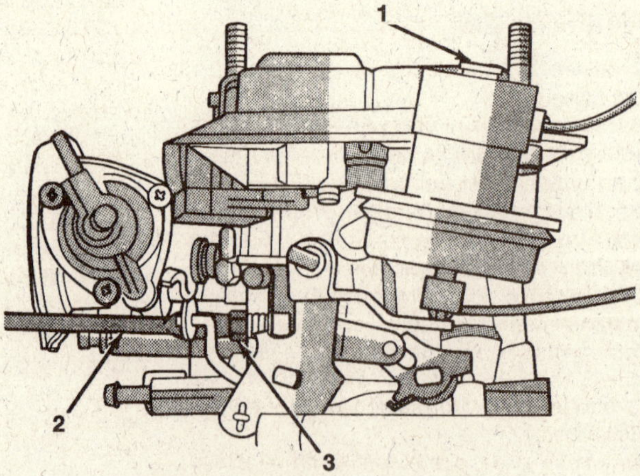

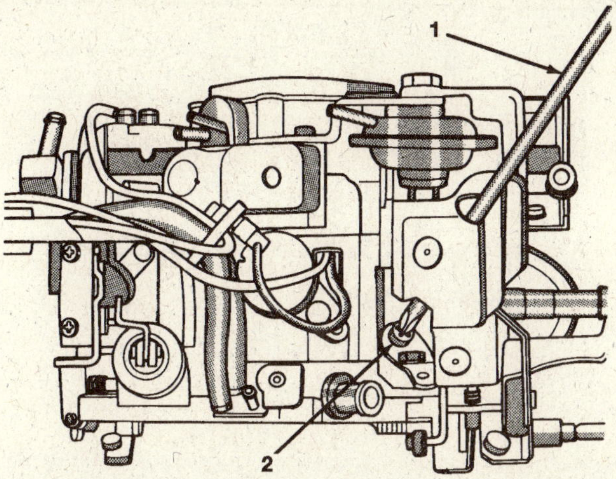

13.4 Ubicación del tornillo para el ajuste de la marcha mínima (motores de 2.6L)

1 Destornillador *2 Tornillo para la marcha mínima*

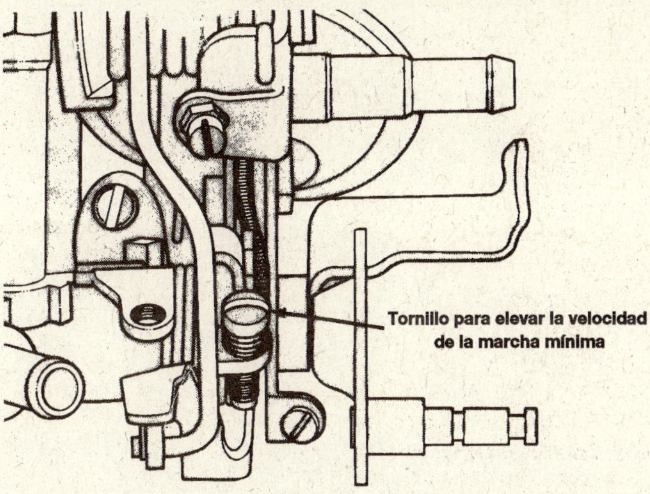

13.5 Ubicación del tornillo para elevar la marcha mínima del motor con aire acondicionado (motores de 2.6L)

das para prevenir cualquier movimiento, haga conexión a tierra al interruptor de la parada de la marcha mínima del carburador con un alambre puente y apague las luces. Ponga el motor en marcha.

30 Ajuste el tornillo de la velocidad de la parada de válvula de admisión **(vea ilustración)** lograr un velocidad de la marcha mínima de 700 rpm.

31 Apague el motor, remueva el tacómetro, remueva el alambre puente y conecte el alambre del interruptor de parada de marcha mínima del carburador.

13 Carburador (motor de 2.6L) - ajuste de la velocidad para la marcha mínima

Refiérase a las ilustraciones 13.4 y 13.5

1 Con el transeje en Neutral, el freno de estacionamiento y las ruedas bloqueadas para prevenir cualquier movimiento, apague las luces y todos los accesorios. Conecte un tacómetro al motor, ponga el motor en marcha y permita que se caliente a la temperatura normal de operación para que el estrangulador esté completamente abierto. Chequee el tiempo de la ignición (vea Capítulo 1).

2 Desconecte el alambre del abanico de enfriar, entonces abra la válvula de admisión y ponga el motor en marcha a 2500 rpm (revoluciones por minuto) por 10 segundos. Vuelva a poner el motor a marcha mínima y espere dos minutos.

3 Después de esperar dos minutos con la marcha mínima estabilizada, chequee las rpm indicadas en el tacómetro y asegúrese que es la misma como está especificado en la etiqueta de Información de Control de Emisiones.

4 Si no lo es, gire el tornillo de velocidad de la marcha mínima para traer las rpm a la posición apropiada de marcha mínima **(vea ilustración)**.

5 En los modelos con aire acondicionado, prenda el aire acondicionado y, con el compresor trabajando, ajuste la velocidad de la marcha mínima a las rpm especificada girando el tornillo de ajuste para la marcha mínima **(vea ilustración)**.

6 Apague el motor, conecte de nuevo el abanico de enfriar y remueva el tacómetro.

14 Sistema de inyección de combustible (de lumbreras EFI {inyección de combustible electrónica})- información general

Dos tipos de sistemas de EFI son empleados en estos modelos. El sistema EFI sencillo se emplea en el motor normalmente aspirado de cuatro cilindros de 2.5L; el sistema EFI de lumbreras se emplea en el motor 2.5L turbocargado y en los motores V6 de 3.0L, 3.3L y 3.8L.

Ambos tipos son semejante en operación. Cada uno es de sistema controlado electrónicamente que combina inyección de combustible electrónica y adelanto de la chispa electrónica. El subsistema principal incluye la inducción de aire, la entrega de combustible, el control de combustible, control de emisiones y el SMEC (sistema controlador del motor de módulo sencillo) (modelos 1987 hasta 1989), SBEC (controlador de motor de cilindro simple) (modelos 1990 y 1991) o PCM (módulo de control de la potencia del motor) (modelos 1992 y más modernos). Cada sistema difiere levemente en el tipo y la ubicación de estos componentes.

Sistema de la inducción de aire

El sistema de la inducción de aire incluye el purificador de aire, el cuerpo de aceleración, el TPS (sensor del ángulo de apertura del acelerador), el motor AIS (control de la marcha mínima) y el turbocargador (si está equipado).

Sistema de entrega del combustible

El sistema de la entrega del combustible proporciona el combustible del tanque de combustible al sistema de control de combustible. Regresa también cualquier combustible de exceso otra vez dentro del tanque de combustible. El sistema incluye una bomba eléctrica de combustible dentro del tanque, filtro de combustible, válvulas unilaterales y línea de regreso. El poder es suministrado a la bomba de combustible através del relee para el módulo ASD (cancelación automática). El relee del ASD controla también la bobina para la ignición, los inyectores de combustible y las partes del módulo del poder.

Sistema del control de combustible

En los sistemas EFI con un solo inyector, los componentes del sistema de control de combustible son el regulador de la presión de combustible, el inyector de combustible y el cuerpo de aceleración **(vea ilustraciones 16.4a y 16.4b)**. En los sistemas de lumbreras, ellos incluyen el regulador de presión de combustible, el riel de combustible, los inyectores de combustible y el cuerpo de aceleración.

Inyectores de combustible

En ambos, el sistema de un solo inyec-

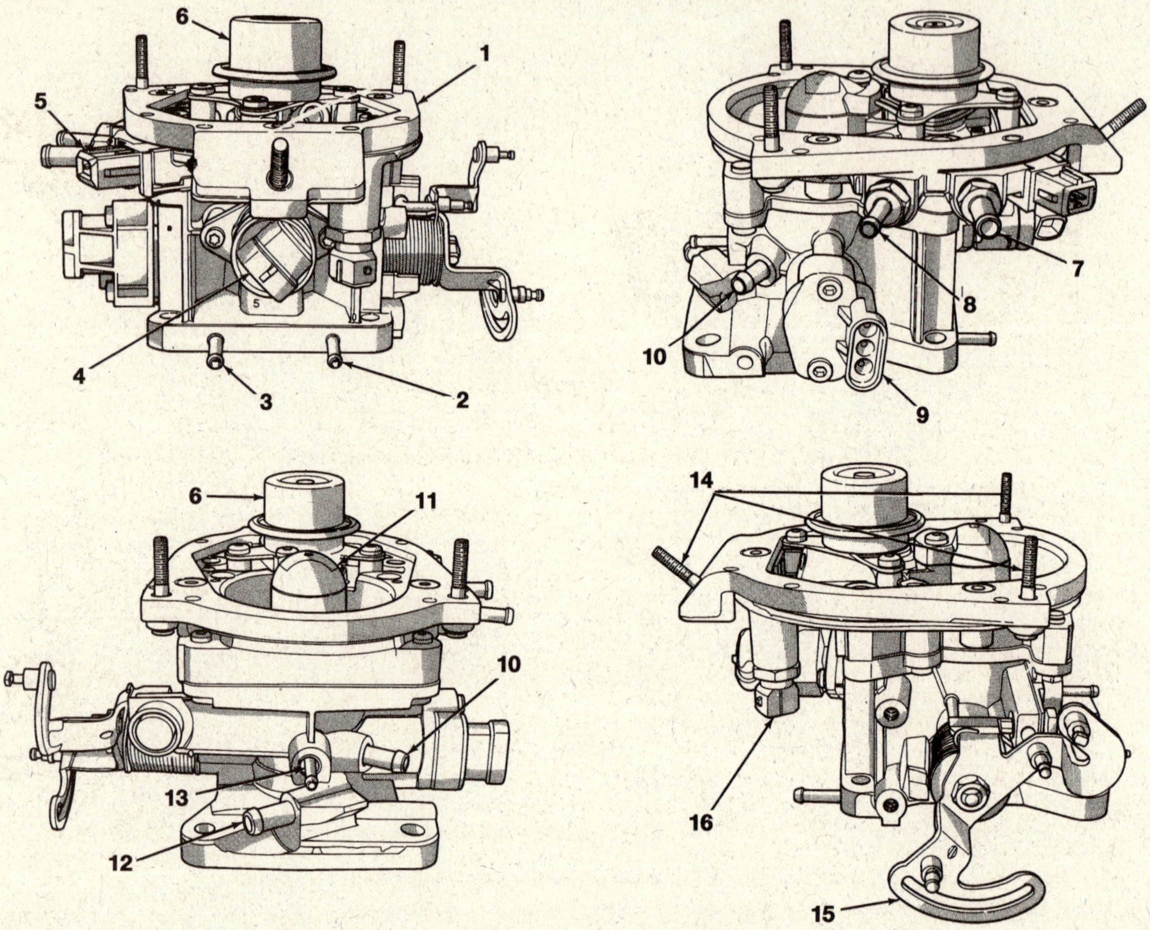

16.4a Detalles del cuerpo de aceleración (motores 1987 hasta 1990 de 2.5L)

1 *Adaptador del purificador de aire*
2 *Suministro para la purga de la señal del canasto o aire caliente*
3 *Suministro para el MAP (sensor de la presión absoluta del múltiple de admisión)*
4 *Motor AIS (control de la marcha mínima)*
5 *Conector eléctrico para el inyector*
6 *Regulador de la presión de combustible*
7 *Admisión del combustible*
8 *Regreso del combustible*
9 *TPS (sensor del ángulo de apertura del acelerador)*
10 *Suministro para la purga del canasto de carbón*
11 *Tapa para el inyector de combustible*
12 *Suministro pata el vacío del amplificador de frenos*
13 *Suministro de vacío para la EGR (recirculación de los gases de escape)*
14 *Espárragos para sostener el purificador de aire*
15 *Palanca del acelerador*
16 *Sensor de la temperatura del cuerpo de aceleración*

tor y los sistemas EFI de lumbreras, el carburador convencional es reemplazado por un cuerpo de aceleración e inyector (de un solo inyector) o el cuerpo de aceleración, y el riel de combustible y los inyectores (de lumbreras). En el sistema EFI de un solo inyector, el combustible es mezclado con aire en el cuerpo de aceleración y rociado en el múltiple de admisión, que lo dirige a los puertos de la admisión y los cilindros. En los EFI de lumbreras, el combustible es rociado directamente en los puertos por los inyectores de combustible, con el múltiple de admisión que suministra solamente el aire.

Por la complejidad del sistema EFI y el equipo especial requerido para localizar las fallas, el mecánico de hogar puede hacer diagnósticos pequeños. Pero chequeando las conexiones eléctricas y de vacío para asegurarse de que estén seguras, apretadas y sin daño, a menudo puede eliminar un problema potencial o que esté sucediendo. Porque el SMEC (sistema controlador del motor de módulo sencillo)/SBEC (controlador de motor de cilindro simple) es dependiente en los datos proporcionado por los sensores de información transmitidos através de electricidad y las conexiones de vacío, un chequeo completo visual de alguna conexión desgastada o floja, mangueras de vacío, alambres, pueden ahorrar tiempo de diagnóstico y viajes innecesarios al taller de reparación.

Además de los chequeos sencillos descrito en la próxima Sección, diagnóstico adicional es difícil, pero una vez que usted ha determinado, con la ayuda de su concesionario, que un componente está defectuoso, nosotros le mostraremos cómo reemplazarlo en la siguientes Secciones.

15 Sistema de inyección de combustible - chequeo

Nota: *El procedimiento siguiente es basado en la suposición que la presión de combustible es adecuada (vea Sección 3).*

1 Chequee las conexiones del alambre a tierra en el múltiple de admisión para estar seguro de que no está estirado. Chequee todos los conectores del conjunto del alambrado/arnés que son relacionado con el sistema. Los conectores flojos y mala conexión a tierra pueden causar muchos problemas que se parecen a funcionamientos defectuosos más graves.

2 Chequee para ver si la batería está completamente cargada, debido a que la unidad del control y los sensores dependen en un voltaje exacto suministrado en orden de cali-

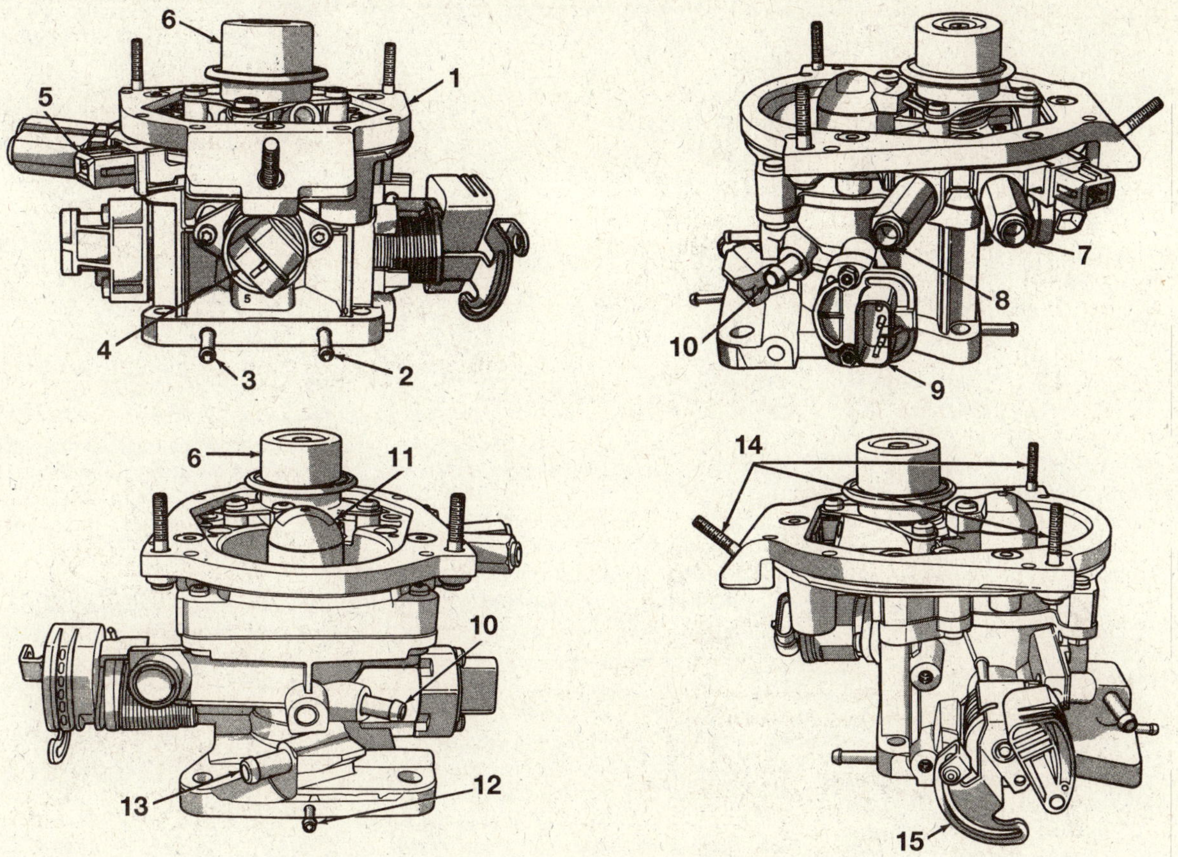

16.4b Detalles del cuerpo de aceleración (motores 1991 de 2.5L)

1 *Adaptador del purificador de aire*
2 *Suministro para la purga de la señal del canasto o aire caliente*
3 *Suministro para el MAP (sensor de la presión absoluta del múltiple de admisión)*
4 *Motor AIS (control de la marcha mínima)*
5 *Conector eléctrico para el inyector*
6 *Regulador de la presión de combustible*
7 *Admisión del combustible*
8 *Regreso del combustible*
9 *TPS (sensor del ángulo de apertura del acelerador)*
10 *Suministro para la purga del canasto de carbón*
11 *Tapa para el inyector de combustible*
12 *Suministro de vacío para la EGR (recirculación de los gases de escape)*
13 *Suministro pata el vacío del amplificador de frenos*
14 *Espárragos para sostener el purificador de aire*
15 *Palanca del acelerador*

brar apropiadamente el combustible.

3 Chequee el elemento del filtro de aire, un filtro sucio o parcialmente bloqueado estorbará severamente el rendimiento y la economía (vea Capítulo 1).

4 Si un fusible quemado se a encontrado, reemplácelo y vea si se quema otra vez. Si se quema, busque por un alambre en el arnés de la bomba de combustible que se haya puesto a tierra.

5 En los sistemas de lumbreras, chequee el conducto de aire para la tome en el múltiple de admisión por fugas, que resultará en una mezcla excesivamente pobre. También chequee la condición de todas las mangueras de vacío conectadas al múltiple de admisión.

6 En los sistemas de lumbreras, remueva el ducto de aire del cuerpo de inyección del cuerpo de aceleración y chequee por tierra, carbón o acumulación de residuo. Si está sucio, límpielo con limpiador de carburador y una brocha de dientes.

7 Con el motor en marchar, coloque un destornillador contra cada inyector, de uno en uno, y escuche por el sonido, indicando que está operando.

8 El resto de los chequeos del sistema pueden ser encontrado en las siguientes Secciones.

16 Cuerpo de inyección (de un solo inyector EFI) - remover e instalar

Peligro: *La gasolina es extremadamente inflamable, razón por la cual se debe tener mucha caución al trabajar en cualquier parte del sistema de combustible. No fume ni permita la presencia de llamas expuestas o bombillas sin protección cerca del área de trabajo, y no trabaje en un taller donde haya artefactos de gas natural con un piloto (como calentadores de agua o secadores de ropa). Como la gasolina es carcinógena, use guantes de látex cuando haya una posible exposición al combustible. Si derrama combustible en la piel, enjuáguela de inmediato con jabón y agua. Limpie inmediatamente cualquier derrame y no almacene trapos con combustible en lugares donde puedan inflamarse. El sistema de combustible está bajo presión constante, por lo cual, antes de desconectar alguna tubería de combustible se debe liberar la presión del combustible en el sistema (vea el Capítulo 4 para obtener más información). Al realizar cualquier tipo de trabajo en el sistema de combustible, use anteojos de seguridad y tenga un extintor Clase B al alcance.*

Remover

Refiérase a las ilustraciones 16.4a, 16.4b y 16.8

1 Remueva el purificador del aire (vea Sección 7).

2 Alivie la presión del sistema de combustible (vea Sección 2).

3 Desconecte el cable negativo de la batería.

4 Desconecte las mangueras de vacío y conectores eléctricos **(vea ilustraciones)**.

16.8 Remueva los dos pernos largo (flechas) y los dos pernos cortos (flecha) del cuerpo de aceleración (el perno trasero más corto está escondido)

5 Desconecte el cable del acelerador (vea Sección 8), y (si está equipado) el cable para el control de crucero y de rebase del transeje (vea Capítulo 7).

6 Remueva el resorte de retorno del acelerador.

7 Coloque trapos o periódicos debajo de las mangueras de combustible para colectar el combustible residual. Afloje las abrazaderas, envuelva una tela alrededor de cada manguera de combustible y las remueve hacia fuera. Remueva las arandelas de cobre de las mangueras, notando sus localidades.

8 Remueva los pernos o tuercas **(vea ilustración)** y levante el cuerpo de aceleración del múltiple.

Instalación

9 Inspeccione las superficies de acoplamiento del cuerpo de aceleración y el múltiple por mellas, rebarbas y residuos que podrían causar fugas de aire.

10 Usando una junta nueva, coloque el cuerpo de aceleración en posición e instale los pernos o tuercas.

11 Apriete los pernos o las tuercas al par de la torsión listado en las especificaciones de este Capítulo, siguiendo un patrón de cruces. Llegando al par de torsión final en tres o cuatro pasos.

12 Chequee todas las mangueras de vacío y conectores eléctricos por daño, reemplazando las partes necesarias con nuevas, entonces las conecta.

13 Conecte el cable de acelerador y (si está equipado) el cable del control de crucero y rebase.

14 Conecte el resorte de retorno a la mariposa del carburador.

15 Usando abrazaderas y arandelas nuevas, instale las mangueras de combustible.

16 Chequee la operación del control de la mariposa.

17 Instale el ensamblaje del purificador de aire.

18 Conecte el cable negativo de la batería.

19 Ponga el motor en marcha y chequee por fugas de combustible.

17.5 Use una herramienta Torx (no. 25) y remueva los tres pernos del regulador

17 Regulador de presión de combustible (de un solo inyector EFI) - chequear, remover e instalar

Peligro: *La gasolina es extremadamente inflamable, razón por la cual se debe tener mucha caución al trabajar en cualquier parte del sistema de combustible. No fume ni permita la presencia de llamas expuestas o bombillas sin protección cerca del área de trabajo, y no trabaje en un taller donde haya artefactos de gas natural con un piloto (como calentadores de agua o secadores de ropa). Como la gasolina es carcinógena, use guantes de látex cuando haya una posible exposición al combustible. Si derrama combustible en la piel, enjuáguela de inmediato con jabón y agua. Limpie inmediatamente cualquier derrame y no almacene trapos con combustible en lugares donde puedan inflamarse. El sistema de combustible está bajo presión constante, por lo cual, antes de desconectar alguna tubería de combustible se debe liberar la presión del combustible en el sistema (vea el Capítulo 4 para obtener más información). Al realizar cualquier tipo de trabajo en el sistema de combustible, use anteojos de seguridad y tenga un extintor Clase B al alcance.*

Chequeo

1 Siga el procedimiento para el chequeo de la presión de combustible en la Sección 3 para el diagnóstico del regulador de presión de combustible.

Remover

Refiérase a las ilustraciones 17.5 y 17.7

2 Remueva el ensamblaje del purificador de aire (vea Sección 7).

3 Alivie la presión del sistema de combustible (vea Sección 2).

4 Desconecte el cable negativo de la batería.

5 Remueva los tres tornillos (estos requerirán un dado de tipo Torx no. 25) del regulador **(vea ilustración)**.

6 Envuelva una tela alrededor de la

17.7 Si el regulador está todavía instalado al cuerpo del acelerador después que los pernos hayan sido removidos, menee el regulador para liberar el sello de caucho endurecido

cámara de combustible para colectar algún combustible residual, que esté bajo presión.

7 Retire el regulador de presión del cuerpo de inyección **(vea ilustración)**.

8 Remueva cuidadosamente el anillo sellador de tipo O del regulador de presión, seguido por la junta.

Instalación

9 Coloque una junta nueva en posición en el regulador de presión e instale cuidadosamente un anillo sellador de tipo O.

10 Coloque el regulador de la presión en posición en el cuerpo de aceleración, apriételo en posición e instale los tres tornillos. Apriete los tornillos firmemente.

11 Conecte el cable negativo de la batería. Chequee cuidadosamente por cualquier fuga de combustible.

12 Instale el ensamblaje del purificador de aire (vea Sección 7).

18 Inyector de combustible (de un solo inyector EFI) - chequear, remover e instalar

Peligro: *La gasolina es extremadamente inflamable, razón por la cual se debe tener mucha caución al trabajar en cualquier parte del sistema de combustible. No fume ni permita la presencia de llamas expuestas o bombillas sin protección cerca del área de trabajo, y no trabaje en un taller donde haya artefactos de gas natural con un piloto (como calentadores de agua o secadores de ropa). Como la gasolina es carcinógena, use guantes de látex cuando haya una posible exposición al combustible. Si derrama combustible en la piel, enjuáguela de inmediato con jabón y agua. Limpie inmediatamente cualquier derrame y no almacene trapos con combustible en lugares donde puedan inflamarse. El sistema de combustible está bajo presión constante, por lo cual, antes de desconectar alguna tubería de combustible se debe liberar*

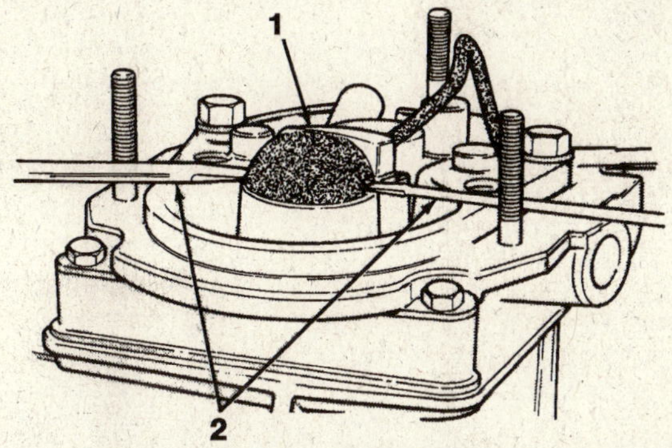

18.7 Use dos destornillador pequeños para hacerle palanca a la tapa del inyector hacia fuera

1 *Tapa del inyector*
2 *Use dos destornilladores en las ranuras de las tapas para remover la tapa del inyector*

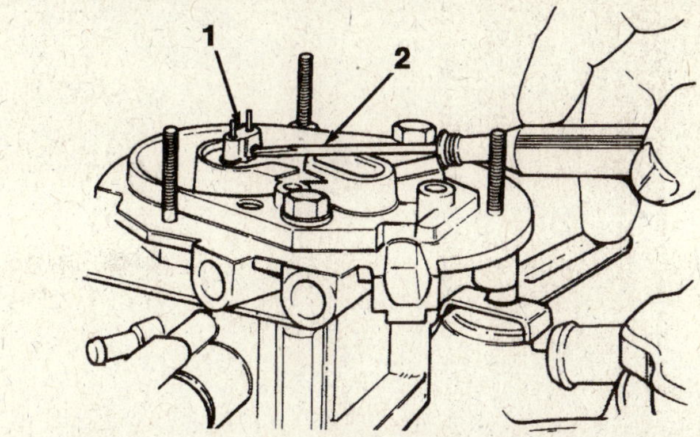

18.8 Remueva el inyector de combustible insertando un destornillador pequeño en la hendidura del inyector y suavemente hágale palanca hacia encima

1 *Inyector de combustible* 2 *Destornillador*

la presión del combustible en el sistema (vea el Capítulo 4 para obtener más información). Al realizar cualquier tipo de trabajo en el sistema de combustible, use anteojos de seguridad y tenga un extintor Clase B al alcance.

Chequeo

1 Con el motor en marchar, o en modo de arranque, escuche el sonido del inyector con un estetoscopio automotriz y verifique que el inyector suena como si está operando normalmente. Si usted no tiene un estetoscopio, toque el área del cuerpo de aceleración inmediatamente encima del inyector de combustible con su dedo y chequee para determinar si el inyector se siente como está operando. Debe sonar/sentirse suave y uniforme y su sonido/debe subir bajar con las rpm (revoluciones por minuto) del motor. Si el inyector no está operando, los sonidos/se sienten irregulares, chequee el conector eléctrico del inyector y el conector del arneses del alambre. Si los conectores están apretados, chequee por voltaje al inyector empleando una luz de prueba especial para el arneses del inyector (disponible en casi todas las refaccionarías). Si hay voltaje en el inyector y no está operando, o si está operando irregularmente, reemplácelo.

Remover

Refiérase a las ilustraciones 18.7, 18.8 y 18.9

2 Remueva el purificador de aire (vea Sección 7).

3 Alivie la presión del sistema de combustible (vea Sección 2).

4 Desconecte el cable negativo de la batería.

5 En modelos 1987, remueva el regulador de presión de combustible (vea Sección 19).

6 Remueva el tornillo Torx que tiene la tapa del inyector.

7 Use dos destornilladores pequeños y hágale palanca cuidadosamente a la tapa hacia fuera del inyector empleando las hendiduras apropiadas **(vea ilustración)**.

8 Coloque un destornillador pequeño en el orificio del inyector y abra con una palanca suavemente la unidad del cuerpo de inyección del inyector **(vea ilustración)**.

9 Remueva los anillos selladores de tipo O superiores e inferiores hacia fuera del inyector de combustible **(vea ilustración)**. Si el anillo sellador de tipo O inferior no está en el inyector, esté seguro de recuperarlo del cuerpo de inyección.

Instalación

Refiérase a las ilustraciones 18.12a, 18.12b y 18.13

10 Instale los anillos selladores de tipo O nuevos en el inyector y un anillo sellador de tipo O nuevo en la tapa del inyector. **Nota:** *Los inyectores nuevos vienen equipado con un anillo nuevo sellador de tipo O superior. Revista los anillos selladores de tipo O con aceite de motor para ayudar a la instalación del inyector.*

11 Inserciónе el inyector en el cuerpo de aceleración.

12 Coloque la tapa del inyector en el inyector. El inyector y la tapa están codificados y deben ser alineados apropiadamente **(vea ilustraciones)**.

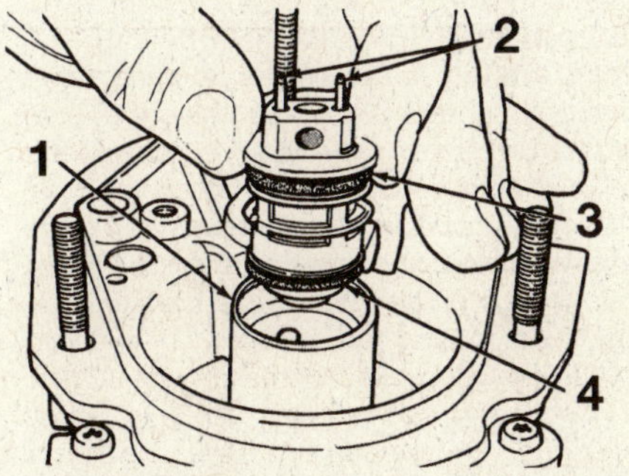

18.9 Detalles del inyector de combustible

1 *Albergue del inyector de combustible*
2 *Terminales eléctricas del inyector de combustible*
3 *Anillo superior*
4 *Anillo inferior*

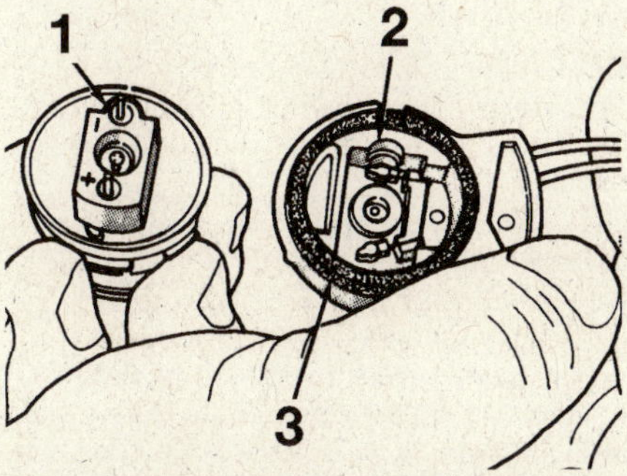

18.12a Detalles de la alineación de la tapa y el inyector (1987 modelos)

1 *Localización del lóbulo*
2 *Localización de la ranura*
3 *Anillo*

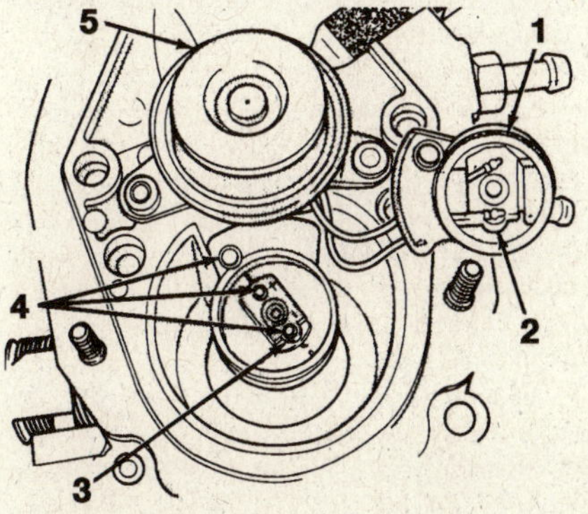

18.12b Detalles de la alineación de la tapa y el inyector (modelos 1988 hasta 1991)

1 *Anillo*
2 *Localización de la ranura*
3 *Localización del lóbulo*
4 *Alinee la terminal de los alambres con los orificios*
5 *Regulador de la presión de combustible*

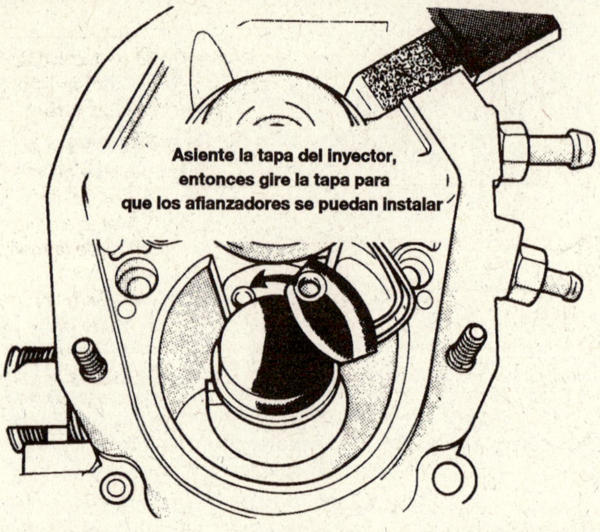

18.13 Gire la tapa para que el tornillo alinee con la ranura en la tapa

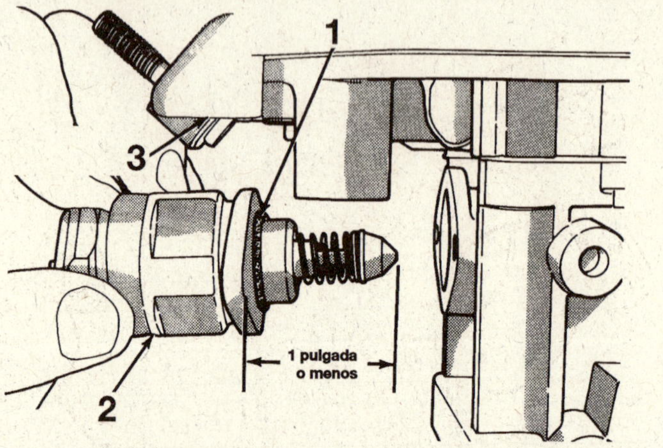

19.8 Mida la longitud de la aguja - si sale más de 1 pulgada, llévela al departamento de servicio de su concesionario u otro taller de reparación con el equipo necesario para poderla retractar

1 Anillo
2 Motor AIS (control de la marcha mínima)
3 Adaptador para el purificador de aire

13 Gire la tapa y el inyector para formar una fila en el orificio de retención **(vea ilustración)**. Apriete los tornillos firmemente.

14 Conecte el cable negativo de la batería, ponga el motor en marcha y chequee por fugas.

15 Apague el motor e instale el ensamblaje del purificador de aire.

19 Motor ASI (motor para la velocidad mínima) (de un solo inyector EFI) - chequear, remover e instalar

Peligro: *La gasolina es extremadamente inflamable, razón por la cual se debe tener mucha caución al trabajar en cualquier parte del sistema de combustible. No fume ni permita la presencia de llamas expuestas o bombillas sin protección cerca del área de trabajo, y no trabaje en un taller donde haya artefactos de gas natural con un piloto (como calentadores de agua o secadores de ropa). Como la gasolina es carcinógena, use guantes de látex cuando haya una posible exposición al combustible. Si derrama combustible en la piel, enjuáguela de inmediato con jabón y agua. Limpie inmediatamente cualquier derrame y no almacene trapos con combustible en lugares donde puedan inflamarse. El sistema de combustible está bajo presión constante, por lo cual, antes de desconectar alguna tubería de combustible se debe liberar la presión del combustible en el sistema (vea el Capítulo 4 para obtener más información). Al realizar cualquier tipo de trabajo en el sistema de combustible, use anteojos de seguridad y tenga un extintor Clase B al alcance.*

Chequeo

1 El motor AIS (control de la marcha mínima) es controlado por el SMEC o el SBEC (controlador de motor de cilindro simple) (computadora). Si el AIS funciona defectuosamente, un código de problema es almacenado en la memoria de la computadora. Para hacer que el módulo despliegue algún código de problemas almacenado, refiérase a la Sección apropiada en el Capítulo 6. Si un Código 25 es desplegado, chequee el circuito motriz del AIS por problemas. Si es necesario, reemplace el motor del AIS.

Remover

2 Desconecte el cable negativo de la batería.

3 Remueva el purificador del aire (vea Sección 7).

4 Remueva el conector eléctrico en el motor del AIS.

5 Remueva el sensor de temperatura del cuerpo de aceleración (vea Capítulo 6).

6 Remueva los dos tornillos de retención (no. 25 Torx) del motor AIS.

7 Hale el del cuerpo de inyección del AIS. Asegúrese que el anillo sellador de tipo O no se cae en la abertura del cuerpo de aceleración.

Instalación

Refiérase a la ilustración 19.8

8 Antes de la instalación, asegúrese de que la aguja está en la posición retractada. Si la medida retractada de la aguja es más de 1 pulgada, el motor del AIS debe ser llevado a un departamento de servicio del concesionario para ser retractado **(vea ilustración)**.

9 Instale un anillo nuevo sellador de tipo O e inserciône el motor del AIS en el albergue, asegúrese que el anillo sellador de tipo O no esté fuera de su lugar.

10 Instale los dos tornillos de retención. Apriete los tornillos firmemente.

11 Tape el conector eléctrico.

12 Instale el sensor de la temperatura del cuerpo de aceleración (vea Capítulo 6).

13 Instale el ensamblaje del purificador de aire y conecte el cable negativo de la batería.

20 Cuerpo de inyección (de lumbreras EFI) - remover e instalar

Peligro: *La gasolina es extremadamente inflamable, razón por la cual se debe tener mucha caución al trabajar en cualquier parte del sistema de combustible. No fume ni permita la presencia de llamas expuestas o bombillas sin protección cerca del área de trabajo, y no trabaje en un taller donde haya artefactos de gas natural con un piloto (como calentadores de agua o secadores de ropa). Como la gasolina es carcinógena, use guantes de látex cuando haya una posible exposición al combustible. Si derrama combustible en la piel, enjuáguela de inmediato con jabón y agua. Limpie inmediatamente cualquier derrame y no almacene trapos con combustible en lugares donde puedan inflamarse. El sistema de combustible está bajo presión constante, por lo cual, antes de desconectar alguna tubería de combustible se debe liberar la presión del combustible en el sistema (vea el Capítulo 4 para obtener más información). Al realizar cualquier tipo de trabajo en el sistema de combustible, use anteojos de seguridad y tenga un extintor Clase B al alcance.*

Remover

Refiérase a las ilustraciones 20.5a, 20.5b y 20.5c

1 Desconecte el cable negativo de la batería.

2 Remueva la abrazadera del cuerpo de inyección de la manguera del purificador de aire (vea Sección 7 o 23). Remueva el purificador del aire.

3 Remueva el resorte de retorno y desco-

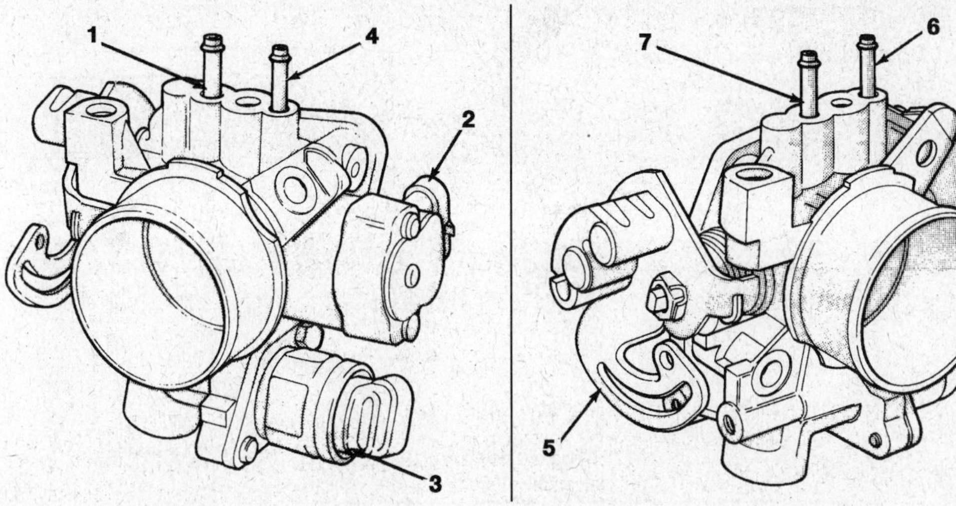

20.5a Detalles externos del cuerpo de inyección (motores de 2.5L con turbo)

1 *Suministro para la purga del canasto (vacío de puerto)*
2 *TPS (sensor del ángulo de apertura del acelerador)*
3 *AIS (control de la marcha mínima)*
4 *Suministro para la purga del canasto (vacío del múltiple)*
5 *Palanca del acelerador*
6 *Suministro para la purga del canasto (vacío del múltiple)*
7 *Suministro para la purga del canasto*

necte el cable del acelerador (vea Sección 8) y remueva el cable del control de crucero y de rebase del transeje (si está equipado) (vea Capítulo 7).

4 Separe el cable del acelerador de su soporte (vea Sección 8).

5 Remueva cualquier conector eléctrico del cuerpo de inyección **(vea ilustraciones)**.

6 Marque y desconecte cualquier manguera de vacío del cuerpo de inyección.

7 Remueva los pernos y separe el cuerpo de aceleración del múltiple de admisión.

Instalación

8 Coloque el cuerpo de aceleración en posición e instale los pernos. Apriételo en un patrón cruzado al par de torsión listado en las especificaciones de este Capítulo.

9 Conecte las mangueras de vacío.

20.5b Detalles externos del cuerpo de inyección (motores de 3.0L)

1 *Suministro para la purga del canasto*
2 *TPS (sensor del ángulo de apertura del acelerador)*
3 *AIS (control de la marcha mínima*
4 *Suministro para la señal de la EGR (recirculación de los gases de escape)*
5 *Palanca del acelerador*

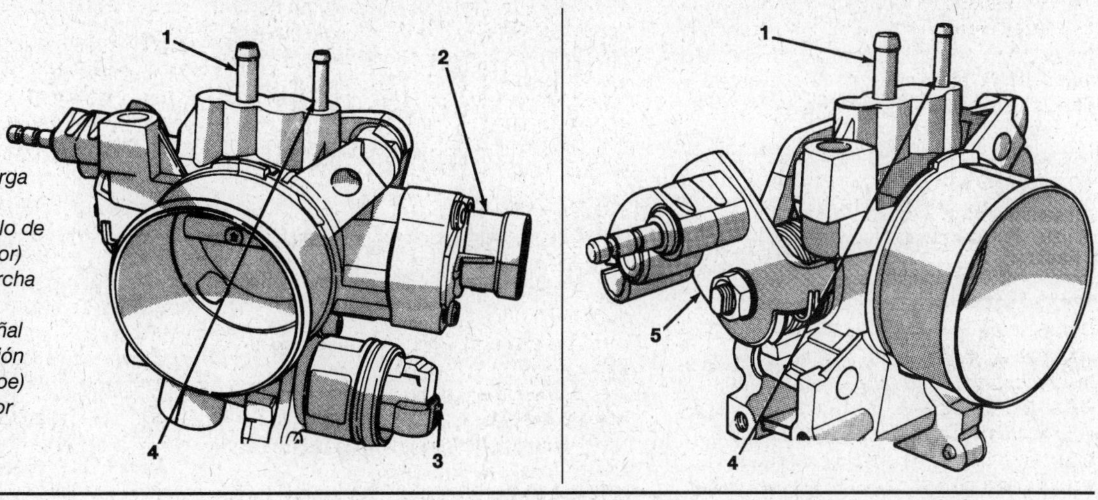

4

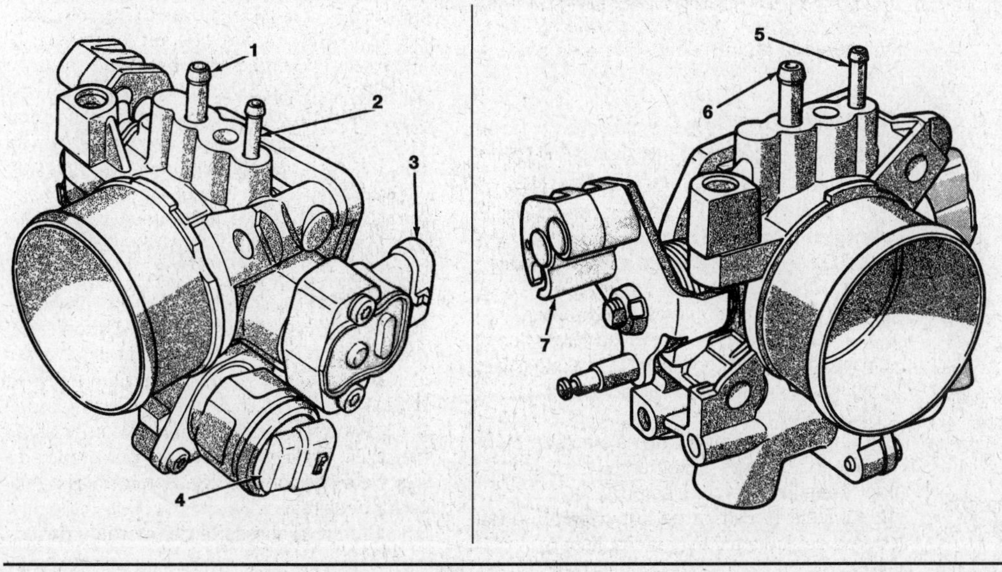

20.5c Detalles externos del cuerpo de inyección (motores de 3.3L)

1 *Suministro para la purga del canasto (vacío de puerto)*
2 *Suministro para la purga del canasto (vacío del múltiple)*
3 *TPS (sensor del ángulo de apertura del acelerador)*
4 *AIS (control de la marcha mínima)*
5 *Suministro para la purga del canasto (vacío del múltiple)*
6 *Suministro para la purga del canasto (vacío de puerto)*
7 *Palanca del acelerador*

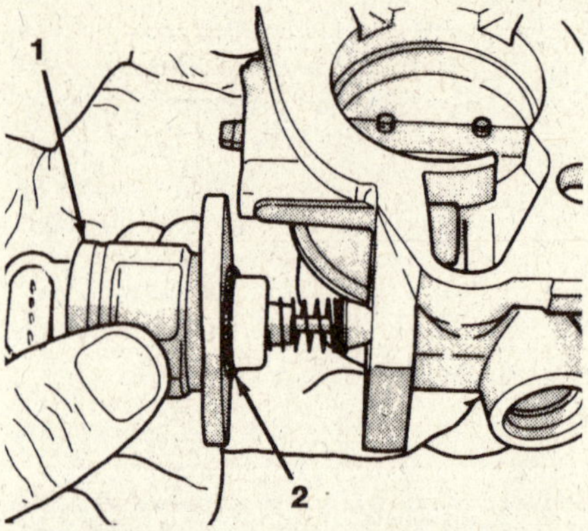

21.5 Cuidadosamente remueva el motor AIS (control de la marcha mínima) del cuerpo de aceleración

1 *Motor AIS (control de la marcha mínima)*
2 *Anillo*

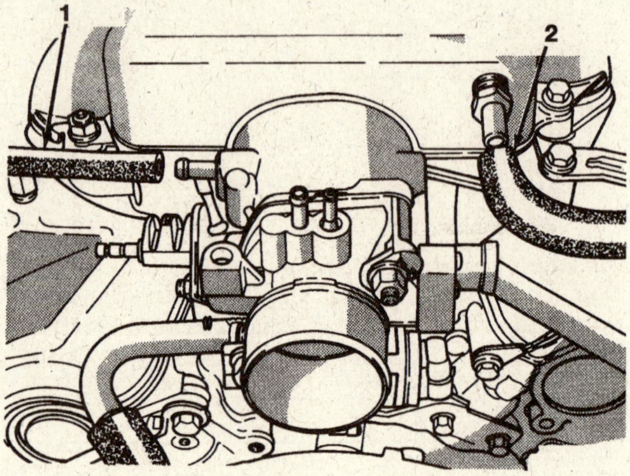

22.1 Desconecte las mangueras de la válvula PCV (ventilación positiva del cárter) y el amplificador de los frenos (un motor de 3.0L es mostrado, el motor de 3.3L es semejante)

1 *Manguera PCV (ventilación positiva)*
2 *Manguera para el amplificador de los frenos*

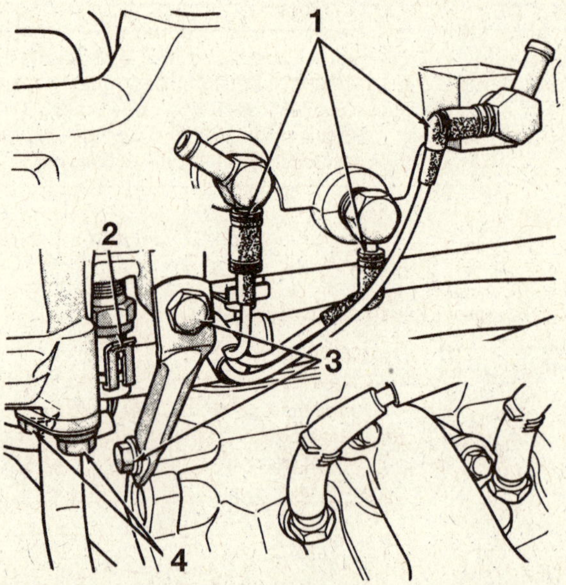

22.2 Detalles de los conectores eléctricos, de vacío y el puntal en el pleno (motores de 3.3L y 3.8L)

1 *Conectores de vacío*
2 *Conector eléctrico del sensor de la carga de la temperatura*
3 *Pernos de la cabeza de los cilindros al múltiple de admisión*
4 *Pernos para el tubo EGR (recirculación de los gases de escape) (2)*

10 Conecte los conectores eléctricos.
11 Instale los soportes y conecte el cable del acelerador, resorte de retorno y (si está equipado) el cable de control de crucero y de rebase del transeje.
12 Instale la manguera del purificador de aire y el adaptador. Apriete las abrazaderas firmemente.
13 Conecte el cable negativo de la batería.

21 Motor AIS (control de la marcha mínima) (de lumbreras EFI) - chequear, remover e instalar

Chequeo

1 El motor AIS es controlado por el Módulo de Lógica, SMEC o el SBEC (controlador de motor de cilindro simple) (computadora). Si el motor AIS falla, un código de problema es almacenado en la memoria de la computadora. Para hacer que el módulo despliegue algún códigos de problemas almacenado, refiérase a la Sección apropiada en el Capítulo 6. Si un Código 25 se despliega, chequee el sistema del AIS.

Remover

Refiérase a la ilustración 21.5

2 Desconecte el cable negativo de la batería.
3 Remueva el conector eléctrico de cuatro vías del AIS.
4 Remueva los dos tornillos del cuerpo del motor a la válvula de admisión del AIS.
5 Remueva el AIS del cuerpo de inyección motriz. Asegúrese de que el anillo sellador de tipo O permanece en el motor **(vea ilustración)**.

Instalación

6 Posicione cuidadosamente el motor del AIS (empleando anillo sellador de tipo O nuevo, los motores nuevos deben ser equipados con un anillo sellador de tipo O) en el cuerpo de aceleración.
7 Instale los tornillos y apriételos firmemente.
8 Conecte el conector de cuatro vías.
9 Conecte el cable negativo de la batería.

22 Pleno de la admisión de aire (de lumbreras EFI) - remover e instalar

Refiérase a la ilustración 22.1, 22.2, 22.6a y 22.6b

Nota: *El procedimiento siguiente se aplica a los motores de 3.OL y 3.3L; el motor con turbo de 2.5L tiene un pleno de una pieza y múltiple de admisión. El procedimiento para remover e instalar el pleno del turbo/múltiple de admisión está en el Capítulo 2, parte A.*

1 Desconecte la mangueras de vacío de la válvula PCV (ventilación positiva del cárter) y del amplificador para los frenos del pleno de admisión **(vea ilustración)**.
2 En los motores de 3.3L, remueva los pernos de la pestaña del tubo EGR (recirculación de los gases de escape), desconecte el conector eléctrico del sensor de temperatura de carga, separe el pleno de admisión de aire de los conectores del arneses de vacío y remueva el puntal de la cabeza de los cilindro del pleno de admisión **(vea ilustración)**.
3 En motores 1990 y 1991 de 3.OL, separe del pleno de admisión de aire la bobina para la ignición (vea Capítulo 5).
4 En los motores de 3.3L y 3.8L, separe el paquete de bobinas del DIS (sistema de ignición directa) (vea Capítulo 5).
5 Si usted está reemplazando el pleno de admisión de aire, remueva el cuerpo del acelerador (vea Sección 20); si usted está simplemente removiendo el pleno para atender el múltiple de admisión inferior, las cabezas, etc., remueva el cuerpo del acelerador no el pleno.
6 Remueva los afianzadores del pleno de admisión **(vea ilustraciones)** del múltiple de admisión, remueva el pleno y tire las juntas

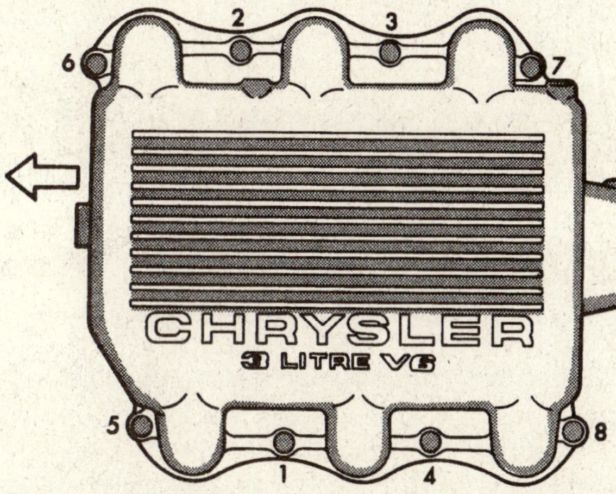

22.6a Afianzadores para el pleno de admisión del aire - cuando esté instalando el pleno, apriete los pernos en el orden mostrado (motor de 3.0L)

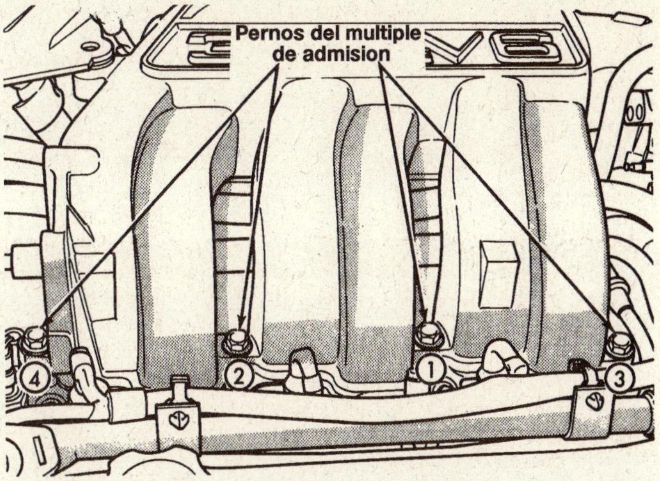

22.6b Afianzadores para el pleno de admisión del aire - cuando esté instalando el pleno, apriete los pernos en el orden mostrado (motores de 3.3L y 3.8L)

viejas. Cubra el múltiple de admisión con un trapo limpio para prevenir tierra y residuos que entren en el motor.

7 La instalación se hace en el orden inverso al procedimiento de desensamble. Remueva el trapo del múltiple de admisión inferior. Asegúrese que la superficie de la junta está inmaculada. Coloque las juntas nuevas en el múltiple de admisión inferior (en los motores de 3.OL, caras del sellador mirando hacia encima). Ponga el pleno de admisión de aire en su lugar, instale los afianzadores y apriételos al par de torsión listado en las Especificaciones de este Capítulo siguiendo la sucesión correcta **(vea ilustraciones 22.6a y 22.6b)**.

23 Riel para el combustible (de lumbreras EFI) - remover e instalar

Peligro: *La gasolina es extremadamente inflamable, razón por la cual se debe tener mucha caución al trabajar en cualquier parte del sistema de combustible. No fume ni permita la presencia de llamas expuestas o bombillas sin protección cerca del área de trabajo, y no trabaje en un taller donde haya artefactos de gas natural con un piloto (como calentadores de agua o secadores de ropa). Como la gasolina es carcinógena, use guantes de látex cuando haya una posible exposición al combustible. Si derrama combustible en la piel, enjuáguela de inmediato con jabón y agua. Limpie inmediatamente cualquier derrame y no almacene trapos con combustible en lugares donde puedan inflamarse. El sistema de combustible está bajo presión constante, por lo cual, antes de desconectar alguna tubería de combustible se debe liberar la presión del combustible en el sistema (vea el Capítulo 4 para obtener más información). Al realizar cualquier tipo de trabajo en el sistema de combustible, use anteojos de seguridad y tenga un extintor Clase B al alcance.*

1 Alivie la presión del sistema de combustible (vea Sección 2).

2 Desconecte el cable negativo de la batería.

3 Remueva el purificador del aire (vea Sección 7).

Motor turbo de 2.5L

Remover

Refiérase a las ilustraciones 23.6 y 23.8

4 Remueva los acopladores de desconección rápida de las líneas de combustible del chasis, o las abrazaderas de las mangueras y las mangueras de vacío en el ensamblaje del riel de combustible.

5 Desconecte cualquier conector eléctrico (inyector de combustible, sensor de detonación, etc.) del conjunto del alambrado/arnés de inyector.

6 Desconecte la manguera de vacío del regulador de presión de combustible **(vea ilustración)** y afloje el regulador/tuerca de la línea de regreso empleando dos llaves. Separe la manguera del regulador.

7 Remueva los arneses de vacío de la válvula PCV y arneses de vapor de vacío del múltiples si está equipado **(vea ilustración 23.6)**.

4

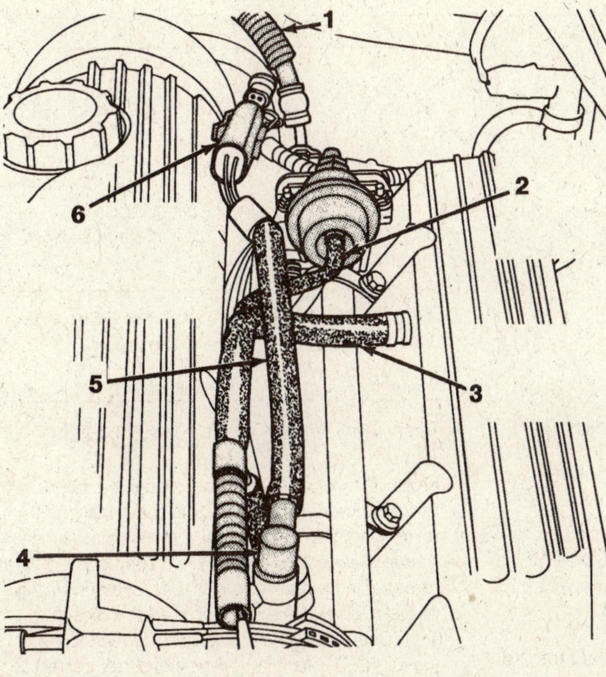

23.6 Disposición típica del regulador de presión de combustible y manguera de vacío en el sistema de inyección de combustible con lumbreras (motor de turbo de 2.5L)

1 *Mangueras de combustible*
2 *Manguera de vacío para el regulador de la presión de vacío*
3 *Conector del arnés de vacío para el vapor*
4 *Válvula PCV (ventilación positiva del cárter)*
5 *Arnés de vacío para la válvula PCV (ventilación positiva del cárter)*
6 *Conector para los inyectores y el sensor de detonación*

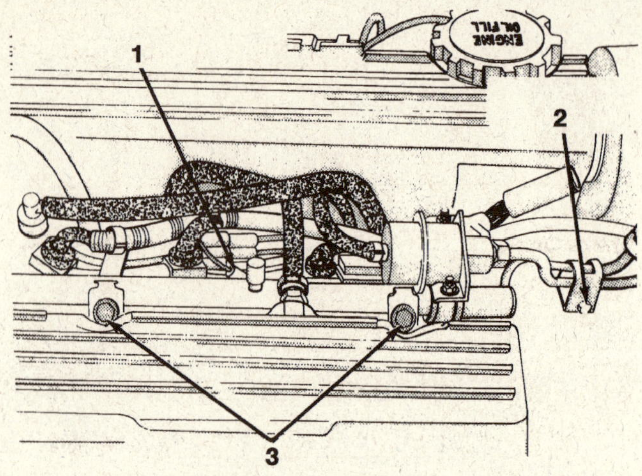

23.9 Remueva los pernos del riel de combustible (motor de 2.5L con turbo)

1 *Conector eléctrico para el sensor de detonación*
2 *Perno para sostener el tubo de combustible*
3 *Perno para sostener el riel de combustible*

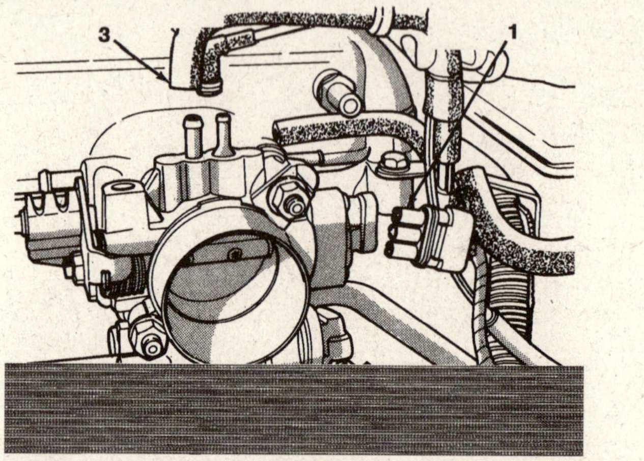

23.22 Desconecte el conector eléctrico del motor AIS (control de la marcha mínima) y el TPS (sensor del ángulo de apertura del acelerador) (motor de 3.0L)

1 *Conector eléctrico para el TPS (sensor del ángulo de apertura del acelerador)*
2 *Conector eléctrico para el AIS (control de la marcha mínima)*
3 *Arnés de vacío y eléctrico*

8 Remueva los pernos del riel de combustible **(vea ilustración)**.

9 Agarre el ensamblaje del riel de combustible e inyector y hale los inyectores recto hacia fuera de sus puertos. Trabajando cuidadosamente, para evitar dañar los anillos selladores de tipo O del inyector, remueva el ensamblaje de riel del vehículo. Los inyectores de combustible no deben ser removidos hasta que el riel de combustible sea separado del vehículo.

10 Sostenga el riel de combustible y desconecte las mangueras de combustible restantes.

Instalación

11 Antes de la instalación, asegúrese que los inyectores estén firmemente sentado en el riel de combustible con los anillos de cerradura en su lugar.

12 Inspeccione el orificio del inyector para asegurarse que está limpio.

13 Lubrique con aceite de motor limpio el anillo sellador de tipo O del inyector.

14 Inserciónе los ensamblajes del inyector cuidadosamente en sus puertos e instale los pernos y conexión a tierra. Apriete los pernos uniformemente en un patrón cruzado para que los inyectores sean uniformemente instalados en su lugar. Una vez que los inyectores sean asentado, apriételos al par de torsión listado en las Especificaciones de éste Capítulo.

15 Conecte el conector eléctrico del inyector a los inyectores y asegure el arnés con los retenedores.

16 Instale el perno de soporte del riel de combustible a la tapa de los balancines.

17 Conecte la manguera de vacío al regulador de presión de combustible.

18 Conecte de nuevo la manguera del suministro de combustible. La abrazadera en el riel y apriete la abrazadera firmemente.

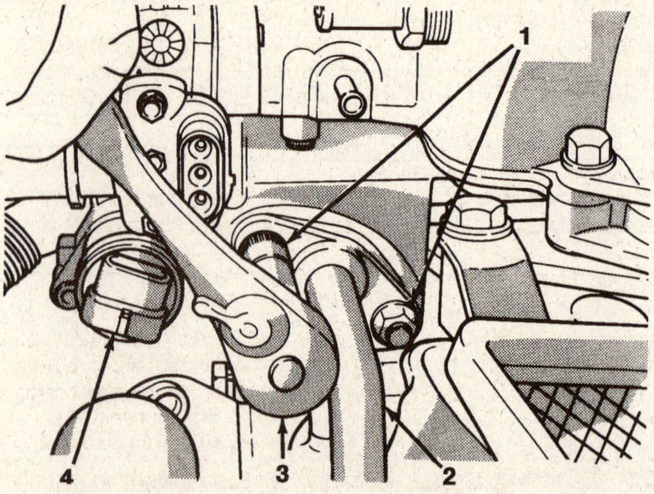

23.25 Remueva estas dos tuercas y separe el tubo EGR (recirculación de los gases de escape) desde el pleno de admisión (motores de 3.0L)

1 *Tuercas (2)*
2 *Tubo EGR (recirculación de los gases de escape)*
3 *Herramienta*
4 *Motor AIS (control de la marcha mínima)*

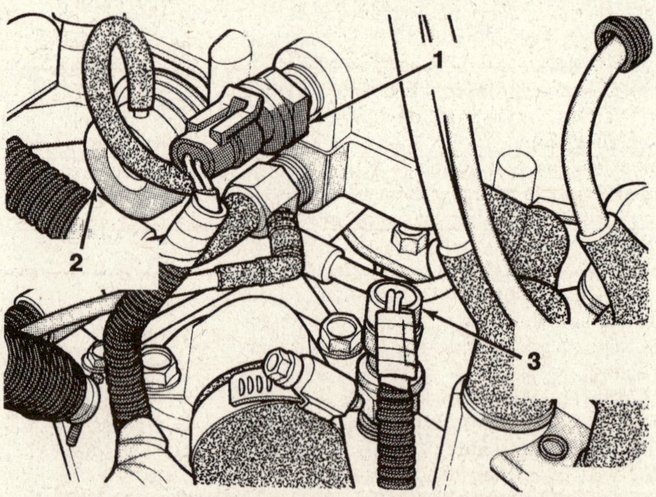

23.26 Desconecte los conectores eléctricos del sensor de temperatura de la carga y el sensor de temperatura del anticongelante (motores de 3.0L)

1 *Sensor de la temperatura de la carga*
2 *Regulador de la presión de combustible*
3 *Sensor de la temperatura del anticongelante*

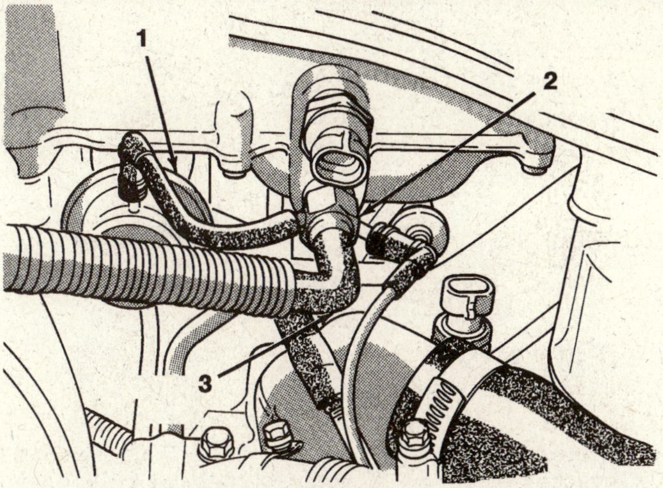

23.27 Desconecten las mangueras de vacío desde el conector de vacío del pleno de admisión (motores de 3.0L)

1 *Regulador de la presión de combustible*
2 *Conector de vacío del pleno de admisión*
3 *Manguera del sensor MAP (sensor de la presión absoluta del múltiple de admisión)*

23.31 Desconecte las mangueras de vacío del riel de combustible y del regulador de presión de combustible (motores de 3.0L)

1 *El múltiple inferior debe de ser cubierto durante el periodo de servicio*
2 *Manguera de vacío del regulador de la presión de combustible*
3 *Manguera de vacío para la purga del canasto*

19 Chequee para asegúrese que las correas de conexión a tierra, mangueras, conjunto del alambrado/arnés y conectores están en sus lugares originales firmemente instalado.
20 Conecte el cable negativo de la batería.

Motor de 3.0L

Remover

Refiérase a las ilustraciones 23.22, 23.25, 23.26, 23.27, 23.31 y 23.32

21 Separe el cable de acelerador (vea Sección 8) y el cable de rebase del transeje (vea Capítulo 7).
22 Remueva el conector eléctrico para el motor AIS y el TPS (sensor del ángulo de apertura del acelerador) **(vea ilustración)**.
23 Desconecte del cuerpo de inyección las conexiones de manguera de vacío **(vea ilustración 23.22)**.
24 Desconecte la válvula PCV del pleno de admisión y las mangueras de vacío para el amplificador de los frenos (vea Sección 22).
25 Desconecte el pleno de la admisión de la pestaña del tubo EGR **(vea ilustración)**.
26 Remueva los conectores eléctricos del sensor de temperatura de carga y el sensor de temperatura del anticongelante **(vea ilustración)**.
27 Separe el conector del vacío del pleno de admisión de aire de las mangueras de vacío **(vea ilustración)**.
28 Desconecte las mangueras de combustible del riel de combustible.
29 Remueva el pleno de admisión de aire (vea Sección 22).
30 Cubra el múltiple de admisión con trapos limpios para prevenir tierra y residuos que entren en el motor.
31 Desconecte las mangueras de vacío del riel de combustible y el regulador de presión de combustible **(vea ilustración)**.
32 Remueva el conector eléctrico para el conjunto del alambrado/arnés del inyector de combustible **(vea ilustración)**.
33 Remueva el regulador de presión de combustible (vea Sección 25).
34 Remueva los pernos para el riel de combustible y levante el riel de combustible del múltiple de admisión.

Instalación

35 Asegúrese que los orificios de los inyectores están limpios y todos los tapones han sido removido.
36 Lubrique los anillo de sellador de tipo O del inyector con una gota de aceite de motor limpio para facilitar la instalación.
37 Asegúrese que todos los inyectores están apropiadamente sentado en su receptor con el anillo de cerradura en su lugar (vea Sección 24).
38 Ponga la punta de cada inyector en su puerto respectivo. Empuje el ensamblaje en su lugar hasta que los inyectores estén sentados en sus puertos.
39 Instale los pernos del riel de combustible y apriételo al par de la torsión listado en especificaciones de este Capítulo.
40 Instale el ensamblaje del regulador de presión de combustible y la manguera (vea Sección 25). Asegúrese que las abrazaderas de las mangueras están apretadas.
41 Instale el perno de sujeción para el suministro de combustible, tubo de regreso y para el perno del sujeción para el tubo de cruce de vacío. Apriete ambos pernos firmemente.
42 Conecte el conector eléctrico para el conjunto del alambrado/arnés del inyector de combustible.
43 Acople nuevamente los arneses de vacío para el regulador de presión de combustible y el ensamblaje del riel de combustible.
44 Instale el pleno de admisión de aire (vea Sección 22).
45 Conecte la línea de combustible al riel de combustible y apriete las abrazaderas de

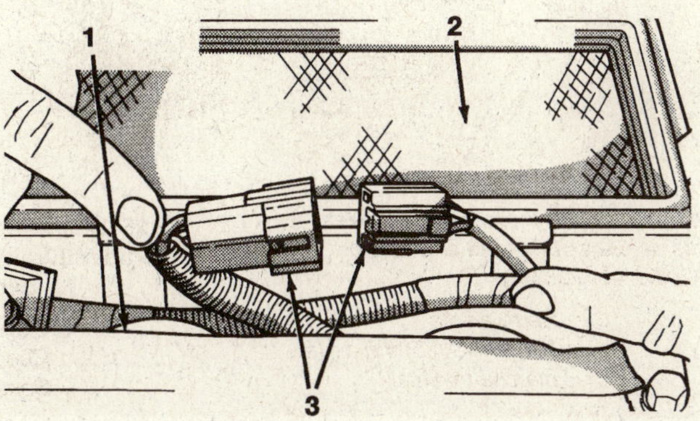

23.32 Desconecte el conector eléctrico para el arnés del alambrado de los inyectores (motores de 3.0L)

1 *Múltiple de admisión cubierto*
2 *Purificador de aire*
3 *Conectores eléctricos para los inyectores*

4

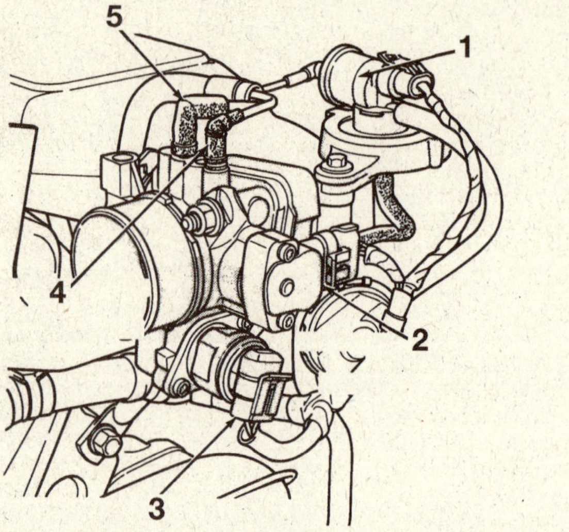

23.55 Remueva el arnés de la manguera de vacío del cuerpo de inyección (motores de 3.3L)

1 *Transductor para el EGR (recirculación de los gases de escape) eléctrica*
2 *TPS (sensor del ángulo de apertura del acelerador) de tres vías*
3 *AIS (control de la marcha mínima) conector de tres vías*
4 *Vacío para la purga del canasto (múltiple)*
5 *Vacío para la purga del canasto (de puerto)*

23.58 Desconecte los conectores eléctricos del sensor MAP (presión absoluta del múltiple de admisión) y el sensor de oxígeno (motores de 3.3L)

1 *Sensor MAP (presión absoluta del múltiple de admisión)*
2 *Sensor de oxigeno calentado, conector eléctrico de cuatro vías*
3 *Conector eléctrico de tres vías*

las mangueras firmemente.
46 Conecte los arneses de vacío al pleno de admisión de aire.
47 Conecte los conectores eléctricos para el sensor de la temperatura de la carga y el sensor de la temperatura del anticongelante.
48 Acople nuevamente la pestaña del tubo EGR al pleno de admisión de aire (vea Capítulo 6).
49 Conecte de nuevo la válvula PCV y mangueras de suministro de vacío al amplificador para los frenos al pleno de admisión.
50 Conecte los conectores eléctricos para el motor automático AIS y el sensor TPS.
51 Conecte de nuevo los arneses de vapor de vacío al cuerpo de la válvula de admisión.
52 Acople nuevamente el cable del acelerador (vea Sección 8) y el acoplamiento de rebase del transeje (vea Capítulo 7).
53 Instale el ensamblaje del purificador de aire.
54 Conecte el cable negativo de la batería.

Motores de 3.3L y 3.8L

Remover

Refiérase a las ilustraciones 23.55, 23.58, 23.64, 23.65 y 23.67

55 Remueva el arnés de las mangueras de vacío del cuerpo de inyección **(vea ilustración)**.
56 Remueva las mangueras de vacío del pleno de admisión de aire para la válvula PCV y el amplificador para los frenos (vea Sección 22).
57 Remueva los pernos de la pestaña para el tubo EGR. Remueva el conector eléctrico para el sensor de la temperatura de la carga. Separe del pleno de admisión de aire los conectores del arneses de vacío y remueva el puntal de la cabeza de los cilindros al pleno de admisión (vea Sección 22).
58 Remueva los conectores eléctricos para el sensor de MAP (sensor de la presión absoluta del múltiple de admisión) y el sensor de oxígeno **(vea ilustración)**. Remueva la banda de la conexión a tierra para el motor.
59 Desconecte los acopladores rápidos del riel de combustible (vea Sección 9).
60 Remueva el paquete de bobinas del DIS (sistema de ignición directa) (vea Capítulo 5).
61 Remueva el perno que conecta los soportes del alternador al múltiple de admisión.
62 Remueva los pernos del pleno de admisión y remueva el pleno (vea Sección 22). Cubra el múltiple de admisión con trapos limpios para prevenir tierra y residuos que entren al motor.
63 Remueva el conector del arneses de vacío del regulador de presión de combustible.
64 Remueva el tornillo del soporte del retenedor para el tubo de combustible y los pernos para la retención del riel de combustible **(vea ilustración)**.
65 Separe el retenedor del inyector del riel de combustible de los soportes del alternador **(vea ilustración)**.
66 Remueva los conectores eléctricos del sensor de referencia de la leva, el sensor de la temperatura del anticongelante y el sensor de la temperatura del motor (vea Capítulo 6).
67 Remueva el riel de combustible **(vea ilustración)**. Asegúrese de que usted no daña los anillos selladores de caucho de tipo O del inyector según usted remueva los inyectores de sus puertos respectivos.

Instalación

68 Asegúrese que los orificios para los inyectores están limpios y todas las bujías han sido removidas. Reemplace los anillo selladores de tipo O si ellos están desgastado.
69 Lubrique los anillos selladores de tipo O del inyector con una gota de aceite de motor limpio para facilitar su instalación.
70 Coloque la punta de cada inyector en su orificio respectivo y empuje el riel de combustible/el ensamblaje del inyector de combustible en su lugar hasta que los inyectores sean completamente asentados.
71 Instale los pernos de retención del riel de combustible y apriételo al par de torsión

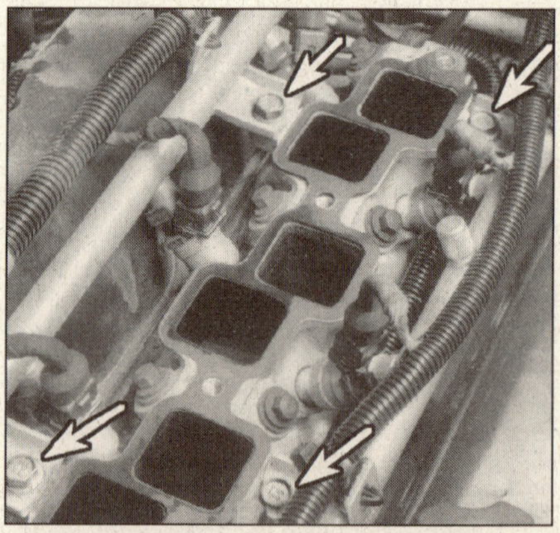

23.64 Remueva el tornillo de los soportes del retenedor para el tubo de combustible (no visible en ésta foto) y remueva los pernos de retención del riel de combustible (flechas) (motores de 3.3L)

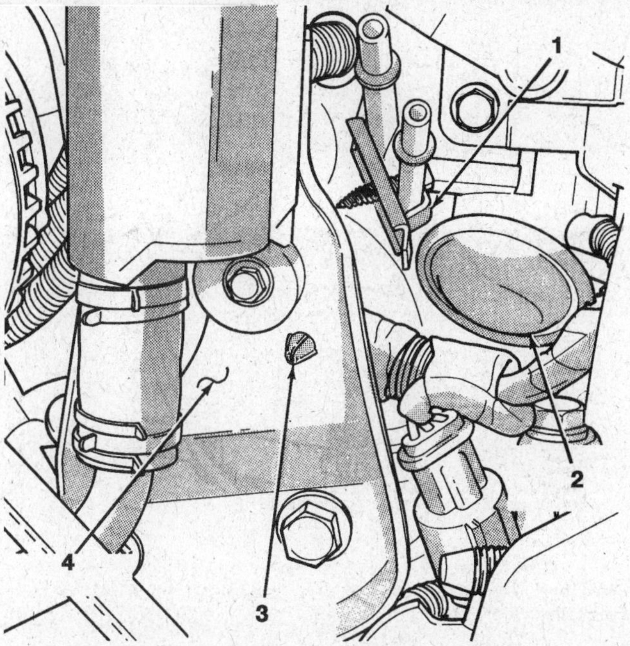

23.65 Los arneses del inyector de combustible están sujetado en los soportes del alternador - para liberarlo, pellizque las proyecciones juntas y lo empuja en el orificio

1 *Soporte retenedor para el tubo de combustible*
2 *Amortiguador para la presión del combustible*
3 *Retenedor para el alambrado del inyector*
4 *Soporte para el alternador*

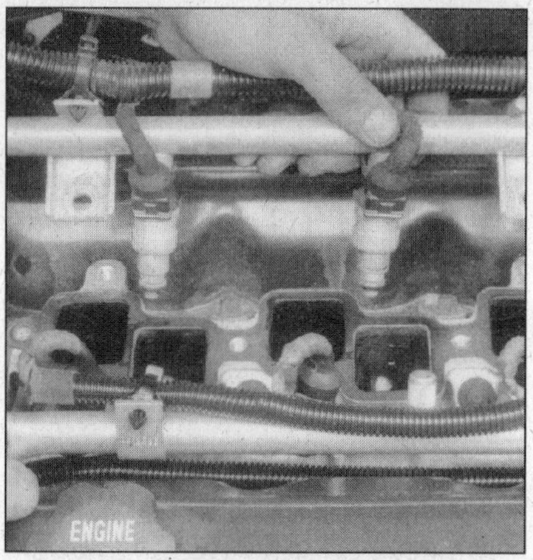

23.67 Cuando esté removiendo o instalando el riel de combustible, usted puede torcer cualquiera de los tubos del riel de combustible para ayudar a aflojar los inyectores o asentarlos

listado en las especificaciones de este Capítulo. Instale el tornillo en los soportes para el tubo de combustible y apriételo firmemente.

72 Conecte de nuevo los conectores eléctricos para el sensor de la referencia de la leva, el sensor de la temperatura del anticongelante y el sensor de la temperatura de motor.

73 Conecte el retenedor del alambrado para los arneses de los inyectores de combustible al soportes del alternador.

74 Conecte de nuevo la línea de vacío al regulador de presión del combustible.

75 Remueva los trapos del múltiple de admisión inferior, limpie la superficie de la junta, coloque una junta nueva en el múltiple inferior, puesto en el pleno (múltiple superior) en posición y apriete los pernos con los dedos. Acople nuevamente los soportes del alternador al múltiple de admisión y la cabeza de los cilindros al puntal del múltiple de admisión. No apriete los pernos para el soporte todavía. Apriete los pernos al par de torsión listados en las Especificaciones de éste Capítulo, entonces apriete el perno del soporte del alternador y los pernos del puntal firmemente.

76 Acople nuevamente la banda de conexión a tierra y los conectores eléctricos para el sensor MAP (sensor de la presión absoluta del múltiple de admisión), el sensor de oxígeno y el sensor de la temperatura de la carga.

77 Usando una junta nueva, acople nuevamente la pestaña del tubo EGR al múltiple de admisión (vea Capítulo 6).

78 Conecte de nuevo los arneses del vacío al pleno de admisión y conecte de nuevo el sistema de la válvula PCV.

79 Pinche el retenedor del conjunto del alambrado/arnés en el orificio para los soportes del cable del acelerador.

80 Conecte de nuevo los conectores eléctricos al AIS (control de la marcha mínima) y el TPS.

81 Conecte de nuevo los arneses del vacío al cuerpo de aceleración.

82 Instale el paquete de bobinas para la ignición DIS (sistema de ignición directa) (vea Capítulo 5).

83 Conecte de nuevo los acopladores de desconección rápidas para las líneas de combustible del riel de combustible (vea Sección 9).

84 Acople nuevamente el cable de acelerador (vea Sección 8).

85 Instale el ensamblaje del purificador de aire y manguera (vea Sección 7).

86 Conecte el cable negativo de la batería.

87 Ponga el motor en marcha y chequee por fugas.

24 Inyector(es) de combustible (de lumbreras EFI) - chequear, remover e instalar

Refiérase a las ilustraciones 24.3a, 24.3b, 24.4a, 24.4b, 24.4c, 24.5 y 24.6

Peligro: *La gasolina es extremadamente inflamable, razón por la cual se debe tener mucha caución al trabajar en cualquier parte del sistema de combustible. No fume ni permita la presencia de llamas expuestas o bombillas sin protección cerca del área de trabajo, y no trabaje en un taller donde haya artefactos de gas natural con un piloto (como calentadores de agua o secadores de ropa). Como la gasolina es carcinógena, use guantes de látex cuando haya una posible exposición al combustible. Si derrama combustible en la piel, enjuáguela de inmediato con jabón y agua. Limpie inmediatamente cualquier derrame y no almacene trapos con combustible en lugares donde puedan inflamarse. El sistema de combustible está bajo presión constante, por lo cual, antes de desconectar alguna tubería de combustible se debe liberar la presión del combustible en el sistema (vea el Capítulo 4 para obtener más información). Al realizar cualquier tipo de trabajo en el sistema de combustible, use anteojos de seguridad y tenga un extintor Clase B al alcance.*

Chequeo

1 Con el motor en marchar o en el modo de arranque, escuche el sonido de cada inyector con un estetoscopio automotriz y verifique que todos los inyectores están sonando igual. Si usted no tiene un estetoscopio, coloque la punta de un destornillador contra los inyectores y apriete la oreja contra el mango del destornillador. También sienta cada inyector por operación con su dedo. Debe sonar/sentirse suave, uniforme y su sonido/debe sentirse que sube y baja con las rpm (revoluciones por minuto) del motor. Si un inyector no está operando, o los sonidos/se sienten irregulares, chequee el conector del inyector y el conector del arnés de los alambre. Si los conectores están apretados, chequee por voltaje en el inyector empleando una luz de prueba especial para arneses de los inyectores (disponible en casi todas las refaccionarías). Si hay voltaje al inyector pero no está operando, ni suena/se siente irregular, reemplace el inyector.

Remover

2 Remueva el ensamblaje del riel de combustible (vea Sección 23) y coloque el ensamblaje del riel de combustible en una superficie limpia de trabajo para que los inyectores de combustible sean accesible.

3 Remueva el anillo de la cerradura del inyector del riel de combustible e inyector haciéndole palanca hacia fuera con un destornillador pequeño. Hale el inyector recto

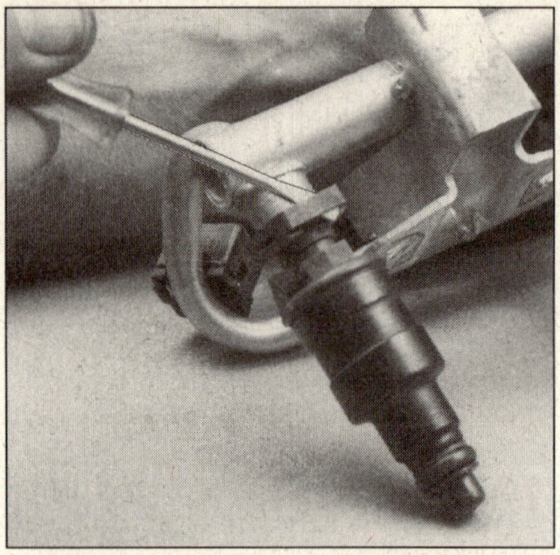

24.3a Hágale palanca al cerrojo del inyector hacia fuera con un destornillador

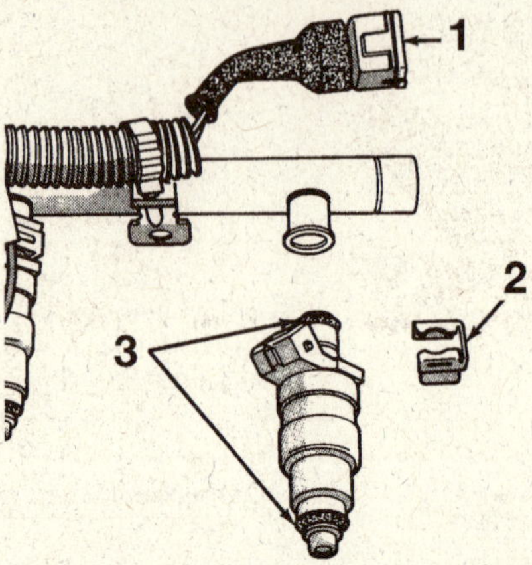

24.3b Remueva el inyector recto hacia fuera del receptor del riel de combustible

1 *Alambre conector para el inyector de combustible*
2 *Retenedor*
3 *Anillo O*

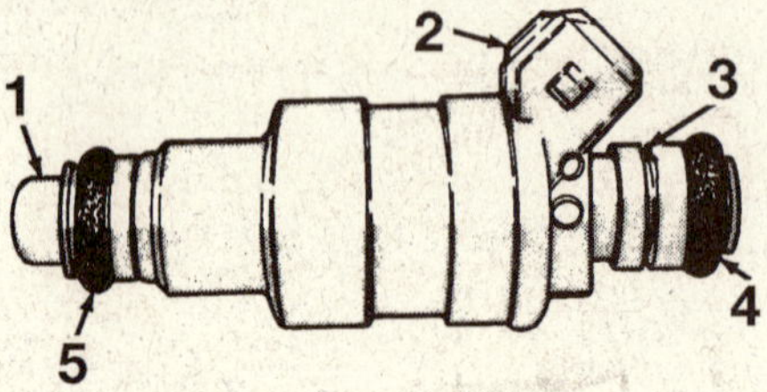

24.4a El inyector de combustible tiene dos tipos de tamaños diferentes de anillo O

1 *Nariz del inyector*
2 *Conector del inyector*
3 *Ranura para el retenedor*
4 *Anillo O para la admisión del combustible*
5 *Anillo O desde el inyector al múltiple de admisión*

hacia fuera del receptor **(vea ilustraciones)**.

4 Inspeccione los anillos selladores de tipo O del inyector por daño. Reemplácelos con nuevos si es necesario **(vea ilustraciones)**.

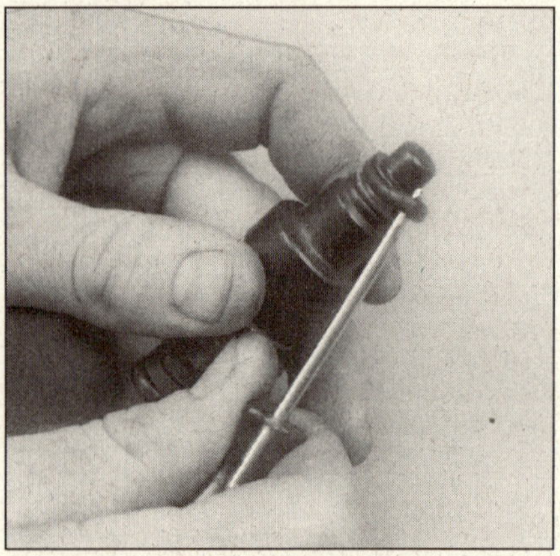

24.4b Inserte un destornillador pequeño bajo del anillo sellador de tipo O haciéndole palanca y remuévalo hacia fuera - tenga cuidado de no dañar la punta del inyector

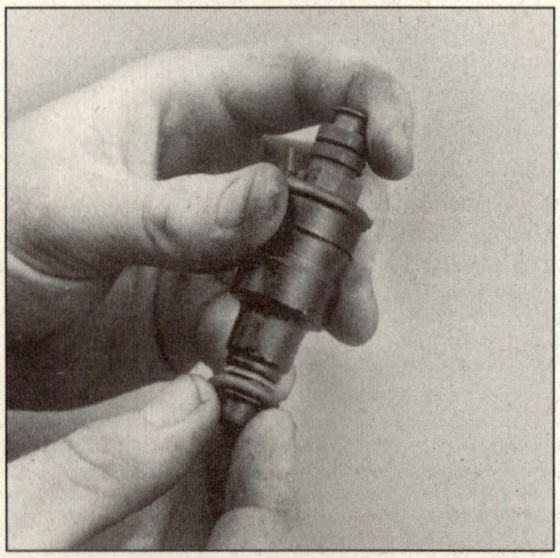

24.4c Empuje el anillo sellador de tipo O nuevo en la punta del inyector y adentro de la ranura

Instalación

5 Antes de la instalación, lubrique los anillo selladores de tipo O con una película ligera de aceite de motor limpio **(vea ilustración)**.

6 Empuje la cima del inyector recto en el receptor del riel de combustible, cuidado se debe de administrar para no dañar el anillo sellador de tipo O **(vea ilustración)**.

7 Deslice el final abierto del retenedor del inyector en la ranura superior del inyector, en la ranura del receptor y en los lados de las ranuras en el lado del retenedor.

8 Instale el riel de combustible (vea Sección 23).

25 Regulador de presión de combustible (de lumbreras EFI) - remover e instalar

Peligro: *La gasolina es extremadamente inflamable, razón por la cual se debe tener mucha caución al trabajar en cualquier parte del sistema de combustible. No fume ni permita la presencia de llamas expuestas o bombillas sin protección cerca del área de trabajo, y no trabaje en un taller donde haya artefactos de gas natural con un piloto (como calentadores de agua o secadores de ropa). Como la gasolina es carcinógena, use guantes de látex cuando haya una posible exposición al combustible. Si derrama combustible en la piel, enjuáguela de inmediato con jabón y agua. Limpie inmediatamente cualquier derrame y no almacene trapos con combustible en lugares donde puedan inflamarse. El sistema de combustible está bajo presión constante, por lo cual, antes de desconectar alguna tubería de combustible se debe liberar la presión del combustible en el sistema (vea el Capítulo 4 para obtener más información). Al realizar cualquier tipo de trabajo en el sistema de combustible, use anteojos de seguridad y tenga un extintor Clase B al alcance.*

1 Alivie la presión del sistema de combustible (vea Sección 2).

2 Desconecte el cable negativo del terminal de la batería.

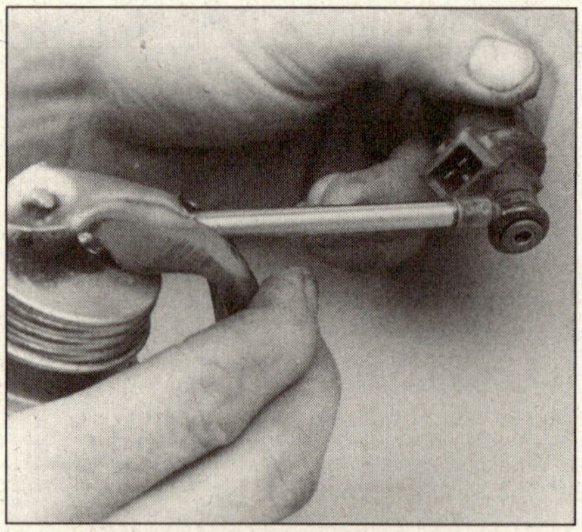

24.5 Una gota de aceite de motor limpio permitirá sentar el inyector más fácilmente

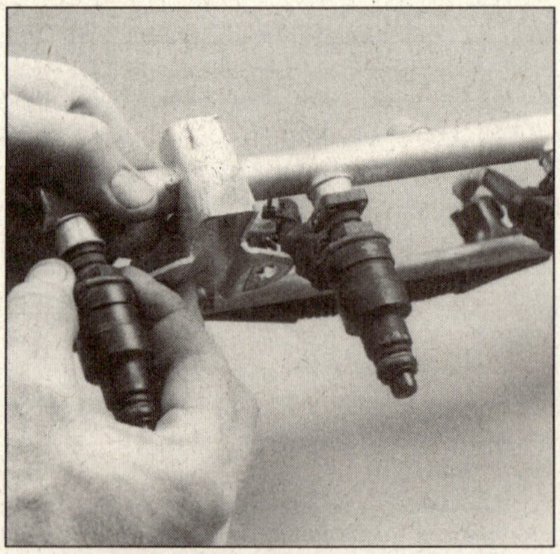

24.6 Empuje el inyector directo hacia adentro del acoplador receptor

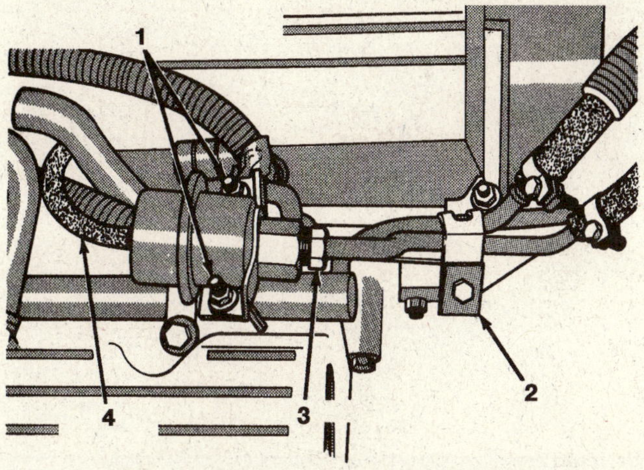

25.3 Regulador de la presión de combustible (motores de 2.5L)

1 *Tuercas para sostener el regulador de presión (2)*
2 *Retenedor para el tubo de combustible*
3 *Tubo de regreso del combustible*
4 *Manguera de vacío*

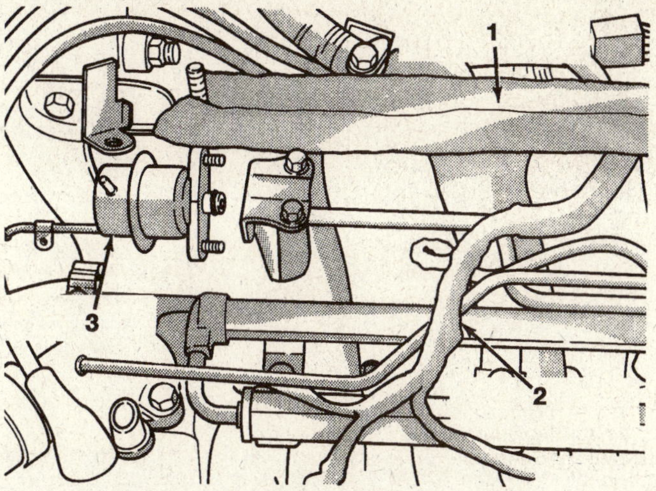

25.10 Regulador de la presión de combustible (motores de 3.0L)

1 *Múltiple de admisión cubierto*
2 *Arnés para el alambrado del inyector de combustible*
3 *Regulador de la presión de combustible*

Motor turbo de 2.5L

Refiérase a la ilustración 25.3

3 Desconecte la manguera del vacío del regulador de presión de combustible **(vea ilustración)**.

4 Afloje la abrazadera de la manguera de regreso de combustible en el tubo del regulador de presión de combustible y remueva la manguera.

5 Usando dos tuerca o llaves con las puntas abiertas - una en el regulador y la otra en la tuerca del tubo de regreso del combustible - afloje la tuerca del tubo. El fracaso de emplear una llave de reserva causará daño.

6 Remueva las tuercas que conectan el regulador de presión de combustible y remueva el regulador del riel de combustible.

7 Inspeccione el anillo sellador de tipo O por daño. Si está desgastado, reemplácelo.

8 La instalación se hace en el orden inverso al procedimiento de desensamble. Esté seguro de lubricar con aceite de motor limpio el anillo sellador de tipo O. Y esté seguro de emplear una llave de reserva cuando esté apretando el acoplador del tubo de regreso de combustible.

Motor de 3.0L

Refiérase a la ilustración 25.10

9 Refiérase a la Sección 23 y realice los Pasos 21 al 32.

10 Remueva los afianzadores del regulador de presión de combustible **(vea ilustración)** y remueva el regulador.

11 Inspeccione el anillo sellador de tipo O del regulador. Si está desgastado, reemplácelo.

12 La instalación se hace en el orden inverso al procedimiento de desensamble (vea Sección 23, Pasos 41 al 54). Esté seguro de lubricar con aceite de motor limpio el anillo sellador de tipo O del regulador.

Motores de 3.3L y 3.8L

Refiérase a las ilustraciones 25.13 y 25.16

13 Separe la manguera del vacío del regulador de presión de combustible **(vea ilustración)**.

14 Remueva el tornillo de retención del regulador.

15 Remueva el retenedor del regulador de presión de combustible.

16 Remueva el regulador de presión de combustible **(vea ilustración)**.

4

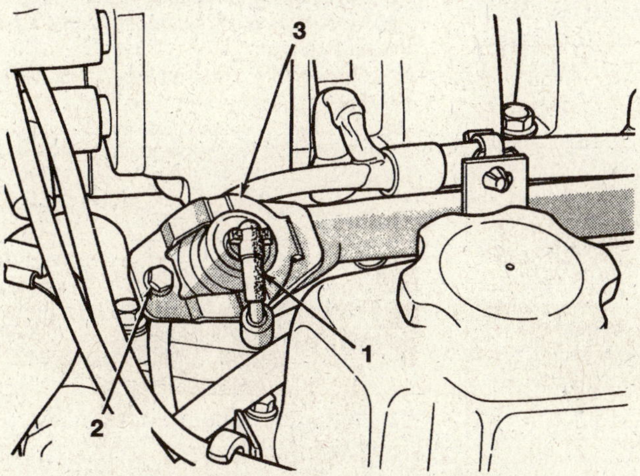

25.13 Regulador de la presión de combustible (motores de 3.3L y 3.8L)

1 *Conector de vacío del regulador de presión del combustible*
2 *Tornillo de retención*
3 *Retenedor del regulador de presión del combustible*

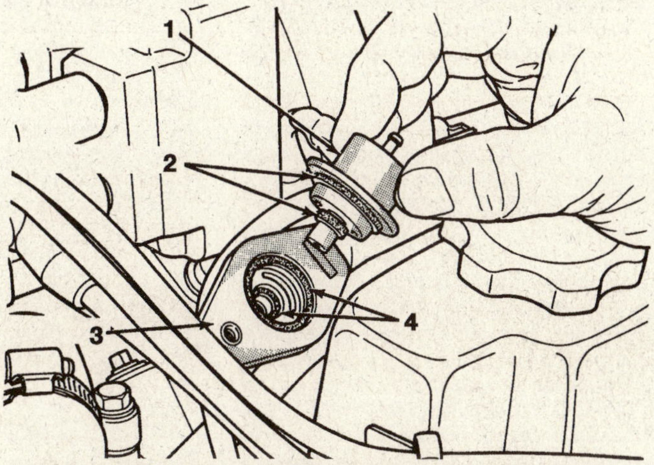

25.16 Removiendo el regulador de presión de combustible (motores de 3.3L y 3.8L)

1 *Regulador de la presión de combustible*
2 *Espaciadores plásticos*
3 *Riel de combustible*
4 *Anillos O*

26.4 Amortiguador para la presión de combustible (motores de 2.5L con turbo)

1 *Amortiguador para la presión de combustible*
2 *Arandela de cobre*

17 Inspeccione los dos anillos selladores de tipo O del regulador en el riel de combustible **(vea ilustración 25.16)**. Si cualquier anillo sellador de tipo O está desgastado, reemplácelo.

18 La instalación se hace en el orden inverso al procedimiento de desensamble. Asegúrese de que el regulador tiene dos espaciadores plásticos y el riel de combustible tiene dos anillos selladores de tipo O instalado en la cavidad.

26 Amortiguador de la presión de combustible (de lumbreras EFI) - remover e instalar

Peligro: *La gasolina es extremadamente inflamable, razón por la cual se debe tener mucha caución al trabajar en cualquier parte del sistema de combustible. No fume ni permita la presencia de llamas expuestas o bombillas sin protección cerca del área de trabajo, y no trabaje en un taller donde haya artefactos de gas natural con un piloto (como calentadores de agua o secadores de ropa). Como la gasolina es carcinógena, use guantes de látex cuando haya una posible exposición al combustible. Si derrama combustible en la piel, enjuáguela de inmediato con jabón y agua. Limpie inmediatamente cualquier derrame y no almacene trapos con combustible en lugares donde puedan inflamarse. El sistema de combustible está bajo presión constante, por lo cual, antes de desconectar alguna tubería de combustible se debe liberar la presión del combustible en el sistema (vea el Capítulo 4 para obtener más información). Al realizar cualquier tipo de trabajo en el sistema de combustible, use anteojos de seguridad y tenga un extintor Clase B al alcance.*

1 Alivie la presión de combustible del sistema (vea Sección 2).

2 Separe el cable negativo de la terminal de la batería.

26.9 Tornillo para los soportes del retenedor del riel de combustible y ubicación del sensor de temperatura del anticongelante (motores de 3.3L y 3.8L)

1 *Almohadilla para la instalación de la bobina de la ignición*
2 *Sensor de la temperatura del anticongelante*
3 *Tornillos para retener riel de combustible*
4 *Bobina de la ignición*

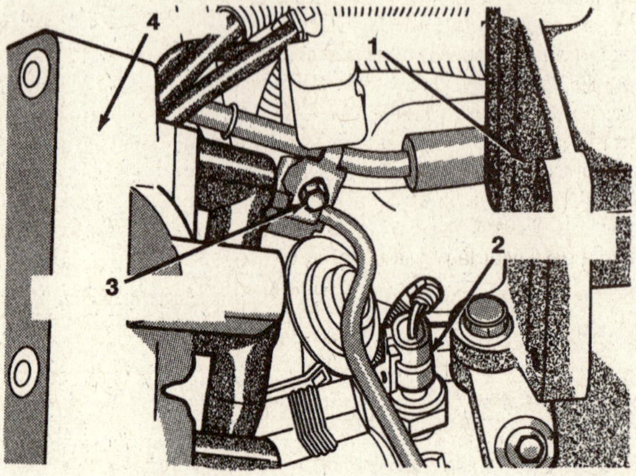

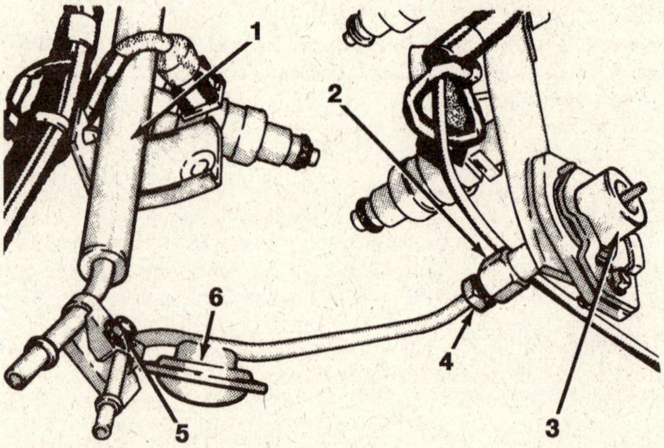

26.10 Amortiguador para la presión del combustible (motores de 3.3L y 3.8L)

1 *Riel de combustible*
2 *Hex para el riel de combustible*
3 *Regulador de presión de combustible*
4 *para el tubo de regreso*
5 *Tornillos retenedores para riel de combustible*
6 *Amortiguador de la presión de combustible*

Motor turbo de 2.5L

Refiérase a la ilustración 26.4

3 Desconecte las mangueras del sistema PCV (ventilación positiva del cárter) del múltiple de admisión y la tapa de los balancines (vea Capítulo 6).

4 Coloque una toalla debajo del amortiguador de la presión de combustible para absorber el derrame de combustible. Usando dos herramientas o llaves - una en las partes planas del riel de combustible y la otra en el amortiguador de la presión de combustible - remueva el amortiguador de la presión de combustible y la arandela de cobre **(vea ilustración)**. No trate de remover el amortiguador sin una llave de respaldo o usted dañará el riel de combustible.

5 La instalación se hace en el orden inverso al procedimiento de desensamble. Esté seguro de emplear una arandela de cobre nueva y apriete el amortiguador firmemente.

Motores 3.3L y 3.8L

Refiérase a las ilustraciones 26.9 y 26.10

6 Remueva los afianzadores del paquete de bobinas del DIS (sistema de ignición directa) y lo coloca afuera del camino para obtener acceso al amortiguador de la presión de combustible (vea Capítulo 5).

7 Desconecte el acoplador rápido de la manguera de combustible del tubo de regreso del combustible (vea Sección 9).

8 Remueva el conector eléctrico del sensor de la temperatura del anticongelante (vea Capítulo 6).

9 Remueva el tornillo de los soportes del retenedor del riel de combustible **(vea ilustración)**.

10 Usando dos herramientas de tubo o llaves abierta - una en la tuerca del tubo de regreso y la otra en el hex del riel de combustible - afloje la tuerca del tubo de regreso **(vea ilustración)**.

11 Remueva el amortiguador de la presión del combustible.

12 La instalación se hace en el orden inverso al procedimiento de desensamble. Esté seguro de apretar la tuerca del tubo de regreso del combustible firmemente.

27 Turbocargador - información general

El turbocargador aumenta el poder del motor empleando una turbina conducida por los gases del escape para presurizar la mezcla de aire/combustible antes de que entre en las cámara de combustión. La cantidad de amplificación (presión en el múltiple de admisión) es controlada por la válvula de aliviar la presión del turbocargador (válvula de desviación del escape). La válvula de aliviar la presión del turbocargador es operada por una asamblea del actuador de resorte cargado, que controla el nivel máximo de amplificación permitida, permitiendo que se escapen los gases de escape desviando de la turbina. La válvula de aliviar la presión del turbocargador está controlado por el SMEC (sistema controlador del motor de módulo sencillo) o SBEC (controlador de motor de cilindro simple).

La inyección de combustible computarizada y el sistema de control de emisiones está equipado con las capacidades de diagnósticos del vehículo que pueden tener acceso a ciertos componentes del sistema del turbocargador. Refiérase al Capítulo 6 para información pretendiente a los códigos de problemas y diagnósticos.

28 Turbocargador - chequear

1 Aunque es un dispositivo relativamente sencillo, el turbocargador es también un componente de precisión que puede ser severamente desgastado por un suministro interrumpido de aceite, anticongelante o conductos desgastados o flojos.

2 Debido a las técnicas y los equipos especiales requeridos, chequeo y diagnóstico de problemas sospechados deben ser dejado al departamento de servicio de su concesionario. El mecánico del hogar puede, sin embargo, chequear las conexiones y los acoplamientos para estar seguro de que están apretados, dañados y otros problemas obvios.

3 Porque cada turbocargador tiene su propio sonido distintivo, un cambio en el nivel del ruido puede ser un signo de problemas potenciales.

4 Un sonido agudo o silbando es un síntoma de escape del aire de admisión o fuga del escape.

5 Si un sonido extraño proviene de la vecindad de la turbina, el turbocargador puede ser removido y la rueda de la turbina inspeccionada. **Caución:** *Todo chequeo debe ser hecho con el motor apagado y frío al toque y el turbocargador parado o una herida grave le podría resultar a usted. Operar el motor sin todos los conductos del turbocargador y filtro instalado es también peligroso y puede resultar en daño a las hojas de la rueda de la turbina.*

6 Con el motor apagado, alcance dentro del albergue y gire la rueda de la turbina para asegúrese que gira libremente. Si no lo hace, es posible que el aceite de enfriamiento se haya quemado por sobrecalentamiento. Empuje en la rueda de la turbina y chequee para ver si se está atorada. La turbina debe girar libremente sin obstrucción o fricción en el albergue. Si lo hace el cojinete de la turbina se desgastó.

7 Chequee por roturas del múltiple de escape y conexiones flojas.

8 Porque la rueda de la turbina gira a velocidades de hasta 140,000 rpm (revoluciones por minuto), daño severo puede resultar por interrupción del anticongelante o contaminación del aceite suministrado a los cojinetes de la turbina. Chequee por fugas en el anticongelante y líneas de aceite y obstrucciones en la línea de la parte trasera del drenaje de aceite, esto puede causar pérdida severa de aceite por los sellos del turbocargador. El aceite quemado en el albergue de la turbina es un signo de esto. **Caución:** *Cuando un cojinete principal sea reemplazado, de la biela o cojinete del árbol de levas, el turbocargador se debe limpiar con aceite limpio.*

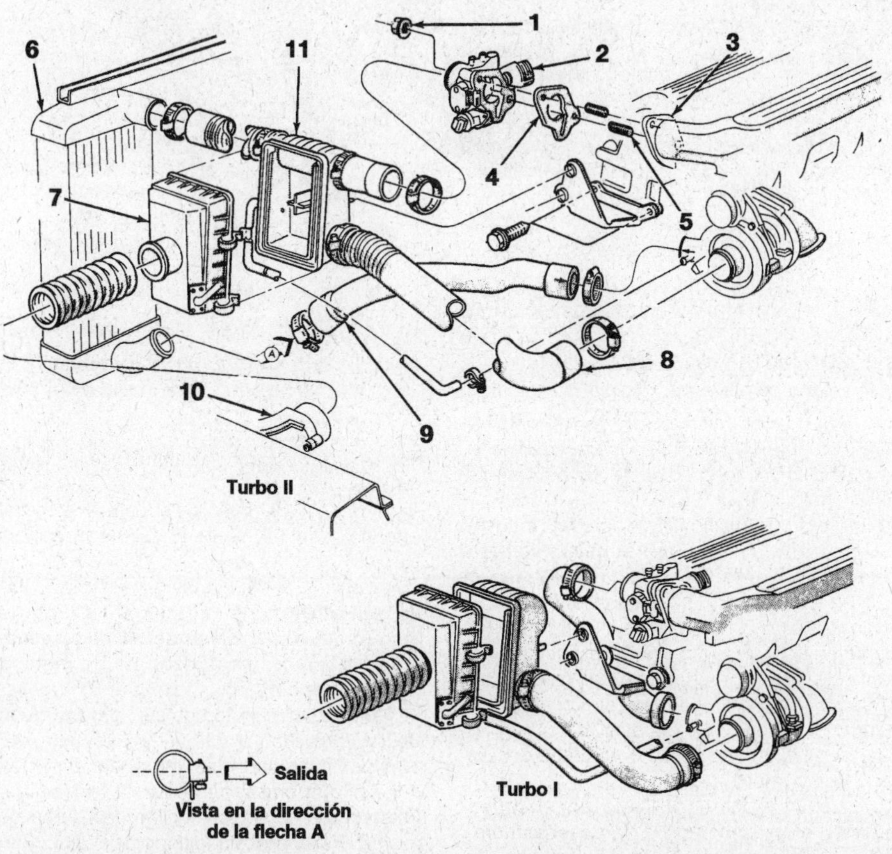

29.2 Detalles del purificador de aire y ductos relacionados (motores turbo de 2.5L)

1 Tuerca
2 Cuerpo de aceleración
3 Múltiple de admisión
4 Junta
5 Espárrago
6 Enfriador para el radiador
7 Albergue del filtro
8 Manguera desde el filtro al turbocargador
9 Manguera desde el turbocargador al enfriador de aire
10 Modulo ESA
11 Cubierta y manguera

4

29 Turbocargador - remover e instalar

Refiérase a las ilustraciones 29.2 y 29.4

Nota: *El turbocargador es removido por debajo del vehículo. No es necesario remover la cabeza de los cilindros del motor para obtener acceso al turbocargador y los componentes relacionados.*

Remover

1 Desconecte el cable del terminal negativo de la batería.

2 Drene el sistema de enfriamiento (vea Capítulo 1) y remueva el albergue del purificador del aire y conductos **(vea ilustración)**.

Trabajando encima del motor

3 Remueva el perno del frente del calzo del motor (vea Capítulo 2, Parte A) y mueva la cima delantera del motor (hacia fuera de la pared contrafuegos).

4 Remueva la línea de anticongelante de

29.4 Vista esquemática del turbocargador, múltiple de admisión y de escape

1 Riel de combustible
2 Múltiple de admisión
3 Múltiple de escape
4 Turbocargador
5 Tuerca - 4
6 Tuerca - 8
7 Tornillos para el soporte - 2
8 Manguera desde el purificador de aire
9 Cuerpo de aceleración para el Turbo I
10 Tubo para el anticongelante (presión)
11 Tubo para el anticongelante (regreso)
12 Drenaje para aceite
13 Referencia para el balero central del turbocargador
14 Pernos - 8
15 Tubo para el suministro del aceite
16 Unidad de envío de la presión de aceite Hex
17 Corte transversal
18 Caja del agua
19 Inyector
20 Junta de tipo Grafoil

la caja de agua y albergue del turbocargador **(vea ilustración)**.

5 Separe la línea de suplemento de aceite del albergue del turbocargador.

6 Remueva el clip retenedor de la varilla para la válvula de desecho.

7 Remueva las tres (dos superiores y una inferior) tuercas del lado del chófer del turbocargador al múltiple de escape.

8 Desconecte el alambre del sensor de oxígeno (vea Capítulo 6) y cualquier líneas de vacío que pueda estar en el camino.

Trabajando debajo del motor

9 Afloje las tuercas de la rueda del lado derecho del frente y tuerca del cubo (vea Capítulo 8), levante el frente del vehículo y sopórtelo firmemente en estantes.

10 Remueva la rueda del lado derecho del frente.

11 Remueva el eje propulsor del lado derecho del frente (vea Capítulo 8).

12 Remueva el soporte de la porción inferior del turbocargador **(vea ilustración 29.4)**.

13 Separe el acoplador del tubo de la parte trasera del drenaje de aceite del albergue del turbocargador y remueva el acoplador y la manguera.

14 Remueva las tuercas restantes del turbocargador al múltiple de escape.

15 Desconecte la coyuntura del tubo de escape del albergue del turbocargador.

16 Remueva la línea inferior del anticongelante y acopladores de admisión del turbocargador.

17 Levante el turbocargador hacia fuera de sus espárragos y baje el ensamblaje hacia abajo y hacia fuera del vehículo.

Instalación

18 Limpie las superficies de acoplamiento del turbocargador y el múltiple de escape cuidadosamente.

19 Coloque el turbocargador en posición en los espárragos del múltiple.

20 Aplique atascamiento para las roscas de los espárragos e instale las tuercas. Apriete las tuercas al par de torsión listado en las especificaciones de este Capítulo.

21 Aplique atascamiento para las roscas del acoplador inferior de la línea del anticongelante e instale el acoplador en el albergue del turbocargador.

22 Instale la línea inferior del anticongelante.

23 Instale el tubo de la parte trasera para el drenaje de aceite y el acoplador con una junta nueva, al albergue del turbocargador.

24 Instale el soporte del turbocargador al bloque y pernos y apriételo con los dedos para prevenir que se atoren. Apriete los pernos al par de torsión listado en las Especificaciones de éste Capítulo.

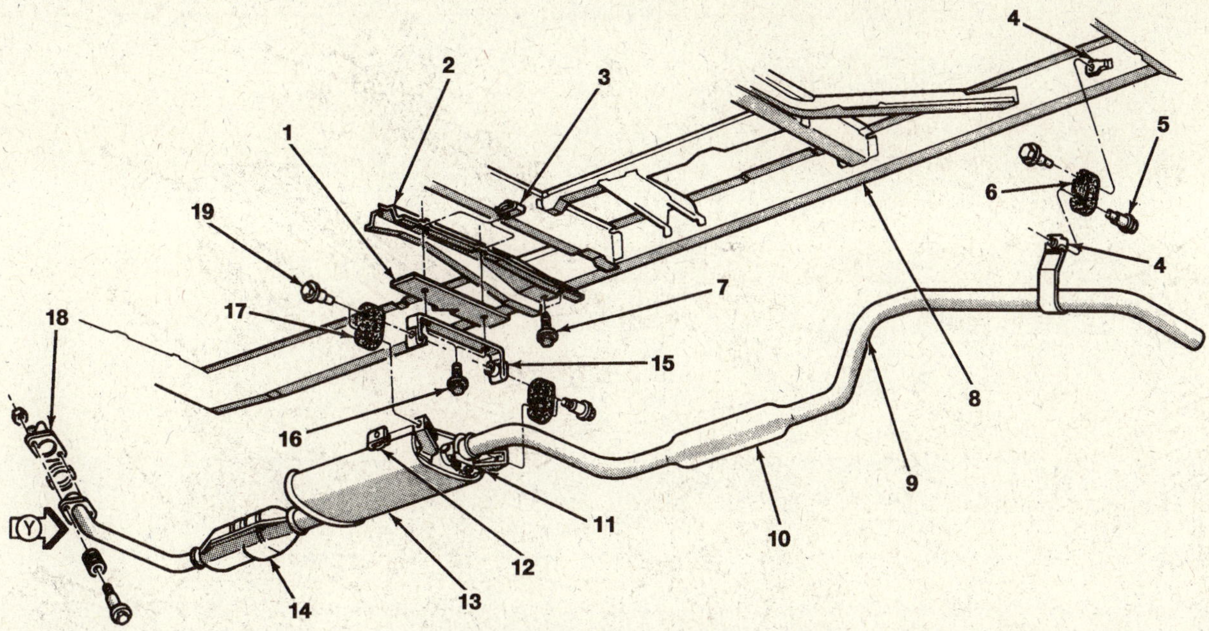

30.1 Detalles del sistema del escape - típico

1 Protector de calor
2 Miembro de cruce
3 Tuercas U (2)
4 Tuercas U
5 Perno de hombro (2)
6 Aislador
7 Pernos del miembro de cruce al chasis (4)
8 Carril derecho
9 Tubo de cola
10 Resonador (3.0 L solamente)
11 Grapa
12 Tuercas U (4)
13 Silenciador
14 Convertidor motores de 2.5L y 3.0L
15 Soporte para el silenciador
16 Tornillos (2)
17 Aislador (2)
18 Múltiple de admisión (referencia)
19 Pernos de hombro (4)

25 Posicione el tubo de escape y apriete los pernos firmemente.

26 Instale el eje propulsor (vea Capítulo 8) y la rueda del lado derecho del frente.

27 Conecte el sensor de oxígeno al conector eléctrico y cualquier líneas de vacío que se hayan desconectado.

28 Instale el clip retenedor para la varilla de la válvula de aliviar la presión del turbocargador.

29 Conecte la línea de suplemento de aceite al albergue del cojinete del turbocargador. Apriete el acoplador firmemente.

30 Aplique sellador a la caja del agua y la línea del anticongelante de regreso del acoplador del turbocargador e instale las líneas. Apriételas firmemente.

31 Alinee el calzo del motor dentro de los soportes del miembro transversal al torque de las Especificaciones del Capítulo 2A.

32 Chequee el nivel del anticongelante y agregue, si es necesario (vea Capítulo 1).

33 Cambie el aceite de motor (vea Capítulo 1).

30 Sistema del escape, servicio - información general

Refiérase a la ilustración 30.1

Peligro: *Inspección y reparación de componentes del sistema de escape deben ser hecho solamente con el motor y el escape completamente frío. También, cuando esté trabajando debajo del vehículo, asegúrese de que está sostenido firmemente en estantes.*

1 El sistema del escape **(vea ilustración)** está compuesto del múltiple de escape(s), convertidor catalítico, silenciador, tubo de cola y todas las tuberías conectadas, soportes, ganchos y las abrazaderas. El sistema del escape está conectado a la carrocería con soportes de caucho y ganchos. Si alguna de las partes están impropiamente instalada, ruido excesivo y vibración serán transmitido a la carrocería.

2 Conduzca las inspecciones regulares del sistema del escape para mantenerlo seguro y que no haga ruido. Busque alguna parte desgastada o doblada, costura abierta, orificios, conexiones flojas, corrosión excesiva u otros defectos que podrían permitir que vapores de escape entren al vehículo. Componentes deteriorados del sistema de escape no se deben reparar; ellos deben ser reemplazados con partes nuevas.

3 Si los componentes del sistema de escape están extremamente corroídos u oxidados junto, un equipo de soldadura se requerirá probablemente para removerlos. La manera conveniente de hacer esto es dejar que un taller para reparación de silenciadores remueva las secciones corroídas con una antorcha. Pero, sin embargo, si usted quiere ahorrar dinero haciéndolo usted mismo (y usted no tiene un equipo de soldadura con una antorcha), corte simplemente los componentes viejos con una sierra de metal. Si usted tiene aire comprimido, cinceles cortantes neumáticos especiales se pueden emplear también. Si usted decide hacer el trabajo en casa, esté seguro de usar gafas de seguridad para proteger su ojos de astillas de metal y guantes de trabajo para proteger las manos.

4 Aquí hay algunas pautas sencillas de seguir cuándo repare el sistema del escape:

a) Trabaje de la parte trasera al frente cuándo esté removiendo los componentes del sistema de escape.
b) Aplique aceite penetrante a los afianzadores de los componentes para hacerlos más fácil de remover.
c) Use juntas nuevas, ganchos y abrazaderas cuando esté instalando componentes del sistema de escape.
d) Aplique anti atascamiento de roscas a todos los afianzadores del sistema de escape antes de instalarlos.
e) Esté seguro de permitir suficiente espacio libre entre la partes nuevas instaladas y todos puntos debajo de la carrocería para evitar sobrecalentamiento del piso y posiblemente dañar la alfombra y el aislamiento del interior. Ponga particularmente atención al convertidor catalítico y el protector contra el calor.

Notas

Capítulo 5
Sistemas eléctricos del motor

Contenido

Especificaciones

Resistencia de la bobina para la ignición (por el fabricante de la bobina)

Diamond	
1988 y 1989	
Primario	1.34 a 1.55 ohms
Secundario	15 a 19 k-ohms
1990 a 1993	
3.3L	
Primario	0.52 a 0.63 ohms
Secundario	11.6 a 15.8 k-ohms
Todos los otros	
Epoxy	
Primario	0.97 a 1.18 ohms
Secundario	11 a 15.3 k-ohms
Llena de aceite (1990 solamente)	
Primario	1.34 a 1.55 ohms
Secundario	15 a 19 k-ohms
1994 y modelos más modernos	
3.3L y 3.8L	
Primario	0.45 a 0.65 ohms
Secundario	7 a 15.8 k-ohms
Echlin o Essex	
1984 a 1987	
Primario	1.41 a 1.62 ohms
Secundario	9 a 12.2 k-ohms
1988 a 1990	
Primario	1.34 a 1.55 ohms
Secundario	9 a 12.2 k-ohms

Resistencia de la bobina para la ignición (por el fabricante de la bobina) (continuación)

Marshall (1990 3.3L)	
Primario	0.53 a 0.65 ohms
Secundario	7 a 9 k-ohms
Mitsubishi (1984 a 1987)	
Primario	0.7 a 0.85 ohms
Secundario	9 a 11 k-ohms
Prestolite	
1984 a 1987	
Primario	1.60 a 1.79 ohms
Secundario	9.4 a 11.7 k-ohms
1988 a 1990	
Primario	1.34 a 1.55 ohms
Secundario	9.4 a 11.7 k-ohms
Toyodenso	
Cuatro-cilindros	
Primario	0.95 a 1.20 ohms
Secundario	11.3 13.3 k-ohms
3.3L	
1990 a 1993	
Primario	0.51 a 0.61 ohms
Secundario	11.5 a 13.5 k-ohms
3.3L y 3.8L	
1994 y más antiguos	
Primario	0.45 a 0.65 ohms
Secundario	7 a 15.8 k-ohms

1 Información general

Los sistemas eléctricos del motor incluye toda la ignición, los componentes de carga y del arranque. A causa de sus funciones relacionadas con el motor, estos componentes son considerados separadamente de los dispositivos eléctricos del chasis, tal como las luces, los instrumentos, etc. (cuales están incluidos en el Capítulo 12). Siempre observe las precauciones siguientes cuando esté trabajando en los sistemas eléctricos:

a) Debe tener cuidado excesivo cuando le esté suministrando servicio a los componentes eléctricos del motor. Ellos son fácilmente dañados sin son chequeados, conectados o manejados incorrectamente.

b) Nunca deje el interruptor de la ignición abierto por largos períodos de tiempo sin tener el motor encendido.

c) No desconecte los cables de la batería mientras el motor esté encendido.

d) Mantenga la polaridad correcta cuando conecte un cable de la batería de otro vehículo durante el paso de corriente.

e) Siempre desconecte el cable negativo primero y conéctelo de último o la herramienta empleada para aflojar las abrazaderas de los cables podrían causarle un cortocircuito a la batería. Es una buena idea también de revisar la información relacionada a la seguridad con respecto a los sistemas eléctricos del motor localizada en la Sección de Seguridad Primero cerca del frente de este manual antes de comenzar cualquier operación incluida en este Capítulo.

2 Batería - paso de corriente por emergencia

Refiérase al procedimiento de comienzo con batería auxiliar (paso de corriente) al frente de este manual.

3 Batería - remover e instalar

Refiérase a la ilustración 3.2

1 **Caución:** *Siempre desconecte el cable negativo primero y conéctelo de último o la herramienta empleada para aflojar las abrazaderas de los cables podría causarle un cortocircuito a la batería. Desconecte los dos cables de los terminales de la batería.*

2 Remueva la abrazadera para sujetar la batería **(vea ilustración)**.

3 Levante hacia fuera la batería. Tenga cuidado - es pesada.

4 Mientras la batería está fuera, inspeccione el portador (bandeja) por corrosión (vea Capítulo 1).

5 Si usted está reemplazando la batería, asegúrese de comprar una que sea idéntica, con las mismas dimensiones, capacidad de amperaje, capacidad fría de arranque, etc.

6 La instalación se hace en el orden inverso al procedimiento de desensamble.

4 Cables de la batería - chequeo y reemplazo

1 Inspeccione periódicamente la longitud entera de cada uno de los cables de la batería por daño, roturas o insolación quemada y corrosión. Las conexiones defectuosas de los cables de la batería pueden causar problemas de arranque y disminuir el rendimiento del motor.

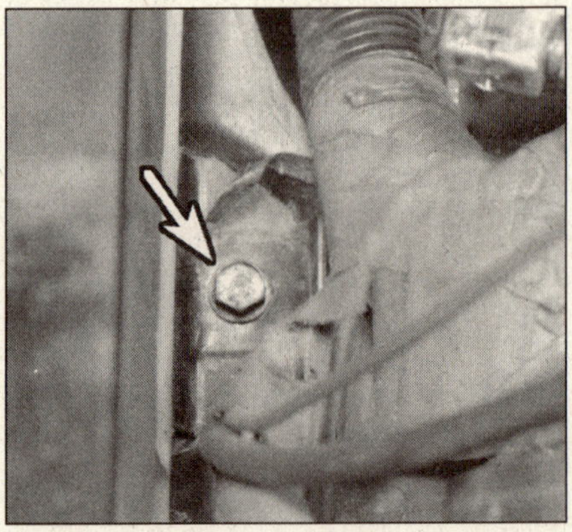

3.2 Para remover la batería, destornille el perno (flecha) de sujeción y remueva la abrazadera de sujeción

2 Chequee las conexiones de los terminales en las puntas de los cables por roturas de cables, hebras de alambres flojos y corrosión. La presencia de depósitos blancos debajo del aislamiento de la conexión del terminal del cable es un signo que el cable está corroído y debería ser reemplazado. Chequee los terminales por distorsión, falta de pernos de instalación y corrosión.

3 Cuándo remueva los cables, siempre desconecte el cable negativo primero y conéctelo de último o la herramienta empleada para aflojar las abrazaderas de los cables podría causarle un cortocircuito a la batería. Aunque solamente el cable positivo

1 *Capacitador*
2 *Conecte este caimán a la parte negativa de la bobina*
3 *Presilla caimán*
4 *Temporalmente ponga a tierra este caimán al lado negativo de la bobina*
5 *Ponga a tierra esta presilla*

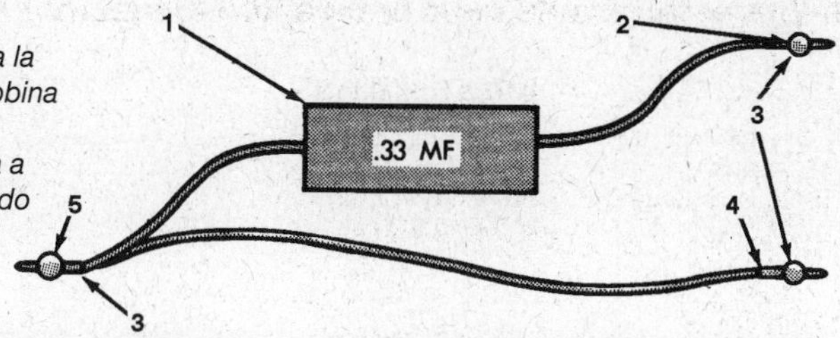

6.2a Cuando esté chequeando el SRC (computadora del control de la chispa) (motores de 2.2L), una herramienta especial de prueba se puede fabricar de un capacitador de 0.33 mfd, un alambre y una presilla caimán

sea reemplazado, asegúrese de desconectar el cable negativo de la batería primero (vea Capítulo 1 para información adicional con respecto al remover el cable de la batería).

4 Desconecte los cables viejos de la batería, entonces siga cada uno de ellos a sus puntas opuestas y sepárelos del solenoide del motor de arranque y de los terminales de conexión a tierra. Anote la ruta que se dirige cada uno de los cables para asegurar la instalación correcta.

5 Si usted está reemplazando uno o ambos de los cables usados, llévelos con usted cuándo vaya a comprar los cables nuevos. Es muy importante reemplazar los cables con partes idénticas. Los cables tienen características que los hace fácil de identificar: Los cables positivos son generalmente rojos, más grandes en espesor y tienen una abrazadera para el poste de la batería de diámetro más grande; los cables de conexión a tierra son generalmente negros, más pequeños en espesor y tienen una abrazadera para el poste negativo de diámetro levemente más pequeña.

6 Limpie las roscas de la conexión del solenoide o la conexión a tierra con un brocha de alambre para remover la oxidación y corrosión. Aplique una capa ligera de anticorrosivo para el terminal de la batería, o de jalea de petróleo, a las roscas para prevenir la corrosión en el futuro.

7 Conecte el cable a la conexión del solenoide o la conexión a tierra y apriete la tuerca y el perno firmemente.

8 Antes de conectar un cable nuevo a la batería, asegúrese que este llegue hasta el poste de la batería sin tener que ser estirado.

9 Conecte el cable positivo primero, seguido por el cable negativo.

5 Ignición, sistema - información general

El sistema de la ignición incluye el interruptor de la ignición, la batería, la bobina, los circuitos del alambrado del voltaje primario (bajo) y voltaje secundario (alto), el distribuidor (menos los modelos de 3.3L y 3.8L) y las bujías. Los modelos con motores de V6 de 3.3L y 3.8L no tienen distribuidor - ellos están equipados, en vez, con un DIS (sistema de ignición directa). DIS es un sistema sin distribuidor. Sus tres componentes principales son el paquete de la bobina, el sensor del tiempo del cigüeñal y el sensor de referencia del árbol de levas. Los sensores del cigüeñal y del árbol de levas son ambos dispositivos de tiempo de la bobina captadora del Efecto Hall (para más información en el cigüeñal y los sensores del cigüeñal y del árbol levas, refiérase al Capítulo 6).

En los modelos de 1984 a 1987, el sistema de ignición está controlado por la SRC (computadora del control de la chispa). En los modelos de 1988 y 1989 está controlado por una computadora conocida como el SMEC (sistema controlador del motor de módulo sencillo). Los monitores de la temperatura del anticongelante del SMEC, las rpm (revoluciones por minuto) del motor y el vacío disponible del múltiple de admisión para asegurar la regulación del tiempo de la chispa está perfectamente cronometrada para todas las condiciones de manejo. Las versiones más modernas de la computadora de la ignición son referidas por Chrysler como el SBEC (controlador de motor de cilindro simple), pero el funcionamiento de ellos son semejante al SMEC. Para más información con respecto al SMEC o el SBEC, refiérase al Capítulo 6.

6 Ignición, sistema - chequeo

Peligro: *El voltaje secundario del sistema de ignición es muy alto (más de 30,000 voltios). Tenga mucho cuidado al realizar los siguientes chequeos para que usted no sufra un golpe eléctrico.*

Motor de 2.2L

Refiérase a las ilustraciones 6.2a, 6.2b, 6.4, 6.8, 6.11, 6.13, 6.14, 6.16, 6.17, 6.18, 6.19, 6.21 y 6.22

1 Antes de chequear la computadora del control de la chispa SRC (computadora del control de la chispa), chequee la bobina y la batería para estar seguro que ellos estén en buenas condiciones de operación. Inspeccione los arneses y los alambres eléctricos por cortocircuitos, las insolaciones por roturas, desgastes y los conectores por seguridad. Chequee la manguera del vacío por dobladuras, daños y una conexión segura.

2 Conecte la herramienta especial de prueba **(vea ilustración)** al terminal negativo de la bobina y el otro final a la conexión a tierra. Estire el alambre de la bobina del distribuidor y colóquelo a 1/4-pulgada de distancia a una buena conexión a tierra **(vea ilustración)**. Con el interruptor de la ignición encendido, toque momentáneamente el alambre de prueba al terminal negativo de la bobina. Debe saltar una chispa del alambre de la bobina a la conexión a tierra.

3 Si hay chispa, proceda al Paso 8.

4 Si no hay una chispa, apague el interruptor de la ignición, desconecte el conector de arneses de diez alambres en el SRC **(vea ilustración)** y repita la prueba. Si se produce chispa esta vez, el rendimiento de la compu-

5

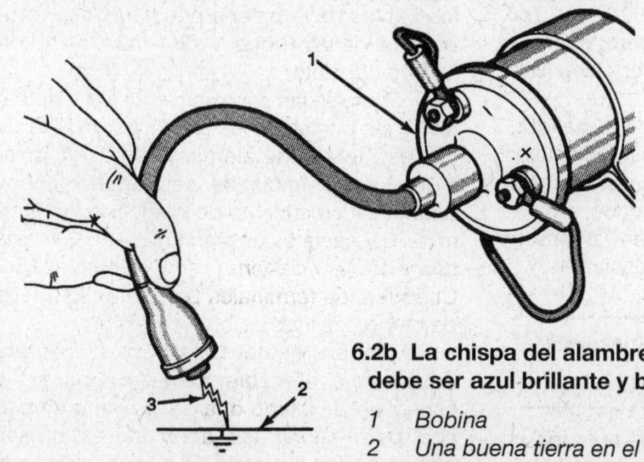

6.2b La chispa del alambre de la bobina debe ser azul brillante y bien definida

1 *Bobina*
2 *Una buena tierra en el motor*
3 *Chequee aquí por chispa*

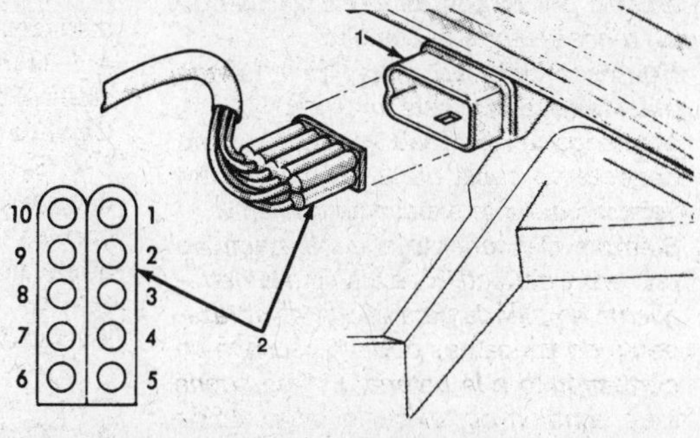

6.4 Desconectando el conector de diez alambres del arnés del SRC (computadora del control de la chispa) (motores de 2.2L)

1 *Computadora para el control de la chispa*
2 *Conector de dos vías de diez acoplamientos*

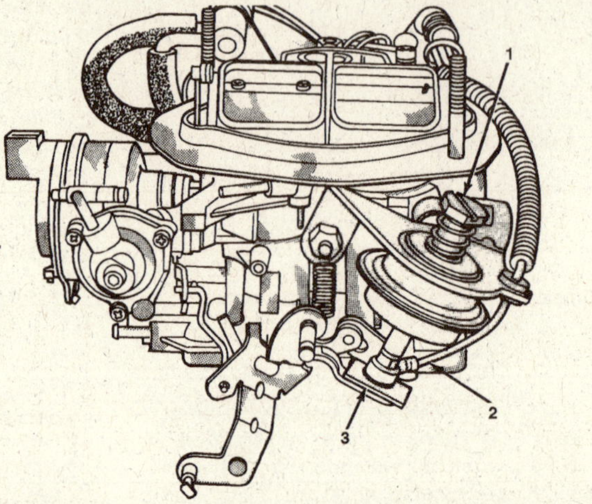

6.8 Use un pedazo delgado de cartón para detener el interruptor del carburador abierto y mida el voltaje en el motor de la terminal del alambre (interruptor de 2.2L)

1 *Actuador del acelerador*
2 *Alambre del interruptor*
3 *Cartón aislador*

tadora tiene un cortocircuito y la computadora del control de la chispa debe ser reemplazada con una nueva.

5 Si no hay una chispa, chequee el voltaje en el término positivo de la bobina para asegurarse de que está dentro de un voltio de voltaje de la batería.

6 Si no hubo lectura de voltaje, chequee el alambrado entre la batería y el término positivo de la bobina.

7 Si hubo lectura apropiada de voltaje, chequee el voltaje en el terminal negativo de la bobina. Esta lectura debe estar también dentro de un voltio de voltaje de la batería. Si no hay voltaje o si hay voltaje pero no se produjo una chispa al realizarse el Paso 2 de la prueba, reemplace la bobina con una nueva.

8 Si hay lectura de voltaje pero el motor no se pone en marcha, emplee un pedazo delgado de cartón para mantener el interruptor del carburador abierto **(vea ilustración)** y mida el voltaje del interruptor. La lectura debe ser por lo menos de cinco voltios.

9 Si la lectura del voltaje está correcta, pase al Paso 16.

10 Si no hay voltaje, apague el interruptor de la ignición y desconecte el conector de diez alambres SRC.

11 Prenda el interruptor y chequee el voltaje en la cavidad 2 del conector **(vea ilustración)**. Debe estar dentro de un voltio de voltaje de la batería.

12 Si no hay lectura de voltaje, chequee por continuidad entre la cavidad 2 y la batería. Repare el circuito y repita la prueba del Paso 11.

13 Si hay voltaje presente, apague el interruptor de la ignición y chequee por continuidad entre la cavidad 7 y el interruptor del carburador **(vea ilustración).** Si no hay ninguna continuidad presente, chequee por algún alambre abierto entre la cavidad 7 y el interruptor del carburador y repare el circuito.

14 Si hay continuidad presente, chequee por continuidad entre la cavidad 10 y una buena conexión a tierra **(vea ilustración).** Si hay continuidad, será necesario reemplazar la computadora con una nueva ya que le está entrando potencia pero no está saliendo. Repita la prueba del Paso 8.

15 Si no hay continuidad presente, chequee por un alambre abierto.

16 Si el alambrado está bien y el motor no se pone en marcha, tape el conector de diez alambres dentro de la computadora y desconecte el conector del arnés del alambre del distribuidor. Conecte un alambre puente entre las cavidades 2 y 3 del conector **(vea ilustración).** Acerque el alambre de la bobina a una buena conexión a tierra, prenda el interruptor de la ignición y rompa el circuito en la

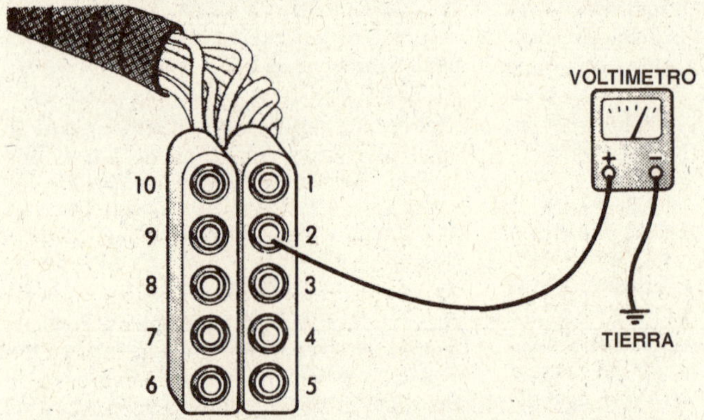

6.11 Chequeando el voltaje en la cavidad del conector de diez alambres (motores de 2.2L)

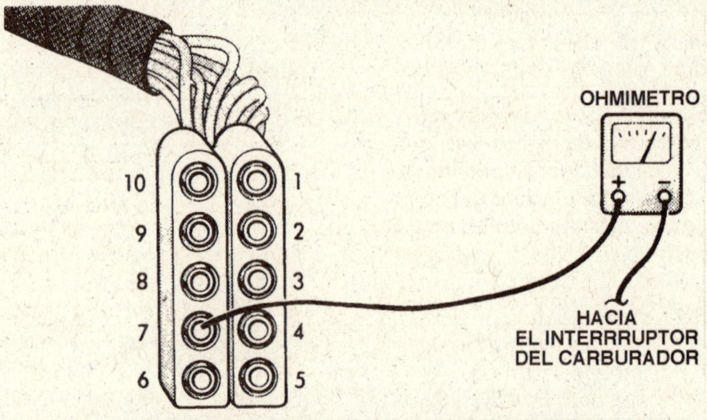

6.13 Chequeando por continuidad entre la cavidad 7 y el interruptor del carburador (motores de 2.2L)

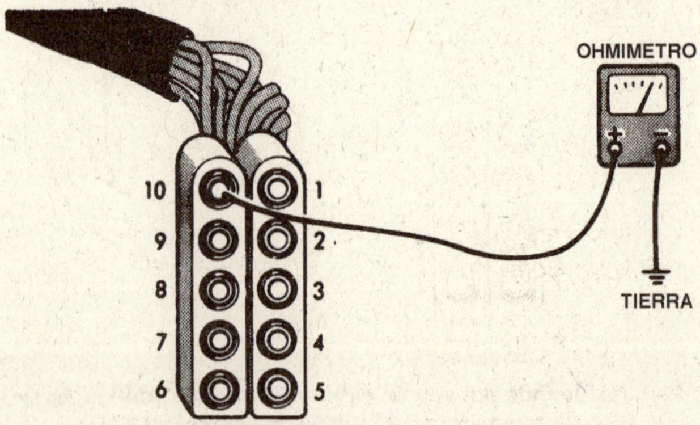

6.14 Chequeando continuidad entre la cavidad 10 y una buena tierra (motores de 2.2L)

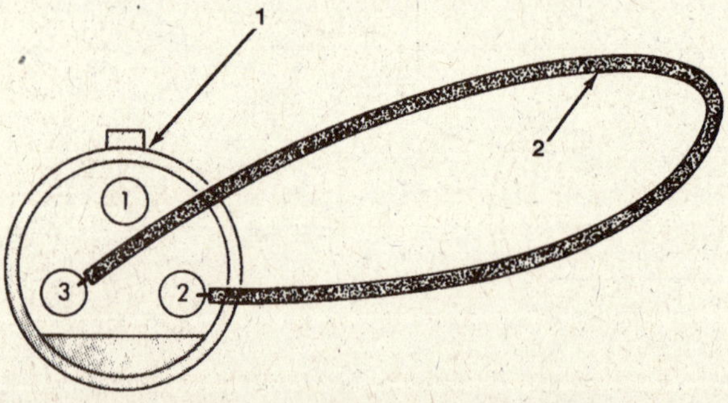

6.16 El alambre puente se debe conectar entre las cavidades 2 y 3 en el conector del arnés para el distribuidor (motores de 2.2L)

1 *Conector del arnés del distribuidor*
2 *Alambre puente*

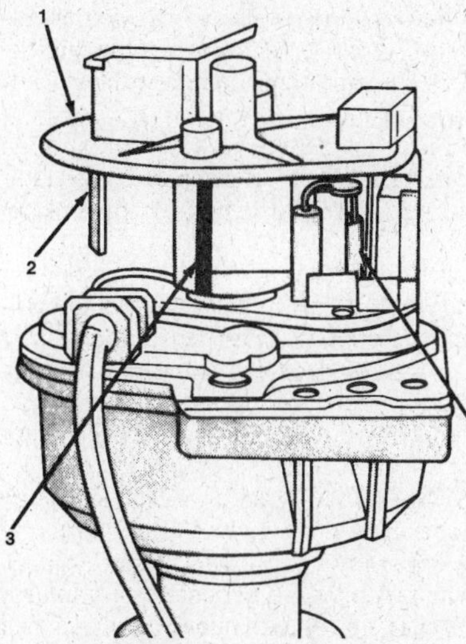

6.17 Hoja de la mirilla del rotor y localidad de la banda de conexión a tierra

1 *Rotor*
2 *Hoja mirilla*
3 *Correa de conexión a tierra*
4 *Unidad del interruptor de tipo efecto Hall*

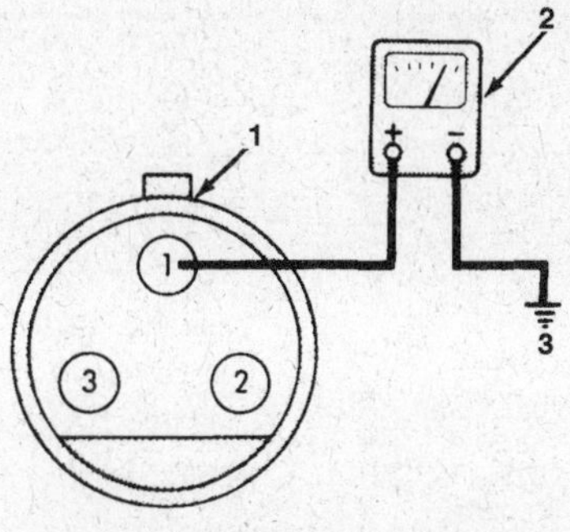

6.18 Chequeando por voltaje entre la cavidad del conector 1 del arnés del distribuidor y una conexión a tierra buena

1 *Conector del arnés*
2 *Voltímetro*
3 *Tierra*

cavidad 2 o 3 varias veces. Debe ocurrir una chispa azul brillante en el alambre de la bobina.

17 Si se producen chispas pero el motor todavía no se pone en marcha, reemplace el ensamblaje captador del distribuidor (llamado también interruptor de bobina captadora de Efecto Hall) (vea Sección 10), asegúrese que las hojas del rotor estén conectadas a tierra **(vea ilustración)**. Con el interruptor de la ignición apagado, chequee con un ohmímetro por una buena conexión a tierra en el eje del distribuidor. Podría ser necesario tener que sentar el rotor firmemente en el eje para obtener una buena conexión a tierra. Conecte un alambre de prueba del ohmímetro a la hoja del rotor y el otro a una buena conexión a tierra y asegúrese que haya continuidad. Si no hay ninguna, empuje el rotor hacia abajo en el eje hasta que haya indicación de continuidad.

18 Repita la prueba en el Paso 16 y si no hay chispa presente, mida el voltaje en la cavidad 1 del conector del distribuidor **(vea ilustración)**. Debe estar dentro de un voltio del voltaje de la batería.

19 Si el voltaje está correcto, apague la ignición, desconecte el conector de diez alambres de la computadora y chequee por continuidad entre la cavidad 2 de los arneses del distribuidor y la cavidad 9 del conector de la computadora. Siga chequeando entre la cavidad 3 de los arneses del distribuidor y la cavidad 5 del conector de la computadora **(vea ilustración)**. Si no hay continuidad, encuentre y repare el defecto en los arneses. Si hay continuidad, reemplace la computadora con una nueva ya que le está entrando potencia pero no está saliendo.

20 Repita la prueba del Paso 16.

21 Si no hay ningún voltaje presente cuándo hace el chequeo del Paso 18, apague la ignición, desconecte la computadora del conector de diez alambres y chequee por continuidad entre la cavidad 1 del conector del arnés del distribuidor y la cavidad 3 del conector de la computadora **(vea ilustración)**. Si no hay continuidad, repare el alambre y repita la prueba del Paso 16.

22 Si hay continuidad, prenda el interruptor de la ignición y chequee el voltaje entre las cavidades 2 y 10 del conector de la computadora **(vea ilustración)**. Si hay voltaje, la computadora está defectuosa y debe ser reemplazada con una nueva. Repita la prueba del Paso 16. Si no hay voltaje, chequee y repare el alambre de conexión a tierra, ya que la computadora no está conectada a tierra. Repita la prueba del Paso 16.

Motores de 2.6L

23 Remueva el alambre de alto voltaje de la bobina de la tapa del distribuidor y acerque el final de 1/4-pulgada cerca de una buena conexión a tierra en el motor. Gire el interruptor de la ignición y busque una serie de chispas azules brillantes en el alambre de la bobina.

24 Si ocurren chispas, y ellas son de un color azul brillante y bien definidas, continúe operando el interruptor de la ignición mientras mueve lentamente el alambre de la bobina fuera de la conexión a tierra. Mientras hace esto, busque arcos voltaicos y chispas

6.19 Chequeando por continuidad entre el distribuidor y las cavidades del conector SRC (computadora del control de la chispa) (motores de 2.2L)

1 *Conector del arnés del distribuidor*
2 *Ohmímetro*
3 *Cavidades para la prueba 2 y 9*
4 *Después cavidades 3 y 5*
5 *Conector de 10 vías*

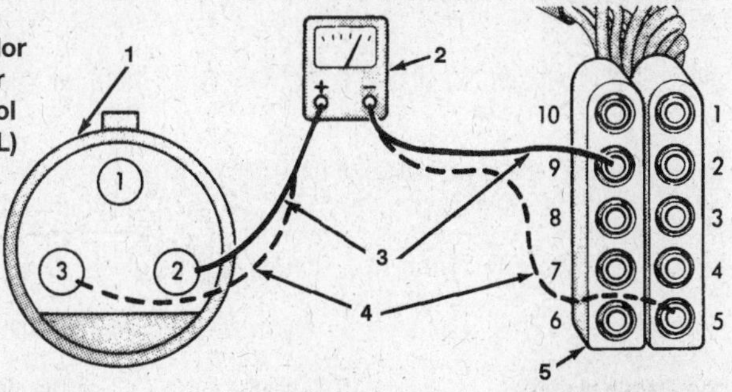

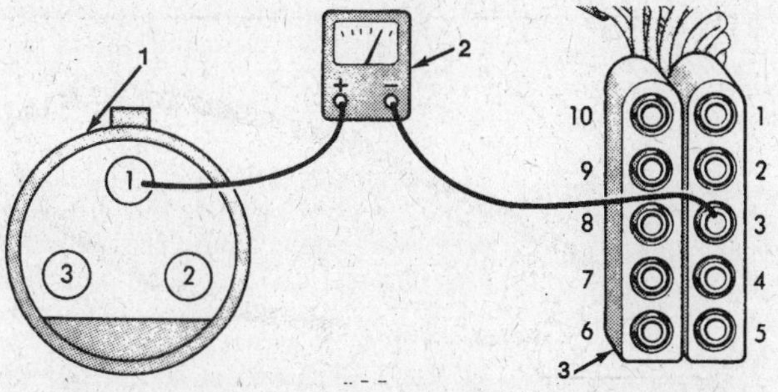

6.21 Chequeando por continuidad entre la cavidad 1 y 3 del conector del arnés del distribuidor y la cavidad del conector SRC (computadora del control de la chispa) (motores de 2.2L)

1 *Conector del arnés del distribuidor*
2 *Ohmímetro*
3 *Conector de 10 vías*

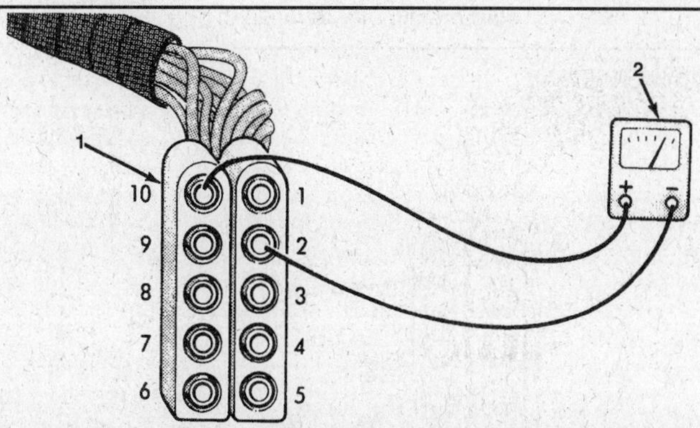

6.22 Chequeando por voltaje entre las cavidades del conector SRC (computadora del control de la chispa) 10 y 2 (motores de 2.2L)

1 *Conector de 10 vías* 2 *Voltímetro*

5

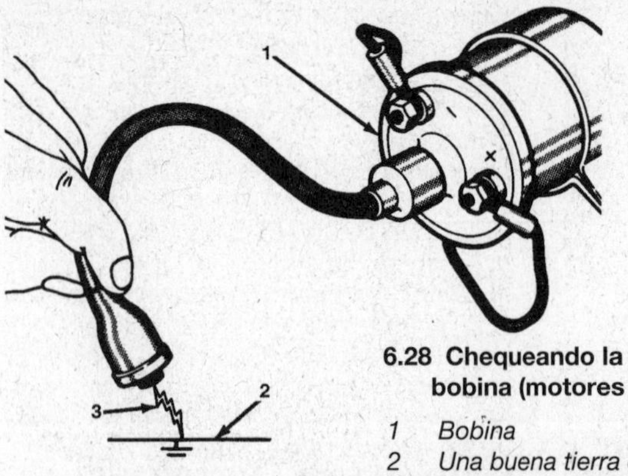

6.28 Chequeando la chispa de la bobina (motores de 2.5L)

1 *Bobina*
2 *Una buena tierra en el motor*
3 *Chequee aquí por chispa*

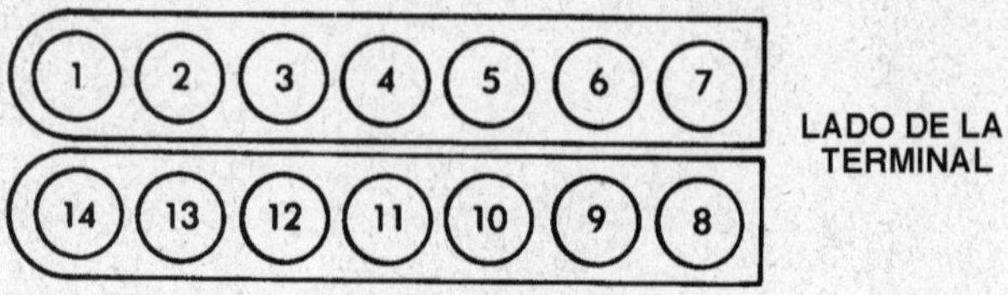

6.33a Terminal de la guía para el conector eléctrico SMEC (sistema controlador del motor de módulo sencillo) de 14 vías (motor de 2.5L del 1987 al 1989)

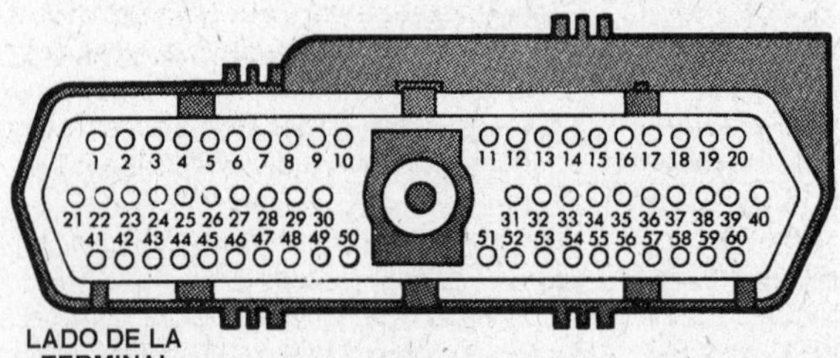

6.33b Guía de la terminal para el conector eléctrico SBEC (controlador de motor de cilindro simple) de 60 vías - cuándo le esté haciendo puente a una terminal, sea extremadamente cuidadoso de no tocar ninguna de las otras terminales o usted puede dañar el SBEC (motores de 2.5L 1990 y más moderno)

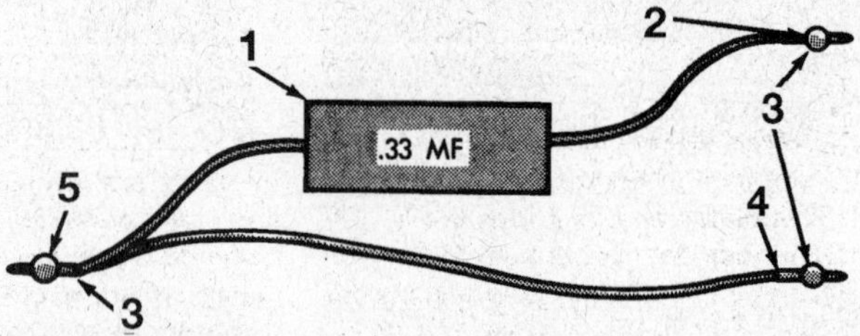

6.35 Usted necesitará fabricar un alambre especial para hacer la conexión puente a tierra al terminal negativo de la bobina en los motores de 2.5L

1 *Capacitador*
2 *Conecte esta presilla caimán a la parte negativa de la bobina*
3 *Presilla caimán*
4 *Temporalmente ponga a tierra esta presilla en el lado negativo de la bobina*
5 *Conecte esta presilla caimán a tierra*

en la torre de la bobina. Si esto ocurre, reemplace la bobina con una nueva. Si no ocurre un arco voltaico en la torre de la bobina, el sistema de la ignición está produciendo el alto voltaje secundario necesario. Sin embargo, asegúrese de que el voltaje esté llegando a las bujías chequeando el rotor, la tapa del distribuidor, los alambres de las bujías y las bujías como está descrito en el Capítulo 1. Si los resultados son positivos, el sistema de la ignición no es la razón que el motor no se pone en marcha.

25 Si no ocurrieron ningunas chispas, o si éstas fueron débiles o intermitentes, mida el voltaje del terminal negativo de la bobina para la ignición con el interruptor de la ignición encendido. Debe ser el mismo que voltaje de la batería. Si es de tres voltios o menos, el encendido está defectuoso. Si no hubo ningún voltaje presente, chequee la bobina y los alambres por un circuito abierto.

26 Refiérase al Paso 2 y realice el chequeo descrito allí.

27 Si no se produjo ninguna chispa, chequee el voltaje del terminal positivo de la bobina con el interruptor de la ignición de encendido. Debe indicar el voltaje de la batería. Si lo indica, la bobina está defectuosa. Si no hay ningún voltaje presente, chequee los alambres y las conexiones asociados.

Turbo de 2.5L y motor de 3.OL

Refiérase a las ilustraciones 6.28, 6.33a, 6.33b y 6.35

28 Remueva el cable secundario de la bobina de la tapa del distribuidor. Acerque el final del cable 1/4-pulgada cerca de una buena conexión a tierra en el motor y ponga el motor en marcha. Chequee por una chispa constante cuando el motor esté poniendo en marcha **(vea ilustración)**.

29 Si la chispa no es constante o no hay una chispa, conecte un voltímetro al terminal positivo de la bobina y ponga el motor en marcha por cinco segundos. Si el voltaje está cerca de cero durante esta prueba refiérase a los Códigos de Problemas en el Capítulo 6.

30 Si el voltaje está cerca del voltaje de la batería (aproximadamente 12.4 voltios) al comienzo de la prueba pero baja a cero después de uno o dos segundos de tratar de poner el motor en marcha, refiérase a los Códigos de Problemas en el Capítulo 6.

31 Si el voltaje permanece cerca del voltaje de la batería por cinco segundos, apague la ignición, remueva el conector de 14 clavijas (o de 60 clavijas en lo modelos más modernos) del SMEC/SBEC y chequee por cualquier terminal estirada.

32 Remueva el alambre de prueba del término positivo de la bobina y conecte un alambre puente entre el término positivo de la batería y el término positivo de la bobina.

33 En los motores equipados con SMEC (sistema controlador del motor de módulo sencillo) (modelos 1987 a 1989), momentáneamente haga una conexión a tierra al terminal No. 12 del conector de 14 clavijas **(vea ilustración)** con un alambre puente. En los motores equipados con SBEC (controlador de motor de cilindro simple)
(1990 y los modelos más modernos), haga conexión a tierra al terminal No. 19 del conector de 60 clavijas **(vea ilustración)**.

34 Si se genera una chispa, reemplace el SMEC/SBEC.

35 Si no se genera ninguna chispa, conecte un alambre especial de puente **(vea ilustración)** para hacer una conexión a tierra al terminal negativo de la bobina.

36 Si se produce una chispa esta vez, chequee el conjunto del alambrado del arnés por una condición abierta.

37 Si no se produce ninguna chispa, reemplace la bobina.

Prueba rápida para cualquier motor

Refiérase a la ilustración 6.39

38 Si el motor gira pero no se pone en marcha, desconecte el alambre de la bujía de cualquier bujía y conéctelo a un probador de ignición calibrado (disponible en casi todas las refaccionarías).

39 Conecte el retenedor del probador a un perno o a un soporte de metal en el motor **(vea ilustración)**. Si no es posible obtener un probador de ignición calibrado, remueva el alambre de una de las bujías y, usando una herramienta de aislación, acerque el final del alambre 1/4-pulgada cerca a una buena conexión a tierra. **Caución:** *Si la bujía es movida más de 1/4 de pulgada fuera de la conexión a tierra en el motor en una bobina de tipo DIS (sistema de ignición directa) (motores de 3.3L), podría dañarse el alambre de la bujía.*

40 Ponga el motor en marcha y observe el

6.39 Para usar un calibrador probador (disponible en casi todas las refaccionarías), desconecte simplemente un alambre de la bujía, conecte el alambre al probador y sujete el probador a una conexión a tierra buena - si hay suficiente poder para prender la bujía, las chispas serán claramente visibles entre la punta del electrodo y el cuerpo del probador cuando se gire el motor

final del probador o el alambre de la bujía para ver si ocurren chispas azules brillantes bien definidas. Si usted no está usando un probador calibrado, permita que un ayudante ponga el motor en marcha para usted. **Peligro:** *Manténgase fuera de las bandas y otros componentes de movimiento del motor que podrían herirlo a usted.*

41 Si ocurren chispas, suficiente voltaje está alcanzando a la bujía para encenderla (repita el chequeo con los alambres de las bujías restantes para chequear los alambres y las bobinas [modelos de 3.3L] o los alambres, el rotor y la tapa del distribuidor [todos los otros] están bien. Sin embargo, las bujías mismas pueden estar defectuosas, así que remuévalas y chequéelas como está descrito en el Capítulo 1.

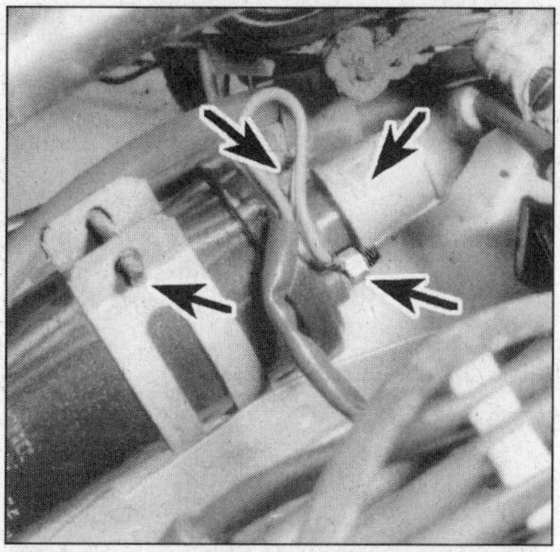

7.2a Para remover la bobina de tipo más antiguos del guardafango interior derecho, desconecte los alambres primario y el cable (1) de la tensión alta, entonces remueva el perno del soporte - si la bobina está defectuosa, afloje el tornillo de la abrazadera (2) y transfiera la abrazadera/soporte a la bobina nueva

42 Si no ocurren ningunas chispas, ni chispas intermitentes en un sistema de tipo DIS, proceda a la Sección 7 y chequee el paquete de las bobinas. En un sistema de ignición convencional, si no ocurren ningunas chispas ni chispas intermitentes, remueva la tapa del distribuidor y chequee la tapa y el rotor como está descrito en el Capítulo 1. Si hay humedad presente, seque la tapa y el rotor, entonces vuelva a instalar la tapa.

43 Si todavía no hay chispas, separe el alambre secundario de la tapa de la bobina del distribuidor y engánchelo hasta el probador (acople nuevamente el alambre de la bujía a la bujía), entonces repita el chequeo de la chispa. Otra vez, si usted no tiene un probador, acerque el final del alambre de 1/4-pulgada cerca de una buena conexión a tierra. Si ahora ocurren chispas, la tapa del

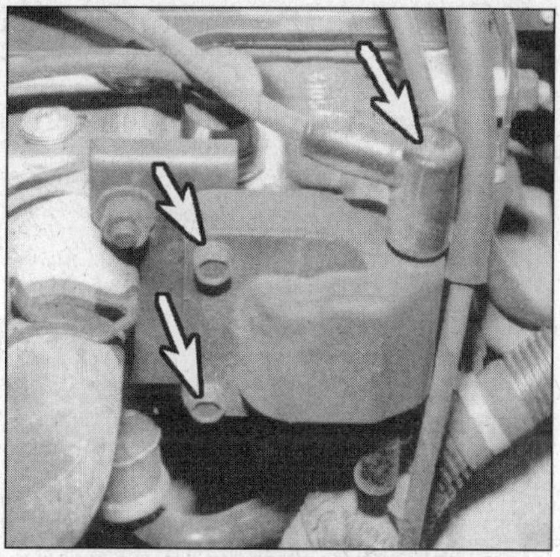

7.2b Para remover la bobina del motor en los modelos más modernos, desconecte el conector primario del alambre y el cable (flecha) de tensión alta, entonces remueva los pernos (flechas)

distribuidor, el rotor o alambre(s) de la bujía podrían estar defectuosos.

44 Si no ocurren ningunas chispas, chequee las conexiones de los alambres en la bobina para asegurarse que están limpias y apretadas. Chequee el voltaje a la bobina. Haga cualquier reparación necesaria, entonces repita el chequeo otra vez.

45 Si no hay chispa todavía, el alambre de la bobina a la tapa puede estar defectuoso (chequee la resistencia con un ohmímetro - debe ser de 7000 ohms por pie o menos). Si no hace diferencia en los resultados de la prueba con un alambre que se sabe que está bueno, chequee la bobina (vea Sección 7). Si está bien, el ensamblaje de la bobina captadora (vea Sección 10) o el módulo de la ignición pueden estar defectuosos.

7 Bobina para la ignición - chequeo y reemplazo

Bobina convencional

Refiérase a las ilustraciones 7.2a, 7.2b, 7.4a, 7.4b, 7.5a y 7.5b

1 Separe el cable del terminal negativo de la batería.

2 Marque los alambres y los terminales con pedazos de cintas numeradas, entonces remueva los alambres primario y el alambre de alta tensión que vienen de la bobina **(vea ilustraciones)**. Desconecte el soporte de instalar la bobina, remueva el ensamblaje del soporte de la bobina, limpie el albergue exterior y chequéelo por roturas y otros daños.

3 Limpie los terminales de la bobina y chequee el terminal primario de la torre de la bobina por corrosión. Límpielo con una brocha de alambre si se encontró alguna corrosión.

4 Chequee la resistencia primaria de la bobina conectando los alambres de prueba de un ohmímetro a los terminales positivos y negativos **(vea ilustraciones)**. Compare sus lecturas a las listadas en las Especificaciones

7.4a Para chequear la resistencia primaria en la bobina en los tipos más antiguos, toque los alambres del ohmímetro a las terminales (flechas) positivas y negativas primarias y compare su lectura con las Especificaciones listadas en este Capítulo para la resistencia primaria de la bobina

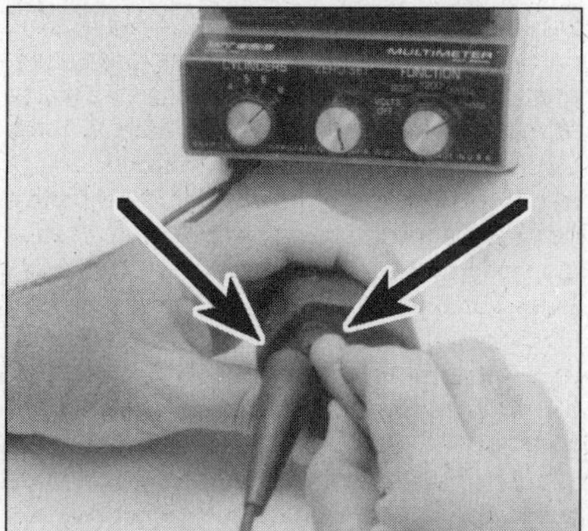

7.4b Para chequear la resistencia primaria en la bobina en los tipos más modernos, toque los alambres de un ohmímetro a las terminales (flechas) positivas y negativas primarias y compare su lectura con las Especificaciones listadas en este Capítulo para la resistencia primaria de la bobina

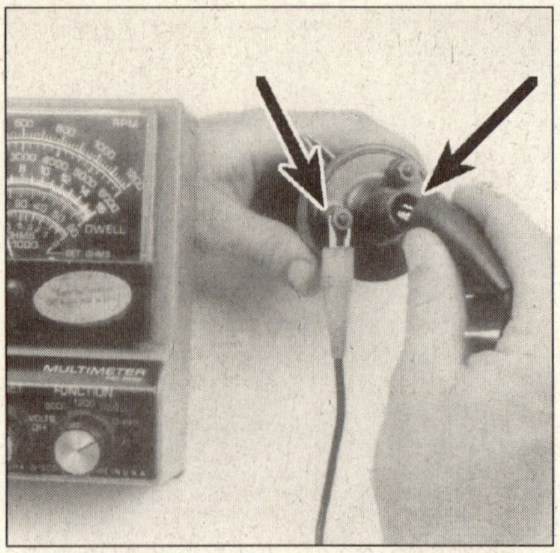

7.5a Para chequear la resistencia secundaria en la bobina en los tipos más antiguos, toque los alambres de un ohmímetro a las terminales (flechas) positiva primaria y la terminal de alta tensión y compare su lectura con las Especificaciones listadas en este Capítulo para la resistencia primaria de la bobina

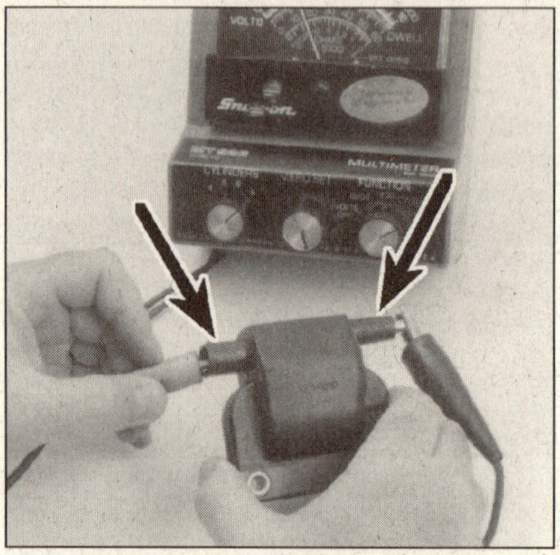

7.5b Para chequear la resistencia secundaria en la bobina en los tipos más modernos, toque los alambres de un ohmímetro a las terminales primarias (flechas) y la terminal de alta tensión y compare su lectura con las Especificaciones listadas en este Capítulo para la resistencia primaria de la bobina

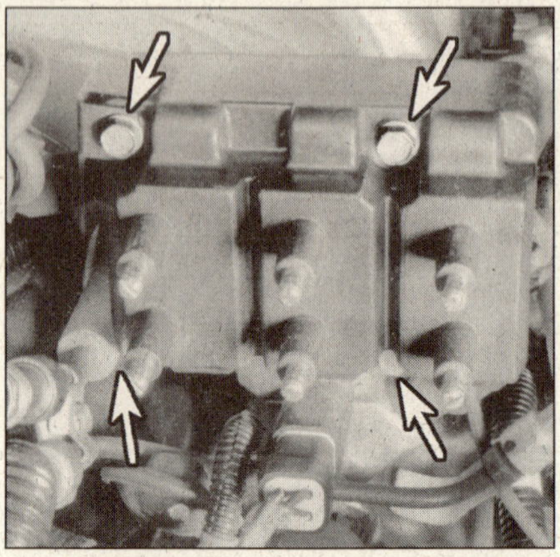

7.11 Para separar el paquete de bobinas de un motor equipado con el DIS (sistema de ignición directo), remueva estos cuatro pernos (flechas)

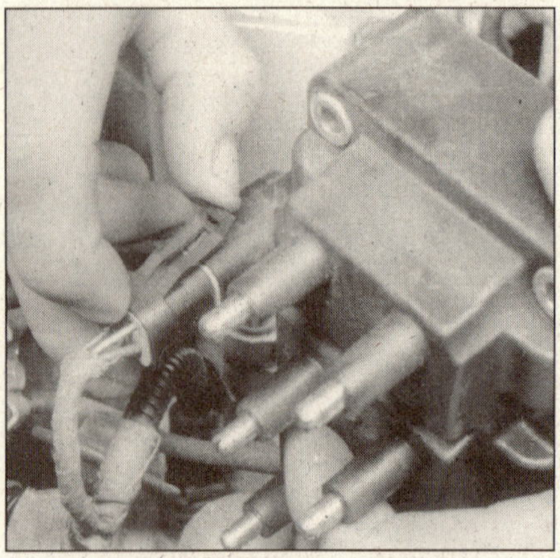

7.12 El conector eléctrico para el paquete de las bobinas DIS (sistema de ignición sin distribuidor) es más fácil de desconectar si usted remueve los pernos del paquete de las bobinas primero y entonces levanta el paquete levemente

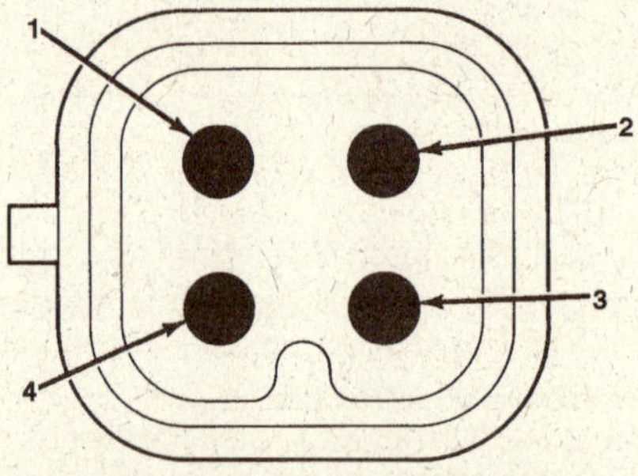

7.13a Guía terminal para medir la resistencia primaria del paquete de bobinas en el conector (se muestra el lado del paquete de bobinas) - chequee entre la terminal B + y cada una de las otras terminales en el conector

1 *Cilindros números 3 y 6*
2 *B +*
3 *Cilindros números 2 y 5*
4 *Cilindros números 1 y 4*

7.13b Cuando esté midiendo la resistencia primaria en el lado del paquete de las bobinas en el conector eléctrico para el paquete de las bobinas, asegúrese que los alambres están haciendo buen contacto con las terminales - que son muy pequeñas y juntas - o usted obtendrá una lectura de resistencia inexacta

de resistencia en este Capítulo.

5 Chequee la resistencia secundaria de la bobina enganchando uno de los alambres de prueba del ohmímetro a una de las terminales primarias y el otro alambre del ohmímetro al terminal central grande **(vea ilustraciones)**. Compare sus lecturas a la resistencia secundaria listada en las especificaciones de este Capítulo.

6 Si las resistencias medidas no son como las especificadas, la bobina está probablemente defectuosa y debe ser reemplazada con una nueva.

7 Para operación correcta del sistema de ignición, todos los terminales de la bobina y alambres de prueba deben mantenerse limpios y secos.

8 Instale la bobina en el vehículo y conecte los alambres.

9 Conecte el cable al terminal negativo de la batería.

Sistema DIS (sistema de ignición directa) paquete de bobinas (modelos de 3.3L y 3.8L)

Refiérase a las ilustraciones 7.11, 7.12, 7.13a, 7.13b y 7.14

Nota: *El paquete de bobinas DIS no tiene que ser removido del motor para la prueba - lo hemos hecho solamente por claridad.*

10 Marque claramente los seis cables de las bujías, entonces sepárelos del paquete de las bobinas. Mida la resistencia de cada uno de los cables. Debe ser de 3 a 12 k-ohms por pie de cable. Reemplace cualquier cable que no está dentro de la tolerancia.

11 Remueva los cuatro pernos en el calzo del paquete de las bobinas **(vea ilustración)**.

12 Levante fuera el paquete de las bobinas y remueva el conector eléctrico **(vea ilustración)**.

13 Mida la resistencia en el lado primario de cada bobina con un ohmímetro digital **(vea ilustraciones)** y compare sus lecturas a la resistencia primaria listado en las especificaciones de este Capítulo según la marca del paquete de las bobinas (Diamante o Toyodenso) usado en su motor.

14 Mida la resistencia secundaria de la bobina entre las torres apareadas de tensión alta de cada grupo de cilindros **(vea ilustración)** y compare sus lecturas la resistencia secundaria listada en las especificaciones en este Capítulo para la marca del paquete de las bobinas usada en su motor.

15 Si cualquier bobina en el paquete de las bobinas falla cualquiera de las pruebas de encima, reemplace el paquete de las bobinas.

16 La instalación se hace en el orden inverso al procedimiento de desensamble.

8 Distribuidor - remover e instalar

Remover

Refiérase a las ilustraciones 8.3a, 8.3b, 8.4, 8.7 y 8.8

1 Desconecte el cable del terminal negativo de la batería.

2 Desconecte el alambre primario de prueba de la bobina.

3 Desconecte el conector eléctrico para la bobina captadora de Efecto Hall (motores de 2.2L, 2.5L y turbo) **(vea ilustración),** del encendido de la bobina (motor 2.6L) o la unidad de sensor foto óptica (motor de 3.0L) **(vea ilustración)**. Siga los alambres al salir del distribuidor para encontrar el conector.

4 En los motores de 2.2L, 2.5L y turbo, remueva el protector del distribuidor **(vea ilustración)**.

5 Busque un "1" resaltado en la tapa del distribuidor. Esto marca la ubicación del terminal del alambre de la bujía para el cilindro número uno. Si la tapa no tiene una marca para el terminal número uno, localice la bujía número uno y siga el alambre al terminal de la tapa.

6 Remueva la tapa del distribuidor (vea Capítulo 1) y gire el motor hasta que el rotor esté apuntando hacia el terminal del alambre de la bujía número uno (vea el procedimiento de ubicación del TDC en el Capítulo 2, si es necesario).

7 Haga una marca en la orilla de la base del distribuidor directamente debajo de la punta del rotor y en línea con él. También, marque la base del distribuidor y el bloque del motor para asegurar que el distribuidor será reinstalado correctamente **(vea ilustración)**.

8 Remueva el perno retenedor y la abrazadera del distribuidor **(vea ilustración),** entonces remueva el distribuidor recto hacia fuera para removerlo. **Caución**: *NO voltee el cigüeñal mientras el distribuidor está fuera del motor, o las marcas de alineamiento serán inútiles.*

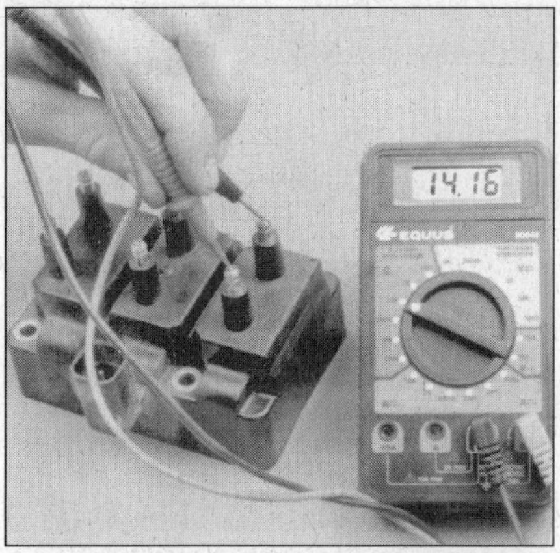

7.14 Para medir la resistencia secundaria de la bobina de cada paquete de bobinas DIS (sistema de ignición directo), toque las terminales del alambre de prueba a las terminales gemelas de las torres de alta tensión en parejas

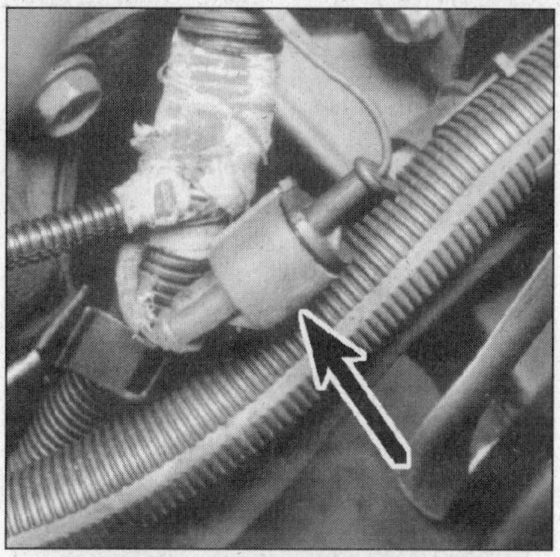

8.3a Antes de que usted remueva el distribuidor de un motor de 2.2L, 2.5L o turbo, trace el alambre eléctrico para la bobina captadora del Efecto Hall del distribuidor a su conector (flecha) en los arneses de alambre del motor y lo desconecta (motores de 2.2L y 2.5L se muestran, los turbos son semejantes)

Instalación

Refiérase a las ilustraciones 8.10a y 8.10b

Nota: *Si el cigüeñal se ha movido mientras el distribuidor está fuera, el pistón número uno debe ser puesto en posición nuevamente en el TDC (punto muerto superior). Esto puede ser hecho chequeando la presión de la compresión en el orificio número uno a la vez que el cigüeñal es girado. Una vez que se siente la compresión, alinee la marca del cero del tiempo de la ignición con la flecha.*

9 Inserte el distribuidor dentro del motor exactamente en la misma relación que

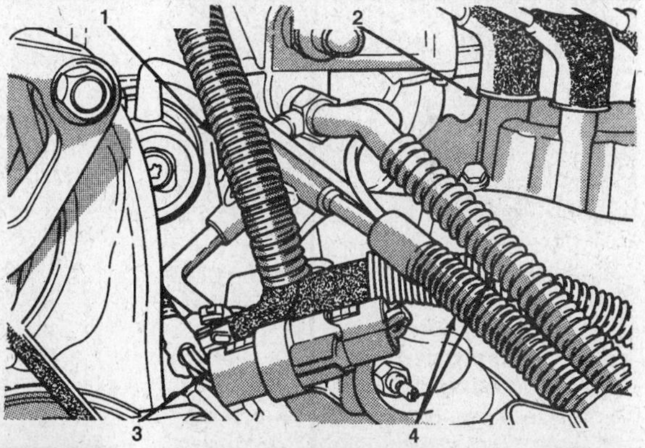

8.3b Antes de que usted remueva el distribuidor de un motor de 3.0L, trace el alambre eléctrico para la unidad óptica de foto detección del albergue del distribuidor a sus arneses del conector y lo desconecta

1 *Línea de regreso del combustible*
2 *Distribuidor*
3 *Conector eléctrico de cuatro vías*
4 *Arnés de vapor y vacío*

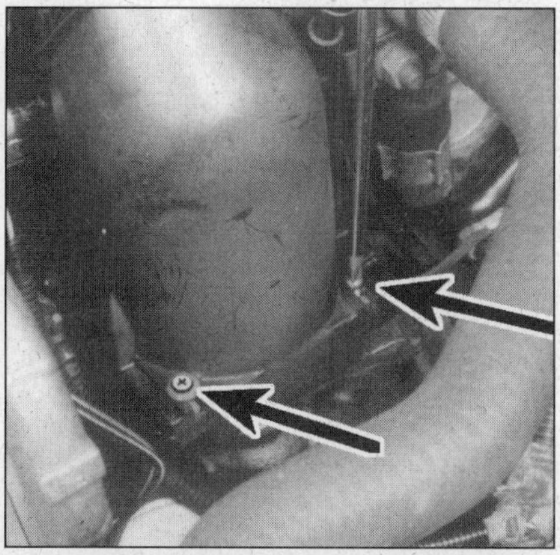

8.4 En los motores de 2.2L, 2.5L y turbo, remueva estos dos tornillos (flechas) y remueva el protector del distribuidor (un motor de 2.2L es mostrado, los otro dos son semejante)

8.7 Marque la posición de la punta del rotor en la base del distribuidor y marque la relación de la base al bloque del motor (flecha) (se muestra un motor de 2.5L)

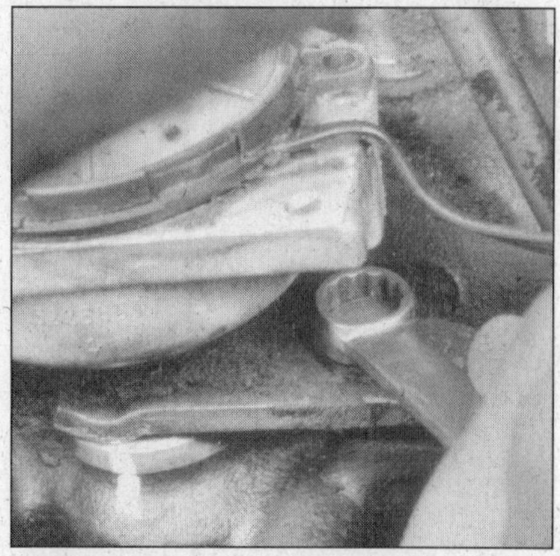

8.8 Remueva el perno de sujeción y la abrazadera, entonces remueva el distribuidor recto hacia encima del motor (se muestra un motor de 2.5L)

estaba en el bloque cuando fue removido.
10 En los motores de 2.2L, 2.5L y de turbo, asegúrese que las agarraderas en la parte más baja del eje del distribuidor entren en la hendidura superior final del eje de la bomba del aceite **(vea ilustraciones)**. Si no, el distribuidor no se sentará completamente. En todos los distribuidores, chequee las marcas de alineamiento entre la base del distribuidor y el bloque para chequear que el distribuidor esté en la misma posición de que se encontraba antes de removerlo. También chequee el rotor, para ver si está alineado con la marca que usted hizo en la orilla de la base del distribuidor.
11 Coloque la abrazadera de sujetar (si está equipado) en posición e instale flojamente el perno del sujetar.
12 Instale la tapa del distribuidor.
13 Conecte el conector eléctrico para la bobina captadora en la bobina captadora de Efecto Hall (motores de 2.2L, 2.5L, y de turbo), la bobina captadora (motor de 2.6L) o la unidad de detección foto óptica (motor de 3.0L).
14 Acople nuevamente los alambres de las bujías a las bujías (si fueron removidos).
15 Conecte el cable al terminal negativo de la batería.
16 Chequee el tiempo de la ignición (vea Capítulo 1) y apriete el perno de sujetar el distribuidor firmemente.

9 Unidad del gobernador (avance centrífugo) (motores de 2.6L) - chequeo y reemplazo

Chequeo

1 Conecte una luz de regulación (lámpara de tiempo) al motor de acuerdo con las instrucciones del fabricante (vea el procedimiento de tiempo de la ignición en el Capítulo 1). Ponga el motor en marcha y permita que se caliente. Con el motor en marcha mínima, separe la línea del vacío (la que está sin rayas) de la cámara del vacío. Acelere lentamente el motor y observe si la regulación del tiempo de la ignición avanza uniformemente, proporcionalmente a la velocidad del motor.
2 Si el avance es excesivo, el resorte del gobernador está debilitado; si el avance es brusco, el resorte está roto. Si el avance es insuficiente, un peso del gobernador o una leva está defectuosa. En cualquier caso, reemplace el ensamblaje del gobernador.

Reemplazo

Refiérase a las ilustraciones 9.5 y 9.6

3 Remueva el distribuidor (vea Sección 8). **Nota:** *La unidad del gobernador puede ser removida con el distribuidor en el motor instalado, pero es más fácil con el distribuidor removido.*
4 Remueva el rotor (vea Capítulo 1).
5 Remueva el perno de retención del ensamblaje del gobernador **(vea ilustración)**. **Nota:** *Este perno es apretado a un par de torsión muy apretado - use una llave cerrada o dado - no una llave inglesa - para aflojarlo.*

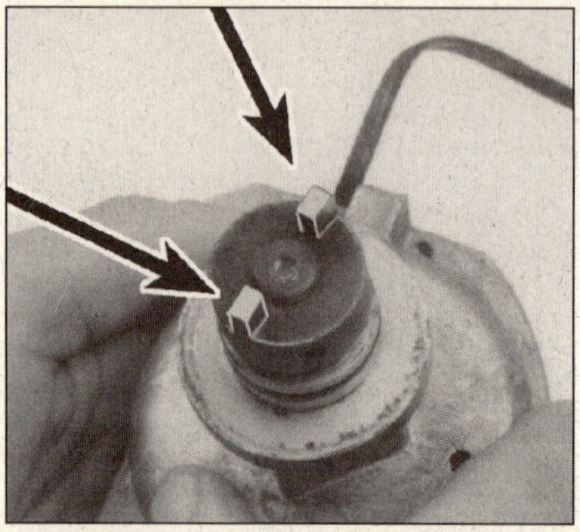

8.10a Cuando usted instale el distribuidor en un motor de 2.2L, 2.5L o turbo, esté seguro de alinear las espigas (pestañas) (flechas) en el final del eje del distribuidor . . .

6 Remueva el ensamblaje del gobernador **(vea ilustración)**. **Nota:** *Recomendamos reemplazar el ensamblaje entero del gobernador como una sola unidad. Pero los resortes y las pesas individuales también son disponibles por separado. Si usted decide reemplazar un resorte o peso individual, asegúrese de anotar cuál resorte está conectado a cual peso antes de removerlo. La tensión de cada resorte está calibrada para emparejar su peso respectivo, así que debe ser reinstalado en su posición original. La manera más fácil de identificar un resorte es anotar el número de sus espirales: El resorte más fuerte tiene más espirales, el resorte más débil, menos.*
7 La instalación se hace en el orden inverso al procedimiento de desensamble.

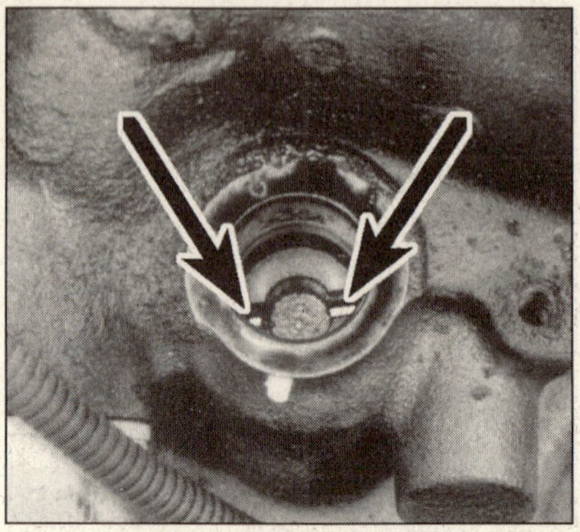

8.10b . . . con las hendiduras (flechas) en la parte de encima de la bomba del aceite

8 Instale el rotor (vea Capítulo 1) y el distribuidor, si fueron removidos (vea Sección 8).

10 Ensamblaje de la bobina captadora - reemplazo

Ensamblaje de la bobina captadora dl Efecto Hall (motores de 2.2L, 2.5L y turbo)

Refiérase a la ilustración 10.4

Nota: *El ensamblaje de la bobina captadora de Efecto Hall dentro del distribuidor suministra la señal básica del tiempo de la ignición a la computadora. En los motores de 2.2L, chequee que la bobina captadora de Efecto Hall sea parte del chequeo en la Sección 6 del sis-*

9.5 Use una llave abierta o un dado para remover el perno del ensamblaje del gobernador (motor de 2.6L)

1 *Dado*
2 *Gobernador*
3 *Distribuidor*
4 *Cámara de vacío*

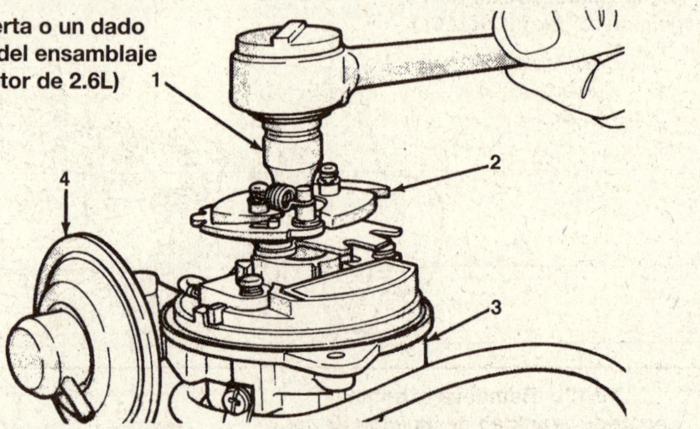

9.6 Remueva el gobernador (motor de 2.6L)

1 *Gobernador*
2 *Distribuidor*
3 *Cámara de vacío*

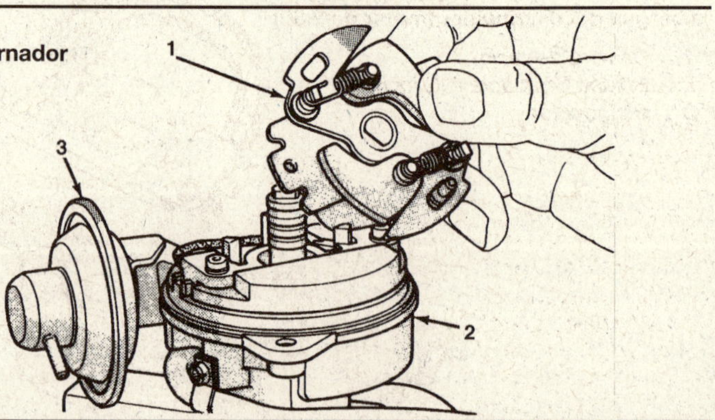

10.4 Para reemplazar el ensamblaje de la bobina captadora del Efecto Hall en los distribuidores usados en los motores 2.2L, 2.5L y de turbo, remueva simplemente el rotor y eleve la unidad captadora del albergue del distribuidor (el distribuidor se removió para más claridad)

10.9 Para reemplazar el ensamblaje de la bobina captadora de Efecto Hall en el distribuidor usado en los motores de 2.6L, remueva el tornillo (flecha) para separar la abrazadera que asegura el alambre eléctrico al albergue del distribuidor

tema de ignición. En los motores de 2.5L y turbo, chequeo del ensamblaje de la bobina captadora de Efecto Hall es parte de un procedimiento de diagnóstico más grande para el sistema electrónico de la chispa, y está más allá del alcance del mecánico de casa. Pero el procedimiento de reemplazo mismo es fácil una vez que usted haya verificado que la unidad de la bobina captadora de Efecto Hall Efecto está defectuosa.

1 Desconecte el cable del terminal negativo de la batería.

2 Remueva el protector del distribuidor, tape y desconecte el conector eléctrico de la bobina captadora de Efecto Hall (vea Sección 8).

3 Remueva el rotor y tape del distribuidor (vea Capítulo 1).

4 Levante el ensamblaje de la bobina captadora fuera del eje del distribuidor **(vea ilustración)**.

5 La instalación se hace en el orden inverso al procedimiento de desensamble. En los modelos de 2.2L, chequee que las hojas del rotor estén conectadas a tierra (vea Sección 6, Paso 17).

Bobina captadora y el ensamblaje de ignición IC (motor 2.6L)

Refiérase a las ilustraciones 10.9, 10.10a y 10.10b

6 Remueva el distribuidor (vea Sección 8).

Nota: *La bobina captadora y el ensamblaje de ignición IC pueden ser removidos con el distribuidor en el motor instalado, pero es más fácil con el distribuidor removido.*

7 Remueva el rotor (vea Capítulo 1).

8 Remueva el ensamblaje del gobernador (vea Sección 9).

9 Remueva el tornillo de la abrazadera que asegura el alambre para la bobina captadora al albergue del distribuidor **(vea ilustración)**.

10 Remueva los dos tornillos de retención de la bobina captadora y el ensamblaje de ignición IC **(vea ilustración)** y remueva el ensamblaje **(vea ilustración)**

11 La instalación se hace en el orden inverso al procedimiento de desensamble.

12 Instale el ensamblaje del gobernador (vea Sección 9), el distribuidor, si fue removido (vea Sección 8), el rotor y la tapa (vea Capítulo 1).

Unidad de la foto óptica (motor 3.0L)

Refiérase a las ilustraciones 10.15, 10.16, 10.17a, 10.17b y 10.19

13 Remueva el distribuidor (vea Sección 8).

14 Remueva el rotor (vea Capítulo 1).

15 Remueva la tapa protectora del albergue del distribuidor **(vea ilustración)**.

5

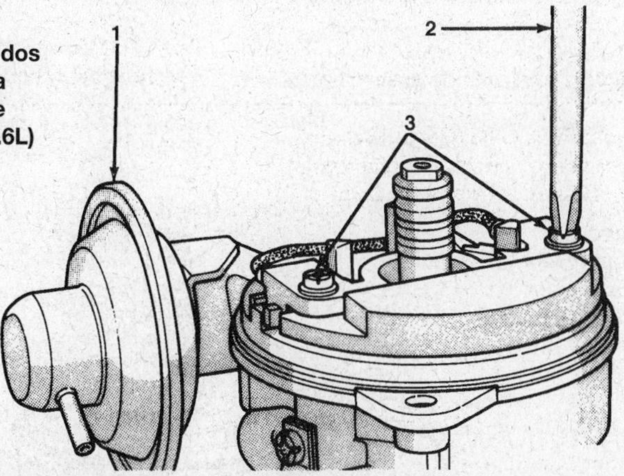

10.10a Remueva estos dos tornillos de la bobina captadora/unidad de ignición IC (motor de 2.6L)

1 *Destornillador*
2 *Cubierta*
3 *Tornillos*

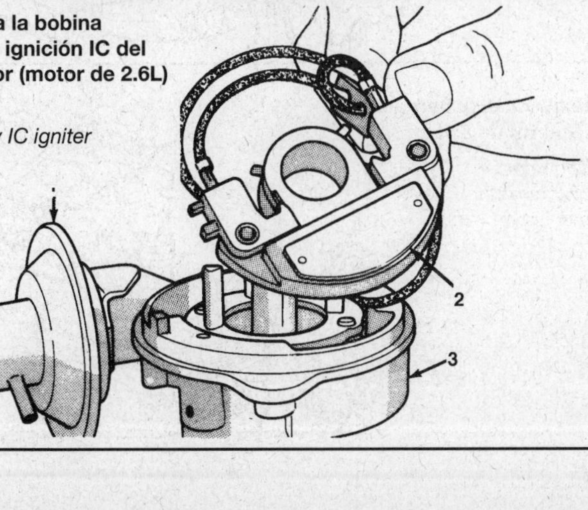

10.10b Remueva la bobina captadora/unidad de ignición IC del albergue del distribuidor (motor de 2.6L)

1 *Cámara de vacío*
2 *Bobina captadora y IC igniter*
3 *Distribuidor*

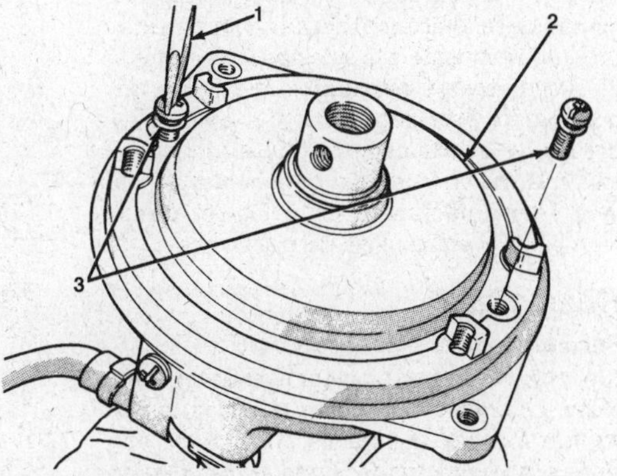

10.15 Para llegar a la unidad óptica de foto detección en un distribuidor de 3.OL, remueva estos dos tornillos (flechas) y ésta tapa protectora

1 *Destornillador*
2 *Cubierta*
3 *Tornillos*

16 Remueva el tornillo del espaciador **(vea ilustración)** y remueva el espaciador.

17 Remueva cuidadosamente el espaciador superior del disco, el disco y el espaciador inferior del disco **(vea ilustración)**. **Nota:** *El disco y los espaciadores están codificados para asegurar la reinstalación correcta* **(vea ilustración)**.

18 Chequee el disco por combadura, roturas o hendiduras desgastadas. Si algún daño es evidente, reemplace el disco.

19 Remueva el buje de la unidad foto óptica de detección, remueva los tres tornillos de la unidad de detección **(vea ilustración)** y remueva la unidad de detección.

20 La instalación se hace en el orden inverso al procedimiento de desensamble.

21 Instale el distribuidor (vea Sección 8) e instale el rotor y la tapa (vea Capítulo 1).

11 Unidad de avance del vacío (motores de 2.6L) - chequeo y reemplazo

Nota: *La unidad de avance del vacío se le refiere también como la cámara de vacío y el ensamblaje del gobernador de vacío.*

Chequeo

1 Aquí está una prueba pequeña para chequear rápidamente la unidad de avance del vacío: Ponga el motor en marcha y caliéntelo, conecte un tacómetro de acuerdo con las instrucciones del fabricante, avance la velocidad del motor hasta 2500 rpm (revoluciones por minuto) y note si la velocidad del motor es afectada al desconectarla, entonces conecte de nuevo, la línea del vacío. Si no hay cambio en la velocidad del motor, la unidad de avance del vacío está defectuosa.

2 Aquí está una manera más precisa de chequear la unidad de avance del vacío: Desconecte la línea del vacío del distribuidor y conecte una bomba de vacío en su lugar. Enganche encima una luz de regulación (lámpara de tiempo) de acuerdo con las instrucciones del fabricante (vea el procedimiento de tiempo de la ignición en el Capítulo 1). Ponga el motor en marcha en marcha mínima y aplique lentamente vacío - la regulación del tiempo debe avanzar uniformemente, proporcionalmente a la cantidad del vacío aplicado.

3 Si el avance es excesivo, el resorte del director del vacío es desgastado o débil; si el avance es brusco, el resorte está roto. Si el avance es insuficiente - o no hay ningún avance - la placa del interruptor está defectuoso o el diafragma está roto. En cualquier caso, reemplace la unidad de avance del vacío.

Reemplazo

Refiérase a las ilustraciones 11.8 y 11.9

4 Remueva el distribuidor (vea Sección 8). **Nota:** *La unidad de avance del vacío puede ser removida con el distribuidor en el motor instalado, pero es más fácil de reemplazarla con el distribuidor removido.*

5 Remueva el rotor (vea Capítulo 1).

6 Remueva el ensamblaje del gobernador (vea Sección 9).

7 Remueva la bobina captadora y el ensamblaje de la ignición IC (vea Sección 10).

8 Remueva los dos tornillos de retención del ensamblaje del gobernador de vacío **(vea ilustración)**.

9 Remueva el ensamblaje del gobernador de vacío **(vea ilustración)**.

10 La instalación se hace en el orden inverso al procedimiento de desensamble.

11 Instale el distribuidor (vea Sección 8).

12 Carga, sistema - información y precauciones generales

El sistema de carga incluye el alternador, un regulador de voltaje interno o externo o un regulador dentro del módulo (computadora) de lógica, un indicador de carga, la batería, un fusible térmico y el alambrado entre todos los componentes. El sistema de carga provee el poder eléctrico para el sistema de ignición, las luces, el radio, etc. El alternador es conducido por una banda en el frente del motor.

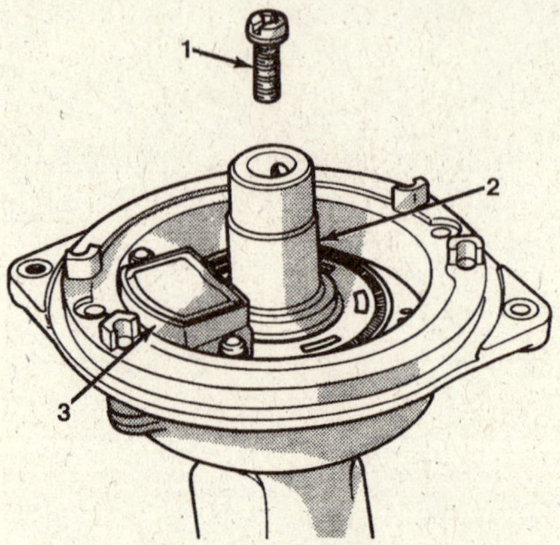

10.16 Remueva el tornillo (flecha) del espaciador y remueva el espaciador (motor de 3.0L)

1 Tornillo
2 Espaciador
3 Unidad foto óptica sensitiva

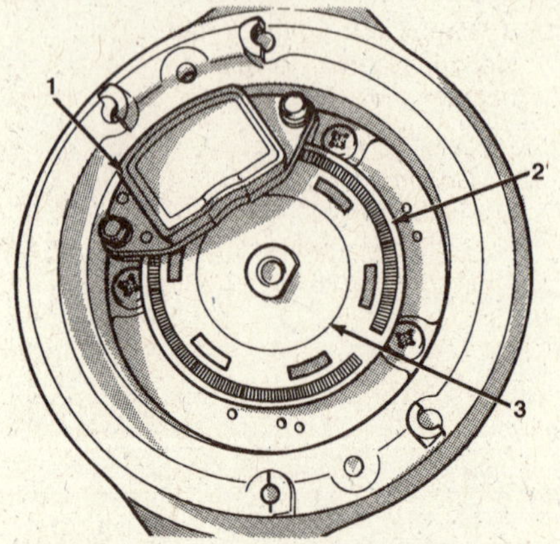

10.17a Cuidadosamente remueva el espaciador del disco superior, el disco y el espaciador inferior del disco (debajo del disco, no visible en ésta ilustración)

1 Unidad foto óptica sensitiva
2 Disco
3 Espaciador

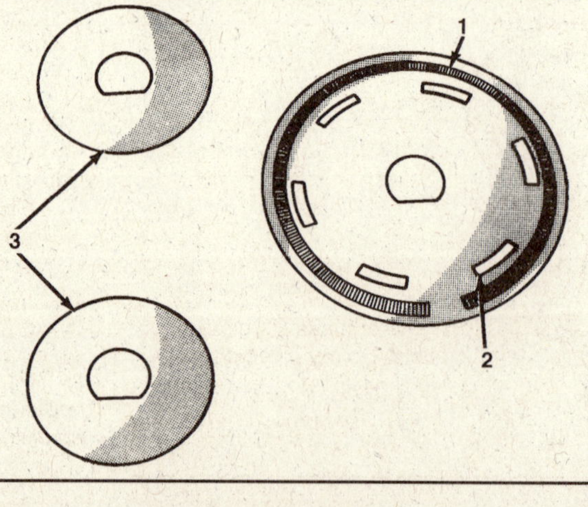

10.17b Anote como los espaciadores superiores e inferiores del disco y el disco mismo están codificado para prevenir el ensamblaje inexacto

1 Ranura para data alta
2 Ranura para data baja
3 Espaciadores superiores e inferiores

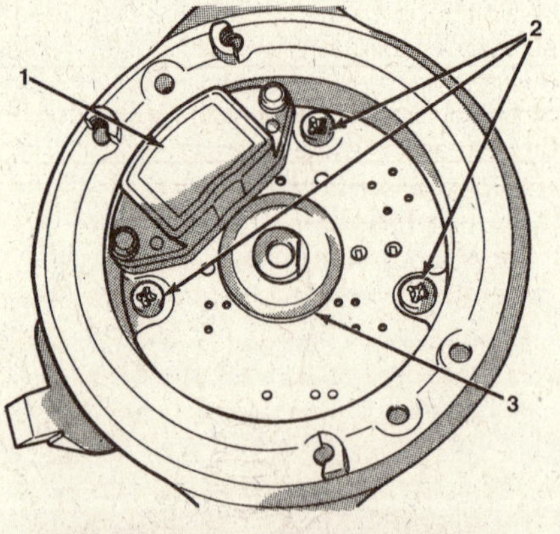

10.19 Remueva el buje (flecha) de la unidad óptica de foto detección, remueva estos tres tornillos (flechas) y remueva la unidad foto óptica de detección

1 Unidad foto óptica sensitiva
2 Tornillos (3)
3 Buje

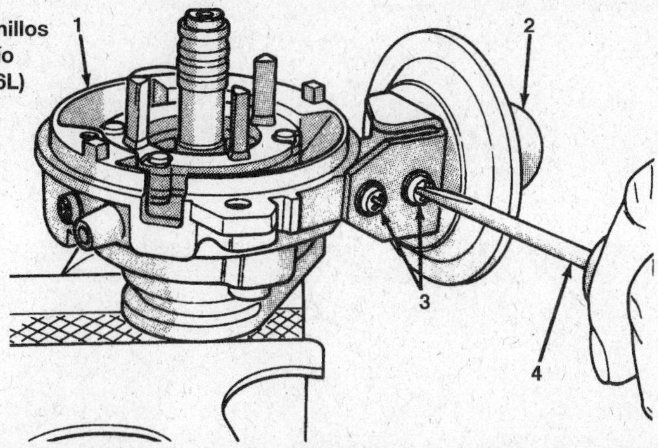

11.8 Remueva los dos tornillos del gobernador de vacío (flechas) (motores de 2.6L)

1 *Distribuidor*
2 *Gobernador de vacío*
3 *Tornillos del gobernador de vacío*
4 *Destornillador*

El propósito del regulador de voltaje es para limitar el voltaje del alternador a un valor fijo. Esto previene las oleadas de voltaje, sobrecargas de circuito, etc., durante el rendimiento más alto de voltaje.

El fusible térmico es una longitud corta de alambre insolado íntegro con el conjunto del alambrado/arnés del compartimiento del motor. El fusible térmico es de cuatro medidas de alambres más pequeños en diámetro que el circuito que protege. Los fusibles térmicos de producción y sus banderillas de identificación son identificados por el color de la banderilla. Vea Capítulo 12 para información adicional con respecto a los fusibles térmicos.

El sistema de carga no requiere comúnmente un mantenimiento periódico. Sin embargo, la banda, la batería, los alambres y las conexiones se deben inspeccionar a los intervalos descritos en el Capítulo 1.

La luz de advertencia del tablero debe encenderse cuando la llave de la ignición es girada para Poner en marcha el motor, entonces se apaga inmediatamente. Si permanece encendida hay un funcionamiento defectuoso en el sistema de carga (vea Sección 13). Algunos vehículos también están equipados con un voltímetro. Si el voltímetro indica un voltaje anormal alto o bajo, chequee el sistema de carga (vea Sección 13). Tenga mucho cuidado al hacer las conexiones eléctricas del circuito a un vehículo equipado con un alternador y anote lo siguiente:

a) *Cuándo conecte los alambres al alternador de la batería, esté seguro de anotar la polaridad.*
b) *Antes de usar el equipo de soldadura de tipo arco para reparar cualquier parte del vehículo, desconecte los alambres del alternador y los terminales de la batería.*
c) *Nunca ponga el motor en marcha con un cargador de batería conectado.*
d) *Siempre desconecte ambos alambres de la batería antes de usar un cargador de batería.*
e) *El alternador es girado por una banda de motor cual podría causarle heridas graves en sus manos, el cabello o la ropa si se enredan con el motor en marcha.*
f) *A causa de que el alternador está conectado directamente a la batería, puede hacer un arco o causar un fuego si es sobrecargado o un cortocircuito.*
g) *Envuelva una bolsa plástica en el alternador y asegúrela con gomas antes de limpiar el motor con vapor.*

13 Carga, sistema - chequeo

1 Si un funcionamiento defectuoso ocurre en el circuito de carga, no presuma automáticamente que el alternador es la causa del problema. Chequee primero los siguientes artículos:

a) *Chequee la tensión de la banda y la condición (Capítulo 1). Reemplácela si está desgastada o deteriorada.*
b) *Asegúrese de que los pernos en el soporte del alternador estén ajustados y apretados.*
c) *Inspeccione el conjunto del alambrado/arnés del alternador y los conectores en el alternador y el regulador de voltaje. Éstos deben estar en buenas condiciones y apretados.*
d) *Chequee el fusible térmico (si está equipado) localizado entre el interruptor del solenoide y el alternador. Si está quemado, determine la causa, repare el circuito y reemplace el fusible térmico (el vehículo no se pondrá en marcha y/o los accesorios no trabajarán si el fusible térmico se quema). A veces un fusible térmico puede lucir nuevo, pero está defectuoso de todas maneras. Si tiene duda, remuévalo y chequéelo por continuidad.*
e) *Ponga el motor en marcha y chequee el alternador por ruidos anormales (un chillido o chiflido indican un balero defectuoso).*
f) *Chequee la gravedad específica del electrólito de la batería. Si la batería está baja de carga (no aplica a las baterías de mantenimiento libre).*
g) *Asegúrese que la batería esté completamente cargada (una célula defectuosa en una batería puede causar sobrecarga del alternador).*
h) *Desconecte los cables de la batería (primero el negativo, después el positivo). Inspeccione los postes de la batería y las abrazaderas de los cables por corrosión. Límpielos completamente si es necesario (vea Capítulo 1). Conecte de nuevo el cable al término positivo.*
i) *Con la llave del interruptor de ignición apagada, conecte una luz de prueba entre el poste de la batería negativa y la abrazadera del cable negativo desconectada.*
1) *Si la luz de prueba no se enciende, acople nuevamente la abrazadera y proceda al próximo Paso.*
2) *Si la luz de prueba se enciende hay un cortocircuito (drenaje) en el sistema eléctrico del vehículo. Debe ser reparado brevemente antes de poder chequear el sistema de carga.*
3) *Desconecte el conjunto del alambrado/arnés del alternador.*
(A) *Si la luz se apaga, el alternador está defectuoso.*
(B) *Si la luz permanece alumbrada, remueva cada fusible hasta que la luz se apague (esto le dirá cuál componente tiene el cortocircuito).*

2 Usando un voltímetro, chequee el voltaje de la batería con el motor apagado. Debe ser aproximadamente de 12 voltios.

3 Ponga el motor en marcha y chequee el voltaje de la batería otra vez. Debe ahora ser aproximadamente de 14 a 15 voltios.

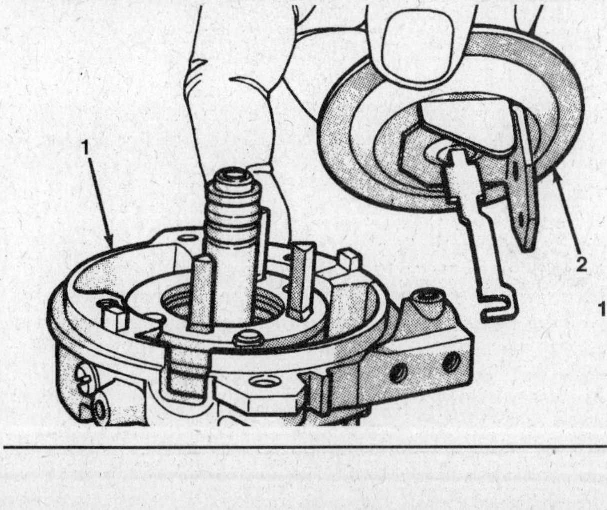

11.9 Remueva el gobernador de vacío (motores de 2.6L)

1 *Distribuidor*
2 *Gobernador de vacío*

5

4 Encienda las luces. El voltaje debe bajar, y después debe subir otra vez, si el sistema de carga está trabajando correctamente.

5 Si la lectura del voltaje es más que el voltaje de carga especificado reemplace el regulador del voltaje. En los modelos más modernos, el regulador está dentro de la computadora y no puede ser reemplazado; en estos vehículos, usted tendrá que reemplazar la computadora (vea Capítulo 6).

6 Si la lectura del voltaje es menos que el voltaje especificado, el diodo(s) del alternador, estator o rectificador pueden estar defectuosos o el regulador del voltaje puede estar funcionando mal.

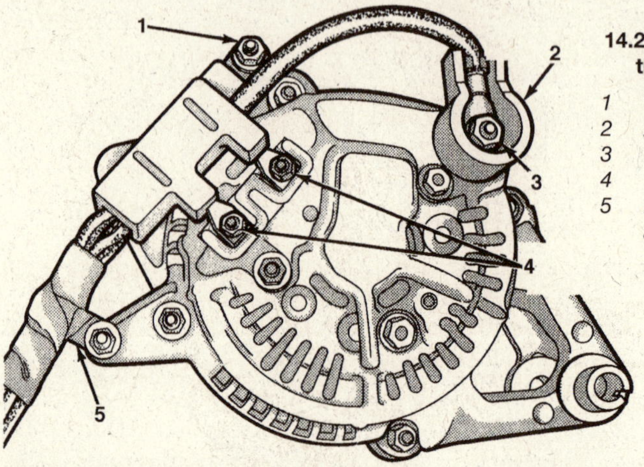

14.2 Conexiones eléctricas típicas del alternador

1 *Terminal a tierra (-)*
2 *Aislador de la terminal (B+)*
3 *Terminal (B+)*
4 *Terminal para el campo*
5 *Retenedor del arnés de los alambres*

14 Alternador - remover e instalar

Refiérase a las ilustraciones 14.2, 14.3a, 14.3b, 14.3c, 14.3d, 14.3e y 14.3f

1 Separe el cable del terminal negativo de la batería.

2 Separe el conector(es) eléctrico del alternador **(vea ilustración)**. **Nota:** *En la mayoría de los vehículos, el alternador está localizado en frente del bloque del motor. Pero en los modelos de 3.3L y 3.8L, está localizado atrás del motor, así que es imposible llegar a los conectores del alternador desde encima. Si usted tiene un modelo de 3.3L o 3.8L, levante el frente del vehículo y colóquelo firmemente en estantes, entonces encuentre acceso a los conectores eléctricos desde abajo.*

3 Afloje el ajuste del alternador, los pernos de pivote y separe la banda **(vea ilustraciones)**.

4 Remueva los pernos de ajuste, de pivote y separe el motor del alternador.

5 Si usted está reemplazando el alternador, lleve el usado con usted cuándo vaya a comprar una unidad de reemplazo. Asegúrese que el nuevo o la unidad reconstruida se mira idéntica al alternador usado. Mire los terminales - ellos deben ser del mismo número, tamaño e ubicación de los terminales que en el alternador usado. Finalmente, mire los números de identificación - ellos están estampados en el albergue o escritos en una etiqueta conectada al albergue. Asegúrese que los números son los mismo en ambos alternadores.

6 Muchos alternadores nuevos o recons-

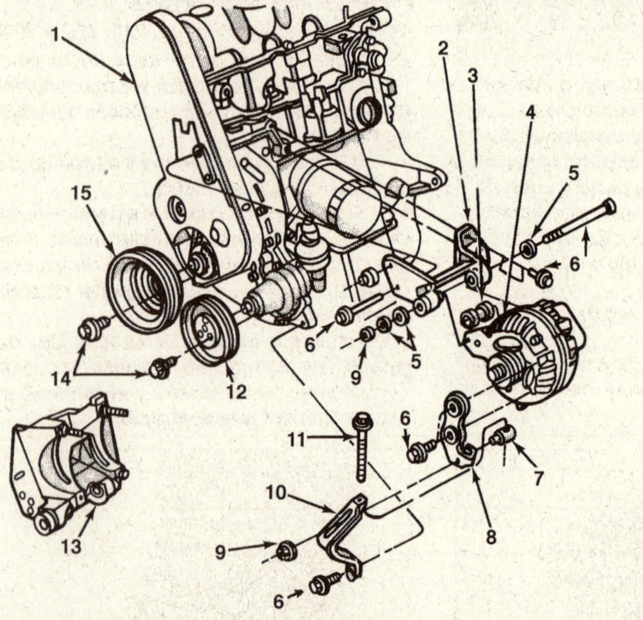

14.3a Una vista esquemática de los artículos para una instalación típica de un alternador Chrysler más antiguo (motores de cuatro cilindros)

1 *Motor*
2 *Soporte sin aire acondicionado*
3 *Espaciador*
4 *Alternador*
5 *Arandela*
6 *Perno*
7 *Tuerca de ajuste*
8 *Soporte de ajuste superior*
9 *Tuerca*
10 *Soporte de ajuste inferior*
11 *Perno de ajuste*
12 *Polea*
13 *Soporte con aire acondicionado*
14 *Pernos*
15 *Polea*

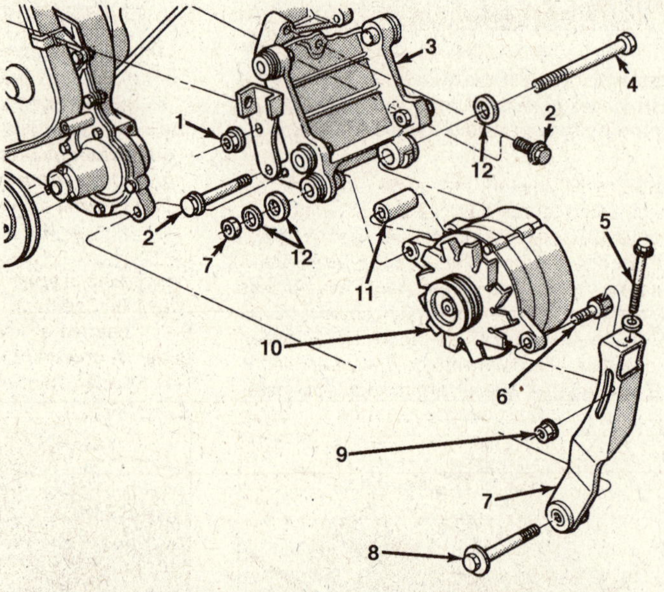

14.3b Una vista esquemática de una instalación más moderna, típica de un alternador Chrysler (motores de cuatro cilindros)

1 *Tuerca*
2 *Perno*
3 *Soporte para el aire acondicionado*
4 *Perno pivote*
5 *Perno de ajuste apara la banda*
6 *Perno de enclavamiento para el ajuste del alternador*
7 *Soporte de ajuste*
8 *Soporte de ajuste al perno de anclaje del motor*
9 *Tuerca para el enclavamiento del perno*
10 *Alternador*
11 *Espaciador*
12 *Arandela*

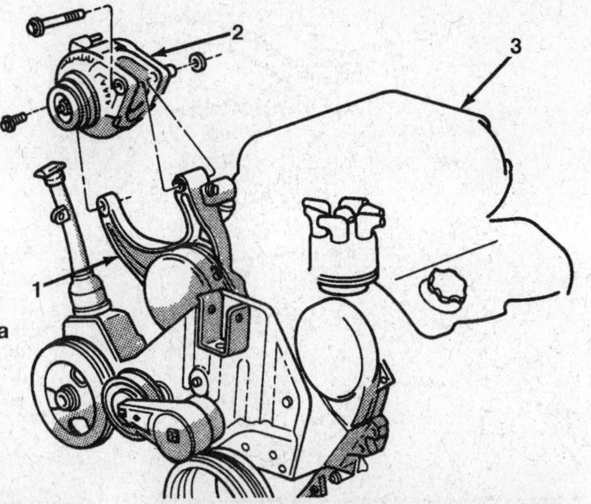

14.3c Una vista esquemática para los artículos de instalación del alternador en un motor de 3.0L

1 Soporte para el alternador
2 Alternador
3 Motor de 3.0L

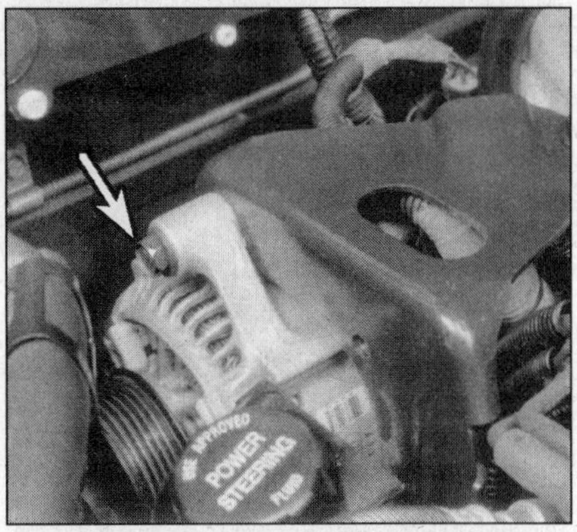

14.3d Para remover el alternador en un motor de 3.3L, remueva este perno superior (flecha), . . .

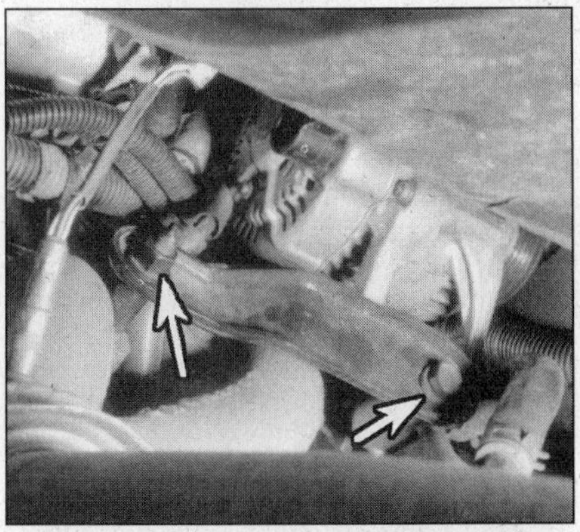

14.3e . . . desde la parte inferior debajo del vehículo, remueva la tuerca y el perno (flechas) y remueva este refuerzo entre el motor y la tapa de la banda del tiempo, . . .

14.3f . . . remueva este perno inferior (flecha) y remueva el alternador removiéndolo hacia fuera atraves del espacio libre entre el motor y la pared contrafuegos desde la parte de debajo (usted no podrá removerlo por la parte de encima sin remover los soportes del alternador)

truidos NO tienen una polea instalada, así que usted tendrá que cambiar la polea de la unidad usada al nuevo o el reconstruido. Cuándo compre un alternador, verifique la norma de la tienda con respecto a las poleas - algunas dan este servicio sin costo.

7 La instalación se hace en el orden inverso al procedimiento de desensamble.

8 Después que el alternador sea instalado, ajuste la tensión de la banda. (Vea 1 de Capítulo).

9 Chequee el voltaje de carga para chequear la operación correcta del alternador. (vea Sección 13).

15 Brochas del alternador - reemplazo

Nota: *Si las brochas en los alternadores empleados en los modelos de 1990 y más modernos están desgastadas, se debe cambiar el alternador con una unidad reconstruida.*

1 Desconecte el cable negativo de la batería. Marque los alambres y sepárelos de los terminales del alternador.

Alternador de Bosch

Refiérase a las ilustraciones 15.2, 15.3 y 15.5

2 Afloje los tornillos del calzo del receptor de las brochas un poco a la vez para prevenir la distorsión del receptor, entonces remuévalos **(vea ilustración)**.

3 Remueva el receptor de las brochas del alternador **(vea ilustración)**.

4 Si las brochas aparecen estar significativamente desgastadas, o si ellas no se mueven suavemente en el receptor de las brochas, reemplace el ensamblaje del receptor de las brochas.

5 Antes de instalar el ensamblaje del receptor de las brochas, chequee por continuidad entre cada brocha y el terminal de campo correcto **(vea ilustración)**.

15.2 En alternadores Bosch, afloje los tornillos del receptor de las brochas (flechas) en incrementos pequeños, moviendoce de tornillo a tornillo, para que el receptor no sea combado . . .

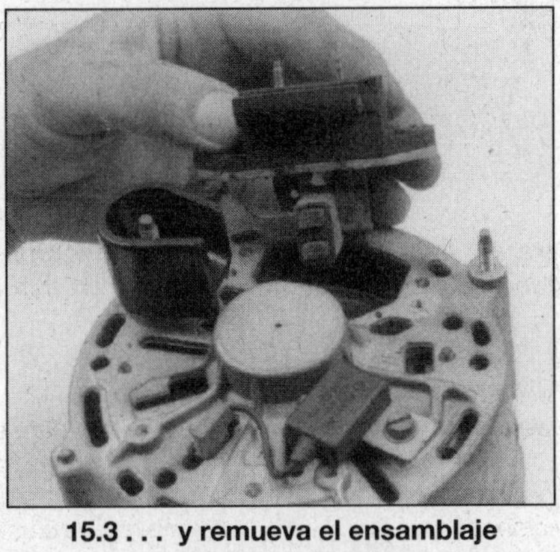

15.3 . . . y remueva el ensamblaje receptor de brocha

15.5 Usando un ohmímetro, chequee por continuidad entre cada brocha y la terminal apropiada de campo (si no hay continuidad, cambie uno de los alambres a la otra terminal del campo o la brocha)

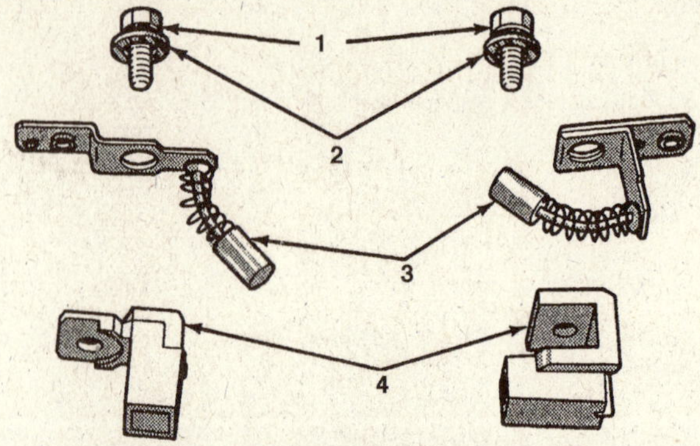

15.11 En los alternadores Chrysler de 60, 65 y 78 amperios, las brochas están sostenidas en los receptores con tornillos - cuando esté instalando las brochas, las arandelas de aislación deben estar en su lugar

1 Tornillos	*3 Brochas*
2 Arandelas de aislación	*4 Receptores de brochas*

15.16 En los alternadores Chrysler de 40 y 90 amperios, remueva la tuerca y separe la tapa de polvo

1 Ventilador	*6 Terminal del alternador para la batería*
2 Polea	*7 Protector para el rectificador*
3 Cubierta para el polvo	*8 Albergue*
4 Tuerca para instalar la cubierta para el polvo	
5 Terminal del campo	

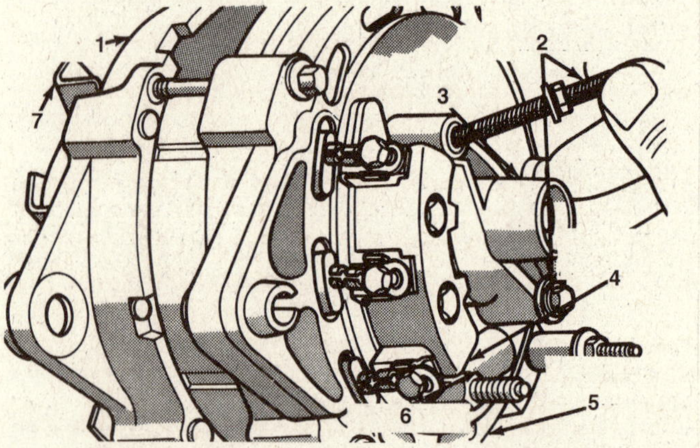

15.17a Para reemplazar las brochas en los alternadores Chrysler de 40 y 90 amperios, remueva los tornillos del receptor de las brochas . . .

1 Protector de lado de la banda	*4 Rectificador*
2 Tornillos del receptor de las brochas	*5 Protector para el rectificador*
3 Receptor de las brochas	*6 Capacitador*
	7 Ventilador

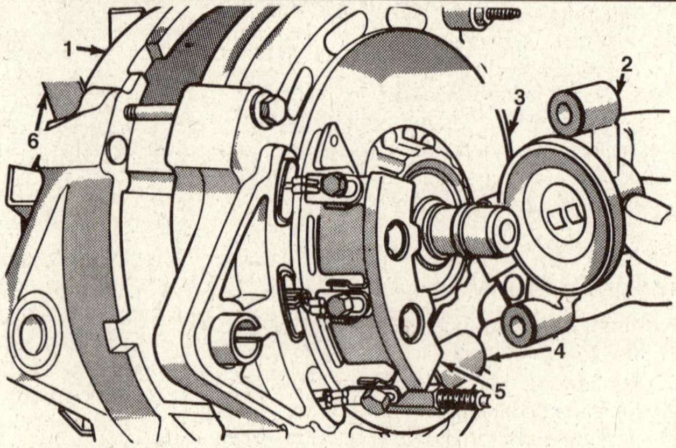

15.17b . . . y separe el receptor de la brocha

1 Protector de lado de la banda	*4 Capacitador*
2 Receptor de las brochas	*5 Rectificador*
3 Lado del rectificador	*6 Ventilador*

6 Instale el receptor de las brochas. Asegúrese que las brochas estén sentadas correctamente.

7 Detenga el receptor de las brochas firmemente en su lugar e instale los tornillos. Apriételos uniformemente, un poco a la vez, para que el receptor no sea torcido. Una vez que los tornillos estén firmes, apriételos firmemente.

8 Reconecte el cable negativo de la batería.

Chrysler 60, 65 y alternadores de 78 amperios

Refiérase a la ilustración 15.11

9 Remueva el alternador (vea Sección 14).

10 Las brochas son instaladas en receptores plásticos localizados en la posición apropiada.

11 Remueva los tornillos del calzo de las brochas y las arandelas que aíslan y separan

1 Receptor de las brochas
2 Brocha exterior
3 Terminal del campo
4 Sonda de prueba
5 Sonda de prueba
6 Brocha interna

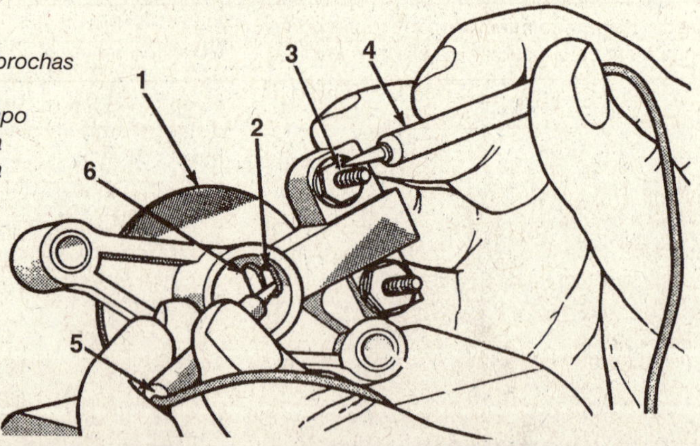

15.18 Antes de instalar el ensamblaje del receptor de brocha en los alternadores Chrysler de 40 y 90 amperios, use un ohmímetro para chequear la continuidad entre cada brocha y la terminal apropiada de campo (si no hay continuidad, cambie uno de los alambres a la otra terminal del campo o brocha)

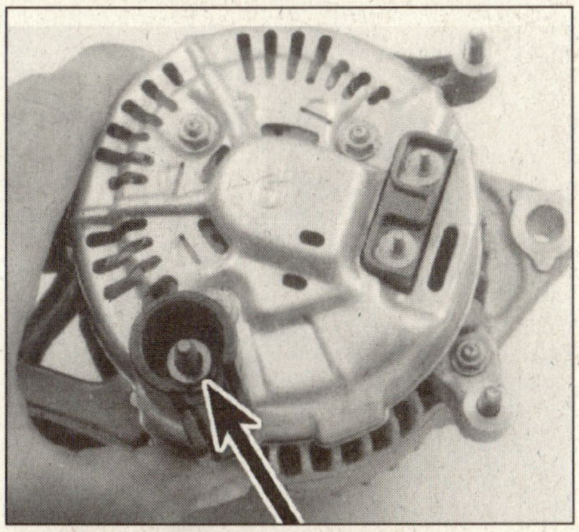

15.20 Para reemplazar las brochas en los alternadores Nippondenso, remueva la tuerca de la terminal B + del aislador, la arandela y el aislador

los ensamblajes de las brochas del final del protector del rectificador **(vea ilustración)**.

12 Si las brochas aparecen estar significativamente desgastadas o están empapadas de aceite o dañadas, reemplácelas con nuevas.

13 Asegúrese que las brochas se muevan suavemente en los receptores.

14 Inserciónе el ensamblajes de las brochas en el final del protector del rectificador e instale los tornillos y las arandelas. Apriete los tornillos firmemente. Asegúrese que las brochas no estén conectadas a tierra.

15 Instale el alternador.

Chrysler 40 y alternadores de 90 amperios

Refiérase a las ilustraciones 15.16, 15.17a, 15.17b y 15.18

16 Remueva la tuerca y separe la tapa del polvo de atrás del alternador **(vea ilustración)**.

17 Remueva los tornillos del receptor de las brochas y separe el final del protector del receptor de las brochas **(vea ilustraciones)**.

18 Antes de instalar el ensamblaje nuevo del receptor de las brochas, chequee por continuidad entre cada brocha y el terminal de campo correcto **(vea ilustración)**.

19 La instalación se hace en el orden inverso al procedimiento de desensamble. Tenga cuidado al deslizar las brochas encima

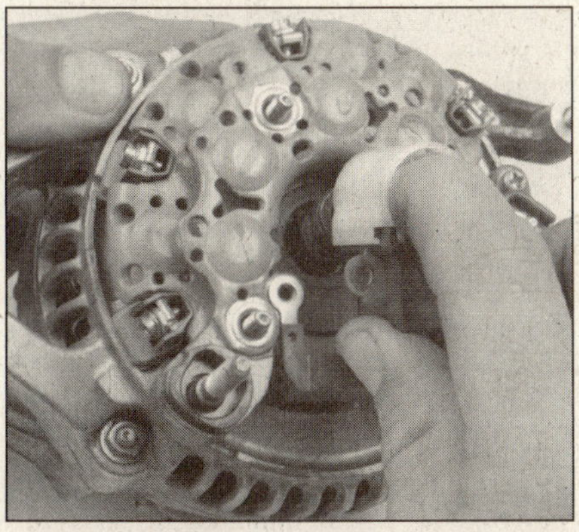

15.24 Presione las brochas con su dedo índice según usted desliza el receptor de brocha en su lugar

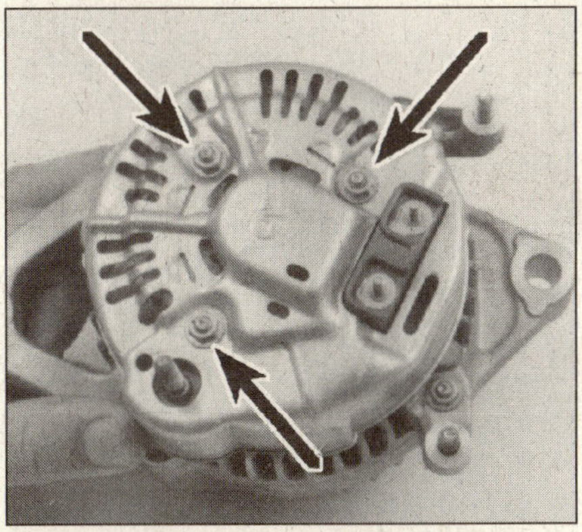

15.21 Remueva las tuercas de la tapa trasera (flechas) y remueva la tapa trasera (alternadores Nippondenso)

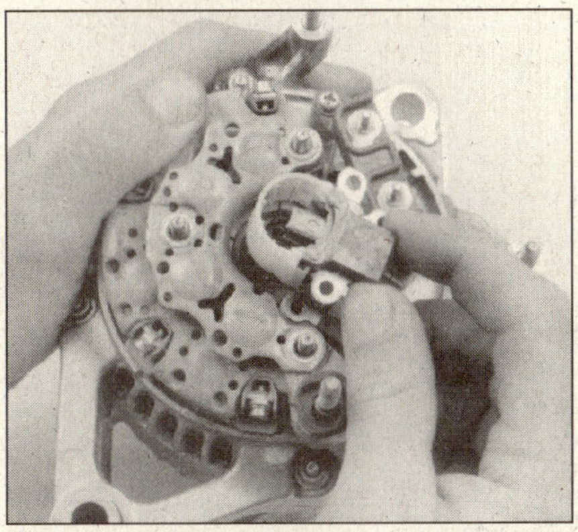

15.22b . . . y remueva el ensamblaje del receptor de brocha (alternadores de Nippondenso)

de los anillos deslizantes y no apriete demasiado los tornillos del receptor de las brochas.

Alternadores de Nippondenso

Refiérase a las ilustraciones 15.20, 15.21, 15.22a, 15.22b y 15.24

20 Con el alternador removido del vehículo (vea Sección previa), remueva la tuerca B+ del aislador y el aislador **(vea ilustración)**.

21 Remueva las tuercas de conexión de la tapa trasera y remueva la tapa trasera **(vea ilustración)**.

22 Remueva los tornillos de conexión del receptor de las brochas y levante el receptor de las brochas del alternador **(vea ilustraciones)**.

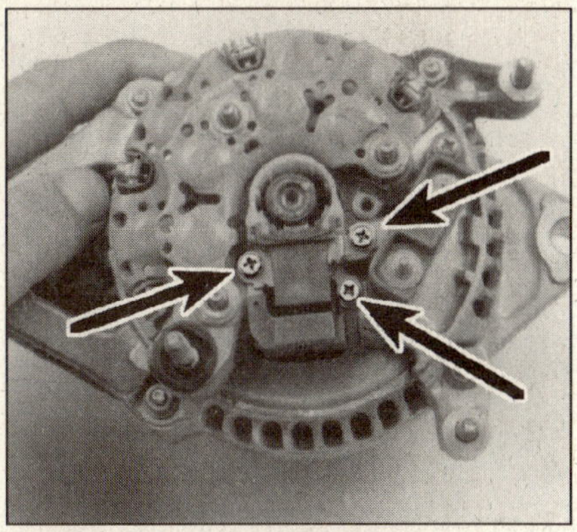

15.22a Remueva los tornillos (flechas) del receptor de brocha . . .

23 Antes de instalar el ensamblaje nuevo del receptor de las brochas, chequee por continuidad entre cada brocha y el terminal de campo correcto **(vea ilustraciones 15.5 y 15.18)**.

24 Para instalar el ensamblaje del receptor de las brochas, utilice los dedos para presionar las brochas **(vea ilustración)**, entonces deslice el receptor en los anillos del deslice del interruptor y atorníllelo en su lugar.

25 La instalación se hace en el orden inverso al procedimiento de desensamble. Al instalar el aislador B +, asegúrese de alinear la espiga (pestaña) de la guía con el orificio en la tapa trasera.

16 Regulador de voltaje - descripción

Refiérase a la ilustración 16.2

1 El regulador de voltaje es un dispositivo de regulación del sistema de voltaje eléctrico del vehículo limitando el rendimiento del voltaje generado por el alternador. Realiza esta tarea limitando la cantidad de corriente que pasa por las bobinas de campo del alternador. Los reguladores empleados en algunos modelos cubiertos por este manual son electrónico - no hay partes de movimiento y ellos no son ajustables como otros reguladores mecánicos más antiguos.

2 En los modelos antes de 1987, el regulador de voltaje empleado con los alternadores Chrysler es un artículo externo de estado sólido **(vea ilustración)** localizado en el

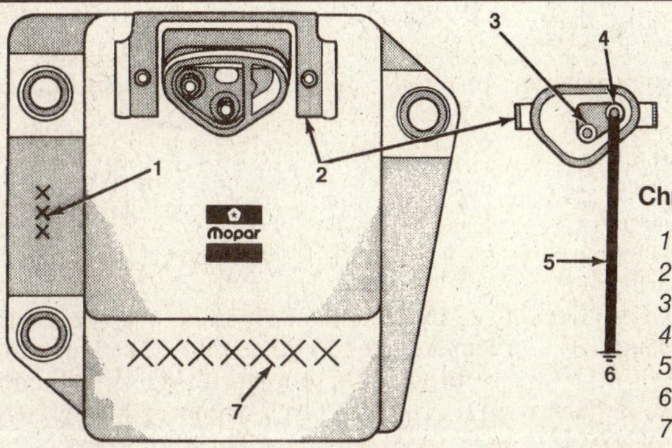

16.2 Un regulador de voltaje Chrysler electrónico externo típico

1 *Código de la fecha*
2 *Lengüeta de enclavamiento*
3 *J2-14DB*
4 *R3-18DG*
5 *Alambre puente*
6 *Tierra*
7 *Localidad del número de parte*

5

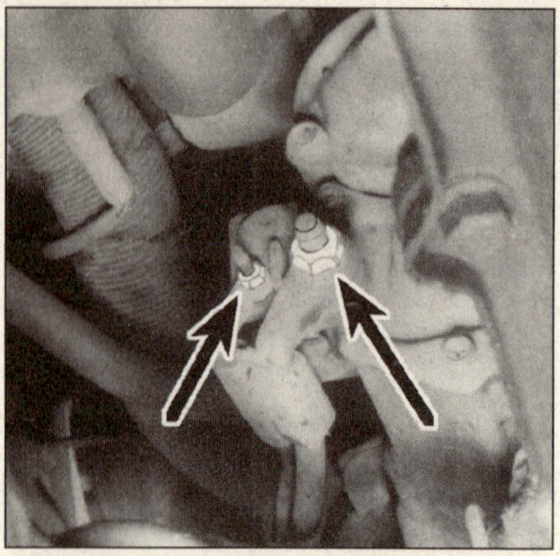

19.3 Marque el alambre (flechas) antes de desconectarlo del motor de arranque

compartimiento del motor. Si este tipo de regulador se daña, el reemplazo es fácil. El regulador empleado con los alternadores Mitsubishi (motores de 2.6L) es un componente interno localizado dentro del alternador. Si un regulador Mitsubishi está defectuoso, cambie el alternador con una unidad reconstruida; reemplazo del regulador de voltaje - el cual envuelve considerable desensamble del alternador y algo de soldadura - no es practico.

3 En algunos modelos de 1987 y todos los modelos más modernos, el regulador de voltaje está integrado en el módulo de lógica, el SMEC (sistema controlador del motor de módulo sencillo) o el SBEC (controlador de motor de cilindro simple). Se necesitan herramientas diagnósticas especiales para chequear el regulador. Solamente un departamento de servicio del distribuidor y algunos talleres de reparación tienen estas herramientas. Si el regulador está defectuoso, la computadora debe ser reemplazada. Reemplazo de la computadora está cubierta por una garantía extendida de mandato Federal (vea su manual de dueño o consulte con su concesionario para detalles). Si la computadora está fuera de la garantía y usted quiere reemplazarla usted mismo, vea Capítulo 6.

17 Arranque - información y precauciones generales

La función del sistema de arranque es para girar el motor suficientemente rápido permitiendo que éste arranque.

El sistema de arranque consiste de la batería, el motor de arranque, el solenoide del motor de arranque, el interruptor y los alambres que los conecta. El solenoide está instalado directamente en el motor de arranque.

El ensamblaje del solenoide del motor de arranque está instalado en la parte más baja del motor, próximo a la campana del transeje.

Cuando la llave de la ignición se gira a la posición de arranque, el solenoide del motor

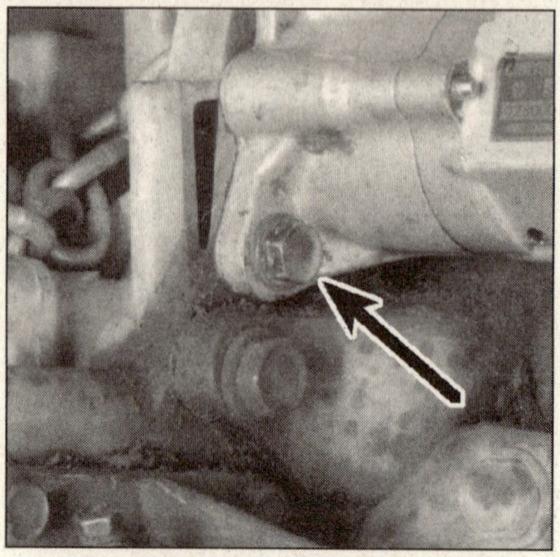

19.4a En los motores de 2.2L, 2.5L y turbo, remueva este perno del motor de arranque (flecha) desde la parte de abajo del vehículo y, . . .

de arranque es accionado por el circuito del control del motor de arranque. El solenoide del motor de arranque entonces conecta la batería al motor de arranque. La batería suministra la energía eléctrica al motor de arranque, que hace el trabajo verdadero de girar el motor.

El motor de arranque en un vehículo equipado con una transmisión automática se puede operar solamente cuando la palanca del selector de la transmisión está en Estacionamiento (Park) o Neutro.

Siempre observe las siguientes precauciones cuando trabaje en el sistema de la ignición:

a) *Tratar de poner el motor en marcha excesivamente puede sobrecalentar el motor de arranque y causarle daño grave. Nunca opere el motor de arranque por más de 30 segundos a la vez sin hacer una pausa para permitir que se refresque por lo menos dos minutos.*
b) *El motor de arranque está conectado directamente a la batería y puede hacer arco o causar un fuego si está operado mal, sobrecargado o sufre un cortocircuito.*
c) *Siempre separe el cable del terminal negativo de la batería antes de empezar a trabajar en el sistema de la ignición.*

18 Motor de arranque - chequeo dentro del vehículo

Nota: *Antes de diagnosticar los problemas del motor de arranque, asegúrese que la batería esté completamente cargada.*

1 Si el motor de arranque no gira cuando el interruptor es puesto en marcha, asegúrese que la palanca de cambio esté en Neutral o Estacionamiento (Park) (transmisión automática).

2 Asegúrese que la batería esté cargada y todos los cables, ambos en la batería y los terminales del solenoide del motor de arranque, estén limpios y firmes.

3 Si el motor de arranque gira pero el

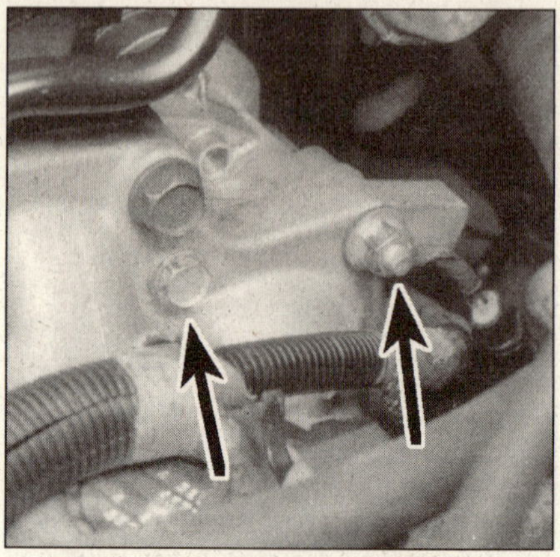

19.4b . . . remueva el otro perno y tuerca (flechas) desde encima, entonces remueva el motor de arranque

motor no se pone en marcha, el embrague de rueda libre en el motor de arranque está resbalándose y el motor de arranque debe ser reemplazado.

4 Si, cuando el interruptor es accionado, el motor de arranque no opera del todo pero el solenoide hace clics, entonces el problema es con la batería, o los contactos principales del solenoide o el motor de arranque mismo (o el motor está frisado).

5 Si el embolo del solenoide no se puede oír cuando el interruptor de la ignición es accionado, la batería está defectuosa, el fusible térmico está quemado (el circuito está abierto) o el mismo solenoide está defectuoso.

6 Para chequear el solenoide, conecte un alambre puente entre la batería (+) y el terminal del alambre del interruptor de la ignición (la terminal pequeña) en el solenoide. Si el motor de arranque ahora operar, el solenoide está OK y el problema está en el interruptor de la ignición, interruptor de neutral para poner el vehículo en marcha o el alambrado.

7 Si el motor de arranque todavía no opera, remueva el motor de arranque para remover el ensamblaje del solenoide para ser chequeado y reparado.

8 Si el motor de arranque gira el motor a una velocidad anormalmente lenta, asegúrese primero que la batería está completamente cargada y todas las conexiones de las terminales están apretadas. Si el motor está parcialmente atorado, o tiene la viscosidad del aceite incorrecta, girará lentamente.

9 Ponga el motor en marcha hasta que la temperatura normal de operación se haya alcanzado, entonces desconecte el alambre de la bobina de la tapa del distribuidor y la conexión a tierra en el motor.

10 Conecte un voltímetro al poste del alambre positivo de la batería y conecte el alambre negativo al poste negativo.

11 Gire el motor y tome las lecturas del voltímetro en cuanto una figura constante sea indicada. No permita que el motor de arranque gire el motor por más de 30 segundos a la vez. Una lectura de 9 voltios o más, con el motor de arranque girando a una velocidad

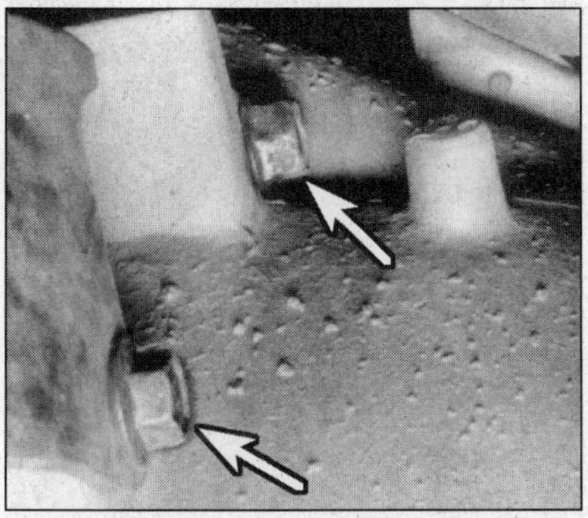

19.4c En motores de 2.6L, remueva estos dos pernos del motor de arranque (flechas) y remueva el motor de arranque

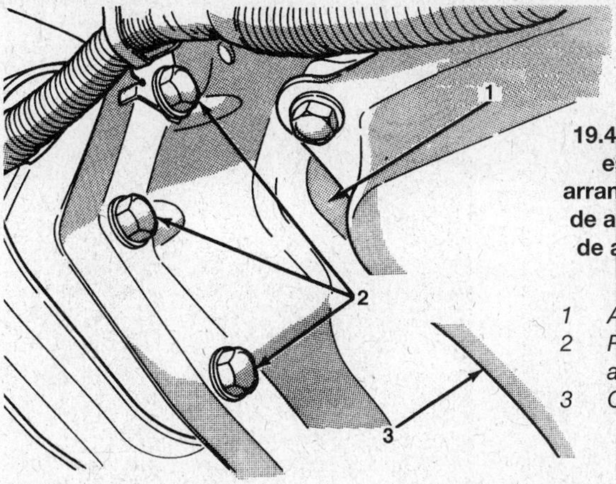

19.4d En motores de 3.OL, remueva estos tres pernos del motor de arranque (flechas) y remueva el motor de arranque (tres pernos en el motor de arranque en los motores de 3.3L son semejante)

1 *Alberque de la campana del transeje*
2 *Pernos retendores del motor de arranque*
3 *Cacerola para el aceite del transeje*

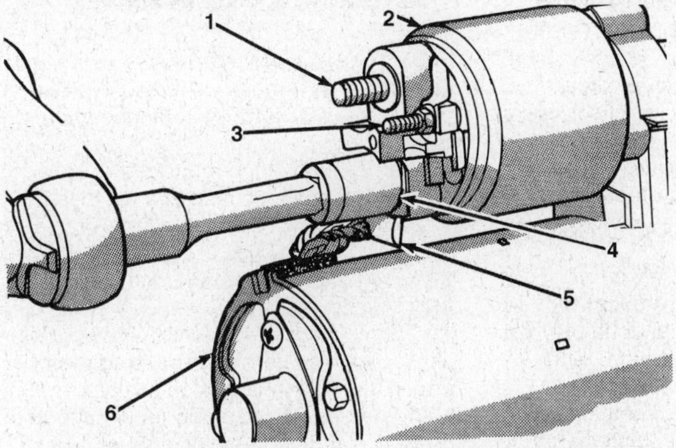

20.3a Antes de desconectar el solenoide de un motor de arranque Bosch, remueva la tuerca de la terminal del campo, . . .

1 *Terminal de la batería*
2 *Solenoide*
3 *Terminal del solenoide*
4 *Arandela de la terminal del campo*
5 *Embobinado de la terminal de campo*
6 *Motor de arranque*

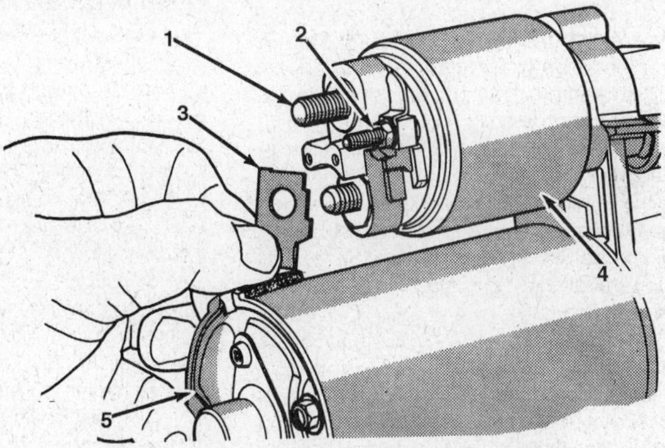

20.3b . . . desconecte la terminal de campo, . . .

1 *Terminal de la batería*
2 *Terminal del solenoide*
3 *Terminal del campo*
4 *Solenoide*
5 *Motor de arranque*

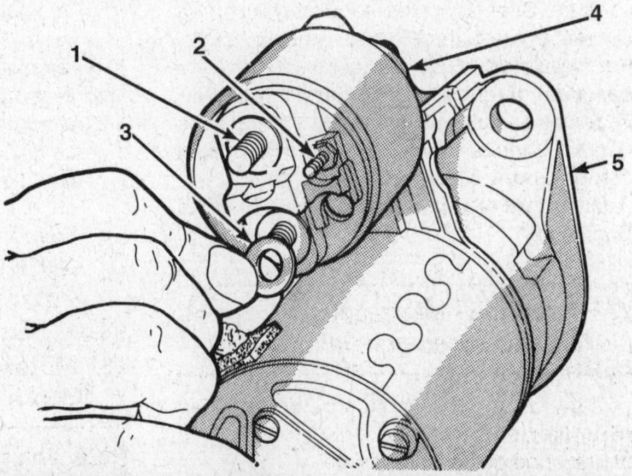

20.3c . . . y remueva la arandela

1 *Terminal de la batería*
2 *Terminal del solenoide*
3 *Arandela de la terminal del campo*
4 *Solenoide*
5 *Motor de arranque*

normal de arranque, es normal. Si la lectura es de 9 voltios o más pero la velocidad del motor es lento, el motor está defectuoso. Si la lectura es de menos de 9 voltios y la velocidad del motor es lenta, los contactos del solenoide están probablemente quemados, o el motor de arranque está defectuoso, la batería está descargada o hay una conexión defectuosa.

19 Motor de arranque - remover e instalar

Refiérase a las ilustraciones 19.3, 19.4a, 19.4b, 19.4c y 19.4d

1 Separe el cable del terminal negativo de la batería.

2 Levante el vehículo y sopórtelo firmemente en estantes.

3 Póngale claramente etiquetas, entonces desconecte los alambres de las terminales del motor de arranque y el solenoide **(vea ilustración)**.

4 Remueva los pernos de montaje **(vea ilustraciones)** y remueva el motor de arranque.

5 La instalación se hace en el orden inverso al procedimiento de desensamble.

20 Motor de arranque/solenoide/reducción del engrane - reemplazo

1 Desconecte el cable del terminal negativo de la batería.

2 Remueva el motor de arranque (vea Sección 19).

Bosch

Refiérase a las ilustraciones 20.3a, 20.3b, 20.3c, 20.4 y 20.5

3 Remueva la tuerca de la terminal del campo, desconecte la terminal del campo y remueva la arandela **(vea ilustraciones)**.

4 Remueva los tres tornillos del solenoide **(vea ilustración)**.

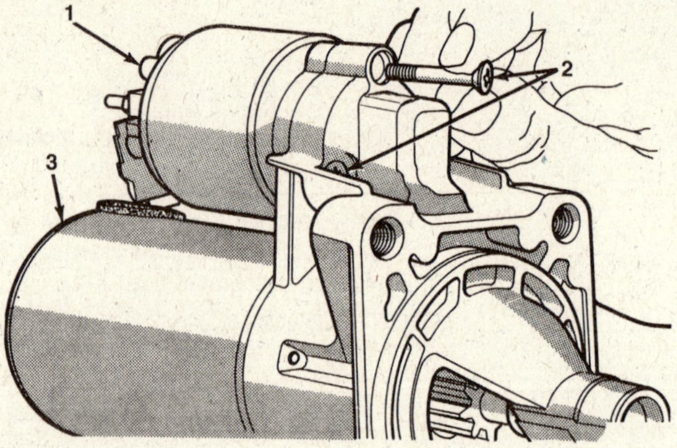

20.4 Para separar el solenoide de un motor de arranque Bosch, remueva estos tres tornillos (flechas)

1 *Solenoide*
2 *Tornillos para instalar el solenoide*
3 *Motor de arranque*

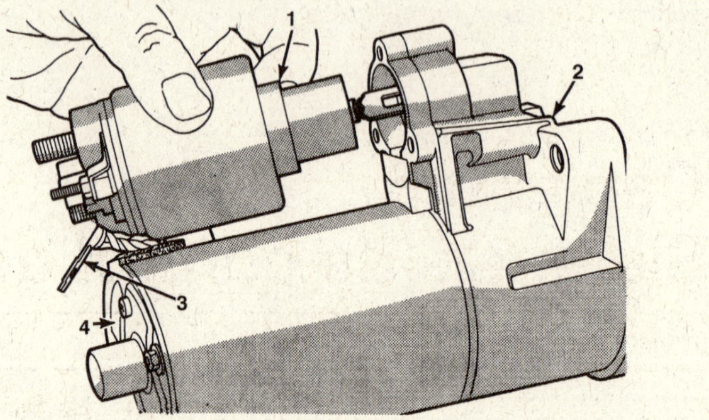

20.5 En un motor de arranque Bosch, remueva el solenoide hacia afuera del tenedor de cambio

1 *Solenoide*
2 *Final del albergue del engrane de ejecución*
3 *Terminal del campo*
4 *Motor de arranque*

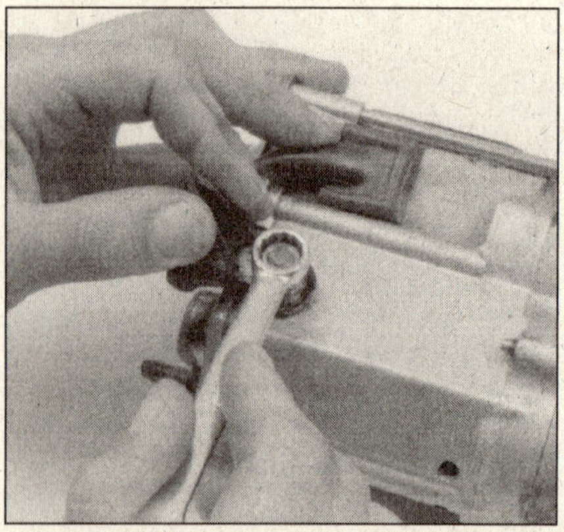

20.7 Si usted está reemplazando el motor de arranque o solenoide en un motor de arranque Nippondenso, desconecte la banda del campo de la terminal del embobinado del solenoide (si usted está reemplazando el ensamblaje de la reducción del engrane, usted puede dejar el solenoide en el motor de arranque conectado y ambos de ellos juntos como una sola unidad en el albergue de reducción de engrane)

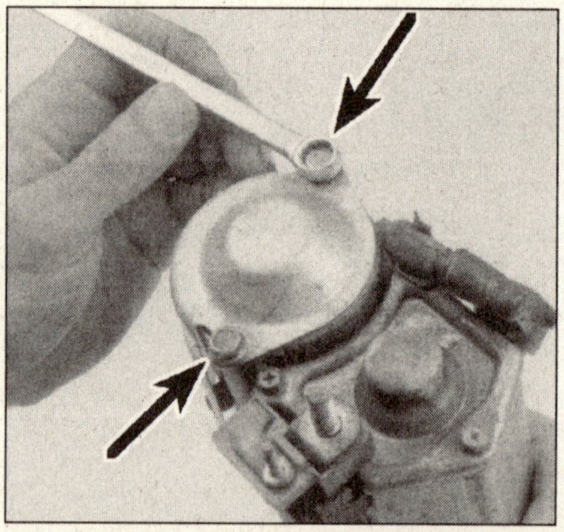

20.8a Para separar el motor de arranque Nippondenso del ensamblaje del engrane de reducción, remueva estos dos pernos largos (flechas) . . .

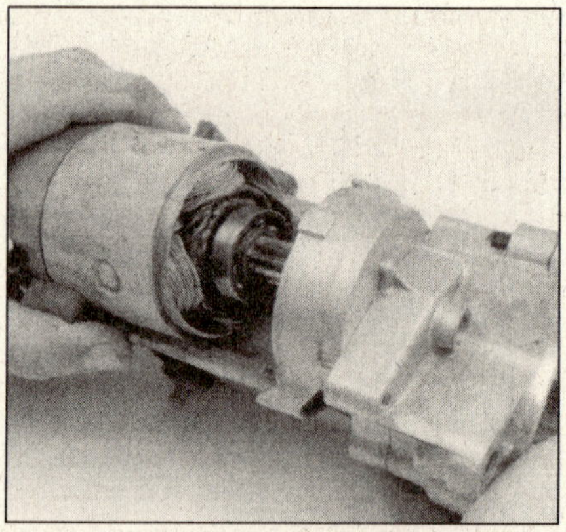

20.8b . . . y separe el motor de arranque del albergue del engrane de reducción

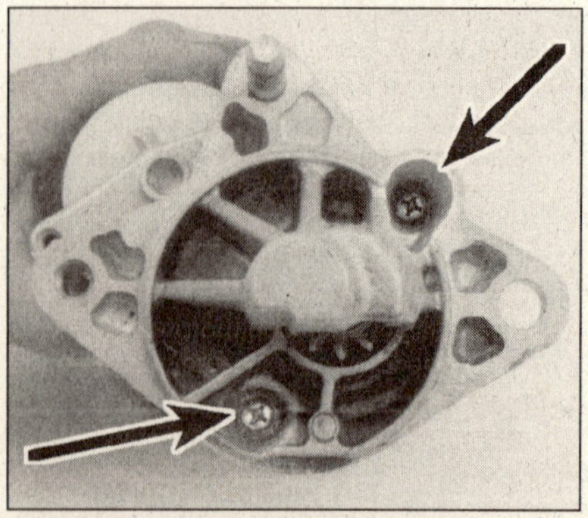

20.9a Para separar un solenoide Nippondenso del ensamblaje del engrane de reducción, remueva el motor de arranque, remueva los dos tornillo de estrella (flechas) . . .

5 Remueva el solenoide hacia afuera del tenedor de cambio y lo separa del albergue de actuación **(vea ilustración)**.

6 La instalación se hace en el orden inverso al procedimiento de desensamble.

20.9b . . . y separe el solenoide del albergue del engrane de reducción

Nippondenso

Refiérase a las ilustraciones 20.7, 20.8a, 20.8b, 20.9a y 20.9b

7 Si usted está reemplazando el motor de arranque o el solenoide, desconecte la banda del campo embobinado de la terminal del solenoide **(vea ilustración);** si usted está reemplazo instalación se hace en el orden inverso al procedimiento de desensamble.

8 Para separar el motor de arranque del engranaje de reducción, remueva simplemente los dos pernos largos y remueva hacia fuera el motor de arranque **(vea ilustraciones)**.

9 Para separar el solenoide del ensamblaje de la reducción del engrane, remueva el motor de arranque, entonces remueva los dos tornillos de estrella del ensamblaje de la reducción del engrane y hale hacia fuera el solenoide **(vea ilustraciones)**.

10 La instalación se hace en el orden inverso al procedimiento de desensamble.

Capítulo 6
Sistemas de control de emisiones

Contenido

Especificaciones

General (Motor de 2.2L solamente)

Prueba de vacío para la válvula de retraso del canasto de carbón	10 pulgada Hg (mercurio)
Prueba de vacío para la válvula EGR (recirculación de los gases de escape)	10 pulgada Hg
Viaje de la válvula EGR	1/8 pulgada

Especificaciones del par de torsión

	Pie-libras (a menos que sea indicado de otro modo)
Perno retenedor del sensor de referencia del árbol de levas (3.3L y 3.8L)	105 pulgada-libras
Perno retenedor del sensor de referencia del cigüeñal (3.3L y 3.8L)	105 pulgada-libras
Válvula EGR (todos los motores)	
Pernos de la válvula EGR	200 pulgada-libras
Pernos del tubo EGR	200 pulgada-libras
Tubo EGR a los tornillos de la válvula	95 pulgada-libras

6

1 Información general

Refiérase a las ilustraciones 1.10a hasta 1.10j y 1.13

Para prevenir la contaminación de la atmósfera con gases incompletamente quemados y que se evaporan, y mantener la maniobrabilidad del manejo y buena economía de combustible, varios sistemas de control de emisiones son incorporados. Los sistemas principales son...

Sistema de aire aspirado (modelos y canadienses de 2.6L)
Sistema de inyección de aire (motor de 2.2L)
Sistema del estrangulador automático (motores de 2.2L y 2.6L)
Convertidor catalítico (todos los motores)
Sistema del carburador de retroalimentación electrónico (motor de 2.2L)
Sistema del control de emisiones evaporativas (todos los motores)
Sistema de EGR (recirculación de los gases de escape) (todos los motores)
Sistema de la admisión de aire calentado (motores de 2.2L y 2.5L)
Sistema de la compensación de la altitud (motor de 2.6L)
Control de la JACV (válvula esprea de control del aire) para el aire de esprea (motor de 2.6L)
Sensor de oxígeno (todos los motores)
Sistema del carburador Mikuni (motor de 2.6L)
Sistema PCV (ventilación positiva cárter) (todos los motores)
Sistema PAF (suministro de aire pulsado) (motor de 2.6L)
Controlador del SMEC (sistema controlador del motor de módulo sencillo)
Controlador SBEC (controlador de motor de cilindro simple) - sensores de información y diagnóstico automático (motores de 2.5L, 3.0L, 3.3L y 3.8L)
Sistema para elevar la marcha mínima (motor de 2.6L)

Debido a que estos vehículos están equipados con motores de 2.2L, 2.5L, 2.6L, 3.OL o 3.3L, se emplean muchos dispositivos para el control de las emisiones. Algunos de estos dispositivos o sistemas son exclusivos a ciertos motores, mientras que otros son aplicables a todos los modelos. Todos los sistemas serán descritos en este Capítulo

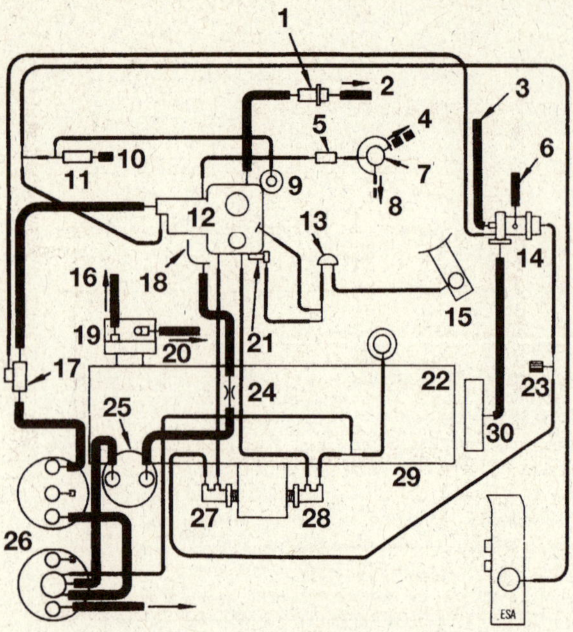

-------- Accesorio opcionales operados por vacío

1.10a Ruta de las mangueras de vacío para los modelos 1984 de 2.2L de California (los modelos Federales y Canadienses son semejantes)

1 *Válvula para el control del flujo*
2 *Hacia el múltiple de admisión*
3 *Aire hacia arriba*
4 *Hacia el control de crucero*
5 *Filtro*
6 *Aire hacia abajo*
7 *Amplificador de los frenos*
8 *Hacia el control de la calefacción y el aire acondicionado*
9 *Actuador del acelerado*
10 *Purga*
11 *Solenoide de actuación para el acelerador*
12 *Carburador*
13 *Sensor de la temperatura del aire calentado*
14 *Interruptor para el alivio de la válvula de aire*
15 *Diafragma para el aire calentado*
16 *Hacia el purificador de aire*
17 *Ventilación externa de la taza*
18 *Espaciador del carburador*
19 *Válvula PCV (ventilación positiva del cárter)*
20 *Hacia el múltiple de admisión*
21 *Diafragma del estrangulador*
22 *Válvula EGR*
23 *Purga*
24 *Orificio*
25 *Canasto de amortiguación*
26 *Canasto de vapor*
27 *Interruptor del anticongelante (abierto frío)*
28 *Interruptor del anticongelante (cerrado frío)*
29 *Tapa de los balancines*
30 *Bomba de aire*
31 *Hacia el tanque de combustible*
32 *ESA*

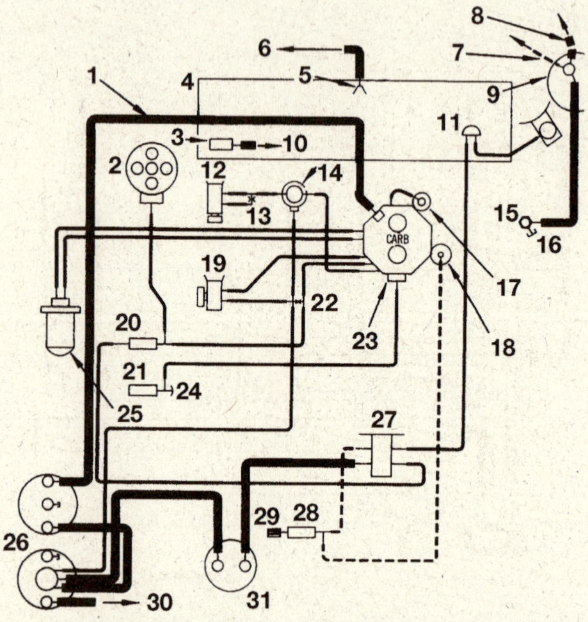

-------- Accesorio opcionales operados por vacío

1.10b Ruta para las mangueras de vacío para los modelos 1984 de 2.6L de California

1 *Manguera para la ventilación de la taza*
2 *Distribuidor*
3 *Válvula PCV (ventilación positiva del cárter)*
4 *Tapa de los balancines*
5 *Respiradero*
6 *Hacia el purificador de aire*
7 *Hacia el control de la calefacción y el aire acondicionado*
8 *Hacia el control de crucero*
9 *Amplificador de los frenos*
10 *Hacia el múltiple de admisión*
11 *Sensor de la temperatura del aire caliente*
12 *Válvula termostatica*
13 *Orificio*
14 *Válvula EGR*
15 *Diafragma de aire calentado*
16 *Hacia el múltiple*
17 *Diafragma WOT (acelerador completamente abierto)*
18 *Abridor del acelerador para el AC (aire acondicionado)*
19 *Válvula termostatica*
20 *Solenoide para el avance de la chispa*
21 *Solenoide para el cambio del aire*
22 *Orificio*
23 *Válvula para el cambio del aire*
24 *Purga*
25 *Compensador de la altitud*
26 *Canasto de vapor*
27 *Acoplación del múltiple*
28 *Solenoide AC (aire acondicionado)*
29 *Purga*
30 *Hacia el tanque de combustible*
31 *Canasto de amortiguación*

para que todos los modelos sean cubiertos.

Todos los motores están equipados con un sistema EVAP (Sistema de control de evaporación de las emisiones), un sistema EGR (recirculación de los gases de escape), un sistema PCV (ventilación positiva del cárter) y un convertidor catalítico. Los motores de 2.2L, 2.5L y 2.6L emplean también un sistema calefacción de admisión de aire. Los motores de 2.2L y 2.6L emplean también un estrangulador automático y varios otros sistemas de emisiones para mejorar la puesta en marcha cuando todavía está frío el motor y aumentar la maniobrabilidad del manejo o cuando es operado en altitudes altas.

El motor de 2.2L tiene un sistema de inyección de aire y un sistema con carburador de retroalimentación electrónico. El carburador de retroalimentación electrónico trabaja en conjunto con un sensor de oxígeno localizado en el sistema de escape y una computadora de control de chispa. Los tres trabajan juntos para chequear constantemente el contenido de oxígeno en el escape y varia el tiempo de la chispa y la mezcla del combustible para que las emisiones siempre estén dentro de los límites.

El motor de 2.6L dispone de un sistema PAF (suministro de aire pulsado) que inyecta aire al sistema de escape entre el convertidor catalítico delantero y trasero para reducir las emisiones. También, un sistema con una JACV (válvula esprea de control del aire) es empleado para inyectar una mezcla muy pobre de combustible en la cámara de combustión y mejorar la eficiencia y así las emisiones.

El motor de 2.5L está equipado con un sistema sencillo EFI (inyección de combustible electrónica) controlado por una computadora; los motores turbo de 2.5L, 3.0L, 3.3L y 3.8L están equipados con un sistema EFI (inyección de combustible electrónica) de "lumbreras" (un inyector en cada puerto de la admisión). Los sistemas de EFI entregan una mezcla precisa de combustible para la proporción de aire y combustible bajo todas las condiciones de manejo. En su corazón está

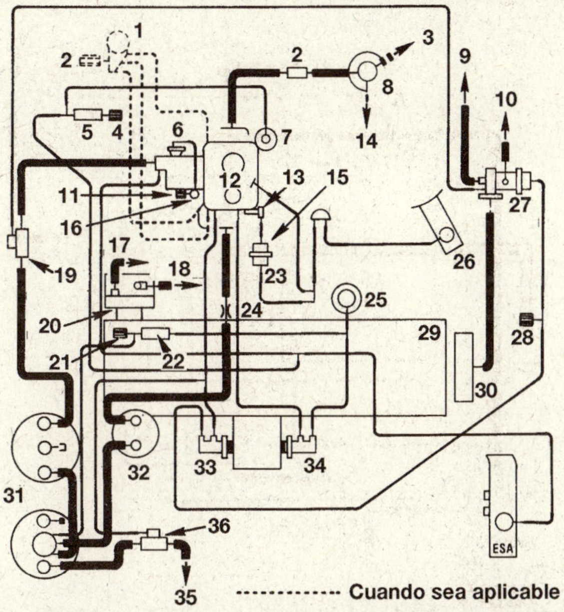

1.10c Ruta para las mangueras de vacío para los modelos 1985, 1986 y 1987 de 2.2L de California (los modelos Federales y Canadienses son semejantes)

1 *Compensador de altitud*
2 *Filtro*
3 *Hacia el control de crucero*
4 *Purga*
5 *Solenoide de actuación*
6 *Vacío secundario*
7 *Actuador del acelerador*
8 *Amplificador de los frenos*
9 *Aire hacia encima*
10 *Aire hacia abajo*
11 *Purga*
12 *Carburador*
13 *Diafragma del estrangulador*
14 *Hacia el control de la calefacción y el aire acondicionado*
15 *Válvula para halar el estrangulador*
16 *solenoide de cierre*
17 *Hacia el purificador de aire*
18 *Hacia el múltiple de aire*
19 *Ventilación externa de la taza*
20 *Válvula PCV (ventilación positiva del cárter)*
21 *Purga*
22 *Solenoide para la purga*
23 *VAC (control para el avance de vacío)*
24 *Orificio*
25 *Válvula EGR (recirculación de los gases de escape)*
26 *Diafragma del aire calentado*
27 *Válvula para el cambio de aire*
28 *Purga*
29 *Tapa de los balancines*
30 *Bomba de aire*
31 *Canastos para el vapor*
32 *Canasto de amortiguación*
33 *Interruptor del anticongelante (abierto frío)*
34 *Interruptor del anticongelante (cerrado frío)*
35 *Hacia el tanque de combustible*
36 *Válvula operada por vacío para los vapores del tanque*

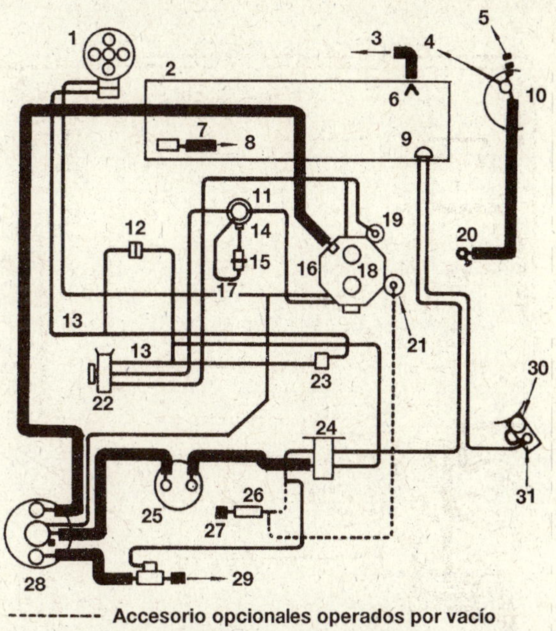

Válvula de orificio para el vacío para controlar los vapores del tanque

1.10d Ruta para las mangueras de vacío para los modelos 1986 de 2.6L Federales

1 *Distribuidor*
2 *Tapa de los balancines*
3 *Hacia el purificador de aire*
4 *Hacia el control de la calefacción aire acondicionado*
5 *Hacia el control de crucero*
6 *Respiradero*
7 *Válvula PCV (ventilación positiva del cárter)*
8 *Hacia el múltiple de admisión*
9 *Sensor de la temperatura del aire calentado*
10 *Amplificador para los frenos*
11 *Válvula EGR (recirculación de los gases de escape)*
12 *Válvula unilateral*
13 *Orificio*
14 *Purga*
15 *Válvula para el retraso de la purga*
16 *Ventilación de la taza*
17 *VAC (control para el avance de vacío)*
18 *Carburador*
19 *Diafragma para el WOT (acelerador completamente abierto)*
20 *Suministro del múltiple*
21 *Abridor del acelerador para el AC (aire acondicionado)*
22 *Válvula térmica*
23 *Válvula de cambio para el vacío*
24 *Acoplamiento del múltiple*
25 *Canasto de amortiguación*
26 *Solenoide para el AC (aire acondicionado)*
27 *Purga*
28 *Canasto de vapor*
29 *Hacia el tanque de combustible*
30 *Diafragma para el aire calentado*
31 *Terminal para la válvula unilateral*

una computadora conocida como SMEC (sistema controlador del motor de módulo sencillo) (modelos 1987 a 1989) o un SBEC (controlador de motor de cilindro simple) (modelos 1990 y 1991).

Los SMEC y SBEC regulan el tiempo de la ignición, el aire y la proporción del combustible, varios dispositivos para el control de las emisiones, el abanico de enfriamiento, el sistema de carga, la velocidad de la marcha mínima y (en los motores 3.0L, 3.3L y 3.8L) el control de la velocidad. Los SMEC y SBEC hasta pueden ponerse al día y revisar su propia programación en respuesta a las condiciones variables de operación. Varios sensores proporcionan las entradas necesarias del SMEC para regular el flujo del combustible al inyector. Estos incluyen el sensor MAP (sensor de la presión absoluta del múltiple de admisión), el sensor TPS (sensor del ángulo de apertura del acelerador), el sensor de Oxígeno, el sensor CTS (sensor de temperatura del anticongelante) y el sensor TBT (sensor de temperatura del cuerpo de aceleración) (todos los motores); el sensor de la distancia del vehículo (motores de 2.5L); los sensores de la temperatura de la carga y de la velocidad del vehículo (motores de 3.0L, 3.3L y 3.8L); y los sensores del árbol de levas, del cigüeñal y de detonación (motores de 3.3L y el 3.8L).

Además de estos sensores, varios interruptores y relevos proporcionan también información a los SMEC y SBEC. Estos incluyen el interruptor de la palanca de cambio en neutral e interruptor del embrague del aire acondicionado (relé para apagar el aire acondicionado) (todos los motores); el relé para apagar el vehículo (motor de 2.5L); y el interruptor del freno e interruptor para el control de la velocidad (motores de 3.0L, 3.3L y 3.8L). Todas las entradas a los SMEC y SBEC son convertidas a señales digitales que son "leídas" por el SMEC y convertidas a cambios para el flujo del combustible, tiempo

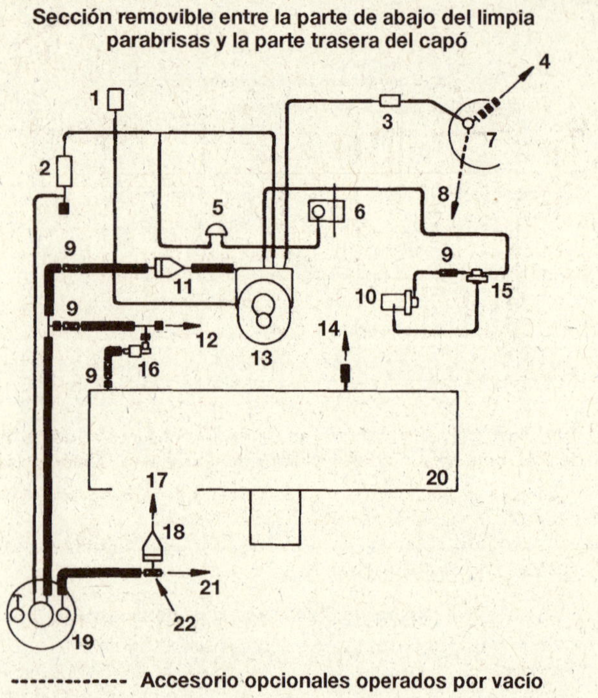

1.10e Ruta para las mangueras de vacío para los modelos 1987 de 2.5L de California

1 *MAP (sensor de la presión absoluta del múltiple de admisión)*
2 *Solenoide para la purga*
3 *Filtro*
4 *Hacia el control de crucero*
5 *Sensor de la temperatura del aire calentado*
6 *Diafragma para el aire calentado*
7 *Amplificador para los frenos*
8 *Hacia el control de la calefacción y el AC (aire acondicionado)*
9 *Orificio*
10 *Válvula EGR (recirculación de los gases de escape) de contrapresión*
11 *Válvula unilateral*
12 *Hacia el múltiple de admisión*
13 *Cuerpo de aceleración*
14 *Hacia el purificador de aire*
15 *Transductor*
16 *Válvula PCV (ventilación positiva del cárter)*
17 *Hacia la atmósfera*
18 *Válvula unilateral*
19 *Canasto para los vapores*
20 *Cubierta para los balancines*
21 *Hacia el tanque de combustible*
22 *Válvula para aliviar la presión y si se vuelca el vehículo*

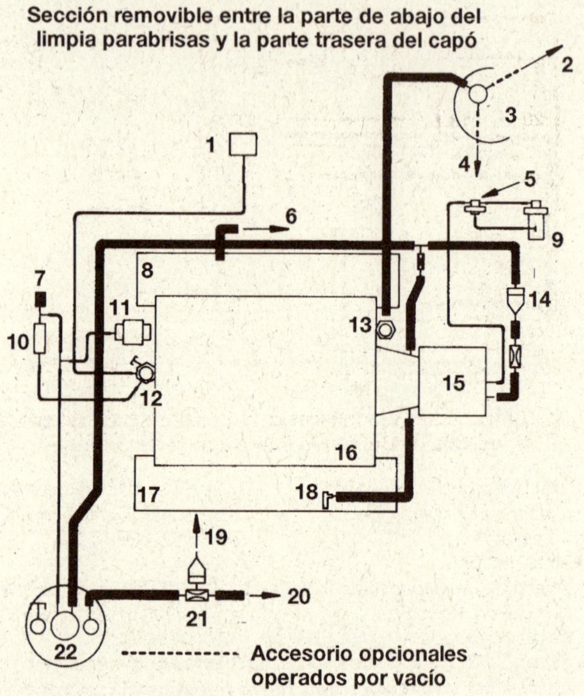

1.10f Ruta para las mangueras de vacío para los modelos 1987 de 3.0L de California (los modelos 1988 son semejantes)

1 *Sección removible entre la parte de abajo del limpia parabrisas y la parte trasera del capó*
3 *Hacia el control de crucero*
4 *Amplificador para los frenos*
4 *Hacia el control de la calefacción y el AC (aire acondicionado)*
5 *Transductor*
6 *Hacia el purificador de aire*
7 *Purga*
8 *Tapa de los balancines*
9 *Válvula EGR (recirculación de los gases de escape) de contrapresión*
10 *Solenoide de purga*
11 *Regulador de la presión de combustible*
12 *Suministro de vacío desde el múltiple*
13 *Suministro de vacío desde el múltiple*
14 *VAC (control para el avance de vacío)*
15 *Cuerpo de aceleración*
16 *Tanque de reserva para la admisión del aire*
17 *Tapa de los balancines*
18 *Válvula PCV (ventilación positiva del cárter)*
19 *Hacia la atmósfera*
20 *Hacia el tanque de combustible*
21 *Válvula para aliviar la presión y si se vuelca el vehículo*
22 *Canasto de vapor de cuatro puertos*

de la ignición, o en ambos. El SMEC controla constantemente muchos de sus propios circuitos de entrada y salida. Si un defecto es encontrado en uno de los sistemas, la información es almacenada en la memoria del SMEC. Usted puede remover esta información y desplegarla en la luz de chequeo del motor en el tablero.

Las Secciones en este Capítulo incluyen las descripciones generales, de los procedimientos de chequeo dentro del alcance del mecánico de hogar y los procedimientos para reemplazo de los componentes (cuándo es posible) para cada uno de los sistemas listados encima.

Antes de asumir que un sistema de control de emisiones está funcionando mal, chequee el combustible y los sistemas de ignición cuidadosamente. El diagnóstico de algunos dispositivos del control de las emisiones requiere herramientas especializadas, equipo y capacitación. Si el chequeo y el servicio llega a ser demasiado difícil o si un procedimiento es más allá de su capacidad, consulte con el departamento de servicio de su concesionario. Recuerde, la causa más frecuente de los problemas de las emisiones es simplemente una manguera de vacío rota o un alambre flojo, así que siempre chequee primero las conexiones de las mangueras y el alambrado **(vea ilustraciones)**.

Esto no quiere decir, que los sistemas del control de las emisiones son particularmente difíciles de mantener y reparar. Usted puede realizar fácilmente y rápidamente muchos chequeos y hacer la mayor parte del mantenimiento regular en su hogar con herramientas manuales de afinación común. **Nota:** *A causa de una garantía Federal extendida que cubre los componentes del sistema del control de las emisiones, chequee con su concesionario acerca del alcance de la garantía antes de trabajar en cualquier sistema relacionado a las emisiones. Una vez que la garantía se haya expirado, usted puede realizar algunos de los chequeos de los componentes y los procedimientos de reemplazo en este Capítulo para ahorrar dinero.*

Ponga mucha atención a las precauciones especiales descritas en el plan de este Capítulo. Se debe observar que las ilustraciones de los varios sistemas no emparejan exactamente con el sistema instalado en su vehículo a causa de cambios hechos por el

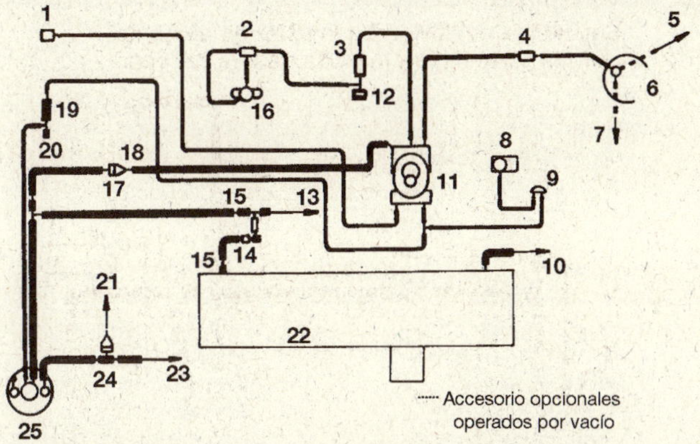

1.10g Ruta para las mangueras de vacío para los modelos 1988 de 2.5L de California (otros son semejantes)

1 *MAP (sensor de la presión absoluta del múltiple de admisión)*
2 *Transductor*
3 *solenoide de diagnostico EGR (recirculación de los gases de escape)*
4 *Filtro*
5 *Hacia el control de crucero*
6 *Amplificador de los frenos*
7 *Hacia el control de la calefacción y AC (aire acondicionado)*
8 *Diafragma para el aire calentado*
9 *Sensor de la temperatura para el aire calentado*
10 *Hacia el purificador del aire*
11 *Cuerpo de aceleración*
12 *Purga*
13 *Hacia el múltiple de admisión*
14 *Válvula PCV (ventilación positiva del cárter)*
15 *Orificio*
16 *Válvula EGR (recirculación de los gases de escape) de contrapresión*
17 *Válvula unilateral*
18 *VAC (control para el avance de vacío)*
19 *Solenoide para la purga*
20 *Purga*
21 *Hacia la atmósfera*
22 *Tapa para los balancines*
23 *Hacia el tanque de combustible*
24 *Válvula para aliviar la presión y si se vuelca el vehículo*
25 *Canasto de vacío*

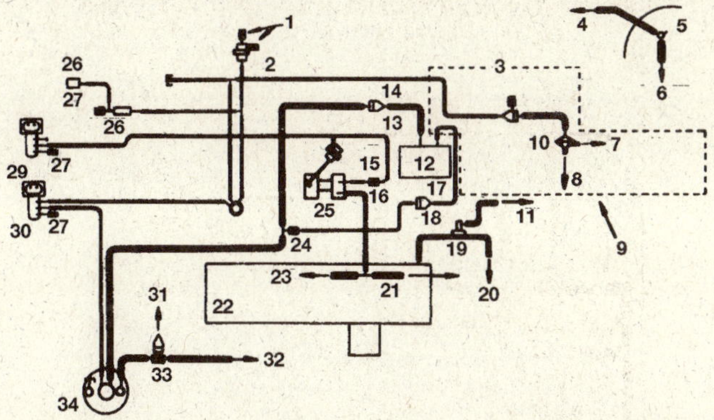

1.10h Ruta para las mangueras de vacío para los modelos 1989 de 2.5L con turbo Federal, California y modelos Canadienses

1 *Líneas de combustible*
2 *Regulador para la presión de combustible*
3 *Válvula para el alivio de vacío rápido*
4 *Hacia el suministro de la presión/vacío del múltiple de admisión*
5 *Amplificador de los frenos*
6 *Hacia el control de la calefacción y AC (aire acondicionado)*
7 *Hacia la manguera de admisión del turbo cargador*
8 *Hacia la manguera de escape del turbo cargador*
9 *El sistema de desvío del compresor es parte del sistema del purificador de aire*
10 *Válvula de cierre*
11 *Hacia el múltiple de admisión*
12 *Cuerpo de aceleración*
13 *VAC (control para el avance de vacío)*
14 *Válvula unilateral*
15 *Puerta para los desechos*
16 *Orificio*
17 *VAC (control para el avance de vacío)*
18 *Válvula unilateral*
19 *Válvula PCV (ventilación positiva del cárter)*
20 *Hacia el purificador de aire*
21 *Hacia el purificador de aire*
22 *Tapa de los balancines*
23 *Hacia el control de crucero*
24 *Orificio*
25 *Turbocargador*
26 *MAP (sensor de la presión absoluta del múltiple de admisión)*
27 *Filtro*
28 *Solenoide barométrico*
29 *Filtro*
30 *Solenoide para la purga*
31 *Hacia la atmósfera*
32 *Hacia el tanque de combustible*
33 *Válvula para aliviar la presión y si se vuelca el vehículo*
34 *Canasto de vapor*

6

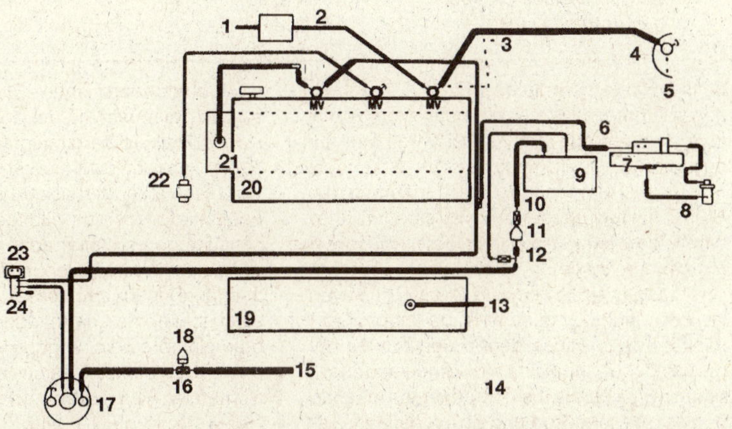

1.10i Ruta para las mangueras de vacío para los modelos 1990 de 3.3L de California (modelos Federales, Canadiense y 1991 hasta 1993 son semejantes)

1 *Hacia el control de la velocidad*
2 *Reserva de vacío*
3 *Hacia el control de la calefacción y AC (aire acondicionado)*
4 *Amplificador de los frenos*
5 *Hacia el control de la calefacción y AC (aire acondicionado) sin ABS (frenos antibloqueantes)*
6 *Solenoide EGR (recirculación de los gases de escape)*
7 *Transductor*
8 *Válvula EGR (recirculación de los gases de escape) de contrapresión*
9 *Cuerpo de aceleración*
10 *VAC (control para el avance de vacío)*
11 *Válvula unilateral con orificio*
12 *Orificio*
13 *Hacia el purificador de aire*
14 *Accesorio opcionales operados por vacío*
15 *Hacia el tanque de combustible*
16 *Válvula para aliviar la presión y si se vuelca el vehículo*
17 *Canasto de vapores*
18 *Hacia la atmósfera*
19 *Tapa de los balancines*
20 *Múltiple de admisión*
21 *Tapa de los balancines*
22 *Regulador de la presión de combustible*
23 *Solenoide de purga*
24 *Filtro*

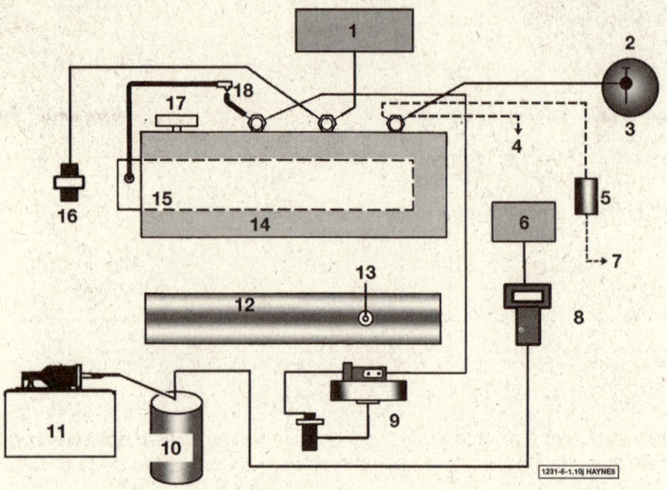

1.10j Ruta para las mangueras de vacío para los modelos 1994 y más modernos con motores de 3.0L y 3.8L

1. *Solenoide de vacío para los AWD (tracción en todas las ruedas)*
2. *Amplificador para los frenos sin ABS (frenos antibloqueantes)*
3. *Hacia el control de la temperatura sin ABS (frenos antibloqueantes)*
4. *Hacia el control de la temperatura con ABS*
5. *Reserva de vacío*
6. *Cuerpo de inyección*
7. *Hacia el ensamblaje del control de velocidad del vehículo*
8. *Solenoide de purga através de ciclos de trabajo*
9. *Válvula EGR (recirculación de los gases de escape) de contrapresión*
10. *Canasto EVAP (Sistema de control de evaporación de las emisiones)*
11. *Tanque de combustible*
12. *Tapa de los balancines*
13. *Hacia el purificador de aire*
14. *Múltiple de admisión*
15. *Tapa de los balancines*
16. *Regulador de la presión de combustible*
17. *MAP (sensor de la presión absoluta del múltiple de admisión)*
18. *Válvula PCV (ventilación positiva del cárter)*

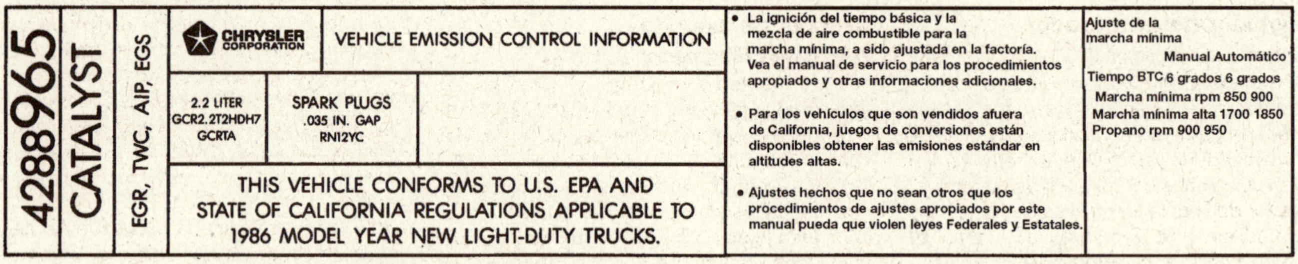

1.13 Etiqueta VECI (etiqueta de información para el control de las emisiones del vehículo) típica

fabricante durante la producción o de año a año.

Una etiqueta VECI (etiqueta de información para el control de las emisiones del vehículo) (los modelos más antiguos) o una etiqueta de las EAR (ajuste y ruta de las emisiones) están localizadas en el compartimiento del motor **(vea ilustración que acompaña y las ilustraciones 1.10a hasta 1.10j)**. Esta etiqueta contiene especificaciones importante de las emisiones e información de ajuste. Cuando le otorgue servicio a los sistemas del motor o las emisiones, la etiqueta de VECI de su vehículo particular siempre debe ser chequeada por la información más reciente.

2 Carburador de retroalimentación electrónico - sistema

Nota: *Esta Sección es aplicable solamente a los modelos más antiguos con motores de 2.2L.*

Descripción general

1 El sistema electrónico de las emisiones del carburador de retroalimentación se fía de una señal electrónica, que es engendrada por un sensor de gas de escape, para controlar una variedad de dispositivos y mantener las emisiones dentro de los límites. El sistema trabaja en conjunto con un catalizador de tres vías para controlar los niveles del monóxido de carbono, hidrocarburos y óxido de nitrógeno.

2 El sistema opera en dos modos: ciclo abierto y ciclo cerrado. Cuándo el motor está frío, la mezcla de aire y combustible es controlada por la computadora de acuerdo con un programa diseñado durante la producción. La mezcla de aire y combustible durante esta operación será más rica para permitir el calentamiento apropiado del motor. Cuándo el motor está a temperatura de operación normal, el sistema funciona en el ciclo cerrado y la mezcla de aire y combustible varía dependiendo de la información suministrada por el sensor del gas de escape.

3 El sistema consiste del carburador, la computadora, la válvula de la diversión de aire, el interruptor de vacío para el control del anticongelante, los convertidores catalíticos y el sensor del oxígeno.

Chequeo

4 Antes de chequear el sistema, chequee la computadora por funcionamiento apropiado como está descrito en Capítulo 5. También, asegúrese que todas las mangueras de vacío y los alambres eléctricos estén apropiadamente instalados y firmemente conectados.

5 Aplique 16 pulgadas de Hg (mercurio) de vacío a la computadora con una bomba de vacío. Desconecte la manguera de la válvula de cambio de aire y conecte un vacuómetro a la manguera (vea el Paso 6 abajo). Ponga el motor en marcha y permita que se caliente a la temperatura de operación normal. Ponga el motor en marcha a aproximadamente 2000 rpm (revoluciones por minuto) por dos minutos y asegúrese que el interruptor del carburador no hace conexión a tierra.

Sistema del cambio de aire

Refiérase a la ilustración 2.7

6 Después de poner el motor en marcha, debe haber una lectura de vacío que descenderá lentamente a cero al calentarse el motor.

7 Si no hay vacío, chequee el CCEVS (interruptor de vacío del motor controlado por el anticongelante) por continuidad. Si no hay continuidad, corrija el defecto o reemplace el interruptor **(vea ilustración)**.

8 Con el motor a la temperatura de operación normal, apáguelo, remueva la manguera de vacío de la válvula y entonces conecte una bomba de vacío de mano a la válvula. Ponga el motor en marcha y asegúrese que sopla aire del puerto del lado. Aplique vacío a la válvula. Aire debe ahora soplar del puerto del fondo de la válvula.

9 Antes de proceder, chequee el sensor de la temperatura del motor como está descrito en el Capítulo 5.

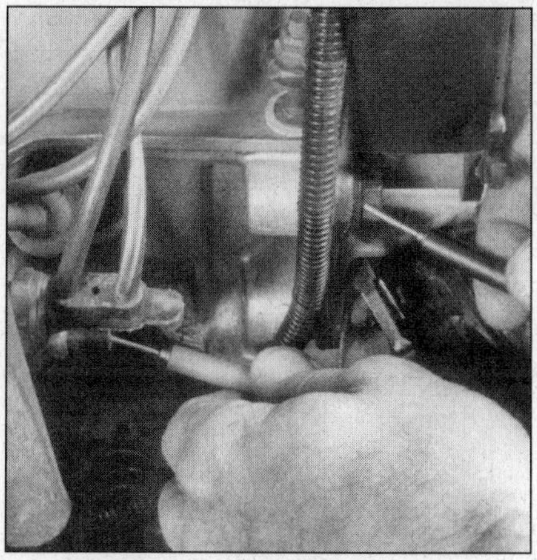

2.7 Chequee el interruptor de vacío por continuidad (motor de 2.2L)

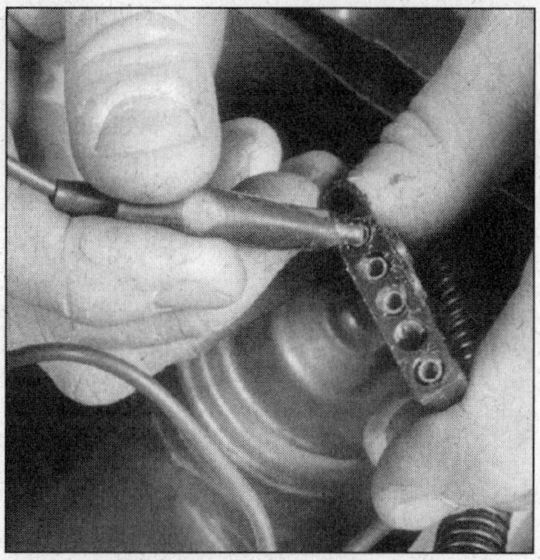

2.11 Poniendo a tierra la clavija número 15 del conector de seis clavijas (motor de 2.2L)

2.14 Poniendo el alambre del sensor de oxígeno al poste negativo de la batería (motor de 2.2L)

Regulador del carburador

Refiérase a la ilustración 2.11

10 Remueva la manguera de vacío de la computadora y tápela. Conecte una bomba de vacío al carburador y aplique 14 pulgadas Hg (mercurio) de vacío. Con el motor a 2000 rpm (revoluciones por minuto), desconecte el conector del regulador en el solenoide. En los modelos sin aire acondicionado, solo se debe desconectar el alambre verde. La velocidad del motor debe aumentar por lo menos 50 rpm. Conecte de nuevo el alambre(s) del solenoide y asegúrese que la velocidad del motor vuelve lentamente a lo normal.

11 Remueva el conector de seis clavijas de la computadora del control de la combustión y haga momentáneamente una conexión a tierra a la clavija del conector 15 **(vea ilustración)**.

12 La velocidad del motor debe disminuir por lo menos 50 rpm. Si no lo hace, chequee el carburador por fugas de aire.

Computadora electrónica del control del combustible

Refiérase a la ilustración 2.14

13 Con el motor a la temperatura normal de operación y el interruptor del carburador no conectado a tierra, conecte un tacómetro.

14 Ponga el motor en marcha y mantenga una marcha mínima de 2000 rpm. Conecte un voltímetro al alambre verde del solenoide que dirige al carburador. Desconecte los arneses eléctricos en el sensor de oxígeno y conecte un alambre puente entre el conector del arnés y el terminal negativo de la batería **(vea ilustración)**.

15 La velocidad del motor debe aumentar por lo menos 50 rpm y el voltímetro debe leer por lo menos nueve voltios. Con el alambre sostenido en una mano, toque el término positivo de la batería con su otra mano. La velocidad del motor debe caer por lo menos 50 rpm y la lectura del voltímetro debe ser de tres voltios o menos. Reemplace la computadora con una nueva si fallan ambas pruebas.

Sensor de oxígeno

Refiérase a la ilustración 2.16

16 Conecte el voltímetro al alambre del solenoide, conecte de nuevo el sensor de oxígeno y asegúrese que el interruptor del carburador no esté conectado a tierra. Ponga el motor en marcha, córralo a 2000 rpm y mantenga los platos del estrangulador cerrados **(vea ilustración)**. Esto simula una condición completamente rica y dentro de diez segundos el voltaje debe caer a tres décimas de un voltio o menos. Si no ocurre esto, desconecte la manguera PCV (ventilación positiva del cárter). Esto simula una condición completamente pobre y el voltaje debe aumentar a nueve décimas de voltios o más. No tome más de 90 segundos de completar estas pruebas. Si el sensor falla ambas pruebas, reemplácelo con uno nuevo.

Reemplazo del componente

Refiérase a la ilustración 2.20

17 Reemplazo de la computadora de la ignición está cubierto en el Capítulo 5.

2.16 Sosteniendo el estrangulador cerrado mientras prueba el sensor de oxígeno (motor de 2.2L)

18 Marque los lugares de la manguera en la válvula de diversión de aire, remueva las mangueras y desconecte la válvula.

19 El CCEVS es reemplazado removiendo las mangueras de vacío y destornillando la válvula. Cubra las roscas de la válvula nueva con el sellador de junta antes de la instalación.

20 Para reemplazar el solenoide del carburador, desconecte el conector eléctrico y remueva los dos tornillos de retención. Separe el solenoide del carburador **(vea ilustración)**.

21 Desconecte el alambre del sensor de oxígeno y emplee una llave para destornillar el sensor. Con una terraja macho limpie las roscas en el múltiple de escape. Si el sensor va a ser reinstalado, aplique anti atascamiento a las roscas. Los sensores nuevos ya vienen con anti atascamiento en sus roscas.

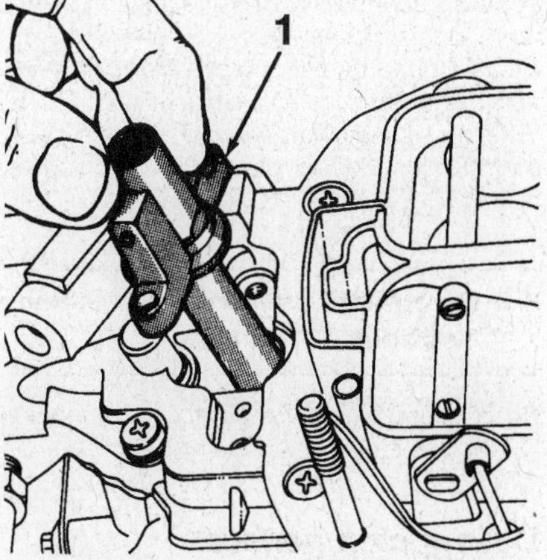

2.20 El solenoide del carburador está conectado a la cima del carburador con dos tornillos (motor de 2.2L)

1 Solenoide

6

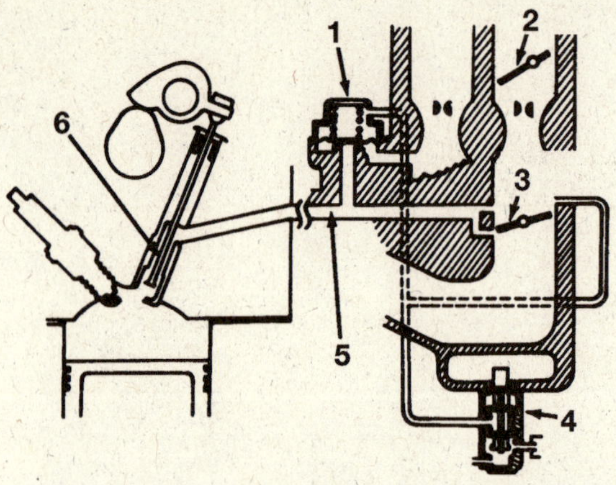

3.5 Sistema JACV (válvula esprea de control del aire) (motor de 2.6L)

1 *Válvula esprea de control del aire*
2 *Estrangulador*
3 *Válvula primaria del carburador*
4 *Válvula térmica*
5 *Pasaje del aire através de la esprea*
6 *Válvula esprea*

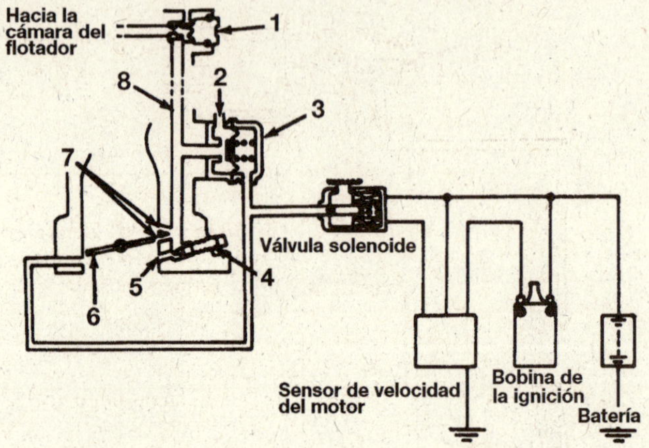

3.7a Sistema ASV (válvula de diversión del aire) (motor de 2.6L)

1 *Esprea primaria piloto*
2 *Aire*
3 *Válvula de cambio de aire*
4 *Tornillo para el ajuste de la marcha mínima*
5 *Salida del piloto*
6 *Válvula primaria del acelerador*
7 *Orificio de desvío*
8 *Pasaje despacio*

3 Carburador Mikuni - sistema

Nota: *Esta Sección se aplica solamente a los modelos con motores de 2.6L.*

Descripción general

Refiérase a la ilustración 3.5

1 El carburador Mikuni en el motor de 2.6L está equipado con una variedad de dispositivos que reducen las emisiones mientras mantiene la maniobrabilidad.

2 El sistema consiste de una CAV (válvula de aire para crucero), la ASV (válvula de diversión del aire), el sistema DSAS (sistema para el avance de la chispa en des aceleración), el HAC (sensor de compensación de altitud) (en algunos modelos), la JACV (válvula esprea de control del aire y un abridor del acelerador.

3 El CAV, ASV y DSAS reducen las emisiones de hidrocarburos mientras mantiene la maniobrabilidad y la economía de combustible apagando el flujo del combustible y avanzando la chispa durante deceleración.

4 El HAC mantiene la mezcla de aire y combustible apropiado durante el manejo en la altitud alta por medio de unos resortes de presión atmosférica sensibles.

5 El JACV ayuda con la disminución de las emisiones de HC (hidrocarburos) y CO (monóxido de carbono), mientras el estrangulador está operando, abriéndose para permitir la esprea adicional de aire y eliminar una condición rica **(vea ilustración)**.

6 El abridor del acelerador controla la velocidad de la marcha mínima del motor durante la operación del aire acondicionado.

Chequeo

ASV y CAV

Refiérase a las ilustraciones 3.7a y 3.7b

7 Con el motor en marcha mínima, remueva el conector eléctrico de la válvula del solenoide. Si la velocidad de la marcha mínima disminuye o si el motor se apaga, el

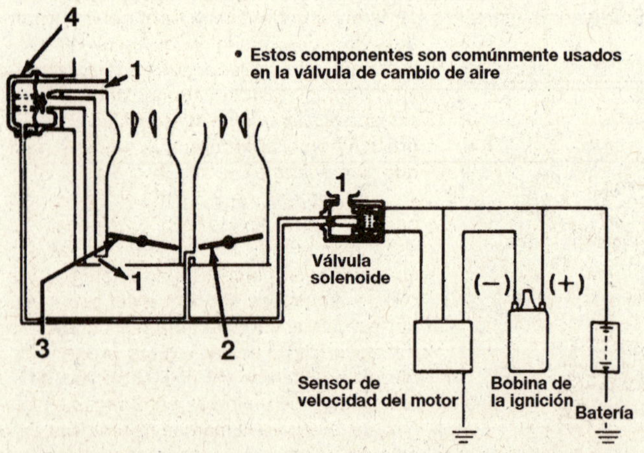

3.7b Sistema CAV (válvula de aire para crucero) (motor de 2.6L)

1 *Aire*
2 *Válvula primaria*
3 *Válvula secundaria*
4 *Válvula de aire para crucero*

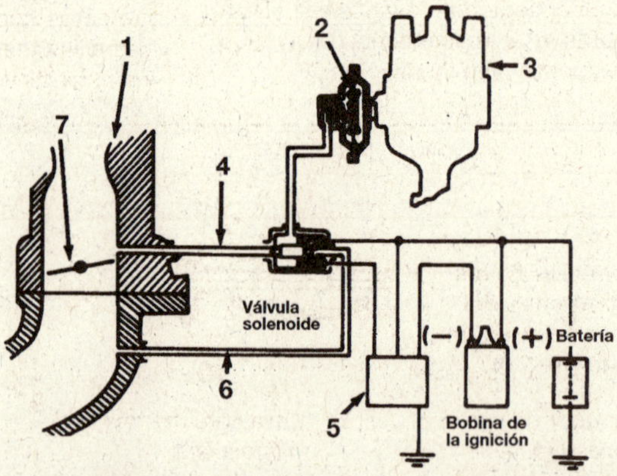

3.8 Sistema DSAS (sistema para el avance de la chispa en des aceleración) (motor de 2.6L)

1 *Carburador*
2 *Avance de vacío*
3 *Distribuidor*
4 *Vacío de puerto del carburador*
5 *Sensor de velocidad del motor*
6 *Vacío del múltiple de admisión*
7 *Válvula primaria*

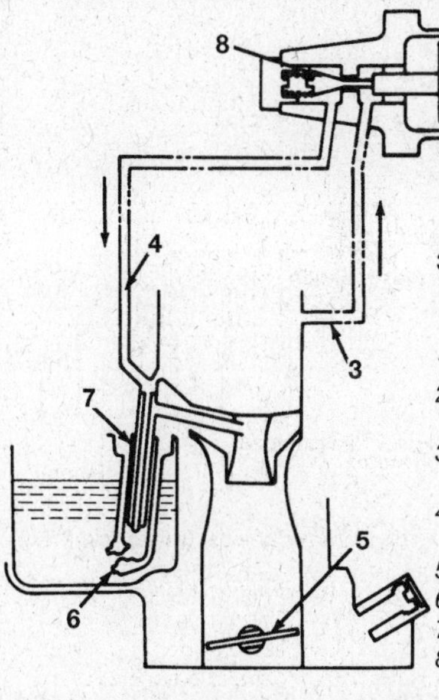

3.9 Sistema HAC (sensor de compensación de altitud) (motor de 2.6L)

1 *Fuelle aneroide*
2 *HAC (compensación de altitud)*
3 *Admisión de aire de purga de aire adicional*
4 *Pasaje para la purga de aire adicional*
5 *Válvula primaria*
6 *Esprea primaria*
7 *Tubo de succión primario*
8 *Válvula de control*

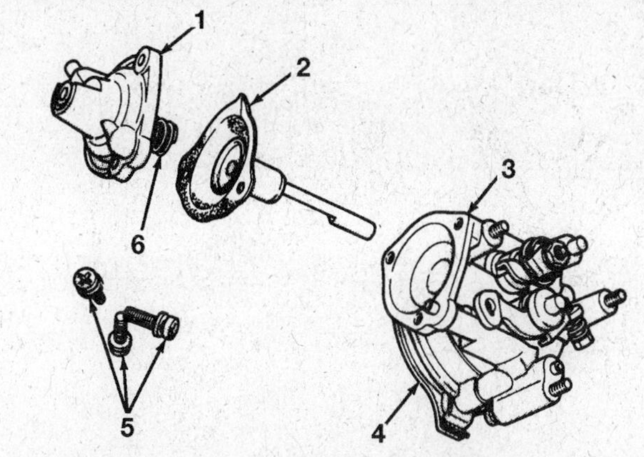

4.3 Vista esquemática de los componentes del estrangulador eléctrico en un motor de 2.2L

1 *Cubierta del diafragma*
2 *Diafragma*
3 *Albergue del estrangulador*
4 *Ensamblaje del estrangulador eléctrico y el albergue*
5 *Tornillos retenedores*

ASV y CAV están operando correctamente. Con el motor otra vez en marcha mínima, chequee el conector del solenoide con un voltímetro. Si no hay ningún voltaje presente, en el alambrado o el sensor de la velocidad está defectuoso. Chequee el conector del solenoide con el motor a 2500 rpm (revoluciones por minuto) para asegurarse que hay voltaje. Si no hay voltaje, hay un defecto en el sensor de la velocidad y debe ser reemplazado con uno nuevo **(vea ilustraciones)**.

DSAS

Refiérase a la ilustración 3.8

8 Conecte una luz de regulación (lámpara de tiempo) y permita que el motor corra en marcha mínima. Con la luz de regulación en las marcas de la regulación del tiempo, desconecte el conector eléctrico de la válvula del solenoide. Si el tiempo no avanza, la válvula del solenoide o el mecanismo de avance están defectuosos **(vea ilustración)**.

HAC

Refiérase a la ilustración 3.9

9 A causa que se requiere equipo especial para chequear el HAC, el chequeo está limitado a asegurarse que las mangueras y las conexiones asociadas están seguras **(vea ilustración)**.

Abridor del acelerador

10 Con el motor en marcha mínima, prenda el aire acondicionado. Si la velocidad de la marcha mínima no aumenta, hay un defecto en el accionador del solenoide, el sensor de la velocidad del motor o el alambrado.

Reemplazo del componente

11 Localice la válvula del solenoide o el sensor de la velocidad trazando los alambres o las mangueras de vacío del componente que estos controlan. Desconecte los alambres o las mangueras del radiador e instale una unidad nueva.

4.4 Detalles de los componentes del estrangulador en un motor de 2.6L

1 *Actuador de vacío*
2 *Hacia el múltiple de admisión*
3 *Entrada fría*
4 *Elemento de cera térmico*
5 *Salida del anticongelante*
6 *Seguidor de la leva*
7 *Válvula del acelerador*
8 *Leva para marcha mínima lata*
9 *Palanca para poner en posición el estrangulador*
10 *Resorte para el estrangulador*
11 *Piñón del estrangulador*
12 *Estrangulador*

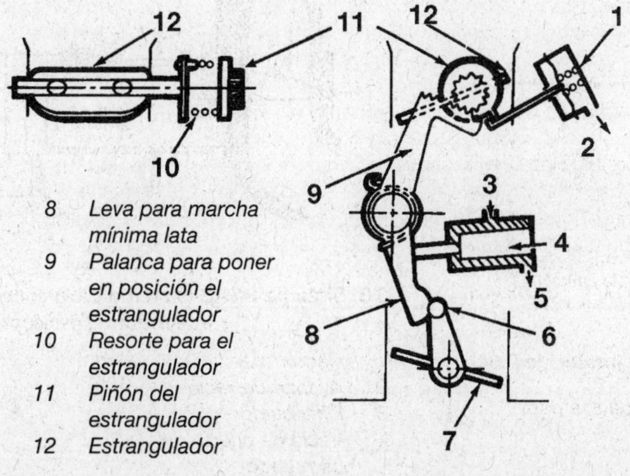

4 Estrangulador automático - sistema

Nota: *Esta Sección se aplica solamente a los modelos más antiguos con motores de 2.2L o 2.6L.*

Descripción general

Refiérase a las ilustraciones 4.3 y 4.4

1 El sistema de estrangulador automático suministra temporalmente una mezcla rica de aire y combustible al motor cerrando el plato(s) del estrangulador durante la puesta del motor en marcha fría.

2 En el motor de 2.2L, el estrangulador funciona eléctricamente, mientras que el motor de 2.6L emplea unos sistemas de estrangulador de tipo bola cera sellada.

3 En el motor de 2.2L, una señal eléctrica de la presión del aceite opera el interruptor de control del estrangulador y activa el calentador del estrangulador para que abra lentamente los platos del estrangulador según el motor se calienta **(vea ilustración)**. Esto progresivamente empobrece la mezcla hasta que el motor esté caliente.

4 En el motor de 2.6L, la unidad de envío con bola de cera de tipo térmica abre el estrangulador según la temperatura del anticongelante aumenta. Cuando está frío y es puesto en marcha, la válvula del estrangulador es parcialmente abierta por un accionador del múltiple de vacío. Esto previene una mezcla rica de aire y combustible excesiva y el resultado de un incremento de las emisiones. La leva para la marcha mínima alta en la palanca que fija el estrangulador controla la cantidad de la abertura del acelerador. Si el vehículo es operado con el acelerador completamente abierto cuando está frío, el estrangulador es abierto por el descargador del estrangulador para que la mezcla no será excesivamente rica **(vea ilustración)**.

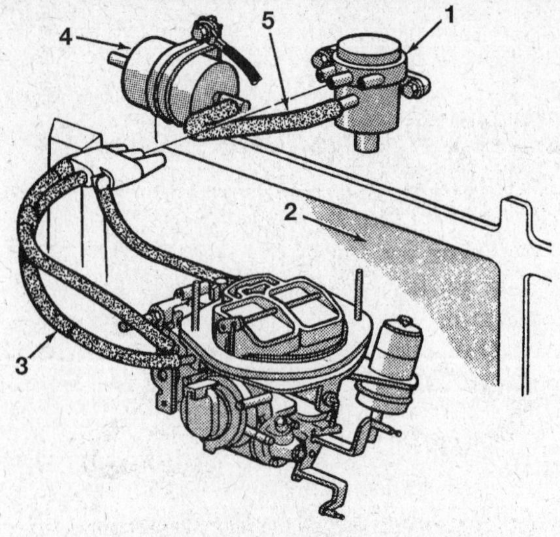

5.1 Sistema de compensación de altitud típico (motor de 2.2L)

1 *Módulo para la compensación de la altitud*
2 *Tablero*
3 *Arnés*
4 *Purificador del aire*
5 *Manguera*

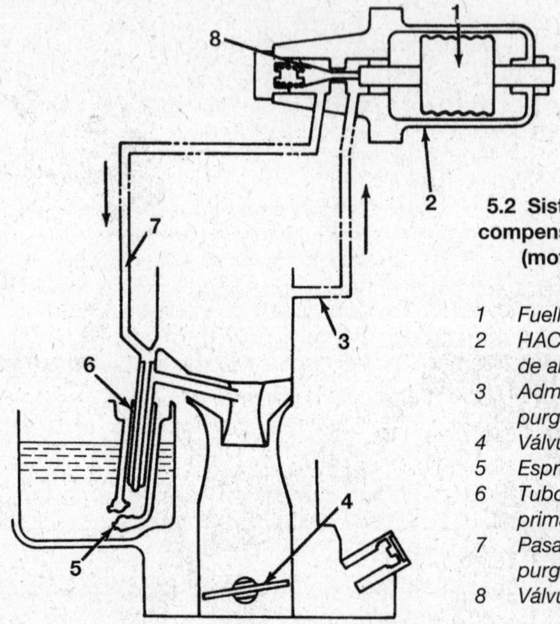

5.2 Sistema típico del compensador de altitud (motor de 2.6L)

1 *Fuelle aneroide*
2 *HAC (compensación de altitud)*
3 *Admisión de aire de purga de aire adicional*
4 *Válvula primaria*
5 *Esprea primaria*
6 *Tubo de succión primario*
7 *Pasaje adicional para la purga del aire*
8 *Válvula de control*

Chequeo

5 Refiérase al Capítulo 1 para el procedimiento de chequeo del estrangulador automático.

Reemplazo de los componentes

6 Reemplazo de los componentes del estrangulador están cubiertos en el Capítulo 4.

5 Compensación de altitud - sistema

Refiérase a las ilustraciones 5.1 y 5.2

Nota: *Esta Sección se aplica solamente a los modelos con motores de 2.2L o 2.6L.*

1 Algunos modelos de 2.2L están equipados con un sistema de compensación de altitud **(vea ilustración)** que compensa por el aire más liviano usando varias purgas de aire que actúan paralela con las purgas de aire normales en la marcha mínima del carburador, circuitos primarios y secundarios en las altitudes más altas. Estas purgas de aire consisten de agujas albergadas que se mueven en orificios por unos resortes cónicos dentro de un módulo de compensación para la altitud instalados en el compartimiento del motor. El aire de afuera pasa por un filtro de aire, por el módulo de compensación y el carburador. El sistema está diseñado para que ningún aire pueda fluir hasta que la presión atmosférica esté más baja de un nivel predeterminado. El flujo de aire aumenta gradualmente a lo que la presión atmosférica aumenta.

2 Algunos modelos de motor 2.6L están equipados también con un sistema de compensación de altitud **(vea ilustración)**. Una cámara cilíndrica pequeña con fuelles, localizada en el compartimiento del motor, está conectada al carburador vía un par de mangueras de vacío para purgar el aire. Los fuelles son ventilados a la atmósfera por encima del carburador. La presión atmosférica ensancha o contracta los fuelles. Cuándo el vehículo es operado en una altitud más alta, por ejemplo, el aire es más liviano o puro, los fuelles comienzan a ensancharse. Una válvula pequeña de asiento de bronce es levantada fuera de su asiento por los fuelles, permitiendo que aire extra entre a las purgas principales de aire. Cuanto se abren los fuelles calibrados es proporcional a la altitud. Cuando el vehículo sale de una altitud bien alta, por ejemplo, el aire se hace más denso, los fuelles se contratan gradualmente y las purgas de aire extra se cierran.

3 Ninguno de estos sistemas es probable que deje de funcionar bien. Si el motor comienza a marchar demasiado rico (el kilometraje baja repentinamente, el motor es difícil de poner en marcha, bujías sucias, etc.), chequee todas las mangueras del sistema. Asegure que todas las conexiones estén apretadas y no haya roturas en las mangueras. Si el problema persiste, lleve el vehículo al departamento de servicio de su concesionario u otro taller de reparación y haga que el sistema sea chequeado.

6 Abridor del acelerador (marcha mínima alta) - sistema

Nota: *Ésta Sección aplica solamente a modelos con motores de 2.6L.*

El sistema del abridor del acelerador (u marcha mínima alta) aumenta la velocidad de la marcha mínima del motor cuando el compresor del aire acondicionado está funcionando. El sistema está compuesto del ensamblaje del abridor del acelerador, una válvula solenoide, un sensor de velocidad del motor y un interruptor del compresor para la unidad del aire acondicionado. Cuándo el interruptor es encendido, y el sensor de velocidad del motor detecta que la velocidad del motor está a o más bajo del valor especificado, la válvula solenoide se abre, transmitiendo el vacío del múltiple de admisión al abridor del acelerador. El abridor del acelerador abre el acelerador levemente, por una palanca del abridor del acelerador, aumentando la velocidad de la marcha mínima del motor para compensar la carga extra impuesta por el compresor. Cuando el interruptor de compresor es apagado, el abridor del acelerador deja de funcionar y el motor regresa a su velocidad de marcha mínima normal. El sensor de la velocidad del motor en el sistema de la válvula de diversión de aire se emplea para controlar la velocidad del motor. Cuándo la velocidad del motor está al valor o más bajo del valor especificado, el sistema de la válvula de diversión de aire no funciona; cuándo la velocidad del motor es más alta de este valor, el sistema de la válvula de intercambio trabaja como fue diseñada.

Si el sistema del abridor del acelerador falla de funcionar como está descrito encima cuando el sistema del aire acondicionado está funcionando, chequee el alambrado. Asegúrese que todas las conexiones están limpias y apretadas. Si el abridor del acelerador todavía no funciona apropiadamente, lleve el vehículo al departamento de servicio de su concesionario y hágalo chequear.

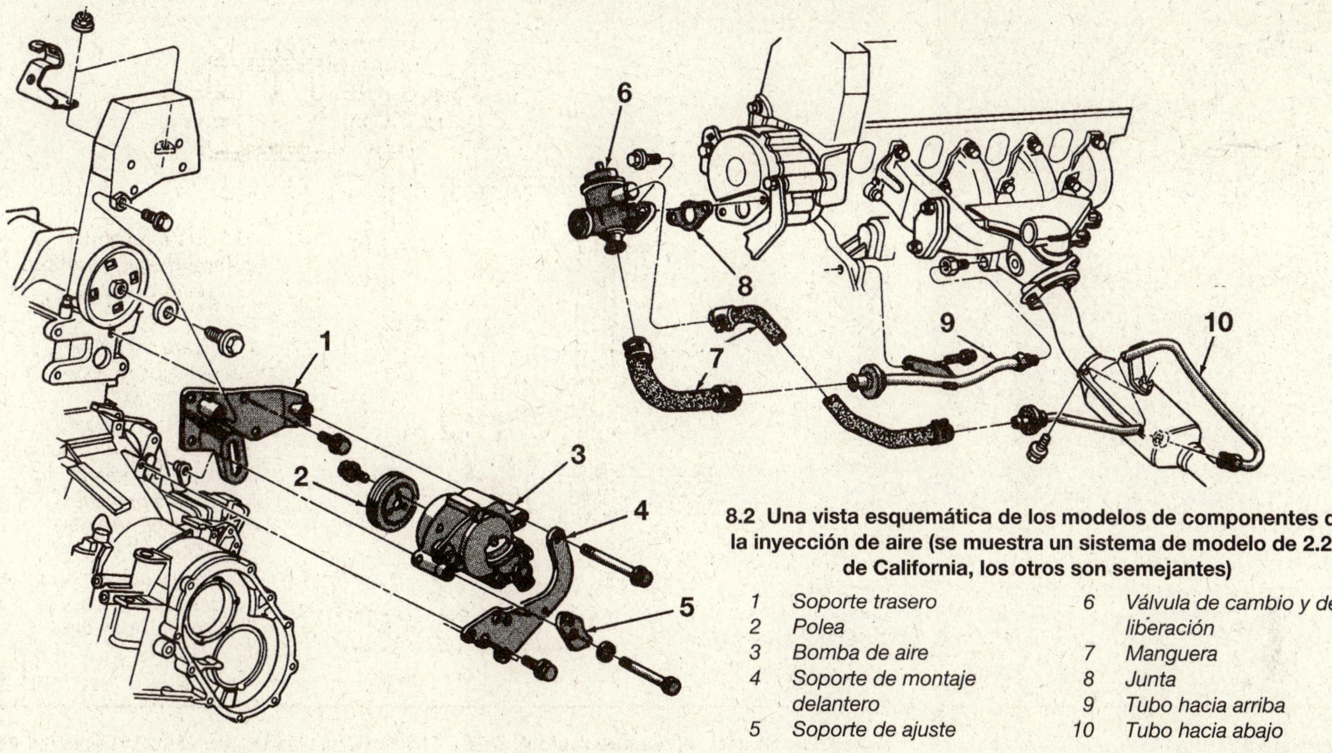

8.2 Una vista esquemática de los modelos de componentes de la inyección de aire (se muestra un sistema de modelo de 2.2L de California, los otros son semejantes)

1	*Soporte trasero*	*6*	*Válvula de cambio y de liberación*
2	*Polea*	*7*	*Manguera*
3	*Bomba de aire*	*8*	*Junta*
4	*Soporte de montaje delantero*	*9*	*Tubo hacia arriba*
5	*Soporte de ajuste*	*10*	*Tubo hacia abajo*

7 Válvula JACV (válvula esprea de control del aire) - sistema

Nota: *Esta Sección se aplica solamente a los modelos con motores de 2.6L.*

1 El sistema de esprea de aire utiliza una acelerador adicional (válvula de esprea) que proporciona aire, o para una super mezcla débil, para ser absorbida por la admisión del aire del cilindro. La válvula de esprea es operada por la misma leva que el acelerador. Éstas emplean un brazo común en el balancín para que la válvula de esprea y el acelerador se abran y se cierren simultáneamente.

2 En la carrera de admisión del motor, la mezcla de aire y combustible fluye por los puertos de la cámara de combustión. Al mismo tiempo, el aire de esprea es forzado en la cámara de combustión a causa de la diferencia de la presión entre la admisión de esprea en el orificio de los cilindros y la válvula de esprea en el cilindro a lo que el pistón se mueve hacia abajo. En las aberturas pequeñas del acelerador, hay una gran diferencia de presión, dando al aire de esprea una velocidad alta. Esto remueve los gases residuales alrededor de la bujía y crea buenas condiciones para la ignición. Produce también una vuelta fuerte en la cámara de combustión, que dura toda la carrera de compresión y mejora la propagación de la llama después de la ignición, asegurando la eficiencia alta de la combustión y la diminución de las emisiones de escape. Al aumentar la abertura del acelerador, menos aire de esprea es forzado y la vuelta de esprea disminuye, pero el aumento del flujo por el acelerador asegura la combustión satisfactoria.

3 Una válvula térmica que trabaja en conjunto con el sistema de EGR (recirculación de los gases de escape) controla el flujo de aire a la válvula de esprea.

4 El mantenimiento consiste del ajuste de los espacios libres de la válvula de esprea al mismo tiempo que las válvulas de admisión y escape son ajustadas como está descrito en el Capítulo 1.

8 AI (inyección de aire) - sistema

Nota: *Esta Sección se aplica solamente a los modelos con motores de 2.2L.*

Descripción general

Refiérase a la ilustración 8.2

1 Este sistema suministra aire de baja presión a los puertos de escape para promover la combustión de hidrocarburos parcialmente quemado y monóxido de carbono antes de que ellos sean permitidos salir através del escape.

2 El sistema AI está compuesto de la bomba de aire conducida por una banda por atrás del árbol de levas, una válvula de alivio, mangueras y válvulas unilaterales asociadas que protegen el sistema de gases calientes del escape **(vea ilustración)**.

Chequeo

General

3 Chequee visualmente las mangueras, tubos y conexiones por roturas, afloje las copillas y las partes separadas. Emplee enjabonado de agua para aislar un escape sospechado.

4 Chequee la condición y la tensión de la banda.

Bomba de aire

5 La bomba de aire puede ser chequeada solamente empleando un equipo especial. El ruido de la bomba puede ser debido a la tensión impropia de la banda, válvulas de liberación o unilaterales defectuosas, pernos flojos y mangueras o conexiones con fugas. Si estas condiciones se han corregido y la bomba hace todavía ruido excesivo, hay una buena probabilidad de que esté defectuosa.

Válvula liberación

6 Si se puede oír escape de aire de la válvula de liberación con el motor en marcha mínima, la válvula está defectuosa y debe ser reemplazada con una nueva.

Válvula unilateral

7 Remueva la manguera del tubo de admisión. Si el gas de escape tiene fugas más allá del tubo de admisión, la válvula unilateral está defectuosa y debe ser reemplazada.

Reemplazo de los componentes

Bomba de aire

Refiérase a las ilustraciones 8.9, 8.10 y 8.16

8 Remueva las mangueras de aire de la

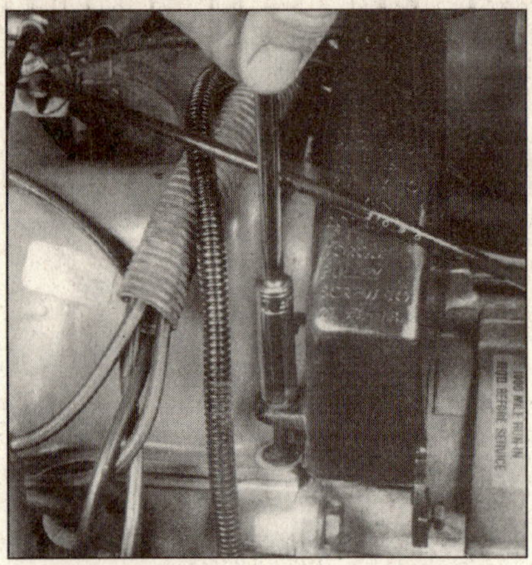

8.9 Removiendo los pernos del protector de la banda para la bomba del aire

8.10 Aflojando los pernos del pivote de la bomba de aire

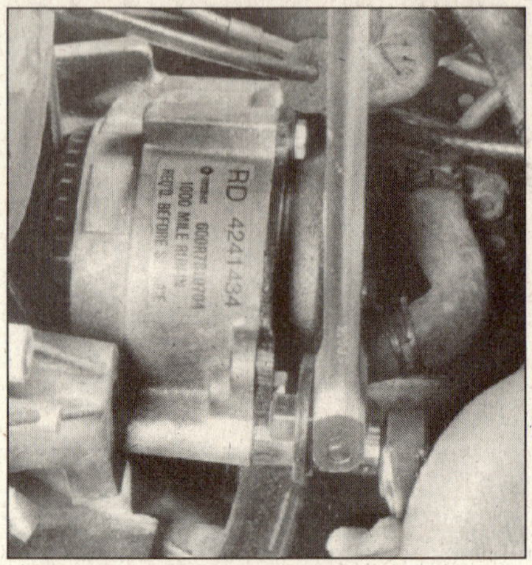

8.16 Use una barra ruptora para hacer palanca al soporte de la bomba de aire según los pernos son apretado

bomba de aire y de la válvula de liberación.

9 Remueva el protector de la banda de la polea para la bomba de aire **(vea ilustración)**.

10 Afloje el pivote de la bomba, los pernos de ajuste y remueva la banda **(vea ilustración)**.

11 Remueva los pernos y separe la bomba del motor.

12 Remueva la válvula de liberación de la bomba y limpie todo el material de la junta de la superficie de acoplamiento de la válvula.

13 Conecte la válvula de liberación a la bomba de aire nueva, empleando una junta nueva. Transfiera la polea de la bomba vieja a la nueva.

14 Con la banda en la polea de la bomba de aire, coloque la bomba en posición e instale flojamente los pernos.

15 Afloje los pernos traseros del soporte al embargue del transeje.

16 Coloque la banda en la polea del árbol de levas, emplee una barra para ejercer presión al soporte (no al albergue de la bomba) y ajuste la banda hasta que la tensión esté correcta (vea Capítulo 1). Apriete el perno para cerrar, seguido por el perno de pivote **(vea ilustración)**.

17 Apriete el perno de soporte de la bomba de aire firmemente, instale el protector de la polea y conecte de nuevo las mangueras a las válvulas de la bomba y de liberación.

Válvula de liberación

18 Desconecte las mangueras de la válvula de liberación, remueva los dos pernos y separe la válvula de la bomba. Remueva cuidadosamente cualquier material de la junta de las superficies de acoplamiento de la válvula y de la bomba.

19 Coloque una junta nueva en posición e instale la válvula, apretando los pernos firmemente. Conecte de nuevo las mangueras.

Válvula unilateral

20 Desconecte la manguera de la entrada de la válvula y remueva la tuerca que asegura el tubo al múltiple de escape o el convertidor. Afloje el perno del motor de arranque y remueva la válvula unilateral del motor.

21 Conecte la válvula nueva al múltiple de escape o el convertidor, apriete el perno del motor de arranque y conecte la manguera de aire.

9 PAF (suministro de aire pulsado) - sistema

Nota: *Esta Sección se aplica solamente a los modelos con motores de 2.6L.*

Descripción general

Refiérase a la ilustración 9.2

1 El sistema PAF inyecta aire en el sis-

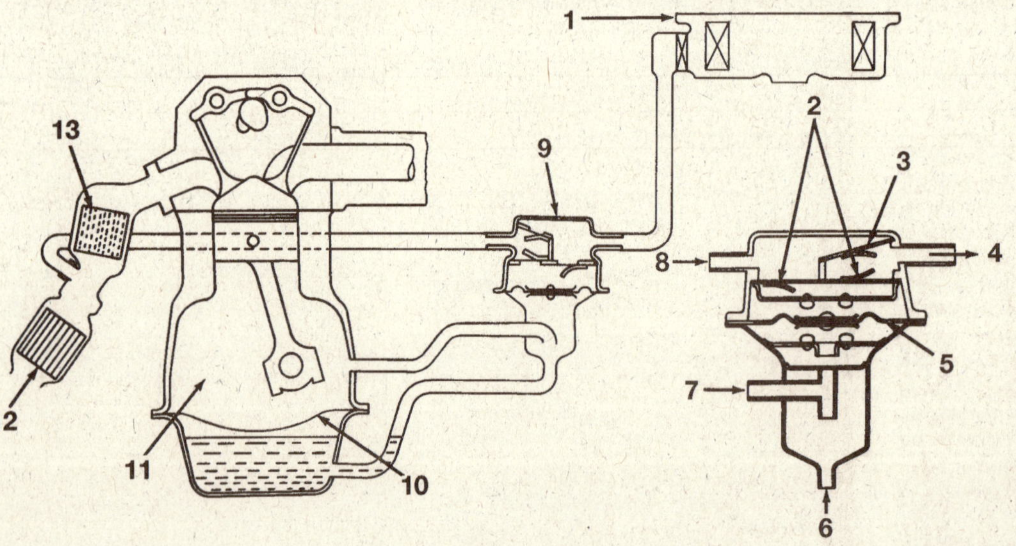

9.2 Sistema PAF (suministro de aire pulsado) (motor de 2.6L)

1 *Purificador de aire*
2 *Válvula unilateral principal*
3 *Válvula sub unilateral*
4 *Hacia la parte de atrás del convertidor catalítico*
5 *Diafragma*
6 *Desde la cacerola del aceite*
7 *Desde el cárter, cilindro número 3*
8 *Desde el purificador de aire*
9 *Suministro de aire pulsado*
10 *Cubierta del sello*
11 *Cárter, cilindro número 3*
12 *Catalítico trasero*
13 *Convertidor catalítico delantero*

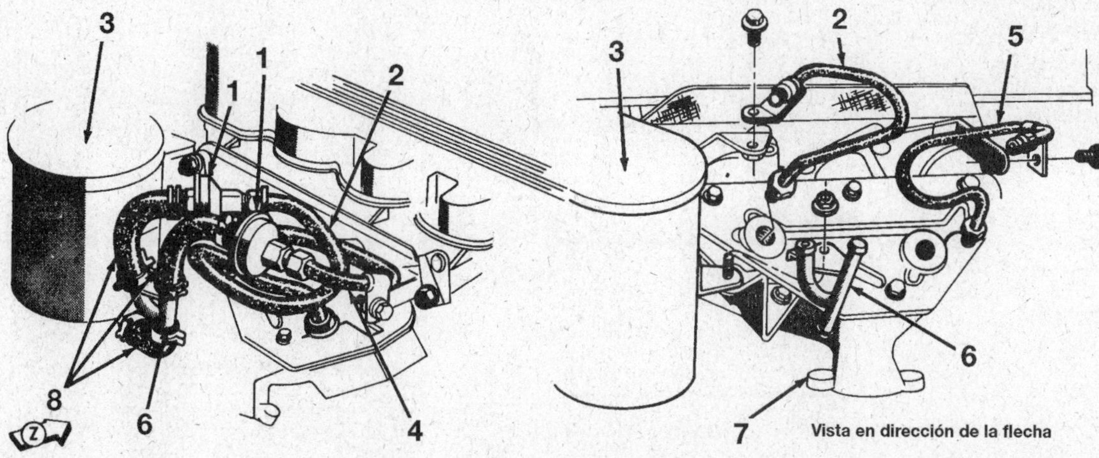

10. 5 Sistema aspirador de aire (motor de 2.6L)

1 Válvula de aspiración
2 Tubo número uno de aspiración
3 Purificador de aire
4 Tubo número dos de aspiración
5 Tubo número dos de aspiración
6 Conector Y
7 Múltiple de escape
8 Manguera

tema de escape entre el convertidor catalítico delantero y trasero, empleando las pulsaciones del poder del motor. Este aire inyectado aumenta la eficiencia del convertidor trasero y reduce las emisiones.

2 El sistema está compuesto de una válvula principal unilateral, la sub válvula unilateral y las mangueras asociadas. El aire es absorbido del purificador de aire hacia adentro de la válvula principal unilateral que es accionada por las pulsaciones de la presión dentro del cárter del cigüeñal. El aire pasa a la sub válvula unilateral, que es accionada por las pulsaciones del sistema de escape, al sistema de escape y después el convertidor trasero **(vea ilustración)**.

Chequeo

3 Desconecte la manguera del purificador de aire y, con el motor en marcha, coloque su mano en el final. Si no se siente ningún vacío, chequee las mangueras por fugas. Si las mangueras están bien, reemplace el ensamblaje PAF con uno nuevo.

Reemplazo de los componentes

4 Remueva el deflector del conducto de aire del lado derecho del radiador. Remueva el protector del carburador, la varilla graduada para medir el aceite y el tubo de la varilla graduada para medir. Remueva los pernos del PAF.

5 Levante el vehículo y sopórtelo firmemente.

6 Desconecte las mangueras y remueva el ensamblaje del PAF del vehículo.

7 Coloque el ensamblaje del alimentador de aire nuevo de pulso en posición y conecte las mangueras.

8 Baje el vehículo e instale los pernos. Chequee el anillo sellador de tipo O de la varilla graduada para medir para asegurarse que está en buena condición e instale la varilla graduada para medir y el tubo. Instale el protector del carburador y el deflector de aire del radiador.

10 Aspiración de aire - sistema

Nota: *Esta Sección se aplica solamente a los modelos con motores de 2.6L.*

Descripción general

1 El sistema aspirador usa las pulsaciones del escape para absorber aire fresco del purificador de aire hacia dentro del sistema de escape. Esto reduce el CO (monóxido de carbono) y, por lo menos, las emisiones HC (hidrocarburos).

2 El sistema está compuesto de válvulas, tubos de aspiración, un conector tipo Y más varias mangueras.

3 Las válvulas de aspiración trabajan más eficiente en marcha mínima y levemente encima de la marcha mínima, donde los pulsos negativos del escape son más fuertes. Las válvulas permanecen cerradas en las velocidades más altas del motor.

Chequeo

Refiérase a la ilustración 10.5

4 La falla de la válvula aspiradora resulta por el ruido excesivo del sistema de escape debajo del capó y endurecimiento de la manguera de caucho de la válvula al purificador de aire.

5 Si el ruido del escape es excesivo, chequee la coyuntura de la válvula al múltiple de escape y las conexiones de la manguera de la válvula y del purificador de aire por fugas **(vea ilustración)**. Si la coyuntura del múltiple tiene fugas, apriete la copilla del tubo firmemente. Si las conexiones de la manguera tienen fugas, instale abrazaderas de manguera nuevas (si la manguera no se ha endurecido).

6 Para determinar si la válvula ha fallado, desconecte la manguera de la entrada. Con el motor a marcha mínima (la transmisión en Neutral), los pulsos del escape se les debe sentir en la entrada. Si una corriente constante de gases de escape se están escapando de la entrada, la válvula está defectuosa y debe ser reemplazada con una nueva.

Reemplazo de los componentes

7 Las válvulas pueden ser reemplazadas removiendo la abrazadera de la manguera, separando la manguera y destornillando la copilla del tubo.

8 Los tubos aspiradores pueden ser reemplazados destornillando las copillas en la válvula, el múltiple y removiendo el perno de soportes.

11 SBEC (controlador de motor de cilindro simple)/SMEC (sistema controlador del motor de módulo sencillo) y sensores de información - descripción

Nota: *Esta Sección se aplica solamente al modelo 1987 y los modelos más modernos con sistemas de EFI (inyección de combustible electrónica).*

SMEC/SBEC

Refiérase a las ilustraciones 11.2a, 11.2b, 11.2c y 11.2d

1 El sistema de la inyección de combustible electrónico EFI (inyección de combustible electrónica) provee la proporción de aire y combustible correcto bajo todas las condiciones de manejo. El motor de 2.5L está equipado con un controlador, computadora, de "punto sencillo" (un inyector en el cuerpo de aceleración) un sistema EFI (inyección de combustible electrónica). Los motores con turbo de 2.5L, 3.OL y 3.3L están equipados con uno similares "de lumbreras" (un inyector en cada puerto de admisión) sistemas EFI.

2 El "cerebro" de todos los sistemas de EFI es una computadora conocida como un SMEC (sistema controlador del motor de módulo sencillo) (modelos 1987 al 1989) o un

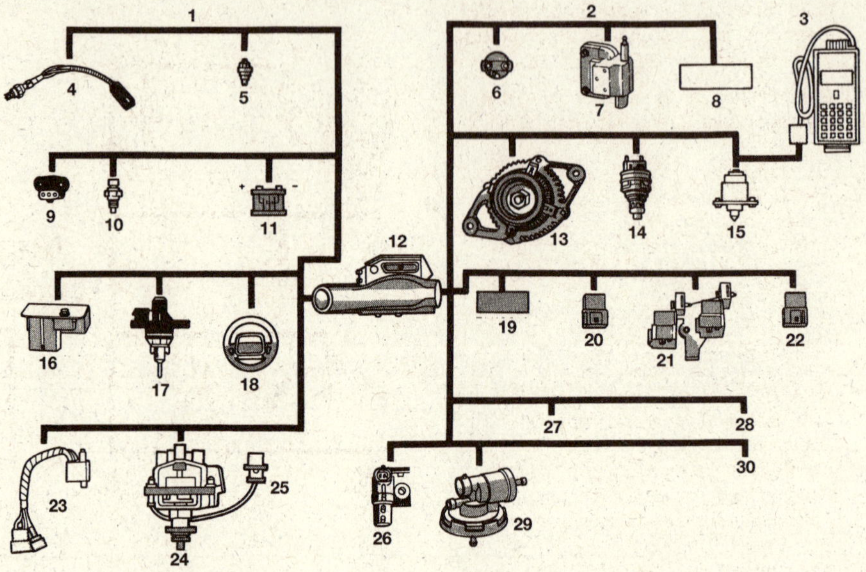

11.2a Sistema EFI (inyección de combustible electrónica) (de un solo inyector) usado solamente en motores de 2.5L (típico)

1 *Entrada para los controles del motor*
2 *Salida para los controles del motor*
3 *Herramienta para el diagnostico*
4 *Sensor de oxigeno calentado*
5 *Interruptor en neutral para la ignición*
6 *Bomba de combustible*
7 *Bobina de la ignición*
8 *Luz Check Engine*
9 *TPS (sensor del ángulo de apertura del acelerador)*
10 *CTS (sensor de temperatura del anticongelante)*
11 *Batería*
12 *Controlador del motor*
13 *Alternador*
14 *Inyector de combustible*
15 *Motor AIS (control de la marcha mínima)*
16 *MAP (sensor de la presión absoluta del múltiple de admisión)*
17 *Sensor de la distancia*
18 *Interruptor para el control de la velocidad*
19 *Luz EMR (recordatorio de mantenimiento de las emisiones)*
20 *Relé para el ventilador del radiador*
21 *Relé para apagar el AC (aire acondicionado)*
22 *Relé para apagarlo automáticamente*
23 *Interruptor de los frenos*
24 *Distribuidor*
25 *Bobina captadora de la referencia de la ignición*
26 *Solenoide para la purga*
27 *Solenoide para el control de la velocidad*
28 *Tacómetro*
29 *EET (transductor eléctrico EGR)*
30 *Solenoide para el cierre del convertidor de torque*

SBEC (controlador de motor de cilindro simple) (modelos 1990 y 1991) **(vea ilustraciones)**. El SMEC/SBEC están localizado en la esquina izquierda al frente del compartimiento del motor, entre la batería y el entrepaño interior izquierdo del guardafangos.

3 El SMEC/SBEC recibe las entradas variables del voltaje de una variedad de sensores, interruptores y relevos. Todas las entradas son convertidas en señales digitales que son "leídas" por el SMEC/SBEC, que constantemente afina tales variables como el tiempo de la ignición, adelanto de la chispa, dwell para la bobina de la ignición, la amplitud del pulso del inyector de combustible y la velocidad de la marcha mínima para aminorar las emisiones de escape y aumentar la maniobrabilidad. Controla también la opera-

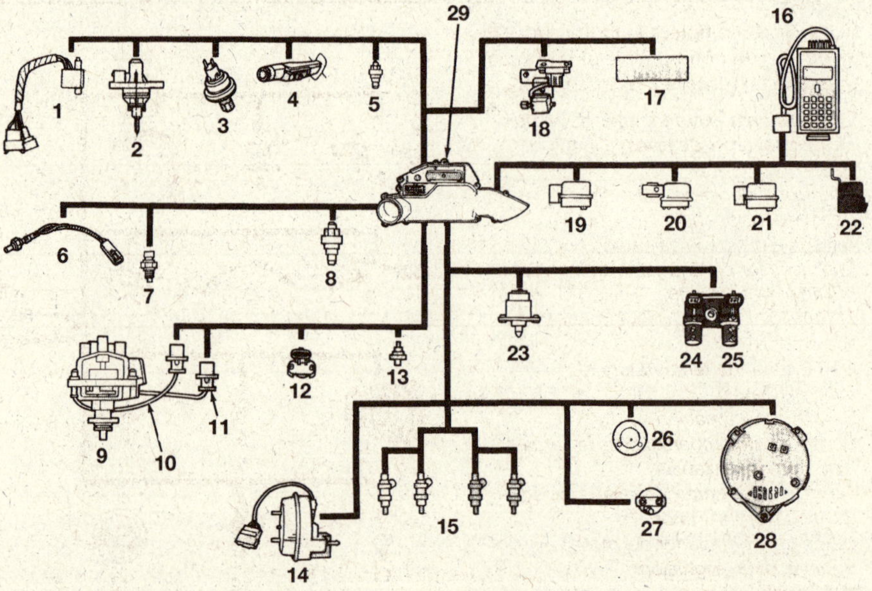

11.2b Sistema típico de lumbreras EFI (inyección de combustible electrónica) usada en motores turbo

1 *Interruptor de los frenos*
2 *Sensor de distancia*
3 *Interruptor para el ciclo del aire acondicionado*
4 *Interruptor para el control de la velocidad*
5 *Interruptor en neutral para la ignición*
6 *Sensor de oxigeno calentado*
7 *CTS (sensor de temperatura del anticongelante)*
8 *Solenoide para el cierre del convertidor de torque*
9 *Distribuidor*
10 *Captador para la sincronización del combustible*
11 *Captador para la referencia de la ignición*
12 *TPS (sensor del ángulo de apertura del acelerador)*
13 *Sensor de detonación*
14 *Servo para el control de la velocidad*
15 *Inyectores de combustible*
16 *Herramienta para el diagnostico*
17 *Luz Check Engine*
18 *MAP (sensor de la presión absoluta del múltiple de admisión) y solenoide barométrico*
19 *Relé para embrague del aire acondicionado*
20 *Relé para el ventilador del radiador*
21 *Relé para el condensador del aire acondicionado*
22 *Relé para apagar el motor automáticamente*
23 *Motor AIS (control de la marcha mínima)*
24 *Solenoide de purga*
25 *Solenoide para la puerta de desechos*
26 *Bobina de la ignición*
27 *Bomba de combustible en el tanque*
28 *Alternador*
29 *SMEC (sistema controlador del motor de módulo sencillo)*

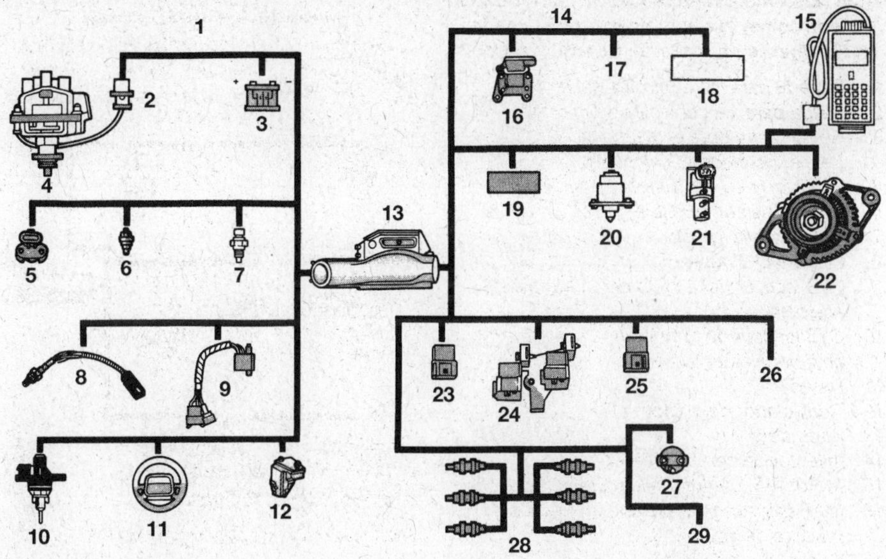

11.2c Sistema típico de lumbreras EFI (inyección de combustible electrónica) usada en motores de 3.0L

1 Entradas para el controlador del motor
2 Captador para la referencia de la ignición
3 Batería
4 Distribuidor
5 TPS (sensor del ángulo de apertura del acelerador)
6 Interruptor en neutral para la ignición
7 CTS (sensor de temperatura del anticongelante)
8 Sensor de oxigeno calentado
9 Interruptor de los frenos
10 Sensor de la distancia
11 Interruptor para el control de la velocidad
12 MAP (sensor de la presión absoluta del múltiple de admisión)
13 Controlador del motor
14 Salida del controlador del motor
15 Herramienta para el diagnostico
16 Bobina de la ignición
17 Tacómetro
18 Luz Check Engine
19 Luz EMR (recordatorio de mantenimiento de las emisiones)
20 Motor AIS (control de la marcha mínima)
21 Solenoide para la purga
22 Alternador
23 Relé para el ventilador del radiador
24 Relé para apagar el aire acondicionado
25 Relé para apagar el motor automáticamente
26 Solenoide para el cierre del convertidor de torque o transmisión automática electrónica
27 Bomba de combustible
28 Inyector de combustible
29 Solenoide para el control de la velocidad

ción del abanico de enfriamiento del radiador, la carga del alternador y tales componentes de emisiones relacionados como los solenoides de para la EGR (recirculación de los gases de escape) y el solenoide para la purga del canasto de carbón EVAP (sistema de control de evaporación de las emisiones). El SMEC/SBEC hasta actualiza y revisa su propio programa en respuesta a las condiciones variables de operación.

4 El SMEC/SBEC también controla constantemente muchos de sus propios circuitos de entrada y del rendimiento. Si un defecto es encontrado en el sistema de EFI (inyección de combustible electrónica), la información es almacenada en la memoria del SMEC/SBEC. Usted puede realmente chequear los componentes del sistema de EFI sin una herramienta costosa de la fábrica, la DRB II (caja para leer diagnósticos) (el número C-4805) o su equivalente, pero usted puede predeterminar a menudo de donde origina un problema, o por lo menos, en cual circuito está. Este proceso siempre se pone

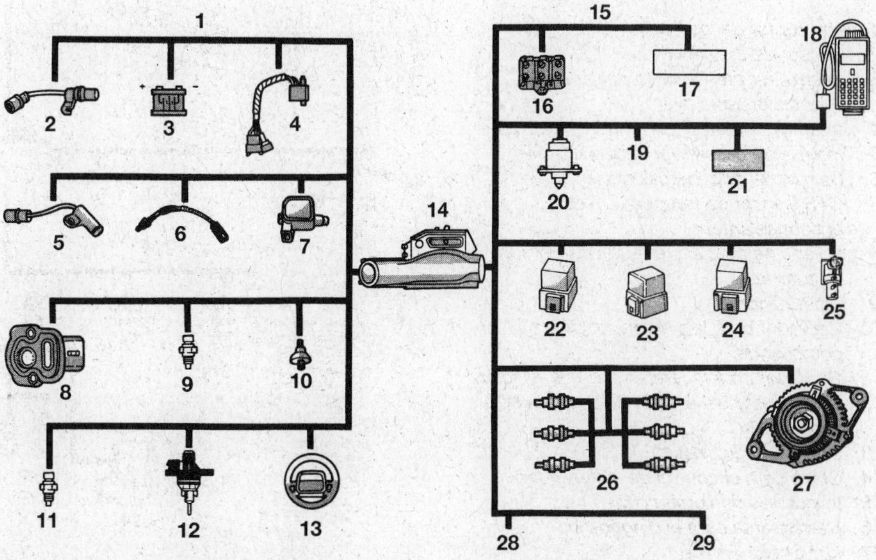

11.2d Sistema típico de lumbreras EFI (inyección de combustible electrónica) usada en motores de 3.3L y 3.8L

1 Entradas para el controlador del motor
2 Sensor del árbol de levas
3 Batería
4 Interruptor del freno
5 Sensor del cigüeñal
6 Sensor de oxigeno calentado
7 MAP (sensor de la presión absoluta del múltiple de admisión)
8 TPS (sensor del ángulo de apertura del acelerador)
9 CTS (sensor de temperatura del anticongelante)
10 Sensor de detonación
11 Sensor de la temperatura de la carga
12 Sensor de la distancia
13 Interruptor de control de la velocidad
14 Controlador del motor
15 Salida del controlador del motor
16 Bobinas para la ignición
17 Luz Check Engine
18 Herramienta para el diagnostico
19 Tacómetro
20 Motor AIS (control de la marcha mínima)
21 Luz EMR (recordatorio de mantenimiento de las emisiones)
22 ASD (cancelación automática)
23 Relé para el embrague del aire acondicionado
24 Relé para el ventilador del radiador
25 Solenoide para la purga
26 Inyectores de combustible
27 Alternador
28 Transmisión automática electrónica
29 Solenoides para el control de la velocidad

11.6 Serie típica de relé en el compartimiento del motor, localizado anexo a la batería

1 *Relé ASD (cancelación automática)*
2 *Relé para el motor de arranque*
3 *Relé para el ventilador del radiador*
4 *Relé para apagar el embrague del aire acondicionado*
5 *Relé para el ventilador del aire acondicionado*

11.8 El sensor (flecha) de la referencia del árbol de levas está localizado en la tapa para la cadena de la sincronización del tiempo en motores 3.3L y 3.8L

en marcha con la lectura de cualquiera de los códigos con defectos almacenados para identificar el lugar aproximado de un problema, seguido por una inspección visual completa de los componentes del sistema para asegurar que todo está apropiadamente conectado. La causa más común de un problema en cualquier sistema de EFI es un conector flojo o corrosión eléctrica o una línea de vacío floja. Para aprender como extraer esta información y desplegarla en la luz Check Engine en el tablero, refiérase a la Sección 12.

Sensores de información

5 Varios componentes proporcionan la información básica al SMEC; estos incluyen:

Relé para apagar el aire acondicionado (motores turbo de 2.5L, y 3.OL)
Relé para apagar el vehículo (todos los motores)
Interruptor del freno (motores turbo 3.0L, 3.3L y 3.8L)
Sensor de referencia del árbol de levas (motores de 3.3L y 3.8L)
Sensor de la carga de la temperatura (motores 1991 de 3.0L y más antiguos de 3.3L)
Sensor de la temperatura del anticongelante (todos los motores)
Sensor de referencia del cigüeñal (motores de 3.3L y 3.8L)
Sensor de detonación (motores turbo de 3.3L y 1991 y más antiguos)
MAP (sensor de la presión absoluta del múltiple de admisión) (todos los motores)
Interruptor neutral de seguridad (todos los motores)
Sensor de oxígeno (todos los motores)
Interruptor de control de velocidad (todos los motores)
Sensor de temperatura del cuerpo de inyección (motores 1987 de 2.5L y más modernos)
TPS (sensor del ángulo de apertura del acelerador) (todos los motores)
Interruptor de seguridad de la transmisión en neutral (motor turbo de 3.0L)
Sensor de la distancia del vehículo (motores turbo de 2.5L)
Sensor de la velocidad del vehículo (motores de 3.0L, 3.3L y 3.8L)

Relé *para apagar* el aire acondicionado (motores turbo de 2.5L, y 3.OL)

Refiérase a la ilustración 11.6

6 El relé para apagar el aire acondicionado **(vea ilustración)** está conectado en serie eléctricamente con el interruptor del amortiguador para la presión de aire acondicionado, el interruptor del aire acondicionado y (en los motores de 2.5L) el relé del radiador/ventilador del condensador. El relé para apagar es energizado (en su posición cerrada) cuando el motor está operando. Cuando el SMEC/SBEC presiente una velocidad de la marcha mínima baja, o el sensor de la posición del acelerador indica una condición totalmente abierta del acelerador, el relé para apagar es energizado, sus contactos se abren y el embrague del aire acondicionado es prevenido de engranarse. El relé para apagar está localizado en el entrepaño interior izquierdo del guardafangos, próximo a la batería y directamente encima del SMEC/SBEC.

Relé para apagar el vehículo automáticamente (todos los motores)

7 Si no hay señal de la ignición (distribuidor), (motores turbo de 2.5L y 3.OL), o señal del sensor de referencia de la leva o del cigüeñal (motor de 3.3L), presente cuando la llave de la ignición es girada a la posición de Encendido, el relé de apagar el motor automáticamente interrumpe la corriente a la bomba eléctrica, los inyectores de combustible, la bobina para la ignición y (en modelos 1988 y más modernos) el sensor de oxígeno calentado. El relé para apagar, está localizado en el entrepaño interior izquierdo del guardafango, próximo a la batería y el directamente encima del SMEC/SBEC.

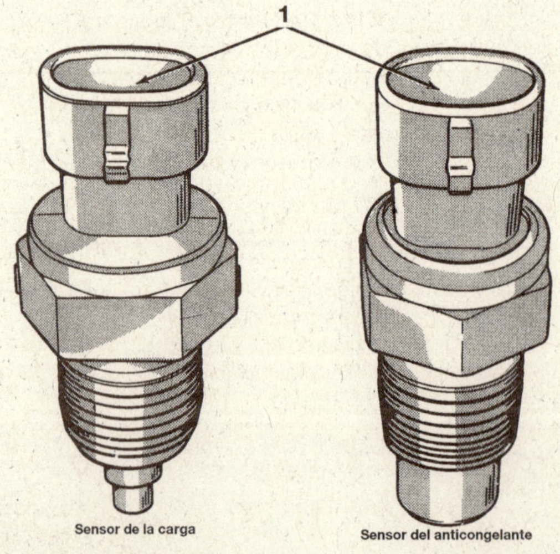

11.9 Sensor típico de la temperatura de la carga (motor de 3.0L) y el sensor de temperatura del anticongelante (todos los motores)

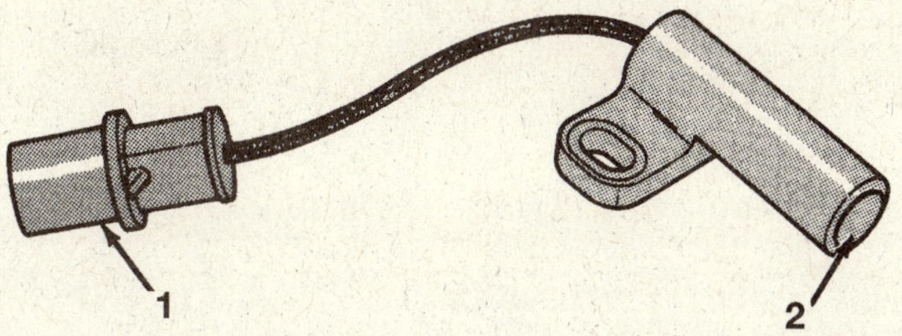

11.11 El sensor de la referencia del cigüeñal usado en los motores de 3.3L y 3.8L

1 *Conector eléctrico de tres vías*
2 *Espaciador de papel*

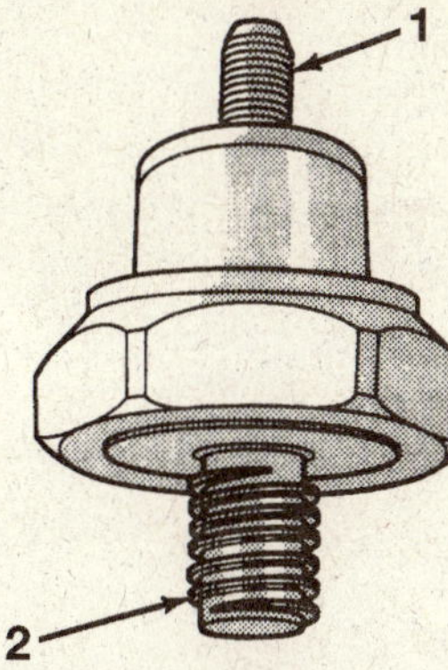

11.12 El sensor de detonación usado en los turbos, 1991 y los motores más antiguos de 3.3L

1 *Conector eléctrico*
2 *Roscas*

Sensor de referencia del árbol de levas (motores de 3.3L y 3.8L)

Refiérase a la ilustración 11.8

8 El sensor de referencia de la leva **(vea ilustración)** está instalado encima de la tapa de la cadena de tiempo del motor. El sensor lee la posición del árbol de levas através de las hendiduras detectadas en el engrane de la leva. El sensor entonces manda una señal codificada al SBEC, el cual usa esta información para determinar si los inyectores de combustible y la bobina para la ignición están correctamente sincronizados.

Sensor de la carga de la temperatura (motores de 3.0L y 1991 y 3.3L y más antiguos)

Refiérase a la ilustración 11.9

9 El sensor de la temperatura de carga **(vea ilustración)**, que está instalado en la cara inferior del múltiple de admisión, mide la temperatura del aire entrante y manda esta información al SMEC/SBEC. Estos datos son usados por el SMEC/SBEC para modificar la proporción de combustible a aire.

Sensor de la temperatura del anticongelante (todos los motores)

10 El sensor de la temperatura del anticongelante **(vea ilustración 11.9)**, que está roscado en el albergue del termostato, controla la temperatura de anticongelante y manda esta información al SMEC/SBEC. Éstos datos, junto con la información del sensor de la temperatura de carga, son usados por el SMEC/SBEC para determinar la mezcla de aire y combustible correcta y la velocidad de la marcha mínima, mientras el motor se calienta. El sensor es empleado también para prender el ventilador del radiador.

Sensor de referencia del cigüeñal (motores 3.3L y 3.8L)

Refiérase a la ilustración 11.11

11 El sensor del tiempo del cigüeñal **(vea ilustración)** está instalado en la campana de el transeje. Este sensor manda información al SBEC con respecto a la posición del motor del cigüeñal. El sensor "lee" las hendiduras (conjuntos de cuatro por cilindro) en el plato flexible del convertidor de torsión.

Sensor de detonación (golpe) (motores turbo 1991 y de 3.3L o más antiguos)

Refiérase a la ilustración 11.12

12 El sensor de la detonación (golpe) **(vea ilustración)** genera una señal cuando ocurre una detonación de chispa prematura en la cámara de combustión. Está instalado encima del motor en el múltiple de admisión (turbo) o bloque (motor de 3.3L) donde se puede detectar detonación en cada cilindro. El sensor proporciona información empleada por el SMEC/SBEC para modificar el adelanto de la chispa y eliminar la detonación.

Impulsor del distribuidor (motores de 1991 2.5L y 3.OL)

13 En los motores 1991 de 2.5L y 3.OL, la entrada de la velocidad del motor es suministrada al SMEC/SBEC por el distribuidor de efecto Hall (motor de 2.5L) o el sistema impulsor óptico (motor de 3.0L). El distribuidor emplea un postigo interno y sensor de efecto Hall (motores de 2.5L) o un disco interno de metal y sensor óptico (motor de 3.0L) para crear una señal de pulsación que es mandada al SMEC/SBEC. Estos pulsos electrónicos son convertidos a información de rpm (revoluciones por minuto) del motor.

Sensor de la presión absoluta del múltiple de admisión (MAP) (todos los motores)

Refiérase a las ilustraciones 11.14a, 11.14b, 11.14c, 11.14d y 11.14e

14 El sensor MAP **(vea ilustraciones)** está localizado en la pared de contrafuegos. Controla el vacío del múltiple de admisión por una línea de vacío al cuerpo del acelerador. El sensor MAP releva estos datos, junto con datos de la presión barométrica, en forma de rendimiento de voltaje variable al SMEC/SBEC. Cuando es combinado con los datos de otros sensores, esta información ayuda al SMEC/SBEC a determinar la proporción de la mezcla de aire y combustible correcta.

Interruptores variados (todos los motores)

15 Varios interruptores (tal como el interruptor de la transmisión neutral de seguridad, el interruptor de aire acondicionado, el

6

11.14a Sensor MAP (sensor de la presión absoluta del múltiple de admisión) usado en motores de 2.5L 1987 hasta 1989 y 1987 hasta 1988 en motores de 3.OL

1 *MAP (sensor de la presión absoluta del múltiple de admisión)*
2 *Interruptor del ciclado*
3 *Hacia el múltiple de admisión*

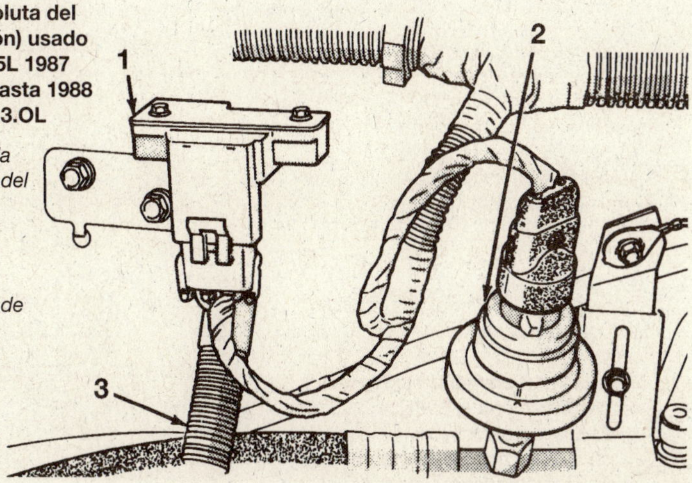

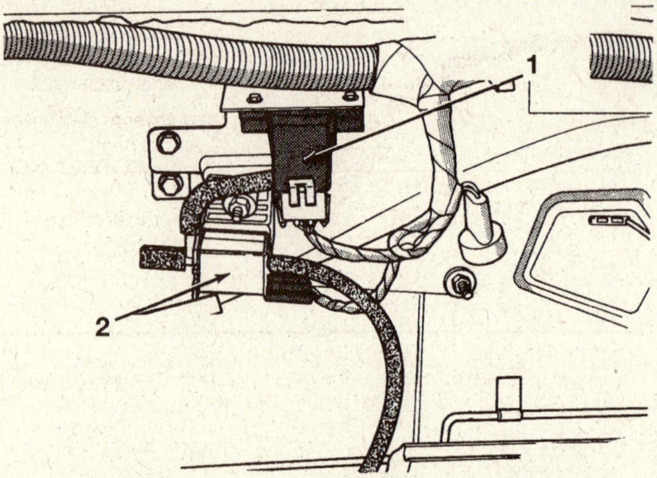

11.14b MAP (sensor de la presión absoluta del múltiple de admisión) usado en los motores 1989 con turbo

1 *MAP (sensor de la presión absoluta del múltiple de admisión)*
2 *Solenoide para la presión absoluta del múltiple de admisión y barométrica*

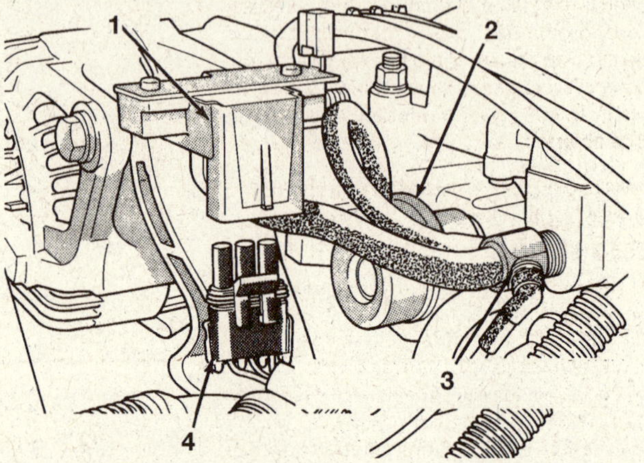

11.14c Sensor MAP (sensor de la presión absoluta del múltiple de admisión) usado en 1989 y 1990 en motores de 3.0L

1 *MAP (sensor de la presión absoluta del múltiple de admisión)*
2 *Regulador de la presión del combustible*
3 *Conector de vacío para el pleno del aire de admisión*
4 *Conector eléctrico de tres vías para el MAP (sensor de la presión absoluta del múltiple de admisión)*

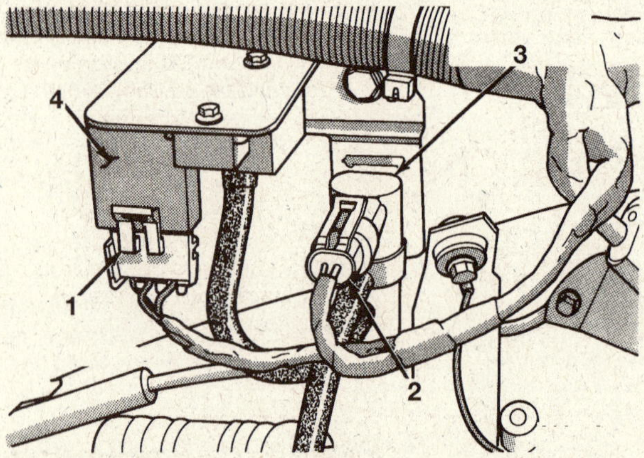

11.14d Sensor MAP (sensor de la presión absoluta del múltiple de admisión) usado en 1990 motores de 2.5L y turbo

1 *Conector eléctrico de tres vías*
2 *Conector eléctrico de dos vías*
3 *Solenoide barométrico (turbo solamente)*
4 *MAP (sensor de la presión absoluta del múltiple de admisión)*

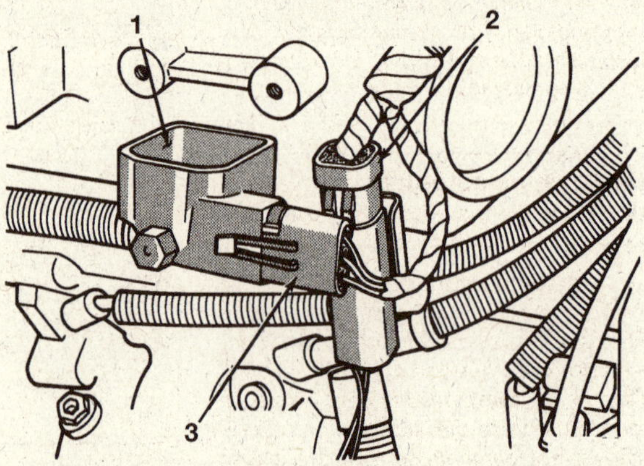

11.14e Sensor MAP (sensor de la presión absoluta del múltiple de admisión) usado en 1989 y 1990 y motores de 3.3L

1 *MAP (sensor de la presión absoluta del múltiple de admisión)*
2 *Conector eléctrico de cuatro vías para el sensor de oxigeno calentado*
3 *Conector eléctrico de tres vías*

interruptor de control de la velocidad y el interruptor de la luz del freno) proporcionan información al SMEC/SBEC, que ajusta la operación del motor de acuerdo con los estados del interruptor presente en estas entradas. El estado de estas entradas del interruptor (alto/bajo) es difícil de determinar sin el metro diagnóstico DRB II (caja para leer diagnósticos).

Sensor de oxígeno (todos los motores)

Refiérase a la ilustración 11.16

16 El sensor de oxígeno **(vea ilustración)**, que está instalado en el múltiple de escape (motores 3.OL y 3.3L atrás del múltiple), produce una señal de voltaje cuando se expone al oxígeno presente de los gases de escape. El sensor es internamente calentado eléctricamente para que haga más rápido el cambio cuando el motor está en marcha. Cuando hay mucho oxígeno presente (mezcla pobre), el sensor produce una señal baja de voltaje; cuando hay poco oxígeno presente (mezcla rica), produce una señal de voltaje más alto. Controlando el contenido de oxígeno y convirtiéndolo a voltaje eléctrico, el sensor actúa como un interruptor de mezcla rica o pobre. La señal del voltaje al SMEC/SBEC altera la amplitud del pulso del inyector(es).

Sensor de la temperatura del cuerpo de inyección (motor de 2.5L)

17 El sensor de la temperatura del cuerpo de inyección, que está instalado en el cuerpo de la aceleración, controla la temperatura del cuerpo del acelerador (la temperatura del combustible). Cuando es transmitida al SMEC/SBEC, estos datos ayudan a determinar la mezcla de aire combustible correcta durante una condición caliente de volver a poner en marcha el motor.

TPS (sensor del ángulo de apertura del acelerador) (todos los motores)

Refiérase a la ilustración 11.18

18 El TPS **(vea ilustración)**, que está localizado en el cuerpo de aceleración, controla el ángulo del plato del acelerador. El voltaje producido aumenta o disminuye de acuerdo con el ángulo de apertura del plato del acelerador. Estos datos, cuando se transmiten al SMEC/SBEC, junto con datos de varios otros

sensores, habilita a la computadora a ajustar la proporción de aire y combustible de acuerdo con las condiciones de operación, tal como la aceleración, la deceleración, la marcha mínima y el acelerador completamente abierto.

Sensor de la distancia (velocidad) del vehículo (motores turbo de 2.5L, 3.3L y 3.8L)

19 El sensor de la distancia (velocidad) del vehículo, que está localizado en el albergue de la extensión del transeje, siente el movimiento del vehículo. Genera ocho pulsos para cada revolución del eje propulsor y los relees como señales de voltaje al SMEC/SBEC. Estas señales son comparadas por el SMEC/SBEC, con una señal cerrada del acelerador, del sensor de la posición del acelerador, para distinguir entre una deceleración con el acelerador cerrado y una condición de la marcha mínima normal (vehículo parado). Bajo las condiciones de deceleración, el SMEC/SBEC controla el motor de AIS (control de la marcha mínima) para mantener el valor del MAP (sensor de la presión absoluta del múltiple de admisión) deseado; bajo las condiciones de la marcha mínima, el SMEC/SBEC ajusta el motor de AIS para mantener la velocidad del motor deseado.

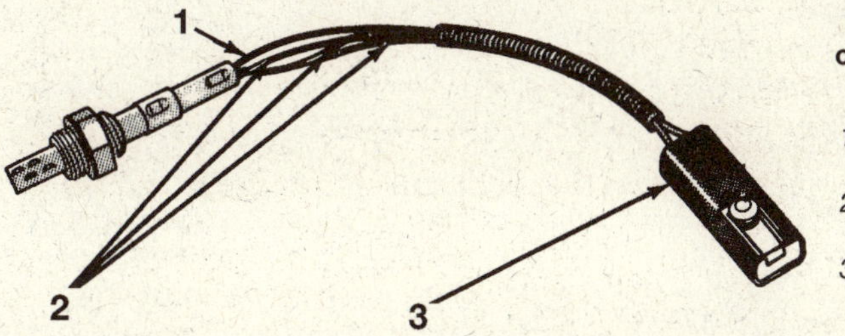

11.16 Sensor de oxígeno calentado, típico usado en todos los motores

1 *Rendimiento del sensor (alambre negro)*
2 *Suministro de voltaje y tierra*
3 *Conector eléctrico de cuatro vías*

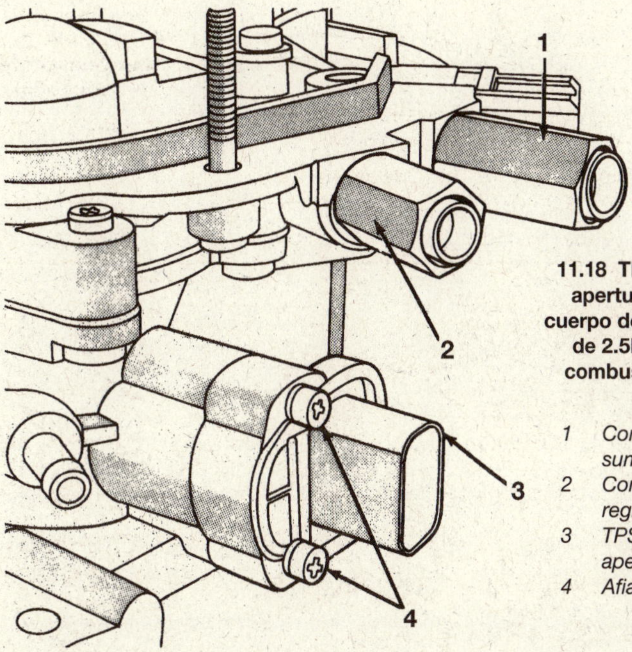

11.18 TPS (sensor del ángulo de apertura del acelerador) en el cuerpo de aceleración en un motor de 2.5L con EFI (inyección de combustible electrónica) de un solo inyector

1 *Conector rápido para el suministro del combustible*
2 *Conector rápido para el regreso del combustible*
3 *TPS (sensor del ángulo de apertura del acelerador)*
4 *Afianzadores*

12 Diagnóstico automático - descripción y acceso de códigos

Note 1: *Antes de acceder los códigos de los problemas, inspeccione completamente TODOS los conectores eléctricos y las mangueras. Asegúrese que todas las conexiones eléctricas están apretadas, limpias y libre de corrosión; asegúrese que todas las mangueras están apropiadamente conectadas, caven apretadas y están en buena condición (sin partidas ni roturas).*

Note 2: *En los modelos cubiertos por este manual, la luz CHECK ENGINE, localizada en el tablero de los instrumentos, se prende por tres segundos como una prueba de bombilla cuando el motor es puesto en marcha. La luz se prende y permanece prendida cuando hay un problema en el sistema de EFI (inyección de combustible electrónica) y se puede usar también para diagnosticar los problemas en el sistema de EFI.*

1 La información del vehículo, diagnóstico contenido en el SBEC/SMEC se puede obtener por la llave de la ignición o usando una herramienta especial llamada DRB II (caja para leer diagnósticos). Esta herramienta es conectada al conector de diagnóstico en el compartimiento del motor, lee los códigos y los parámetros en la pantalla digital del despliegue. La herramienta es costosa y la mayoría de los mecánicos de hogar prefieren usar el método alterno. El inconveniente con el método con la llave de ignición es que no hay acceso a todos los códigos disponibles para el despliegue. Si usted es todavía incapaz de determinar la causa de un problema después de extraer algunos de los códigos almacenados, deje que el sistema del diagnóstico del vehículo sea analizado por el departamento de servicio de su concesionario u otro taller de reparación con el equipo apropiado.

2 Para obtener los códigos usando el método con la llave de la ignición, ponga primero el freno de estacionamiento y ponga el transeje en Estacionamiento (automático) o Neutral (manual). Aumente la velocidad del motor a aproximadamente 2500 rpm (revoluciones por minuto) y permita lentamente que la velocidad baje a la marcha mínima. También haga circular el sistema de aire acondicionado (encendido brevemente, entonces apagado). Próximo, si el vehículo está equipado con una transmisión automática, con su pie en el freno, seleccione cada posición en la transmisión (Reverso, Marcha, Bajo etc) y traiga la palanca de cambio a Estacionamiento. Esto permitirá que la computadora obtenga cualquier códigos de defecto que quizás estén conectados a cualquiera de los sensores controlados por la transmisión, la velocidad del motor o sistema de aire acondicionado.

3 Para desplegar los códigos en el tablero (la luz de CHECK ENGINE), gire la llave de la ignición a ENCENDIDO, APAGADO, ENCENDIDO, APAGADO y finalmente ENCENDIDO. Los códigos comenzarán a destellar. La luz destellará el número del primer dígito entonces pausa y destellará el número del segundo dígito. Por ejemplo: Código 23, el circuito del sensor de la temperatura del cuerpo de la aceleración, sería indicado por dos destellos de luz, entonces una pausa seguida por tres destellos.

4 Ciertos criterios se deben cumplir para que un código de falla sea entrado en la memoria del controlador del motor. Los criterios pueden ser una distancia específica de rpm (revoluciones por minuto) del motor, la temperatura del motor o el voltaje de entrada al controlador del motor. Es posible que un código de falla para cierto circuito controlado no sea registrado en la memoria a pesar de un funcionamiento defectuoso. Esto puede acontecer porque uno de los criterios del código de falla no se ha cumplido. Por ejemplo, el motor debe ser operado entre 750 y 2000 rpm para regular correctamente el sensor del circuito MAP (sensor de la pre-

sión absoluta del múltiple de admisión). Si la velocidad del motor es elevada a más de 2400 rpm, el rendimiento del sensor MAP sufre un corto circuito de conexión a tierra y no permitirá que un código de falla sea entrado en la memoria. Por otra parte, exactamente lo contrario pudiera ocurrir: Un código es entrado en la memoria que sugiere un funcionamiento defectuoso dentro de otro componente que no está controlado por la computadora. Por ejemplo, un problema de la presión del combustible no puede registrar un defecto directamente pero en vez causa un problema de la mezcla rica/pobre de combustible. Consecuentemente, esto causará un funcionamiento defectuoso en el sensor de oxígeno, que resulta en un código para el sensor del oxígeno almacenado en la computadora. En otras palabras, los sensores y los circuitos están bien relacionados el uno al otro y con el sistema para la inyección del combustible.

5 La siguiente tabla es una lista con los códigos de los problemas, el circuito o el sistema que causa el código y una descripción breve del tipo de problema. De las descripciones proporcionadas, usted debe ser capaz de localizar las fallas en el circuito o en el componente defectuosos. Si usted no puede, lleve el vehículo a un departamento de servicio de su concesionario u otro taller calificado para las reparaciones.

Código de falla	Circuito	Descripción de la condición del defecto
Código 88	N/A No aplicable	Comienzo de la prueba (modelos antes de 1989)
Código 11	Ninguna señal de referencia de la ignición	No se detecta ninguna señal de referencia del distribuidor durante el arranque del motor.
Código 12	Cantidad de veces que se ha encendido la llave desde la última falla o desde que las fallas fueron borradas	Entrada directa de la batería al controlador desconectado dentro de las últimas 50 a 100 veces que la llave fue encendida.
Código 13* **	Cambio lento en la señal de la marcha mínima/del MAP	No hay cambio en el MAP (sensor de la presión absoluta del múltiple de admisión)
	o	
	No se detecta ninguna variación en la señal del sensor MAP desde Arranque a Marcha	No se reconoce ningún cambio entre la lectura del MAP y la lectura de la presión barométrica.
Código 14* **	Voltaje del sensor MAP muy bajo	Entrada del sensor MAP más baja del voltaje mínimo aceptable.
	o	
	Voltaje del sensor MAP muy alto	Entrada del sensor MAP más alto del nivel máximo aceptable.
Código 15**	No hay señal de la velocidad del vehículo	No se detecta señal del sensor de distancia durante las condiciones de carga en la carretera.
Código 16* **	Sentido de entrada de la batería	No se detecta entrada de voltaje de la batería durante la marcha del motor.
Código 17	Motor en marcha fría por demasiado tiempo	Temperatura del anticongelante permanece más baja de las temperaturas de operación normal durante el viaje del vehículo (problema del termostato).
Código 21**	Señal del sensor del oxígeno permanece en el centro	No se detecta ni señal rica o pobre de la entrada del sensor de oxígeno.
	o	
	Sensor del oxígeno tiene un corto circuito de voltaje	Voltaje de entrada del sensor de oxígeno se mantiene encima del valor normal (1990 y modelos más modernos).
Código 22* **	Voltaje del sensor del anticongelante demasiado bajo	Entrada del sensor de la tempeatura del anticongelante más baja del voltaje mínimo aceptable.
	o	
	Voltaje del sensor del anticongelante demasiado alto	Entrada del sensor de la temperatura del anticongelante más alta del voltaje máximo aceptable.
Código 23	Voltaje de temperatura del cuerpo de inyección bajo	Entrada del sensor de temperatura del cuerpo de inyección más baja del voltaje mínimo aceptable (solamente sistemas EFI (inyección de combustible electrónica) sencillos.
	o	
	Voltaje de la temperatura del cuerpo de inyección alto	Entrada del sensor de la temperatura del cuerpo de inyección más alta del voltaje máximo aceptable (solamente sistemas EFI (inyección de combustible electrónica) sencillos.
	o	
	Voltaje de la carga de la temperatura bajo	Entrada del sensor de la temperatura de carga más baja del voltaje mínimo aceptable (motor 3.3L 1990)
	o	
	Voltaje de la carga de la temperatura alto	Entrada del sensor de la temperatura de carga más alta del voltaje máximo aceptable (motor de 3.3L 1990).

Código de falla	Circuito	Descripción de la condición del defecto
Código 24* **	Voltaje del sensor de la posición del acelerador bajo	Entrada del sensor de la posición del acelerador más baja del voltaje mínimo aceptable
	o	
	Voltaje del sensor de la posición del acelerador alto	Entrada del sensor de la posición del acelerador más alta del voltaje máximo aceptable.
Código 25**	Circuitos del motor de la marcha mínima automático	Condición de corto circuito detectada en uno o más de los controles de circuitos AIS.
Código 26* **	Voltaje más alto del inyector 1 (antes de 1990 sistemas sencillos)	Condición de resistencia alta detectada en el rendimiento del circuito del inyector.
	o	
	INJ 1 no llega al voltaje más alto	Condición de resistencia alta detectada en el rendimiento del circuito en el banco del INJ 1
	o	
	INJ 2 no llega al voltaje más alto	(1989 turbo y todos los sistemas de lumbreras). Condición de resistencia alta detectada en el rendimiento del circuito del banco del INJ 2
	o	
	INJ 3 no llega al voltaje más alto	(1989 turbo y todos los sistemas de lumbreras). Condición de resistencia alta detectada en el rendimiento del circuito en el banco del INJ 3 (todos los sistemas de lumbreras excepto los de turbo).
Código 27* **	Control del circuito del inyector 1	Controlador de rendimiento del inyector no responde apropiadamente a la señal del control (sistemas sencillos).
	o	
	Control circuito del INJ 1	Controlador de rendimiento del inyector número uno no responde apropiadamente a la señal del control (sistemas turbo y de lumbreras).
	o	
	Control circuito del INJ 2	Controlador de rendimiento del inyector número dos no responde apropiadamente a la señal del control (sistemas turbo y de lumbreras).
	o	
	Control circuito del INJ 3	Controlador de rendimiento del inyector número es responde apropiadamente a la señal del control (1990 turbo y sistemas de lumbreras).
	o	
	Control circuito del INJ 4	Controlador de rendimiento del inyector número cuatro no responde apropiadamente a la señal del control (1990 de sistemas turbo).
Código 31**	Circuito del solenoide de purga	Una condición de circuito abierto o corto detectado en el circuito del solenoide de purga.
Código 32**	Circuito del solenoide EGR	Una condición de circuito abierto o corto detectado en el circuito del solenoide EGR (algunos modelos de California).
	o	
	Falla del sistema EGR	Requiere cambio en la proporción de aire y combustible no detectada durant la prueba diagnóstica (algunos modelos de California).
Código 33	Circuito del relé del embrague	Una condición de circuito abierto o corto detectado en el circuito del relé de aire acondicionado del embrague del aire acondicionado
Código 34	Circuitos del solenoide del	Una condición de circuito abierto o corto detectado en el circuito de vacío del control de velocidad o control de velocidad circuitos del solenoide de ventilación
Código 35	Circuito para el relé del ventilador del radiador	Una condición de circuito abierto o corto detectado en el circuito para el relé del ventilador del radiador.
Código 36* **	Solenoide para la válvula de liberación de la presión del turbo cargador	Una condición de circuito abierto o corto detectado en el circuito del solenoide control para la válvula de liberación de la presión del turbo cargador (turbocargador solamente)
Código 37	Circuito del solenoide para la válvula de liberación parcial de la presión del turbo cargador	Una condición de circuito abierto o corto detectado en el circuito del solenoide control para la válvula de liberación parcial de la presión del turbo cargador (transeje automático solamente).
Código 41* **	Alternador de ambiente no está interrumpiendo apropiadamente	Una condición de circuito abierto o corto detectado en el circuito para el control del alternador de ambiente.

Código de falla	Circuito	Descripción de la condición del defecto
Código 42	Circuito para el control del relé para apagar el motor automáticamente	Una condición de circuito abierto o corto detectado en el circuito para el control del relé para apagar el motor automáticamente.
	o Detección del voltaje Z1	No voltaje Z1 detectado cuando el relé para apagar el motor automáticamente es energizado (sistemas de turbo solamente).
	o No detección del voltaje del relé ASD (cancelación automática) en el controlador	No voltaje ASD detectado cuando el relé ASD es energizado (1991 y sistemas de lumbreras)
Código 43	Circuito para el control de la ignición	Controlador de rendimiento de la bobina de la ignición no responde apropiadamente a la señal del control del dwell (1989 turbo).
	o Circuito número uno de la bobina	Corriente más alta del circuito primario no se obtiene en el tiempo máximo del dwell de la ignición (motor de 3.3L 1990).
	o Circuito número dos de la bobina de la ignición	Corriente más alta del circuito primario no se obtiene en el tiempo máximo del dwell (motor de 3.3L 1990).
	o Circuito número tres de la bobina de la ignición	Corriente más alta del circuito primario no se obtiene en el tiempo máximo del dwell (motor de 3.3L 1990).
Código 44	Detectando el voltaje FJ2	No hay voltaje FJ2 presente en la tabla de la lógica durante la operación del controlador (1987 a 1989 sistemas sencillos; 1987 y 1988 sistemas de lumbreras; modelos de turbo
Código 45	Límite de la amplificación excedido	Lectura del MAP más alta del límite de la sobre amplificación detectada durante la operación del vehículo (sistemas de turbo solamente).
Código 46* **	Voltaje del sistema de carga demasiado alto	Entrada del sentido del voltaje de la batería más alto del blanco de voltaje de carga durante Operación del motor
Código 47* **	Voltaje del sistema de carga	Entrada del sentido del voltaje de la batería más bajo del voltaje de carga durante la operación demasiado bajo del motor y no se detecta un cambio significante en el voltaje durante la prueba activa del rendimiento del alternador.
Código 51**	Señal del sensor de oxígeno se mantiene debajo del centro	Señal de entrada del sensor de oxígeno indica una condición de aire y combustible pobre durante la operación del motor.
Código 52**	Señal del sensor de oxígeno se mantiene encima del centro	Señal de entrada del sensor de oxígeno indica una condición de aire y combustible rica durante la operación del motor.
	o Empobreciéndose excesivamente	Valor adaptivo del empobrecimiento excesivo a causa de una condición rica constante.
Código 53	Falla interna del controlador	Condición de falla interna del controlador del motor detectada.
Código 54* **	Falta de la señal del captador de la sincronización	No se detecta la señal del captador de la sincronización del impulsor cuando se gira del motor. Completado el despliegue del código de falla en la luz Check Engine (turbo solamente).
Código 55	N/A No es aplicable	Completado del despliegue del código de falla en la luz Check Engine (turbo solamente).
Código 61*	Solenoide de la lectura BARO	Una condición de circuito abierto o corto es detectada en el circuito del solenoide para la lectura BARO (sensor barométrico) (modelos turbo solamente).
Código 62	Falla del controlador (millas no almacenadas en el EMR) (recordatorio de mantenimiento de las emisiones)	Fracaso en el intento de poner las millas EMR al día en el controlador EPROM (memoria programable de lectura que solamente se puede leer)
Código 63	Falla del controlador (escritura EEPROM negada)	Fracaso en el intento de escribir en la ubicación del EPROM por el controlador.

* *Estos códigos se alumbran en la luz de* CHECK ENGINE *en el tablero de los instrumentos.*

** *Estos códigos se alumbran en la luz de* CHECK ENGINE *en el tablero de los instrumentos en los vehículos con controles de emisiones especiales en California.*

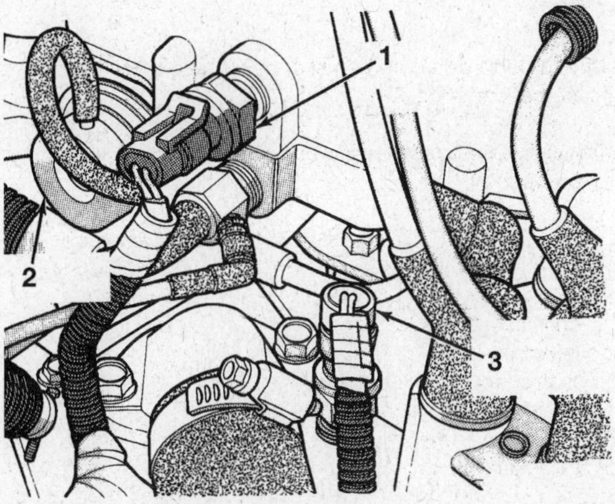

13.8a Sensores de la temperatura de la carga y temperatura del anticongelante (motor de 3.0L)

1 *Sensor de temperatura de la carga*
2 *Regulador de la presión del combustible*
3 *Sensor de temperatura del anticongelante*

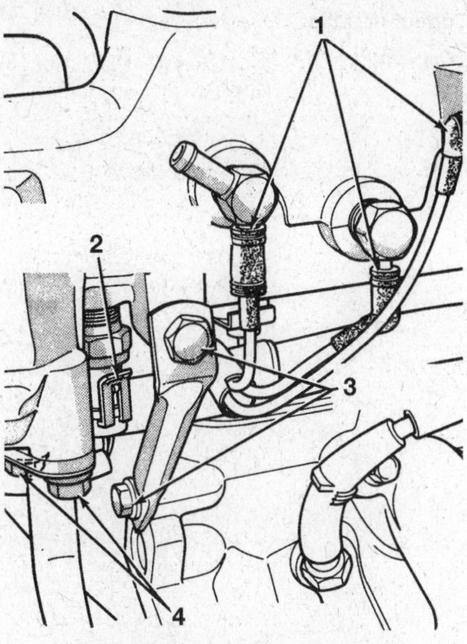

13.8b Sensor de la temperatura de la carga (flecha) (motor de 3.3L)

1 *Conectores de vacío*
2 *Conector eléctrico para el sensor de la temperatura de la carga*
3 *Pernos desde la cabeza de los cilindros al múltiple de admisión*
4 *Pernos del tubo EGR (recirculación de los gases de escape) (2)*

13 Sensores de información - reemplazo

Sensor de referencia del árbol de levas (motores 3.3L y 3.8L)

1 Remueva el alambre del sensor de referencia de la leva en el conector eléctrico **(vea ilustración 11.8)**.

2 Afloje el perno retenedor del sensor de referencia de la leva lo suficiente para permitir deslizar la hendidura en el soporte del sensor pasando del perno.

3 Remueva el sensor de la tapa de la cadena del tiempo. Un anillo de tipo O en el sensor hará difícil remover el sensor de la tapa, pero saldrá si usted persiste. **Caución:** *No hale el alambre del sensor o usted lo dañará.*

4 Si usted vuelve a instalar el mismo sensor, remueva el espaciador viejo, limpie la cara del sensor e instale un espaciador nuevo en la cara. Inspeccione también el anillo sellador de tipo O. Reemplácelo si está desgastado.

5 Si usted va a instalar un sensor nuevo, asegúrese que se ha instalado un espaciador de papel nuevo en la cara y que el anillo sellador de tipo O está en posición apropiadamente en su ranura.

6 Aplique un par de gotas de aceite al anillo sellador de tipo O antes de la instalación. Cuando usted instale el sensor, empújelo hacia abajo hasta que haga contacto con el engranaje de tiempo de la leva. Manténgalo en esta posición mientras usted aprieta el perno retenedor al par de torsión listado en las especificaciones de este Capítulo.

7 Después que usted conecte el alambre del sensor, asegúrese que el alambre es dirigido fuera de la banda.

Sensor de la carga de temperatura (motores de 3.0L, 1991 y más antiguos de 3.3L)

Refiérase a las ilustraciones 13.8a y 13.8b

8 Localice el sensor de la carga de la temperatura en el final de la derecha (lado del pasajero) del pleno de admisión de aire **(vea ilustraciones)**.

9 Remueva el conector eléctrico del sensor.

10 Destornille el sensor.

11 Revista las roscas del sensor nuevo (o el viejo, si usted vuelve a instalarlo) con cinta de teflón, enrósquelo y apriételo firmemente.

12 Acople nuevamente el conector eléctrico.

Sensor de la temperatura del anticongelante

Refiérase a las ilustraciones 13.13a y 13.13b

Peligro: *Espere hasta que el motor esté completamente frío antes de reemplazar el sensor de la temperatura del anticongelante.*

13 El sensor de la temperatura del anticongelante está instalado en el albergue del termostato **(vea ilustraciones para el motor de 3.0L, vea ilustración 13.8a)**.

14 Abra la tapa del radiador para liberar cualquier presión residual. Apriete la manguera superior del radiador y vuelva a instalar la tapa (esto creará un vacío leve en el sistema de enfriamiento, que aminorará la pérdida del anticongelante).

15 Remueva el conector eléctrico del sensor de la temperatura del anticongelante,

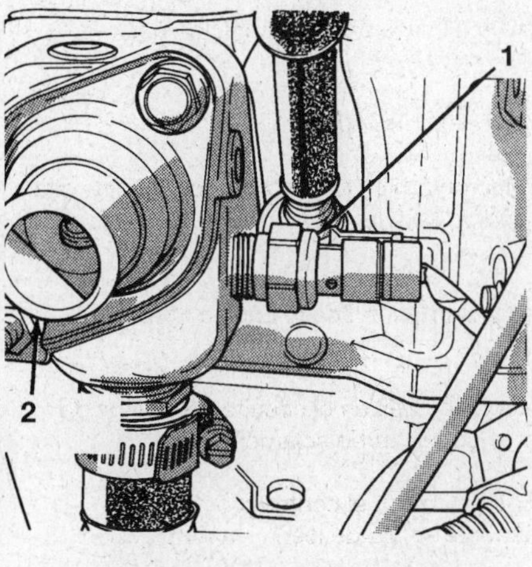

13.13a Sensor de temperatura del anticongelante(se muestra un motor de 2.5L, modelos con turbos son similares)

1 *CTS (sensor de temperatura del anticongelante)*
2 *Albergue del termostato*

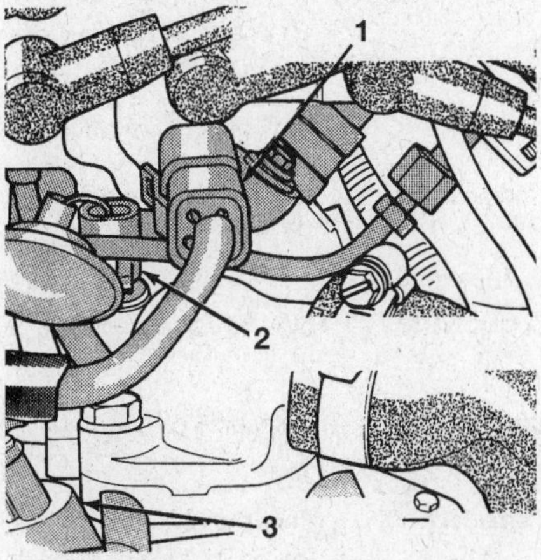

13.13b Sensor de temperatura del anticongelante (motores de 3.3L y 3.8L)

1 *Conexión eléctrica de las bobinas de ignición*
2 *Sensor de temperatura del anticongelante*
3 *Conector del sensor del árbol de levas*

6

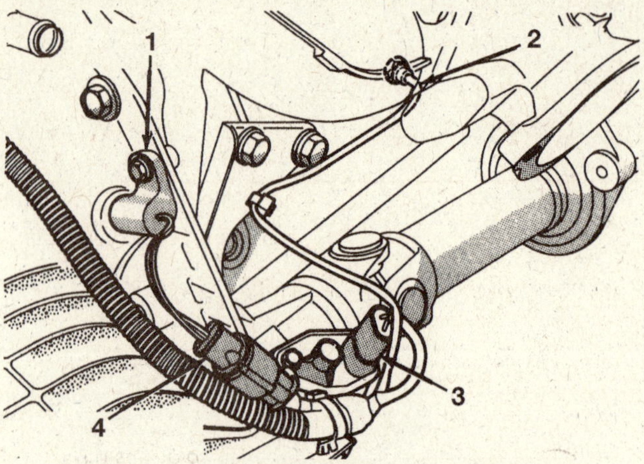

13.18 Sensores de referencia del cigüeñal y de distancia (motores de 3.3L y 3.8L)

1 Sensor de referencia del cigüeñal
2 Sensor de detonación
3 Sensor de distancia
4 Conector eléctrico de tres vías

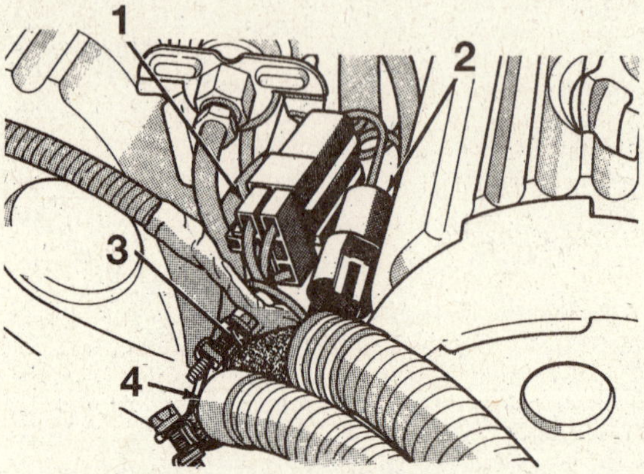

13.25a Conector eléctrico para el sensor de detonación (motor con turbo)

1 Conector eléctrico para los inyectores de combustible
2 Conector eléctrico para el sensor de detonación
3 Manguera para el suministró del combustible
4 Manguera para el regreso del combustible

destornille el sensor y remuévalo.

16 Revista las roscas del sensor nuevo (o el viejo, si usted vuelve a instalarlo) con cinta de teflón, o con un sellador para roscas que no se endurezca, enrósquelo, apriételo firmemente y acople nuevamente el alambre eléctrico.

17 Chequee el nivel del anticongelante y agregue anticongelante si es necesario.

Sensor de referencia del cigüeñal (motores de 3.3L y 3.8L)

Refiérase a la ilustración 13.18

18 Remueva el conector eléctrico del sensor de referencia del cigüeñal **(vea ilustración)**.

19 Afloje el perno retenedor del sensor de referencia del cigüeñal.

20 Remueva el sensor del albergue del transeje.

21 Si usted vuelve a instalar el mismo sensor, remueva el espaciador viejo, limpie la cara del sensor e instale un espaciador nuevo en la cara.

22 Si va a instalar un sensor nuevo, asegúrese que se haya instalado un espaciador de papel nuevo en la cara.

23 Cuándo usted instale el sensor, empújelo hacia abajo hasta que haga contacto con el plato flexible. Manténgalo en esta posición mientras usted aprieta el perno retenedor al par de torsión listado en las especificaciones de este Capítulo.

24 Conecte el conector del sensor eléctrico.

Sensor de detonación (pistonéo) (motores turbo y 1991 y más antiguos de 3.3L)

Refiérase a las ilustraciones 13.25a, 13.25b, 13.26a y 13.26b

25 Remueva el conector eléctrico al sensor detonación (pistonéo) **(vea ilustraciones)**.

26 Destornille el sensor **(vea ilustraciones)**.

27 La instalación se hace en el orden inverso al procedimiento de desensamble.

Sensor de distancia (velocidad)

Refiérase a la ilustración 13.28

28 El sensor de la distancia (velocidad) está localizado en el albergue de la extensión del transeje **(vea ilustración)**.

29 Remueva el conector eléctrico.

30 Remueva el perno retenedor y levante el sensor del transeje.

31 La instalación se hace en el orden inverso al procedimiento de desensamble .

MAP (sensor de la presión absoluta del múltiple de admisión)

32 Separe la manguera de vacío del sensor

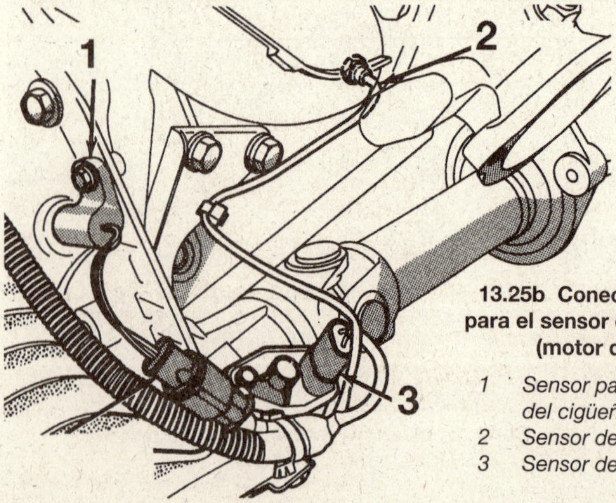

13.25b Conector eléctrico para el sensor de detonación (motor de 3.3L)

1 Sensor para la posición del cigüeñal
2 Sensor de detonación
3 Sensor de la distancia

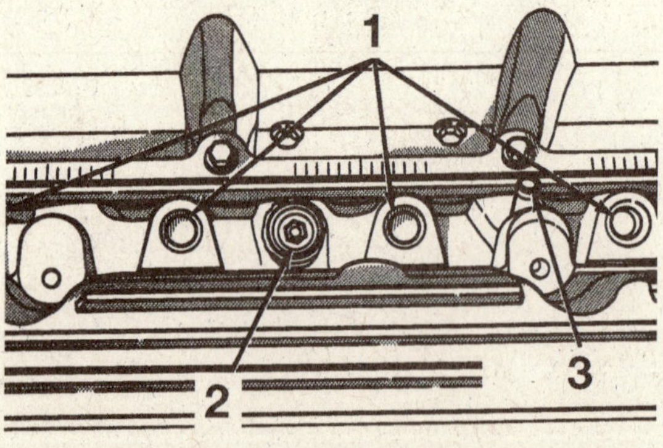

13.26a Sensor de detonación (motor con turbo)

1 Puertos para los inyectores de combustible
2 Sensor de detonación
3 Acoplador para la PCV (ventilación positiva del cárter)

(vea ilustraciones 11.14a hasta 11.14e).

33 Remueva el conector eléctrico del sensor.

34 Remueva los pernos del sensor y remueva el sensor.

35 La instalación se hace en el orden inverso al procedimiento de desensamble.

Sensor de oxígeno

Refiérase a las ilustraciones 13.36a, 13.36b, 13.36c y 13.36d

36 Remueva el conector eléctrico del sensor de oxígeno **(vea ilustraciones)**.

37 El sensor está enroscado en el múltiple de escape. Para localizarlo, simplemente trace el alambre eléctrico. En algunos modelos puede ser más fácil de removerlo si usted levanta el frente del vehículo (sopórtelo firmemente en estantes) para obtener acceso a la parte inferior del compartimiento del motor.

13.26b Sensor de detonación (motor de 3.3L)

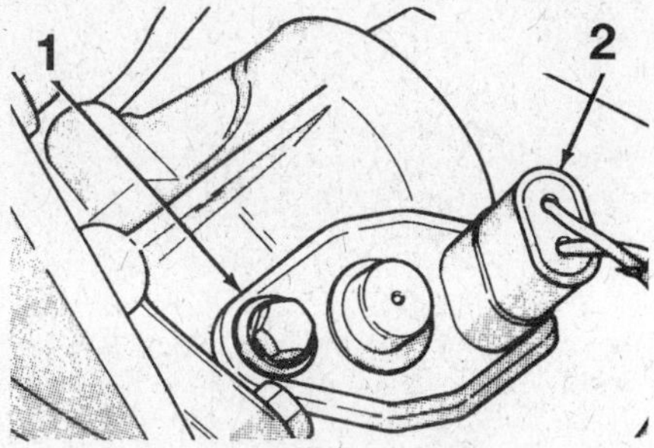

13.28 Sensor típico de la distancia (velocidad)

1 *Sensor de la distancia*
2 *Conector eléctrico de dos vías para el sensor de la distancia*

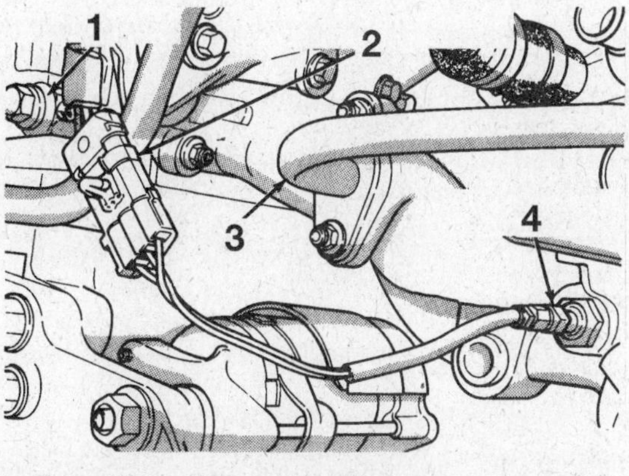

13.36a Conector eléctrico para el sensor de oxígeno (motores de 2.5L)

1 *Tierra para el cuerpo de aceleración*
2 *Conector eléctrico de tres vías para el sensor de oxigeno*
3 *Tubo EGR (recirculación de los gases de escape)*
4 *Sensor de oxigeno calentado*

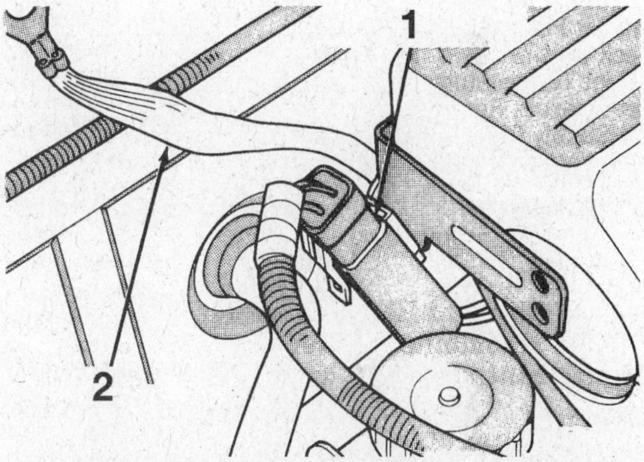

13.36b Conector eléctrico para el sensor de oxígeno (motor con turbo)

1 *Conector eléctrico de cuatro vías para el sensor de oxigeno*
2 *Cinturón para la tierra*

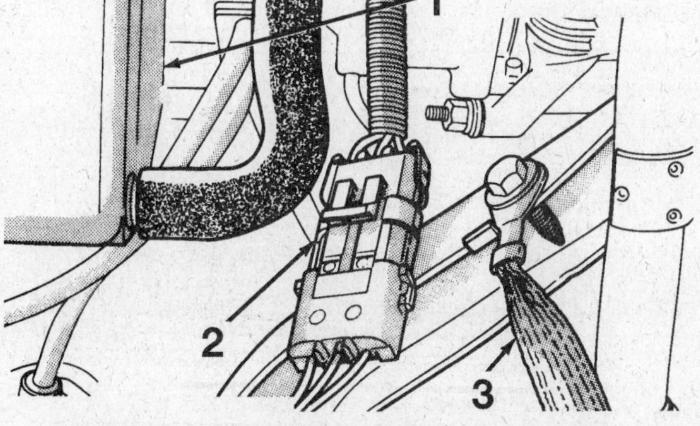

13.36c Conector eléctrico para el sensor de oxígeno (motores de 3.0L)

1 *Purificador de aire*
2 *Conector eléctrico para el sensor de oxigeno calentado*
3 *Cinturón para la tierra*

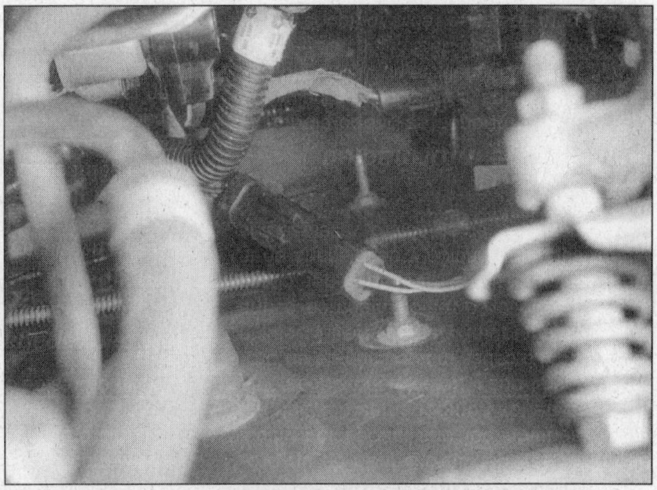

13.36d Conector eléctrico para el sensor de oxígeno (3.3L y motores 3.8L)

6

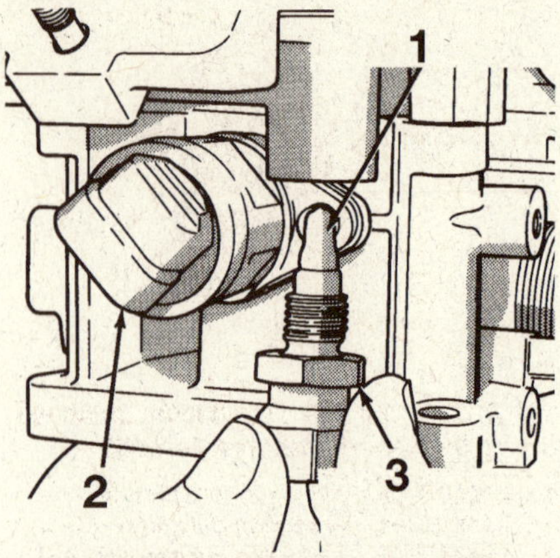

13.47 Aplique atascamiento para la transferencia de calor (incluido con el sensor nuevo) a la punta del sensor de la temperatura del cuerpo de aceleración (motores de 1987 hasta 1990 de 2.5L)

1 *Compuesto para la transferencia del calor*
2 *Motor AIS (control de la marcha mínima)*
3 *Sensor de la temperatura del cuerpo de aceleración*

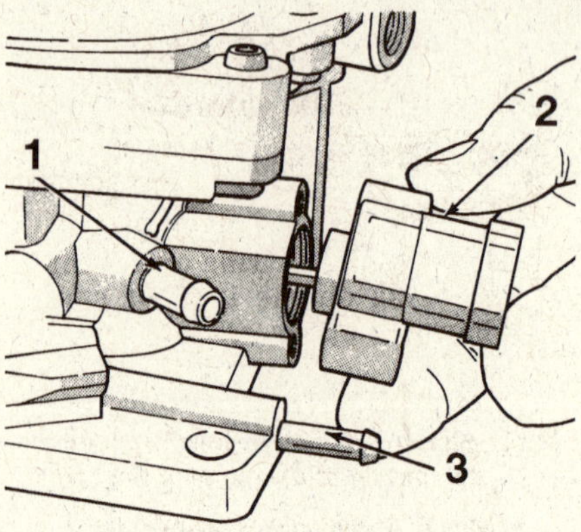

13.52a Removiendo el TPS (sensor del ángulo de apertura del acelerador) del cuerpo de inyección en los motores de 2.5L

1 *TPS (sensor del ángulo de apertura del acelerador)*
2 *Acoplador para la purga del canasto*
3 *Acoplador para el MAP (sensor de la presión absoluta del múltiple de admisión)*

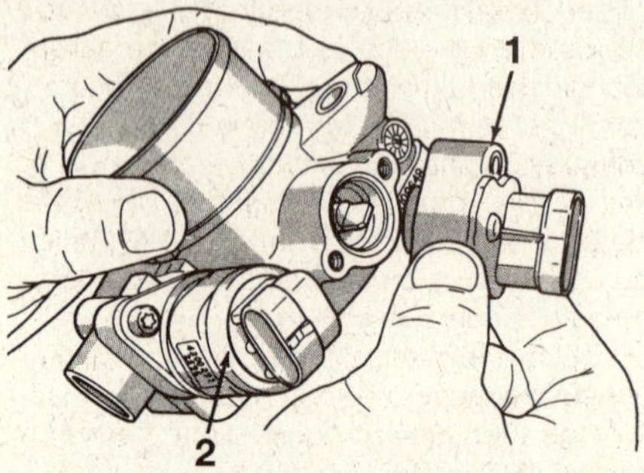

13.52b Removiendo el TPS (sensor del ángulo de apertura del acelerador) del cuerpo de inyección de un turbo en un motor de 3.0L

1 *TPS (sensor del ángulo de apertura del acelerador)*
2 *Motor AIS (control de la marcha mínima)*

38 Destornille el sensor. Chrysler recomienda usar la herramienta especial C-4907 para los sensores calentados (más importante si, por ejemplo, está simplemente removiendo un sensor bueno de un múltiple defectuoso y piensa volver a instalarlo en otro múltiple).
39 Emplee una terraja macho para limpiar las roscas del múltiple de escape.
40 Si usted vuelve a instalar el mismo sensor, aplique una película de anti atascamiento a las roscas. Un sensor nuevo ya debe tener el anti atascamiento en las roscas; si no lo tiene, póngale un poco.
41 Instale el sensor, apriételo firmemente y conecte el conector eléctrico.

13.52c Ubicación del TPS (sensor del ángulo de apertura del acelerador) (motores de 3.3L y 3.8L)

Sensor de la temperatura del cuerpo de inyección (motores de 1987 al 1990 de 2.5L)

Refiérase a la ilustración 13.47

42 Remueva el purificador de aire (vea Capítulo 4).
43 Desconecte los cables del acelerador de la palanca del acelerador (vea Capítulo 4).
44 Remueva los tornillos del soporte del cable del acelerador y remueva el soporte.
45 Halándolo hacia abajo, desconecte el conector eléctrico del sensor.
46 Remueva el sensor.
47 Aplique transferencia para el calor (incluido con el sensor) a la punta del sensor **(vea ilustración)**.
48 Instale el sensor y apriételo firmemente.
49 La instalación se hace en el orden inverso al procedimiento de desensamble.

TPS (sensor del ángulo de apertura del acelerador)

Refiérase a las ilustraciones 13.52a, 13.52b y 13.52c

50 En los motores de 2.5L, remueva el ensamblaje del purificador de aire (vea Capítulo 4).
51 Remueva el conector eléctrico del TPS (conector de tres alambres).
52 Remueva los dos tornillos retenedores del TPS al cuerpo del acelerador, hale el TPS hacia fuera del eje del acelerador y remueva el TPS **(vea ilustraciones)**.
53 La instalación se hace en el orden inverso al procedimiento de desensamble. Asegúrese que la punta plana del eje del acelerador se asienta apropiadamente en la hendidura en el TPS. Apriete los tornillos retenedores firmemente.

14 PCV (ventilación positiva del cárter) - sistema

Descripción general

Refiérase a las ilustraciones 14.1a, 14.1b, 14.1c, 14.1d, 14.1e y 14.1f

1 El sistema PCV (ventilación positiva del

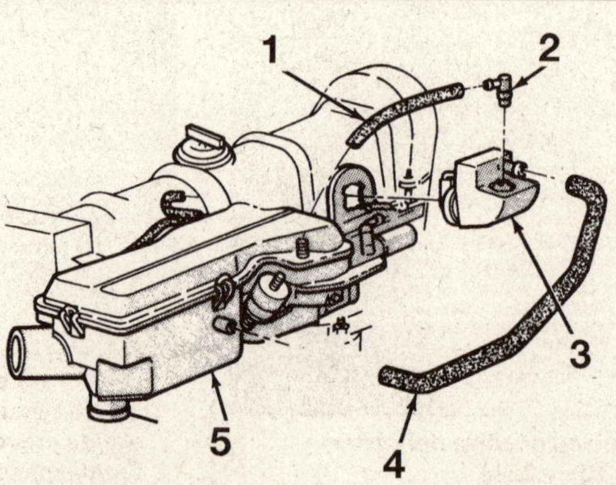

14.1a Sistema PCV (ventilación positiva del cárter) (motores de 2.2L)

1 *En dirección al ensamblaje del tubo de calor*
2 *Válvula PCV (ventilación positiva del cárter)*
3 *Ventilación para el módulo*
4 *Manguera de ventilación*
5 *Purificador de aire*

cárter) **(vea ilustraciones)** está diseñado para reducir las emisiones HC (hidrocarburos) dirigiendo los gases (la mezcla de aire y combustible que se fuga de la cámara de la compresión pasando los anillos de los pistones en el cárter de cigüeñal) del cárter del cigüeñal al múltiple de admisión y la cámara de combustión, donde éstos son quemados durante la operación del motor.

2 El sistema es muy sencillo y está compuesto de mangueras de caucho y una válvula de mediación pequeña que se reemplaza (válvula PCV).

Chequeo y reemplazo de los componentes

Refiérase a la ilustración 14.3

3 Con el motor en marcha mínima, hale la válvula PCV del calzo y ponga su dedo en el lugar de la apertura de la válvula **(vea ilustración).** Un vacío fuerte se sentirá y un ruido de silbido se oirá si la válvula está operando

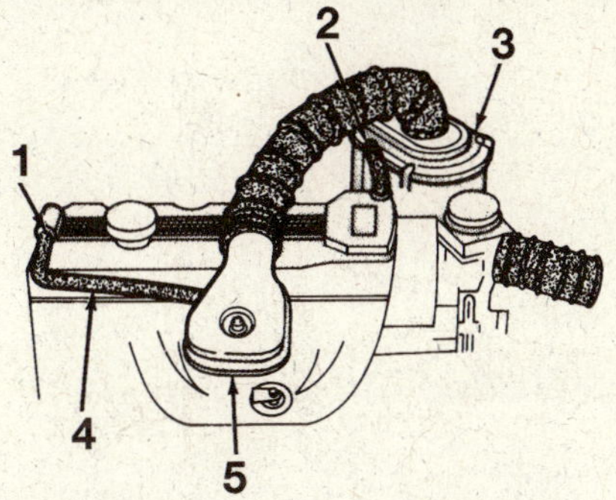

14.1b Sistema PCV (ventilación positiva del cárter) (motores de 2.6L)

1 *Válvula PCV (ventilación positiva del cárter)*
2 *Manguera de entrada para el cárter*
3 *Purificador de aire*
4 *Manguera PCV (ventilación positiva del cárter)*
5 *Hacia el acoplador del carburador*

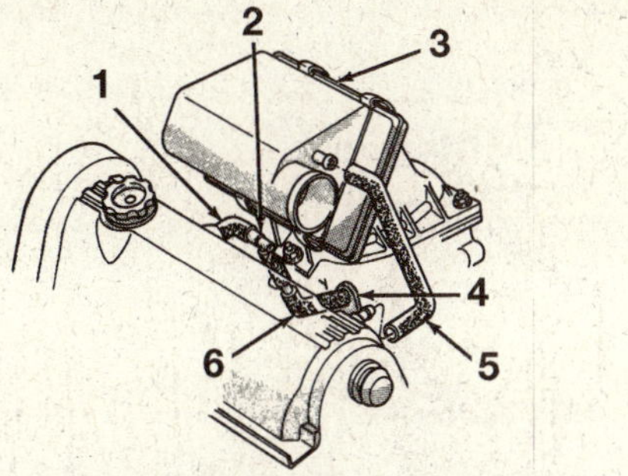

14.1c Sistema PCV (ventilación positiva del cárter) (motores de 2.5L)

1 *Ensamblaje de la manguera para la válvula de la ventilación del cárter*
2 *Válvula PCV (ventilación positiva del cárter)*
3 *Purificador de aire*
4 *Múltiple de admisión*
5 *Ventilación del cárter al purificador de aire*
6 *Manguera para la válvula de la ventilación del cárter*

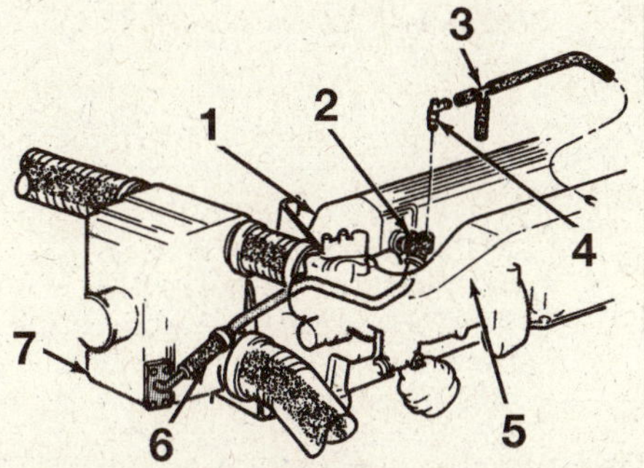

14.1d Sistema PCV (ventilación positiva del cárter) (motores de 2.5L)

1 *Tapa de los balancines*
2 *Grapa*
3 *Ventilación del cárter al múltiple de admisión*
4 *Válvula PCV (ventilación positiva del cárter)*
5 *Múltiple de admisión*
6 *Ventilación del cárter al purificador de aire*
7 *Purificador de aire*

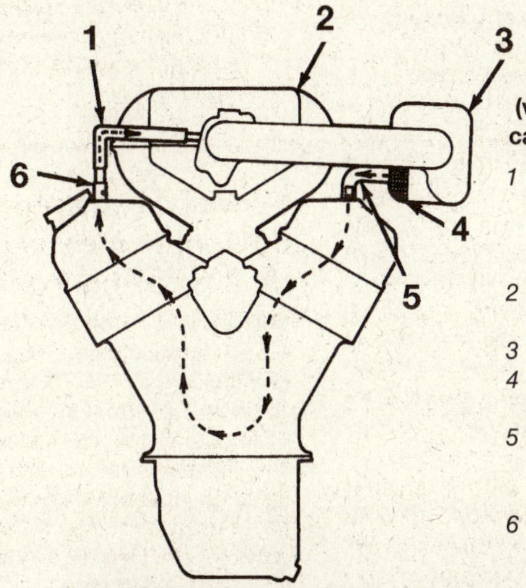

14.1e Sistema PCV (ventilación positiva del cárter) (motores de 3.0L)

1 *Ensamblaje de la manguera para la válvula de la ventilación del cárter*
2 *Pleno para el aire de admisión*
3 *Purificador de aire*
4 *Entra del purificador de aire para el cárter*
5 *Ventilación del cárter a la manguera del purificador de aire*
6 *Válvula PCV (ventilación positiva del cárter)*

14.1f Sistema PCV (ventilación positiva del cárter) (motores de 3.3L y 3.8L)

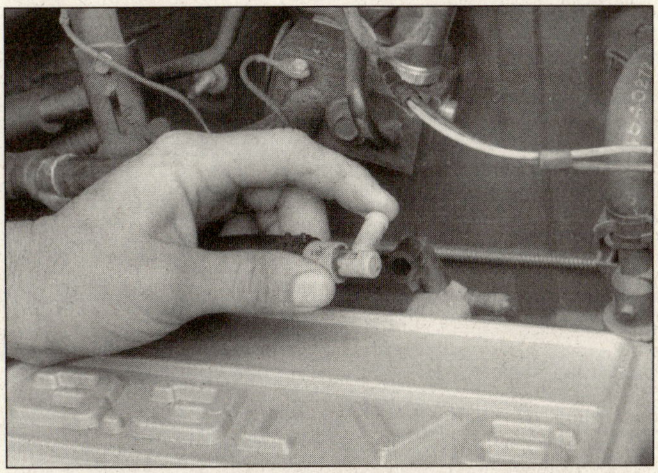

14.3 Para chequear la válvula PCV (ventilación positiva del cárter), remuévala con el motor en marcha - usted debe oír un silbido proveniente de la válvula y usted debe sentir un vacío fuerte cuando usted coloque su dedo en el final de la válvula

correctamente. Reemplace la válvula con una nueva, como está descrito en Capítulo 1, si no está funcionando como está descrito. No procure limpiar la válvula vieja.

15 EVAP (control de evaporación de las emisiones) - sistema

Descripción general

1 Este sistema está diseñado para atrapar, almacenar el combustible que se evapora del carburador, del tanque de combustible y que entraría normalmente a la atmósfera en la forma de emisiones de HC (hidrocarburos).

2 El sistema empleado en los motores con carburador (2.2L y 2.6L) se compone de un canasto lleno de carbón, un canasto amortiguador, una válvula de combinación, un separador, una válvula para la ventilación de la taza, líneas de conexión y mangueras. Los modelos con carburadores más modernos tienen también una VCOTVV (válvula de vapor con orificio en el tanque controlada por vacío). El sistema empleado en los motores de combustible-inyectado (2.5L, turbo, 3.0L, 3.3L y 3.8L) es similares.

3 Cuándo el motor está apagado y una presión alta empieza a aumentar en el tanque de combustible (cambio por la evaporación del combustible), el carbón en el canasto absorbe el vapor del combustible. En algunos modelos, el vapor de la taza del flotador del carburador entra también al canasto. Cuándo el motor es puesto en marcha (frío), el carbón continúa absorbiendo y almacenando el vapor del combustible. Cuando el motor se calienta, los vapores del combustible almacenados son dirigido al múltiple de admisión o al purificador de aire y a la cámara de combustión donde estos son quemados durante la operación normal del motor.

4 El canasto es purgado empleando aire de la bomba de inyección de aire o la válvula de purga.

5 En los motores de 2.6L un canasto de amortiguación sirve como un dispositivo para el control de la purga. Los vapores del combustible liberados del canasto principal pasan por el canasto amortiguador y son momentáneamente sostenidos antes de pasar al múltiple de admisión. Cuándo el motor es apagado, una válvula respiradora de tipo taza se abre para que el carburador sea ventilado directamente al canasto principal.

6 Los motores de combustible-inyectado (2.5L, turbo, 3.0L, 3.3L y 3.8L) tiene un dispositivo conocido como un solenoide purga que previene la purga del canasto durante el calentamiento del motor, por un cierto período de tiempo después de poner el motor en marcha caliente y durante ciertas condiciones de marcha mínima. Bajo estas condiciones, el SMEC/SBEC conecta el SMEC/SBEC a tierra, el cuál lo energiza, previniendo que el vacío alcance la válvula del canasto. Cuándo el motor llega a una temperatura especificada de operación y el intervalo especificado de demora de tiempo ha pasado, el solenoide es desconectado de la tierra, y energizado. El vacío puede otra vez fluir a la válvula para la purga del canasto de carbón y purgar los vapores del combustible por el cuerpo de aceleración.

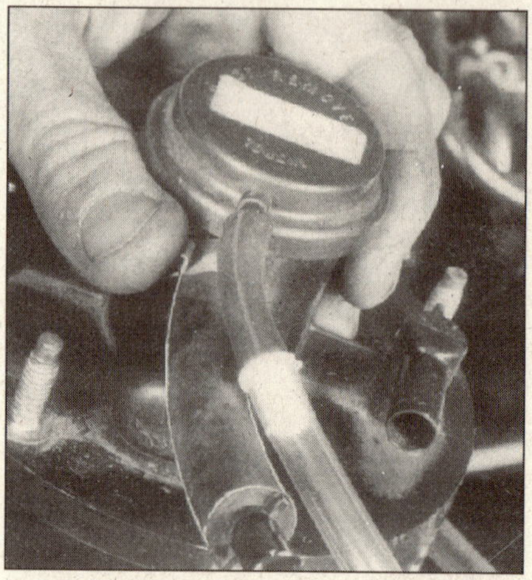

15.10 Al chequear la válvula de retraso para el canasto, aplique vacío con una bomba de mano

7 La válvula de liberación, que está instalada en la tapa del abastecedor del tanque de combustible, está calibrada para abrirse cuando el vacío del tanque de combustible o la presión llega a un cierto nivel. Esto ventila el tanque de combustible y alivia el vacío alto o la presión.

Chequeo

Canasto, líneas, mangueras, válvula de liberación del final de la tapa del abastecedor del combustible

8 Chequee el canasto y las líneas por roturas y otros daños.

9 Para chequear la tapa del abastecedor y la válvula de liberación, remueva la tapa y separe la válvula destornillándola. Busque una junta desgastada o deformada y asegúrese que la válvula de liberación no está atascada abierta. Si la válvula o la junta no está en buena condición, reemplace la tapa del abastecedor con una nueva.

Válvula para el retraso de vacío

Refiérase a la ilustración 15.10

10 Un síntoma de una falla de la válvula de retraso es dificultad en empezar el motor cuando está caliente. Desconecte primero la manguera de vacío **(vea ilustración)** y conéctele una bomba de vacío a ésta. Si la válvula no puede contener la cantidad de vacío listado en las especificaciones de este Capítulo, reemplace el canasto con uno nuevo.

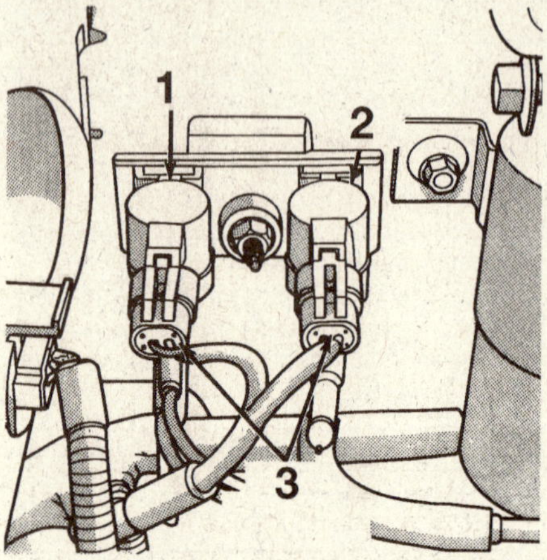

15.16a Instalación típica del solenoide para la purga del canasto de carbón, en el guardafango interior derecho, atrás de la luz (motor de turbo mostrado, los motores de 2.5L son similares)

1 Solenoide para la purga del canasto
2 Solenoide EGR para los TBI (cuerpo de inyección de combustible) o solenoide de desecho para el turbo
3 Conector eléctrico de 2 vías

Solenoide para la purga del canasto de carbón

11 El solenoide para la purga del canasto de carbón está controlado por el SMEC/SBEC. Un Código 31 en la luz de Check Engine indica un funcionamiento defectuoso en algún lugar del circuito para este dispositivo, pero determinar si el circuito o el solenoide es el problema es parte de una prueba diagnóstica más grande, a menos que usted haya obtenido un DRB II (caja para leer diagnósticos) (Miller C-4805 o el equivalente), puede ser conducido solamente por el departamento de servicio de su concesionario u otro taller de reparación equipado con esta herramienta.

Reemplazo de los componentes

Canasto

12 El canasto está localizado en la esquina del compartimiento del motor, debajo de la luz.

13 Desconecte las mangueras de vacío.

14 Remueva los pernos del calzo y baje el canasto, removiéndolo debajo del vehículo.

15 La instalación se hace en el orden inverso al procedimiento de desensamble.

Solenoide para la purga del canasto de carbón

Refiérase a las ilustraciones 15.16a y 15.16b

16 El solenoide para la purga del canasto de carbón está localizado a la derecha del guardafango interior directamente atrás de la luz **(vea ilustraciones)**. Para reemplazarlo, remueva el conector eléctrico, remueva el

15.16b Instalación típica del solenoide para el canasto de carbón (motores de 3.3L)

perno del calzo del soporte y separe el soporte del solenoide. La instalación se hace en el orden inverso al procedimiento de desensamble.

16 Admisión del aire calentado - sistema

Descripción general

Refiérase a las ilustraciones 16.2, 16.3, 16.4 y 16.6

1 El sistema para la admisión del aire calentado está diseñado para mejorar la maniobrabilidad, reducir las emisiones y pre-

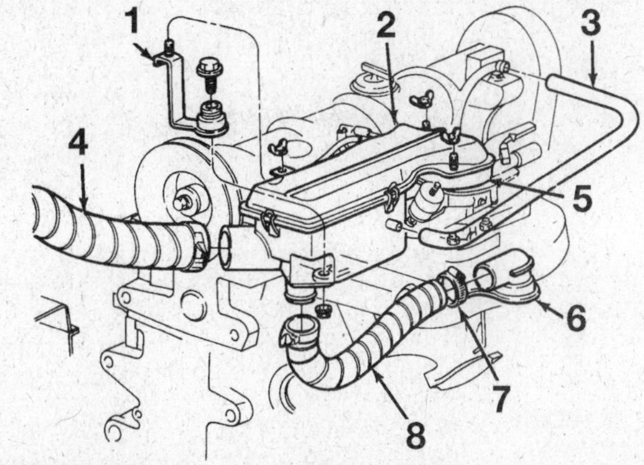

16.2 Sistema de la admisión del aire calentado (motores de 2.2L)

1 *Soporte para el purificador de aire*
2 *Purificador de aire*
3 *Manguera del cárter*
4 *Ducto del aire externo*
5 *Junta*
6 *Calentador del aire para el carburador*
7 *Grapa*
8 *Conector*

venir la congelación del carburador en el clima frío dirigiendo el aire caliente alrededor del múltiple de escape a la admisión del purificador de aire.

2 En los motores de 2.2L el sistema está hecho con dos circuitos **(vea ilustración)**. Cuándo la temperatura del aire de afuera está más baja de 10 grados F., el carburador de la admisión del aire fluye por el conector flexible, encima del purificador de aire y adentro del carburador. Cuándo la temperatura del aire e;stá encima de 15 grados F., el aire entra al purificador de aire por el conducto de aire de afuera.

3 En los motores de 2.6L, la puerta en el ensamblaje del purificador de aire está controlado por un motor de vacío que es accionado por un sensor de temperatura bimetal **(vea ilustración)**. El sensor reacciona a ambos, el vacío del múltiple de admisión y de la temperatura de aire dentro del purificador de aire mismo. Cuándo la temperatura del aire dentro de la bocina de aire está a 85 grados F. o más baja, la válvula de purga de aire en el sensor permanece cerrada y el vacío de múltiple de admisión abre la puerta del control de aire para dirigir el aire calentado al carburador. Cuándo la temperatura del aire dentro del purificador de aire está a113 grados F. o más alta, el sensor de la válvula de purga del aire abre la puerta de conducto de aire, permitiendo que el aire de afuera entre directamente al carburador. En las temperaturas entre los dos extremos, el sensor proporciona una mezcla de aire de afuera y calentado al carburador.

4 En los motores de 2.5L, la temperatura del aire entrante está controlado por el vacío

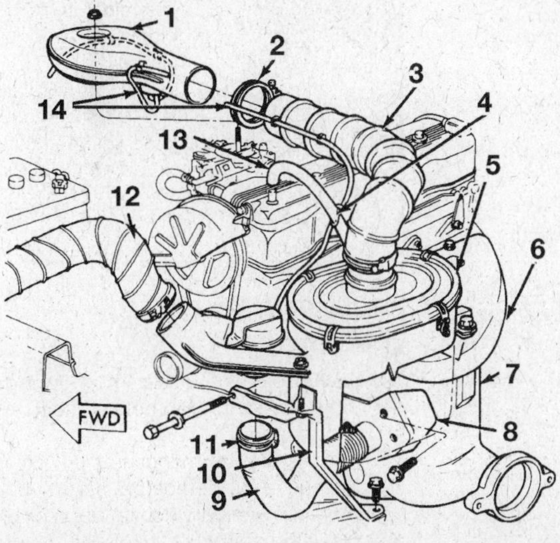

16.3 Sistema de la admisión del aire calentado (motores de 2.6L)

1 *Albergue para el purificador de aire*
2 *Grapa*
3 *Manguera para la admisión de aire*
4 *Retenedor*
5 *Purificador de aire*
6 *Protector para el calor*
7 *Múltiple de escape*
8 *Protector para el calor*
9 *Ducto para el calor*
10 *Soporte para el purificador de aire*
11 *Grapa*
12 *Ducto de aire externo*
13 *Manguera de ventilación*
14 *Manguera de vacío*

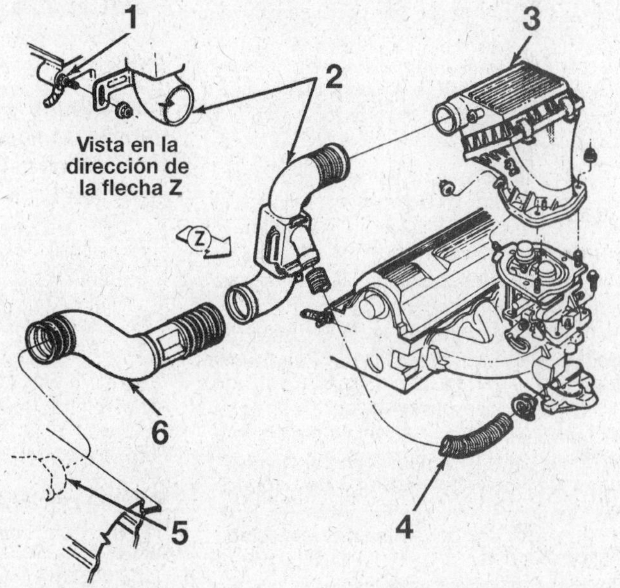

16.4 Sistema de la admisión del aire calentado (motores de 2.5L)

1 *Tierra del arnés*
2 *Ensamblaje de aire caliente*
3 *Ensamblaje del purificador de aire*
4 *Conector del aire calentado*
5 *Módulo de control*
6 *Ducto de aire fresco*

6

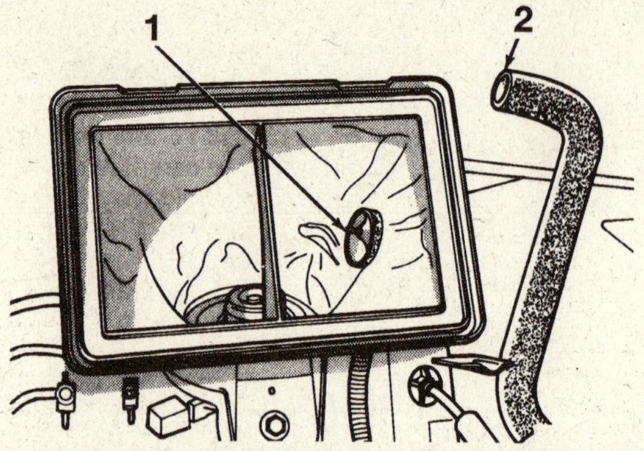

16.6 Sensor de la temperatura para el sistema de aire calentado (motores de 2.5L)

1 Sensor de la temperatura para la admisión del aire calentado
2 Ventilación del cárter a la manguera del purificador de aire

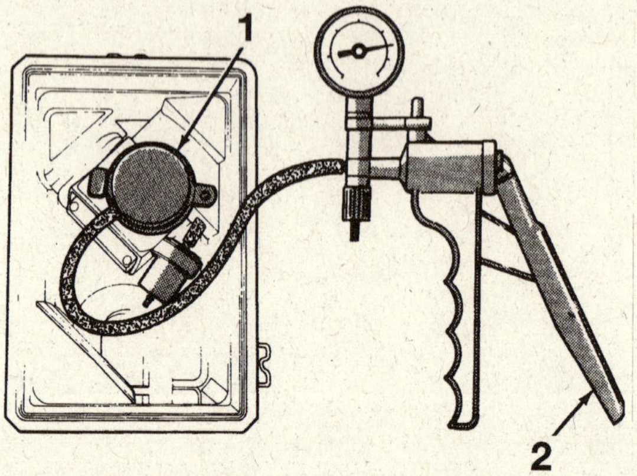

16.11 Chequee el diafragma de vacío con una bomba de vacío (motores de 2.2L)

1 Diafragma de vacío 2 Bomba de vacío

del múltiple de admisión, un sensor de temperatura y un diafragma de vacío que opera la puerta del control del calor en el conducto **(vea ilustración)**.

5 Cuándo la temperatura del aire de ambiente está a 15 grados F. o más encima de la temperatura de control, el aire entrante fluye por el conducto (la admisión de aire de afuera).

6 Cuándo la temperatura del aire del ambiente está más baja de la temperatura del control durante el encendido, el aire fluye por ambos, la estufa y el conducto (la admisión calentada por el múltiple de escape). Entre más frío el aire de ambiente, más grande es el flujo de aire através de la estufa; entre más caliente el aire, más grande es el flujo de aire através del conducto. La cantidad de aire que fluye por cada puerto de admisión es regulado por una puerta de control del calor en el conducto para mantener una temperatura predeterminada en el sensor de la temperatura instalado dentro del albergue del purificador de aire **(vea ilustración)**.

Chequeo

General

7 Refiérase al Capítulo 1 para el procedimiento de chequeo general. Si el sistema no está operando apropiadamente, chequee los componentes individuales de la siguiente forma.

8 Chequee todas las mangueras de vacío por roturas, doblados, recorrido apropiado y secciones rotas. Asegúrese que las envolturas y los conductos estén en buena condición también.

Motor de 2.2L

Refiérase a la ilustración 16.11

9 Remueva el ensamblaje del purificador de aire del motor y permita que se refresque a 65 grados F. Aplique 20 pulgadas Hg (mercurio) de vacío al sensor, empleando una bomba de vacío de mano.

10 La puerta del conducto debe estar en la posición hacia encima (calefacción encendida) con el vacío aplicado. Si no, chequee el diafragma de vacío.

11 Al chequear el diafragma, aplique lentamente el vacío con la bomba de mano mientras observa la puerta **(vea ilustración)**.

12 La puerta del conducto no debe empezar a abrirse en menos de 2 pulgadas Hg y debe abrirse completamente a 4 pulgadas Hg o menos. Con 20 pulgadas Hg aplicado, el diafragma no debe purgarse más de 10 pulgadas Hg en cinco minutos.

13 Reemplace el sensor del diafragma o el vacío con unidades nuevas si estos fallan cualquiera de las pruebas. Pruebe la unidad(es) nueva como está descrito antes de volver a instalar el ensamblaje del purificador de aire.

Motor de 2.6L

14 Con el motor frío y la temperatura de aire a menos de 85 grados F, vea si la válvula del control de aire está en la posición hacia encima (calefacción encendida).

15 Caliente el motor a la temperatura de operación normal. Con la temperatura del aire en la entrada del conducto a 113 grados F., la puerta debe estar en la posición hacia abajo (calefacción apagada).

16 Remueva el ensamblaje del purificador de aire del motor y permita que se refresque a 85 grados F. Conecte una bomba de vacío de mano al sensor.

17 Aplique 15 pulgadas Hg (mercurio) de vacío al sensor y vea si la puerta está ahora en la posición hacia encima (calefacción encendida). Si no está, chequee el motor de vacío.

18 Aplique 10 pulgadas Hg de vacío al motor con la bomba de vacío y vea si la válvula está en la posición hacia encima. Si no está, reemplace el motor con uno nuevo. En estos vehículos el motor de vacío es una parte íntegra del cuerpo del purificador de aire y el ensamblaje entero debe ser reemplazado.

Motor de 2.5L

Refiérase a la ilustración 16.23

19 Asegúrese que todas las mangueras de vacío y conectores de tubo flexible entre la estufa y el purificador de aire estén apropiadamente conectados y libre de roturas.

20 Con un motor frío y la temperatura del ambiente más baja de 115 grados F., la puerta del control del calor debe estar en la posición hacia encima (calefacción encendida).

21 Con el motor tibio y en marcha, chequee la temperatura del aire que entra al conducto o al sensor. Cuándo la temperatura del aire que entra al final exterior del conducto es 140 grados F. o más, la puerta debe estar en la posición hacia abajo o (calefacción apagada).

22 Remueva el purificador de aire del motor y permita que se enfríe a 115 grados F. Aplique 20 pulgadas Hg de vacío al sensor de la temperatura. La puerta debe estar en la posición hacia encima (calefacción encendida). Si la puerta no asciende a la posición de la calefacción encendida, chequee el diafragma de vacío por la operación apropiada.

23 Para chequear el diafragma, aplique 20 pulgadas Hg de vacío con una bomba de vacío **(vea ilustración)**. El diafragma no debe

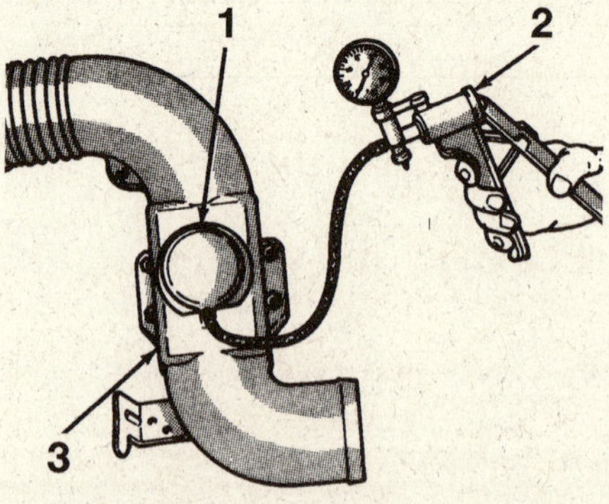

16.23 Chequee el diafragma de vacío con una bomba de vacío (motores de 2.5L)

1 Diafragma de vacío
2 Bomba d vacío
3 Ensamblaje del aire calentado

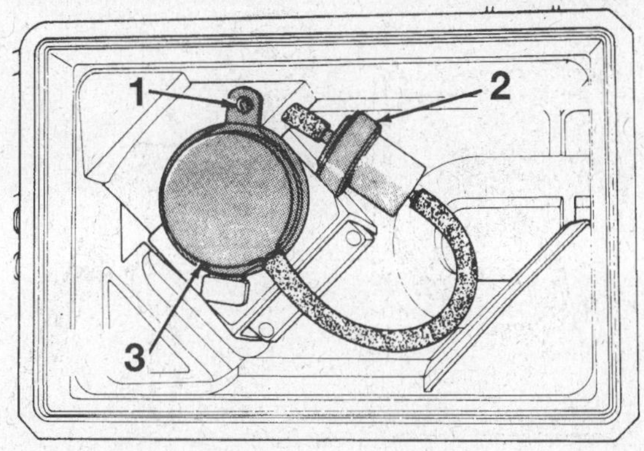

16.26 Remueven el remache para reemplazar el diafragma de vacío en un motor de 2.2L

1 Remache
2 Válvula de retraso de vacío
3 Diafragma de vacío

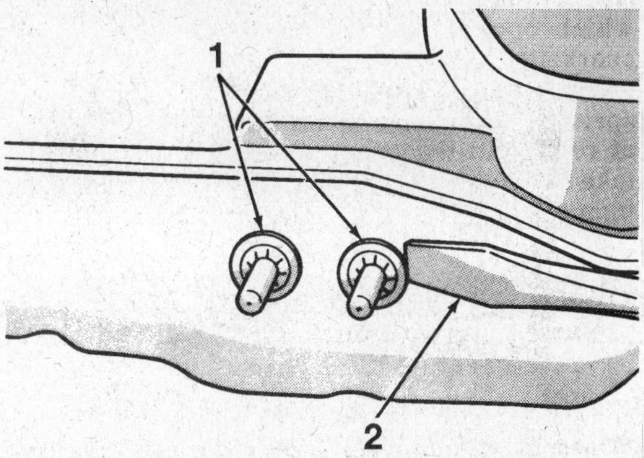

16.31 Hágale palanca a los retenedores del sensor de la temperatura con un destornillador . . .

1 Retenedores
2 Destornillador

purgar más de 10 pulgadas Hg de vacío en cinco minutos. Y la puerta no debe levantarse del fondo del conducto menos de 2 pulgadas Hg de vacío, pero debe estar en la posición más levantada sin más de 4 pulgadas Hg de vacío.

24 Si el diafragma de vacío no rinde como está descrito encima, reemplace el ensamblaje del aire calentado.

25 Si el diafragma de vacío rinde satisfactoriamente, pero la temperatura que se mantiene está incorrecta. Reemplace el sensor de la temperatura y repita los Pasos 20 y 21.

Reemplazo de los componentes

Motor de 2.2L

Diafragma de vacío

Refiérase a la ilustración 16.26

26 Con el purificador de aire removido, desconecte la manguera de vacío y remueva el remache con un taladro **(vea ilustración)**.

27 Remueva el diafragma fuera del engrane volcándolo hacia adelanta levemente mientras lo voltea un poquito a la izquierda. Una vez que esté fuera del engrane, la unidad puede ser removida moviéndola a un lado, desconectando la biela de la puerta de control y separándola del ensamblaje del purificador de aire.

28 Chequee la puerta del control por movimiento libre levantándola completamente a la posición abierta y permitiendo que se caiga y se cierre. Si no se cierra fácilmente, libérela. Chequee también que la clavija de la bisagra tenga movimiento libre, usando aire comprimido o limpiador de rocío para remover cualquier materia extranjera.

29 Para instalar el diafragma, inserte el final de la biela en la puerta del control y posicione las espigas (pestañas) del diafragma en la hendidura, volteando el diafragma hacia la derecha hasta que se engrane. Remache la etiqueta en su lugar.

30 Conecte la manguera de vacío.

Sensor

Refiérase a las ilustraciones 16.31 y 16.32

31 Desconecte las mangueras de vacío y use un destornillador para hacerle palanca a los retenedores **(vea ilustración)**.

32 Separe el sensor del albergue **(vea ilustración)**.

33 Coloque la junta en el sensor nuevo, inserte el sensor en el albergue, manténgalo en su lugar hasta que la junta esté comprimida para formar un buen sello e instale los retenedores nuevos.

34 Conecte las mangueras de vacío.

Motor 2.5L

Sensor

Refiérase a las ilustraciones 16.37 y 16.39

35 Remueva el albergue del purificador de aire (vea Capítulo 4).

36 Separe las mangueras de vacío del sensor.

37 Remueva el retenedor(es) con un destornillador **(vea ilustración)**. Hale el retenedor(es) viejo. Los retenedores nuevos son suministrados con el sensor nuevo.

38 Remueva el sensor y la junta. Hale la junta vieja. Una nueva es incluida con el sensor nuevo.

39 Ponga la junta nueva en el sensor nuevo e instálelos **(vea ilustración)**. Apretando con-

6

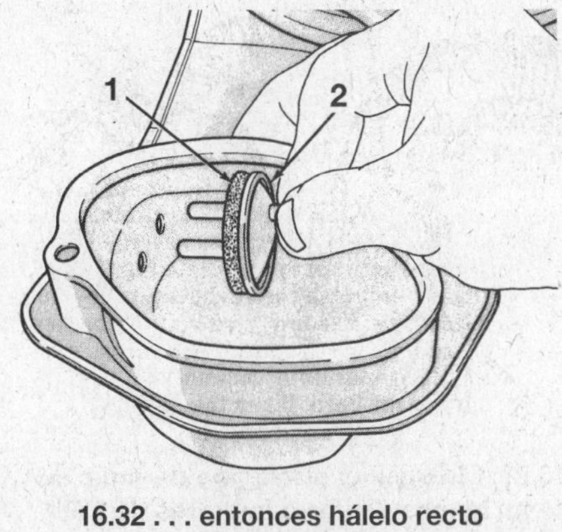

16.32 . . . entonces hálelo recto hacia encima

1 Junta
2 Sensor

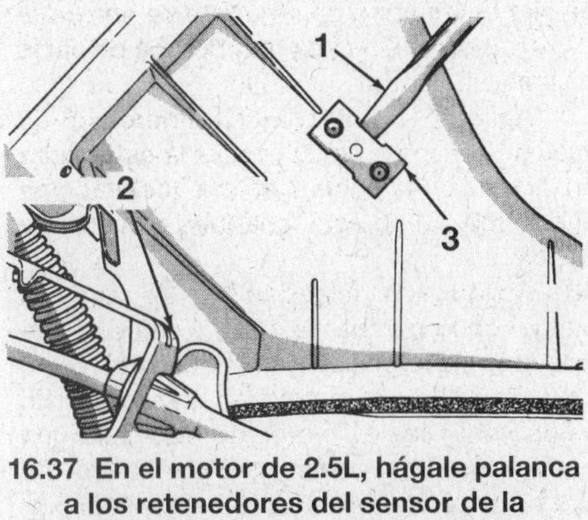

16.37 En el motor de 2.5L, hágale palanca a los retenedores del sensor de la temperatura con un destornillador

1 Destornillador
2 Soporte para el cable del acelerador
3 Retenedor

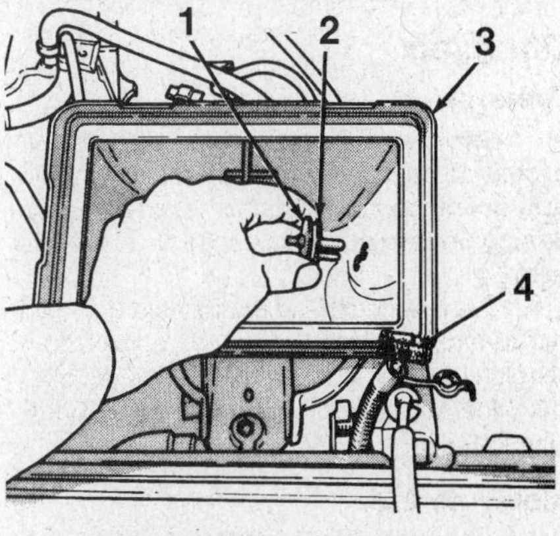

16.39 Instalando el sensor de la temperatura y la junta en el purificador de aire en un motor de 2.5L

1 Sensor
2 Junta
3 Cuerpo del purificador de aire
4 Arnés de vacío

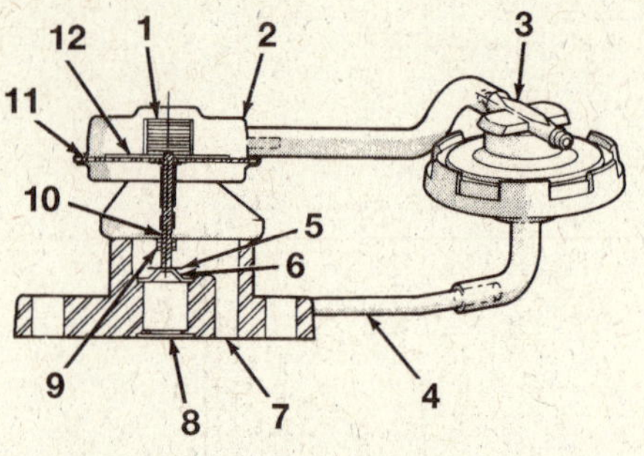

17.3a EGR (recirculación de los gases de escape) y el ensamblaje del transductor de la contrapresión (motores de 2.5L)

1 *Resorte*
2 *Motor de vacío*
3 *Transductor de la contrapresión*
4 *Tubo de señal de la contrapresión*
5 *Válvula*
6 *Asiento*
7 *Salida*
8 *Entrada*
9 *Protector del vástago*
10 *Indicador del movimiento*
11 *Diafragma*
12 *Pistón*

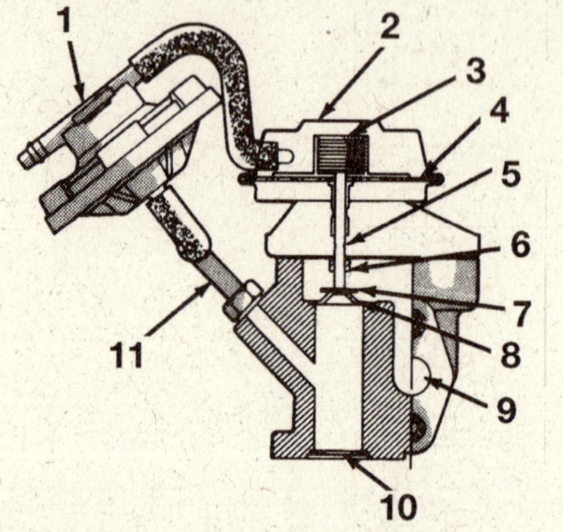

17.3b EGR (recirculación de los gases de escape) y el ensamblaje del transductor de la contrapresión (motores de 3.0L)

1 *Transductor de la contrapresión*
2 *Motor de vacío*
3 *Resorte*
4 *Diafragma*
5 *Indicador del movimiento*
6 *Protector del vástago*
7 *Válvula*
8 *Asiento*
9 *Salida*
10 *Entrada*
11 *Tubo de señal de la contrapresión*

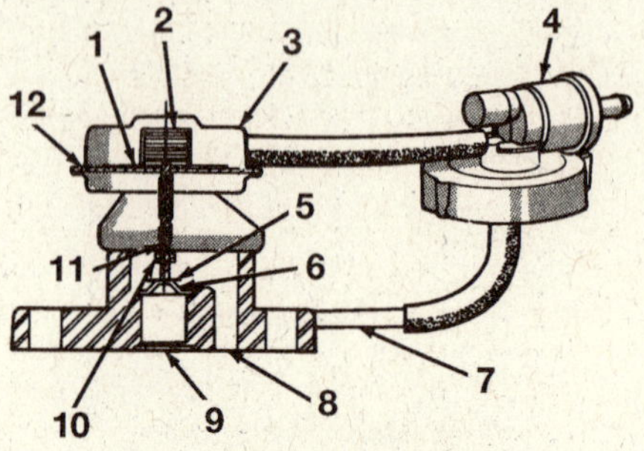

17.4 EGR (recirculación de los gases de escape) y el ensamblaje del transductor de la contrapresión (motores de 3.3L y 3.8L)

1 *Pistón*
2 *Resorte*
3 *Motor de vacío*
4 *Transductor para la válvula EGR eléctrica*
5 *Válvula*
6 *Asiento*
7 *Tubo de señal de la contrapresión*
8 *Salida*
9 *Entrada*
10 *Protector del vástago*
11 *Indicador del movimiento*
12 *Diafragma*

tra el diámetro exterior del sensor para comprimir la junta y formar un sello hermético, instale el retenedor(es).

40 Acople nuevamente las mangueras de vacío e instale el albergue del purificador de aire.

17 EGR (recirculación de los gases de escape) - sistema

Descripción general

1 El sistema EGR (recirculación de los gases de escape) reduce el NOx (oxido de nitrógeno) en las emisiones de escape y ayuda a prevenir el encendido prematuro de las bujías recirculando algunos de los gases de escape por la admisión para diluir la mezcla de aire y combustible, al cambio de que reduce la temperatura máxima de la llama durante la combustión (la temperatura alta de la combustión es la causa primaria de NOx). El componente principal en todos los sistemas EGR es la válvula EGR.

Motores con carburadores

2 En los motores de 2.2L, la válvula EGR opera en conjunto con la válvula CVSCC (interruptor de congelante por vacío cerrado cuando está frío) para el anticongelante. Esta válvula del anticongelante y la válvula EGR permanecen cerradas durante las temperaturas bajas del motor. En las temperaturas más altas, la válvula del anticongelante se abre, permitiendo la aplicación de vacío a la válvula EGR, y la recirculación del gas de escape. En los motores de 2.6L, una sub válvula EGR funciona directamente por el control de la mariposa, mientras una válvula EGR doble es controlada por el vacío del carburador. La válvula primaria EGR doble funciona durante aperturas pequeñas del acelerador y la válvula secundaria asume poder cuando la apertura es más grande. El vacío que dirige la válvula EGR doble es suministrado por la válvula térmica de la temperatura del anticongelante para que el funcionamiento de la EGR no afecte la maniobrabilidad del manejo.

Motores de combustible-inyectado

Refiérase a las ilustraciones 17.3a, 17.3b y 17.4

3 En los motores de 2.5L, 3.0L, 3.3L y 3.8L, una válvula EGR de tipo contrapresión tiene un puerto al cuerpo de aceleración. En los motores de 2.5L y 3.OL, un transductor de contrapresión mide la cantidad de contrapresión del gas de escape en el lado del escape de la válvula EGR y varía la fuerza de la señal de vacío aplicada a la válvula EGR **(vea ilustraciones)**. El transductor usa esta señal de contrapresión para proporcionar la cantidad correcta de gases reciclados bajo cualquier condición. Todos los modelos de California con este sistema tienen las capacidades par el diagnóstico del sistema.

4 En los motores de 3.3L y 3.8L, un transductor EGR eléctrico EET (transductor eléctrico EGR) sirve como un transductor de contrapresión y un solenoide eléctrico de vacío combinados en una sola unidad **(vea ilustración)**. La parte del solenoide de vacío del EET recibe una señal eléctrica del SMEC (sistema controlador del motor de módulo sencillo)/SBEC (controlador de motor de cilindro simple) y, usando esta señal, regula el vacío que fluye através del EET. El transductor de contrapresión mide la cantidad de contrapresión del gas de escape en el lado del escape de la válvula EGR y varía la fuerza de la señal de vacío aplicada a la válvula EGR. El transductor usa esta señal de contrapresión para proporcionar la cantidad correcta para la recirculación de gas de escape bajo todas las condiciones. En los modelos de California, el SMEC/SBEC controla este sistema para los funcionamientos defectuosos y almacena un código de falla cuando detecta algún defecto en el sistema.

Chequeo

Motor de 2.2L

Refiérase a la ilustración 17.5

5 Chequee todas las mangueras por roturas, doblados, secciones rotas y conexiones correctas **(vea ilustración)**. Inspeccione

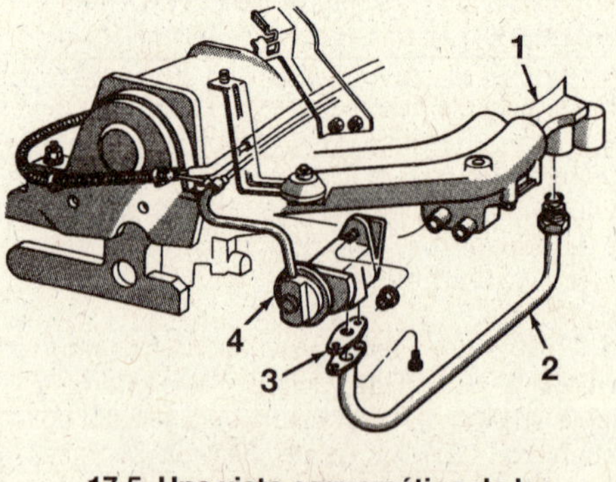

17.5 Una vista esquemática de los componentes del sistema EGR (motores de 2.2L)

1 *Múltiple de admisión*
2 *Tubo EGR (recirculación de los gases de escape)*
3 *Junta*
4 *Válvula EGR*

17.12 Esquemático del sistema EGR (recirculación de los gases de escape) (motores de 2.6L)

1 Purificador de aire
2 Carburador
3 Vacío del carburador
4 Válvula de control sub EGR
5 Válvula doble del control para la EGR
6 Válvula secundaria
7 Válvula primaria
8 Válvula térmica
9 Acelerador
10 Hacia la válvula de control de la esprea de aire

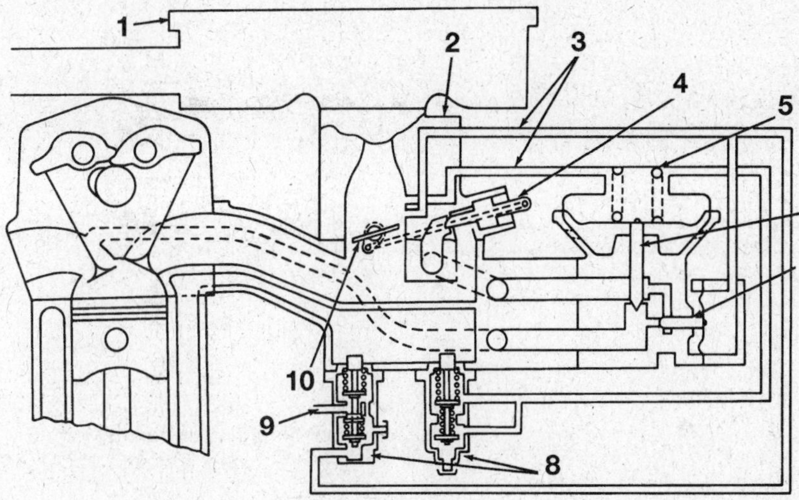

todas las conexiones por daño, quebraduras y fugas.

6 Para chequear la operación de la válvula EGR, permita que el motor llegue hasta la temperatura de operación y, con la transmisión en Neutral (los neumáticos bloqueados para prevenir movimiento), permita que corra a marcha mínima por 70 segundos. Abra el acelerador bruscamente para que la velocidad del motor esté entre 2000 y 3000 rpm (revoluciones por minuto) y entonces permita que se cierre. El vástago de la válvula EGR debe moverse si el sistema de control está trabajando apropiadamente. Se debe repetir la prueba varias veces. El movimiento del vástago indica que el sistema de control está funcionando correctamente.

7 Si el vástago de la válvula EGR no se mueve, chequee todas las conexiones de las mangueras para asegurarse que estas no tienen fugas ni están obstruidas. Desconecte la manguera de vacío y aplique la cantidad de vacío listado en las especificaciones de este Capítulo con una bomba de mano. Si el vástago todavía no se mueve, reemplace la válvula EGR con una nueva. Si la válvula se abre, mida el viaje de la válvula para asegurarse que está dentro del límite especificado.

8 Aplique vacío con la bomba y entonces cierre la manguera con una abrazadera. La válvula debe permanecer abierta por 30 segundos o más. Si no, el diafragma tiene fugas y la válvula debe ser reemplazada con una nueva.

9 Para chequear la válvula CVSCC (interruptor del cierre de vacío por el anticongelante cuando el motor está frío) localizada en el albergue del termostato, desvíela con una tubería de longitud de 3/16-pulgada. Si la válvula EGR no funciona según las condiciones descritas en el Paso 6, pero funciona apropiadamente con el CVSCC desviado, el CVSCC está defectuoso y debe ser reemplazado.

10 Si la válvula EGR no funciona con el CVSCC desviado, el carburador debe ser removido para chequear y limpiar la hendidura de tipo puerto en el cilindro del cuerpo de inyección, los pasajes de vacío y en los orificios en el cuerpo de inyección. Use solvente para remover los depósitos y chequee el flujo con presión de aire ligera.

11 Remueva la válvula EGR e inspeccione la aguja y el asiento por depósitos. Si los depósitos son más de una capa delgada de carbón, se debe limpiar la válvula. Para limpiar la válvula, aplique solvente, permita que se penetre y ablande los depósitos, asegurándose que no le caiga nada al diafragma de la válvula, ya que podría dañarlo. Use una bomba de vacío para mantener la válvula abierta y raspe cuidadosamente los depósitos del área del asiento con una herramienta. Inspeccione la aguja y el vástago por desgaste y reemplace la válvula con una nueva si se encuentra desgaste.

Motores 2.6L

Refiérase a la ilustración 17.12

12 Chequee todas las mangueras y las conexiones por roturas, doblados, o daño e instalación correcta **(vea ilustración)**.

13 Con el motor frío, póngalo en marcha y córralo a marcha mínima. Bloquee los neumáticos para prevenir cualquier movimiento del vehículo durante la prueba.

14 Aumente la velocidad a 2500 rpm (revoluciones por minuto) y chequee la válvula EGR secundaria para asegurarse que no opera cuando el motor está frío. Si lo hace, la válvula térmica está defectuosa y debe ser reemplazada con una nueva.

15 Permita que el motor se caliente y observe la válvula EGR secundaria para ver que se abre con la ascensión de la temperatura y los aumentos de la velocidad de la marcha mínima. Si no se abre, la válvula EGR secundaria misma o la válvula térmica está defectuosa.

16 Para chequear la válvula EGR secundaria y la válvula térmica, desconecte la manguera de vacío verde rayada del carburador y conecte una bomba de vacío a la manguera. Aplique seis pulgadas de vacío con la bomba al abrir la sub válvula EGR.

17 Si la marcha mínima del motor se pone inestable, la válvula secundaria del EGR doble está operando apropiadamente. Si la velocidad de la marcha mínima es igual, la válvula secundaria o la válvula térmica está defectuosa y debe ser reemplazada con una nueva.

18 Conecte de nuevo la manguera verde rayada y desconecte la manguera amarilla rayada en el carburador.

19 Conecte la bomba de vacío de mano a la manguera y, mientras abre la sub válvula EGR, aplique seis pulgadas de vacío.

20 Si la marcha mínima se pone inestable, la válvula EGR primaria está operando apropiadamente. Si la marcha mínima es igual, la válvula EGR primaria o la válvula térmica no está operando y debe ser reemplazada con una nueva.

2.5L, 3.0L, motores 3.3L y 3.8L

21 Inspeccione todas las mangueras entre el cuerpo de aceleración, el múltiple de admisión y la válvula EGR (recirculación de los gases de escape) por fugas. Asegúrese que todas las mangueras están en buena condición. Reemplace cualquier manguera que estén endurecidas, agrietadas o derretidas, reemplace cualquier conector defectuoso.

22 Caliente el motor, permítalo que corra en marcha mínima por 70 segundos con el acelerador cerrado, entonces acelere bruscamente el motor a acerca de 2000 (pero no encima de 3000) rpm. El vástago de la válvula EGR debe moverse visiblemente durante éste procedimiento. Usted puede notar si el vástago se mueve notando cualquier cambio en la posición relativa de la ranura en el vástago **(vea ilustraciones 17.3a y 17.3b)**. Repita ésta operación para chequear varias veces el movimiento real del vástago. El movimiento del vástago indica que el sistema de control está operando correctamente. Si el vástago no se está moviendo, vaya al Paso 24.

23 Para determinar si el gas de la EGR está

corriendo por el sistema, conecte una bomba de vacío operada a mano al motor de vacío de la válvula EGR. Con el motor a velocidad de marcha mínima, aplique lentamente vacío. La velocidad del motor debe de comenzar a caer cuando el vacío aplicado llegue de 2 a 3.5 pulgadas Hg (mercurio). La velocidad del motor debe caer rápidamente, y el motor pueda que se muera. Esto indica que el gas EGR está corriendo por el sistema.

24 La causa más probable de una válvula EGR que no opere es la mangueras de vacío. Verifique que todas las conexiones de las mangueras están buenas. Asegúrese que no hay fugas en ningún lugar en el sistema y que todas las mangueras están abiertas. Reemplace cualquier manguera de vacío defectuosa.

25 Desconecte el arnés de las mangueras del transductor de vacío de la EGR y suministre vacío auxiliar. Levante las rpm (revoluciones por minuto) del motor a 2000 rpm y aplique 10 pulgadas de vacío de Hg (mercurio) mientras observa el movimiento del vástago de la válvula.

26 Si el vástago no se mueve, reemplace la válvula/la asamblea del transductor.

27 Si el vástago de la válvula ahora se mueve (acerca de 1/8-pulgada), sostenga el suministro de vacío para chequear por una fuga en el diafragma. La válvula debe permanecer abierta por 30 segundos o más tiempo.

28 Si el diafragma tiene fugas, reemplace la válvula/asamblea del transductor.

29 Si el vástago de la válvula EGR (recirculación de los gases de escape) y el diafragma están operando satisfactoriamente cuando una fuente externa de vacío es aplicada (pero no trabaja correctamente cuando el sistema se prueba) el sistema de control está probablemente defectuoso, cuando un pasaje esté tapado o, en modelos de California con EET (transductor eléctrico EGR) y diagnóstico en el vehículo, un solenoide o circuito del control del solenoide en el sistema de control está defectuoso. Vaya al próximo Paso.

30 Remueva el cuerpo de aceleración (vea Capítulo 4) e inspeccione el puerto en el cilindro del cuerpo de inyección y los pasajes asociados en el cuerpo de aceleración. Remueva cualquier deposito con solvente y chequee por el flujo de aire adecuado através de estos pasajes con ligera presión de aire. Instale el cuerpo de aceleración y chequee el sistema de EGR. Limpiando estos pasajes generalmente repara la operación normal del sistema EGR.

31 Para chequear un solenoide defectuoso o circuito de control de solenoide en un modelo de California con EET y sistema de computadora con diagnóstico en el vehículo, códigos de rendimiento de problemas almacenados (vea Sección 12). La luz Check Engine debe desplegar un Código 32. Cualquier otro diagnóstico de éste problema debe ser referido al departamento de servicio de su concesionario.

32 Si el motor no opera en marcha mínima, se apaga cuando regresa a marcha mínima o tiene una marcha mínima muy áspera o lenta. La válvula EGR se está atorando en su posición cerrada, o en el tubo EGR al múltiple de admisión tiene fugas.

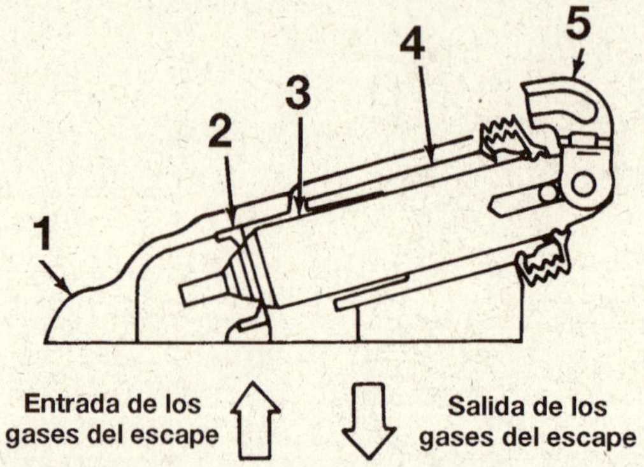

17.41 Esquemática de la sub válvula EGR (recirculación de los gases de escape) (motores de 2.6L)

1 Carburador o cuerpo de aceleración
2 Asiento de la válvula
3 Válvula
4 Guía de la válvula
5 Conectado a la varilla del acelerador

33 Para determinar si la válvula EGR tiene fugas en su posición cerrada, separe la manguera de vacío de la válvula EGR con el motor en marcha mínima. La marcha mínima debe aumentar inmediatamente y emparejarse.

34 Si no lo hace, apague el motor y remueva el purificador de aire para exponer la apertura del cuerpo de aceleración (en motores con turbo, remueva el compresor fuera de la manguera en el cuerpo de aceleración). Desconecte la manguera para la contrapresión de la válvula EGR. Usando una boca con una punta de caucho, fuerce aire comprimido (acerca de 50 a 60 psi (libras por pulgadas cuadradas) através del tubo de contrapresión de acero en la válvula EGR mientras abre y cierra el plato del acelerador. Si el sonido del aire comprimido cambia claramente, la válvula tiene fugas y aire está entrando al múltiple de admisión. Reemplace la válvula EGR.

35 Para determinar si el tubo EGR al múltiple de admisión tiene fugas en un motor de 2.5L, 3.3L o un motor de 3.8L, afloje el tubo y lo aprieta al par de la torsión listado en las Especificaciones de este Capítulo, entonces chequee completamente el sistema por fugas.

36 Para determinar si el tubo EGR al múltiple de admisión tiene fugas en un motor de 3.0L, remueva el tubo e inspeccione la junta en el sello del tubo. El final del tubo debe de estar impregnado uniformemente en la junta sin evidencia de fuga del gas de escape. Si usted ve cualquier signo de fuga, reemplace las juntas y apriete las tuercas de la pestaña al par de torsión listado en las Especificaciones de este Capítulo, entonces chequee completamente el sistema por fugas.

37 Si una fuga de la válvula EGR persiste, reemplace el tubo EGR y las juntas.

Reemplazo de componente

Motor de 2.2L

38 El CVSCC (interruptor del cierre de vacío por el anticongelante cuando el motor está frío) puede ser reemplazado removiendo la mangueras de vacío y destornillando la válvula.

39 Para reemplazar la válvula EGR, remueva el purificador de aire, la bomba de inyección de aire, el protector. Desconecte el tubo de metal y la manguera de vacío, remueva las dos tuercas retenedoras y remueva la válvula.

Motores 2.6L

Refiérase a la ilustración 17.41

40 La válvula EGR doble está localizada en la parte más baja del múltiple de admisión. Es reemplazada removiendo la mangueras de vacío y los pernos. Puede ser necesario de pegarle a la válvula suavemente con un martillo de cara blanda para romper el sello de la junta para poder ser removido. Use una junta nueva cuando instale la válvula y chequee la mangueras de vacío por ruta apropiada.

41 La sub válvula EGR está localizada en la base del carburador y está conectada por un acoplamiento **(vea ilustración)**. Hágale palanca al retenedor del resorte y remueva la clavija que conecta el embolo a la varilla de acoplamiento. Sostenga el final del acoplamiento hacia encima, remueva el resorte y la pelota de acero desde el final del embolo.

42 Resbale la tapa de caucho hacia fuera y deslice el embolo fuera del cuerpo de aceleración del carburador. Antes de instalar el embolo, lubríquelo con una cantidad pequeña de aceite fino. Instale la pelota de acero y el resorte, ponga el acoplamiento en su lugar e insercióne la clavija. Deslice cuidadosamente el retenedor del resorte en su lugar, entonces chequee por la operación suave del embolo de la válvula.

43 Las válvulas térmicas están roscadas en el múltiple de admisión. Drene cualquier anticongelante (vea Capítulo 1), entonces hale hacia fuera la manguera de vacío y destornille la válvula del albergue.

Motor 2.5L

Refiérase a las ilustraciones 17.44a y 17.44b

44 Para remover la válvula EGR, desconecte la línea de vacío de la válvula EGR (inspeccione y reemplace si está desgastada), remueva los pernos de la válvula **(vea ilustraciones)** y remueva la válvula. Deseche la

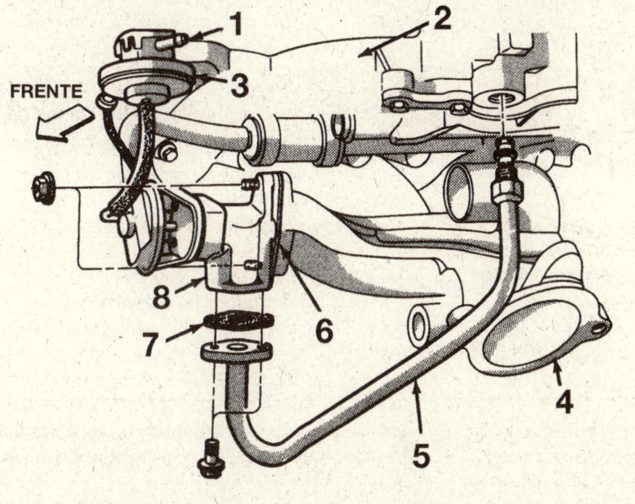

17.44a Detalles de la instalación de la EGR (recirculación de los gases de escape) (motor 1987 de 2.5L)

1 *Hacia el acoplador de vacío del cuerpo de aceleración*
2 *Múltiple de admisión*
3 *Transductor de la contrapresión*
4 *Múltiple de admisión*
5 *Tubo de cruce de la admisión a la EGR*
6 *Junta de la EGR*
7 *Junta*
8 *Válvula EGR*

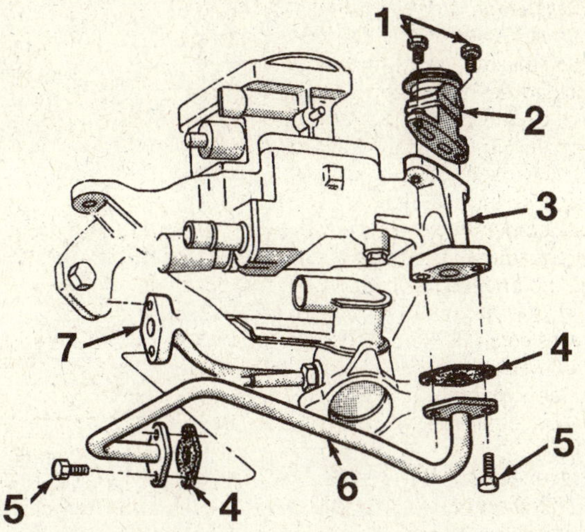

17.44b Detalles de la instalación de la EGR (recirculación de los gases de escape) (motor 1988 y más moderno de 2.5L)

1 *Tornillo*
2 *Válvula EGR*
3 *Múltiple de admisión*
4 *Junta*
5 *Pernos*
6 *Tubo EGR*
7 *Múltiple de escape*

junta vieja.

45 Limpie la superficie de la junta y la inspecciona por cualquier signo de fugas de gas de escape y roturas.

46 La instalación se hace en el orden inverso al procedimiento de desensamble. Use una junta nueva y apriete la válvula EGR al par de torsión listado en las especificaciones de este Capítulo.

47 Para remover el tubo EGR, remueva los cuatro pernos que lo conectan **(vea ilustración 17.44a o 17.44b)**, remueva el tubo y deseche las juntas.

48 Limpie las superficies para la junta del múltiple de admisión, de escape y las pestañas del tubo EGR. Busque por evidencia de fugas de gas de escape y grietas.

49 La instalación se hace en el orden inverso al procedimiento de desensamble. Usando juntas nuevas, apriete flojamente los cuatro pernos, entonces apriételo al par de torsión listado en las especificaciones de este Capítulo.

Motor 3.0L

50 Remueva las tuercas de la válvula EGR del múltiple de escape y los pernos de la pestaña de la válvula EGR.

51 Remueva las tuercas de la pestaña del múltiple del tubo EGR. Remueva la asamblea de la válvula, el tubo y deseche las juntas viejas.

52 Limpie todas las superficies de acoplamiento de la junta y las inspecciona por evidencia de fugas de gas de escape y rajaduras.

53 La instalación se hace en el orden inverso al procedimiento de desensamble. Usando una junta nueva, instale flojamente el tubo EGR a la válvula EGR. Después instale las juntas nuevas en ambos múltiples de admisión y escape, posicióne la válvula EGR y el tubo flojamente en el motor y apriete las tuercas del tubo EGR, los tornillos del tubo EGR a la válvula y las tuercas de la válvula EGR al múltiple de escape al par de torsión listado en las especificaciones de este Capítulo.

Motores 3.3L y 3.8L

Refiérase a la ilustración 17.54

54 Desconecte la línea de vacío **(vea ilustración)** del EET (transductor eléctrico EGR). Inspecciónelo por daño.

55 Remueva el conector eléctrico del EET **(vea ilustración 17.54).**

56 Remueva los pernos de la válvula EGR **(vea ilustración 17.54)** del múltiple de admisión.

57 Abra el retenedor del transductor de la EGR y remueva el transductor eléctrico de la EGR.

58 Remueva la válvula EGR del múltiple de admisión. Deseche la junta vieja.

59 Limpie las superficies de acoplamiento de la junta. Busque por cualquier signo de fugas del gas de escape y rajaduras.

60 La instalación se hace en el orden inverso al procedimiento de desensamble. Instale la válvula EGR con una junta nueva en el múltiple de admisión, instale los pernos que la conectan y apriételos al par de torsión listado en las Especificaciones de este Capítulo. Detenga el EET en su lugar con la etiqueta de orientación en la hendidura y el cerrojo cerrado. Conecte el conector eléctrico y acople nuevamente la manguera de vacío.

61 Para remover el tubo EGR, remueva los pernos de los múltiples de escape y de admisión, remueva el tubo, deseche las juntas viejas, limpie las superficies de las juntas y las

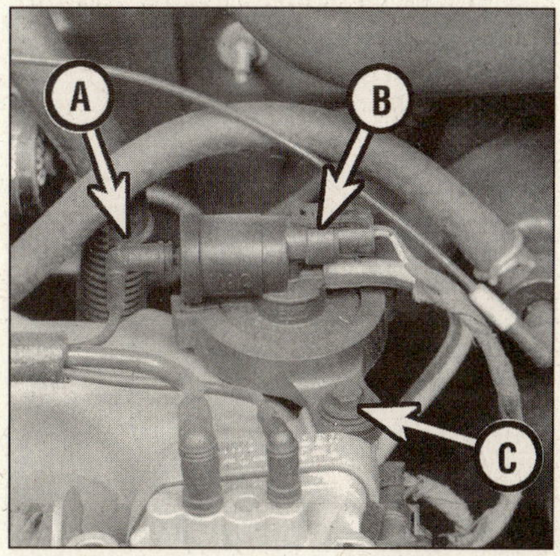

17.54 Detalles de la instalación de la EGR (recirculación de los gases de escape) (motores de 3.3L y 3.8L)

a *Línea de vacío*
b *Conector eléctrico*
c *Perno*

inspecciona por fugas de gas de escape y rajaduras. Usando juntas nuevas, instale flojamente el tubo EGR en los múltiples de admisión y de escape y apriete los pernos al par de torsión listado en las Especificaciones de éste Capítulo.

18 Convertidor catalítico

Descripción general

1 El convertidor catalítico es diseñado para reducir los contaminantes de HC (hidrocarburos) y CO (monóxido de carbono) en los gases del escape. El convertidor oxida estos componentes y los convierte en agua y dió-

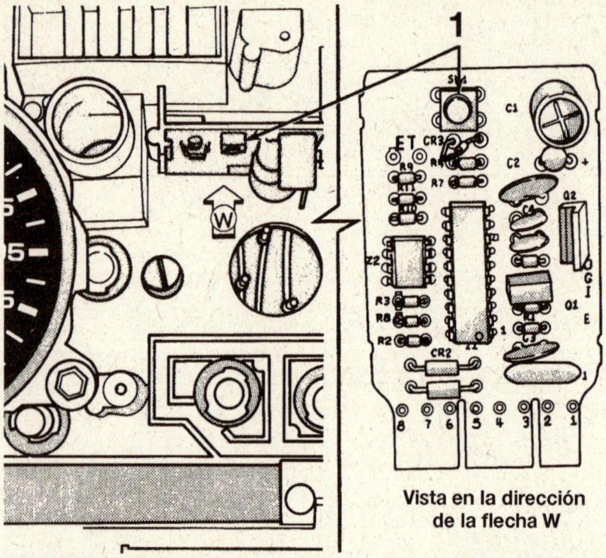

19.3 Interruptor para restablecer el módulo en la parte trasera del aglutinador de instrumentos (modelos 1987 y 1988)

1 *Interruptor para restablecer el módulo*

xido de carbono.

2 El sistema en estos vehículos se compone de un convertidor de oxidar pequeño y un convertidor principal debajo del piso. El convertidor de oxidar pequeño pone en marcha la oxidación del gas de escape, que es entonces completado por el convertidor principal.

3 Si cantidades grandes de gasolina parcialmente sin ser quemadas entran al catalizador, pueden sobrecalentarlo y causar un fuego. Siempre observe las precauciones siguientes:

Use solamente gasolina sin plomo

Evite marcha mínima prolongada

No ponga el motor en marcha con un tanque de combustible casi vacío

No prolongue los chequeos de la compresión del motor

Evite costear con la ignición apagada

No deseche un convertidor catalítico viejo junto con partes llenas de gasolina y grasa

Chequeo

4 El convertidor catalítico requiere poco o ningún mantenimiento u otorgarle servicio en intervalos regulares. Sin embargo, el sistema se debe inspeccionar cuando el vehículo es levantado en un elevador o el sistema de escape es chequeado o servicio otorgado.

5 Chequee todas las conexiones en la asamblea del tubo de escape para estar seguro de que no están flojas o dañadas. También chequee todas las abrazaderas por daño, roturas y afianzadores perdidos. Chequee por roturas de los ganchos de caucho.

6 El mismo convertidor debe ser chequeado por daños y abolladuras (3/4-pulgada de profundidad máxima) que podría afectar su desempeño y/o ser perjudicial para su salud. Al mismo tiempo que el convertidor es inspeccionado, chequee los protectores de abajo contra el calor, también el aislador del calor de encima, por daños y afianzadores flojos.

Reemplazo

7 No trate de remover el convertidor catalítico hasta que el sistema completo del escape esté frío. Levante el vehículo y sopórtelo firmemente en estantes. Aplique algún aceite penetrante a los pernos de la abrazadera y permítalos que se empapen. Desconecte el sensor de oxígeno (si está equipado) del convertidor.

8 Remueva los pernos y los ganchos de caucho, entonces separe el convertidor del tubo de escape. Remueva las juntas viejas si ellas están trabadas en los tubos.

9 La instalación se hace en el orden inverso al procedimiento de desensamble. Use juntas nuevas de tubo de escape y apriete las tuercas de las abrazaderas al par de torsión especificado. Reemplace los alambres del sensor de oxígeno (si está equipado), ponga el motor en marcha y chequee cuidadosamente por fugas de escape.

19 Mantenimiento de las emisiones - luz de recordatorio

Información general y procedimientos de restitución

La luz del Recordatorio de Mantenimiento de las Emisiones está diseñada para que sea un recordatorio de otorgarle servicio a los sistemas de control de emisiones del vehículo. No es una advertencia, solamente un recordatorio para otorgarle servicio a los controles de emisiones. El módulo EMR (recordatorio de mantenimiento de las emisiones) iluminará la luz de MAINT REQD a un tiempo predeterminado o el kilometraje predeterminado, dependiendo del modelo. La luz permanecerá iluminada hasta que el servicio de la emisión sea realizado y la luz sea apagada. Los componentes que requieren que se le otorguen servicio al sistema de EGR (recirculación de los gases de escape), sistema de PCV (ventilación positiva del cárter), sistema de EVAP (Sistema de control de evaporación de las emisiones) y el sensor de oxígeno. Refiérase al itinerario de mantenimiento y la Sección apropiada en este Capítulo para detalles en chequear y reemplazar los componentes si es necesario. Los procedimientos para apagar la luz del recordatorio son como siguen:

Modelos 1984 hasta 1986

Localice un envase de plástico verde, rojo, bronceado o blanco atrás del tablero de los instrumentos en el área izquierda más baja del tablero, la parte trasera del tablero de instrumentos o el lado de encima de la guantera. Deslice la cubierta de los soportes y abra la tapa. Remueva la batería de 9 voltios e insercióne un destornillador pequeño en el orificio del interruptor, cerrando los contactos. Reemplace la batería con una batería nueva de 9 voltios de tipo alcalina. Cierre el casco y deslice el interruptor otra vez dentro de los soportes. **Nota:** *No desconecte la batería del vehículo durante el procedimiento de reedificación. La batería se debe conectar para prevenir la pérdida de poder a la computadora.*

Modelos 1987 y 1988

Refiérase a la ilustración 19.3

Un interruptor para restablecer está localizado en el Módulo EMR (recordatorio de mantenimiento de las emisiones). Para acezar el módulo EMR, remueva el lente biselado del grupo de instrumento (vea Capítulo 11) y el medidor de combustible o el tacómetro. Insercióne un destornillador pequeño en el orificio del módulo y reponga el interruptor (**vea ilustración**). No desconecte la batería antes de restablecer el Módulo EMR. Reemplace el medidor del combustible, lente biselado del grupo de instrumentos.

Modelos 1989 y más modernos

Una "herramienta de explorar" especial DRB II (caja para leer diagnósticos) es requerida para reponer el módulo EMR en los modelos 1989 y más modernos. Lleve el vehículo al departamento de servicio de su concesionario o un mecánico independiente que tenga la herramienta correcta.

Capítulo 7 Parte A
Transeje manual

Contenido

Especificaciones

General

Tipo de transeje	
1984 hasta 1986	
A-460	Cuatro velocidades
A-465	Cinco velocidades
A-525	Cinco velocidades
1987 hasta 1988	
A-520	Cinco velocidades
1989	
A-520	Cinco velocidades
A-555 (turbo)	Cinco velocidades
1990	
A-523	Cinco velocidades
A-568 (turbo)	Cinco velocidades
1991 y posteriores	
A-523	Cinco velocidades
Tipo y capacidad del flúido	Vea Capítulo 1

Especificaciones del par de torsión

	Pie-libras (a menos se indique de otro modo)
Clavija de la cerradura del eje selector	105 pulgada-libras
Pernos del albergue de cambio a la campana	21
Tuerca de la palanca de cambio (1984 a 1989 solamente)	21
Soporte del acoplamiento anti rotación a la tuerca del espárrago	17
Pernos del puntal al bloque o a la campana.	70
Tapón de llenar	
A-568 (turbo)	Tapón prensa de caucho
Todos los otros	24
Pernos de la campana (del transeje al motor)	70
Pernos de la campana al bloque	70
Tornillo de acoplamiento del ajuste del cambio (modelos 1987 a 1989)	20 pulgada-libras
Perno de la asamblea del engranaje del velocímetro	60 pulgada-libras
Pernos finales de la tapa	21
Tornillo de ajuste del cable del cruce/selector	
1984 a 1987	55 pulgada-libras
1988 y más modernos	70 pulgada-libras

1 Información general

Los vehículos cubiertos por este manual están equipados con un transeje manual de cuatro o cinco velocidades, un transeje automático de tres velocidades o un transeje automático electrónico con sobre marcha de cuatro velocidades. La información de los transejes manuales están en esta Parte del Capítulo 7. Los procedimientos de servicio para los transejes automático están contenido en la Parte B, Capítulo 7.

Cada transeje manual es una caja compacta y ligera, de aluminio de dos pedazos y que contiene ambos ensamblajes del albergue de la transmisión y el del diferencial.

A causa de la complejidad, la falta de partes de reemplazo disponibles y las herramientas especiales requeridas, la reparación interna del transeje manual por el mecánico de hogar no es recomendada. El bulto de la información en este Capítulo se concierne con los procedimientos de remover e instalar.

2 Varilla de cambio - ajuste

Refiérase a las ilustraciones 2.2, 2.3a, 2.3b, 2.4a, 2.4b, 2.6, 2.7, 2.8, 2.13, 2.14, 2.15, 2.19, 2.20 y 2.23

1 Levante el capó y coloque una almohadilla o una cubierta sobre el guardafango para protegerlo.

2 Remueva la clavija para la cerradura del albergue del eje selector del transeje **(vea ilustración)**. Invierta la clavija de la cerradura para que el final más largo esté hacia abajo y vuélvala a instalar en su orificio mientras mueve el eje selector hacia adentro. Cuándo la clavija

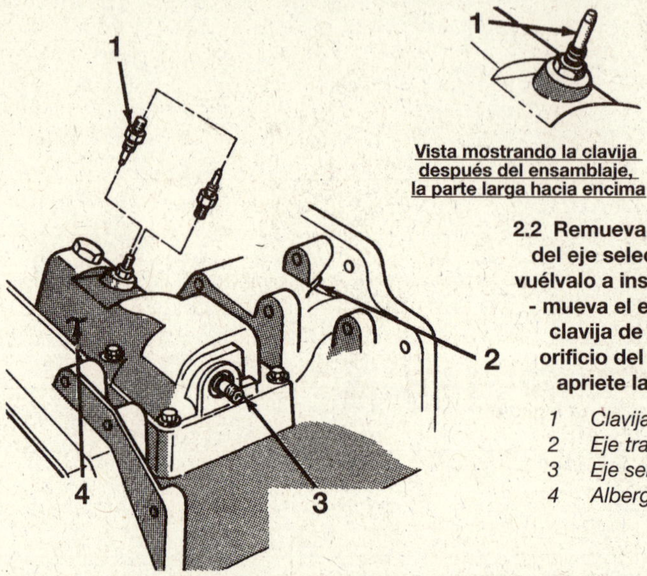

2.2 Remueva la clavija de la cerradura del eje selector, voltéelo, entonces vuélvalo a instalar en el mismo orificio - mueva el eje selector hasta que la clavija de cerradura caiga en el orificio del eje selector, entonces apriete la clavija de cerradura

1 *Clavija de cerradura*
2 *Eje transversal*
3 *Eje selector*
4 *Albergue del eje selector*

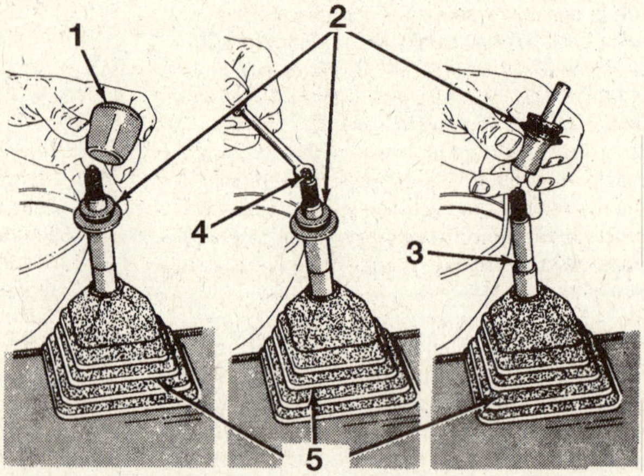

2.3a Remueva la perilla de cambio y el anillo (modelos 1984 hasta 1989)

1 *Perilla de la palanca de cambio*
2 *Anillo de halar*
3 *Palanca de cambio*
4 *Tuerca retenedora del anillo de halar*
5 *Fuelle*

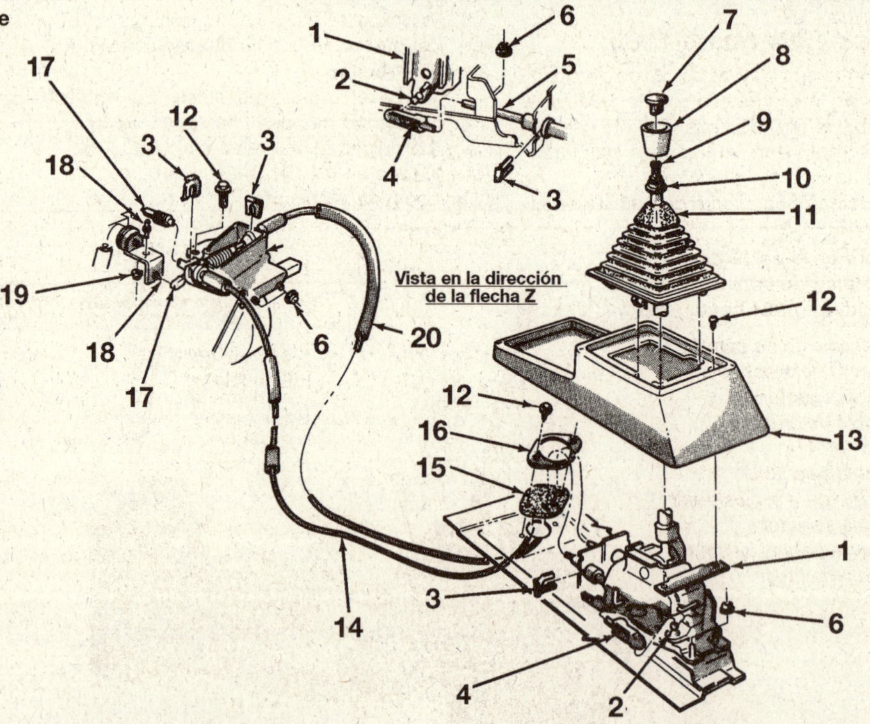

2.3b Componentes de acoplamiento de cambio - vista esquemática (modelos 1984 hasta 1989)

1 *Asamblea del mecanismo de la palanca de cambio*
2 *Bola (lubrique)*
3 *Retenedor*
4 *Tornillo de ajuste del cable*
5 *Asamblea del cable selector*
6 *Tuerca (6)*
7 *Etiqueta*
8 *Perilla*
9 *Tuerca - apriete con los dedos más una vuelta (use obturador de roscas)*
10 *Anillo de halar*
11 *Asamblea del fuelle*
12 *Tornillo (2)*
13 *Consola*
14 *Asamblea del cable de cruce*
15 *Arandela de goma*
16 *Plato*
17 *Use alicates tipo de ajuste para instalar el cable al espárrago*
18 *Tuerca (2)*
19 *Tuerca*
20 *Cable selector*

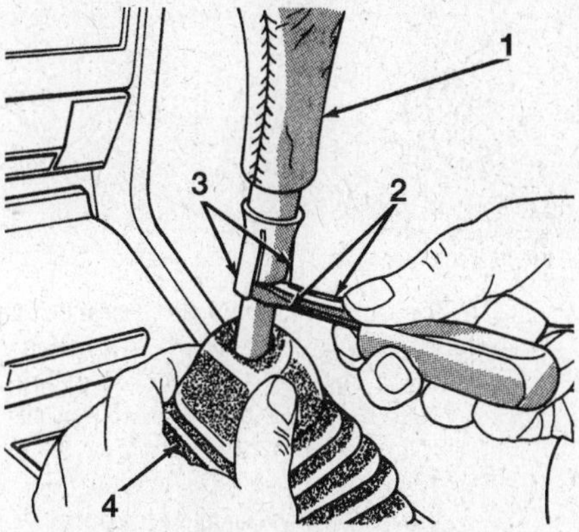

2.4a Removiendo la perilla de cambio (modelos 1990 y 1991)

1 *Perilla de cambio*
2 *Destornillador*
3 *Orejas*
4 *Fuelle*

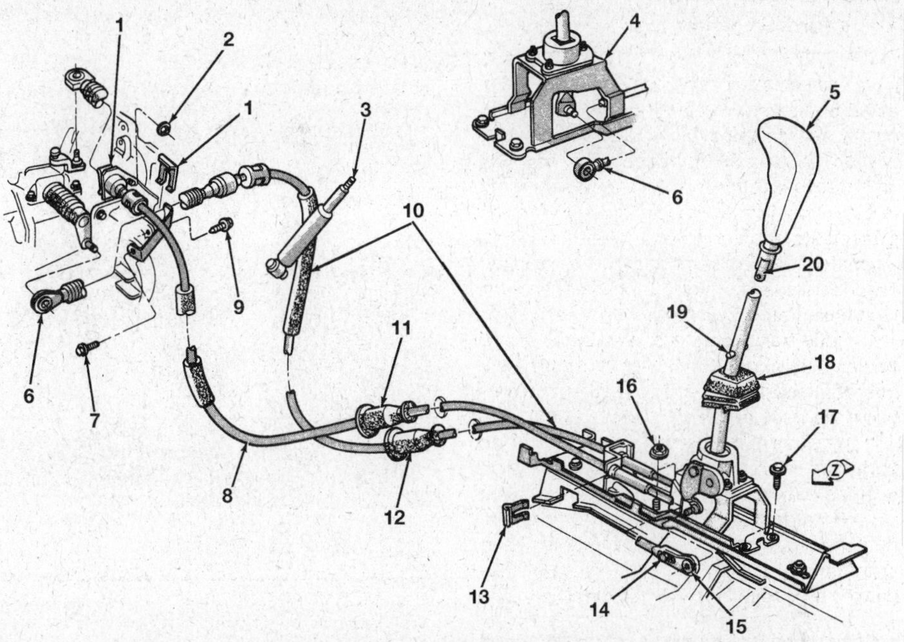

2.4b Componentes de acoplamiento de cambio - vista esquemática (modelos 1990 y más modernos)

1 *Retenedor*
2 *Tuerca y arandela 17Nm (150 pulgada libras)*
3 *Amortiguador*
4 *Mecanismo de cambio*
5 *Perilla*
6 *Cable selector*
7 *17Nm (195 pulgada libras)*
8 *Cable de cruce*
9 *17Nm (195 pulgada libras)*
10 *Cable selector*
11 *Arandela de caucho negra*
12 *Arandela de caucho gris*
13 *Retenedor (2)*
14 *Tornillo de ajuste 8Nm (70 pulgada libras)*
15 *Cable de cruce*
16 *17Nm (150 pulgada libras)*
17 *11Nm (95 pulgada libras)*
18 *Fuelle*
19 *Clavija*
20 *Orejas para la retención de la varilla (hágale palanca a orejas para remover la perilla)*

de la cerradura se alinee con el orificio en el eje selector, enrósquelo en su lugar para que el eje esté atascado en el primer/segundo (1984 a 1986) o el tercero/cuarto (1987 y más modernos) de la posición neutral.

3 En los modelos 1984 hasta 1989, hale hacia afuera la perilla de cambio, remueva la tuerca retenedora del anillo y levante el anillo hacia fuera **(vea ilustraciones)**. Remueva la tapa de la palanca de cambio y de la consola (vea Capítulo 11).

4 En los modelos 1990 y más modernos, hágale palanca hacia fuera a las etiquetas con dos destornilladores, uno a cada lado, entonces levante la perilla de la palanca de cambio hacia fuera **(vea ilustraciones)**. Remueva la tapa de la palanca de cambio y de la consola (vea Capítulo 11).

Modelos 1984 hasta 1986

5 Fabrique dos clavijas de ajuste de cinco pulgadas de largo de alambre de 5/32-pulgada. Doble el final de cada alambre sea de un ángulo recto para que las clavijas sean fáciles de agarrar.

6 Inserciónе una clavija que ajuste en el orificio del cable de cruce del mecanismo de eje y el otro en el orificio del cable selector **(vea ilustración)**.

7 Afloje el tornillo de ajuste del cable selector, entonces use una llave torsiométrica de pulgada-libras para apretarlo al torque listado en las Especificaciones de este Capítulo **(vea ilustración)**.

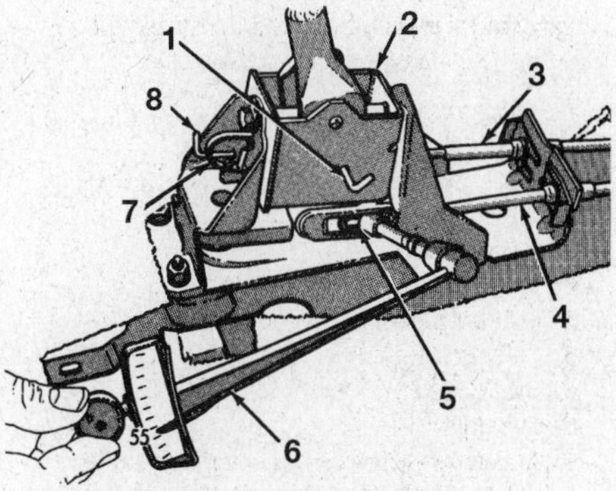

2.7 Ajustando el cable selector con una llave torsiométrica (modelos 1984 hasta 1986)

1 *Clavija del ajuste para el cable selector*
2 *Mecanismo de cambio*
3 *Cable de cruce*
4 *Cable selector*
5 *Perno para el ajuste del cable selector*
6 *Llave torsiométrica*
7 *Anillo para halar hacia arriba del resorte de retorno*
8 *Clavija para el ajuste del cable de cruce*

2.6 Fabrique el cable de ajuste e instálelo como está mostrado aquí (modelos 1984 hasta 1986)

1 *Mecanismo de cambio*
2 *Clavija del ajuste para el cable selector*
3 *Cable de cruce*
4 *Clavija*
5 *Cable selector*
6 *Perno para el ajuste del cable selector*
7 *Clavija para el ajuste del cable de cruce*

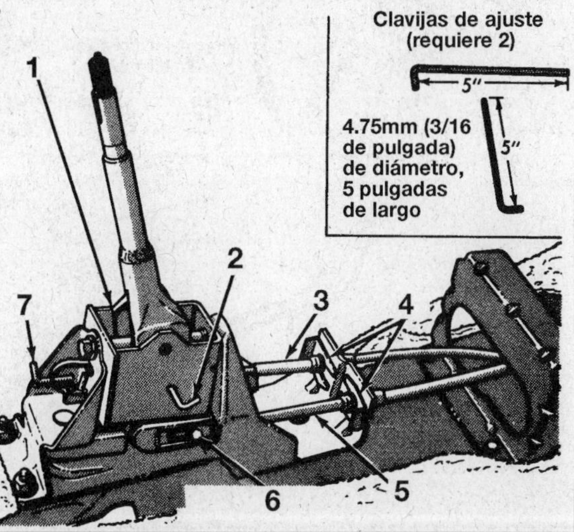

7A

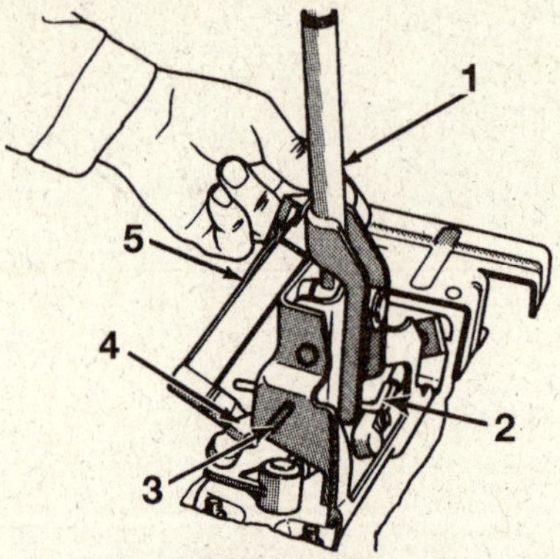

2.8 Ajuste del cable de cruce con una llave torsiométrica (modelos 1984 hasta 1986)

1 *Palanca de cambio*
2 *Clavija del ajuste para el cable selector*
3 *Clavija del ajuste para el cable selector*
4 *Perno para el ajuste del cable selector*
5 *Llave torsiométrica de pulgada*

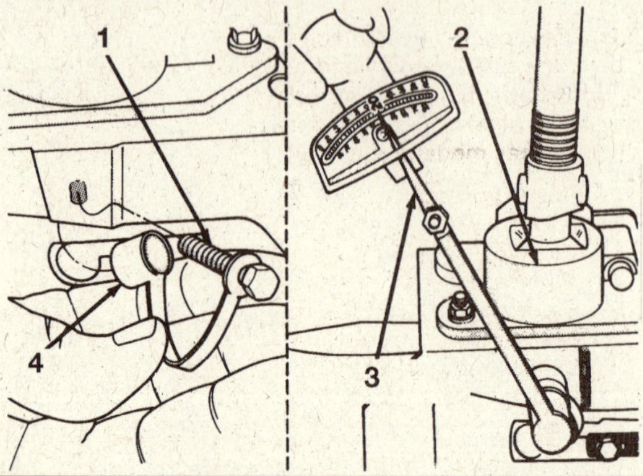

2.13 Instale el tornillo de ajuste y el bloque espaciador como está mostrado aquí (modelos 1987 hasta 1989)

1 *Herramienta de tipo tornillo para el ajuste (roscas de mano izquierda)*
2 *Palanca de cambio*
3 *Llave torsiométrica de pulgada*
4 *Bloque espaciador*

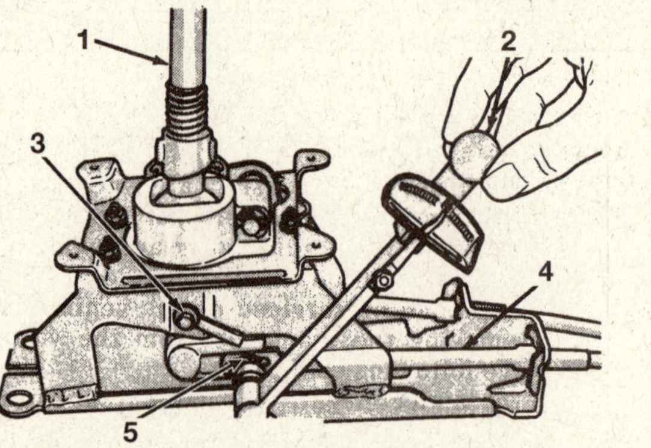

2.14 Apretando el cable selector del tornillo de ajuste (modelos 1987 hasta 1989)

1 *Palanca de cambio*
2 *Llave torsiométrica de pulgada*
3 *Herramienta de tipo tornillo para el ajuste (roscas de mano izquierda)*
4 *Cable selector*
5 *Ajustando el cable selector*

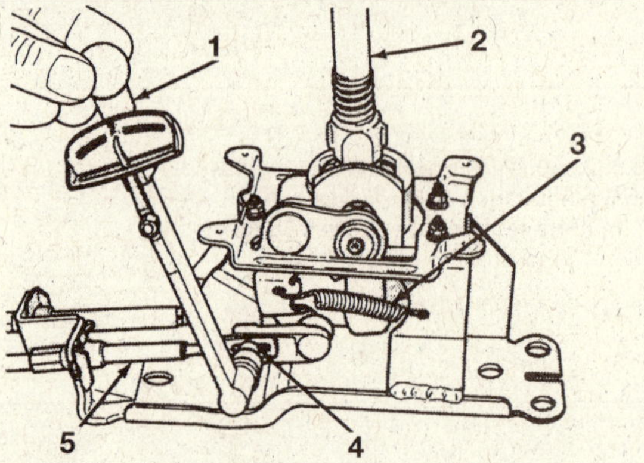

2.15 Apretando el tornillo de ajuste del cable de cruce (modelos 1987 hasta 1989)

1 *Llave torsiométrica de pulgada*
2 *Palanca de cambio*
3 *Resorte de cruce*
4 *Perno de ajuste para el cable de cruce*
5 *Cable de cruce*

8 Afloje el tornillo de ajuste del cable de cruce, entonces use una llave torsiométrica de pulgada-libras para apretarlo al torque listado en las Especificaciones de este Capítulo **(vea ilustración)**.

9 Remueva las clavijas de ajuste del mecanismo de cambio.

10 Instale la consola, la tapa de cambio, el anillo, la tuerca y la perilla del cambio.

11 Destornille la clavija de la cerradura del albergue del selector, vuélvalo a instalar con el final más largo hacia arriba y apriételo al torque listado en las Especificaciones de este Capítulo.

12 Chequee la operación de la palanca de cambio en Primera y Reversa y asegúrese que el mecanismo de la cerradura de Reversa trabaja adecuadamente.

Modelos 1987 hasta 1989

13 Remueva el tornillo de la herramienta de ajuste de la palanca de cambio e instálelo como está mostrado **(vea ilustración)**. Apriete el tornillo de ajuste al par de torsión listado en las Especificaciones de este Capítulo.

14 Afloje el tornillo de ajuste del cable selector, entonces apriételo al torque listado en las Especificaciones de este Capítulo **(vea ilustración)**.

15 Afloje el tornillo de ajuste del cable de cruce, entonces apriételo al par de torsión listado en las Especificaciones de este Capítulo **(vea ilustración)**.

16 Remueva el tornillo herramienta de ajuste y reinstálelo en su ubicación original en la palanca de cambio.

17 Destornille la clavija de cerradura del albergue del selector, vuélvalo a instalar con el final más largo hacia arriba y apriételo al torque listado en las Especificaciones de este Capítulo.

18 Chequee los cables del cambio por conexión apropiada en el transeje. Chequee la operación de la palanca de cambio en Primera y Reversa y asegúrese que el mecanismo de la cerradura de Reversa trabaja adecuadamente. Instale la consola, la tapa del cambio y la perilla del cambio.

Modelos 1990 y más modernos

19 Emplee un destornillador para abrir con una palanca el cable del selector y cable del cruce fuera del mecanismo de la palanca de cambio **(vea ilustración)**.

20 Instale el cable del cruce apretándolo en el espárrago de la bola. Afloje el tornillo de ajuste del cable del cruce, centre apropiadamente la palanca de cruce del cigüeñal, entonces apriete el tornillo de ajuste al par de

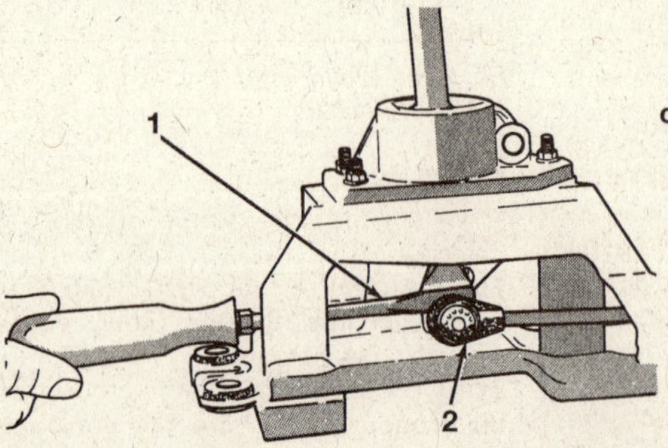

2.19 Use un destornillador para hacer palanca al final de cada cable fuera del espárrago de bola - el cable de cruce está localizado en el otro lado de la asamblea de la palanca de cambio (1990 y modelos más modernos)

1 *Destornillador*
2 *Cable selector (no es ajustable)*

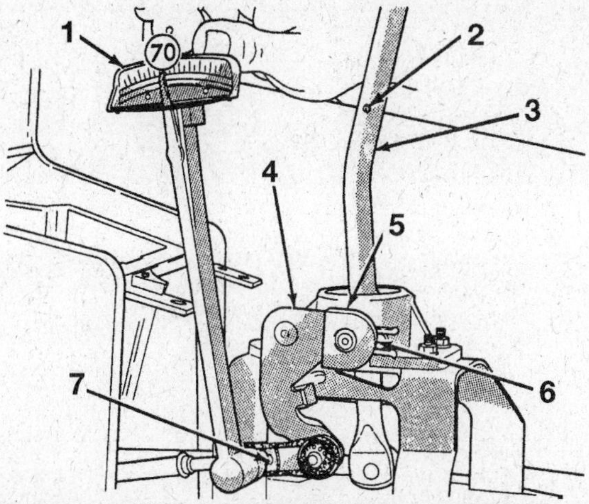

2.20 Esté seguro que la manivela de cruce esté apropiadamente centrada, entonces apriete el tornillo de ajuste (1990 y modelos más modernos)

1 Llave torsiométrica
2 Clavija
3 Palanca de cambio
4 Palanca cigüeña de cruce
5 Caución: Esté seguro de que la palanca de cambio de cruce no se mueva cuando esté apretando el tornillo de ajuste
6 Centrado apropiadamente
7 Tornillo de ajuste

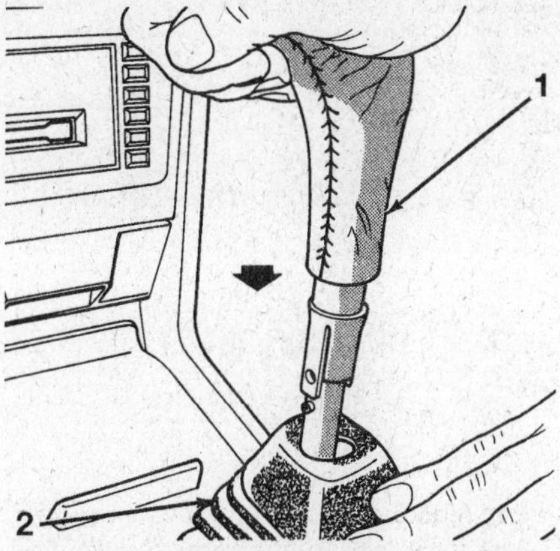

2.23 En modelos 1990 y más modernos, instale la perilla de cambio empujando recto hacia abajo

1 Perilla de cambio (empuje)
2 Fuelle

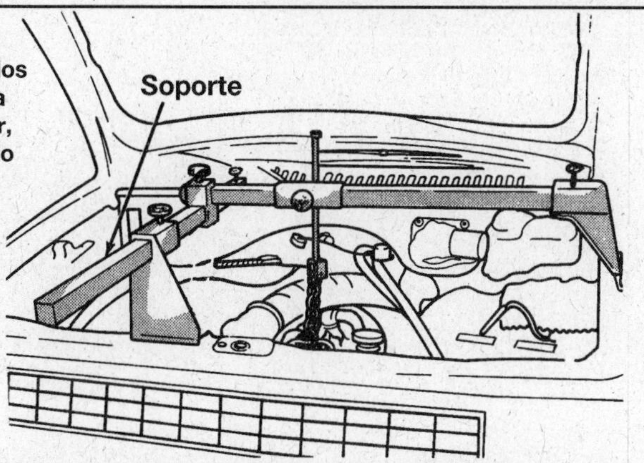

3.3 Una instalación fija de los soportes que sostienen la parte de encima del motor, como el que está mostrado aquí, es preferido

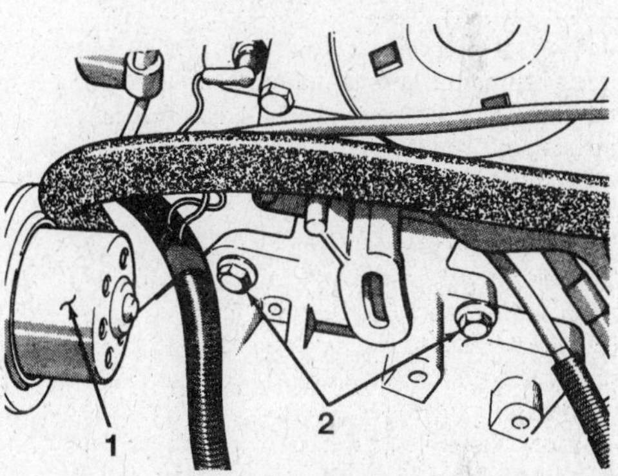

3.8 Ubicaciones superiores del albergue de los pernos

1 Ventilador
2 Albergue para los pernos superiores

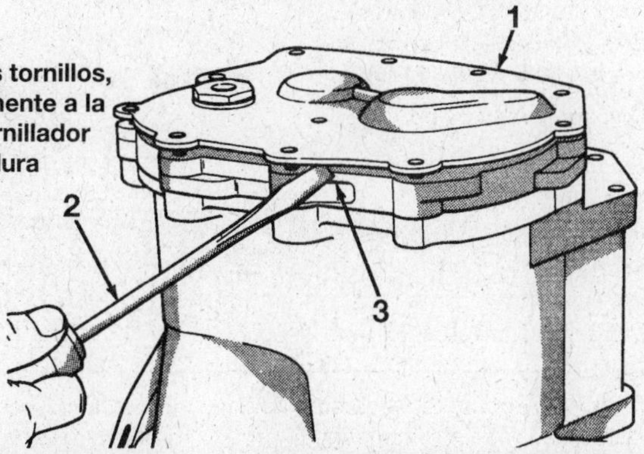

3.6 Después de remover los tornillos, hágale palanca cuidadosamente a la tapa trasera con un destornillador insertado en la hendidura

1 Cubierta del diferencial
2 Destornillador
3 hendidura

torsión listado en las Especificaciones de este Capítulo **(vea ilustración)**. Esté seguro que la palanca del cigüeñal de cruce no se mueva cuando apriete el tornillo de ajuste.

21 Instale el cable del selector apretándolo en su lugar en el espárrago de bola.

22 Chequee ambos cables de cambio para estar seguro que ellos están conectados apropiadamente en el transeje.

23 Vuelva a instalar la consola de la palanca de cambio, la tapa, y la perilla de cambio **(vea ilustración)**.

24 Destornille la clavija de la cerradura del albergue del selector, vuélvalo a instalar con el final más largo hacia arriba y apriételo al torque listado en las Especificaciones de este Capítulo.

25 Chequee la operación de la palanca de cambio en Primera y Reversa y asegúrese que el mecanismo de cerradura de Reversa funciona apropiadamente.

3 Transeje manual - remover e instalar

Refiérase a las ilustraciones 3.3, 3.6, 3.8, 3.10, 3.12 y 3.20

Remover

1 Desconecte el cable negativo de la batería.

2 Remueva el capó (vea Capítulo 11), levante el final delantero del vehículo y sopórtelo firmemente.

3 Conecte un "ojal" al perno del múltiple de escape del cilindro número cuatro y soporte el motor en un estante fijo especial **(vea ilustración)**. Una alternativa es, si tiene cuidado, de usar un gato para sostener el motor desde abajo, debajo de la cacerola de aceite. Use un bloque de madera entre la cacerola y la cabeza del gato para esparcir la carga y prevenir daño a la cacerola.

4 Desconecte el acoplamiento de cambio y el soporte en el transeje (vea Sección 2). Desconecte también el cable de embrague (vea Capítulo 8) y el engranaje del velocímetro (vea Sección 5).

5 Remueva las ruedas y el protector izquierdo. Desconecte cualquiera de los componentes de escape que intervendrían con remover el transeje (vea Capítulo 4).

6 Coloque una bandeja de drenaje grande (por lo menos de una capacidad de tres cuartos) debajo del transeje y drene el flúido removiendo la tapa trasera **(vea ilustración)**.

7 Coloque un gato bajo el transeje para sostenerlo. Preferiblemente, este debería ser un gato especialmente diseñado para el transeje con cadenas de seguridad.

8 Remueva los pernos del albergue del embrague (del transeje al motor) **(vea ilustración)**.

9 Remueva el calzo izquierdo del motor.
10 Desenrosque el fusible térmico anti rotación **(vea ilustración)**.
11 Remueva los ejes propulsores como está descrito en el Capítulo 8.
12 Hale cuidadosamente el transeje fuera del motor y bájelo al piso **(vea ilustración)**.
13 Con el transeje removido, los componentes del embrague ahora son accesibles y pueden ser inspeccionados. En la mayoría de los casos, los componentes nuevos del embrague debe ser rutinariamente instalados cuando el transeje es removido (vea Capítulo 8).

Instalación

Nota: *Antes de instalar el transeje, fabrique dos clavijas de localización. Corte las cabezas de dos pernos del tamaño apropiado con una sierra para metales y remueva cualquier rebarba de los finales con una lima o una esmeriladora. Después use la sierra de metales para cortar las hendiduras en las puntas de las clavijas de localización para que estas puedan ser destornilladas con un destornillador y reemplazadas con unos pernos.*
14 Si los removió, instale los componentes del embrague (vea Capítulo 8).
15 Instale las dos clavijas de localización en vez de los dos primeros pernos del albergue del embrague.
16 Con el transeje asegurado al gato con una cadena, levántelo en posición atrás del motor, entonces cuidadosamente deslícelo hacia adelante, engranando el eje de entrada con las ranuras del eje del plato del embrague. No use fuerza excesiva para instalar el transeje, si el eje de entrada no se desliza en su lugar, reajuste el ángulo del transeje para que esté nivelado y/o voltee el eje de entrada así que las ranuras del engrane alineen apropiadamente con el eje del plato del embrague.
17 Instale los pernos del albergue del embrague. Apriete los pernos firmemente (no se olvide de remover las clavijas de localización y reemplácelas con pernos).
18 Instale el fusible térmico anti rotación y apriete la tuerca al par de torsión listado en las Especificaciones de este Capítulo.
19 Instale el calzo del motor izquierdo y apriételo firmemente.
20 Si la tapa del transeje trasero no ha sido instalada antes de este punto, limpie la tapa y las superficies de acoplamiento completamente. Aplique una línea de sellador RTV (vulcanizador accionado a temperatura ambiente) 1/8-pulgada a la tapa **(vea ilustración)** e instale la tapa y los pernos.
21 Llene el transeje hasta el fondo del orificio para llenar, con el lubricante especificado (vea Capítulo 1).
22 Instale los varios artículos removidos previamente, refiriéndose al Capítulo 8 para los ejes propulsores y al Capítulo 4 para la información con respecto al sistema de escape.
23 Remueva el gato(s) (calzos, si lo usó) que soportan el motor y el transeje.
24 Haga un chequeo final de todos los alambres, mangueras, acoplamientos de cambio (vea Sección 2), y el cable del velocímetro (vea Sección 5) hayan sido conectado.
25 Baje el frente del vehículo.
26 Conecte el cable negativo de la batería. Pruebe el vehículo en la carretera por operación apropiada y chequee por fugas.

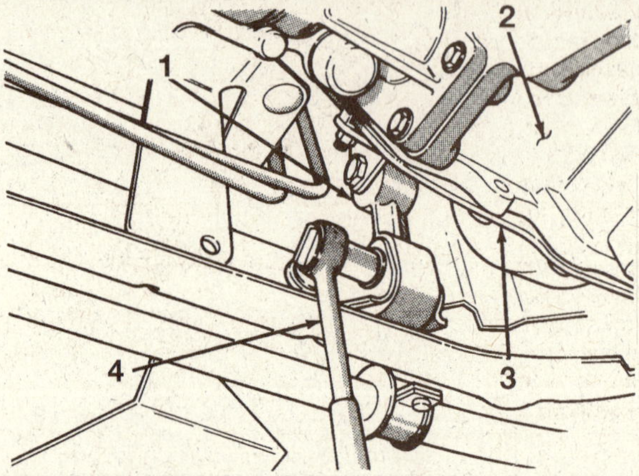

3.10 Desconectando el eslabón de antirotación

1 *Eslabón de antirotación*
2 *Transeje*
3 *Cubierta del diferencial*
4 *Herramienta*

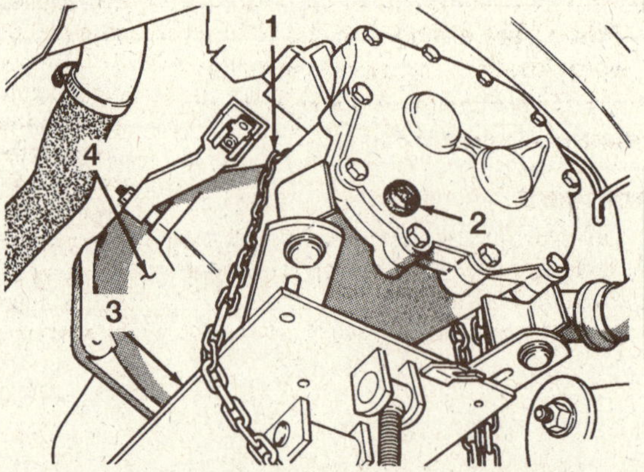

3.12 Soporte el transeje con un gato cuando lo esté removiendo (note la cadena de seguridad)

1 *Cadena de seguridad*
2 *Tapón llenador*
3 *Gato de transmisión*
4 *Transeje*

4 Reconstrucción completa del transeje manual - información general

Reconstruir un transeje manual es un trabajo difícil para el que lo hace sí mismo. Envuelve remover y volver a instalar muchas partes pequeñas. Numerosos espacios libres deben ser precisamente medidos y, si es necesario, cambiarlos con espaciadores correspondientes y anillos de cierre. A causa de esto, si problemas del transeje surgen, pueden ser removido e instalado por alguien competente que lo hace por sí mismo, pero la reconstrucción completa se le deja a un taller de reparación de transmisiones. Los transejes reconstruidos pueden estar disponibles, chequee con su distribuidor de partes y tiendas de auto partes. De todos modos, el tiempo y el dinero que envuelven una reconstrucción completa es casi seguro de exceder el costo de una unidad reconstruida.

No obstante, no es imposible para un mecánico sin experiencia reedificar un transeje si hay herramientas especiales disponible y el trabajo es hecho de una manera deliberada de paso a paso y nada se deja pasar.

Las herramientas necesarias para una reconstrucción completa incluyen alicates de anillo de cierre internos y externos, un extractor de cojinete, un martillo resbaladizo, un juego de punzones para las clavijas, un indicador de reloj y posiblemente una prensa hidráulica. Además, una mesa de trabajo grande y firme y una morsa o un transeje serán requeridos.

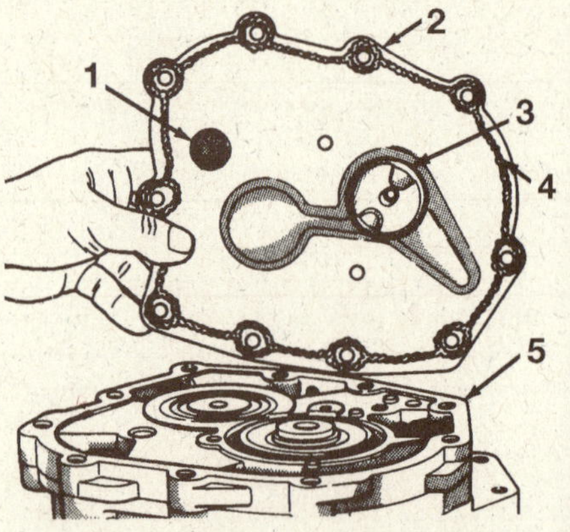

3.20 Aplique sellador RTV (vulcanizador accionado a temperatura ambiente) como está mostrado (esté seguro de aplicarlo alrededor de las roscas para los pernos) cuando instale la tapa trasera

1 *Tapón para llenar*
2 *Cubierta para el diferencial*
3 *Suplemento de aceite*
4 *Use sellador RTV*
5 *Plato retenedor del balero*

Durante el procedimiento de remover el transeje, haga anotaciones cuidadosas de como sale cada parte, donde se ajusta con relación a otras partes y qué la detiene en su lugar.

Antes de desarmar el transeje para la reparación, le ayudará si usted tiene alguna idea de cual área del transeje está funcionando mal. Ciertos problemas pueden ser identificados a áreas específicas cerca del transeje, lo cual puede hacer el chequeo del componente y el reemplazo más fácil. Refiérase a la Sección de identificación y resolución de problemas al frente de este manual para la información con respecto a fuentes posibles del problema.

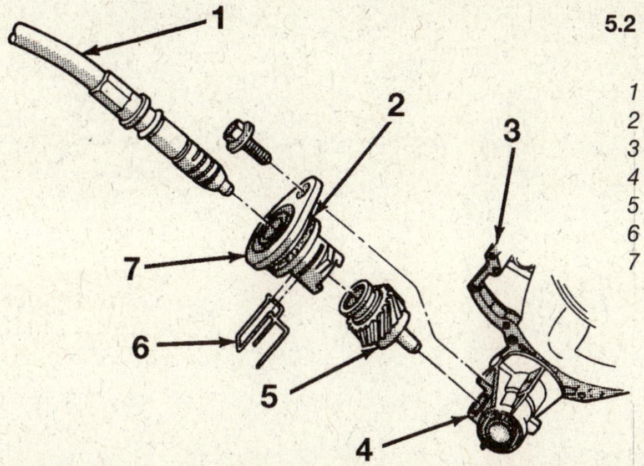

5.2 Asamblea del velocímetro - vista esquemática

1 Cable del espirómetro
2 Anillo
3 Transeje
4 Extensión
5 Piñón
6 Retenedor
7 Adaptador

5 Piñón para el engrane del velocímetro - remover e instalar

Refiérase a la ilustración 5.2

Remover

1 La asamblea del piñón para el engrane del velocímetro está localizado en el albergue diferencial de la extensión.

2 Remueva el perno retenedor y remueva cuidadosamente la asamblea hacia fuera del albergue de extensión **(vea ilustración)**.

3 Remueva el retenedor y separe el piñón del adaptador.

4 Chequee el cable del velocímetro para asegurarse que el flúido del transeje no se ha fugado dentro de él. Si hay flúido en el cable, remueva el adaptador y reemplace el anillo sellador de tipo O con uno nuevo. Vuelva a conectar el cable al adaptador.

5 Instale un anillo nuevo sellador de tipo O al exterior del retenedor. Conecte el adaptador a la guía del piñón del diferencial, asegúrese que el retenedor esté firmemente sentado.

Instalación

6 Asegúrese que las superficies de acoplamiento del adaptador y el albergue de la extensión estén limpias, ya que cualquier residuo podría causar el desajuste del piñón.

7 Conecte la asamblea al transeje, instale el perno retenedor y apriételo firmemente.

Notas

Capítulo 7 Parte B
Transeje automático

Contenido

Especificaciones

Tipo y capacidad de los flúidos .... Vea Capítulo 1
Ajuste de la banda .... Vea Capítulo 1

Especificaciones del par de torsión

	Pie-libras (a menos que se indique de otro modo)
Plato flexible a los pernos del convertidor de torsión	
1984 y 1985	40
1986 y más modernos	55
Interruptor neutral para poner en marcha el motor	25
Cable del transeje al perno del estrangulador	105 pulgada-libras
A-604 sobremarcha	
Sensor de velocidad del rendimiento	20
Interruptor PRNDL	25

1 Información general

Todos los vehículos cubiertos en éste manual vienen equipados con un transeje manual de cuatro o cinco velocidades, uno automático de tres velocidades, o un transeje automático de sobremarcha electrónico de cuatro velocidades. Toda la información acerca del transeje automático está incluido en esta parte del Capítulo 7. La información del transeje manual se puede encontrar en la Parte A de éste Capítulo.

El transeje se combina en un sistema compacto de tracción en las ruedas delanteras, un convertidor de torsión, conectado al cigüeñal por un plato flexible, una transmisión automática, y un diferencial.

El A-604 o el transeje de Sobremarcha electrónico 41TE de cuatro velocidades es convencional en que usa embragues hidráulicos para cambiar un tren de engranes planetario. Lo que es extraordinario al A-604 o el Sobremarcha 41TE es el uso de controles completamente adaptivos. Estos controles adaptivos están basados en el sensor de información de retroalimentación de tiempo igual que el sistema de frenos antibloqueantes electrónico.

Debido a la complejidad del transeje automático y la necesidad de un equipo especial y la experiencia para realizar la mayoría de las operaciones de servicio, éste Capítulo contiene el diagnóstico general solamente, reemplazo del sello, los procedimientos de ajustes y los procedimientos de remover e instalar.

Si el transeje requiere trabajo mayor, se lo debe dejar a un departamento de servicio de su concesionario o un taller de reparación de transmisiones automáticas.

2 Diagnóstico - general

Nota: *Los funcionamientos defectuosos del transeje automático pueden ser causados por cinco condiciones generales: el desempeño pobre del motor, ajustes inapropiados, funcionamientos defectuosos hidráulicos mecánicos o electrónicos. El diagnóstico de estos problemas siempre debe empezar con un chequeo de los artículos fáciles de reparar: el nivel de flúido y su condición (vea Capítulo 1), ajuste del acoplamiento del cambio y el ajuste del cable del acelerador (vea Secciones 5 y 6). Próximo, realice una prueba de manejo por carretera para determinar si el problema se ha corregido o si más diagnóstico es necesario. Si el problema persiste después de las pruebas y las correcciones preliminares han sido completadas y un diagnóstico adicional debe ser hecho por un taller de reparación del departamento de servicio de su concesionario o un taller de reparación de transmisiones. Refiérase al la Sección de identificación y resolución de problemas al frente de éste manual para el diagnóstico de problemas del transeje.*

Chequeos preliminares

1 Conduzca el vehículo para calentar el transeje a la temperatura normal de operación.

2 Chequee el nivel de flúido 1 como está descrito en el Capítulo 1:

a) *Si el nivel del flúido está excepcionalmente bajo, agregue lo suficiente para subir al nivel dentro del área designada en la varilla de medir el aceite, entonces chequee por fugas externas.*

b) *Si el nivel de flúido está anormalmente alto, drene el exceso, entonces chequee el flúido drenado por contaminación de anticongelante. La presencia de anticongelante de motor en el flúido para la transmisión automática indica que ha ocurrido un fracaso en las paredes internas del radiador que separan el anticongelante del flúido de la transmisión (vea Capítulo 3).*

c) *Si el flúido tiene espuma, drénelo y vuelva a llenar el transeje, entonces chequee por anticongelante en el flúido o un nivel de flúido alto.*

3 Chequee la velocidad de la marcha mínima del motor. **Nota:** *Si el motor está funcionando mal, no proceda con los chequeos preliminares hasta que haya sido reparado y corra normalmente.*

4 Chequee el cable de la válvula del acelerador por libertad de movimiento. Ajústelo si es necesario (vea Sección 6). **Nota:** *El cable del acelerador puede funcionar apropiadamente cuando el motor esté apagado y frío, pero puede tener un funcionamiento defectuoso una vez que el motor se calienta. Chequéelo frío y ha temperatura normal de operación del motor.*

5 Inspeccione el acoplamiento de cambio (vea Sección 5). Asegúrese que está ajustado apropiadamente y operando suavemente.

Diagnósticos para la fuga de los flúidos

6 La mayoría de las fugas de los flúidos son fáciles de localizar visualmente. La reparación se compone generalmente del reemplazando de un sello o junta. Si una fuga es difícil de encontrar, el siguiente procedimiento puede ayudar.

7 Identifique el flúido. Asegúrese que es flúido de transmisión y no aceite de motor ni flúido de freno (flúido para la transmisión automática es de un color rojo profundo).

8 Trate de localizar con toda precisión la fuente de la fuga. Conduzca el vehículo varias millas, entonces lo estaciona en un cartón grande. Después de un minuto o dos usted debe ser capaz de localizar la fuga determinando la fuente del flúido que gotea en el cartón.

9 Haga una inspección visual cuidadosa del componente sospechado y las áreas inmediatamente alrededor de el. Pegue atención particular a las superficies de acoplamiento de la junta. Un espejo es comúnmente útil para encontrar fugas en áreas que son duras de observar.

10 Si la fuga no puede ser encontrada, limpie el área sospechada completamente con un removedor de grasa o solvente, entonces lo seca.

11 Conduzca el vehículo por varias millas a la temperatura normal de operación y variando las velocidades. Después de manejar el vehículo, inspeccione visualmente el componente sospechado otra vez.

12 Una vez que la fuga se ha localizado, la causa se debe determinar antes de que se pueda reparar apropiadamente. Si una junta es reemplazada pero la pestaña selladora está doblada, la junta nueva no parará la fuga. La pestaña doblada debe ser instalada correctamente.

13 Antes de atentar de reparar una fuga, chequee para asegúrese que las condiciones siguientes son corregidas o ellas pueden causar otra fuga. **Nota:** *Parte de las siguientes condiciones no se pueden reparar sin herramientas especiales y experiencia especializadas. Tales problemas deben ser referidos a un taller de transmisión o el departamento de servicio de su concesionario.*

Fugas de la junta

14 Chequee la cacerola periódicamente. Asegúrese que los pernos están todos en su lugar (y ninguno faltan) y apretado, la junta está en buena condición y la cacerola está completamente plana (torceduras en la cacerola pueden indicar daño adentro en el cuerpo de válvulas).

15 Si la junta de la cacerola tiene fugas, el nivel de flúido o la presión pueden estar demasiado altos, el respiradero puede estar obstruido, los pernos del cárter pueden estar demasiado apretado, la pestaña selladora de la cacerola se puede alabear, la superficie del sello del albergue de transeje puede estar desgastada, la junta puede estar desgastado o la fundición del transeje puede tener grietas o poros. Si sellador es usado en lugar de una junta, puede ser el sellador incorrecto.

Fugas de los sellos

16 Si un sello del transeje tiene fugas, el nivel de flúido o la presión pueden estar demasiados altos, el respiradero puede estar tapado (estos modelos son ventilado por el orificio del tubo de la varilla graduada para medir), el diámetro del cilindro del sello puede estar desgastado, el mismo sello puede estar desgastado o impropiamente instalado, la superficie del eje que sale através del sello puede estar desgastada o un cojinete flojo puede estar causando el movimiento excesivo del eje. Chequee por una fuga en el sello de la bomba de aceite removiendo el plato de inspección del convertidor de torsión y busque por rastros de flúido o un charco de flúido en el albergue del convertidor de torsión.

17 Asegúrese que el sello del tubo de la varilla graduada para medir está en buena condición y el tubo está apropiadamente sentado. Chequee periódicamente el área alrededor del engrane del velocímetro o sensor por fuga. Si flúido de la transmisión es evidente, chequee el anillo sellador de tipo O por daño. Inspeccione también los sellos de aceite del eje del engrane del lado por fuga.

Fugas de la cubierta

18 Si la misma cubierta aparece estar saliéndose, la fundición está porosa y tendrá que ser reparada o tendrá que ser reemplazada.

19 Asegúrese que los acopladores de las mangueras del enfriador de aceite están apretadas y en buena condición.

Flúido se escapa desde el orificio del llenador

20 Si ésta condición ocurre, el transeje está sobre llenado, hay anticongelante en el flúido, la cubierta está porosa, la varilla graduada para medir es incorrecta, el respiradero está tapado o las roscas de la parte trasera del drenaje están tapadas.

3 Sello del aceite - reemplazo

Refiérase a las ilustraciones 3.3, 3.4, 3.8 y 3.9

1 **Nota:** *Si su vehículo ha estado sentado por un plazo de tiempo (seis meses o más largo), el sello de la bomba de aceite del transeje puede tener fuga. Primero agréguele a la transmisión sellador de aceite. Los sellos viejos o secos del transeje se encogen y causan fugas. Agregar un sellador de aceite hinchará el sello y aveces detiene la fuga. Si esto no restaura el sello viejo y para la fuga en los sellos, el sello(s) que tiene la fuga tendrá que ser reemplazado.*

Sello de la bomba de aceite

Nota: *El sello de la bomba de aceite (frente) del transeje puede ser reemplazado sin remover la bomba de aceite.*

2 Para reemplazar el sello de la bomba de aceite del transeje, el transeje y el convertidor

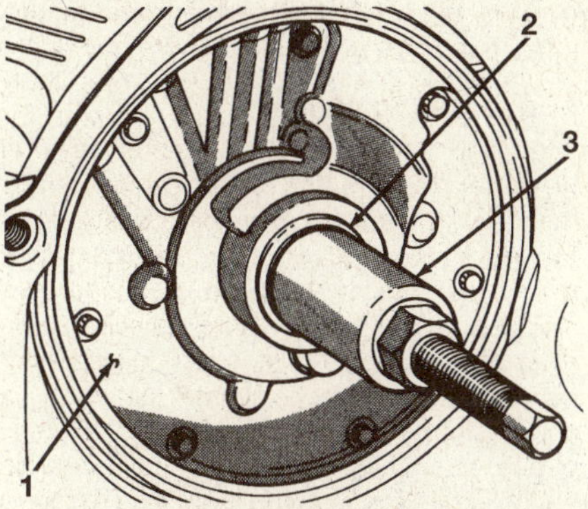

3.3 Usando la herramienta C-3981 para remover el sello de la bomba de aceite del transeje

1 *Bomba de aceite*
2 *Sello de la bomba de aceite*
3 *Herramienta para remover el sello de aceite C-3981*

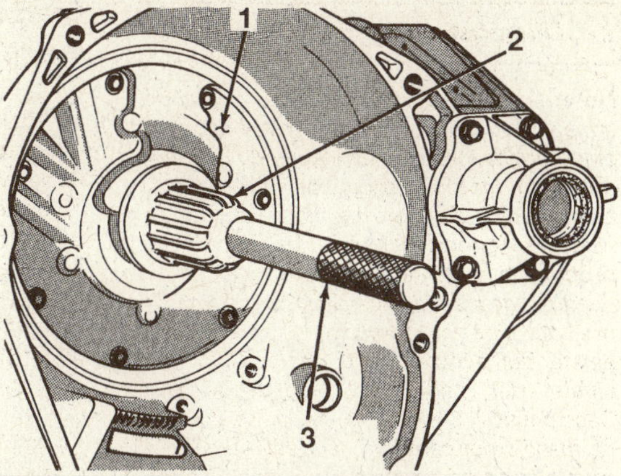

3.4 Bomba de aceite del transeje e instalación del sello usando las herramientas C-4171 y C-4193

1 *Bomba de aceite*
2 *Herramienta para instalar el sello de aceite C-4193*
3 *Mango de la herramienta especial C-4171*

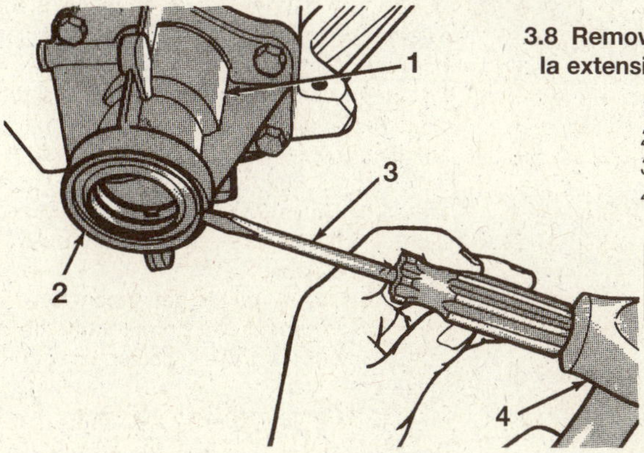

3.8 Removiendo el sello del albergue de la extensión usando un destornillador

1 *Extensión*
2 *Sello del aceite*
3 *Destornillador*
4 *Martillo*

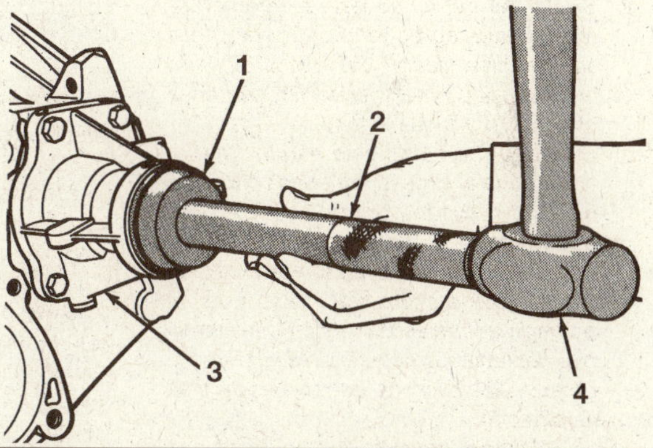

3.9 Instalación del sello del albergue de la extensión usando las herramientas L-4520 y C-4171

1 *Herramienta especial L-4520 (invertida)*
2 *Mango C-4171*
3 *Extensión*
4 *Martillo*

de torsión tendrán que ser removidos. Refiérase a la Sección 8 para remover el transeje.

3 Si está disponible, use la herramienta de fábrica para remover el sello (número C-3981). Enrosque la herramienta de remover el sello en el sello, entonces apriete el tornillo para retirar el sello hacia fuera (**vea ilustración**). Si la herramienta de la fábrica no está disponible, use una herramienta de tipo gancho para remover el sello (disponible en los suministradores de herramientas automotrices). Si una herramienta de tipo gancho no está disponible, pruebe usando un destornillador u otra herramienta para hacer palanca y remover el sello, moviéndose alrededor del sello. Tenga cuidado de no rasguñar el eje de entrada ni el diámetro del orificio del sello.

4 Si está disponible, use las herramientas de la fábrica (números C-4193 [instalador] y C-4171 [mango]) para instalar el sello nuevo. Coloque el sello en la abertura (cara hacia el lado del labio mirando hacia adentro), entonces accione el sello hacia adentro hasta que llegue al fondo en el orificio del sello (**vea ilustración**). Si las herramientas de la fábrica no están disponible, use un bloque de madera y un martillo pequeño para instalar cuidadosamente el sello en su lugar, pegándole completamente alrededor del sello hasta que el asiento del sello se asiente en el fondo del orificio.

Albergue de la extensión (eje propulsor del lado derecho) del sello

Nota: *Reemplazar el sello izquierdo de aceite del eje propulsor de lado, requiere remover el retenedor del cojinete del diferencial (una herramienta especial es necesaria) y apretar el sello nuevo en el retenedor con una prensa arbor. Éste procedimiento es más allá del alcance del mecánico de hogar.*

5 El sello del albergue de la extensión está localizado en el albergue de extensión, que está localizado a la derecha del lado del transeje.

6 Levante el vehículo y sopórtelo firmemente en estantes.

7 Remueva el eje propulsor derecho (vea Capítulo 8).

8 Usando un destornillador u otra herramienta para hacer palanca, remueva con una palanca el sello hacia afuera del albergue de la extensión (**vea ilustración**).

9 Cubra el labio y el sello exterior nuevo con flúido de transmisión. Coloque el sello nuevo en la abertura (cara hacia el lado del labio hacia adentro). Use un dado del mismo tamaño según el diámetro exterior del sello o un bloque de madera y péguele cuidadosamente al dado o la madera con un martillo, para instalar el sello en su lugar. Si está disponible, usted debe usar la herramienta de la fábrica (números L-4520 y C-4171 manivela). Con estas herramientas accione el sello nuevo en la extensión del albergue (**vea ilustración**).

4 Calzos del transeje - chequeo y reemplazo

Éste procedimiento es cubierto con los calzos del motor - procedimientos de chequeo y reemplazo en el Capítulo 2.

5 Cable de cambio - chequeo y ajuste

Chequeo

1 Chequee la operación del transeje en cada posición de la palanca de cambio (la prueba de poner el motor en marcha en cada

posición - el motor de arranque debe operar en las posiciones de Estacionamiento y Neutral solamente). Si la operación no es como está descrito, trate de ajustar el cable de cambio, como está descrito más abajo. Si la operación todavía no es correcta, chequee el interruptor de neutral para poner el vehículo en marcha (vea Sección 7).

Ajuste

Refiérase a las ilustraciones 5.3 y 5.5

2 Coloque la palanca de cambio en estacionamiento.

3 Trabajando en el compartimiento del motor, afloje el perno de la abrazadera del cable de cambio en el soporte del transeje **(vea ilustración)**.

4 Estire la palanca de cambio completamente al detén (posición de Estacionamiento) a mano.

5 Manteniendo la presión en la palanca del cambio, apriete el perno de la abrazadera de cable **(vea ilustración)**.

6 Chequee la palanca de cambio y trate de poner el motor en marcha en todas las posiciones. El motor se debe poner en marcha solamente cuando la palanca esté en la posición de Estacionamiento o Neutral.

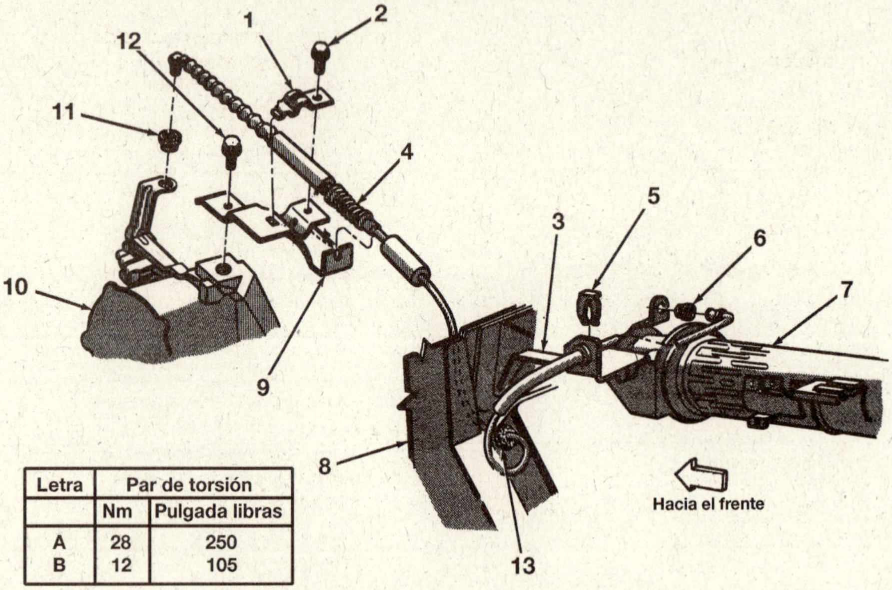

Letra	Par de torsión	
	Nm	Pulgada libras
A	28	250
B	12	105

5.3 Varillas de cambio - todos los modelos

1 *Grapa*
2 *Tornillo B*
3 *Soporte para el pedal de los frenos*
4 *Ensamblaje del cable*
5 *Clip*
6 *Broche*
7 *Columna de la dirección*
8 *Tablero*
9 *Soporte*
10 *Transeje*
11 *Arandela de caucho*
12 *Tornillos A*
13 *La arandela de caucho en el cable debe de estar firmemente asentada adentro del orificio del panel*

6 Cable del acelerador - chequeo y ajuste (excepto A-604 y sobremarcha 41TE)

Nota: *Las transmisiones A-604 y la de Sobremarcha 41TE no tienen un cable desde el acelerador a la transmisión.*
Refiérase a las ilustraciones 6.4 y 6.7.

Chequeo

1 Ajuste del cable de la presión del acelerador es importante para la operación apropiada del transeje. Si el ajuste es largo, el transeje cambiará temprano. Si el ajuste es demasiado corto, el transeje cambiará tarde.

2 El cable del acelerador controla la válvula en el transeje que gobierna la calidad del cambio y la velocidad. Si el cambio es duro o irregular, el cable del acelerador debe ser ajustado.

5.5 Apretando los pernos del fuelle del cable de cambio - note como una mano mantiene presión en la palanca (flecha) de cambio según el perno es apretado

Ajuste

Modelos 1984 y 1985

3 El ajuste debe ser hecho con el motor a la temperatura normal de operación.

4 Afloje el tornillo de seguridad del soporte de ajuste **(vea ilustración)**.

5 Para asegurar el ajuste apropiado, los soportes deben estar libres para moverse hacia adelante y hacia atrás. Si es necesario, remueva y limpie la ranura y las superficies que se deslizan también el tornillo.

6 Deslice el soporte a la izquierda (hacia el motor) al límite de su viaje. Libere los soportes y remueva la palanca del acelerador completamente a la derecha, contra la parada interna, entonces apriete el tornillo de seguridad a los soportes de ajuste a 105 pulgada-libras.

1986 y modelos más modernos

7 Afloje los tornillos de los soportes del cable y posicione el soportes con las etiquetas de alineación en contacto con la fundición del transeje. Apriete el tornillo de seguridad a 105 pulgada-libras **(vea ilustración)**.

8 Libere la cerradura de cruz en la asamblea del cable halándolo. Para asegurar el ajuste apropiado, el cable debe estar libre para deslizar completamente hacia el motor,

6.4 Disposición del cable del acelerador - modelos 1984 y 1985

1 *Carburador*
2 *Pedal del acelerador*
3 *Motor*
4 *Tornillo y arandela*
5 *Soporte para el ajuste del cable*
6 *Cable del acelerador*
7 *Palanca para el acelerador del transeje*
8 *Palanca para seleccionar del transeje*

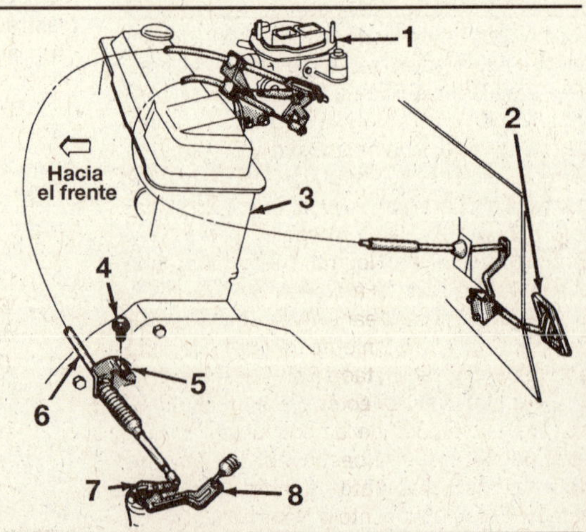

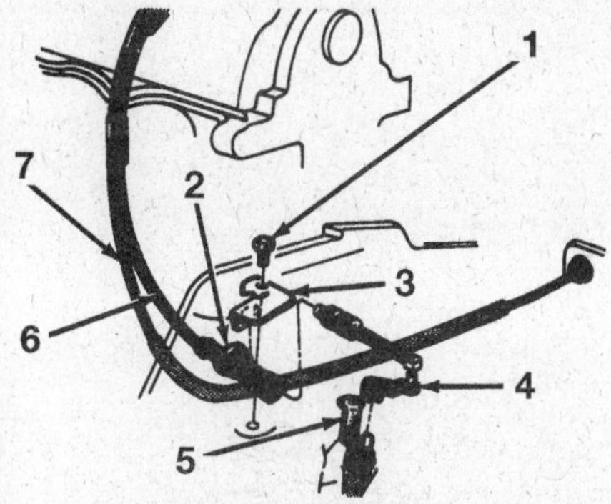

6.7 Disposición del cable del acelerador - modelos 1986 y más modernos

1 *Perno de enclavamiento*
2 *Cierre de cruz*
3 *Soporte*
4 *Palanca para el control del acelerador*
5 *Palanca selectora*
6 *Cable para la presión del acelerador*
7 *Cable para el control del acelerador*

contra la parada, después que la cerradura de cruz sea liberada.

9 Mueva la palanca de control del transeje a la derecha y hacia fuera según sea posible (contra la parada interna) y apriete la cerradura de cruz hacia abajo en la posición cerrada.

10 No lubrique ninguno de los componentes de acoplamiento en los modelos más modernos.

Todos los modelos

11 Chequee la acción del cable (conecte el estrangulador si se desconectó). Mueva el cable del acelerador del transeje completamente hacia adelante, libérelo lentamente y asegúrese que regrese completamente.

7 Comienzo en neutral e interruptor de la luz de la reserva - chequeo y reemplazo

Refiérase a las ilustraciones 7.1a, 7.1b y 7.7

Chequeo

1 El interruptor de poner en marcha el vehículo en neutral y de retroceso está localizado en la orilla al frente más baja del transeje **(vea ilustraciones)**. El interruptor controla la luz de reserva y la puesta en marcha del motor en Estacionamiento y Neutral. La terminal central del circuito del interruptor pone a tierra el solenoide del motor de arranque cuando el transeje está en Estacionamiento o Neutral, permitiendo que el motor se ponga en marcha.

2 Antes de chequear el interruptor, asegúrese que el acoplamiento de cambio está apropiadamente ajustado (vea Sección 5).

3 Remueva el conector y use un ohmímetro para el chequeo de la continuidad entre la terminal central y el casco. La continuidad debe existir solamente cuando el transeje está en Estacionamiento o Neutral.

7.1a Ubicación del interruptor de poner en marcha en Neutral (seguridad) - transeje automático de tres velocidades

1 *Conector eléctrico para el solenoide de enclavamiento*
2 *Interruptor de Neutral/Estacionamiento (seguridad)*
3 *Orificio para la varilla de medir el aceite*

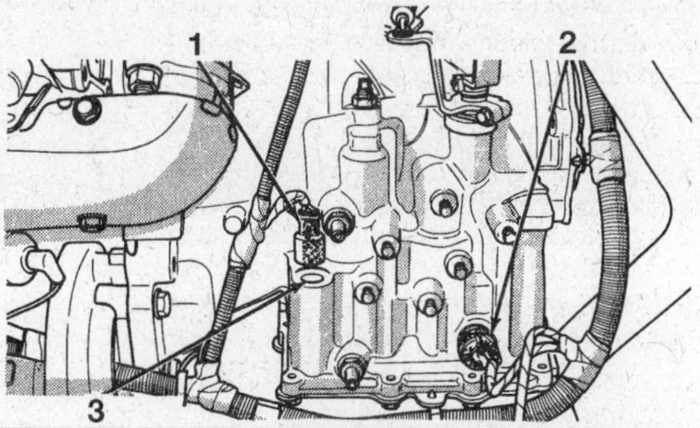

7.1b Ubicación del interruptor de poner en marcha en Neutral (seguridad) - transeje automático de cuatro velocidades (A-604 Sobremarcha)

1 *Cubierta para el solenoide*
2 *Entrada (turbina) para el sensor de velocidad*
3 *Interruptor de seguridad para poner el motor en marcha en Neutral*
4 *Interruptor PRNDL*

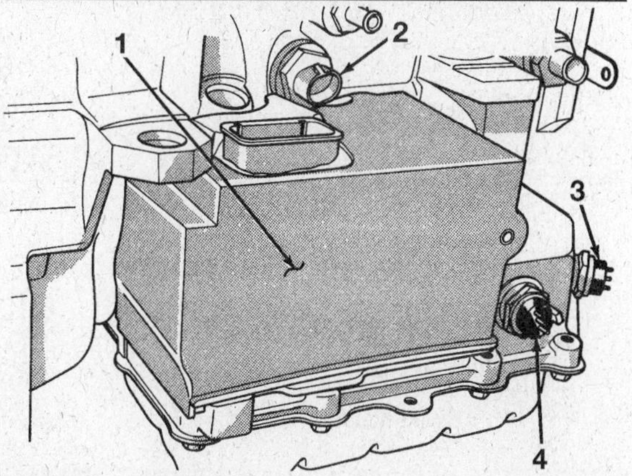

4 Chequee por continuidad en las terminales entre los dos exteriores. La continuidad debe existir solamente cuando el transeje está en Reversa. Ninguna continuidad debe existir entre ninguna terminal exterior y el caso.

5 Si el interruptor falla cualquiera de las pruebas, reemplácelo con uno nuevo.

Reemplazo

6 Posicione una bandeja de drenaje bajo el interruptor para colectar el flúido cuando el interruptor sea removido. Si no lo a hecho ya, remueva el conector eléctrico del interruptor.

7 Destornille el interruptor del transeje, usando una llave de boca cerrada para evitar daño al albergue del interruptor **(vea ilustración)**.

8 Mueva la palanca de cambio de Estacionamiento a Neutral mientras chequea que los dedos de operar el interruptor son centrado en la abertura.

9 Instale el interruptor nuevo, apriételo al torque listado en las Especificaciones de éste Capítulo y conecte el conector. Repita los chequeos en el interruptor nuevo.

10 Chequee el nivel del flúido y agregue el flúido según sea requerido (vea Capítulo 1).

8 Transeje automático - remover e instalar

Refiérase a las ilustraciones 8.5, 8.6, 8.7, 8.10, 8.12, 8.16a, 8.16b, 8.17, 8.20 y 8.24

Remover

1 Desconecte el cable negativo de la batería.

2 En motores de 2.2L y 2.5L, remueva la bomba de inyección de aire (vea Capítulo 6).

3 Remueva el purificador de aire y el soporte para la bomba de inyección de aire.

4 Desconecte el cambio del transeje y los cables de la posición del acelerador y los abrocha fuera del camino.

7B

7.7 Remoción del interruptor de Neutral (seguridad) (A-604 Sobremarcha)

1 *Herramienta*
2 *Interruptor de seguridad para poner el motor en marcha en Neutral (negro)*

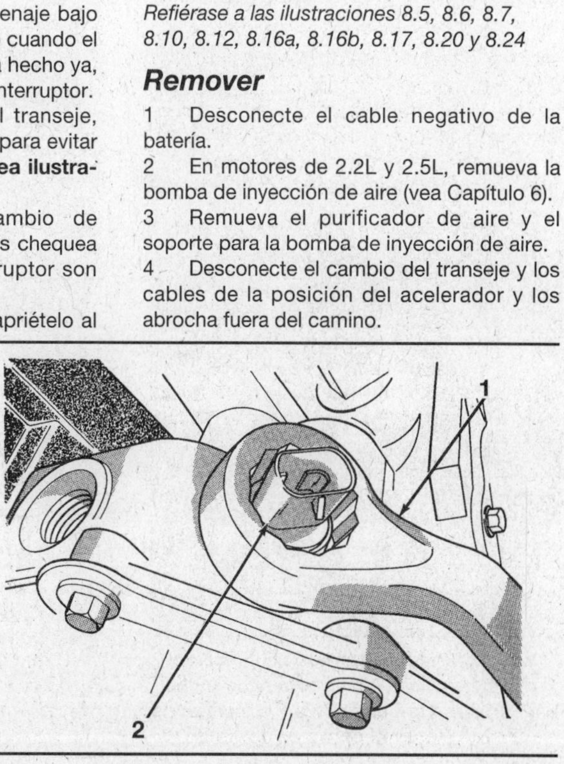

5 Sostenga el motor por la parte de encima con la herramienta especial **(vea ilustración)**, o por debajo con un gato (coloque un bloque de madera entre el gato y la cacerola de aceite del motor para prevenir daño).

6 Remueva los pernos superiores de la campana **(vea ilustración)**.

7 Remueva el engranaje del velocímetro de impulsión (vea Capítulo 7A, Sección 5) y remueva todos los conectores eléctricos **(vea ilustración)**.

8 Levante el vehículo y sopórtelo firmemente en estantes.

9 Drene el flúido del transeje (vea Capítulo 1).

10 Remueva los protectores de abajo del vehículo y de la izquierda **(vea ilustración)**.

11 Remueva la tapa del convertidor de torsión.

12 Marque el convertidor de torsión y el plato flexible para que ellos puedan ser reinstalados en la misma posición **(vea ilustración)**.

13 Remueva los pernos del convertidor de torsión al plato flexible. Gire el cigüeñal con una llave grande en el perno de la polea del cigüeñal para obtener acceso a cada uno de los pernos del plato flexible.

14 Remueva el motor de arranque (vea Capítulo 5).

15 Remueva los ejes propulsores (vea Capítulo 8).

16 Desconecte la mangueras del flúido del enfriador en el transeje y tápelas **(vea ilustraciones)**.

17 Afloje los pernos del buje de la barra de oscilación, entonces afloje las puntas del brazo de control y hale la barra de oscilación hacia abajo fuera del camino **(vea ilustración)**.

18 En modelos que estén equipados, desconecte la manguera(s) de vacío.

19 Remueva cualquier componentes del escape que intervendrá para remover el transeje (vea Capítulo 4).

20 Sostenga el transeje con un gato, preferiblemente un gato especial hecho para éste propósito. Las cadenas de seguridad ayudarán ha estabiliza el transeje en el gato **(vea ilustración)**.

21 Remueva cualquier otro componentes del chasis o la suspensión que intervendrá para remover el transeje.

22 Remueva los calzos del frente, de la izquierda del motor y los soportes del calzo del motor en el miembro transversal del frente (vea Capítulo 2).

23 Remueva los pernos restantes que sostienen el transeje al motor.

24 Mueva la parte trasera del transeje para desengranarlo de la clavija fija del bloque del motor. Usted tendrá que usar una barra, un destornillador grande o una palanca para separar el motor del transeje **(vea ilustración)**. **Nota:** *Asegure el convertidor de torsión al transeje con alambre a los pernos a una separación de 180 grados para que no se caiga cuando se remueva.*

25 Baje el transeje del vehículo.

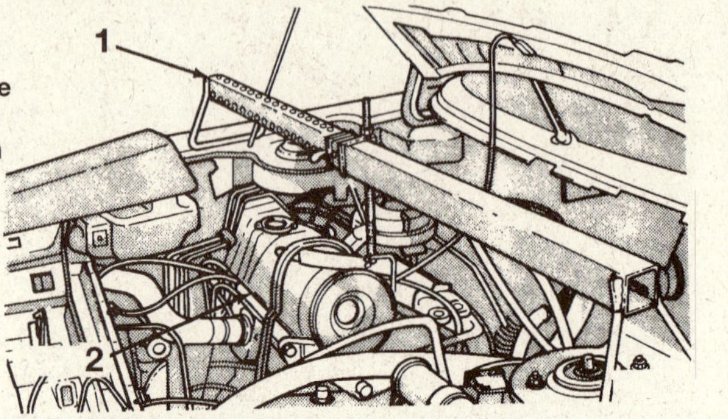

8.5 El peso del motor se debe sostener con la herramienta fija especial o un gato según el transeje es removido

1 *Herramienta*
2 *Motor*

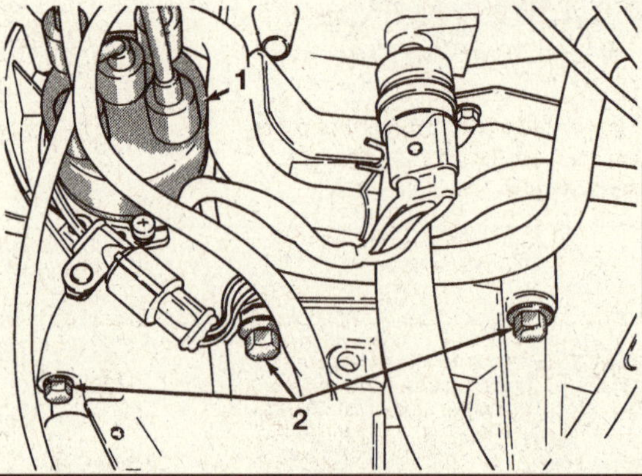

8.6 Lugares de los pernos superiores de la campana

1 *Distribuidor*
2 *Pernos superiores de la campana*

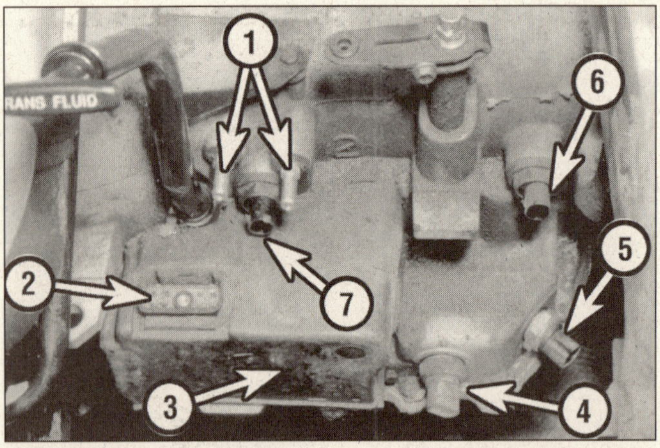

8.7 Lado de la izquierda del transeje - A-604 y Sobremarcha 41TE

1 *Líneas del enfriador del transeje*
2 *Conector de ocho clavijas*
3 *Tapa de la asamblea del solenoide*
4 *Interruptor de PRNDL*
5 *Interruptor neutral para poner el vehículo en marcha*
6 *Sensor de la velocidad de la salida*
7 *Sensor de la velocidad de la turbina de entrada*

8.10 Remoción del protector del lado izquierdo

1 *Herramienta de tipo dado*
2 *Protector izquierdo*

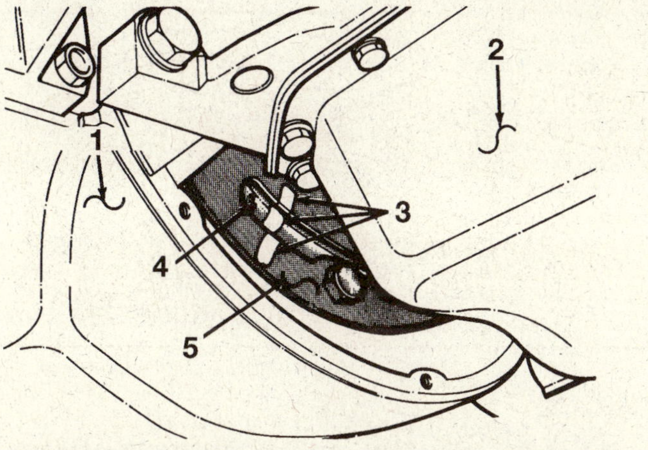

8.12 Esté seguro de marcar el convertidor de torsión y el plato flexible para que ellos puedan ser acoplados nuevamente a la misma posición

1 Transeje
2 Cacerola del aceite
3 Marcas
4 Convertidor de torsión
5 Plato flexible

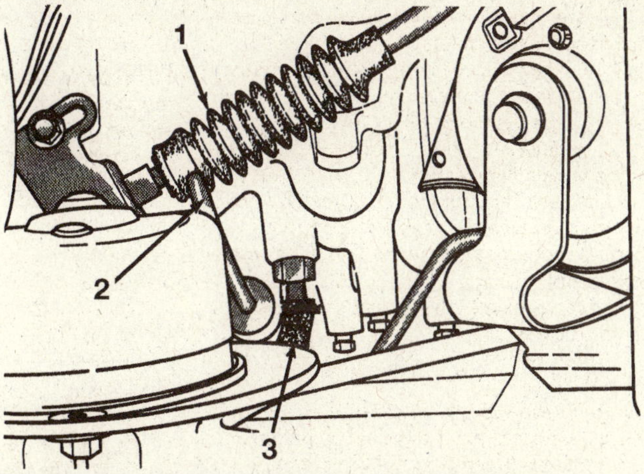

8.16a Ubicación de una de las mangueras de enfriamiento (tres velocidades automática)

1 Cable de control del acelerador
2 Varilla de medir
3 Manguera de aceite desde el enfriador

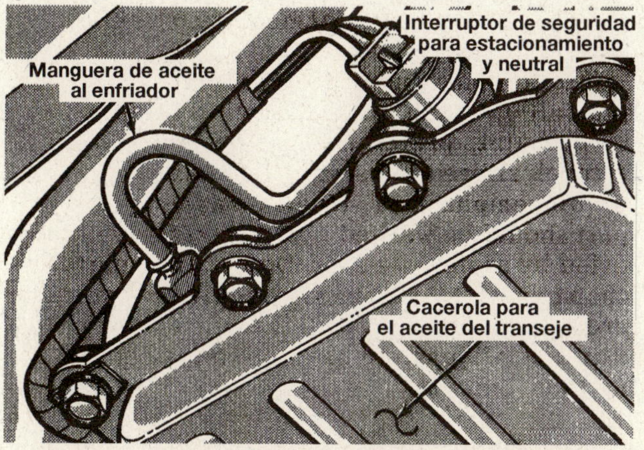

8.16b Ubicación de una de las mangueras de enfriamiento y el interruptor neutral para poner el vehículo en marcha (A-604 Sobremarcha)

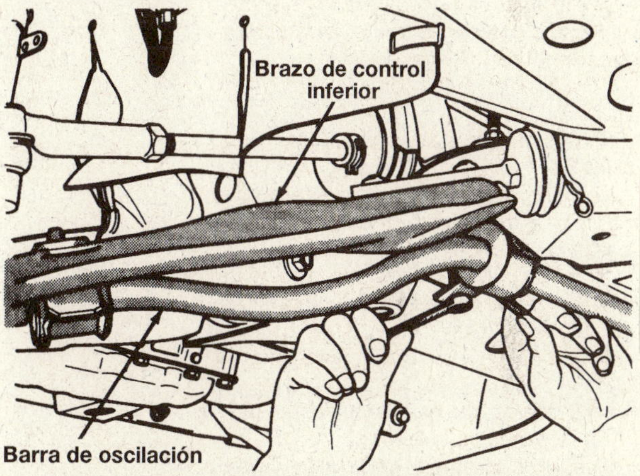

8.17 Removiendo los pernos de la barra de oscilación

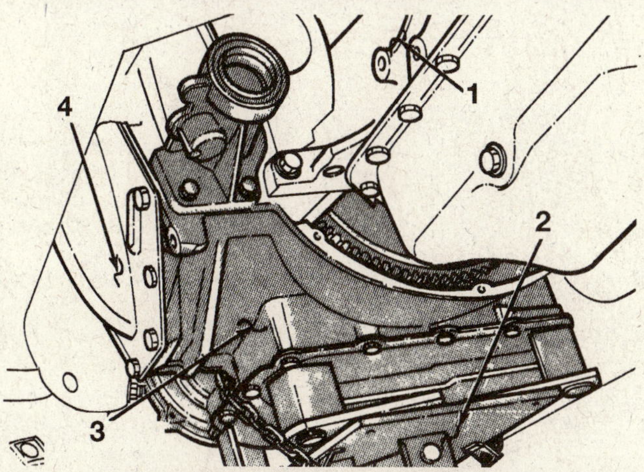

8.20 Posicionando el gato en el transeje (note la cadena de seguridad)

1 Motor
2 Gato para la transmisión
3 Transeje
4 Tapa para el diferencial

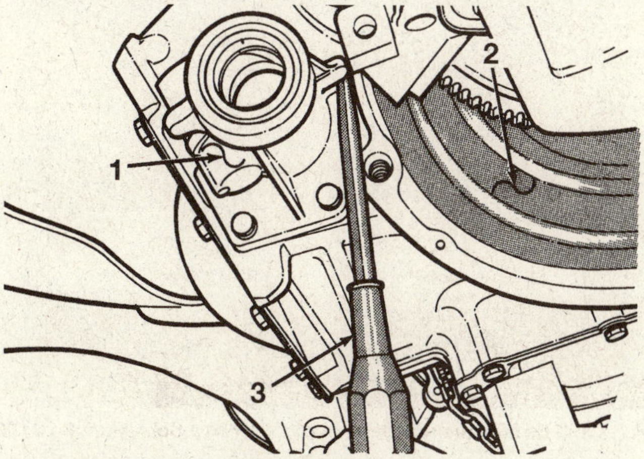

8.24 Use un destornillador grande para hacerle palanca al transeje y el motor

1 Extensión
2 Convertidor del par de torsión
3 Destornillador

Instalación

26 Antes de la instalación, asegúrese que el eje del convertidor de torsión está firmemente instalado en la bomba.

27 Con el transeje asegurado al gato y el convertidor de torsión asegurado al transeje, levántelo en posición.

28 Gire el convertidor de torsión para formar una fila con los orificios en el plato flexible. Forme una fila en las marcas que usted hizo en el convertidor de torsión y el plato flexible.

29 Mueva el transeje hacia adelante cuidadosamente hasta que el albergue y la clavija fija se acoplen.

30 Instale los pernos del albergue del transeje al motor. Apriételo firmemente.

31 Instale los pernos del plato flexible al convertidor de torsión. Apriete los pernos a las Especificaciones de éste Capítulo.

32 Instale los calzos del motor y los soportes.

33 Instale los componentes de la suspensión y el chasis que fueron removidos. Apriete los pernos y las tuercas al par de torsión listado en las Especificaciones de éste Capítulo.

34 Remueva el gato que sostiene el transeje.

35 Instale el motor de arranque (vea Capítulo 5).

36 Conecte la manguera(s) de vacío (si está equipado).

37 Conecte los acoplamientos de cambio y el acelerador.

38 Conecte todos los conectores eléctricos.

39 Instale la tapa del convertidor de torsión y los protectores.

40 Instale el eje propulsor (vea Capítulo 8).

41 Conecte el cable del velocímetro.

42 Conecte cualquier componente del escape que fueron removidos o fueron desconectado.

43 Baje el vehículo.

44 Ajuste el cable de cambio (vea Sección 5).

45 Llene el transeje con flúido de transmisión (vea Capítulo 1), ponga el vehículo en marcha y chequee por fugas.

Capítulo 8
Embrague y semiejes

Contenido

Especificaciones

Espesor (mínimo) del forro para el disco del embrague 1/32-pulgada

Dimensiones del semieje	**Pulgada**	**mm**
1984		
G. K. N.		
Derecho	21.3 a 21.6	542 a 549
Izquierda	10.6 a 11.2	270 a 285
A. C. I.		
Derecha	20.5 a 20.9	520 a 532
Izquierda	10.0 a 10.6	255 a 270
1985		
G. K. N.		
Derecha	21.3 a 21.6	542 a 449
Izquierda	10.6 a 11.9	270 a 285
A. C. I.		
Derecha	20.5 a 20.9	520 a 532
Izquierda	10.0 a 10.6	255 a 270
1986		
G. K. N.		
Derecha	21.3 a 21.6	542 a 549
Izquierda	10.6 a 11.2	270 a 285
Citroen		
Derecha	20.5 a 20.9	520 a 532
Izquierda	10.0 a 10.6	255 a 270

Dimensiones del semieje (continuación)

	Pulgada	mm
1987		
2.2L y 2.6L		
G. K. N.		
Derecha	21.3 a 21.6	542 a 549
Izquierda	9.4 a 10.0	238 a 253
Citroen		
Derecha	20.5 a 20.9	520 a 532
Izquierda	8.8 a 9.4	223 a 238
2.5L y 3.0L	No disponible	
1988 (G.K.N.)		
Derecha	20.9 a 21.2	530 a 538
Izquierda	9.6 a 9.9	243 a 251
1989		
2.5L sin-turbo y 3.0L (G.K.N.)		
Derecha	20.9 a 21.2	530 a 538
Izquierda	9.6 a 9.9	243 a 251
Turbo (G.K.N de 2.5L.) (derecha y izquierda)	9.6 a 9.9	243 a 251
1990		
3.0L, 2.5L sin-turbo y turbo de 2.5L con transeje automático (G.K.N.)		
Derecha	20.9 a 21.2	530 a 538
Izquierda	9.6 a 9.9	243 a 251
3.3L y turbo de 2.5L con transeje manual (G.K.N.)		
Derecha	9.6 a 9.9	243 a 251
Izquierda	9.6 a 9.9	243 a 251
1991		
Derecha	20.5 a 20.9	520 a 530
Izquierda	9.0 a 9.4	228 a 238
1992		
3.0L y 3.3L		
Derecha	18.7 a 19.1	476 a 486
Izquierda	7.2 a 7.6	184 a 194
2.5L con transeje manual		
Derecha	18.7 a 19.1	476 a 486
Izquierda	8.4 a 8.8	213 a 223
2.5L con transeje automático		
Derecha	18.9 a 19.3	480 a 490
Izquierda	7.3 a 7.7	185 a 195
1993		
3.0L y 3.3L		
Derecha	18.7 a 19.1	476 a 486
Izquierda	7.2 a 7.6	184 a 194
2.5L con transeje manual		
Derecha	18.7 a 19.1	476 a 486
Izquierda	8.2 a 8.6	209 a 220
2.5L con transeje automático		
Derecha	18.7 a 19.1	476 a 486
Izquierda	7.3 a 7.7	185 a 195
1994 y luego		
3.0L, el 3.3L y 3.8L		
Derecha	18.7 a 19.1	476 a 486
Izquierda	7.2 a 7.6	184 a 194
2.5L con transeje manual		
Derecha	18.7 a 19.1	476 a 486
Izquierda	7.2 a 7.6	184 a 194
2.5L con transeje automático		
Derecha	18.7 a 19.1	476 a 486
Izquierda	7.3 a 7.7	185 a 195

Especificaciones del par de torsión

	Pie-libras
Pernos del plato de presión al volante del embrague	21
Tornillos del balero del eje intermedio al soporte	21
Tornillos del balero del eje intermedio al motor	40
Tuerca del semieje	180

3.2 Cable del embrague y detalles de ajustador

1 *Tuerca y arandela*
2 *Retenedor*
3 *Amortiguador*
4 *Buje*
5 *Espaciador*
6 *Eje pivote*
7 *Pedal del freno*
8 *Almohadilla*
9 *Pedal del embrague*
10 *Resorte*
11 *Ajustador para el posicionador*
12 *Retenedor*
13 *Arandela de caucho*
14 *Amortiguador*
15 *Anillo de cierre*
16 *Arandela*
17 *Arandela de caucho*
18 *Pivote ajustador*
19 *Cable*
20 *Retenedor*
21 *Palanca del embrague de liberación*

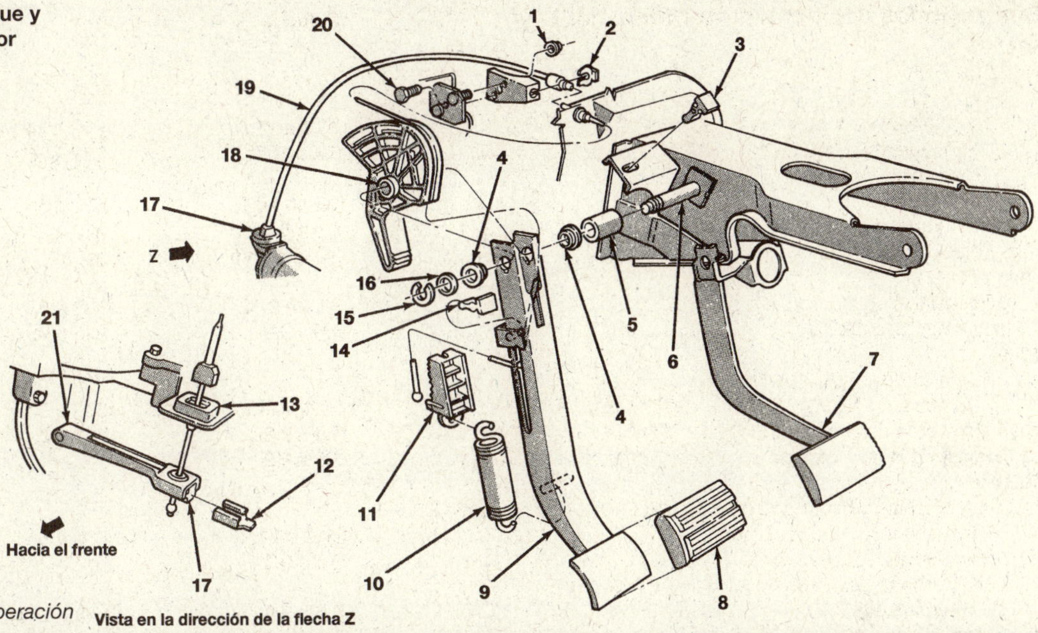

1 Información general

En éste Capítulo la información trata con los componentes del motor a las ruedas del frente (accionar) (con excepción del transeje, que es cubierto en los Capítulos previos). En éste Capítulo, los componentes son agrupado en dos categorías: Embrague y semiejes. Las Secciones separadas dentro de éste Capítulo ofrecen informáciones generales, para chequear y el procedimientos de reparación para los componentes en cada uno de los dos grupos.

Peligro: *Debido a que casi todo éste Capítulo incluye procedimientos implicando trabajar debajo del vehículo, asegúrese que lo ha sostenido firmemente en estantes o en un elevador donde pueda ser levantado y pueda ser bajado fácilmente.*

2 Embrague - descripción y chequeo

1 Todos los vehículos con un transeje manual tienen un solo plato seco, el diafragma embrague tipo resorte. El disco del embrague tiene un cubo ranurado que permite deslizarlo por las ranuras del eje de entrada del transeje o eje principal. El disco del embrague es sostenido en su lugar contra el volante por los resortes del plato de presión. Durante el desembrague (cuándo cambia de un engrane al otro por ejemplo), el pedal del embrague es presionado, opera un cable, acciona la palanca de la liberación del balero de liberación o empuja los resortes del plato de presión, liberando el embrague.

2 El mecanismo de liberación incorpora un ajustador con su propio dispositivo que compensa por el desgaste del disco del embrague **(vea ilustración 3.2)**. Un resorte en el brazo del pedal del embrague mantiene la tensión en el cable y el pivote ajustador ase que el ajustador se posicione cuando el pedal es presionado y el embrague es liberado. Consecuentemente, siempre removiendo el juego en el cable, haciendo el ajuste innecesario.

3 Cuándo aplique presión al pedal para liberar el embrague, el cable hala contra el final de la palanca de liberación, que gira un eje conectado al tenedor de la liberación del embrague. Como los pivotes de tenedor, el balero de liberación empuja contra los dedos de los resortes del diafragma en la asamblea del plato de presión, que en cambio desengrana el plato del embrague.

4 La terminología puede ser un problema cuando discutimos los componentes del embrague porque nombres comunes son en algunos casos diferentes de esos usado por el fabricante. Por ejemplo, el disco de embrague es llamó también el plato de embrague o plato empujado, el balero para la liberación del embrague es llamado a veces un balero de liberación y el tenedor de la liberación es llamó a veces la palanca de liberación.

5 De otra manera que reemplazar los componentes con daño obvio, algunos chequeos preliminares se deben realizar para diagnosticar los problemas del embrague.

a) *El chequeo primero debe ser del ajuste del cable del embrague (si es aplicable). Si hay mucho juego libre en el cable, el embrague no liberará completamente, hacer los cambios se hace difícil o imposible.*

b) *Para chequear el tiempo de detención del embrague, corra el motor a la velocidad de marcha mínima normal con el transeje en Neutral (pedal del embrague encima - enganchado). Desengrane el embrague (pedal hacia abajo), espere varios segundos y cambie el transeje a Reversa. Ningún ruido de crujido se debe oír. Un ruido de crujido es muy probable que indique un problema en el plato de presión o el disco del embrague.*

c) *Al chequear la liberación completa del embrague, corra el motor (con el freno de estacionamiento aplicado para prevenir el movimiento de vehículo) y tenga el pedal del embrague aproximadamente 1/2-pulgada del piso. Cambie el transeje entre Primera y Reversa varias veces. Si el cambio es áspero, fallo del componente es indicado, o como es expresado encima, el cable está fuera de ajuste.*

d) *Inspeccione visualmente el buje del pivote por encima del pedal del embrague para asegúrese que no hay obstrucción ni juego excesivo.*

e) *Un pedal del embrague que es difícil de operar muy probable es causado por un cable defectuoso del embrague. Chequee el cable donde entra al albergue para los alambres deshilado, oxidación y otros signos de corrosión. Si se mira bueno, lubrique el cable con aceite penetrante. Si la operación del pedal mejora, el cable se desgastó y debe ser reemplazado.*

3 Cable del embrague - remover e instalar

8

Refiérase a la ilustración 3.2

1 Levante el frente del vehículo y sopórtelo firmemente en estantes. Aplique el freno de estacionamiento y bloquee las ruedas traseras para que el vehículo no se ruede fuera de los estantes.

2 Remueva el retenedor y desengrane el albergue del cable del soporte del retenedor **(vea ilustración)**.

3 Remueva el retenedor del cable del embrague y desengrane el final del cable de la palanca de liberación del embrague en la transmisión **(vea ilustración 3.2)**.

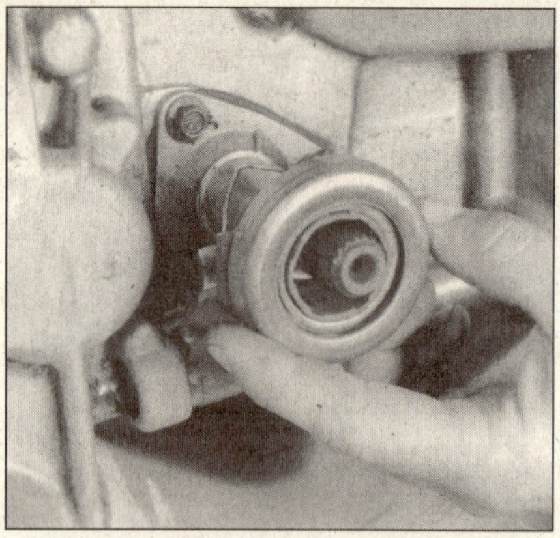

4.2 Antes de que usted remueva el balero de liberación, anote como está retenido por el retenedor, entonces lo desliza de la entrada del eje

4 Estire el final más bajo del cable fuera del anillo de goma en el calzo de la transmisión.

5 Trabajando dentro del vehículo, desengrane el final del cable del pedal del embrague.

6 Hale el cable atraves de la pared contrafuegos para removerlo.

7 Cuándo esté instalando el cable nuevo, enganche las puntas a la palanca del pedal y la transmisión primero, entonces hale el albergue y enganche el cable en el soporte del retenedor. No se olvide de instalar el retenedor.

8 Opere el pedal varias veces para permitir que el mecanismo del ajustador remueva todo el juego flojo en el cable.

4 Balero de liberación del embrague y tenedor de liberación - remover e instalar

Refiérase a las ilustraciones 4.2, 4.4a, 4.4b y 4.4c

Peligro: *El polvo producido por el desgaste del embrague y depósitos en los componentes del embrague puede contener amianto, el cual es peligroso para su salud. NUNCA use aire comprimido para limpiarlo y NUNCA aspire este polvo. NUNCA use gasolina u otros solventes a base de petróleo para limpiar este polvo. Debe de usarse líquido para limpiar sistemas de frenos para concentrar este polvo en una bandeja. Después de que los componentes del embrague se hayan secado con trapos, bote los trapos contaminados y el líquido en un recipiente cubierto y adecuadamente marcado.*

1 Remueva el transeje (vea Capítulo 7, Parte A).

2 Desengrane las puntas del retenedor del resorte y separe el balero de liberación del tenedor **(vea ilustración)**.

3 Detenga el centro del balero y gire la porción exterior mientras está aplicando presión. Si no gira suavemente o si hace ruido, instale uno nuevo. Es una buena idea de reemplazarlo de todos modos, cuando usted

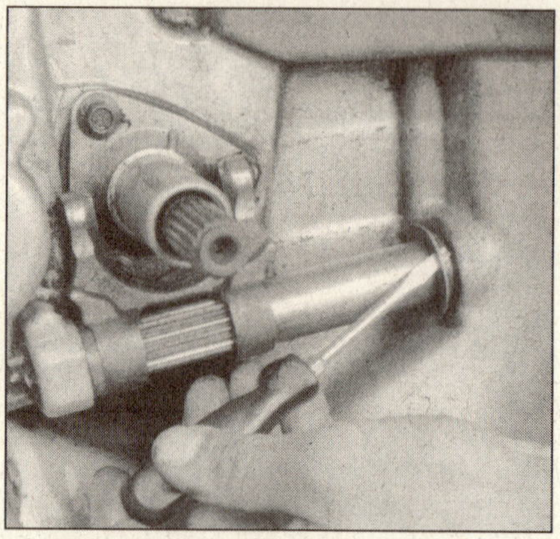

4.4a Para remover el eje de liberación y el tenedor, remueva éste retenedor en forma de E, . . .

considera el tiempo y el esfuerzo que toma en remover el transeje. Sin embargo, si usted elige volver a instalar el balero viejo, límpielo por fuera con un trapo limpio. No sumerja el balero en solvente, está sellado por vida y sería arruinado por el solvente.

4 Chequee las puntas del tenedor de liberación por desgaste excesivo. Si el tenedor debe ser reemplazado, remueva el retenedor en forma de E del eje de liberación del embrague, deslice el eje fuera del albergue del embrague y remueva el tenedor **(vea ilustraciones)**.

5 Si los bujes del eje están desgastados, reemplácelos.

6 Lubrique los bujes del eje de liberación con grasa de temperatura alta, deslice la parte del eje en el albergue y detenga el tenedor en posición. Continúe deslizando el eje en su lugar, através del tenedor, hasta que se asiente en el buje interior.

7 Instale el retenedor en forma de E en la ranura del eje. Asegúrese que se ha sentado correctamente.

8 Lubrique las puntas del tenedor de liberación con una cantidad pequeña de grasa de temperatura alta (no sobre llene). Lubrique el diámetro del orificio del balero de liberación con la misma grasa.

9 Instale el balero de liberación en el tenedor. Asegúrese de que el retenedor de alambre está apropiadamente enganchado.

10 Instale el transeje.

5 Componentes del embrague - remover, inspeccionar e instalar

Peligro: *El polvo producido por el desgaste del embrague y depósitos en los componentes del embrague puede contener amianto, el cual es peligroso para su salud. NUNCA use aire comprimido para limpiarlo y NUNCA aspire este polvo. NUNCA use gasolina u otros solventes a base de petróleo para limpiar este polvo. Debe de usarse líquido para limpiar sistemas de frenos para concentrar este polvo en una bandeja. Después de que los componentes del embrague se hayan*

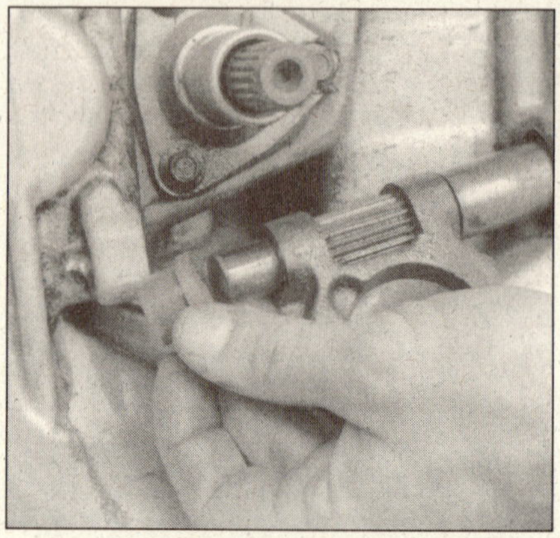

4.4b . . . deslice el eje hacia afuera del buje lo suficiente para remover el buje, . . .

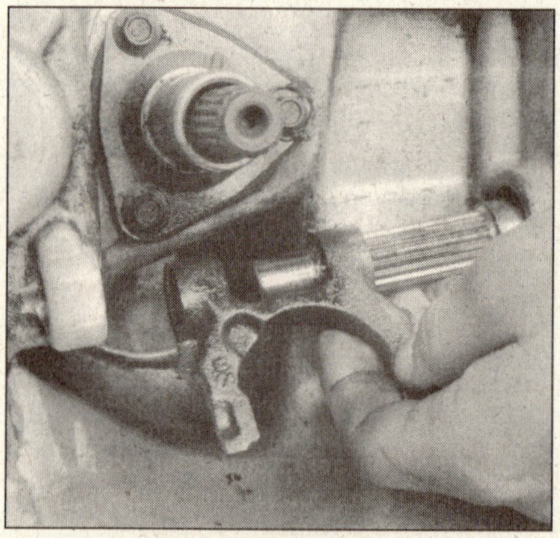

4.4c . . . deslice hacia afuera el tenedor y remueva el eje

secado con trapos, bote los trapos contaminados y el líquido en un recipiente cubierto y adecuadamente marcado.

Remover

Refiérase a la ilustración 5.6

1 El acceso a los componentes del embrague es normalmente alcanzado removiendo el transeje, dejando el motor en el vehículo. Por supuesto, si el motor va a ser removido para una reconstrucción completa mayor, entonces chequee el embrague por desgaste y reemplace los componentes desgastados según sea necesario. Sin embargo, el costo es relativamente bajo de los componentes del embrague, comparado con el tiempo y el trabajo de obtener acceso a ellos, justifican su reemplazo en cualquier momento que el motor o transeje sea removido (a menos que ellos sean nuevos o cerca de una condición perfecta). Los siguientes procedimientos son basado en la suposición que el motor permanecerá en su lugar.

2 Refiérase al Capítulo 7, Parte A, remueva el transeje del vehículo. Sostenga el motor mientras el transeje está fuera. Preferiblemente, un soporte para levantar el motor se debe usar para sostenerlo encima. Sin embargo, si un gato es usado debajo del motor, asegúrese que un pedazo de madera está en posición entre el gato y la cacerola de

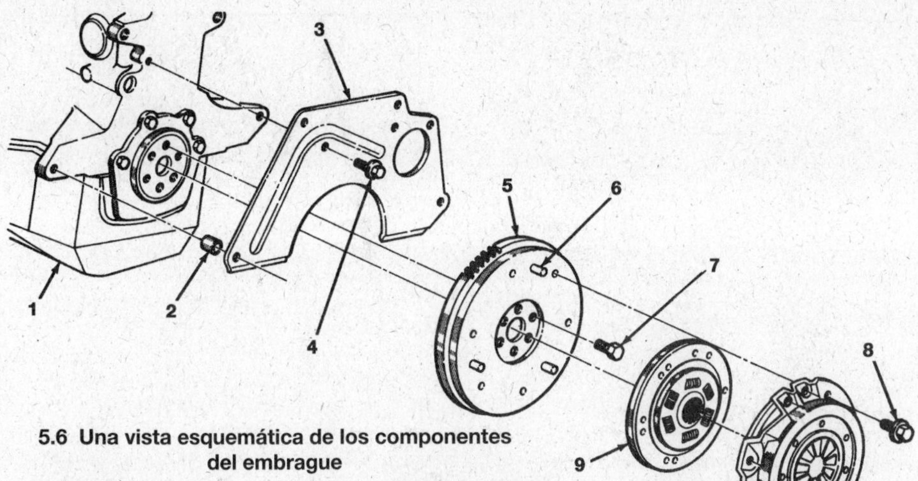

5.6 Una vista esquemática de los componentes del embrague

1	Motor	7	Perno del cigüeñal
2	Clavija	8	Tornillo y arandela
3	Cubierta superior	9	Disco
4	Tornillo y arandela	10	Cubierta del embrague y plato de presión
5	Volante		
6	Clavija		

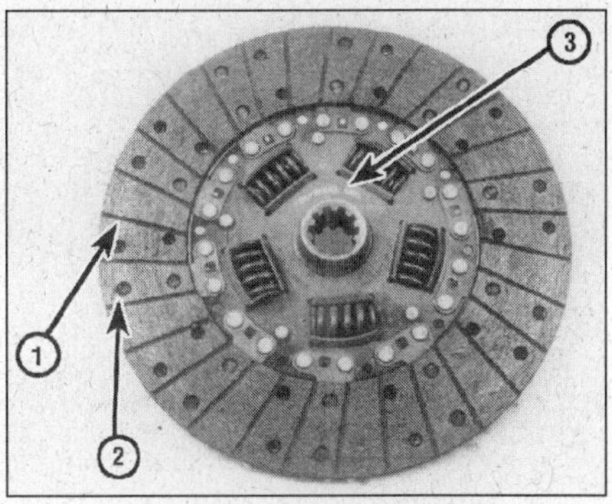

5.9 Disco del embrague

1 ***Forro*** *- se desgastará cuando se use*
2 ***Remaches*** *- asegura el forro y dañará el plato de presión o el volante si se permite que haga contacto con el plato de presión o la superficie del volante*
3 ***Marcas*** *- "flywheel side" (lado del volante) o algo similar*

aceite para esparcir la carga. **Caución:** *El captador para la bomba de aceite está muy cerca del fondo de la cacerola del aceite. Si la cacerola está doblada o retorcida en cualquier forma, falta de aceite al motor podría ocurrir.*

3 El tenedor de liberación del embrague y el balero de liberación pueden permanecer conectado en el albergue del transeje (vea Sección 4 para los procedimientos de seguir cuando esté chequeando y reemplazando el balero de liberación y los componentes relacionados).

4 Para sostener el disco del embrague durante el procedimiento de remover, instale una herramienta de alineación de embrague através del cubo del disco del embrague.

5 Inspeccione cuidadosamente el volante y plato de presión por marcas índice. Las marcas son generalmente una X, una U o una carta blanca. Si ellas no pueden ser encontradas, márquelo usted mismo para que el plato de presión y el volante sean instalado de la misma forma durante el procedimiento de instalación.

6 Afloje los pernos del plato de presión al volante un poco a la vez, siguiendo un patrón de cruces, hasta que toda la presión del resorte sea aliviado. Detenga el plato de presión en su lugar y remueva los pernos, entonces separe el disco del plato de presión y del embrague **(vea ilustración)**.

Inspección

Refiérase a las ilustraciones 5.9 y 5.11

7 Comúnmente, cuando un problema ocurre en el embrague, se puede atribuir al desgaste del disco del embrague. Sin embargo, todos los componentes se deben inspeccionar en éste momento. **Nota:** *Si los componentes del embrague están contaminado con aceite, hay áreas brillante, negras y barnizadas en el forro del disco del embrague, que causará que el embrague resbale. Los componentes del embrague que sean reemplazados no resolverá completamente el problema - esté seguro de chequear el sello de aceite trasero del cigüeñal y el eje de entrada del transeje/el sello del eje principal por fugas. Si parece que el sello tiene fugas, esté seguro de instalar uno nuevo para evitar el mismo problema con el embrague nuevo.*

8 Inspeccione el volante por cuarteaduras, marcas por calor, ranuras y otros defectos obvios. Si las imperfecciones son leves, un taller de rectificación puede rectificar la superficie y suavizarla, que es altamente recomendado a pesar de la apariencia de la superficie. Refiérase al Capítulo 2 para el procedimiento de remover e instalar el volante.

9 Inspeccione el forro en el disco del embrague. Debe haber por lo menos 1/16-pulgada del forro encima de las cabezas del remache. Chequee por remaches flojos, distorsión, roturas, resortes rotos y otros daños obvios **(vea ilustración)**. Cuando mencionado encima, comúnmente el disco del embrague es rutinariamente reemplazado, si está dudoso acerca de su condición, reemplácelo con uno nuevo.

10 El balero de liberación debe ser reemplazado también junto con el disco del embrague (vea Sección 4).

11 Chequee las superficies rectificadas y los dedos del resorte del diafragma del plato de presión **(vea ilustración)**. Si la superficie

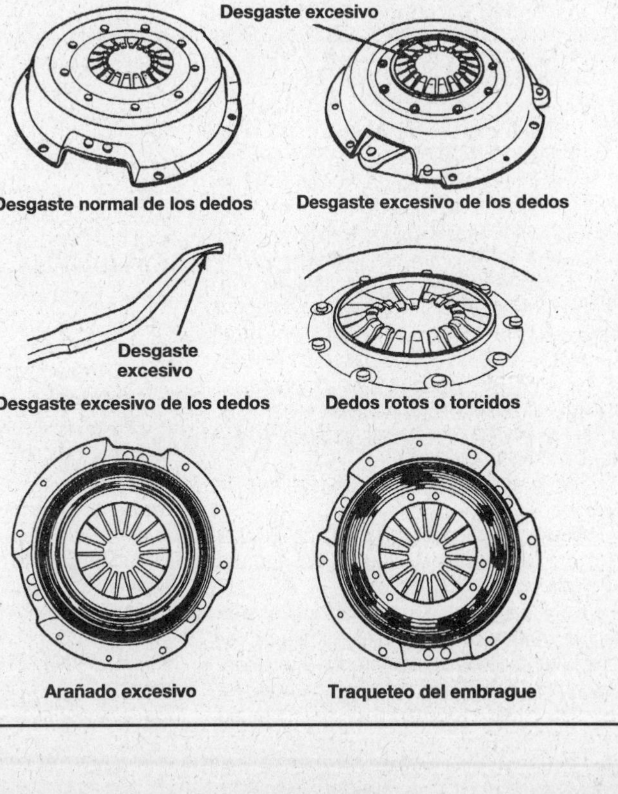

5.11 Reemplace el plato de presión si desgaste excesivo o daño es notado

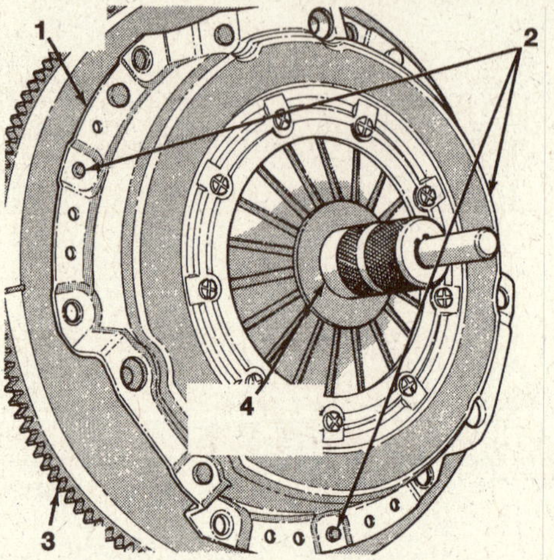

5.13 Use una herramienta de alineación para centrar el disco del embrague, entonces apriete los pernos del plato de presión

1 *Plato de presión*
2 *Clavijas*
3 *Volante*
4 *Herramienta para alinear el embrague C-4676*

está rayada o de otro modo desgastada, reemplace el plato de presión. También chequee por daño obvio, distorsión, roturas, etc. Vidriado ligero puede ser removido con tela de esmeril. Si el plato de presión debe ser reemplazado, unidades reconstruidas y nuevas de fábrica están disponible.

Instalación

Refiérase a la ilustración 5.13

12 Antes de la instalación, limpie el volante y el plato de presión con removedor de pintura, acetona o limpiador del sistema de frenos. Es importante mantener estas superficies, y el forro del disco de embrague, limpio y libre de aceite o grasa. Maneje las partes solamente con manos limpias.

13 Posicione el disco del embrague y el plato de presión contra el volante con el embrague sostenido en su lugar con una herramienta de alineación **(vea ilustración)**. Asegúrese de que esté instalado apropiadamente (la mayoría de los discos de reemplazo de embragues se marcarán "flywheel side" (lado del volante) o algo similar, si no está marcado, instale el disco del embrague con los resortes de amortiguación hacia el transeje.

14 Apriete los pernos del plato de presión al volante solamente con los dedos, trabajando alrededor del plato de presión.

15 Centre el disco del embrague asegurando que la herramienta de alineación se extiende atraves del eje ranurado y en el orificio del cigüeñal. Menee la herramienta hacia encima, hacia abajo o de lado a lado lo necesario para centrar el disco. Apriete los pernos del plato de presión al volante un poco a la vez, trabajando en un patrón cruzado para prevenir la distorsión del plato de presión. Después de que todos los pernos estén un poquito apretado, apriételos al par de torsión listado en las Especificaciones de éste Capítulo. Remueva la herramienta de alineación.

16 Usando grasa de temperatura alta, lubrique el balero de liberación (refiérase a la Sección 4). Aplique también una capa ligera de grasa en las áreas de contacto de la palanca de liberación y el eje de entrada de transeje.

17 Instale el balero de liberación del embrague según se describe en la Sección 4.

18 Instale el transeje y todos los componentes removidos previamente. Apriete todos los afianzadores a las especificaciones apropiadas del par de torsión.

6 Semieje - información e inspección general

Información general

Refiérase a la ilustración 6.4

El rendimiento del motor pasa atraves del embrague y el transeje a las ruedas del frente vía dos eje propulsores. La mayoría de los modelos tienen semiejes de diferente longitudes; los modelos turbocargado y de 3.3L usan semiejes de la misma longitud. En estos modelos, el final interior del semieje derecho es conectado a un eje intermedio; el punto en que los dos son conectados es sostenido por un balero y el soporte. El final interior del eje intermedio está conectado al engrane de lado del diferencial vía una acoplación de tipo Cardán.

Cada asamblea del semieje se compone de tres partes: Tipo de "trípode" de acoplación de la CV (velocidad constante) interior, un tipo de "Rzeppa" acoplación de la CV exterior y un eje que conecta los dos. Los albergues exteriores de ambas CV y eje propulsores desiguales de longitud tienen un eje ranurado que enganchan con el cubo del frente y está retenido por una tuerca grande. Los albergues interiores de la CV tienen un eje ranurado corto, que engancha con el engrane del diferencial del lado (el albergue de la CV para el semieje derecho en sistemas de ejes de la misma longitud enganchan con el eje intermedio. En algunos semiejes, un clip redondo en una ranura cerca de la punta del eje ranurado se expande adentro de una ranura en del cilindro del engrane del lado o eje intermedio cuando el cubo del eje es apropiadamente sentado, el enclavamiento final interior del trípode acopla la CV al engrane del lado o el eje intermedio. En otros semiejes, el final interior ranurado del albergue acopla con la CV es sostenido en su lugar por un resorte dentro del albergue de la CV que empuja el albergue hacia el transeje, manteniendo el eje completamente sentado en los engranes del lado del diferencial.

Según los eje propulsores se mueven atraves de su distancia en el viaje, baleros de pelotas dentro de los albergues de la CV permiten operar en varias longitudes y ángulos. Estos baleros se deben lubricar con grasa especial y ser protegidos con envolturas de caucho. Usted debe inspeccionar periódicamente estas envolturas por roturas y/o fugas de grasa. Los fuelles rotos permiten que tierra y humedad puedan entrar en las articulaciones de la CV; si no se reparan, una fuga sencilla acelera el desgaste del balero y causa eventualmente el fracaso prematuro. La acoplación de la CV interior puede ser reconstruida si es necesario; la CV exterior no se puede reparar si falla, usted tendrá que reemplazarla.

Los vehículos cubiertos por éste manual pueden ser equipados con semiejes fabricados por ACI, GKN o Citroen **(vea ilustración)**. Si después de refiérase a la ilustración, usted está incapaz de determinar el fabricante, tome la asamblea del semieje con usted cuándo baya a comprar los fuelles o acoplación de partes de la CV. No trate de substituir una marca de semieje por otra o partes de intercambio de una marca a otra.

Inspección

Periódicamente, inspeccione los fuelles por fugas, daño y deterioración (vea Capítulo 1). Reemplace los fuelles de las articulaciones de la CV desgastadas inmediatamente o las articulaciones de la CV pueden ser dañadas. Usted debe remover el semieje (vea Sección 7) reemplazar los fuelles. Alguna refaccionarías tiene una alternativa conveniente: fuelles de dos pedazos pueden ser instalado sin remover el semieje del vehículo. Éste diseño es bueno para las reparaciones de emergencia cuando está viajando, peró no es substituto para envolturas de una pieza. Cuándo un fuelle está roto, usted debe remover el semieje y desarmarlo, limpiarlo e inspeccionar la acoplación de la CV asegúrese que ninguna humedad o tierra, las cuales aceleran significadamente el desgaste del balero - hayan causado ya el daño.

Los síntomas más comunes de acopladores desgastados o de la CV desgastada, además de fugas de lubricante, es un ruido que chasquea cuando gira, un clunk cuando acelera de una condición de costeo o vibración en velocidades de carretera.

Al chequear por el desgaste en los acoplador de los ejes con de la CV y el semieje, agarra cada eje (de uno en uno) y lo gira en ambas direcciones mientras detiene los albergues de los acopladores de la CV. Chequee por movimiento, indicando ranuras o acopladores de la CV flojos. También, chequee por roturas de los semiejes y distorsión.

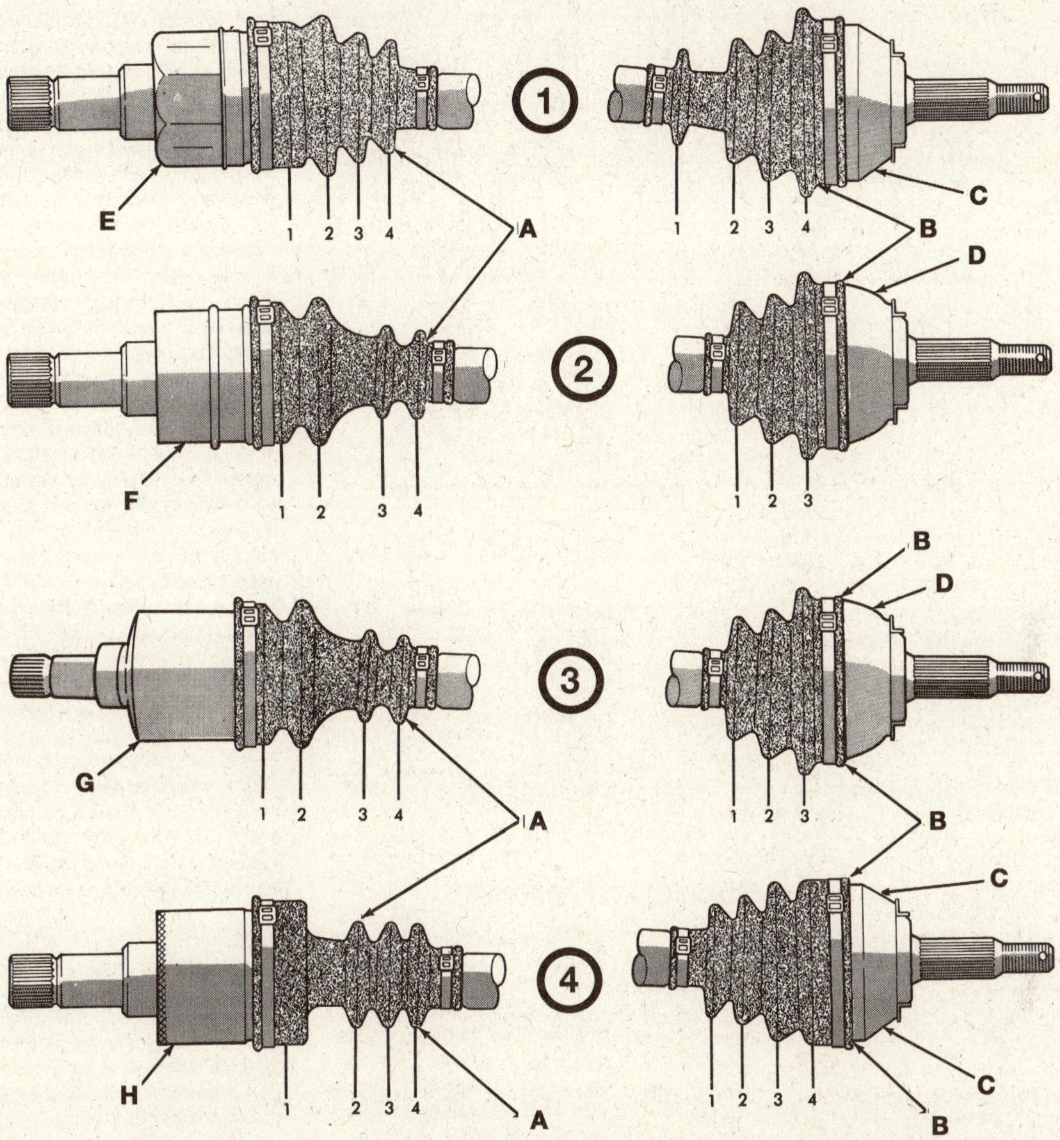

6.4 Use este diagrama para identificar la marca del semieje usado en su vehículo:

1 ACI
2 GKN ("tulipán abierto" - construcción de tres piezas)
3 GKN ("tulipán cerrado" - construcción de una pieza redonda)
4 Citroen
A Fuelle interno
B Fuelle externo
C Ángulo
D Radio
E Riel triple de una pieza
F Construcción de tres piezas
G Construcción de una pieza redonda (tulipán cerrado)
H Construcción cerrada

7 Semieje - remover e instalar

Remover

Refiérase a las ilustraciones 7.2, 7.7 y 7.8

1 Remueva el fuelle de la rueda (o el fuelle del cubo). Remueva la chaveta al frente de la tuerca del cubo, la cerradura de la tuerca y la arandela ondulada, si está equipada. Con el peso del vehículo en las ruedas, afloje la tuerca del cubo.

2 Afloje las tuercas de la rueda, levante el frente del vehículo y sopórtelo firmemente en estantes (aplique el freno de estacionamiento y bloquee las ruedas de atrás). Remueva las tuercas, la rueda delantera, la tuerca del cubo y la arandela grande **(vea ilustración)**.

3 Si usted está removiendo el semieje derecho de un vehículo con semiejes desiguales en longitud, remueva el engranaje del velocímetro (vea Capítulo 7) antes de remover el eje derecho.

4 Remueva el perno de la abrazadera de la rótula de la dirección (vea Capítulo 10).

5 Desconecte la barra del estabilizador del brazo de la suspensión para permitir suficiente movimiento para separar la rótula (vea Capítulo 10).

7.2 Si no hay un ayudante cercano para aplicar los frenos mientras usted destornilla la tuerca del eje, use un destornillador grande y una barra para inmovilizar el cubo

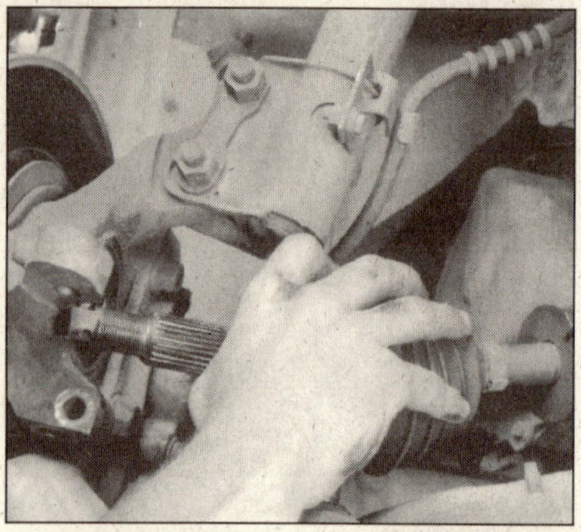

7.7 Gire el vástago de la dirección hacia afuera del transeje y remueva el semieje

6 Hágale palanca al espárrago más bajo de la rótula hacia fuera del vástago de la dirección (vea Capítulo 10).

7 Agarre la acoplación de la CV (velocidad constante) exterior y el vástago de la dirección y remueva el vástago de la dirección hacia afuera para separar el semieje del cubo **(vea ilustración)**. Tenga cuidado de no dañar el fuelle de la CV. **Caución:** *No le haga palanca a la camisa o dañe la camisa en la acoplación de la CV cuando la esté separando del cubo.*

8 Abra con una palanca el final interior de la acoplación de la CV hacia fuera del diferencial (o eje intermedio) con un destornillador grande o barra **(vea ilustración)**.

9 Los semiejees, cuando están en su lugar, aseguran el ensamblajes del balero del eje. Si el vehículo se debe sostener o debe ser movido en las ruedas del frente mientras los semiejees están fuera, instale pernos atraves del cubo de los ejes y enrosque las tuercas en ellos para detener los baleros que se aflojen.

Instalación

10 Antes de la instalación, limpie la camisa de desgaste en el semieje de la acoplación de la CV exterior y el sello en el cubo. Lubrique la circunferencia entera del labio del sello y llene la cavidad del sello con grasa. Aplique una línea de grasa de 1/4-pulgada al área de contacto del sello de la camisa también.

11 En semiejes equipados con clips redondos, instale clips redondos nuevos en las ranuras de los acopladores interiores del eje de la CV.

12 Aplique una cantidad pequeña de grasa de uso múltiple a las ranuras en cada final del semieje. Coloque el semieje en posición y

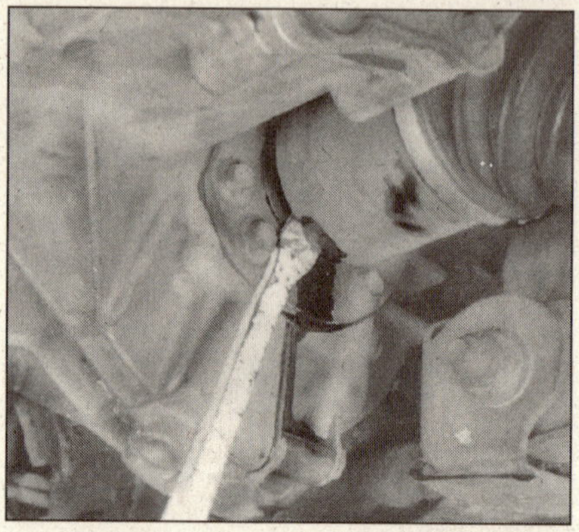

7.8 Hágale palanca al final interior de la acoplación de la CV hacia afuera de la guía del lado del diferencial con un destornillador grande o barra

cuidadosamente meta el final interior del eje en el transeje.

13 Empuje el vástago de la dirección hacia fuera e inserciónе el eje exterior ranurado de acoplación de la CV en el eje.

14 Inserciónе el espárrago de la rótula en el vástago de la dirección, instale el perno de la abrazadera y apriételo al torque listado en las especificaciones del Capítulo 10.

15 Acople nuevamente la barra del estabilizador (vea Capítulo 10).

16 Instale el engranaje del velocímetro (vea Capítulo 7).

17 Instale las ruedas y apriete las tuercas de la rueda a mano. Instale la arandela espaciadora, la tuerca del eje y apriete la tuerca firmemente (no trate de apretarlas al par de torsión especificado todavía).

18 Baje el vehículo y apriete las tuercas de la rueda al par de torsión listado en las especificaciones del Capítulo 1.

19 Apriete la tuerca del semieje al par de la torsión listado en las Especificaciones de éste Capítulo, después instale la arandela ondulada, la tuerca de cierre y una chaveta nueva.

Chequeo de la posición del semieje

Refiérase a la ilustración 7.22

20 Los vehículos de modelos más modernos tienen calzos en los motores con ranuras que permiten que el motor se mueva de lado a lado. Si los pernos verticales en el lado superior derecho o izquierdo del motor se han aflojado por cualquier razón, o si el vehículo ha sido dañado estructuralmente en el frente, la longitud del semieje debe ser chequeada/corregida. Un semieje que es más corto que lo requerido resulta en ruidos, mientras que un semieje que es más largo que lo necesario puede resultar haciendo daño.

21 El vehículo se debe armar completamente, las ruedas del frente deben ser alineadas apropiadamente y apuntando directamente hacia adelante y el peso del vehículo debe estar en las cuatro ruedas.

22 Usando una cinta de medir, chequee la distancia de la orilla interior del borde de afuera a la orilla interior del fuelle de adentro en ambos semiejes. Tome la medida en la orilla más baja de los semiejes (a la posición seis del reloj) **(vea ilustración)**. Compare la medida con la longitud listada en las especificaciones de éste Capítulo. Note que la dimensión requerida varía con el tipo del transeje y el fabricante del semieje (vea ilustración 6.4 e identifique el tipo de semieje).

23 Si las dimensiones no son como están especificadas, los pernos se pueden aflojar y el motor poner en posición para obtener las longitudes especificadas del semieje. Si el motor no se puede mover lo suficiente adentro de las ranuras de los calzos del motor, chequee por rieles o soportes del lado dañados.

24 Si el motor es movido, vea Capítulo 7 y ajuste el acoplamiento de cambio.

1 Fuelle externo
2 Localidad de la cinta
3 Fuelle interno

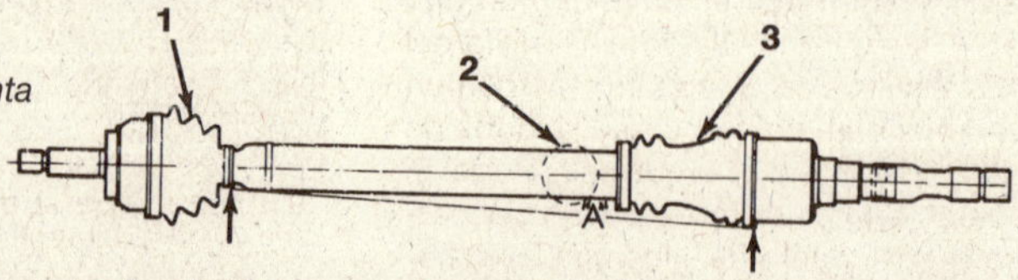

7.22 Mida la distancia entre las flechas para chequear si el semieje es de la longitud correcta cuando sea instalado

8 Eje intermedio - remover e instalar

Remover

Refiérase a la ilustración 8.3

1 Remueva el semieje derecho (vea Sección 7).

2 Remueva el engranaje del velocímetro de impulsión del albergue de extensión del transeje (vea Capítulo 7).

3 Remueva el soporte del balero removiendo los tornillos **(vea ilustración)**.

4 Coloque una bandeja de drenaje debajo del lado derecho del transeje para colectar flúido/lubricante que se fuera a fugar durante la remoción del eje intermedio. Agarre el eje intermedio firmemente con las dos manos y remuévalo fuera del transeje.

Instalación

5 Coloque la asamblea intermedia del eje y el balero en posición y cuidadosamente inserte el eje ranurado en el transeje.

6 Coloque el soporte del balero en posición, instale los tornillos de los soportes y apriételo al par de torsión listado en las Especificaciones de éste Capítulo.

7 Lubrique las ranuras dentro del diámetro piloto de los cilindros del eje intermedio con una cantidad liberal de grasa de uso múltiple.

8 Instale el semieje derecho (vea Sección 7).

9 Chequee y, si es necesario, agregue el tipo recomendado de flúido del transeje/lubricante para traerlo hasta el nivel apropiado (vea Capítulo 1).

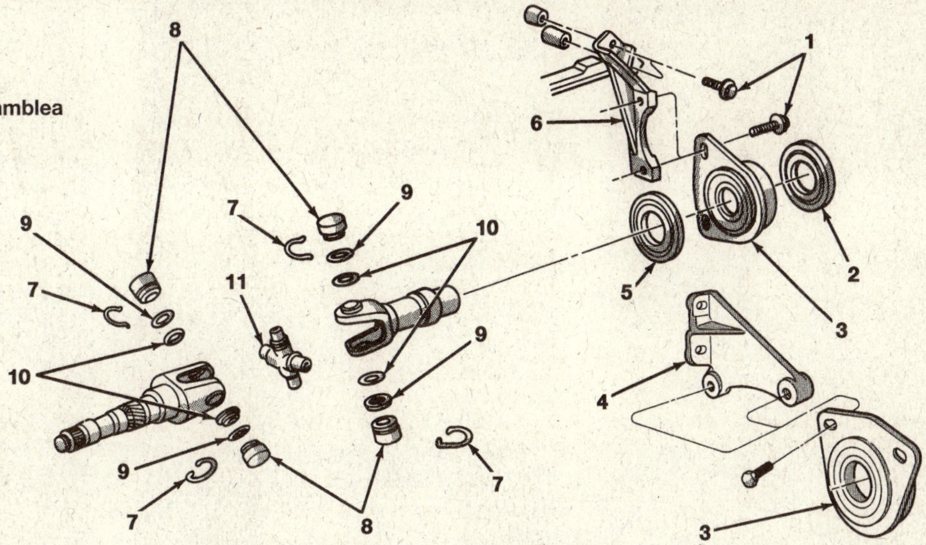

8.3 Vista esquemática de la asamblea intermedia del eje

1 *Tornillo*
2 *Deflector externo*
3 *Balero*
4 *Soporte (3.3L)*
5 *Deflector interno*
6 *Soporte (2.2 y 2.5L)*
7 *Retenedor del buje*
8 *Buje y rodillos*
9 *Sello*
10 *Retenedor del sello*

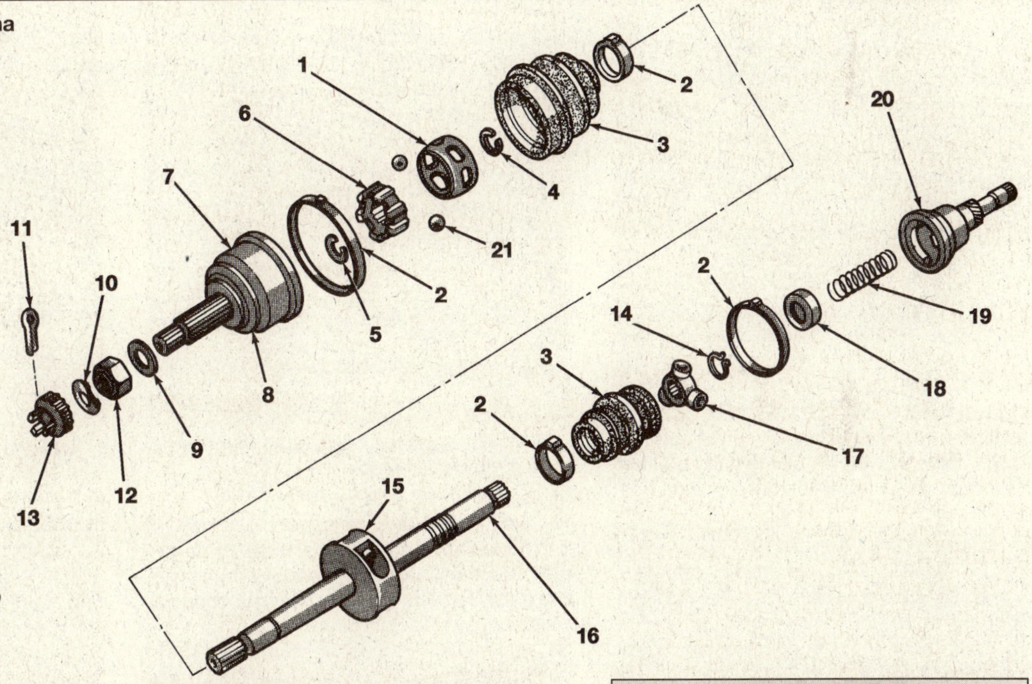

9.4 Una vista esquemática de una asamblea típica del semieje

1 *Jaula*
2 *Grapa*
3 *Fuelle*
4 *Anillo espaciador*
5 *Retenedor (exterior)*
6 *Cruceta*
7 *Albergue exterior*
8 *Camisa de desgaste*
9 *Arandela*
10 *Arandela de tipo resorte*
11 *Clavija*
12 *Tuerca para el cubo*
13 *Cierre para la tuerca*
14 *Anillo de presión*
15 *Peso amortiguador (lado izquierdo solamente)*
16 *Eje conector*
17 *Trípode*
18 *Taza*
19 *Resorte*
20 *Albergue (se muestra el lado derecho)*
21 *Cojinete de bolas*

9 Acoplador CV (velocidad constante) - remover, inspección y ensamblar

1 Obtenga una acoplación de la CV reconstruida o un juego de reemplazo.

2 Remueva los semiejes (vea Sección 7) e identifique cuál tipos de acopladores de la CV están instaladas (vea Sección 6).

3 Coloque uno de los semiejes en una prensa, usando bloques de madera para protegerlo de las mandíbulas de la prensa. Si la acoplación de la CV ha sido operada apropiadamente sin ruido o vibración, reemplace el fuelle como está descrito en la Sección 10. Si la acoplación de la CV está muy desgastada o ha corrido sin lubricante por un periodo de tiempo, se debe desarmar y debe ser inspeccionada.

Acoplación de la CV interior

Refiérase a las ilustraciones 9.4, 9.5, 9.6, 9.7, 9.9a, 9.9b, 9.13, 9.15, 9.20, 9.22a, 9.22b, 9.22c y 9.23

4 Remueva las abrazaderas y deslice la parte trasera del fuelle para obtener acceso al trípode **(vea ilustración)**. Dependiendo del tipo de la acoplación de la CV implicada, separe el trípode del albergue como sigue.

5 Los semiejes Citroen utilizan un anillo retenedor trípode que es enrollado en una ranura en el albergue. Deforme el anillo del retenedor levemente en cada rodillo con un destornillador **(vea ilustración)**. El resorte de retención empujará el albergue del trípode. El anillo del retenedor también puede ser cortado cuidadosamente del albergue. Los anillos nuevos son incluidos en el juego de reparación y pueden ser instalados arrollando la orilla en la ranura rectificada en el albergue

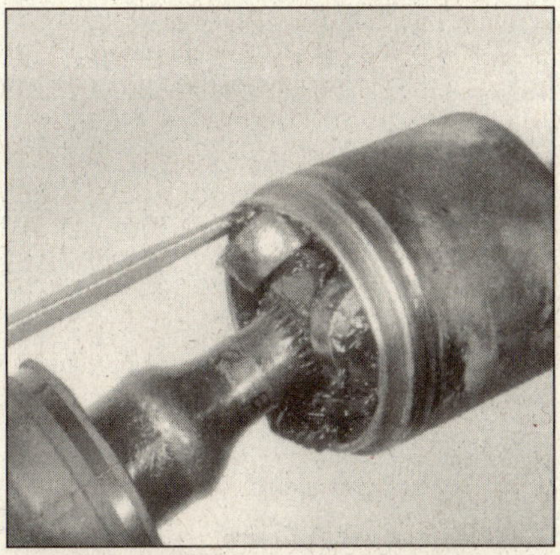

9.5 Para separar el trípode del albergue de un Citroen la acoplación de la CV interior, hágale palanca cuidadosamente encima del retenedor a cada rodillo del balero

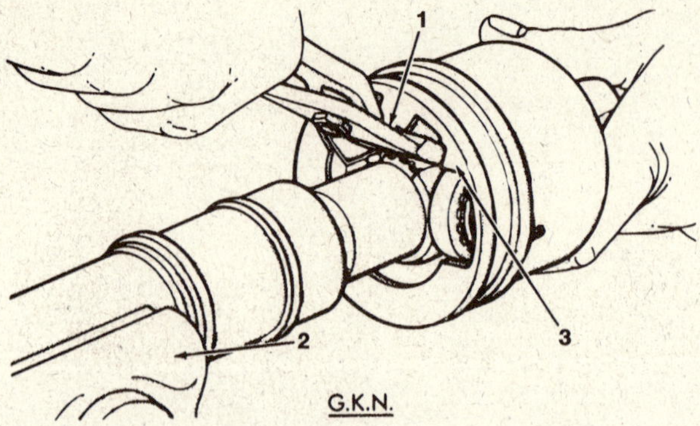

9.6 Para separar el trípode del albergue de un GKN la acoplación de la CV interior, vire hacia arriba las orejetas con un par de alicates

1 Alicates
2 Morsa
3 Lengüetas trípode de retención

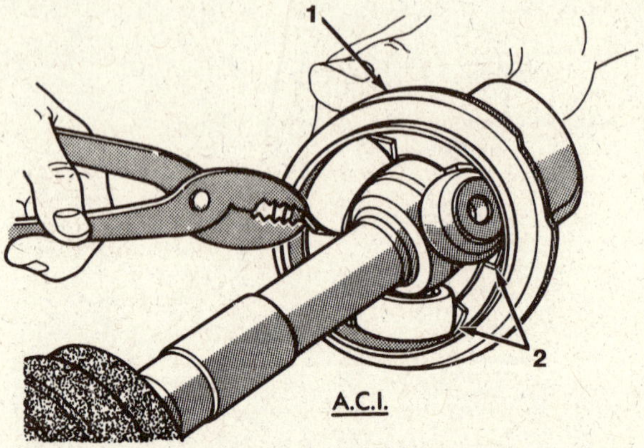

9.7 Para separar el trípode del albergue de un ACI la acoplación de la CV interior, comprima el resorte y doble cada parte trasera de la etiqueta con alicates

1 Collar retenedor del fuelle
2 Lengüetas trípode de retención

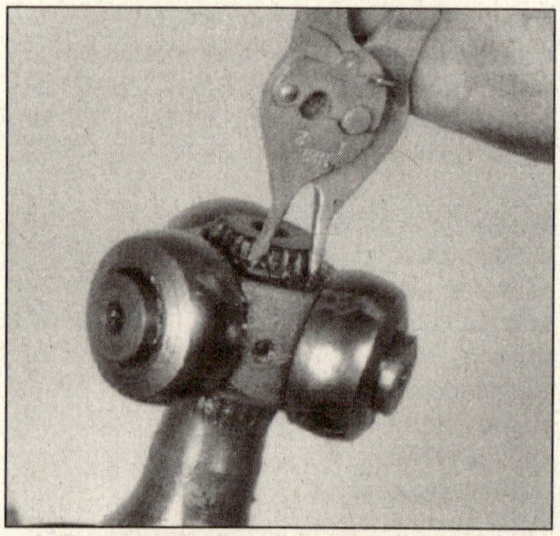

9.9a El trípode es sostenido en el eje por un anillo del cierre - remuévalo con un par de alicates el anillo de cierre

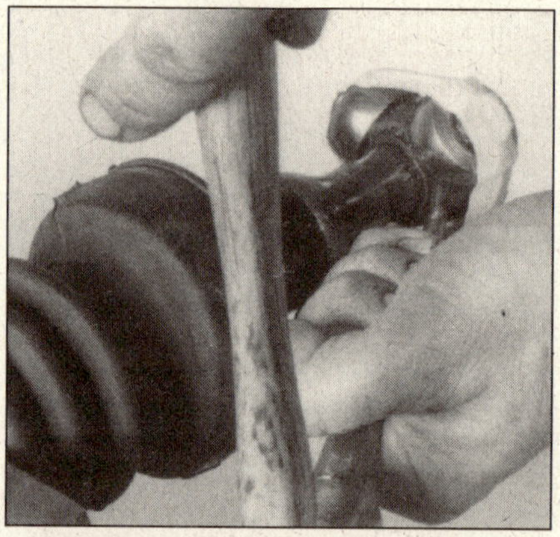

9.9b Asegure los baleros con cinta y péguele al trípode del eje con un punzón de bronce y un martillo

9.13 En semiejes Citroen, use alicates ajustables para separar el anillo retenedor de la acoplación de la CV

con un martillo y un punzón.

6 En semiejes GKN, las orejetas de retención son una parte íntegra de la cubierta del albergue. Detenga el albergue y comprima ligeramente el resorte de retención para doblar las orejas hacia encima con un par de alicates **(vea ilustración)**. Sostenga el albergue como el resorte de retención y empújelo hacia afuera del trípode. Esto prevendrá que el albergue alcance un ángulo inaceptable y mantendrá los rodillos del trípode y permitirá que los rodillos sean halados de los espárragos del trípode.

7 En semiejes ACI, las orejas que retienen el trípode son parte del collar del fuelle, que es estacado en su lugar. Comprima el resorte retenedor ligeramente mientras dobla las orejetas hacia atrás con un par de alicates **(vea ilustración)**. Esté seguro de sostener el albergue según el resorte lo empuja hacia fuera del trípode.

8 Cuándo esté removiendo el albergue del trípode, sostenga los rodillos en su lugar en los espárragos para prevenir que los rodillos y las agujas del balero se caigan. Después que el trípode esté fuera del albergue, asegure los rodillos en su lugar con cinta.

9 Remueva el anillo del cierre **(vea ilustración)** y use un punzón de bronce para accionar la asamblea del balero y trípode fuera del eje ranurado **(vea ilustración)**.

10 Limpie la grasa del la asamblea del trípode. Chequee por marcas de rayones, desgaste, corrosión y juego excesivo. Reemplace cualquier componente desgastado o dañado.

11 Inspeccione el área interior ranurada del balero del trípode por desgaste y daño. Reemplace las partes según sea necesario.

12 Remueva toda grasa vieja del albergue. Inspeccione las ranuras del albergue, las pistas de las pelotas, resorte, la taza del resorte y el final esférico del eje por desgaste, daño, mellas y corrosión. Reemplace las partes según sea necesario.

13 Coloque el albergue en una prensa y remueva el anillo retenedor con un par de alicates **(vea ilustración)**.

14 Instale el fuelle nuevo en el eje.

15 En semiejes GKN y ACI, deslice el trípode en el eje con la cara no chaflada hacia fuera (próximo a la ranura del anillo del cierre) **(vea ilustración)**.

16 Los eje propulsores Citroen están equipados con trípodes que pueden ser instala-

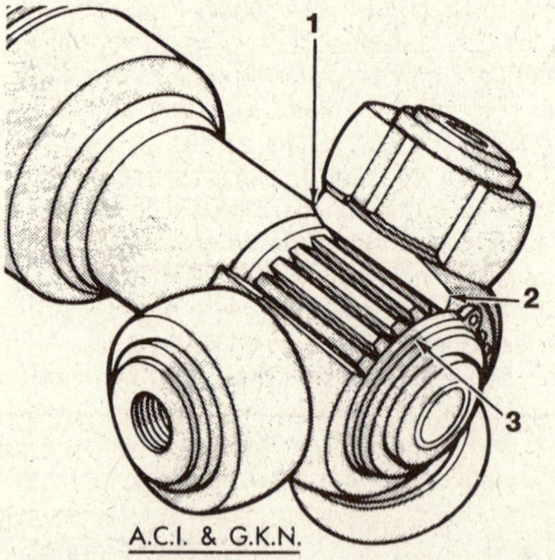

9.15 En acopladores de la CV GKN y ACI, el final no chaflado del trípode debe mirar hacia afuera cuándo esté instalado en las ranuras del semieje

1 Punta chaflada
2 Punta sin chanflar
3 Ranura para el anillo retenedor del trípode

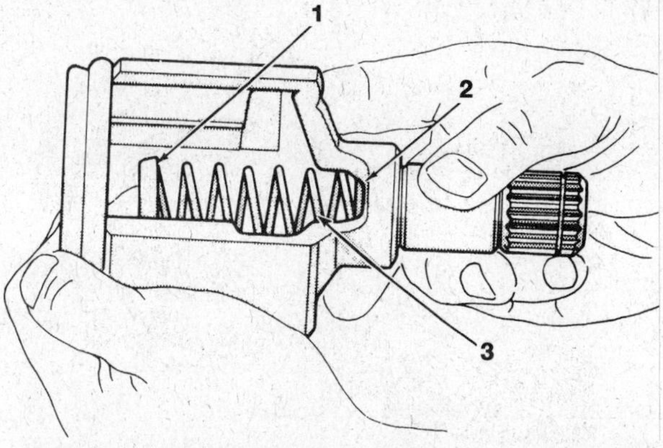

9.20 Cuándo esté armando la acoplación de la CV interior, asegúrese que el resorte está sentado firmemente en el bolsillo del resorte y la copilla del resorte está instalada en el final exterior

1 Taza para el resorte
2 Bolsillo para el resorte
3 Resorte

9.22a En los semiejes Citroen, asegúrese que las ranuras del balero en el albergue se han engrasado, deslice el albergue en el trípode . . .

9.22b . . . entonces péguele al anillo nuevo en su lugar con un punzón

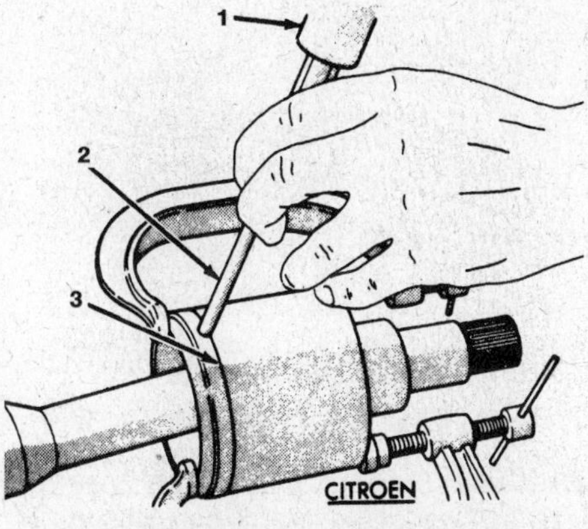

9.22c Si el anillo resbala mientras le está pegando, use un par de abrazaderas C para detenerlo en su lugar

1 Martillo
2 Punzón sin punta
3 Ranura de retención

dos con cualquier final hacia fuera (ambos lados son iguales). Esté seguro de instalar el retenedor trípode del anillo de alambre en el eje que conecta antes de deslizar el trípode en el eje.

17 Si es necesario, use una sección de tubo o un dado y un martillo para pegarle cuidadosamente al trípode en el eje hasta que apenas libere la ranura del anillo de cierre.

18 Instale un anillo de cierre nuevo y asegúrese que está sentado en la ranura.

19 En semiejes de GKN, distribuya dos paquetes de grasa de los tres o cuatro suministrados con el juego en el fuelle y el resto de los paquete(s) en el albergue. En los semiejes ACI, distribuya uno de los dos paquetes de grasa suministrado en el fuelle y el paquete que queda en el albergue. En los semiejes Citroen, distribuya dos tercios de la grasa en paquete en el fuelle y la cantidad que queda en el albergue. Asegúrese de que las orejas retienen el trípode en el albergue.

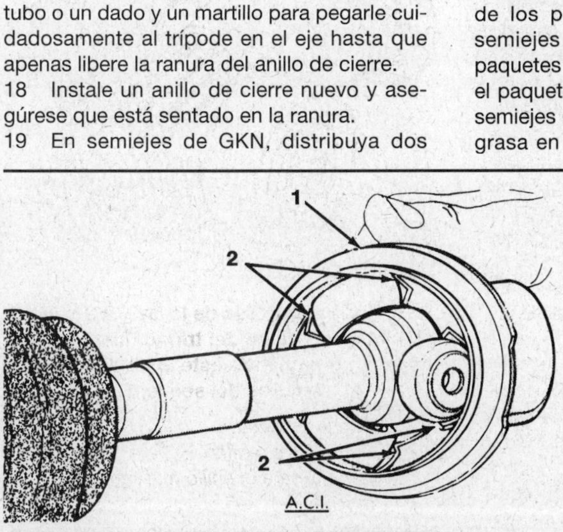

9.23 En un semieje ACI, apriete el albergue en el trípode - pero no trate de doblar las orejetas del retenedor otra vez hacia adentro en su posición original

1 Collar retenedor del fuelle
2 Lengüetas retenedoras del trípode

20 Posicione el resorte en el bolsillo del resorte del albergue con la copilla conectada al final expuesto del resorte **(vea ilustración)**. Aplique una cantidad de grasa pequeña a la superficie cóncava de la taza del resorte.

21 En semiejes GKN, resbale el trípode en el albergue y doble las orejetas del anillo del retenedor hacia abajo a sus posiciones originales. Asegúrese de que las orejetas retienen el trípode en el albergue.

22 En semiejes Citroen, deslice el albergue en el trípode hasta el fondo **(vea ilustración)**. Instale un anillo retenedor nuevo enrollando la orilla en la ranura rectificada en el albergue con un martillo y un punzón **(vea ilustración)**. Si el anillo del retenedor no permanece en su lugar durante ésta operación, sosténgalo con dos abrazaderas C **(vea ilustración)**. Asegúrese de que el anillo retenedor asegura el trípode en el albergue.

23 En semiejes ACI, resbale el trípode en el albergue pero no doble las orejetas de retención **(vea ilustración)** hacia su posición trasera original. Acople nuevamente el fuelle en su lugar, que mantendrá el albergue en el eje. Cuándo el semieje es reinstalado en el vehículo, asegúrese que el trípode es acoplado en el albergue.

24 Asegúrese de que el resorte de retención está centrado en el albergue del resorte del albergue cuando el trípode sea instalado y asentado en la copa del resorte.

25 Instale el fuelle y la abrazadera de retención (vea Sección 10).

Acoplación de la CV exterior

Refiérase a las ilustraciones 9.27a, 9.27b, 9.31, 9.32, 9.33, 9.34, 9.37, 9.41 y 9.45

26 Remueva las abrazaderas del fuelle y empuje la parte trasera del fuelle.

27 Limpie la grasa fuera de la acoplación. Use un martillo de cara blanda para accionar el albergue fuera del eje **(vea ilustraciones)**.

9.27a Péguele a la acoplación exterior de la CV un golpe sólido con un martillo de cara blanda para desconectarlo del clip interno instalado en una ranura en el final exterior del semieje . . .

Sostenga la acoplación de la CV mientras esto se hace y golpee el albergue agudamente en la orilla exterior para remover el clip redondo interno instalado en el eje.

28 Deslice el fuelle del semieje. Si la acoplación de la CV estaba operando apropiadamente y la grasa no aparece estar contaminada, reemplace el fuelle (vea Sección 10). Pase el siguiente procedimiento de remover. Si la acoplación de la CV hacía ruido o la grasa estaba contaminada, proceda con el procedimiento de remover para determinar si debe ser reemplazada con una nueva.

29 Remueva el clip redondo de la ranura del semieje y lo tira (el juego de reconstrucción incluirá un clip redondo nuevo). GKN y los semiejes de ACI están equipados con un anillo espaciador grande, que no debe ser removido a menos que el semieje sea reemplazado con uno nuevo.

30 Limpie el área de la ranura del eje y chequee las ranuras por desgaste, daño y corrosión.

31 Limpie la asamblea exterior para la acoplación de la CV y con una tela limpia para remover exceso de grasa. Marque la posición relativa de la jaula del balero, la cruceta y el albergue **(vea ilustración)**.

32 Agarre el eje del albergue firmemente en

9.27b . . . y remueva el albergue exterior de la acoplación de la CV

9.32 Con la jaula y la cruceta inclinada de esta forma, remueva los baleros de pelota de uno en uno

los bloques de madera en la prensa. Empuje hacia abajo un lado de la jaula y remueva el balero de pelotas del lado opuesto. Repita en un patrón cruzado el procedimiento hasta que todas las pelotas sean removidas **(vea ilustración)**. Si la acoplación es apretada, péguele a la cruceta (no la jaula) con un punzón de bronce y un martillo.

33 Remueva la asamblea de la jaula del albergue del balero inclinándolo verticalmente y alinee las dos ventanas opuestas de la jaula en el área entre las ranuras de la

9.31 Después de remover la grasa, marque la jaula del balero, la cruceta y el albergue para asegurarse de que se van a instalar en la misma relación otra vez cuando sea reinstalado

pelota **(vea ilustración)**.

34 Gire la cruceta 90 grados en la jaula y alinee una de las esferas con una ventana de la jaula. Levante la esfera en la ventana y gire la cruceta fuera de la jaula **(vea ilustración)**.

35 Limpie todas las partes con solvente y seque las partes con aire comprimido (si está disponible).

36 Inspeccione el albergue, las ranuras, las pelotas y las pistas por daño, corrosión, desgaste y roturas. Chequee la cruceta por desgaste y rayones en las pistas. Si alguno de los componentes no son utilizable, la acoplación de la CV completa debe ser reemplazada con una nueva.

37 Chequee la camisa exterior del albergue por desgaste, daño y distorsión. Si está desgastada o dañada, abra con una palanca la camisa fuera del albergue **(vea ilustración)** y reemplácela con una nueva. Una herramienta especial está disponible para instalar la camisa nueva, pero una sección grande de tubo un poquito más pequeña en diámetro que la orilla exterior de la camisa trabajará si cuidado es ejercido (no melle o haga muesca en la superficie del acoplamiento del sello).

38 Aplique una capa ligera de aceite a todos los componentes de la acoplación de la CV antes de que comience el ensamblaje.

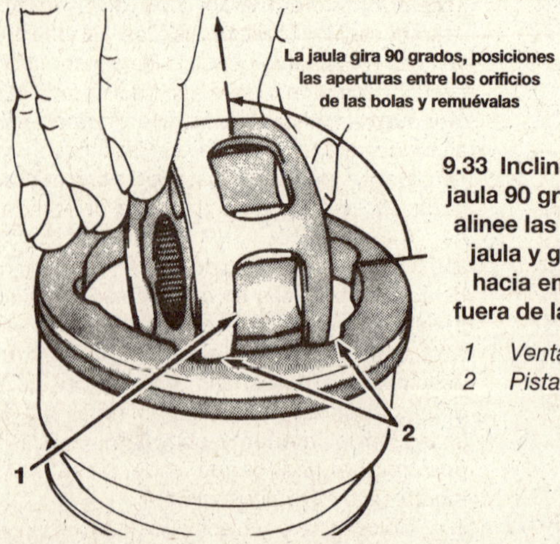

9.33 Incline la cruceta y la jaula 90 grados, entonces alinee las ventanas en la jaula y gire la cruceta hacia encima y hacia fuera de la pista exterior

1 *Ventana de la jaula*
2 *Pista para las bolas*

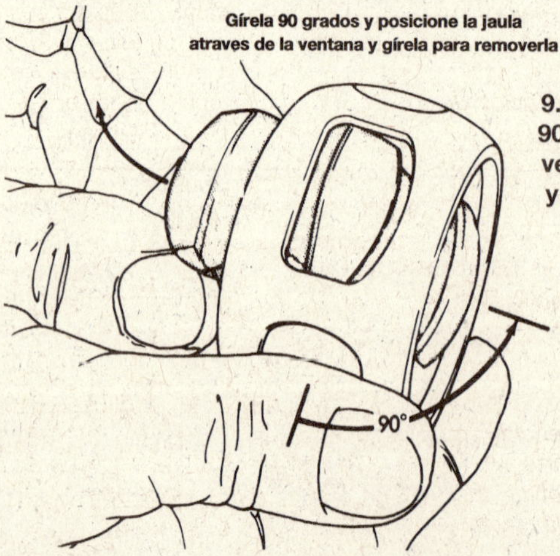

9.34 Gire la cruceta 90 grados, alinee las ventanas de la jaula y gire la pista fuera de la jaula

9.37 Si la camisa del desgaste (en modelos que estén equipados) requiere reemplazo, remuévala del albergue con un destornillador grande

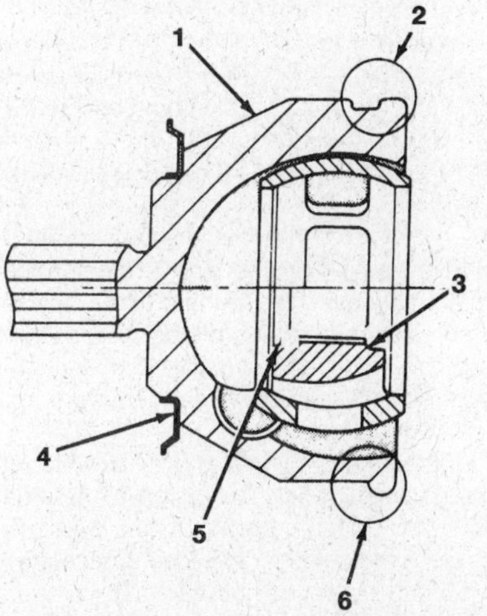

9.41 En acopladores de la CV GKN y ACI, asegúrese que el agujero escariado grande mira hacia fuera cuando la acoplación se vuelta a instalar

1 Albergue de acoplación
2 Ranura para el retenedor del fuelle A.C.I.
3 Cruceta - agujero escariado grande exterior
4 Camisa de desgaste
5 Cruceta - agujero escariado pequeño interior
6 Hombro de retención del fuelle - G.K.N.

39 Alinee las marcas e instale la cruceta en la jaula para que pueda entrar en la ventana alongada.

40 Gire la cruceta en posición en la jaula e instale la asamblea en el albergue de la acoplación de la CV, otra vez usando la ventana alongada para el espacio libre.

41 Gire la jaula en posición en el albergue. En semiejes GKN y ACI, el agujero grande de la cruceta debe mirar hacia afuera **(vea ilustración)**. En semiejes Citroen, los chaflanes de la jaula y la cruceta deben mirar hacia afuera. En todos los semiejes, asegúrese que las marcas hechas durante el proceso de remover miran hacia fuera y están alineadas.

42 Empaque el lubricante del juego en las pistas de las pelotas y las ranuras.

43 Instale las pelotas en los orificios alongados, de uno en uno, hasta que ellos estén todos en posición.

44 Coloque el semieje en la prensa y deslice el fuelle en el. Instale un clip redondo nuevo en la ranura del eje, teniendo cuidado para no torcerlo.

45 Coloque el albergue de la acoplación de la CV en posición en el eje, alinee las ranuras y lo golpea agudamente con un martillo de cara blanda **(vea ilustración)**. Asegúrese que se ha sentado el clip procurando de halarlo fuera del eje.

46 Instale el fuelle (vea Sección 10).

47 Instale el semieje (vea Sección 7).

10 CV (velocidad constante) fuelle de goma para las conjuntas - reemplazo

Nota: *Si las instrucciones suministradas con el juego del fuelle de reemplazo difiere de las instrucciones aquí, siga las de los fuelles nuevos. Una herramienta especial es requerida para instalar las abrazaderas suministradas de la fábrica en el fuelle, así que puede ser una buena idea de dejar el procedimiento entero al departamento de servicio de su concesionario. Juegos simples que usted mismo puede hacer que simplifica la instalación están disponibles para su vehículo. Consulte con una refaccionaría o el departamento de partes de su concesionario para más información en estos juegos.*

1 Si el fuelle está cortado, roto o tiene fugas, debe ser reemplazado y la acoplación de la CV inspeccionada tan pronto sea posible. Una cantidad pequeña de tierra en la acoplación puede causar desgastes y fracasos prematuros. Obtenga un juego de fuelle de reemplazo antes de empezar éste procedimiento.

2 Remueva el semieje (vea Sección 7).

3 Desmonte la acoplación de la CV y remueva el fuelle como se describe en la Sección 9.

4 Inspeccione la acoplación de la CV para determinar si fue desgastada por contaminación o corrida con una pequeña cantidad de lubricante. Si usted tiene cualquier duda acerca de la condición de los componentes, realice los procedimientos de inspección descrito en la Sección 9.

5 Limpie la grasa vieja fuera de la acoplación de la CV y la empaca con la grasa suministrada con el juego.

6 Empaque el fuelle interior de nuevo con la grasa que queda.

7 Instale el fuelle y las abrazaderas como sigue.

Semiejes GKN y ACI

Refiérase a las ilustraciones 10.9, 10.11, 10.12, 10.17, 10.18 y 10.19

8 Las unidades de GKN son generalmente equipadas con abrazaderas de metal de tipo escalera. Sin embargo, dos abrazaderas alternativas son también usadas. Ellas incluyen una abrazadera pequeña de caucho en el eje del interior final de la acoplación de la CV y una abrazadera tipo resorte grande en el albergue. 1991 y los modelos más modernos con fuelles exteriores para los acopladores de la CV, usan un tipo diferente de abrazadera (vea Paso 16).

9 Si está equipado, deslice la abrazadera de caucho pequeña en el eje. Deslice el final pequeño del fuelle en el eje y lo pone en posición como sigue: En el acoplador interior derecho, el final pequeño del labio del fuelle debe ser alineado con la marca en el eje. En la izquierda interior y acoplador exterior, posicione el final pequeño del fuelle en la ranura del eje **(vea ilustración)**.

10 Coloque la abrazadera de caucho en la ranura del fuelle (si está equipado con una) o

9.45 Golpee el final del albergue del eje con un martillo de cara blanda para acoplarlo con el clip redondo del eje

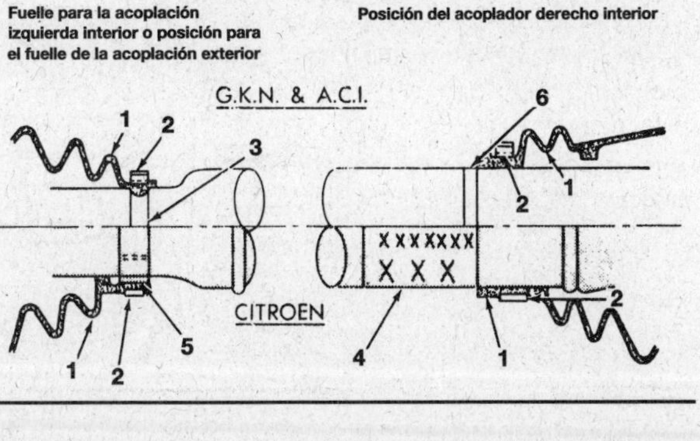

10.9 Detalles de la instalación del fuelle de acoplación para la CV

1 Fuelle
2 Grapa
3 Ranura de retención
4 Número de parte
5 Camisa de ventilacion
6 Localidad de la marca

8

instale la abrazadera de metal.

11 Asegúrese que el fuelle está apropiadamente localizado en el eje, entonces localice las espigas (pestañas) de la abrazadera de metal en las ranuras, haciendo que la abrazadera esté lo más apretada según sea posible a mano **(vea ilustración)**.

12 Apriete el puente de la abrazadera con la herramienta número C-4124 (o equivalente) para completar el procedimiento de apretar (en modelos más modernos, use la herramienta C-4653 o equivalente) **(vea ilustración)**. No corte através del puente de la abrazadera o dañe el fuelle de caucho.

13 Vuelva a instalar los componentes del acoplador de la CV y semieje (vea Sección 9).

14 Localice el final grande del fuelle en el hombro o en la ranura del albergue (asegúrese de que el fuelle no se tuerce).

15 Instale la abrazadera tipo resorte o abrazadera de tipo escalera. Si una abrazadera de tipo escalera es usada, repita el procedimiento de apretar en los pasos descrito en el 11 y 12.

Fuelle exterior para la CV 1991 y modelos más moderno

16 Antes de instalar el fuelle en el eje, deslice la abrazadera pequeña del fuelle en el eje. Deslice el fuelle en el eje y lo asienta firmemente en la ranura del fuelle **(vea ilustración 10.9)**.

17 Coloque la abrazadera directamente en la ranura **(vea ilustración)**.

18 Abra las mandíbulas de la herramienta especial número C-4975 hasta que las orejetas de la abrazadera estén entre las mandíbulas **(vea ilustración)**.

19 Apriete el perno en la herramienta hasta que las orejetas de la abrazadera del fuelle se enganchen con cada una **(vea ilustración)**.

20 Vuelva a instalar los componentes del acoplador de la CV y semieje (vea Sección 9). Siguiendo el mismo procedimiento, instale la abrazadera del fuelle en el final grande de la acoplación de la CV.

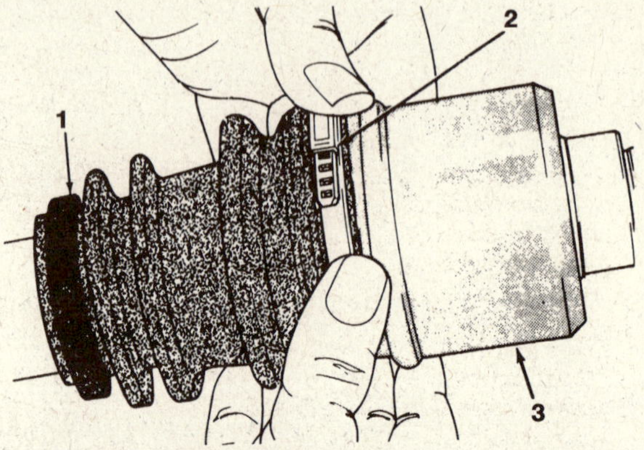

10.11 Detalles de la instalación de la grapa del fuelle GKN

1 *Grapa alterna (de caucho)*
2 *Grapa*
3 *Albergue*

Semieje Citroen

Refiérase a las ilustraciones 10.23, 10.24, 10.26a, 10.26b, 10.27, 10.28a y 10.28b

21 Deslice el fuelle en el eje. Si usted está instalando un fuelle exterior en la acoplación de la CV, posicióne la camisa de ventilación debajo la ranura de la abrazadera del fuelle.

22 En acopladores interiores derecho, alinee la cara del labio del fuelle con la orilla interior de la etiqueta del número de parte. Si la etiqueta no está, use la marca a la izquierda del fuelle original. En el acoplador izquierdo interior y exterior, posicione el fuelle entre los hombros de localización y alinee la orilla del labio con la marca hecha en el fuelle original. **Nota:** *El procedimientos de aplicar grapas son idéntico para conectar el fuelle al eje y el albergue de acoplación de la CV.*

23 Envuelva la banda de la grapa alrededor del fuelle dos veces, más 2-1/2 pulgadas, y la

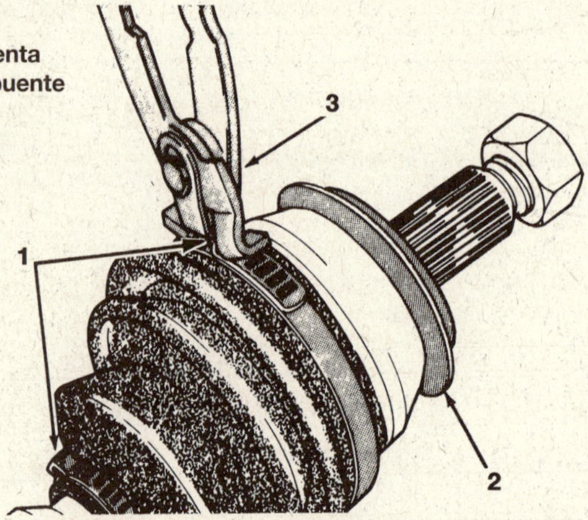

10.12 Use ésta herramienta especial para pellizcar el puente de la abrazadera

1 *Puente*
2 *Camisa de desgaste*
3 *Herramienta C-4124*

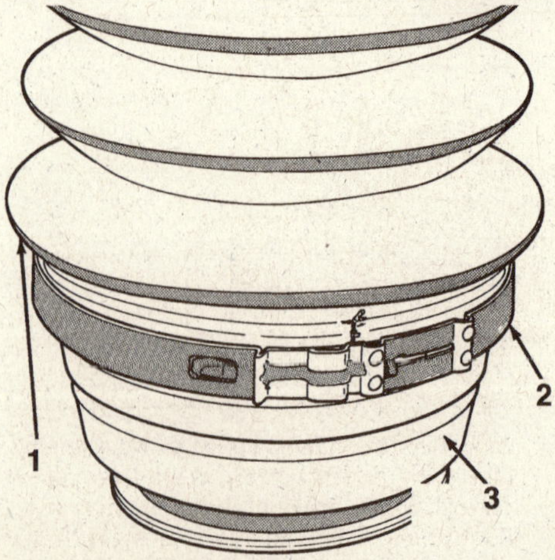

10.17 En 1991 y modelos más modernos, asegúrese que la abrazadera para la acoplación del fuelle exterior de la CV está instalada directamente en la ranura del fuelle

1 *Fuelle exterior del acoplador de la CV*
2 *Grapa del fuelle*
3 *Albergue exterior de la acoplación de la CV*

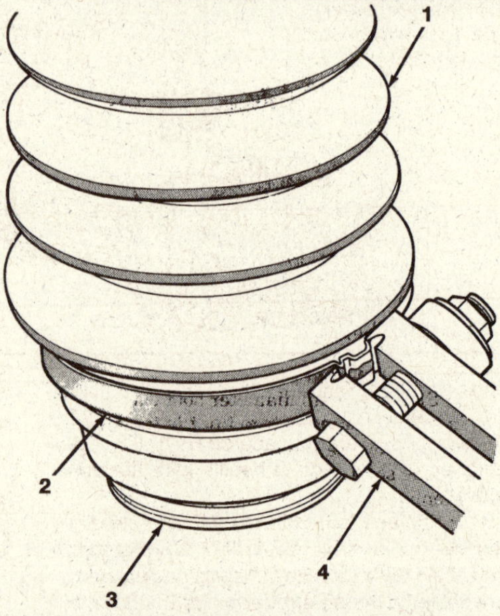

10.18 Abra las mandíbulas de la herramienta para que ellas se ajusten en las orejetas de la abrazadera del fuelle

1 *Fuelle exterior de la acoplación de la CV*
2 *Grapa del fuelle*
3 *Albergue exterior de la acoplación de la CV*
4 *Herramienta especial C-4975*

1 *Esté seguro de que la orejeta superior está asentada contra la orejeta en la banda inferior de la grapa*
2 *Grapa del fuelle con las orejetas entre cerradas*

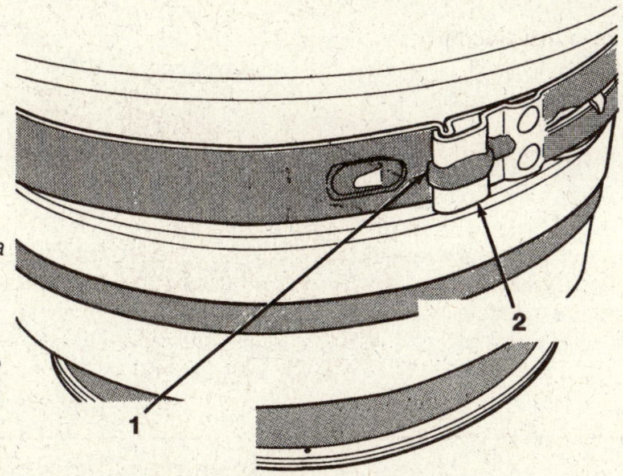

10.19 Apriete la herramienta hasta que las orejetas de la abrazadera del fuelle se enganchen

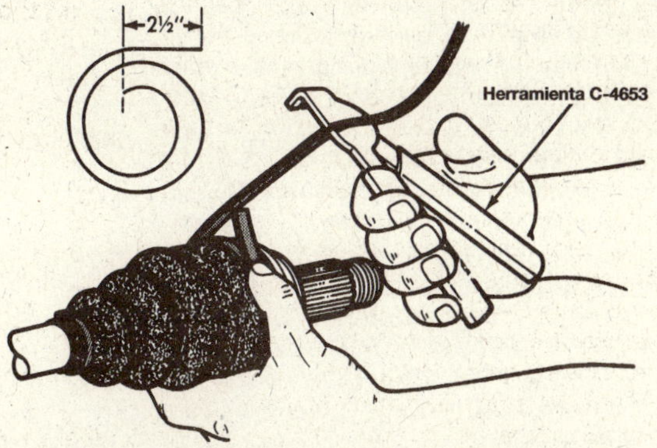

10.23 Envuelva la abrazadera alrededor del fuelle dos veces, deje acerca de 2-1/2 pulgadas de material extra, entonces corte el exceso

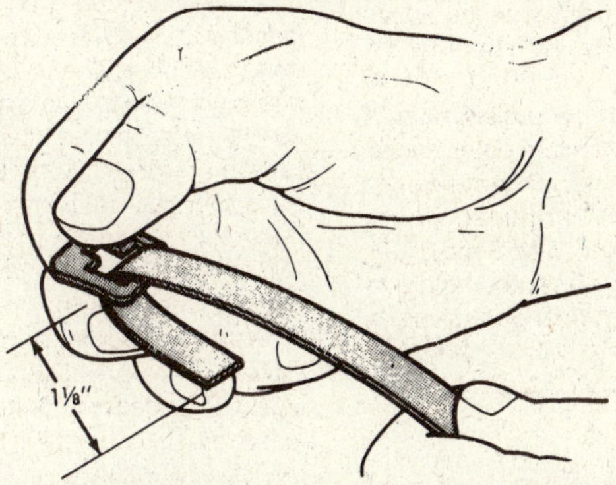

10.24 Pase la banda alrededor de la hebilla y la dobla hacia atrás 1-1/8 pulgada en el interior de la hebilla

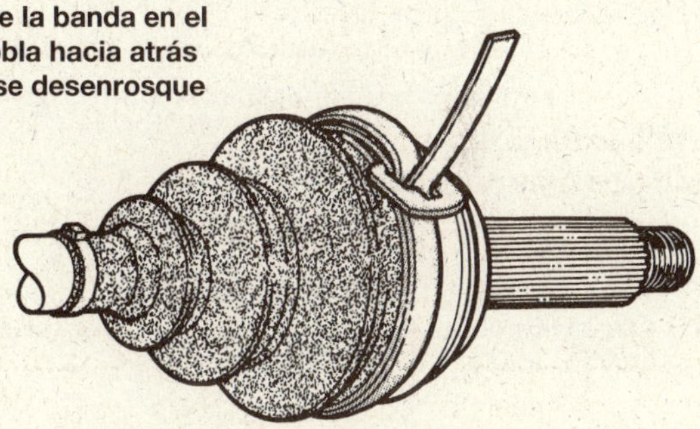

10.26a Instale la banda en el fuelle y la dobla hacia atrás para que no se desenrosque

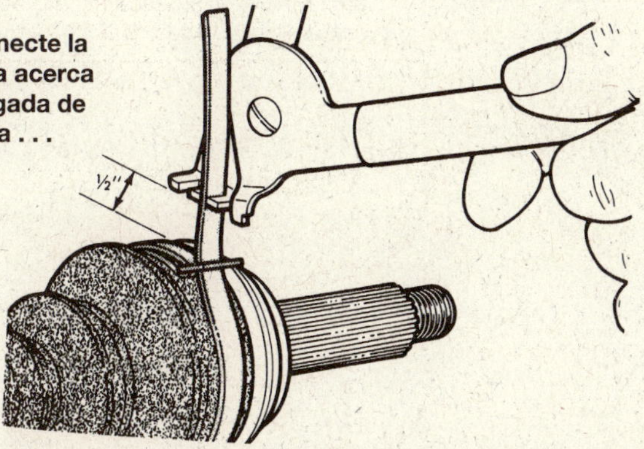

10.26b Conecte la herramienta acerca de 1/2-pulgada de la hebilla . . .

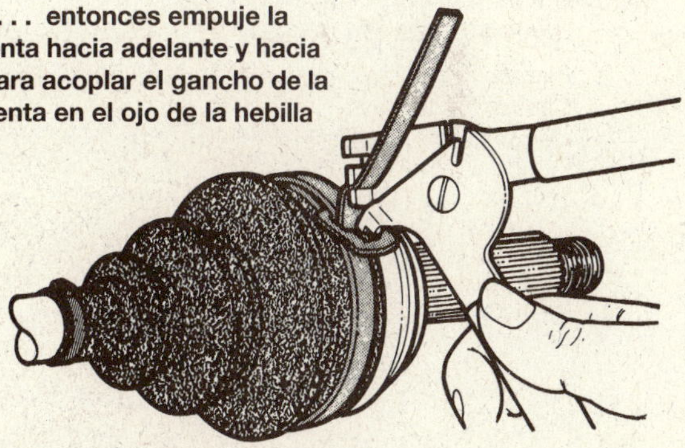

10.27 . . . entonces empuje la herramienta hacia adelante y hacia encima para acoplar el gancho de la herramienta en el ojo de la hebilla

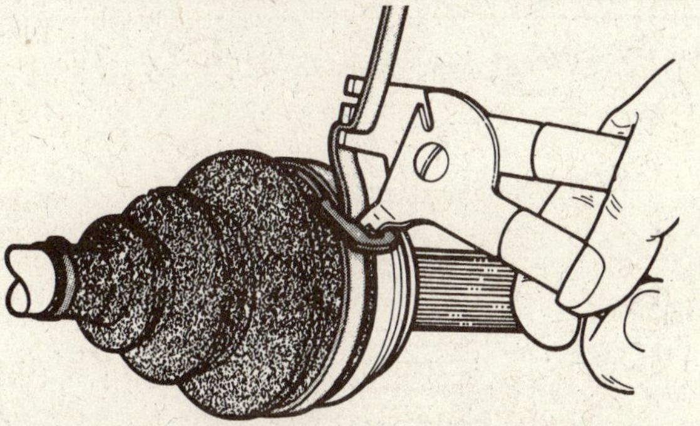

10.28a Cierre el mango de la herramienta lentamente para apretar la banda de la abrazadera, . . .

corta **(vea ilustración)**.

24 Pase el final de la banda por la abertura de la hebilla y la dobla acerca de 1-1/8 pulgada en el interior de la hebilla **(vea ilustración)**.

25 Posicione la banda de la grapa alrededor del fuelle, en la superficie de la grapa, con el ojo de la cara de la hebilla hacia usted. Envuelva la banda alrededor del fuelle una vez y la pasa atraves de la hebilla, entonces la envuelve alrededor una segunda vez y la pasa atraves de la hebilla otra vez.

26 Doble la parte trasera de la banda un poquito para prevenir que se desenrolle **(vea ilustración)**, entonces abra la herramienta especial (C-4653) y coloque la banda en la ranura estrecha, acerca de 1/2-pulgada de la hebilla **(vea ilustración)**.

27 Sostenga la banda con una mano, empuje la herramienta hacia adelante y encima levemente, entonces ajuste el gancho de la herramienta en el ojo de la hebilla **(vea ilustración)**.

28 Apriete la banda cerrando los mangos de la herramienta **(vea ilustración)**, entonces gire la herramienta hacia abajo lentamente para liberar la presión en los mangos **(vea ilustración)**. Permita que los mangos se abran progresivamente, entonces abra la

8

herramienta completamente y la desliza del lado de la banda. **Caución:** *Nunca doble la parte trasera de la banda ni gire la herramienta hacia abajo mientras aprieta los mangos (si esto es hecho, la banda se romperá).*

29 Si la banda no está apretada lo suficiente, repita el procedimiento. Siempre enganche la herramienta acerca de 1/2-pulgada de la hebilla. Asegúrese que la banda se mueve lisamente según fuerza de apretar es aplicada y no permita que la hebilla se doble según la banda pasa atraves.

30 Cuándo la banda esté apretada, la córtela 1/8-pulgada encima de la hebilla y la dobla hacia atrás. No debe superponerse a la orilla de la hebilla.

31 Repita el procedimiento para el resto de las abrazaderas del fuelle.

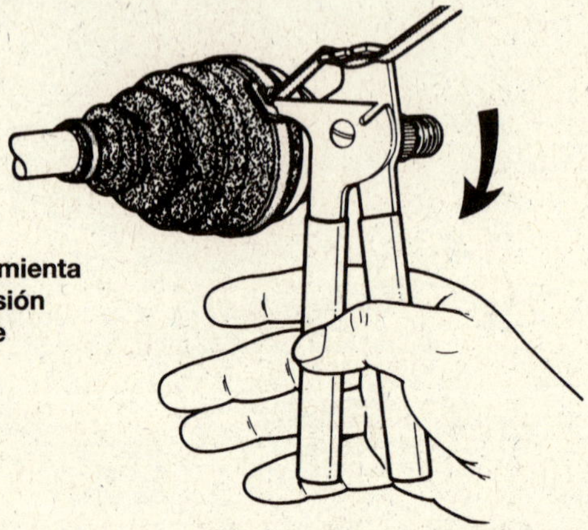

10.28b . . . entonces gire la herramienta hacia abajo para liberar la presión en los mangos (permite que los mangos se abran)

Capítulo 9 Frenos

Contenido

Especificaciones

Tipo del flúido de freno	Vea Capítulo 1
Frenos de disco	
Límite de desgaste de la pastilla del freno	Vea Capítulo 1
Espesor mínimo del disco	Vea las especificaciones en el disco
Desviación (máximo) del disco	0.005 pulgada
Límite de la variación del espesor (paralelismo) del disco	0.0005 pulgada
Frenos de tambor	
Límite del desgaste de la balata	Vea Capítulo 1
Tambor	
Diámetro máximo	Vea las especificaciones en el tambor
Ovalado (máximo)	0.002 pulgada
Especificaciones del par de torsión	**Pie-libras** (a menos que se indicara de otro modo)
Tuercas del cilindro maestro al amplificador	17 a 25
Amplificador del freno a las tuercas de la pared cortafuegos	17 a 25
Clavija(s) para la guía de la mordaza	
ATE	18 a 26
Kelsey-hayes	25 a 35
Soporte del montaje de la mordaza a la dirección	
Pernos del vástago	130 a 190
Manguera del freno al perno del acoplador para la manguera de la mordaza	19 a 29
Cilindros de rueda al perno de la placa de apoyo del freno	75 pulgada-libras
Placa de apoyo del freno al perno trasero del eje	
1986 y más antiguos	35 a 55
1987 y más modernos	65 a 94
Tuercas de montaje para la asamblea hidráulica (modelos equipados con ABS)	21

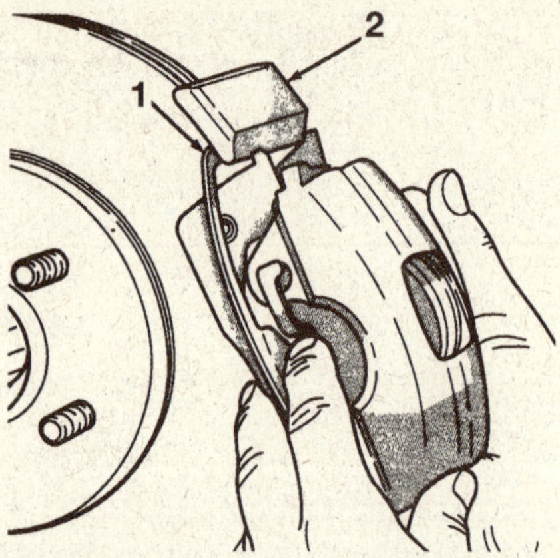

2.3a Para remover una mordaza ATE, destornille las clavijas de guía y levante la mordaza fuera del calzo del soporte de la mordaza, entonces separe el resorte de retención que se engancha en el estribo (lado derecho) . . .

1 Resorte de retención
2 Estribo rectificado

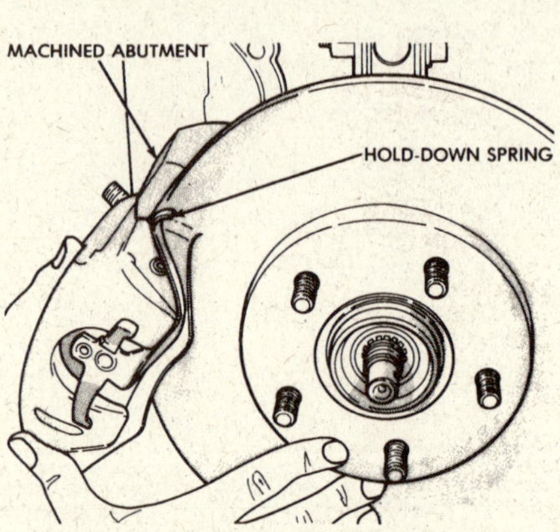

2.3b . . . o se inserta debajo de éste (lado izquierdo)

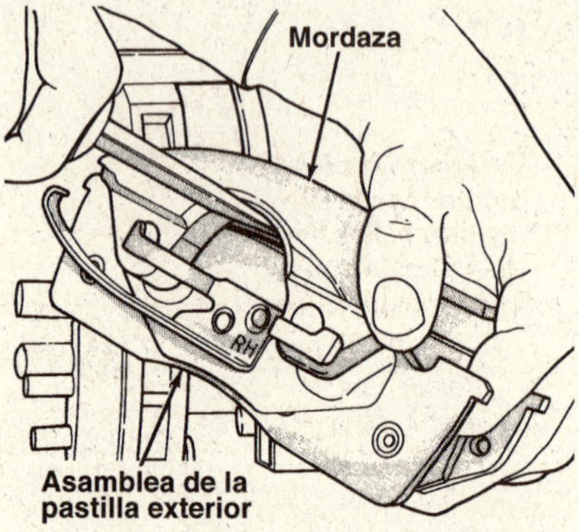

2.5 Use un destornillador para hacer palanca a la pastilla ATE exterior fuera de la mordaza

1 Información general

Todos los modelos están equipados con frenos delanteros de disco operados hidráulicamente y frenos traseros de tambor.

Los frenos delanteros usan solo un pistón, diseño de mordaza flotante. Las mordazas de los freno de disco son de dos fabricantes diferentes - ATE y Kelsey-hayes - son usado en los vehículos cubiertos en éste manual. Ellos difieren en el diseño, así que las partes no son intercambiables. Las mordazas ATE tienen dos clavijas de guía; algunas mordazas de Kelsey-hayes tienen dos clavijas de guía y algunas tienen solamente una clavija del guía. Las mordazas de 1989 hasta 1991 de dos clavijas de Kelsey-hayes son similares a las mordazas de ATE.

Los frenos traseros de tambor son de un diseño de directriz/portante con ajuste automático.

Los vehículos de tracción en las ruedas delanteras tienden gastar las pastillas de los frenos delanteros más rápido que los vehículos con tracción en las ruedas traseras. Consecuentemente, es muy importante inspeccionar las pastillas de los freno frecuentemente para asegurarse que ellas no se han gastado al grado donde el disco mismo es rayado o desgastado. Note que el límite del espesor de la pastilla en estos modelos incluye la porción de metal de la pastilla de los frenos, no solo el material del forro (vea Capítulo 1).

El sistema hidráulico se compone de dos circuitos separados. El cilindro maestro tiene una sección separada en el depósito para cada circuito - en caso de un escape o el fracaso de un circuito hidráulico, el otro circuito permanecerá operativo.

Algunos modelos más modernos tienen un sistema de frenos ABS (frenos antibloqueantes) que ayuda a la estabilidad del vehículo durante el frenado pesado o en las superficies de camino mojadas o desiguales. Todos los modelos que no son de ABS tienen una válvula de proporción doble para la detección de carga que modula la presión trasera del freno dependiendo de la carga en el vehículo.

Todos los modelos están equipados con un freno de estacionamiento accionado por un cable, que opera los frenos traseros.

2 Pastillas para los frenos de disco - reemplazo

Peligro: *Las pastillas de los frenos de disco deben ser reemplazadas en ambas ruedas delanteras al mismo tiempo - nunca reemplace las pastillas en solamente una rueda. También, el polvo creado por el sistema de los frenos puede contener asbestos, que es perjudicial a su salud. Nunca lo sople con aire comprimido y no respire nada de ellos. Una máscara de filtro aprobada se debe llevar cuando se trabaja en los frenos. Nunca, bajo ninguna circunstancia, use solventes de petróleo para limpiar las partes de los frenos. ¡Use limpiador para sistemas de los frenos o flúido de freno limpio solamente!*

Nota: *Cuándo le otorgue servicio a los frenos de disco, use partes de alta calidad, reconocida nacionalmente, de nombre conocido.*

1 Levante el frente del vehículo y sopórtelo firmemente sobre estantes. Bloquee las ruedas traseras y aplique el freno de estacionamiento, entonces remueva las ruedas delanteras. **Nota:** *El procedimiento del reemplazo de la pastilla varía, dependiendo de si usted tiene mordazas de ATE o de Kelsey-hayes. Chequee una de las mordazas. Si la mordaza se monta en los estribos están rectificados en el vástago de la dirección y tiene un resorte de sujeción como el mostrado en las ilustraciones 2.3a y 2.3b, es una mordaza de ATE; si no, es una mordaza de Kelsey hayes.*

Mordaza ATE

Refiérase a las ilustraciones 2.3a, 2.3b, 2.5, 2.6, 2.7 y 2.10

2 En los modelos anteriores al 1989, afloje las clavijas de la guía de la mordaza lo suficiente para permitir que la mordaza sea removida; las clavijas deben ser removidas solamente si los bujes son reemplazados (vea Sección 3). En los modelos 1989 y más modernos, los bujes son de un diseño diferente y las clavijas pueden ser removidas si lo es necesario.

3 Agarre la mordaza firmemente y remueva el fondo hacia fuera del estribo rectificado de abajo al separar el resorte de sujeción del estribo superior **(vea ilustraciones)**.

4 Mueva la mordaza hacia adelante y fuera del disco de freno. Las pastillas permanecerán con la mordaza.

5 Use un destornillador para remover la pastilla exterior fuera de la mordaza **(vea ilustración)**.

6 Remueva la pastilla interior halándola fuera del pistón **(vea ilustración)**.

7 Sostenga la mordaza fuera del camino con un gancho de alambre **(vea ilustración)**. **Peligro:** *¡No permita que la mordaza cuelgue de la manguera del freno!*

8 Inspeccione la mordaza y el adaptador por desgaste, daño, oxidación y evidencia de fugas de flúido del freno. Si las superficies de acoplamiento del calibrador al adaptador están mohosas, límpielas completamente con una brocha de alambre (la mordaza debe moverse libremente al aplicar los frenos). También, inspeccione el disco del freno (vea Sección 4).

9 Aplique una película ligera de Lubricante MOPAR (No. 2932524) o grasa para frenos de temperatura alta a las superficies de acoplamiento del calibrador al adaptador. Remueva el papel protector de la junta de supresión de ruido en ambas pastillas.

10 Absorba hacia fuera una cantidad pequeña de flúido de freno del depósito del cilindro maestro, después use un pedazo de madera para empujar cuidadosamente el pistón en el orificio de los cilindros de la mordaza para proporcionar el espacio libre a las pastillas nuevas. Si usted no quiere absorber el flúido del depósito, remueva la tapa(s) del depósito y ponga trapos o periódicos debajo del depósito para colectar la capacidad excesiva que ocurrirá cuando el pistón es

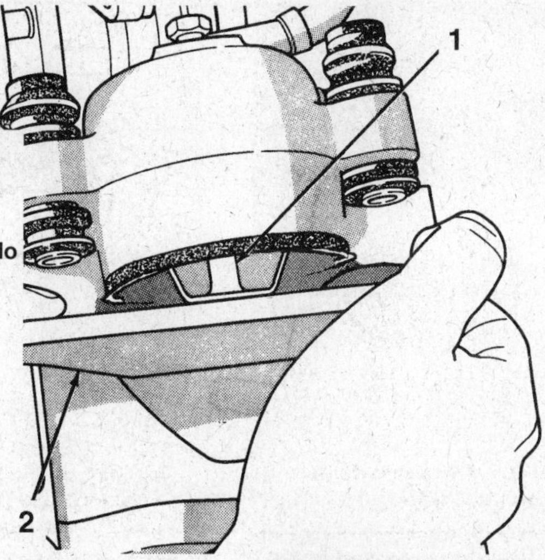

2.6 Agarre la pastilla interior con las dos manos y hálela hacia fuera hasta que el retenedor esté separado del pistón

1 Retenedor
2 Asamblea de la pastilla interior

2.7 Cuelgue la mordaza fuera del camino en un pedazo de alambre - NO PERMITA que se cuelgue de la manguera del freno

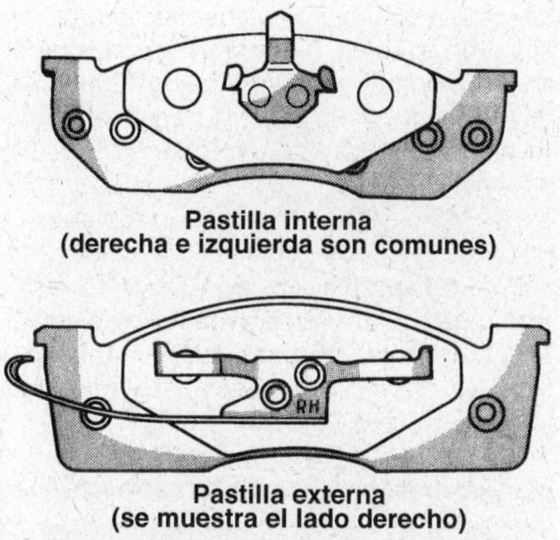

2.10 Las pastillas exteriores derecha e izquierda ATE son diferentes - asegúrese de chequear las marcas antes de instalarlas

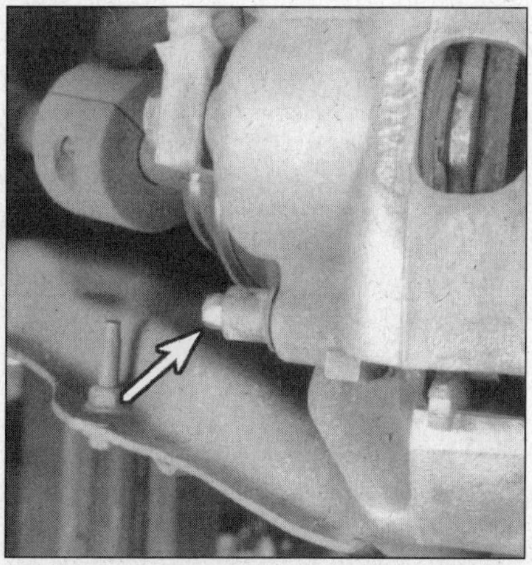

2.18a Para alcanzar las pastillas, remueva la clavija (flecha) de la guía (mordaza de la clavija sencilla mostrada; algunas mordazas tienen dos) . . .

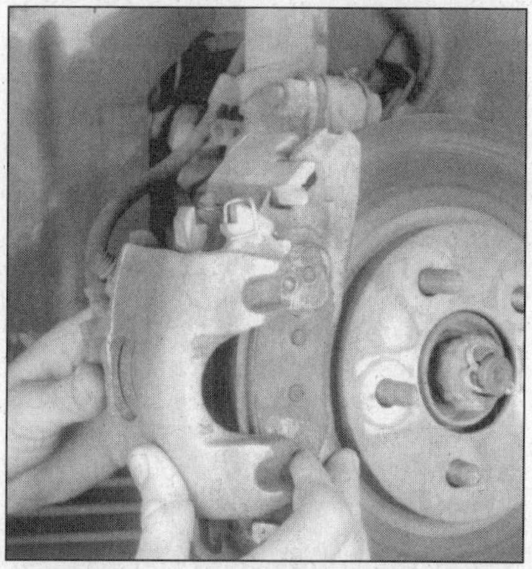

2.18b . . . y gire la mordaza hacia arriba y fuera del calzo de la mordaza (una mordaza típica de clavija sencilla mostrada)

empujado para hacerle habitación a las pastillas nuevas. Antes de la instalación, note que las pastillas exteriores están marcadas "L" y "R" para denotar (left) izquierdo y (right) derecho **(vea ilustración)**.

11 Instale la pastilla del freno interior apretando el retenedor en la cavidad del pistón. **Caución:** *No permita nada de grasa en el material del forro, la superficie de la junta o disco del freno.*

12 Conecte el resorte de sujeción a la mordaza y apriete la pastilla exterior en posición.

13 Conecte el resorte de sujeción al estribo rectificado superior y dele vuelta a la mordaza en posición sobre el disco del freno **(vea ilustraciones 2.3a y 2.3b)**.

14 Instale a mano las clavijas de guía - no cruce las roscas de ellas. Apriete las clavijas de guía al par de torsión listado en las especificaciones de este Capítulo.

15 Instale la rueda, apriete a mano las tuercas de la rueda y baje el vehículo. Apriete las tuercas al par de torsión listado en las especificaciones del Capítulo 1.

16 Repita los Pasos 2 hasta 15 para la otra mordaza.

17 Bombee el pedal de freno varias veces para traer las pastillas en contacto con el disco. Chequee el nivel del flúido del freno (vea Capítulo 1). Conduzca el vehículo en un área aislada y haga varias paradas para llevar hacia fuera cualquier materia extranjera en las pastillas y asentarlas en el disco.

Mordaza de Kelsey-hayes

Refiérase a las ilustraciones 2.18a, 2.18b, 2.20a, 2.20b, 2.20c, 2.21 y 2.26

18 Remueva la clavija(s) de guía de mordaza **(vea ilustración)**, suba encima el final más bajo de la mordaza y hálelo fuera del calzo del soporte de la mordaza **(vea ilustración)**. **Nota:** *Puede ser necesario hacer cuña con un destornillador entre la mordaza y el calzo de soporte y hacerle palanca leve para romper la junta y los sellos adhesivos.*

19 Sostenga la mordaza fuera del camino con un gancho de alambre **(vea ilustración 2.7)**. **Peligro:** *¡No permita que la mordaza cuelgue de la manguera del freno!*

20 Separe la pastilla y lámina exteriores del freno (si está equipado) del calzo de soporte de la mordaza **(vea ilustraciones)**. Si usted está reemplazando las pastillas en una mordaza de clavija sencilla, remueva el resorte antirechinante e instálelo en la pastilla exterior nueva.

2.20a Para remover la pastilla exterior de la clavija tipo sencilla, simplemente hálela hacia fuera - entonces remueva el resorte retenedor (flecha) antirechinantes y transfiéralo a la pastilla nueva exterior

2.20b Para remover la pastilla exterior de la clavija de tipo doble, remueva la lámina de ajuste de la pastilla . . .

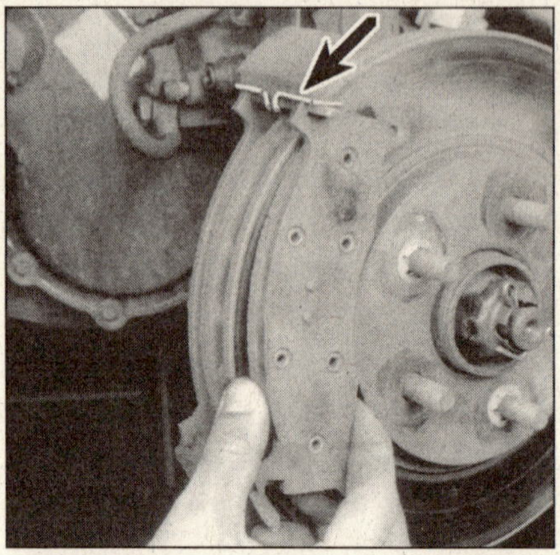

2.20c . . . desengrane el final superior de la placa de apoyo de la pastilla del freno del resorte antirechinantes y remueva la pastilla, después de remover la pastilla interior, el resorte antirechinantes se caerá del calzo de la mordaza, por eso, anote como está instalado ANTES de remover la pastilla interior

2.21 Después de remover la pastilla interior de la clavija de tipo sencilla, remueva el resorte retenedor (flecha) antirechinantes y transfiéralo a la pastilla nueva interior

21 Separe la pastilla y lámina del freno interior, (si está equipado) **(vea ilustración)**. Si usted está reemplazando las pastillas en una mordaza de clavija sencilla, remueva el resorte antirechinante e instálelo en la pastilla interior nueva. Si usted está reemplazando las pastillas en una mordaza de clavija doble, anote como el retenedor del resorte antirechinante es instalado en el calzo de soporte de la mordaza, en caso de que se caiga antes de que usted instale las pastillas nuevas.

22 Inspeccione la mordaza y el calzo de soporte de la mordaza por desgaste, daño, oxidación y evidencia de fugas de flúido. Si las superficies de acoplamiento de la mordaza al soporte están mohosas, límpielas completamente con una brocha de alambre (la mordaza debe ser capaz de moverse libremente cuando los frenos son aplicados). También, inspeccione el disco del freno (vea Sección 4)

23 Absorba algún flúido de freno del depósito del cilindro maestro, o ponga trapos o periódicos debajo del depósito para colectar la capacidad excesiva que ocurrirá cuando el pistón es empujado para hacerle habitación a las pastillas nuevas. Después use un pedazo de madera para empujar cuidadosamente el pistón en el orificio de los cilindros de la mordaza lo suficiente distante para proporcionar espacio libre a las pastillas nuevas.

24 Aplique una película ligera de Lubricante MOPAR (no. 2932524) o grasa para frenos de temperatura alta al adaptador hasta la pastilla del freno y a las superficies de acoplamiento de la mordaza. Remueva el papel protector de la junta de supresión de ruido en ambas pastillas.

25 Instale la pastilla del freno interior, asegurándose que el resorte antirechinante esté seguro. **Caución:** *No permita ninguna grasa en el material del forro de la pastilla, la superficie de la junta o el disco del freno.*

26 Aplique compuesto antichorrido (disponible en las refaccionarías) a la lámina para ajustes (si está equipado), e instale la lámina para ajustes **(vea ilustración)**.

27 Coloque la pastilla exterior en posición en el calzo de soporte de la mordaza.

28 Deslice la mordaza en posición sobre la pastilla y la asamblea del disco.

29 Instale la clavija(s) de guía y apriétela al par de torsión listado en las especificaciones de este Capítulo. No cruce las roscas de la clavija(s) de guía durante la instalación.

30 Repita los Pasos 18 hasta 29 para la otra mordaza.

31 Instale la rueda, apriete a mano las tuercas de la rueda y baje el vehículo. Apriete las tuercas al par de torsión listado en las especificaciones del Capítulo 1.

32 Bombee el pedal del freno varias veces para traer a las pastillas en contacto con el disco. Chequee el nivel del flúido del freno (vea Capítulo 1). Conduzca el vehículo en una área aislada y haga varias paradas para desgastar cualquier materia extranjera de las pastillas y asentarlas en el disco.

3 Mordaza para el freno de disco - remover, reconstrucción completa e instalación

Peligro 1: *El polvo creado por el sistema de frenos puede contener asbestos, que es perjudicial a su salud. Nunca sóplelo con aire comprimido ni respire nada de él. Una máscara aprobada que filtra se debe llevar cuando se trabaja en los frenos. No use, bajo ninguna circunstancia, solventes de petróleo para limpiar las partes del freno. ¡Use solamente limpiador de freno o flúido de freno limpio!*

Peligro 2: *En los modelos equipados con ABS, remueva la presión del acumulador antes de desconectar cualquiera de las líneas o mangueras del freno o podría resultar lesión a la persona o daño a las superficies pintadas del vehículo (vea Sección 7).*

Nota: *Si una reconstrucción completa es indicada (generalmente a causa de una fuga de flúido), explore todas las opciones antes de empezar el trabajo. Mordazas nuevas y reconstruidas por la fábrica son disponibles a base de cambio, que hace este trabajo bastante fácil. Si se decidió reconstruir las mordazas, asegúrese que un juego para reconstruir es disponible antes de proceder. Siempre reconstruya las mordazas en pares - nunca reconstruya solamente una de ellas.*

2.26 Aplique atascamiento de antichirrido a las láminas de ajuste (si está equipado) cuando reemplace las pastilla de los frenos

Remover

Refiérase a la ilustración 3.2

1 Afloje las tuercas de la rueda, levante el frente del vehículo y sopórtelo firmemente sobre estantes. Remueva las ruedas delanteras.

2 **Nota:** *No remueva la manguera del freno de la mordaza si usted está solamente removiendo la mordaza para obtener acceso a otros componentes. Si usted está removiendo la mordaza para la reconstrucción completa, remueva el perno de el acoplador de la manguera del freno y separe la manguera* **(vea ilustración)**. *Tenga un trapo*

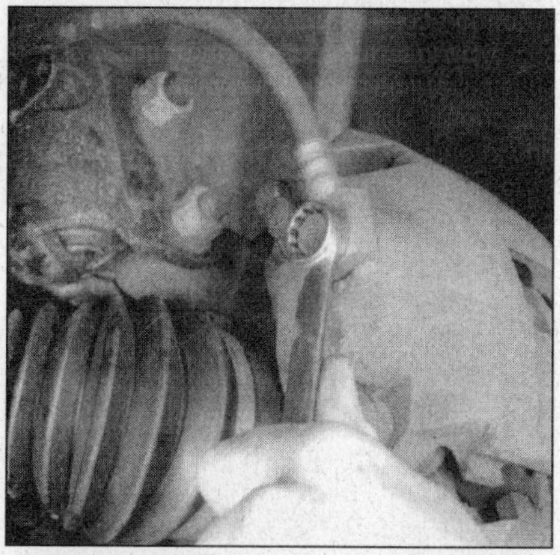

3.2 Coloque algunos trapos o periódicos debajo del acoplador de entrada de la manguera del freno antes - y tápela para prevenir la contaminación rápida - si usted la desconecta

3.6 Coloque un pedazo de madera entre la mordaza y el pistón, entonces fuerce el pistón fuera del diámetro de la mordaza con aire comprimido - esté seguro de mantener las manos y los dedos fuera de la operación durante éste procedimiento

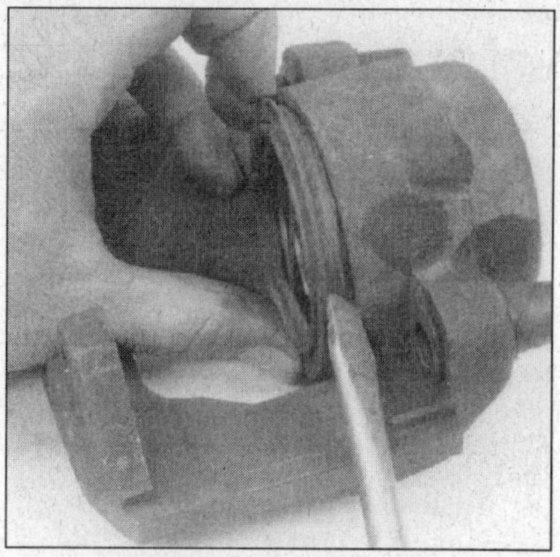

3.7 Use un destornillador para hacerle palanca a la tapa contra polvo fuera del diámetro de la mordaza

3.8 Remueva el sello del pistón con un lápiz de madera o un utensilio de comer de plástico para no dañar el orificio y la ranura del sello

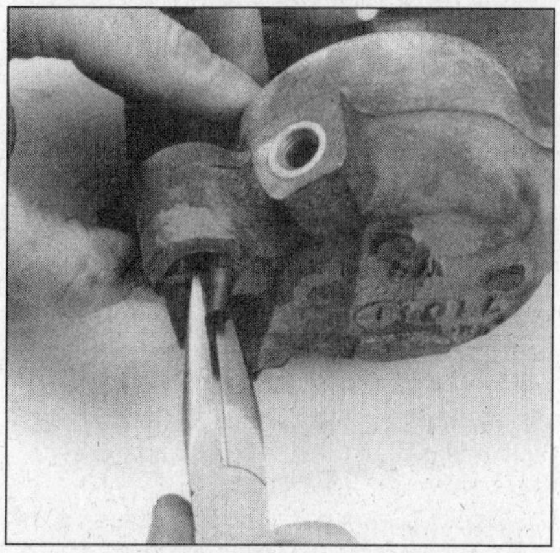

3.9a Agarre las puntas de los bujes de la clavija con alicates de punta de aguja y empújelo através de las orejas de la mordaza con un movimiento torcido

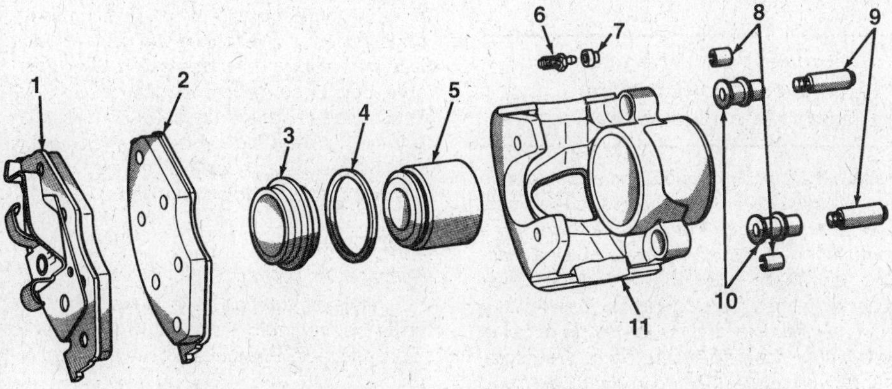

3.9b Vista esquemática de una asamblea típica de la mordaza ATE

1 Asamblea de la pastilla (exterior)
2 Asamblea de la pastilla (interior)
3 Fuelle para el polvo
4 Sello
5 Pistón
6 Tornillo purgador
7 Tapa
8 Camisa de teflon
9 Clavija del guía de la mordaza
10 Clavija del buje
11 Mordaza

cercano para colectar el flúido rociado y envuelva apretadamente una bolsa plástica alrededor del final de la manguera para prevenir la pérdida de flúidos y la contaminación.

3 Remueva la clavija(s) de la guía de la mordaza y separe la mordaza del vehículo (vea Sección 2).

Reconstrucción completa

Refiérase a las ilustraciones 3.6, 3.7, 3.8, 3.9a, 3.9b, 3.9c, 3.9d, 3.14 y 3.15

4 Remueva las pastilla del freno (vea Sección 2).

5 Limpie el exterior de la mordaza con limpiador de freno o flúido de freno nuevo. Nunca use gasolina, queroseno ni solventes para la limpieza con base de petróleo. Coloque la mordaza en una mesa de trabajo limpia.

6 Posicione un bloque de madera o varios trapos en la mordaza como cojín, después use aire comprimido para remover el pistón de la mordaza **(vea ilustración)**. Use solamente suficiente presión de aire para aliviar el pistón fuera del orificio de los cilindros. Si el pistón es removido hacia fuera, aún con el cojín en su lugar, podría ser dañado. **Peligro:** *¡Nunca ponga su dedo enfrente del pistón en una tentativa para agarrarlo ni protegerlo cuándo aplique aire comprimido - podría resultar en una lesión grave!*

7 Hágale palanca cuidadosamente a la tapa contra el polvo fuera del orificio de los cilindros de la mordaza **(vea ilustración)**.

8 Usando una madera o herramienta plástica, remueva el sello del pistón de la ranura en el orificio de los cilindros de la mordaza **(vea ilustración)**. Las herramientas de metal pueden dañar el orificio de los cilindros.

9 Remueva el tornillo de purgar de la mordaza, entonces remueva y tire el buje(s) de la clavija de la mordaza (guía) de las orejas de la mordaza. Tire todas las partes de caucho **(vea ilustraciones)**.

10 Limpie las partes que quedan con limpiador de sistema de frenos o flúido de frenos nuevo, entonces sople estos con aire comprimido hasta que estén secos.

11 Examine cuidadosamente el pistón por mellas, rebarbas y desgaste excesivo. Si hay defectos en la superficie presente, las partes deben ser reemplazadas.

12 Chequee el orificio de los cilindros en la mordaza de una manera similar. El pulir levemente con tela de azafrán es permisible para remover la corrosión y las manchas ligeras, pero la oxidación u mellas pequeñas requerirán reemplazo de la mordaza.

13 Cuándo vuelva a instalar la mordaza, lubrique el orificio de los cilindros y el sello con flúido de freno limpio. Posicione el sello en la ranura del orificio de los cilindros de la mordaza - asegúrese que no esté torcido.

14 Lubrique el pistón con flúido de freno limpio, instálelo directamente en el orificio de los cilindros y aplíquele presión para enviarlo al fondo de la mordaza **(vea ilustración)**.

15 Hale la tapa contra el polvo sobre la ranura del pistón, entonces cuidadosamente siéntelo en el orificio de los cilindros de la mordaza **(vea ilustración)**.

16 Instale el tornillo de purgar.

17 Instale los bujes nuevos de la clavija de la mordaza (y las camisas, si está equipado).

Instalación

18 Inspeccione la clavija(s) del guía de la mordaza por corrosión excesiva. Reemplácelas si es necesario.

19 Limpie la mordaza y las superficies de contacto del calzo del soporte de la mordaza con una brocha de alambre, entonces aplique una película ligera de grasa para frenos de temperatura alta a ellos.

20 Instale los pastilla del freno y la mordaza (vea Sección 2).

21 Instale la manguera del freno y el perno de acoplación de entrada, usando arandelas nuevas de cobre, entonces apriete el perno al par de torsión listado en las Especificaciones de este Capítulo.

22 Si la línea se desconectó, esté seguro

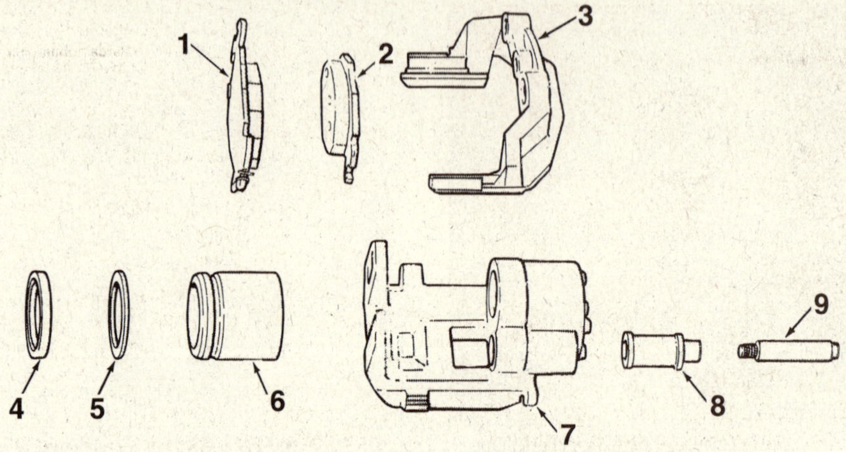

3.9c Vista esquemática de una asamblea típica de la mordaza Kelsey-hayes de clavija sencilla

1 *Asamblea de la pastilla exterior*
2 *Asamblea de la pastilla interior*
3 *Adaptador*
4 *Clavija de la mordaza*
5 *Buje*
6 *Mordaza*
7 *Pistón*
8 *Sello*
9 *Fuelle para el polvo*

3.9d Vista esquemática de una asamblea típica de la mordaza de la clavija doble Kelsey-hayes

1 *Asamblea de la pastilla (exterior)*
2 *Asamblea de la pastilla (interior)*
3 *Pistón*
4 *Tornillo de purga*
5 *Tapa*
6 *Camisa*
7 *Perno*
8 *Buje*
9 *Mordaza*
10 *Sello*
11 *Fuelle para el polvo*

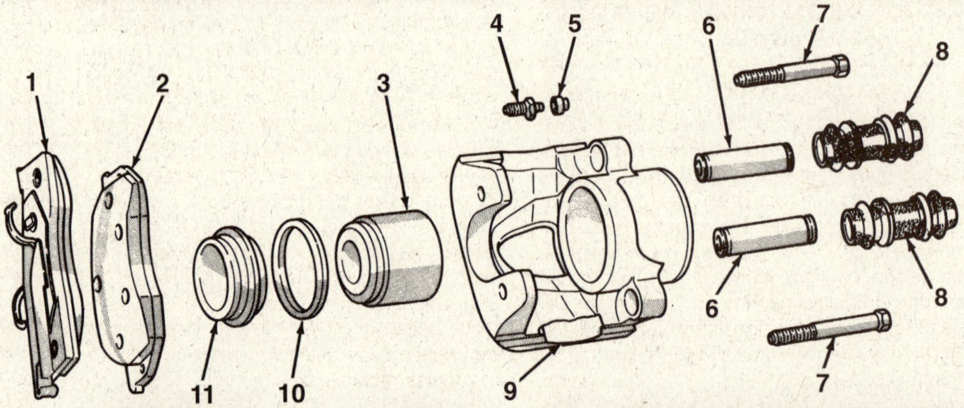

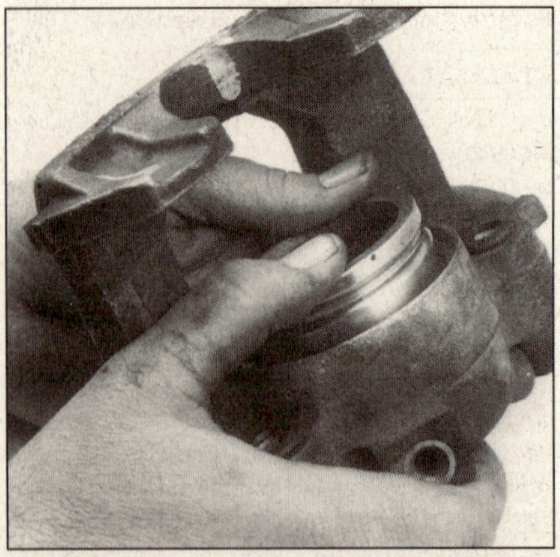

3.14 Cuando instale el pistón, asegúrese que no se tuerza al empujarlo hacia dentro de su diámetro de la mordaza

3.15 Si la herramienta correcta para instalar el sello no está disponible, use un punzón para empujar alrededor de la orilla hasta que el fuelle para polvo esté sentado

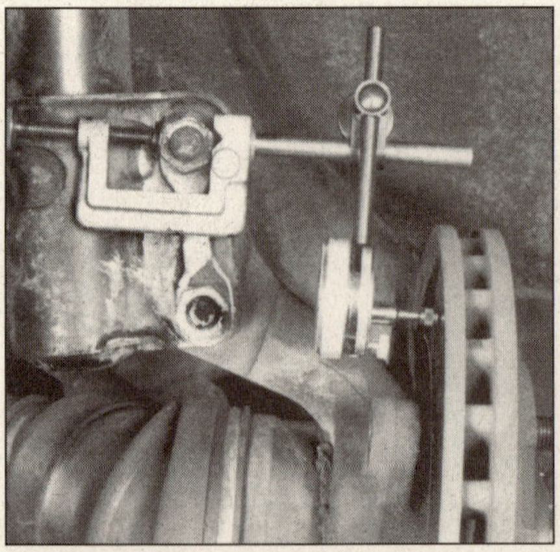

4.4a Asegúrese de que las tuercas estén en su lugar y apretadas uniformemente, entonces mida la desviación del disco con un indicador de reloj

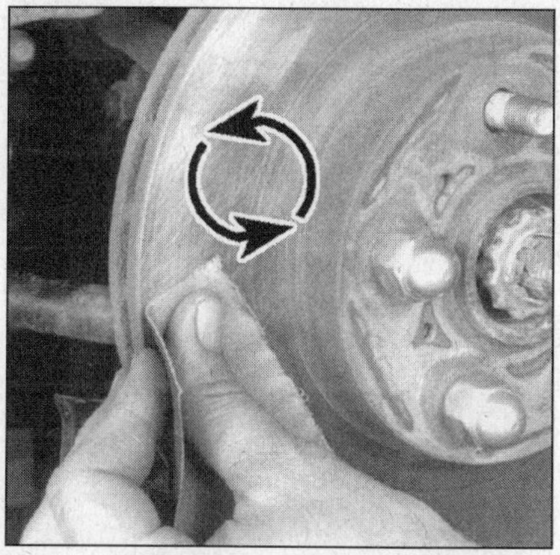

4.4b Usando un movimiento remolino, remueva el vitrificado de la superficie del disco con papel de lija o tela de esmeril

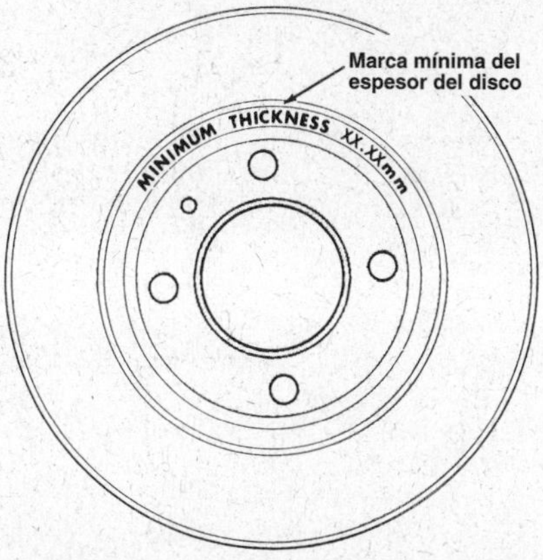

4.5a Se puede rectificar el disco en un taller de rectificación automotriz, con tal que la operación de rectificación no resulte en una anchura del disco menos del mínimo como está estampado en él

4.5b Mida la anchura del disco con un micrómetro en algunos lugares alrededor de su circunferencia

de purgar los frenos (vea Sección 9).

23 Instale las ruedas y baje el vehículo. Apriete las tuercas al par de torsión listado en las Especificaciones del Capítulo 1.

24 Después que el trabajo se haya completado, presione firmemente el pedal de los frenos unas cuantas veces para poner las pastillas en contacto con el disco.

25 Chequee la operación de los frenos antes de conducir el vehículo por el tráfico.

4 Disco de los frenos - inspección, remover e instalar

1 Afloje las tuercas de la rueda, levante el vehículo y sopórtelo firmemente sobre estantes. Remueva la rueda y vuelva a instalar las tuercas para mantener el disco en su lugar.

2 Remueva la mordaza del freno (vea Sección 3). No es necesario desconectar la manguera del freno. Después de remover la clavija(s) del guía de la mordaza, suspenda la mordaza fuera del camino con un pedazo de alambre. No permita que la mordaza cuelgue de la manguera y no estire o tuerza la manguera.

Inspección

Refiérase a las ilustraciones 4.4a, 4.4b, 4.5a y 4.5b

3 Inspeccione visualmente la superficie del disco por mellas y otros daños. Rasguños leves y ranuras superficiales son normales después del uso y no afectaría la operación de los frenos, pero arañadas profundas de 0.015-pulgada (0.38 mm), requieren remover el disco y ser rectificado por un taller automovilístico de rectificaciones. Esté seguro de chequear ambos lados del disco. Si se ha notado pulsaciones durante la aplicación de los frenos, sospeche una desviación del disco.

4 Para chequear la desviación del disco, instale un indicador de reloj con el vástago que descanse cerca de 1/2-pulgadas a la orilla del exterior del disco **(vea ilustración)**. Ponga el indicador a cero y gire el disco. La lectura del indicador no debe exceder la desviación admisible máxima listada en las Especificaciones de este Capítulo. Si lo es, el disco debe ser rectificado por un taller automovilístico de rectificaciones. **Nota:** *Los profesionales recomiendan rectificar el disco de freno a pesar de cual sea la lectura del indicador de reloj (para producir una superficie lisa y plana que eliminará las pulsaciones del pedal del freno y otros síntomas indeseables relacionados a discos dudosos). A menos, si usted elige no rectificar los discos, remueva el vidriado con papel de lija o tela de esmeril (aplique un movimiento de tipo remolino para asegurar un terminado no direccional)* **(vea ilustración)**.

5 El disco no debe ser rectificado a un espesor menos que el molde mínimo en el interior del disco **(vea ilustración)**. El espesor del disco puede ser chequeado con un micrómetro **(vea ilustración)**.

Remover

Refiérase a las ilustraciones 4.6a y 4.6b

6 Remueva las tuercas que usted ha instalado para mantener el disco en su lugar durante la inspección. Los discos en algunos modelos están equipados con arandelas de retención para prevenirlos resbalar hacia fuera mientras la mordaza es removida; si los discos en su vehículo están equipado de tal manera, remueva la arandela con alicates con punta de aguja **(vea ilustración)** y tírela a la basura. Deslice el disco hacia fuera de los espárragos roscados **(vea ilustración)**.

Instalación

7 Coloque el disco en posición de los espárragos roscados.

8 Instale la mordaza y las pastillas de los frenos (vea Sección 3). Apriete la clavija(s) del guía de la mordaza al par de la torsión listado en las Especificaciones de este Capítulo.

9 Instale la rueda y las tuercas, entonces baje el vehículo a tierra. Apriete las tuercas al par de torsión listado en las Especificaciones del Capítulo 1.

10 Presione el pedal del freno unas cuantas veces para poner las pastillas del freno en contacto con el disco. No es necesario purgar el sistema a menos que la manguera del freno fue desconectara de la mordaza. Chequee la operación de los frenos cuidadosamente antes de accionar el vehículo através del tráfico.

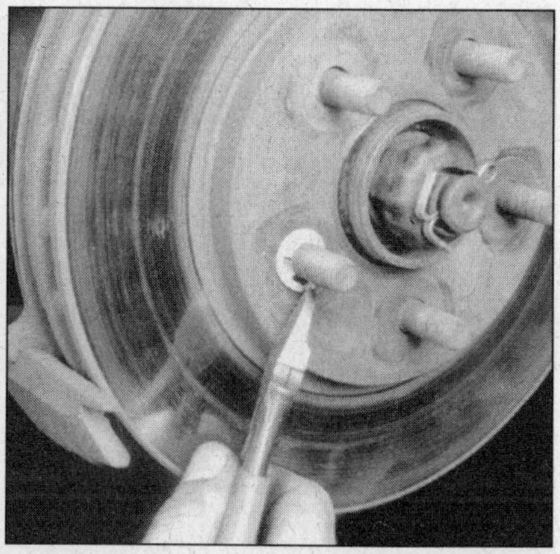

4.6a Si los discos en su vehículo usan arandelas de retención como ésta, hálelas hacia fuera con un alicate de punta de aguja y retírelas

4.6b Cuando remueva usted el disco, asegúrese de no dañar las roscas en los espárragos de la rueda

5 Balatas de los frenos - reemplazo

Refiérase a las ilustraciones 5.3, 5.4, 5.5a, 5.5b, 5.5c, 5.5d, 5.7a, 5.7b, 5.8, 5.9, 5.10, 5.13, 5.15, 5.18, 5.20, 5.22, 5.25 y 5.33

Peligro: *Las balatas de los frenos de tambor deben ser reemplazadas en ambas ruedas traseras al mismo tiempo - nunca reemplace las balatas en solamente una rueda. También, el polvo creado por el sistema de frenos puede contener asbestos, que es perjudicial a su salud. Nunca sóplelo hacia fuera con aire comprimido y no respire nada de él. Una máscara aprobada que filtra, se debe usar cuando se trabaja en los frenos. No use, bajo ninguna circunstancia, solventes de base de petróleo para limpiar las partes de los frenos. ¡Use solamente limpiador de sistema de frenos o flúido de freno limpio!* **Nota:** *Cuándo le otorgue servicio a los frenos de tambor, use partes de alta calidad, de nombre reconocido nacionalmente.*

5.3 Una asamblea del tambor del freno trasero típica

1 *Plato sostenedor*
2 *Resorte de retorno*
3 *Plato de anclaje*
4 *Balata lengüeta (3)*
5 *Guía del cable*
6 *Palanca del freno de estacionamiento*
7 *Retenedores de la balata, resorte y clavo*
8 *Balata secundaria y forro*
9 *Resorte de palanca*
10 *Resorte de sobrecarga*
11 *Palanca de ajuste*
12 *Balata primaria y forro*
13 *Asamblea del tornillo de ajuste (rueda de estrella)*
14 *Resorte antirechinante*
15 *Puntal del freno de estacionamiento*
16 *Balata al resorte de la balata*

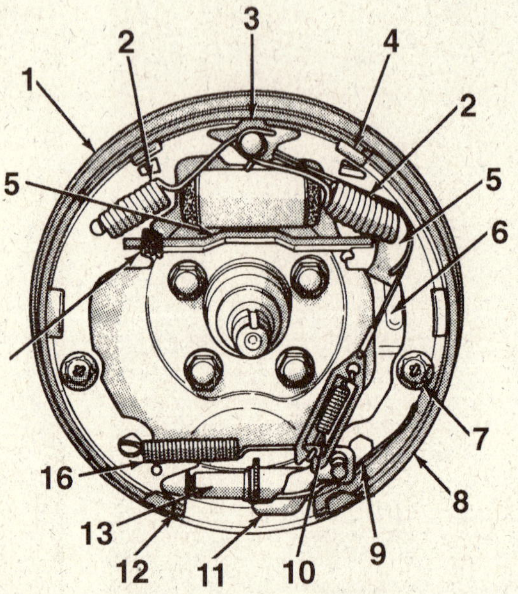

Remover

1 Levante la parte trasera del vehículo, sopórtelo firmemente sobre estantes y bloquee las ruedas delanteras. Remueva las ruedas traseras. Comience a trabajar en la asamblea izquierda del freno de la primera rueda. Trabaje solamente en una asamblea de los frenos a la vez así usted puede usar el otro lado como referencia.

2 Remueva el eje/asamblea del tambor del freno (vea Capítulo 1). Si el tambor no se desliza hacia fuera, usted tendrá que retroceder el tornillo ajustador automático, de la siguiente manera. Remueva el tapón de caucho de atrás de la placa de apoyo del freno, entonces meta un destornillador delgado por dentro del orificio y úselo para empujar la palanca ajustadora del tornillo ajustador **(vea ilustración 5.3)**. Inserciónе otro destornillador o herramienta de ajuste de freno y úsela para girar el tornillo del ajustador de la rueda estrella (empuje la herramienta hacia abajo) hasta que el tambor salga hacia fuera.

3 Use limpiador del sistema de frenos para remover polvo y flúido de los componentes de la asamblea de las balata del freno **(vea ilustración)**. **Peligro:** *El polvo del freno puede contener asbestos, que es perjudicial a su salud. No lo sople fuera de la asamblea de la balata con aire comprimido y no respire nada de él.*

4 Mantenga la palanca ajustadora fuera del tornillo ajustador y vuelva a destornillar el tornillo ajustador completamente. Remueva los resortes de regreso de la balata, note que el resorte secundario se superpone al resorte primario **(vea ilustración)**.

5 Deslice el ojo del cable ajustador automático fuera del plato de anclaje, sepárelo de la palanca ajustadora, entonces remueva la guía del cable y plato de anclaje **(vea ilustraciones)**.

6 Desconecte la palanca ajustadora del resorte girándola hasta que el orificio grande en la palanca esté alineado con la clavija, entonces remueva la palanca hasta que la palanca esté desengranada de la clavija. Mueva la palanca hacia fuera del resorte, entonces remueva el resorte de la clavija.

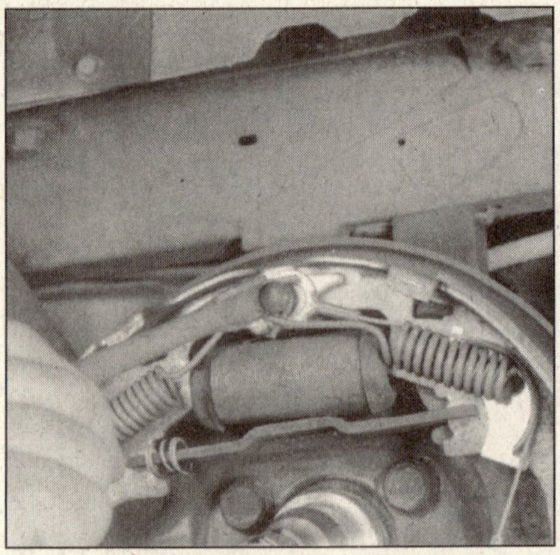

5.4 Una herramienta de resorte especial del freno, como mostrado aquí, es necesaria para remover los resortes de regreso - herramientas como estas son disponibles económicamente en las refaccionarías

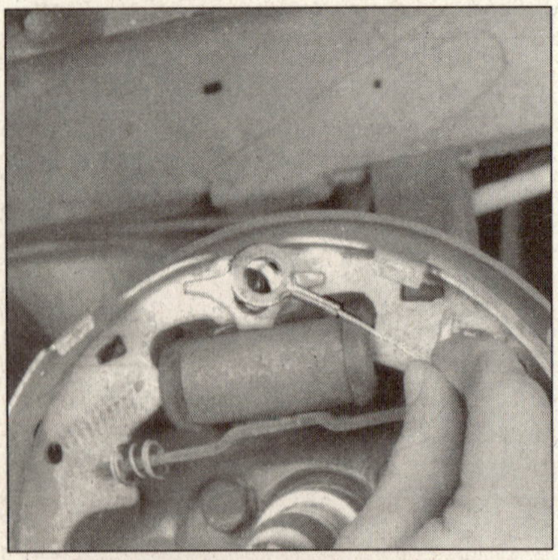

5.5a Levante el cable ajustador de la clavija de anclaje . . .

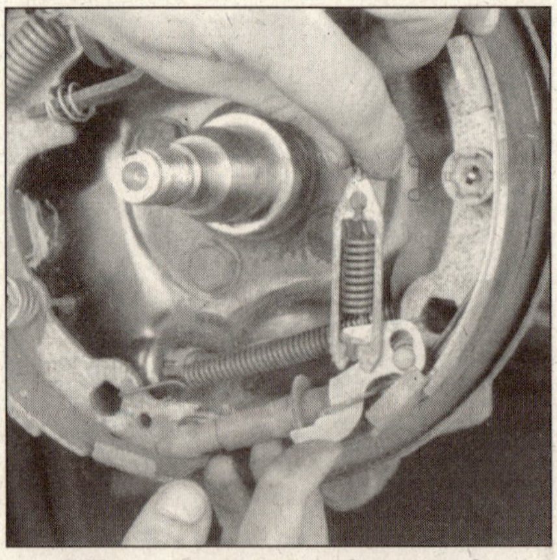

5.5b . . . desconecte el resorte de sobrecarga en el otro final y . . .

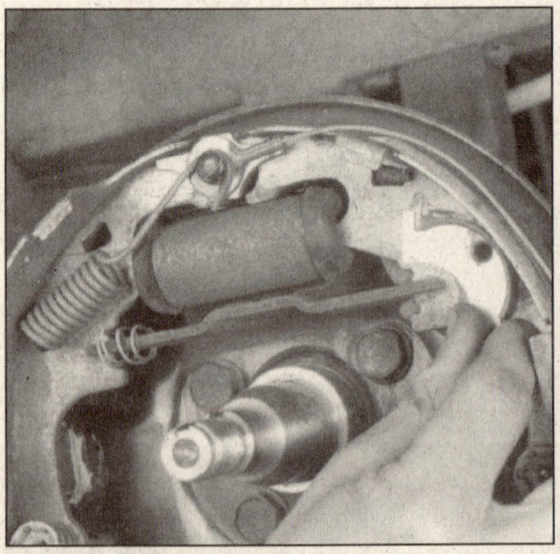

5.5c . . . remueva la guía del cable

5.5d Levante el plato de anclaje de la clavija

5.8 Remueva el puntal del freno de estacionamiento y el resorte antirechinantes

7 Remueva el resorte de balata a balata con alicates, entonces separe la asamblea del tornillo ajustador **(vea ilustraciones)**.

8 Remueva el puntal del freno de estacionamiento **(vea ilustración)**.

9 Remueva los resortes de sujeción presionando al retenedor con un par de alicates o una herramienta especial y volteando el retenedor hasta que su hendidura se alinee

5.9 Use una herramienta para el resorte de retención del freno o alicates para presionar el resorte de retención y girar el retenedor

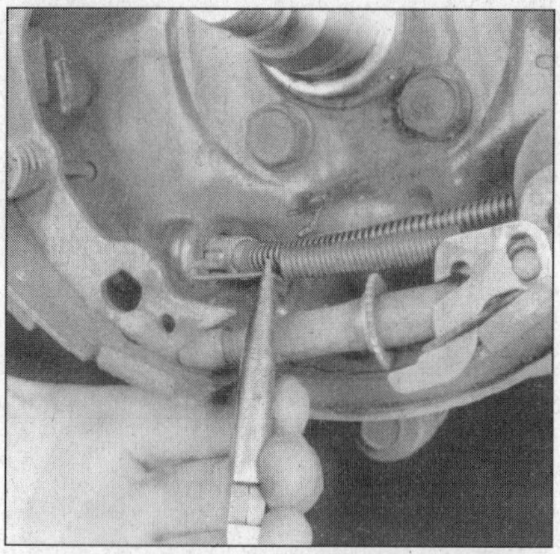

5.7a Use alicates de punta de aguja para desatrancar de la balata al resorte de la balata

con el final aplastado en la clavija (clavo); afloje la presión, el resorte y el retenedor debe soltarse **(vea ilustración)**. Levante las balatas de la placa de apoyo.

10 Desconecte la palanca del freno de estacionamiento del cable del freno de estacionamiento. Coloque la asamblea en una superficie de trabajo y remueva la palanca del freno de estacionamiento girándolo hasta que tropiece fuera de la hendidura, entonces transfiera la palanca a la balata nueva **(vea ilustración)**.

11 Puede ser necesario transferir las clavijas de la palanca ajustadora de las balatas viejas a unas nuevas. Esto puede ser generalmente hecho con un punzón (para removerlos), un dado pequeño (para instalarlos) y un martillo.

Inspección

12 Chequee los forros de la balata para asegurarse que ellos indican contacto total con el tambor. Las balatas con desgaste desigual deben ser reemplazadas.

13 Chequee el tambor por roturas, arañazos y signos de sobrecalentamiento. Mida el diámetro interior del tambor y compárelo al tamaño estampado en el tambor **(vea ilustración)**. Las imperfecciones secundarias en la superficie del tambor pueden ser removidas con papel de esmeril. Las marcas de arañado más profundas pueden ser removidas rectificando el tambor en un taller automovilístico de rectificación (tanto que el diámetro máximo no sea excedido). **Nota:** *Los profesionales recomiendan rectificar los tambores cuando las balatas sean reemplazadas. Reemplace el tambor del freno con uno nuevo si no es utilizable.*

14 Chequee los resortes del freno por signos de pintura descolorada, el cual indica sobrecalentamiento, y espirales finales retorcidos. Reemplácelos con nuevos si es necesario. **Nota:** *Debido a los ciclos de calentamiento/enfriamiento en la asamblea del freno, los resortes se exponen a fatiga (desgaste) rápidamente, recomendamos reemplazar los resortes de balata a balata para el regreso de las balatas cuando las balatas sean reemplazadas.*

15 Chequee la asamblea del tornillo ajustador y las roscas por componentes doblados, corroídos y desgastados. Reemplace la asamblea si las roscas del tornillo están desgastadas u oxidadas. Limpie las roscas y lubríquelas, con las áreas de contacto en el

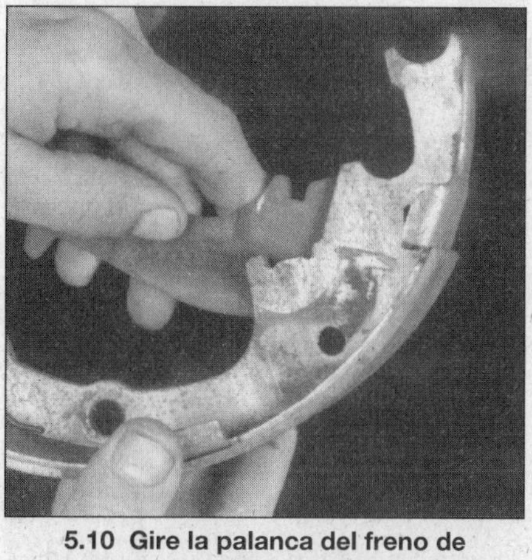

5.10 Gire la palanca del freno de estacionamiento y resbálela fuera de la balata

5.7b Con el resorte removido, separe la asamblea del tornillo de ajuste (rueda de estrella)

5.13 El diámetro interior admisible y máximo del tambor está estampado en él

9

botón y la arandela, con grasa blanca a base de litio **(vea ilustración)**.

16 Cuidadosamente desenvuelva las envolturas de los cilindros de la rueda y chequee por daño y signos de fuga.

17 Reconstruya o reemplace el cilindro de la rueda si hay cualquier signo de fuga alrededor de las envolturas (vea Sección 6).

18 Chequee por áreas ásperas u oxidada de contacto de la balata en la placa de apoyo (líjelas ligeramente, si es necesario), entonces lubrique los platos con grasa de temperatura alta **(vea ilustración)**. Lubrique también los platos en la clavija del anclaje.

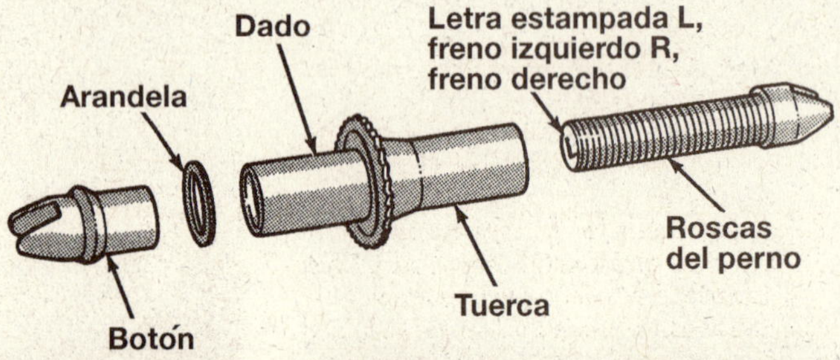

5.15 Componentes del ajustador - vista esquemática

5.18 El área en la placa de apoyo donde las balatas del freno hacen contacto con ella debe ser lisa y lubricada con grasa de temperatura alta

5.20 Empuje hacia abajo el resorte y gírelo hasta que el retenedor se cierre en su lugar

Instalación

19 Deslice la balata primaria en posición en la placa de apoyo y engrane el final superior contra la clavija de anclaje y el pistón.

20 Inserciónе la clavija por atrás de la placa de apoyo y manténgala en su lugar mientras instala el resorte de sujeción y el retenedor **(vea ilustración)**.

21 Instale el plato de anclaje, enganche el final libre del cable ajustador en la clavija del ancla y conecte el resorte de retorno primario de la balata.

22 Instale el resorte antirechinantes en el puntal del freno de estacionamiento e instale el puntal del freno de estacionamiento **(vea ilustración)**.

23 Conecte la palanca del freno de estacionamiento al cable e instale la palanca del freno de estacionamiento en el orificio rectangular de la balata secundaria. Para conectar la palanca al cable, deslice el resorte del cable através del cable y manténgalo en su lugar con alicates de punta de aguja mientras usted desliza la palanca al cable.

24 Coloque la balata secundaria en posición, engranándola con el pistón del cilindro de rueda y el final libre del puntal. Inserciónе la clavija por atrás de la placa de apoyo y manténgala en su lugar mientras instala el resorte de sujeción y el retenedor.

25 Instale la guía del cable metiendo el anillo en la balata secundaria y conecte el resorte de retorno **(vea ilustración)**.

26 Asegure las puntas de los resortes de regreso alrededor del ancla apretándolos con alicates hasta que ellos estén paralelos.

27 Instale el ajustador con la rueda de estrella al lado de la balata secundaria.

28 Instale el resorte de balata a balata.

29 Instale el resorte de la palanca ajustadora sobre la clavija del pivote de la balata, entonces inserte el ajustador debajo del resorte y encima de la clavija.

30 Dirija el cable ajustador alrededor del guía (asegúrese que se ha estirado bien apretado) y conéctelo a la palanca ajustadora. Ponga una cantidad pequeña de grasa de temperatura alta a todo el cable, donde hace contacto con la guía del cable.

31 Chequee la operación del ajustador halando el cable hacia atrás. La rueda de estrella debe girar hacia arriba.

32 Instale la asamblea del cubo del tambor y la rueda. Repita el procedimiento en la rueda derecha.

33 Después que las balatas y los tambores estén en su lugar en ambas ruedas, instale

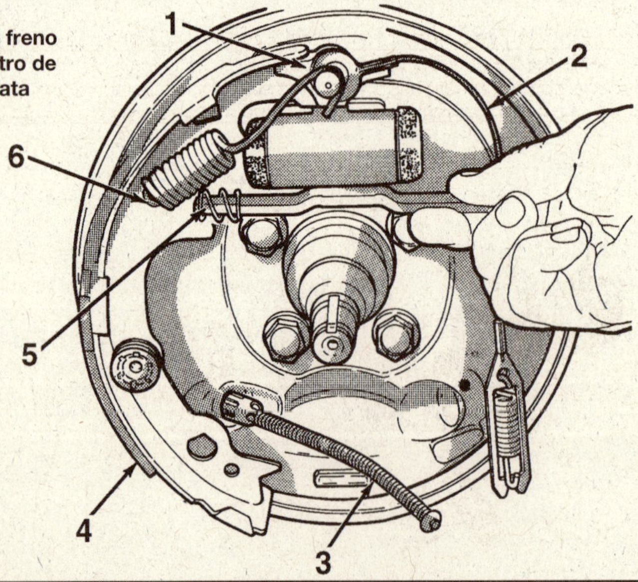

5.22 Siente el puntal del freno de estacionamiento dentro de la hendidura en la balata

1 *Plato de ancla*
2 *Cable ajustador*
3 *Cable del freno de estacionamiento*
4 *Balata primaria*
5 *Puntal del freno de estacionamiento y resorte*
6 *Resorte de retorno*

5.25 Aquí está la guía del cable y el resorte de retorno correctamente instalado - observe como el cable ajustador está dirigido alrededor de la guía del cable

las ruedas y ajuste cada asamblea del freno, como sigue:

a) *Remueva el tapón de caucho del orificio en la placa de apoyo.*
b) *Insercióne un destornillador estrecho o herramienta de ajuste para frenos através del orificio en la placa de apoyo y gire la rueda de estrella hasta que el freno se arrastre levemente según el neumático es girado* **(vea ilustración)**.
c) *Retroceda la rueda de estrella hasta que el neumático gire libremente (será necesario usar otro destornillador para mantener la palanca ajustadora fuera de la rueda de estrella - vea el Paso 2).*
d) *Repita el ajuste en la rueda contraria.*
e) *Instale los tapones en los orificios de acceso de la placa de apoyo.*

34 Ajuste el freno de estacionamiento (vea Sección 10).

35 Baje el vehículo y chequee la operación del freno muy cuidadosamente antes de poner el vehículo en servicio normal.

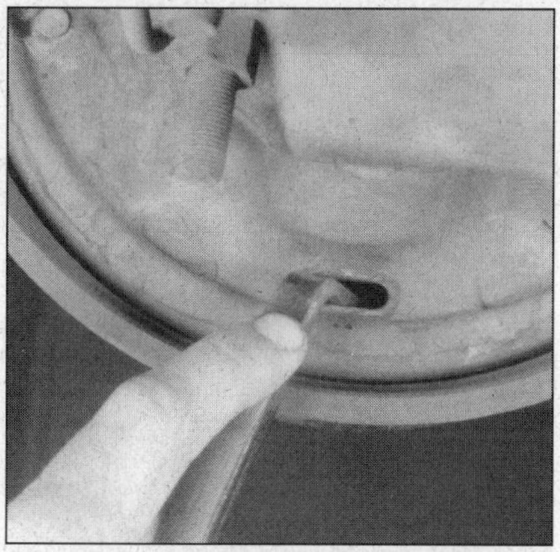

5.33 Insercióne el destornillador o herramienta de ajuste del freno (mostrado aquí) en el orificio y gire la rueda de estrella

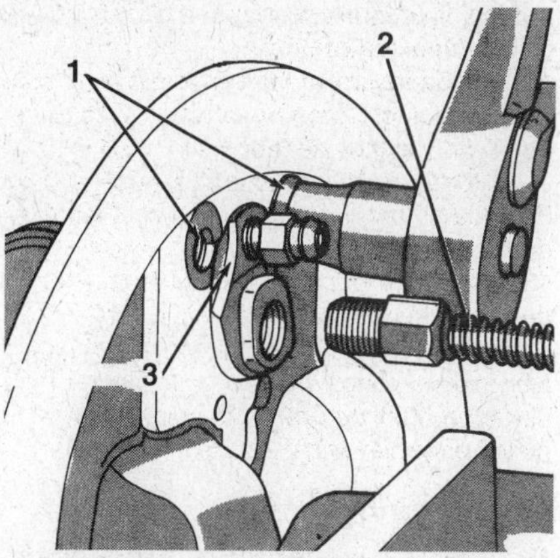

6.4 Para separar el cilindro de la rueda de la placa de apoyo del freno, desconecte el acoplador del tubo del freno y remueva los dos pernos

1 *Pernos para sostener el cilindro*
2 *Tubo de los frenos*
3 *Cilindro de la rueda*

6 Cilindros de rueda - remover, reconstrucción completa e instalación

Peligro: *En los modelos equipados con ABS (frenos antibloqueantes), remueva la presión del acumulador antes de empezar este procedimiento o puede resultar en lesión personal o daño a las superficies pintadas del vehículo (vea Sección 7, Paso 14).*

Nota: *Antes de decidir en reconstruir un cilindro de rueda, asegúrese que las partes están disponibles. A veces lo más práctico es reemplazar simplemente el cilindro viejo de la rueda con uno nuevo o con una nueva unidad reconstruida en vez de reedificarla.*

Remover

Refiérase a la ilustración 6.4

1 Levante la parte trasera del vehículo y sopórtelo firmemente sobre estantes, entonces bloquee las ruedas delanteras. Remueva las ruedas traseras.

2 Remueva el cubo del tambor trasero (vea Capítulo 1) y las balatas del freno (vea Sección 5).

3 Desconecte la línea del freno (tubo) de la parte trasera de los cilindros de la rueda y tápela. Use una llave para tuercas de tuberías, si es disponible.

4 Remueva los pernos del cilindro de la rueda y remueva la placa de apoyo **(vea ilustración)**. Limpie la placa de apoyo y las superficies de acoplamiento del cilindro de la rueda.

Reconstrucción completa

Refiérase a la ilustración 6.5

Nota: *Usted necesitará un lugar limpio para trabajar, trapos limpios, algunos periódicos, un juego de reconstrucción para el cilindro de la rueda, un recipiente de flúido de freno y algo de alcohol desnaturalizado para realizar una reconstrucción completa de los cilindros de la rueda.*

5 Remueva el tornillo de purgar **(vea ilustración)** y chequee para asegurarse que no esté trabado.

6 Hágale palanca cuidadosamente a las cubiertas del cilindro de la rueda y remuévalas.

7 Empuje hacia adentro el pistón y forje hacia afuera el pistón opuesto, copillas y resorte con los ensanchadores del retenedor por el orificio de los cilindros.

8 Limpie el cilindro de la rueda, los pistones y el resorte con flúido de freno limpio, alcohol desnaturalizado o solvente de sistema de frenos y séquelos con aire comprimido. **Peligro:** *No use, bajo ninguna circunstancia, solventes de petróleo ni gasolina para limpiar las partes de los frenos.*

9 Chequee el orificio de los cilindros y los pistones por muescas y corrosión (mellas). Las imperfecciones leves en el orificio de los cilindros pueden ser removidas con tela de azafrán (emplee un movimiento circular). Las mancha negras en las paredes de los cilindros son causadas por el acoplador y no impedirá la operación del freno. Si los pistones o el orificio de los cilindros de la rueda están gravemente rayados o mellados, reemplace el cilindro de la rueda.

10 Lubrique los componentes con flúido de frenos limpio o lubricante para la asamblea de frenos antes de la instalación.

11 Con el orificio de los cilindros empapado con flúido de frenos limpio o lubricante para la asamblea de frenos, instale el resorte y los ensanchadores de retención. Instale el

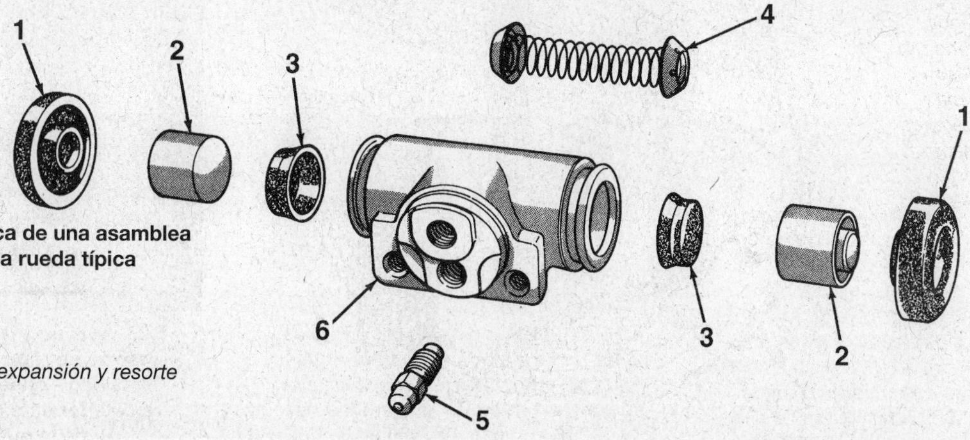

6.5 Vista esquemática de una asamblea del cilindro de la rueda típica

1 *Buje de empuje*
2 *Pistón*
3 *Copa*
4 *Retenedores de expansión y resorte*
5 *Tornillo de purga*
6 *Cilindro*

acoplador en el final de cada uno de los cilindros. Asegúrese que las puntas abiertas de las tazas están mirando una a la otra.
12 Engrane la taza en el pistón y deslice la asamblea dentro del orificio de los cilindros. Apriete cuidadosamente la taza sobre el final del cilindro hasta que esté sentado. Repita el procedimiento para la tapa que queda y el pistón.
13 Instale el tornillo de purgar.

Instalación

14 Aplique sellador de tipo RTV (vulcanizador accionado a temperatura ambiente) a la superficie de acoplamiento de los cilindros de la placa de apoyo.
15 Para instalar el cilindro de la rueda, deténgalo en posición, instale los pernos y apriételos al par de torsión especificado.
16 Remueva la línea del freno, insértelo en el acoplador del cilindro de la rueda y enrosque cuidadosamente la tuerca en su lugar. Una vez que la tuerca está apropiadamente comenzada, apriétela firmemente con una llave (use una llave especial de tuerca de tubería si está disponible). **Caución:** *Tenga cuidado extra al conectar la tuerca, ya que es fácil de cruzar las roscas.*
17 Instale las balatas del freno (vea Sección 5) y el cubo/tambor (vea Capítulo 1).
18 Purgue los frenos (vea Sección 9).
19 Instale las ruedas y baje el vehículo. Chequee la operación de los frenos muy cuidadosamente antes de poner el vehículo al servicio normal.

7 Cilindro maestro/asamblea hidráulica - remover e instalar

Cilindro maestro (modelos no equipados con ABS)

Refiérase a la ilustración 7.2

Nota: *El cilindro maestro instalado en estos vehículos no puede ser reconstruido. Si se encuentran problemas, reemplácelo con una unidad nueva.*
1 Coloque un recipiente y varias capas de periódico debajo del cilindro maestro para colectar el flúido del freno rociado.
2 Destornille las tuercas de la línea de acero **(vea ilustración)**, remueva las líneas y tápelas. Use una llave especial para tuercas de tubería, si hay una disponible, para destornillar las tuercas. Permita que el flúido del cilindro maestro drene en el recipiente.
3 Remueva las tuercas y separe el cilindro maestro del amplificador. Si usted está instalando un cilindro maestro nuevo, puede ser necesario transferir el depósito plástico del flúido al cilindro maestro nuevo. Para hacerlo, drene primero el depósito, entonces coloque la porción de aluminio de los cilindros maestros en una prensa y use la mano (no herramientas) para remover suavemente el depósito hacia fuera mientras lo mece suavemente de aquí para allá. Reemplace los dos anillos de goma con unos nuevos, coloque ellos en el cilindro maestro, lubrique ellos con flúido de freno limpio y apriete el depósito otra vez en su lugar, usando un movimiento mecedor. Asegúrese que el fondo del depósito toca la parte superior de cada anillo de goma.
4 Cada vez que el cilindro maestro es removido, se debe purgar completamente el sistema hidráulico. El tiempo que requiere para purgar el sistema puede ser reducido si se llena el cilindro maestro con flúido y es sangrado sobre una banca antes de instalar el cilindro maestro en el vehículo.
5 Insercióne las bujías roscadas del tamaño correcto dentro de los orificio de salida del cilindro y llene ambos depósitos con flúido de freno. El cilindro maestro se debe sostener en nivel para que el flúido de freno no se rocíe durante el procedimiento de purga sobre una banca.
6 Afloje una bujía a la vez y empuje la asamblea del pistón dentro del orificio (use un destornillador de estrella) para forzar el aire del cilindro maestro. Para prevenir que el aire sea absorbido otra vez dentro del cilindro, se debe apretar el tapón antes de permitir que el pistón vuelva a su posición original.
7 Ya que presión alta no es implicada en el procedimiento de purgar sobre una banca, una alternativa a remover y reemplazar el tapón con cada carrera del pistón. Antes de empujar en la asamblea del pistón, remueva el pistón, entonces presione el pistón como está descrito arriba. Antes de liberar el pistón, sin embargo, en vez de reemplazar el tapón, simplemente coloque su dedo firmemente en el orificio para no permitir que el aire sea absorbido otra vez dentro del cilindro maestro. Espere varios segundos para que el flúido de freno drene de regreso del depósito al orificio del pistón, entonces presione hacia dentro el pistón otra vez, removiendo el dedo según el flúido de freno es expulsado. Esté seguro de colocar el dedo sobre el orificio cada vez antes de liberar el pistón. Cuándo el procedimiento de purgar se ha completado para ese puerto, reemplace el tapón y apriételo firmemente antes de pasar al otro puerto para repetir el procedimiento.

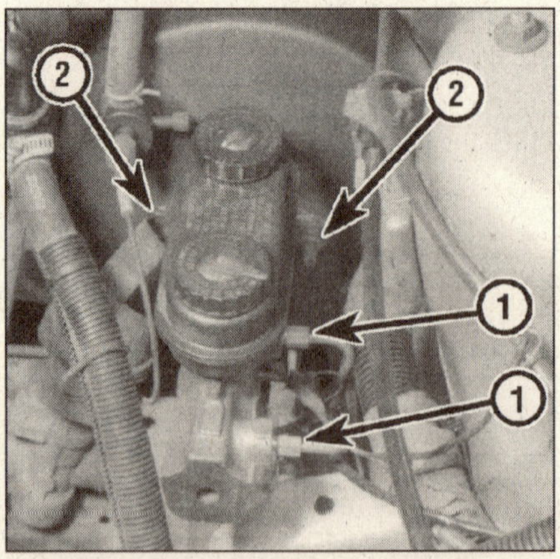

7.2 Para remover el cilindro maestro, desconecte los dos acopladores de la línea del freno (1) con una llave para tuerca de tubería y remueva las dos tuercas de montaje (2)

8 Corra el pistón tres o cuatro veces en cada puerto para asegurarse que todo el aire se haya expulsado.
9 Vuelva a llenar los depósitos del cilindro maestro e instale las tapas. **Nota:** *Los depósitos deben ser llenados solamente a la cima del divisor del depósito para prevenir derrame cuando las tapas sean instaladas.*
10 Para instalar el cilindro maestro, deténgalo en posición, alinee el pistón de la varilla de empuje y el cilindro maestro y apriete con los dedos las tuercas de instalación.
11 Instale las líneas y comience cuidadosamente las tuercas, tenga cuidado de no cruzar las roscas. Desde que el cilindro maestro está flojo todavía, usted lo puede mover para ayudar a enroscar las tuercas correctamente. Después que estas han sido comenzadas a mano, apriételas firmemente con una llave especial para tuecas de tubería.
12 Apriete las tuercas del cilindro maestro al par de torsión listado en las Especificaciones de este Capítulo.
13 Llene el depósito del cilindro maestro y purgue los frenos (vea Sección 9).

Asamblea hidráulica (modelos 1991 a 1993 equipados con ABS)

Refiérase a las ilustraciones 7.19 y 7.22

Peligro: *Antes de que usted realice este procedimiento, debe remover la presión del acumulador como está descrito en el paso 14. De otro modo, podría resultar en un lesión a la persona y/o daño a las superficies pintadas del vehículo. También, nunca trate de desmontar la asamblea hidráulica o lesión a la persona o daños a los componente puede resultar.*

Nota: *En los modelos equipados con ABS, el cilindro maestro del freno es parte de la integración de la asamblea hidráulica y el cilindro maestro no se debe separar en esta asamblea. Hacerle una prueba a la asamblea hidráulica es más allá del alcance del mecánico de hogar. Sin embargo, si la unidad se ha diagnosticado defectuosa por el departamento de servicio de su concesionario u otro taller calificado, usted puede remover y poder instalar la asamblea usted mismo.*

Remover

14 Remueva la presión del acumulador hidráulico apretando el pedal de freno un mínimo de 40 veces con el interruptor de la ignición Apagado. Use cerca de 50 libras de fuerza para apretar el pedal. Cuando el acumulador sea depresurizado, usted notará que el pedal es más duro de apretar; apriete el pedal unas cuantas veces más después que usted siente esto. **Peligro:** *Deje el interruptor de la ignición Apagado durante todo el tiempo que las líneas de freno son desconectadas o el acumulador se presurizará otra vez. Es una buena idea desconectar el cable del terminal negativo de la batería.*

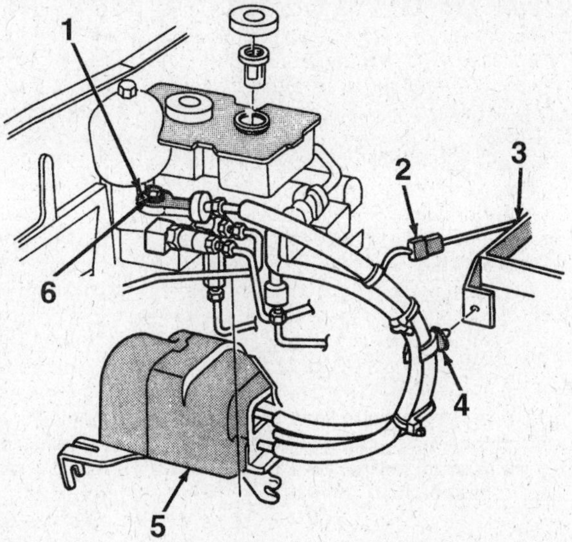

7.19 Detalles de la conexión de la asamblea hidráulica

1 *Acoplador hidráulico de la manguera de presión alta*
2 *Conector del motor de la bomba*
3 *Receptor de la batería*
4 *Retenedor de la manguera de presión alta*
5 *Asamblea del motor de la bomba*
6 *Tuerca del tubo de la manguera de presión alta*

15 Remueva el depurador de aire y el conducto de admisión para el aire fresco (vea Capítulo 4).
16 Remueva el depósito del flúido para limpiar el parabrisas.
17 Desconecte todos los conectores eléctricos del la asamblea hidráulica.
18 Absorba hacia fuera tanto flúido como sea posible del depósito de flúido de los frenos.
19 Desconecte la manguera de presión alta de la bomba de la asamblea hidráulica **(vea ilustración).**
20 Desconecte la manguera de regreso de la bomba del tubo de acero. Tape el final del tubo de acero.
21 Desconecte todas las líneas de los frenos del la asamblea hidráulica.
22 Trabajando debajo del tablero de instrumentos, posicione un destornillador pequeño entre la pestaña central en el retenedor y la clavija en el pedal del freno. Gire el destornillador lo suficiente para permitir que el retenedor pestaña central pase por alto del final de la clavija del pedal del freno **(vea ilustración)**. Remueva y tire el retenedor. Hale la varilla de empuje de la clavija del pedal
23 Mientras un ayudante sostiene la asamblea hidráulica, remueva las cuatro tuercas hidráulicas de la asamblea debajo del tablero de los instrumentos. Remueva la asamblea hidráulica.

Instalación

24 Deje que un ayudante detenga la asamblea hidráulica en posición en la pared contrafuegos mientras usted instala las tuercas de la asamblea hidráulica. Apriételas al par de torsión listado en las Especificaciones de este Capítulo.
25 Revista la superficie de acoplamiento de la clavija del pedal con grasa para uso múltiple.
26 Conecte la varilla de empuje a la clavija del pedal e instale un retenedor nuevo. La varilla de empuje debe ser armada a la clavija del pedal como está mostrado en **la ilustración 7.22**.
27 La instalación se hace en el orden inverso al procedimiento de desensamble. Esté seguro de apretar todas las conexiones de las líneas/mangueras del freno firmemente.
28 Vuelva a llenar el depósito del flúido y purgue los frenos (vea Sección 9).
29 Chequee por fugas y chequee cuidadosamente la operación de los frenos antes de conducir el vehículo por el tráfico.

8 Mangueras y líneas de los frenos - inspección y reemplazo

Refiérase a las ilustraciones 8.4a y 8.4b

Peligro: *En los modelos equipados con ABS, remueva la presión del acumulador antes de desconectar cualquiera de las mangueras o líneas o puede resultar en una lesión a la persona o daño a las superficies pintadas del vehículo (vea Sección 7, Paso 14).*

1 Acerca de cada seis meses, las mangueras flexible que conectan las líneas de acero de los frenos traseros y las mordazas delanteras se deben inspeccionar por roturas, raspaduras en la tapa exterior, fugas, muecas y otros daños.
2 Las líneas de freno flexible y de acero de reemplazo son comúnmente disponibles através de los departamentos de partes de su concesionario y las refaccionarías de auto partes. No emplee, bajo ninguna circunstancia, ninguna otra línea que no sea de acero o mangueras flexible para frenos aprobadas como artículos de reemplazo.
3 Cuando instale la línea del freno, deje por lo menos 3/4-pulgada entre la línea y cualquier parte de movimiento o vibrante.
4 Cuando desconecte una manguera y una línea, afloje el acoplador con una llave

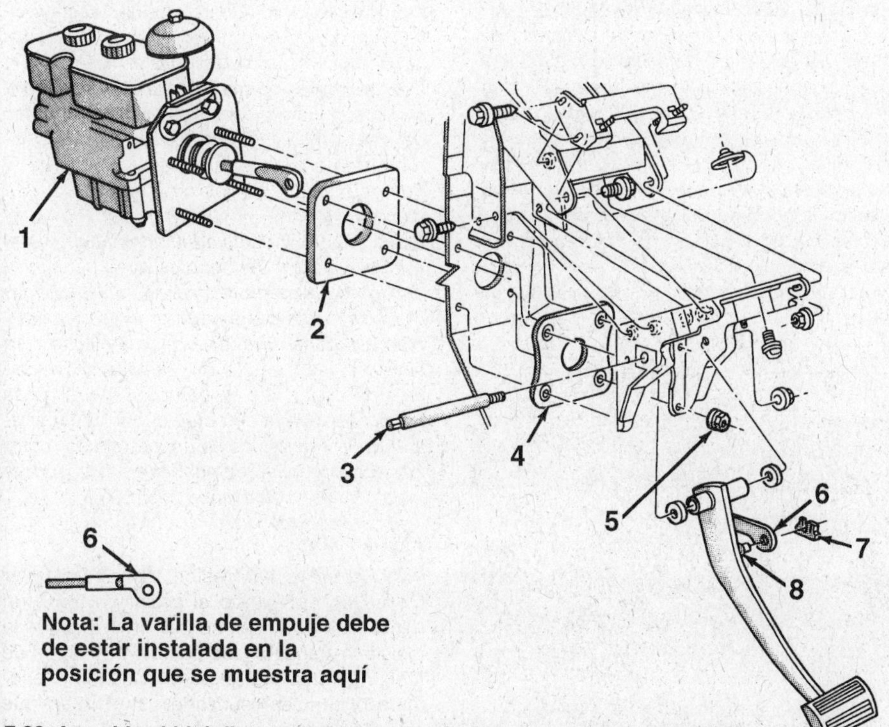

7.22 Asamblea hidráulica y componentes relacionados - vista esquemática

1 *Asamblea hidráulica*
2 *Junta*
3 *Eje de pivote*
4 *Asamblea espaciadora*
5 *Tuerca de montaje 4*
6 *Espárrago de empuje*
7 *Retenedor*
8 *Clavija del pedal*

9

especial para tuecas de tubería **(vea ilustración)**. Una vez que el acoplador se ha aflojado, el retenedor puede ser removido **(vea ilustración)**.

5 Cuando conecte dos mangueras, use llaves especiales para tuecas de tubería en las puntas de las mangueras. Cuando conecte dos mangueras, asegúrese que no estén dobladas, torcidas ni forzadas de ninguna manera.

6 Las líneas de acero para los frenos son generalmente retenidas en varios puntos con abrazadores. Siempre remueva los retenedores antes de separar una línea de acero de freno. Siempre vuelva a instalar los retenedores (o unos nuevos si los viejos están desgastados) cuándo reemplace una línea de freno, ellas proporcionan apoyo y mantenga las líneas sin vibrar, que eventualmente las puede romper.

7 Después de instalar una línea o manguera, purgue los frenos (vea Sección 9).

9 Sistema hidráulico de los frenos - purgando

Refiérase a la ilustración 9.8

Peligro 1: *Use protección para los ojos cuando purgue el sistema de los frenos. Si el flúido hace contacto con sus ojos, inmediatamente lávelos con agua y busque atención médica.*

Peligro 2: *En los modelos 1991 a 1993 equipados con ABS, remueva la presión del acumulador como se describe en la Sección 7, Paso 14 o puede resultar en una lesión a la persona o daño a las superficies pintadas del vehículo.*

Peligro 3: *En los modelos de 1994 y vehículos más modernos equipados con ABS requieren el uso de una herramienta electrónica especial (herramienta para el chequeo de DRB II (caja para leer diagnósticos) o equivalente) para purgar la asamblea del modulador ABS. Por esta razón, cualquier reparación, o purgación del sistema se lo debe dejar al departamento de servicio del concesionario autorizado.*

Nota: *Purgar el sistema hidráulico es necesario para remover el aire que logra entrar en el sistema cuando ha sido abierto durante el periodo de remover e instalar de una línea o manguera, mordaza o el cilindro maestro.*

1 Será probablemente necesario purgar el sistema en los cuatro frenos si el aire ha entrado al sistema debido al nivel de flúido bajo, o si las líneas de los freno se han desconectado en el cilindro maestro.

2 Si una línea de freno se desconectó solamente en una rueda, entonces solamente esa mordaza o cilindro de rueda se debe purgar.

3 Si una línea de freno es desconectada en el acoplador localizada entre el cilindro maestro y cualquiera de los frenos, esa parte del sistema que se le otorgó servicio por la línea desconectada debe ser purgado.

4 Remueva cualquier vacío residual del amplificador de potencia del freno aplicando el freno varias veces con el motor apagado. En los modelos equipados con ABS, remueva la presión del acumulador, como dice en la Sección 7, Paso 14.

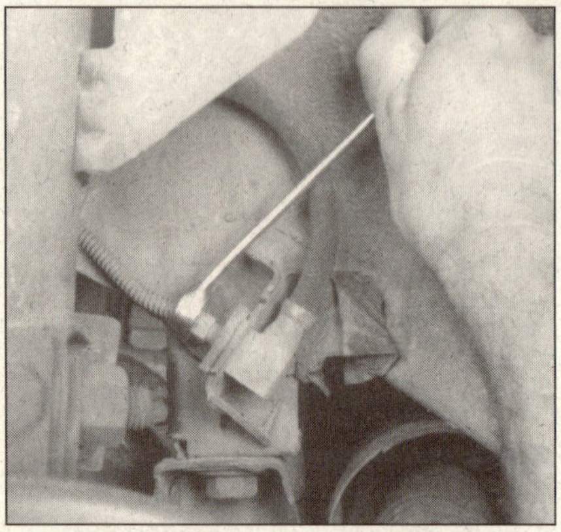

8.4a Para separar una línea de metal del freno de la manguera flexible, afloje el acoplador con una llave especial para tuecas de tubería ...

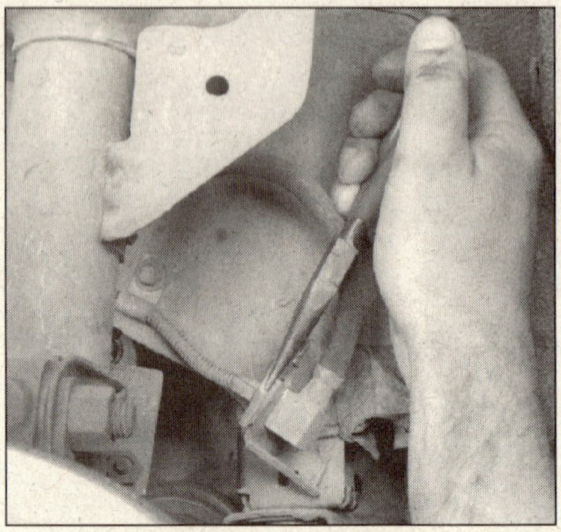

8.4b . . . entonces hale hacia fuera el retenedor con alicates de punta de aguja

5 Remueva las tapas del depósito del flúido de freno y llene el depósito con flúido de freno. Vuelva a instalar la tapa. **Nota:** *Chequee el nivel del flúido a menudo durante la operación de purga y agregue el flúido según sea necesario para prevenir que el nivel del flúido baje y permita que aire entre adentro del cilindro maestro.*

6 Tenga un ayudante disponible, también como un suministro de flúido de freno nuevo, un recipiente de plástico claro lleno parcialmente con flúido de freno limpio, una longitud de tubería (transparente preferiblemente) para cubrir el tornillo de purgar y una llave para abrir y cerrar el tornillo de purgar.

7 Comenzando en la rueda trasera derecha, afloje el tornillo de purgar levemente, entonces apriételo a un punto donde está firme pero puede ser aflojado todavía rápidamente y fácilmente.

8 Coloque una punta de la tubería en el tornillo de purgar y sumerja el otro final en el flúido del freno en el recipiente **(vea ilustración)**.

9 Deje que su ayudante bombee los frenos lentamente unas pocas veces para obtener la presión en el sistema, entonces detenga el pedal hacia abajo firmemente.

10 Mientras el pedal está sostenido hacia abajo, abra el tornillo de purgar. Observe por burbujas de aire que salen del final del tubo sumergido. Cuando el flujo del flúido se ponga lento, apriete el tornillo y deje que su ayudante libere el pedal.

11 Repita los Pasos 9 y 10 hasta que no se vea salir más aire del tubo, entonces apriete el tornillo de purgar y proceda a la rueda trasera izquierda, la rueda del frente del lado derecho y la rueda delantera izquierda, en ese orden, y realice el mismo procedimiento. Esté seguro de chequear el flúido en el depósito de los cilindros maestro frecuentemente.

12 Nunca use flúido de freno viejo. Contiene humedad que empeorará los componentes del sistema de frenos y hierve cuando el flúido se calienta.

13 Vuelva a llenar el depósito con flúido al final de la operación.

14 Chequee la operación de los frenos. El pedal debe sentirse sólido cuando es presionado, sin sentirse esponjoso. Si es necesario, repita el proceso completo. **Peligro:** *No opere el vehículo si usted está dudoso acerca de la condición del sistema de frenos.*

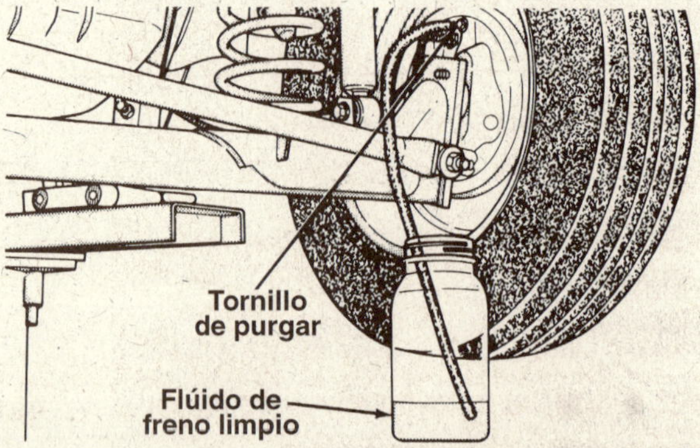

9.8 Cuándo purgue los frenos, empuje una punta de un tubo plástico claro en el tornillo de purgar en la mordaza o en el cilindro de la rueda y sumerja el otro final en un recipiente para flúido de freno; eleve la presión en las líneas con el pedal del freno y abra el tornillo de purgar - el aire expulsado de las líneas es visible como burbujas; cuando las burbujas desaparecen, usted ha purgado la línea de esa mordaza o el cilindro de la rueda

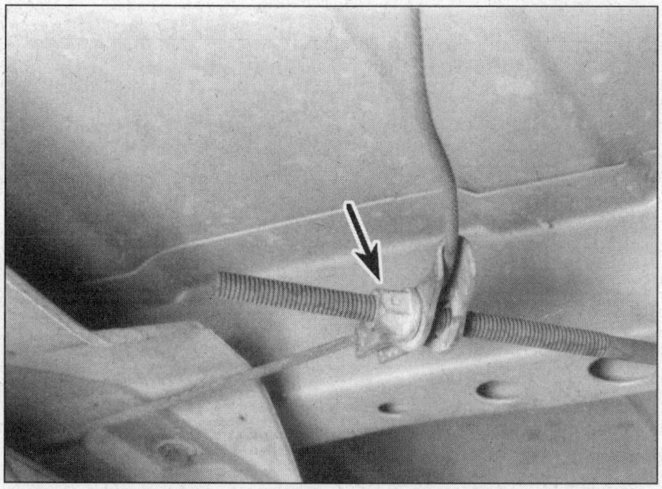

10.4 Gire esta tuerca para ajustar el freno de estacionamiento (1989 y modelos más antiguos)

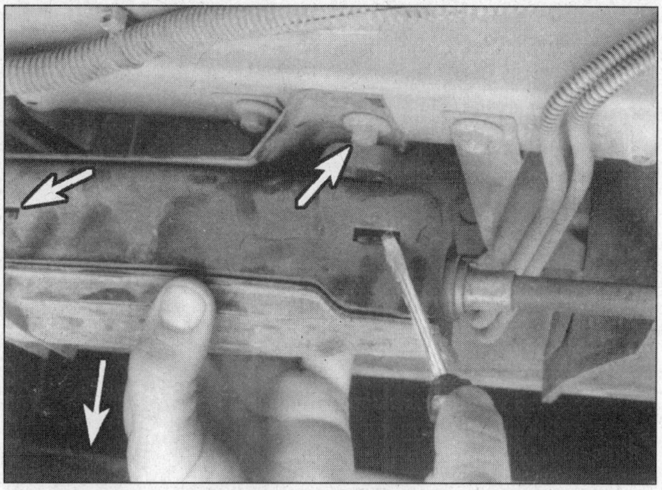

10.8 Empuje en las etiquetas (flechas) con un destornillador pequeño mientras hala la cubierta recta hacia abajo

10 Freno de estacionamiento - ajuste

1 Los frenos del tambor trasero deben estar trabajando correctamente antes de ajustar el freno de estacionamiento (vea Sección 5).

2 Bloquee las ruedas delanteras para prevenir movimiento del vehículo, levante el vehículo por detrás y sopórtelo firmemente sobre estantes. Libere el freno de estacionamiento.

1989 y modelos más antiguos

Refiérase a la ilustración 10.4

3 Limpie las roscas del cable ajustador con una brocha de alambre y lubríquelas con grasa de uso múltiple.

4 Afloje la tuerca de ajuste **(vea ilustración)** hasta que haya flojera en el cable.

5 Deje que un ayudante gire las ruedas traseras para asegurar que éstas dan vuelta fácilmente.

6 Apriete la tuerca de ajuste hasta que sienta una resistencia leve cuando las ruedas traseras sean giradas. Tal vez usted tendrá que prevenir que gire la varilla del ajustador deteniéndolo con un alicate autobloqueante o un par de alicates.

7 Afloje la tuerca hasta que las ruedas traseras giren libremente, entonces retrocédala dos completas vueltas adicionales.

1990 y modelos más modernos

Refiérase a las ilustraciones 10.8, 10.10 y 10.12

8 Separe la tapa del albergue del ajustador **(vea ilustración)**.

9 Limpie y lubrique las roscas del ajustador.

10 Asegúrese que el freno de estacionamiento esté liberado y retroceda la tuerca de ajuste hasta que el cable esté flojo **(vea ilustración)**.

11 Aplique el freno de estacionamiento completamente hasta el piso.

12 Marque la porción doblada del clavo del ajustador con pintura blanca aproximadamente 1/4-pulgada (6 mm) del soporte **(vea ilustración)**.

13 Apriete la tuerca de ajuste hasta que la marca de la alineación esté al nivel con la orilla del soporte. Si el gancho doblado del final del clavo se extiende completamente hasta el soporte, reemplácelo con uno nuevo.

14 Instale la tapa.

Todos los modelos

15 Aplique y libere el freno de estacionamiento varias veces para asegurarse que opera apropiadamente. Debe cerrar las ruedas traseras cuando se lo aplica y las ruedas deben girar fácilmente, sin arrastrar, cuando se libera.

16 Baje el vehículo.

11 Cables del freno de estacionamiento - remover e instalar

1 Levante el vehículo por detrás y sopórtelo firmemente sobre estantes.

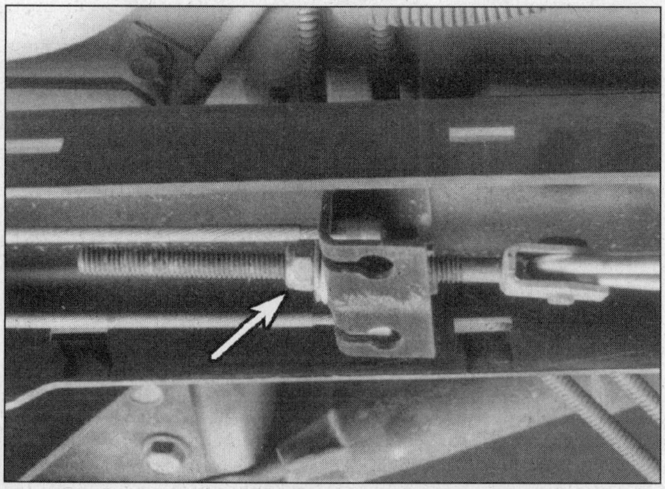

10.10 Tuerca de ajuste para los modelos 1990 y más modernos (flecha)

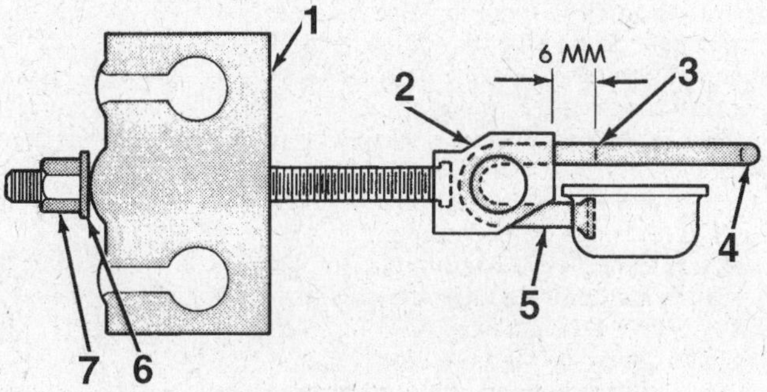

10.12 Con el cable flojo y el freno de estacionamiento aplicado, marque el ajustador en el punto mostrado (modelos 1990 y más modernos)

1 Equilibrador	*5 Clavo doblado*
2 Soporte	*6 Arandela*
3 Marque aquí	*7 Tuerca de ajuste*
4 Gancho del final del gancho	

9

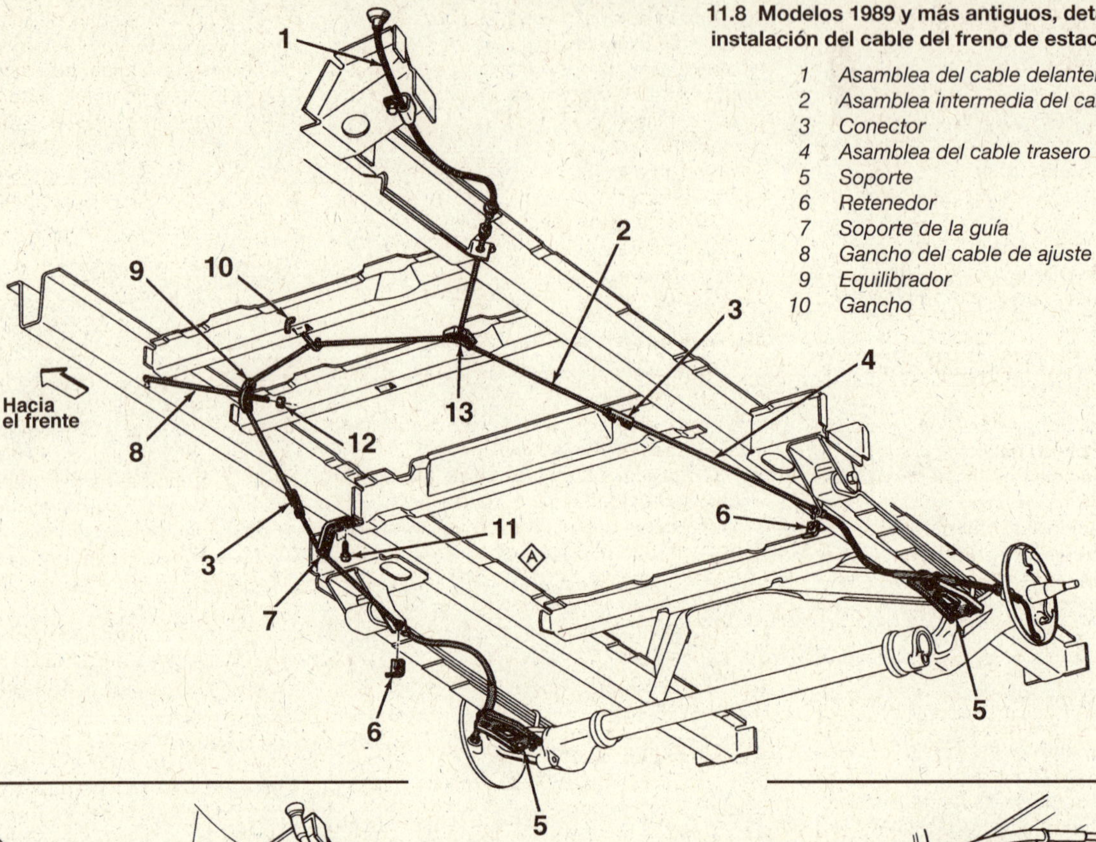

11.8 Modelos 1989 y más antiguos, detalles para la instalación del cable del freno de estacionamiento

1 *Asamblea del cable delantero*
2 *Asamblea intermedia del cable*
3 *Conector*
4 *Asamblea del cable trasero izquierdo*
5 *Soporte*
6 *Retenedor*
7 *Soporte de la guía*
8 *Gancho del cable de ajuste*
9 *Equilibrador*
10 *Gancho*

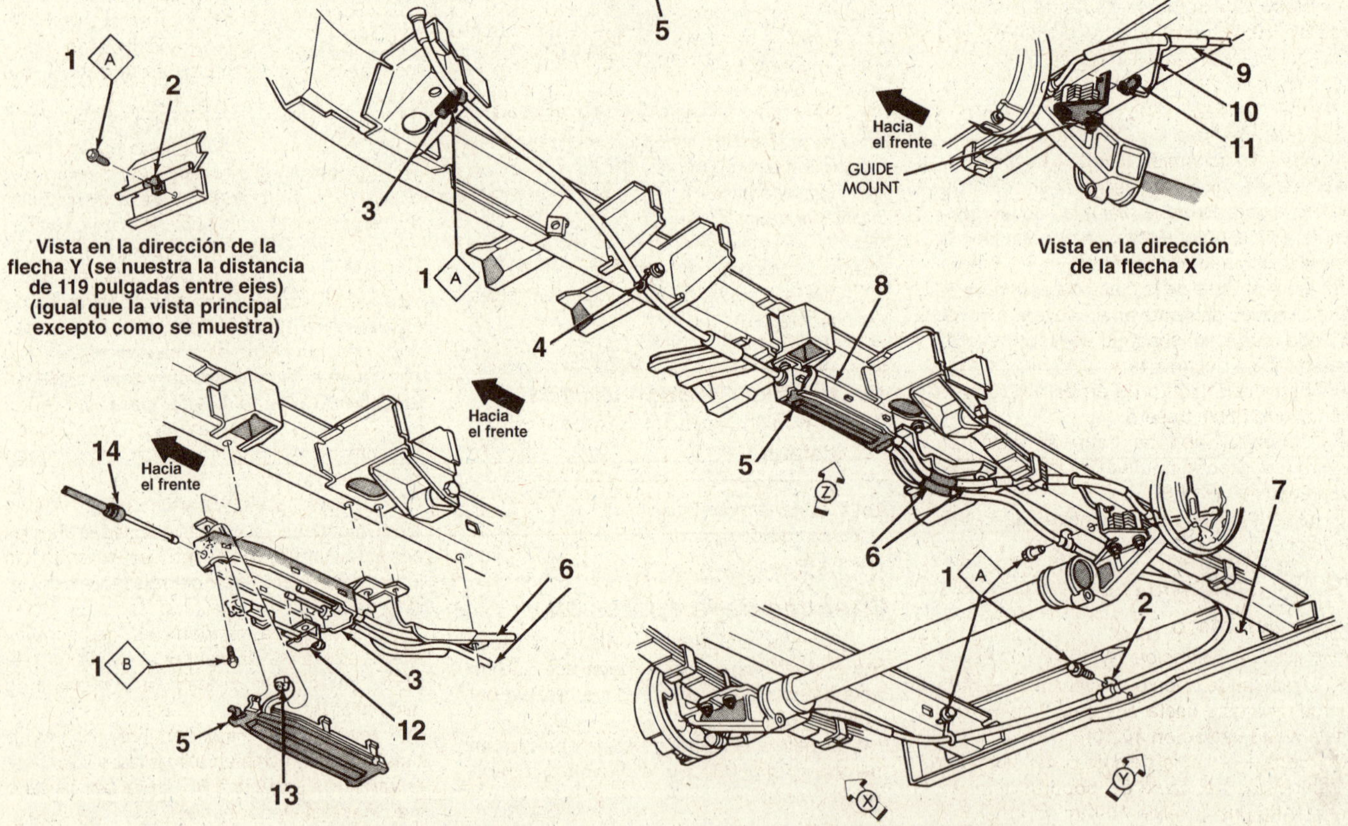

11.21 Modelos 1990 y más modernos, cable del freno de estacionamiento

1 *Tornillo*
2 *Retenedor*
3 *Soporte*
4 *Soporte*
5 *Cubierta*
6 *Cables traseros*
7 *Panel trasero*
8 *Ancla para el cable*
9 *Cable*
10 *Guía del cable*
11 *Retenedor de la guía*
12 *Ajustador*
13 *Tapón*
14 *Cable delantero*

1989 y modelos más antiguos

Cable delantero

Refiérase a la ilustración 11.8

2 Trabajando debajo del vehículo, afloje la tuerca de ajuste hasta que haya flojera en el cable **(vea ilustración 10.4)**.

3 Desengrane el cable delantero del conector.

4 Afloje los retenedores del albergue del cable del marco del riel del soporte y de la asamblea del pedal del freno de estacionamiento.

5 Dentro del vehículo, levante la tapicería del piso del lado del chófer y separe el sello de caucho del orificio.

6 Hale hacia arriba el final delantero del cable para desconectarlo.

7 Hale la asamblea del cable através del orificio en el piso.

8 La instalación se hace en el orden reverso al procedimiento de desensamble **(vea ilustración)**.

9 Ajuste el freno de estacionamiento (vea Sección 10).

Cable trasero

10 Remueva la rueda trasera y la asamblea del cubo/tambor en el lado del vehículo donde el cable que va a ser reemplazado está localizado (vea Capítulo 1).

11 Retroceda la tuerca de ajuste **(vea ilustración 10.4)** hasta que haya flojera en el cable y separe el cable del conector.

12 Desconecte el retenedor del soporte del cable del freno.

13 Desconecte el cable de la palanca del freno de estacionamiento en la balata.

14 Localice el retenedor al final del cable trasero, donde entra la placa de apoyo de la balata. Pellizque el retenedor con alicates (o use una abrazadera de manguera) y hale el retenedor através de la placa de apoyo.

15 Después de remover el cable através de la placa de apoyo, sepárelo del soporte localizado debajo del resorte.

16 El procedimiento de arriba aplica también al otro cable trasero.

17 La instalación se hace en el orden reverso al procedimiento de desensamble **(vea ilustración 11.8)**.

18 Ajuste el freno de estacionamiento (vea Sección 10).

1990 y modelos más modernos

Cable delantero

Refiérase a la ilustración 11.21

19 Trabajando debajo del vehículo, afloje la tuerca de ajuste hasta que haya flojera en el cable **(vea ilustración 10.10)**.

20 Separe el cable delantero del ajustador y el albergue del cable del soporte de ancla deslizando una llave de 14-mm sobre el final del retenedor del albergue del cable para comprimir los tres dedos, entonces hale el albergue del cable hacia fuera.

21 Separe los soportes de la guía el cable del marco del riel y afloje el albergue del cable en la asamblea del pedal **(vea ilustración)**.

22 Dentro del vehículo, levante la tapicería del piso del lado del chófer y remueva el sello de caucho del orificio.

23 Hale el final del cable al frente entonces desconecte el botón de la abrazadera. Empuje el final del albergue del cable fuera del soporte de la asamblea del pedal.

24 Hale la asamblea del cable através del orificio en el piso.

25 La instalación se hace en el orden inverso al procedimiento de desensamble.

26 Ajuste el freno de estacionamiento (vea Sección 10).

Cable trasero

27 Remueva la rueda trasera y la asamblea del cubo del tambor en el lado del vehículo donde el cable que va a ser reemplazado está localizado (vea Capítulo 1).

28 Retroceda la tuerca de ajuste **(vea ilustración 10.10)** hasta que el cable esté flojo y separe el cable del equilibro **(vea ilustración 10.12)**.

29 Desconecte el cable del soporte de ancla deslizando una llave para tuerca de tubería de 14-mm en el final del retenedor para comprimir los tres dedos, entonces remueva el cable.

30 Remueva cualquier retenedores de envuelta del cable.

31 Separe los alambres de la guía del cable **(vea ilustración 11.21)**.

32 Desconecte el cable de la palanca de la balata.

33 Localice el retenedor al final del cable trasero, donde entra la placa de apoyo de la balata. Pellizque este retenedor con alicates (o use una abrazadera de manguera) y hale el cable através de la placa de apoyo y sepárelo del soporte debajo del resorte.

34 El procedimiento se aplica también al otro cable trasero.

35 La instalación se hace en el orden reverso al procedimiento de desensamble.

36 Ajuste el freno de estacionamiento (vea Sección 10).

12 Amplificador de potencia de los frenos - chequear, remover e instalar

Nota: *Este procedimiento no aplica a los modelos equipados con ABS (frenos antibloqueantes).*

Chequeo de la operación

1 Presione el pedal del freno varias veces con el motor apagado y asegúrese que no haya cambio en la distancia de reserva del pedal.

2 Presione el pedal y ponga el motor en marcha. Si el pedal baja levemente, la operación es normal.

Chequeo (no le entra aire) hermético

3 Ponga el motor en marcha y apáguelo después de uno o dos minutos. Presione lentamente el pedal del freno varias veces. Si el pedal baja más la primera vez pero gradualmente asciende después de la segunda o tercera depresión, el amplificador es hermético.

4 Presione el pedal del freno mientras el motor está en marcha, entonces pare el motor con el pedal presionado. Si no hay cambio en el viaje de la reserva del pedal (la distancia entre el pedal y el piso) después de presionar el pedal por 30 segundos, el amplificador está hermético.

Remover e instalar

5 Las unidades del amplificador para los frenos de poder no se deben desmontar. Ellos requieren herramientas especiales normalmente no encontradas en la mayoría de las gasolineras o tiendas. Ellas son bastante complejas y a causa de su relación crítica al desempeño de los frenos es mejor reemplazar una unidad del amplificador defectuoso con uno nuevo o con una unidad nueva reconstruida.

6 Para remover el amplificador, remueva primero el cilindro maestro del freno (vea Sección 7).

7 Desconecte la manguera entre el motor y el amplificador. Asegúrese de no dañar esta manguera al remover el acoplador del amplificador.

8 En los vehículos con transeje manual, remueva el soporte del montaje del cable del embrague. También empuje a parte el conjunto del alambrado/arnés en la torre del amortiguador. Si usted necesita más espacio, remueva los arneses en la cabeza del bulto del conector múltiple.

9 Trabajando bajo el tablero, posicione un destornillador pequeño entre la espiga (pestaña) central en el retenedor y la clavija en el pedal del freno, entonces gire el destornillador lo suficiente para permitir que el retenedor de la espiga (pestaña) central pase por alto del final de la clavija del pedal del freno y hálelo de la clavija. Desconecte la varilla de empuje de la clavija del pedal. Tire el retenedor y use uno nuevo en el reensamblaje.

10 Remueva las tuercas y las arandelas deteniendo el amplificador para los frenos hacia la pared de contrafuegos. Usted puede necesitar una luz para verlos, ellos están debajo del tablero.

11 Deslice el amplificador derecho hacia fuera hasta que los espárragos pasen las roscas y levántelo (junto con cualquier juntas instalado) fuera del compartimiento del motor.

12 Lubrique las superficies de acoplamiento de la clavija del pedal del freno y la punta de la varilla de empuje con grasa de uso múltiple.

13 Instale el amplificador, junto con cualquier juntas previamente instaladas. Conecte la varilla de empuje a la clavija del pedal e instale un retenedor nuevo.

14 La instalación se hace en el orden inverso al procedimiento de desensamble. Apriete las tuercas del calzo del amplificador al par de torsión listado en las Especificaciones de este Capítulo.

15 Ajuste el interruptor de la luz del freno (vea Sección 13).

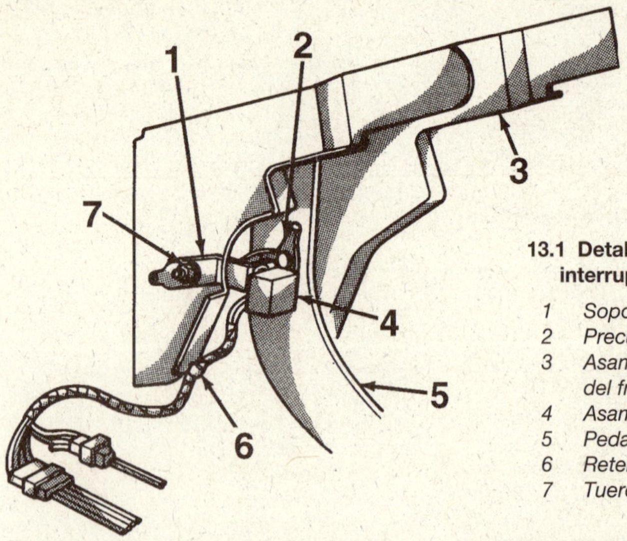

13.1 Detalles para la instalación del interruptor de la luz del freno

1 *Soporte del interruptor*
2 *Precutor*
3 *Asamblea del soporte del pedal del freno*
4 *Asamblea del interruptor*
5 *Pedal*
6 *Retenedor*
7 *Tuerca y arandela*

13 Interruptor de la luz del freno - chequeo y reemplazo

Refiérase a la ilustración 13.1

1 El interruptor de la luz del freno **(vea ilustración)** está localizado debajo del tablero, en el final superior de la asamblea del pedal del freno. Una bomba aspiradora en el interruptor está en constante contacto con un precutor por encima de la asamblea del pedal. Cuando el pedal es presionado, el precutor se adelanta, liberando el embolo, que cierra el circuito a las luces del freno.

Chequeo

Nota: *Refiérase a los esquemas del alambrado al final del Capítulo 12.*

2 Use una luz de prueba para verificar que hay voltaje en el alambre entre la batería y el interruptor.

a) *Si no lo hay, encuentre el corto circuito o abierto y arréglelo (vea Capítulo 12).*
b) *Si lo hay, proceda al próximo Paso.*

3 Ahora use la luz de prueba para chequear que no hay voltaje en el alambre entre el interruptor y las luces del freno cuando el pedal del freno no es presionado.

a) *Si lo hay, el interruptor tiene corto circuito - reemplácelo (vea abajo).*
b) *Si no hay, proceda al próximo Paso.*

4 Ahora presione el pedal del freno y use la luz de prueba para chequear que hay voltaje en el alambre entre el interruptor y las luces del freno.

a) *Si lo hay, el interruptor mismo está funcionando normalmente - el problema está en algún lugar entre el interruptor y las luces del freno.*
b) *Si no lo hay, el interruptor tiene una apertura - reemplácelo (vea abajo).*

Reemplazo

5 Remueva el conector eléctrico.
6 Agarre el interruptor firmemente y quítelo del soporte del interruptor.
7 Para instalar el interruptor nuevo, insértelo en el soporte del interruptor y conecte el conector eléctrico.
8 Empuje el interruptor hacia el frente hasta lo más que pueda entrar. El pedal del freno se adelantará levemente.
9 Hale para atrás suavemente el pedal de freno (se necesita muy poco movimiento). Esto trae el embolo hacia el interruptor hasta que el pedal del freno no pueda ir más allá. El interruptor entonces se matraca hacia atrás a la posición correcta. Ningún ajuste adicional es necesario.

14 Frenos ABS (frenos antibloqueantes) - información general

Refiérase a las ilustraciones 14.1a y 14.1b

Descripción

Unos modelos 1991 y más modernos tienen frenos ABS diseñados para mantener maniobrabilidad del vehículo, estabilidad

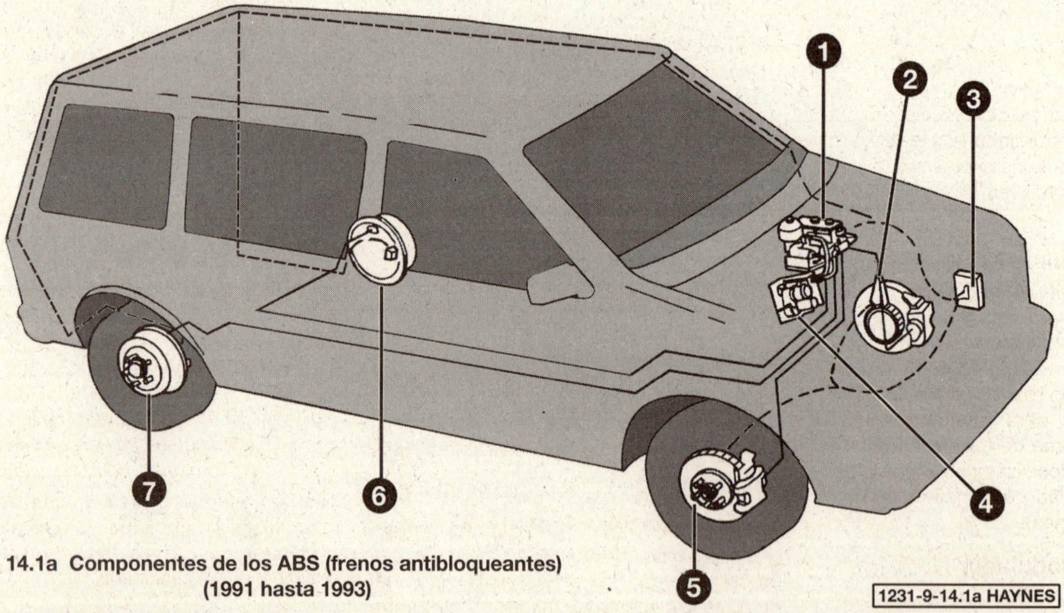

14.1a Componentes de los ABS (frenos antibloqueantes) (1991 hasta 1993)

1 *Actuador de integración de una capa gruesa, asamblea del modulador*
2 *Sensor de velocidad de la rueda*
3 *Unidad de control electrónica*
4 *Ensamblaje de la bomba motriz*
5 *Frenos de disco*
6 *Sensor de velocidad de la rueda*
7 *Frenos de tambor*

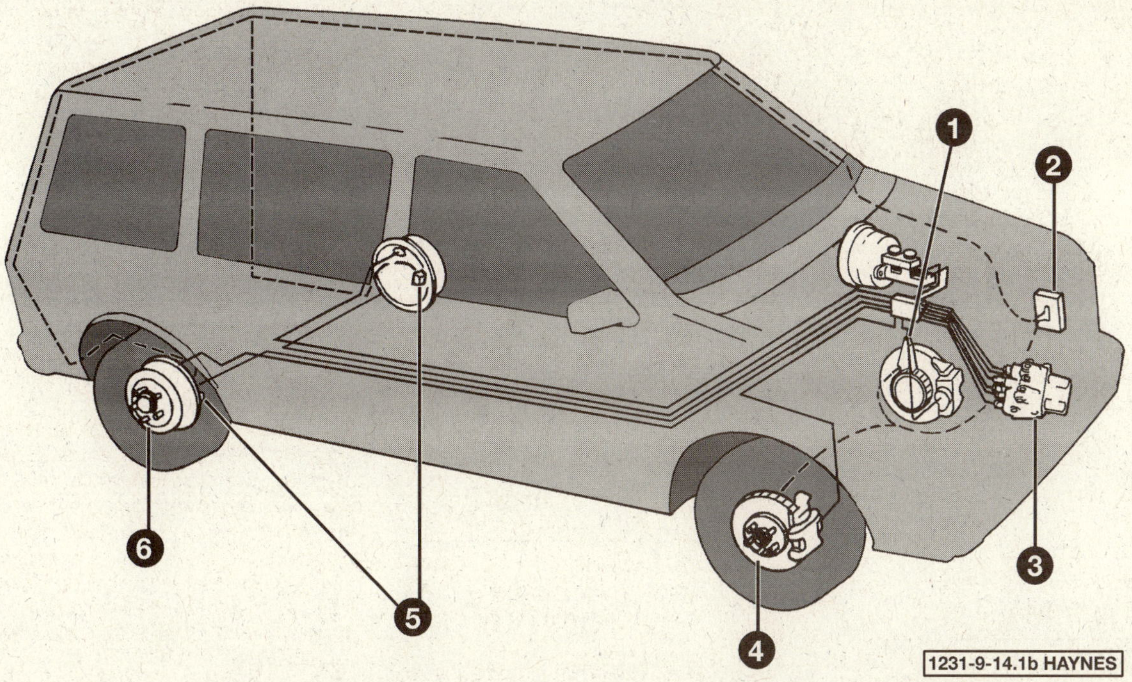

14.1b Componentes de los ABS (frenos antibloqueantes) (1994 y más modernos)

1 Sensor de velocidad de la rueda
2 Unidad de control electrónica
3 Asamblea del modulador
4 Frenos de disco
5 Sensor de velocidad de la rueda
6 Frenos de tambor

direccional y deceleración óptima bajo condiciones severas que requieren frenar en la mayoría de las superficies de las carretera. Lo hace así controlando la velocidad giratoria de las ruedas y el control de la presión de la línea del freno a las ruedas durante el frenado. Esto previene el enclavamiento de las ruedas prematuramente durante el frenado duro.

Componentes

Bomba

La bomba, que es conducido por un motor eléctrico, proporciona la presión alta del flúido del freno a la asamblea hidráulica, donde es almacenado en el acumulador hidráulico de purga.

Asamblea hidráulica (1991 a 1993)

La asamblea hidráulica íntegra incluye un amplificador/cilindro maestro, el modulador, el acumulador hidráulico de purga y el depósito del flúido. Básicamente, la asamblea regula la presión hidráulica (almacenada en el acumulador) para cumplir con las demandas del sistema de frenos. La asamblea hidráulica está localizada en la pared del contrafuegos en el lado del chofer del vehículo **(vea ilustraciones)**.

Asamblea del modulador (1994 y más modernos)

El sistema 1994 y más modernos usan un cilindro maestro y un amplificador de vacío uniforme. La asamblea del modulador contiene las válvulas electrónicas usadas para la modulación de la presión del freno, los acumuladores hidráulicos del flúido del freno y la bomba/asamblea motriz. La asamblea del modulador están localizadas através del riel izquierdo del marco delantero, debajo de la batería.

Unidad de control electrónica

La unidad de control electrónica está instalada en la esquina delantera izquierda del compartimiento del motor y es el "cerebro" para el sistema. La función de la unidad de control es aceptar y procesar la información recibida del detector de velocidad de la rueda para controlar la presión hidráulica de la línea, evita que se cierren las ruedas. La unidad de control también controla constantemente el sistema, todavía bajo condiciones impulsoras normales, para encontrar fallas en el sistema.

Si un problema se desarrolla dentro del sistema, la luz de advertencia de los frenos resplandecerá en el tablero. Un código diagnóstico se almacenará también, que, al ser recuperado por un técnico de servicio, indicará el área del problema o el componente.

Detector de velocidad de la rueda

Un sensor de velocidad está instalado en cada rueda. Los sensores de velocidad mandan las señales a la unidad de control electrónica indicando la velocidad giratoria de la rueda.

Diagnóstico y reparación

Si la luz de advertencia de los frenos aparece y permanece en el tablero, asegúrese que el freno de estacionamiento no está aplicado y no hay problema con el sistema hidráulico del freno. Si ninguno de éstos es la causa el sistema de ABS está probablemente funcionando mal. Aunque un probador electrónico especial es necesario para diagnosticar apropiadamente el sistema, el mecánico de hogar puede realizar unos cuantos chequeos preliminares antes de llevar el vehículo a un departamento de servicio de su concesionario que esté equipado con este probador.

a) Asegúrese que los frenos, las mordazas y los cilindros de las ruedas están en buena condición.
b) Chequee los conectores eléctricos en la unidad de control electrónica.
c) Chequee los fusibles.
d) Siga el conjunto del alambrado/arnés a los sensores de la velocidad y el interruptor de la luz del freno y asegúrese que todas las conexiones están seguras y el alambrado no está desgastado.

Si los chequeos preliminares de arriba no rectifican el problema, el vehículo debe ser diagnosticado por el departamento de servicio de su concesionario.

Notas

Capítulo 10
Sistemas de dirección y suspensión

Contenido

Especificaciones

Especificaciones del par de torsión

	Pie-libras
Suspensión delantera	
Perno/tuerca de la rótula	
1990 y más antiguos	70
1991 y luego	105
Tuerca del eje propulsor	Vea Capítulo 8
Perno en el perno de la unidad del cubo	45
Brazo de control	
Tuerca(s) del perno del pivote	
1990 y más antiguos	105
1991 y más moderno	125
Tuerca del puntal del talonario	70
Pernos de la barra estabilizadora	
1990 y más antiguos	25
1991 y más moderno	50
Asamblea del puntal	
Tuercas del puntal a la dirección	75
Tuercas superiores	20

10

Suspensión trasera

Resorte de hojas	
Tuercas del grillete trasero	35
Tuercas del perno U	60
Tuercas del perno pivote del frente	100
Pernos del gancho del frente al marco.	45
Pernos del amortiguador	
Superior	
1984	50
1985 y más modernos	85
Inferior	
1984	50
1985 y más moderno	80
Barra de oscilación	
Pernos retenedores del soporte del buje al eje	45
Perno/tuerca del brazo eslabón al soporte del riel del marco	45
Perno/tuerca del brazo a la barra	45
Pernos del riel del chasis al eslabón del brazo	25
Pernos del vástago/asamblea del freno	80

Dirección

Pernos del miembro transversal	90
Tuerca del extremo del tirante	55
Pernos/tuercas para la caja de la dirección	
1988 y más antiguos	21
1989 y más moderno.	50
Tuerca para retener el volante	45
Tuerca del extremo del tirante al vástago de la dirección	35 a 38
Tuercas de las ruedas	Vea Capítulo 1

1.1 Componentes del frente de la suspensión

1 Brazo de la dirección
2 Asamblea del puntal
3 Barra estabilizadora
4 Líneas de la dirección de poder
5 Caja de la dirección
6 Brazo de control

1.2 Componentes trasero de la suspensión

1 *Resorte de tipo hoja* 2 *Amortiguador* 3 *Eje*

1 Información general

Refiérase a las ilustraciones 1.1 y 1.2

La suspensión delantera es por puntales de MacPherson. El vástago de la dirección está localizado en un brazo de control y ambos brazos de control delanteros están conectados através de una barra estabilizadora **(vea ilustración)**.

La suspensión trasera representa un eje tubular con resortes de hojas **(vea ilustración)**. La amortiguación es operada por amortiguadores verticalmente montados, localizados entre el eje y el chasis. Algunos modelos más modernos están equipados con una barra trasera estabilizadora.

La caja de la dirección del piñón y cremallera está localizada atrás del motor y acciona los brazos de la dirección que son íntegro con los vástagos de la dirección. La ayuda de la dirección de poder es opcional y la columna de la dirección es diseñada para desplomarse en caso de un accidente.

Nota: *Estos vehículos usan una combinación de afianzadores estándar y métricos en los varios componentes de la suspensión y la dirección, así que sería una buena idea de tener ambos tipos de herramientas disponibles cuándo comience este trabajo.*

Frecuentemente, cuando esté trabajando en los componentes de la suspensión o el sistema de dirección, usted puede encontrarse con afianzadores que parecen ser imposibles de aflojar. Estos afianzadores en la parte inferior del vehículo están continuamente sujetos a agua, mugre del camino, fango, etc., y pueden llegar a ser oxidado o congelado, haciéndose extremadamente difícil de remover. En orden de destornillar estos afianzadores tercos sin dañarlos (u otro componentes), esté seguro de usar una gran cantidad de aceite penetrante y permitir que se empape por un rato. Usando una brocha de alambre para limpiar las roscas aliviará también como remover la tuerca o el perno y prevendría el daño a las roscas. A veces un golpe agudo con un martillo y un punzón romperá el entrelazo en una tuerca y un perno, pero cuidado se debe tomar para prevenir que el punzón resbale y arruine las roscas. Calentando el afianzador y el área circundante con una antorcha ayuda a veces también, pero no es recomendado a causa de los peligros obvios asociados con el fuego. Barra rupturas y extensiones largas, o tubos aumentarán el apalancamiento, pero nunca use un tubo de extensión en una matraca - el mecanismo de la matraca podría ser dañado. Algunas veces apretando primero la tuerca o el perno ayuda a aflojarlo. Los afianzadores que requieren medidas drásticas para removerlo siempre deben ser reemplazado con unos nuevos.

Desde que la mayor parte del procedimientos tratado con este Capítulo implica levantar el vehículo y trabajar debajo de el, un par bueno de estantes se necesitará. Un gato hidráulico de piso es preferido al gato para levantar el vehículo, y se puede usar también para sostener ciertos componentes durante varias operaciones. **Peligro:** *Nunca, bajo ninguna circunstancia, se fíe de un gato para sostener el vehículo mientras usted esté trabajando debajo de el. Cuando cualquiera de los afianzadores de la suspensión o dirección son aflojados o removidos ellos deben ser inspeccionados y, si es necesario reemplácelo con nuevos del mismo número de parte o de la calidad del equipo original y diseño. Especificaciones del par de torsión se deben seguir para apropiadamente se vuelva a instalar y retener el componente. Nunca atente de calentar o enderezar ningún componente de la suspensión o la dirección. En lugar, reemplace cualquier parte doblada o desgastada con una nueva.*

2 Puntal - remover e instalar

Refiérase a las ilustraciones 2.3, 2.5 y 2.6

1 Afloje las tuercas de la rueda delantera.

2 Levante el vehículo y sopórtelo firmemente en estantes. Remueva las ruedas del frente.

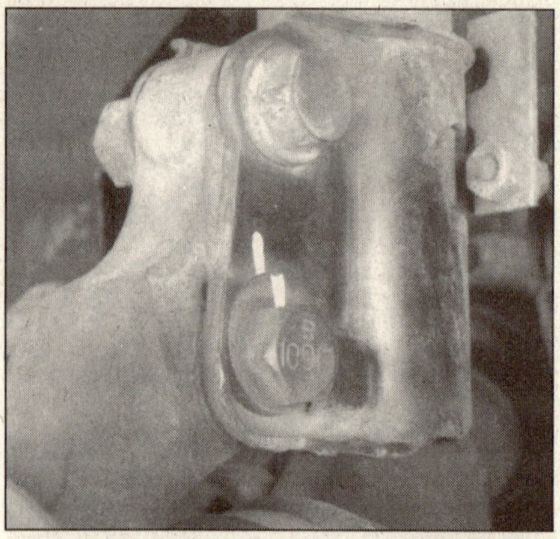

2.3 Pinte o ralle una marca de alineación atraves del perno leva y el vástago mismo para asegurarse una alineación apropiada del puntal y el vástago cuando se vuelva a instalar

3 Marque la relación del perno de la leva al vástago de la dirección **(vea ilustración)**.
4 Remueva las tuercas del vástago del puntal a la dirección, perno y arandela.
5 Desconecte el soporte de la manguera del freno del puntal **(vea ilustración)**.
6 Remueva la tuerca superior **(vea ilustración)**, desenganche el puntal del vástago de la dirección y lo separa del vehículo.
7 Inspeccione el puntal y la asamblea del resorte de la bobina por fugas de flúido, abolladuras, daño y corrosión. Si el puntal tiene fugas o está dañado, vea Sección 3.
8 Para instalar el puntal, colóquelo en posición con los espárragos que se extienden encima atraves de la torre del amortiguador. Instale las tuercas y apriételas al par de torsión listado en las especificaciones de este Capítulo.
9 Conecte el puntal al vástago de la dirección, entonces inserte los pernos del vástago de la dirección al puntal y la arandela.
10 Alinee las marcas que usted hizo en el vástago y el puntal. Instale las tuercas en los pernos del vástago del puntal a la dirección y apriételo al par de torsión listado en especificaciones de este Capítulo.

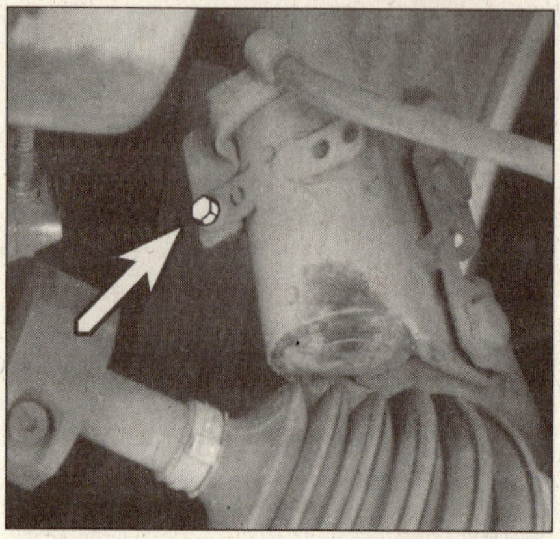

2.5 Remueva éste perno (flecha) y separe la manguera de freno del puntal

11 Conecte el soporte de la manguera del freno al puntal.
12 Instale las ruedas y baje el vehículo. Sería una buena idea de chequear la alineación de las ruedas delanteras por un taller de alineación.

3 Puntal - reemplazo

Refiérase a las ilustraciones 3.4, 3.5 y 3.6

Nota: *Usted necesitará un compresor de resorte para éste procedimiento. Los compresores de resortes están disponibles en casi todas las refaccionarías o lotes para equipos de yardas.*

1 Si los puntales o resortes espirales exhiben signos de desgaste (fuga de flúido, pérdida de la capacidad del amortiguando, astillado, doblegado o resortes espirales agrietados) explore todas las opciones antes de que se comience cualquier trabajo. Los ensamblajes de la inserción del puntal no son utilizable y deben ser reemplazados si un problema se desarrolla. Sin embargo, ensamblajes de puntal completo con resortes pueden estar disponible en una base de cambio, que elimina mucho trabajo. Cualquier ruta que usted escoja para tomar, chequee el costo y la disponibilidad de las partes antes de

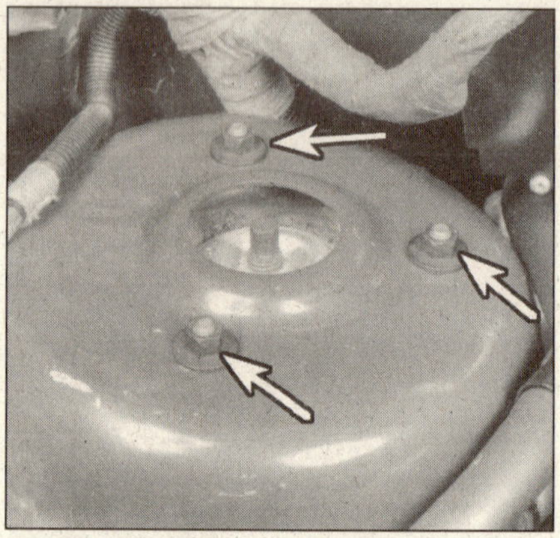

2.6 Trabajando en el compartimiento del motor, remueva estas tres tuercas superiores (flechas)

desarmar su vehículo. **Peligro:** *Desarmar una asamblea de puntal es un potencial peligroso y atención suprema debe ser dirigida al trabajo en mano, o una herida grave personal podría resultar. Use solamente un compresor de alta calidad de resorte y siga cuidadosamente las instrucciones del fabricante suplementada con la herramienta. Después de remover el resorte espiral del la asamblea del puntal, póngalo a un lado en un lugar seguro, área aislada (un gabinete de acero es preferido).*
2 Remueva la asamblea del puntal y el resorte (vea Sección 2).
3 Instale la asamblea del puntal en una prensa. Forre las mandíbulas de la prensa con madera o trapos para prevenir daño a la unidad y no apretar la prensa excesivamente.
4 Instale el compresor del resorte de acuerdo con las instrucciones del fabricante **(vea ilustración)**. Comprima el resorte hasta que usted pueda menear la asamblea e instale el asiento y el resorte.
5 Para aflojar la tuerca del eje del amortiguador, detenga el eje con una llave de boca cerrada al aflojar la tuerca del eje con otra llave de boca cerrada **(vea ilustración)**.
6 Desmonte la asamblea del puntal y ponga las partes exactamente en el mismo orden como está mostrado **(vea ilustración)**.

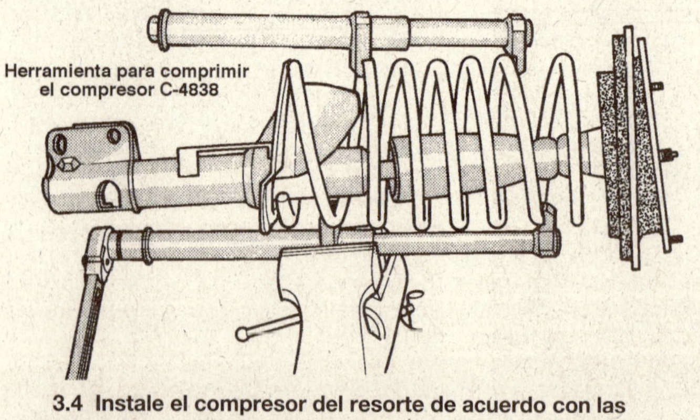

3.4 Instale el compresor del resorte de acuerdo con las instrucciones del fabricante de herramienta y comprima el resorte hasta que toda la presión esté aliviada del asiento superior de resorte

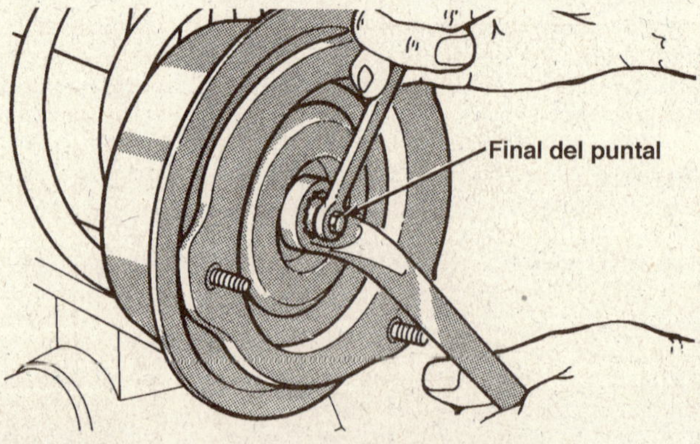

3.5 Para remover la tuerca del eje del amortiguador, soporte el eje en su lugar con una llave cerrada y afloje la tuerca con la otra llave cerrada

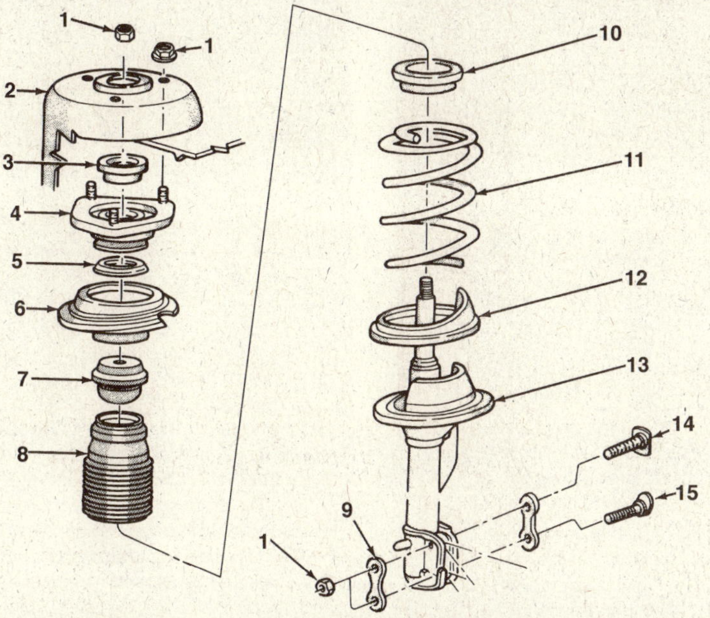

3.6 Una vista esquemática de la asamblea del frente del puntal

1 *Tuerca*
2 *Torre del amortiguador*
3 *Retenedor*
4 *Ensamblaje de montar*
5 *Arandela*
6 *Asiento del resorte*
7 *Amortiguador*
8 *Protector para el polvo*
9 *Plato arandela*
10 *Espaciador (según sea requerido)*
11 *Resorte espiral*
12 *Aislador*
13 *Amortiguador de polvo*
14 *Perno del vástago*
15 *Perno leva*

Peligro: *Cuándo remueva el resorte comprimido, levántelo muy cuidadosamente y lo pone en un lugar seguro, tal como un gabinete de acero. Mantenga las puntas del resorte fuera de la carrocería.*

7 Inspeccione todas las partes de caucho por daño, grietas, endurecimiento y reemplácelas según sea necesario.

8 La instalación se hace en el orden inverso al procedimiento de desensamble. Tenga cuidado para no dañar el eje del amortiguador o el puntal tendrá fugas. Cuándo instale el resorte, esté seguro de que las puntas del resorte hacen contacto con las paradas de anti rotación del resorte proporcionada por los asientos superiores e inferiores del resorte.

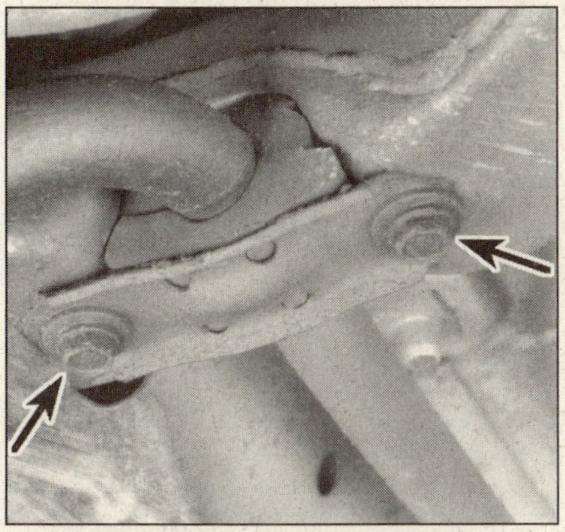

4.3 Remueva estos pernos (flechas) de la abrazadera y la abrazadera del miembro transversal

4 Barra estabilizadora del frente - remover e instalar

Refiérase a las ilustraciones 4.2 y 4.3

1 Afloje las tuercas de la rueda delantera, levante el frente del vehículo, sopórtelo firmemente en estantes y remueva las ruedas del frente.

2 Remueva los pernos del retenedor de la barra estabilizadora, las tuercas y los retenedores del brazos de control **(vea ilustración)**.

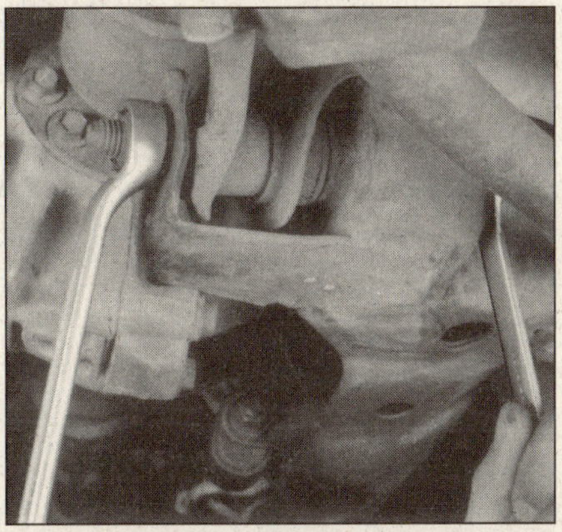

5.3 Use una herramienta de respaldo para remover el perno pivote y la tuerca del frente del brazo de control

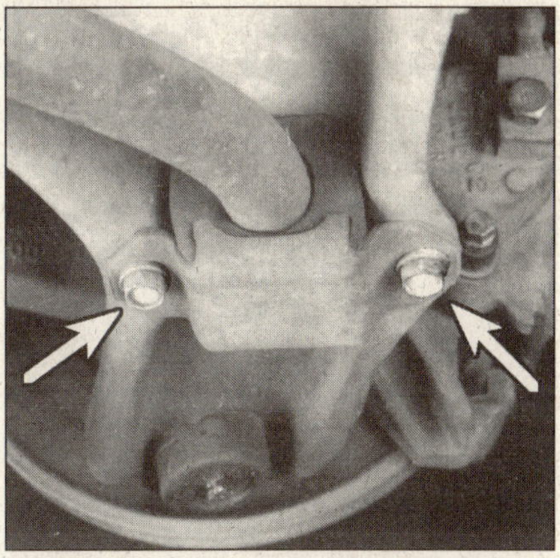

4.2 Ponga una herramienta de respaldo en cada tuerca (encima del brazo de control, no visible) y remueva estos pernos (flechas) del retenedor y retenedores de ambos brazos de control

3 Sostenga la barra estabilizadora, remueva los pernos de la abrazadera de la barra estabilizadora y las abrazaderas del miembro transversal **(vea ilustración)**. Remueva la barra estabilizadora del vehículo.

4 Chequee la barra por daño, corrosión y signos de torcedura.

5 Chequee las abrazaderas, por distorsión de los bujes y retenedores, daño y desgaste. Reemplace los bujes interiores abriéndolo con una palanca en la ranura y remuévalos. Instale los bujes nuevos con la superficie curvada encima y la cara partida hacia el frente del vehículo. Los bujes exteriores pueden ser removidos cortándolos o martillándolos fuera de la barra. Fuerce los bujes nuevos en el final de la barra hasta que 1/2-pulgada de la barra se salga. Lubricante de silicona rociado aliviará éste proceso.

6 Conecte la barra al miembro transversal, después instale las abrazaderas, los pernos y las tuercas, pero no los apriete completamente todavía.

7 Instale los bujes de los retenedores y pernos en los brazos de control, pero no apriete los pernos completamente todavía.

8 Levante los brazos de control a la altura del chasis y apriete los pernos al par de torsión en las Especificaciones de éste Capítulo.

9 Instale las ruedas y baje el vehículo.

5 Brazo de control - remover, inspeccionar e instalar

Refiérase a las ilustraciones 5.3, 5.4a, 5.4b, 5.5, 5.9a y 5.9b

1 Levante el frente del vehículo, sopórtelo firmemente en estantes y remueva las ruedas del frente.

2 Desconecte la barra del estabilizador del brazo de control (vea Sección 4) y gire la barra hacia abajo, fuera del camino.

3 Remueva el perno del frente del pivote y la tuerca del brazo de control **(vea ilustración)**.

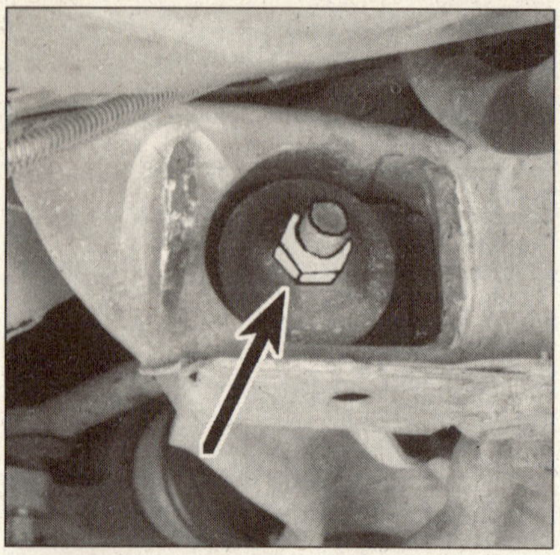

5.4a En los modelos más antiguos, remueva ésta tuerca (flecha) del puntal en el lado trasero del brazo de control

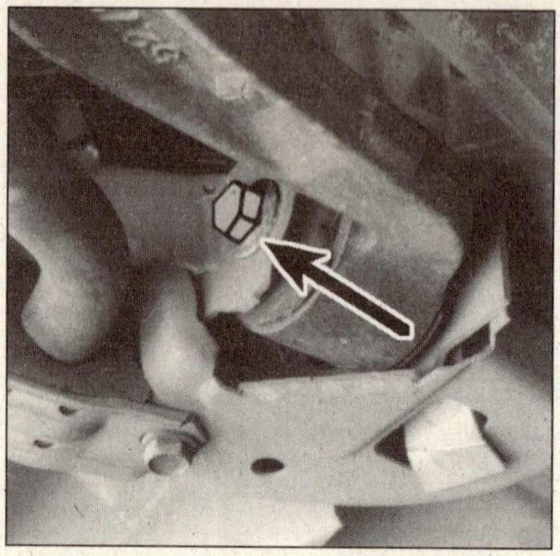

5.4b En los modelos más modernos, remueva este perno que atraviesa por detrás del brazo de control

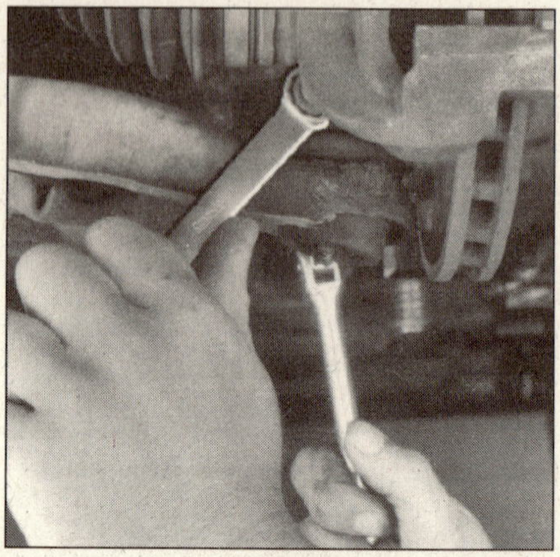

5.5 Usando una herramienta de respaldo, remueva el perno de pellizco y la tuerca para la abrazadera del espárrago de la rótula al fondo del vástago de la dirección, entonces hale el brazo de control para separarlo hacia abajo del espárrago del vástago

4 En modelos más antiguos, remueva la tuerca trasera del puntal, el retenedor y el buje **(vea ilustración)** del brazo de control; en modelos más modernos, remueva el perno trasero del pivote y tuerca **(vea ilustración)** del brazo de control.

5 Remueva el perno de pellizco de la rótula y tuerca del vástago de la dirección **(vea ilustración)**.

6 Estire el espárrago de la rótula del vástago de la dirección. **Caución:** *No mueva el vástago de la dirección/la asamblea del puntal hacia fuera o usted puede que separe la acoplación CV interior.*

7 Remueva el brazo de control halándolo hacia abajo y hacia delante (modelos más antiguos) o recto hacia abajo (modelos más modernos).

8 Inspeccione por distorsión del brazo de control y los bujes por desgaste, daño y deterioración. Si el brazo de control está desgastado o doblado, reemplácelo. Si un buje interior pivote o una rótula está desgastada, hágalo que sea reemplazado por el departamento de servicio de su concesionario o taller de reparación con las herramientas especiales necesarias para hacer este trabajo. **Nota:** *Algunos bujes no son utilizable y el brazo de control entero debe ser reempla-*

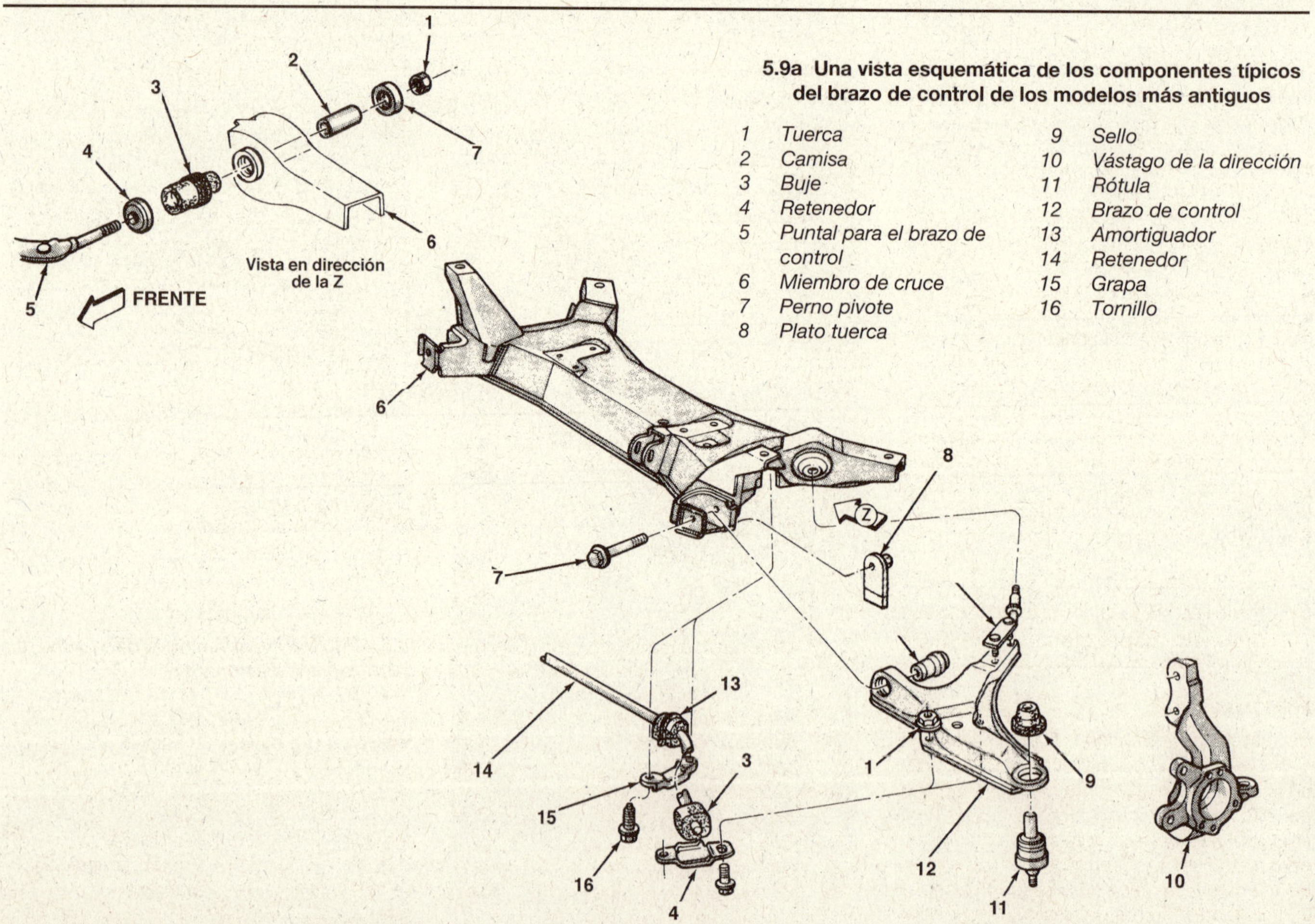

5.9a Una vista esquemática de los componentes típicos del brazo de control de los modelos más antiguos

1 *Tuerca*
2 *Camisa*
3 *Buje*
4 *Retenedor*
5 *Puntal para el brazo de control*
6 *Miembro de cruce*
7 *Perno pivote*
8 *Plato tuerca*
9 *Sello*
10 *Vástago de la dirección*
11 *Rótula*
12 *Brazo de control*
13 *Amortiguador*
14 *Retenedor*
15 *Grapa*
16 *Tornillo*

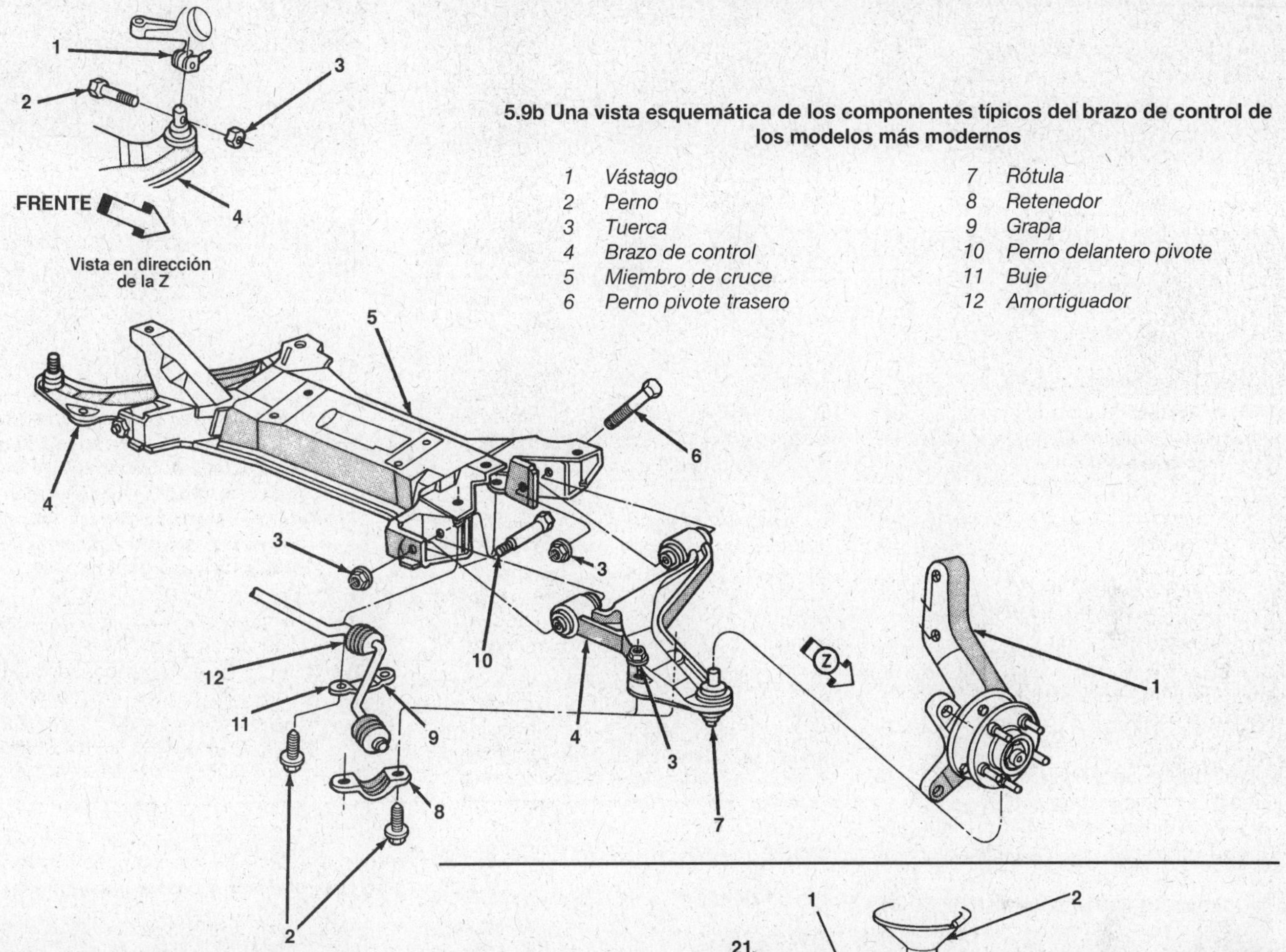

5.9b Una vista esquemática de los componentes típicos del brazo de control de los modelos más modernos

1	*Vástago*	*7*	*Rótula*
2	*Perno*	*8*	*Retenedor*
3	*Tuerca*	*9*	*Grapa*
4	*Brazo de control*	*10*	*Perno delantero pivote*
5	*Miembro de cruce*	*11*	*Buje*
6	*Perno pivote trasero*	*12*	*Amortiguador*

zado si los bujes están desgastados. Usted puede reemplazar los bujes desgastados o dañados usted mismo. Deslícelos simplemente y resbale los reemplazos.

9 La instalación se hace en el orden inverso al procedimiento de desensamble **(vea ilustraciones)**. No apriete el perno(s) del pivote y tuerca del puntal hasta que el vehículo esté a la altura normal de conducir.

10 Después que usted tenga instaladas las ruedas y baje el vehículo para que su peso esté en la suspensión, apriete el perno pivote y las tuercas del puntal al par de torsión listado en las especificaciones de este Capítulo.

6 Vástago de la dirección y cubo - remover, inspeccionar e instalar

Remover

Refiérase a las ilustraciones 6.1a y 6.1b

1 Con el peso del vehículo descansando en la suspensión delantera, remueva la tapa del eje, chaveta, cerradura de la tuerca y arandela del resorte (si está equipado). Afloje, pero no remueva, la tuerca del frente del eje y las tuercas de la rueda **(vea ilustraciones)**.

2 Levante el frente del vehículo, sopórtelo

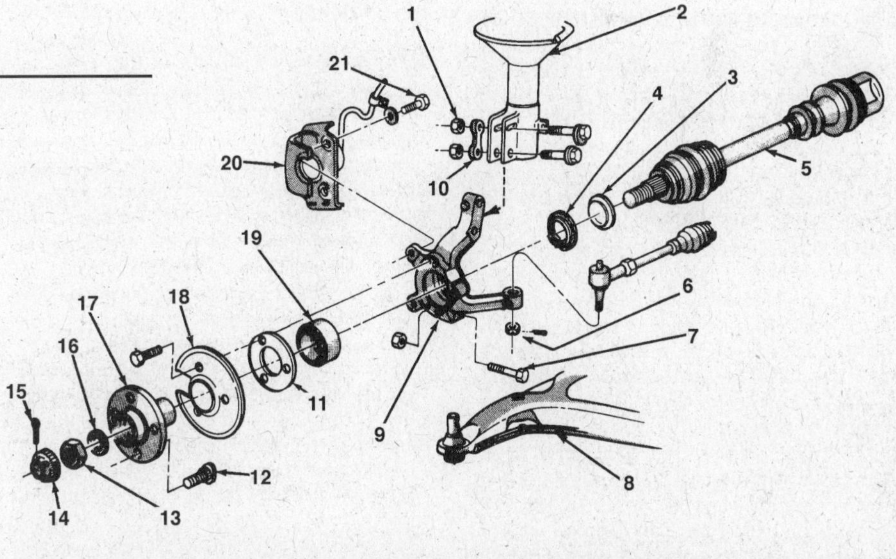

6.1a Una vista esquemática de los componentes típicos del vástago de la dirección en los modelos más antiguos y componentes relacionados

1	*Perno leva*	*8*	*Brazo de control inferior (referencia)*	*15*	*Pasador*
2	*Amortiguador del puntal (referencia)*	*9*	*Vástago*	*16*	*Arandela*
3	*Camisa de desgaste*	*10*	*Plato arandela*	*17*	*Cubo*
4	*Sello*	*11*	*Junta*	*18*	*Retenedor*
5	*Eje*	*12*	*Perno de la rueda*	*19*	*Balero*
6	*Varilla de la dirección*	*13*	*Tuerca del cubo*	*20*	*Mordaza*
7	*Perno*	*14*	*Cerrojo para la tuerca*	*21*	*Tornillo adaptador y arandela*

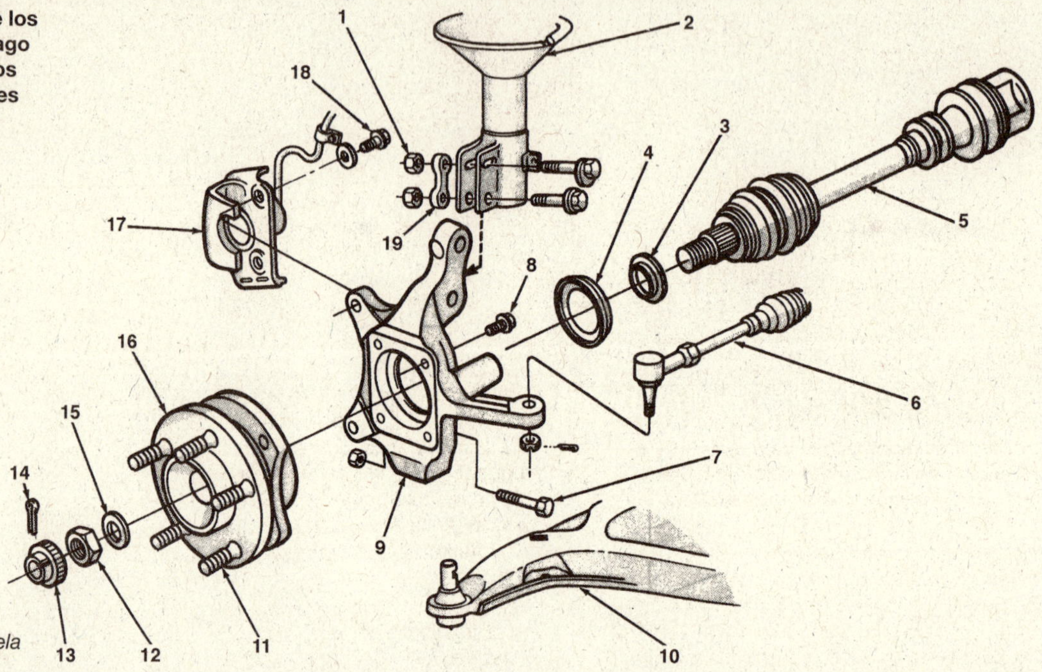

6.1b Una vista esquemática de los componentes típicos del vástago de la dirección en los modelos más modernos y componentes relacionados

1 *Perno leva*
2 *Amortiguador del puntal (referencia)*
3 *Camisa de desgaste*
4 *Sello*
5 *Eje*
6 *Varilla de la dirección*
7 *Perno*
8 *Perno del cubo*
9 *Vástago*
10 *Brazo de control inferior (referencia)*
11 *Perno de la rueda*
12 *Tuerca del cubo*
13 *Tuerca de cerrojo*
14 *Pasador*
15 *Arandela*
16 *Cubo*
17 *Mordaza de los frenos*
18 *Tornillo adaptador y arandela*
19 *Arandela plato*

firmemente en estantes y remueva las ruedas del frente.

3 Remueva la tuerca del eje propulsor y la arandela.

4 Empuje el eje propulsor hasta que esté libre del eje. Pueda ser necesario tenerle que pegar al final del eje con un punzón de bronce y un martillo para remover el eje propulsor del cubo.

5 Remueva la chaveta, afloje la tuerca y use un extractor para desconectar el final de la barra de acoplamiento del vástago de la dirección (vea Sección 14).

6 Mueva la barra de acoplamiento hacia fuera del camino y la asegura con un pedazo de alambre.

7 Desconecte el soporte de la manguera de los frenos del puntal removiendo el perno y el retenedor **(vea ilustración 2.5)**

8 Remueva la mordaza y pastilla del freno (vea Capítulo 9), entonces remueva la mordaza poniendo un calzo en los soportes del vástago de la dirección. Teniendo cuidado de no torcer la manguera de freno, cuelgue la mordaza fuera del camino de la rueda con un pedazo de alambre.

9 Separe los pernos retenedores de la barra estabilizadora del brazos de control (vea Sección 4) y hale la barra estabilizadora hacia abajo y hacia fuera del camino.

10 Remueva la arandela del retenedor (si está equipado) del vástago de la rueda y hale hacia fuera el disco de freno.

11 Marque la relación del vástago del puntal de la dirección (vea Sección 2).

12 Remueva el perno de pellizco de la rótula, tuerca y desengrane la rótula del cubo (vea Sección 5).

13 Remueva los pernos y tuercas del vástago del puntal de la dirección (vea Sección 5).

14 Con la asamblea del vástago y el cubo en la posición recta hacia adelante, lo agarra firmemente y lo hala directamente hacia fuera de las ranuras del eje propulsor. **Caución:** *Teniendo cuidado de no remover el eje propulsor o usted puede separar la acoplación CV interior.*

Inspección

Cojinete prensado

15 Coloque la asamblea en una superficie de trabajo limpia y la enjuga hacia fuera con un trapo libre de hilachas. Inspeccione el vástago por oxidación, daño y roturas. Chequee los cojinetes girándolos para asegurarse de que ellos se mueven libremente. Los cojinetes se deben empacar con un suministro adecuado de grasa limpia. Si hay una cantidad demasiado pequeña de grasa, o si la grasa está contaminada con tierra, limpie los cojinetes y los inspecciona por desgaste, rayones y holgura. Empaque los cojinetes con el lubricante especificado. Inspeccione los sellos de grasa para asegurarse de que ellos no están rotos ni tienen fugas. Remoción adicional tendrá que ser dejado para el departamento de servicio de su concesionario o un taller de reparación que tenga las herramientas especiales requeridas.

Unidad de perno enroscado

16 Algunos modelos más modernos de distancia entre los ejes de las ruedas largos usan un perno sellador en la unidad del eje del frente. Chequee la unidad del eje girándolo para asegurarse de que se mueve libremente. Si el eje está dañado, corroído, o no gira fácilmente, remueva los cuatros pernos y levante la unidad del eje del vástago. Asegúrese de que el recreo en el vástago está limpio, libre de mellas, corrosión y otros daños. Coloque la unidad nueva del eje y balero en posición e instale los pernos. Apriete los pernos en un patrón cruzado al par de torsión en las Especificaciones listadas en este Capítulo. El fabricante recomienda que un sello nuevo sea instalado en el lado de la parte trasera del vástago cuando la unidad del cubo sea reemplazada.

Instalación

17 Antes de la instalación, limpie el sello de la CV y el sello de grasa del cubo con solvente (no ponga ningún solvente en el fuelle de la acoplación CV). Lubrique la circunferencia entera de la superficie de contacto del sello del cubo y la acoplación CV con grasa de uso múltiple (vea Capítulo 8).

18 Coloque cuidadosamente la asamblea del vástago y cubo en posición. Alinee las ranuras del eje y el cubo y deslice el cubo en su lugar.

19 Instale los pernos del vástago a las tuercas del puntal, seguido por el perno de pellizco de la rótula y la tuerca. Ajuste el vástago para que las marcas que usted hizo entre el puntal y el vástago estén alineadas. Instale la arandela, tuerca y apriete las tuercas al par de torsión listado en las especificaciones de este Capítulo.

20 Acople nuevamente el final de la barra de acoplamiento al vástago de la dirección, apriete la tuerca e instale una chaveta nueva (vea Sección 14).

21 Instale el disco del freno, las pastillas y la mordaza/la asamblea del adaptador (vea Capítulo 9).

22 Acople nuevamente el soporte de la manguera del freno al puntal.

23 Conecte las puntas de la barra estabilizadora a los brazos de control y apriete los afianzadores del retenedor al par de la torsión listado en las especificaciones de este Capítulo.

7.2 Hágale palanca al vástago de la dirección de lado a lado con una barra o un destornillador grande

24 Empuje la acoplación CV completamente en el eje para asegurarse que está asentada e instálela apretándola con los dedos la arandela y la tuerca del eje.

25 Instale las ruedas, apriete las tuercas con la mano, baje el vehículo y apriete las tuercas de la rueda al par de torsión especificado en el Capítulo 1.

26 Con un ayudante que aplique los frenos, apriete la tuerca del eje al par de torsión especificado en el Capítulo 8. Instale la arandela del resorte, tuerca de tipo cerrojo y una chaveta nueva.

27 Con el peso del vehículo en la suspensión, chequee el vástago de la dirección y las tuercas de la rótula para asegurarse que ellos están apretados apropiadamente.

28 Lleve el vehículo para que chequeen la alineación del frente.

7 Rótulas - chequeo y reemplazo

Refiérase a la ilustración 7.2

1 Las rótulas de la suspensión están diseñadas para operar sin juego libre.

2 Para chequear por desgaste, coloque una barra o un destornillador grande entre el brazo de control y la cara inferior del vástago de la dirección y hágale palanca al vástago de lado a lado **(vea ilustración)**.

3 Si hay algún movimiento, la rótula se a desgastado y debe ser reemplazada con una nueva. Remueva el brazo de control (vea Sección 5) y llévelo al departamento de servicio de su concesionario o a un taller automovilístico de rectificaciones para que prensen la rótula vieja y prensen la rótula nueva.

8 Amortiguadores traseros - remover e instalar

Refiérase a las ilustraciones 8.2, 8.3a y 8.3b

Remover

1 Afloje las tuercas de la rueda, levante la parte trasera del vehículo y sopórtelo firmemente en estantes.

8.2 Cuándo esté removiendo los amortiguadores, el eje debe ser levantado para remover levemente la tensión de los amortiguadores - esto es hecho fácilmente con un gato

2 Sostenga el eje con el gato y remueva las ruedas traseras **(vea ilustración)**.

3 Remueva los pernos superiores e inferiores del amortiguador **(vea ilustraciones)** y separe el amortiguador.

Instalación

4 Sostenga el amortiguador nuevo en posición e instale los pernos. Apriete el perno superior al par de torsión listado en las Especificaciones de éste Capítulo y el perno inferior un poquito. Remueva el gato, baje el vehículo y apriete el perno inferior al par de torsión listado en las Especificaciones de éste Capítulo.

9 Cubo trasero/tambor - remover e instalar

Éste procedimiento está cubierto en el Capítulo 1 como una parte de chequear el *Balero de la rueda trasera, empaque y procedimiento del ajuste*.

10 Vástago trasero - inspección, remover e instalar

Remover

1 Remueva el cubo del tambor trasero (vea Sección 9).

2 Limpie el eje e inspeccione las superficies de contacto del cojinete por desgaste y daño.

3 El vástago debe ser reemplazado con uno nuevo si está doblado, desgastado o dañado.

4 Desconecte el cable del freno de estacionamiento de la asamblea del freno (vea Capítulo 9).

5 Desconecte y tape la línea del freno trasero en el cilindro de la rueda (vea Capítulo 9).

6 Remueva los cuatro pernos de la placa de apoyo y separe la asamblea del freno y el vástago. Los pernos pueden tener cabezas de tipo Torx, que requieren una herramienta especial para removerlos. Esté seguro de marcar la ubicación de cualquier lámina para el ajuste del vástago.

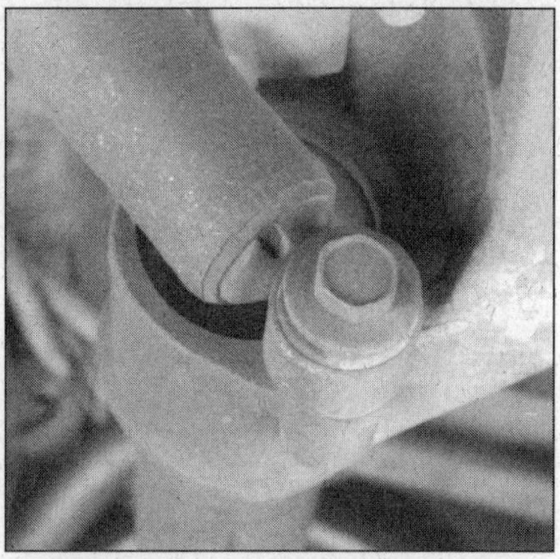

8.3a Remueva el perno inferior del amortiguador...

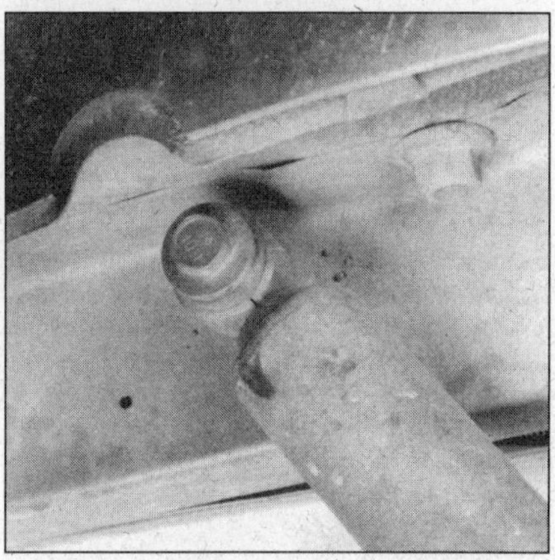

8.3b... seguido por el perno superior

Instalación

7 Coloque la lámina para ajustes(s) (si está equipado), la asamblea del vástago y freno en posición, instale los pernos y apriételo al par de torsión listado en las especificaciones de este Capítulo, siguiendo un patrón de cruces.

8 Conecte la línea del freno y freno de estacionamiento.

9 Instale el cubo/tambor (vea Sección 9), purgue los frenos y ajuste el freno de estacionamiento (vea Capítulo 9).

11 Barra de oscilación lateral trasera (1991 y modelos más modernos) - remover e instalar

Refiérase a la ilustración 11.2

Remover

1 Levante la parte trasera del vehículo y sopórtelo firmemente en estantes.

1 *Carril del chasis*
2 *Brazo eslabón*
3 *Perno*
4 *Buje para la barra de oscilación*
5 *Barra de oscilación*
6 *Eje trasero*
7 *Retenedor del buje para la barra de oscilación*
8 *Resorte trasero*
9 *Tambor del freno*
10 *Tuerca*
11 *Perno*
12 *Soporte del carril del chasis*

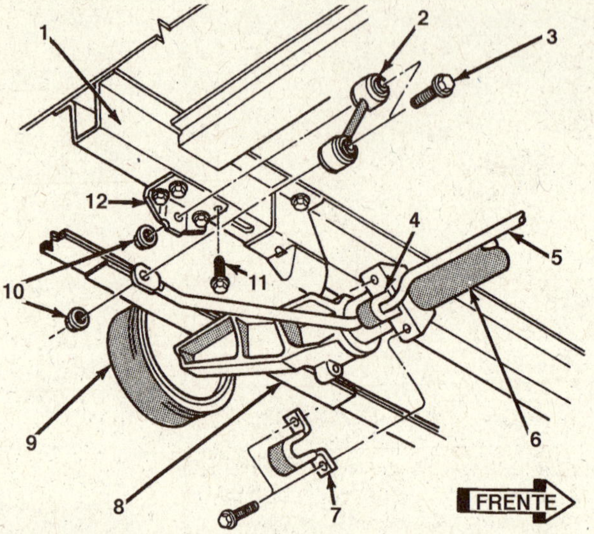

11.2 Para remover la barra de oscilación lateral, remueva el perno inferior de cada eslabón del brazo, afloje los dos pernos retenedores del buje, sostenga la barra de oscilación lateral y remueva los pernos del retenedor

2 Remueva los dos pernos inferiores del brazo de la barra de oscilación lateral **(vea ilustración)**.

3 Afloje los cuatros pernos del retenedor del buje de la barra de oscilación lateral.

4 Sostenga la barra de oscilación en su lugar, remueva los pernos del retenedor del buje, entonces baje la barra de oscilación lateral del vehículo.

Instalación

5 Conecte los brazos eslabones con los pernos apretados con los dedos.

6 Coloque la barra de oscilación lateral en posición en el eje con las aberturas en la cara hacia encima de los bujes y apriete con los dedos los pernos.

7 Baje el peso del vehículo en la suspensión y apriete los pernos a las especificaciones en el principio de éste Capítulo.

12 Resortes de hoja y ejes traseros - remover e instalar

Refiérase a las ilustraciones 12.3, 12.5, 12.7 y 12.8

Remover

1 Afloje las tuercas de la rueda trasera, levante la parte trasera del vehículo y sopórtelo firmemente en estantes. Remueva las ruedas traseras.

2 Alce el eje trasero levemente, apenas hasta que el peso esté fuera de los resortes traseros, entonces sostenga el eje en ésta altura con estantes.

3 Si los resortes van a ser removidos, desconecte el eslabón para la válvula de proporción de freno del resorte izquierdo lateral **(vea ilustración)**. Si usted está removiendo el eje trasero, desconecte los cables del freno de estacionamiento y mangueras de freno del eje (vea Capítulo 9).

4 Remueva los pernos de la parte inferior de los amortiguadores.

5 Remueva las tuercas y separen los pernos U **(vea ilustración)**.

6 Baje el eje trasero, para permitir que los resortes cuelguen libremente.

7 Remueva las tuercas y separe los grilletes del resorte **(vea ilustración)**.

8 Remueva los pernos del frente del soporte del resorte y baje los resortes del vehículo **(vea ilustración)**.

Instalación

9 Levante las puntas del frente de los resortes en posición e instale los pernos del soporte del resorte. Apriete los pernos a las Especificaciones de éste Capítulo. Conecte el eslabón de la válvula de proporción del freno a la posición marcada.

10 Levante la parte trasera del resorte en su lugar y conecte los grilletes, con las tuercas apretadas con los dedos.

11 Levante el eje con el gato hasta que esté centrado bajo el perno central, instale los pernos U, el plato y las tuercas. Apriete las tuercas al par de torsión listado en las especificaciones de este Capítulo.

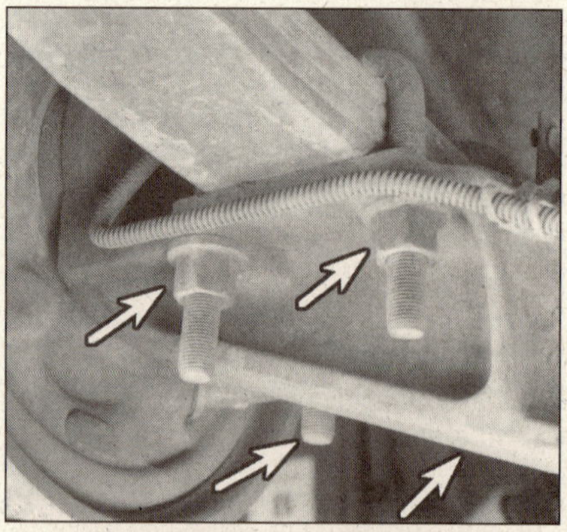

12.5 Remueva las tuercas del perno U (flechas)

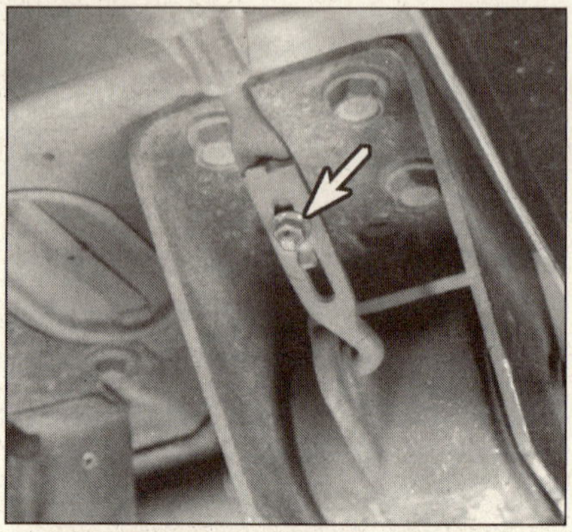

12.3 Marque la ubicación de la tuerca (flecha), remueva la tuerca y el perno, entonces desconecte el eslabón de la válvula de proporción

12 Conecte las puntas inferiores del amortiguadores e instale los pernos y apriételo con las manos. Conecte las mangueras de los frenos y los cables, si se desconectó. Instale las ruedas.

13 Baje el peso del vehículo en la suspensión y apriete el perno del frente del pivote (si se aflojó), pernos del amortiguador y tuercas del grillete al par de torsión listado en las especificaciones de este Capítulo.

14 Si las mangueras de los frenos se desconectó, sangre los frenos (vea Capítulo 9).

13 Volante - remover e instalar

Peligro: *1991 y los modelos más modernos están equipados con una bolsa de aire. Para evitar daño posible a éste sistema, en estos modelos el procedimiento siguiente debe ser dejado a un departamento de servicio de su concesionario a causa de las herramientas y técnicas especiales requeridas.*

Refiérase a las ilustraciones 13.3, 13.4 y 13.5

1 Desconecte el cable negativo en la batería. Coloque el cable fuera del camino para que no pueda entrar accidentalmente en contacto con el terminal negativo de la batería, porque esto permite que una vez más el poder

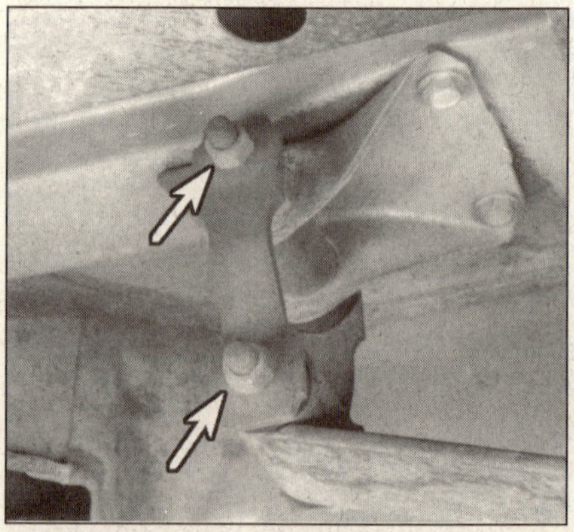

12.7 Remueva las tuercas del grillete del resorte (flechas)

12.8 Resorte trasero y los detalles de la instalación de la asamblea del eje

1 *Amortiguador*
2 *Plato*
3 *Buje*
4 *Soporte*
5 *Inserción*
6 *Grillete*
7 *Sello*
8 *Vástago*
9 *Pernos U*
10 *Eje*
11 *Amortiguador*
12 *Soporte actuador*
13 *Resorte*
14 *Soporte del resorte*

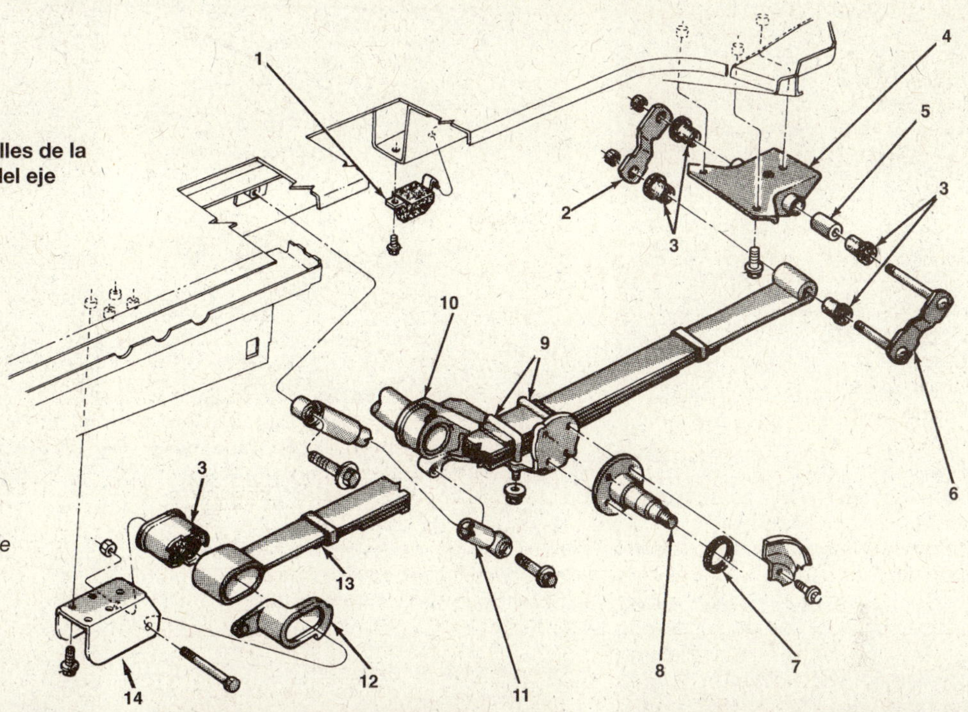

13.3 Invierta la almohadilla central y remueva los alambres de la bocina (flechas)

13.4 Después que usted haya removido la tuerca del volante, marque la relación del eje del volante al eje para asegurarse que se vuelva a instalar en la alineación apropiada

13.5 Use un tipo de extractor de pernos como esto para remover el volante

14.2a Para desconectar el final de la barra de acoplamiento del vástago de la dirección, remueva la chaveta y afloje la tuerca,...

entre en el sistema eléctrico del vehículo.

2 Desconecte la asamblea central de la pastilla, destornillando los dos tornillos al final del volante.

3 Desconecte los alambres de la bocina y remueva la asamblea central de la almohadilla **(vea ilustración)**.

4 Remueva la tuerca del volante y marque la relación del eje de la dirección y el eje para simplificar la instalación **(vea ilustración)**.

5 Use un tipo de extractor de pernos para remover el volante **(vea ilustración)**. **Caución:** *No martille en el eje para remover el volante.*

6 Para instalar el volante, alinee la marca hecha en el cubo del volante y en el eje del volante durante el procedimiento de remover y resbale la rueda en el eje. Instale la tuerca del eje (y el amortiguador si fue removido) y apriételo al torque listado en las Especificaciones de éste Capítulo.

7 Instale la asamblea central de la almohadilla.

8 Conecte el cable negativo de la batería.

14 Extremo del tirante de acoplamiento - remover e instalar

Refiérase a las ilustraciones 14.2a, 14.2b, 14.3a y 14.3b

1 Levante el frente del vehículo, sopórtelo firmemente en estantes, bloquee las ruedas de atrás y ponga el freno de estacionamiento. Remueva las ruedas del frente.

2 Remueva la chaveta del vástago del tirante extremo de la dirección, afloje la tuerca, entonces desconecte la barra de acoplamiento del vástago de la dirección con un extractor **(vea ilustraciones)**.

14.2b... instale un extractor y separe el final de la barra de acoplamiento del vástago; anote como la tuerca está todavía en su lugar, afloje unas pocas vueltas - esto prevendrá que los componentes se separen violentamente

3 Afloje la contratuerca **(vea ilustración)**, marque la posición del final de la barra de acoplamiento en la barra de acoplamiento **(vea ilustración)**, destornille el final de la barra de acoplamiento y remuévala.

4 Para instalar el final de la barra de acoplamiento, enrósquela en la varilla a la posición marcada y aprieta la contratuerca firmemente.

5 Conecte el final de la barra de acoplamiento al vástago de la dirección, instale la tuerca y apriétela al torque listado en las especificaciones de este Capítulo. Instale una chaveta nueva.

6 Haga que la alineación final del frente sea chequeada por el departamento de servicio de su concesionario o un taller de alineación.

15 Fuelles de la caja de la dirección - reemplazo

Refiérase a la ilustración 15.4

1 Levante el vehículo y sopórtelo firmemente en estantes.

2 Remueva el final de la barra de acoplamiento (vea Sección 14).

3 Remueva la abrazadera(s) del fuelle.

4 Marque la ubicación del tubo respirador en el fuelle (si el mismo fuelle será reinstalado), use un destornillador pequeño para levantar el fuelle hacia afuera de la ranura en la caja de la dirección y remueva la tapa **(vea ilustración)**.

5 Antes de la instalación, lubrique la ranura del fuelle para la barra de acoplamiento de la dirección con grasa de tipo silicona.

6 Deslice el fuelle nuevo en posición en la caja de la dirección hasta que se asiente en la ranura e instale una abrazadera nueva interior. Asegúrese de que el tubo respirador entre firmemente en el fuelle.

7 Instale la abrazadera(s).

8 Instale el final de la barra de acoplamiento.

9 Baje el vehículo.

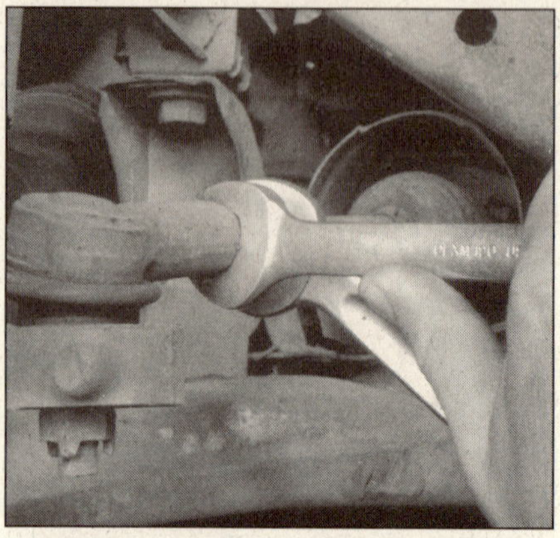

14.3a Use una herramienta de respaldo en el final de la barra de acoplamiento, afloje la contratuerca con otra llave...

10 Lleve para que la alineación final del frente sea chequeada por el departamento de servicio de su concesionario o un taller de alineación.

16 Caja de la dirección - remover e instalar

Peligro: *En modelos equipado con una bolsa de aire, siempre desconecte el cable de la batería negativo mientras está trabajando en la proximidad de la columna del tablero de los instrumentos o dirección para evitar la posibilidad del despliegue accidental de la bolsa de aire, que podría causar una herida personal.*

Remover

Refiérase a las ilustraciones 16.3, 16.7 y 16.8

1 Afloje las tuercas de la rueda, levante el vehículo, sopórtelo firmemente en estantes y remueva las ruedas del frente.

2 Desconecte las puntas de la barra de acoplamiento del vástagos de la dirección (vea Sección 14).

3 Sostenga el miembro transversal del frente con un gato **(vea ilustración)**. Desconecte el puntal del amortiguador del motor del miembro transversal (si está equipado).

4 Remueva los cuatro pernos reteniendo

14.3b... pinte una marca de alineación en las roscas de la barra de acoplamiento para marcar la posición del final de la barra de acoplamiento

el miembro transversal a la carrocería.

5 Baje el gato y el miembro transversal lo suficiente para obtener acceso a la acoplación U entre el eje de entrada de la dirección y el eje intermedio de la columna de la dirección.

6 Remueva el fuelle que protege la acoplación U. Marque la relación de la acoplación U al eje intermedio para que pueda ser conectada de nuevo de la misma manera. Remueva el perno de pellizco del la acoplación U. Baje el miembro transversal un poquito más para separar hacia afuera la acoplación U del eje intermedio (la acoplación U permanece en la caja de la dirección).

7 En modelos equipados con dirección de potencia, desconecte las líneas **(vea ilustración)** y drene el flúido en un recipiente.

8 Remueva los pernos de la caja de la dirección **(vea ilustración)** y la separa del miembro transversal retirándola hacia el lado izquierdo del vehículo.

Instalación

9 Posicione la caja de la dirección en el miembro transversal, instale la caja de la dirección instalando los pernos y apriételos firmemente.

10 Levante el miembro transversal y la caja de la dirección en posición con el gato.

11 En modelos equipados con dirección de

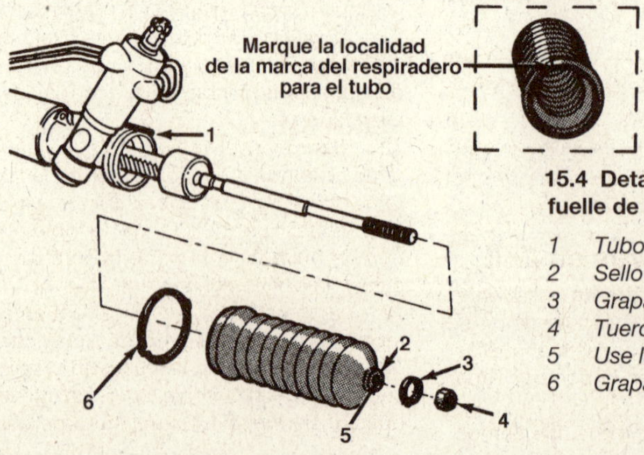

15.4 Detalles del reemplazo del fuelle de la caja de la dirección

1 *Tubo de ventilación*
2 *Sello del fuelle*
3 *Grapa del fuelle (exterior)*
4 *Tuerca cerrojo*
5 *Use lubricante aquí*
6 *Grapa del fuelle (interior)*

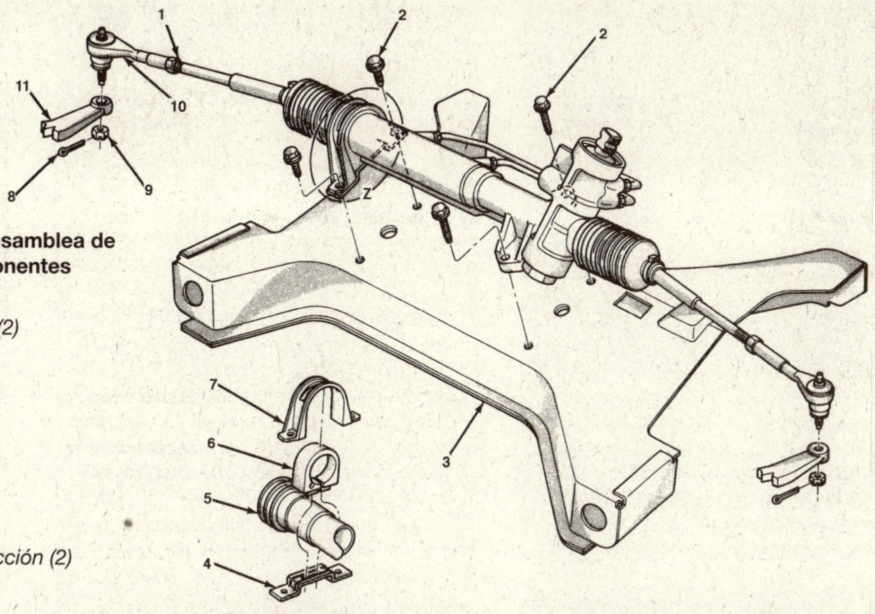

16.3 Una vista esquemática de la asamblea de la caja de la dirección y componentes relacionados

1 *Tuerca para la varilla de ajuste (2)*
2 *Perno y arandela (2)*
3 *Miembro de cruce*
4 *Soporte*
5 *Engrane de la dirección*
6 *Buje*
7 *Soporte*
8 *Clavija (2)*
9 *Tuerca (2)*
10 *Varilla de acoplación de la dirección (2)*
11 *Vástago (2)*

poder, conecte de nuevo las líneas. Use anillos selladores de tipo O nuevos en las copillas.

12 Conecte la acoplación U al eje intermedio, alinee las marcas hechas cuando se removió.

13 Instale el perno de pellizco en la acoplación U.

14 Instale el fuelle de la acoplación U.

15 Instale los cuatro pernos del miembro transversal - empezando con el perno trasero derecho, que es el perno piloto - y apriételo firmemente. Conecte el puntal del amortiguador del motor (si está equipado).

16 Conecte las puntas de la barra de acoplamiento a los vástagos de la dirección (vea Sección 14).

17 Instale las ruedas y baje el frente del vehículo.

18 En los modelos equipado con dirección de poder, ponga el motor en marcha y purgue el sistema de dirección (vea Sección 18). Mientras el motor está en marcha, chequee por fugas en las conexiones de la manguera.

19 Lleve para que la alineación final del frente sea chequeada por el departamento de servicio de su concesionario o un taller de alineación.

17 Bomba de la dirección de poder - remover e instalar

Nota: *Afianzadores métricos son usado en la bomba de la dirección de poder.*

Modelos con motores de 2.6L

1 Abra el capó y coloque un recipiente bajo la bomba para que el flúido drene en el recipiente. Desconecte y tape las mangueras de la dirección de poder en la bomba. Tape los puertos de bomba.

2 Afloje el pivote de la bomba, los pernos de ajuste y separe la banda (vea Capítulo 1).

3 Remueva los pernos de los soportes de la bomba y levante la bomba y los soportes del compartimiento del motor.

4 La instalación se hace en el orden inverso al procedimiento de desensamble. Use anillos selladores de tipo O nuevos en las conexiones de la manguera.

Todos los otros modelos

5 Abra el capó y desconecte los dos alambres del interruptor del ciclo del embrague del aire acondicionado (si está equipado).

6 En modelos que estén equipados, afloje y remueva el tornillo de seguridad del ajuste de la banda del frente de la bomba.

7 Levante el vehículo y sopórtelo firmemente en estantes.

8 Desconecte la manguera de regreso de la bomba y drene el flúido de la bomba en un recipiente.

9 Mientras la bomba está drenando, remueva el protector derecho del lado que protege las bandas.

10 Desconecte ambas mangueras de la bomba. Tape todas las puntas abiertas de la manguera para prevenir la contaminación.

11 Afloje los dos afianzadores inferiores de la bomba - un perno y una tuerca espárrago, desconecte la banda, entonces remueva los afianzadores.

12 Para remover la bomba, muévala hacia atrás para que libere los soportes, entonces remueva el soporte. Gire la bomba a la derecha hasta que la cara de la polea de la bomba mire hacia la parte trasera del vehículo y hale la bomba fuera del camino.

13 La instalación se hace en el orden inverso al procedimiento de desensamble. Asegúrese de que la lengüeta en el calzo de soporte esté en el frente izquierdo inferior del orificio de montaje. Esté seguro de usar un anillo sellador de tipo O nuevo cuando usted conecte las mangueras a la bomba. No apriete los afianzadores hasta que usted haya ajustado la tensión de la banda.

Todos los modelos

14 Ajuste la banda a la tensión apropiada (vea Capítulo 1) y apriete los afianzadores.

15 Llene la bomba con el flúido especificado (vea Capítulo 1).

16 Ponga el motor en marcha, sangre el aire del sistema (vea Sección 18) y chequee el nivel del flúido.

18 Dirección de poder, sistema - purgar

1 Siguiendo cualquier operación después de que las líneas del flúido de la dirección se hayan desconectado, el sistema de la dirección de poder se debe purgar para remover todo el aire y obtener el desempeño apropiado de la dirección.

2 Con las ruedas del frente en posición recta, chequee el nivel del flúido de la dirección de poder (vea Capítulo 1). Si está bajo, agregue flúido.

3 Ponga el motor en marcha y permita que corra en marcha mínima rápida. Chequee el nivel del flúido y agregue más, si es necesario.

4 Sangre el sistema girando las ruedas de lado a lado, sin tocar las paradas. Esto trabajará el aire fuera del sistema. Mantenga el depósito del flúido lleno mientras esto se hace.

5 Cuándo el aire es removido del sistema, gire las ruedas hacia la posición recta delantera y permita que el vehículo corra por varios minutos más antes de apagarlo.

6 Pruebe el vehículo en la carretera para asegúrese de que el sistema de dirección

16.7 En modelos con dirección de poder, desconecte estas dos acoplaciones (flechas) de la línea - los puntos inferiores de la flecha para los pernos en el lado del chófer para la caja de la dirección (el otro, no está visible en ésta foto, está atrás, en el lado trasero de la caja de la dirección)

16.8 Los dos pernos para la caja de la dirección en el lado del pasajero (flechas)

está funcionando normalmente y libre de ruido.

7 Chequee el nivel del flúido para asegurarse que está correcto (vea Capítulo 1).

19 Ruedas y neumáticos - información general

Refiérase a la ilustración 19.1

Todos los vehículos cubiertos por éste manual están equipados con neumático radiales de fibra de vidrio o con banda de acero de tamaño métrico **(vea ilustración)**. La instalación de tamaños diferentes u otros tipos de neumáticos pueden afectar el rodamiento y la maniobrabilidad del vehículo. No mezcle tipos diferentes de neumáticos, tal como radial y capas al sesgo, en el mismo vehículo; puede afectar la maniobrabilidad gravemente. Siempre reemplace los neumáticos en pares en el mismo eje. Sin embargo, si solamente un neumático va a ser reemplazado, esté seguro que es del mismo tamaño, estructura y diseño del rodamiento. Porque la presión de aire de los neumáticos tienen un efecto substancial en la maniobra y el desgaste, la presión en total de los neumáticos deben ser chequeadas por lo menos una vez al mes o antes de algún viaje extendido (vea Capítulo 1).

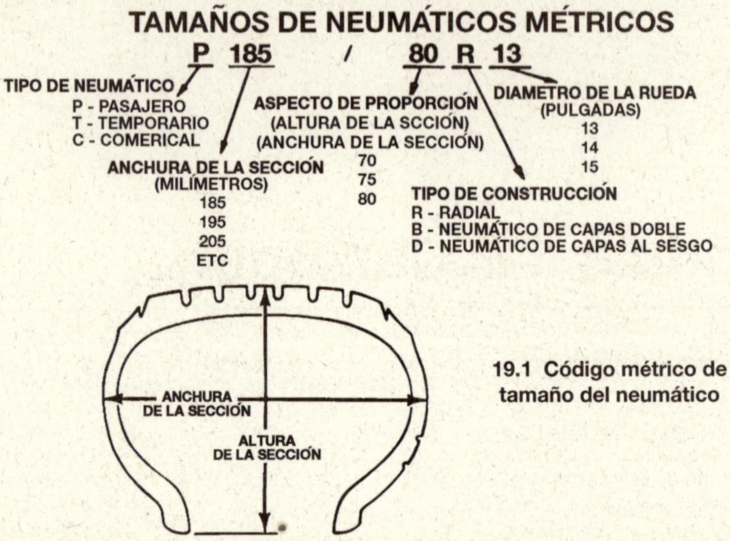

19.1 Código métrico de tamaño del neumático

Las ruedas deben ser reemplazadas si ellas están dobladas, abolladas, tienen escape de aire, se han alongado los orificios de los pernos, están muy oxidadas, fuera de simetría vertical o si las tuercas no permanecen apretadas. Reparaciones de la rueda con soldadura no es recomendado.

El balance del neumático y la rueda es importante para la maniobrabilidad completa, freno y desempeño del vehículo. Las ruedas fuera de balance pueden afectar adversamente la maniobrabilidad y características del rodado igual que la vida del neumático. Cuando un neumático está instalado en una rueda, el neumático y la rueda deben ser balanceados por un taller con el equipo apropiado.

20 Alineación de la suspención delantera - información general

La alineación delantera se refiere a los ajustes efectuados a las ruedas delanteras para que estén en relación angular apropiada con la suspensión y el suelo. Las ruedas que no están correctamente alineadas no sólo afectan el control de la dirección sino que también aumentan el desgaste de los neumáticos. El único ajuste posible en estos vehículos, tal como vienen de fábrica, es la convergencia de las ruedas. Se pueden ajustar la inclinación vertical (comba) y la inclinación hacia adelante del pivote **(vea ilustración)**, pero sólo después de que se instale un juego de ajuste que pueda obtenerse de su concesionario.

La obtención de una alineación apropiada de las ruedas delanteras es un proceso muy exacto, en el que se necesitan equipos caros y complicados para realizar un trabajo correcto. Por este motivo, le recomendamos que encargue este trabajo a un técnico que disponga del equipo adecuado. No obstante, utilizaremos este espacio para darle una idea básica de qué es lo que está involucrado en una alineación delantera, con el fin de que usted pueda entender mejor el proceso y tratar inteligentemente con el taller que vaya a llevar a cabo el trabajo.

La convergencia es el ángulo hacia adentro de las ruedas delanteras. El propósito de la especificación de la convergencia es asegurar el rodaje paralelo de las ruedas. En un vehículo con cero convergencia, la distancia entre los bordes delanteros de las ruedas será la misma que la distancia entre los bordes traseros de las mismas. La cantidad real de convergencia es normalmente de sólo una fracción de pulgada. El ajuste de la convergencia está controlado por la posición del extremo del tirante en el tirante interior. Una convergencia incorrecta hará que los neumáticos se desgasten de forma incorrecta, haciéndolos friccionar contra la superficie de la carretera.

La inclinación vertical (comba) es la inclinación de las ruedas delanteras cuando se observan desde la parte delantera del vehículo. Cuando las ruedas se inclinan hacia afuera desde su parte superior, se dice que la inclinación vertical (comba) es positiva (+). Cuando las ruedas se inclinan hacia adentro desde su parte superior, se dice que la inclinación vertical (comba) es negativa (-). La cantidad de inclinación se mide en grados con relación a la vertical y esta medida se denomina ángulo de inclinación vertical (comba). Este ángulo afecta la cantidad del neumático que hace contacto con la carretera y compensa los cambios en la geometría de la suspensión cuando el vehículo vira o viaja sobre una superficie ondulada.

La inclinación hacia adelante del pivote es la inclinación de la parte superior del eje de la dirección delantera con relación a la vertical. Una inclinación hacia atrás se denomina inclinación de pivote positiva y una inclinación hacia adelante inclinación de pivote negativa.

Capítulo 11 Carrocería

Contenido

1 Información general

Estos modelos representan una característica de "unicarrocería" usando una bandeja de piso con rieles de carrocería delanteros y traseros que sostienen los componentes de la carrocería, sistemas de suspensión delantero y trasero y otros componentes mecánicos. Ciertos componentes son particularmente susceptibles a daño por accidente y se pueden remover los pernos, ser reparados o reemplazados. Entre estas partes están las molduras de la carrocería, los guardafangos, el capó y el maletero y todos los vidrios. Solamente las operaciones de mantenimiento generales de la carrocería y los procedimientos de reparación del panel de la carrocería están dentro del alcance del que lo hace por sí mismo son incluidos en este Capítulo.

2 Carrocería y chasis - mantenimiento

1 La condición de la carrocería de su vehiculo es muy importante, porque en ella se basa el valor de reventa del vehiculo. Es muy difícil reparar una carrocería dañada u olvidada que es reparar componentes mecánicos. Las áreas escondidas de la carrocería, como las faldas de los guardafangos, el chasis y el compartimiento del motor, son igualmente importantes, a pesar de que obviamente no necesitan una atención frecuente como el resto de la carrocería.

2 Una vez al año, o cada 12,000 millas, es una buena idea limpiar la parte de abajo de la carrocería y del chasis del vehiculo con vapor. Todo trazo de polvo y aceite sería eliminado y la parte de abajo puede ser inspeccionada con cuidado buscando óxido, daños en las mangueras de los frenos, cables eléctricos quemados y otros problemas. Los componentes de la suspensión delantera deben ser engrasados después de terminar éste trabajo.

3 Al mismo tiempo, limpie el motor y el compartimiento del motor con vapor o con un limpiador que sea soluble en agua.

4 Las faldas de los guardafangos necesitan una atención particular, ya que la primera capa de pintura de protección puede pelarse, piedras y sucio provenientes de las ruedas pueden causar que la pintura se desconche y descascarillé, permitiendo que se oxide. Si se encuentra oxido, límpiese hasta llegar al metal y apliqué una pintura anti - oxido.

5 La carrocería debe ser lavada según sea necesario. Moje el vehiculo totalmente para suavizar el sucio, luego lávelo con una esponja suave y con suficiente agua con jabón limpia. Si el exceso de sucio no se limpia cuidadosamente con el tiempo dañará la pintura.

6 Manchas de alquitrán y asfalto del camino deben ser removidas con un paño con solvente.

7 Una vez cada seis meses, dele a la carrocería y a las molduras de cromo una mano de cera. Si un limpiador de cromo es usado para remover el oxido de cualquiera de las partes de metal del vehiculo, recuerde que el limpiador remueve parte del cromo, así que úselo con discreción.

3 Moldura de vinilo - mantenimiento

No limpie las molduras de vinilo con detergentes, jabón cáustico o limpiadores basados en petróleo. Jabón regular y agua trabaja suficientemente bien, con un brocha suave para limpiar la sociedad que esté penetrada. Lave el vinilo tan frecuente según limpia el resto del vehículo. Después de limpiarlo, una aplicación de un protector de alta calidad para caucho y vinilo ayudará a prevenir la oxidación y cuarteaduras. La protección también puede ser aplicada a los sellos de caucho alrededor de las puertas, líneas de vacío, mangueras de goma y los neumáticos, que a menudo fallan por el resultado de la degradación química.

4 Tapicería y alfombras - mantenimiento

1 Cada tres meses remueva las alfombras o las cubiertas y limpie el interior del vehículo (más frecuentemente si es necesario). Limpie

Estas fotos ilustran un método de reparación de pequeñas abolladura. Son con la intención de suplementar la reparación de la Carrocería - daños pequeños en este Capítulo y no se deben usar como las únicas instrucciones para la reparación de la carrocería en estos camiones

Si usted no tiene acceso a la parte trasera del panel de la carrocería para remover la abolladura, hálelo con un martillo deslizante de extraer abolladuras. En las porciones más profundas de la abolladura o ha lo largo de la línea de la arruga, taladre o haga agujero(s) por lo menos cada una pulgada . . .

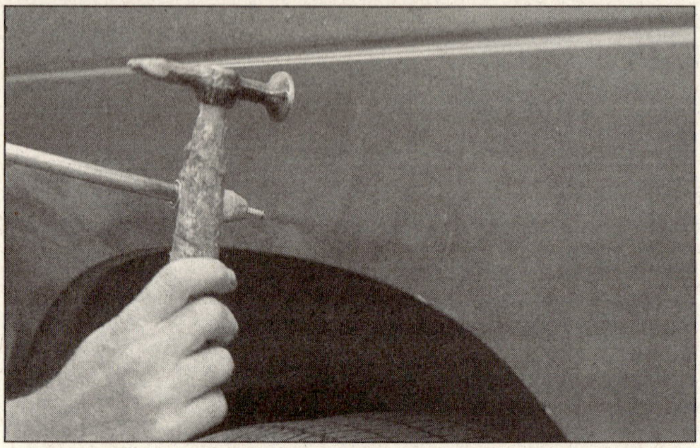

. . . entonces atornille el martillo deslizante adentro del agujero y opérelo. Péquele suavemente con un martillo cerca del borde de la abolladura para ayudar a que el metal regrese a su forma original. Cuando haya terminado, el área de la abolladura debe de estar cerca de su forma original y alrededor de 1/8-pulgada debajo de la superficie del metal del alrededor

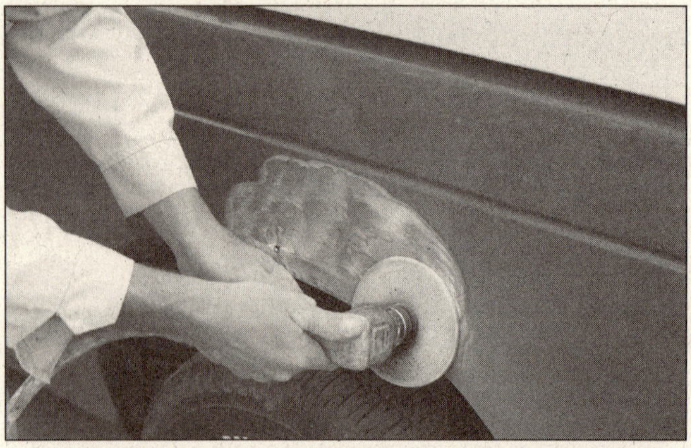

Usando papel de lija grueso, remueva completamente la pintura hasta que llegue al metal. Lijando a mano trabaja bien, pero la lijadora que se muestra aquí hace el trabajo más rápido. Use papel de lija más fino (alrededor de un espesor de 320) para mezclar la pintura por lo menos alrededor de una pulgada en el área de la abolladura

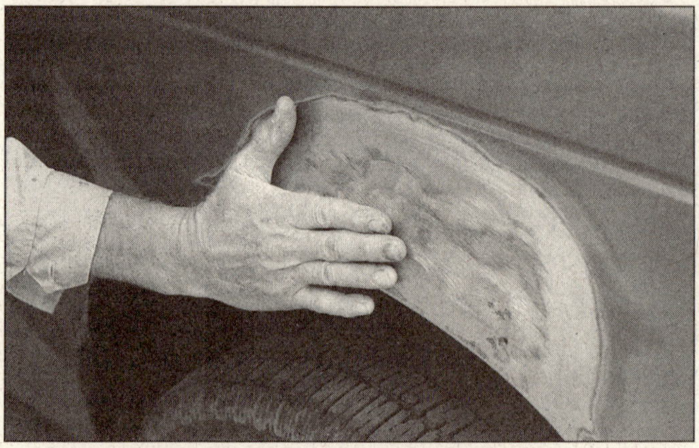

Cuando la pintura se haya removido, palpar probablemente ayudará más que mirar para notar si el metal está recto. Martille hacia abajo las partes altas o eleve las partes bajas según sea necesario. Limpie el área reparada con removedor de cerca y silicona

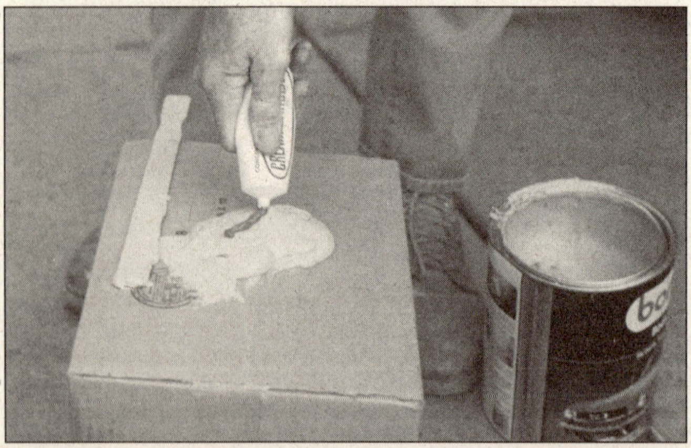

Siga las instrucciones de la etiqueta, mezcle un poco de llenador de plástico y endurecedor. La porción del llenador al endurecedor es critico, y , si usted lo mezcla incorrectamente, no se curará apropiadamente o se curará muy rápido (usted no tendrá tiempo de llenarlo y lijarlo a su molde)

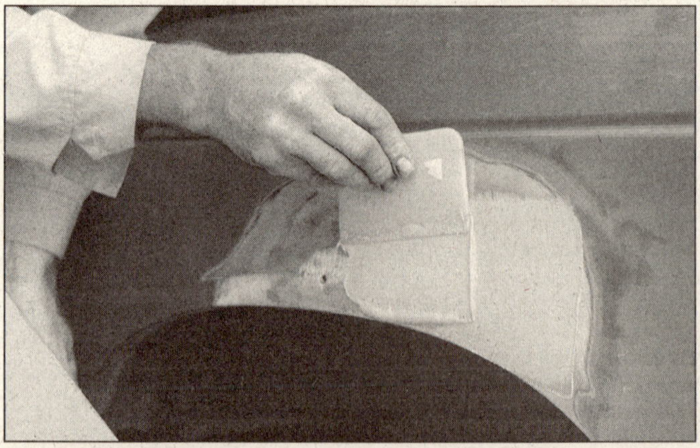

Trabajando rápido para que el llenador no se endurezca, use un aplicador de plástico para empujar el llenador de la carrocería firmemente adentro del metal, asegurando que se pegue completamente. Trabaje el llenador hasta que esté igual que la forma original y un poquito encima del metal del alrededor

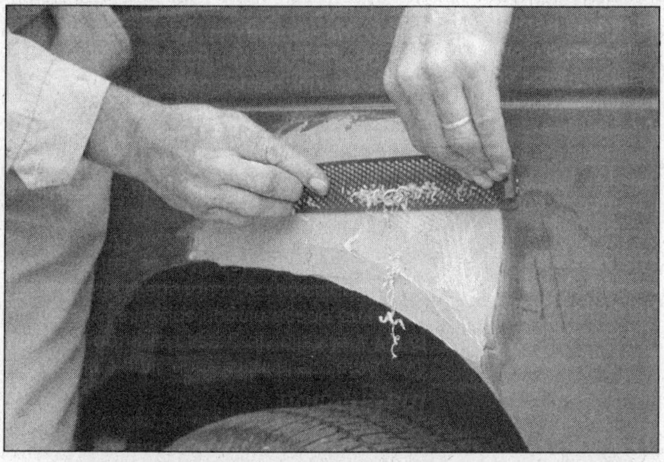

Permita que el llenador se endurezca hasta que usted pueda abollarlo con las uñas de su dedo. Use una lija de carrocería o una herramienta Surform (la que se muestra aquí) para ásperamente darle molde al llenador

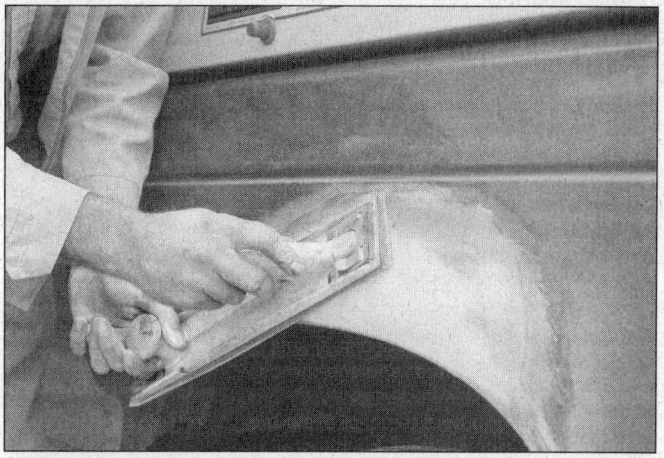

Use papel de lija grueso y una tabla de lijar o bloque para trabajar el llenador hacia abajo hasta que esté lizo y parejo. Baya bajando el espesor del papel de lija - siempre usando una tabla o bloque - terminando con un espesor de 360 o 400

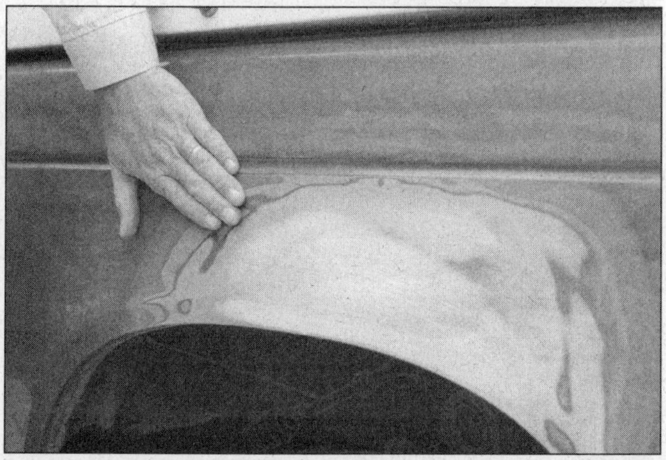

Usted podrá detectar cualquier reborde en la transición desde el llenador al metal o desde el metal a la pintura vieja. Tan pronto la reparación esté plana y uniforme, remueva el polvo y empapele los paneles adyacentes o pedazos de molduras

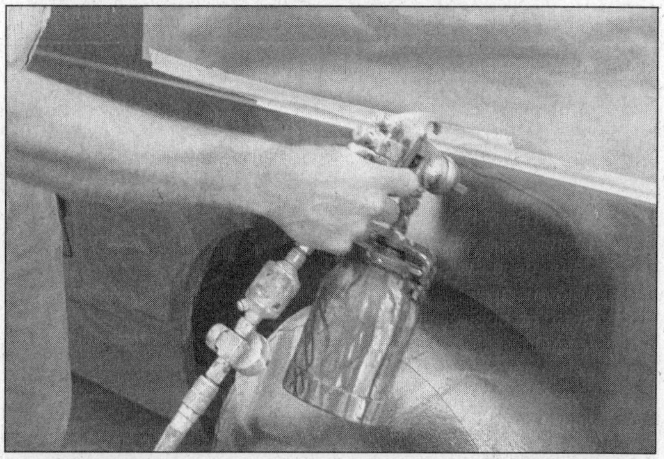

Aplique varias capas de sellador al área. No atomice el sellador muy grueso, porque se corre y esté seguro de que cada capa está seca antes de que aplique la próxima. Una pistola para atomizar de tipo profesional se usa en esta fotografía, atomizadores en lata de aerosol están disponibles en los almacenes de auto parte

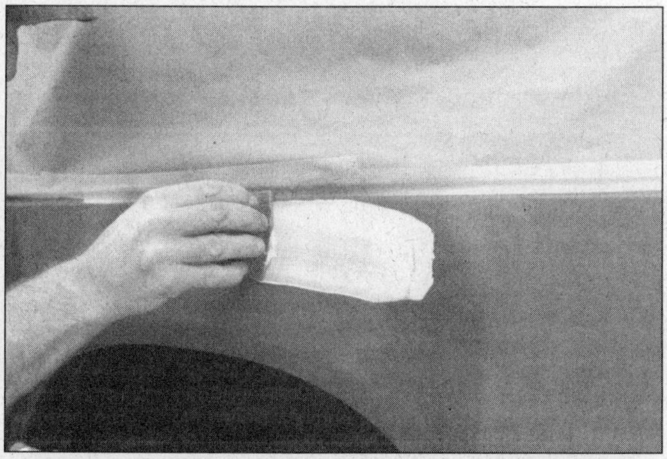

El sellador ayudará a revelar imperfecciones o rayones. Llene estos con compuesto especial para este tipo de rayones. Siga las instrucciones de la etiqueta y líjelo con papel de lija 360 o 400 hasta que esté suave. Repita aplicando el llenador especial, lijando y atomizando con el sellador hasta que el sellador revele una superficie perfectamente suave

Termine de lijar el sellador con un papel de lija bien fino (400 o 600 de espesor) para remover la sobre atomización del sellador. Limpie el área con agua y permítala que se seque. Use un paño que tenga la capacidad de adherir para remover cualquier polvo, después aplique la capa final. No atente de limpiar o aplicarle cera al área reparada hasta que la pintura se haya secado completamente (por lo menos dos semanas)

con la aspiradora la tapicería y las alfombras para remover la suciedad y el polvo.

2 La tapicería de cuero requiere cuidado especial. Las manchas deben ser removidas con agua tibia y una solución muy templada de jabón. Use una tela limpia y húmeda para remover el jabón, entonces limpie otra vez con una tela seca. Nunca use alcohol, gasolina, esmalte para las uñas ni removedor de pintura para limpiar la tapicería de cuero.

3 Después de limpiar, regularmente aplíquele tratamiento a la tapicería de cuero con cera de cuero. Nunca use cera de carrocería en la tapicería de cuero.

4 En las áreas del interior del vehículo que están expuestas a la luz del sol brillante, cubra los asientos de cuero con una tela, si el vehículo va a ser dejado expuesto al sol por cualquier periodo de tiempo.

5 Reparación de la carrocería - daño menor

Refiérase a las ilustraciones de las fotos

Reparación de rayones menores

1 Si la raya es superficial y no a penetrado el metal de la carrocería, repararla es bastante sencillo. Ligeramente frote la área rayada con un solvente delicado para remover toda la pintura y la cera acumulada. Enjuague el área con agua limpia.

2 Apliqué una pintura de retoque en la raya, usando una brocha pequeña. Continúe aplicando delgadas bases de pintura hasta que la superficie de la raya esté al mismo nivel que la pintura a su alrededor. Permita que la pintura se sequé por lo menos dos semanas, después prosiga a pulir la pintura con un compuesto de pulir muy delicado. Finalmente, apliqué una capa de cera al área rayada.

3 Si la raya a penetrado la pintura y expone el metal de la carrocería, causando oxido en el metal, una técnica diferente de reparación es necesaria. Remueva todo el oxido desde lo profundo de la raya con una navaja, prosiga aplicando una pintura anti - oxido para prevenir la formación de oxido en el futuro, cubra el área rayada con un relleno especial para este procedimiento. Si se necesita, el relleno se puede mezclar con un rebajador de pintura para crear una pasta fina, la cual es ideal para rellenar rayas delgadas. Antes de que el relleno se sequé, envuelva su dedo con un pedazo de paño de algodón suave. Empape el paño del rebajador de pintura y rápidamente froté a lo largo de la superficie de la raya. Esto asegurará que la superficie del relleno sea un poco hundido. La raya ahora se puede cubrir con pintura como se describió en la Sección anterior.

Reparación de golpes

4 Cuando se reparan golpes, lo primero que hay que hacer es remover el golpe hasta que el área afectada haya regresado lo más cerca posible a su forma original. No tiene sentido tratar de restaurar la forma original completamente ya que el metal en la área dañada se a estirado por el impacto y no se puede regresar a su forma original. Es mejor tratar de que el golpe llegué a un nivel de 1/8 de pulgada por debajo del metal que lo rodea. En casos donde el golpe es muy pequeño, no vale la pena tratar de removerlo.

5 Si la parte de atrás del golpe es accesible, se puede martillar por detrás gentilmente usando un martillo con un lado suave. Mientras está haciendo esto, mantenga un bloque de madera firmemente en el lado opuesto del metal para absorber los golpes del martillo y prevenir que el metal se estire.

6 Si el golpe es en una Sección de la carrocería que tiene doble banda, u otro factor que impida el acceso por detrás, otra técnica es necesaria. Taladre varios agujeros a través del área dañada, particularmente en las secciones de mayor profundidad. Atornille tornillos largos que se abren camino ellos mismos en los agujeros lo suficiente para obtener un control del metal. Ahora el golpe se puede remover jalando de las cabezas sobresalientes de los tornillos con un alicate de presión.

7 La próxima etapa de la reparación es eliminar la pintura del área dañada y de una pulgada más o menos del metal del alrededor. Esto se hace fácilmente con un cepillo de alambre o con un taladro con un disco de lijar, aunque también se puede hacer eficazmente a mano con papel de lija. Para completar la preparación del relleno, marque la superficie del metal con un destornillador o con el filo de una lima o haga pequeños agujeros en el área afectada. Esto proveerá una buena base para el relleno. Para completar la reparación, vea la Sección de relleno y pintura.

Reparación de agujeros con oxido o rajadas

8 Remueva toda la pintura del área afectada y de una pulgada más o menos del metal del alrededor con un taladro y disco de lijar o cepillo de alambre. Si no tiene ninguno de los dos, unos cuantos pliegues de papel de lija harán el trabajo eficazmente.

9 Con la pintura removida, usted podrá determinar la gravedad de la corrosión y decidir si es que tiene que remover todo el panel, si es posible, o reparar el área afectada. Nuevos paneles no son tan caros como la mayoría de las personas piensan y es muchas veces más rápido instalar un panel nuevo que reparar grandes áreas con oxido.

10 Remueva todos los pedazos de moldura de la área afectada excepto aquellos que le servirán de guía para restaurar la forma original de la carrocería dañada, como las molduras de las luces del frente, etc. Usando tijeras de metal o una hoja de segueta, remueva todo el metal suelto y otro metal que éste muy dañado por el oxido. Martille los bordes del agujero hacia adentro para crear una pequeña depresión para el material de relleno.

11 Con un cepillo de alambre, cepille todo el oxido para remover todo el polvo de oxido de la superficie del metal. Si la parte de atrás del área oxidada es accesible, trátela con pintura anti - oxido.

12 Antes de terminar de rellenar, bloqueé el agujero de alguna manera. Esto se puede hacer con una hoja de metal remachada o atornillada en su lugar, o rellenando el agujero con una red de metal.

13 Una vez que el agujero a sido bloqueado, el área afectada puede ser rellenada y pintada. Vea la sub - Sección siguiente acerca de relleno y pintura.

Relleno y pintura

14 Muchos tipos de rellenos están disponibles, pero hablando generalmente, un estuche para reparación de la carrocería que contiene pasta para rellenar y un tubo de endurecedor de resina es lo mejor para éste tipo de trabajo de reparación. Un aplicador flexible y ancho o un aplicador de nilón será necesario para impartir un perfecto acabado a la superficie del material de relleno. Mezcle una pequeña cantidad de relleno en un pedazo de madera o cartón limpio (usé el endurecedor de resina escasamente). Siga las instrucciones del fabricante en el paquete, de otra forma el relleno se secará incorrectamente.

15 Usando el aplicador, apliqué la pasta de rellenar al área preparada. Llevé el aplicador a través de la superficie de relleno para obtener el deseado contorno y para nivelar la superficie de relleno. Tan pronto como consiga un contorno aproximado al original, deje de trabajar con la pasta. Si usted continua, la pasta se le pegará al aplicador. Continúe añadiendo capas de pasta delgadas cada 20 minutos hasta que el nivel del relleno sea un poquito más alto que el resto del metal.

16 Una vez que el relleno esté seco, el exceso se puede eliminar con una lima de carrocería. De ahí en adelante, debe usarse papel de lija fino progresivamente, empezando con un grano de 180 y terminando con papel de grano 600 húmedo o seco. Siempre envuelva el papel de lija alrededor de una goma derecha o un bloque de madera, de otra forma la superficie de relleno no quedará completamente lisa. Mientras lija la superficie de relleno, el papel húmedo o seco debe ser enjuagado periódicamente con agua. Esto asegurará un acabado suave al final.

17 A este punto, el área de reparación debe ser rodeada por un anillo de metal sin pintura que a su vez deberá ser rodeado por una capa fina de buena pintura. Enjuague el área reparada con agua limpia hasta que todo el polvo producido al lijar desaparezca.

18 Rocié el área entera con una ligera capa de pintura. Esto revelará cualquier imperfección en la superficie del relleno. Repare las imperfecciones con una pasta de relleno delgada y una vez más, iguale la superficie con papel de lija. Repita este procedimiento de reparación y rocío hasta que usted esté satisfecho de que la superficie del relleno y el

borde de la base están perfectos. Enjuague el área con agua limpia y permita que se seque completamente.

19 El área reparada está ya lista para pintar. Para pintar con rociador debe haber una atmósfera caliente, seca y sin aire. Estas condiciones pueden ser creadas si usted tiene acceso a una área grande de trabajo totalmente cubierta, pero si usted está forzado a trabajar al aire libre, usted tendrá que escoger el día muy cuidadosamente. Si usted está trabajando en un área totalmente cubierta, rocíe el piso donde va a trabajar con agua, esto le ayudará a reducir el polvo en el aire. Si el área de reparación está limitada a solo un panel, envuelva los paneles de alrededor con papel grueso. Esto le ayudará a minimizar los efectos de no tener el color de pintura perfecto. Los pedazos de molduras como pedazos de lámina de cromo, manillas de las puertas, etc. también deben ser protegidos con papel grueso o deben ser removidos. Use cinta adhesiva y varias capas de papel de periódico como protección.

20 Antes de pintar con rociador o pintura en lata bajo presión, bata bien el bote de pintura, después rocié un área de prueba hasta que haya dominado la técnica de rociar pintura. Cubra el área de reparación con una capa gruesa de base. El espesor de la base se aumenta con varias capas finas y no con una sola capa gruesa. Usando papel de lija de grano 600 húmedo o seco, frote la superficie de la base hasta que esté muy suave. Mientras hace esto, el área de trabajo debe ser enjuagada completamente con agua, así como el papel de lija húmedo o seco. Permita que la base se sequé antes de aplicar más manos.

21 Rocié la última mano de pintura, una vez más aumentando su espesor con varias capas finas. Empiece rociando el centro del área de reparación, usando un movimiento circular, vaya aumentando el circulo hasta que toda el área de reparación y aproximadamente dos pulgadas de la pintura original estén cubiertas. Remueva toda la cinta adhesiva y papel de 10 a 15 minutos después de haber rociado la última capa de pintura. Permita que la pintura nueva se seque por lo menos en dos semanas, después usé un compuesto de pulidor suave para igualar los extremos de la pintura nueva con la pintura que existía. Finalmente apliqué una capa de cera

6 Reparación de la carrocería - daño mayor

1 Daños mayores deben ser reparados por un taller de carrocería especializado en reparación de carrocería y chasis con el equipo necesario para soldar, al igual que equipo hidráulico.

2 Si el daño a sido serio, es vital que la alineación del chasis del vehiculo sea chequeada o las características en como el vehiculo opera pueden ser adversamente afectadas. Otros problemas, como o el desgaste excesivo de las ruedas, desgaste en la línea de la flecha y en la suspención pueden ocurrir.

3 Debido a que todos los componentes mas importantes de la carrocería (capó, guardafangos, etc.) son separados y se pueden reemplazar, cualquier componente dañado seriamente debe de ser reemplazado antes de ser reparado. Algunas veces estos componentes pueden ser hallados en un rastro de vehiculos que se especializan en componentes de vehiculos usados, muchas veces a un ahorro considerable en comparación con la parte nueva.

7 Bisagras y cerraduras - mantenimiento

Cada 3,000 millas o tres meses, las bisagras y cerraduras de las puertas, deben de ser lubricadas con unas cuantas gotas de aceite. Una ligera capa de grasa con una base de litio debe aplicarse a los platos de la empaquetadura de la puerta para reducir los efectos de uso y asegurar un movimiento libre.

8 Parabrisas y vidrios fijos - remover e instalar

1 El remplazo del parabrisas y vidrios fijos requiere el uso de materiales especiales de adherir y calafatear que se secan rápidamente. Estas operaciones deben dejarse para el concesionario de vehiculos o a una tienda especialista en trabajar con vidrio.

2 El soporte del espejo retrovisor que está montado en el parabrisas también es mejor dejarlo para que lo remuevan los expertos, ya que la unión con el vidrio también necesita herramientas especiales y adhesivos.

9 Capó - remover, instalar y ajustar

Refiérase a las ilustraciones 9.2, 9.10, 9.11 y 9.12

Nota: *El capó es pesado y algo difícil de remover e instalar - por lo menos dos personas deben realizar éste procedimiento.*

Remover e instalar

1 Use tela o una cubierta protectora para cubrir el área del capó y los guardafangos. Esto protegerá la carrocería y la pintura cuando se levante el capó.

2 Marque rayas de alineamiento alrededor de las cabezas de los pernos para asegurar una alineación apropiada durante la instalación (un marcador de fieltro permanente servirá también para esto) **(vea ilustración)**.

3 Desconecte cualquier cable o arneses de alambre que interfiera con la remoción.

4 Permita que un ayudante sostenga el peso del capó. Remueva las tuercas o pernos de la bisagra al capó.

9.2 Use una pluma de marcar para dibujar alrededor del plato de la bisagra y las cabezas de los pernos

5 Levante el capó.

6 La instalación se hace en el orden inverso al procedimiento de desensamble.

Ajuste

7 Ajustes antes y después y de lado a lado del capó es hecho moviendo el capó con relación al plato de la bisagra después de aflojar los pernos o las tuercas.

8 Ralle o trace una línea alrededor del plato entero de la bisagra para que usted pueda juzgar la cantidad de movimiento.

9 Afloje los pernos o las tuercas y mueva el capó en la alineación correcta. Muévalo solamente un poco a la vez. Apriete los pernos de la bisagra o las tuercas y baje cuidadosamente el capó para chequear la alineación.

10 Ajuste los parachoques del capó en el soporte del radiador para que el capó esté parejo con los guardafangos cuando esté cerrado **(vea ilustración)**.

9.10 Ajuste el capó verticalmente enroscando los parachoques del capó hacia adentro y hacia fuera

11

9.11 Afloje los pernos (flechas) para ajustar la asamblea del cogido de seguridad, entonces ajuste antes o después (flecha)

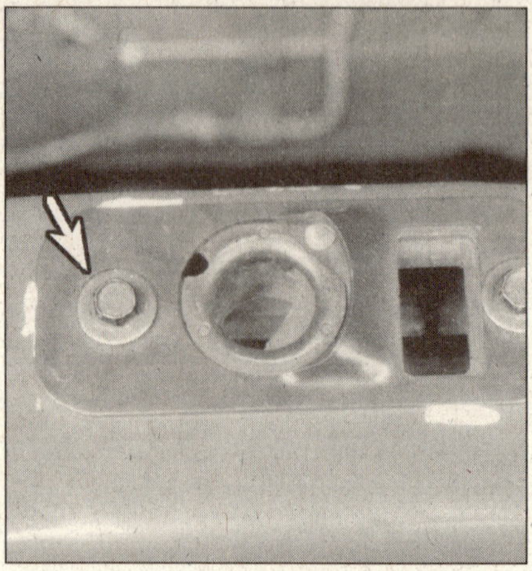

9.12 Afloje los pernos (flechas) para ajustar la asamblea del picaporte del capó

11 La asamblea del picaporte en el capó mismo puede ser ajustada también de lado a lado después de aflojar los pernos **(vea ilustración)**.

12 La asamblea del picaporte en la carrocería puede ser ajustada también de lado a lado después de aflojar los pernos **(vea ilustración)**.

13 La asamblea del picaporte, lo mismo como las bisagras, deben ser lubricadas periódicamente con grasa blanca con una base de litio para prevenir atascamiento y desgaste

10 Parachoques - remover e instalar

Refiérase a las ilustraciones 10.1, 10.5a y 10.5b

Peligro: *En los modelos equipados con bolsas de aire, siempre desconecte el cable negativo de la batería mientras trabaja en la proximidad de los sensores de impacto (atrás de los parachoques delanteros) para evitar la posibilidad del despliegue accidental de la bolsa de aire, que podría causar una lesión personal.*

1 Remueva los pernos de la tapa final al parachoques y los dos pernos de la tapa final a los guardafangos **(vea ilustración)**.

2 Remueva la tuerca de la tapa final al parachoques y separe la tapa final del guardafangos. Repita este procedimiento para el otro lado.

3 Desconecte cualquier alambrado u otros componentes que intervendrían con remover el parachoques.

4 Sostenga el parachoques con un bloque de madera y un gato o con el estante o haga que un ayudante sostenga el parachoques al remover los pernos.

5 Remueva los pernos del calzo y separe el parachoques **(vea ilustraciones)**.

6 La instalación se hace en el orden inverso al procedimiento de desensamble.

7 Apriete los pernos de instalar firmemente.

8 Instale la tira de caucho y cualquier otros componentes que fueron removidos.

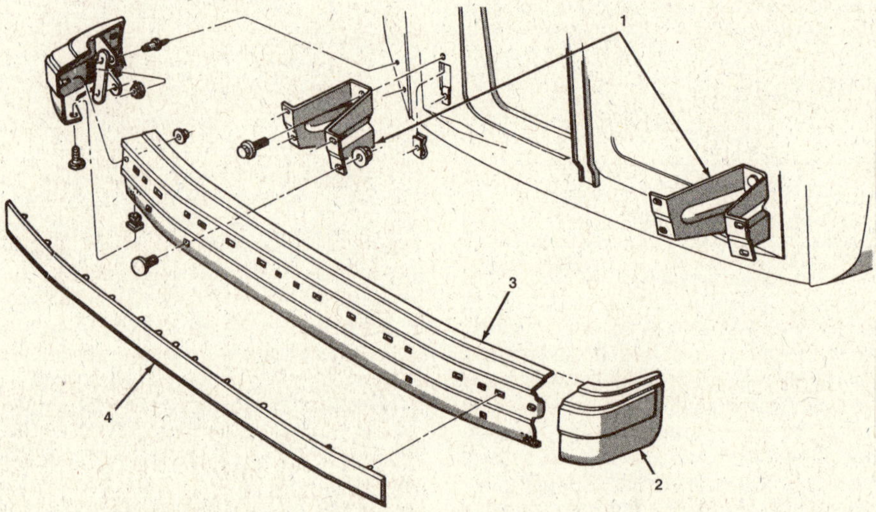

10.1 Componentes del parachoques delantero - vista esquemática (parachoques trasero similar)

1 *Soporte del parachoques delantero*
2 *Tapa final del parachoques delantero*
3 *Parachoques delantero*
4 *Cordón de caucho*

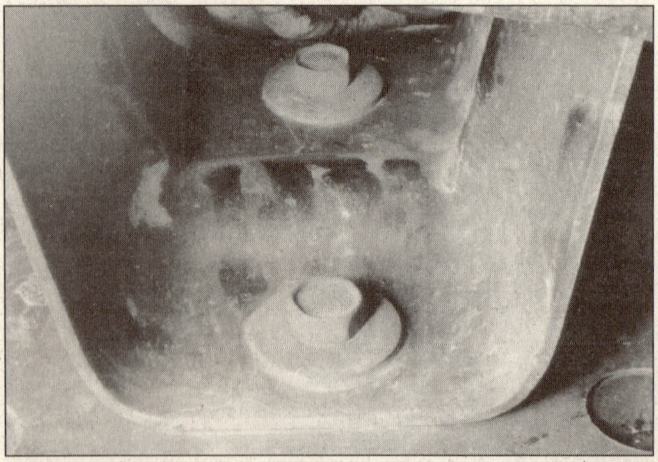

10.5a Remueva los pernos delanteros de apoyo del parachoques

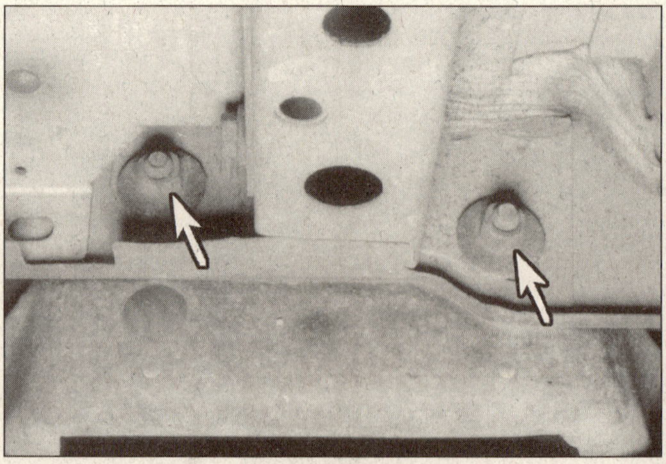

10.5b Remueva los pernos traseros de apoyo del parachoques

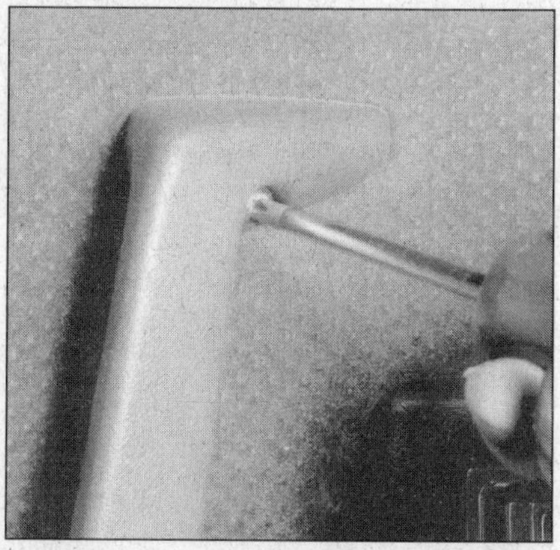

11.2a Remueva el tornillo de montaje de la Sección superior del descansa brazo

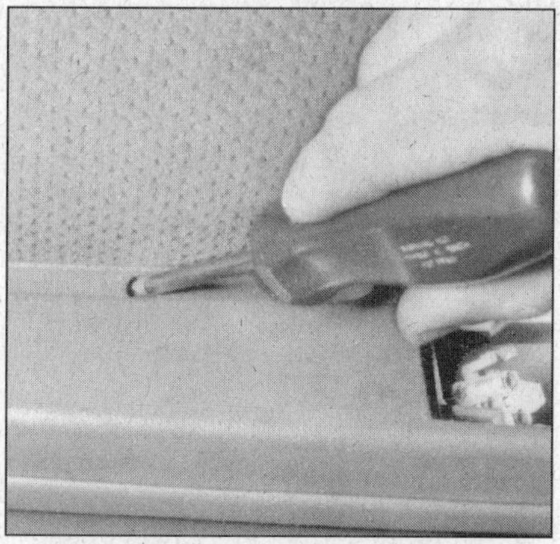

11.2b El otro tornillo de montaje del descansa brazo está metido dentro de la muesca formada (bolsillo)

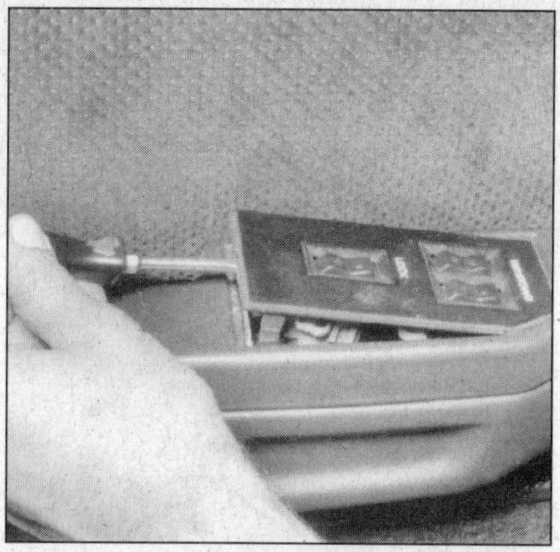

11.2c Use un destornillador plano y haga palanca a la tapa del interruptor de la ventana de poder

11 Moldura de la puerta - remover e instalar

Puerta delantera

Refiérase a las ilustraciones 11.2a, 11.2b, 11.2c, 11.2d y 11.4

1 Desconecte el cable negativo de la batería.

2 Remueva todos los tornillos de retención de la moldura de la puerta y los ensamblajes de la manigueta interior y del descansa brazos de la puerta **(vea ilustraciones)**.

3 En los modelos con ventanas manuales, remueva la manivela de la ventana. En los modelos con ventanas de poder, remueva el tornillo, remueva hacia fuera haciéndole palanca a la asamblea del interruptor de control y desconéctelo.

4 Inserciόne un cuchillo entre la moldura y la puerta **(vea ilustración)** y desengrane los retenedores. Trabaje alrededor de la orilla exterior hasta que el panel esté libre.

5 Una vez que todos los retenedores estén desengranados, separe la moldura, desconecte cualquiera de los conectores del arnés de alambre y remueva la moldura del vehículo.

11.4 Use una herramienta especial de tapicería o cuchillo de lodo y hágale palanca cuidadosamente al panel de la puerta

6 Para tener acceso a la puerta interior, cuidadosamente desenvuelva el protector de plástico para el agua.

7 Antes de la instalación del panel de la puerta, esté seguro de volver a instalar cualquier sujetador en el panel que puedan haberse salido durante el procedimiento para remover y permanecen en la puerta misma.

8 Conecte los conectores del arnés de alambre y coloque el panel en posición en la puerta. Apriete el panel de la moldura en su lugar hasta que los retenedores estén sentados.

9 Instale el descansa brazo/manigueta interior de la puerta y la manilla o manivela de la ventana.

Puerta que desliza

Refiérase a la ilustración 11.11

10 Cierre la puerta y remueva la moldura/biselado del control remoto del picaporte.

11 Remueva los tapones y los tornillos de la moldura del control del brazo superior **(vea ilustración)** y remueva la tapa.

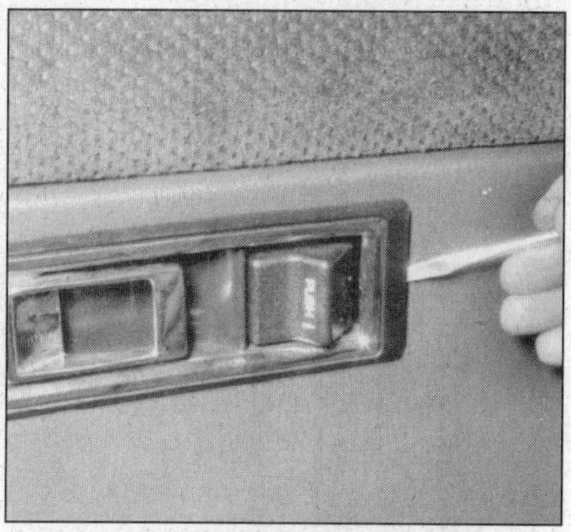

11.2d Use un destornillador plano para remover la tapa interior del asa de la puerta

12 Remueva los afianzadores de refuerzo del panel de plástico de la moldura.

13 Remueva los afianzadores de la moldura de la puerta y remueva el panel.

14 La instalación se hace en el orden inverso al procedimiento de desensamble.

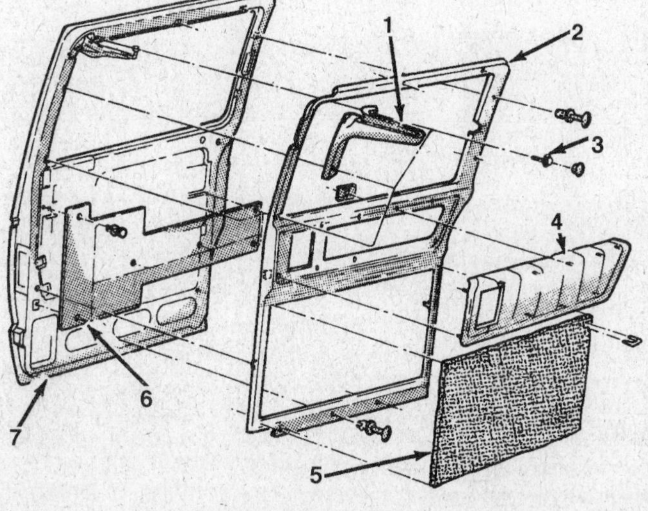

11.11 Detalles de la moldura de la puerta que desliza

1 *Cubierta del descansa brazo superior*
2 *Panel del panel de la puerta que desliza*
3 *17 pulgadas libras*
4 *Bolsillo del panel del panel*
5 *Tapicería*
6 *Cubierta interior del panel*
7 *Puerta que desliza*

12.2a Remueva los tornillos de montaje (flechas) del picaporte interior de la puerta y remueva la asamblea cuidadosamente para obtener acceso a las bielas de la línea

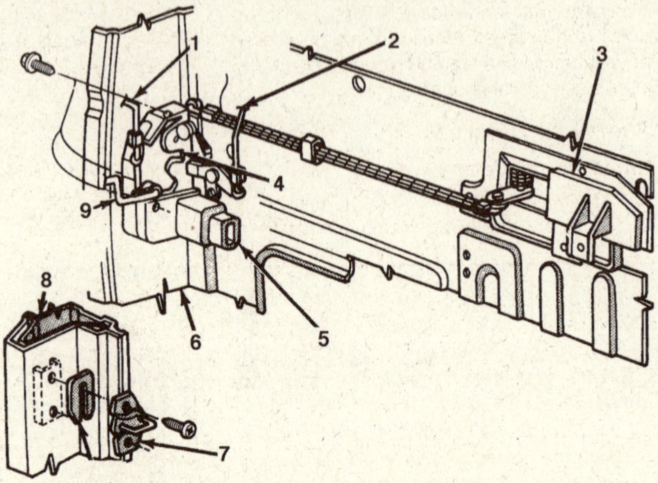

12.2b Picaporte de la puerta y detalles de acoplamiento de la biela en 1991 y los modelos más modernos

1 Eslabón de la perilla externa
2 Eslabón del botón de la cerradura
3 Asa interior
4 Picaporte
5 Actuador de poder de la cerradura de la puerta
6 Marco final de la puerta
7 Lámina
8 Pilar B
9 Eslabón del cilindro de la cerradura

12.2c Picaporte de la puerta y detalles de acoplamiento de la biela en modelos más antiguos

1 Eslabón del picaporte del asa externa
2 Eslabón del picaporte del cilindro de la cerradura
3 Asamblea del picaporte
4 Retenedor de antichirreante
5 Liberador del picaporte interior al eslabón del picaporte
6 Control remoto del picaporte/cerradura
7 Control remoto de la cerradura interior al eslabón del picaporte
8 Motor eléctrico de la cerradura del picaporte
9 Asamblea del puntal
10 Pilar de la cerradura
11 Espaciador

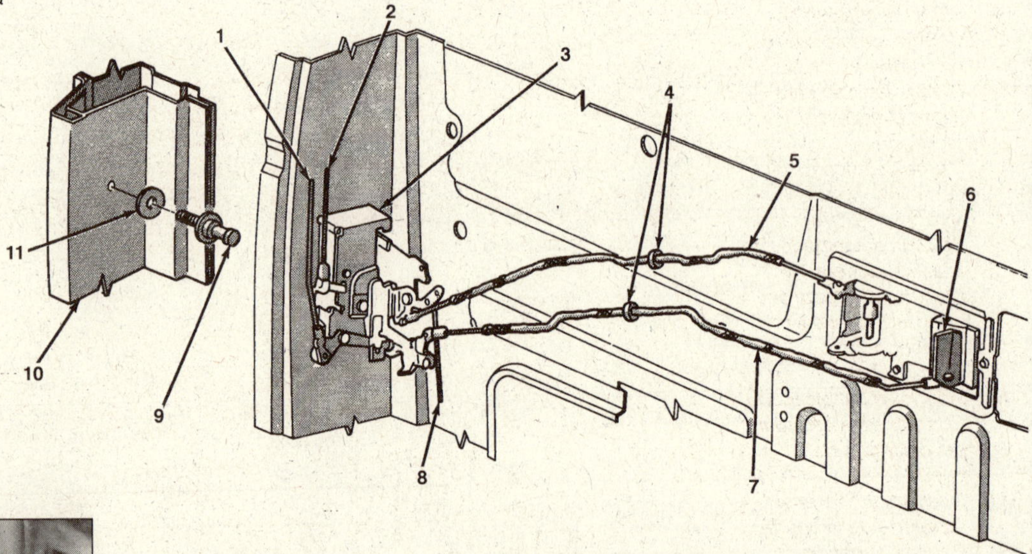

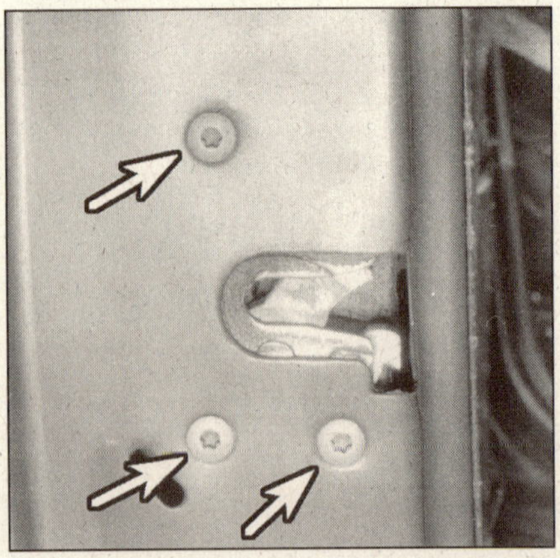

12.3 Remueva los pernos (flechas) de Torx del exterior de la puerta

12 Picaporte de la puerta, cilindro de la cerradura y manija exterior - remover e instalar

Picaporte de la puerta

Puerta delantera

Refiérase a las ilustraciones 12.2a, 12.2b, 12.2c y 12.3

1 Cierre la ventana completamente y remueva la moldura de la puerta y el protector para el agua (vea Sección 11).

2 Desconecte las varillas de enlace del picaporte **(vea ilustraciones)**.

3 Remueva los tres tornillos de cabeza Torx **(vea ilustración)** en la jamba exterior de la puerta. Puede ser necesario tener que usar un destornillador de tipo impacto para aflojarlos.

4 Hale las dos mitades del picaporte fuera de la puerta.

5 Coloque el picaporte en posición e instale los tornillos. Apriete los tornillos firmemente.

6 Conecte las varillas de enlace al picaporte.

7 Chequee la puerta para asegurarse que cierra apropiadamente. Ajuste de nuevo el

picaporte (aflojando los tornillos y moviéndolo) según sea necesario hasta que la puerta cierre suavemente (con la asa de la puerta al nivel de la puerta).

Puerta que desliza

Remover e instalar

Refiérase a la ilustración 12.9

8 El picaporte de la puerta que desliza y la asamblea del asa consolidan las cerraduras de las puertas, el picaporte y las asas son una unidad fácil de otorgarle servicio.

9 Refiérase a la Sección 11 y remueva la moldura, entonces remueva el picaporte de ocho y los pernos del ensamblaje para el control del asa de la puerta **(vea ilustración)**.

10 Desconecte el acoplamiento y el arnés del alambrado.

11 Separe la asamblea del control.

12 La instalación se hace en el orden inverso al procedimiento de desensamble.

Ajuste del picaporte

Refiérase a las ilustraciones 12.14, 12.15, 12.16 y 12.17

13 La asamblea del picaporte y la asa pueden ser ajustados en varios puntos cuando falla de operar apropiadamente. Ellos inclu-

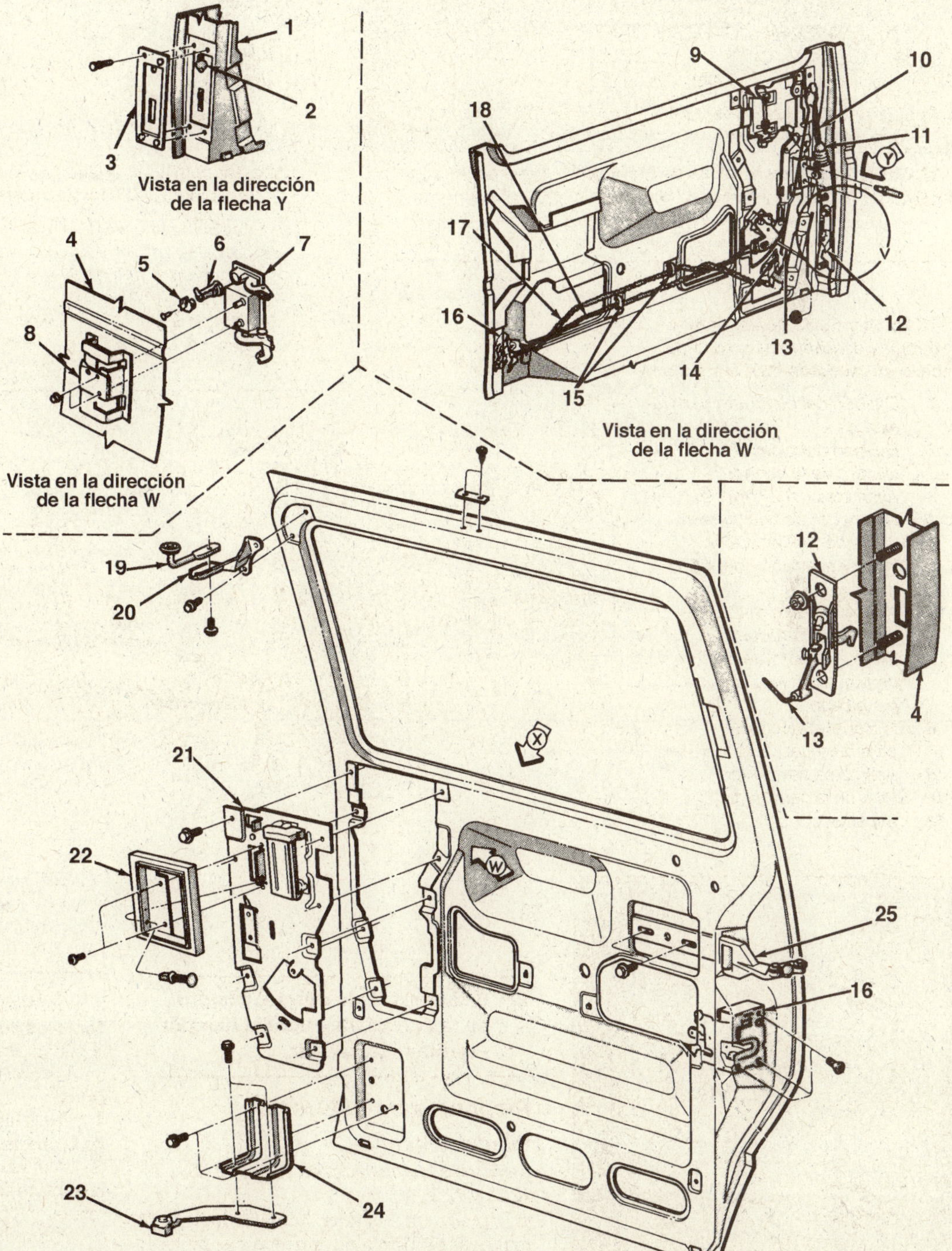

12.9 Picaporte de la puerta que desliza, cerradura y componentes del asa - vista esquemática

1 *Puerta que desliza*
2 *Estabilizador*
3 *Sello estabilizador*
4 *Puerta que desliza*
5 *Retenedor*
6 *Cilindro de la cerradura*
7 *Asa exterior*
8 *Plato del asa exterior*
9 *Control remoto del picaporte*
10 *Motor eléctrico para cerrar el eslabón del picaporte*
11 *Motor eléctrico de la cerradura*
12 *Asamblea estabilizadora*
13 *Eslabón actualizador de la estabilizadora*
14 *Cilindro de la llave al eslabón actualizador*
15 *Retenedor de antichirreante*
16 *Asamblea del picaporte*
17 *Eslabón de la cerradura del picaporte de la puerta*
18 *Eslabón de liberar el picaporte de la puerta*
19 *Rodillos superiores*
20 *Soporte de los rodillos superiores*
21 *Asamblea del control remoto de la cerradura del picaporte*
22 *Bisel control remoto*
23 *Asamblea de los rodillos inferiores*
24 *Soporte de apoyo de los rodillos inferiores*
25 *Asamblea de los rodillos centrales*

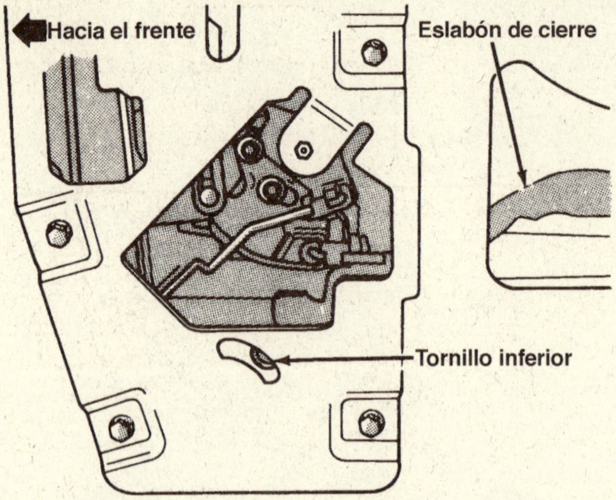

12.14 Ajustes de la perilla de la cerradura de la puerta que desliza

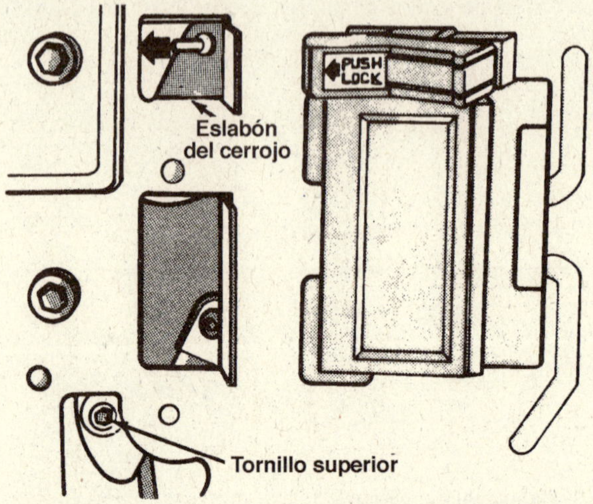

12.15 Ajustes del asa interior de la puerta que desliza

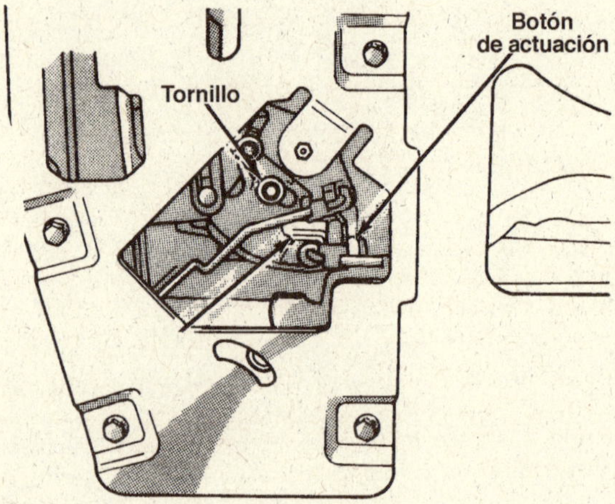

12.16 Ajustes del asa exterior de la puerta que desliza

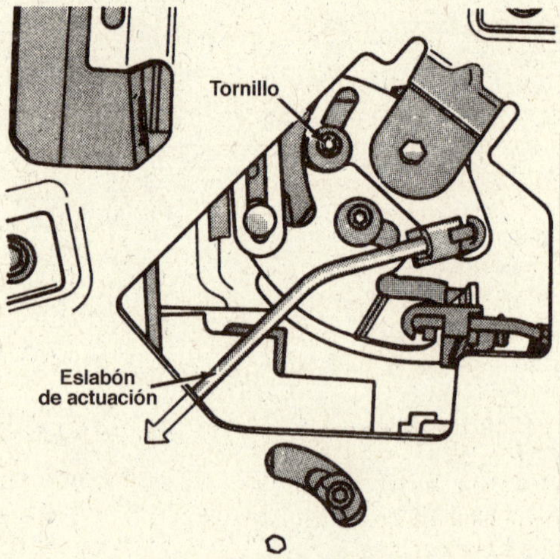

12.17 Ajustes del gancho delantero de la puerta que desliza

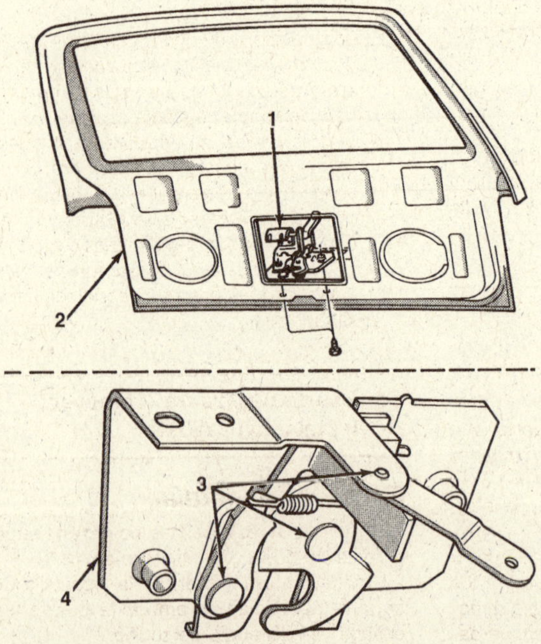

12.19 Asamblea del picaporte del elevador

1 *Asamblea de la cerra dura*
2 *Elevador*
3 *Lubricar*
4 *Asamblea del pícaport*

yen la perilla de la cerradura, la asa interior, la asa exterior y el gancho delantero.

14 Realice el ajuste de la perilla de la cerradura con la puerta abierta. Afloje el tornillo inferior de cabeza Allen en la asamblea de control, entonces cierre el picaporte estirando el acoplamiento de la cerradura hacia adelante y apriete el tornillo de cabeza Allen a 25 pulgada-libras **(vea ilustración)**.

15 Ajuste la asa interior aflojando el tornillo superior de cabeza Allen al lado izquierdo de la asamblea. Insercióne un destornillador por dentro del orificio cuadrado en la asamblea y hale el picaporte de cerradura lo suficiente para eliminar todo juego libre. Apriete el tornillo a 25 pulgada-libras **(vea ilustración)**.

16 La asa exterior puede ser ajustada aflojando el tornillo más bajo de cabeza Allen en el pivote central. Detenga la leva central del pivote contra el botón exterior actuador del asa y apriete el tornillo a 25 pulgada-libras **(vea ilustración)**.

17 El ajuste del gancho delantero debe ser hecho con la puerta cerrada. Afloje el tornillo superior de cabeza Allen en el pivote central. Empuje el eslabón del gancho actuador del

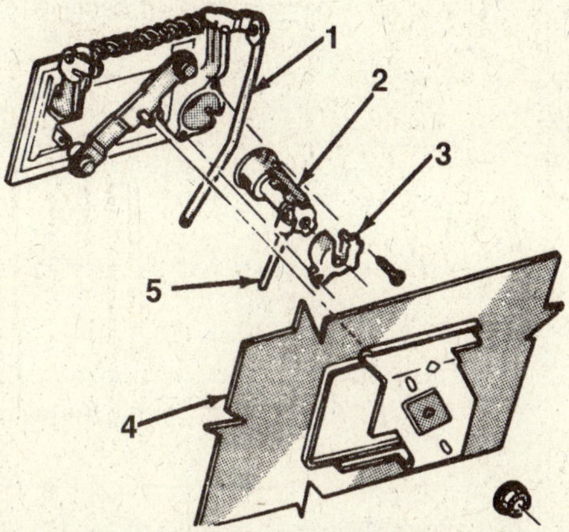

12.22 Asamblea del asa exterior de la puerta y componentes del cilindro de la cerradura - vista esquemática

1 *Asamblea del asa exterior*
2 *Cilindro del picaporte*
3 *Retenedor del cilindro del picaporte*
4 *Panel de la puerta*
5 *Eslabón de la cerradura del cilindro del picaporte*

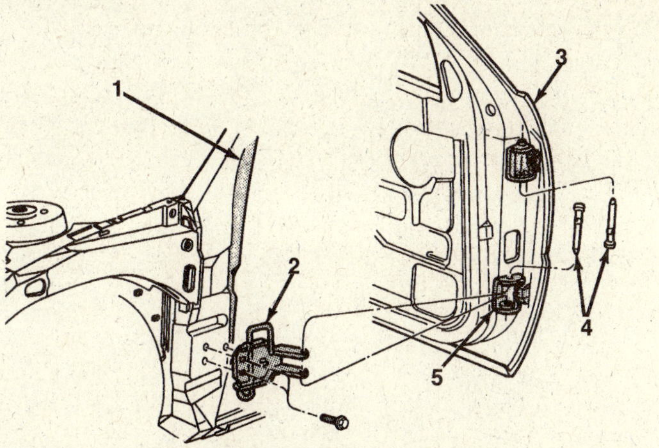

13.4 Detalles de la bisagra de la puerta

1 *Pilar de la bisagra de la puerta delantera*
2 *Mitad de la bisagra retenida con pernos*
3 *Puerta delantera*
4 *Clavijas de la bisagra*
5 *Mitad de la bisagra soldada*

frente hasta que llegue al fondo del gancho y apriete el tornillo a 25 pulgada-libras **(vea ilustración)**.

Elevador

Refiérase a la ilustración 12.19

18 Remueva la moldura y el protector para el agua en el interior del elevador (vea Sección 11).

19 Remueva los tornillos que retienen la asamblea del picaporte al fondo del elevador **(vea ilustración)**.

20 Remueva cualquiera de los cables o bielas conectados a la asamblea.

21 La instalación se hace en el orden inverso al procedimiento de desensamble.

Cilindro de cierre

Puerta delantera

Refiérase a la ilustración 12.22

22 Remueva la asa exterior de la puerta (vea abajo). Desconecte el eslabón, use un destornillador para empujar el retenedor clave de los cilindros de la cerradura hacia fuera y retractar el cilindro de la cerradura **(vea ilustración)** de la puerta.

23 La instalación se hace en el orden inverso al procedimiento de desensamble.

Puerta que desliza

24 Refiérase a la Sección 11 y remueva la moldura.

25 Remueva el picaporte y la asamblea del asa (vea el procedimiento anterior).

26 Remueva las dos tuercas de retención del asa dentro de la puerta y separe la asamblea del asa exterior **(vea ilustración 12.9)**.

27 Remueva los tornillos y separe el cilindro de la cerradura del asamblea exterior del asa.

28 La instalación se hace en el orden inverso al procedimiento de desensamble.

Elevador

29 Remueva la asamblea del picaporte del elevador (vea el procedimiento anterior).

30 Remueva la tuerca que retiene el cilindro de la cerradura a la asamblea del picaporte.

31 La instalación se hace en el orden inverso al procedimiento de desensamble.

Asa exterior

Puerta delantera

32 Remueva el panel al frente de la moldura de la puerta (vea Sección 11).

33 Desconecte la asa exterior (control remoto) del picaporte, remueva las tuercas del calzo y separe la asa de la puerta **(vea ilustración 12.22)**.

34 Coloque la asa en posición, conecte el eslabón e instale las tuercas. Apriete las tuercas firmemente.

Puerta que desliza y elevador

35 Siga los procedimientos anteriores para el picaporte y los cilindro de la cerradura y separe la asa exterior del asamblea de la cerradura.

13 Puerta delantera - remover e instalar

Refiérase a la ilustración 13.4

1 Remueva la moldura de la puerta (vea Sección 11). Desconecte cualquier conector del arnés del alambrado y empújelos por la apertura de la puerta para que ellos no intervengan con la remoción de la puerta.

2 Remueva el guardafangos delantero (vea Sección 26) para obtener acceso a los pernos de la bisagra. **Nota:** *Es posible remover la puerta delantera sin remover el guardafangos usando un punzón agudo y empujar las clavijas de la bisagra de la asamblea.*

3 Coloque un gato o estante debajo de la puerta o tenga un ayudante a mano para sostenerlo cuando los pernos de la bisagra son removidos. **Nota:** *Si un gato o el estante es usado, coloque un trapo entre este y la puerta para proteger las superficies pintadas de la puerta.*

4 Remueva los pernos de la bisagra de la puerta o expulse las clavijas y levante cuidadosamente la puerta hacia fuera **(vea ilustración)**.

5 La instalación se hace en el orden inverso al procedimiento de desensamble.

6 Siguiendo la instalación de la puerta, chequee la alineación y ajústela si es necesario como sigue:

a) Los ajustes son hechos cuidadosamente de arriba hacia abajo y de adelante hacia atrás doblando las bisagras levemente, usando una herramienta especial.

b) El precutor de la cerradura de la puerta puede ser ajustado también ambos de arriba hacia abajo y de lado hacia lado para proporcionar el engrane positivo con el mecanismo de la cerradura. Esto es hecho aflojando los pernos del calzo y moviendo el precutor según sea necesario.

14 Puerta deslizante - remover, instalación y ajuste

Remover e instalar

1 Remueva las tapas de los rodillos superiores e inferiores **(vea ilustración 12.9)**.

2 Use pintura y marque la posición del soporte del rodillo en ambos la puerta y el ensamblaje del brazo del rodillo.

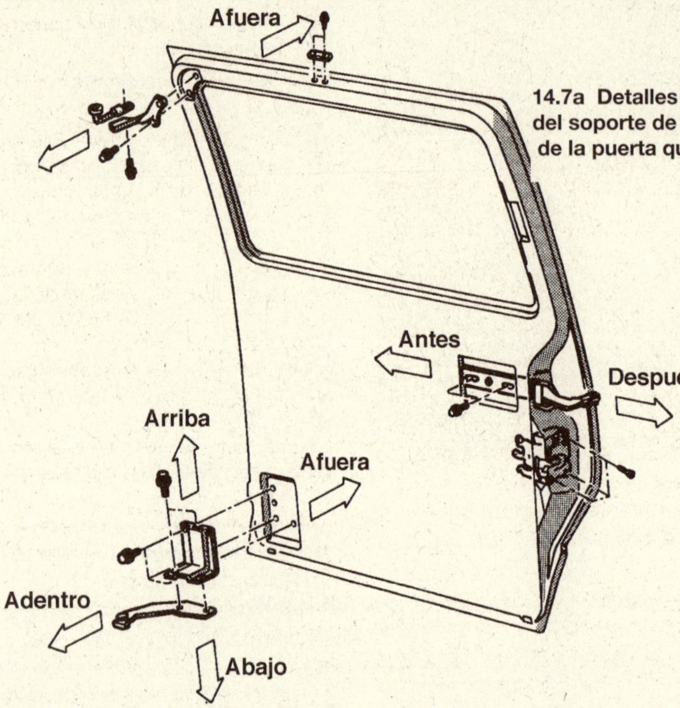

14.7a Detalles del ajuste del soporte de la bisagra de la puerta que desliza

3 Sostenga la puerta con un bloque de madera y un gato de piso.

4 Remueva el perno del soporte superior del rodillo al rodillo superior. Haga lo mismo para el rodillo más bajo.

5 Remueva el soporte del rodillo de la puerta.

6 La instalación se hace en el orden inverso al procedimiento de desensamble.

Ajuste

Refiérase a las ilustraciones 14.7a, 14.7b y 14.7c

7 Si la ubicación de la línea característica, los tamaños del espacio libre y la operación de las bisagras y otros sistemas de la puerta no son satisfactorios, la puerta puede ser ajustada aflojando los pernos del calzo de la asamblea del rodillo y posicione otra vez los soportes **(vea ilustraciones)**.

8 La siguiente secuencia es recomendada para asegurar el ajuste correcto.

9 Ajuste la puerta del frente al pilar y la relación del guardafango delantero.

- *a) El espacio libre entre el pilar derecho y la puerta derecha debe ser 1/4-pulgada.*
- *b) El espacio libre entre el guardafango del lado derecho y la puerta derecha debe ser 1/4-pulgada.*
- *c) El guardafangos y las líneas de la puerta deben igualar.*

10 Ajuste la puerta que desliza a la puerta del frente y la relación del panel.

- *a) El espacio libre entre la parte trasera de una puerta delantera apropiadamente ajustada y la orilla del frente de la puerta que desliza debe ser 5/16-pulgada por encima y por abajo.*
- *b) El espacio libre entre el panel correcto y la puerta que desliza debe ser 1/4-pulgada en ambas arriba y abajo.*
- *c) Las líneas del guardafangos del lado derecho, la puerta delantera del lado derecho, la puerta que desliza y el panel deben alinear.*

15 Elevador - remover, instalación y ajuste

Refiérase a la ilustración 15.5

1 Haga que un ayudante sostenga el elevador en su posición completamente abierta.

2 Desconecte todos los cables y los conectores del arnés del alambrado que intervendrían con la remoción del elevador.

3 Marque o ralle alrededor de las pestañas de la bisagra.

4 Mientras un ayudante sostiene el elevador, separe los puntales de apoyo (vea Sección 16).

5 Remueva los pernos de la bisagra **(vea ilustración)** y separe el elevador del vehículo.

6 La instalación se hace en el orden inverso al procedimiento de desensamble.

7 Después de la instalación, cierre el elevador y asegúrese que esté alineado apropiadamente con los paneles circundantes de la carrocería del vehículo. Los ajustes son hechos cambiando la posición de los pernos de la bisagra en las hendiduras. Para ajustarlo, afloje los pernos de la bisagra y vuelva a posicionar las bisagras o de lado a lado o hacia adelante y hacia atrás, la cantidad deseada y vuelva a apretar los pernos.

8 El engrane del elevador puede ser ajustado aflojando los pernos del precutor de la cerradura, posicione otra vez el precutor y vuelva a apretar los pernos.

14.7b Asegúrese de marcar los pernos del picaporte con pintura antes de removerlos de la puerta que desliza

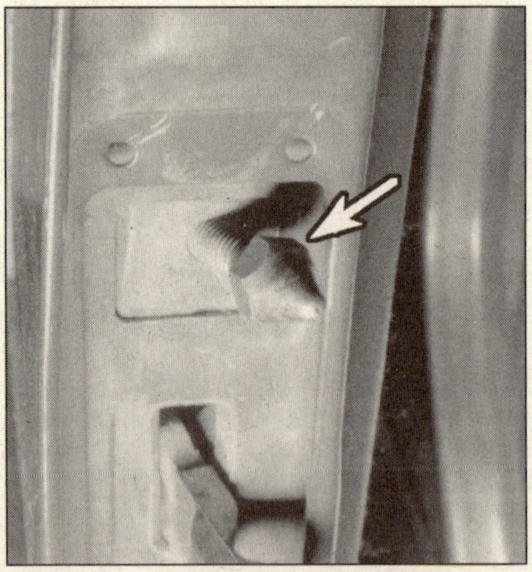

14.7c Ajuste del detenedor de la puerta para aumentar o disminuir la distancia al panel

15.5 Remueva los pernos del elevador a la bisagra, no los pernos de la bisagra a la carrocería

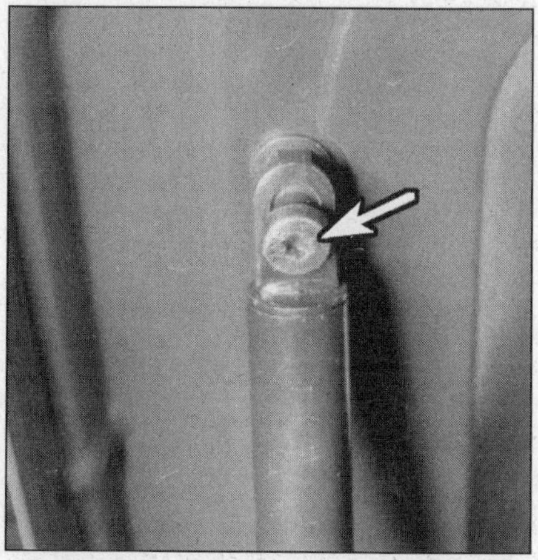

16.2 Use un dado de Torx y remueva el montaje del elevador superior

16 Puntal del elevador - reemplazo

Refiérase a las ilustraciones 16.2 y 16.3

1 Haga que un ayudante sostenga el elevador en su posición completamente abierta.

2 Use un dado de Torx y remueva el calzo superior donde se conecta con el elevador **(vea ilustración)**.

3 Remueva los tornillos de montaje de la moldura en la vecindad del puntal (vea Sección 22) y cuidadosamente desenvuelva los paneles para obtener acceso al cuerpo del puntal **(vea ilustración)**.

4 Remueva el perno del calzo donde el puntal conecta a la carrocería **(vea ilustración 16.3)**.

5 Baje cuidadosamente el elevador hacia abajo a una posición cerrada.

6 La instalación se hace en el orden inverso al procedimiento de desensamble.

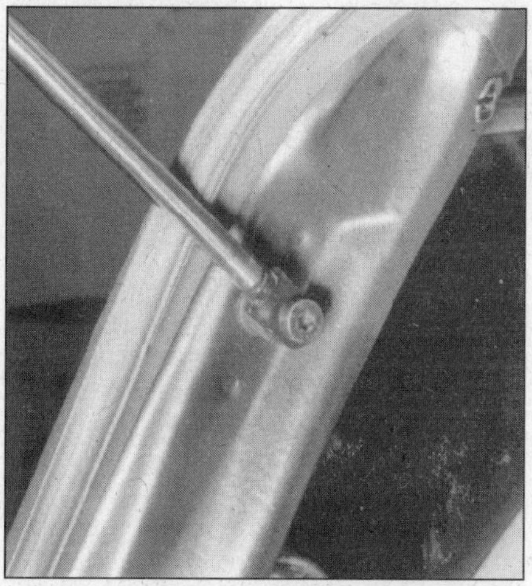

16.3 Cuidadosamente doble el panel interior de la moldura para tener acceso al otro puntal de montaje

17 Vidrio de la ventana de la puerta delantera - remover e instalar

Refiérase a la ilustración 17.3

1 Remueva la moldura de la puerta y el protector para el agua (vea Sección 11).

2 Vuelva a instalar la manivela y eleve (o baje) parcialmente el vidrio hasta que la asamblea del regulador de la ventana esté visible por el orificio del acceso **(vea ilustración 12.9)**.

3 Remueva las dos tuercas que aseguran el vidrio al regulador **(vea ilustración)**.

4 Hale el vidrio de la puerta hacia arriba y fuera de la puerta.

5 La instalación se hace en el orden inverso al procedimiento de desensamble.

18 Vidrio dependido - remover e instalar

Refiérase a la ilustración 18.2

1 Remueva los paneles interiores de la moldura que rodean la ventana que va a ser reemplazada (vea Sección 22).

2 Remueva los tornillos del vidrio al picaporte **(vea ilustración)**.

3 Remueva las tuercas que sostienen la bisagra a la puerta o el panel de la apertura.

4 Remueva la asamblea del vidrio. Si usted está reemplazándola con una ventana nueva, transfiera los componentes de conexión del picaporte a la asamblea nueva del vidrio.

5 La instalación se hace en el orden inverso al procedimiento de desensamble.

19 Regulador de la ventana - remover e instalar

Refiérase a las ilustraciones 19.5a, 19.5b y 19.5c

1 Remueva la moldura de la puerta y el protector para el agua (vea Sección 11).

2 Remueva los pernos que retienen el vidrio de la puerta al plato elevador de la ventana (vea Sección 17), baje lentamente el vidrio y permita que se siente en el fondo de la puerta.

3 Desconecte el poste del cable negativo en la batería.

4 Si el vehículo está equipado con un regulador de poder, desconecte el conector eléctrico del regulador de poder de la moldura de la puerta.

5 Remueva los pernos que retienen el regulador al panel interior de la puerta **(vea**

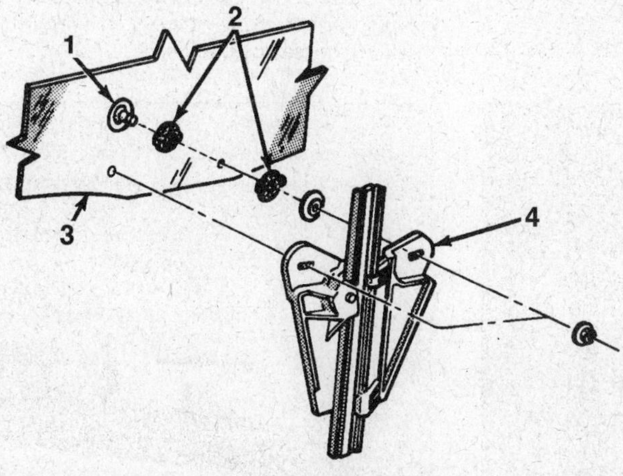

17.3 El vidrio de la puerta está conectado a la pestaña del regulador con dos tuercas

1 Espárrafo y arandela
2 Junta
3 Vidrio
4 Asamblea del regulador de la ventana delantera

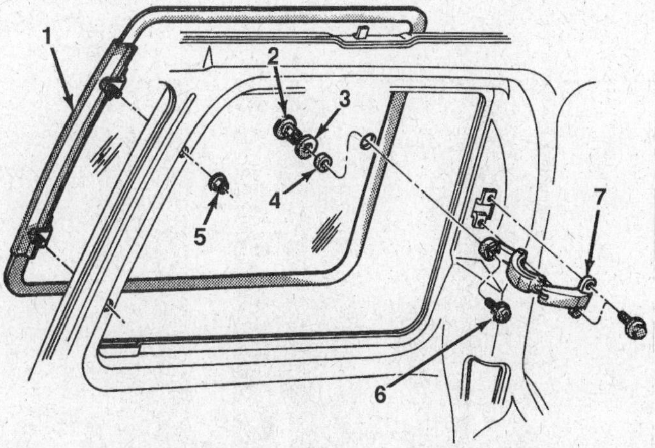

18.2 Detalles interiores del vidrio de la puerta

1 Módulo del vidrio
2 Retenedor
3 Junta
4 Espaciador
5 10 N m (85 pulgada-libras)
6 7 N m (60 pulgada-libras)
7 Asamblea del picaporte

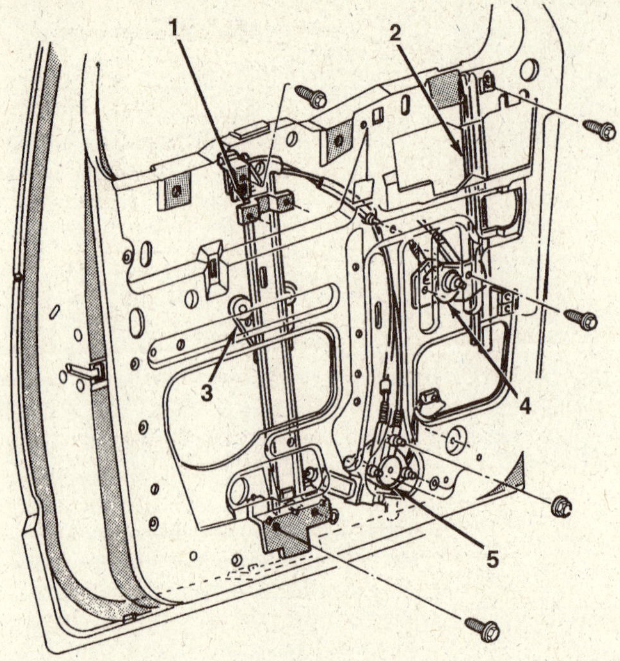

19.5a Componentes interiores de la puerta en 1991 y modelos más modernos

1 *Elevador regulador*
2 *Carril inferior*
3 *Plato elevador*
4 *Regulador de la ventana manual*
5 *Regulador de la ventana de poder*

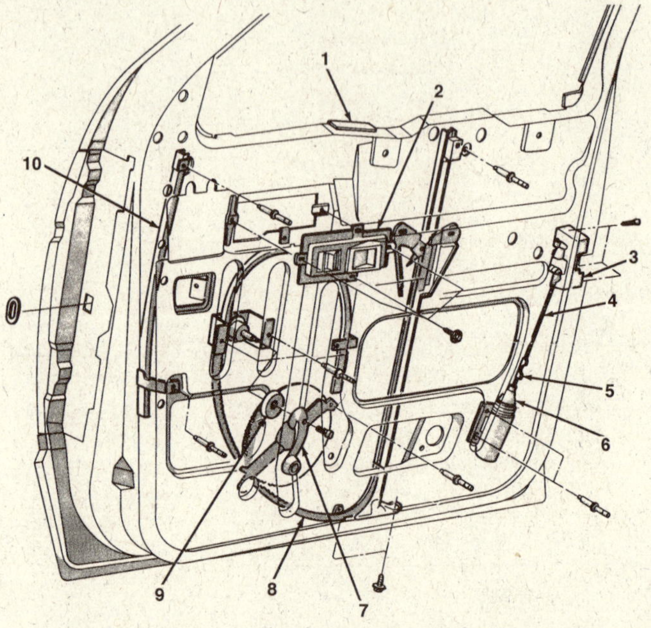

19.5b Componentes interiores de la puerta 1990 y modelos más antiguos

1 *Parachoques antichirreante del vidrio*
2 *Control remoto del picaporte/cerradura*
3 *Picaporte de la puerta delantera*
4 *Eslabón del motor/picaporte*
5 *Retenedor del eslabón/motor*
6 *Motor el eléctrico de la cerradura*
7 *Asa*
8 *Asamblea de la ventana*
9 *Espaciador*
10 *Carril del vidrio*

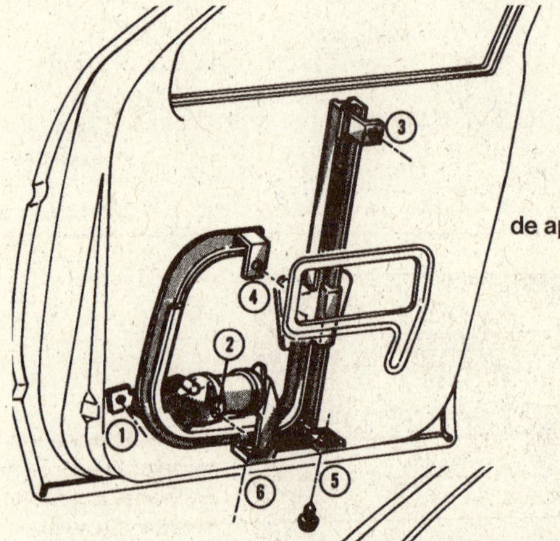

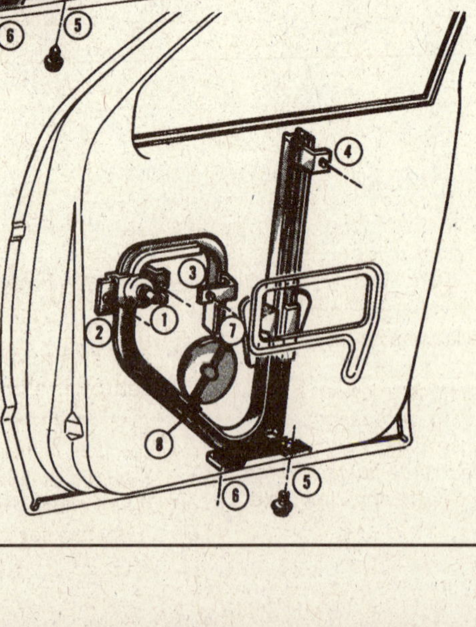

19.5c Instale pernos nuevos después de que los remaches han sido taladrados hacia fuera y ajustados al torque de 90 pulgada-libras en la secuencia mostrada

ilustraciones). Nota: *Alguno de los modelos usan remaches para abrochar los reguladores al panel interior de la puerta. Use un taladro eléctrico y un dado de tamaño apropiado para taladrar las cabezas de los remache de montaje fuera del regulador.*

6 Empuje hacia adentro los afianzadores que retienen los cables del regulador para desengranarlos del panel interior de la puerta.

7 Remueva cuidadosamente el regulador del panel de la puerta.

8 La instalación se hace en el orden inverso al procedimiento de desensamble.

20 Consola - remover e instalar

Consola central (1991 y modelos más modernos solamente)

Refiérase a la ilustración 20.2

1 Remueva el bisel del instrumento central (vea Sección 23).

2 Remueva los tornillos que retienen la cima de la consola al tablero de los instru-

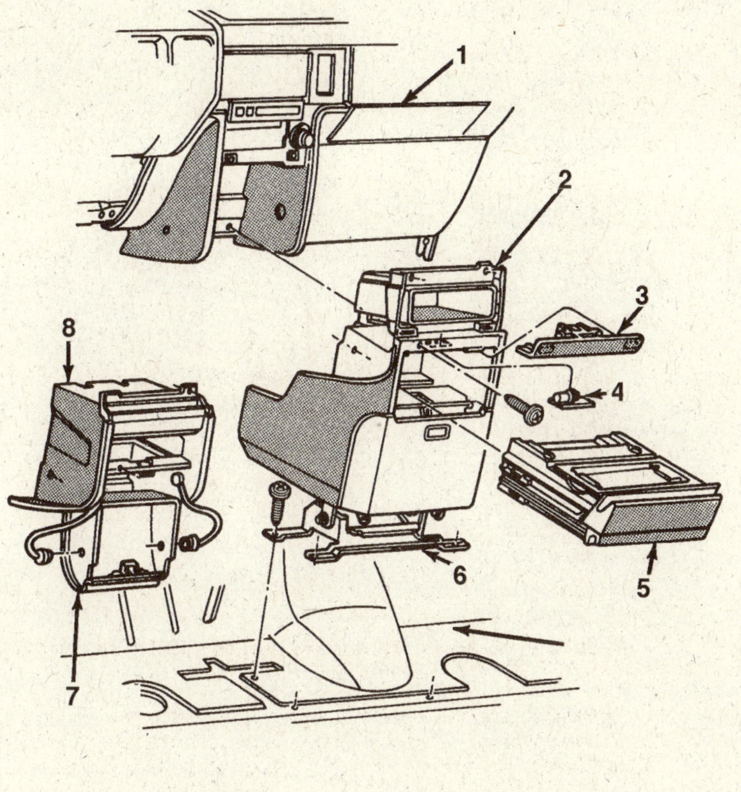

20.2 Detalles del montaje de la consola central delantera 1991 y modelos más modernos

1	*Panel de los instrumentos*	5	*Cenicero*
2	*Consola completamente hacia delante (si está equipado)*	6	*Soporte de montaje*
3	*Relleno del panel*	7	*Receptor de las gafas*
4	*Bombilla del cenicero*	8	*Módulo de la consola superior*

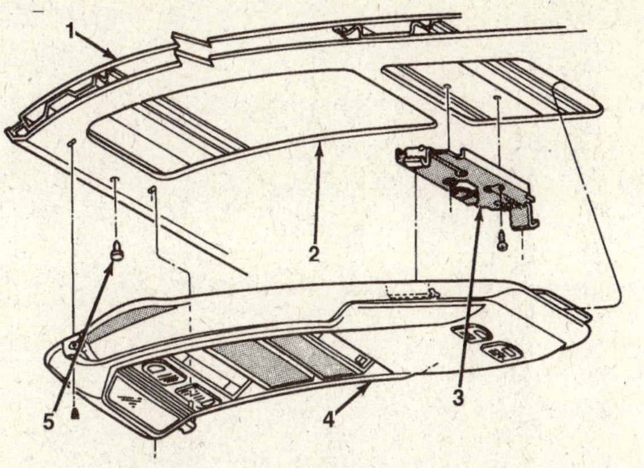

20.10a Detalles de la consola del techo 1991 y modelos más modernos

1	*Panel del techo*	4	*Consola del techo*
2	*Forro del techo*	5	*Retenedor de empuje*
3	*Soporte del montaje*		

20.10b Detalles de la consola del techo en los modelos más antiguos

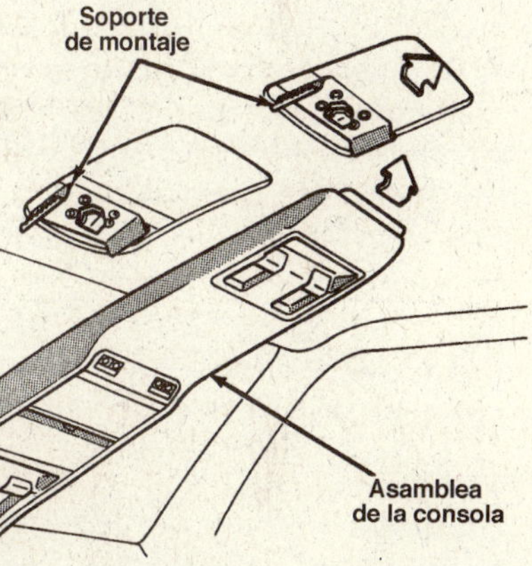

mentos **(vea ilustración)**.

3 Remueva el cenicero y remueva los tornillos que retienen la consola al tablero de los instrumentos.

4 Separe el módulo superior de la consola del tablero de los instrumentos, si está equipado.

5 Desconecte el conector del alambre de la lámpara del cenicero.

6 Remueva los tornillos que retienen el fondo de la consola al soporte del piso.

7 Separe la consola del vehículo.

8 La instalación se hace en el orden inverso al procedimiento de desensamble.

Consola de encima

Refiérase a las ilustraciones 20.10a y 20.10b

9 Desengrane las puntas de la visera de la consola de encima.

10 Remueva los tornillos que retienen la consola de encima al techo localizado al frente de la consola **(vea ilustraciones)**.

11 Deslice la consola de encima para liberar hacia adelante los retenedores que retienen la parte trasera de la consola al techo.

12 Desconecte los conectores de alambre de la parte trasera de la consola y separe la consola del vehículo.

13 La instalación se hace en el orden inverso al procedimiento de desensamble. **Nota:** *Al oprimir la consola hacia arriba, deslice la consola hacia adelante hasta que los afianzadores de la consola se abrochen en el soporte de montaje.*

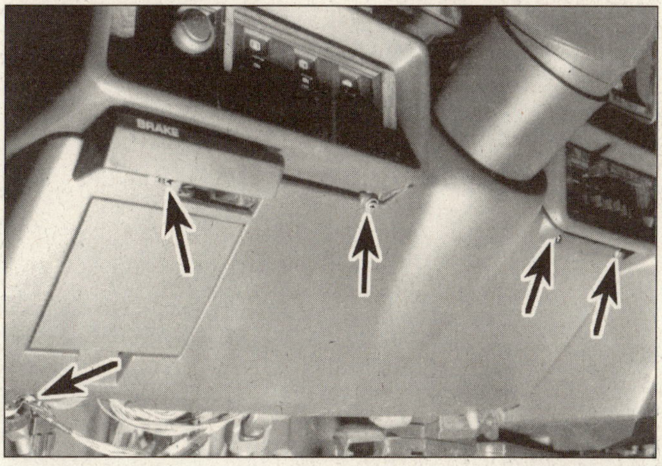

21.1 Remueva los tornillos de montaje del panel del tablero inferior al panel superior

11

21 Paneles inferiores del tablero - remover e instalar

Refiérase a la ilustración 21.1

1 Localice el panel inferior de la moldura del tablero debajo de la columna de la dirección. Remueva los tornillos **(vea ilustración)**

del panel.
2 Baje el panel y remuévalo del vehículo.
3 La instalación se hace en el orden inverso al procedimiento de desensamble.

22 Paneles interiores de la moldura - remover e instalar

Refiérase a las ilustraciones 22.1, 22.3, 22.4a y 22.4b

1 Remueva los tapones de plástico de la moldura que va a ser removida. Use un destornillador plano **(vea ilustración)**.
2 Remueva cualquier pedazo de molde o lámina rayada que hace marco con la moldura.
3 Remueva los tornillos del calzo con un destornillador de cabeza de estrella **(vea ilustración)**.
4 Separe la moldura de la carrocería **(vea ilustraciones)**.
5 La instalación se hace en el orden inverso al procedimiento de desensamble.

23 Bisel del grupo de instrumentos - remover e instalar

Refiérase a las ilustraciones 23.1 y 23.7

Peligro: *En modelos equipados con bolsa de aire, siempre desconecte el cable negativo de la batería mientras trabaja en la proximidad de la columna del tablero de instrumentos o dirección para evitar la posibilidad del despliegue accidental de la bolsa de aire, que podría causar una lesión personal.*

1990 y más antiguos

1 Remueva los tornillos del bisel **(vea ilustración)**.
2 Hale el bisel hacia abajo, sepárelo del tablero y remuévalo.
3 La instalación se hace en el orden inverso al procedimiento de desensamble.

1991 hasta 1993

4 Remueva la parrilla del indicador haciéndole palanca cuidadosamente hacia arriba con una herramienta de hoja plana.
5 Remueva los tornillos del módulo del indicador, desconecte el conector eléctrico y remueva el módulo.
6 Remueva la cubierta más baja de la

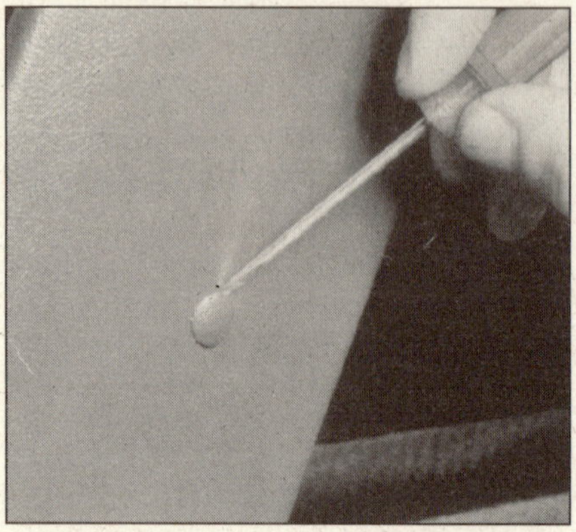

22.1 Cuidadosamente hágale palanca al tapón de plástico del panel de la moldura con un destornillador pequeño y plano

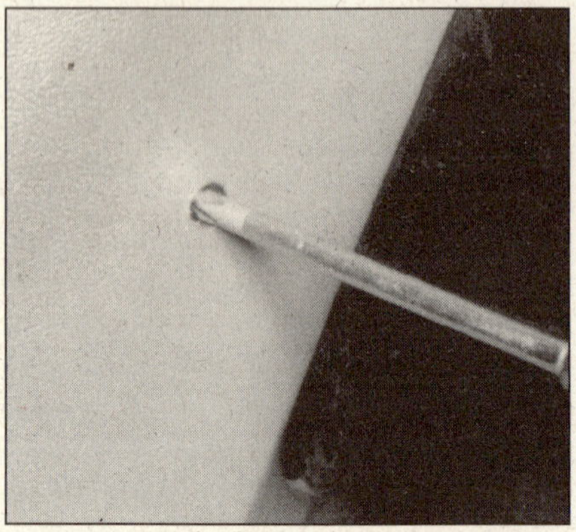

22.3 Remueva el tornillo de montaje con un destornillador de cabeza de estrella

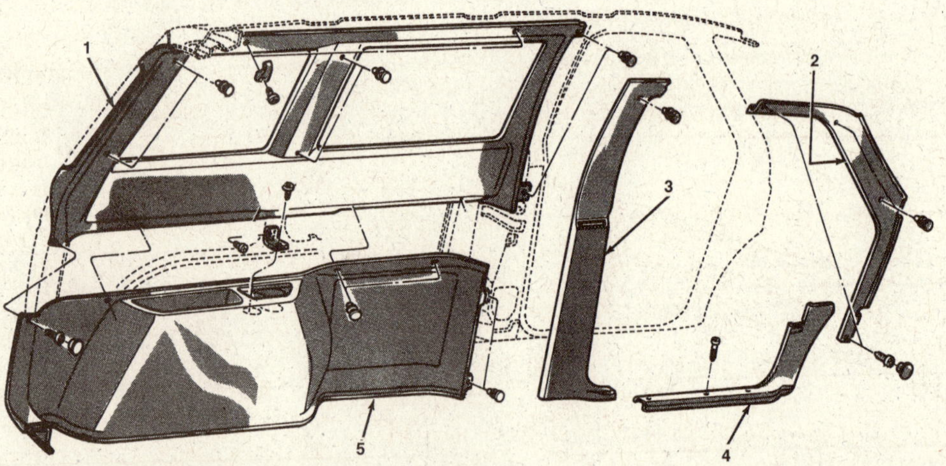

22.4a Paneles típicos de la moldura interior del lado izquierdo

1 *Cuarto panel de la moldura superior*
2 *Moldura de ornamento del lado del parabrisas*
3 *Moldura de ornamento en el Pilar B*
4 *Plato contra muelle*
5 *Cuarto panel de la moldura inferior*

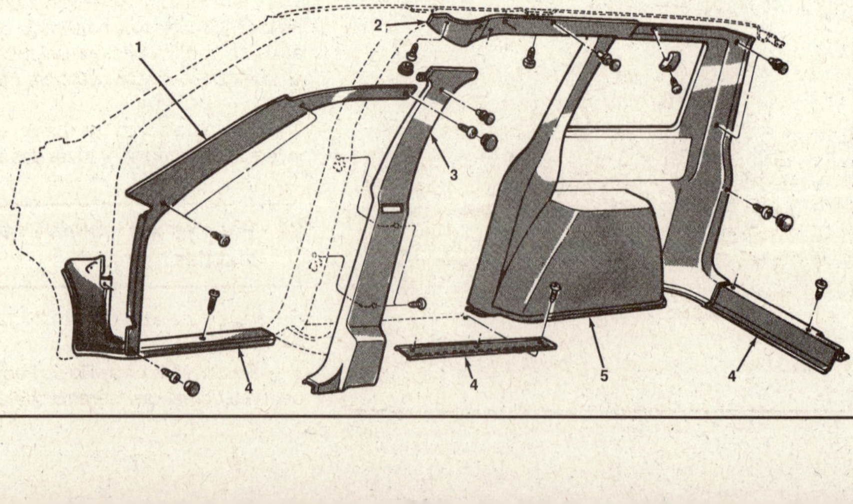

22.4b Paneles típicos de la moldura interior del lado derecho

1 *Moldura de ornamento del lado del parabrisas*
2 *Cubierta del carril*
3 *Moldura de ornamento en el Pilar B*
4 *Plato contra muelle*
5 *Cuarto panel de la moldura*

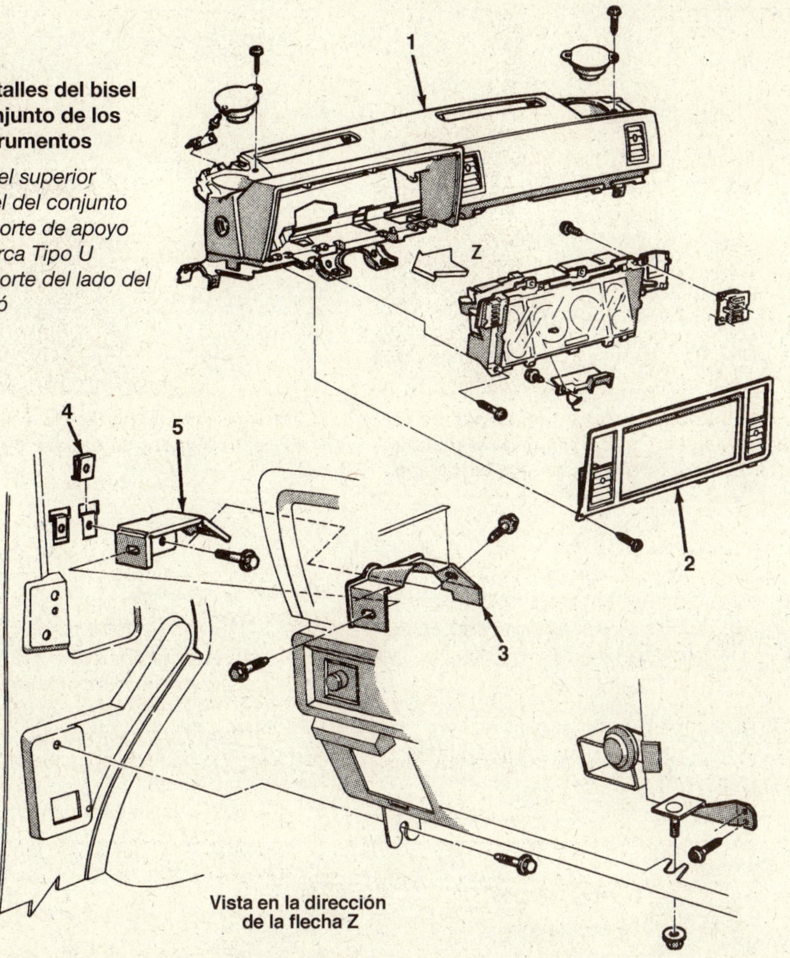

23.1 Detalles del bisel del conjunto de los instrumentos

1 *Panel superior*
2 *Bisel del conjunto*
3 *Soporte de apoyo*
4 *Tuerca Tipo U*
5 *Soporte del lado del capó*

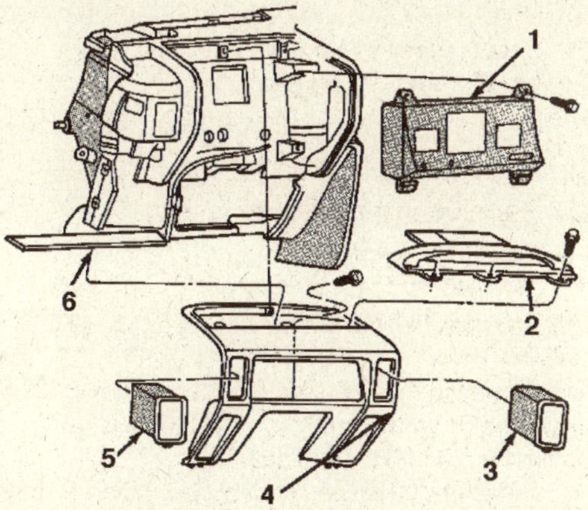

23.7 Detalles del bisel del grupo de instrumento (1991 hasta 1993)

1 *Conjunto*
2 *Módulo del indicador de caución*
3 *Interruptor de la vaina del lavador y parabrisas trasero*
4 *Odómetro y bisel del conjunto de los instrumentos*
6 *Parrilla del módulo del indicador de caución*

columna de la dirección, aplique el freno de estacionamiento y cambie el selector del cambio a la posición baja (si está equipado).

7 Remueva los tornillos del bisel **(vea ilustración)**, desconecte los conectores eléctricos del interruptor y remueva el bisel.

8 La instalación se hace en el orden inverso al procedimiento de desensamble.

1994 y más recientes

9 Remueva la cubierta superior **(vea ilustración 24.1b)**. Use una herramienta de hoja plana para hacerle palanca cuidadosamente hacia arriba en cada final, entonces siga haciéndole palanca por la longitud total de la cubierta hasta que esté libre.

10 Remueva la parrilla del bisel. Use una herramienta de gancho, insertada en las aperturas, para halar la parrilla.

11 Remueva los tornillos de la asamblea del centro de mensajes, haga palanca en cualquier final y remueva el módulo. Desconecte los conectores eléctricos.

12 Remueva el bisel central halando en cada esquina para desconectar los retenedores. Desconecte cualquier conector eléctrico.

13 Remueva los tornillos del bisel del grupo de los instrumentos, hale hacia arriba y hacia atrás en la orilla primera del bisel y remueva el bisel. Desconecte cualquier conector eléctrico.

14 La instalación se hace en el orden inverso al procedimiento de desensamble.

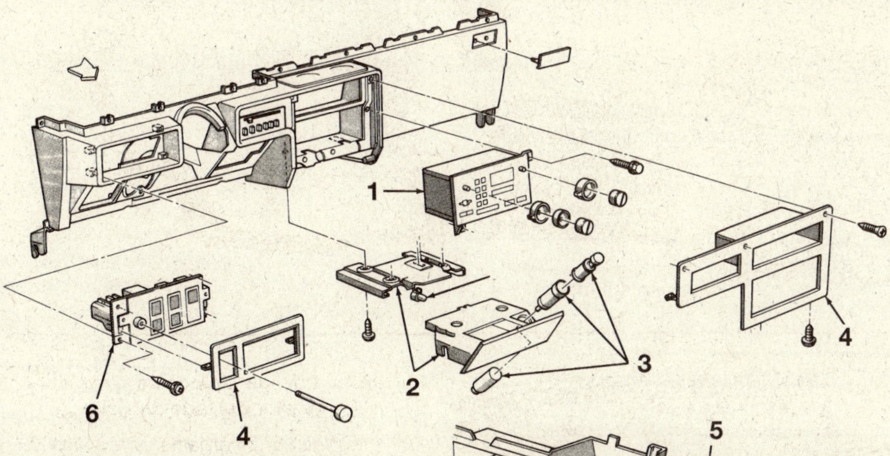

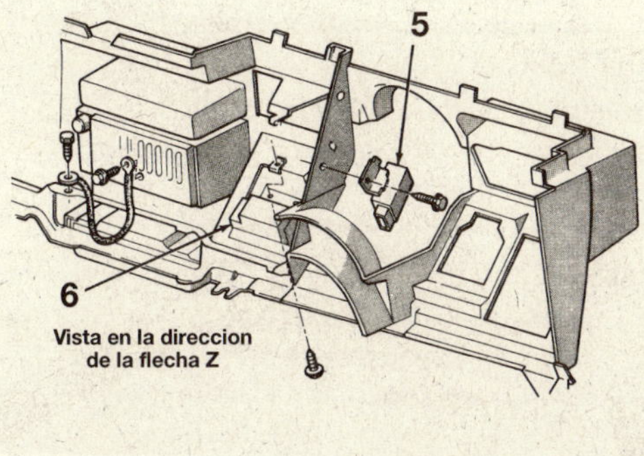

24.1a Detalles del panel del tablero (1990 y más antiguos)

1 *Radio*
2 *Cenicero*
3 *Encendedor*
4 *Bisel*
5 *Control intermitente del limpiaparabrisas*
6 *Interruptores de las luces y los accesorios*

24 Paneles del tablero - remover e instalar

Refiérase a las ilustraciones 24.1a, 24.1b y 24.1c

1 Remueva los tornillos, si está equipado, del panel/bisel que será removido **(vea ilus-**

24.1b Detalles del paneles del tablero (1994 y más modernos)

1 *Interruptor izquierdo de la vaina*
2 *Interruptor derecho de la vaina*
3 *Conjunto biselado*
4 *Capó y asamblea central de mensaje*
5 *Parrilla del bisel*
6 *Tapa superior*
7 *Bocina*
8 *Módulo remoto de entrada sin llave*
9 *Módulo de la bolsa de aire del pasajero*
10 *Bocina*
11 *Tablero de instrumentos*
12 *Capa del encendedor, abrazadera y bombilla*
13 *Control del calentador/aire acondicionado*
14 *Asamblea del encendedor*
15 *Asamblea cenicero*
16 *Bisel central*
17 *Radio*
18 *Asamblea del conjunto*
19 *Plato del nombre*

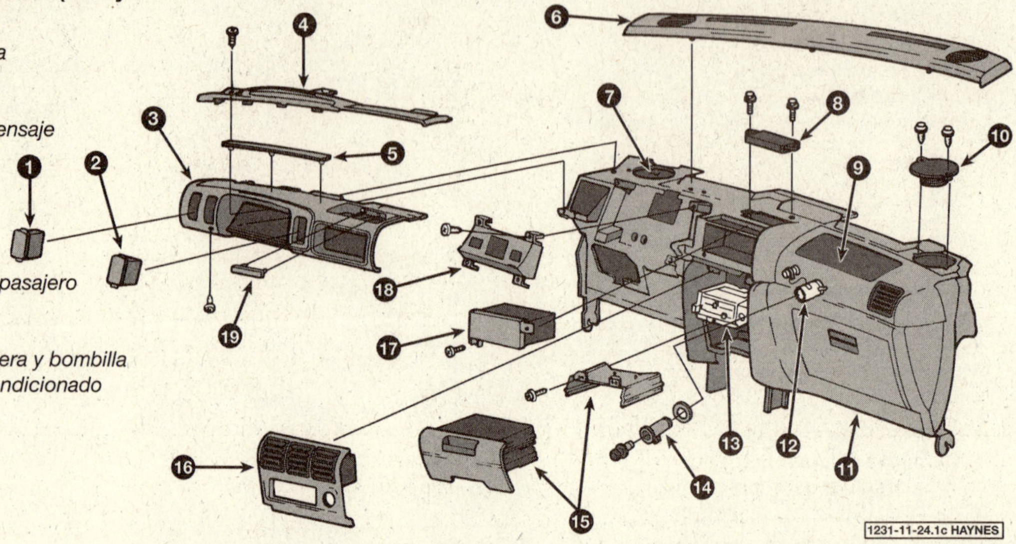

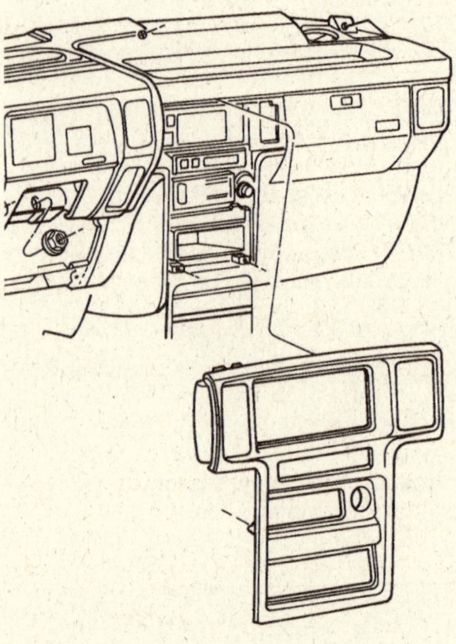

24.1c Panel de la consola central modelos 1991

traciones).

2 Abra con una palanca el panel/bisel hacia fuera cuidadosamente sin dañar el material. Esté seguro que todas las perillas o tornillos necesarios hayan sido removidos. Sepárelo del tablero.

3 La instalación se hace en el orden inverso al procedimiento de desensamble.

25 Parrilla del radiador - remover e instalar

Refiérase a la ilustración 25.2

Peligro: *En los modelos equipados con bolsa de aire, siempre desconecte el cable negativo de la batería mientras trabaja en la proximidad de los sensores de impacto (atrás de los parachoques delanteros) para evitar la posibilidad del despliegue accidental de la bolsa de aire, que podría causar una lesión personal.*

25.2 Remueva los tornillos (flechas) de cabeza de estrella de la parrilla

1 Abra el capó para el acceso a los perno(s) de retención superior.

2 Remueva los tornillos **(vea ilustración)** y levante la parrilla de la carrocería.

3 Para instalar, coloque la parrilla en posición e instale los pernos y los tornillos.

26 Guardafangos delantero - remover e instalar

Refiérase a la ilustración 26.3

Peligro: *En los modelos equipados con bolsa de aire, siempre desconecte el cable negativo de la batería mientras trabaja en la proximidad de los sensores de impacto (atrás de los parachoques delanteros) para evitar la posibilidad del despliegue accidental de la bolsa de aire, que podría causar una lesión personal.*

1 Levante el vehículo, sopórtelo firmemente sobre estantes y remueva la rueda delantera.

2 Desconecte la antena y todos los conectores del arnés del alambrado de los faros y otros componentes que intervendría con la remoción del guardafangos.

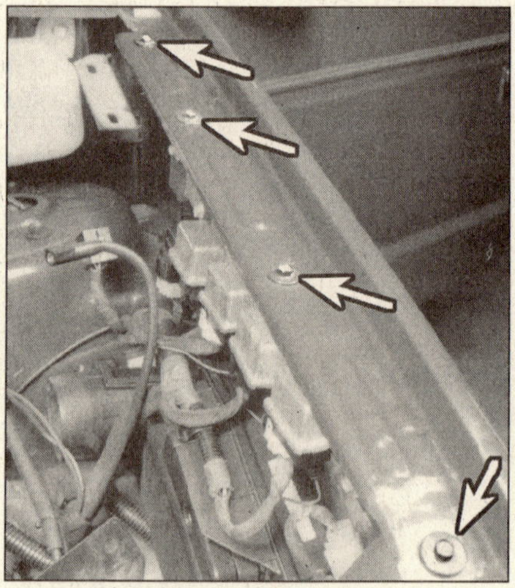

26.3 Remueva los pernos (flechas) del guardafangos delantero

3 Remueva los pernos de montaje del guardafangos **(vea ilustración)**.

4 Separe el guardafango. Es una buena idea tener un ayudante que sostenga el guardafangos mientras lo mueve fuera del vehículo para prevenir daño a los paneles circundantes de la carrocería.

5 La instalación se hace en el orden inverso al procedimiento de desensamble.

6 Apriete todas las tuercas, los pernos y los tornillos firmemente.

27 Espejos - remover e instalar

Refiérase a las ilustraciones 27.2, 27.3, 27.4, 27.5a y 27.5b

1 Remueva la moldura de la puerta (Sección 11).

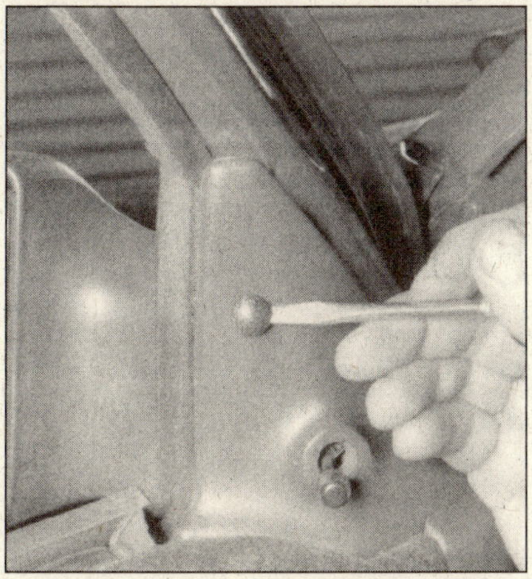

27.2 Remueva el tapón de plástico de la moldura del espejo

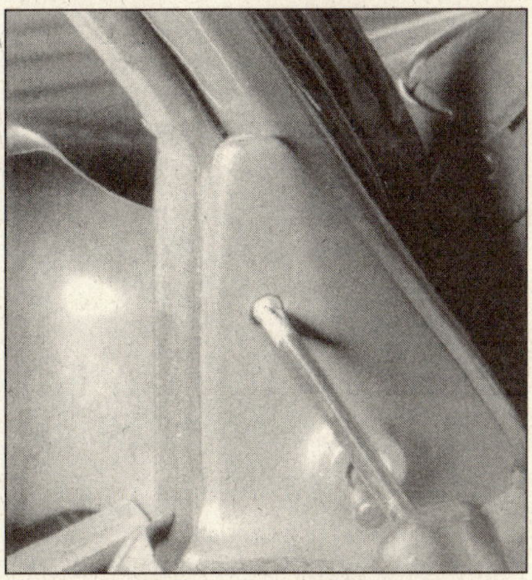

27.3 Remueva el tornillo retenedor superior de la moldura

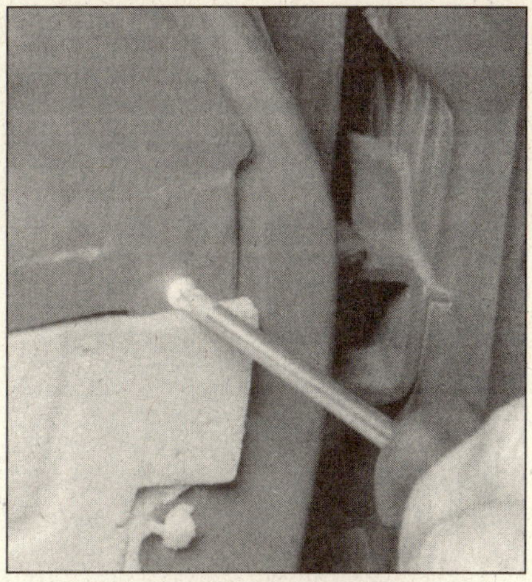

27.4 Remueva el tornillo retenedor inferior de la moldura

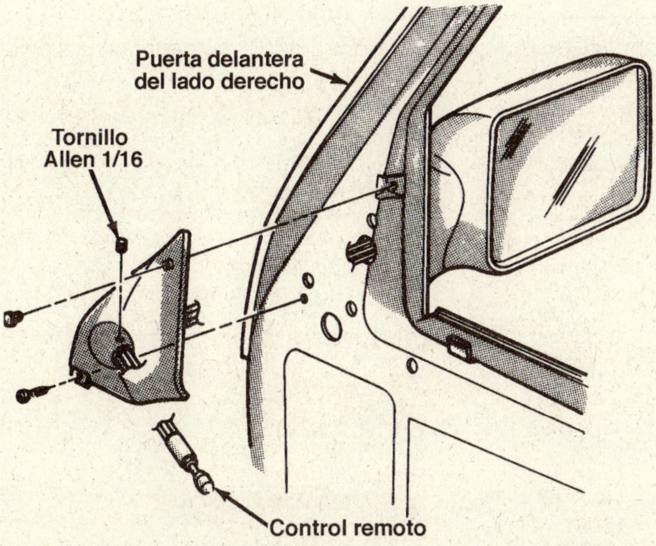

27.5a Detalles típico del montaje del espejo de control remoto (modelos de camioneta cerrada)

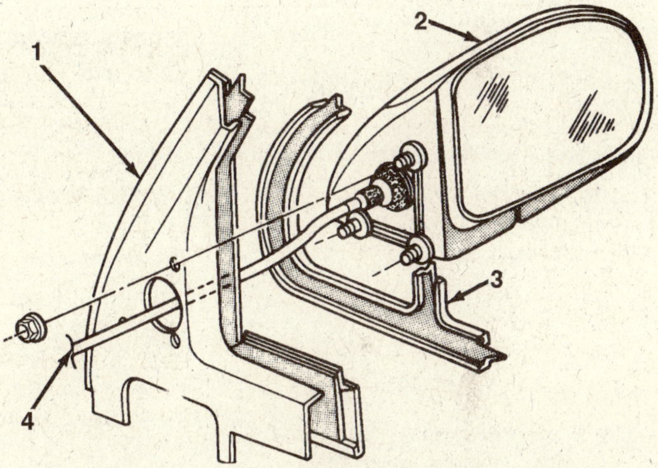

27.5b Detalles típico del montaje del espejo de control remoto (modelos furgonetas)

1 Marco de la puerta
2 Espejo de la visión lateral
3 Moldura (furgonetas solamente)
4 Cable o alambrado

2 Use un destornillador plano **(vea ilustración)** y remueva el tapón de plástico del panel interior de la moldura.
3 Remueva el tornillo del panel con un destornillador de cabeza de estrella **(vea ilustración)**.
4 Remueva el tornillo más bajo del panel **(vea ilustración)**. **Nota:** *El panel interior de la moldura de la puerta debe ser removido primero.*
5 En sistemas de control remotos, use un dado de cabeza de Allen y remueva el perno de retención adyacente al control remoto **(vea ilustraciones)**.
6 Remueva las tuercas/los tornillos y separe el espejo. En los espejos de poder, remueva el conector eléctrico.
7 La instalación se hace en el orden inverso al procedimiento de desensamble.

28 Protectores para la salpicadura del motor - remover e instalar

Refiérase a las ilustraciones 28.2a y 28.2b

1 Afloje las tuercas de la rueda, levante el frente del vehículo y sopórtelo firmemente sobre estantes. Remueva la rueda(s).
2 El protector del albergue de las rueda está retenido por tornillos y afianzadores (de tipo árbol) de plástico, que generalmente no se pueden volver a emplear después de remover. Hágale palanca cuidadosamente a los afianzadores hacia fuera con alicates cortadores de alambre **(vea ilustración)**. El transeje y los protectores de la banda del motor están sostenido en su lugar por pernos **(vea ilustración)**.
3 Después de remover todos los tornillos y afianzadores, separe el protector.

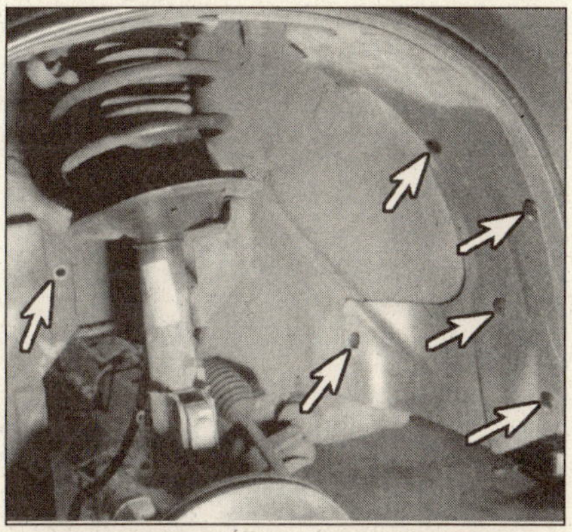

28.2a Ubicaciones de los pernos de retención para el protector de las ruedas y afianzadores (flechas) - note que los protectores están armados en secciones

4 Para instalar un protector, deténgalo en posición e instale los tornillos y afianzadores plásticos nuevos.

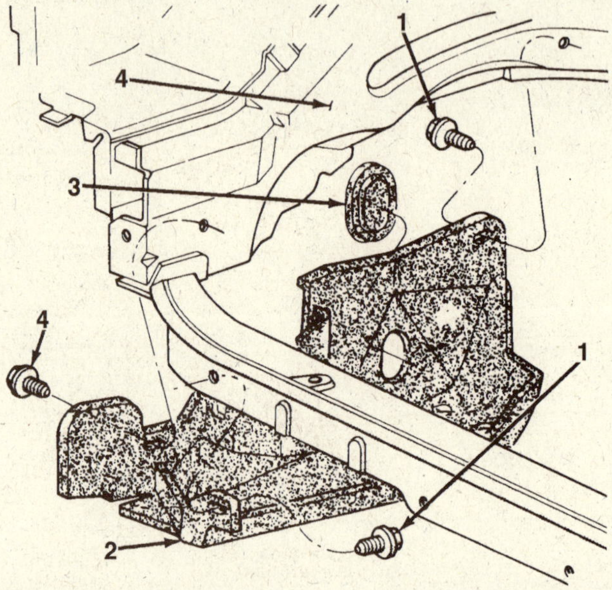

28.2b Detalles del protector de la banda del motor

1 Tornillo
2 Protector
3 Tapón
4 Marco del carril

29 Asientos - remover e instalar

Refiérase a las ilustraciones 29.2, 29.10a y 29.10b

Asiento delantero

1 Levante el frente del vehículo y sopórtelo firmemente sobre estantes.

Asiento delantero izquierdo

2 Incline el asiento hacia atrás, alcance debajo del asiento y hale el alambre del conector del picaporte hacia la puerta del chofer hasta que esté liberado de la asamblea de la palanca **(vea ilustración)**.
3 Gire el final del cable 90 grados para separarlo de la asamblea de la palanca.
4 Remueva las tuercas/arandelas que abrochan la elevación del asiento a la cacerola del piso.
5 Desconecte los conectores eléctricos y remueva el asiento.
6 La instalación se hace en el orden inverso al procedimiento de desensamble.

Asiento delantero derecho

7 Remueva las tuercas/arandelas que abrochan la elevación del asiento a la cacerola del piso.
8 Levante el asiento del vehículo.
9 La instalación se hace en el orden inverso al procedimiento de desensamble.

Asiento trasero

10 Levante la asa del picaporte de liberación en ambos lados hasta que el frente de la asamblea del asiento esté separado de los percutores de la cacerola del piso **(vea ilustraciones)**.
11 Incline el asiento hacia la parte trasera del vehículo.
12 Remueva el asiento trasero del vehículo.
13 La instalación se hace en el orden inverso al procedimiento de desensamble.

29.2 Detalles para la instalación del asiento delantero izquierdo

1 Asiento delantero izquierdo
2 Ajustador eléctrico del asiento
3 Elevador del asiento
4 Plato del piso
5 Cubierta del elevador
6 Cubierta del ajustador inferior
7 Alambre del conector del picaporte

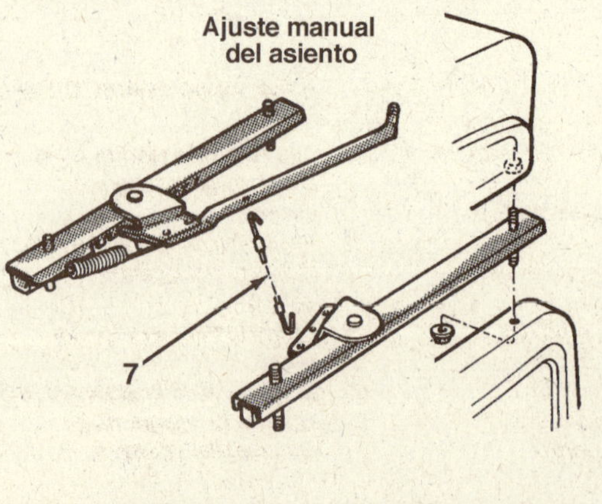

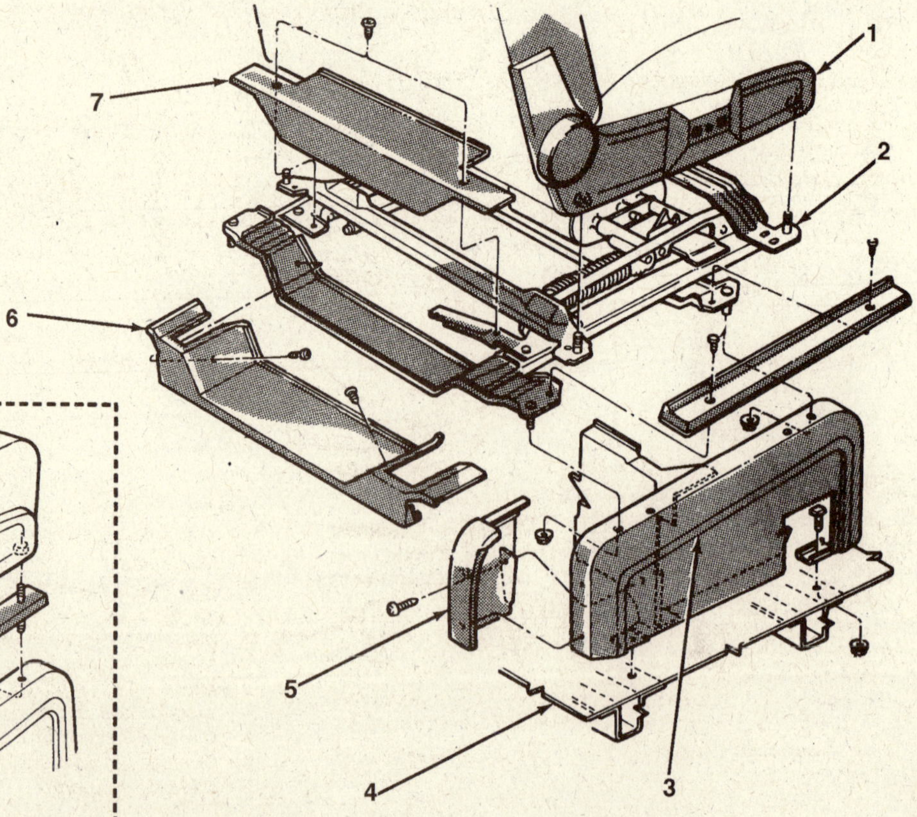

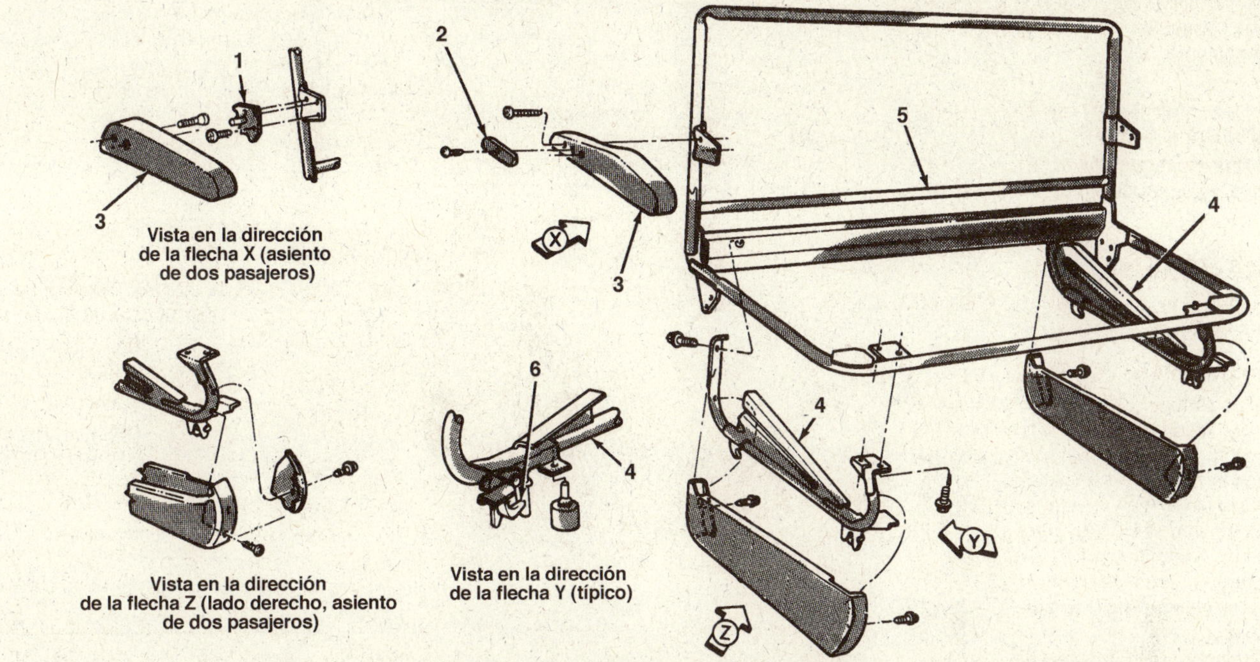

29.10a Detalles del primer asiento trasero

1 *Soporte del respaldo del brazo*
2 *Cubierta del respaldo del brazo*
3 *Respaldo del brazo*
4 *Elevador*
5 *Cojín tipo resorte y respaldar (sin cubierta)*
6 *Cerrojo del asiento*

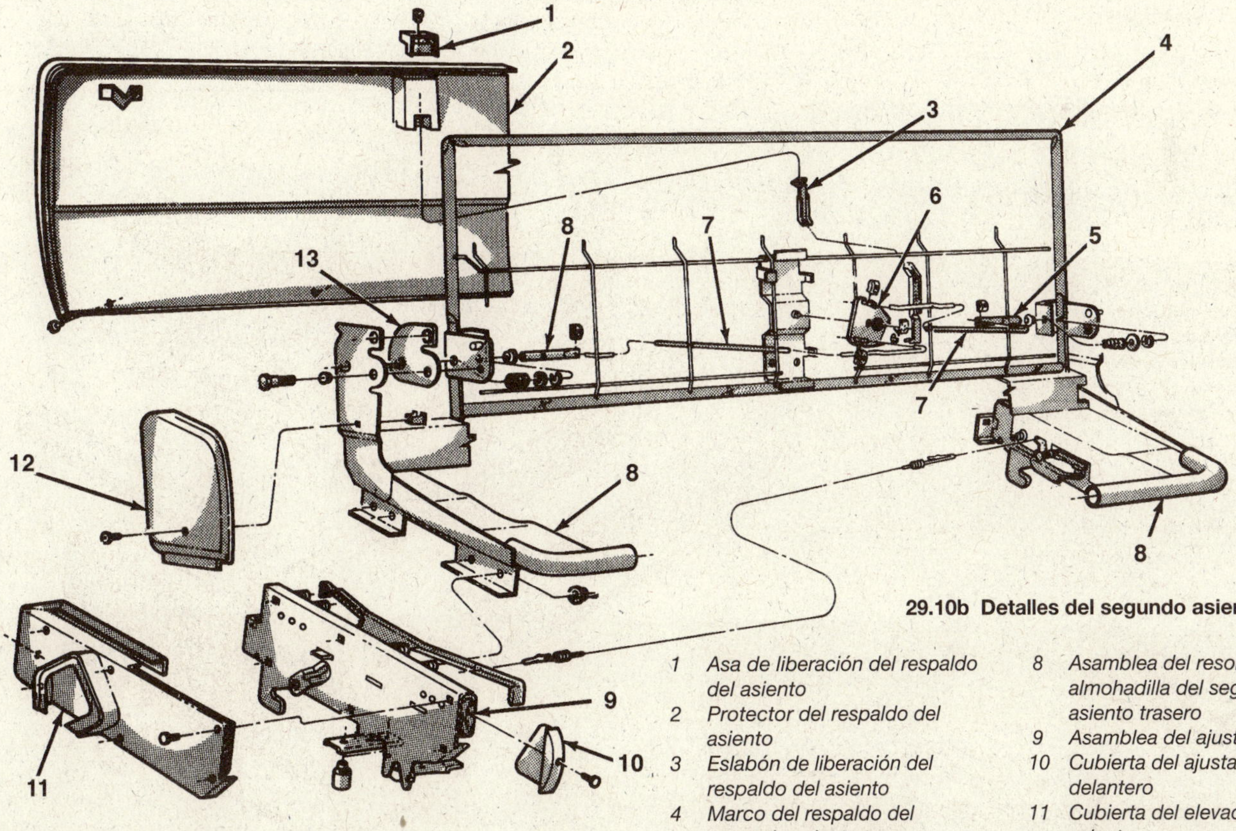

29.10b Detalles del segundo asiento trasero

1 *Asa de liberación del respaldo del asiento*
2 *Protector del respaldo del asiento*
3 *Eslabón de liberación del respaldo del asiento*
4 *Marco del respaldo del segundo asiento trasero*
5 *Clavija del picaporte*
6 *Manivela del picaporte*
7 *Barra del picaporte*
8 *Asamblea del resorte de la almohadilla del segundo asiento trasero*
9 *Asamblea del ajustador*
10 *Cubierta del ajustador delantero*
11 *Cubierta del elevador del asiento*
12 *Cubierta de la bisagra del brazo*
13 *Guía de la bisagra de la almohadilla del brazo*

30 Cinturones de seguridad - chequeo

1 Chequee las bandas del asiento, hebillas, platos del picaporte y lazos de la guía por daños obvios y signos de desgaste.

2 Vea si el recordatorio de los cinturones de seguridad se enciende cuando se enciende la llave de la ignición a la posición del Encendido o Puesta en marcha. Una campana debe sonar también.

3 Los cinturones de los asientos están diseñados para atorarse durante una parada o impacto repentino, pero permite el movimiento libre durante la conducción normal. Asegúrese que los retractores vuelven la banda contra su pecho mientras conduce el vehículo y la banda se envuelve completamente cuando la hebilla es desenganchada.

4 Si cualquiera de los chequeos de arriba revela problemas con el sistema de los cinturones de seguridad, reemplace las partes según sea necesario.

Capítulo 12
Sistema eléctrico del chasis

Contenido

Especificaciones

Tipos de bombillas

Faros delanteros	
Tipo sellado	PH4606
Tipo de halógeno de cuarzo	6052
Luces direccionales y estacionamiento	2057NA
Luz marcadora lateral	168
Velocímetro y conjunto del tablero	194
Luz del interior	211-2
Luz de la placa de la licencia	158
Luces de retroceso	1156
Luces del freno y traseras	1156
Luces del freno montada en alto	912
Luces de las direccionales	1156
Luz marcadora lateral	168

1 Información general

El sistema eléctrico es de tipo negativo de 12 voltios de conexión a tierra. El poder para las luces y todos los accesorios eléctricos son suministrados por una batería de tipo plomo ácido que es cargada por el alternador.

Este Capítulo cubre la reparación y los procedimientos de servicio para los varios componentes eléctricos no asociados con el motor. La información de la batería, el alternador, el distribuidor del motor y motor de arranque pueden ser encontrado en el Capítulo 5. **Caución:** *Cuándo esté trabajando en el sistema eléctrico, desconecte el cable negativo de la batería para prevenir corto circuitos y/o fuegos eléctricos.*

2 Identificación de problemas eléctricos - información general

Un sistema eléctrico típico consiste en unos componentes eléctrico, interruptores, reveladores, motores, etc. relacionados con ese componente y los alambres y enchufes que unen al componente con el acumulador y con el chasis. Para ayudar a localizar un problema en un circuito eléctrico, se incluye diagramas de alambrado al final de este libro.

Antes de atacar un circuito eléctrico molestoso, primero hay que estudiar los diagramas adecuados para tener un entendimiento completo de qué es lo que constituye ese circuito específico. Por ejemplo, puede aislar lugares problemáticos si determina que otros componentes relacionados con ese circuito están operando adecuadamente o no. Si varios componentes o circuitos fallan al mismo tiempo, es probable que el problema esté en el fusible o en la conexión a tierra, ya que a menudo, varios circuitos están conectados al mismo fusible y a la misma conexión de tierra.

Los problemas eléctricos a menudo son ocasionados por causas sencillas, tales como conexiones flojas o desgastadas, o un fusible fundido. Siempre examine visualmente la condición del fusible, los alambres y las conexiones en un circuito problemático antes de diagnosticarlo.

Si va a utilizar instrumentos de prueba, use el diagrama para planear por adelantado en dónde se hará las conexiones necesarias para poder detectar el lugar del problema.

Las herramientas necesarias para las reparaciones eléctricas incluyen un probador de circuitos o voltímetro (un foco de 12 voltios con conexiones de prueba puede usarse), un probador de continuidad, que incluye un foco, una pila seca y un juego de conexiones de prueba, y un alambre de puente, de preferencia con cortacircuitos, que puede usarse para hacer puente a los componentes eléctricos.

Cuando un circuito no está funcionando correctamente el voltaje debe verificarse.

Conecte una de las conexiones del probador de circuitos ya sea a la terminal negativa del acumulador o a una buena tierra. Conecte la otra conexión a un enchufe del circuito que se está probando, de preferencia cerca del acumulador o del fusible. Si la lámpara del probador se enciende, hay voltaje, lo que quiere decir que la parte del circuito entre el enchufe y el acumulador no tienen problemas. Continúe probando el resto del circuito de la misma manera. Cuando llegue a un punto en el cual no hay voltaje, el problema está entre este punto y el último punto de prueba que tiene voltaje. La mayor parte de las veces, el problema es una conexión floja. **Nota:** *Recuerde que algunos circuitos solamente reciben voltaje cuando la llave de la ignición está en posición de Operar o Accesorios.*

Una manera de encontrar cortos circuitos es removiendo el fusible y conectando la luz de prueba o el voltímetro a las terminales del fusible. No debe haber voltaje en el circuito. Sacuda el arnés de alambrado mientras observa la luz del probador. Si la luz se enciende, hay un corto circuito a tierra en algún punto cercano, probablemente donde el aislamiento se a pelado. La misma prueba puede hacerse a cada componente, aún a un interruptor.

Haga una prueba de tierra para verificar si un componente está debidamente aterrizado. Desconecte el acumulador y conecte una conexión de un probador de continuidad a una buena tierra. Conecte la otra conexión del probador al alambre o conexión de tierra que se está probando. Si el foco se enciende, hay buena tierra. Si el foco no se enciende, no hay buena tierra.

Una prueba de continuidad determina si hay algún corte en un circuito - es decir, si está conduciendo la corriente adecuadamente. Con el circuito apagado (sin corriente en el circuito), un probador de continuidad puede usarse para probar el circuito. Conecte las dos conexiones del probador a las dos conexiones del circuito (o una a la "potencia" del circuito y la otra a una buena tierra); si el foco de prueba se enciende el circuito está pasando corriente correctamente. Si la luz no se enciende, hay alguna interrupción en el circuito. El mismo procedimiento puede usarse para probar un interruptor, conectando el probador de continuidad a la entrada y salida del interruptor. Con el interruptor en posición de cerrado (llave abierta), la luz de prueba debe encenderse.

Cuando se está diagnosticando posibles interrupciones en un circuito, a menudo es difícil localizarlas a simple vista porque la falta de alineamiento y la oxidación de terminales pueden quedar ocultas por los enchufes. Una sencilla sacudida al enchufe de un sensor o a un arnés de alambrado puede corregir la interrupción de un circuito. Acuérdese de esto si hay indicación de un circuito abierto cuando se está reparando un circuito. Los problemas intermitentes pueden ser ocasionados por conexiones desgastadas o flojas.

Las reparaciones eléctricas son sencillas si se recuerda que los circuitos eléctricos son básicamente electricidad que corre del acumulador, a través de los alambres, interruptores, reveladores, y fusibles a cada componente eléctrico (foco, motor, etc.),y regresa al acumulador. Cualquier problema eléctrico es una interrupción del flujo de la electricidad del acumulador hacia afuera y de regreso al mismo.

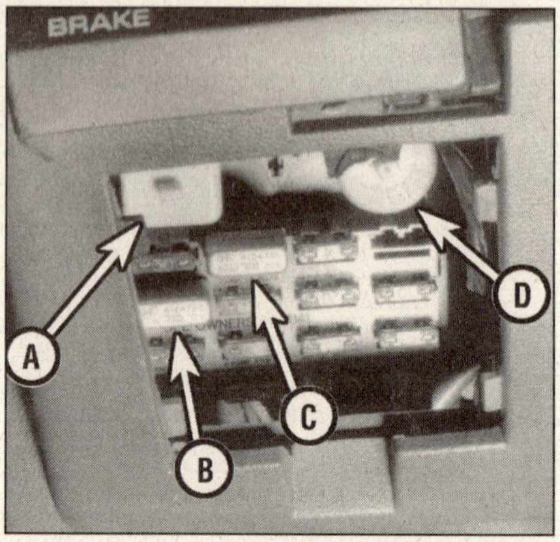

3.1a Hale la tapa de la parte izquierda inferior (lado del chófer) del tablero para acceder al bloque de fusibles (modelo V6 de 3.3L mostrado, otros modelos similares)

A *Relé de la bocina*
B *Interruptor de circuito, para las puertas eléctricas, asientos y espejos*
C *Interruptor de circuito, para los motores de las ventanas eléctricas, techo para el sol y ventanas eléctricas de ventilación*
D *Destellador de las direccionales*

3 Fusibles - información general

Refiérase a las ilustraciones 3.1a, 3.1b y 3.3

Los circuitos eléctricos del vehículo están protegidos por una combinación de fusibles, fusibles térmicos (vea Sección 4) e interruptores de circuito (vea Sección 5). La mayoría de los fusibles, y algunos de los interruptores del circuito, están localizados en el bloque de los fusibles, que está localizado debajo del panel de los instrumentos al lado izquierdo del tablero **(vea ilustraciones)**.

Cada fusible está diseñado para proteger un circuito específico, que está imprimido en el tablero mismo para los fusibles. Nosotros hemos incluido una guía terminal para un bloque de fusibles típico, aunque no todos los vehículos más antiguos usan tanto de estos fusibles. La ubicación de la mayoría de los fusibles es virtualmente idéntico en todos los modelos. Si usted no puede determinar el circuito protegido por una identificación de un fusible abreviada impresa en el bloque de los fusibles, refiérase a la guía del bloque de los fusibles en su manual del propietario.

Los fusibles miniaturizados están empleado en el bloque de los fusibles. Estos fusibles compactos, con un diseño de hoja terminal, permite la remoción y el reemplazo con la punta de los dedos. Si un componente eléctrico falla, siempre chequee el fusible pri-

Cavidad	Color del fusible	Artículo protegido por el fusible
1	20 amperes YL	Destellador de las luces de emergencia
2	20 amperes YL	Luces de retroceso, ventilador del aire acondicionado y relé del embrague, interruptor para la calefacción de la ventana trasera, asiento trasero y consola de encima de la cabeza
3	30 amperes	Motor para la ventana eléctrica, ventana de interruptor de ventilación circuito plateado
4	30 amperes LG	Aire acondicionado, o ventilador para la calefacción
5	20 amperes YL	Estacionamiento, luces de los lados y la licencia, reloj, radio y despliego de la intensidad de la consola superior
6	20 amperes YL	Luces de los frenos y campanillas interiores
7	25 amperes NAT	Bocinas, encendedor de cigarrillos y suministro para el amplificador de las bocinas
8	30 amperes interruptor de circuito plateado	Cierre para las puertas eléctricas
9	10 amperes RD	Despliego del radio y el reloj
10	20 amperes YL	Luces para las direccionales y relé para la conversión de las camionetas cerradas
11	20 amperes YL	Lavador y limpia parabrisas
12	4 amperes PK	Aglutinador, control para la calefacción y el aire acondicionado, cenicero, radio, encendedor de cigarrillos, luces de la consola superior, calentador del asiento trasero y luces para el interruptor del aire acondicionado

Cavidad	Color del fusible	Artículo protegido por el fusible
13	5 amperes TN	Combustible, voltaje, aceite y reloj de la temperatura, freno, puerta elevadora abierta, módulo de la advertencia para el asiento, cambio de la transmisión hacia arriba, y advertencia de la luz Check Engine y recordatorio del mantenimiento de las emisiones, control de la velocidad
14	20 amperes YL	Lavador de la ventana trasera y elevador, módulo electrónico para el entre cierre de la puerta de tipo elevador
15	10 amperes RD	Estoraje debajo del asiento, consola inferior, luz interior, luz de cargo, interruptor de la ignición, luces delanteras, cortesía y espejo de vanidad, leer, cortesía, luz de la consola y memoria del radio
16	25 amperes NAT	Ventanas eléctricas de ventilación

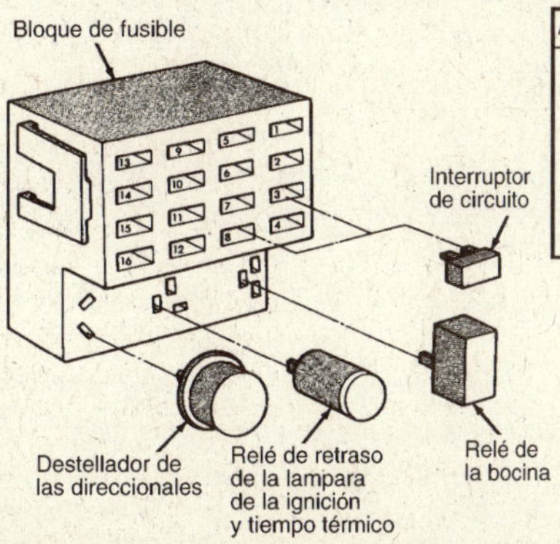

Amperes	Fusible	Color de código
3	VT	Violeta
4	PK	Rosado
5	TN	Café claro
10	RD	Rojo
20	YL	Amarillo
25	NAT	Natural
30	LG	Verde pálido

3.1b Guía típica de la terminal para un fusible, relé, bloque interruptor del circuito (se muestra un modelo 1990, otros modelos son semejantes - refiérase al guía del propietario para el panel en su vehículo)

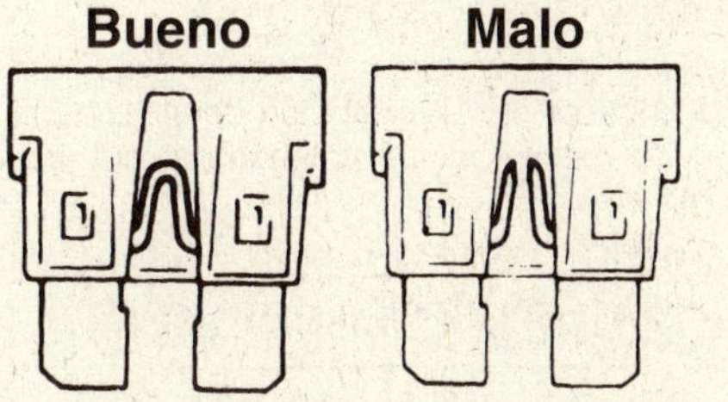

3.3 Los fusibles usados en estos modelos pueden ser chequeados visualmente para determinar si ellos están quemados

mero. Los fusibles pueden ser chequeados rápidamente tentando las hojas expuestas por encima del fusible de cada uno con una luz de prueba. Si el fusible tiene poder en una hoja pero no en la otra, se ha quemado. Esto puede ser verificado halando el fusible e inspeccionándolo visualmente **(vea ilustración)**.

Esté seguro de reemplazar los fusibles quemados con el tipo correcto. Los fusibles de capacidades diferentes son físicamente intercambiables, pero solamente los fusibles de la calificación apropiada se deben usar. Reemplazando un fusible con uno de valor más alto o más bajo que es especificado no es recomendado. Cada circuito eléctrico necesita una cantidad específica de protección. El valor de amperaje de cada fusible está moldeado en el cuerpo del fusible.

Si el fusible de reemplazo falla inmediatamente, no lo reemplace otra vez hasta que la causa del problema sea identificado y corregido. En la mayoría de los casos, la causa será un corto circuito en el alambrado causado por un alambre roto o deteriorado.

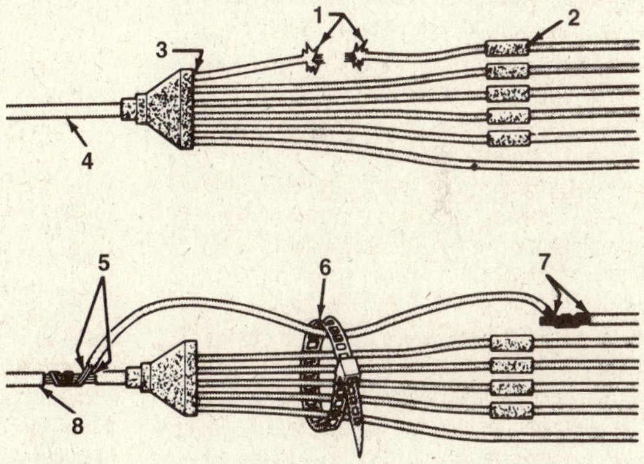

4.3 Detalles de la reparación del fusible térmico

1 *Fusible eslabón quemado*
2 *Corte aquí*
3 *Corte aquí*
4 *Arnés principal*
5 *Pele una pulgada del aislador desde los dos alambres*
6 *Instale cualquier cinturón de plástico*
7 *Pele una pulgada del aislador desde los dos alambres*
8 *Fusible térmico principal*

4 Fusibles térmicos - información general

Refiérase a la ilustración 4.3

Algunos circuitos están protegidos por fusibles térmicos. Estas conexiones se usan en circuitos que generalmente no se protegen con fusibles, tal como el circuito de ignición.

Aunque los fusibles térmicos parecen ser mas gruesos que el alambre que protegen, esta apariencia se debe al grueso del aislamiento. Todos los fusibles térmicos son de una medida cuatro números *mas chica* que la del alambre que protegen. El lugar donde hay conexiones fusibles en su camión puede determinarse viendo los diagramas de alambrado que se encuentran al final de este Capítulo.

Los fusibles térmicos no tienen reparación, pero una nueva conexión de la misma medida puede instalarse como se indica a continuación:

a) *Desconecte el cable negativo del acumulador.*
b) *Desconecte la conexión fusible del arnés de alambrado* **(vea ilustración)**.
c) *Remueva la conexión fusible dañada del arnés y córtela inmediatamente después del enchufe.*
d) *Remueva aproximadamente un centímetro de aislamiento.*
e) *Ponga un conector nuevo en la conexión nueva y apriételo para que quede firme.*
f) *Usando soldadura con corazón de resina haga una buena soldadura en cada extremo de la conexión.*
g) *Usando bastante cinta aislante, cubra bien las soldaduras. No debe quedar nada de los alambres expuestos.*
h) *Conecte el cable de tierra del acumulador. Compruebe la operación correcta del circuito.*

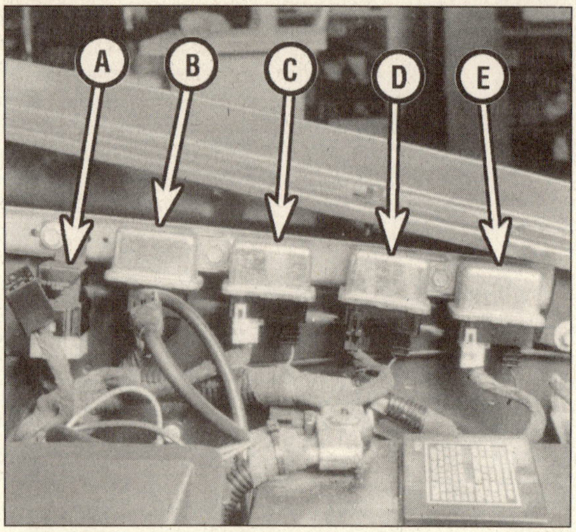

6.1 Varios relés están localizado en el compartimiento del motor, adyacente a la batería (se muestra un motor de 3.3L V6; los de 3.0 V6 y 2.5L de cuatro cilindros (incluyendo turbo) tiene una disposición idéntica)

- A *Relé de apago del vehículo automático*
- B *Relé del motor de arranque*
- C *Relé del ventilador del radiador*
- D *Relé de la moldura del embrague del aire acondicionado*
- E *Relé del condensador del aire acondicionado*

5 Interruptor de circuitos - información general

Los interruptores de circuitos protegen a los componentes tales como ventanas eléctricas, cerraduras eléctricas, desempañador de la ventana trasera y faros delanteros. Algunos interruptor de circuitos se encuentran en la caja de fusibles. Vea los diagramas de alambrado que están al final de este libro para saber otros lugares donde hay interruptor de circuitos en este camión.

Debido a que los interruptor de circuitos se restablecen automáticamente, una sobrecarga eléctrica en un circuito protegido por interruptor de circuitos ocasionará una interrupción momentánea, y luego se restablecerá. Si el circuito no se restablece, hay que probarlo inmediatamente. Una vez que la causa a sido corregida, el interruptor de circuitos volverá a su función normal.

6 Relés - información general

Refiérase a la ilustración 6.1

Un relé es un interruptor eléctrico que permite que una corriente pequeña controle una corriente mucho más grande. Los relés son, a menudo, usados para transmitir la corriente a los componentes remotos tales como los ventiladores del radiador, motores de arranque y embrague en el compresor del aire acondicionado. La mayoría de los relés están ubicados directamente en el compartimiento del motor **(vea ilustración)**; los otros, como los relés de la bocina, están localizados en el bloque de los fusibles debajo del tablero **(vea ilustraciones 3.1a y 3.1b)**. Si un relé está defectuoso, el componente no operará apropiadamente.

Si se sospecha un relé defectuoso, se puede remover y ser chequeado por el departamento de servicio de su concesionario o un taller de reparación. Los relés defectuosos deben ser reemplazados como una sola unidad.

7 Direccionales y luces de emergencia - chequeo y reemplazo

Peligro: *En 1991 y los modelos más modernos, que están equipados con bolsas de aire, siempre desconecte el cable negativo de la batería mientras trabaja en la proximidad de la columna del tablero de instrumentos o dirección para evitar la posibilidad del despliegue accidental de la bolsa de aire, que podría causar una herida a la persona.*

Note: *1992 y modelos más modernos; las direccionales y luces de emergencia son incorporadas en una unidad, conocida como luces intermitentes de combinación, y está ubicada en la esquina izquierda más baja del banco del relé, adyacente a la caja de fusible.*

Luces intermitentes de las direccionales

1 La luz intermitente de las señales direccionales, una unidad formada como un canasto pequeño localizada en el tablero para los fusibles (vea Sección 3) opera el intermitente de las señales direccionales.**(vea ilustraciones 3.1a y 3.1b)**.

2 Cuándo la unidad de las señales intermitentes está funcionando apropiadamente, se puede oír un *clic* durante la operación. Si las señales direccionales fallan en un lado u otro y la unidad de las señales intermitentes no hace su sonido *clic* característico, una bombilla defectuosa de las direccionales es el problema.

3 Si ambas señales direccionales fallan de encenderse intermitentemente, el problema puede ser debido a un fusible quemado, una unidad defectuosa de las señales intermitentes, un interruptor roto o una conexión floja o abierta. Si un chequeo rápido de la caja del fusible indica que el fusible de las direccionales se ha quemado, chequee el alambrado por un corto circuito antes de instalar un fusible nuevo.

4 Para reemplazar la luz de las señales intermitentes, simplemente hálela derecho hacia fuera del tablero para los fusibles.

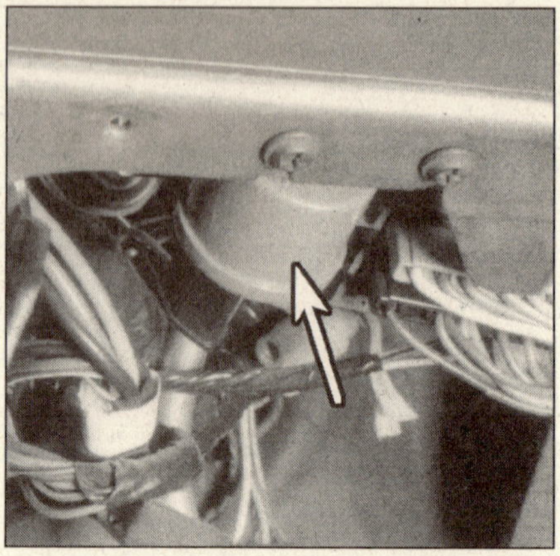

7.7 Localidad del destellador de la unidad de emergencia (flecha)

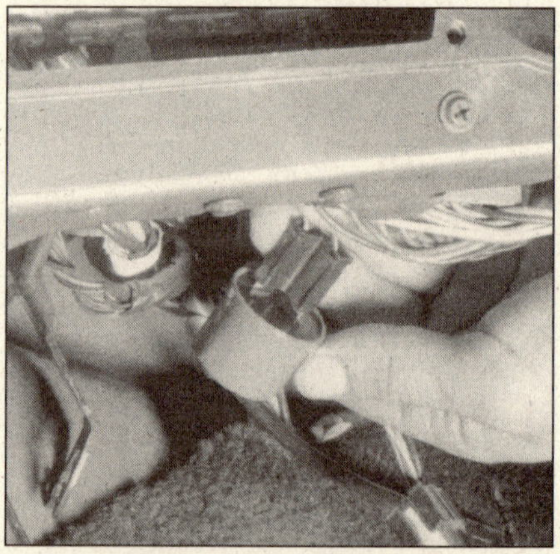

7.9 Para reemplazar la unidad de luces intermitentes de peligro, hale simplemente hacia adelanta hasta que se separe de su soporte y desconecte el conector eléctrico

5 Asegúrese que el reemplazo sea idéntico al original. Compare uno viejo con uno nuevo antes de instalarlo.

6 La instalación se hace en el orden inverso al procedimiento de desensamble.

Luces de emergencia intermitentes

Refiérase a las ilustraciones 7.7 y 7.9

7 El destellador de luces intermitentes de peligro, un canasto pequeño localizó debajo del bloque de los fusibles, apenas hacia adelante de la orilla baja del tablero **(vea ilustración)**, destella las cuatro luces direccionales simultáneamente cuando es activado.

8 Las luces intermitentes de peligro son chequeadas así como las luces intermitentes de señal para girar (vea Pasos 2 y 3).

9 Para reemplazar las luces intermitentes de peligro, hálela hacia adelante para desengancharla del soporte, entonces remueva el conector eléctrico **(vea ilustración)**.

10 Asegúrese de que el reemplazo es idéntico al original. Compare el viejo al nuevo antes de instalarlo.

11 La instalación se hace en el orden inverso al procedimiento de desensamble.

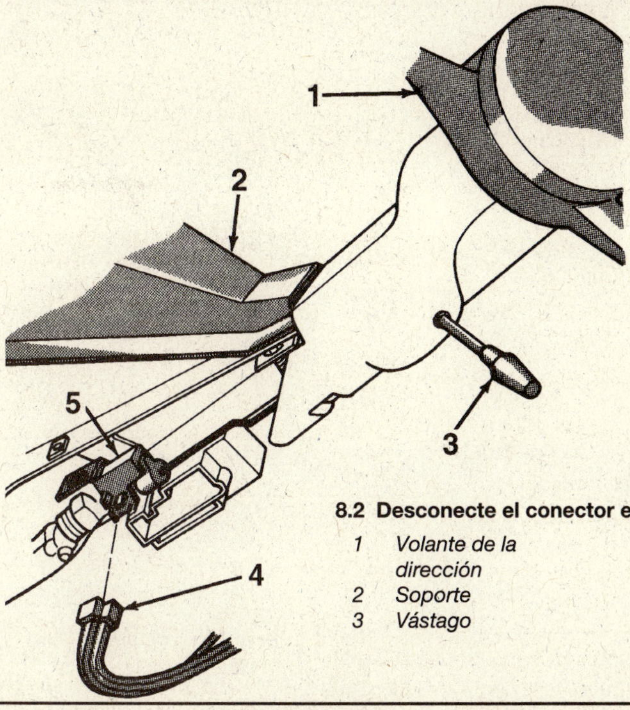

8.2 Desconecte el conector eléctrico del atenuador

1 *Volante de la dirección*
2 *Soporte*
3 *Vástago*
4 *Conector removido desde el interruptor del atenuador*
5 *Interruptor del atenuador*

8.3 Guía de la terminal de continuidad para el conector eléctrico de la luz del atenuador para las luces delanteras

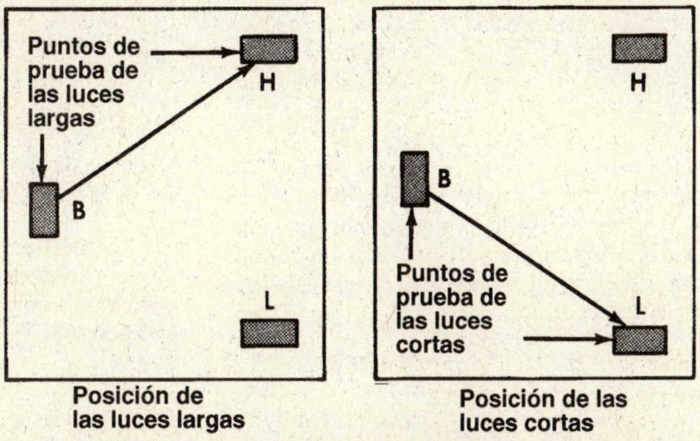

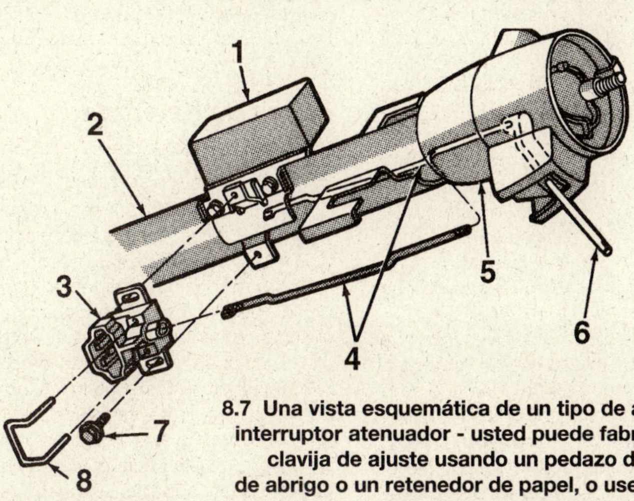

8.7 Una vista esquemática de un tipo de asamblea de un interruptor atenuador - usted puede fabricar su propia clavija de ajuste usando un pedazo de perchero de abrigo o un retenedor de papel, o use dos barrenas

1 *Interruptor de ignición*
2 *Columna de dirección*
3 *Attenuador de lures*
4 *Varilla de actuación del control*
5 *Albergue para la palanca del cambio de la transmisíon*
6 *Palanca de actuación*
7 *Perno de retención*
8 *Clavija de ajuste*

8 Atenuador de luz para las luces delanteras - chequeo, reemplazo y ajuste (1990 y más antiguos)

Peligro: *En 1991 y los modelos más modernos, el interruptor de la luz del atenuador es la parte del interruptor de función múltiple localizado en la columna de la dirección. Debido a que los 1991 y los modelos más modernos están equipados con un sistema de bolsa de aire, para evitar daño posible a éste sistema, o el despliegue accidental de la bolsa de aire, es recomendado que cualquier trabajo de componentes que implique el sistema de bolsa de aire sea dejado al departamento de servicio de su concesionario u otro taller de reparación calificado.*

Chequeo

Refiérase a las ilustraciones 8.2 y 8.3

1 El interruptor del atenuador de la luz está localizado en el lado izquierdo de la columna de la dirección.

2 Remueva el conector eléctrico del atenuador **(vea ilustración)**.

3 Usando un ohmímetro, chequee por continuidad entre las terminales del interruptor **(vea ilustración)**. Debe haber continuidad entre las terminales B e H en la posición alta y entre las terminales B y L en la posición baja.

4 Si la continuidad indicada no es como se especifica, reemplace el interruptor.

Reemplazo

Refiérase a la ilustración 8.7

5 Remueva la tapa de la columna de la dirección **(vea ilustración 9.8)**.

6 Pegue el interruptor atenuador con cinta a la columna de la dirección para prevenir que la varilla se caiga de la mella en la palanca actuadora.

7 Remueva los tornillos que conectan el interruptor a la columna **(vea ilustración)**.

8 Remueva el conector eléctrico y remueva el interruptor.

9 Para instalar el interruptor nuevo, conecte el conector eléctrico primero, entonces posicione el interruptor e instale el interruptor poniéndolo en el calzo los tornillos, pero no lo apriete.

Ajuste

Refiérase a las ilustraciones 8.11a y 8.11b

10 Si el interruptor atenuador en su vehículo se parece a la unidad en la **ilustración 8.7**, fabrique un clavija en forma de U similares al mostrado en esa ilustración y lo mete en el orificio del interruptor en la posición del ajuste. Remueva la cinta que está deteniendo la varilla, ajuste el interruptor empujándolo suavemente hacia arriba para remover el juego en la varilla y apretar los tornillos. Remueva la clavija.

11 Si el interruptor en su vehículo se parece a este **(vea ilustración)**, fabrique un par de clavijas de ajuste o taladro con un diámetro de 0.093-pulgada, los mete en los dos

12

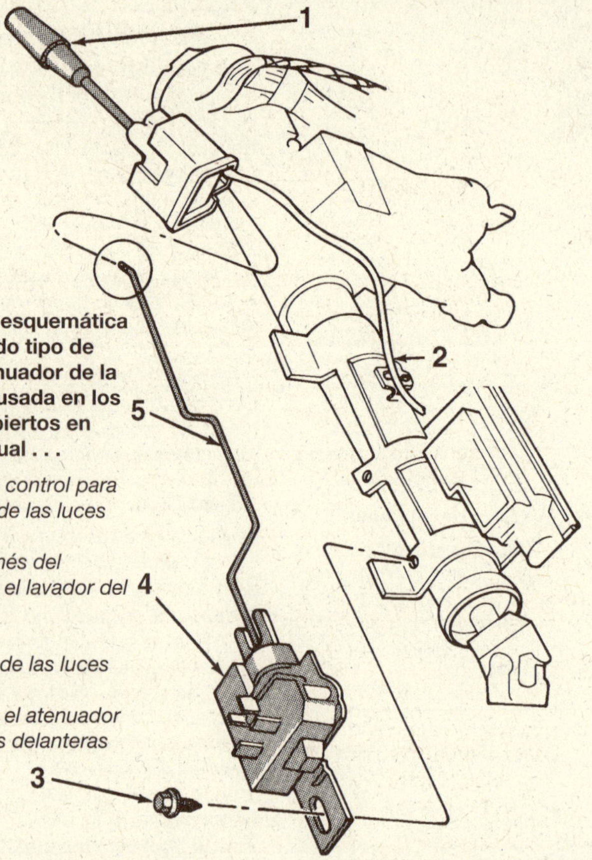

8.11a Una vista esquemática de un segundo tipo de interruptor atenuador de la asamblea más usada en los modelos cubiertos en este manual . . .

1 *Palanca de control para atenuador de las luces delanteras*
2 *Hacia el arnés del limpiador y el lavador del parabrisas*
3 *Perno*
4 *Atenuador de las luces delanteras*
5 *Varilla para el atenuador de las luces delanteras*

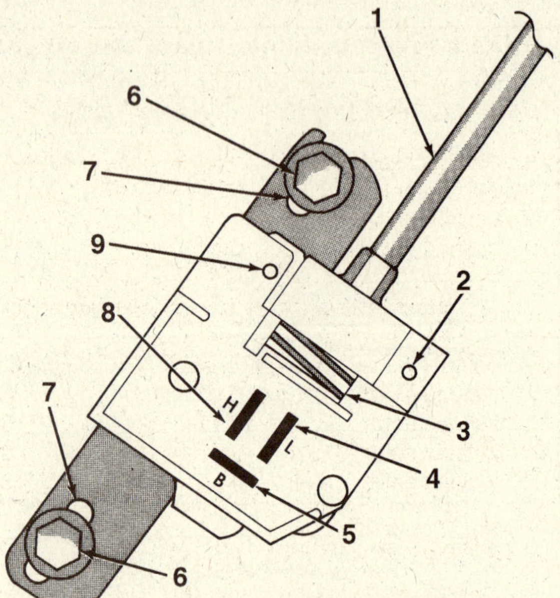

8.11b . . . y detalles de ajuste para éste tipo

1 *Varilla de control*
2 *Orificio para la clavija de ajuste .093 pulgada*
3 *Resorte de retorno*
4 *Terminal para las luces bajas*
5 *Terminal de la batería*
6 *Perno principal*
7 *Ranura de ajuste*
8 *Terminal para luces altas*
9 *Orificio para la clavija de ajuste .093 pulgada*

orificios de la clavija **(vea ilustración)**, empuje el cuerpo del interruptor hacia arriba en la columna para remover cualquier juego libre entre la varilla y el Interruptor y apriete los tornillos firmemente. Remueva las clavijas o barrenas.

12 Chequee el interruptor por operación apropiada.

13 La instalación se hace en el orden inverso al procedimiento de desensamble.

9 Direccionales/interruptor de emergencia - chequeo y reemplazo (1990 y más antiguos)

Peligro: *En 1991 y los modelos más modernos, el interruptor de las señales es la parte del interruptor de multi función localizado en la columna de la dirección. Desde que los modelos 1991 y más modernos están equipados con un sistema de bolsa de aire, para evitar daño posible a éste sistema, o al despliegue accidental de la bolsa de aire, es recomendado que cualquier trabajo que implique los componentes del sistema de bolsa de aire sean dejado al departamento de servicio de*

9.4 Detalles eléctricos para el conector de la columna de la dirección

1 *Columna de la dirección*
2 *Interruptor de la ignición*
3 *Pernos de montaje*
4 *Control para el interruptor de la ignición*
5 *Vástago de control*
6 *Hacia el alambrado de la bolsa de aire*
7 *Hacia el alambrado de la luz de la llave cuando está adentro*
8 *Hacia el alambrado del zumbador de la llave cuando está adentro*
9 *Hacia el alambrado del control de velocidad*
10 *Hacia el módulo de control del limpia parabrisas*
11 *Hacia el alambrado del limpia parabrisas*
12 *Hacia las direccionales*
13 *Interruptor atenuador*
14 *Soporte*

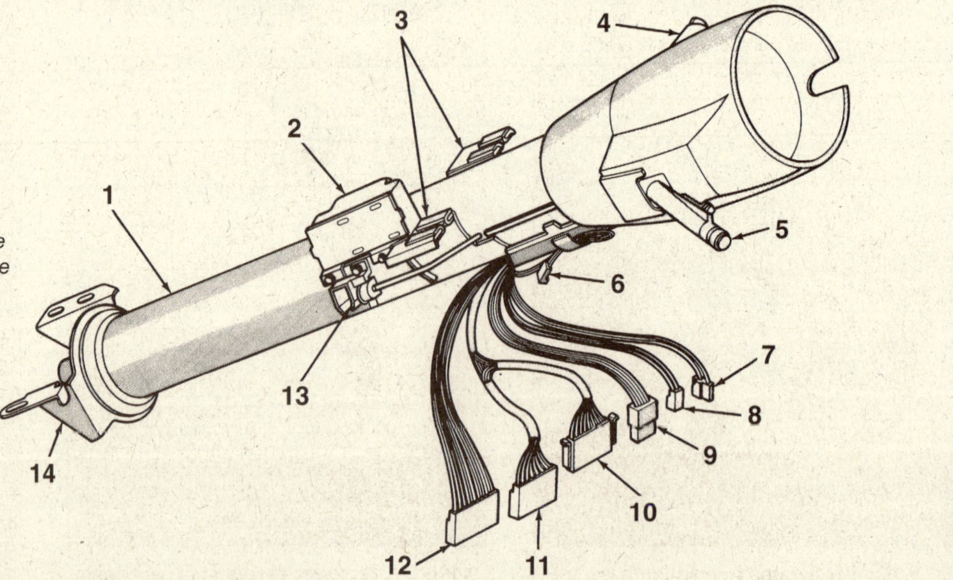

Diagrama para el interruptor de continuidad

Interruptor de las direccionales

Posición del interruptor	Izquierda	Neutral	Derecha
Continuidad entre:	7 y 4	10 y 9	7 y 5
Continuidad entre:	7 y 8	10 y 8	7 y 9
Continuidad entre:	10 y 9		10 y 8

Interruptor para las luces de emergencia

Posición del interruptor	Apagado	Encendido
Continuidad entre:	10 y 9	6 y 4
Continuidad entre:	10 y 8	6 y 5
Continuidad entre:		6 y 8
Continuidad entre:		6 y 9

9.5 Detalles de chequeo para la continuidad del interruptor de las direccionales y luces de emergencia

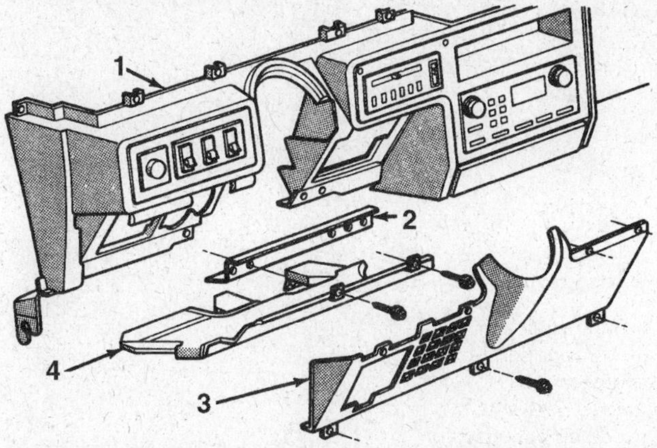

9.8 Vista esquemática de la tapa de la columna de la dirección, silenciador y refuerzo (se muestra un modelo de cambio en el piso, cambio en la columna es similar)

1 *Panel de instrumento inferior*
2 *Refuerzo*
3 *Cubierta para la columna de la dirección*
4 *Silenciador*

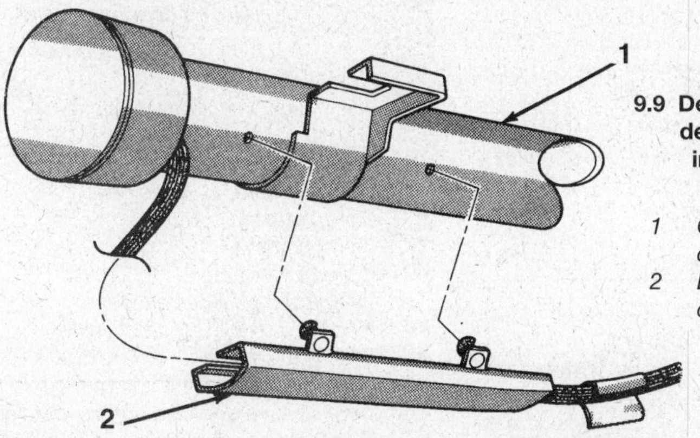

9.9 Depresión para el arnés de los alambres del interruptor de las direccionales

1 *Columna de la dirección*
2 *Depresión para el arnés de los alambres*

su concesionario u otro taller de reparación calificado.

1 El interruptor de las direccionales está localizado por encima de la columna de la dirección y es operado por el vástago para el control de la función múltiple. El interruptor de advertencia de peligro está instalado bajo el interruptor de las direccionales, próximo a la luz de la ignición.

Chequeo

Refiérase a las ilustraciones 9.4 y 9.5

2 Desconecte el cable negativo de la batería.

3 Remueva la tapa de la columna de la dirección.

4 Remueva el conector eléctrico del interruptor de las direccionales **(vea ilustración)**.

5 Use un ohmímetro o luz de prueba para chequear por la continuidad entre las terminales indicadas del conector del interruptor **(vea ilustración)**.

6 Reemplace las direccionales o interruptor de peligro si la continuidad no es como está especificado.

Reemplazo

Refiérase a las ilustraciones 9.8, 9.9, 9.10a, 9.10b, 9.10c, 9.11, 9.12, 9.14a y 9.14b

7 Desconecte el cable negativo de la batería, entonces remueva el volante (vea Capítulo 10).

8 En modelos de cambio en el piso, remueva la tapa de la columna de la dirección más baja, el silenciador y el refuerzo **(vea ilustración)**.

9 Separe el alambrado/arnés que pasa através **(vea ilustración)** de la columna de la dirección.

10 En columnas de inclinación, instale una herramienta para remover el plato de cerradura **(vea ilustración)**, presione el plato de cerradura, remueva el retenedor del anillo **(vea ilustración)** y remueva el plato de la cerradura **(vea ilustración)**.

9.10a Instale una herramienta para remover el plato de la cerradura . . .

9.10b . . . remueva el retenedor del anillo del eje de la dirección . . .

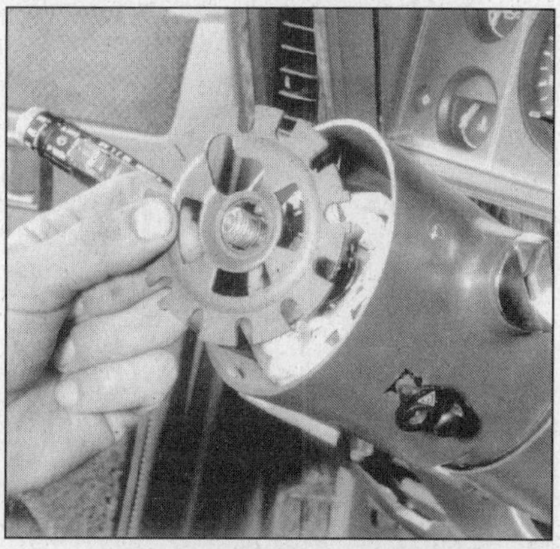

9.10c . . . y remueva el plato de la cerradura

12

9.11 Remueva el plato de contacto de la bocina/leva que cancela (la flecha apunta al resorte superior del balero, que usted no necesita remover para éste procedimiento, pero usted no necesita removerlo si usted está reemplazando el limpiador/la asamblea del lavador)

11 Remueva el plato de contacto de la bocina/leva que cancela **(vea ilustración)**.

12 Remueva el botón de las luces intermitentes de peligro **(vea ilustración)**.

13 Remueva el tornillo que conecta el interruptor del lavador limpiadora al pivote del interruptor de las direccionales. No remueva o perturbe el interruptor de la asamblea del lavador limpiador.

14 Remueva los tres tornillos del interruptor **(vea ilustración)**, generalmente se hala hacia encima en la asamblea del interruptor y enrosque cuidadosamente los alambres del interruptor hacia fuera de la cima de la columna de la dirección **(vea ilustración)**. **Nota:** *Puede ser útil de envolver cinta eléctrica alrededor del final inferior del conjunto del alambrado/arnés y el conector eléctrico, para reducir la posibilidad de que el conector llegue a ser trabado dentro de la columna.*

15 La instalación se hace en el orden inverso al procedimiento de desensamble. No se olvide de lubricar con grasa de uso múltiple las superficies de contacto del eje de la dirección, y asegúrese de que la varilla del interruptor es puesta en la posición firmemente en el vástago de control.

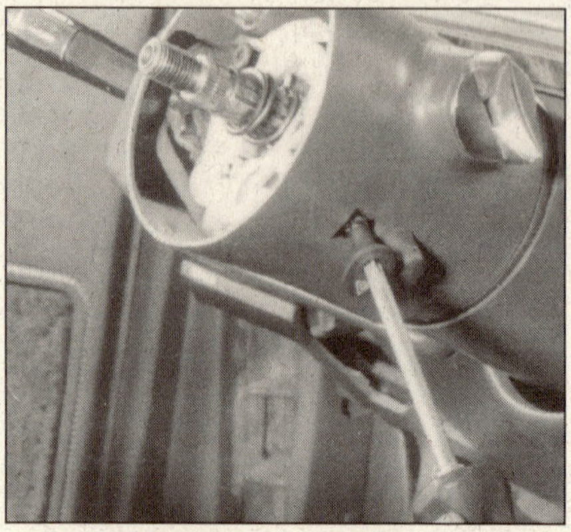

9.12 Remueven el botón de las luces intermitentes de peligro

10 Interruptor del limpiador/lavador - chequeo y reemplazo (1990 y más antiguos)

Peligro: *En 1991 y los modelos más modernos, el interruptor del limpiador del parabrisas es parte del interruptor de función multi localizado en la columna de la dirección. Los modelos 1991 y más modernos están equipados con un sistema de bolsa de aire, para evitar daño posible a éste sistema, o al despliegue accidental de la bolsa de aire, es recomendado que cualquier trabajo que implique el sistema de bolsa de aire sea dejado al departamento de servicio de su concesionario u otro taller de reparación calificado.*

Chequeo

Refiérase a las ilustraciones 10.5a, 10.5b, 10.5c y 10.5d

1 Todos los modelos están equipados con una palanca de función múltiple, localizada en el lado izquierdo de la columna de la dirección, que controla el limpiador/lavador, las direccionales y los atenuadores de luz. El limpiador en los modelos más antiguos son simplemente de dos velocidades (baja y alta); los modelos más modernos tienen también un modo de demora; 1991 y los modelos más modernos bajo, alto y dos modos de demora (demora máxima y demora mínima). Pero el procedimiento para chequear todos

9.14a Remueva los tres tornillos del interruptor . . .

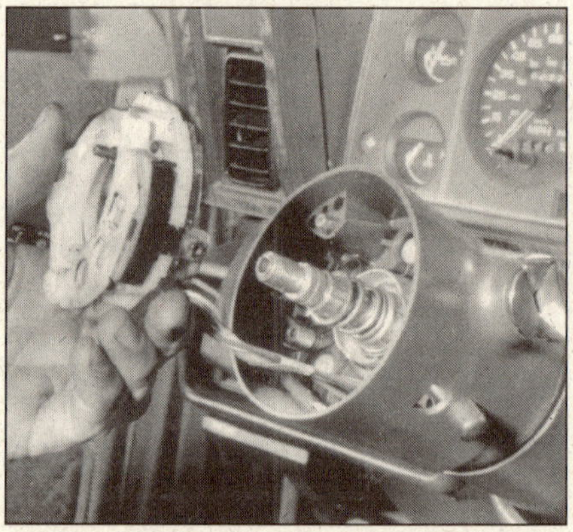

19.4b . . . suavemente hale hacia encima en la asamblea del interruptor y hale cuidadosamente el interruptor y los arneses hacia encima y hacia afuera de la asamblea de la columna de la dirección

los interruptores es el mismo - solamente las terminales designadas difieren.

2 Desconecte el cable negativo de la batería.

3 Remueva la tapa inferior de la columna de la dirección (vea Capítulo 11).

4 Remueva el conector eléctrico **(vea ilustración 9.4)**.

5 Use un ohmímetro o luz de prueba para chequear la continuidad entre las terminales del interruptor en el conector eléctrico **(vea ilustraciones)**.

Diagrama de continuidad para el interruptor del limpiador
Motor de dos velocidades
(sin limpiador cancelador)

Apagado	Bajo	Alto
B a P1 A a P2 H - Abierto B a W Lavador interno	B a P1 B a A P2 - Abierto H - Abierto B a W Lavador interno	B a P1 B a H P2 - Abierto A - Abierto B a W Lavador interno

10.5a Diagrama de chequeo para la continuidad del interruptor del limpiador de dos velocidades (limpiador sin cancelador) - la continuidad debe ser como se especifica en las tres posiciones del interruptor (modelos 1984)

Diagrama de continuidad para el interruptor del limpiador
Motor de dos velocidades

Apagado	Bajo	Alto
B + a P1 L a P2B + a L H - Abierto B + a W Lavador interno	B + a P1 B + a H P2 - Abierto H - Abierto B + a W Lavador interno	B + a P1 P2 - Abierto A - Abierto B + a W Lavador interno

10.5b Diagrama de chequeo para la continuidad del interruptor del limpiador de dos velocidades (limpiador sin cancelador) - la continuidad debe ser como se especifica en las tres posiciones del interruptor (modelos 1985 al 1987)

Diagrama para la continuidad del interruptor intermitente del limpiador

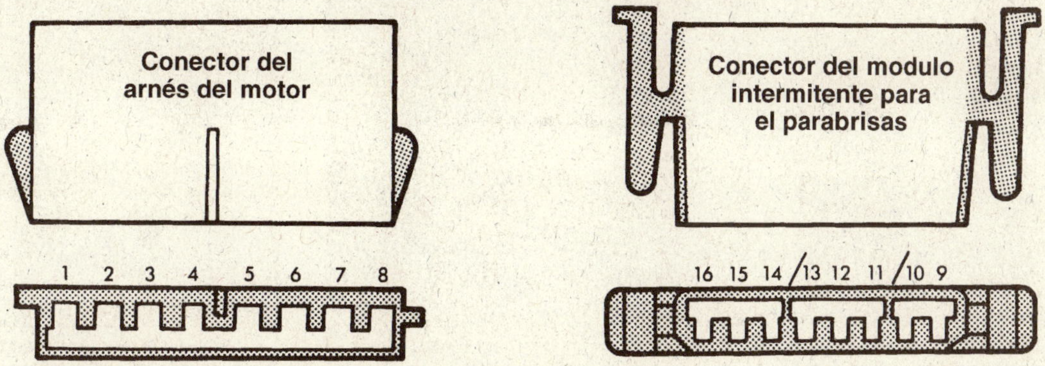

Vista desde el lado de la terminal

Posición del interruptor	Continuidad entre
Apagado	Clavija 1-13, Clavija 3-10, Clavija 4-11, Clavija 5-12
Retardo	Clavija 1-13, Clavija 3-10, Clavija 4-16, Clavija 4-11, Clavija 4-9, Clavija 5-12, Clavija 8-15, Clavija 9-16, Clavija 11-16, Clavija 9-11
Bajo	Clavija 1-13, Clavija 3-10, Clavija 4-7, Clavija 4-11, Clavija 5-12, Clavija 7-11,
Alto	Clavija 1-13, Clavija 3-10, Clavija 4-6, Clavija 4-11, Clavija 5-12, Clavija 6-11

10.5c Diagrama para el chequeo del interruptor del limpiador intermitente - la continuidad debe ser chequeada como se especifica en las cuatro posiciones del interruptor (modelos 1990)

6 Reemplace el limpiador/interruptor del lavador si la continuidad no es como está especificado.

Reemplazo

Refiérase a las ilustraciones 10.10, 10.14, 10.15, 10.17, 10.19, 10.20, 10.21, 10.22a, 10.22b y 10.24

7 En modelos con columna de inclinación, remueva el volante (vea Capítulo 10).

8 Remueva la tapa inferior de la columna de la dirección, el silenciador y el refuerzo inferior **(vea ilustración 9.8)**.

9 Separe la depresión del conjunto del alambrado/arnés del la columna de la dirección **(vea ilustración 9.9)**.

10 En modelos de columna estándar, remueva el lavador/la tapa limpiadora del interruptor **(vea ilustración)**. Gire la tapa hacia encima.

11 En modelos con columna de inclinación, remueva el plato de la cerradura, leva que cancela y resorte superior del balero **(vea ilustraciones 9.10a, 9.10b y 9.10c)**.

12 En los modelos con columna de inclinación, remueva el tornillo del actuador del vástago del brazo.

Diagrama para la continuidad del interruptor intermitente del limpiador	
Posición del interruptor	**Continuidad entre**
Apagado	L y P2
Retardo	P1 y I1* R y L1 I2 y G
Bajo	P1 y L
Alto	P1 y H
*Resistencia en la posición de retardo máximo debe de ser entre 270,000 y 330,000 ohms. *Resistencia en la posición de retardo mínima debe de ser cero con el ohmímetro puesto en la escala alta del ohmímetro	

10.5d Diagrama para el chequeo del interruptor del limpiador intermitente - la continuidad debe ser chequeada como se especifica en las cuatro posiciones del interruptor (modelos 1988 y 1989)

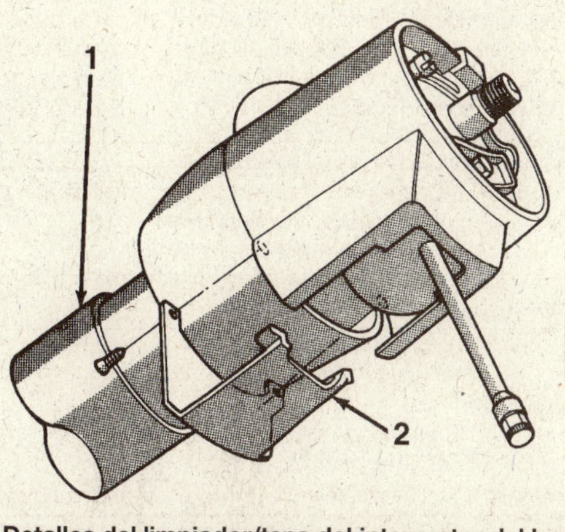

10.10 Detalles del limpiador/tapa del interruptor del lavador (columna estándar)

1 *Columna de la dirección*
2 *Cubierta para el interruptor del lavador*

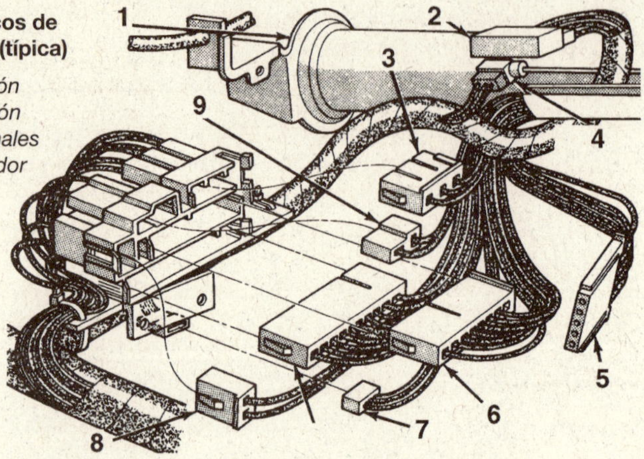

10.14 Conectores eléctricos de la columna de la dirección (típica)

1 *Columna de la dirección*
2 *Interruptor de la ignición*
3 *Luces de las direccionales*
4 *Interruptor del atenuador*
5 *Limpiador/lavador intermitente*
6 *Control de velocidad*
7 *Direccionales*
8 *Zumbador para la llave*
9 *Lampara para la llave adentro*

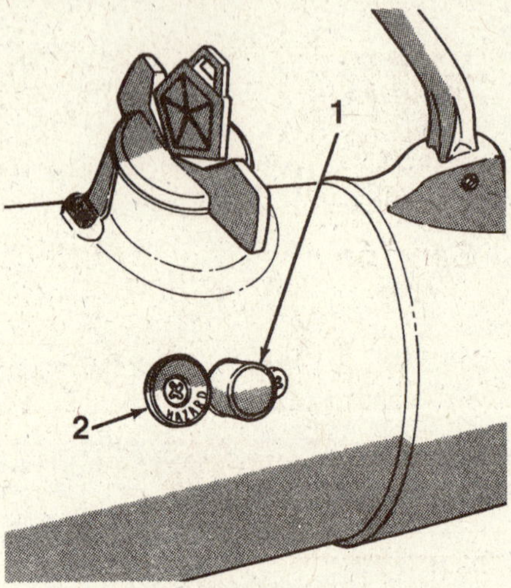

10.17 En modelos con columna de inclinación, remueva la lámpara para la llave de la ignición

1 *Lampara para la llave de la ignición*
2 *Perilla para las luces de emergencia*

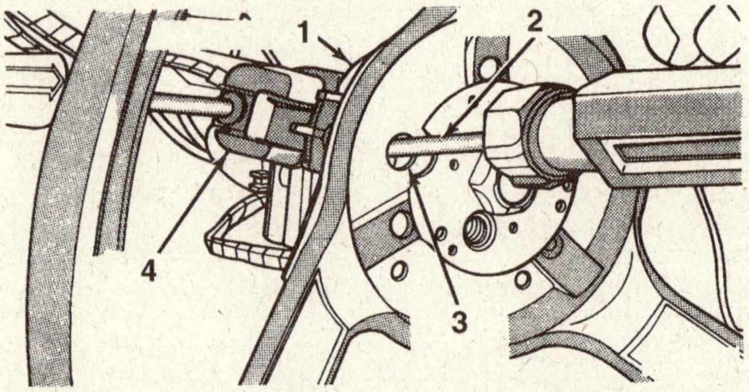

10.15 En modelos de columna estándar, gire la llave de la ignición ha apagado y gire el volante para tener acceso al orificio en el área del cubo a la posición 9 del reloj; entonces, usando un destornillador regular, afloje el tornillo de las direccionales através del orificio de acceso

1 *Volante de la dirección*
2 *Destornillador*
3 *Orificio de acceso*
4 *Interruptor de limpiar y de lavar*

10.19 Remueva los tres tornillos (flechas) de la tapa del albergue y eleve el albergue de la columna

13 En modelos con columna de inclinación, remueva la perilla del interruptor de peligro **(vea ilustración 9.12)**.

14 Remueva el conector eléctrico hacia abajo del fondo de la columna de la dirección **(vea ilustración)**.

15 En modelos de columna estándar, gire la llave de la ignición hacia apagado y gire el volante para que el acceso del orificio en el área del eje esté a la posición 9 del reloj. Usando un destornillador regular, afloje el tornillo de la palanca de las direccionales através de éste orificio de acceso **(vea ilustración)**.

16 En modelos con columna de inclinación, remueva los tres tornillos del interruptor de las direccionales **(vea ilustración 9.14a)** y remueva el interruptor de las direccionales.

17 En modelos con columna de inclinación, remueva la lámpara para la llave de la ignición **(vea ilustración)**.

18 En modelos con columna de inclinación, remueva el cilindro de la cerradura de la ignición (vea Sección 12).

19 En modelos con columna de inclinación, remueva los tres tornillos de la tapa del albergue **(vea ilustración)** y remueva el albergue. Esto requerirá el uso de una herramienta Torx.

20 En modelos con columna de inclinación, remueva el limpiador/interruptor limpiador pivote **(vea ilustración)**.

21 Remueva el limpiador/la asamblea limpiadora del interruptor **(vea ilustración)**.

22 Hale la tapa hacia encima del vástago de control y remueva los dos tornillos que conectan la camisa del vástago de control al lavador/interruptor limpiador **(vea ilustraciones)**. Use cinta para detener la varilla del atenuador en su lugar.

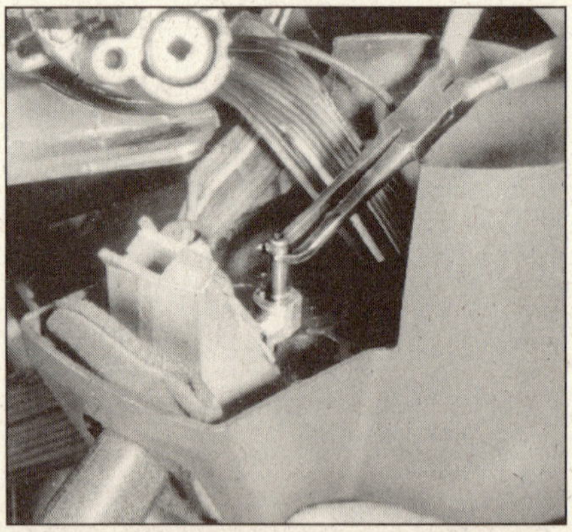

10.20 Remueva el lavador/clavija pivote del interruptor del limpiador con un par de alicates con punta de aguja - si usted no puede halarlo hacia fuera con alicates, remuévalo hacia fuera con una deriva pequeña

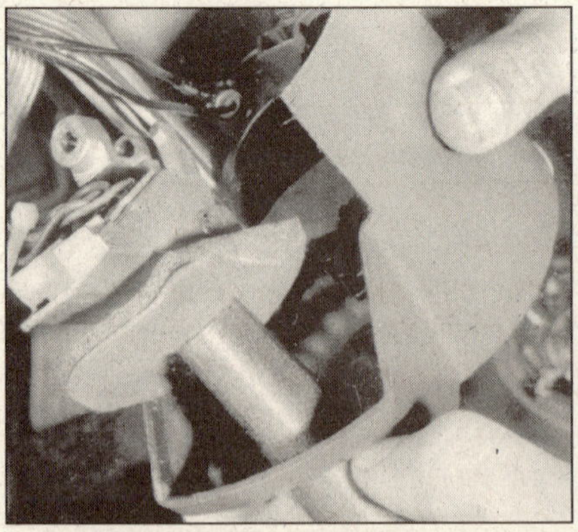

10.21 Remueva el lavador/interruptor de la asamblea limpiadora (modelo con columna de inclinación es mostrado, la columna estándar es similar)

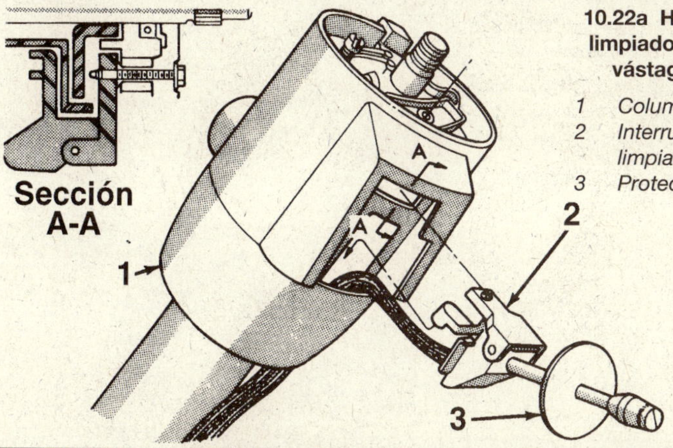

10.22a Hale el protector del limpiador hacia encima del vástago de control . . .

1 *Columna de la dirección*
2 *Interruptor del limpiador/lavador*
3 *Protector*

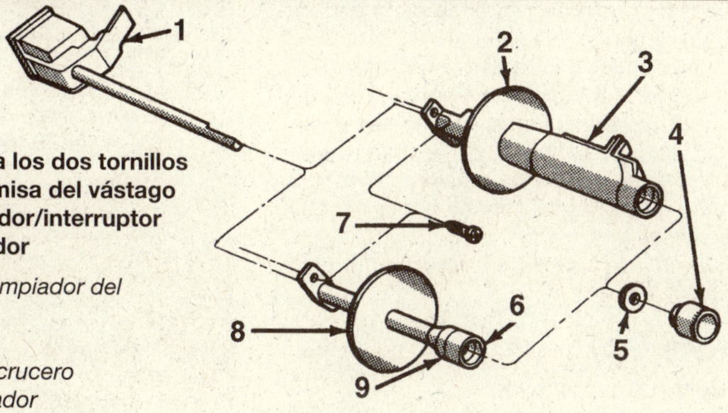

10.22b . . . y remueva los dos tornillos que conectan la camisa del vástago de control del lavador/interruptor limpiador

1 *Interruptor del limpiador del parabrisas*
2 *Protector*
3 *Con control de crucero*
4 *Perilla del limpiador*
5 *Silenciador*
6 *Cubierta para el interruptor y la palanca*
7 *Tornillo*
8 *Protector*
9 *Sin control de velocidad*

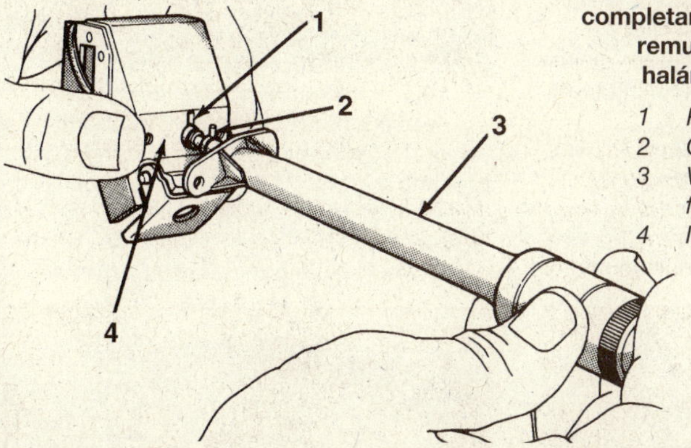

10.24 Gire el eje del vástago de control completamente a la posición derecha y remueva el eje del interruptor halándolo recto hacia afuera

1 *Ranura de alineación*
2 *Clavija*
3 *Vástago de control para funciones múltiple*
4 *Interruptor lavador/limpiador*

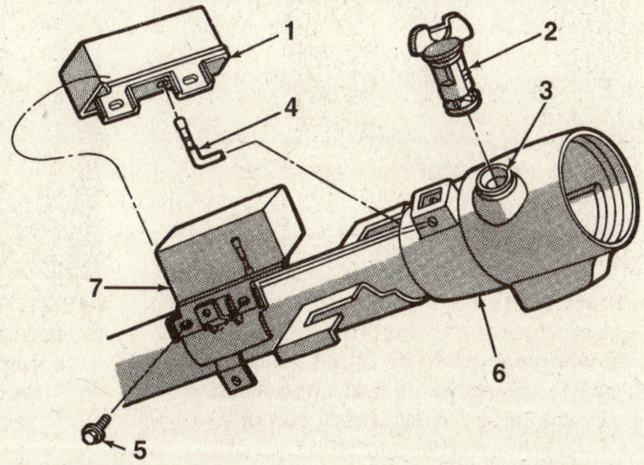

11.14 Una vista esquemática de la asamblea del interruptor de la ignición

1 *Interruptor de la ignición*
2 *Cilindro de cierre*
3 *Albergue de cierre*
4 *Varilla de activación para la ignición*
5 *Perno*
6 *Albergue para el cambio de engrane*

23 Remueva el limpiador/la perilla limpiadora de control del interruptor del final del vástago del control de función múltiple **(vea ilustración 10.22b)**.

24 Gire el eje del vástago de control a su posición completamente a la derecha y remueva el eje del interruptor halándolo recto hacia fuera del interruptor **(vea ilustración)**.

25 La instalación se hace en el orden inverso al procedimiento de desensamble.

11 Interruptor de la ignición - chequeo y reemplazo (1990 y más antiguos)

Peligro: *1991 y los modelos más modernos están equipados con un sistema de bolsa de aire. Para evitar hacer daño posible a éste sistema o el despliegue accidental de la bolsa de aire es recomendado que cualquier trabajo implicando el sistema de la bolsa de aire sea dejado al departamento de servicio de su concesionario u otro taller de reparación calificado.*

Chequeo

1 El interruptor de la ignición está localizado encima de la columna de la dirección y es accionado por una varilla conectada al cilindro de cerradura de la ignición.

2 Remueva el interruptor (vea Pasos 5 por 14).

3 Refiriéndose a los esquemas del alambrado en el final de este Capítulo, gire la llave de la ignición a cada posición y, usando un ohmímetro o luz de prueba, verifique de que hay continuidad entre las terminales del interruptor de la ignición para cada posición de la llave.

4 Si el interruptor no tiene la continuidad correcta, reemplácelo.

Reemplazo

Refiérase a la ilustración 11.14

5 Desconecte el cable negativo de la batería.

6 Remueva la tapa de la columna de la dirección **(vea ilustración 9.8)**.

7 En modelos equipados con un transeje automático, coloque la palanca del selector de engranes en la posición de Marcha y remueva el alambre del indicador eléctrico.

8 Remueva el panel de refuerzo del inferior **(vea ilustración 9.8)**.

9 Remueva las cinco tuercas que conectan la columna de la dirección al soporte.

10 Baje la columna para tener acceso al interruptor de la ignición.

11 Remueva el conector eléctrico del interruptor de la ignición.

12 Insercióne el pasador en el cilindro de la cerradura y lo gira a la posición de Cierre.

13 Póngale cinta a la varilla del interruptor de la ignición en la columna de la dirección para prevenir que la varilla se caiga de la asamblea del cilindro de la cerradura.

14 Remueva los dos pernos del interruptor de la ignición y remueva el interruptor **(vea ilustración)**.

12

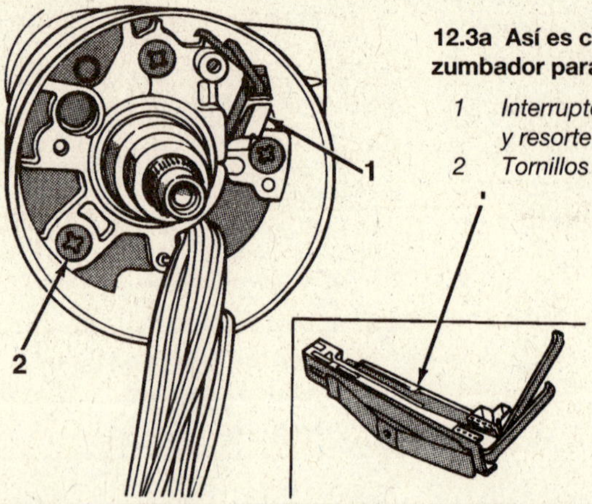

12.3a Así es como se mira el interruptor del zumbador para la llave y resorte de cuña . . .

1 *Interruptor para el zumbador de la llave y resorte de cuña*
2 *Tornillos para la cubierta del albergue (3)*

12.3b . . . para removerlo hacia afuera, agárrelo con un par de alicates de punta de aguja y hálelo, haga una nota de cómo el interruptor/la asamblea del resorte está instalado para asegurarse que usted lo ponga de regreso de la misma manera (o no trabajará)

15 La instalación se hace en el orden inverso al procedimiento de desensamble. Según el interruptor es enganchado a la varilla actuadora, levante el interruptor para remover cualquier juego en la varilla antes de apretar completamente los pernos.

12 Cilindro de cierre de la llave de la ignición - reemplazo (1990 y más antiguos)

Peligro: *1991 y los modelos más modernos están equipados con un sistema de bolsa de aire. Para evitar hacer daño posible a éste sistema o el despliegue accidental de la bolsa de aire es recomendado que cualquier trabajo implicando el sistema de la bolsa de aire sea dejado al departamento de servicio de su concesionario u otro taller de reparación calificado.*

Refiérase a la ilustración 12.3a, 12.3b y 12.4

1 Remueva el volante (vea Capítulo 10).
2 Separe las direccionales/la asamblea del interruptor de advertencia de peligro y permítalo que cuelgue fuera del camino (vea Sección 9).
3 Gire la llave de la ignición hacia la posición de marcha y extraiga el interruptor clave del zumbador y resorte de cuña **(vea ilustraciones)**.
4 Gire la llave de la ignición a la posición de Cerrado, meta un destornillador pequeño en la hendidura próxima a donde se instala el interruptor (la hendidura derecha), presione el picaporte del resorte al fondo de la hendidura y remueva la cerradura **(vea ilustración)**.
5 La instalación se hace en el orden inverso al procedimiento de desensamble.

13 Interruptor de la luz - chequeo y reemplazo

Chequeo

1 La asamblea del interruptor de la luz es el interruptor más distante de la izquierda en la esquina izquierda inferior del tablero. Para chequear el interruptor, usted tendrá que remover el interruptor hacia fuera del tablero (vea Pasos 4 y 5) para que usted pueda chequear la continuidad en la parte trasera del interruptor.
2 Refiriéndose a los esquemas del alambrado en el final de este Capítulo, use un ohmímetro para chequear que no hay continuidad hasta las terminales - cuando el interruptor está apagado y hay continuidad cuando el interruptor está en la posición de encendido.
3 Si el interruptor no trabaja como está descrito, reemplácelo.

Reemplazo

1990 y más antiguos

Refiérase a las ilustraciones 13.4, 13.5, 13.6 y 13.7

4 Hágale palanca a la moldura del bisel **(vea ilustración)**.
5 Remueva los cuatros tornillos para el plato del interruptor **(vea ilustración)** y hálelo hacia afuera.
6 Estire la asamblea del interruptor hacia afuera del tablero y remueva los conectores eléctricos **(vea ilustración)**.
7 Hale hacia afuera la perilla de la luz y destornille el retenedor **(vea ilustración)**.
8 Remueva el interruptor de la luz.
9 La instalación se hace en el orden inverso al procedimiento de desensamble.

1991 y más modernos

10 Remueva el bisel del grupo de instrumento (vea Capítulo 11).
11 Desconecte el conector eléctrico al interruptor. Presione las lengüetas de enclavamiento en el interruptor y lo empuja hacia afuera del bisel.
12 La instalación se hace en el orden inverso al procedimiento de desensamble.

14 Luces delanteras - remover e instalar

1 Desconecte el cable negativo de la batería.

Sellada luces de rayo

Refiérase a las ilustraciones 14.3a y 14.3b

2 Remueva los tornillos del bisel de la luz y remueva el bisel.

12.4 Para remover el cilindro de la cerradura de la ignición, meta un destornillador pequeño en la hendidura próxima a la abolladura para el tornillo del interruptor (la hendidura en la mano derecha), presione el picaporte de resorte al fondo de la hendidura y remueva la cerradura

13.4 Hágale palanca cuidadosamente a la moldura del bisel para aflojarlo del tablero con un destornillador pequeño, entonces hálelo

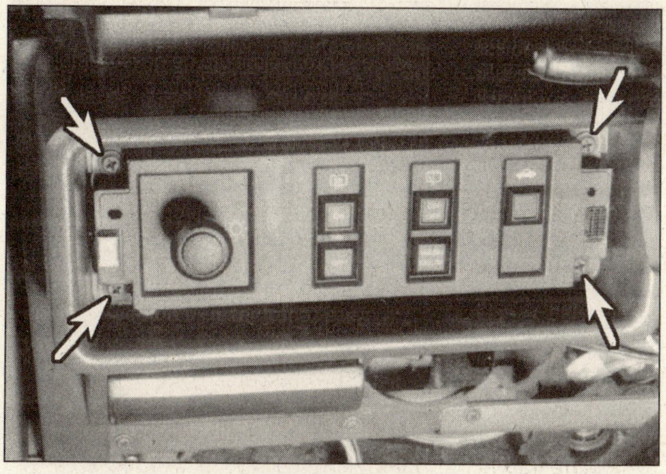
13.5 Para remover el plato del interruptor, remueva los cuatro tornillos (flechas)

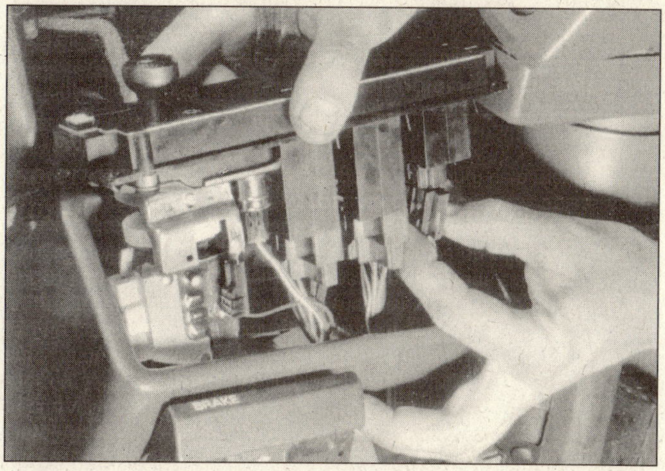
13.6 Hale la asamblea del interruptor hacia afuera del tablero y remueva los conectores eléctricos

13.7 Para remover el interruptor de la luz del plato del interruptor, destornille el retenedor con un destornillador de tuerca

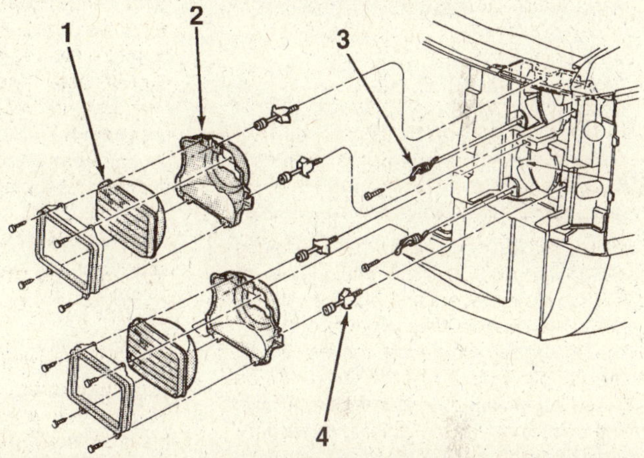

14.3a Una vista esquemática de una asamblea doble de luz sellada

1 *Bombilla doble rectangular*
2 *Asiento*
3 *Resorte uno por lampara*
4 *Tornillo de ajuste*

3 Remueva los tornillos del retenedor de la luz y remueva el retenedor - no perturbe los tornillo de ajuste **(vea ilustraciones)**.
4 Remueva la unidad sellada y remueva el conector eléctrico estirándolo recto hacia fuera.
5 La instalación se hace en el orden inverso al procedimiento de desensamble.
6 Ajuste las luces cuando usted haya terminado (vea Sección 15).

Luces de halógeno

Refiérase a la ilustración 14.8a, 14.8b y 14.9

Peligro: *Las bombillas de halógeno son llenas de gas, bajo presión y se pueden quebrar si la superficie es rasguñada o la bombilla se deja caer. Use protección para los ojos y maneje las bombillas cuidadosamente, agarrando solamente la base cuando sea posible. No toque la superficie de la bombilla con sus dedos porque el aceite de su piel podría causar que se sobrecalentara y fallara prematuramente. Si usted toca la superficie de la bombilla, límpiela con alcohol.*

7 Abra el capó. En el lado izquierdo de las luces delanteras (lado del chófer), pueda que sea necesario separar el depósito del anticongelante del motor y moverlo hacia fuera del camino (vea Capítulo 3).
8 Alcance atrás de la asamblea de la luz, destornille el anillo que está reteniendo la bombilla y hale la asamblea del sostenedor hacia fuera para tener acceso a la bombilla **(vea ilustraciones)**.

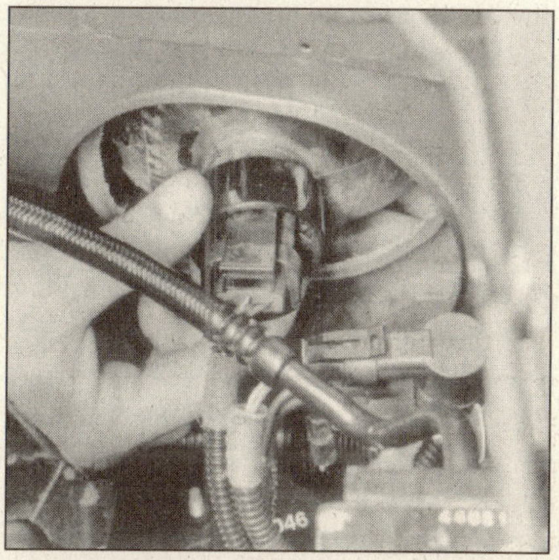
14.8a Para reemplazar una bombilla de luz de halógeno, destornille el anillo retenedor . . .

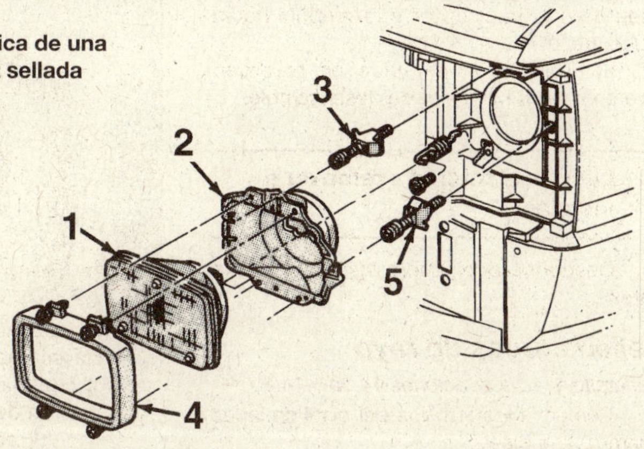

14.3b Una vista esquemática de una asamblea sencilla de luz sellada

1 *Luz sellada*
2 *Asiento*
3 *Ajustador vertical*
4 *Ajustador horizontal*
5 *Anillo retenedor*

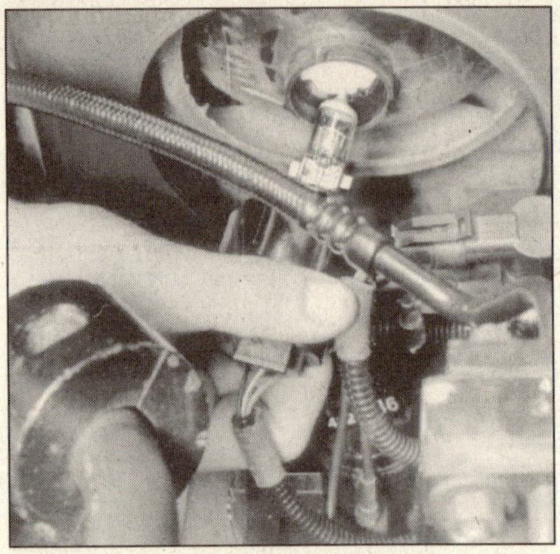

14.8b . . . y remueva el retenedor de la asamblea de la luz

14.9 Agarre el retenedor de la bombilla halógeno y remueva el conector eléctrico

15.1a En algunas luces de tipo halógeno, el tornillo de ajuste (flecha) superior es para el ajuste horizontal, el tornillo (flecha) inferior es para el ajuste vertical

9 Remueva el conector eléctrico del sostenedor de la bombilla **(vea ilustración)**.

10 Agarre al sostenedor de la bombilla y hale la bombilla hacia afuera.

11 La instalación se hace en el orden inverso al procedimiento de desensamble.

15 Luces delanteras - ajuste

Refiérase a las ilustraciones 15.1a y 15.1b

Nota: *¡La dirección en que apuntan los faros delanteros es muy importante! Si no están ajustados correctamente, pueden causar un accidente serio al cegar al conductor de un vehículo que viene en sentido contrario, o reducir su capacidad de ver el camino en frente de usted. La dirección de apunte de los faros delanteros debe probarse cada 12 meses y cada vez que se instale una unidad nueva sellada, o cuando se haga reparaciones de la suspensión delantera o de la carrocería. Hay que hacer hincapié en que el procedimiento que se describe aquí, es solamente un ajuste temporal, hasta que los faros puedan ser ajustados en un taller debidamente equipado.*

1 Las luces tienen dos tornillos de ajustes cargados por resortes, uno para el movimiento horizontal (derecha e izquierda) y uno para el movimiento vertical (abajo y encima). En vehículos más antiguos con ensamblajes de doble luces, el tornillo horizontal de ajuste para cada luz está por encima y el tornillo vertical de ajuste está también en la cima (luz superior) o en el lado (luz inferior). En las luces sencillas selladas en los modelos más modernos, el tornillo de ajuste vertical está encima y el tornillo horizontal de ajuste está en el lado. En modelos con luces de tipo de halógeno aerodinámicas, el tornillo horizontal de ajuste está encima y el tornillo vertical de ajuste está o en el fondo o en el lado superior de la parte trasera de la asamblea de la luz **(vea ilustraciones)**. Refiérase a las ilustraciones que acompañan la Sección previa para la ubicación de los tornillos de ajuste en los ensamblajes de luz sellada.

2 Éste procedimiento requiere una pared en blanco de 25 pies en el frente del vehículo y un piso plano.

3 Posicione cinta de aislar verticalmente en la pared en referencia a la línea central del vehículo y las líneas centrales de ambas luces.

4 Posicione una línea horizontal de cinta en referencia a la línea central de todas las luces. **Nota:** *Puede ser más fácil de posicionar la cinta en la pared con el vehículo estacionado solamente unas pocas pulgadas hacia fuera.*

5 El ajuste debe ser hecho con el vehículo asentado a nivel, el tanque de combustible repleto hasta la mitad y ninguna carga excepcional pesada en el vehículo.

6 Empezando con el ajuste de la luz baja, posicione la zona alta de la intensidad dos pulgadas debajo de la línea horizontal y dos pulgadas a la derecha de la línea vertical de la luz. El ajuste es hecho volteando el tornillo de ajuste primero a la derecha para levantar la luz y a la izquierda para bajar la luz. El tornillo de ajuste en el lado debe ser usado en la misma manera para mover la luz a la izquierda o al lado derecho.

7 Con las luces altas encendidas, la zona alta de intensidad se debe centrar verticalmente con el centro exacto apenas debajo de la línea horizontal. **Nota:** *Pueda que no sea posible posicionar la puntería de la luz exactamente para las luces altas y bajas. Si un compromiso debe ser hecho, mantenga*

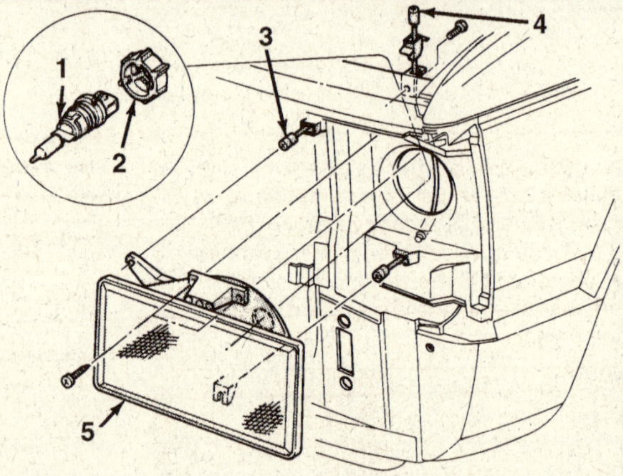

15.1b En algunas luces de tipo halógeno, el tornillo superior del frente es para el ajuste horizontal, el tornillo trasero superior es para el ajuste vertical

1 *Bombilla*
2 *Anillo retenedor*
3 *Ajuste horizontal*
4 *Ajuste vertical*
5 *Lente de la luz*

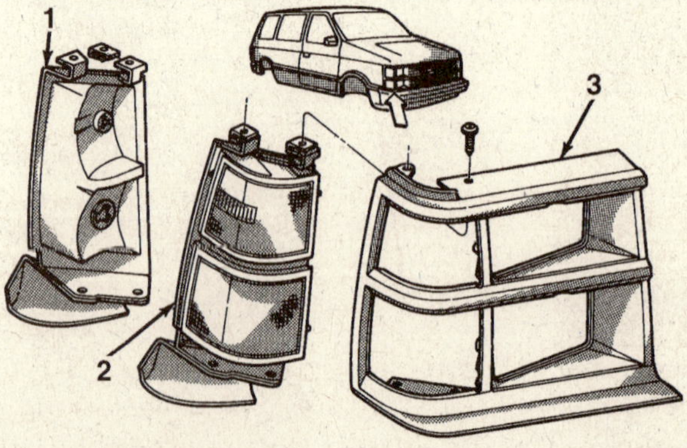

16.1a Luz típica de estacionando del frente, luz de las direccionales, bisel marcador del lado y lentes (luces delanteras doble selladas)

1 *Albergue*
2 *Lente*
3 *Bisel de la luz delantera*

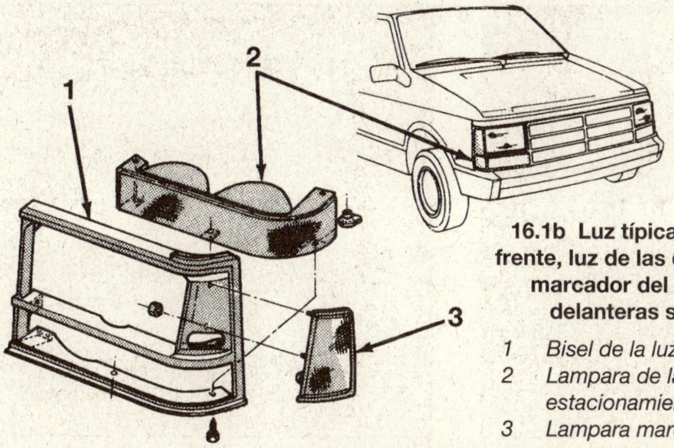

16.1b Luz típica de estacionando del frente, luz de las direccionales, bisel del marcador del lado y lentes (luces delanteras sencillas selladas)

1 Bisel de la luz delantera
2 Lampara de las direccionales y de estacionamiento
3 Lampara marcadoras del lado

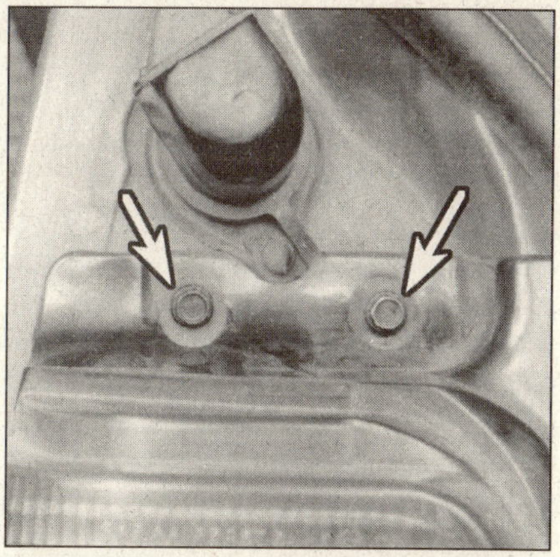

16.1d Para llegar a las bombillas adentro del lente trasero, levante el elevador, remueva estos dos tornillos (flechas) . . .

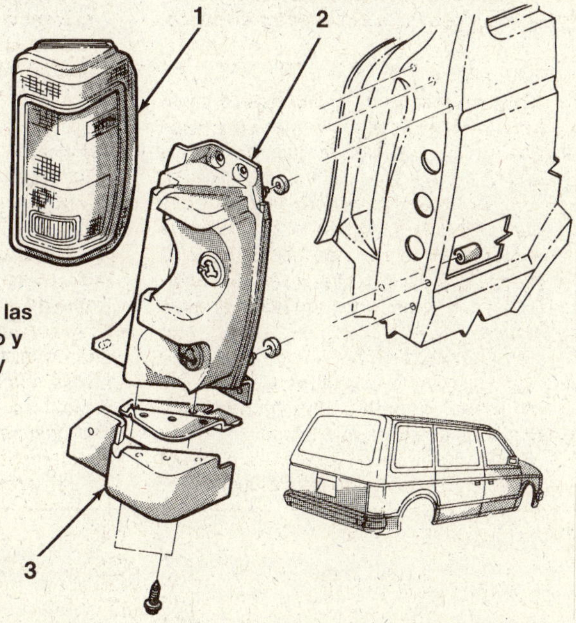

16.1c Luz trasera típica, luz de las direccionales, luz de retroceso y lente del marcador del lado y albergue

1 Lente
2 Albergue
3 Llenador

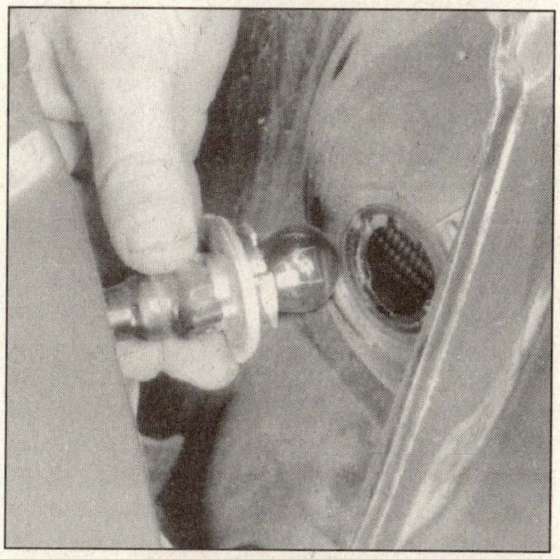

16.1e . . . gire el retenedor de la bombilla a la izquierda, hálelo hacia afuera del albergue . . .

en mente que las luces bajas son usadas la mayor parte de las veces y tienen el efecto más grande en la seguridad del chófer.

8 Haga que las luces sean ajustadas por el departamento de servicio de su concesionario o gasolinera en la oportunidad más temprana.

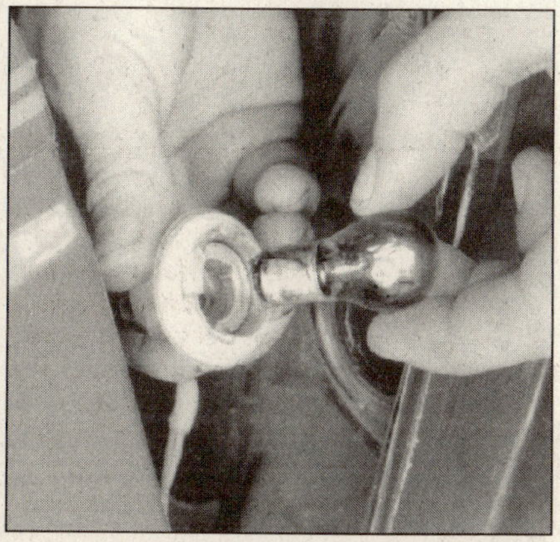

16.1f . . . entonces gire la bombilla a la izquierda y hálela hacia afuera del retenedor

16 Reemplazo de la bombilla

Refiérase a las ilustraciones 16.1a, 16.1b, 16.1c, 16.1d, 16.1e, 16.1f, 16.1g, 16.2a, 16.2b, 16.3a, 16.3b y 16.3c

1 Los lentes de la mayoría de las luces exteriores están sostenidos en su lugar por la moldura del bisel, que son asegurado al vehículo con una combinación de retenedores y tornillos. Para reemplazar las bombillas quemadas, remueva simplemente los biseles y los lentes **(vea ilustraciones)**.

2 Varios tipos de bombillas son usadas dentro del vehículo. Algunas, como bombillas de grupo de instrumento (vea Sección 19 para remover el grupo de instrumento), pueden ser removidas empujándolas hacia adentro y girándolas a la izquierda **(vea ilustración)**. Las otras, tal como la bombilla de iluminación del panel de los instrumentos,

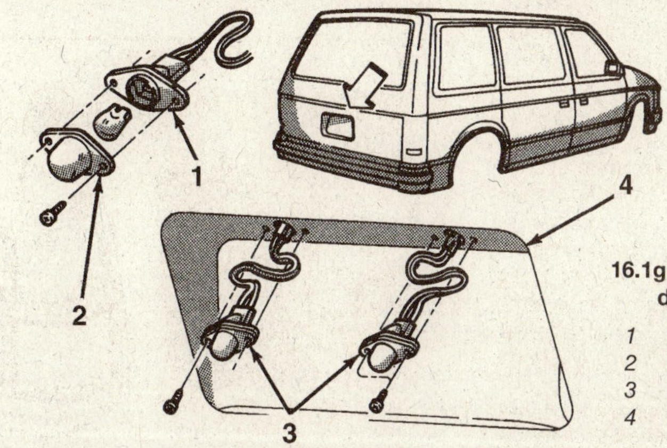

16.1g Vista esquemática típica de la luz de la licencia

1 Enchufe y cable
2 Lampara
3 Lamparas de la licencia
4 Puerta elevadora trasera

16.2a Para remover un retenedor de bombilla del grupo de instrumentos, simplemente gírelo a la izquierda y hálelo recto hacia afuera - la bombilla entonces puede ser removida del retenedor

pueden ser removida simplemente halándolas recta hacia afuera del dado **(vea ilustración)**.

3 Para reemplazar una bombilla del interior, abra con una palanca la asamblea de la lámpara fuera del tapiz interior del techo con un destornillador pequeño, separe el lente de la base y remueva la bombilla de su posición en el retenedor **(vea ilustraciones)**.

17 Radio - remover e instalar

Refiérase a las ilustraciones 17.3, 17.4a, 17.4b y 17.5

1 Desconecte el cable negativo de la batería que viene de la batería.

2 Remueva el cenicero.

3 Remueva los tornillos y separe el bisel del tablero **(vea ilustración)**. **Nota:** *En 1991 y los modelos más modernos, vea Capítulo 11 para detalles del bisel del tablero de instrumentos.*

4 Remueva los tornillos del radio **(vea ilustración)** y remueva el radio através del panel del tablero **(vea ilustración)**.

5 Remueva el alambre de la antena y desconecte los conectores eléctricos **(vea

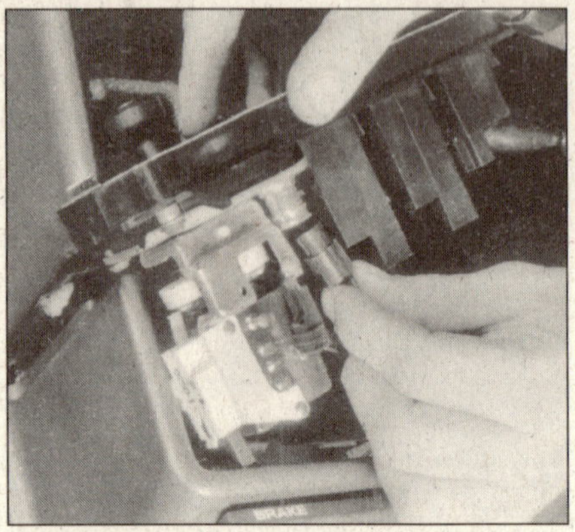

16.2b Para reemplazar una bombilla en el interruptor de luz, simplemente hálela recto hacia afuera

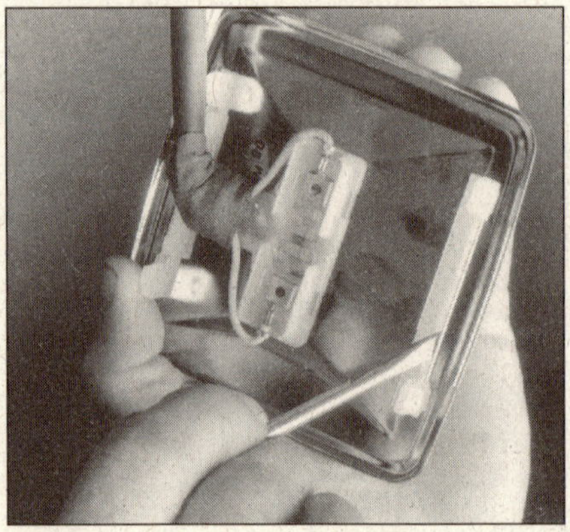

16.3b . . . separe el lente del albergue . . .

ilustración)**.

6 La instalación se hace en el orden inverso al procedimiento de desensamble.

18 Antena - remover e instalar

Refiérase a la ilustración 18.1

1 Para remover la antena, simplemente

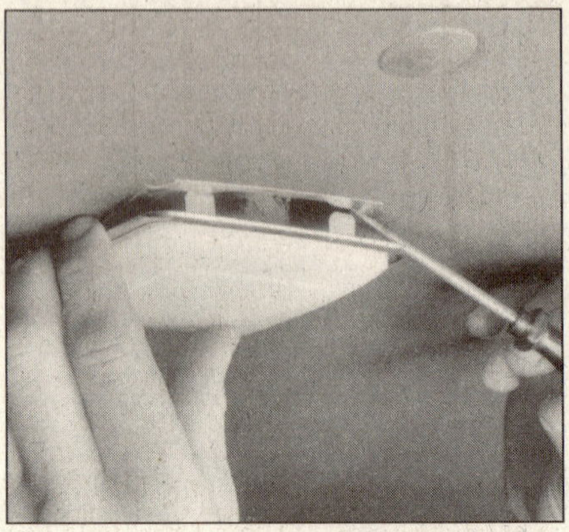

16.3a Para reemplazar la luz interior, abra con una palanca la asamblea del tapiz interior del techo con un destornillador pequeño . . .

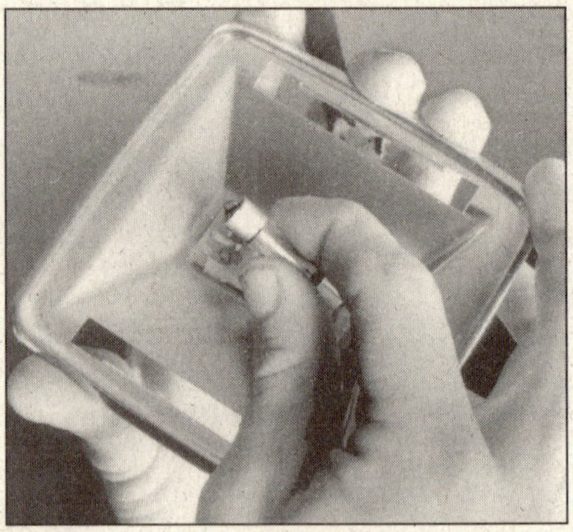

16.3c . . . entonces agarre la bombilla y hálela hacia afuera de los retenedores

destorníllela de su base **(vea ilustración)**.

2 La instalación se hace en el orden inverso al procedimiento de desensamble. Esté seguro de que las roscas estén libres de corrosión para asegurar una conexión buena.

3 Si es necesario remover la base, un dado especial es requerido. Ésta herramienta se puede comprar en casi todas las refaccionarías.

17.3 El bisel del radio está sostenido en su lugar por cinco tornillos (flechas) (para llegar a los dos tornillos de abajo - no visible en ésta foto - remueva el cenicero)

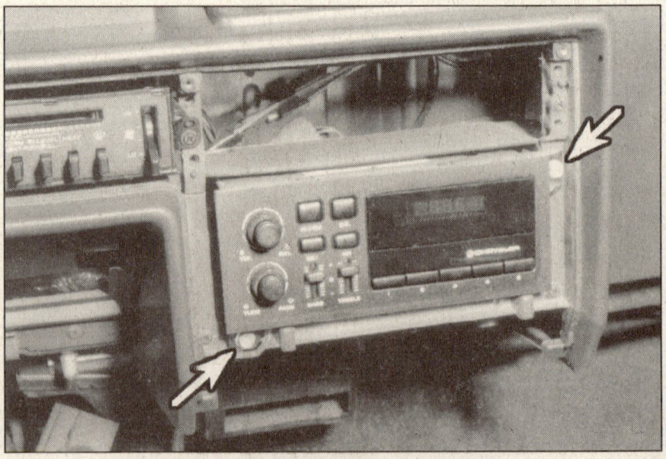

17.4a Para remover el radio, remueva estos dos tornillos (flechas) . . .

17.4b . . . y hale el radio hacia afuera lo suficiente para llegar a los alambres en la parte trasera

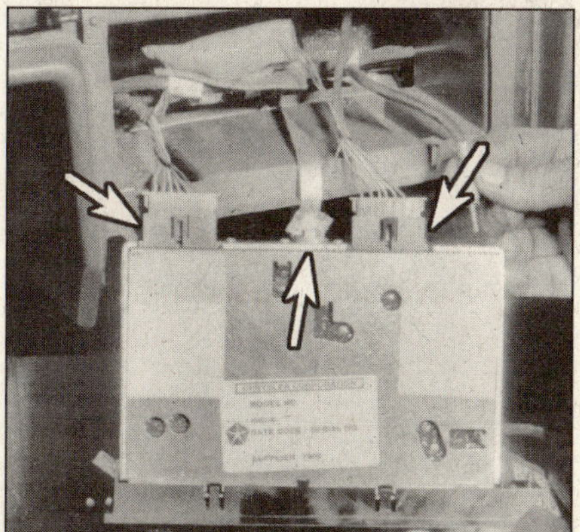

17.5 Desconecte el alambre de la antena, el alambre de conexión a tierra, los conectores eléctricos y remueva el radio

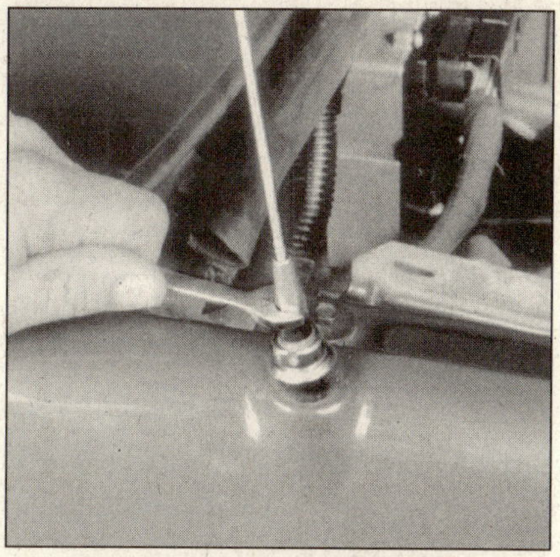

18.1 Destornille la antena con una llave pequeña

19.3a Tornillos para el grupo de instrumento (flechas) (típico)

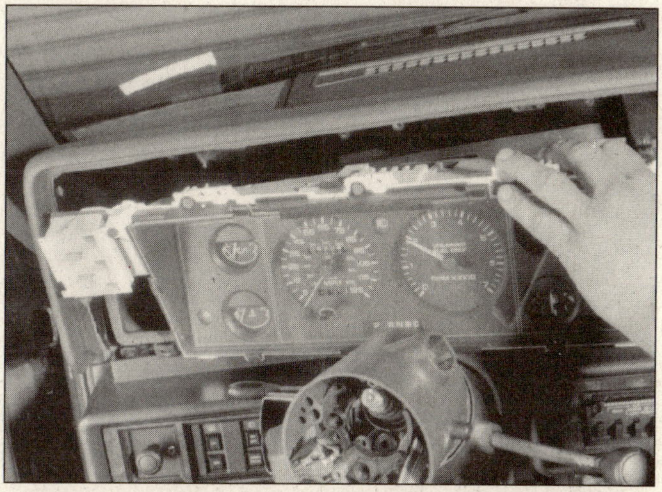

19.3b Hale el grupo de instrumento hacia afuera lo más que se pueda, entonces alcance por detrás y desconecte el retenedor del cable del velocímetro y conectores eléctricos (típico)

19 Grupo de instrumentos - remover e instalar

Refiérase a las ilustraciones 19.3a y 19.3b

1 Desconecte el cable negativo de la batería.

2 Remueva el bisel del grupo (vea Capítulo 11).

3 Remueva los tornillos del grupo **(vea ilustración)**. Remueva la asamblea hacia afuera **(vea ilustración)**, alcance atrás del grupo y presione el retenedor del cable del velocímetro. Separe el cable del velocímetro, remueva los conectores eléctricos y remueva el grupo del tablero.

20 Motor del limpiaparabrisas - chequeo y reemplazo

Chequeo

1 Si el motor limpiador no corre del todo, chequee primero el bloque de fusibles por un fusible quemado (vea Sección 3).

2 Chequee el interruptor limpiador (vea Sección 10).

3 Gire el interruptor de la ignición y el interruptor del limpiador.

4 Conecte un alambre puente entre el motor limpiador y la conexión a tierra, entonces chequee otra vez. Si el motor ahora trabaja, repare la conexión a tierra.

5 Si el limpiador todavía no trabaja, prenda el limpiador y chequee por voltaje en el conector del motor. Si hay voltaje, remueva el motor y chequéelo fuera del vehículo con un alambre puente desde la batería con un fusible. Si el motor ahora trabaja, chequee por atoramiento en la varilla. Si el motor todavía no trabaja, reemplácelo.

6 Si no hay voltaje al motor, el problema es en el interruptor o el alambrado.

Reemplazo

Refiérase a las ilustraciones 20.8, 20.9, 20.10, 20.11, 20.12 y 20.13

7 Desconecte el cable negativo de la batería.

20.8 Eche hacia atrás la tapa en el final del brazo del eje limpiador y remueva la tuerca (flecha)

8 Voltee la cubierta de tipo bisagra en el final del eje de los brazos limpiadores y remueva las tuercas **(vea ilustración)**.

9 Separe la manguera del limpiador y

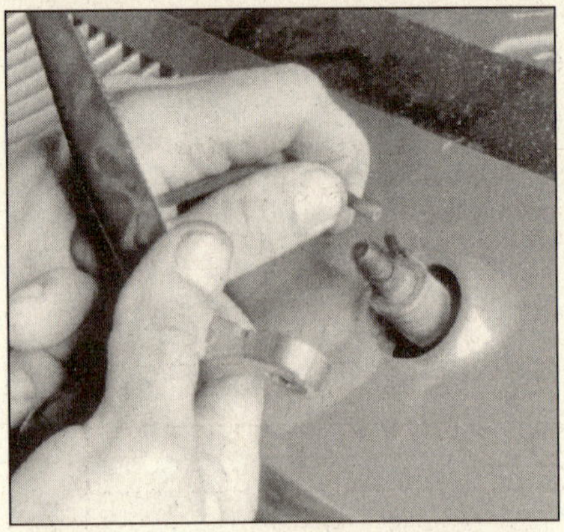

20.9 Separe la manguera del lavador y remueva el brazo limpiador

remueva los brazos limpiadores **(vea ilustración)**.

10 Remueva los seis tornillos retenedores (tres en la parrilla y tres por la orilla del frente), levante el capó hacia encima, separe la manguera del lavador **(vea ilustración)** y remueva el capó.

11 Remueva la parrilla **(vea ilustración)**.

12 Remueva la tuerca que conecta el brazo de la manivela al motor y separe la manivela **(vea ilustración)**.

13 Remueva el conector eléctrico, motor, limpiador y remueva las tuercas **(vea ilustración)**.

14 La instalación se hace en el orden inverso al procedimiento de desensamble.

21 Ventana eléctrica, sistema - descripción y chequeo

El sistema de la ventana de poder opera los motores eléctricos montados en las puertas que bajan y levantan las ventanas. El sistema se compone de los interruptores del control, motores, mecanismos (reguladores) de vidrio y el alambrado asociado.

A causa de la complejidad del sistema de ventana de poder, las herramientas y técnicas especiales requeridas para el diagnóstico, la reparación debe ser dejada a un

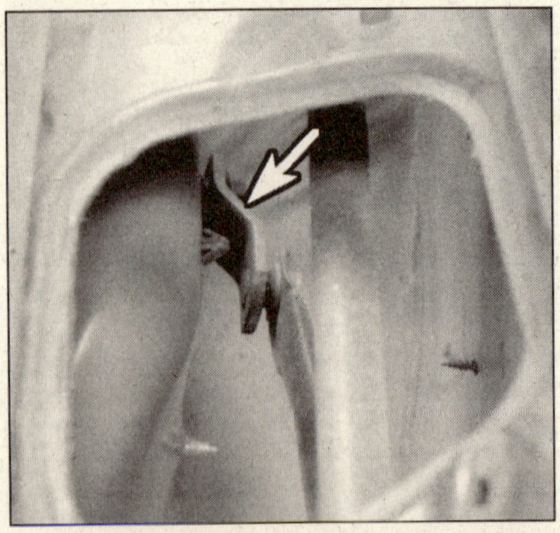

20.12 Remueva ésta tuerca (flecha) y separe el brazo de la manivela del motor limpiador

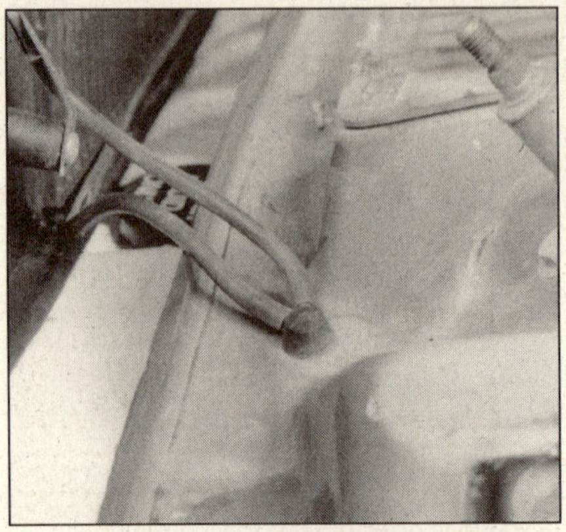

20.10 Remueva los seis tornillos retenedores del capó de plástico, doble hacia atrás el capó y separe las mangueras del lavador (flechas)

departamento de servicio de su concesionario o un taller de reparación. Sin embargo, es posible para el mecánico del hogar de hacer chequeos sencillos de las conexiones del alambrado y motores para los defectos que se pueden reparar fácilmente. Éstos incluyen:

a) *Inspeccione los interruptores de accionar la ventana de poder por alambres rotos y conexiones flojas.*
b) *Chequee el fusible de la ventana de poder/y o el interruptor del circuito.*
c) *Remueva el panel(es) de la puerta y chequee los alambres del motor de la ventana de poder para ver si ellos están flojos o dañados. Inspeccione los mecanismos de vidrio por daño que podría causar obstrucción.*

22 Cerrojo eléctrico, sistema - descripción y chequeo

El sistema de la cerradura de la puerta de poder opera los actuadores de la cerradura de la puerta montados en cada puerta. El sistema se compone de los interruptores, actuadores y alambrado asociado. Debido a que herramientas y técnicas especiales son requeridas para diagnosticar el sistema, debe

20.13 Remueva el conector eléctrico (flecha), remueva las tres tuercas (flechas) y remueva el motor limpiador

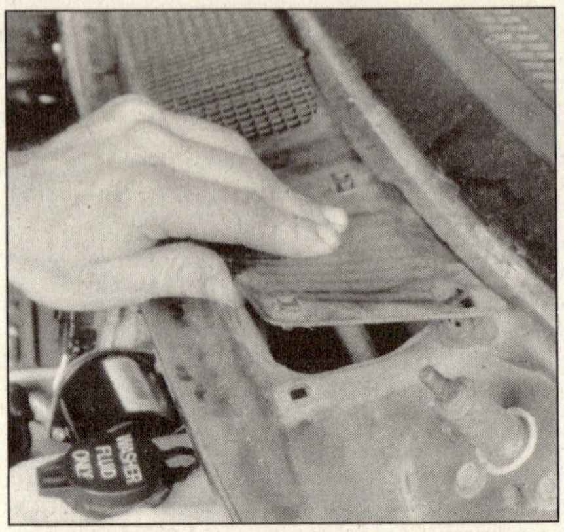

20.11 Remueva la rejilla para las hojas para llegar a la varilla del limpiador

ser dejado al departamento de servicio de su concesionario o un taller de reparación. Sin embargo, es posible que el mecánico de hogar pueda hacer chequeos sencillos de las conexiones del alambrado y actuadores para los defectos que se puedan reparar fácilmente. Éstos incluyen:

a) *Chequee el fusible del sistema y/o interruptor del circuito.*
b) *Chequee los alambres del interruptor por daño y afloje las conexiones. Chequee los interruptores por continuidad.*
c) *Remueva el panel(es) de la puerta y chequee las conexiones del alambrado del actuador para ver si ellos están flojos o dañados. Inspeccione las varillas del actuador (si está equipado) y asegúrese que ellas no están dobladas o dañadas. Inspeccione el alambrado del actuador por conexiones dañadas o flojas. El actuador puede ser chequeado aplicando poder de batería momentáneamente. Un chasquido discernible indica que el solenoide está operando apropiadamente.*

23 Control de crucero - descripción y chequeo

El sistema de control de crucero mantiene la velocidad del vehículo con un motor amplificador accionado por vacío localizado en el compartimiento del motor, que es conectado al control de la mariposa por un cable. El sistema se compone del motor amplificador, interruptor de embrague, interruptor de freno, interruptores de control, un relé y mangueras asociadas de vacío.

A causa de la complejidad del sistema de control, las herramientas y técnicas especiales requeridas para el diagnóstico, la reparación debe ser dejada al departamento de servicio de su concesionario u otro taller de reparación. Sin embargo, es posible para el mecánico del hogar poder hacer chequeos sencillos de las conexiones del alambrado y vacío para los fallos que se puedan reparar fácilmente. Éstos incluyen:

a) *Inspeccione el interruptor de accionar del control de crucero por alambres rotos y conexiones flojas.*

b) *Chequee el fusible del control de crucero.*

c) *El sistema de control es operado por vacío, así que es crítico que todos los interruptores de vacío, mangueras de vacío y conexiones estén seguras. Chequee las mangueras de vacío en el compartimiento del motor por conexiones apretadas, rotas y fugas de vacío obvias.*

24 Sistema remoto de entrada sin llaves

El sistema remoto de la entrada sin llaves, permite que el dueño del vehículo abra el cerrojo, cierre las puertas del vehículo y abra la puerta elevadora trasera desde aproximadamente 23 pies de distancia. Éste sistema se compone de interruptores, actuadores y alambrados asociados. Debido a que las herramientas y técnicas especiales son requeridas para diagnosticar el sistema, debe ser dejado a un departamento de servicio de su concesionario o un taller de reparación.

25 Esquemas del alambrado - información general

Refiérase a la ilustración 25.2

Debido a que no es posible incluir todos los esquemas del alambrado para cada año cubierto por éste manual, los siguientes esquemas son típicos y comúnmente muy necesitados. Antes de la identificación y resolución de problemas de cualquier circuito, chequee el fusible y los interruptores del circuito (si está equipado) para asegurarse que ellos están en buenas condiciones.

Diagrama de los códigos de los colores para los alambres

Código de los colores	Color	Línea de color en el alambre
BK	Negro	WT
BR	Café	WT
DB	Azul oscuro	WT
DG	Verde oscuro	WT
GY	Gris	BK
LB	Azul claro	BK
LG	Verde claro	BK
OR	Naranja	BK
PK	Rosado	BK o WH
RD	Rojo	WT
TN	Café claro	WT
VT	Violeta	WT
WT	Blanco	BK
YL	Amarillo	BK
*	Línea de color en el alambres códigos de los colores par los alambres	

25.2 Diagrama de los códigos de los colores para los alambres

Asegúrese de que la batería está apropiadamente cargada y chequee las conexiones del cable (vea Capítulo 1). Cuándo esté chequeando un circuito, asegúrese de que todos los conectores están limpios, sin terminales rotas o flojas. Cuándo remueva un conector, no hale los alambres. Hale solamente en el albergue de conector.

Refiérase a la tabla que acompaña para el código del color de alambre aplicable en los diagramas de éste manual **(vea ilustración)**.

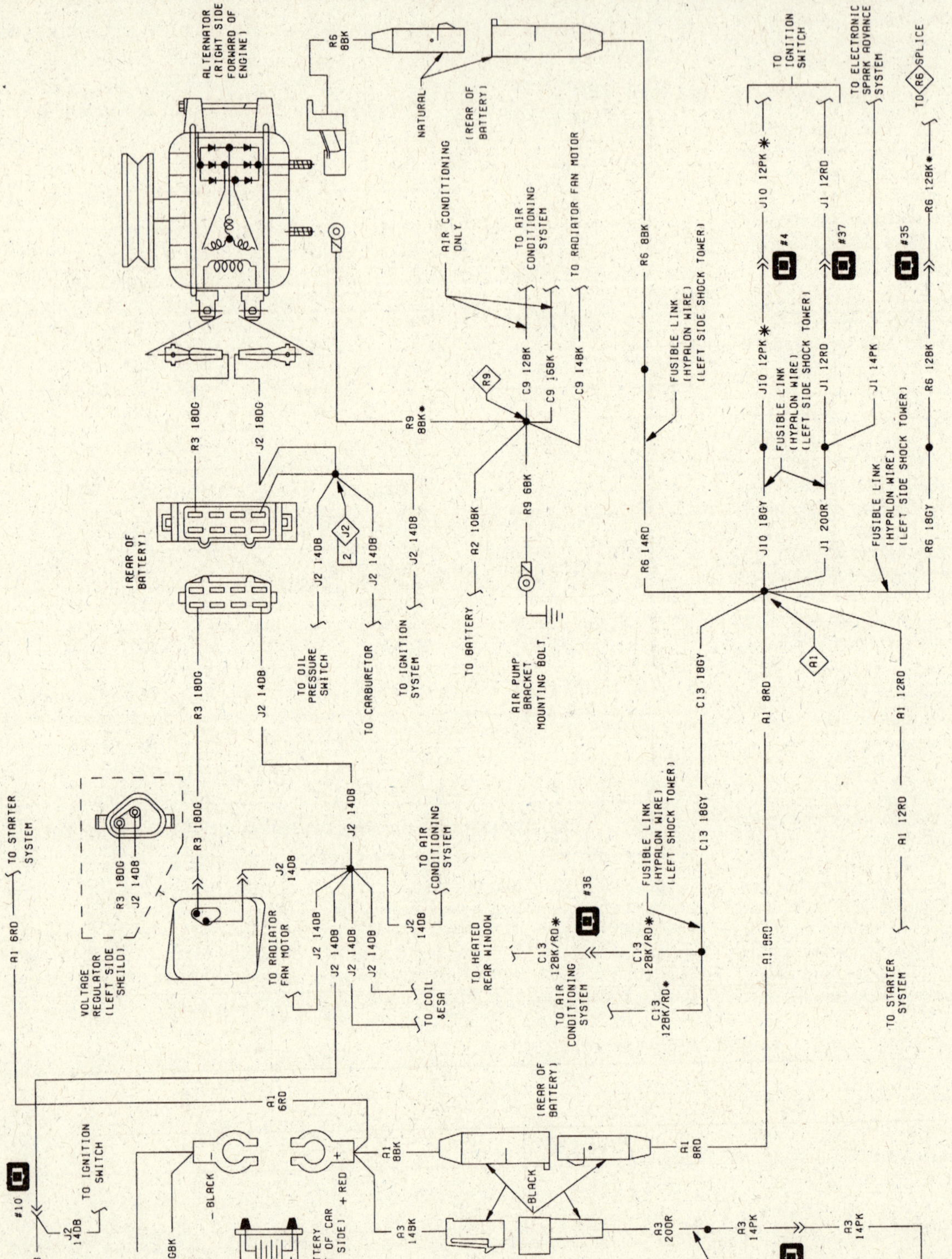

Sistema del circuito de carga típico (motores de 2.2L)

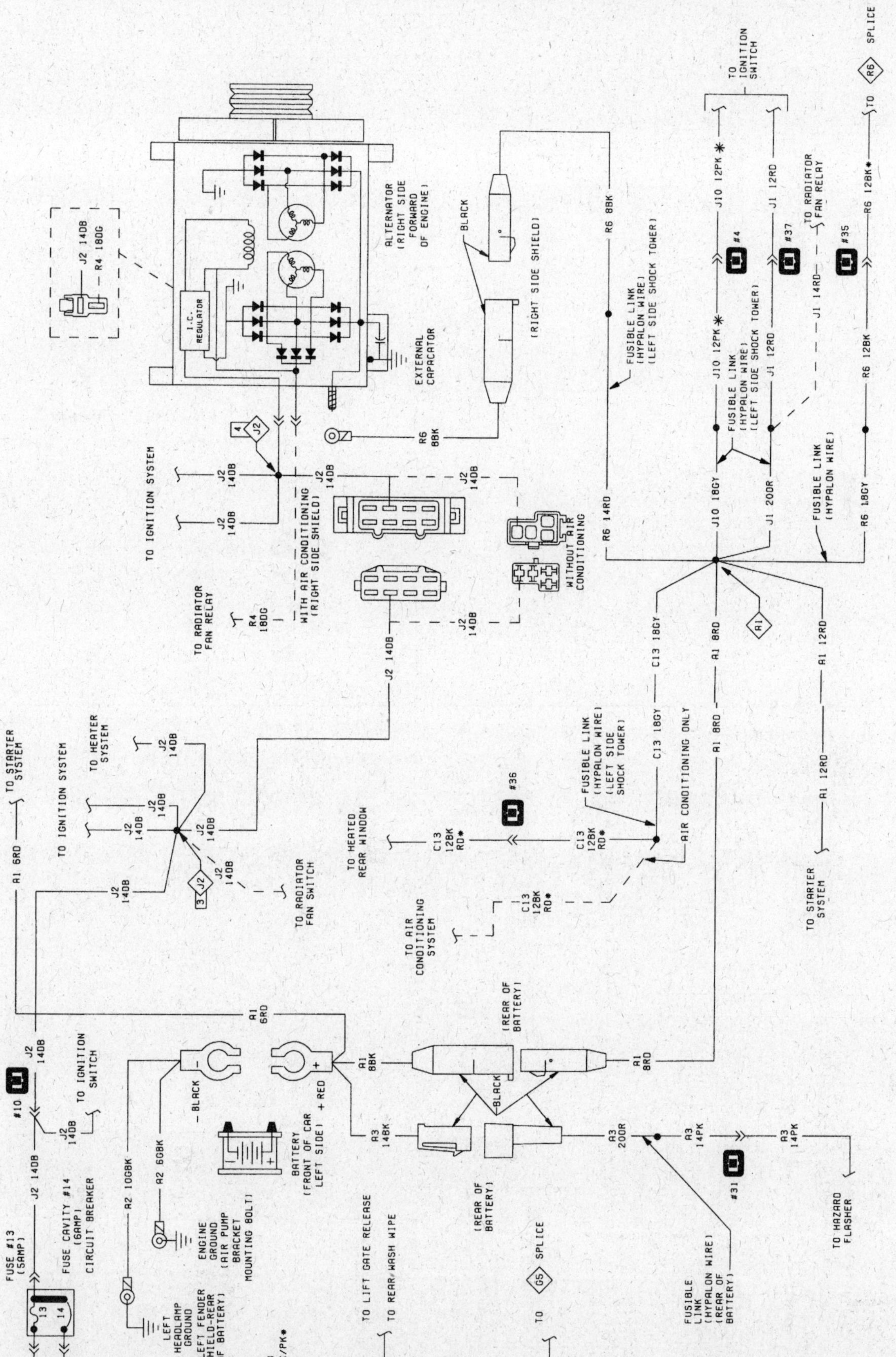

Sistema del circuito de carga típico (motores de 2.6L)

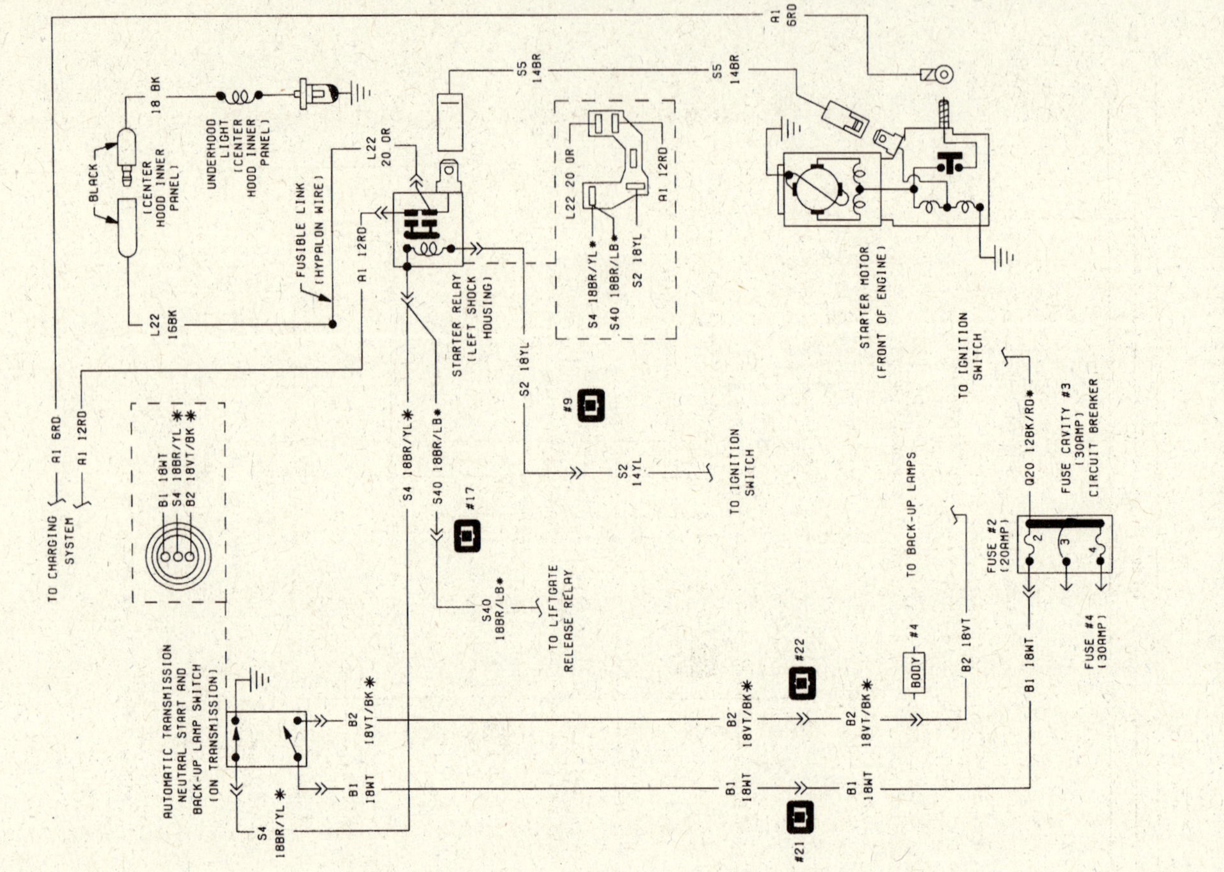

Sistema del circuito de arranque típico (motores de 2.6L)

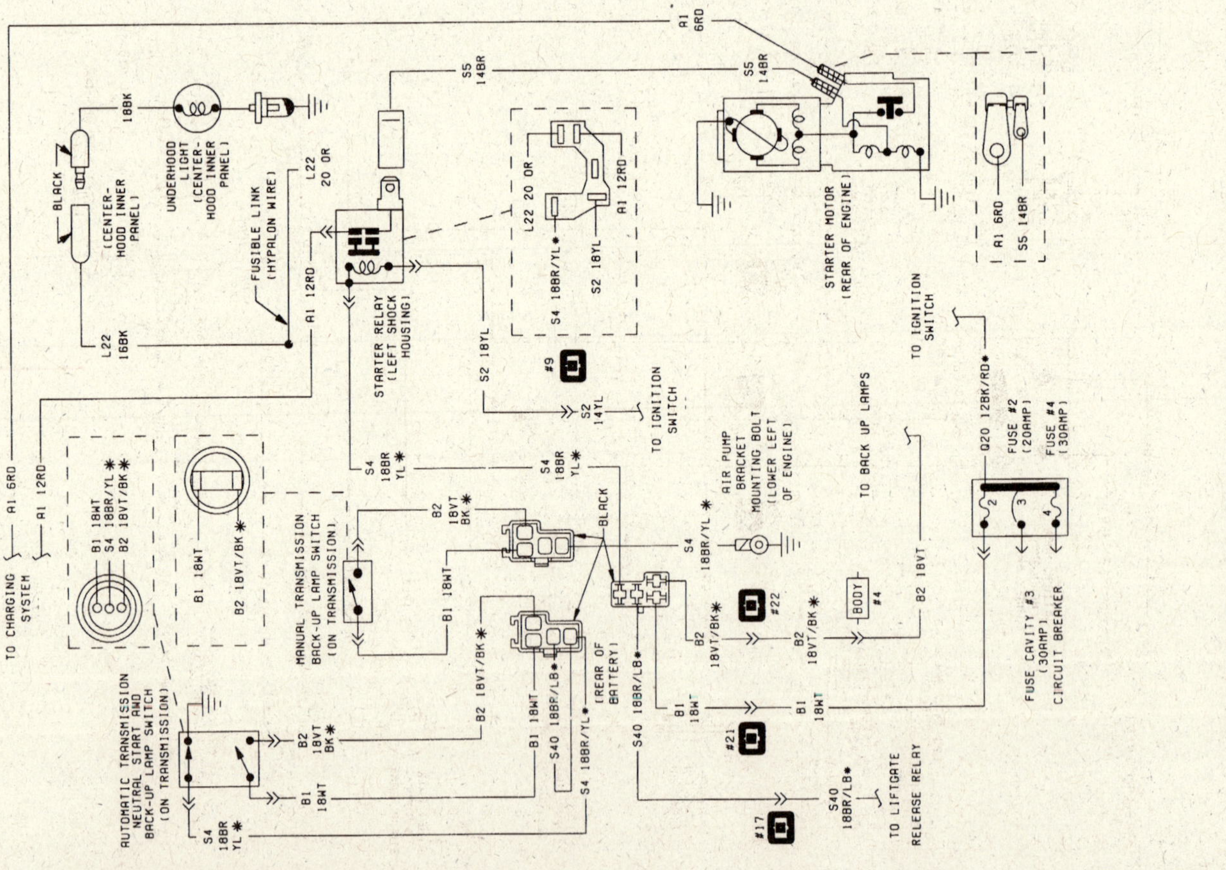

Sistema del circuito de arranque típico (motores de 2.2L)

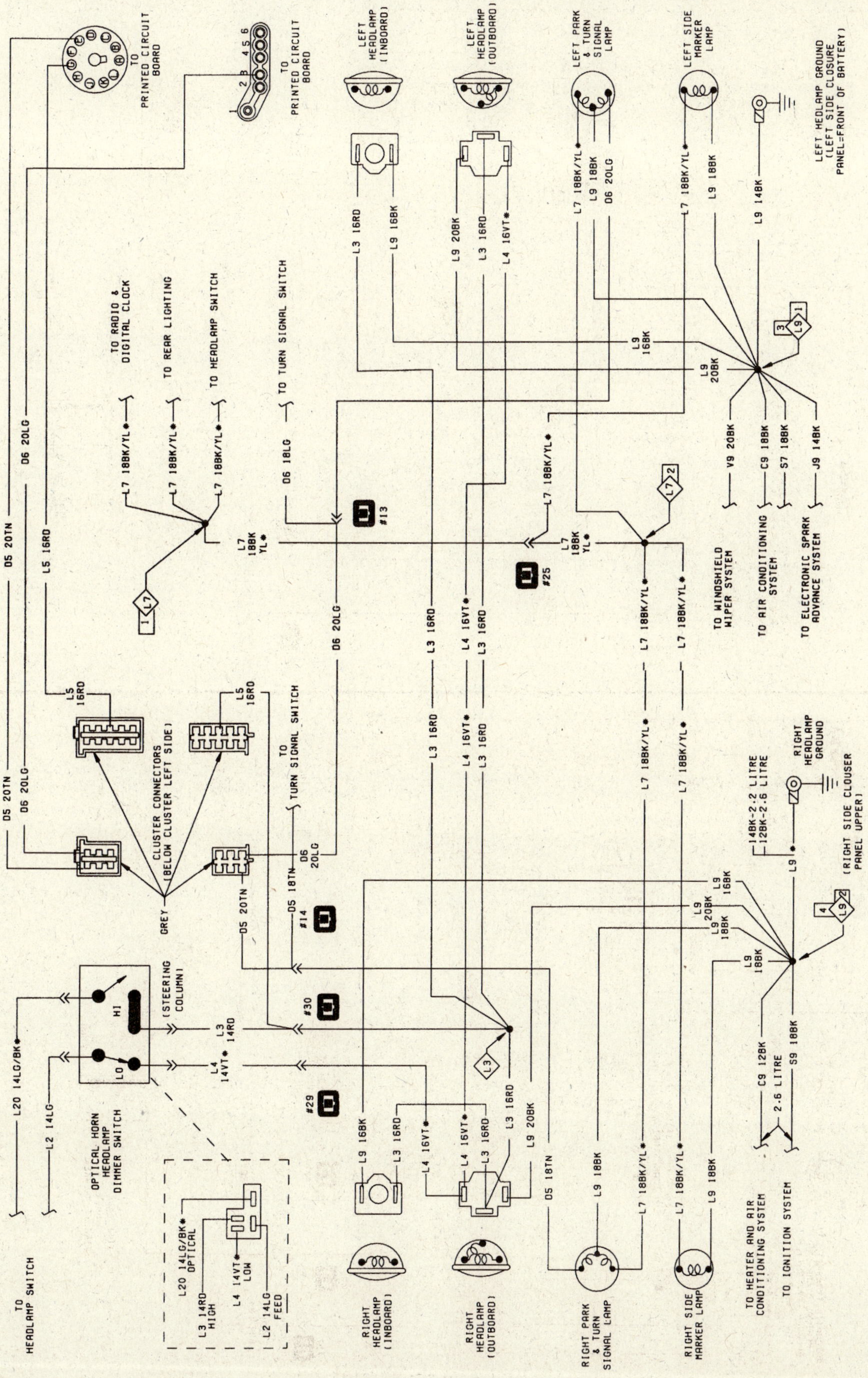

Sistema típico del circuito de las luces delantera en los modelos más antiguos

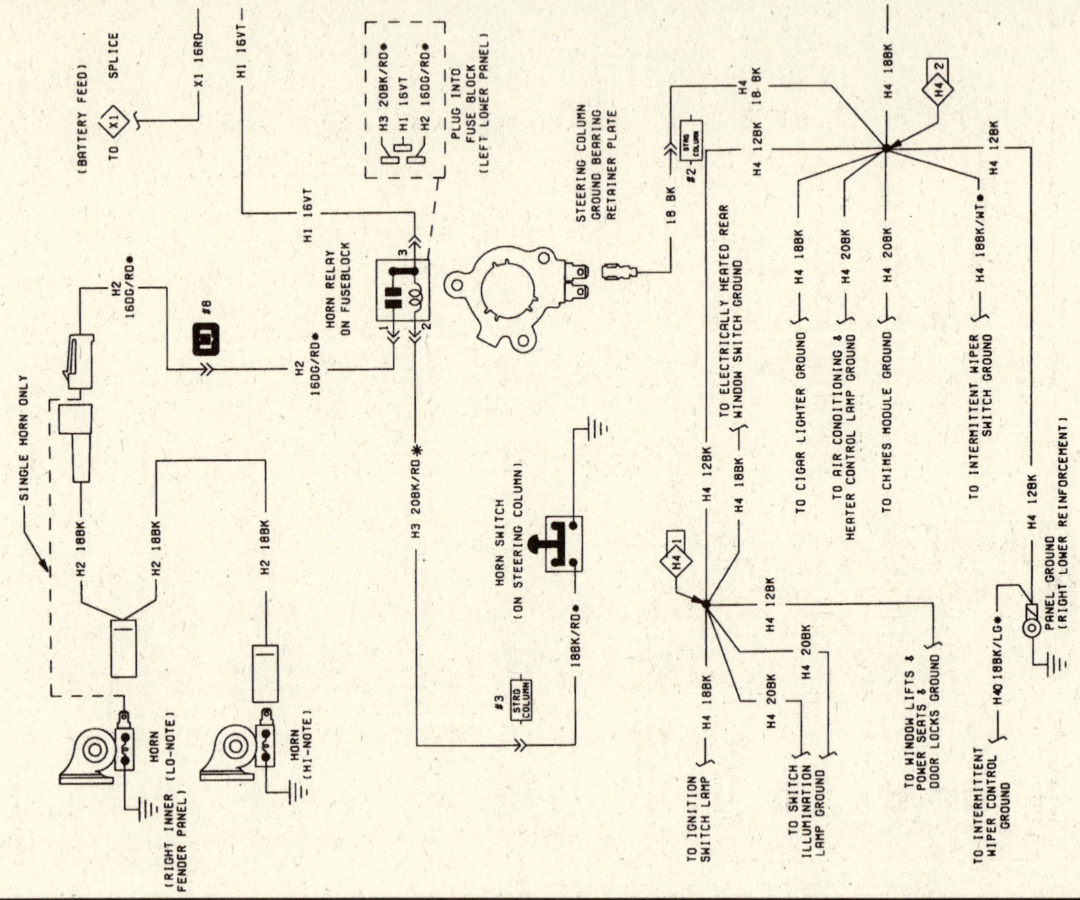

Sistema típico de la bocina

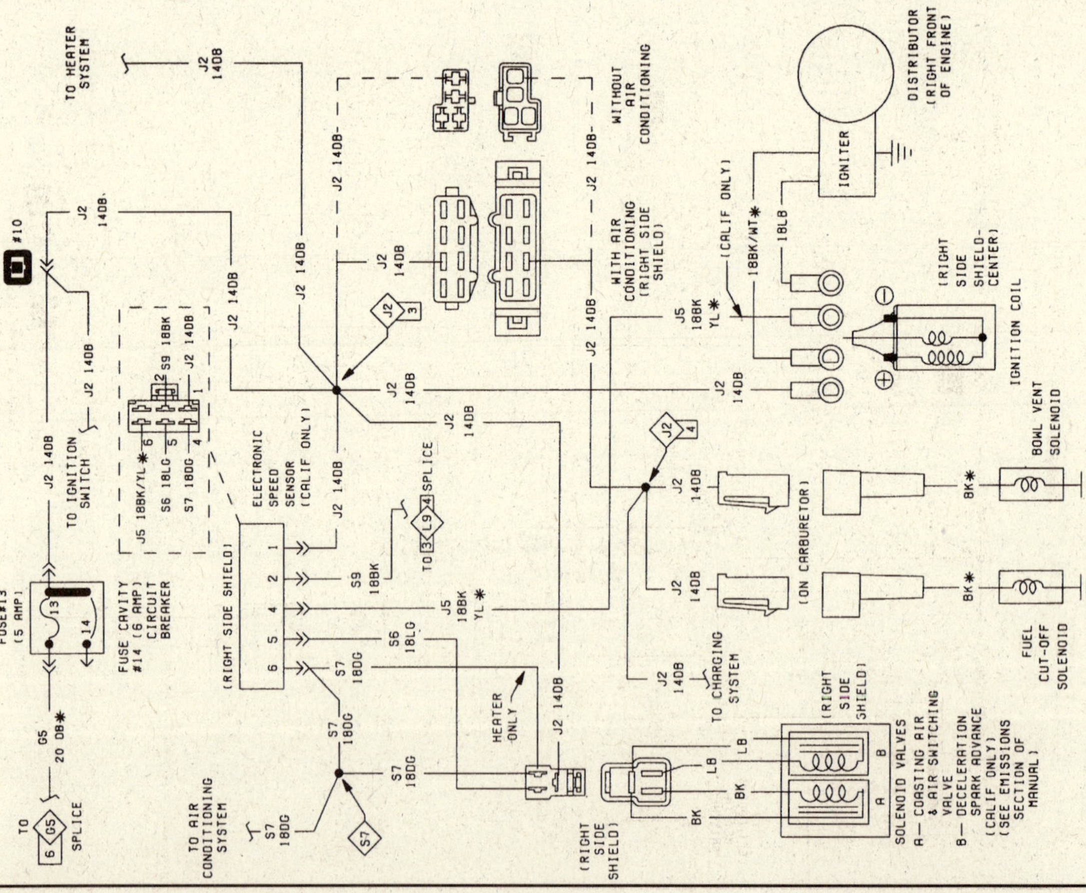

Sistema típico del circuito de la ignición electrónica (motores de 2.6L)

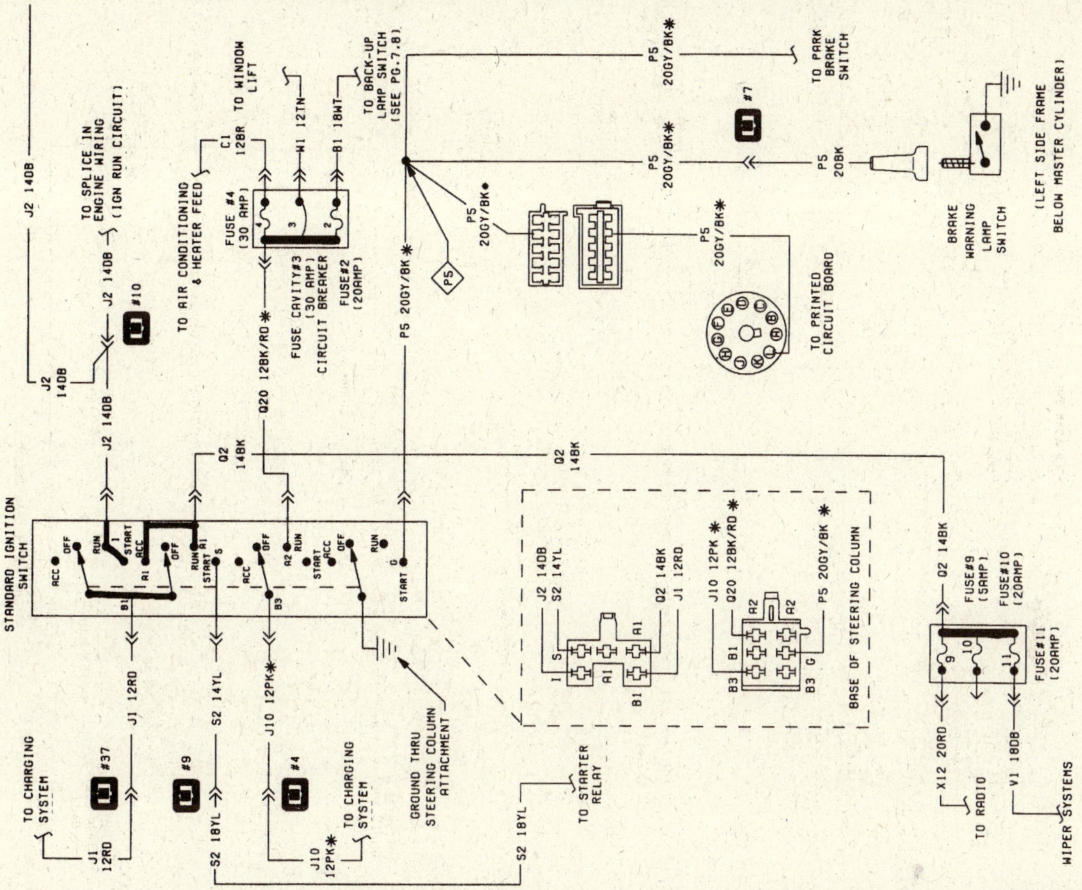

Sistema típico del circuito de la ignición en los modelos más antiguos

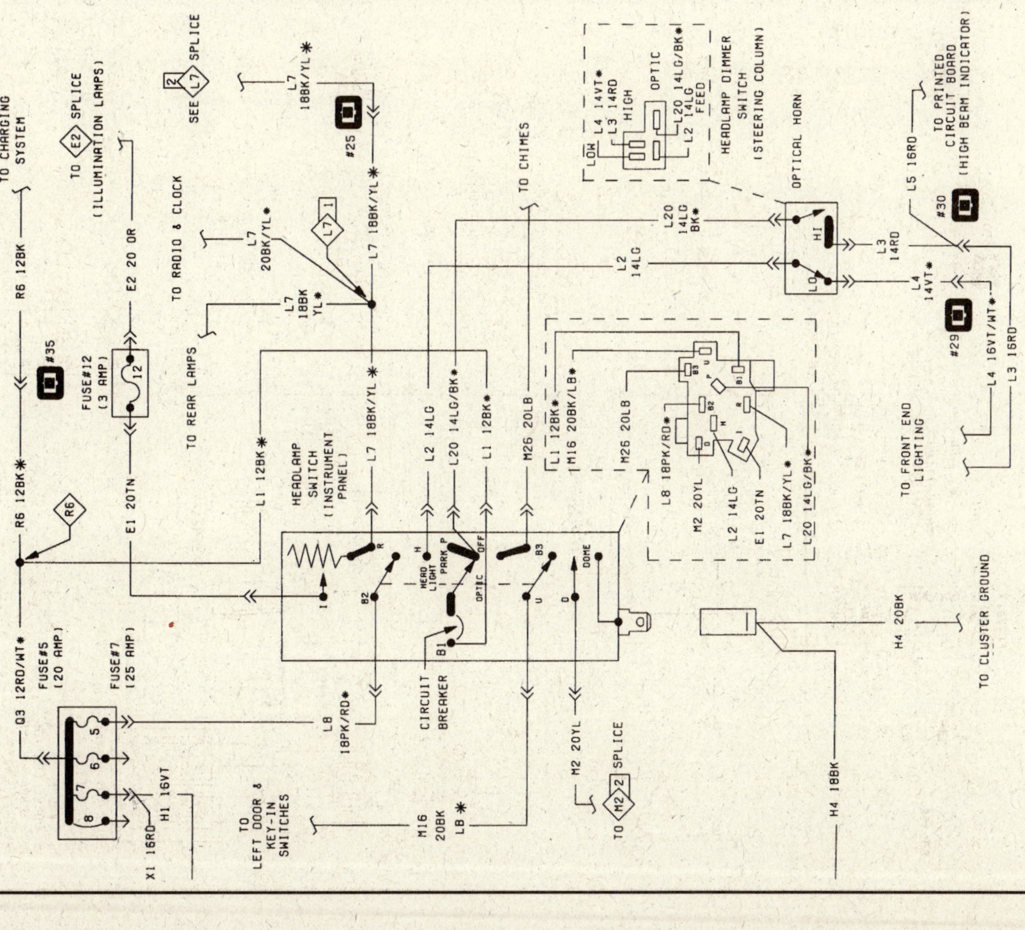

Sistema típico del circuito de las luces delanteras modelos más antiguos

12

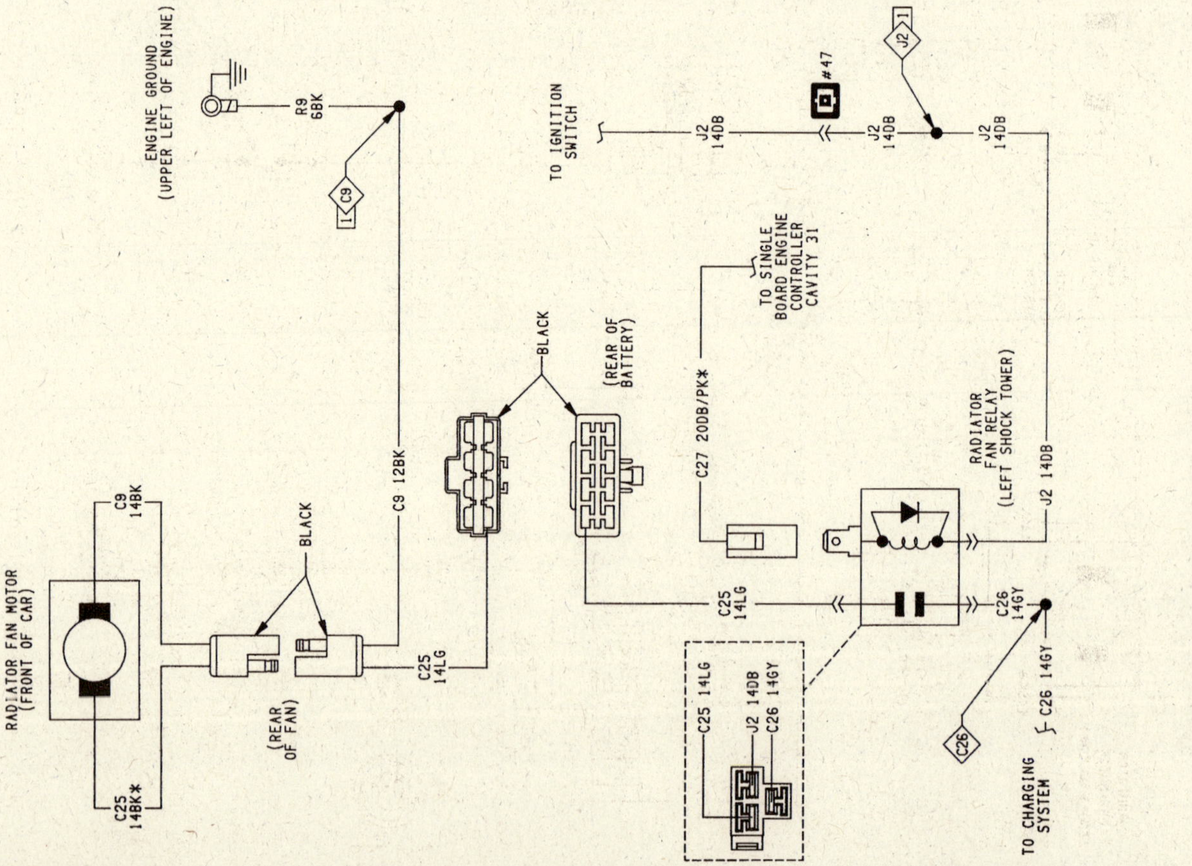

Circuito del ventilador del radiador (motores de 2.5L, 3.0L y 3.3L)

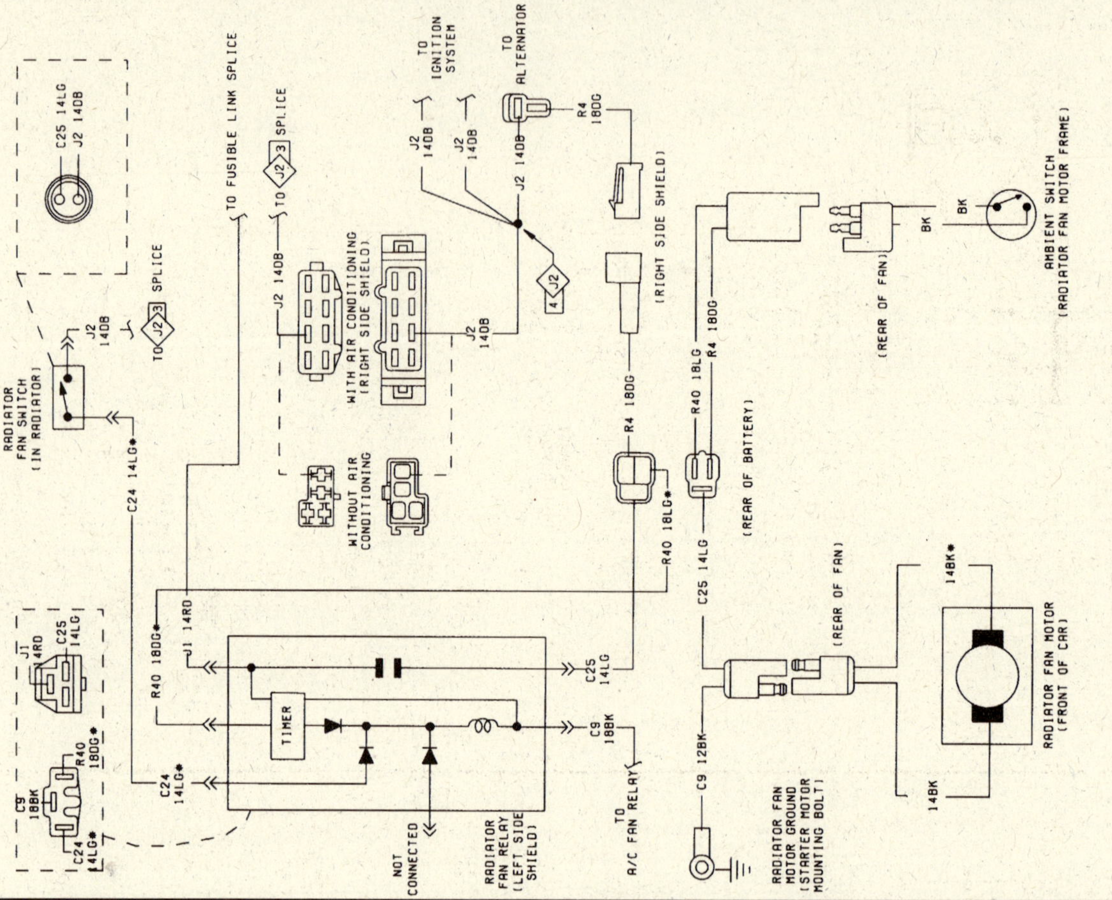

Circuito del ventilador del radiador (motores de 2.5L California)

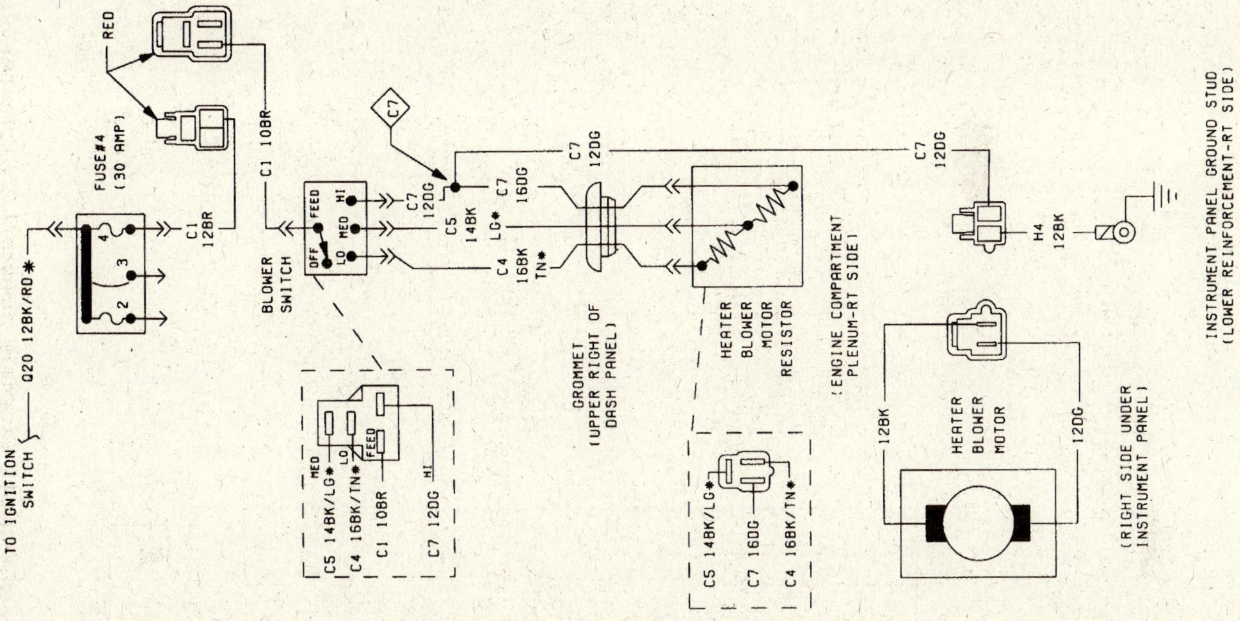

Circuito típico de la calefacción

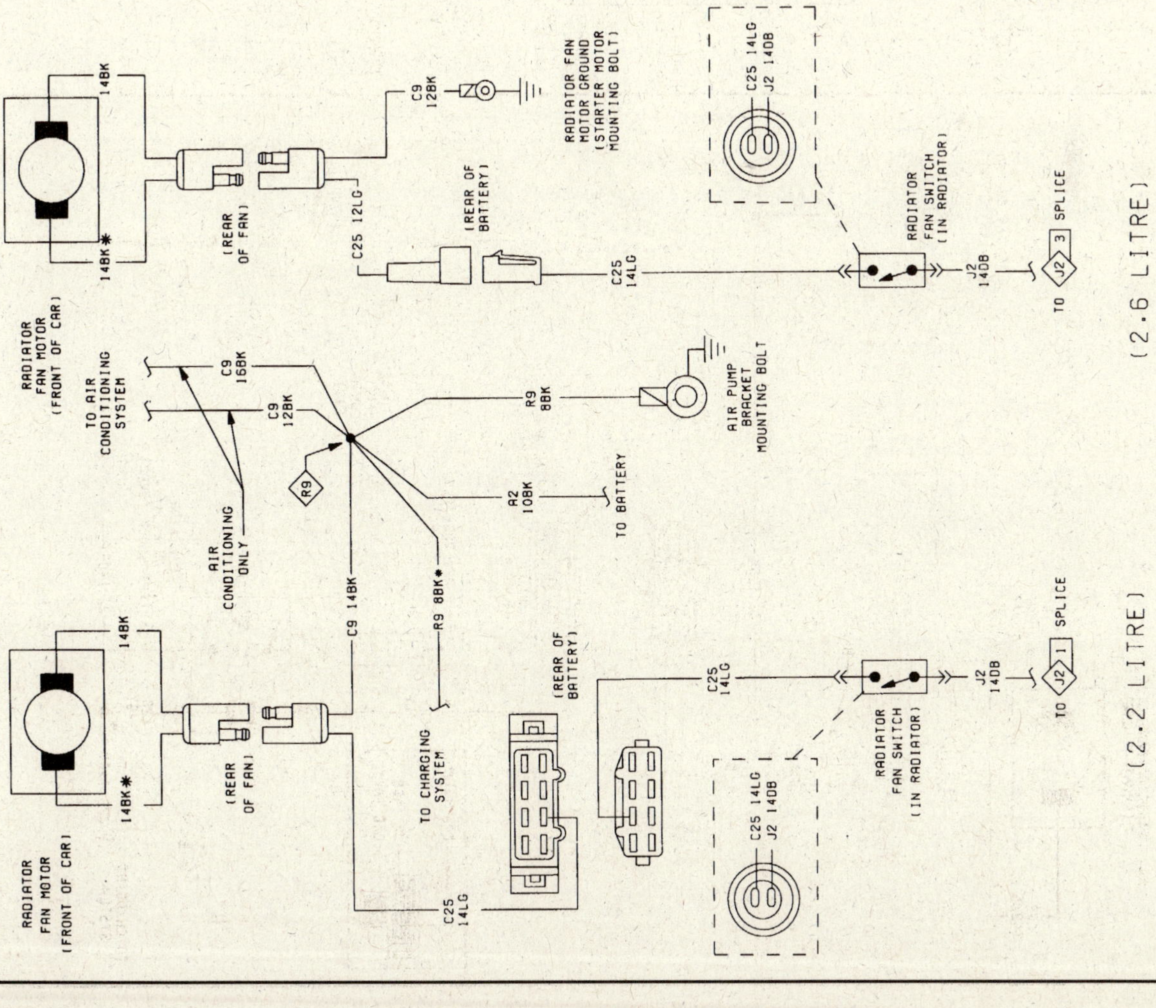

Circuito del ventilador del radiador (motores de 2.2L y 2.6L)

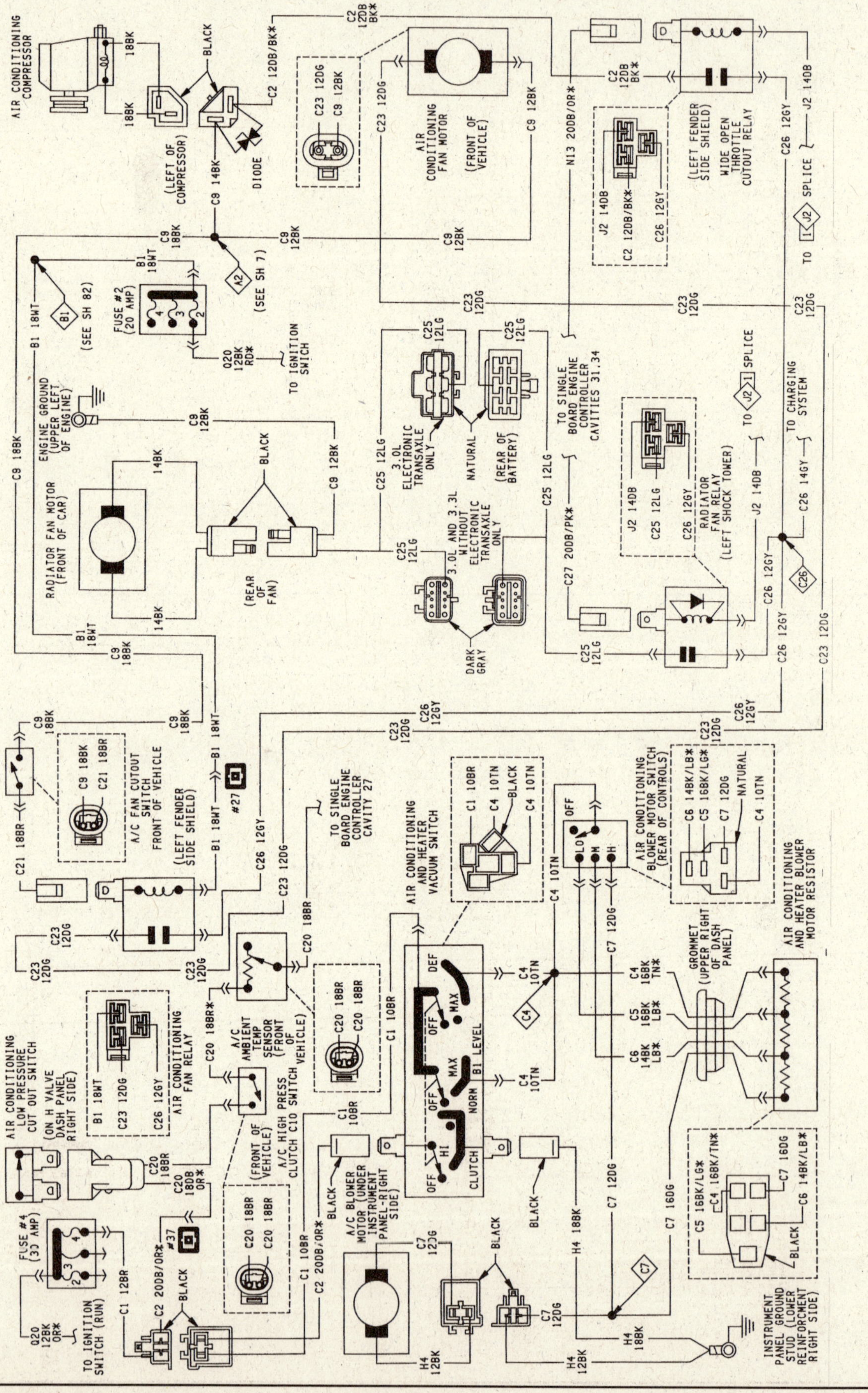

Diagrama del alambrado del sistema de aire acondicionado (motores de 3.0L y 3.3L)

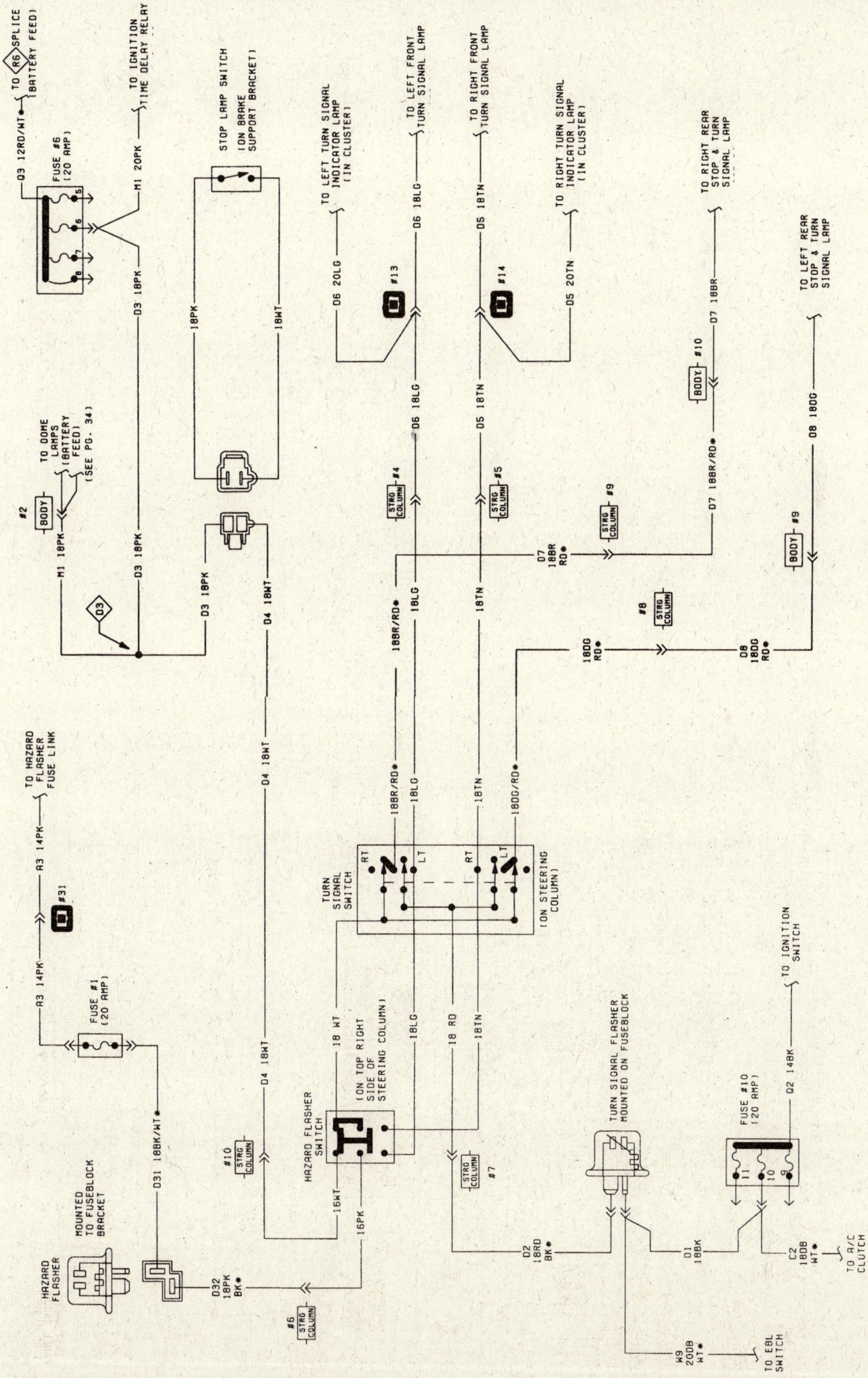

Circuito típico del sistema en los modelos más antiguos de la luz del freno, direccionales y de emergencia

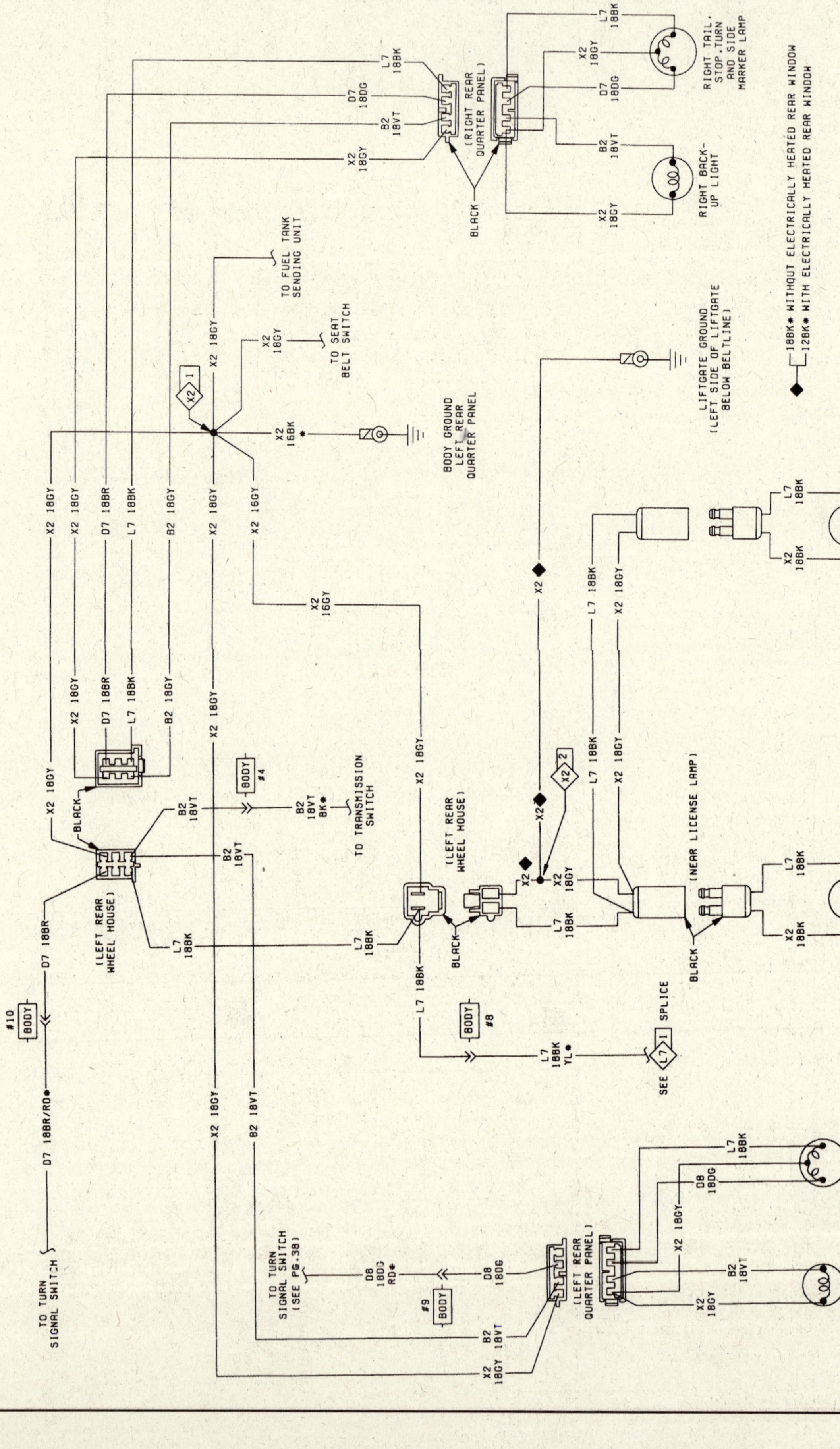

Circuito típico trasero de iluminación en los modelo más antiguos

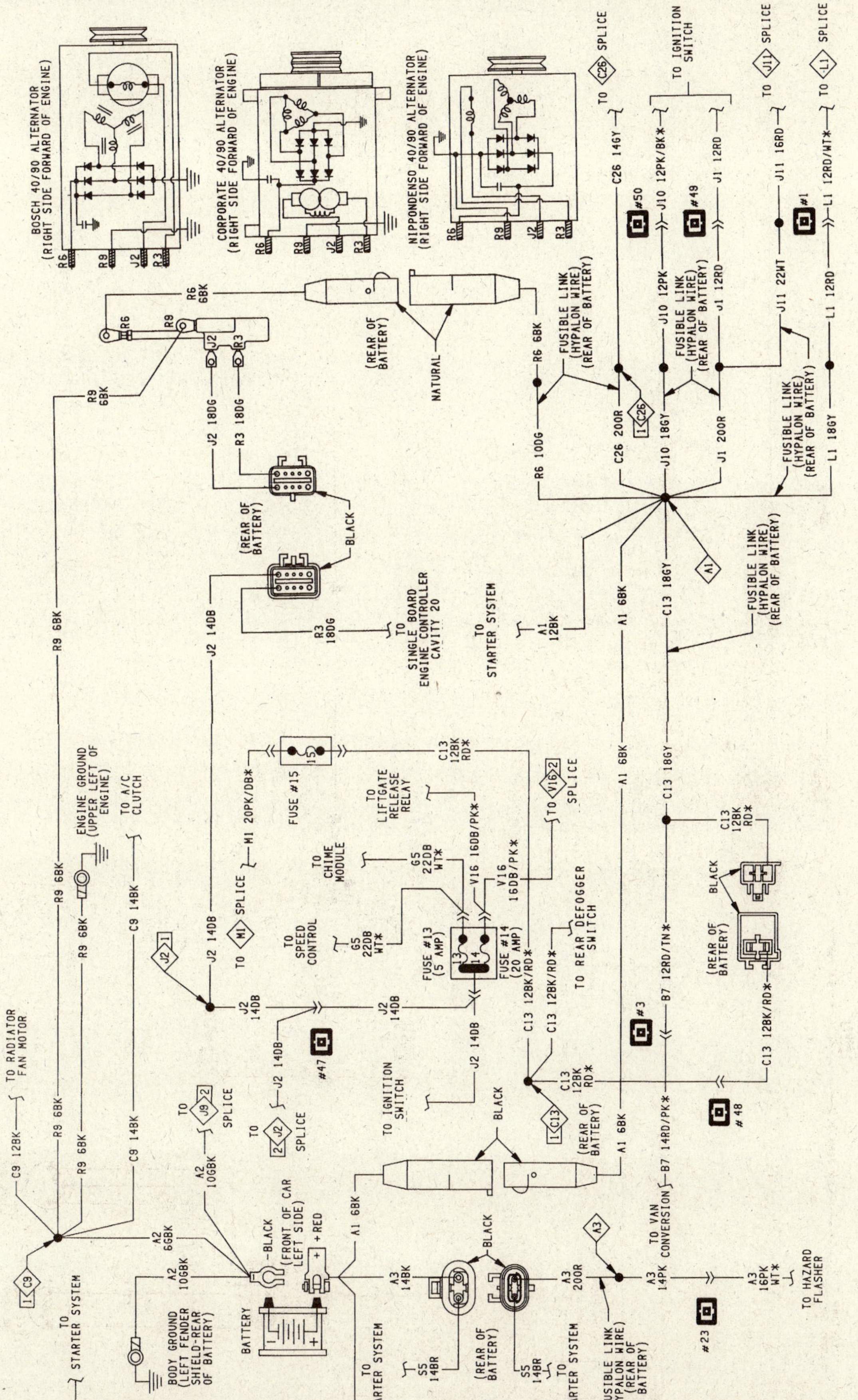

Circuito típico del sistema de carga (motor de 2.5L)

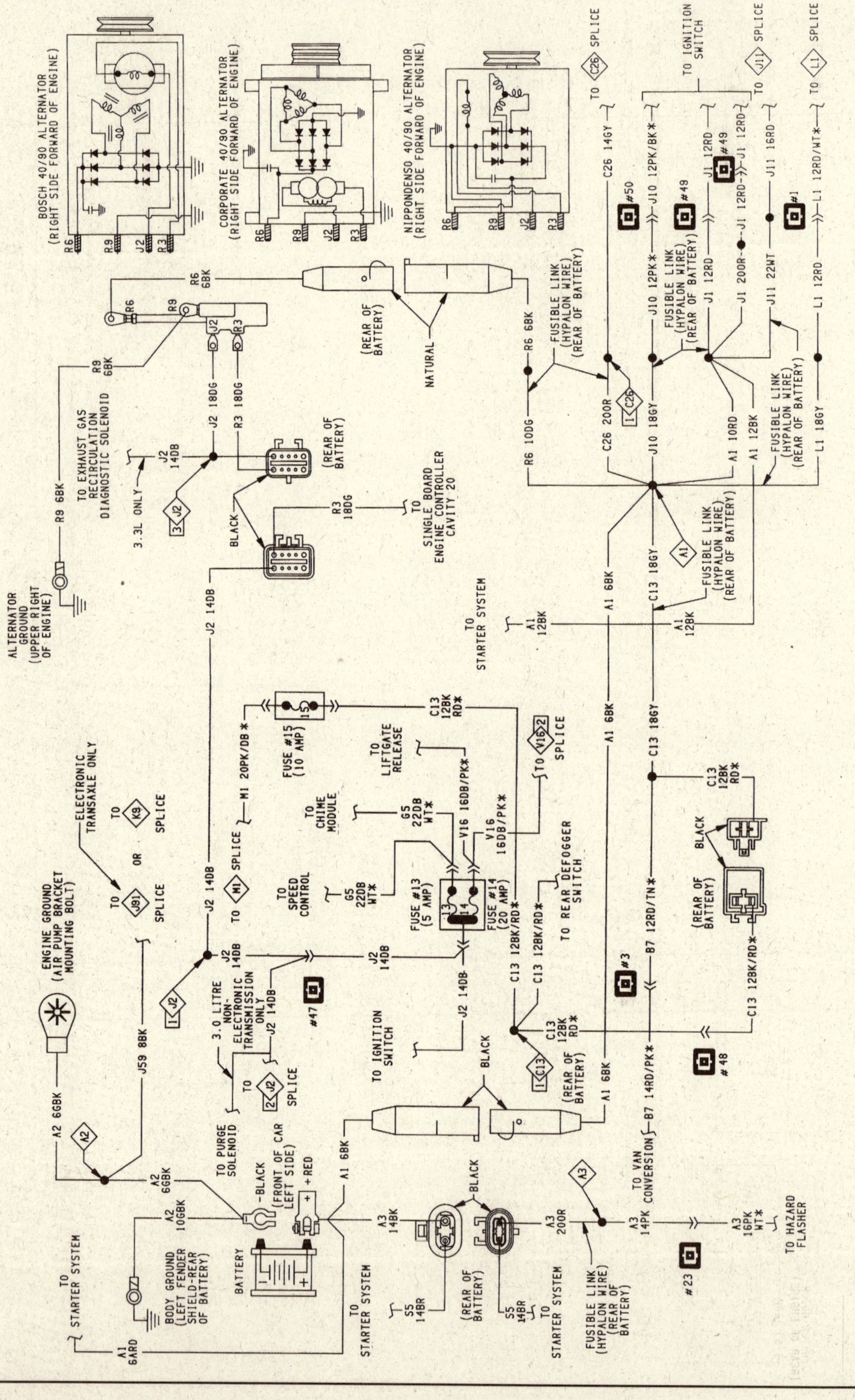

Circuito típico del sistema de carga (motores de 3.0L y 3.3L)

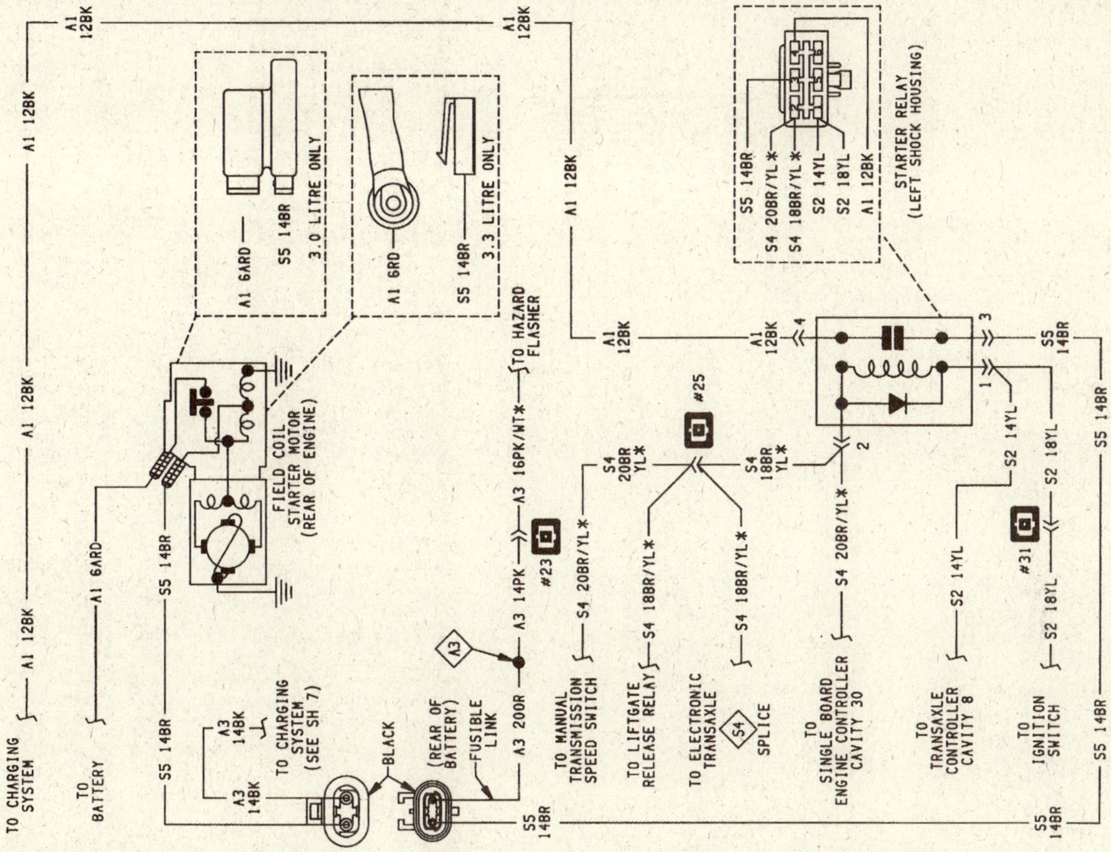

Circuito típico del sistema de arranque (motores de 3.0L y 3.3L con transeje electrónico)

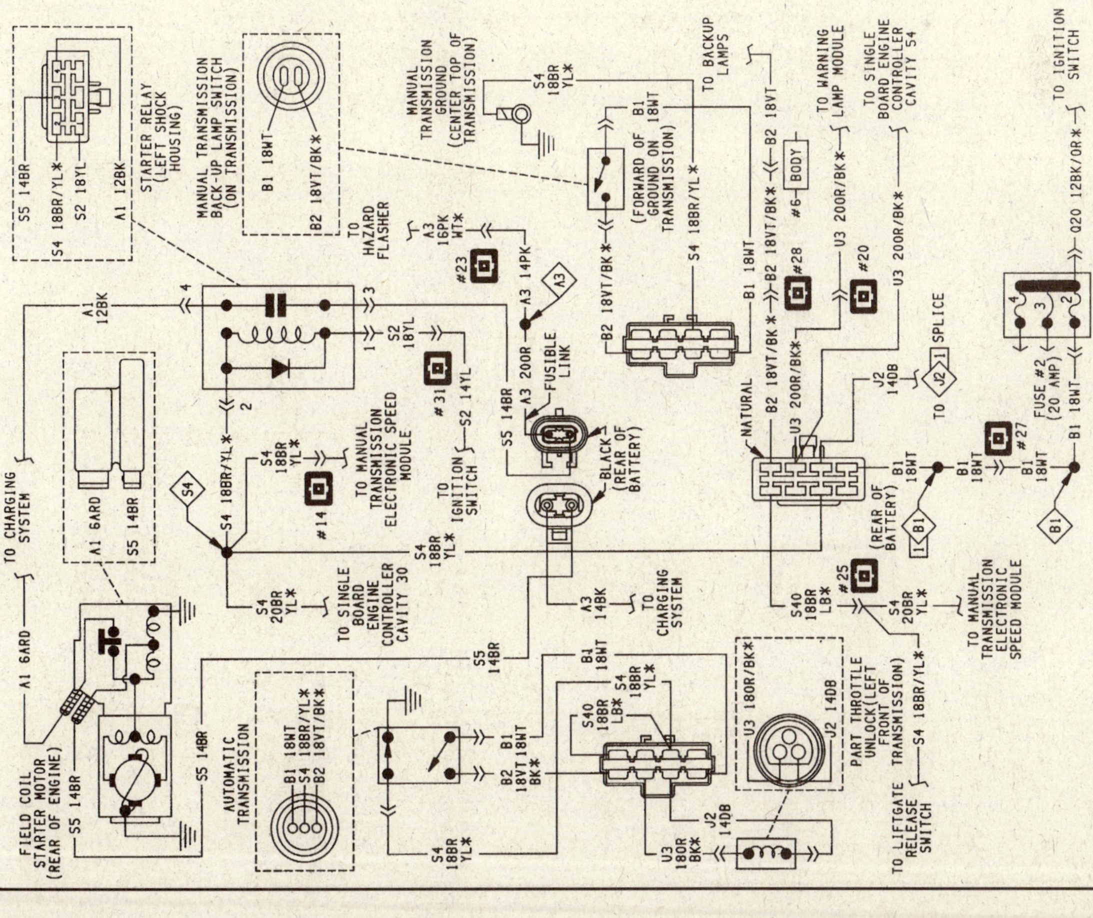

Circuito típico del sistema de carga (motores de 2.5L TBI)

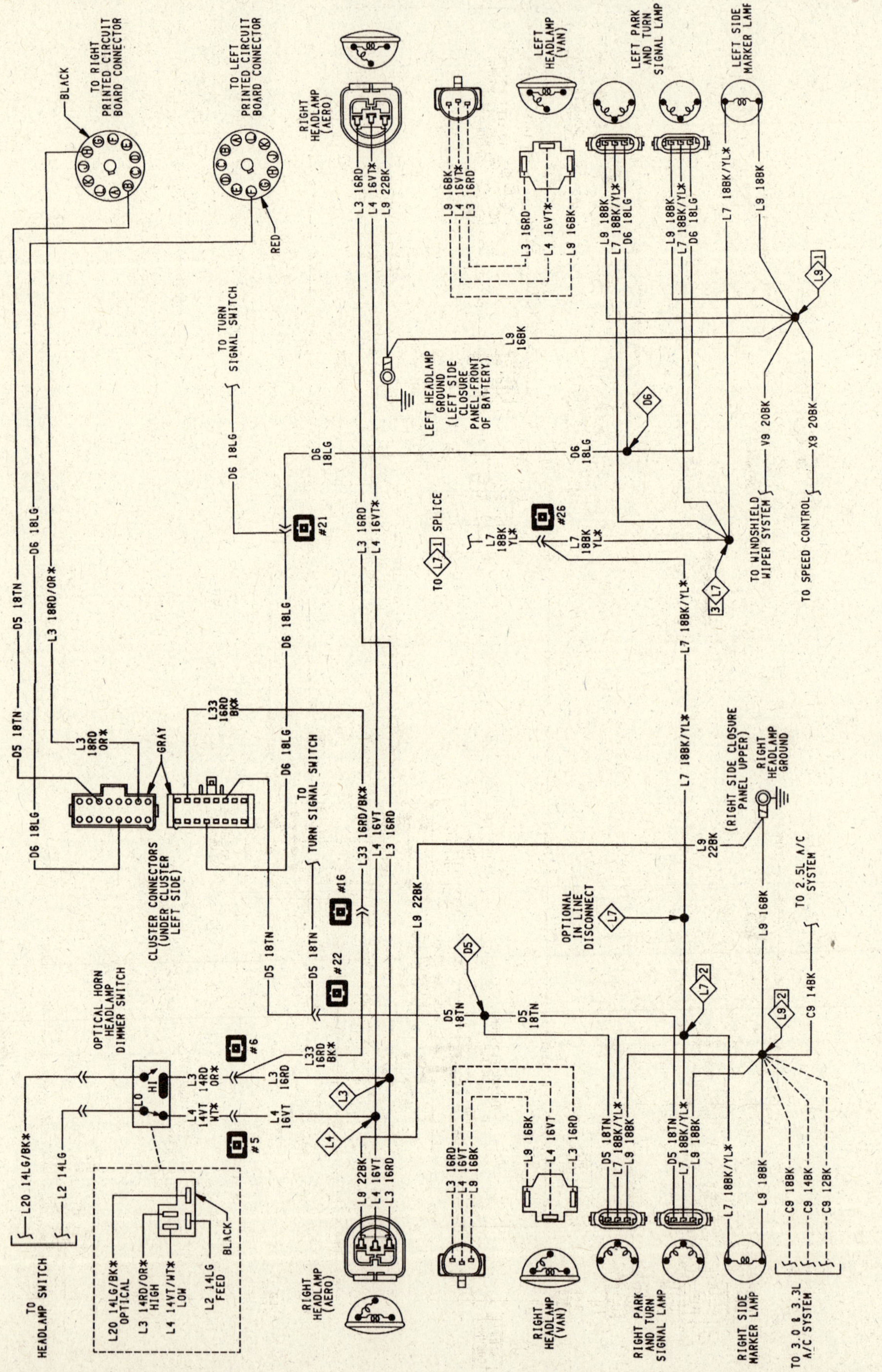

Circuito del sistema delantero de las luces delanteras típico en los modelos más modernos

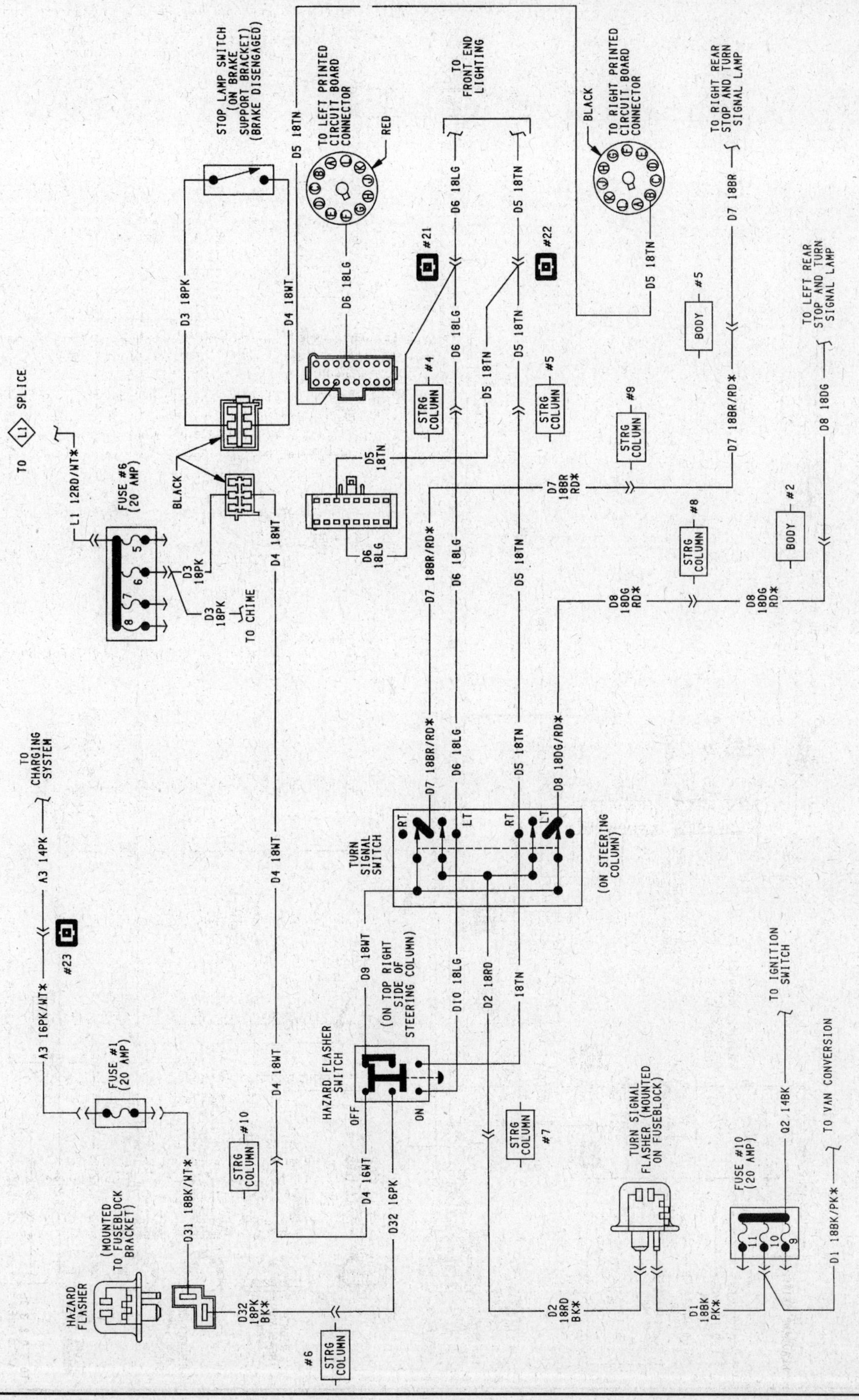

Circuito del sistema de las luces de alto, direccionales y destellador

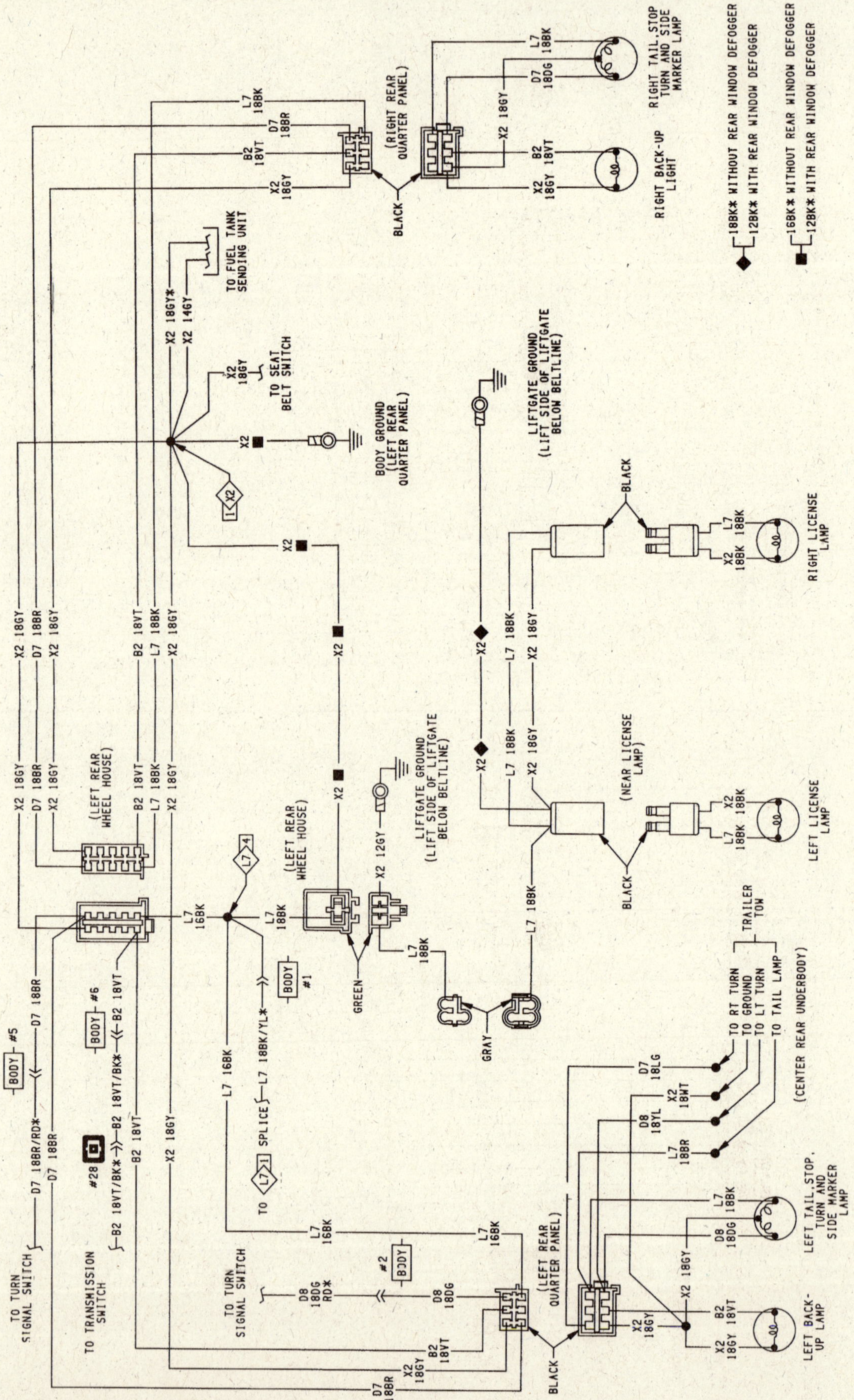

Circuito del sistema de las luces traseras y de remolque en los modelos más modernos

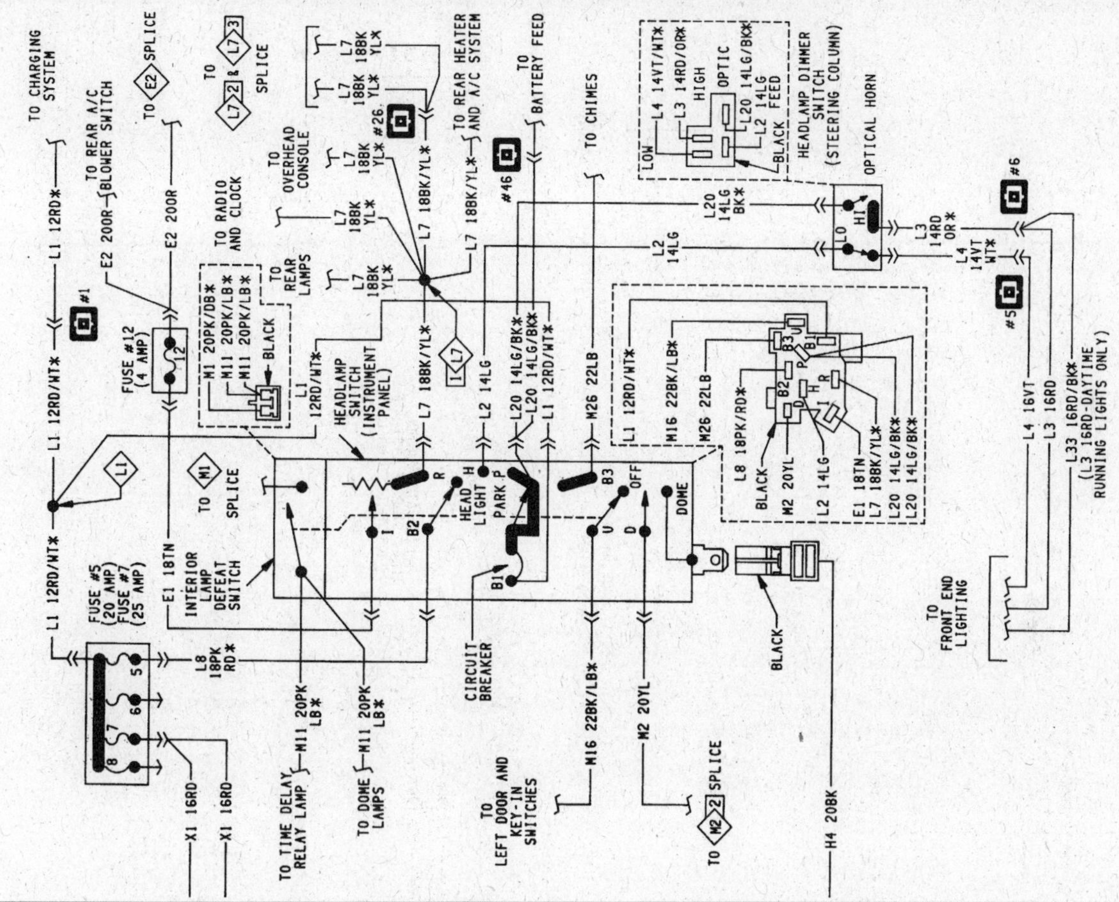

Circuito típico del interruptor de las luces delanteras en los modelos más modernos

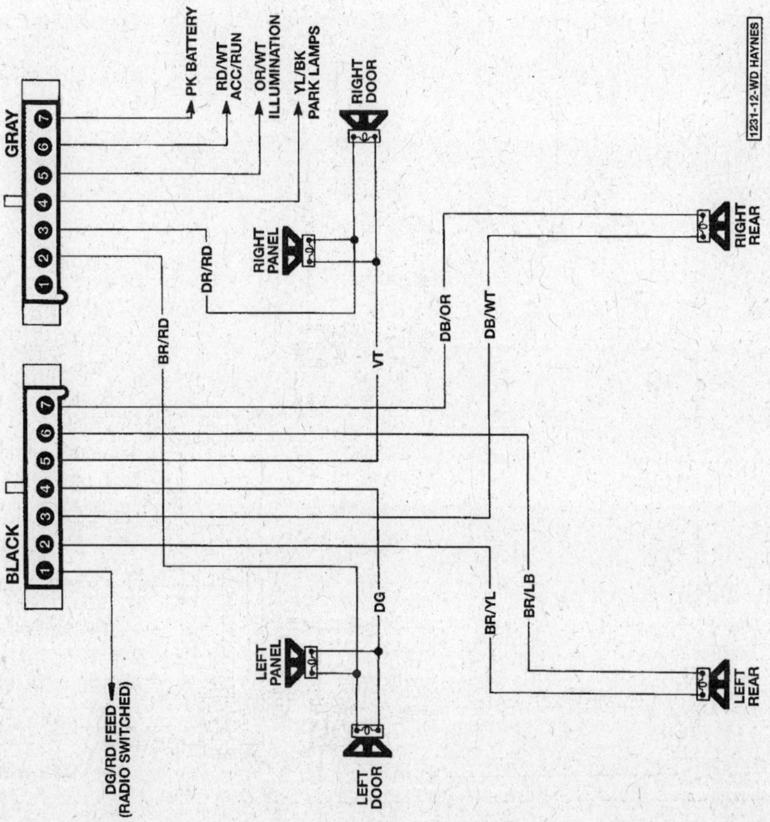

Circuito típico de las conexiones del radio

Glosario

ABS	Frenos antibloqueantes
A.I.R.	Regulador de la inyección de aire
AIR CONDITIONING	Aire acondicionado
AC	Aire acondicionado
Acc	Accesorio
Accel	Acelerador
Advance	Avance
Air	Aire
Air diverter valve	Válvula de desviación del aire
ALDL	Conector para extraer códigos
Alt	Alternador
Alternator	Alternador
Amp	Amplificador
Amplifier	Amplificador
Ann	Aniversario
Antilock	Frenos antibloqueantes
Ashtray	Cenicero
AT	Transmisión automática
Auto	Automático
Aux	Auxiliar
AW	Ruedas de aleación
AWD	Tracción en todas las ruedas
Backing	Retroceder
Backup	Retroceso
Bat	Batería
Battery	Batería
Beam	Luz
BK	Negro
BK/O	Negro/Naranja
BK/W	Negro/Blanco
Blk	Negro
Blower	Ventilador
Blu	Azul
Blwr	Ventilador
Box	Caja
Brake	Freno
BRK	Freno
Brn	Café Obscuro
Brn	Marrón
Bumper	Defensa
Buzzer	Zumbador
Bypass	Desvío
Cab	Cabina
Canister purge	Purga del canasto de carbón
Carb	Carburador
Cargo	Cargo
Cass	Casete
CC	Control de crucero
Charge	Carga
Check eng	Luz de Advertencia de la computadora
Chk	Chequear
Choke	Estrangulador
Cigarette lighter	Encendedor de cigarros
Circ.	Circuito
Circuit breaker	Corta circuito
Clock	Reloj
Close Loop	Ciclo cerrado
Cluster	Agrupador de instrumentos
Clutch	Embrague
Code	Código
Coil	Bobina
Colis	Bobinas
Cold	Frío
Color	Color
Combination	Combinación
Comp	Compresor
Compt	Compartimiento
Computer	Computadora
Cond	Condición
Conn.	Conector
Conns	Conectores
Connector	Conector
Contact	Contacto
Control	Control
Controller	Controlador
Conv	Convertible
Coolant	Anticongelante
Cooling fan	Ventilador de enfriamiento
Cooling SW	Interruptor para el ventilador de enfriamiento
Courtesy	Cortesía
CPE	Cupé
Crash	Accidente
Cruise	Crucero
Ctrl	Control
Ctsy	Cortesia
Cut	Cortar
Cutoff	Apagar
Cyl	Cilindros
Dash panel	Tablero
Defog	Descongelador
Detention	Detención
DFRS	Asientos traseros que se miran uno al otro
DG	Verde Oscuro
Diagnostic	Diagnosticar
Diesel	Diesel
Digital	Digital
Dimmer	Amortiguador de luz
Diode	Diodo
Dir	Direccionales
Direction	Dirección
Dist.	Distribuidor

Distrib	Distribuidor
Dk Blu	Azul Obscuro
Dk Grn	Verde Obscuro
DLX	De lujo
Dome light	Luz para el interior
Dome LP	Luz para el interior
Door	Puerta
Down	Baja
DR.	Puerta
Drive	Marcha/tracción
Dsl	Diesel
Dual	Doble
EEC	Control electrónico del motor
ECM	Modulo de control electrónico
EGR	Recirculación de los gases del escape
Elect	Electrónico
Electric	Eléctrico
Emission	Emisión
En.	Motor
Enable	Podrá
Eng	Motor
Engine	Motor
Exc	Excelente
Ext	Extendido
Ext.	Exterior
Extended	Extendido
Fac	Factoría
Fan	Ventilador
Fender	Guadafango
FI	Inyección de combustible
Flasher	Intermitente
Fluid	Fluido
Fog LT	Luces para la neblina
Four	Cuatro
Frame	Chasis
From	Desde
Front	Frente
Frt.	El frente
Fuel	Combustible
Fus	Fusible
Fuse	Fusible
Fuse block	Bloque de fusibles
Fuse panel	Panel de fusibles
FWD	Tracción en las cuatro ruedas
FWD	Tracción en las ruedas delanteras
Gauge	Reloj del tablero
Gear	Engrane
Gen	Generador
Generator	Generador
Glove box	Guantera
Glow	Iluminar
GLS RF	Techo de vidrio
Gn	Verde
Covernor	Governador
Grd	Tierra
Green	Verde
Grn	Verde
Gry	Gris
GY	Gris
H SRRA	Páguete para la montaña
Harn	Arnés

Harness	Grupo de alambres
Hazard	Peligro
Haz Flasher	Intermitente de emergencia
Head lt	Faroles delanteros
Heated	Calentado
Heater	Calentador
Heavy	Pesado
HEGO	Sensor de oxígeno para los gases de escape
HI Beam	Luces altas
HI/LO	Luces altas y bajas
High	Alto
Horn	Corneta/bocina
Horns	Cornetas/bocinas
HT, HDTP	Techo duro (techo sin el poste del centro)
Htr Blo	Ventilador
Idle	Marcha mínima
Ign	Ignición
Ignition	Ignición
Ignition sw.	Interruptor de la ignición/llave
Illum	iluminación
Immac	Inmaculado
In	En o adentro
Ind	Indicador
Indicator	Indicador
Inertia	Inercia
Injector	Inyector
Input	Entrada
Inside	Adentro
Inst	Instrumento
Instrument	Instrumento
Inst cluster	Aglutinador de instrumentos
Int	Interior
Interior	Interior
Interlock	Trabar
Internal	Interno
Interval	Intervalos
Ir. signal	Direccionales
Jamb	Jamba
Jumper	Cable de empalme
Junction box	Caja de acoplamiento
Key	Llave
Kickdown	Rebase
Kicker	Accionador
L.H.	Lado izquierdo
Lamp	Luz/lampara
LB	Azul Pálido
LB/PK	Azul Pálido/Rosado
LB/R	Azul Pálido/Rojo
Left	Izquierda
Level	Nivel
Lever	Palanca
LG	Verde Pálido
LG/BK	Verde Pálido/Negro
LG/R	Verde Pálido/Rojo
LHD	Con volante a la mano izquierda
Lic	Placa/matricula
License	Placa/matricula
Life	Vida
Light	Luz
Lighter	Encendedor

Line	Línea	PLUG	Tapón
Link	Eslabon	PM	Espejos eléctricos
Located	Localisado	Pnk	Rosado
Lock	Cerrado	Pos	Posición
Low	Baja	POS	Positivo
Low Beam	Luces bajas	Position	Posición
LP	Azul Pálido	Power	Poder
LT	Luz	Power door locks	Cierre de puertas eléctricos
LTS	Luces	Ppl	Morado
Lt Blu	Azul pálido	Press	Presión
Lt Brn	Marrón pálido	Pressure	Presión
Lt Grn	Verde pálido	Printed circuit	Circuito impreso
Lt Tan	Café pálido	PS	Dirección de potencia
LTHR	Piel (cuero)	PU	Camioneta
M/T	Transmisión manual	Pulse	Pulsación
Main	Principal	Pump	Bomba
Man	Manual	PW	Ventanas eléctricas
Magnetic	Magnetico	Pwr	Fuerza
MAP	Presión absoluta del múltiple de admisión	PWR	Voltaje
		R	Rojo
Marker	Indicador	R.H.	Lado derecho
Meter	Medidor	R/PK	Rojo/rosado
MI	Millaje	R/W	Rojo/Blanco
Mkr	Marcador	R/Y	Rojo/Amarillo
Model	Modelo	RABS	Frenos anti bloqueantes
Module	Modulo	Radiator	Radiador
Motor	Motor	Radio	Radio
Multi-fuction SW	Interruptor de función múltiple	Rear	Atrás
Neut	Neutral	Red	Rojo
Neutral	Neutral	Ref	Referencia
Neu.Sfty.Sw.	Interruptor de seguridad	Regulator	Regulador
Not used	No se usa	Relay	Relé
Off	Apagado	Res	Resistencia
Oil	Aceite	Res	Resistor
Oil pressure	Presión de aceite	Resistor	Resistor
Omitted	Omitido	Right	Derecha
Only	Solamente	Rly	Relé
Open Loop	Ciclo abierto	Rlys	Relees
Org	Naranja	Roof marker lps.	Luz para el techo
Orn	Naranja	RSE	Paquete royal SE
Output	Salida	Run	Correr
Outside	Afuera	Sac	Sacrificar
Overdrive	Sobremarcha	Safety	Seguridad
OW	Ventana de opera	Seat belt	Cinturón de seguridad
OX	Oxigeno	Seat(s)	Capacidad para sentarse adicional
Oxygen	Oxigeno	SED	Sedan
Oxygen sensor	Sensor de oxigeno	Select	Seleccionar
P/B	Frenos de potencia	Send	Enviador
P/S	Dirección hidráulica	Sender	Enviador de señal
P/W	Morado/Blanco	Sens	Sensor
P/W	Ventanas eléctricas	Sensor	Sensor
Panel	Panel	Self-test output conn	Conector para la prueba de salida
Park	Estacionar	Servo	Servo
Parking	Estacionando	Shift	Cambio
PB	Frenos de potencia	Shut-off	Apagar
PCM	Módulo de control de la potencia del motor, (computadora)	Side	Lado
		Sig.	Indicador
PDL	Cierre de las puertas automáticos	Socket	Enchufe
PERF	Paquete de alto rendimiento	Sol.	Solenoide
Pick-up	Camioneta	Spark	Chispa
PK/LG	Rosado/Verde Pálido	Spd	Velocidades
PKG	Paquete	Speaker	Bocina

Spec	Especial
Speed	Velocidad
Splice	Conector
Start	Arranque
Starter	Motor de arranque
Stop	Freno
Stop	Limitador
Strap	Correa
SW	Interruptor
SWB	Distancia entre los dos ejes
SWS	Interruptores
Switch	Interruptor
System	Sistema
T/LG	Café Pálido/Verde Pálido
Tachometer	Tacómetro
Tail	Trasera
Tail gate	Puerta trasera de cargo
Tan	Café Pálido
Tank	Tanque
TCC	Embrague del par de torsión
Temp	Temperatura
Term	Terminal
Terminal	Terminal
Test	Prueba
TFI	Pelicula integrada gruesa
Thermistor	Termistor
Thermo	Termostato
Throttle	Acelerador
Throttle pos sensor	Sensor de la posición del acelerador
Timer	Reloj
Timing	Tiempo
To sheet metal	A la carrocería
Top	Arriba
Torque conv clutch	Embrague del par de torsión
Traffic	Tráfico
Trailer	Remolque
Trans	Transmisión
Two	Dos
Unit	Unidad
Used	Usado
Useful	Servible
Vac	Vacío
Vacuum	Vacío
Valve	Válvula
Vehicle	Vehículo
Volt Reg	Regulador de voltaje
Voltage	Voltaje
Voltmeter	Voltímetro
W	Con
W/LB	Blanco/Azul Pálido
W/O	Sin
W/S Washer	Bote para el limpiador del parabrisas
W/shield	Parabrisas
Warn	Peligro
Warning	Peligro
Washer	Limpiador
Water	Agua
WB	Distancia entre los ejes
WDO	Sin
Wheel	Rueda
Whls	Ruedas
Wht	Blanco
Window	Ventana
Windshield	Parabrisas
Wiper	Limpia parabrisas
Wiper motor	Motor limpia parabrisas
Wire	Alambre
Wiring	Alambrado
With	Con
Without	Sin
Wrg.	Alambrado
Wrng	Peligro
Y/LG	Amarillo/Verde Pálido
Yel	Amarillo

CALIBRE DE LOS ALAMBRES Y COLOR DEL AISLAMIENTO

El calibre del alambre y el color del aislamiento están marcados en los esquemáticos para ayudar a identificar cada circuito. Cuando se marcan dos colores de aislamiento, el primero es el color general y el segundo es el color de la raya. Los alambres negros siempre son de tierra. El calibre de los alambres está dado en AWG (Calibre Americano de Alambres).

Colores para los alambres

Nota: *Cuando usted encuentre una combinación de letras, por ejemplo Ppl/Wht, las primeras letras (Ppl) indican el color del alambre, la línea que las separan quieren decir que el alambre tendrá una línea fina con un color (Wht), en este ejemplo el alambre sería de color Morado con una línea Blanca.*

B	Negro	Gry	Gris	Pk	Rosado
Bk	Negro	Gy	Gris	Pnk	Rosado
Blk	Negro	L	Pálido	Ppl	Morado
Blu	Azul	LBL	Azul pálido	R	Rojo
Brn	Café oscuro	Lg	Verde Pálido	Red	Rojo
D	Oscuro	Lt	Pálido	T	Café Pálido
DBL	Azul Oscuro	o	Naranja	Tan	Café Pálido
DG	Verde Oscuro	Or	Naranja	W	Blanco
G	Verde	Org	Naranja	Wht	Blanco
Gn	Verde	Orn	Naranja	Y	Amarillo
Grn	Verde	P	Morado	Yel	Amarillo

Índice

D

E

F

G

N

P

Q

R

S

T

U

V

Manuales automotrices Haynes

NOTA: Manuales nuevos son agregados a esta lista en una base periódica. Si usted no puede encontrar su vehículo en esta lista, consulte con su distribuidor Haynes, para información de la producción más moderna.

ACURA
*1776 Integra & Legend '86 thru '90

AMC
Jeep CJ - see JEEP (412)
694 Mid-size models, Concord, Hornet, Gremlin & Spirit '70 thru '83
934 (Renault) Alliance & Encore '83 thru '87

AUDI
615 4000 all models '80 thru '87
428 5000 all models '77 thru '83
1117 5000 all models '84 thru '88

AUSTIN
Healey Sprite - see MG Midget (265)

BMW
*2020 3/5 Series not including diesel or all-wheel drive models '82 thru '92
276 320i all 4 cyl models '75 thru '83
632 528i & 530i all models '75 thru '80
240 1500 thru 2002 except Turbo '59 thru '77
348 2500, 2800, 3.0 & Bavaria '69 thru '76

BUICK
Century (FWD) - see GM (829)
*1627 Buick, Oldsmobile & Pontiac Full-size (Front wheel drive) '85 thru '95 Buick Electra, LeSabre and Park Avenue; Oldsmobile Delta 88 Royale, Ninety Eight and Regency; Pontiac Bonneville
1551 Buick Oldsmobile & Pontiac Full-size (Rear wheel drive) Buick Estate '70 thru '90, Electra'70 thru '84, LeSabre '70 thru '85, Limited '74 thru '79 Oldsmobile Custom Cruiser '70 thru '90, Delta 88 '70 thru '85, Ninety-eight '70 thru '84 Pontiac Bonneville '70 thru '81, Catalina '70 thru '81, Grandville '70 thru '75, Parisienne '83 thru '86
627 Mid-size Regal & Century '74 thru '87
Regal - see GENERAL MOTORS (1671)
Skyhawk - see GENERAL MOTORS (766)
Skylark '80 thru '85 - see GM (38020)
Skylark '86 on - see GM (1420)
Somerset - see GENERAL MOTORS (1420)

CADILLAC
*751 Cadillac Rear Wheel Drive all gasoline models '70 thru '93
Cimarron - see GENERAL MOTORS (766)

CHEVROLET
*1477 Astro & GMC Safari Mini-vans '85 thru '93
554 Camaro V8 all models '70 thru '81
866 Camaro all models '82 thru '92
Cavalier - see GENERAL MOTORS (766)
Celebrity - see GENERAL MOTORS (829)
625 Chevelle, Malibu, El Camino '69 thru '87
449 Chevette & Pontiac T1000 '76 thru '87
Citation - see GENERAL MOTORS (38020)
*1628 Corsica/Beretta all models '87 thru '95
274 Corvette all V8 models '68 thru '82
*1336 Corvette all models '84 thru '91
1762 Chevrolet Engine Overhaul Manual
704 Full-size Sedans Caprice, Impala, Biscayne, Bel Air & Wagons '69 thru '90
Lumina - see GENERAL MOTORS (1671)
Lumina APV - see GM (2035)
319 Luv Pick-up all 2WD & 4WD '72 thru '82
626 Monte Carlo all models '70 thru '88
241 Nova all V8 models '69 thru '79
*1642 Nova/Geo Prizm front wheel drive '85 thru '92
420 Pick-ups '67 thru '87 - Chevrolet & GMC, all V8 & in-line 6 cyl, 2WD & 4WD '67 thru '87; Suburbans, Blazers & Jimmys '67 thru '91
*1664 Pick-ups '88 thru '95 - Chevrolet & GMC, all full-size models '88 thru '95; Blazer & Jimmy '92 thru '94; Suburban '92 thru '95; Tahoe & Yukon '95
*831 S-10 & GMC S-15 Pick-ups '82 thru '93
*1727 Sprint & Geo Metro '85 thru '94
*345 Vans - Chevrolet & GMC, V8 & in-line 6 cylinder models '68 thru '95

CHRYSLER
2114 Chrysler Engine Overhaul Manual
*2058 Full-size Front-Wheel Drive '88 thru '93
K-Cars - see DODGE Aries (723)
Laser - see DODGE Daytona (1140)
*1337 Chrysler & Plymouth Mid-size front-wheel drive '82 thru '93;
Rear-wheel Drive - see DODGE Rear-wheel Drive (2098)

DATSUN
402 200SX all models '77 thru '79
647 200SX all models '80 thru '83
228 B - 210 all models '73 thru '78
525 210 all models '78 thru '82
206 240Z, 260Z & 280Z Coupe '70 thru '78
563 280ZX Coupe & 2+2 '79 thru '83
300ZX - see NISSAN (1137)
679 310 all models '78 thru '82
123 510 & PL521 Pick-up '68 thru '73
430 510 all models '78 thru '81
372 610 all models '72 thru '76
277 620 Series Pick-up all models '73 thru '79
720 Series Pick-up - see NISSAN (771)
376 810/Maxima all gas models, '77 thru '84
Pulsar - see NISSAN (876)
Sentra - see NISSAN (982)
Stanza - see NISSAN (981)

DODGE
400 & 600 - see CHRYSLER Mid-size (1337)
*723 Aries & Plymouth Reliant '81 thru '89
1231 Caravan & Plymouth Voyager Mini-Vans all models '84 thru '95
699 Challenger/Plymouth Saporro '78 thru '83
Challenger '67-'76 - see DODGE Dart (234)
236 Colt all models '71 thru '77
610 Colt/Plymouth Champ (front wheel drive) all models '78 thru '87
*1668 Dakota Pick-ups all models '87 thru '93
234 Dart, Challenger/Plymouth Barracuda & Valiant 6 cyl models '67 thru '76
*1140 Daytona & Chrysler Laser '84 thru '89
*545 Omni & Plymouth Horizon '78 thru '90
*912 Pick-ups all full-size models '74 thru '91
*556 Ram 50/D50 Pick-ups & Raider and Plymouth Arrow Pick-ups '79 thru '93
2098 Dodge/Plymouth/Chrysler rear wheel drive '71 thru '89
*1726 Shadow/Plymouth Sundance '87 thru '93
*1779 Spirit & Plymouth Acclaim '89 thru '95
*349 Vans - Dodge & Plymouth '71 thru '91

EAGLE
Talon - see Mitsubishi Eclipse (2097)

FIAT
094 124 Sport Coupe & Spider '68 thru '78
273 X1/9 all models '74 thru '80

FORD
*1476 Aerostar Mini-vans '86 thru '94
788 Bronco and Pick-ups '73 thru '79
*880 Bronco and Pick-ups '80 thru '95
268 Courier Pick-up all models '72 thru '82
2105 Crown Victoria & Mercury Grand Marquis '88 thru '94
1763 Ford Engine Overhaul Manual
789 Escort/Mercury Lynx '81 thru '90
*2046 Escort/Mercury Tracer '91 thru '95
*2021 Explorer & Mazda Navajo '91 thru '95
560 Fairmont & Mercury Zephyr '78 thru '83
334 Fiesta all models '77 thru '80
754 Ford & Mercury Full-size, Ford LTD & Mercury Marquis ('75 thru '82); Ford Custom 500,Country Squire, Crown Victoria & Mercury Colony Park ('75 thru '87); Ford LTD Crown Victoria & Mercury Gran Marquis ('83 thru '87)
359 Granada & Mercury Monarch '75 thru '80
773 Ford & Mercury Mid-size, Ford Thunderbird & Mercury Cougar ('75 thru '82); Ford LTD & Mercury Marquis ('83 thru '86); Ford Torino,Gran Torino, Elite, Ranchero pick-up, LTD II, Mercury Montego, Comet, XR-7 & Lincoln Versailles ('75 thru '86)
*654 Mustang & Mercury Capri incl. Turbo Mustang, '79 thru '93; Capri, '79 thru '86
357 Mustang V8 all models '64-1/2 thru '73
231 Mustang II 4 cyl, V6 & V8 '74 thru '78
649 Pinto & Mercury Bobcat '75 thru '80
1670 Probe all models '89 thru '92
*1026 Ranger/Bronco II gas models '83 thru '93
*1421 Taurus & Mercury Sable '86 thru '94
*1418 Tempo & Mercury Topaz '84 thru '94
1338 Thunderbird/Mercury Cougar '83 thru '88
*1725 Thunderbird/Mercury Cougar '89 and '93
344 Vans all V8 Econoline models '69 thru '91
*2119 Vans full size '92 thru '95

GENERAL MOTORS
*829 Buick Century, Chevrolet Celebrity, Olds Cutlass Ciera & Pontiac 6000 all models '82 thru '93
*1671 Buick Regal, Chevrolet Lumina, Oldsmobile Cutlass Supreme & Pontiac Grand Prix front wheel drive '88 thru '95
*766 Buick Skyhawk, Cadillac Cimarron, Chevrolet Cavalier, Oldsmobile Firenza Pontiac J-2000 & Sunbird '82 thru '94
38020 Buidk Skylar, Chevrolet Citation, Olds Omega, Pontiac Phoenix '80 thru '85
1420 Buick Skylark & Somerset, Olds Achieva, Calais & Pontiac Grand Am '85 thru '95
*2035 Chevrolet Lumina APV, Oldsmobile Silhouette & Pontiac Trans Sport '90 thru '94
General Motors Full-size Rear-wheel Drive - see BUICK (1551)

GEO
Metro - see CHEVROLET Sprint (1727)
Prizm - see CHEVROLET Nova (1642)
*2039 Storm all models '90 thru '93
Tracker - see SUZUKI Samurai (1626)

GMC
Safari - see CHEVROLET ASTRO (1477)
Vans & Pick-ups - see CHEVROLET (420, 831, 345, 1664)

HONDA
351 Accord CVCC all models '76 thru '83
1221 Accord all models '84 thru '89
2067 Accord all models '90 thru '93
*42013 Accord all models '94 thru '95
160 Civic 1200 all models '73 thru '79
633 Civic 1300 & 1500 CVCC '80 thru '83
297 Civic 1500 CVCC all models '75 thru '79
1227 Civic all models '84 thru '91
2118 Civic & del Sol '92 thru '95
*601 Prelude CVCC all models '79 thru '89

HYUNDAI
*1552 Excel all models '86 thru '94

ISUZU
*1641 Trooper & Pick-up, all gasoline models Pick-up, '81 thru '93; Trooper, '84 thru '91

JAGUAR
*242 XJ6 all 6 cyl models '68 thru '86
*478 XJ12 & XJS all 12 cyl models '72 thru '85

JEEP
*1553 Cherokee, Comanche & Wagoneer Limited all models '84 thru '93
412 CJ all models '49 thru '86
*50025 Grand Cherokee all models '93 thru '95
*1777 Wrangler all models '87 thru '94

LINCOLN
2117 Rear Wheel Drive all models '70 thru '95

MAZDA
648 626 (rear wheel drive) '79 thru '82
*1082 626 & MX-6 (front wheel drive) '83 thru '91
267 B Series Pick-ups '72 thru '93
370 GLC (rear wheel drive) '77 thru '83
757 GLC (front wheel drive) '81 thru '85
*2047 MPV all models '89 thru '94
Navajo - see FORD Explorer (2021)
460 RX-7 all models '79 thru '85
*1419 RX-7 all models '86 thru '91

MERCEDES-BENZ
*1643 190 Series 4-cyl gas models, '84 thru '88
346 230, 250 & 280 6 cyl sohc '68 thru '72
983 280 123 Series gas models '77 thru '81
698 350 & 450 all models '71 thru '80
697 Diesel 123 Series '76 thru '85

MERCURY
See FORD Listing

MG
111 MGB Roadster & GT Coupe '62 thru '80
265 MG Midget & Austin Healey Sprite Roadster '58 thru '80

MITSUBISHI
*1669 Cordia, Tredia, Galant, Precis & Mirage '83 thru '93
*2097 Eclipse, Eagle Talon & Plymouth Laser '90 thru '94
*2022 Pick-up & Montero '83 thru '95

NISSAN
1137 300ZX all models incl. Turbo '84 thru '89
*1341 Maxima all models '85 thru '91
*771 Pick-ups/Pathfinder gas models '80 thru '95
876 Pulsar all models '83 thru '86
*982 Sentra all models '82 thru '94
*981 Stanza all models '82 thru '90

OLDSMOBILE
Bravada - see CHEVROLET S-10 (831)
Calais - see GENERAL MOTORS (1420)
Custom Cruiser - see BUICK (1551)
*658 Cutlass '74 thru '88
Cutlass Ciera - see GM (829)
Cutlass Supreme - see GM (1671)
Delta 88 - see BUICK Full-size RWD (1551)
Delta 88 Brougham - see BUICK Full-size: FWD (1551), RWD (1627)
Delta 88 Royale - see BUICK (1551)
Firenza - see GENERAL MOTORS (766)
Ninety-eight Regency - see BUICK Full-size RWD (1551), FWD (1627)
Omega - see GENERAL MOTORS (38020)
Silhouette - see GENERAL MOTORS (2035)

PEUGEOT
663 504 all diesel models '74 thru '83

PLYMOUTH
Laser - see MITSUBISHI Eclipse (2097)
Other PLYMOUTH titles, see DODGE

PONTIAC
T1000 - see CHEVROLET Chevette (449)
J-2000 - see GENERAL MOTORS (766)
6000 - see GM (829)
Bonneville - see Buick Full-size FWD (1627), RWD (1551)
Bonneville Brougham - see Buick (1551)
Catalina - see Buick Full-size (1551)
1232 Fiero all models '84 thru '88
555 Firebird V8 models except Turbo '70 thru '81
867 Firebird all models '82 thru '92
Full-size Front Wheel Drive - see BUICK Oldsmobile, Pontiac Full-size FWD (1627)
Full-size Rear Wheel Drive - see BUICK Oldsmobile, Pontiac Full-size RWD (1551)
Grand Am - see GM (1420)
Grand Prix - see GM (1671)
Grandville - see BUICK (1551)
Parisienne - see BUICK (1551)
Phoenix - see GM (38020)
Sunbird - see GENERAL MOTORS (766)
Trans Sport - see GM (2035)

PORSCHE
*264 911 all Coupe & Targa models except Turbo & Carrera 4 '65 thru '89
239 914 all 4 cyl models '69 thru '76
397 924 all models incl. Turbo '76 thru '82
*1027 944 all models incl. Turbo '83 thru '89

RENAULT
141 5 Le Car all models '76 thru '83
Alliance & Encore - see AMC (934)

SAAB
247 99 all models including Turbo '69 thru '80
*980 900 including Turbo '79 thru '88

SATURN
*2083 Saturn all models '91 thru '94

SUBARU
237 1100, 1300, 1400 & 1600 '71 thru '79
*681 1600 & 1800 2WD & 4WD '80 thru '89

SUZUKI
*1626 Samurai/Sidekick/Geo Tracker '86 thru '95

TOYOTA
1023 Camry all models '83 thru '91
*92006 Camry all models '92 thru '95
935 Celica Rear Wheel Drive '71 thru '85
*2038 Celica Front Wheel Drive '86 thru '92
1139 Celica Supra all models '79 thru '92
361 Corolla all models '75 thru '79
961 Corolla rear wheel drive models '80 thru '87
*1025 Corolla front wheel drive models '84 thru '92
636 Corolla Tercel all models '80 thru '82
360 Corona all models '74 thru '82
532 Cressida all models '78 thru '82
313 Land Cruiser all models '68 thru '82
*1339 MR2 all models '85 thru '87
304 Pick-up all models '69 thru '78
*656 Pick-up all models '79 thru '95
*2048 Previa all models '91 thru '93
2106 Tercel all models '87 thru '94

TRIUMPH
113 Spitfire all models '62 thru '81
322 TR7 all models '75 thru '81

VW
159 Beetle & Karmann Ghia '54 thru '79
238 Dasher all gasoline models '74 thru '81
*884 Rabbit, Jetta, Scirocco, & Pick-up gas models '74 thru '91 & Convertible '80 thru '92
451 Rabbit, Jetta & Pick-up diesel models '77 thru '84
082 Transporter 1600 all models '68 thru '79
226 Transporter 1700, 1800, 2000 '72 thru '79
084 Type 3 1500 & 1600 '63 thru '73
1029 Vanagon air-cooled models '80 thru '83

VOLVO
203 120, 130 Series & 1800 Sports '61 thru '73
129 140 Series all models '66 thru '74
*270 240 Series all models '76 thru '93
400 260 Series all models '75 thru '82
*1550 740 & 760 Series all models '82 thru '88

TECHBOOK MANUALS
2108 Automotive Computer Codes
1667 Automotive Emissions Control Manual
482 Fuel Injection Manual, 1978 thru 1985
2111 Fuel Injection Manual, 1986 thru 1994
2069 Holley Carburetor Manual
2068 Rochester Carburetor Manual
10240 Weber/Zenith/Stromberg/SU Carburetor
1762 Chevrolet Engine Overhaul Manual
2114 Chrysler Engine Overhaul Manual
1763 Ford Engine Overhaul Manual
1736 GM and Ford Diesel Engine Repair
1666 Small Engine Repair Manual
10355 Ford Automatic Transmission Overhaul
10360 GM Automatic Transmission Overhaul
1479 Automotive Body Repair & Painting
2112 Automotive Brake Manual
2113 Automotive Detaiing Manual
1654 Automotive Eelectrical Manual
1480 Automotive Heating & Air Conditioning
2109 Automotive Reference Manual & Illustrated Dictionary
2107 Automotive Tools Manual
10440 Used Car Buying Guide
2110 Welding Manual

SPANISH MANUALS
98905 Códigos Automotrices de la Computadora
98915 Inyección de Combustible 1986 al 1994
99040 Chevrolet & GMC Camionetas '67 al '87 Incluye Suburban, Blazer & Jimmy '67 al '91
99041 Chevrolet & GMC Camionetas '88 al '95 Incluye Suburban '92 al '95, Blazer & Jimmy '92 al '94, Tahoe y Yukon '95
99075 Ford Camionetas y Bronco '80 al '94
99125 Toyota Camionetas y 4-Runner '79 al '95

Los modelos que muestran un (*) indican los modelos cubiertos en el momento de esta impresión. Estos títulos serán periódicamente cambiados para incluir modelos de años más modernos - consulte con distribuidor Haynes para mayor información.

Sobre 100 manuales de motocicletas también están incluidos

2-96